FONTANE-HANDBUCH

herausgegeben von
Christian Grawe und Helmuth Nürnberger

ALFRED KRÖNER VERLAG

Fontane-Handbuch
Hg. von Christian Grawe
und Helmuth Nürnberger
Stuttgart: Kröner 2000
ISBN 3-520-83201-1

Das Fontane-Handbuch ist in Zusammenarbeit mit der
Theodor Fontane Gesellschaft entstanden.

Abbildung auf dem Umschlag:
Lithographie von Max Liebermann (1896)

© 2000 by Alfred Kröner Verlag
Printed in Germany · Alle Rechte vorbehalten
Satz: pagina GmbH, Tübingen
Druck und Einband: Graphischer Großbetrieb Pustet, Regensburg

Inhalt

Vorwort XIII
Siglen und Abkürzungen XVII

1 THEODOR FONTANE IN SEINER ZEIT 1

1.1 Theodor Fontane: Leben und Persönlichkeit 1
(Helmuth Nürnberger)

1.1.1 »Märker, aber noch mehr Gascogner« 1
1.1.2 »Ein ehrlicher Neuruppiner«. Kindheit und frühe Jugend
(1819–1840) 15
1.1.3 »Lafontaine«. Vormärz und Revolution (1840–1850) . . 28
1.1.4 Im Dienst der Regierungspresse (1850–1859) 41
1.1.5 »Ich bin ganz einfach Fontane«. Das
Kreuzzeitungsjahrzehnt (1860–1870) 56
1.1.6 Die siebziger Jahre (1870–1880) 68
1.1.7 »Lear und Cordelia« im »Romanschriftsteller-Laden«.
(1880–1889) 79
1.1.8 »Theodorus victor«. Das Jahrzehnt der Meisterschaft
(1890–1898) 89

1.2 Theodor Fontane – Zeuge seines Jahrhunderts . . . 103
(Dietmar Storch)

1.2.1 Preußen im Zeitalter Napoleons 104
Reformen und Befreiungskriege 107
1.2.2 Restauration und Vormärz 111
Zwischen Beharrung und Aufbruch 112
Aufbruch ins Maschinenzeitalter 120
1.2.3 Von der Revolution zur Reichsgründung 124
Revolution und Gegenrevolution in Preußen 124
Englisches Zwischenspiel 130
Zeitenwende – die »Neue Ära« 133
Einigungskriege 137
1.2.4 Das Bismarckreich 145
Innenpolitische Konflikte 146
Sozialer und wirtschaftlicher Wandel 154
Parteien, Wahlen, Reichstag 159
Außenpolitik des Gleichgewichts 163

INHALT

1.2.5 Die wilhelminische Ära 168
    Der »Neue Kurs« 171
    Innenansichten 175
    Auf dem Weg in die Weltpolitik 181

1.3 Fontane und das literarische Leben seiner Zeit . . . 192
(Roland Berbig)

1.3.1 Literarisches Leben 192
    Literaturbetrieb 192
    Fontanes Entwicklung als Autor 194
    Das literarische Zentrum Berlin 197

1.3.2 Fontanes Beziehungen zu Zeitungen 200
    Der Berliner Figaro (Berlin. Redaktion Leopold Wilhelm Krause) 204
    Deutsche Reform. Politische Zeitung für das constitutionelle Deutschland. (Berlin) 207
    Die Kreuzzeitung (Berlin. Chefredakteur Tuiscon Beutner) 210

1.3.3 Fontanes Beziehungen zu Zeitschriften 216
    Die Eisenbahn 220
    Der Soldatenfreund 222
    Wochenblatt der Johanniter-Ordens-Balley Brandenburg 224
    Über Land und Meer. Allgemeine Illustrirte Zeitung . . 228
    Pan 230
    Der Bär 232

1.3.4 Fontanes Verlags- und Verlegerbeziehungen . . . 237
    Frühe Verlagsbeziehungen 239
    Fontanes Hauptverleger 243
    Kleinere bzw. vereinzelte Verlagsbindungen . . 250

1.3.5 Gruppierungen, Vereine, Institutionen und Geselligkeit 255
    1838 bis 1848/49 257
    1850 bis 1870 263
    1870 bis 1898 272

1.4 Theodor Fontane, die Juden und der Antisemitismus . 281
(Hans Otto Horch)
    Annäherungen an ein heikles Thema 281
    Die Jahre bis 1870 285
    Die Jahre von 1870 bis 1880 287
    Die Jahre von 1880 bis 1898 289
    Zur jüdischen Konfiguration im Erzählwerk . . 298

INHALT

2 KULTURELLE TRADITIONEN UND POETIK . . . 306
(Hugo Aust)

2.1 Kulturelle Traditionen 306

2.1.1 Fontane und die deutsche Literatur 307
Fontanes Verhältnis zur Weimarer Klassik 308
Fontane und die Romantik 313
Fontane und Kleist 318
Fontane und der »Tunnel über der Spree« 320
Fontane und Alexis 324
Fontane und Heine 325
Fontane und Storm 328
Fontane und Heyse 331
Fontane und Wagner 334

2.1.2 Fontane und die englische Literatur 346
Weltgröße Shakespeare 346
Fontane und der realistische Roman des 18. Jahrhunderts 350
Fontanes Scott-Lektüre 354
Dickens und Thackeray 359

2.1.3 Fontane und die russische Literatur 364

2.1.4 Fontane und der europäische Naturalismus 367
Fontanes Zola-Lektüre 367
Ibsen 372
Hauptmann 377

2.1.5 Fontane und die Religion (und Kirche) 381

2.1.6 Fontane und die Philosophie 394
Schopenhauer-Rezeption 395
Fontane und Nietzsche 400

2.1.7 Fontane und die bildende Kunst 405

2.2 Fontanes Poetik 412

2.2.1 Realismus 412
2.2.2 Verklärung 427
2.2.3 Humor 429
2.2.4 Grundbegriffe der literarischen Technik 434
2.2.5 Gattungsgeschichtliche Aspekte 451
Roman – Novelle 452
Fontanes Dramentheorie 458
Ballade 461

3 DAS WERK 466

3.1 Das Erzählwerk 466
3.1.1 Der Fontanesche Roman *(Christian Grawe)* 466
3.1.2 Vor dem Sturm. Roman aus dem Winter 1812 auf 13 *(Christian Grawe)*. 488
3.1.3 Grete Minde. Nach einer altmärkischen Chronik *(Christian Grawe)* 510
3.1.4 Ellernklipp. Nach einem Harzer Kirchenbuch *(Christian Grawe)* 519
3.1.5 L'Adultera. Novelle *(Christian Grawe)* 524
3.1.6 Schach von Wuthenow. Erzählung aus der Zeit des Regiments Gensdarmes. *(Christian Grawe)* 533
3.1.7 Graf Petöfy. Roman *(Christian Grawe)* 546
3.1.8 Unterm Birnbaum *(Eda Sagarra)* 554
3.1.9 Cécile. Roman *(Daragh Downes)* 563
3.1.10 Irrungen, Wirrungen. Roman *(Christian Grawe)* . . 575
3.1.11 Quitt. Roman *(Christian Grawe)* 584
3.1.12 Stine *(Christian Grawe)* 594
3.1.13 Unwiederbringlich. Roman *(Christian Grawe)* . . . 602
3.1.14 Frau Jenny Treibel oder »Wo sich Herz zum Herzen find't«. Roman *(Christian Grawe)* 614
3.1.15 Von, vor und nach der Reise. Plaudereien und kleine Geschichten *(Eda Sagarra)* 627
3.1.16 Effi Briest. Roman *(Daragh Downes)* 633
3.1.17 Die Poggenpuhls. Roman *(Eda Sagarra)* 651
3.1.18 Der Stechlin. Roman *(Eda Sagarra)* 662
3.1.19 Mathilde Möhring *(Eda Sagarra)* 679
3.1.20 Frühe Erzählungen *(Bettina Platt)* 690
3.1.21 Fragmente und Entwürfe *(Bettina Platt)* 693

3.2 Das Gedichtwerk 706
3.2.1 Das frühere Gedichtwerk 706
 (Franz Schüppen)
 Überblick 706
 Balladen 710
 Erlebnis- und Gesellschaftsbilder 717
 Poesieauffassung 722
3.2.2 Das spätere Gedichtwerk 726
 (Karl Richter)
 Die Integration des Alltags 727
 Das Schriftsteller-Ich 729
 Lyrik und Gesellschaft 732
 Der neue Ton 735
 Wandel der Ballade 742

INHALT

3.3 Autobiographische Schriften und Zeugnisse 748

3.3.1 Das autobiographische Werk 748
(Helmuth Nürnberger)
Christian Friedrich Scherenberg und das literarische Berlin
von 1840 bis 1860 750
Meine Kinderjahre 753
Von Zwanzig bis Dreißig 755
Kritische Jahre – Kritiker-Jahre 758
Kleinere autobiographische Texte 760

3.3.2 Die Tagebücher 763
(Charlotte Jolles)

3.3.3 Die Reisetagebücher 771
(Gotthard Erler)

3.3.4 Das Briefwerk 772
(Manfred Jurgensen)
Der Fontane-Brief 772
Empfängergruppen 774
Themenbereiche 776
Preußen: Die Junker, Bismarck und der Kaiser . . . 779
»Das Judenthum« 779
Selbstdarstellung 781
Rückblick und Ausblick 785

3.4 Das journalistische Werk 788

3.4.1 Die politische Journalistik 788
(Heide Streiter-Buscher)
Die Anfänge in der Leipziger Eisenbahn (1842) . . . 788
Vier Artikel in der Berliner Zeitungs-Halle (1848) . . 790
Berliner Korrespondent der Dresdner Zeitung
(1849/1850) 793
Ministerieller Zeitungsschreiber (1850–1855) 795
Preußischer Presseagent und England-Korrespondent
(1856–1858) 799
Intermezzo: Vertrauenskorrespondent der Neuen Ära
(1859) 801
Redakteur der Kreuzzeitung (1860–1870) 802

3.4.2 Bücher über Großbritannien 806
(Stefan Neuhaus)
Fontane und die Briten 806
Ein Sommer in London 808
Jenseit des Tweed. Bilder und Briefe aus Schottland . . 811
Aus England. Studien und Briefe über Londoner Theater,
Kunst und Presse 814
Weitere Arbeiten über Großbritannien 815

INHALT

3.4.3 Die Wanderungen durch die Mark Brandenburg . . . 818
(Walter Erhard)
Lebenswerk und Vermächtnis 818
Der Plan: Wanderungen in die Geschichte 820
Der »Plauderton des Touristen« und die Gattung der
Reiseliteratur: Fontanes Wege in die Mark Brandenburg 825
Panorama-Bilder und »Erinnerungsplätze«: Die normative
Ästhetik der Wanderungen 830
»Alles wie erzählt« – »Aber diese Tage sind hin«: Die
Wiederentdeckung der preußischen Geschichte 834
Der touristische Blick: Land und Leute, Männer und
Frauen 840
Die Mark Brandenburg: ein »musée imaginaire« 843
Nach den Wanderungen durch die Mark Brandenburg . 847

3.4.4 Die Kriegsbücher 850
(John Osborne)
Ein nationales Epos 850
Entstehung 851
Zur Rezeption 854
Die Modernisierungsthese 856
Struktur 857
Mythisierung und Entmythisierung 858
Schlußbetrachtung 863

3.4.5 Theaterkritiken 865
(Jörg Thunecke)

3.4.6 Literatur- und Kunstkritik 878
(Hugo Aust)

4 DIE WIRKUNG 889

4.1 Druck- und Editionsgeschichte, Nachlaß,
Forschungsstätten 889
(Gotthard Erler)

4.1.1 Druck- und Editionsgeschichte 889
Druck- und Verlagsgeschichte zu Lebzeiten 889
Editionen bis 1945 894
»Fontane-Renaissance«: Editionen seit 1945 896

4.1.2 Der Nachlaß 902
Zerstreuung und Verluste 902
Sammlung und Forschung: Das Theodor-Fontane-Archiv 904

4.2 Literaturkritik und Forschung 906

4.2.1 Fontane und die zeitgenössische Kritik 906
(Hans Ester)
Der Lyriker, Balladier und Wanderer Fontane 907
Der Romancier Fontane 912

INHALT

4.2.2 Die Literaturkritik im 20. Jahrhundert und der aktuelle
Forschungsstand 927
(Michael Scheffel)
Bibliographien und Forschungsberichte 927
Nachrufe, Denkmäler und Anfänge der
Fontane-Forschung: 1898–1918 929
Hundertster Geburtstag und Aufstieg zum »Klassiker des
deutschen Romans«: 1919–1933 933
Fontane-Bilder im Spannungsfeld von Philologie und
völkischer Ideologie: 1933–1945 936
Fünfzigster Todestag und getrennte Wege der
Fontane-Forschung im zweigeteilten Nachkriegs-
deutschland: 1945–1961 939
Hundertfünfzigster Geburtstag, »Fontane-Renaissance«
und Verbindungen zwischen Ost und West: 1962–1989. . 944
»Wiedervereinigung«, Hundertster Todestag und die
neueste Forschung: 1990–1999 952

4.2.3 Die Fontanerezeption im außerdeutschen Raum . . . 964
Fontanerezeption im westeuropäischen Raum 964
(Helen Chambers)
Fontanerezeption im osteuropäischen Raum (1891–1995) 976
(Wieńczysław Niemirowski)

4.3 Fontane in den audiovisuellen Medien 982
(Joachim Biener)
Ästhetische Voraussetzungen 982
Erste Verfilmungen: Der Schritt vom Wege – Corinna
Schmidt – Rosen im Herbst 986
Die Entdeckung Fontanes für das Hörspiel 991
Die beginnende Erschließung von Fontanes Romanen
durch das Fernsehen 993
Fontane-Verfilmungen in den 70er und 80er Jahren als
gesamtdeutsche Kulturerscheinung 996
Typologie und Probleme der Fontane-Verfilmungen . . 1005

4.4 Fontanes Einfluß auf die Literatur des 20. Jahrhunderts 1008
(Michael Scheffel)

Die Mitarbeiter 1025
Personenregister 1032
Register der Werke Fontanes 1050

Vorwort

Das vorliegende *Handbuch* erscheint zu einem Zeitpunkt, an dem das Werk Theodor Fontanes in der literarischen Welt Aufmerksamkeit und Anerkennung findet wie niemals zuvor. Das 100. Todesjahr 1998 hat auf eindrucksvolle Weise mit Feiern, Einweihungen, Publikationen (darunter so wichtige wie die vollständige Ausgabe des überlieferten Briefwechsels zwischen Fontane und seiner Frau), Ausstellungen, Konferenzen, Wettbewerben, Lesungen, Aufführungen, Sendungen in den Medien die Popularität dieses Schriftstellers in Forschung und Öffentlichkeit bestätigt. Allein der Ertrag der vom Theodor-Fontane-Archiv in Verbindung mit der Theodor Fontane Gesellschaft im September 1998 veranstalteten Konferenz in Potsdam füllt drei stattliche Bände. Aus Ringvorlesungen (an der Humboldt-Universität Berlin) und aus Symposien, die 1997/98 an mehreren Orten abgehalten wurden (so in Lübeck im Zusammenwirken von Thomas-Mann-Gesellschaft und Theodor Fontane Gesellschaft), gingen weitere Sammelbände hervor. Wenn auch die Betriebsamkeit des Gedenkjahres gelegentlich sogar ausdauernde Verehrer Fontanes etwas verwirren mochte, so bildet sie doch keinen isolierten Vorgang, sondern vielmehr den Höhepunkt einer jahrzehntelangen Entwicklung. In einer Zeit veränderter Lesegewohnheiten, die gerade älterer Literatur nicht durchaus günstig war, ließ die sogenannte Fontane-Renaissance »Theodorus victor« zum gegenwärtig wohl bekanntesten deutschen Autor der zweiten Hälfte des 19. Jahrhunderts werden. Nach dem Beitritt der DDR zur Bundesrepublik erreichte diese Renaissance vermehrt auch den Raum der nicht im engeren Sinn literarischen Öffentlichkeit, wirkte im Bundesland Brandenburg verstärkend auf das Bewußtsein kultureller Identität und als Brücke der Wiederbegegnung für Menschen aus Ost und West.

Das seit den Jahrzehnten nach dem zweiten Weltkrieg kontinuierlich gewachsene Verständnis für Rang und Bedeutung von Fontanes Werk steht in auffälligem Gegensatz zu der relativen Erfolglosigkeit zu Lebzeiten, unter der Fontane viele Jahre zu leiden hatte. Selbst der Erfolg seiner letzten Romane – wie das *Tagebuch* vermerkt, brachte es *Effi Briest* »in weniger als Jahresfrist zu fünf Auflagen« und erschien somit als »der erste wirkliche Erfolg, den ich mit einem Roman habe« – muß anders bewertet werden, seit jüngst darauf aufmerksam gemacht wurde, daß es sich bei den vermeintlichen Neuauflagen zum Teil um Manipulationen des Verlegers handelte, die höhere Verkaufszahlen vortäuschen sollten. Nach 1945 sind die Werke Fontanes hingegen in Millionen von Bänden verbreitet worden, und wären sie noch tantiemenpflichtig, könnte der Autor, der finanzielle Sorgen erst ganz zuletzt abstreifen konnte, davon ein Luxusleben führen.

Die Herausgeber haben 22 ältere und jüngere Fontane-Forscher aus sieben Ländern (Australien, Deutschland, England, Irland, Niederlande, Polen und Schottland) eingeladen, mit ihnen eine umfassende Darstellung unseres heutigen Wissens über Fontane vorzulegen: von Fontanes Leben und Welt (Teil 1), von den kulturellen Traditionen, mit denen er sich auseinandergesetzt hat und seiner Ästhetik (Teil 2), von seinem Werk (Teil 3) und dessen Wirkung (Teil 4). Alle Beiträge des *Handbuches* sind in sich abgeschlossen und mit weiterführenden Literaturhinweisen versehen, können mithin auch einzeln benutzt werden.

Ein »Kompendium des 19. Jahrhunderts« (G. ERLER) ist das Werk des Märkers genannt worden. Seine Stoff- und Themenwelt erweist sich als sehr vielfältig. Fontane hat wie kaum ein anderer Schriftsteller seiner Zeit unbefangen die verschiedensten literarischen Tätigkeiten ausgeübt. Der gelernte Apotheker war Lyriker und Balladier, versuchsweise auch Dramatiker, Übersetzer, echter und unechter Korrespondent (Reporter), politischer Journalist, Regionalhistoriker, Reise- und Kriegsschriftsteller, Theaterkritiker, Buch- und Ausstellungsrezensent, Lexikonartikler, Kurzgeschichtenschreiber und zuletzt Romancier. Zu einem beträchtlichen Teil waren diese Arbeiten reine Brotarbeit, aber unabhängig von ihrem unterschiedlichen literarischen Wert eröffnen sie in ihrer Gesamtheit ein faszinierendes Kultur- und Geschichtsbild seiner Zeit. Nimmt man die persönlichen, zu Fontanes Lebzeiten unveröffentlicht gebliebenen Aufzeichnungen hinzu – Briefe, Tagebücher, Lektürenotizen, Protokolle des »Tunnels über der Spree« –, vergrößert sich noch die Zahl der Textsorten, deren er sich bediente. Durch ihre Eigengesetzlichkeit haben die verschiedenen literarischen Formen nicht zuletzt zu der oft bemerkten »Ambivalenz« seiner Urteile und Meinungen beigetragen. Das *Handbuch*, das der Komplexität von Fontanes Persönlichkeit und Werk Rechnung zu tragen hat, ist daher unter kulturellen, literarischen und politischen Aspekten in gewisser Weise zu einer tour d'horizon des »historischen Jahrhunderts« geworden, dessen zeitlicher Umriß mit den Lebensdaten des Dichters annähernd übereinstimmt.

Vollständigkeit kann das *Handbuch* allerdings nicht beanspruchen, und noch weniger war es die Absicht der Herausgeber, Mosaiksteine zu einer abschließenden Interpretation zu sammeln. Ungeachtet des Erscheinens mehrerer großangelegter Ausgaben nach 1945, von denen zwei abgeschlossen vorliegen, ist Fontanes Gesamtwerk noch nicht vollständig wieder erschienen beziehungsweise aus dem Nachlaß zum Druck gelangt; auch bibliographisch ist es nicht lückenlos erschlossen. Dies gilt besonders für Fontanes Korrespondenz, deren Gesamtausgabe aus guten Gründen bisher nicht begonnen wurde, denn noch immer werden verloren geglaubte oder auch bisher gänzlich unbekannte Briefe zugänglich. Der Umfang des journalistischen Werks ist, da vieles anonym oder unter nicht sicher bestimmbaren Siglen erschienen ist, nicht klar begrenzt und – weil gelegentlich in obskuren Blättern erschienen – möglicherweise zu einem kleineren Teil auch deswegen verloren, weil keine Exemplare der Zeitungen mehr existieren. Und ist wirklich ein *Du hast recht getan* betitelter Roman, den Fontane wie er in seiner im hohen Alter verfaßten Autobiographie *Von Zwanzig bis Dreißig* berichtet, »irgendwo gedruckt worden«, obwohl sich doch Spuren davon nirgendwo gefunden haben? Ferner steckt die Erschließung der Vorstufen von Fontanes Romanen infolge des Fehlens einer historisch-kritischen Ausgabe noch in den Anfängen.

Diese notwendigen Hinweise auf bestehende Mängel sollen allerdings nicht den Eindruck erwecken, es sei beim gegenwärtigen Stand der Fontane-Edition noch unmöglich, ein Gesamtbild von Leben und Werk zu entwerfen. Davon kann nicht zuletzt wegen der ausgedehnten Forschung in den vergangenen Jahrzehnten kaum die Rede sein: Die wesentlichen Züge liegen fest und sind ungeachtet der bestehenden Lücken erkennbar. Nur muß der Benutzer des *Handbuches* berücksichtigen, daß sich die Fontane-Philologie weiterhin in lebhafter Bewegung befindet. Die halbjährlich in den *Fontane-Blättern* publizierte Bibliographie der Neuerscheinungen und Neuerwerbungen des Potsdamer Archivs – Handschriften, Werkausgaben, Forschungsliteratur, Zeitungsberichte und Rezensionen – füllt regelmäßig über zehn Seiten. Bei diesem Stand der Dinge kann der Zeitpunkt für den Redaktionsschluß des Handbuchs nur eine Orientierungshilfe für den Benutzer bilden; einen Ruhepunkt der Wirkungsgeschichte bezeichnet er nicht. Die notwendig gewordene Verschiebung des ursprünglich für 1998 geplanten Erscheinungstermins hat es jedoch ermöglicht, daß die umfangreiche Literatur, die in Fontanes 100. Todesjahr erschienen ist, zu einem großen Teil noch eingearbeitet werden konnte.

Die Herausgeber danken allen Beiträgern für ihre Mitarbeit, Geduld und die Bereitschaft, sich gelegentlich auch unter Hintanstellung eigener Interessen dem Konzept des Bandes anzupassen. Daß bei dem Projekt die nicht-deutschsprachige Germanistik eine nicht unbedeutende Rolle spielt, bestätigt die Ausführungen von Helen Chambers in ihrem Artikel über die westliche außerdeutsche Fontane-Rezeption und die Bedeutung der weltweiten Germanistik für die Fontane-Forschung schon seit Beginn des 20. Jahrhunderts und besonders seit 1945.

Christian Grawe möchte der Fritz-Thyssen-Stiftung, Köln, für die finanzielle Unterstützung bei einem Forschungsaufenthalt in Deutschland 1994, dem Department of German and Swedish Studies, The University of Melbourne, für sein Entgegenkommen und Dr. Stephan Atzert, The University of Melbourne, für die Hilfe bei der computergemäßen Einrichtung der Manuskripte herzlich danken.

Nicht zuletzt danken die Herausgeber dem Alfred Kröner Verlag, im besonderen Frau Dr. Imma Klemm, für die verständnisvolle Geduld während der langen Entstehungszeit des Bandes und Unterstützung bei mannigfachen Sachfragen.

Christian Grawe, Melbourne
Helmuth Nürnberger, Hamburg

Zitierweise und Verzeichnis der Siglen und Abkürzungen

Fontanes Werke

Sofern nicht anders vermerkt, werden alle Werke Fontanes ohne Sigle mit Abteilungs-, Band- und Seitenzahl nach der Hanser-Ausgabe (Theodor Fontane, Werke, Schriften und Briefe) zitiert. Ihr Aufbau:

Abteilung I
Sämtliche Romane, Erzählungen, Gedichte, Nachgelassenes
1. Bd.: Grete Minde – Ellernklipp – Quitt – Unterm Birnbaum – Schach von Wuthenow – Graf Petöfy.
2. Bd.: L'Adultera – Cécile – Irrungen, Wirrungen – Stine – Unwiederbringlich.
3. Bd.: Vor dem Sturm.
4. Bd.: Effi Briest – Frau Jenny Treibel – Die Poggenpuhls – Mathilde Möhring.
5. Bd.: Der Stechlin.
6. Bd.: Balladen – Lieder – Sprüche – Gelegenheitsgedichte – Frühe Gedichte – Versuche und Fragmente.
7. Bd.: Von, vor und nach der Reise – Frühe Erzählungen – Prosafragmente und -entwürfe.

Abteilung II
Wanderungen durch die Mark Brandenburg
1. Bd.: Die Grafschaft Ruppin – Das Oderland.
2. Bd.: Havelland – Spreeland.
3. Bd.: Fünf Schlösser – Paralipomena – Kommentar – Register

Abteilung III
Erinnerungen – Ausgewählte Schriften und Kritiken
1. Bd.: Aufsätze und Aufzeichnungen.
2. Bd.: Theaterkritiken.
3. Bd., 1. Teil: Reiseberichte.
3. Bd., 2. Teil: Tagebücher.
4. Bd.: Meine Kinderjahre – Von Zwanzig bis Dreißig – Kriegsgefangen – Aus den Tagen der Okkupation – Kleinere autobiographische Texte.
5. Bd.: Zur deutschen Geschichte, Kunst und Kunstgeschichte.

Abteilung IV
Briefe
1. Bd.: Briefe 1833–1860.
2. Bd.: Briefe 1861–1878.
3. Bd.: Briefe 1879–1889.
4. Bd.: Briefe 1890–1898.
5. Bd., 1. Teil: Register.
5. Bd., 2. Teil: Kommentar.

Es gelten folgende Ausnahmen:

Fontanes *Kriegsbücher* werden mit Titel und Bandzahl nach den Erstausgaben zitiert, die als Nachdrucke in der Nymphenburger Fontane-Ausgabe vorliegen.

Fontanes *Tagebücher* werden mit Bandzahl (*Tagebuch* I/II) nach der Brandenburger Ausgabe des Aufbau Verlags in 2 Bänden (Berlin 1995, 1998) zitiert.

Fontanes *Theaterkritiken* werden nach der bisher einzigen vollständigen Ausgabe zitiert: *Causerien über Theater*, Nymphenburger Fontane Ausgabe (N XXII/1–3).

Die *Unechten Korrespondenzen* aus der Kreuzzeitung werden (abgekürzt als: Unechte Korrespondenzen) nach der bisher einzigen Ausgabe zitiert: Theodor Fontane. Unechte Korrespondenzen 1860–1870, 2 Bde., hg. von H. STREITER-BUSCHER, Berlin/New York 1996.

Sofern Texte nicht in der Hanser-Ausgabe enthalten sind, werden folgende weitere Fontane-Ausgaben herangezogen:

A	Fontane-Ausgabe des Aufbau Verlags, bzw. Große Brandenburger Ausgabe
AA	Autobiographische Schriften (3 Bde. in 4)
AG	Gedichte (3 Bde.)
AR	Romane (8 Bde.)
AW	Wanderungen durch die Mark Brandenburg (8 Bde.)
N	Fontane-Ausgabe der Nymphenburger Verlagshandlung (Sämtliche Werke, 24 Bde. in 30)
SzL	Theodor Fontane, Schriften zur Literatur, hg. von H.-H. REUTER, Berlin 1960
AzL	Theodor Fontane, Aufzeichnungen zur Literatur, hg. von H.-H. REUTER, Berlin 1969

| DuD I/II | Theodor Fontane. Der Dichter über sein Werk, hg. von R. BRINKMANN in Zusammenarbeit mit W. WIETHÖLTER, München ²1973 |

Siglen der Fontaneschen Briefausgaben:

BE I/II	Fontanes Briefe in zwei Bänden, ausgewählt und erläutert von G. ERLER, Berlin/Weimar ²1980.
BrFa I/II	Theodor Fontanes Briefe an seine Familie, 2 Bde., Berlin 1905.
BrFr I/II	Briefe Theodor Fontanes. Zweite Sammlung, hg. von O. PNIOWER/P. SCHLENTHER, 2 Bde., Berlin 1909.
BSJ I-IV	Theodor Fontane Briefe I-IV, hg. von K. SCHREINERT, zu Ende geführt und mit Anmerkungen versehen von C. JOLLES, Berlin 1968–1971.
FD	Theodor Fontane. Briefe an den Verleger Rudolf von Decker. Mit sämtlichen Briefen an den Illustrator Ludwig Burger und zahlreichen weiteren Dokumenten, hg. von W. HETTCHE, Heideberg 1988.
FE I-III	Emilie und Theodor Fontane. Der Ehebriefwechsel, hg. von G. ERLER unter Mitarbeit von T. ERLER, 3 Bde., Berlin 1998.
FFr	Theodor Fontane. Briefe an Georg Friedländer, hg. und erläutert von K. SCHREINERT, Heidelberg 1954.
FH	Der Briefwechsel zwischen Theodor Fontane und Paul Heyse, hg. von G. ERLER, Berlin/Weimar 1972.
FHe	Theodor Fontane. Briefe an Wilhelm und Hans Hertz (1859–1897), hg. von K. SCHREINERT, vollendet und mit einer Einführung versehen von G. HAY, Stuttgart 1972.
FL I/II	Theodor Fontane und Bernhard von Lepel. Ein Freundschafts-Briefwechsel, hg. von J. PETERSEN, 2 Bde., München 1940.
FM I/II	Die Fontanes und die Merckels. Ein Familienbriefwechsel 1850–1870, hg. von G. ERLER, 2 Bde., Berlin/Weimar 1987.
FRo	Theodor Fontane. Briefe an Julius Rodenberg. Eine Dokumentation, hg. von H.-H. REUTER, Berlin 1969.
FS	Theodor Storm – Theodor Fontane: Briefwechsel. Kritische Ausgabe. In Verbindung mit der Theodor Storm-Ges., hg. von J. STEINER, Berlin 1981.

FW	Theodor Fontanes Briefwechsel mit Wilhelm Wolfsohn. Hg. von C. SCHULTZE, Berlin/Weimar 1988.
LA I/II	Theodor Fontane. Briefe an die Freunde. Letzte Auslese. 2 Bde., hg. von F. FONTANE/H. FRICKE, Berlin 1943.

Weitere Siglen und Abkürzungen

1. Zeitschriften

ADB	Allgemeine Deutsche Biographie
AGer	Acta Germanica
AULLA	Journal of the Australasian University Language and Literature Association
CL	Comparative Literature
ColGerm	Colloquia Germanica
DD	Diskussion Deutsch
DR	Deutsche Rundschau
dt	deutsch
Dt Beitr	Deutsche Beiträge
DU	Der Deutschunterricht
DVjs	Deutsche Vierteljahrsschrift für Literaturwissenschaft und Geistesgeschichte
EG	Etudes Germaniques
EuD	Reclams Erläuterungen und Dokumente
Euph	Euphorion
FAP	Fontane-Archiv, Potsdam
FBl	Fontane Blätter (bis Heft 13 zit. mit Band, Nummer und Jahr; ab Heft 14 mit Heftnummer und Jahr)
FDH	Freies Deutsches Hochstift
FMLS	Forum of Modern Language Studies
Fs	Festschrift
Ges	Gesellschaft
GLL	German Life & Letters
GN	Germanic Notes
GQ	German Quarterly
GR	Germanic Revue
GRM	Germanisch-Romanische Monatsschrift
Hochl	Hochland
IASL	Internationales Archiv für Sozialgeschichte der deutschen Literatur

Jb/Jbb	Jahrbuch/Jahrbücher
Jb f Br Lg	Jahrbuch für Brandenburgische Landesgeschichte
Jb DSG	Jahrbuch der Deutschen Schiller-Gesellschaft
Jb FDH	Jahrbuch des Freien Deutschen Hochstifts
Jb PK	Jahrbuch Preußischer Kulturbesitz
LfL	Literatur für Leser
LWU	Literatur in Wissenschaft und Unterricht
Mag Lit	Magazin für die Literatur des In- und Auslandes
Mh	Monatshefte (Wisconsin)
ML	Modern Languages
MLN	Modern Language Notes
MLR	Modern Language Review
NDH	Neue Deutsche Hefte
NGS	New German Studies
NR	Neue Rundschau
PMLA	Publications of the Modern Language Association of America
RLV	Revue des langues vivantes
Seminar	Seminar. A Journal of Germanic Studies
SH	Sonderheft
SuF	Sinn und Form
Teko	Text und Kontext
TuK	Text und Kritik
WB	Weimarer Beiträge
WW	Wirkendes Wort
ZfdPh	Zeitschrift für deutsche Philologie
Zs	Zeitschrift

2. Sammelbände und Monographien

AUST Fontane	Fontane aus heutiger Sicht. Analysen und Interpretationen seines Werks, hg. von H. AUST, München 1980.
DEMETZ	P. DEMETZ, Formen des Realismus: Theodor Fontane. Kritische Untersuchungen, Frankfurt am Main u. a. ²1973.
EHLICH	Fontane und die Fremde, Fontane und Europa, hg. von K. EHLICH, Würzburg 2000.
Fontanes Werk	Theodor Fontanes Werk in unserer Zeit. Symposion zur 30-Jahr-Feier des Fontane Archivs der Brandenburgischen Landes- und Hochschulbibliothek, Potsdam 1966.

FRICKE	H. FRICKE, Theodor Fontane. Chronik seines Lebens, Berlin 1960.
Fs JOLLES	Formen realistischer Erzählkunst. Festschrift for Charlotte Jolles. In honour of her 70th birthday. Ed. by J. THUNECKE. In conjunction with E. SAGARRA. Nottingham 1979.
GRAWE	C. GRAWE, Fontane-Chronik, Stuttgart 1998.
Interpretationen	Interpretationen. Theodor Fontanes Novellen und Romane, hg. von C. GRAWE, Stuttgart 1991.
Jahrhundert I-III	Theodor Fontane. Am Ende des Jahrhunderts im Auftrag des Theodor-Fontane-Archivs hg. von H. DELF VON WOLZOGEN in Zusammenarbeit mit H. NÜRNBERGER, 3 Bde., Würzburg 2000.
JOLLES	C. JOLLES, Theodor Fontane, Stuttgart ⁴1993.
Literarisches Leben	Theodor Fontane im literarischen Leben seiner Zeit. Beiträge zur Fontane-Konferenz vom 17. bis 20. Juni 1986 in Potsdam. Mit einem Vorwort von O. KEILER, Berlin 1987.
London Symposium	Theodor Fontane. The London Symposium, hg. von A. BANCE u.a., Stuttgart 1995.
MARTINI	F. MARTINI, Deutsche Literatur im bürgerlichen Realismus 1848–1898, Stuttgart 1962.
MÜLLER-SEIDEL	W. MÜLLER-SEIDEL, Theodor Fontane. Soziale Romankunst in Deutschland, Stuttgart 1975.
NÜRNBERGER FW	H. NÜRNBERGER, Fontanes Welt, Berlin 1997.
NÜRNBERGER, FrF	H. NÜRNBERGER, Der frühe Fontane. Politik – Poesie – Geschichte 1840 bis 1860, Hamburg 1967.
PAULSEN	W. PAULSEN, Im Banne der Melusine. Theodor Fontane und sein Werk, Bern u.a. 1988.
PLETT	B. PLETT, Die Kunst der Allusion. Formen literarischer Anspielungen in den Romanen Theodor Fontanes, Köln/Wien 1986.

PREISENDANZ	Theodor Fontane. Hg. von W. PREISENDANZ, Darmstadt 1973 (= Wege der Forschung 381).
Realismus	Fontanes Realismus. Wissenschaftliche Konferenz zum 150. Geburtstag Theodor Fontanes in Potsdam. Vorträge und Berichte. […] hg. von H.E. TEITGE und J. SCHOBESS, Berlin 1972.
REUTER	H.-H. REUTER, Fontane, 2 Bde., Berlin ²1995 (1968) (ab S. 509: 2. Bd.).
Theodorus victor	Theodorus victor. Theodor Fontane, der Schriftsteller des 19. am Ende des 20. Jahrhunderts. Eine Sammlung von Beiträgen, hg. von R. BERBIG, Frankfurt am Main u.a. 1999.
TuK Fontane	Text und Kritik. Sonderband Theodor Fontane, hg. von H.L. ARNOLD, München 1989.
WANDREY	C. WANDREY, Theodor Fontane, München 1919.

Fontane-Biographien sind bibliographisch unter 1.1, Gesamtdarstellungen des Werks unter 3.1.1 erfaßt.

I
THEODOR FONTANE IN SEINER ZEIT

1.1 Theodor Fontane: Leben und Persönlichkeit

1.1.1 »Märker, aber noch mehr Gascogner«. Herkunft und Familie

Der Abkömmling französischer Glaubensflüchtlinge war Hugenotte und Preuße zugleich. Das Selbstverständnis der Minderheit, zu der er gehörte, konfrontierte ihn von Anfang an mit Geschichte, denn es war aus einer sehr bestimmten Konstellation hervorgegangen – einer leidvollen Konstellation, von der das kleine Kurfürstentum Brandenburg allerdings profitiert hatte und die für die Nachfahren der Auswanderer nur noch als Überlieferung gegenwärtig war. Der Exodus der Calvinisten, der bereits während Frankreichs Krieg gegen die Niederlande einsetzte – nun teilten sie das religiöse Bekenntnis mit dem Feind, das verschärfte noch die seit langem geschürte Pogromstimmung –, war 1685 nach der Aufhebung des Religionsfreiheit zusichernden Edikts von Nantes durch König LUDWIG XIV. zu einer Massenbewegung geworden. Zwar gelangte nur eine verhältnismäßig geringe Zahl von Menschen, rund 20000 von etwa 200000 Ausgewanderten, in die Landstriche östlich der Elbe, und gerade die wohlhabenderen unter den Asylsuchenden wandten sich reicheren Gegenden zu. Aber nirgendwo wirkten sie auf die ökonomische und kulturelle Entwicklung bestimmender ein als in diesem von Natur aus armen, zudem durch den Dreißigjährigen Krieg besonders schwer betroffenen Territorium. Kurfürst FRIEDRICH WILHELM und seine reformierten Vertrauten hatten schon früh Anstalten unternommen, Flüchtlingen den Weg in das entvölkerte Brandenburg zu ebnen. Im Edikt von Potsdam, das er LUDWIGS Verfügung gegen die Hugenotten sogleich folgen ließ, bot er formell Zuflucht an. Dazu gehörten weitgehende wirtschaftliche und rechtliche Privilegien, eine unabhängige Kirchenverfassung und (für die Hugenotten selbstverständlich) in Verbindung mit den Kirchen auch Schulen. Die Ansiedlung der Neubürger in besonderen Wohnbezirken wie der neugegründeten Berliner Dorotheenstadt diente keiner Abschließung. Vielmehr sollten ihre Viertel als Vorbild dienen. Berlin wurde um 1700 zu einer Stadt, die ein Fünftel hugenottische Einwohner zählte, Fontane war sogar der Meinung, daß zeitweilig »jeder dritte Mensch« (II.3.504) in der Hauptstadt Franzose war. Erst im Zuge der preußischen Reformen zu Beginn des 19. Jahrhunderts wurden die nicht mehr erforderlichen Sonderrechte der Hugenotten aufgehoben. Der kirchliche Zusammenhalt lockerte sich durch die Säkularisierung, aber der kulturelle, der sich nicht zuletzt in der Pflege der französischen Sprache äußerte, dauerte fort. Die einstigen Refugiés verbanden – berechtigtermaßen oder nicht – Tradition mit Elitebewußtsein. Dem neuen Vaterland, das reich und mächtig geworden war, dienten sie loyal, aber mit bürgerlichem Selbstgefühl.

»Südfranzösische Natur«

Autobiographie, Briefe und Erzählwerke Fontanes lassen erkennen, wie er seine Herkunft gesehen wissen wollte. Wohl nicht zufällig ist die erste, im Alter von zwanzig Jahren veröffentlichte Novelle *Geschwisterliebe* mit »Fontan« gezeichnet. In *Schach von Wuthenow* wird die über die Lusignans führende Märchenverwandtschaft der Heldin mit der Nixe Melusine – »unglücklichen, aber Gott sei Dank unprosaischen Angedenkens« (I.1.655) – temperamentvoll beschworen. Das »romantisch Phantastische«, das ihn »von Jugend auf entzückt« hatte und seine »eigenste südfranzösische Natur« bildete (an W. HERTZ, 15. 4. 1891, IV.4.113), ließ sich mit dem trockenen Esprit und der disziplinierten Strenge der in Brandenburg heimisch gewordenen Hugenotten – »puritanische Leute, steif, ernsthaft, ehrpußlich« (II.3.504) – allerdings nicht leicht vereinbaren. Fontanes Beziehungen zur französischen Kolonie in Berlin beschränkten sich auf verhältnismäßig wenige kirchliche und gesellschaftliche Ereignisse. Erst 1885 – wohl nicht zuletzt weil er sich der Kolonie für die Förderung seines Sohnes Theodor verpflichtet fühlte – richtete er einen Aufnahmeantrag an das ebenso glaubensfeste wie standesbewußte Konsistorium. Der geübte Gelegenheitsdichter schrieb wunschgemäß einen *Prolog zur Feier des zweihundertjährigen Bestehens der französischen Kolonie. 1. November 1885*: »Ein hochgemuter Fürst, so frei wie fromm,/Empfing uns hier, und wie der Fürst des Landes/Empfing uns auch sein Volk [...].« (I.6.535) Doch reagierte er auf die Veranstaltung mit Unlust und fühlte sich anscheinend, wie so oft, als Außenseiter. Nur »die Kolonistentöchter waren schön«, der »Atlas knisterte von allen Seiten« (an G. FRIEDLAENDER, 8. 11. 1885, IV.3.434). Ansonsten entsprach, was er beobachtete, der poetischen Vorstellung nicht. »Er war Mitglied der französischen Kolonie und gehörte wie die meisten Mitglieder der französischen Kolonie zu den unfranzösischsten Leuten von der Welt« (I.7.456), lautet es in dem mutmaßlich um 1885 entstandenen Erzählfragment *Mit der Zeit*.

Die Frage nach Fontanes Stellung zur Kolonie hängt mit der zum Calvinismus zusammen. Eine Antwort stellt sich leichter auf historischer und ästhetischer, als auf religiöser oder gar dogmatischer Ebene ein. Zwar ist er reformiert erzogen, auch unterrichtet worden. Seine Mutter, »eminent ein Kind der Aufklärungszeit«, betonte ihr reformiertes Bekenntnis, wie er erzählt, jedoch nur, weil sie es »für vornehmer« hielt (III.4.19). In Berlin saß er, das war seine erste reale Begegnung mit der französischen Gemeinde, der seine Eltern einst angehört hatten, »mit jungen Leuten aus den alten Koloniefamilien […] auf der Konfirmandenbank«, alle »waren sehr wohlerzogen und einige sehr gescheit« (N XIX.744). Elemente calvinistischen Bewußtseins lassen sich in seinen Dichtungen und Briefen aufspüren. Definierte Glaubenssätze jedoch erregten durch eine ihnen innewohnende Unduldsamkeit oder eifernde Strenge seinen Widerwillen; bestenfalls waren sie ihm gleichgültig. Letztlich zählten sie zu jenen

> Verschraubtheiten und Eigensinnigkeiten und Leblosigkeiten, die sich Recht oder Prinzip oder Consequenz nennen […]. Wie niedrig stehen doch alle diese Dinge! Und wie himmelhoch steht daneben die heitre Freiheit, die heute dies thut und morgen das, *blos immer das Richtige*. (An EMILIE, 7. 4. 1880, IV.3.77)

Was angemessen ist, ergibt sich aus der Situation. Als beispielhaft kann in solchem Zusammenhang das Kapitel »Andreas Fromm« im ersten Band der *Wanderungen* gelten. FROMM, lutherischer Theologe, Probst an St. Peter in Berlin, »ein Mann des Friedens, der Versöhnung und des *schönen* Maßes«, beklagt »die unerbittliche Rechthaberei der Lutheraner« gegenüber den Calvinisten, und »verletzt durch die *Art*, in der sich das orthodoxe Luthertum tagtäglich äußerte, bildete sich bei ihm wie von selbst eine gewisse Hinneigung zu den *Reformierten* aus«. Fontane kommentiert: »Die Verschiedenheit der Ansichten kann zwischen feineren Naturen unter Umständen zu einem Bindemittel werden, aber *grob* und *fein* schließen einander aus.« (II.1.74f.) Als der Kurfürst, des geistlichen Zankes müde, sich einschaltet und von den Geistlichen die Unterzeichnung eines Reverses verlangt, in dem sie sich zum Verzicht auf weitere Polemik bereit erklären, argumentiert FROMM zu Gunsten der Lutheraner, betont das Recht auf Gewissensentscheidung und Verweigerung des Reverses. Während einer Sitzung des Konsistoriums bricht er »zuletzt in die Worte aus: ›Vim patitur Ecclesia Lutherana‹, *die Lutherische Kirche leidet Zwang.*« (II.1.77) Vom Kurfürsten nachsichtig aufgefordert, diese Äußerung als »Übereilung« zurückzunehmen, lehnt er ab und wird entlassen. Von dem streng orthodoxen Wittenberger Theologieprofessor Abraham CALOV läßt er sich nach einer Prüfung in die lutherische Gemeinschaft wieder aufnehmen, dann aber flieht er, das Verfehlte seiner Nachgiebigkeit erkennend, nach Prag, wird katholisch und lebt »die *friedlichste* Zeit seines Lebens« als Kanonikus in Leitmeritz, dem böhmischen Rom. Aber war der Spott der Protestanten berechtigt, wenn sie aus FROMMS Namen das Anagramm »*den fraß Roma*« bildeten? (II.1.78f.)

> Er war einfach ein Mann, der in einer kirchlichen Zeit, die durchaus ein »Entweder-Oder« verlangte sich mit Wärme für ein »Wedernoch« entschied. Er war ein *feinfühliger* Mann, dem alles Grobe und Rücksichtslose widerstrebte, er war ein *freisinniger* Mann, dem alles tyrannische Wesen, gleichviel ob es Hof oder Geistlichkeit übte, widerstand. […] Es gebrach ihm an dogmatischer Strenge, das wird zuzugeben sein, aber er hatte die schönste Seite des Christentums: *die Liebe und die Freiheit.* […] Pastor Reinhart, einer von den hartköpfigsten Lutheranern jener Epoche, soll freilich, lange bevor die geschilderte Katastrophe kam, über unseren Fromm geäußert haben: »*der Kerl sieht aus wie ein Jesuit und er wird auch noch einer werden*«, aber aus diesem Kraftspruch […] ist doch einfach nur der Schluß zu ziehen, daß unser Andreas Fromm von St. Petri ein Mann von glatteren Formen war, als Elias Sigismund Reinhart von St. Nikolai. (II.1.80)

Die Sympathie für die »glatteren Formen« ist für Fontane ebenso charakteristisch wie sein Plädoyer für einen Mann, der »über die Klugheit und alle Berechnung hinaus, sein Herz immer den Unterdrückten« (ebd.) zuwandte. Er verteidigt die Haltung, die er selbst gegenüber den durch das Vorurteil gekränkten Minderheiten und Personen wiederholt eingenommen hat. Unangefochten von den Irritationen des jeweiligen Zeitgeistes blieb auch seine Haltung allerdings nicht.

Fontanes Interesse für Frankreich, das den Hintergrund seiner besonderen Beziehung zu den Hugenotten bildet, erscheint ungleichmäßig stark ausgeprägt. Nachdem er im Elternhaus mit Hinweisen auf das Familienerbe offenbar ausgiebig befaßt worden war – *Meine Kinderjahre* lassen es an Spott nicht fehlen, wenn der Vater

sich, um Hinweisen auf falsche Grammatik zu begegnen, auf sein
»französisches Gefühl« (III.4.91) beruft –, zeigt er sich in jüngeren
Mannesjahren eher zurückhaltend, zumal englische Literatur und
Geschichte sowie seine britischen Reiseerfahrungen ihn überwiegend in Anspruch nehmen. Äußerungen über Paris während seines
Kurzbesuchs von 1856 bestätigen geläufige deutsche Vorurteile.
Eine dort verfaßte Korrespondenz *Am Tage von Jena auf der Brücke
von Jena. Zuavische Charakterköpfe*, mit der Fontane, zunächst noch
als freier Mitarbeiter, in der *Neuen Preußischen [Kreuz]Zeitung* sein
Debut gab – es war der 50. Jahrestag der Schlacht, in der das friderizianische Preußen zusammenbrach, und der Artikel trägt insofern auch mahnenden Charakter – beschreibt die Zuaven, Kolonialsoldaten NAPOLEONS III., als den

> Typus, die Quintessenz des französischen Wesens. In ihrem unbestrittenen Mut mischt sich jene glaubens- und herzensleere Frivolität,
> die sie mit einem Witz oder einem Fluch auf der Lippe sterben läßt,
> und jene vielgerühmte Gutmütigkeit, die den einen oder andern antreibt, ein Kind zu wiegen oder ihm die Flasche zu geben, geht Hand
> in Hand mit der ganzen Selbstsucht und Rücksichtslosigkeit des Verführers. Freuen wir uns dieser »Blüte der Armee«, so lange wir sie in
> leichtem elegantem Schritt über den Platz der Tuilerien hinmarschieren sehen; aber bewahre uns ein Gott in Gnaden vor ihnen, wenn
> die Grenze keine Grenze mehr ist und bei dem Spiel der Schlachten
> unsere Würfel schlechter fallen als die des Gegners. (III.1.139)

Die Ängste, an die diese Korrespondenz rührt, entwickelten sich
zunächst nicht, denn die militärischen Würfel fielen zu Gunsten
Preußen-Deutschlands. Erst nach dem Ersten Weltkrieg ist die Situation eingetreten, vor der hier gewarnt wird, fand die rassistische
und nationale Propaganda ihre Klimax in der »schwarzen
Schmach«. Fontane aber hat nach St. Privat und Sedan andere
Töne angeschlagen. Er warb um Respekt, ließ Verständnis für die
Besiegten erkennen und suchte zutreffendere Bilder, um das Wesen des Französischen zu beschreiben.

Die während des Deutsch-französischen Krieges von 1870/71
gesammelten persönlichen Erfahrungen, aber auch die Eindrücke
in der Heimat nach der Versailler Reichsgründung haben Fontanes
Frankreichbild merklich verändert. Bereits *Kriegsgefangen* liest er
sich geradezu francophil (und wurde deswegen auch kritisiert). *Aus
den Tagen der Okkupation* läßt den Druck der öffentlichen Meinung, der auf dem Autor lastet, deutlich erkennen, bietet aber weitere Sympathieerklärungen für französische Geschichte und Literatur, Lebensart und Küche, auch für die Ohrläppchen hübscher

Französinnen. Ebenso ist *Der Krieg gegen Frankreich* – wie es Fontanes Stil insgesamt entspricht – frei von der Überheblichkeit des Siegers, vermeidet jede Gleichsetzung der Verfallserscheinungen im Zweiten Kaiserreich mit dem französischen Charakter und spart nicht mit Lob. Fontane zitiert die Anerkennung König WILHELMS für den »braven Feind« und fügt hinzu: »Die französische Armee, was nicht oft genug gesagt werden kann, war glänzend. [...] Die Armeen selbst waren ebenbürtig.« (*Der Krieg gegen Frankreich* I.I.340)

Ein vermehrtes künstlerisches Selbstgefühl – das allerdings noch immer auch Bestätigung sucht – findet Ausdruck in dem Bestreben, sich von kraftmeierischem Übermut und nationaler Phrase zu distanzieren. In der Besprechung des Trauerspiels *Herzog Bernhard von Weimar* von Rudolf von GOTTSCHALL geht mit dem Theaterkritiker im Parkett des Königlichen Schauspielhauses die Erregung durch:

> Das ganze Stück ist eine dramatisierte Turner- und Sängerfahrt mit aufgelegtem Fäßchen und Redeprogramm. Erste Nummer (Festrede): Gott schuf den *Deutschen* und freute sich. Zweite Nummer: »Sie sollen ihn nicht haben.« Drittens: »O Straßburg«. Viertens: »Die deutsche Maid« (Deklamation unter gütiger Mitwirkung einer Blondine). Fünftens: Wiederholung der Festrede. Zu gütiger Beachtung: Rückfahrt 9 1/2; der Zug hält bei Station Finkenkrug. (N XXII/1.238)

Am schärfsten wird Fontane angesichts einer Szene, in der GOTTSCHALL Kardinal Richelieu um einen deutschen Feldherrn werben läßt, da Frankreich sich Helden borgen müsse:

> Es war dies die Zeit, wo Turenne und Condé glänzend in ihre Laufbahn eintraten und Duquesne siegreich über die Meere fegte. [...] über keines Franzosen Lippe ist je das Wort gekommen, daß Frankreich sich seine Helden borgen müsse. (N XXII/1.239)

»Meiner Ahnen Wiege«

Fontanes Angaben über seine Vorfahren in Frankreich in *Meine Kinderjahre* beruhen vermutlich auf mündlicher Überlieferung in der Familie:

> Nicht unweit der Rhônemündung, auf dem etwa zwischen Toulouse und Montpellier gelegenen Gebiet, stoßen von Westen her die

Vorlande der Gascogne, von Norden und Osten her die Ausläufer der Cevennen zusammen und auf diesem verhältnismäßig kleinen Stück Erde, wahrscheinlich im jetzigen Département Hérault oder doch an seiner Peripherie, waren meine Vorfahren, väterlicher- wie mütterlicherseits, zu Hause. Nächste Nachbarn also. (III.4.511)

In ähnlicher Weise, seine Frau einbeziehend, hat er sich in Briefen geäußert:

> Wie stolz und wie glücklich bin ich, daß »meiner Ahnen Wiege« in Languedoc, ja sogar in der Gascogne gestanden hat. Uebrigens bist du auch da her; Toulouse und Montpellier liegen bei einander. (An EMILIE, 30. 9. 1888, IV.3.640)

Als ihn Maximilian HARDEN in einer Rezension zur dritten Auflage seiner *Gedichte* solchem Selbstverständnis entsprechend charakterisierte, griff er es mit besonderer Freude auf:

> Daß ich als Alter Fritz-Grenadier an den Schluß gestellt werde, ist sublim und hat mich am meisten entzückt. Auch was Sie über meine Abstammung sagen; ich bin Märker, aber noch mehr Gascogner. Nochmals herzlichsten Dank. (17. 12. 1889, IV.3.742)

Nach dem genealogischen Forschungsstand (P. von GEBHARDT, 1929; J. SKALSKI, 1995; J. DESEL, 1998) stammen die französischen Vorfahren des Dichters aus Nîmes und seiner Umgebung, wo sie im 17. Jahrhundert zuerst nachweisbar sind, aus dem Languedoc und den Cevennen, ein Zweig auch aus Wallonien, allerdings weder von Seiten des Vaters noch der Mutter aus der Gascogne.

Ein Pierre FONTANE – Geburts- und Todesdatum sind unbekannt – ist 1658 durch Eintragung seiner (reformierten) Trauung in Nîmes bezeugt. Zufolge diesem Dokument ist er Kaufmann (facturier de laine). Im Testament der Schwiegereltern findet er sich als Wollkämmer (cardeur) bezeichnet. Zwei Söhne dieses P. FONTANE suchten Zuflucht in Brandenburg. Der ältere der Brüder, Jaques FONTANE (1664–1707), Strumpfwirker (facturier de bas) in Berlin-Cölln heiratete 1697 Marie de QUESNE (du CHÊNE, 1668–1731), Tochter des wallonischen Brauers Jean du CHÊNE, der in Mannheim die Gastwirtschaft »Zum Eichbaum« betrieben hat. (Hier besteht vielleicht ein Zusammenhang mit der Ansiedlung von fast 1000 Einwohnern der von den Franzosen im Zuge der Verwüstung der Pfalz niedergebrannten Stadt Mannheim in Brandenburg. Zum Teil waren dies erst kurze Zeit zuvor in die Pfalz emigrierte französisch sprechende Wallonen.)

Jaques FONTANE – der in der Literatur wiederholt mit einem Medizinstudenten gleichen Namens in Königsberg verwechselt wurde – lebte nach seiner Heirat in der Berliner Neustadt, der Dorotheenstadt, dem späteren »quartier des Nobles« der vornehmen und reichen Réfugiés. Sein Sohn Pierre François FONTANE (1697–1743) war Zinngießer (potier d'etain), der sein Handwerk bei dem Berliner Meister der Zinngießerei Jean TOUSSAINT gelernt hatte. Zur Frau nahm er 1728 Madeleine ARRAGON (1701–1759), die Tochter eines aus dem Languedoc stammenden Berliner Strumpffabrikanten. Ebenfalls Zinngießer wurde sein Sohn Pierre Barthélemy FONTANE der Ältere (1731–1773), der 1756 eine Frau mit deutschem Namen (aber französischer Mutter), Marie Luise SCHRÖDER (1733–1802), Tochter eines Bäckers, heiratete. Anscheinend lebte er mit ihr in auskömmlichen Vermögensverhältnissen und ließ seinem Sohn, Pierre Barthélemy FONTANE dem Jüngeren (1757–1826), eine gute Schulbildung, möglicherweise an einer der französischen Privatschulen in Berlin, zuteil werden.

Dieser Sohn, der Großvater des Schriftstellers, im Ausstellungskatalog der Berliner Akademie der Künste 1791 mit der Berufsbezeichnung »Zeichenmeister« aufgeführt, hat ein Diarium geführt, das allerdings von seiner dritten Frau größtenteils vernichtet wurde (H. FRICKE, 1977, S. 125). Nach Gottfried SCHADOW gehörte »Fontan« zu denen »die nie dazu kamen, malen zu können, konnte dagegen aber französisch sprechen«. Fontane hat diese Bemerkung in SCHADOWS Schrift *Kunst-Werke und Kunst-Ansichten* (1849) in *Meine Kinderjahre* paraphrasiert (»er malt schlecht, aber er spricht gut französisch«) und die Überlegung daran geknüpft, der Großvater sei möglicherweise durch den einflußreichen francophilen Kabinettsrat Johann Wilhelm LOMBARD gefördert worden (III.4.10). Nachweislich ist indessen nur, daß »Peter Fontane« – wie er selbst unterzeichnete – seine zuletzt angesehene soziale Stellung im Hofdienst erklomm und durch Heiraten befestigte: Er begann als Kammerdiener und als Zeichenlehrer der königlichen Prinzen, wurde dann Kabinettssekretär der Königin LUISE, Gattin von FRIEDRICH WILHELM III., schließlich – dabei handelte es sich bereits um eine Versorgung des durch ein Augenleiden nur noch beschränkt dienstfähigen Mannes – Kastellan in Schloß Niederschönhausen. Dreimal verheiratet, wurde er mit jeder Eheschließung wohlhabender und starb in Berlin als vermögender Rentier. Fontane schildert in *Meine Kinderjahre* einen Besuch beim Großvater und seiner dritten Frau Charlotte Friedérique geb. WERNER (1778 oder 1779–1843), einer aus Schlesien stammenden Geheimratstochter, der ihm zunächst den Blick in »ein anheimelndes Idyll« (III.4.27f.) gewährte, aber in eine Enttäuschung mündete. Es war Pierre Barthélemy FONTANE nicht beschieden – und der Enkel bekam diese Enttäuschung zu spüren –, den bürgerlichen Aufstieg der Familie in seinen Söhnen sicher fortgesetzt zu sehen. Nur einer von ihnen, der in der ersten Ehe mit Louise Sophie DEUBEL (1758–1797) geborene Charles Henri GUILLAUME (1792–1846), reüssierte als Wegebaumeister im schlesischen Glogau. LOUIS HENRI, Fontanes Vater, der ebenfalls aus dieser Verbindung stammte, und sein Halbbruder Ferdinand Auguste (1804–1870) aus der zweiten Ehe mit Anne Marie REIMANN (gest. 1807), der aus *Von Zwanzig bis Dreißig* bekannte »Onkel August«, scheiterten durch ihren Leichtsinn, der sie finanziell ruinierte, Auguste sogar in kriminelle Handlungen verstrickte.

Anders die Vorfahren mütterlicherseits: Stufenweise, aber sicher vollzieht sich ihr bürgerlicher Aufstieg. Die Geschichte ihrer Emigration beginnt mit dem Schlossermeister (maître serrurier) Pierre LABRY I (1658–1738), geboren in Le Vigan (Cevennen), gestorben in Magdeburg. Er war verheiratet mit Jeanne SERRES (1668–1718), Tochter eines Schuhmachermeisters (maître cordonnier) aus Montauban. Sein Sohn Pierre LABRY II (1698–1739), der Marguerite Elisabeth BISCHOFF zur Frau nahm, lebte als Strumpfwarenfabrikant (fabricant en bas) in Magdeburg. Sein Sohn Pierre LABRY III (1737–1815) war dort Kaufmann und Schreiblehrer (marchand et écrivain), er heiratete 1763 Marthe Sara DOUZAL (1744–1801). Ihm folgt Jean Francois LABRY (1767–1810), der Seidendockenkaufmann (négociant en écheveaux de soie) wurde und das Kaufhaus Humbert & Labry in Berlin begründete. Verheiratet mit Charlotte Friederike Christiane MUMME (1776–1815) aus einer märkischen Beamten- und Gutsbesitzerfamilie, vererbte er seiner Tochter ein beträchtliches Vermögen, von dessen Zinsen die Frühverwaiste, als sie ihren späteren Mann kennenlernte, in einem Berliner Internat lebte. Die LABRYS waren ehrgeizig und haushälterisch, zu ihrem Erbe zählte ein fester Bestand vorzugsweise auf materielle Ziele gerichteter Wertvorstellungen. »Des Lebens ernstes Führen«, das dem Vater offensichtlich von Anfang an fehlte, wird der spätere Schriftsteller von der Mutter zu erlernen haben. Der Ehekonflikt der Eltern, dessen Zeuge er wird, scheint in der Rückschau nahezu vorprogrammiert. Fontanes zu ihrem 30. Hochzeitstag verfaßter, unvollständig erhaltener dramatischer Scherz *Der westfälische Frieden* hält unterschiedliche Charakterzüge von Vater und Mutter humorvoll fest. Die Problematik des elterliches Erbes ist in der biographischen Forschung nicht selten harmonisiert, aber auch mit Strenge betont worden (HUCH, 1917/18).

»Und nun mein Name! Ja, wer es wüßte!«

Der Wortbedeutung nach leitet sich der Name Fontane von dem lateinischen »fontanus« und dem französischen »fontaine« (Quelle, Springbrunnen) ab. In Nîmes und Umgebung war im 17. Jahrhundert als Familienname die Schreibweise »Fontanes« gebräuchlich. Möglicherweise handelt es sich um einen Ortsnamen. Im Departement Gard und im Departement Hérault gibt es je einen Ortsnamen Fontanes. Ob der Name der Familie des Dichters von einem dieser Orte herstammt, läßt sich jedoch nicht sicher bestimmen. »Der in Nimes als Vorfahr Theodor Fontanes nachweisbare Pierre wird in der Eintragung seiner Heirat vom 16. September 1658 *Fontanes* geschrieben. Der Einwanderer Jacques FONTANE ist im Berliner Kirchenbuch als *Fontane* eingetragen. […] die Schreibweise *Fontain* für den Nachnamen findet sich nur einmal in der Berliner Kolonieliste vom 31. 12. 1699.« (DESEL, 1998, S. 340) Die Behauptung, erst der Urgroßvater Theodor Fontanes, Pierre Barthélemy der Ältere habe den Namen Fontain in Fontane geändert, ist demnach nicht zu belegen. »Im Verzeichnis der Berliner Hausbesitzer von 1801 ist Pierre Barthélemy FONTANE einmal als *Fontano* (nicht Fontaine) eingetragen. Sonst nennt er sich in den zahlreichen Eintragungen der Kirchenbücher und Dokumente immer mit seinem Namen *Fontane*.« (DESEL, ebd.)

Verwirrend wie noch andere Angaben zur Familiengeschichte, die durch die Biographien geistern, wirken auch die Informationen darüber, wie der Dichter seinen Namen ausgesprochen habe. Der weitgehende Verzicht auf den Nasallaut – man sprach ihn, wie der Sohn THEODOR FONTANE jun. scherzte, nur an Sonn- und Feiertagen – ließ den Namen bereits zum Teil eingedeutscht erscheinen, wenn auch das Schluß-e zunächst noch stumm blieb. Dem steht die bestimmte Erklärung Berliner Freunde entgegen: »Fontanes waren eben einfach Emigranten und sprachen ihren Namen natürlich französisch aus.« (HÖFER, 1937, S. 87) In einer Briefäußerung Fontanes findet der scheinbare Widerspruch seine Auflösung:

> Und nun mein Name! Ja, wer es wüßte! Jeder spricht den Namen verschieden aus, und weil man abhängig ist von dem, was man hört, so habe ich mich daran gewöhnt, je nach der Situation ihn auch verschieden auszusprechen. Bin ich mit Leuten aus der Oberschicht der Gesellschaft zusammen, so lasse ich es an einem wundervollen Na-

sallaut nicht fehlen und bin wieder ganz aus Montpellier. Bin ich auf dem Lande, so lasse ich das 'e' und den Nasenschneddrängdäng fallen und begnüge mich damit, aus Neuruppin zu sein. (An Rektor Wieland, 15. (?) 4. 1887, zit. nach H. Erdmann, 1995, S. 43)

Die Schreibung der Vornamen wechselt in den Dokumenten zwischen dem Französischen und Deutschen. Maßgebend dafür ist, wo beurkundet wurde. Fontanes Vater Louis Henri erscheint in Neuruppiner Dokumenten als Ludewig Heinrich (R. Bellin, 1972, S. 475); umgekehrt findet sich Fontanes Freund Bernhard von Lepel als Pate eines von Fontanes Kindern im Taufzeugnis der französischen Kirche als Bernard de Lepel eingetragen.

»Man heiratete damals [...] sehr früh«

Am 24. 3. 1819 wurden der Apotheker Louis Henri Fontane (1796–1867) und Emilie Labry (1798–1869), beide französisch-reformiert, in der Französischen Kirche in Berlin von Pfarrer Rodolphe Palmié getraut. Ihre Zugehörigkeit zur Kolonie war gewissermaßen Familienbesitz und stand außer Frage. Gleichwohl fehlte es dem Paar keineswegs an deutschen Vorfahren. Letztere waren sogar etwas in der Überzahl, und dies vermehrt bei den Fontanes, die häufiger als die Labrys deutsche Frauen geheiratet hatten. In der brandenburgischen und pommerschen Provinz, in der Louis Henri und Emilie Fontane nach ihrer Eheschließung lebten, scheinen die »Refugié-Traditionen« (III.4.9) nicht durchgehend zu ihrer Integration beigetragen zu haben. Das Paar betonte, wenn wir dem Bericht des Sohnes glauben dürfen, die Herkunft von jenseits des Rheins nicht selten in tragikomischer Weise, so durch Berufung auf vorgebliche Verwandtschaften, die zum einstmaligen sozialen Status der Familien im offenbaren Widerspruch standen. Auch die Kinder nahmen es – wohl in späteren Jahren – »sehr kritisch« (III.4.21) auf, wenn der Vater von Louis de Fontanes (1757–1821) – Großmeister (Rektor) der Pariser Universität, Dichter und Staatsmann, nach der Rückkehr der Bourbonen Marquis und Pair von Frankreich, einem biegsamen Talent – fabulierte; die Mutter von Joseph Fesch (1763–1839), Kardinal-Erzbischof von Lyon und Primas von Gallien, der seine windige Karriere Napoleon verdankte. Er war ein Halbbruder Letizia Bonapartes, der Mutter des Kaisers.

Fontanes Vater wurde am 30. 3. 1796 (nicht wie in *Meine Kinderjahre* irrtümlich angegeben am 24. 3.) in Berlin geboren. Drei Jahre besuchte er das Gymnasium zum Grauen Kloster, dann wurde er 1809 Lehrling in der Elefanten-Apotheke und trat im März

1813, wiewohl als Patriot »höchstens Durchschnitt« (III.4.13), als Freiwilliger in ein Jägerdetachement der Armee ein. Er nahm, wie er dem Sohn anregend erzählte, an den Schlachten bei Groß-Görschen und Bautzen teil, wurde nach dem Waffenstillstand einer Feldlazarett-Apotheke zugewiesen, war bereits im Dezember 1813 wieder in Berlin und schloß in den folgenden Jahren in Danzig und Berlin seine Ausbildung als Apotheker ab. Anfang 1819 bestand er das Staatsexamen.

Fontanes Mutter wurde am 27. 9. 1798 (nicht wie in *Meine Kinderjahre* angegeben am 21. 9. 1797) geboren. Sie lernte ihren Mann kennen, als sie eine Pensionsfreundin, die mit LOUIS HENRIS älterem Bruder Charles verlobt war, in das Haus des künftigen Schwiegervaters begleitete. Verlobung und Eheschließung – »man heiratete damals (unmittelbar nach dem Kriege) sehr früh« (III.4.10) – folgten schnell.

Aus der Ehe gingen fünf Kinder hervor:
1. Heinrich Theodor,
2. Carl Johann Rudolph (1. 10. 1821–1. 1. 1845), von Beruf Landwirt (DESEL, 1998, S. 346),
3. Jenny Eveline (18. 4. 1824–1904), verheiratet mit dem Apotheker Hermann SOMMERFELDT (1820–1902),
4. Gustav Friedrich Maximilian (»Max«, 20. 12. 1826–1845),
5. Elise (»Lieschen«, 23. 4. 1838–1922), die 1875 den Versicherungs-Inspektor Hermann WEBER heiratete, der später als Kaufmann tätig war.

Während die Taufpaten des Erstgeborenen noch aus dem Berliner Verwandten- und Bekanntenkreis stammen, kommen die Paten der folgenden Kinder aus Neuruppiner Honoratiorenfamilien wie GENTZ und KÜHN, auch der Name des lutherischen Superintendenten erscheint. (BELLIN, 1972, S. 476) Infolge des unsoliden Lebensstils des jungen Apothekers, den seine günstigen Lebensumstände (die Apotheke florierte) offensichtlich überforderten, konnten die Fontanes in der Stadt jedoch nicht dauernd Fuß fassen. Nur die Veräußerung von Haus und Geschäft retteten aus der Überschuldung. Das mit Hilfe eines väterlichen Darlehens in Höhe von 8200 Talern für insgesamt 14750 Taler erworbene Anwesen konnte von LOUIS HENRI FONTANE zum 1. 7. 1826 für 23000 Taler, also sehr ertragreich, wenn auch nicht für »das Doppelte« (III.4.23), wie es in *Meine Kinderjahre* heißt, weiterverkauft werden.

Nach längeren Bemühungen oder vielleicht auch willkommenen Umwegen – »sein Lebelang in der Welt umherzukutschieren, immer auf der Suche nach einer Apotheke, ohne diese je finden zu können, wäre wohl eigentlich sein Ideal gewesen« (III.4.28) – erwarb LOUIS HENRI zum 1. 7. 1827 die Adlerapotheke in Swinemünde. Sein Weg führte auch weiterhin in immer kleinere Orte: Ein Jahrzehnt später, 1837, kaufte er die Adlerapotheke in Mühlberg an der Elbe, die er aber bereits nach einem Jahr zu Gunsten der Apotheke in Letschin im Oderbruch aufgab. In Letschin, der vierten und letzten Station seiner Laufbahn als selbständiger Apotheker behauptete er sich bis 1850, dann sah er sich auch dort zum Verkauf gezwungen. Nach der im selben Jahr erfolgten Trennung von seiner Frau lebte er zunächst in Neustadt/Eberswalde, dann in der Fischerkolonie Schiffmühle bei Freienwalde, wo er auch gestorben ist. Das von ihm in Schiffmühle bewohnte Häuschen und sein nahegelegenes Grab (auf der Grabplatte steht als Vorname »Hanri«) sind erhalten.

EMILIE FONTANE lebte von 1850 an zunächst in Berlin, wo sie laut dem Wohnungsanzeiger für 1851 als »Apothekerwitwe« firmierte. Im April 1854 zog sie mit ELISE nach Neuruppin in das Predigerwitwenhaus, Fischbänkenstraße 8, 1866 in eine Wohnung in der Friedrich-Wilhelm-Straße 7, nahe dem Rheinsberger Tor. Auch ihr auf dem Alten Friedhof gelegenes Grab ist erhalten. Ihre Tochter, die als auffallende Schönheit galt und den jungen Offizieren der Garnison die Köpfe verdrehte, blieb in Neuruppin bis zu ihrer Verheiratung. Max WIESE, der Schöpfer des dortigen Fontane-Denkmals, berichtet in seinen Erinnerungen *Aus meinem Leben* von ihrer geistsprühenden Konversation.

»Gegen ihren Vater können Sie nicht an«

Von LOUIS HENRI FONTANES Hand ist wenig überliefert: Zwei Zeugnisse, die er als Apotheker seinem Sohn ausgestellt hat (NÜRNBERGER, 1993, S. 37), zwei Briefe (BELLIN, 1982). Eine Bleistiftskizze, die ihn im Alter von 63 Jahren zeigt, stellt das einzige Bildnis dar. Eine Beschreibung seines Aussehens in den Mannesjahren begegnet in *Kriegsgefangen* an unvermuteter, psychologisch merkwürdiger Stelle. In Neufchâteau, der ersten Station seiner Haft, trifft Fontane auf einen Gefängnisbeamten:

> Im Moment unseres Eintretens erhob sich der Greffier, nahm die Lampe, schlug den Schirm zurück und schritt uns entgegen. Ich war wie vom Donner getroffen; das leibhaftige Ebenbild meines Vaters stand vor mir. Wir schrieben den 5. Oktober; vor drei Jahren, fast um dieselbe Stunde war er gestorben; – hier sah ich ihn wieder, frisch, lebensvoll, hoch aufgewachsen, mit breiten Schultern und großen

Augen, im Auge selbst eine Mischung von Strenge und Gutmütigkeit, wie sie ihm eigentümlich gewesen war. (III.4.552)

Ein Vierteljahrhundert vor Niederschrift von *Meine Kinderjahre* deutet sich hier bereits das Bild des Vaters an, wie die Autobiographie es vermittelt: »ein großer stattlicher Gascogner voll Bonhommie, dabei Phantast und Humorist, Plauderer und Geschichtenerzähler, und als solcher, wenn ihm am wohlsten war, kleinen Gasconnaden nicht abhold [...].« (III.4.18) Ein solcher »gutmütiger, renommistischer Gascogner« (I.3.665) bevölkert als Chasseur und Kalfakter auch den Rundturm der Bastion Brandenburg in *Vor dem Sturm*. Er ist »in seiner ganzen Haltung und Ausstaffierung [...] ein vollkommener Typus südfranzösischer Nonchalance [...]. Sein Kollet stand offen [...]« –, und wir erinnern uns, auch Louis Henri gelangte – »denn er haßte alles Zuknöpfen« – in der »Kostümfrage [...] an eine äußerste Grenze freiheitlicher Behandlung«. (III.4.153) Der einmal in Gang gekommene, von Liebe inspirierte Mischungs- und Umformungsprozeß, der die verklärte Erscheinung eines Vaters schuf, wie sie in der Literatur ihresgleichen schwerlich findet, darf sich noch der fragwürdigsten Absonderlichkeiten bedienen. Louis Henri, ein »schiefgewickelter, oder ins Apothekerhafte übersetzter Weltweiser« (an K. Zöllner, 15. 7. 1866, IV.2.165), dessen Verdrehtheit auch ein der Mutter abgelieferter Stimmungsbericht des Sohnes unverblümt ins Licht setzt (7. 3. 1861, IV.2.26 f.), mutiert zu einer Figur der Poesie. Diesem Gascogner, der keiner war, macht zuletzt auch der Causeur Fontane die Überlegenheit nicht streitig. Nicht nur neidlos, sondern fast wohlgefällig berichtet er, was er in Gesellschaft zu hören bekommt: »Hören Sie [...] Sie sind ja so weit ganz gut, wenn Sie mal Ihren glücklichen Tag haben, aber gegen ihren Vater können sie nicht an.« (III.4.82) In dem biographischen Niemandsland zwischen den unbezweifelbaren Fakten eines gescheiterten Lebens und den durch den Sohn liebevoll stilisierten Äußerungen seines humanen Charmes, ist der reale Louis Henri Fontane nicht sicher zu ermitteln. Wer jedoch zu akzeptieren bereit ist, daß die Dichtung in ihren Wirkungen wirklicher ist als das Leben selbst, erkennt sein unverfestigtes Wesen, das erst spät zu sich selbst fand: »Denn wie er ganz zuletzt war, so war er eigentlich.« (III.4.151)

1.1.2 »Ein ehrlicher Neuruppiner«. Kindheit und frühe Jugend (1819–1840)

»Märkische und pommersche Nester«

Henri Théodore Fontane wurde am 30. 12. 1819 laut Taufregister zwischen 4 und 5 Uhr abends, in Neuruppin geboren und dort am 27. 1. 1820 vom reformierten Superintendent Johann Leberecht BIENTZ getauft. Über die in Neuruppin verbrachte frühe Kindheit sowie über das dort später verlebte Gymnasialjahr sind wir nur durch die kurzgefaßten Aufzeichnungen in *Meine Kinderjahre* informiert. Die rasch wachsende Familie lebte zunächst in dem später durch Umbau veränderten, aber erhalten gebliebenen Apothekerhaus in der damaligen Friedrich-Wilhelm-Straße (gegenwärtig Karl-Marx-Straße) 84 (H. ERDMANN, 1995, S. 4). Nachdem sich der Vater gezwungen sah, die Apotheke wieder zu verkaufen, mietete man von Juni 1826 an eine Wohnung in der Friedrich-Wilhelm-Straße 94. Seinen Schulbesuch begann Fontane in Neuruppin in der privat geleiteten, 1827 von 26 Knaben besuchten Elementarschule des Kandidaten Gerber (er »machte von seinem Namen weiter keinen Gebrauch und war überhaupt sehr gut«, III.4.24), die als Vorbereitungsschule für das Gymnasium diente.

Im Juni 1827 übersiedelten die Fontanes nach Swinemünde. Die mehrtägige Reise mit Pferd und Wagen, ohne die Mutter, die vorerst einer »Nervenkur« wegen (III.4.30) in Berlin zurückblieb, hat sich dem Dichter in der Erinnerung lebhaft eingeprägt und wird ebenso wie das neue große Wohnhaus mit dem riesigen Dach, »ein ideales Kinderspielgehäuse« (KILLY, 1996, S. 164), in *Meine Kinderjahre* ausführlich beschrieben. Es hat die Zeitläufte nicht überdauert; an seiner Stelle befindet sich heute an einem Wohn- und Geschäftsblock eine von den polnischen Behörden 1998 angebrachte Gedenktafel. Fontane besuchte in Swinemünde kurze Zeit die Stadtschule, wurde später vorübergehend von den Eltern unterrichtet und nahm dann am Privatunterricht der Kinder des Kommerzienrats KRAUSE teil, mit dessen Sohn Wilhelm (1818–1842) er befreundet blieb. Über den Lebensgang eines dieser Hauslehrer, den aus Brandenburg stammenden Johann Friedrich August LAU, der 1834 in Jena promovierte, sind Dokumente erschlossen worden, die Fontanes Autobiographie ergänzen und partiell berichtigen (GUTHKE, 1974, S. 165ff.). Die anhängliche Sympathie des Zöglings weckt Interesse für diesen Lehrer, der später als Konrektor in Wittstock mit den aufsichtsführenden Behörden in Konflikt geriet, weil sein Unterricht Energie und Methodik vermissen ließ. Bei Theodor hat ihm dieses Defizit nicht geschadet: »Ich liebte Dr. Lau ganz aufrichtig, mehr als irgend einen anderen Lehrer, den ich später gehabt habe [...].« (III.4.129) Über das aufstrebende Swinemünde hat, ein Jahr vor Ankunft der Fontanes, der dortige Königliche Kreis-Physikus und Bade-Arzt eine Beschreibung geliefert, in der er auch die »gute Apotheke« (R. KIND, 1828, S. 82) erwähnt und Örtlichkeiten beschreibt, die sowohl in *Meine Kinderjahre* als auch in *Effi Briest* eine Rolle spielen. Dr. Richard KIND wurde der Hausarzt der Familie Fontane. Die umfangreichste, allerdings unsichere, weil aus dem Abstand des Alters geschriebene Quelle bilden der erste Band der Autobiographie (*Meine Kinderjahre*) sowie die Biographie *Christian Friedrich Scherenberg und das literarische Berlin von 1840 bis 1860*.

> Es giebt doch wirklich eine Art genius loci und während an manchen Orten die Langeweile ihre graue Fahne schwingt, haben andre unausgesetzt ihren Tanz und ihre Musik. Diese Beobachtung habe ich schon als Junge gemacht; wie spießbürgerlich war mein heimathliches Ruppin, wie poetisch das aus bankrutten Kaufleuten bestehende Swinemünde, wo ich von meinem 7. bis zu meinem 12. Jahre lebte und nichts lernte. Fast möchte ich hinzusetzen Gott sei Dank. Denn das Leben auf Strom und See, der Sturm und die Ueberschwemmungen, englische Matrosen und russische Dampfschiffe, die den Kaiser Nicolaus brachten, – das war besser als die unregelmäßigen Verba, das einzig Unregelmäßige, was es in Ruppin gab. (An FRIEDLAENDER, 22. 10. 1890, IV.4.66)

Erste literarische Versuche fallen bereits in die Swinemünder Zeit. Überliefert ist ein *Geschichten Buch* des annähernd Elfjährigen mit Aufzeichnungen zur deutschen Geschichte von der Teilung des fränkischen Reiches bis zum Spanischen Erbfolgekrieg, die anscheinend aus eigenem Antrieb und selbständig verfaßt sind. »Theodor Fontane hat es aus geschrieben gans allein«, wird von wohl annähernd gleichaltrigen Spielgefährten mit Unterschrift bestätigt (E. u. H. NÜRNBERGER, 1995, S. 88). Im Spätherbst 1830 fertigte Fontane zudem ein Lustspiel, das zum Abschied von LAU aufgeführt wurde. »Es war ungebührlich lang und kein Mensch hörte recht zu, was mich sehr traurig machte« – und ihm später die Einsicht vermittelte, daß ihm in dieser Situation »die verdammte Komödianteneitelkeit um jedes richtige Gefühl für den Mann, dem ich doch so viel verdankte« (III.4.129), gebracht habe. Die wenigen überlieferten Reime eines Geburtstagsgedichts (»Lieber Vater,/Du bist kein Kater«) verbinden die private Sphäre mit den kriegerischen Ereignissen des Jahres 1830: »Doch von den Russen hörst Du gern/Wie sie den Polen den Weg versperrn.« (III.4.128) Der in *Meine Kinderjahre* verklärend beschriebene Geschichtsunterricht des Vaters hat wohl auch auf das zeitgeschichtliche Interesse anregend gewirkt. Guckkastenbilder und Bilderbogen übernahmen die erste Vermittlung. »Bilder, blaue, rote, gelbe« (I.6.334) evoziert noch das Altersgedicht *Drehrad*. Im Kapitel »Gustav Kühn« der *Wanderungen* hat Fontane der »Ruppiner Offizin« (II.1.136) ein Denkmal gesetzt. Die Zeitungen – ihre ausgedehnte Lektüre wurde Fontane zu einer lebenslangen Gewohnheit (KLUG, 1999, S. 74) – berichteten von der Juli-Revolution in Frankreich, der Eroberung von Algier und dem vergeblichen Aufstand im zaristischen Polen. Der noch nicht Zehnjährige nannte als seinen Wunschberuf »ganz stramm: Professor der Geschichte« (an T. STORM, 14. 2. 1854, IV.1.375).

Wie eine »geistige Aussteuer« (FRICKE, 1954, S. 14), Vorbereitung auf den näher rückenden Eintritt ins Gymnasium, erscheinen die Geschenke, die der Zwölfjährige zum Geburtstag erhielt: die populäre Weltgeschichte für Kinder und Kinderlehrer von Karl Friedrich BECKER, die er zeitlebens benutzte, das lateinisch-deutsche und deutsch-lateinische Handlexikon von Immanuel Johann Gerhard SCHELLER und einen Atlas – wohl den Schulatlas – von Adolf STIELER. Zu Ostern 1832 wurde er in die Quarta des Neuruppiner Gymnasiums eingeschult, das damals Rektor Friedrich THORMEYER leitete. Der Aufnahmeprüfung »unter den Augen oder richtiger unter den Nüstern« des Schulmonarchen, zu der ihn die Mutter begleitete, hat er im Kapitel »Civibus aevi futuri« des *Wanderungen*-Bandes *Die Grafschaft Ruppin* beschrieben und ergänzend hinzugefügt, »von Zeit zu Zeit« träume er noch immer von THORMEYER (II.1.191). Er hat die Figur des rührigen, in lehrhaften Veröffentlichungen unfreiwillig komischen Pädagogen auch in *Meine Kinderjahre* sowie im *Stechlin* verewigt. Dort wird »Rektor Thormeyer aus Rheinsberg« ein »in der Wolle gefärbter Konservativer« genannt, den »große vorstehende Augen, ein mächtiges Doppelkinn [...] und außerdem ein Renommee wegen seiner Geschichten« auszeichnen (I.5.191). Bei des alten Stechlin Begräbnis erscheint er »in pontificalibus, angetan mit so vielen Orden und Medaillen, daß er damit weit über den Landadel hinauswuchs« (I.5.375), in *Meine Kinderjahre* ist er »gedunsen und rot bis in die Stirn hinauf, das Bild eines Apoplektikus« (III.4.177).

Fontane hat das nach dem die Stadt verwüstenden Brand von 1787 auf einem der großen Plätze neu erbaute, 1791 eingeweihte Gymnasium nur eineinhalb Jahre besucht. Er lebte während dieser

Zeit in der Familie des Superintendenten BIENTZ, die den Fontanes inzwischen freundschaftlich verbunden war. Dem an die vergleichsweise freien Lebensformen in Swinemünde gewöhnten Knaben wird es die Trennung vom Elternhaus nicht erleichtert haben, daß der Geistliche, der 1834 an Schwindsucht starb, bereits schwer leidend war. Fontanes Selbstäußerungen über die Zeit in Neuruppin sind äußerst spärlich. Ein geplanter Band *Schuljahre* der Autobiographie blieb ungeschrieben. Er hat später das Schulwesen seiner Zeit, nicht zuletzt die Gymnasialbildung, wiederholt mit Spott behandelt und kritisiert, im Hinblick auf den eigenen Bildungsgang aber auch den Wechsel der Schulformen beklagt, dem er sich ausgeliefert sah. Als Gymnasiast war er ein »mittelmäßiger Schüler«, doch erinnert er sich mit Stolz seiner Kenntnisse in Geschichte, die, wie er erzählt, den Tertianer befähigten, die Primaner für das Abitur einzupauken. Es war nur zum Teil »bloßer Zahlen- und Gedächtniskram«. Er konnte seinen Zuhörern die Schlachten von Crécy und Poitiers auch »ausmalen« (an STORM, 14.2.1854, IV.1.375). Aus Neuruppin, datiert 20.6., mutmaßlich aus dem Jahr 1833, stammt der erste überlieferte Brief des Heranwachsenden.

> Liebe Mutter.
> Es tat mir leid, mich sobald von dir trennen zu müssen doch einmal mußte es geschehen und ich muß mich daher in mein Schicksal fügen. Ich kam am Dienstag Abend zu Onkel [!] erhielt aber die häßliche Nachricht daß ich nicht am Mittwoch fahren könnte da Jumptow erst am Freitag und die Post erst am Donnerstag führe. Ich sah mich daher genöthigt mit der Post zu fahren. Ich bin mit derselben glücklich angekommen und befinde mich wohl. [...] Grüße mir recht die kleine Jenni und alle Tanten und Onkels. Schicke mir das Hemde was ich vergessen habe und schreibe bald wieder Deinen [!] dich liebenden Sohn
> Theodor Fontane. (IV.1.7)

In »einer Anzahl märkischer und pommerscher Nester« (III.4.238) habe er seine Kinderjahre verbracht, hat Fontane, beeindruckt von der Schönheit Leipzigs, in *Von Zwanzig bis Dreißig* summierend geschrieben. In diesem Zusammenhang verwischt er den Unterschied zwischen dem prosaischen Neuruppin und dem poetischen Swinemünde, den er bei anderer Gelegenheit so scharf herausarbeitet und mit der Darstellung der gegensätzlichen elterlichen Naturen verknüpft. Die märchenhafte Ostseestadt ist (mit unverkennbarer Bevorzugung) dem phantasievollen Vater, die Ruppiner Garnisonsstadt der pflichtstrengen Mutter zugeordnet. Mit oppositionellen »Motivkomplexen« (REUTER, S. 87) hat die Forschung sich auseinanderzusetzen und die von der Autobiographie suggerierte ungleiche Vorstellung zu ergänzen. Das von wechselnden Vorurteilen belastete Verständnis der preußischen Züge im Werk Fontanes bedurfte auch in solchem Kontext der erneuten Erörterung (K. ATTWOOD, 1970; G. FRIEDRICH, 1988). Eine für das Schaffen Fontanes fruchtbare Spannung zwischen Dichtung und Wirklichkeit, Phantasie und Ordnung, Freiheit und Bindung zeichnet sich ab.

Das »Schwungrad«

Was für den Entschluß der Eltern, Theodor vom 1. 10. 1833 an die von dem Geographen und märkischen Geschichtsforscher Karl Friedrich von KLÖDEN begründete Gewerbeschule in der Niederwallstraße in Berlin besuchen zu lassen, unmittelbar ausschlaggebend war, läßt sich nicht sicher bestimmen. Informationen aus erster Hand konnten die Fontanes von Wilhelm KRAUSE bekommen, der nunmehr die Gewerbeschule besuchte und Pensionär bei KLÖDEN war (S. SCHILFERT, 1986, S. 417). Sicherlich stellte die Berliner Gründung eine für ihre Zeit moderne Schulform dar, eine Art Alternative zum Gymnasium, die für die Ausbildung zum Apotheker als zweckdienlich gelten konnte. Die Absicht, ihn den Beruf ergreifen zu lassen, in dem der Vater keineswegs reüssierte, stand also wohl mittlerweile fest. Die Wünsche des Jungen und seine sich bereits abzeichnenden besonderen Anlagen in Erfahrung zu bringen, scheint man sich nicht weiter bemüht zu haben. »Mein Vater sprach: ›car tel est notre plaisir‹; zudem war er selbst Apotheker; ein andrer Grund liegt nicht vor.« (An G. SCHWAB, 18. 4. 1850, IV.1.115)

Nach vorübergehender Unterbringung in der Schülerpension Badke, Wallstraße 73, wohnte Theodor von Januar 1834 im Haushalt von »Onkel August«, dem bereits erwähnten Halbbruder seines Vaters und seiner Frau Philippine, geb. SOHM (1810–1883, »Tante Pinchen«). Das Haus Burgstraße 18, wo der Onkel auch sein Geschäft für Malutensilien betrieb, war eine gute Adresse in reizvoller Umgebung: Mit Blick auf die Spree und das Schloß, das Denkmal des Großen Kurfürsten und – wie Fontane erzählt, aber das ist anachronistisch – »das Schleusenwerk des Mühlendamms« (III.4.279). Der Umzug in ein neuerbautes billiges Mietshaus in der Großen Hamburger Straße 30/30a zu Ostern 1835 war durch August FONTANES schlechte Wirtschaftsführung verursacht und bedeutete einen sozialen Absturz.

Zum Lehrplan der Gewerbeschule zählten neben naturwissenschaftlichen Fächern und praktischen Tätigkeiten auch moderne Sprachen. Fontane hat sich über diesen Sprachunterricht nirgends geäußert, auch nicht über das für ihn später so wichtige Englisch, das zunächst in drei, später vier Wochenstunden gelehrt wurde (FRICKE, 1955, S. 59). Er interessierte sich für Chemie, vermißte aber das Fach Geschichte, an dem er vor allem hing. Im Deutschunterricht hat er mit einem selbstgewählten Aufsatzthema die Anerkennung seines Lehrers Philipp WACKERNAGEL gewonnen (*Das Schlachtfeld von Groß-Beeren*), wie er in dem von Karl Emil FRANZOS besorgten Band *Die Geschichte des Erstlingswerks* berichtet.

Über die unter der mangelhaften Aufsicht der Pflegeeltern angeblich rasch nachlassenden Schulleistungen und das häufige Schulschwänzen, die damit verbundenen ersten brandenburgischen »Wanderungen« in den Randbezirken der Stadt und verheißungsvolle Journallektüre berichtet Fontane in *Von Zwanzig bis Dreißig*. Er verließ die Schule Ostern 1836 mit dem »Einjährigen«, also mit der Berechtigung zum nur einjährigen »freiwilligen« Militärdienst.

Als Fontane zu seinen Verwandten in Berlin zog, kannte er die Stadt bereits von gelegentlichen Besuchen. In der Summe mehr als zwei Drittel seiner Lebenszeit, rund 55 Jahre, hat er fortan in Berlin gelebt. Das Jahr 1833 bezeichnet einen Anfang: Damals wurde er Berliner, um es – abgesehen von Gehilfenjahren in der sächsischen und preußischen Provinz und von dem mehrjährigen Aufenthalt in England – bis zu seinem Tode zu bleiben. Er beurteilte Berlin nüchtern, gelegentlich auch mit Abneigung, aber nie ohne künstlerisches und politisches Interesse: Zunehmend wurde er sich dessen bewußt, »daß das, was hier geschieht und nicht geschieht direkt eingreift in die großen Weltbegebenheiten«, und er mochte es nicht mehr missen, »ein solches Schwungrad in nächster Nähe sausen zu hören« (an P. HEYSE, 28. 3. 1860, IV.1.709). Für den Schriftsteller wurde diese Stadt nicht zuletzt ihrer Menschen willen zu einem seiner wichtigsten Themen, er erschuf »Fontanopolis« (E. HEILBORN, 1908/09, S. 580). Hier wie nirgends sonst fand der Romancier auch sein Publikum. Der Millionenstadt als Ganzem und dem rasanten Veränderungsprozeß, den sie zu Fontanes Lebzeiten durchlief, insgesamt gerecht zu werden, mußte allerdings jeden einzelnen überfordern. »Fontanopolis war nicht Berlin. Es war Fontanes Berlin [...].« (P. WRUCK, 1986, S. 411)

Bereits in Fontanes frühen Berliner Jahren wuchs die Stadt schnell. Im Jahre 1831 zählte sie 230 000 Einwohner, 1847 schon

415 000 (einschließlich der großen Garnison). Nicht minder schnell wuchsen allerdings auch die sozialen Probleme, die mit dem Mangel an Wohnungen, Arbeitslosigkeit und Teuerung verknüpft waren. Bereits 1835 kam es zu Unruhen.

Wahrgenommen hat der Heranwachsende diese Nöte sicherlich. Das Vogtland, das berüchtigste Elendsviertel der Stadt, lag nur wenige Minuten vom Doppelhaus Nr. 30/30a in der Großen Hamburger Straße entfernt. Gravierenden sozialen Gegensätzen begegnete Fontane immer wieder. Als er über Arbeiterdichter und ihre Lebensverhältnisse in England schrieb, kannte er die Realität in den dortigen Industriegebieten allerdings noch nicht. In seiner Londoner Zeit aber hatte er die »zwei Nationen«, von denen Benjamin DISRAELI gesprochen hatte, vor Augen (*Sybil. Or the two Nations*, 1845). Nun warfen sie ihm keinen Stoff mehr ab. Im wesentlichen nahm er, was er sah, als gegeben und belastete sich in seiner Zuschauerrolle weder durch Begehrlichkeit noch durch lautes Mitgefühl. In den *Wanderungen* und in den Berliner Romanen hat er einige ausbeuterische Mißstände (die schlechte Unterbringung der Dienstmädchen in den Wohnungen des Bürgertums, die Not der Ziegelstreicher, die das Material für die unablässige Bautätigkeit billig fertigten) dargestellt. Er begriff die Bedeutung des vierten Standes und anerkannte (in einigen Briefen, in anderen nicht) den Anspruch des Proletariats auf eine veränderte gesellschaftliche Ordnung. Für sein Schaffen aber beschäftigten ihn andere Fragen. Das hatte neben künstlerischen auch biographische Gründe, weil er selbst so viele Jahre um wirtschaftliche Sicherheit und gesellschaftliche Reputation zu kämpfen gehabt hatte.

Noch in der Regierungszeit FRIEDRICHS II. hatte Berlin einen provinzieller Charakter. Die Stadt war, kulturell gesehen, »ein Vorposten in einem unterentwickelten Grenzland« (PARET, 1997, S. 367). Nun durchlief sie architektonisch eine Glanzzeit und war ausgezeichnet auch durch intellektuelle Modernität. Der 1810 gegründeten Universität gebührte im deutschen Sprachraum der erste Platz. Das Theater und die Museen wurden auch von anspruchsvollen Fremden respektiert. In unterschiedlichen Rollen – als Soldat, als Kunst- und Theaterkritiker, als Ehrendoktor – sollte Fontane später an all dem teilhaben, was Erscheinungsbild und Geist dieser Stadt bis in die Kaiserzeit hinein und noch am Jahrhundertende bestimmen prägte. Frühe, bleibende Eindrücke schenkte ihm wohl die Bühne. Eines der ersten Stücke, die er sah – »als ich 1833 nach Berlin kam, im Königstädtischen Theater » (an P. SCHLENTHER, 18. 12. 1889, IV.3.745) – war *Turandot* in der Bearbeitung von Friedrich SCHILLER. Im Königstädtischen Theater sollte er fünfzehn Jahre später in unvermuteter Weise vorstellig werden.

Für den Gymnasialschüler aus Neuruppin begann ein Bildungsprozeß, den er zu wesentlichen Teilen aus eigenen Kräften bestreiten mußte und den er im Rückblick, in dem er sich wie der »Reiter über den Bodensee« erscheint, nicht ohne Staunen rekapituliert: »Es ist alles leidlich geglückt«, schreibt er an seine Frau, aber »ein leises Grauen packt einen noch nachträglich«, denn

> Personen von solcher Ausrüstung, wie die meine war, kein Vermögen, kein Wissen, keine Stellung, keine starken Nerven, das Leben zu zwingen – solche Menschen sind überhaupt keine richtigen Menschen, und wenn sie mit ihrem Talent und ihrem eingewickelten 50-Pfennig-Stück ihres Weges ziehn wollen (und das muß man ihnen schließlich gestatten), so sollen sie sich wenigstens nicht verheiraten. Sie ziehen dadurch Unschuldige in ihr eigenes fragwürdiges Dasein hinein, und ich kann alle Deine Verwandten [...] nicht genug bewundern, daß sie mich von Anfang an mit Vertrauen, Herzlichkeit und beinah Liebe behandelt haben. Ich wäre gegen mich selber viel flauer gewesen, denn ein Apotheker, der anstatt von einer Apotheke von der Dichtkunst leben will, ist so ziemlich das Tollste, was es gibt. (23. 8. 1891, IV.4.145)

Eine »Fee in Fé« und ein »Ciocciarenkind aus den Abruzzen«

So kompliziert und im gewissen Sinne spannungreich der schriftstellerische Werdegang Fontanes anmutet, so relativ arm erscheint er an dem, was die Biographien anderer Künstler füllt, an Herzenserlebnissen und erotischen Leidensstationen. Zwar handelt es sich, wie die Geschichte seiner langen Verlobungszeit verrät, weniger um einen Mangel an pikanten Vorfällen als an gesichertem Wissen darüber. Aber auch von Liebesneigungen und -konflikten, die das Licht des Tages und die spätere Familienzensur nicht zu scheuen brauchten, ist wenig zu berichten. Nur zwei Frauen, in die Fontane sich während seines fast achtzigjährigen Lebens verliebte, sind namentlich bekannt. Beide sind Bekanntschaften aus früher Jugend.

Am 21. 8. 1851 schrieb Fontane an den Jugendfreund LEPEL:

> Das Haus, das Du in Heringsdorf bewohnst, kenn' ich ganz genau; in dem großen Vorderzimmer hab' ich als 15jähriger Faulpelz oft bewundernd gestanden, wenn Eduard Devrient und seine Wirthin, die dazumal bildschöne Commercien-Räthin Krause am Clavier spielten, sangen und deklamirten. Draußen aber, nach dem Walde zu, war

es noch schöner; – da lief ich stundenlang dem schönen Backfisch der schönen Frau nach, und hatte Herzschmerzen, wenn ich die Gemüthsruhe der jungen Dreizehnjährigen sah, die saure Kirschen und aus der Speisekammer gestohlne Backpflaumen aß, während ganz andres Verlangen mir die Kehle zuschnürte. (IV.1.181)

Das Haus auf der Heringsdorfer Düne, mit den fünf Säulen an der Giebelseite – LEPEL hatte es in einem vorangegangenen Briefe beschrieben – scheint für das »nachgeborenen ›Tempel zu Pästum‹« (I.2.567) in *Unwiederbringlich* Pate gestanden zu haben. Bei der Saure-Kirschen-Geschichte geht es anscheinend um ein Ferienerlebnis, denn als Fünfzehnjähriger lebte Fontane bereits nicht mehr durchgehend in Swinemünde. Das Mädchen ist Johanna Caroline Wilhelmine Dorothea KRAUSE (1821–1897), in frühen Gedichten Fontanes zumeist »Minna« genannt. Sie war seine – zuletzt unglücklich umworbene – Jugendliebe, deren er sich noch im Alter bewegt erinnerte. Mit einem ihrer Brüder befreundet, hatte er sie bereits als Kind kennengelernt. Er traf sie gelegentlich auch, wenn sie nach Berlin kam, wie aus einem ein halbes Jahrhundert später geschriebenen Brief hervorgeht:

> Heute Nachmittag traf ich beide Jennys [...] und als dritte im Bunde: Minna v. Klöden, Minna Krause, meine alte Liebe vor nun 52 Jahren und noch länger. Denn es ging mir ähnlich wie Lepel, der, auf die Frage, wann er zuerst geliebt habe, wehmüthig antwortete: in meinem 4. Jahr. Anno 37 kam Minna Krause mit ihrer noch schönen, höchstens 36 Jahre alten Mutter (denn sie hatte sich mit 15 Jahren verheirathet) aus dem »Oberon« und ich stand im Vorflur des Opernhauses und wartete auf Beide: Minna trug einen schottischen Mantel, eine Boa von Fé und einen eleganten weißen Atlashut, sah auch noch verklärt aus durch »O, Huon, mein Gatte«, – nun, kurz heraus, jeder Zoll eine Prinzessin, eine Fee in Fé, vielleicht auch eine Schlange in Boa, was nur den Reiz steigerte, – heute sah ich eine alte Backebeere, mit unglaublich wenig Zähnen und unglaublich viel Runzeln. Ich freute mich aber doch. Dabei nannte sie mich mit der größten Unbefangenheit »Du«, was mich gradezu rührte, denn man bleibt ein Schaf. (An MARTHA FONTANE, 28. 8. 1889, IV.3.718f.)

Ob das Mädchen die Gefühle des Jungen erwiderte, wissen wir nicht, doch gibt es Gedichte, die von geheimem Einverständnis sprechen und andere, die von der Hoffnung zehren, die bereits verlorene Freundin wiederzugewinnen. Sie, so wähnt der Schreiber, »wird reuig meine Hand erfassen/Und flüstern leise in mein Ohr:/›Wie konnte ich dich nur verlassen,/Ich lieb' dich wieder, Theodor‹.« (I.6.604) Die Kommerzienratstochter – für den unbemittelten Apothekerlehrling wohl unerreichbar – heiratete 1840, neunzehn Jahre alt, Gustav Adolph KLÖDEN, später Professor der Geographie in Berlin, Sohn des Direktors der Gewerbeschule, die Fontane besucht hatte. Die Erfahrung, daß man als Werbender den Kürzeren zieht, wenn ein zweiter auftritt, der einen Vorsprung in beruflicher Entwicklung und gesellschaftlicher Reputation geltend machen kann, in *Effi Briest* Innstetten zudiktiert (die Stoffgeschichte gab sie nicht vor), hat Fontane selbst gemacht. Ein assoziationsreicher Aufsatz über Fontanes »Versteckspielpassion« hat die HEINE-Passagen im 17. Kapitel von *Effi Briest* zu Minna KRAUSE, dem allerersten Urbild von Effi, in Beziehung gesetzt. (P. I. ANDERSON, 1980)

Aber es gab nicht nur die »Fee in Fé«, sondern auch ein »Ciocciarenkind aus den Abruzzen« (III.4.469), das er in der Hamburger Straße kennenlernte und das seinen Lebensweg bis zuletzt begleitete. Georgine Emilie Caroline ROUANET-KUMMER (1824–1902) war die Enkelin eines aus Toulouse stammenden Jean Pierre Barthélemy ROUANET (1747–1837), elftes Kind eines wohlhabenden Tuchfabrikanten. Er war zum Priester bestimmt worden, aber von zu Hause ausgerissen, wurde im damals preußischen Neuchâtel von Werbern gekidnappt, war dann Grenadier in Potsdam und zuletzt Stadtkämmerer von Beeskow. Seine Lebenserinnerungen sind unter dem Titel *Von Toulouse bis Beeskow* 1904 im Verlag von FRIEDRICH FONTANE in Berlin erschienen. Aus seiner dritten und letzten Ehe stammte EMILIES Mutter, Thérèse ROUANET (1790–1867), die mit einem Prediger, Johann Heinrich MÜLLER, in Müllrose verheiratet gewesen war. EMILIE war jedoch unehelich, nach der kurzen Ehe der Mutter während deren langer Witwenschaft geboren. Ihre ersten Lebensjahre verlebte sie in der Familie eines Onkels, später wurde sie von dem Berliner Kommissionsrat Karl Wilhelm KUMMER, Inhaber einer etwas dubiosen Fabrik zur Herstellung von Papiermaché, adoptiert. Nach dem Tod von KUMMERS erster Frau lebte das Kind in unwürdigen Verhältnissen und wäre vielleicht vollends verwahrlost, wenn sich nicht »Tante Pinchen« seiner angenommen hätte. Es zeigte Interesse und Talent fürs Theater, das wußte die ehemalige Schauspielerin zu schätzen. Auch Theodor und sein Schulfreund Hermann SCHERZ (1818–1888) aus Kränzlin bei Neuruppin kümmerten sich um das Mädchen. Bei derberen Spielen stach Theodors Kamerad ihn aus, dann sah er sich von ihr ausgelacht, aber gelegentlich half dem Gekränkten die Literatur. Einmal gerieten sie in eine »große Theaterszene hinein«, EMILIE spielte mit einer Freundin *Romeo und Julia,* darin fand Hermann sich nicht zurecht, Theodor aber hob »die kleine Tragödin entzückt in die Höhe« (III.4.473 f.).

Diese Kinderfreundschaft warf lange Schatten. Während seiner Lehrlings- und Gehilfenzeit verlor Fontane den Wildfang zeitweilig aus den Augen, aber 1840 widmete er ihr Stammbuchverse, die eine bereits bestehende Neigung erkennen lassen, wenn sie sich auch im Ausdruck von dem, was er Minna geschrieben hatte, kaum unterscheiden. Als er EMILIE um 1843 wiedersah, hatte sie sich, deren Lebensverhältnisse inzwischen eine günstige Wendung genommen hatten, in ein lebenslustiges Fräulein verwandelt, den »Typus einer jungen Berlinerin. [...] Wir nahmen den alten, herzlichen Ton gleich wieder auf und die Leute wußten bald, was daraus werden würde.« (III.4.774)

»Fritz Katzfuß, du mein Ideal, mein Vorbild«

Nachdem der als strenger Prüfer gefürchtete Königliche Stadtphysikus Dr. NATORP am 28. 3. 1836 auf Wunsch des künftigen Lehrherrn begutachtet hatte, daß Fontane »sehr gute Kenntnisse der Latinität und anderer Schuldisziplinen besitze, auch eine sehr gute Handschrift schreibe daß sonach seiner Annahme als Lehrling der Apothekerkunst gesetzlich nichts entgegen stehe« (J. SCHOBESS, 1958, S. 591), begann dieser am 1. 4. 1836 seine auf vier Jahre festgesetzte Lehrzeit in der Apotheke »Zum Weißen Schwan«, Spandauerstraße 77. Seit drei Generationen befand sich diese Apotheke im Besitz der aus Neuruppin stammenden Familie ROSE. Mit dem Vater des gegenwärtigen Besitzers, dem Pharmazeuten Valentin ROSE, verwandt und sein Mündel war Karl Friedrich SCHINKEL, der in der Papestraße Nr. 10, unweit der Roseschen Apotheke aufgewachsen war. Wilhelm ROSE, der mittlere von drei Brüdern, sah sich, anders als seine Geschwister, von denen der eine als Mineraloge, der andere als Chemiker dem Lehrkörper der Berliner Universität angehörten, nicht durch wissenschaftliche Studienerfolge ausgezeichnet. Unter dem Geltungsstreben seines Lehrherrn, der ihm in seinen Erinnerungen als »ein dankbarer Stoff für eine Charakterstudie« erschien und in dem er einen »Geheimbourgeois« (III.4.186f.) erkannte, hatte Fontane manches zu leiden, erfuhr aber auch Förderung, weil der Apotheker von seinem Ehrgeiz zu vermehrten kulturellen Initiativen sich angespornt sah: Etwa zur Mitbegründung eines Lesezirkels, der aktuelle schöngeistige Bücher und Zeitschriften auch dem literaturhungrigen Lehrling erschloß. »Beinah alles, was ich vom ›jungen Deutschland‹ weiß, weiß ich aus *der* Zeit her und Mundt, Kühne, Laube, Wienbarg –

Gutzkows selbst ganz zu geschweigen – waren damals Haushaltsworte für mich.« (III.4.192f.)

Rose erließ Fontane ein Vierteljahr der Lehrzeit. Am 9. 1. 1840 stellte er ihm das Abschlußzeugnis aus: »Stets betrug er sich so, wie es einem gesitteten und verständigen Jünglinge geziemt [...] benutzte seine Mußestunden fleißig zum Studium pharmazeutischer und anderer damit verbundener Wissenschaften. Möge er, der noch einige Zeit als Gehülfe in meiner Apotheke verbleiben wird, so fortfahren!« (Schobess, 1958, S. 590)

Neben seiner ausgebreiteten Lektüre begleiteten Fontanes Lehrzeit fortgesetzte poetische Versuche. Diese Tätigkeit bildete sein eigentliches Leben: Der Lehrling, den er, angeregt durch die Novelle *Die alten Leutchen* von Helene Böhlau, in dem Gedicht *Fritz Katzfuß* (I.6.364–366) beschrieben hat, ist er selbst: »Auf mich hat das seinerzeit einen großen Eindruck gemacht, weil ich mich in dem Ladenschwengel wiedererkannte.« (An F. Stephany, 28. 12 1888, IV.3.669) Einem Epos *Heinrichs IV. erste Liebe*, das nicht überliefert ist, lag eine Novelle von Heinrich Daniel Zschokke zugrunde. Frühe Gedichte haben sich erhalten, die Handschrift der Sammlung trägt den Titel »Gedichte von Theodor Fontane Seiner inniggeliebten Mutter gewidmet von ihrem Theodor«. Die Prosa ist zum größeren Teil verloren. Wenn die Angaben in *Von Zwanzig bis Dreißig* zutreffen, hat er in seinem letzten Lehrjahr unter dem Titel *Du hast recht getan* einen ganzen Roman verfaßt, der »viele Jahre später, während ich im Auslande war« (III.4.198), sogar ohne sein Wissen veröffentlicht wurde. Auffinden ließ diese Arbeit sich allerdings nie. Die Novelle *Geschwisterliebe* wurde als erste Arbeit Fontanes im Dezember 1839 im *Berliner Figaro* gedruckt. Der Debütant griff auf Neuruppin, nicht auf Swinemünde, als Schauplatz zurück: »Wenige Jahre waren seit dem großen Brande vergangen, welcher eine der ältesten Städte der Mark Brandenburg in Schutt und Asche legte [...].« (I.7.123)

Von besonderer Bedeutung für Fontane war, daß dieser erste literarische Erfolg, der Abschluß der Lehrzeit und der Thronwechsel in Preußen annähernd zeitlich zusammenfielen; das angeblich am selben Tage wie das Apothekerexamen erfolgte Erscheinen der *Geschwisterliebe* (III.4.182f.) ist jedoch erdichtet oder beruht auf einem Erinnerungsfehler. Er bewegte sich nun vermehrt in Lesecafés und suchte auch die Verbindung zu geselligen Zirkeln. In der Autobiographie erinnert er sich an einen »Platen«- und einen »Lenau-Verein«, in denen seine lebenslange Sympathie für beide Dichter begründet oder doch gefördert wurde. Dem »Lenau-Verein« verdankte er die Bekanntschaft mit dem damaligen Philosophiestudenten, späteren Ökonomen und Publizisten Jules Charles Faucher (1820–1878), den er 1857 in London wieder traf. Der vielseitige Mann hat viel zu seiner Kenntnis der Weltstadt beigetragen; 1840 erschloß er ihm Nikolaus Lenau. »Der Eindruck auf mich war ein großer, überwältigender.« (III.4.208)

Möglicherweise bereits auf den »Platen-Verein« zurück geht auch die Bekanntschaft mit dem preußischen Gardeoffizier und Poeten Bernhard Freiherr von Lepel (1818–1885), der Fontanes wichtigster Jugendfreund wurde und ihm, besonders in der Zeit des Vormärz und der Revolution, Förderung und Hilfe gewährte. Geboren in Meppen im Königreich Hannover als Sohn des Festungskommandanten, wurde Lepel vom Vater entgegen seinem Wunsch – er wollte Maler werden – zum Soldaten bestimmt. Fontane diente 1844 unter Lepel als Einjährig-Freiwilliger im Kaiser-Franz-Gardegrenadierregiment und wurde von ihm auch in den literarischen Sonntagsverein »Tunnel über der Spree« eingeführt. Ihre Korrespondenz in der Revolutionszeit, besonders auch über Fontanes geplantes Drama *Karl Stuart*, läßt die unterschiedlichen politischen Positionen und eine langsam wachsende Entfremdung erkennen. Der als Lyriker in einer unglücklichen Platen-Nachfolge befangene Lepel scheiterte, wie Fontane ihm schonungslos vorhielt, auch als Dramatiker (W. Paulsen, 1988). Die Schottlandreise 1858 und erste Touren in die Mark sahen die Freunde noch einmal vereint; *Jenseit des Tweed* ist Lepel gewidmet. Fontane betrachtete jedoch sowohl Lepels künstlerische Produktion als auch seine Beziehungen zu Frauen zunehmend kritisch. Die Korrespondenz mit Mathilde von Rohr zeigt seine zuletzt kühle Distanzierung. Lepel schied schon früh aus dem aktiven Dienst aus; er starb in Prenzlau, wo er die 3. Provinzial-Invaliden-Kompanie befehligte, im Rang eines Majors. Das ihm gewidmete Kapitel in *Von Zwanzig bis Dreißig* achtet die alte Freundschaft. »Durch mehr als vierzig Jahre habe ich nur Wohlwollen von ihm erfahren.« (III.4.434) In der Summe aber läuft auch diese Würdigung darauf hinaus, daß Lepel, weil er »ziel- und steuerlos« sich habe treiben lassen, »mal als Landwirt und mal als Dramatiker, mal auch als Erfinder und Tüftler« sein Leben verfehlt habe. Lepel »suchte das Perpetuum mobile und ›hatte es auch beinahe‹« (III.4.448).

1.1.3 »Lafontaine«. Vormärz und Revolution (1840–1850)

Fontanes drittes Lebensjahrzehnt, in dem er als Verfasser von Balladen und Liedern auf preußische Feldherrn zuerst nennenswerte Erfolge feiert, steht im Zeichen des Vormärz und der gescheiterten Revolution. Er gehört zu den Jahrgängen der gesellschaftlich engagierten jungen Schriftsteller, die, ihrem Vorbild Georg HERWEGH folgend, dem von der Restauration unterdrückten Verlangen nach verfassungsmäßigen Rechten und politischer Freiheit ungeduldig Ausdruck gaben. Fontane leistete in Gedichten und Korrespondenzen zur Literatur des Tages einen Beitrag, vermochte aber mit diesen Hervorbringungen nicht in gleicher Weise wie als Balladendichter Profil zu gewinnen. Schon jetzt wirkten sich seine bedrängten äußeren Lebensumstände auf Inhalte und Formen des künstlerischen Schaffens beziehungsreich aus. Zwischen seinen Triumphen im literarischen Sonntagsverein »Der Tunnel über der Spree« und seiner Förderung gerade durch entschieden konservative Mitglieder der Vereinigung besteht eine Verbindung, die im einzelnen und in der Reihenfolge strittig, insgesamt jedoch schwerlich zu übersehen ist. Bei Wahrung des Anscheins unpolitischer Liberalität, zeigte sich der »Tunnel« der Zeitdichtung mehrheitlich abgeneigt, aber nicht in gleicher Weise spröde bei der Wahrung altpreußischer Interessen. Neben LEPEL ist unter Fontanes Protektoren besonders der Kammergerichtsrat Traugott Wilhelm von MERCKEL und schon bald auch der Schauspieler Louis SCHNEIDER zu nennen, der als Vorleser des Königs über Zutritt und Gehör bei Hof verfügte. Ein biographischer Abriß, dem es obliegt, die lebensgeschichtlichen Implikationen der Werkgenese kenntlich zu machen, kann auf die weit über die »Tunnel«-Zeit hinausreichende Bedeutung dieser Umstände nicht entschieden genug hinweisen. Ausgehend von den Beziehungen im Sonntagsverein gewann »Lafontaine«- so sein Name im Verein, der ihn den adligen Offizieren, Beamten und Akademikern äußerlich gleichstellte – zunehmend eine persönliche Kenntnis der Klasse, die den preußischen Staat in der Vergangenheit getragen hatte und immer noch trug. Er begegnete Charakteren, die ihn durch Vornehmheit und Selbstlosigkeit, Patriotismus und persönliche Liberalität überzeugten. Obwohl ihn 1848 die Revolution auf ihrer Seite sah, riß die Verbindung zum konservativen und royalistischen Preußen doch nie ganz ab. Im Nachmärz und während Fontanes Tätigkeit in der Redaktion der *Kreuzzeitung* wurden diese Beziehungen noch vertieft und durch neue Bekanntschaften erweitert. Als Autor war er zunehmend befähigt, maßgebliche Kreise der preußischen Gesellschaft von innen zu sehen – keine Kenntnis von außen hätte das damit verbundene Maß von Identifikation ersetzen können. Für die Erfahrungen, die er damals sammelte, die ihn förderten und zugleich in bestimmter Weise lenkten und die ihn naturgemäß um so stärker beeindruckten, als seine Persönlichkeit ja noch keineswegs gefestigt war, brachte er wohl auch eine große Aufnahmebereitschaft mit. Gleichwohl brach 1848 der demokratische Zeitgeist noch einmal radikal in ihm durch. Tiefe Zwiespältigkeit bedeutete es, daß er, der auf den Apothekerberuf verzichtet und, ermutigt durch erste Buchpublikationen, sein »literarisches Leben auf den ›Vers‹« (III.4.533) gestellt hatte, sich gezwungen sah, eine subalterne Tätigkeit im Pressewesen der Regierung anzunehmen. »Treulos sind alle Knechte,/Der Freie nur ist treu«, schloß sein Gedicht *An den Märzminister Graf Schwerin-Putzar* (I.6.229f.). Nun verkaufte er sich an die Reaktion.

»Ein wahrheitsliebender deutscher Jüngling«

Von einer »gütigen Vergessenheit«, der nicht nur die »weitausholenden Erinnerungen« Fontanes an unbedeutende Poeten, sondern auch seine eigenen »frühesten poetischen Bemühungen« (WANDREY, S. 15) anheimgefallen seien, hat man in einer frühen Phase der Rezeption gesprochen. Davon kann nicht mehr ausgegangen werden. Unvermeidlich schlägt jedoch die Unzulänglichkeit der literarischen Anfänge auf die biographische Darstellung zurück. Der »alte Fontane« ist populär wie nur der »alte Goethe«, aber »vergeblich suchen wir nach einem so lebhaften Bild des jungen Fontane, wie wir ein solches von dem jungen, sturm- und drängerischen Goethe haben« (C. JOLLES, 1938, S. 13). Das Lob des Lehrherrn ROSE für den »gesitteten Jüngling« wandelte der so freundlich Apostrophierte bei seiner am 24. 5. 1840 erfolgten Eintragung in EMILIES Stammbuch (sie hielt ihm die erste Seite des Albums frei) situationsgerecht ab: »Ich habe oft, wenn mich geblendet/Der Sonne zauberhafte Pracht,/Und ich mich von ihr abgewendet,/In meinem Herzen dein gedacht«, begann er, suchte dann noch etwas Passendes zu den folgenden Reimworten »Schacht« und »Nacht« und unterzeichnete: »Zur Erinnerung an einen wahrheitsliebenden deutschen Jüngling« (I.6.397). Es bleibt nur festzustellen, daß er solche Verse bald nicht mehr schreiben sollte. Fontanes Lebensschifflein kam nun schnell in Fahrt. Der Apothekergehilfe fand seine erste Stelle zum 1. 10. 1840 bei einem Dr. KANNENBERG in Burg bei Magdeburg, kehrte dieser – ihrer angeblich sieben Hügel wegen – »Roma unsrer Zeiten« (I.6.664) jedoch schon ein Vierteljahr später den Rücken, weil das provinzielle Leben in der kleinen Stadt ihm wenig zusagte. KANNENBERG wird als »Grobian und Geizhals« beschrieben, er »verabreichte dem jungen Provisor Wassersuppen und ließ ihn in einem ungeheizten Zimmer schlafen« (SCHOBESS, 1958, S. 591). Das postum erschienene satirische Epos *Burg* überzeichnet witzig und bedenkenlos; ähnlich wie zu privaten Anlässen entstandene Gelegenheitsgedichte verrät es mehr über die Befindlichkeit des jungen Mannes als die gefühlvolle frühe Lyrik.

In Berlin stellte sich Fontane unmittelbar nach seiner Rückkehr dem zufällig anwesenden Leipziger Apotheker Ludwig August NEUBERT vor. Der vereinbarten Anstellung konnte er wegen einer Typhuserkrankung zunächst nicht Folge leisten.

Sieben Wochen lag Fontane krank bei seinem Freund Fritz ESSELBACH, einem Mitglied des »Lenau-Vereins«, in Berlin, dann erholte er sich einige weitere Wochen bei seiner Familie in Letschin, die 1838 in das wohlhabende Kolonistendorf im Oderbruch übersiedelt war, nachdem der Vater die dortige Apotheke – seine vierte und letzte – erworben hatte. In den Krisen seines beruflichen Werdegangs im Vormärz fand der junge Fontane noch wiederholt bei den Eltern Zuflucht (M. GILL, 1975) und arbeitete (zeitweilig allerdings lediglich nominell) bei seinem Vater als Defektar. Nach der Trennung von seiner Frau 1850 veräußerte dieser die Apotheke an seinen Schwiegersohn HERMANN SOMMERFELDT, Fontane kam nun nur noch besuchsweise. Letschin ist als Tschechin Schauplatz von *Unterm Birnbaum*.

Am 1. 4. 1841 überschritt er zum ersten Mal die Grenzen Preußens, ebenfalls zum ersten Mal reiste er dabei streckenweise mit der Eisenbahn. »Architektur und Stadtbild« (III.4.238) Leipzigs beeindruckten ihn tief, aber stärker noch werden ihn Buchhandels-, Verlags- und Pressewesen in ihren Bann gezogen haben. In Sachsen profitierte man von der im Vergleich zu Preußen minder rigiden Zensur. Einem österreichischen Geheimbericht zufolge, zählte die alte Verlagsstadt damals auf 50 000 Einwohner »an 240 Buchhandlungen, eine Unzahl von Literaten und [...] eine Unzahl von Zeitschriften. Hier ist das Proletariat des deutschen Schriftstellertums und das Patriziat des Buchhandels« (WRUCK, 1986, S. 295). Die Zensur oblag der Universität, und der damit beauftragte Professor – dies galt als verbürgt – überließ sie nicht selten seiner Tochter (ebd.). Es ist anzunehmen, daß sich Fontane nicht zufällig bei einem Apotheker in Leipzig beworben hat. Was er dort erlebte, stimulierte sein politisches Interesse schnell.

»He might have been another Heine«

Schon bald gewann er Anschluß an einen Zirkel junger Leute, den er in *Von Zwanzig bis Dreißig* in Analogie zum Berliner »Platen«- und »Lenau-Verein« eher verharmlosend nach HERWEGH benannte. Zwar war dieser damals in aller Munde – noch im Dinergespräch in *Frau Jenny Treibel* klingt persönliche Erregung nach –, aber beim »Herwegh-Klub« handelte es sich in Wahrheit um eine Vereinigung radikaler Burschenschaftler, einen Teil der Burschenschaft »Kochei«, die 1839 von Robert BLUM, dem späteren Vizepräsidenten des Frankfurter »Vorparlaments«, und seinem Schwager Georg GÜNTHER gegründet worden war und bestimmenden Einfluß auf das politische Leben in Leipzig nahm (C. SCHULTZE, 1970, S. 158). Sprecher der Vereinigung war der Student Hermann KRIEGE, den Fontane bei dem Verleger Robert BINDER kennengelernt hatte und dem er im Sommer 1844 ein längeres Gedicht gewidmet hat: »Sie strebten lang die Flügel dir zu lähmen/Bei Gitterfenster und bei Kerkertor [...].« (I.6.736) BINDER besaß die *Eisenbahn*, ein »Unterhaltungsblatt für die gebildete Welt. Neue Folge« – der Untertitel wechselte, ursprünglich handelte es sich um eine »Zeitschrift zur Beförderung geistiger und geselliger Tendenzen« –, das er von GÜNTHER redigieren ließ. Programmatisch war bereits der Titel der Wochenschrift, erschienen doch Dampf und Eisenbahn als Fortschrittsmächte, letztere auch als »Lichtphänomen« im Widerstreit zur (katholischen) Finsternis (W. WÜLFING, 1987, S. 47). Bereits Fontanes erstes in dem Blatt erschienenes Gedicht *Mönch und Ritter* (I.6.897) fügt sich Konzept und geistiger Haltung des Blattes gut ein.

Am engsten schloß sich Fontane in Leipzig an den aus Odessa stammenden, ein Jahr jüngeren Wilhelm WOLFSOHN (1820–1865) an, der 1837, um Mediziner zu werden, nach Leipzig gekommen war. Nach dem bald erfolgten Wechsel des Studienfachs promovierte er 1843 über das Thema »Die schönwissenschaftliche Literatur der Russen«. WOLFSOHN scheint das Talent und den Ehrgeiz des Berliner Neuankömmlings gespürt zu haben. Weicheren Gemüts als dieser, von einem tiefen Bedürfnis nach Freundschaft erfüllt, begegnete er Fontane mit Sympathie und Anhänglichkeit, was sich auch damit erklären mag, daß er ähnlich wie Fontane, wenngleich als Jude in anderer Weise, in Leipzig ein Außenseiter blieb. In seinem Charakter vereinten sich ernstes Streben mit warmherziger Hilfsbereitschaft, er war vielseitig gebildet und hatte bereits Verschiedenes ediert, »unter andern ein Taschenbuch, das, unglaublich aber wahr, eine Art christlich-jüdischer Religionsunion anstrebte. Jedenfalls entsprach das seinem Wesen, Ausgleich, Umkleidung, nur keine Kanten und Ecken.« (III.4.259) Es ist der alte Fontane, der sich so äußert und der in Bezug auf die Abkunft seines Freundes nunmehr feine Invektiven anbringt, die sich in dem überlieferten Briefwechsel noch nicht finden. Den Versuch, Fontane Russisch beizubringen, hatte WOLFSOHN bald wieder aufgegeben, aber die Einführung in die russische Literatur war nicht vergeblich:

> Hätte nicht sein kluger, interessanter Kopf die jüdische Deszendenz bekundet, so würde man ihn für einen jungen Abbé gehalten haben, er verfügte ganz über die verbindlichen Formen und das überlegene Lächeln eines solchen, vor allem aber über die Handbewegungen. [...] vom alten Derschawin an, über Karamsin und Schukowski fort, zogen Puschkin, Lermontow, Pawlow, Gogol an mir vorüber. Ein ganz Teil von dem, was mir Wolfsohn damals vortrug, ist sitzen geblieben, am meisten von den drei letztgenannten – Lermontow war mein besonderer Liebling – und so sehr alles nur ein Kosthäppchen war, so bin ich doch auf meinem Lebenswege nur sehr wenigen begegnet, die mehr davon gewußt hätten. (Ebd.)

In den folgenden Jahren hat WOLFSOHN Vorlesungen in Odessa und Moskau dazu genutzt, auf den jungen deutschen Dichter aufmerksam zu machen, den man in Deutschland noch kaum kannte. Auch nach seiner Rückkehr nach Sachsen 1845 suchte er Fontane durch Vermittlung von Aufträgen zu helfen. Dieser hat offenbar nur noch selten an WOLFSOHN geschrieben, aber für das in Briefen insgesamt kaum dokumentierte Jahr 1847 ist das Schreiben vom 10. 11., die »Beichte eines Freundes« (IV.1.39), von besonderem Aussagewert. Nachdem WOLFSOHN mit Robert PRUTZ in Leipzig die Zeitschrift *Deutsches Museum* gegründet hatte, machte er zuletzt Dresden zu seiner Wahlheimat, wo er, inzwischen auch Autor zeitweilig erfolgreicher Theaterstücke (*Ein Herr von tausend Seelen*, 1857, gewidmet seinem »Freunde Theodor Fontane«), bereits 1865 starb.

Die »eigentlich große Nummer« im »Herwegh-Verein«, »natürlich erst durch das, was aus ihm wurde« (III.4.261), war der spätere Sanskritforscher, Sprachwissenschaftler und Religionsphilosoph Friedrich Max MÜLLER, ein Sohn von Wilhelm MÜLLER, dem Dichter der *Winterreise*. Fontane traf ihn während seiner Militärzeit erneut in Berlin, wo der junge Philologe bei Friedrich RÜCKERT studierte. MÜLLERs Tagebuch aus dem Jahre 1844 verzeichnet eine Anzahl von Begegnungen. Fontane begegnete MÜLLER 1855 erneut in London, ein Jahr später in Oxford, zuletzt, in MÜLLERS Straßburger Zeit, in Deutschland. In *Von Zwanzig bis Dreißig* beschreibt er zunächst den Leipziger Studenten, der sich darauf beschränkte, »mit dem klugen glauen Gesicht eines Eichhörnchens unseren Freiheitsrodomontaden, beziehungsweise den Plänen ›pour culbuter toute l'Europe‹ zu folgen« (III.4.261). Aber er erzählt auch, daß ihm der in England ansässig gewordene Sanskrit-Professor, um ihm eine Einnahme zu verschaffen, einen Vormittag lang als Examinator im Deutschen beschäftigte. MÜLLERS Erinnerungen erschienen 1898 zunächst in englischer Sprache:

> Whilst at Leipzig [...]. I even belonged to a poetical society, and I remember at least two of us who in later times became very popular writers in germany. One was a Jew by the name of Wolfsohn [...]. Another, Theodor Fontane, is alive, and one of the best known and best loved novel-writers of the day. He was a charming character, a man of great gifts, full of high spirits and inexhaustible good humour. He began life in a chemist's shop, and had a very hard struggle in his youth, which may have prevented his growing to his full heigth and strength. He might have been another Heine, but the many years of hard work and hopeless drudgery kept him from soaring as high as his young wings would have carried him. I remember but little of his poetry now, there remains but the sense of pleasure which I derived from it at the time. (*Auld Lang Syne*, dt. *Alte Zeiten – Alte Freunde*, 1901).

Auch in Leipzig blieb die Gesundheit Fontanes labil; diesmal handelte sich um »Gelenkrheumatismus, der in seiner bekannten nahen Verwandtschaft zum Nervenfieber nichts andres war als ein Wiederaufleben des Typhus«. Fontane ist davon »beinahe dreißig Jahre lang immer aufs neue heimgesucht worden. Immer wieder, gegen den Ausgang des Winters,« verfiel er »in nervenfieberartige Zustände« (III.4.268). Nach seiner Genesung begann er am 1.7. 1842 eine neun Monate währende Tätigkeit bei dem namhaften Apotheker Gustav Adolf STRUVE in Dresden. Er berichtete von dort in Korrespondenzen für die *Eisenbahn*, aber in der Autobiographie äußert er sich über diese Zeit auffallend zurückhaltend und kurz. Für berufliche Schwierigkeiten gibt es keinen Anhaltspunkt. STRUVE stellte ihm ein vorzügliches Zeugnis aus. »Herrn Fontanes Moralität [...] seine aufopfernde Tätigkeit [...] verpflichten mich zum Ausspruch des vollkommensten und unbedingtesten Lobes.« (SCHOBESS, 1958, S. 591) Inzwischen ist man geneigt, den konventionellen Text mit vermehrter Aufmerksamkeit zu lesen. Letztlich ohne sichere Anhaltspunkte, gestützt nur auf das Faktum, daß das

Schreiben, das 1849 über eine zweite uneheliche Vaterschaft informierte, nach Fontanes Mitteilung an Lepel aus Dresden kam, sind seine Beziehungen dorthin zum Gegenstand ausgedehnter Recherchen und einer sympathischen, aber ausschließlich fiktiven Erzählung in Günter Grass' Roman *Ein weites Feld* geworden.

»Ein kurioser Kauz«

Über Fontane in Dresden ist auch eine Charakteristik in Briefen eines Kollegen in der Salomonis-Apotheke überliefert. Richard Kersting, ein Sohn des Malers Friedrich Georg Kersting, schrieb am 15. 9. 1842 an seine Mutter:

> Er ist höchst liebenswürdig durch seine offene, stets gleichbleibende sanfte Freundlichkeit, hat einigen Witz und einen großen Hang zu poetischer Schwärmerei. [...] Und das beste für seine Achtbarkeit ist, daß er bei alledem ein recht tüchtiger Apotheker ist.«

Am 2. 3. 1843 schrieb er ausführlicher an seinen Bruder Ernst Kersting in Leipzig:

> Fontane ist ein prächtiger Kerl, der mit seinem scharfen Verstand, hellen Geist und glühender Phantasie weit über mir steht, er liebt auch das Schöne und strebt nach dem Guten, sonst aber ein kurioser Kauz. Um Wissenschaft kümmert er sich gar nicht, Charakter habe ich noch nicht viel bemerkt, und daher sind seine Grundsätze schwankend, ohne inneren Halt. Er verteidigt nicht selten die niederträchtigsten Maximen, aber nicht eigentlich, weil sie die seinen sind, sondern weil es ihm Gelegenheit gibt seinen Scharfsinn glänzen zu lassen, Von Natur sehr sanft und gutmütig, kommen da bisweilen sehr jugendlich aussehende Widersprüche zum Vorschein, wie überhaupt sein geistiger Habitus viel Schönes, Edles, aber auch noch manches Unreife zeigt. Eitelkeit ist seine Hauptschwäche. [...] Fontane gibt es auch zu, daß er eitel ist und daß Eitelkeit nicht eben etwas sehr Großartiges sei, aber ganz verdammt er sie doch nicht. Er meint, sie sei ein guter Sporn, der schon manch edles Produkt aus den gern ruhenden Geistern getrieben habe: Lord Byron, Goethe, Schiller u. a., auch Herwegh, Freiligrath haben vieles aus Eitelkeit geschrieben. [...] er geht zu Ostern als Literat [?] nach Leipzig. Du kannst ihm durch Deine Freundschaft viel nützen, und er verdient's.« (K. K. Eberlein, 1920, S. 79 ff.)

Fontanes damalige Absicht, von der Pharmazie in die Literatur zu wechseln, war, wie aus diesem Brief hervorgeht, auch befreundeten Berufskollegen bekannt, hat sich aber zunächst nicht verwirklichen lassen. Über die Details besteht keine sichere Kenntnis. Nach seinem Ausscheiden aus der Struveschen Apotheke, kehrte

Fontane vorübergehend nach Leipzig zurück. Im Gepäck hatte er wohl bereits die für einen »zahlungskräftigen Verleger« bestimmte »Auswahl der in Spencerstrophe [!] geschriebenen Dichtungen eines in den vierziger Jahren sehr gefeierten Anti-Cornlaw-Rhymers Mr. Nichols [!]«, die er in *Von Zwanzig bis Dreißig* (III.4.291) erwähnt, wobei es sich aber wohl (ganz oder überwiegend) um den von Fontane übersetzten Zyklus *Des Gefangenen Traum* des englischen Arbeiterdichters John Critchley PRINCE handelt. An welchen Verleger – BINDER? – Fontane gedacht hat, ist nicht sicher bekannt, ebenso ist nicht klar, ob dieser mit dem »besondre[n] Protektor« (an G. SCHWAB, 18.4.1850, IV.1.116) identisch ist, der ihm damals die Redaktion eines belletristischen Blatts in Aussicht gestellt hatte und nicht Wort hielt. Bei dem Blatt ging es wohl um die *Eisenbahn*.

Nach dem Scheitern des Vorhabens ging Fontane wieder nach Letschin. In seiner ersten Korrespondenz für die *Eisenbahn* hat er die dortigen örtlichen Verhältnisse mit noch von Enttäuschung geschärftem Blick beschrieben:

> Mit einer gewissen Verlegenheit erinnr' ich mich des Versprechens, Ihnen eine Mitteilung über die politischen Zustände meiner speziellen Heimat zu machen [...]. Man kennt hier nur Egoismus und Materialismus. [...] Entspricht die politische Befähigung anderer Distrikte Preußens nur teilweise der sich hier kundgebenden Gleichgültigkeit, so mag der König getrost gewähren, was die Auserwählten im Volke seit Jahren zu erzielen bemüht sind. [...] Wenn übrigens »Wohlbefinden« das Höchste ist, was der Mensch zu erreichen vermag, so find' ich den Widerwillen der hiesigen Bewohner gegen jedwede Veränderung, gegen die sogenannte Neuerungssucht sehr natürlich. [...] Besser essen und trinken würden sie unter keiner Regierungsverfassung [...]. (N XIX.7–9)

Beachtenswert ist immerhin, daß Fontane im Laufe seines Lebens sowohl auf dem Dorf als auch in Klein- und Mittelstädten, in der Groß- und in der Weltstadt gelebt hat, der Radius seiner Erfahrung war auch unter diesem Aspekt groß, reichte sozusagen von Letschin bis London. Die von ihm vorübergehend gehegte »tolle Idee«, das Abitur nachzuholen – seit 1834 war es in Preußen als Zulassungsvoraussetzung für das Universitätsstudium zwingend vorgeschrieben – und »irgendwas zu studieren«, natürlich »am liebsten Geschichte« (III.4.291), blieb unverwirklicht. Immer wieder gewannen die literarischen Interessen, unter denen englische Stoffe weiterhin oder noch zunehmend dominierten, die Oberhand.

»Mit schwebendem Gang wie ein junger Gott«

Noch unter dem 29. 2. 1844 teilte Fontane WOLFSOHN mit: »Schließlich die kurze Anzeige, daß ich mich wieder der Giftmischer-Zunft zugesellt habe, und vom 1. April ab in Berlin Pharmacie studire. Mit mir also war's nichts im Literatentum, der bloße Versuch hat mich bedeutend runtergebracht.« (IV.1.14) Tatsächlich aber folgte er zum 1. 4. der nicht länger aufschiebbaren Notwendigkeit, seiner Dienstpflicht als »Einjähriger« zu genügen. Er wählte eines der in Berlin garnisonierenden Garderegimenter und wurde dem Bataillon zugeteilt, in dem LEPEL diente. Das Doppelverhältnis militärischer Subordination und literarischer Freundschaft, das sich in der Folge ergab, hat ihm die Strenge des Militärjahrs, an die das Gedicht *Als Grenadier* (I.6.748) erinnert, sicherlich erleichtert. Er durfte sogar einer Einladung von SCHERZ zu einem Trip nach England folgen, der »ersten Pauschalreise« (R. MUHS, 1995, S.159), von der er in einem Bericht *Reise* und in der Autobiographie mit Abweichungen erzählt hat. Es war die Erfüllung eines langgehegten Wunsches: »Seit Jahren blickt' ich auf England wie die Juden in Ägypten auf Kanaan.« (III.3/II.781) LEPEL führte ihn in den »Tunnel« ein, dessen ordentliches Mitglied er am 29. 9. 1844 wurde. Es ist auf den Zusammenhang hingewiesen worden, der zwischen Fontanes durch das Militärjahr neu belebtem Interesse an allem Soldatischen und der Wahl seiner Stoffe im Sonntagsverein (der Balladen auf preußische Feldherrn) zu sehen sei (FRIEDRICH, 1988, S. 30). Fontanes Entwicklung im »Tunnel« fand gründliche Darstellung (E. KOHLER, 1940), in einigen neueren Bewertungen aus verstärkt ideologiekritischer Perspektive (REUTER), auch auf Grund neuen Quellenmaterials (R. BERBIG, 1994).

HEYSES Gedicht zu Fontanes 70. Geburtstag, das in der Beschreibung von »Lafontaines« Auftreten im »Tunnel« an WIELANDS Verse über die Erscheinung des jungen GOETHE erinnert, vermag ungeachtet aller verklärenden Elemente doch den großen Erfolg Fontanes im Sonntagsverein zu vergegenwärtigen:

Da ging die Tür und in die Halle
Mit schwebendem Gang wie ein junger Gott
Trat ein Verspäteter frei und flott [...]
Und musterte mich jungen Fant
Ein bißchen gnädig von oben herab,
Daß es einen Stich ins Herz mir gab.
Doch: *Der* ist ein Dichter! wußt' ich sofort.
Silentium! Lafontaine hat's Wort.

Auch als Sekretär (und damit verbunden Protokollant) zählte Fontane zu den im »Tunnel« führenden Kräften. Psychologisch brauchte er diesen Erfolg um so mehr, als er nach dem Ende der Soldatenzeit wieder in den angestammten Beruf zurückkehren mußte. Von Ende Juni 1845 bis Ende 1846 arbeitete er als zweiter Rezeptar in der Polnischen Apotheke von Julius Eduard SCHACHT in Berlin Friedrichstraße/Ecke Mittelstraße. Dort lernte er als zweiten Lehrling auch Friedrich WITTE (1829–1893), den späteren Besitzer einer pharmazeutischen Fabrik in Rostock und nationalliberalen Reichstagsabgeordneten, kennen, mit dem er freundschaftlich verbunden blieb. Besonders seine Tochter MARTHA profitierte später von dieser Freundschaft ihres Vaters. Sie lebte oft monatelang in WITTES Familie, der wohlhabende Mann vererbte ihr ein beträchtliches Kapital.

Nach dem Ausscheiden aus der Polnischen Apotheke bereitete sich Fontane in Letschin auf das Examen vor, das er am 2. 3. 1847 bestand. Der beabsichtigte Kauf einer Apotheke in Frankfurt/Oder scheiterte aus finanziellen Gründen.

> Ich hatte das Examen hinter mir, aber keine Spur von Lebensaussicht vor mir.; bloß eine arme Braut, die wartete. Da half es denn schließlich nichts, ich mußte wieder irgendwo unterkriechen, und trat im Spätherbst 47 in die Jungsche Apotheke ein. (III.4.484)

»Wie der Graf von Gleichen«

Am 8. 12. 1845 hatten die jungen Leute sich auf der Weidendammer Brücke verlobt. Ein nur in der Autobiographie (III.4.467) überlieferter Brief EMILIES vom gleichen Tage, der einzige aus der Zeit vor der Heirat, war vorangegangen. Die Unterstützung ihrer Familien fanden sie zunächst kaum, denn weder er noch sie war das, was man eine gute Partie nennen konnte. Eine lange Wartezeit folgte, in der es an Krisen nicht fehlte. Auch Fontanes Briefe aus der Brautzeit sind bis auf wenige Bruchstücke vernichtet. Es gibt sichere Hinweise darauf, daß die Korrespondenz umfangreich war. Ein Brief Fontanes an WOLFSOHN spricht von dem Reiz, den das schöne Mädchen auf ihn ausübte – »Das Hervorstechende ihres Wesens ist, körperlich und geistig, das *Interessante*« –, aber auch davon, daß er »den Höllensoff brennender, verzweifelnder Eifersucht gekostet« habe (10. 11. 1847, IV.1.37). Konflikte zwischen Literatur und Liebe wurden glücklich überwunden:

meine Braut, die sonst in meinen dichterischen Gelüsten nur eine
verhaßte Nebenbuhlerin sah, hat diese plötzlich von Herzen lieb gewonnen, und so hoff' ich in Zukunft wie der Graf von Gleichen zu
leben, bei welchem Bild ich freilich in Zweifel gerate, ob ich meine
Muse oder meine Braut mit der feurigen schwarzäugigen Orientalin
vergleichen soll. (Ebd.)

Fontane ist auch als Erster Apotheker bei Dr. Jean Auguste Ferdinand JUNG wie der »Salzhering in seiner Tonne« untergebracht, er
bewohnt »eine Schandkneipe, einen Hundestall, eine Räuberhöhle mit noch zwei anderen deutschen Jünglingen«, er ist ein »richtiger Sklave« (an WOLFSOHN, 10. 1. 1848, IV.1.40). Dabei ist die
Apotheke, »Ecke der Neuen Königs- und Georgenkirchstraße«,
ein »glänzend fundiertes Geschäft« (III.4.285), was die sozialen
Gegensätze allerdings nur um so stärker erfahrbar macht, denn die
sogenannte Königsstadt mit der Neuen Königsstraße als Hauptachse gehört zu den ärmsten Vierteln Berlins, nicht zufällig wird hier
der Straßenkampf im März 1848 kulminieren (FISCHER, 1998, S.
176).

Fontanes tatsächliche Beteiligung an den revolutionären Handlungen läßt sich nicht sicher bestimmen. »Barrikadenbauer« nennt
ihn LEPEL (10. 10. 1848, FL I.118), was mehr oder weniger metaphorisch gemeint sein mochte. Die Tendenz der Autobiographie,
die eigene Rolle zu verkleinern und sie in ein eher komisches Licht
zu rücken, ist unverkennbar. Bagatellisierend verfährt Fontane bei
der Darstellung der Vorgänge insgesamt. Die im Revolutionsjahr
in der *Zeitungshalle* veröffentlichten Artikel, Briefe sowie einige
Verse lassen jedoch an seiner wirklichen Einstellung und an seiner
Parteinahme keinen Zweifel. Einige weitere Einzelheiten des Berichts in *Von Zwanzig bis Dreißig*, so über seine Kandidatur als
Wahlmann, die, anders als Fontane es dargestellt hat, nicht der
Preußischen konstituierenden Versammlung in Berlin, sondern
der Deutschen Nationalversammlung in Frankfurt galt, sind erst
kürzlich richtig gestellt worden (FISCHER, 1998, S. 166).

Jedoch nicht allein der politische Streit, an dem er sich nach
seinen Kräften beteiligte und dem er doch zum größeren Teil als
ohnmächtiger Zuschauer folgen mußte, hat in das Leben Fontanes
um die Jahrhundertmitte die leidenschaftliche Unrast gebracht, die
wir in allem finden, was er damals niederschrieb. Es waren auch
die, wie LEPEL es ausdrückte –, »Bräutigams- u. Geldkalamitäten«.
Ihre gelegentlich dramatische Zuspitzung verrät ein bei der Edition
des LEPEL-Briefwechsels 1940 unterdrückter Brief, der erst 1960
bekannt geworden ist:

Für Deinen liebenswürdigen Brief vom gestrigen Tage meinen Dank und zwar außergewöhnlich herzlich. Er hob nämlich den tristen Eindruck eines 5 Minuten vorher erhaltenen Schreibens stellenweis wieder auf. Denke Dir: »Enthüllungen No II«; zum zweiten Male unglückseliger Vater eines illegitimen Sprößlings. Abgesehn von dem moralischen Katzenjammer, ruf' ich auch aus: »Kann ich Dukaten aus der Erde stampfen usw,«
Meine Kinder fressen mir die Haare vom Kopf, eh die Welt weiß, daß ich überhaupt welche habe.
O horrible, o horrible, o most horrible! ruft Hamlets Geist, und ich mit ihm. Das betreffende interessante Aktenstück (ein Brief aus Dresden) werd' ich Dir am Sonntage vorlegen […]. (1. 3. 1849, IV.1.62)

Keine weitere Äußerung Fontanes zu dem Sachverhalt ist überliefert. Auch aus anderer Quelle fehlen sichere Erkenntnisse über die Mutter (oder: die Mütter) der beiden Kinder und diese selbst; B. W. Seiler hat 1998 die Ergebnisse seiner Ermittlungen, die jedoch spekulativ bleiben, vorgelegt. Es läßt sich nicht einmal sagen, ob und wann Emilie von dem Vorgefallenen erfahren hat. Die Korrespondenz aus der Verlobungszeit ist nahezu restlos vernichtet worden.

»So'n Stück Mitarbeiter«

Im Juni 1848 gab Fontane zur Erleichterung seines Prinzipals die Anstellung in der Jungschen Apotheke auf und folgte dem Angebot des Pfarrers am 1847 eröffneten Krankenhaus Bethanien, die pharmazeutische Ausbildung zweier Diakonissinnen zu übernehmen; am 15. 9. trat er die Stelle an. Dabei handelte es sich um ein befristetes Arbeitsverhältnis, das keine Verlängerung zuließ, wenngleich Fontane eine solche zeitweilig erhofft hat (E. Schering, 1970, S. 221 f.). Pfarrer Ferdinand Schultz, »einer der Bestgehaßten jener Zeit« (III.4.521), war mit Fontanes Mutter befreundet, aber auch dieser selbst hatte noch im Frühjahr 1848 zu Schultz Verbindung gehalten, als die unterschiedlichen politischen Auffassungen besonders deutlich hervortreten mußten. Möglicherweise stand hinter dem Angebot des Pastors die Absicht, mäßigend auf Fontane einzuwirken und ihn von gefährlichen Unternehmungen zurückzuhalten. So äußerte dieser noch wenige Tage nach seiner Ankunft in dem Krankenhaus die bekannte Bitte nach dem »Muskedonner« (an Lepel, 21. 9. 1848, IV.1.42) und seine revolutionären Artikel für die *Berliner Zeitungshalle* fallen zum Teil noch in die dort verbrachte Zeit. Gleichwohl verkehrte Fontane, wie Lepel mit gutmütigem Spott bemerkte, auch in Bethanien viel mit Schultz. Annähernd gleichzeitig verfaßte er emotional extrem unterschiedliche Gedichte wie *Tut Buße!* (I.6.776) und *Guter Rat* (I.6.305). Wenn es ihm zweckdienlich schien, steigerte er sich sogar bewußt in Erregung hinein: »Die Worte; ›Schande Jedem, der u. s. w.‹ rief ich nur mir selber zu, um auch den letzten ruhigen Nerv noch in's Fieber zu bringen.« (An Lepel, 24. 9. 1848, IV.1.43) Ausführlich korrespondierte er mit Lepel über das geplante Drama *Karl Stuart*, von dem aber nur zwei Szenen überliefert sind.

Zum 30. 12. 1849 endete Fontanes Anstellung in Bethanien, er suchte keine neue Stelle als Apotheker, sondern schlug sich in großer materieller Bedrängnis mit von Wolfsohn vermittelten Korrespondenzen für die radikaldemokratische *Dresdner Zeitung* durch. Spätestens im Frühjahr 1850 streckte er Fühler zur Regierungsseite hin aus. »Ich soll so'n Stück Mitarbeiter am Feuilleton der ›Deutschen Reform‹ (ministeriell) werden und suche vorläufig *Stoff*.« (An Wolfsohn, 3. 5. 1850, IV.1.120) Das Angebot Merckels, in das sogenannte »Literarische Cabinet« des Innenministeriums einzutreten, erreichte Fontane in Altona. Er war nach der Schlacht bei Idstedt nach Schleswig-Holstein aufgebrochen, hatte allerdings der Mutter oder der Braut, vielleicht auch beiden, versprechen müssen, sich »bei *Handlungen* nicht zu beteiligen« (an Lepel, 28. 7. 1850, IV.1.127), wollte also nicht (mehr) »in eins der regelrechten Bataillone« eintreten, wie er später behauptet hat (III.4.534). Tatsächlich arbeitete er an Alster und Elbe – er wohnte zunächst in Hamburg in einem Hotel am Neuen Wall, später bei der Schwester des »Tunnel«-Kollegen und Altonaer Volksdichters Heinrich Smidt, des »deutsche[n] Marryat« – »ziemlich fleißig« an der Zusammenstellung seiner *Gedichte* für die geplante Publikation (an Eggers und Heyse, 2. 8. 1850, IV.1.129). Merckel antwortete er, nicht zuletzt in Rücksicht auf Emilie, sofort zustimmend. Längst wünschte auch er die Heirat.

»Schleswig-Holstein aufgegeben. Wenn Dir's paßt, im Oktober Hochzeit«, telegraphierte er an Emilie. Am 16. 10. 1850 wurde er in Berlin von Konsistorialrat Fournier in der französischen Kirche in der Klosterstraße mit dem einstigen »Ciocciarenkind« getraut. Viele »südfranzösische Rasseköpfe« umgaben das junge Paar, lediglich das Zuspätkommen von Fontanes Vater gereichte zu einer »tödlichen Verlegenheit« (III.4.538).

1.1.4 Im Dienst der Regierungspresse (1850–1859)

Mit dem Eintritt in das »Literarische Cabinet« des preußischen Innenministeriums zum 1. 8. 1850 beginnt Fontanes fast ein Jahrzehnt währende Tätigkeit im Dienst des Ministerpräsidenten Otto Theodor Freiherr von MANTEUFFEL und seiner restaurativen Politik, zu der sich der stellungslose Literat nur der Not gehorchend und unter bitteren Selbstvorwürfen bereit gefunden hat. Immerhin sicherte sein erzwungenes Engagement – wenn auch gelegentlich nur mit Hilfe von Freunden – die Existenz der neugegründeten Familie. Einen Gewinn bedeutete auch die Praxis als Redakteur und Korrespondent, die ihm vielfältige journalistische und politische Erfahrung vermittelte und sein literarisches Schaffen charakteristisch prägte. Der jahrelange Aufenthalt in London (NÜRNBERGER, 1988), die vertiefte Kenntnis englischer Lebensverhältnisse, Literatur und Geschichte, veränderte seine Weltsicht (JOLLES, 1947; H. KNORR, 1961; S. NEUHAUS, 1996).

»Catilinarische Existenzen«

Das »Literarische Cabinet« war aus dem »Büro für Preßangelegenheiten« hervorgegangen, das 1842 zur Überwachung der Presse gegründet worden war. Die vorübergehende Leitung der Dienststelle durch MERCKEL ermutigte Fontane 1850 zu dem Versuch, mit LEPELS Hilfe dort eine Anstellung zu finden: »setz alle Segel bei, aber mit Vorsicht. Ich gelte, namentlich Merckeln gegenüber, für einen rothen Republikaner und bin jetzt eigentlich ein Reactionair vom reinsten Wasser.« (an LEPEL, 8. 4. 1850, IV.1.113) Die besondere Rolle, die MERCKEL und seine Frau Henriette im Leben der Familie Fontane auch in den folgenden Jahren gespielt hat, ist durch die Autobiographie bekannt, in der mit einer für Fontane seltenen Unzweideutigkeit »Immermann« – so MERCKELS Tunnelname – und (in damals noch nicht selbstverständlicher Analogiebildung) »Immerfrau« ein liebevolles Denkmal gesetzt ist. Die der Lebenserzählung zugrunde liegenden Konstellationen und Probleme erscheinen dabei allerdings fast vollständig verdeckt, die Spuren verwischt.

MERCKEL äußerte sich in amtlichen Bekundungen und politischen Gelegenheitsdichtungen jederzeit schroff antidemokratisch. Wenngleich er seit dem Sommer 1851 der konservativ-oppositionellen, anglophilen »Wochenblatt«-Gruppierung angehörte, blieb seine Gegnerschaft gegen den »Bastard des Jahrhunderts« (FM, I.VII) – das ist die emanzipatorisch-revolutionäre Bewegung – jederzeit kompromißlos. Henriette von MERCKEL (1811–1889), deren Verwandte einflußreiche Positionen in der preußischen Ministerialbürokratie einnahmen – ihr Bruder Heinrich Gottlieb von MÜHLER (1851 geadelt) und ihr Neffe Gustav von GOSSLER waren preußische Kultusminister –, zeigte sich in ihren Äußerungen nicht minder konservativ gesinnt. Noch in den von ihr hinterlassenen Erinnerungen an den Vater, spricht sie von der »ewig beklagenswerten Revolution« von 1848, zu der das Volk sich habe verleiten lassen (FM I.X). »Lafontaine« aber, der neben »Immermann« und »Cocceji«, dem künftigen reaktionären Kultusminister von MÜHLER, im »Tunnel« seinen Platz hatte, war zumindest zunächst noch der revolutionär gestimmte Demokrat, der bei sich bietender Gelegenheit gern prophezeite, daß »sich der ganze alte Schandstaat über dem Pulverfaß befindet und bei nächster Gelegenheit in den Mond fliegen muß« (an LEPEL, 17. 11. 1848, IV.1.50).

MERCKEL organisierte das »Literarische Cabinet« neu und gab ihm erweiterte Funktionen. Eine aktuelle Aufgabe sah er darin, auch die Provinzpresse im Sinne der Regierung zu beeinflussen. Durch eine leicht faßliche, auch »derberen Humor pflegende Polemik gegen demokratischen Unsinn« – bezeichnenderweise war MERCKEL auch Autor des Gedichts *Die fünfte Zunft* mit den berühmt-berüchtigten Schlußversen »Gegen Demokraten/helfen nur Soldaten« – sollte der Leserkreis dieser Blätter »aufgeweckt, gefesselt, belehrt und patriotisch gebildet« werden (JOLLES, 1937, S. 61). Aufgabe der Mitarbeiter des Kabinetts war es, die Lokalredaktionen mit entsprechenden Beiträgen zu versorgen.

Der Fragwürdigkeit dieser Tätigkeit, die er mit der Problematik journalistischer Arbeit insgesamt verknüpft sah, war Fontane sich noch Jahrzehnte später bewußt:

> der letzte Steueroffiziant gilt im offiziellen Preußen mehr als wir, die wir einfach »catilinarische« Existenzen sind. Als ich vor jetzt gerade 33 Jahren zur offiziellen Presse gehörte (unter Manteuffel) war es mir immer beständig fühlbar, daß sich die Ministerialbüros für ganz andre Kerle hielten als *uns*, die wir doch ein »literarisches Bureau« bildeten. Als »kleine Beamte« Zeitungen *holen*, war ein anständigerer Dienst als unsre Zeitungen *lesen* oder machen. (An STEPHANY, 9. 12. 1883, IV.3.293)

In Anspielung auf einen Roman (1854) von THEODOR KÖNIG hatte Bismarck 1862 in einer Rede vor der Budgetkommission des preußischen Abgeordnetenhauses gesagt, es gebe zuviel »catilinarische Existenzen [gemeint: Journalisten], die ein Interesse an Umwälzungen haben«. Mittel- und Erfolglosigkeit, mangelndes gesellschaftliches Ansehen standen Fontane als Gefährdungen der künstlerischen Existenz auch im Hinblick auf die eigene Biographie lange Jahre mahnend vor Augen. Über das Begräbnis des Dramatikers Julius Leopold KLEIN schreibt er an EMILIE im Jahr seines Ausscheidens als Akademiesekretär:

> Es ließen sich Bücher über dies Begräbnis schreiben; glücklicherweise hab' ich es bei einem kleinen Artikel bewenden lassen, den ich Dir [...] schicken werde, *wenn* ihn die Vossin morgen bringt. [...] Von Theater, Kunst, Presse war *niemand* da; ich allein, aus dieser Sphäre der Gesellschaft, war gekommen. Ein paar catilinarische Existenzen, mit durchfettetem Hut und Rockkragen, standen allerdings mit am Grabe; vielleicht waren es »Kollegen«, aber Deutschland kennt sie nicht. (7. 8. 1876, FE III.66 f.)

In der Autobiographie hat Fontane das »Literarische Cabinet« mildernd als »im wesentlichen ein ministerielles Lesebureau« (III.4.1049) dargestellt:

> Alle – die paar Höhenpotenzierten abgerechnet – hatten sich um neun oder halbzehn einzufinden und nun vier oder fünf Stunden lang auf einem Drehschemel zu sitzen, mit nichts beschäftigt, als einer große Tasse Bouillon (ich sehe noch die Fettaugen) zu trinken und alle möglichen Zeitungen zu exzerpieren. (III.4.1051)

Dagegen räumt ein im Anschluß an die Ende Dezember 1850 verfügte Auflösung der Dienststelle geschriebener Brief weiterreichende Tätigkeiten des Büros ein, bestreitet aber die eigene Beteiligung.

> Eilig strich ich noch 40 rth. Diäten für Monat December ein und verschwand für immer aus den heiligen Hallen, in denen ich 5 mal für 4 Wochen Zeuge der Saucen-Bereitung gewesen war, mit welchen das lit: Cabinet das ausgekochte Rindfleisch Manteuffelscher Politik tagtäglich zu übergießen hatte. Gott sei Dank kann ich mir nachträglich das Zeugniß ausstellen, daß von meiner Seite kein Salz-Senf oder Pfefferkorn jemals zu der Schandbrühe beigesteuert worden ist. (An LEPEL, 7. 1. 1851, IV.1.144f.)

Die Auflösung des »Literarischen Cabinets«, das bald darauf als »Centralstelle für Preßangelegenheiten« unter der Leitung von Dr. Ryno QUEHL wieder errichtet wurde, hing mit MANTEUFFELS Wechsel aus dem Amt des Innenministers in das des Ministerpräsidenten zusammen. Fontane wurde jedoch, obwohl MERCKEL sich weiterhin für ihn verwandte, nicht sogleich wieder eingestellt, da man offensichtlich nicht vollständig mit ihm zufrieden war. Als Manteuffel im Januar 1851 als Entschädigung für die plötzliche Entlassung noch einmal eine einmalige Zahlung an Fontane verfügte, antwortete der neuernannte Minister des Inneren Otto von Westphalen – ein Schwager von Karl Marx – Fontane habe seine Beschäftigung »lediglich einer persönlichen Begünstigung« zu verdanken gehabt und »im Verhältnis zu der ihm gewährten Renumeration nicht viel geleistet« (Jolles, 1937, S. 66). Später fügte er einer ablehnenden Stellungnahme zu Fontanes vom König gewünschte Wiedereinstellung – bei diesem hatte sich anscheinend Schneider für den »Tunnel«-Kollegen verwandt – die disqualifizierende Begründung hinzu, »daß die Gesinnungen des p. Fontane nicht ganz lauter seien« (Jolles, 1937, S. 67).

Fontane hat – die Gründe sind nicht klar ersichtlich – offenbar weniger Korrespondenzen für Zeitungen geliefert als andere Mitarbeiter des »Literarischen Cabinets«. Ganz daran fehlen lassen hat er es jedoch nicht, und nachdem ihm zum 1. 11. 1851 die Wiederanstellung doch noch gewährt worden war, hat er für verschiedene Blätter gearbeitet. Größtenteils sind diese Artikel – so seine relativ ausführlichen Beiträge für die *Westphälische Zeitung* – noch nicht wieder im Druck erschienen. Glorifizierende Ottaven auf Manteuffel und ein Huldigungsgedicht zum Geburtstag der Königin, die lange als verloren galten, sind erst kürzlich wiederentdeckt worden (Muhs, 1998, S. 72ff.).

Als Emilie, zweieinhalb Monate nach der Heirat von ihrem Mann erfuhr, daß er gekündigt sei, war sie bereits schwanger. Das Jahr 1851 begann mit drückenden Existenzsorgen, die anhielten und die folgende Zeit zur materiell schwierigsten der Ehe machten. Fontane – man fühlt sich an die Gewohnheiten seines Vaters und seines Onkels erinnert – hatte nach dem späteren Bericht seiner Schwester Elise für seine Frau und sich eine Wohnung in einem der damals besten Viertel der Stadt gemietet, die 400 Taler jährlich kostete und also für ihn viel zu teuer war. Die Einrichtung einer Schülerpension bewährte sich nicht, auch ein Unterstützungsgesuch an den König blieb vergeblich (Jolles, 1938, S. 62 ff.). Am 14. 8. 1851 brachte Emilie ihren ersten Sohn, George, zur Welt. Eine billigere Wohnung (Louisenstraße 35) wurde gemietet, die bis Ende September 1855 behalten wurde.

Wie überaus schwierig und leidvoll auch die folgenden Jahre für Emilie sich gestalteten, lassen ein biographischer Abriß (Frikke, 1937) und der Ehebriefwechsel erkennen. Seine vollständige

Edition 1998 durch G. und T. ERLER hat die ungewöhnliche Lebensleistung dieser Frau an der Seite eines höchst sensiblen und anspruchsvollen Künstlers noch deutlicher erkennen lassen.

Aus der Ehe gingen sieben Kinder hervor:

1. GEORGE EMILE (14. 8. 1851–24. 9. 1887), Taufpaten: LOUIS HENRI FONTANE, Charles KUMMER, Mad. GÜNTHER; zuletzt Hauptmann und Militärlehrer an der Hauptkadettenanstalt in Lichterfelde, verheiratet am 12. 6. 1886 mit Martha ROBERT (18. 8. 1865–26. 4. 1900). – An LEPEL schreibt Fontane: »mein Kronprinz […] soll […] die Vornamen George Emil (sprich's französisch) erhalten. […] Wenn Du hier wär'st, würdest Du einem Gevatterbriefe nicht entgehn, so wollen wir warten, bis das kleine Mädchen da ist, von dem ich nur wünsche, daß es entweder bessre Zeiten abwartet, oder, wie das Mädchen aus der Fremde, sie mit sich führt.« (4. 9. 1851, IV.1.192)

2. RUDOLF (2. 9. 1852–15. 9. 1852). Paten: Louis STEINKE, EMILIE FONTANE, Marie KUMMER. Beruf des Vaters: ecrivain.

3. PIERRE (PETER) PAUL (14. 10. 1853–6. 4. 1854). Paten: Bernard de LEPEL, LOUIS KUPLER.

4. ULRICH (Pfingsten 1855–8. 6. 1855). »In den Pfingstfeiertagen (auf einer Reise, und zwar im Städtchen Luckenwalde) wurde meine Frau von einem Siebenmonatskind entbunden – er ist heut vor acht Tagen wieder gestorben.« (An STORM, 16. 6. 1855, IV.1.404)

5. THÉODORE (THEO) HENRI (3. 11. 1856–16. 5. 1933), Paten: Louis METZEL, Henriette von MERCKEL, Elisabeth FONTANE. Beruf des Vaters: employé d'ambassade à Londres. – THEO fand Aufnahme im theologischen Seminar der französischen Kolonie, zugleich im französischen Gymnasium in Berlin, diente wie sein Vater im Kaiser-Franz-Gardegrenadierregiment, studierte Jura, wurde Heeresbeamter und erreichte den Rang eines Wirklichen Geheimen Kriegsrats.

6. MARTHA (METE) ELISABETH, (21. 3. 1860–10. 1. 1917). Paten: Hermann SCHERZ, Gustave LABRY, Dlle. Claire BAYER, Dlle. Marthe MERINGTON. Beruf des Vaters: litterateur. METE vermählte sich im Januar 1899 mit dem bereits zweimal verwitweten Architekten Professor h. c. Karl Emil Otto Fritsch (1838–1915).

7. FRÉDÉRIC (FRIEDEL), 5. 2. 1864–22. 9. 1941. Paten: Frédéric ZÖLLNER, Auguste de HEYDEN, Jenny SOMMERFELDT, née Fontane. Beruf des Vaters: redacteur. FRIEDEL wurde Verlagsbuchhändler, verlegte auch die Werke seines Vaters und machte sich um die Pflege des schriftstellerischen Nachlasses besonders verdient.

»Der alte Zauber dieser Londongröße«

Im Februar 1852 wurde Fontane von seiner vorgesetzten Behörde ein vorläufig auf zwei Monate beschränkter Aufenthalt in London bewilligt. Dafür wurden von ihm politische Korrespondenzen und Feuilletonbeiträge für die *Preußische [Adler-]Zeitung* erwartet. Privat trug er sich mit dem Gedanken einer dauernden Niederlassung in England, eventuell als Apotheker. Von LEPEL hatte er einen Empfehlungsbrief für den preußischen Gesandten Josias Freiherr von BUNSEN erhalten. Fontanes Reise führte über Aachen, wo Verwandte mütterlicherseits lebten, nach Lüttich, Brüssel (dort erfuhr er von EMILIES zweiter Schwangerschaft), Antwerpen, Gent und Ostende, von da über Dover nach London.

> Räthselhafterweise ein wahres Heimathsgefühl gehabt; mir wurde die Brust weit und das Herz schlug mir höher, als mein Cab über die schöne Waterloo-Brücke hinweg, in das vollste Leben der Stadt zwischen City und West hinabrollte. Ich vergaß für einen Augenblick alles andre: Frau, Kind, Noth, Sorge – der alte Zauber dieser Londongröße ward wieder lebendig und hatte mich. (*Tagebuch* I.9)

Über Fontanes zweiten Aufenthalt in England informieren Briefe, das *Tagebuch* und seine im Band *Ein Sommer in London* gesammelten Korrespondenzen. Das *Tagebuch* endet mit dem 1. 7. 1852; danach sandte Fontane es, wie geplant, als Reisebericht an den Vater. Es rekapituliert also nur Begebenheiten der ersten Wochen in London, teils in Stichwörter reihender Aufzählung, teils in kleinen Schilderungen und Charakteristiken in der Art der bereits zitierten Zeilen über seine Ankunft. Die Briefe, meist an EMILIE gerichtet, malen breiter aus, zeigen das Auf und Ab seiner Hoffnungen beim vergeblichen Versuch einer Existenzgründung. In einem Brief an die Mutter beschreibt er sich halb-ironisch als den »Anglomanen, den guten pp Fontane, der seit Jahr und Tag in alles englische Wesen vernarrt ist« (28. 4. 1852, IV.1.229f.), eine Einschätzung, die er gerade jetzt bestreiten müsse. Die letzten Wochen des Aufenthalts sind in Briefen nicht reich dokumentiert. Mit Ablauf seines zuletzt sechsmonatigen Urlaubs kehrte Fontane am 25. 9. nach Berlin zurück. Er kam zu spät, um seinen zweiten Sohn noch zu sehen, den EMILIE am 2. 9. geboren hatte und der bereits am 15. gestorben war.

Alles, was Fontane in diesen Monaten über England äußert, ist durch seine persönliche Situation gefärbt und manchmal wohl auch in Rücksicht auf die Adressaten formuliert. In den Briefen an

EMILIE, die entscheiden sollte, ob sie ihm nach London folgen wolle, ist das Für und Wider seiner Meinung besonders deutlich erkennbar. Er versteht, daß sie unter den gegebenen Umständen ein Kommen ablehnt, aber er fügt doch hinzu: »*Ich hätte Dir London gern gezeigt*; [...] es ist das Größte was diese Erde hat.« (14. 1. 1852, IV.1.267)

»*Die Persönlichkeit eines feinen Schauspielers*«

Fontane mußte froh sein, in seine bisherige Tätigkeit in der »Centralstelle« wieder eintreten zu können. Ende 1852 legte er eine Prüfung als englischer Sprachmeister ab. Im Februar 1853 übernahm er die in den Abendstunden zu leistende letzte Revision der *Preußischen [Adler-]Zeitung*. Seine gesundheitliche Verfassung war in diesem Jahr besonders schlecht, auf eine Influenza, die ihn Anfang März ereilte, folgte eine Lungenentzündung. Es bestand Verdacht auf Tuberkulose, eine Italienreise wurde geplant, aus Geldnot jedoch nicht verwirklicht. Zeitweise nahm er Urlaub von der »Centralstelle«, lebte er zur Überwachung seiner Gesundheit, dabei als Apotheker tätig, wieder in Bethanien und zur weiteren Erholung bei seinem Freund SCHERZ in Kränzlin. Ohne sein Wissen verwendete sich der ihm befreundete Franz KUGLER, Vortragender Rat im preußischen Kultusministerium, als »Lessing« »Tunnel«- und »Rütli«-Mitglied, Schwiegervater HEYSES, in einer schönen Würdigung bei dem geheimen Kabinettsrat Emil ILLAIRE für eine Unterstützung durch den König, woraufhin 100 Taler bewilligt wurden. Im Oktober 1854 wurde Fontane durch die »Centralstelle« gekündigt, im Dezember von Geheimrat Immanuel HEGEL, einem Sohn des Philosophen, wieder eingestellt. Nun trat er ein »neues Amt als Lektor der englischen Zeitungen« (*Tagebuch* I.357) an, eine Beschäftigung, die auf seine spätere Tätigkeit als Herausgeber einer *Deutsch-englischen Korrespondenz* vorausweist. Die 33 Berichte über die Haltung der englischen Tagespresse, die er bis August 1855 allwöchentlich verfaßte, sind noch unpubliziert. Nicht die Originale, sondern »lithographierte Ausfertigungen in Schönschrift« haben sich in den Akten des Innenministeriums erhalten (MUHS, 1997a, S. 121). Im Januar 1855 wurde Fontane zudem auf Anweisung der »Centralstelle« Berliner Korrespondent der *Westphälischen Zeitung*.

Aus der Arbeit an dem im Kreis der Rütlionen geplanten Jahrbuch erwuchs die jahrzehntelange Beziehung mit Theodor STORM (1817–1888), die sich in den Anfangsjahren auch in einem lebhaften Briefwechsel niederschlug – mehr als zwei Drittel der insgesamt 95 Briefe wurden innerhalb von drei Jahren 1853–55 geschrieben. Die annähernd gleichaltrigen Autoren haben also vor allem in einer relativ frühen Phase ihres Schaffens sich ausgetauscht und einander wechselseitig durch Rezension, Aufforderung zu Mitarbeit, Kritik an Manuskripten, aber auch in ganz praktischer und alltäglicher Weise zu helfen versucht. Auch der persönliche Verkehr mit dem damals in Potsdam lebenden STORM war rege, aber eine wirkliche Freundschaft ließ die Verschiedenheit ihrer Naturen nicht zu. Fontanes sensibles Selbstgefühl – das nicht zuletzt deshalb so empfindlich reagierte, weil er sich in seinem künstlerischen Rang noch nicht wirklich bestätigt wußte – spricht recht klar aus seinem Brief an STORM vom 25. 7. 1854. Der Husumer hatte Fontane die Neigung zu erotischen Frivolitäten vorgeworfen und in diesem Zusammenhang HEYSE zitiert, der auf die Äußerung: »Fontane hat eine vornehme Persönlichkeit« geantwortet haben soll: »Nein, er hat die Persönlichkeit eines feinen Schauspielers.« Auf diese Indiskretion antwortet Fontane:

> Was Paul Heyses Bemerkung über mich angeht, so teilt sie das Schicksal der meisten Bemerkungen dieses »neusten Lieblings der Grazien« – sie ist frappant, aber nicht wahr. Vielleicht schauspielere ich nur P. Heysen gegenüber ein wenig, indem ich fast mit allzuviel Emphase den Trompeter seines Ruhmes mache. Er erschwert mir's nämlich dadurch, daß er mich ziemlich unumwunden für einen Menschen von mäßigen Gaben (des Herzens wie Geistes) hält, und es bedarf freilich mitunter einer Kraftanstrengung um mich dadurch nicht beirren zu lassen. Auf *diesem* Gebiete liegt *mein* Anstand; ich weiß, daß er seltener ist als die anerzogene gute Lebensart. (IV.1.387)

Dr. Ludwig METZEL, der neue Leiter der »Centralstelle«, vermittelte Fontane Privatstunden in den Familien des Geheimrats Karl Hermann Freiherr von WANGENHEIM und eines weiteren Beamten namens FLENDER. Er unterrichtete vier Mädchen in sämtlichen Fächern und legte wie sein Vater das Gewicht auf Geschichte. Mit WANGENHEIM gewann er im Laufe der Jahre einen weiteren Angehörigen der Ministerialbürokratie zu einem lebenslangen Freund, der ihm in seinem Haus viele gesellschaftliche Kontakte eröffnete. Nicht selten handelte es sich um Persönlichkeiten katholischer Konfession, denn die Frau des Hauses, Marie von WANGENHEIM, lebte ihr Bekenntnis mit großer Entschiedenheit. Fontanes Verhältnis zu dem ihm ursprünglich so fremden Kontinent des Katholizismus ist durch diese Freundschaft positiv verändert worden (C. HÖFER, 1939). Das hat auch in seinen Erzählwerken Spuren hinterlassen.

»An der Themse wächst man sich anders aus als am ›Stechlin‹«

Die Spannungen zwischen dem im Krimkrieg neutralen Preußen und England, das die beiden deutschen Großmächte zu Bundesgenossen zu gewinnen suchte, haben im September 1855 Fontanes erneute Entsendung nach London bewirkt. Er war beauftragt, dort eine *Deutsch-Englische Korrespondenz* einzurichten, durch die der Presse in Deutschland Nachrichten zugeleitet werden sollten, deren Verbreitung amtlicherseits gewünscht war. Als die Korrespondenz zum 31. 3. 1856 wieder eingestellt wurde, einem Termin, der nicht zufällig mit der Unterzeichnung des Pariser Friedens zusammenfiel (30. 3.), wurde Fontane, seinem Wunsche entsprechend, als ein dem preußischen Gesandten Albrecht Graf von BERNSTORFF in London zugeordneter Pressemitarbeiter beschäftigt. In dieser Stellung blieb er bis zur Entlassung des Ministeriums MANTEUFFEL, die Fontane dazu benutzte, um vorzeitige Auflösung seines Vertrags zu ersuchen. Am 15. 1. 1859 endete der dritte Aufenthalt in England, der sein letzter bleiben sollte; über Dover, Calais, Aachen, Köln kehrte Fontane nach Berlin zurück

Unterbrochen wurden die Jahre in England lediglich durch einen Urlaub in Berlin 1856. Die Rückreise nach London führte in einem weiten Bogen durch Süddeutschland und über Paris. Auf dieser vom 4. bis 23. 10. zu einem Teil gemeinsam mit METZEL unternommenen Reise besuchte Fontane Bamberg, Nürnberg, München (mit Besuch des Oktoberfestes und Ausflug zum Starnberger See), Ulm, Stuttgart, Heidelberg und Mannheim, von Paris aus auch Versailles. Die jeweils nur kurz bemessenen Aufenthalte in den deutschen Städten haben sich in zumeist nur knappen *Tagebuch*-Notizen niedergeschlagen. In Paris besuchte er neben den bekannten Sehenswürdigkeiten auch Heinrich HEINES Grab.

Die ersten Monate des neuen Aufenthalts in der englischen Hauptstadt waren durch ein Übermaß unbefriedigender Arbeit für die von Anfang an zum Scheitern verurteilte *Deutsch-englische Korrespondenz* belastet. Gegen die Konkurrenz eines seit längerem eingeführten ähnlichen Unternehmens, das von dem aus Ungarn stammenden Publizisten Max SCHLESINGER und dem Fontane aus seiner Leipziger Zeit bekannten böhmischen Emigranten Jakob KAUFMANN sachkundig geleitet wurde (MUHS, 1996), konnte der mit unzulänglichen Mitteln ausgestattete, in seinen Initiativen gehemmte, weil weisungsgebundene Abgesandte des preußischen Gouvernements, der zur Kostenersparnis im Lesecafé arbeitete, nicht bestehen. Fontane, der auch diesmal bereitwillig und erwartungsvoll nach London gefahren war, beklagte, daß ihm unter den gegebenen Bedingungen »selbst das allertrivialste Lernen, das Lernen mit den Sinnen, mit Aug und Ohr« versagt war. »Heißt das leben in London?« (An METZEL, 27. 2. 1856, NÜRNBERGER, FrF, S. 340) Ein zum 19. 1. 1856, KUGLERS Geburtstag, entstandenes Gelegenheitsgedicht (*Und wäre die Weite weiter noch*, I.6.456f.), reagiert auf die Größe und Massenhaftigkeit Londons nunmehr mit »Grauen«. Es ist der unmittelbare Anlaß, der diese Reflexion bestimmt – die Absicht, den Freunden in der Heimat und besonders KUGLER zu huldigen –, aber sie erklärt auch schon, was den Ausschlag geben sollte, daß Fontane England zuletzt gern verließ. Der Künstler in ihm blieb unbefriedigt unter Lebensbedingungen, die ihm keine Entfaltung erlaubten. Die englischen Lebensformen zogen ihn an und ließen ihn, wenn er sie selbst leben sollte, doch kalt. Er fand in London keinen Ausgleich für den Verzicht auf Anregung, Konkurrenz und Kritik durch literarische Weggefährten, auf Anerkennung, der er sehr bedürftig war. In London war er ein Niemand; alles, was er als Künstler werden konnte, konnte er nur in Deutschland werden.

Diese im Kern unabweisbaren Einsichten drängten sich ihm diesmal schon bald auf. Aber noch war der Lernprozeß nicht beendet, hatte England ihm viele Erfahrungen zu bieten. Ganz hat er der Literatur auch in den schwierigen Monaten nach seiner Ankunft nicht entsagt, denn bis zum Jahresende 1855 erschienen im *Literaturblatt* des von F. EGGERS redigierten *Deutschen Kunstblatts* die ersten vier der neun Briefe zum Thema *Shakespeare auf der modernen englischen Bühne*. Nachdem Fontane der Bürde der *Korrespondenz* ledig war, gestaltete sich die Arbeit insgesamt weniger drückend. Das erlaubte ihm eigene Studien und ein gewisses Maß von Geselligkeit, die er vor allem mit FAUCHER und Heinrich BETA, dem Londoner Korrespondenten der *Gartenlaube*, pflegte (E. A. MAYRING, 1996). Das *Tagebuch* bietet für solche Kontakte eine aufschlußreiche Quelle. Für die Emigranten war der Journalist, der im preußischen Gesandtschaftshotel ein- und ausging, allerdings eine fragwürdige Erscheinung. Einmal erwähnt er, daß man ihn als den »Regierungs-Schweinehund« apostrophiert, ihn »eine Taube im Habichtsnest« (an EMILIE, 10. 3. 1857, IV.1.565f.) genannt habe. Was er nicht wußte, war, daß er auch bespitzelt und bei solcher Gelegenheit in wenig schmeichelhafter Weise charakterisiert wurde. Am 13. 4. 1857 taucht sein Name zum ersten Mal in einem Konfidentenbericht Edgar BAUERS für den Polizeipräsidenten von Kopenhagen auf. BAUER, Junghegelianer, Publizist und mit Fontane bereits aus dem »Platen-Verein« bekannt, lebte damals als Emigrant in London (P. BARKER, 1996), von wo er der dänischen Regierung Nachrichten lieferte.

> Ein gewisser Fontane, der ursprünglich seines Gewerbes ein Apotheker war und der einen Band Gedichte herausgegeben hat, hält sich gegenwärtig im Auftrage des Herrn von Manteuffel in London auf. [...] Jetzt hat Fontane das Amt, Artikel, welche die Preußische Politik verteidigen, in hiesige Blätter einzuschmuggeln, der Berliner *Zeit* Korrespondenzen zu senden und ab und zu wohl auch der Preußischen Gesandtschaft einen Bericht zu erstatten. [...] Englische Verhältnisse sind ihm ein Rätsel [...] Den Morning Chronicle beglückt er manchmal mit einem schlechtgeschriebenen Englischen Artikel, meistens Übersetzungen der absurden Aufsätze der Zeit über die Dänische Frage. Einen ähnlichen Aufsatz suchte er in den Morning Star zu bringen, doch erregte das entsetzliche Englisch bei der Redaktion Anstoß. Dieses Englisch war aus der Feder eines Deutschen literarischen Tagelöhners namens Beta geflossen [...]. (JOLLES, 1990, 115)

Auch BERNSTORFF war der Meinung, daß Fontane, wie er an MANTEUFFEL schrieb, »mehr belletristischer als politischer Schriftsteller« sei und es ihm daher nicht so leicht falle, »sich die journalistisch-politische Schreibart anzueignen und überhaupt sich in die politischen Tagesfragen vollständig hineinzuversetzen« (P. ALTER 1996, S. 429). Die dienstlichen Beziehungen zur Gesandtschaft verliefen für Fontane jedoch ohne ernstliche Schwierigkeiten. In Krisenzeiten – aktuell war die Neuchâteler und die schleswig-holsteinsche Frage – empfing er täglich Instruktionen und wurde häufig auch von BERNSTORFF empfangen. Im *Tagebuch* verzeichnet er die langen Gespräche, die den Gesandten eher ungeduldig machten, nicht ohne Befriedigung. Für den künftigen Schriftsteller war alles, was er zu beobachten Gelegenheit hatte, wertvoll. Allerdings war er davon überzeugt, daß BERNSTORFF – wie 1852 sein Vorgänger BUNSEN – immerfort daran Anstoß nehmen würde, daß er einst Apotheker gewesen sei. Da half auch keine Überreichung der *Argo*:

> Ich zweifle, daß der Graf meine Gedichte gelesen hat, wenn er sie gelesen hat, so zweifle ich, daß er sie versteht, das heißt, daß er ihre Schwächen erkennt und ihre Vorzüge würdigt, und drittens wenn er sie versteht, so weiß er doch nicht, welchen Ton er mir gegenüber anschlagen soll. (An H. von MERCKEL, 27. 12. 1856, IV.1.550)

Nach einem gescheiterten Versuch 1856, bei dem seine Schwester Elise seine Frau begleitet hatte, konnte er im folgenden Jahr seine

Familie unter günstigeren Umständen nach London nachholen. Dafür mietete er im nördlichen Vorort Camden Town, 52 St. Augustine Road, ein hübsch eingerichtetes Haus, teilte also zumindest unter diesem Aspekt nunmehr den Standard der Mittelklasse. Die Korrespondenz mit den MERCKELs bietet – neben dem Ehebriefwechsel, der aber in Zeiten der Anwesenheit EMILIES in London naturgemäß aussetzt – den besten Einblick in seine privaten Verhältnisse und Pläne.

Seit Frühjahr 1856 hatte er wieder mit Ausflügen begonnen, in Wiederholung von 1844 Windsor, von 1852 Hampton Court besucht. Der allmählich vergrößerte »Zirkelschlag um London« (III.3/I.554) führte ihn nach Waltham Abbey – ein hübsches Feuilleton und der *Stechlin* erinnern daran –, nach Margate, Ramsgate und Canterbury. Im August 1856 besuchte er MÜLLER in Oxford, das ihn, wie er bezeugt, architektonisch, landschaftlich und historisch tief beeindruckte, und sah bei dieser Gelegenheit auch Warwick Castle, Kenilworth und Stratford-on-Avon. In Woodstock besuchte er die »Liebes- und Leidensstätte, der von mir in einem jugendlichen Romanzen-Zyklus besungenen ›schönen Rosamunde‹« (III.4.265). Es war nur eine Tour von vier Tagen, und doch scheint sie von merkwürdiger Bedeutung, denn wenige Tage später vermerkt Fontane im *Tagebuch*, er habe den Plan zu einem märkischen Geschichtswerk entworfen – die *Wanderungen* erscheinen, noch undeutlich, am Horizont.

Noch immer schloß er mit der »Centralstelle« Vereinbarungen zur Verlängerung seines Aufenthalts ab – 1857 um ein Jahr, 1858 um drei weitere Jahre. Seine Artikelfolgen über Londoner Theater und die englische Presse, mit denen er für Deutschland Neuland betrat, bestätigen, daß die Dauer seines diesmaligen Aufenthalts in London nun Ergebnisse zeitigte. Vieles, was bisher von ihm mehr intuitiv erfaßt worden war, trat in einen argumentativen Zusammenhang. Ende Juni 1857 reiste er zu der großen Kunstausstellung nach Manchester, über die er in einer Artikelfolge für die *Zeit* berichtete. Von Manchester aus besuchte er auch Liverpool und – eine »Pflicht der Pietät« – Chester, »das englische Nürnberg« (III.3/I.515f.). Die Pietät gilt dem Chesterkäse, der tagtäglich die »Blütezeit des Diners« markiert, er ist

> ein Bild der guten Zeit, fett, mild und mit der Farbe der Gesundheit. Sein bloßer Anblick erweckt Gemütlichkeit und verbreitet sie über den halben Tisch. Die Nachbarn von rechts und links, die bis dahin geschäftig auf ihren Tellern klapperten, neigen sich jetzt zu mir herüber und sprechen von Lord Palmerston oder dem heißen Wetter.

Ich widerspreche und so macht sich die Konversation. In der rechten Hand die lange Selleriestaude, während die Finger der linken auf dem Rande des Portweinglases spielen, so fliegen die Worte hin und her und der Chesterkäse steht dabei, fest, sicher, unbeweglich, wie eine Wand, der gegen die Außenwelt abschließt [...]. (ebd.)

Noch im letzten Roman lautet es beziehungsreich genug »an der Themse wächst man sich anders aus als am ›Stechlin‹« (I.5.117). Aber die Schranken, die Fontane hinderten, in England heimisch zu werden, blieben unverändert bestehen, und das Verlangen nach Rückkehr in die heimatlichen Verhältnisse, verbunden auch mit den auf Brandenburg/Preußen bezogenen literarischen Plänen, nahm zu. Es ist charakteristisch, daß Fontane 1858 unter gesundheitlichen Beschwerden zu leiden begann, die in seinem Fall fast stets eine seelische Unstimmigkeit signalisieren. Der mit der Regentschaft verbundene Machtwechsel in Preußen und der damit zusammenhängende Rücktritt des Kabinetts Manteuffel kam ihm letztlich gelegen.

»Jenseit des Tweed«

Es ist kennzeichnend dafür, wie eingeschränkt die Möglichkeiten Fontanes in England letztlich waren, daß er sich erst gegen Ende seines dritten dortigen Aufenthalts den langgehegten Wunsch erfüllen konnte, Schottland zu sehen. Anstelle eines ursprünglich geplanten Urlaubs im schlesischen Salzbrunn – und in Verbindung damit Gelegenheit zu Gesprächen in Berlin – kam, mit LEPEL als Begleiter, im August 1858 die Reise zustande, bei der die schottische Gegenwart bewußt ausgespart wurde. Vielmehr wurde besucht, was nach Übereinkunft des Jahrhunderts als romantisch galt. Die Route führte über Edinburgh nach Stirling, von dort über die Trossachs und über die Loch Katrine nach Perth, sodann über die Grampians nach Inverness. Nach dem Besuch des Schlachtfelds von Culloden ging die Rückfahrt auf dem Kaledonischen Kanal über Fort Augustus und Fort William nach Oban, von wo Ausflüge nach Iona und Staffa unternommen wurden. Über den Loch Gilpheat und auf dem Clyde fuhren die Freunde sodann nach Bowling und über den Loch Lomond nach Glasgow. Von da ging es wieder zurück nach Edinburgh, von wo aus noch Touren nach Melrose und Abbotsford sich anschlossen. Auch Linlithgow und Lochleven Castle wurden von Edinburgh aus besichtigt. Atemlos erklärte LEPEL hinterher – in 14 Tagen legten die beiden Touristen mit unterschiedlichen Verkehrsmitteln mehr als 1300 Kilometer zurück –, er wolle in seinem Leben »nie mehr so jagen. Entweder mit Muße oder gar nicht« (24. 9. 1858, FL II.230). Fontane dagegen hat sich noch Jahrzehnte später mit Dankbarkeit dieser Reise erinnert, die er »eine der schönsten« in seinem Leben nennt, »jedenfalls die poetischste, poetischer als Schweiz, Frankreich, Italien und alles, was ich später sah« (an M. von ROHR, 16. 5. 1888, IV.3.605). Frische des Erlebens atmet auch der Bericht *Jenseit des Tweed*, der dazu bestimmt war, die Kosten der Reise wieder einzubringen und abschnittsweise in mehreren Blättern vorabgedruckt wurde. Er entstand fast nebenher während weniger Monate und läßt den Leser nicht empfinden, wie überlaufen von Touristen die beschriebenen Örtlichkeiten schon damals waren. Die Suche nach einem Verleger währte länger. Schließlich fand sich Julius SPRINGER zu wenig günstigen Bedingungen zum Nachdruck bereit. Deutsche Rezensenten reagierten freundlich, englische ironisch. Eine zweite Auflage erlebte das Buch zu Fontanes Lebzeiten nicht.

»Die Leute sind alle zu anständig«

Das auch für seine Berliner Freunde etwas unübersichtlich anmutende Verhalten Fontanes nach der Entlassung MANTEUFFELS und dem Beginn der »Neuen Ära«, stellt sich nach BERBIGS Edition des EGGERS-Briefwechsels schlüssiger als bisher dar. Er wünschte die vorzeitige Aufhebung seines Arbeitsvertrages, suchte die Lösung aber als einen Verzicht zu deklarieren, der ihm durch die Veränderungen in Berlin abgefordert wurde, und tatsächlich wurde ihm eine Abfindung in Höhe eines Jahresgehalts gewährt. Schwieriger war es, in Berlin eine neue Anstellung zu finden, die mit seinen Interessen übereinstimmte. Sogleich nach seiner Rückkehr suchte er Julius von JASMUND, den Nachfolger METZELS als Direktor der »Centralstelle« auf, erhielt von ihm aber nicht, wie erhofft, das Feuilleton der *Preußischen Zeitung* übertragen, als dessen Redakteur EGGERS zurückzutreten wünschte. Nur Mitarbeit für das Feuilleton wurde ihm angeboten. Schon bald hatte er den Eindruck, daß man ihn als Manteuffelianer ansah, der er aus Überzeugung doch niemals gewesen war, und reagierte wie stets höchst empfindlich. Auch erweckte die Begegnung mit JASMUND in ihm ein

> wehmüthiges Gefühl. […] *sie werden nicht lange am Ruder sein* und es scheint mir, sie fühlen es. Die Leute sind alle zu anständig und das Regieren ist ein schmutziges, miserables Geschäft, wie ich nur immer wieder und wieder behaupten kann. (An EMILIE, 19. 1. 1859, IV.1.643)

Die knapp anderthalb Jahre von der Rückkehr aus England bis zum Eintritt in die Redaktion der *Kreuzzeitung* tragen Krisencharakter nicht nur wegen der unmittelbar drängenden Sorgen, sondern weil sie eine Weichenstellung von unabsehbaren Konsequenzen beinhalteten. Unterschiedliche Möglichkeiten zeichneten sich ab, und die zuletzt getroffenen Entscheidungen waren zwar folgerichtig, aber nicht eigentlich unvermeidlich. HEYSES hilfsbereiter Versuch, dem Freund eine Anstellung als Privatbibliothekar des Königs von Bayern zu erwirken, eröffnete aus späterer Sicht gewiß nicht die für Fontanes Kunst wünschenswerte Perspektive, und »sehr verengländert« (an HEYSE, 13. 5. 1859, IV.1.671), wie er sich fühlte, hat er das auch selbst so empfunden. Er war nicht enttäuscht, als das Vorhaben, das ihn mehr als einen Monat in München festhielt, sich hinschleppte und schließlich als trügerisch erwies. Aber abgelehnt hätte er ein entsprechendes Angebot, wenn es erfolgt wäre, mit größter Wahrscheinlichkeit nicht. Auch das Ende seiner Tätigkeit als Vertrauenskorrespondent der ministeriellen Presse, ging nicht auf seine Initiative zurück; vielmehr bewirkte eine Indiskretion, die ihm unterlief, am 29. 10. 1859 seinen Ausschluß. Zeitweilig dachte er – man rechnete momentan mit der Möglichkeit einer Beteiligung Preußens am Krieg Österreichs gegen Frankreich und Sardinien –

> allen Ernstes daran [in die Armee] einzutreten, nicht von Begeistrungs wegen, sondern um untergebracht zu sein, ich schwanke noch zwischen Train, Magazin-Inspektor und Lazareth-Apotheker. Und das alles nach 4 Jahr England! Wenn man 4 Jahr Zuchthaus gehabt hätte, könnt' es nicht schlimmer sein. (An HEYSE, 2. 5. 1859, IV.1.669)

Der Literat plante, agierte und schrieb bei alldem unentwegt; den ersten Touren in die Mark folgten sehr schnell die ersten *Wanderungen*-Artikel in verschiedenen Zeitungen. Er kehrte in den »Tunnel« zurück, las dort Zugstücke wie *Prinz Louis Ferdinand* und *Das Trauerspiel von Afghanistan* sowie die »Beschreibung des Dorfes Carwe bei Wustrau«, die laut Protokoll »mit Akklamation«, der größtmöglichen Zustimmung aufgenommen wurde, attackierte LEPEL, der das Unglück gehabt hatte, in unzulänglicher Weise eine Ballade über ein Thema zu schreiben, das auch ihn faszinierte, und akzeptierte seine für ein Jahr geltende Wahl zum »Angebeteten Haupt«. »Lafontaine war ›nun unbestritten die führende Kraft‹ im Verein, und er hat es gewollt.« (BERBIG, 1994, S. 50)

Ende 1859 arbeitete Fontane die zehn Vorträge über England aus, die er vom 10. 1. bis 14. 3. des folgenden Jahres nach vorangegangener polizeilicher Genehmigung in Arnims Hotel hielt. In dem vornehmen Haus Unter den Linden lauschte, wie die *Vossische Zeitung* notierte, »ein sehr gewähltes Publikum [...] mit sichtlichem Vergnügen dem Vortrage des Redners, der sich besonders durch Eleganz und gewählte Sprache auszeichnete«. Den Auftakt bildete der Vortrag *Whigs und Tories*, der einzige der zehn, der eine im engeren Sinn politische Thematik verfolgte. Sein Schlußsatz: »Sei jeder von uns ein Whig auf dem Wege zu fortschreitender Erkenntnis, aber in des Herzens Liebe und Treue ein Tory« (N XIX.263) erscheint bereits wie ein Vorklang zum wohl meistzitierten, Melusine in den Mund gelegten Satz im *Stechlin*: »Alles Alte, soweit es Anspruch darauf hat, sollen wir lieben, aber für das Neue sollen wir recht eigentlich leben.« (I.5.270) In seinem Vortrag über Henry Wadsworth LONGFELLOW betonte Fontane besonders die europäische Bildung und Interessenrichtung des amerikanischen Dichters – eins der seltenen Beispiele für den ausdrücklichen Gebrauch der Vokabeln »Europa«, »europäisch«, die bei ihm dem Begriff nach sonst eher stillschweigend vorausgesetzt werden.

1.1.5 »Ich bin ganz einfach Fontane«. Das Kreuzzeitungsjahrzehnt (1860–1870)

Am 1. 6. 1860 trat Fontane seine Stellung als Redakteur der *Neuen Preußischen [Kreuz-]Zeitung* an, eine Tätigkeit, in der er zehn Jahre aushielt, länger als je zuvor in seinem Leben.

Im HESEKIEL-Kapitel des Bandes *Von Zwanzig bis Dreißig* hat Fontane von seinen Jahren bei der *Kreuzzeitung* erzählt. Chronologisch betrachtet war das der falsche Platz, denn der Buchtitel verweist auf den Vormärz. Da Fontane aber auf eine zusammenhängende Darstellung seines vierten und fünften Lebensjahrzehnts überhaupt verzichtet hat, schließt die Darstellung eine Lücke. Für den Mangel an Ordnung wird der Leser durch die humoristische Qualität des Erzählten entschädigt. Der angebliche Antrittsbesuch bei Tuiscon BEUTNER, dem Chefredakteur der Zeitung, gehört – ähnlich wie der bekannte Tiergartenspaziergang mit STORM oder stücken Fontanescher Schilderungskunst, die sich kein Biograph gern entgehen läßt.

Auch die Beschreibung der journalistischen Tätigkeit seines Freundes und Redaktionskollegen George HESEKIEL, der den französischen Artikel verantwortete, bietet amüsante Unterhaltung.

HESEKIEL hatte einen legitimistisch eingestellten Marquis ersonnen, der ihn aus Paris belieferte. Um den wachsenden Argwohn der Leser zu zerstreuen, ließ er ihn sogar nach Karlsbad zur Kur reisen, als er selbst dort weilte. Zuletzt ließ HESEKIEL den Marquis sterben – »in böhmischer Erde oder in der Nähe von St. Denis« (III.4.411) wurde er bestattet.

Die fiktive, gleichzeitig anonyme Berichterstattung war weit verbreitet und bei Blättern von der Größe der *Kreuzzeitung* die Regel. Fontane hätte auch erzählen können, daß HESEKIEL nicht nur aus Frankreich, sondern ebenso aus den Niederlanden und Spanien berichtete. Über seine eigene Tätigkeit hat er nur wenig mitgeteilt. An eigentlichen Fakten erfahren wir von ihm nur, daß an ihn das Angebot ergangen sei, die Redaktion des englischen Artikels zu übernehmen und daß er dieses Angebot, wenngleich »nicht leichten Herzens« (III.4.419), akzeptiert habe; ferner, daß er selbst jahrelang echter und dann wieder unechter Korrespondent gewesen sei, womit zum einen offensichtlich seine reale Korrespondententätigkeit im England der fünfziger Jahre, zum anderen seine spätere Arbeit in der Redaktion der *Kreuzzeitung* gemeint ist. Nun berichtete er »aus« London (und auch noch von anderswo?). Das kollegiale Miteinander verlief zufriedenstellend, es waren eben Zeitungsleute unter sich. Von »allerglücklichsten« (III.4.419) Jahren ist insgesamt die Rede, zu deren Reiz auch das nebenherlaufende gesellschaftliche Leben beigetragen habe. In eher zu geringem Umfang habe ihn die Arbeit beansprucht, denn es waren »auf England hin angesehen« (III.4.421) stille Tage und zu manchen Zeiten sei an jedem Morgen der Chefredakteur an ihn herangetreten und habe ihm zugeflüstert, »Wenn irgend möglich, heute nur ein paar Zeilen; je weniger, desto besser.« (Ebd.)

Tatsächlich umfaßte Fontanes reguläre tägliche Arbeitszeit in der Redaktion nur drei Stunden, so daß ihm Kraft blieb für das, was ihn mehr und tiefer beschäftigte: die *Wanderungen*, in den Vorstufen sein erster Roman, die Kriegsbücher. Eine Sinekure ist der Beruf für ihn, wie Briefe belegen, aber auch nicht gewesen. Ähnlich wie seine einander widerstreitenden politischen Äußerungen ist vieles widersprüchlich. Über die Gründe, die Fontane veranlaßt haben, seine Tätigkeit für die *Kreuzzeitung* so auswählend und glättend darzustellen – er könnte »noch Welten erzählen« (III.4.22), schrieb er, hat es leider nicht getan! – sind plausible Überlegungen angestellt worden. Als er *Von Zwanzig bis Dreißig* abfaßte, war das Ansehen des Blattes, dem er als junger Mann mit heftiger Abneigung begegnet war und dem er dann ein Jahrzehnt lang gedient hatte, auf einem Tiefpunkt angelangt. Dazu trugen der Konflikt zwischen WILHELM II. und BISMARCK einerseits, Hofprediger Adolf STOECKER und *Kreuzzeitung* andererseits ebenso bei wie der Prozeß, in dem der Chefredakteur Wilhelm Freiherr von HAMMERSTEIN-GESMOLD wegen Betrugs und Urkundenfälschung 1896 zu mehrjähriger Zuchthausstrafe verurteilt wurde. Fontanes einstige Bindung an diese Zeitung lag nun weit zurück, weder mit ihrem Kampf gegen die Sozialdemokratie noch mit ihrem lautstarken Antisemitismus sympathisierte er, aber er wollte als ehemaliger Mitarbeiter auch nicht gegen sie schreiben. So ging er ein weiteres Mal den Weg der Bagatellisierung des Gewesenen.

Aber wie vieles in *Von Zwanzig bis Dreißig* halten seine Angaben einer Überprüfung nicht stand. Das von ihm so erheiternd geschilderte Treffen mit dem Chefredakteur war nicht sein »erster Besuch« (III.4.418) bei Dr. BEUTNER. Das *Tagebuch* verzeichnet einen solchen bereits vier Jahre früher (26. 9. 1856, *Tagebuch* I.172), und tatsächlich lieferte er ja bereits seit 1856 in freier Mitarbeit Korrespondenzen. Es trifft auch nicht zu, daß die *Kreuzzeitung* in den sechziger Jahren nur wenig aus England berichtete. Wer immer sich hinter dem P*-Korrespondenten verbirgt, dessen Identität mit Fontane umstritten ist, das viele hundert Seiten umfassende Material liegt nunmehr vor, und niemand vermag zu beantworten, womit Fontane denn ab 1864 in der Redaktion beschäftigt gewesen sein soll – wofür er auch ein relativ hohes Honorar bezog –, wenn dieses Material nicht zumindest von ihm redigiert wurde.

Zusammenfassend hat Fontane bemerkt, der Unterschied zwischen »echt« und »unecht« (III.4.412) sei gar nicht so groß, wie der Laie anzunehmen geneigt sei. Es käme vielmehr darauf an, als Schriftsteller richtig zu sehen und dies könnten ohnedies nur wenige. Tatsächlich finden sich unter seinen nun publizierten »Unechten Korrespondenzen« solche, die jeden Vergleich mit früher geschriebenen »echten« aushalten.

»Brandenburgisch Ehrengeschmeid«

Immerhin gewährte Fontane die Tätigkeit bei der *Kreuzzeitung* Freiraum für seine schriftstellerischen Arbeiten. Er saß in der Regel drei Stunden, von morgens halb zehn bis mittags halb eins, in der Redaktion und stellte den »englischen Artikel« zusammen, eine redaktionell aufgearbeitete Kompilation aus britischen Zeitungen und Pressediensten. Anscheinend zog man ihn zusätzlich auch für die Mitarbeit über andere Berichtsräume, heran, doch ist der Umfang dieser redaktionellen Tätigkeit eben nicht zweifelsfrei geklärt. Wie immer man Fontanes politisches Engagement für das ultrakonservative Junkerblatt bewertet – eine Herzensangelegenheit war ihm die Redaktionsarbeit bei der *Kreuzzeitung* nicht; auch scheint sie ihn geistig nicht über Gebühr in Anspruch genommen zu haben: Anders als seine poetischen Arbeiten, die *Wanderungen*, ja selbst die späteren Theaterkritiken, beschäftigen ihn seine Korrespondenzen in den Briefen kaum. Schenkt man dem Autobiographen Glauben, so war es überhaupt mehr der Wunsch nach materieller Sicherheit als journalistischer oder Gesinnungseifer, der ihn zur Übernahme der *Kreuzzeitungs*-Stelle bewog.

Es gehört zu den Verdiensten der jüngeren Forschung, dieser Darstellung eines von Anfang an distanzierten Verhältnisses zur *Kreuzzeitung* widersprochen und diesen Widerspruch belegt zu haben. Fontane hat sich, was seine Autobiographie verschweigt, Anfang der sechziger Jahre deutlich mit den politischen Aktivitäten der *Kreuzzeitung* identifiziert: Am 19. 11. 1861 harrte er bei der Urwahl zum preußischen Abgeordnetenhaus fünf Stunden als amtlicher Stimmenzähler aus, um »schließlich den Sieg unserer Gegner« – nämlich der konstitutionellen Deutschen Fortschrittspartei – »registrieren zu können«, wie er enttäuscht notiert (*Tagebuch* II.276). Am 28. 4. 1862 kandidierte er als Wahlmann der dritten Wahlklasse für die *Kreuzzeitungs*-Partei; auch diesmal kam es zu einem »glänzende[n] Sieg der Demokraten; ich erhalte unter den Conservativen die meisten Stimmen [...]« (ebd.). Fontanes erfolglose Kandidatur blieb den Lesern seiner Autobiographie verborgen, nicht aber seinen Zeitgenossen: In Berlin kursierten Handzettel, auf denen sein Name die Liste der konservativen Wahlmänner anführte, im Satireblatt *Kladderadatsch* vom 27. 4. 1862 erschien eine Karikatur, die den Dichter zeigt, wie er mit seinen Kollegen versucht, noch einen Kandidaten aus der Urne zu fischen. Die Bildunterschrift lautet: »Nur mit der größten Anstrengung gehen aus der Wahlurne einige feudale Wahlmänner hervor.« (NÜRNBERGER, 1997, S. 198)

Das konservative *Kreuzzeitungs*-Milieu band Fontane nicht nur beruflich und politisch, es bestimmte mittelbar auch seinen persönlichen Umgang. Den Redaktionsalltag teilte er mit George HESEKIEL (1819–1874), einem »Tunnel«-Kameraden aus den späten vierziger Jahren, der den stellungslosen Freund 1860 an die *Kreuzzeitung* vermittelt hatte und mit dem erfundenen legitimistischen Korrespondenten so erfolgreich war. Legitimistisch war HESEKIEL, wie die gesamte Redaktion, auch in preußischen Angelegenheiten;

er ist unter anderem als Autor von über 100 vaterländischen Romanen und Geschichtswerken hervorgetreten, darunter der ersten BISMARCK-Biographie. Als Rezensent von Fontanes *Wanderungen* überbot HESEKIEL sich in werbenden Worten. Seine unter dem Titel *Brandenburgisch Ehrengeschmeid* erschienene Besprechung des ersten, im November 1861 ausgelieferten Bandes rühmt den »echt-patriotisch=konservativen Sinn« des Werkes, das »von der Liebe zur Heimat eingegeben« jedem zu Herzen gehen müsse, der für den patriotischen Anruf empfänglich sei. Fontane seinerseits besprach HESEKIELS Gedichte und Romane.

> Als ich noch die Romane meines Freundes Hesekiel in der Kreuz-Zeitung besprechen mußte, habe ich diese Kunst gelernt; man lobt das, was zu loben ist – irgend was derart läßt sich immer finden – und geht über das Andre hin. Namentlich geht man über die Hauptfrage hin: ist das *Ganze* gut oder schlecht, sympathisch oder antipathisch. Muß man aber diese Frage, wohl oder übel, beantworten, so findet die Niedertracht menschlicher Natur auch da noch ihren Ausweg. »Ich habe sehr wohl erkannt, worauf Sie lossteuern; ich mache Ihnen mein Compliment; ja, so liegt es; Sie legen muthig die Axt an die Wurzel; wollte Gott, daß wir das Ziel erreichen; nur in diesem Zeichen können wir siegen.« (An FRIEDLAENDER, 1. 8. 1894, IV.4.376)

Man wird nicht fehlgehen, wenn man unterstellt, daß Fontane sich ungeachtet aller Gefolgschaft für die *Kreuzzeitungs*-Partei ein großes Maß innerer Unabhängigkeit bewahrte. Was er kurz vor der Rückkehr aus England an LEPEL geschrieben hatte, galt cum grano salis weiterhin: »ich bin weder ein Kreuz-ztgs-Mensch, noch ein Manteufflianer, noch ein besondrer Anhänger des neuen Ministeriums von Bethmann-Hollweg bis Patow, ich bin ganz einfach Fontane […].« (1. 12. 1858, IV.1.635) Er war ein durch eine schwierige Lebensschule gereifter Mann und ein erfahrener Journalist. Beifällig hat er in *Von Zwanzig bis Dreißig* einen Satz des Staatsrechtlers Friedrich Julius STAHL vor Redakteuren der *Kreuzzeitung* zitiert: »Meine Herren, vergessen wir nicht, auch das konservativste Blatt ist immer noch mehr Blatt als konservativ.« (III.4.419)

Die Jahre von 1860 bis 1870 sind als ein Jahrzehnt der Konsolidierung in die biographische Fontane-Forschung eingegangen, als eine Lebensepoche, in der sich die familiären, beruflichen und finanziellen Verhältnisse des Dichters beruhigt haben. Fontane wurde seßhaft, zumindest in der äußeren Bedeutung dieses Wortes, das ihm vermutlich Unbehagen bereitet hätte: Er ließ sich mit seiner Familie endgültig in Berlin nieder, »seiner« Stadt, die er bis zu seinem Tod nur mehr wochen- und monatsweise verließ, wenn er auf Reisen ging. Die Wendung zur *Kreuzzeitung* und ihrem politischen Umfeld band ihn beruflich wie sozial: Sein Freundes- und Bekanntenkreis rekrutierte sich nunmehr noch vermehrt aus dem altpreußisch-konservativen Lager, sein schriftstellerisches Interesse konzentrierte sich für Jahre auf die Geschichte und Zeitgeschichte seiner näheren Heimat: Preußen. Vermittelt durch HEYSE gewann er in Wilhelm Ludwig HERTZ (1822–1901) erstmals einen festen Verleger (vgl. 1.1.4), die Zusammenarbeit mit HERTZ und seinem Sohn Hans HERTZ (1848–1895) blieb bis zuletzt stabil und vertrauensvoll.

Anfang der sechziger Jahre zeichnen noch Reste Fontanescher Unrast das Geschick der Familie. Die Fontanes wechseln in den vier Jahren nach ihrer Rückkehr aus England siebenmal die Wohnung. In der Tempelhofer Straße 51 kommt die Tochter MARTHA zur Welt, in der Hirschelstraße 14 der Sohn FRIEDRICH, das letzte Kind. Davor und dazwischen liegen Jahre unbefriedigender Wohnverhältnisse in der Dessauer, der Jerusalemer und der Potsdamer Straße – und ein in Fontanes Briefen wiederholt vorgetragener Plan, sich ein Haus zu bauen, »in dem man nur selber wohnt«:

> Man kauft eine Bau-Stelle für 1000 rthl. und hat man solche Stelle, so erhält man ohne Mühe 3000 rthl. zum Bau eines Hauses, die dann zu erster Hypothek völlig sicher stehn. Hat man dann auch noch 5000 rthl. zu verzinsen zu 4 und 5%, so wohnt man immer nicht theurer als wenn man für 200 bis 250 rthl. zu Miethe wohnt. Einzelne Ausgaben kommen zwar hinzu, aber die Annehmlichkeit ist dafür sehr, sehr groß der Werth des Grundstücks wächst in der Ausdehnung der Stadt, so daß er sich verdoppeln kann. (An EMILIE, 10. 7. 1862, IV.2.80)

Der Dichter lag mit seiner Prognose nicht falsch, gerade vor dem Hintergrund der sich abzeichnenden Gründerjahre. Doch die materiellen Verhältnisse der Familie ließen einen Hausbau nicht zu, ebensowenig den Kauf eines Sommerhauses an der Ostsee, den Fontane zeitweise erwog.

Fontane hat, um eine Vergleichszahl zu nennen, seine Familie in den sechziger Jahren von jährlich knapp 2000 Reichstalern ernährt; das geht aus einem Brief hervor, in dem er, bei einer projektierten Jahreseinnahme von 2200 Talern, einem »eher […] sehr guten als einem schlechten Jahr« (an EMILIE FONTANE, 11. 3. 1870, IV.2.308) entgegensieht. Von seinen 900 bzw. – nach 1864 – 1000 Talern Redakteursgehalt allein konnte er den Lebensstandard seiner Familie nicht finanzieren. Er war auf andere Einkommensquellen angewiesen; nicht zuletzt deshalb das bemerkenswerte Arbeitspensum, das er neben seiner Zeitungstätigkeit leistete: Er schrieb Lexikonartikel für biographische Sammelwerke, hielt Vorträge und fertigte kurzfristige Auftragsarbeiten an; er bemühte sich mittels einer aufwendigen Korrespondenz, seine *Wanderungen*-Aufsätze durch Zeitungs- und Buchabdrucke mehrfach zu verwerten. Und er ließ sich zur Niederschrift der Kriegsbücher bestimmen, ein Opus, das bis zu seinem Abschluß tausende Arbeitsstunden eines im Zenit seiner Leistungsfähigkeit stehenden Mannes verschlingen sollte. Doch selbst diese Einkünfte reichten nicht aus, der sechsköpfigen Familie ein materiell wirklich sorgenfreies Dasein zu ermöglichen. Zu den biographischen Konstanten der sechziger Jahre gehören deshalb Fontanes Bemühungen um Unterstützung von offizieller Seite. Das Preußische Kultusministerium zahlte ihm, in Anerkennung seiner »märkischen Arbeiten«, von 1861 bis 1869 eine jährliche Beihilfe von 300 Reichstalern; vom April 1870 an unterstützte ihn das Innenministerium mit jährlich 400 Talern – immerhin ein grobes Fünftel seines bisherigen Jahreseinkommens. Das permanente Antichambrieren um die Verlängerung dieser Beihilfen war ihm zwar zuwider; er konnte es sich aber schlicht nicht leisten, auf das Geld zu verzichten.

»Lepels Egeria«

Sah Fontane die *Wanderungen* im beruflichen Umgang durch Hesekiel gefördert, so privat durch seine Gönnerin und Freundin Mathilde von Rohr (1810–1889), auch sie eine traditionsbewußt-konservative Natur mit Verbindungen zum preußischen Adel. 239 Briefe Fontanes an das spätere Stiftsfräulein im mecklenburgischen Dobbertin sind überliefert. Sie dokumentieren einerseits Fontanes Bemühungen um märkische Stoffe und Anekdoten und lesen sich streckenweise wie eine Begleitlektüre zu seinen Recherchen für die *Wanderungen*; zum anderen reflektieren sie wie sonst nur der Ehebriefwechsel das private und familiäre Leben des Dichters.

Fontane lernte das als fünfte Tochter eines Offiziers in Trieplatz, unweit von Neuruppin, geborene Fräulein im Salon der Gräfin Sophie Schwerin kennen, in den er von Lepel eingeführt worden war. Zu einer näheren Beziehung kam es erst 1859, nach Fontanes Rückkehr aus England im Rahmen einer von Fräulein von Rohr veranstalteten Soiree. Bald lernte er Herzensgüte, Mut und Vernunft der Gastgeberin aufrichtig schätzen, wenn ihm die literarischen Veranstaltungen in ihrer Wohnung auch mehr zu Studienzwecken dienten. Dort gab es immer sechs bis acht Personen, immer Mustertee, immer »Götterspeise«, immer Dichtungen vor einem Publikum, das durch Vortrag derselben grenzenlos gelangweilt wurde. Nur Frl. von Rohr stahlte. Sie war nach wie vor Lepels Egeria und bald auch meine. (II.3.455)

Fontane war dieser zuverlässigen Freundin, die, nicht anders als H. von Merckel auch ein Rückhalt für seine Familie war, mit gutem Grund dankbar ergeben. Das hinderte freilich nicht, daß er sich ihrer auch erinnerte, als er nach Vorbildern für seine Domina Adelheid im *Stechlin* suchte.

Henriette von Merckels Aufzeichnungen

Zu den biographisch aufschlußreichsten Dokumenten der *Kreuzzeitungs*-Jahre aus dritter Hand zählt das Tagebuch von H. von Merckel. Die Witwe Merckels, hatte verwandtschaftliche Verbindungen zur preußischen Ministerialbürokratie, die sie für Fontane, an dessen Talent sie glaubte und in dessen schriftstellerische Zukunft sie noch große Erwartungen setzte, spielen ließ. Außerdem war sie seit den fünfziger Jahren sehr eng mit der Familie befreundet.

Eines ihrer Gespräche mit Fontane gibt Frau von Merckel inhaltlich wieder. Unter dem 22. 6. 1865 bezieht sie sich auf eine Unterhaltung vom Vortage:

> An die jetzt durch die Dampfschiffe so belebte Staffage in Treptow anknüpfend, meinte er, diese würden für Berlin eine neue Fortschritts-Ära einführen; es sei überhaupt mit der alten Zeit aus! So sehr er, der Gesinnung nach, zu den Konservativen auch gehöre, so müsse er doch eingestehen, die Macht des Adels sei gebrochen und gehe über kurz oder lang ihrem Ende zu. Sie habe sich auf den *Grundbesitz* basiert – dieser gelte jetzt schon wenig genug – das *Kapital* wäre an seine Stelle getreten, und damit zugleich würde der Bürgerstand seine Macht immer mehr erheben. [...] mit der Macht, die ihm das Geld gäbe, erweiterte sich auch sein Gesichtskreis. Man würde die neue Zeit demnach die *Herrschaft des Geldes* bezeichnen müssen. Auf meine Bemerkung, daß ich dies für keinen Fortschritt in der Entwickelung des Menschengeschlechts halten könne, und was auf diese Herrschaft dann folgen solle, meinte er: »*Vielleicht das Gute.*« (FM II.255f.)

Frau von Merckels Tagebuch zeigt sich besonders an den Kindern interessiert, deren Fortschritte und erkennbare Schwächen sie liebevoll und nicht ohne einige Betulichkeit verzeichnet; insbesondere die beiden ältesten Söhne finden Berücksichtigung. George schlug schließlich 1868 die Offizierskarriere ein und machte seinen

Eltern häufig mit mangelnder Haushaltsdisziplin zu schaffen. THEO, dessen Taufpatin »Tante Merckel« war, »hat die Klassen bis Groß-Tertia so rasch, als es sich tun läßt, durchgemacht, nur diese Ostern ist er gegen seine Erwartung sitzengeblieben«, verlautet es im Mai 1870. »Sein Wesen nimmt eine unverkennbare Ähnlichkeit mit dem des Vaters an [...]. Er hat eine angeborene Noblesse, der Hauptzug im Wesen seines Vaters [...] und äußert zuweilen Professor der Geschichte werden zu wollen.« (Ebd. S. 259 f.) Frau von MERCKELS teilnehmende Gedanken und Wünsche begleiten auch die oft schwierige Situation der Eltern. Über das Verhältnis der Ehegatten zueinander sagt sie direkt nichts, betont aber, »ihre reizbaren [korrigiert aus: kränklichen] Naturen und namentlich seine Angegriffenheit und Stockungen des Blutes« ließen die Frau selten zur Ruhe kommen. Dringend bedürfte er der Schonung, was sich aber nicht ermöglichen läßt. (Ebd. S. 254)

»Der letzte Poet [...] jener trotz alledem dem Tode verfallenen Zeit«

Bezeichnend für die Verlagerung von FONTANES gesellschaftlichen Präferenzen in den sechziger Jahren ist auch die Abkühlung seines Verhältnisses zu LEPEL. Der langjährige Weggefährte sah mit Enttäuschung, daß Fontane mit seinen neuen politischen Neigungen auch »neue Freunde« suchte: »Es ist ein Schmerz für mich u. alle Deine alten Freunde, daß Du Dich mehr, als nötig ist, mit der Richtung verbindest, statt Dich nur auf Deinen relativ neutralen [Englischen] Artikel zu beschränken.« (FL I.234). Ähnliche Vorbehalte äußerte auch STORM, ein Mann demokratischer Überzeugungen. Als Fontane ihn 1864 um ein Gedicht auf den Sieg der Preußen im Krieg um Schleswig-Holstein anging, schrieb er zurück:

> Hol Sie der Teufel! Wie kommen Sie dazu, daß ich eine Siegeshymne dichten soll! [...] Ihr Einzugslied ist so außerordentlich gut, daß ich gründlich dazu gratulieren muß, obgleich der Zipfel der verfluchten Kreuzzeitung aus jeder Strophe heraushängt. Möchten Sie der letzte Poet jener, doch Gott sei Dank und trotz alledem dem Tode verfallenen Zeit sein, worin die Tat des Volkes erst durch das Kopfnicken eines Königs Weihe und Bedeutung erhält. (FS, S. 121 f.)

Dennoch unternahm Fontane im September 1864 von Flensburg aus einen Besuch in Husum. STORMS Zorn über das preußische Vorgehen insgesamt war nur zu lebendig, insofern war die Begegnung ein Wagnis, aber die literarischen Gemeinsamkeiten siegten.

»Fontane ist doch trotz seiner Mitredaktionsschaft an der [folgen 3 Kreuze, H. N.] ein netter traitabler Mensch und – ein Poet. Wir haben uns in den paar Stunden fast um den Hals geredet«, berichtete der von dem Märker als Lyriker bewunderte, aber gelegentlich auch als »Generalpächter der großen Liebesweltdomäne« und »Weihekußmonopolist« (III.4.373 f.) apostrophierte Husumer seinem Freund Ludwig PIETSCH.

Fontane schrieb an den ersten Kapiteln von *Vor dem Sturm*, als er im Winter 1863/64 auf den Geleisen vor seiner Wohnung in der Hirschelstraße österreichische Truppen Richtung Norden fahren sah: »[...] wenn zuletzt die Geschütze kamen, zitterte das ganze Haus, und ich lief ans Fenster und sah auf das wunderbare Bild: die Lowries, die Kanonen, die Leute hingestreckt auf die Lafetten, und alles von einem trüben Gaslicht überflutet.« (An E. GRÜNDLER, 11. 2. 1896, IV.4.531) Am 17. 5. war er selbst zum Schauplatz des Krieges aufgebrochen und hatte Kiel, Schleswig, Missunde und die Düppeler Schanzen besucht, wofür er im Dezember mit einer »Düppel«- und einer »Alsen-Militär-Medaille« ausgezeichnet wurde. Bei seiner zweiten Reise vom 9. bis 30. 9. 1864 kam er auch nach Kopenhagen und fast an die Nordspitze Jütlands. Die erste Reise hatte er als *Kreuzzeitungs*-Redakteur in Begleitung seines Kollegen Arthur HEFFTER unternommen; die zweite Fahrt, trat er bereits »behufs Edierung eines Buches über den schleswig-holsteinschen Krieg« (31. 8. 1864, IV.2.132) an, auf die er sich mit dem Berliner Verleger Rudolf Ludwig von DECKER (1804–1877) geeinigt hatte. Die Arbeit an diesem – wie sich herausstellen sollte – ersten von drei Kriegsbüchern nahm den größten Teil des Jahres 1865 und darüber hinaus seine Nerven sehr in Anspruch. Die Korrespondenz mit den Mitarbeitern der »Geheimen Oberhofbuchdruckerei« von DECKER zeigt ihn häufig gereizt und vor allem mit seinem Illustrator Ludwig BURGER unzufrieden. Dennoch setzte sich diese Zusammenarbeit fort, denn nur wenige Monate nach Erscheinen des *Schleswig-Holsteinschen Krieges* zu Ostern 1866 brach erneut Krieg aus, diesmal zwischen den ehemaligen Verbündeten Preußen und Österreich.

»Die Czechen [...] sind ein feingebautes, glattes Volk«

Mitte August 1866 nutzte Fontane einen Urlaub und besuchte zusammen mit seinem Jugendfreund SCHERZ und Leutnant Hans Babo Peter von ROHR, einem Vetter M. von ROHRs, den böhmischen Kriegsschauplatz. Die Reise führte ihn über Dresden nach Prag, und von dort auf die Schlachtfelder von Münchengrätz, Podoll, Gitschin und Königgrätz. Unter dem Titel *Reisebriefe vom Kriegsschauplatz* – einer erst 1969 als Buch erschienenen Sammlung – berichtete er im *Berliner Fremden- und Anzeigenblatt* mit Humor und Verständnis über das von den Eroberern damals zumeist mit überheblichen Augen betrachtete Land.

> Offiziere wie Mannschaften führen eine bittere Sprache und es bleibt höchstens darüber ein Zweifel, ob mehr Empörung oder Verachtung diese Sprache diktiert. Alle Zeichen des Rassenhasses (um so echter da, wo man sich keine Rechenschaft davon gibt) treten hervor. […] Es ist nicht Hang zum Widerspruch, sondern nur eine Pflicht gegen Recht und Wahrheit, wenn ich hiermit versichere, all' diese Tage über keinem einzigen Erlebnis begegnet zu sein, das mich berechtigte, in das so lebhaft lautgewordene Verdammungsurteil einzustimmen. […] Die Czechen, nach ihrer Oberfläche zu urteilen, sind ein feingebautes, glattes Volk. Sie haben »Formen«, und diesen Formen gegenüber wird der mehr oder weniger formlose Norddeutsche immer die Neigung haben, von Falschheit und Tücke zu sprechen. (III.5. 353 f.)

Zugleich verhandelte er mit DECKER, dem Verleger des *Fremdenblatts*, über das zweite Kriegsbuch. In den ersten Verlags-Korrespondenzen über den *Deutschen Krieg von 1866* geht es noch um die Frage, ob das Buch 24 oder 30 Bogen umfassen und der Autor mit 1200 oder 1500 Reichstalern abgefunden werden soll; am Ende erschien das Werk in zwei Halbbänden von insgesamt 67 Bogen. Fontane sollte über drei Jahre an dem Buch arbeiten; noch im Oktober 1870 bat er, als französischer Kriegsgefangener, um die Zusendung der letzten Revisionsbogen.

Nicht nur für die Kriegsbücher ging er in den sechziger Jahren häufig auf Reisen; er war, vor allem zu Beginn des Jahrzehnts, auch für die *Wanderungen* viel unterwegs: Ein »Kalender der märkischen Fahrten Fontanes« zwischen dem 5. 4. 1860 und dem 8. 12. 1869 ergibt insgesamt 65 ein- oder mehrtägige Ausflüge ins Berliner Umland – Reisen, die zum Teil Mutter und Schwester in Neuruppin bzw. dem Vater in Schiffmühle bei Freienwalde galten, die Fontane zum Teil aber auch mit Freunden oder seinem Verleger HERTZ unternahm, um Lokalstudien zu betreiben (FÜRSTENAU, 1941, S. 191 ff.). Überhaupt begann für ihn in den Jahren nach 1860 das gewohnheitsmäßige Reisen: Nach den beiden Dänemarkfahrten 1864 brach er am 26. 8. 1865 zu einer vierwöchigen Tour an den Rhein und in die Schweiz auf; nach der Reise an die böhmischen Kriegsschauplätze 1866 fuhr er vom 17. bis 31. 8. 1867 nach Thüringen – und anschließend nach Kissingen und in die Rhön, um für das zweite Kriegsbuch zu recherchieren. Zunächst versuchte er also noch, seine Fahrten beruflich zu motivieren und finanzieren, indem er sie für Recherchen nutzte, Reisefeuilletons publizierte oder, wie im Fall der Schweizreise, die Ausgaben mit einem Vortrag auszugleichen versuchte. Der Sommer 1868 bezeichnet in dieser Hinsicht einen Übergang. Fontane reist zur Sommerfrische in den Harz, ein weiterer Aufenthalt im schlesischen Riesengebirge ist zwar mit einer mehrtägigen Studienfahrt nach Böhmen im Interesse des geplanten Kriegsbuchs verbunden, zum größeren Teil aber ebenfalls ein Ferienaufenthalt. Allerdings gehören solche Unternehmungen, die er künftig annähernd regelmäßig, allein oder mit Familie, unternehmen wird, zu seinen produktivsten Arbeitsphasen.

»Sand, Geröll und große Steine«

Drei Todesfälle überschatten Ende der sechziger Jahre das familiäre Leben: Am 2. 5. 1867 stirbt EMILIE FONTANES Mutter Thérèse TRIEP(C)KE, verwitwete MÜLLER, und hinterläßt eine kleine Erbschaft; fünf Monate später stirbt, ohne eine Erbschaft zu hinterlassen, Fontanes Vater:

> Am 5. Oktober Abends gegen 11 Uhr stirbt mein guter alter Papa 71 1/2 Jahr alt in Schiffmühle bei Freienwalde. Wir erhalten am andern Morgen die Nachricht von seinem Tode; Sommerfeldt und ich fahren hinüber. Ein Herz- vielleicht auch ein Lungenschlag hatte seinem Leben ein Ende gemacht. Am Dinstag Mittag den 8. trafen Jenny, Lischen, George und Max Sommerfeldt von Berlin ein; zwischen 5 und 6 haben wir, nach wunderlichen Zwischenfällen, den alten Herrn auf der Höhe des Tornow'er Kirchhofs begraben. Sand, Geröll und große Steine, wie sie dort überall in der Erde stecken, liegen auf seinem Grab; sei ihm die Erde leicht. (*Tagebuch* II.30)

Dem zarten *Tagebuch*-Eintrag läßt Fontane 30 Jahre später in *Meine Kinderjahre* eine poetisch-verklärende Würdigung seines Vaters folgen, die kauzischer Elemente gleichwohl nicht entbehrt (III.4.151–162); seine Mutter hingegen, die am 13. 12. 1869 stirbt, verabschiedet er in einem Brief an ROHR mit Worten, die ganz auf Ernst und Würde gestimmt sind:

> Am Donnerstag haben wir dann unsre gute Mama auf dem alten Ruppiner Kirchhof – Kaufmann Gentz hatte uns ein Stück Erde abgetreten – an einer schönen, baumbepflanzten Stelle zur letzten Ruhe bestattet. Die ganze Stadt war voll Theilnahme, was uns wieder einmal zeigte, daß ein ordentliches, ehrliches, anständiges Leben, voll Strenge gegen sich selbst und voll Güte gegen die Mitmenschen, im-

mer noch seine Würdigung findet. Der Sarg war mit Kreuzen und Kränzen überdeckt. (IV.2.287)

1.1.6 Die siebziger Jahre (1870–1880)

Fontanes sechstes Lebensjahrzehnt enthält für den Weg des Schriftstellers entscheidende Weichenstellungen. An seinem Beginn steht der Bruch mit der *Kreuzzeitung*. An seinem Ende die Hinwendung zum Zeitroman. 1870 finden wir ihn noch beschäftigt, für sein drittes Kriegsbuch in Frankreich Material zu sammeln (und mit einem Ausflug nach dem Geburtsort Jeanne D'ARCs). Zehn Jahre später sammelt er Unterlagen über den Ehebruchsfall RAVENÉ. Zugespitzt könnte man sagen, am Beginn des Jahrzehnts stand »La pucelle« und am Ende *L'Adultera*. Natürlich sind das verkürzende Formulierungen. Doch bleibt das Faktum, daß sich ein Autor mittleren Ranges von wesentlich lokaler Bedeutung zum bedeutendsten deutschen realistischen Erzähler in der zweiten Hälfte des 19. Jahrhunderts entwickelt.

»Das Zucken um den Mund«

Eine Mißhelligkeit zwischen BEUTNER und Fontane am Ostersamstag 1870 bildete den Anlaß für die Kündigung:

> Er sagte mir etwas über »Skandinavien« (lächerlich in sich), sprach artig, aber sehr kühl, zog Parallelen mit Hesekiel; ich kriegte das Zucken um den Mund, stand auf und empfahl mich. Noch eh ich an dem Portierknopf unsres Hauses zog, war ich entschlossen, das Redaktionslokal nicht wieder zu betreten. (An EMILIE, 11. 5. 1870, IV.2.307)

Anscheinend hatte BEUTNER sich unzufrieden über einen Bereich der redaktionellen Arbeit geäußert oder eine solche Kritik doch angedeutet. Fontane war neben dem englischen zeitweise auch für den »skandinavischen Artikel« zuständig – und hatte diesen offenbar seit Monaten schleifen lassen: Von Januar bis Mitte April 1870 waren nur fünf Artikel zu Skandinavien gedruckt wurden; nach seiner Kündigung erschien die Rubrik »Dänemark« eine Zeitlang fast täglich (Unechte Korrespondenzen I.35).

Dem großen Rechtfertigungsbrief an seine Frau vom 11. 5. 1870 nach zu schließen, war »die Ostersonnabendszene weiter nichts [...] als der Tropfen, der das Glas zum Überlaufen bringt« (IV.2.307). Schon seit Mitte der sechziger Jahre finden sich im

Briefwerk wiederholt Anzeichen persönlichen, beruflichen, auch politischen Unbehagens im Kreise der Redaktionskollegen; vor allem verbitterte Fontane die Doppelmoral, die in den Räumen des frommen Blattes herrschte,

> die Brutalität, die darin liegt, unsre Freiheit und unsre geistigen Kräfte auszunutzen, ohne vorsorglich und human an unsre alten Tage zu denken. [...] Es ist *gemein,* beständig große Redensarten zu machen, beständig Christentum und Bibelsprüche im Munde zu führen und nie eine *gebotene* Rücksicht zu üben, die allerdings von Juden und Industriellen, von allen denen, die in unsern biedern Spalten beständig bekämpft werden, oftmals und reichlich geübt wird. [...] Ich sagte mir: wenn man dir solch kühle Standrede *jetzt* zu halten wagt, wo du, zugestandenermaßen, eine Zierde, ein kleiner Stolz der Zeitung bist, wie wird man nach 10 Jahren zu dir sprechen, wenn du ihr vielleicht eine Last geworden bist? (IV.2.307f.)

Fontane beurteilte die Situation durchaus zutreffend, das zeigte sich wenige Jahre später am Beispiel der Familie HESEKIELS, die nach dessen Tod regelrecht zu verarmen drohte – nicht zuletzt wegen des »kümmerlichen« (an K. BORMANN, 27. 12. 1876, IV.2.551) Benehmens der Zeitungsbesitzer.

Für EMILIE war die Kündigung freilich ein herbe Überraschung. Ihr Mann hatte just an jenem Tag gekündigt, an dem sie nach England abreiste, um die zehnjährige MARTHA für ein Jahr bei der befreundeten Familie MERINGTON in Cambridge unterzubringen. Erst drei Wochen nach der Entscheidung wurde sie informiert. Der oft zitierte Brief vom 11. 5. 1870 erreichte sie in der Fremde.

Fontane wußte, daß seine Frau sich vor allem um die materielle Zukunft der Familie sorgen würde; der Darlegung der »inneren Motive« seiner Entscheidung ließ er denn auch ausführliche Betrachtungen über die nach der Kündigung zu erwartenden Einkünfte folgen: 600 Taler von HERTZ veranschlagte er für *Ost-Havelland,* den dritten Band der *Wanderungen,* 1200 für seinen wiederholt begonnenen und wieder liegengebliebenen Roman (geplant als »Levin von Vitzewitz«); 400 Taler jährlich hatte ihm soeben das Preußische Innenministerium zugesagt. »Wir werden vom 1. Juli 70 bis zum 1. Juli 71 in runder Summe 2200 Rtl. einnehmen, so daß wir pekuniär eher einem sehr guten als einem schlechten Jahr entgegensehn.« (IV.2.308)

Tatsächlich sollte mit dem Roman der größte Posten zunächst zwar ausfallen, doch taten sich innerhalb der folgenden Monate berufliche und materielle Aussichten auf, mit denen im April 1870 Fontane selbst kaum gerechnet haben wird:

1870 starb der alte [Theaterkritiker] Gubitz; die Vossische Zeitung sah sich nach einem Ersatzmann für ihn um, und ich rückte an seine Stelle. Mit Beginn der Spielzeit (15. August) sollte ich eintreten. (III.4.1033)

Kritische Jahre – Kritiker-Jahre

Der geplante dritte Teil der Autobiographie, dem dieser Passus entnommen ist, blieb mehr oder weniger Entwurf; und die Korrespondenz läßt die Frage unbeantwortet, unter welchen Umständen er seine aus den fünfziger Jahren datierenden Verbindungen zur *Vossischen Zeitung* wieder aufgenommen hat. Vermutlich hat Hermann KLETKE, der spätere Chefredakteur des Blattes, vermittelnd gewirkt. Erste Verhandlungen fanden jedenfalls schon im Mai oder Juni 1870 statt; am 17. 8. begann der Apotheker/Balladendichter/politische Journalist/Wanderer durch die Mark/Kriegsschriftsteller mit einer Besprechung von SCHILLERS *Wilhelm Tell* seinen neuen Beruf als Theaterkritiker – eine Tätigkeit, die er fast 20 Jahre ausüben sollte. In Berlin machten ihn seine von der Leserschaft mit Sympathie aufgenommenen Artikel zu einer Institution, schon bevor er Romane veröffentlichte, aber sie verstrickten ihn naturgemäß auch in Kontroversen.

Und noch eine andere mittelfristige Einnahmequelle tat sich im Sommer 1870 auf: Als Fontane Mitte August seine erste Besprechung für die *Vossische Zeitung* schrieb, befand sich Deutschland seit 14 Tagen im Krieg gegen Frankreich. Prompter noch als 1864 und 1866 schlug der Verlag DECKER seinem Autor ein drittes Kriegsbuch vor – 50 Taler pro Bogen wurden zuletzt ausgehandelt, der Umfang wegen des noch nicht absehbaren Kriegsendes offen gelassen. Fontane ergriff seine Chance. Nach den Erfahrungen mit dem *Deutschen Kriege von 1866*, dessen letzter Halbband noch gar nicht gedruckt war, konnte er auf einige Jahre Arbeit und ein relativ ansehnliches Honorar rechnen.

Ein »nine days wonder«

Als der Krieg begann, verlebte er mit EMILIE »heitren Sinnes« (*Tagebuch* II. 37) Urlaubstage in Mecklenburg, besuchte in Dobbertin Mathilde von ROHR, scheiterte in Mußestunden an der Lektüre der *Wahlverwandtschaften,* noch mehr an der *Natürlichen Tochter*, und kehrte am 7. 8. in die »flaggende, siegestrunkene Hauptstadt« zurück (an DECKER, 8. 8. 1870, FD, S. 95). GEORGE – dessen tatendurstige Briefe («Wir werden diesen Pflaumenschmeißern schon zeigen, was eine Harke ist«) mit dringenden Bitten um Geld für seine Equipierung geschlossen hatten, stand als Fähnrich, später Leutnant in Frankreich (GEORGE FONTANE, 1914, 2ff.). Am 27. brach der Vater zu Recherchen für das neue Kriegsbuch auf. Er reiste über Frankfurt am Main und Mannheim in die Pfalz, wo er die Schlachtfelder von Weißenburg und Wörth besichtigte; am 1. 10. fuhr er weiter nach Frankreich, am 2. war er in Nancy.

Drei Tage später überschritt er, eine Rotkreuzbinde am Arm und zur Selbstverteidigung mit einem Stockdegen und einem Revolver bewaffnet, in der Nähe von Toul die deutschen Linien, um das Dorf Domrémy zu besuchen, den Geburtsort der Jeanne d'ARC – ein touristisch-poetischer Abstecher, eine Tagesreise »ins alte, romantische Land« (III.4.543), wie er mit Anspielung auf Christoph Martin WIELAND – dabei anscheinend einer Anregung seines Freundes WANGENHEIM folgend (M. LOWSKY, 1998, S. 34f.) – den Ausflug im Erinnerungsbuch *Kriegsgefangen* später nannte. Die Gruppe argwöhnischer Franzosen, die in Domrémy auf den merkwürdigen Touristen aufmerksam wurde, konnte mit dessen preußischen Papieren nichts anfangen; seine Bewaffnung machte ihn zusätzlich suspekt. Er wurde festgenommen und zur Souspräfektur ins nahe Neufchâteau gebracht. Dort begann am nächsten Tag eine »tour en ziczac« (an EMILIE FONTANE, 31. 10. 1870, IV.2.349) durch französische Gefängnisse, die erst am 9. 11. mit der Überstellung ins Fort der Atlantikinsel Oléron endete.

Die Situation war durchaus gefährlich; er stand unter Spionage-Verdacht. Im Gefängnis von Langres, der zweiten Station seiner Odyssee, hatte er den Eindruck, es sei »das Tot-Schießen nah« (*Tagebuch* II.38), erst als ihm später, in der Zitadelle von Besançon, eine Behandlung »comme officier supérieur« zuteil wurde, besserte sich seine Lage.

Von wem die rettende Initiative zuletzt ausging, ist ihm anscheinend auch später unklar geblieben, jedenfalls äußerte er sich selbst nur in Frageform darüber. »Wer hatte mich befreit? Die Katholische Partei oder die Judenpartei oder die Regierungspartei?« (III.4.1035) Die WANGENHEIMS hatten sich an Césaire Kardinal MATHIEU gewandt, Erzbischof von Besançon, der ihm die Behandlung als »höherer Offizier« erwirken konnte; sein Freund Moritz LAZARUS, Präsident der israelitischen Synode, knüpfte über den Bundespräsidenten der Schweiz Verbindungen zum neuen französischen Justizminister Isaac Adolphe CRÉMIEUX. Sowohl diese Kontakte als auch die Bemühungen der »Regierungspartei« scheinen wirksam gewesen zu sein: Am 20. 10. hatten sich Berliner

Freunde, EGGERS, LEPEL und der Historienmaler August von HEYDEN an das Kriegsministerium gewandt, LEPEL gesondert auch direkt an den Minister Albrecht von ROON. Auf den Rat KLETKES hin wurde zusätzlich SCHNEIDER eingeschaltet, der sich als Pressereferent des Königs im Hauptquartier in Frankreich befand. DEKKER schrieb an General August von WERDER, der an dem involvierten Frontabschnitt befehligte. Auch BISMARCK gelangte in Kenntnis des Falls und richtete am 29. 10. 1870 – zu diesem Zeitpunkt hatte das Militärgericht in Besançon den Spionagevorwurf bereits zurückgezogen – ein Schreiben an Elihu Benjamin WASHBURNE, den amerikanischen Gesandten in Versailles, der den Norddeutschen Bund dort vorübergehend diplomatisch vertrat. »Nach glaubwürdiger Mitteilung« sei »Dr. Fontane, ein preußischer Untertan und wohlbekannter Geschichtsschreiber [...] verhaftet und nach Besançon abgeführt worden, wo er in Lebensgefahr zu sein scheint. Nichts kann ein derartiges Vorgehen gegen einen harmlosen Gelehrten rechtfertigen.« (REUTER, S. 448) Er forderte Fontanes Freilassung und drohte im Weigerungsfalle mit der Verhaftung einer Anzahl von Personen in ähnlicher Lebensstellung.

Tatsächlich ließ ROON in Domrémy drei Geiseln nehmen; Fontane setzte sich, nachdem er am 5. 12. nach Berlin zurückgekehrt war, zwei Tage später in einem Schreiben an das Königliche Allgemeine Kriegsdepartement für deren Freilassung ein, wobei er hinzufügte, daß er

> in einem zu Chateau, Ile d'Oléron unterzeichneten Papier versprochen habe: »nach dem Maße meiner Kraft dahin zu wirken, daß ein französischer Oberoffizier im Austausch gegen mich aus der Gefangenschaft entlassen werde«. (IV.2.361)

Als das Kriegsministerium erkennen ließ, daß seinem Antrag kein Erfolg beschieden sein würde, wandte er sich noch einmal direkt an ROON, »ob es nicht vielleicht ausnahmsweise sich ermöglichen möchte, einem der vorstehend genannten Herren die Freiheit zu geben [...]« (20. 12. 1870, IV.2.368). »Macht ihm alle Ehre, kann aber nicht willfahren«, schrieb der Minister an den Rand des Briefes.

In Berlin hatte Fontanes Fall Aufsehen erregt. Als wenige Wochen nach seiner Rückkehr in der *Vossischen Zeitung* die ersten Kapitel des Erinnerungsbuches *Kriegsgefangen* zu erscheinen begannen, brachte es der Autor vorübergehend zu einer Art Lokalberühmtheit:

Meine Gefangenschaft hat mich zu einer Sehenswürdigkeit (Rhinozeros), zu einem nine days wonder gemacht; die »Gartenlaube« ist sogar entschlossen mich, mit Text und Holzschnitt, unter die berühmten Zeitgenossen aufzunehmen, besinnt sich aber eines besseren, da sie erfährt, daß alle meine Glieder heil geblieben sind. (III.3/II.1112)

Mit Kardinal MATHIEU hat Fontane bis kurz vor dessen Tod korrespondiert. In den in Küstrin spielenden Kapiteln des Romans *Vor dem Sturm* hat das Erlebnis der Gefangenschaft und drohenden Verurteilung deutliche Spuren hinterlassen. Aufschlußreich unter biographischem Aspekt ist auch das Kapitel »Gueret« in *Kriegsgefangen*, das die Entstehung des Gedichts *O trübe diese Tage nicht* beschreibt und bei dieser Gelegenheit die enge seelische Beziehung des Vaters zu der einzigen Tochter erkennen läßt:

Ich saß auf dem Stuhl […], wiegte mich hin und her und blickte träumend in die immer ruhiger werdende Flamme. Liebe, freundliche Gesichter traten mir entgegen; ich sah deutlich die großen klugen Augen meines Lieblings; es war mir, als spräch' es lieb und traut in mein Ohr. So saß ich im Gefängnis zu Gueret, schwere Tage hinter mir, schwere Tage vor mir, und schrieb Verse in mein Notizbuch. (III.4.607)

Fontane hatte sich noch aus Frankreich mit der Bitte an KLETKE gewandt, ihm trotz Kriegsgefangenschaft das Theaterreferat der *Vossischen Zeitung* zu belassen. Nun nahm er diese Tätigkeit wieder auf, um gleich mit seiner zweiten Besprechung einen kleinen Skandal auszulösen, der nicht nur die Berliner Theaterszene beschäftigte, sondern auch biographisch bedeutsam war: Er war mit Erfahrungen aus Frankreich zurückgekehrt, die ihn den nationalen Taumel in Berlin mit Reserve betrachten ließen. Die Aufführung des patriotischen Dramas *Der Gefangene von Metz* von Karl GUTZKOW am 10. 1 1871 gab ihm Anlaß, seiner Skepsis in einem scharfen Verriß auch öffentlich Ausdruck zu verleihen.

GUTZKOW war außer sich. In einem Beschwerdebrief an KLETKE, unterstellte er Fontane persönliche Motive und denunzierte ihn mit gezielten Hinweisen auf dessen journalistische Vergangenheit in den reaktionären Pressezirkeln der fünfziger Jahre und bei der *Kreuzzeitung* – politische Gegner der liberalen *Vossischen Zeitung*, historisch wie aktuell. Kühl und für Fontanes Verhältnis zu seinem neuen Arbeitgeber bezeichnend war KLETKES Antwort: Es stehe ihm nicht zu, Änderungen an den Beiträgen von Referenten vorzunehmen – »sobald sie ihren Namen unterzeichnen« (W. RASCH/

B. ZAND, 1995, S. 54). FONTANE wußte diese Loyalität zu schätzen; er konnte bei der *Vossischen Zeitung* zweifellos freier und authentischer sprechen, als dies bei der *Kreuzzeitung* möglich gewesen war.

Anfang April 1871 unterbrach Fontane das Theaterreferat erneut, um ins nunmehr besetzte Frankreich zu fahren und die durch die Gefangenschaft unterbrochenen Studien der ersten Reise wieder aufzunehmen. Der Weg führte ihn über Frankfurt, Straßburg, Reims und Crespy nach Mouy, wo er am 14. 4. bei einer Exerzierübung seinen Sohn GEORGE wiedersah. Wie die spätere Begegnung mit Alexandre DUMAS d. J. in Le Puits hat er auch das Wiedersehen mit seinem Sohn, Feuilletonistisches mit Biographischem souverän verbindend, in den Bericht *Aus den Tagen der Okkupation. Eine Osterreise durch Nordfrankreich und Elsaß-Lothringen* einfließen lassen. Wie schon *Kriegsgefangen* ist auch dieses Buch in bemerkenswert kurzer Zeit entstanden; bereits Ende November 1871, ein halbes Jahr nach der Rückkehr, kam es bei DECKER heraus.

Dabei handelte es sich freilich nur um ein Nebenprodukt der Reise; unternommen hatte Fontane sie für das umfängliche dritte Kriegsbuch, das ihn neben seiner Kritikertätigkeit und der Arbeit für den dritten Wanderungen-Band in den nächsten Jahren vorrangig beschäftigte.

Potsdamer Straße 134c

Im Oktober 1872 fanden die Fontanes im Haus des Johanniter-Ordens in der Potsdamer Straße 134c eine Mansardenwohnung im dritten Obergeschoß, die den damaligen finanziellen Möglichkeiten des Autors entsprach und in der er bis zu seinem Tod lebte: eine Vier-Zimmer-Wohnung mit Küche und Kammer; die Quartalsmiete betrug 70 Reichstaler. »Das graue Haus mit kleinem Vorgarten stand auf der Ostseite der Straße, zwischen Eichhornstraße und Potsdamer Platz. Bis zum Abriß der Stadtmauer 1866/67 lag das Gebiet westlich der heutigen Friedrich-Ebert- und Stresemannstraße ›vor den Toren der Stadt‹. Doch bald sollte sich dieser Teil der in atemberaubender Geschwindigkeit anwachsenden Stadt zum Mittelpunkt entwickeln.« (B. MACHNER, 1998b, S. 251)

Unterbrechen ließ Fontane sich in seinem relativ einförmigen Arbeitsalltag nur von gelegentlichen Reisen und Sommerfrischen, die ihn in den siebziger Jahren allerdings weiter herumführten als im Jahrzehnt zuvor: »Zu den Eigentümlichkeiten unserer Zeit gehört das Massenreisen«, beginnt eine 1873 verfaßte Plauderei *Modernes Reisen*. »Sonst reisten bevorzugte Individuen, jetzt reist jeder und jede.« (I.7.9) Im Sommer dieses Jahres fuhren die Fontanes ins thüringische Kabarz, M. von ROHR und H. von MERCKEL stießen hinzu, der GOETHE-SCHILLER-Briefwechsel, Romane von Lawrence STERNE und Philosophisches von SCHOPENHAUER bildeten die Lektüre. »Mete sagt nicht mehr: ›Theo, Du bist zu dumm‹, sondern ›suche das Mißverhältnis zwischen Deinem Willen und Deinem Intellekt auszugleichen.‹« (An K. und E. ZÖLLNER, 14. 3. 1873, IV.2.435) Abstecher und eine mehrtägige Reise führten u.a. nach Coburg, Gotha, Schwarzburg, Ilmenau, Eisenach (mit Besuch der Wartburg). In Fontanes Briefen finden sich zahlreiche anschauliche und erheiternde Stimmungsberichte von solchen Sommeraufenthalten, oft auch bereichert durch Äußerungen über seine Lektüre, denn er kam dann mehr zum Lesen und zur schriftlichen Auseinandersetzung darüber als in Berlin. In einem *Die Sommerfrischen* betitelten Abschnitt des unabgeschlossenen dritten Teils der Autobiographie hat er sich im Rückblick noch einmal zusammenfassend über die ländlichen Idylle geäußert.

> Die fingen en famille mit dem Jahr 70 an und haben sich durch zwanzig Jahre fortgesetzt. Ich blieb immer in Norddeutschland: Mecklenburg, Norderney, Harz, Thüringen, Schlesien. In Schlesien war ich mit besonderer Vorliebe. Überall herum im Hirschberger und Schmiedeberger Tal: Hermsdorf, Schreiberhau, Krummhübel, Erdmannsdorf, Buchwald, am häufigsten in Krummhübel. In diesen Sommerfrischen habe ich viele meiner Romane geschrieben und überhaupt sehr glückliche Tage gelebt. Aber zuletzt ging es nicht mehr. […] es ist vorbei damit, sowie die Kräfte nicht mehr ausreichen, in die Berge zu steigen, und sich an dem Ozon der Berge für all das schadlos zu halten, was die Aufenthalte als solche an einem verbrechen […] Sommerfrischen für den, der jung ist oder es sein will. Aber erhebt man diesen Anspruch nicht mehr und sehnt man sich nicht nur nach Luftfrische, sondern auch nach Behagen, so findet man diese Vereinigung von Luft und Licht und Frische und von Komfort und Behagen nur in den großen Bädern, deren Deutschland, Gott sei Dank, so viele hat: Interlaken, Ragaz, Baden-Baden, Wiesbaden, Kissingen, Karlsbad, die man aufsuchen kann, auch ohne Kurgast zu sein. Ich habe mich schließlich ganz dazu bekehrt. (III.4.1038f.)

Am 29. 9. 1874 brach er mit EMILIE zu seiner ersten Italienreise auf. Stationen waren unter anderem Verona, Venedig, Florenz, Rom, Neapel und Capri. Geschulter Journalist, der er war, zugleich dem bildungsbürgerlichen Imperativ seiner Zeit folgend, hielt er seine Beobachtungen bei Museums- und Kirchenbesuchen im *Tagebuch* und in besonderen Notizbüchern fest. Eine spätere Verwendung dieses Materials schloß er wohl nicht von Anfang an völlig aus. Mit der werkgeschichtlichen Bedeutung der großen Italienfahrten GOETHES und der Romantiker ist die Reise von 1874 aber ebensowenig zu vergleichen wie die zweite Italienreise, die er im Sommer 1875 unternahm. Diesmal fuhr FONTANE allein über die Schweiz und Mailand nach Genua, Pisa, Ravenna und Padua; auf der Rückreise traf er sich in München mit seiner Frau und setzte die Tour über Salzburg, Wien und Prag fort (vgl. GREVEL, 1986; GRAWE, 2000).

Sowenig nachhaltig die Fahrten von 1874 und 1875 den geborenen »Nordlandsmenschen« fürs Mediterrane einnahmen – im Romanwerk haben sie dennoch ihre Spuren hinterlassen; Italien als Ziel des flüchtigen Paares in *L'Adultera* sowie von Hochzeits- und Bildungsreisen, Wien als einer der Schauplätze von *Graf Petöfy*.

»Eine Ansammlung von Pech«

1875 zeichnete sich mit dem Abschluß des letzten Halbbandes von *Der Krieg gegen Frankreich 1870–1871* das Ende von Fontanes Kriegshistorik und der damit verbundenen Einnahmen ab. Da bot sich Anfang Januar 1876 eine neue berufliche Aussicht, die Ansehen und finanzielle Sicherheit versprach: Am 7. 1. starb Otto Friedrich GRUPPE, Sekretär der Königlichen Akademie der Künste. Eine Woche später, auf einer Abendgesellschaft bei HEYDEN, wurde Fontane von dem befreundeten Stadtgerichtsrat Karl ZÖLLNER (1821–1897), einem Mitglied des »Rütli«, gefragt, ob er bereit wäre, GRUPPES Nachfolge anzutreten (*Tagebuch* II.58). Er stand im 57. Lebensjahr und sah einer materiell unsicheren Zukunft entgegen; außer dem bescheidenen Fixum, das er als Theaterkritiker der *Vossischen Zeitung* verdiente, war er vollkommen auf die Erträge seiner freien Feder angewiesen. Vermutlich auch auf Drängen seiner Frau ging er auf das Angebot ein. Ein anderer Freund aus »Tunnel«, »Rütli« und »Ellora«, der Architekt Richard LUCAE, ließ seine Verbindungen spielen und setzte Fontane, der formal den Einstellungsvoraussetzungen nicht genügte, als Kandidaten durch. Dieser »bemühte sich« inzwischen »mit Eifer um die Stelle« (FISCHER, 1997, S. 29), erklärte sich auch bereit, für eine Übergangszeit unbezahlt zu arbeiten, verlangte aber, als der Kaiser zunächst nur in eine einstweilige Anstellung einwilligen wollte, eine definitive Entscheidung. Am 29. 2. unterschrieb der Kaiser die Ernennungsurkunde, am 6. 3. trat Fontane das Amt an.

Die bürokratisch-administrative Arbeit, die ihn erwartete, entsprach freilich überhaupt nicht seinem Naturell. Interne Auseinandersetzungen zwischen Friedrich HITZIG, dem Präsidenten, und Anton von WERNER, dem erfolgsverwöhnten jungen Direktor der Akademie, verdrossen ihn zusätzlich:

> Ich fand es von Anfang an miserabel, schleppte mich aber bis Ende Mai hin, wo mir der Geduldsfaden riß. Ich hatte eine Szene im Senat und reichte am andern Tage meinen Abschied ein. Nach langen, langweiligen und kämpfereichen Wochen, in denen ich die Menschennatur nicht von ihrer glänzendsten Seite kennen lernte, erhielt ich am 2. August meine Entlassung, die schon am 17. Juli vom Kaiser bewilligt war. An liter: Arbeiten war in diesen Trauermonaten wenig zu denken, erst ließ mich meine Bedrücktheit nicht dazu kommen, später, als alles krank oder verreist war, lag die ganze Akademie-Arbeit auf meinen Schultern. (*Tagebuch* II.58)

Als »eine Ansammlung von Pech« hat Fontane in der Autobiographie (III.4.1042) den Vorgang beschrieben. Sein Verzicht auf die im staatsfrommen Preußen mit hohem Ansehen verbundene Stelle stieß allenthalben auf Unverständnis; bei seiner Frau löste die Entscheidung Zorn und Enttäuschung aus; die Korrespondenz belegt eine schwere Ehekrise. Die Biographen freilich haben überwiegend seine Beweggründe, wie er sie in den Briefen an ROHR offenlegte, gewürdigt und den Verzicht von 1876 als die entscheidende Zäsur seines Lebens bewertet.

»Mein einziges Glück«

In fast allen Briefen, die er während und unmittelbar nach der Krise vom Sommer 1876 verfaßt hat, legitimiert Fontane sein Handeln mit seiner schriftstellerischen Berufung. Er bemüht sich noch während der letzten Wochen in dem ungeliebten Amt um den neuerlichen Eintritt als Theaterkritiker bei der *Vossischen Zeitung*; vor allem aber nimmt er die Arbeit an seinem Roman wieder auf – dem »alten Hammel [...], der nicht leben und nicht sterben kann« (an HERTZ, 14.7.1875, FHe, S. 178).

Besonders in der Korrespondenz mit ROHR finden sich dazu aufschlußreiche Bekenntnisse. Ausgerechnet das mecklenburgische Stiftsfräulein, eigenwillig, treu, praktisch, aber doch in vielfacher Weise an das Herkömmliche gebunden, brachte das Verständnis für seine Handlungsweise auf, das so viele seiner Freunde vermissen ließen, und ermutigte ihn, mit dem Roman fortzufahren. Nichts anderes wollte er hören:

> Ja, der Roman! Er ist in dieser für mich trostlosen Zeit mein einziges Glück, meine einzige Erholung. In der Beschäftigung mit ihm, ver-

gesse ich, was mich drückt. Aber wenn er überhaupt noch zur Welt kommt, so werde ich, im Rückblick auf die Zeit, in der er entstand, sagen dürfen: ein Schmerzenskind. Er trägt aber keine Züge davon; er ist an vielen Stellen heiter und nirgends von der Misere angekränkelt [...] *Ihnen* wird er gefallen und die Hoffnungen, die Sie in Ihrer großen Güte immer daran geknüpft haben, werden nicht ganz unerfüllt bleiben. Ich empfinde im Arbeiten daran, daß ich *nur* Schriftsteller bin und nur in diesem schönen Beruf – mag der aufgeblasene Bildungs-Pöbel darüber lachen – mein Glück finden konnte. (1. 11. 1876, IV.2. 547)

Der Verleger, mit dem er im November 1865 einen Vertrag über den Roman abgeschlossen hatte, billigte ihm nun auch den – finanziell lukrativen – Vorabdruck zu. Anfangs war Carl Robert LESSING, der Haupteigner der *Vossischen Zeitung* bereit, den Roman zu drucken; im August 1876 einigte sich Fontane mit der Zeitschrift *Daheim* und begann damit eine Praxis, die er für sein ganzes Romanwerk einhalten sollte.

Mit seiner Hinwendung zum im engeren Sinn Erzählerischen, die sich mit den großen Essays über Walter SCOTT und Willibald ALEXIS sowie der Rezension über Gustav FREYTAGS *Die Ahnen* schon in der ersten Hälfte der siebziger Jahre abzeichnet, ändert sich auch FONTANES gesellschaftliche Orientierung. War es in den sechziger Jahren vor allem der preußische Adel und die klassische *Kreuzzeitungs*-Leserschaft, aus der er seinen weiteren Bekanntenkreis rekrutierte, so tritt er nun vermehrt mit Repräsentanten des gründerzeitlichen Großbürgertums in Kontakt. Zu nennen sind vor allem die »Großmoguln« der zeitgenössischen Publizistik, Ludwig PIETSCH, Kritikerkollege bei der *Vossischen Zeitung*, Paul LINDAU, der Herausgeber der Zeitschriften *Die Gegenwart* und *Nord und Süd,* sowie Julius RODENBERG, Gründer und Herausgeber des *Bazar* und der *Deutschen Rundschau*. Mit allen Genannten hat er nicht nur zusammengearbeitet und korrespondiert; sondern er ließ sich auch zu Dejeuners und Soireen einladen, bei denen er sich mit den Interieurs und Attitüden der Erfolgreichen seiner Zeit vertraut machte. Aus seinen Briefen nach derartigen Anlässen spricht oft Bewunderung für den großzügigen Lebensstil der jungen Gründer, manchmal auch Eifersucht ob ihres zur Schau getragenen Reichtums; jedenfalls aber war sein gesellschaftskritischer Blick bereits zu scharf, als daß ihm das Inszenierte, »das Breitspurige der Champagner-Epoche« (FBl H. 25, 1977, S. 43), von dem ein Entwurf Fontanes über Begegnungen mit Paul und Rudolf LINDAU spricht, entgehen konnte.

»Ein Sinnen-, nicht ein Gesinnungsfehler«

Zu den Bekannten der siebziger Jahre gehörte der Tenor und Dirigent Julius STOCKHAUSEN, der nach Engagements in London und Hamburg von 1874–1878 den STERNschen Gesangverein in Berlin leitete. Besonders EMILIE und STOCKHAUSENS Frau Clara verstanden sich gut; gelegentlich verbrachten die Familien den Urlaub gemeinsam. Im August 1876 zog Fontanes Tochter MARTHA, 16 Jahre alt und am Ende ihrer Schulausbildung, für ein praktisches Jahr bei Familie STOCKHAUSEN ein, um im Haushalt zu helfen; zwei Jahre später, nach ihrem Lehrerinnenexamen, sollte sie als Erzieherin mit der Familie nach Frankfurt am Main umziehen. Doch dazu kam es nicht. METE hatte sich in den attraktiven Musiker verliebt; ihrem Vater blieb die unangenehme Pflicht, seiner Frau Clara das Vorgefallene zu erklären.

»Was vorliegt, ist ein Sinnen- nicht ein Gesinnungsfehler«, urteilte er in einem späteren Brief (27. 8. 1878, IV.2.618), auch sprach er von dem »Anfall«, von dem »Eclat« (10. 9. 1878, IV.2.619f.), über den Gras gewachsen sei. Die eigene starke väterliche Bindung an die Tochter ließ ihn nach ausgleichenden Erklärungen suchen. Mit zunehmenden Jahren und seit er das Leben eines freien Schriftstellers führte, verlief sein privates Dasein in engeren Bahnen. Aber auch für den Autor nahm die Bedeutung des familiären Umfelds zu. EMILIE, seit *Vor dem Sturm* mit dem Abschreiben seiner Manuskripte befaßt, war nun mehr als seine erste Leserin – sie nahm permanent und gelegentlich kritisch an seiner Arbeit teil. METE, unter den Kindern, was Sensibilität und künstlerische Intelligenz angeht, dem Vater am ähnlichsten, wurde ihm eine wichtige Gesprächspartnerin; seine »Persönlichkeitsmuse« (HEILBORN) hat man sie genannt.

1.1.7 »Lear und Cordelia« im »Romanschriftsteller-Laden«. (1880–1889)

Ein »Singleton«

»Meine Situation ist in der That eine kritische«, hatte der knapp Sechzigjährige an Ludovica HESEKIEL, die Tochter seines verstorbenen Freundes, Autorin historischer Romane und Rezensentin bei der *Kreuzzeitung*, geschrieben. »In Jahren, wo die meisten Schriftsteller die Feder aus der Hand zu legen pflegen, kam ich in die Lage sie noch einmal recht fest in die Hand nehmen zu müssen [...]. Meine Arbeit muß zum Mindesten *so* gut sein, daß ich auf sie hin einen kleinen Romanschriftsteller-Laden aufmachen und auf ein paar treue, namentlich auch zahlungsfähige Käufer rechnen kann.« (28. 5. 1878, IV.2.572) Es waren Überlegungen, die dem Romanerstling *Vor dem Sturm* galten, aber auch in den folgenden Jahren bestimmend blieben und zum Verzicht auf lockende Vorhaben zwangen, zunächst auf ein schon begonnenes umfangreiches zweites Prosawerk, das den Titel *Allerlei Glück* führen sollte.

> Am meisten am Herzen liegt mir mein neuer Roman [...] Tendenz: es führen viele Wege nach Rom, oder noch bestimmter: es giebt *vielerlei Glück* [...]. Das Glück besteht darin, daß man *da* steht, wo man seiner Natur nach hingehört; selbst die Tugend- und Moralfrage verblaßt daneben. [...] Das Ganze: der Roman meines Lebens oder richtiger die Ausbeute desselben [...].
> Unter 5000 Taler kann ich ihn nicht schreiben, die mir zur größeren Hälfte von einem Blatt oder Journal, zur kleineren für die Buchausgabe gezahlt werden müßten. Wie fängt man das an?« (An G. Karpeles, 3. 4. 1879, IV.3.19)

An die Stelle dieses geplanten ersten Zeitromans, dessen »Tendenz« nur zu deutlich die Lehre zeigt, die Fontane aus der Akademiekrise für sich gezogen hatte, traten zunächst wieder historische Novellen, die sich leichter vorfinanzieren ließen und beim Publikum einen leichteren Stand hatten. Auch als Fontane sich mit *L'Adultera* endgültig der Gegenwart zuwandte, blieb die Rücksicht auf die Leser und das durch sie bestimmte Votum der leitenden Redakteure verbindlich. Politisch-satirische Stoffe blieben daher wiederholt unausgeführt, konventionelle Konflikte privater Charaktere behielten den Vorrang. Unabweisbar war bei alldem das Erfordernis regelmäßiger Produktion.

An kreativen Leistungen ist Fontanes Leben seit Ende der siebziger Jahre reicher denn je – fast in jedem Jahr erscheint mindestens ein größeres Erzähl-, Reise- oder autobiographisches Werk, von den wiederholt überarbeiteten Neuauflagen der *Wanderungen* und *Gedichte* zu schweigen. Der häusliche Schreibtisch wird zum Hauptarbeitsplatz, und das Romanschreiben und -korrigieren die regelmäßige Fron, in den achtziger Jahren noch aufgelockert durch die Tätigkeit als Theaterkritiker. Tod, Alter und Krankheit lassen den alten Freundeskreis schrumpfen oder vermindern doch seine Aktivitäten. Zwar fehlt es Fontane in Berlin mit seinem keimenden Weltstadtehrgeiz keineswegs an neuen Bekannten. Die literarische Szene ist dicht besetzt, und gesellschaftliche Beziehungen werden von Fontane schon aus beruflichen Gründen sorgfältig gepflegt. Seine Pünktlichkeit als Briefschreiber ist musterhaft. Er gibt sich gern als »Causeur« – obwohl er nicht ganz so erfolgreich gewesen zu sein scheint wie seine besten Romanfiguren –, verfertigt weiterhin ungezählte Toaste und Gelegenheitsgedichte. Gleichwohl scheint eine gewisse Kühle auch im Umgang mit nahestehenden Menschen unverkennbar. Seiner eigenen Erklärung zufolge war er »immer ein Singleton, ein Einsiedler von Jugend auf. […] gelegentlich Gesellschaftsmensch, aber doch meistens absolut das Gegenteil davon« (an R. BÉRINGUIER, 6. 10. 1885, IV.3.431). Ein sich im Laufe der Jahrzehnte verstärkender Grundzug seines Wesens ist Distanz. Carl BLEIBTREU hat es zugespitzt formuliert: »Eiskalt in sich zurückgezogen, sprühte er nach Außen gewinnende Liebenswürdigkeit.«

»Mein guter Friedländer«

Biographisch sind in den 20 Jahren des Romanciers Fontane vor allem neue Korrespondenzpartner und solche persönlichen Begegnungen wichtig, die in der einen oder anderen Weise das eigene Werk tangieren. Chronologisch wie von seiner Bedeutung als Briefempfänger steht in dieser Reihe der Amtsrichter und nachmalige Amtsgerichtsrat Georg FRIEDLAENDER (1843–1914) aus dem schlesischen Schmiedeberg an erster Stelle, eine Bekanntschaft, die von einer Sommerfrische Fontanes im Jahre 1884 datiert und auf eine Initiative des Juristen zurückging. FRIEDLAENDER entstammte einer assimilierten Berliner jüdischen Gelehrtenfamilie, war Reserveoffizier und trug das Eiserne Kreuz; er war gesellschaftlich ambitioniert und auch literarisch nicht ohne Ehrgeiz. Fontane, der sich in den Sommerfrischen und Kurorten oft langweilte, schätzte den Causeur FRIEDLAENDER, er verbrachte in den Jahren bis 1890 fünfmal seinen Urlaub in Schlesien.

> Mein guter Friedländer, der 2 Häuser von mir im ›Rebenstock‹ wohnt, hat keine Ahnung davon, zu welchen Betrachtungen er mir Veranlassung giebt. […] Was mich an F[riedlaender] fesselt, ist einfach seine ganz glänzende Beobachtungsgabe für *alles*, was ihn umgiebt, seine Schilderungen kleinstädtischer Kreise, die Aufgeblasenheit junger Referendare, der Dünkel durchschnittsmäßiger Seconde-Lieutenants, die hundert Formen des geaichten und abgestempelten Borussismus. Wie er *persönlich* dabei abschließt, das ist mir ganz gleichgültig; die Bilder, die er entrollt, sind wunderbar gut, wenigstens seh' ich all das in ganz gleichem Lichte. (An MARTHA FONTANE, 24. 8. 1893, IV.4.284f.)

FRIEDLAENDER provozierte Fontane zu politischen und ästhetischen Bekenntnissen, die für das Verständnis des Romanwerks später erhebliches Gewicht gewannen. Auch vermittelte er ihm mittels seiner Lokalkenntnis den Stoff zu *Quitt* und zu einigen Erzählungen des Sammelbandes *Von, vor und nach der Reise*. Fontane seinerseits half FRIEDLAENDER dabei, Aufsätze in der *Vossischen Zeitung* unterzubringen. Aus einem kleinen, 1886 erschienenen Erinnerungswerk *Aus den Kriegstagen 1870* waren FRIEDLAENDER Schwierigkeiten erwachsen – er hatte einen preußischen Oberst in einer für ihn überraschenden Situation »verblüfft« aussehen lassen –, die sogar ein Ehrengerichtsverfahren einschlossen, das seine bürgerliche Existenz gefährdete. Fontane erkannte in der »elenden Jammergeschichte [...] das gelegentlich Karikierte unseres Militärwesens, der reine Götzendienst« (FRIEDRICH, 1988, S. 288 ff.). In der Folge steigerten sich seine Angriffe zu einer weit über das Militärische hinausreichenden, allerdings oft auch widersprüchlichen Kritik an der preußischen Gesellschaft insgesamt.

Erörterte Fontane die innerdeutsche Problematik mit Vorliebe in der Korrespondenz mit dem Schmiedeberger Amtsgerichtsrat, so weltpolitische Fragen in der Korrespondenz mit James MORRIS, einem sozialreformerisch tätigen Londoner Arzt, den er während seines zweiten Aufenthalts in England kennengelernt hatte (J. A. S. PHILIPPS, 1969). Wann und unter welchen Umständen der jahrzehntelang unterbrochene Kontakt wieder aufgenommen wurde, ist bislang unbekannt, MORRIS' Gegenbriefe sind wie die FRIEDLAENDERS verloren. Von den 28 überlieferten Briefen Fontanes datiert der erste von Ende 1895, doch hat die Korrespondenz bereits früher begonnen. Wie er FRIEDLAENDER beiläufig schrieb, bestand der Austausch mit MORRIS darin,

> daß er mir illustrierte Londoner Zeitungen der mannigfachsten Art schickt, auf welche Zusendungen ich alle 6 Wochen in einem kleinen Dankesbriefe antworte. [...] ich amüsiere mich über die Blätter und Bilder und bleibe im Zusammenhang mit dem englischen Leben, er amüsiert sich über die mal lobende mal tadelnde Kritik, die ich übe (1. 3. 1893, FFr, S. 213).

Diese Äußerung untertreibt im selben Maße wie die Korrespondenz mit MORRIS gelegentlich übertreibt. Fontanes Briefe enthalten durch Unkonventionalität bestechende, vorausschauende Äußerungen über die Stellung Deutschlands und Englands in der Welt, über den Aufstieg Rußlands und Amerikas, über Kolonialismus, Militarismus und Abrüstung, über die Zukunft des vierten Standes, freilich auch offenkundige Fehlurteile. Der Schreiber sucht nach dem Neuen und Unerwarteten in der Geschichte.

»Scheherezade«

Ausgedehnt war auch die leider nur unvollständig erhaltene Korrespondenz in der Familie (die Briefe an GEORGE sind zur Gänze verloren). Neben EMILIE ist die Tochter Hauptadressatin. Daß der Weg zur Aufmerksamkeit des Vaters über künstlerische Intelligenz, Gewandtheit der Konversation und Briefschreibetalent führt, ist ihr wohl bewußt. Aber METE hat auch dessen psychische Labilität, seine Neigung zu »Nervenpleite« und schnellem Wechsel depressiver und euphorischer Stimmungen geerbt. Seit dem Abschluß ihrer Lehrererinnenausbildung 1878 ist ihr Berufs- und Lebensweg problematisch.

Im Juli 1882 ging ihre heimliche Verlobung mit Rudolf SCHREINER, dem Bruder einer Freundin, auseinander. Im Mai war der junge Jurist durchs Referendarexamen gefallen und zog sich von da an erkennbar zurück, wie METE vermutete auch deswegen, weil er sich in Gesellschaft der Familie Fontane zu unbedeutend gefühlt habe (R. DIETERLE, 1996, S. 198). Er hat das Referendar- und Assessorexamen später bestanden, ist aber noch in jungen Jahren gestorben. In Fontanes Werk erinnert in manchen Zügen Hugo Großmann, der Partner Mathilde Möhrings, an ihn, wohl auch Leopold Treibel.

Der Vater suchte die Tochter davon zu überzeugen, daß sie an ihrem Verlobten nichts verloren habe. Zögern, Unentschlossenheit, Schwäche warf er ihm vor und nannte ihn einen »Hosenmatz, der nicht weiß was er will« (an MARTHA FONTANE, 13. 7. 1882, IV.3.195), wohl auch einen »amphibiolen Abwartemann« – so lautet es im Konzept eines Briefes an Anna WITTE, METEs mütterliche Freundin in Rostock. Einmal in Fahrt, bekennt er weiterhin, daß er »für solche Duscheschaft und Pappstoffelei gar keine parlamentarischen Ausdrücke habe. Ich halte (ganz im Gegensatz zu meinem Renomee) furchtbar viel von der Ehe und bin *sehr* fürs Heiraten. Es ist das Natürliche. Aber ich bin nicht *so* dafür, daß unter allen Umständen geheiratet werden muß. Bierfässer gehören in den Keller, aber nicht in die Brautstube.« ([Juni/Juli 82], IV.3.189f.)

Eine Anstellung als Erzieherin bei einer Gutsbesitzerfamilie in Kleindammer östlich der Oder hatte METE bereits im Herbst 1881 nach einem Jahr abgebrochen, die Anstellung an einer Höheren Berliner Mädchenschule 1884 gab sie nach einem halben Jahr auf. Gesundheitliche Beschwerden quälten sie. Bereits Ende 1878 war sie an Typhus erkrankt. Später tauchen Bezeichnungen wie nervöses Fieber, das Gastrische, Migräne, Blasenentzündung auf, die mit Schlaf- und Appetitlosigkeit, Schwindel, Magen- und Darmbeschwerden sowie fiebrigen Zuständen einhergingen. In Kleindammer bereiteten ihr Unterleibskoliken »entsetzliche Schmerzen [...], eine Klavierstunde habe ich gegeben, in der ich immer auf der Erde lag und mich wand.« (MARTHA an EMILIE FONTANE, 26. 11. 1880, vgl. DIETERLE 1996, S. 194) Ein neueres medizinisches Gutachten schließt die Möglichkeit nicht aus, daß eine organische Erkrankung vorlag, insgesamt aber deutet vieles auf Hysterie. Sie war eine nicht besonders hübsche junge Frau, in der Sprache der Zeit schon bald eine »alte Jungfer« aus dem Bürgertum, dessen Lebensvorstellungen sie einschlossen wie ein Korsett, ohne Mitgift und mit dementsprechend schlechten Heiratsaussichten, ohne eine von ihr akzeptierte Berufsaufgabe (die Auswahl war gering) – und die Tochter eines anspruchsvollen Künstlers. Einmal, 1883, versuchte sie sich als Novellistin, der Vater sandte das Manuskript an Franz Freiherr von LIPPERHEIDE, den Herausgeber der *Illustrierten Frauen-Zeitung*, blieb aber erfolglos.

Fontane arbeitete angespannt, während die Lebensprobleme der Tochter wuchsen. Nun empfand er sie zeitweilig sogar als Belastung seiner Produktivität.

> Nun, wenn Dir noch wieder eine volle Gesundheit beschieden sein sollte, so werden wir froh und glücklich sein, Dich [...] wieder um uns zu haben, sollte aber, was Gott verhüten wolle, Milz- und Leberkrankheit [...] Dein Dir zugedachtes Theil sein, so muß es, zu unsrer herzlichsten Betrübniß, bei den Propositionen bleiben, die mein voriger Brief gebracht hat. Es kann sich dann nur darum handeln, Lebensformen und Lebenswege zu finden, die das harte Loos andauernder Krankheit, Dir und uns so leicht erträgbar wie möglich machen. [...] Du bist zu gescheidt, als daß Du, der Sache nach, Dich dagegen verschließen könntest. Der Kranke hat sein Recht, aber der Gesunde noch mehr, denn er hat (was bei dem Kranken hinwegfällt) zu arbeiten und Aufgaben zu erfüllen. Ich hoffe, daß diese Zeilen alles richtig stellen werden; ein Rest von Herzensweh wird wohl bleiben, aber dieser Rest ist nicht fortzuschaffen, das liegt in der Situation, nicht in uns oder speziell an mir. (13. 8. 1885, IV.3.410)

Aber er genoß ihr Plaudertalent und konfrontierte sie in der Phantasie mit Konstellationen seiner Romane wie in dem folgenden Brief aus dem Seebad Rüdersdorf an EMILIE:

> Ich danke Dir, daß Du mir Meten auf 2 Tage geschickt hast; sie war lieb und unterhaltend wie immer, Scheherezade, vielleicht findet sich auch noch ein Geheimrath Veit [ein Bonner Gynäkologe, der in zweiter Ehe eine um 34 Jahre jüngere Frau, Freundin Metes, gehei-

ratet hatte] für sie; Petöfy nenne ich nicht, er endigt mir zu tragisch, sonst wäre mir ein Schloß am Arpa-See noch lieber für sie, als eine Villa am Rhein. (18. 7. 1887, IV.3.554)

Ein »Programm-Mensch, preußisch-konventionell«

»Die schwierigste Position innerhalb der Familie Fontane hatte der 1856 geborene Sohn THEO.« (DIETERLE, 1999, S. 208) Dieser Sohn, von dem die Mutter sagte, »er sei das beste, aber unsympathischste ihrer Kinder« (ebd.), vermochte die Zuneigung des Vaters niemals wirklich zu gewinnen, obwohl er nach dieser nachgerade gehungert zu haben scheint. »Theon hab ich eben ins Theater geschickt (Minna von Barnhelm). Er küßt einem dann immer Stirn, Mund, Hände; fast zu viel.« (An EMILIE FONTANE, 29. 11. 1869, IV.2.276) Angesichts der räumlichen Enge der Wohnung in der Potsdamer Straße war es den Eltern willkommen, daß er mit 14 Jahren in das theologische Seminar der französischen Kolonie eintrat, in dem er aufgrund besonderen Entgegenkommens auch wohnen bleiben durfte, als er zwei Jahre später die Absicht, Prediger zu werden, aufgegeben hatte. Er war ein guter Schüler, machte auf dem französischen Gymnasium als primus omnium das Abitur – er war der erste Fontane, der diese Hürde bewältigte, studierte Jura, wurde Reserveoffizier und schließlich Heeresbeamter. Sein Vater quittierte diese glatte Karriere bis zuletzt kritisch. Für ihn war der Sohn ein

> Programm-Mensch, preußisch-conventionell abgestempelter Prinzipienreiter, zum Ueberfluß auch noch Biedermeier mit 'ner Hängelippe [...] Er wird [...] Geheimer Kriegsrat werden und den Rothen Adler 2. Klasse kriegen und schließlich – wie damals, wo er die verunglückte Rede gehalten hatte – mit dem Preußenmotto sterben: »ich habe meine Schuldigkeit gethan.« In mir wird das Aufbäumen gegen all diese Herrlichkeit immer größer [...]. (An MARTHA, 10. 1. 1896, IV.4.564)

Offensichtlich hat er seine Söhne GEORGE und THEO in den so unterschiedlich veranlagten Leutnants Wendelin und Leo seiner *Poggenpuhls* verewigt, wobei der leichtsinnige Leo mit Sympathie, der pflichteifrige Wendelin mit widerwilliger Anerkennung und Ironie behandelt wird: »So viel Tugenden kann sich der Staat nicht entgehen lassen.« (I.4.545) Damit nicht genug, konzipierte er eine Novelle mit dem Titel *Aloys Rittersbach*, untertitelt *Eine Geschichte vom sonderbaren Ehrgeiz*, zu der er notierte: »Theos Geschichte. Alles dran setzen um ein preußischer Grenadier und ein Reservelieutenant zu werden.« (I.7.579).

»Er ist von einer Arbeitskraft wie kaum dagewesen«

Im September 1887 – Fontane weilte mit EMILIE und METE in Krummhübel – erkrankte GEORGE, seit zwei Jahren Hauptmann an der Kadettenanstalt in Lichterfelde, schwer. Die Sammeleintragung im *Tagebuch* (II.239) berichtet, »an demselben 19., wo wir heiter und vergnügt unsere Rückreise machten, stand schon fest, daß er sterben müsse. [...] Am 20. früh hörten wir von seiner Erkrankung, Mete fuhr hinaus.« Vater und Tochter – EMILIE war in Blasewitz geblieben – waren mit der Unglücksnachricht zunächst allein. Ein Brief Fontanes an SCHLENTHER vom selben Tage beginnt: »Seit gestern abend ist Lear mit Cordelia wieder da.« (20. 9. 1887, IV.3.565) Die Anspielung auf SHAKESPEARE steht ohne weitere Erläuterung für sich, der Kranke bleibt unerwähnt. Fontane bedankt sich im Tonfall seiner Causerie für eine Postkarte der »Zwanglosen«, erzählt zuletzt von einem merkwürdigen Besuch:

> Eben, während ich diese Zeilen schrieb, war eine Dame von sechsundvierzig bei mir, die mir sagte »sie sei *Lene*; ich hätte ihre Geschichte geschrieben«. Es war eine furchtbare Szene mit Massenheulerei. Ob sie verrückt oder unglücklich oder eine Schwindlerin war, ist mir nicht klar geworden. (Ebd., S. 566)

GEORGE starb am 24. 9. 1887.

> Die Krankheit, Blinddarmentzündung, trat mit ungeheurer Vehemenz auf; er schrie vor Schmerz, und als ich ihn am Mittwoch zuerst sah [...] sah er mich bereits mit Todesaugen an. Ich hatte gleich das Gefühl: er ist hin. Trotz alledem schien es besser zu gehn und alle drei Ärzte waren nicht ohne Hoffnung. Die letzte Nacht aber setzte wieder furchtbar ein, und nach vielstündigem, schwerem Kampfe schloß er heute früh neun Uhr sein Leben. Ich trat in demselben Augenblick an sein Bett, als sein Puls stillstand; der Eisenbahnzug hatte mir nicht den Gefallen getan, sich um eine Minute zu verfrühen. (An THEO, 24. 9. 1887, IV.3.566f.)

Der Tod GEORGES, der ihm von seinen Söhnen wohl am nächsten stand, traf Fontane schwer. Gedichte halten die Verlusterfahrung fest (*Meine Gräber*, *Am Jahrestag*). Wie 1876 die Arbeit an *Vor dem Sturm* und 1892 an *Meine Kinderjahre* war es auch diesmal die literarische Produktion, die dem Autor-Vater über die Krise hinweghalf. »Er ist von einer Arbeitskraft wie kaum dagewesen«, schreibt EMILIE an THEO, »seit unsres George Heimgang ist dieselbe mit einer Leichtigkeit verbunden, die mich staunen macht; so lag am Weihnachtsabend eine Novelle fertig auf meinem Tisch, natürlich im Konzept, die er während der Trauerzeit erst begonnen hat.« (25. 1. 1888, NÜRNBERGER, 1997, S. 333) Gemeint war *Unwiederbringlich*.

»Es giebt überhaupt wenige nette Dichter«

Einige Wochen zuvor hatte der Vorabdruck einer anderen Erzählung, nämlich von *Irrungen, Wirrungen*, für Aufregung gesorgt. Fontane stieß auf Protest, aber er erfuhr auch Ermutigung. Zustimmende Rezensionen zu *Irrungen, Wirrungen* kamen aus dem Freundeskreis von Intellektuellen und Künstlern in der »Zwanglosen Gesellschaft«, einer Vereinigung, der er selbst angehörte – ein Alter unter überwiegend Jungen, denn die Mehrzahl der »Zwanglosen« war zwischen 1850 und 1860 geboren. Behutsame Unterstützung erfuhr er insbesonders von STEPHANY, dem Nachfolger KLETKES als Chefredakteur der *Vossischen Zeitung*, der den Vorabdruck in die Wege geleitet hatte. Generell stand STEPHANY, der neben FRIEDLAENDER zu einem der wichtigsten Korrespondenzpartner des alten Fontane wurde, sehr loyal zu seinem Autor und Theaterkritiker und schuf so eine atmosphärische Grundlage, die der Entstehung des Romanwerks förderlich war. Dissonanzen gab es freilich, als Fontane sich gegen Ende der achtziger Jahre immer entschiedener der ästhetischen Moderne und ihren Repräsentanten verschrieb – unter anderen Otto BRAHM, SCHLENTHER und Gerhart HAUPTMANN.

SCHLENTHER war 35, BRAHM 37, HAUPTMANN 39 Jahre jünger als Fontane, dennoch scheint das Berliner Dreigestirn des »Jüngsten Deutschland« sich mit dem alten Dichter ausgezeichnet verstanden zu haben – nicht nur literarisch sondern auch im persönlichen Umgang. Bei BRAHM und SCHLENTHER dokumentieren dies die Korrespondenzen, in die teilweise auch EMILIE einbezogen war; HAUPTMANN, an den nur drei Briefe Fontanes überliefert sind, spricht in seinen 1966 postum veröffentlichten autobiographischen Aufzeichnungen *Das zweite Vierteljahrhundert* von der »warmen, geradezu väterlichen Teilnahme«, die Fontane an seinem Werk genommen habe. »Liebe, mütterliche Freundin« (NÜRNBERGER, 1997, S. 351) redet er EMILIE in seinem Kondolenzschreiben nach dem Tode des Dichters an. »Es ist wahr, es giebt überhaupt wenige nette Dichter,« schrieb Fontane an FRIEDLAENDER, »aber sie kummen doch am Ende vor [...]. Ein glänzendes Beipiel ist Gerhart Hauptmann.« (19. 3. 1895, IV.4.436)

Auch bei der Feier zu Fontanes 70. Geburtstag, zu dem sich am 4. 1. 1890 das literarische Berlin im Englischen Hause in der Mohrenstraße versammelte, waren es die Jungen, über deren Huldigungen sich der Jubilar, wenn wir dem Bericht des meist etwas verschwärmten Franz SERVAES glauben dürfen, am meisten freute – so über den von Ernst von WOLZOGEN vorgetragenen *Dank der Jugend*. In der Vorbereitungszeit war dem Jubilar sehr unfeierlich zumute gewesen. Vorschläge für Einladungen wußte er vorgeblich nicht zu machen. »Ja, ich weiß keinen. Ich kenne keinen, von dem ich mich nicht überzeugt hielte, daß er bei ergehender Aufforderung zur Beteiligung in Verlegenheit oder in Ärger oder in Spott geriete.« (An STEPHANY, 18. 11. 1889, BrFr II.228) Mit der Kritiklust des Publikums entschuldigte er auch das Ausbleiben von EMILIE und METE:

> Frau und Tochter wollen nicht. Das klingt sonderbar und eigentlich schon unartig, aber ich kann nichts dagegen sagen, weil ich ihnen in meinem Herzen zustimmen muß. Es ist zunächst eine Geldfrage. [...] Sie, der Sie viel mehr von solchen Geschichten erlebt haben, wissen ja, wie's hergeht. [...] Muß ich Ihnen die Weiber schildern? Von zehn sind neun von einer mustergültigen Grausamkeit, glatt wie Katzen und ebenso falsch. Ich bin in der heitersten Stimmung und von allen menschenfeindlichen Betrachtungen so weit ab wie möglich. Aber es *ist* so. (Ebd.)

In dieser »heitersten Stimmung« mißtraute er der Aufrichtigkeit seiner literarischen Kollegen, sogar der seiner Freunde, wenn sie sein Werk lobten; und die Tagebuch-Eintragungen von RODENBERG über den Verlauf des festlichen Abends belegen, daß er nicht durchaus Unrecht hatte. Die Veranstalter hatten keinen Aufwand gescheut, aber die Gäste hatten den Vortrag des *Archibald Douglas* mit verfrühtem Applaus gestört. Fontane kränkte es, daß ihm zu seinem Geburtstag zwar die Anerkennung der literarischen Moderne und der jüdischen Intelligenz zuteil wurde, nicht aber die des Adels, dessen Wertschätzung er durch die *Wanderungen* und Arbeiten zur preußisch-deutschen Geschichte verdient zu haben glaubte. Selbst die »sehr gute Rede« (*Tagebuch* II.250) des Kultusministers GOSSLER auf der Geburtstagsfeier vermochte ihn nicht umzustimmen, wenngleich er anerkennend bemerkte: »Solche Rede hat, den ›catilinarischen Existenzen‹ gegenüber, noch niemals ein preußischer Minister gehalten.« (An HEYSE, 15. 1. 1890, IV.4.13)

1.1.8 »Theodorus victor«.
Das Jahrzehnt der Meisterschaft (1890–1898)

«Nach fünfzigjähriger fast pennsylvanischer Absperrung vom Welt- und Literaturgetriebe« sei er »plötzlich der Nation als Theodorus victor gezeigt worden«, schreibt der Jubilar im Januar 1890 an den Verleger der *Gartenlaube*, um ihm »für die Haltung« der berühmten Familienzeitschrift »in dieser seiner ›großen Zeit‹« zu danken (an A. KRÖNER, 16. 1. 1890, IV.4.15). Es sind die »stille[n], langweilige[n] Wochen«, in denen er »die 400 Briefe zu beantworten« (*Tagebuch* II.250) hat – Geburtstagsbriefe. Über das nach dem sogenannten pennsylvanischen System erbaute Moabiter Gefängnis hatte er 1853 einen Bericht veröffentlicht (N XVIII.411–420), und als Schreibhäftling hätte er sich wohl gelegentlich betrachten können, aber von »fünfzigjähriger Absperrung« kann wirklich keine Rede sein. Auch dieser Brief deutet jedoch auf ein verändertes Selbstgefühl, zu dem aller Anlaß bestand. Der Streit um *Irrungen, Wirrungen* (vgl. 3.1.10), der ihm neben Kritik auch viel Unterstützung eingetragen hatte, bildete den Beginn. »Die Jugend hat mich auf ihren Schild erhoben, ein Ereignis, das zu erleben ich nicht mehr erwartet hatte.« (An THEO FONTANE, 9. 5. 1888, IV.3.603) Der große Eheroman *Unwiederbringlich*, der 1891 erschien, zeigte ihm ein weiteres Mal sein vermehrtes Ansehen. Diesmal war es der große Novellist Conrad Ferdinand MEYER, der das Werk im Vorabdruck las und sich höchst anerkennend äußerte. »›Unwiederbringlich‹ ist wohl das vorzüglichste, was die R[undschau] in der reinen Kunstform des Romans je gebracht hat«, schrieb er an RODENBERG, »feine Psychologie, feste Umrisse, höchst-lebenswahre Charaktere und über alles doch ein gewisser poetischer Hauch«, wiewohl er abschließend bemerkte, daß ein Roman eben doch eine schwere Maschine sei. Fontane versicherte RODENBERG, daß ihm ein »süßerer Happen, Biskuit mit Schweizerhonig [...] noch nicht in den Mund gesteckt worden« sei:

> Ein lebelang, oder jedenfalls seit 1876, wo ich meine Akademie-Stellung aufgab, habe ich einer Anerkennung wie dieser zugestrebt, und es wollte nicht kommen [...] Nun, im Erfüllungsmoment »muß wohl ein armer Teufel sterben«. Aber die Ohren steif halten! [...] Wie recht hat C. F. Meyer mit seinem Wort von der »schweren Maschine«. Mitunter, zwischen Berlin und Hannover geht es glatt, aber dann keucht die Lokomotive wieder den Brenner hinauf, Abgründe links und rechts. (14. 4. 1891, IV.4.112)

»Was redet man nicht alles«

Wenige Tage später, am 19. 4. 1891, erhielt Fontane, zu gleichen Teilen mit dem gleichaltrigen Klaus GROTH, den Schillerpreis. Aber auch die »Abgründe« ließen nicht auf sich warten. Ein peinlicher Vorgang, der damals seinen Anfang nahm und auch noch in der Korrespondenz der Krankheitsmonate 1892 Niederschlag fand, belastete Fontanes Nerven. Die *Vossische Zeitung* hatte im Frühjahr 1891 ihren Redakteur Dr. Paul MARX entlassen – angeblich wegen Unfähigkeit, tatsächlich jedoch, weil er Jude war. MARX strengte einen Verleumdungsprozeß an, in dessen Verlauf auch STEPHANY und LESSING als Zeugen gehört wurden. MARX' Anwalt brachte in der Verhandlung Redaktionsinterna aufs Tapet, mit deren Hilfe er LESSING und STEPHANY als Antisemiten bloßstellte. Quelle dieser Interna war u. a. Fontane, der sie – wohl aus Unachtsamkeit – MARX' Anwalt mitgeteilt hatte, den er über BRAHM und SCHLENTHER kannte. In gewisser Weise war es eine Wiederholung der Indiskretion, die ihn 1859 seine Position als Vertrauenskorrespondent der Regierung gekostet hatte; der gutmütige aber gefährliche Leichtsinn des Vaters warf seine Schatten.

> Die Auswirkungen des Prozesses auf das Ansehen der »Vossischen Zeitung« waren verheerend. Die kritischen Blätter verurteilten die Doppelmoral in der Redaktion des »liberalen« Blattes, das zwar »theoretisch den Antisemitismus bekämpft, ihm praktisch anhängt bis in seine äußersten Konsequenzen« [O. Brahm in *Freie Bühne*]; die offen antisemitische Presse begrüßte die »Vossische Zeitung« voller Häme im Lager der bekennenden »Judenfeinde« [*Kreuzzeitung*, 1. 4. 1882, Abendausgabe]. (ZAND, 1995, S. 81)

Fünf Entschuldigungsbriefe zeugen von Fontanes Bemühung, Pardon für seine Indiskretion zu erlangen:

> Was redet man nicht alles, wenn man mit einem Bekannten in einer Tiergartenallee spazieren geht! Immer dicht am Hochverrat vorbei. Was sagt man nicht alles zur Frau über die Tochter oder zur Tochter über die Frau oder zu beiden über die Söhne! So was muß verklingen und begraben sein. Darf ich mich der Hoffnung hingeben, daß sie diese mildere Auffassung zu teilen beginnen? (An C. R. LESSING, 23. 5. 1892, IV.4.197)

Seit LESSING ihn nach dem Ausscheiden aus der Akademie 1876 ohne Umstände wieder als Theaterkritiker bei seiner Zeitung beschäftigt hatte, fühlte er sich ihm aufrichtig verpflichtet und ihm –

wenn auch ohne Absicht – Schwierigkeiten bereitet zu haben, belastete Fontane. Dies galt auch gegenüber STEPHANY, der übrigens fast zeitgleich mit ihm in eine schwere gesundheitliche Krise geriet und sich vorübergehend aus dem Beruf zurückzog.

»Diesen klaren, verständigen Mann so zu sehen, ist herzzerreißend«

Im Winter 1891/92 – Fontane korrigierte an *Effi Briest* – häufen sich in der Korrespondenz Zeichen von Gereiztheit und Schwäche; am 14. 3. erkrankten er und seine Frau an Influenza. Während die zunächst noch stärker angegriffene EMILIE sich bald erholte, geriet er in einen physisch-psychischen Krankheitsstrudel hinein, aus dem er monatelang nicht mehr herausfand. Anfang April verschlimmerte eine Überdosis Morphium die Krise zusätzlich.

> Gerade vor 14 Tagen vergiftete ich mich mit Morphium – der Apotheker hatte statt 0,05, die verordnet waren, 0,5 genommen, also das Zehnfache – und dieser Zwischenfall brachte mich sehr herunter, vielleicht nur dadurch, daß die Vorstellung »nun ist es Matthäi am letzten« meine Nerven so aufregte, daß ich mehrere Tage lang nichts genießen konnte, am wenigsten starken Wein, auf dessen belebenden Zuspruch ich seit Wochen angewiesen war. Endlich, nach sehr qualvollen Tagen, gab man mir Brom, was auf der Stelle half, so daß ich nicht seitdem, und sogar mehr als vor dem Zwischenfall, als Rekonvaleszenten ansehe. Vor 8 Tagen kam auch meine Tochter wieder, deren Plaudertalent dem Brom zu Hülfe kam, trotzdem beide verschieden wirken, Brom nämlich drückt herab und stellt eine süße Dösigkeit her. (An FRIEDLAENDER, 22. 4. 1892, IV.4.190)

Zur Rekonvaleszenz kam es indes nicht; statt dessen gingen Fontanes auf Anraten ihres Hausarztes Wilhelm DELHAES zur Luftkur ins Riesengebirge. Hier verließen den Dichter die Kräfte vollends; die Sorge, nicht mehr arbeiten und den Unterhalt seiner Familie nicht mehr finanzieren zu können, führten im Juni zu dem Entschluß, Berlin mit der vergleichsweise teuren Wohnung aufzugeben und ganz ins schlesische Schmiedeberg zu übersiedeln. Fontane verlebte den ungewöhnlich heißen Sommer – in Hamburg kam es zu einer Choleraepidemie – in tiefer Niedergeschlagenheit, die Angehörigen befürchteten geistige Umnachtung. Am 21. 7. schrieb EMILIE dem Sohn FRIEDRICH: »Wir erwarten den Arzt, der immer dringender von einer Nervenheilanstalt spricht, Papa, der erst damit einverstanden schien, zeigt jetzt ein rechtes Grauen. Diesen klaren, verständigen Mann so zu sehn, ist herzzerreißend.«

Die biographische Forschung hat die Ursache der Krise des Jahres 1892 nicht eindeutig klären können, doch spricht alles für eine endogene Depression. »Schließlich gibt es auch zumindest Verdachtsmomente, was weitere depressive Phasen Fontanes und manisch-depressive Erkrankungen bei Blutsverwandten angeht.« (H. Gravenkamp 2000, S. 95) Fontanes abergläubische Vorstellung, wie sein Vater im 72. Lebensjahr sterben zu müssen, scheint seine Stimmung weiter verdüstert zu haben. Bezeichnenderweise fällt die Abfassung des Testaments in den Februar 1872.

»Kommen Sie, Cohn«

Fehlte es auch weiterhin nicht an Irritationen, so blieben ihm literarischer Erfolg und öffentliche Anerkennung nunmehr treu. Ende 1892 erschien *Frau Jenny Treibel*, im folgenden Jahr der autobiographische Roman *Meine Kinderjahre*, mit dessen Hilfe er die schwere Depression überwunden hatte. Zur Fortsetzung der Selberlebensbeschreibung fühlte er sich schon bald ermutigt. Mutmaßlich 1894 entstand das satirische Fragment *Die preußische Idee*, im Oktober dieses Jahres begann der Vorabdruck von *Effi Briest*, und über den der *Poggenpuhls* wurde bereits verhandelt. Die nur noch summarischen Eintragungen im *Tagebuch* der letzten Lebensjahre, die von Buchausgaben, Vorabdrucken und Plänen fast beiläufig neben Krankheiten im Familien-, Todesfällen im Freundeskreis berichten, lassen kaum erkennen, daß es sich um Anzeigen von Fontanes reifen Meisterwerken handelt, um die Fülle des Künstlertums, die ihm beschieden war. Unter diesem Aspekt (allerdings wohl *nur* unter diesem) hat es seine Berechtigung, daß der in der Autobiographie auf den Vater gemünzte Satz: »*Denn wie er ganz zuletzt, so war er eigentlich*« (III.4.151) immer wieder auf den Schreiber selbst bezogen worden ist.

Wenige Wochen vor Fontanes 75. Geburtstag verlieh die philosophische Fakultät der Friedrich-Wilhelm-Universität in Berlin dem Dichter die Würde eines Ehrendoktors. Erich Schmidt und Theodor Mommsen stellten am 25. 10. 1894 den Antrag. »Da sagte dann keiner mehr ›nein‹ und alle 51 ›ja‹ kamen glücklich zu Stande«, schrieb Fontane an Friedlaender; er bekannte, daß diese Ehrung »doch einen Eindruck« auf ihn gemacht habe und zitierte einen Vierzeiler aus dem *Ulk*: »Fontane ist nun schön heraus,/Doktor wurde das alte Haus,/Und will er nicht bürgerlich mehr bleiben./So kann er sich auch *von Tane* schreiben.« (9. 12. 1894, IV.4.407) Die nach Schmidts Entwurf von Mommsen verfaßte lateinische Promotionsurkunde rühmt den Ehrendoktor als »Dichter, Erzähler und Bürger, gleich ausgezeichnet durch die Anmut seiner Kunst wie durch die Kraft seines sittlichen Strebens.« Das aus Anlaß des festlichen Geburtstags entstandene Gedicht *An meinem Fünfundsiebzigsten*, das in Rücksicht auf seine mehrdeutige Schlußwendung »kommen Sie, Cohn« (I.6.341) auf Anraten von Freunden unveröffentlicht blieb, verrät jedoch, daß es Verletzungen gab, die noch immer nicht oder nur langsam heilten: Es war die Enttäuschung über die »alten Familien«, die er mit so viel Sympathie beschrieben hatte und die es ihm mit so wenig Aufmerksamkeit vergalten. Fontanes Reaktion auf die Ablehnung des Vorabdrucks der *Poggenpuhls* durch die Zeitschrift *Daheim* im November 1894 stellt insofern auch ein biographisches Zeugnis dar:

> Im Sommer [...] schickte ich die [...] »Poggenpuhls« an Pantenius – sie wurden abgelehnt, weil der Adel in dem Ganzen eine kleine Verspottung erblicken könne – Totaler Unsinn. Es ist eine Verherrlichung des Adels, der aber, soviel kann ich zugeben, klein und dumm genug empfindet, um das Schmeichelhafte darin nicht herauszufühlen. Gott besser's. Aber er wird sich die Mühe kaum geben. (*Tagebuch* II.263)

Ein »Nummer-1-Verleger«

Seit Anfang der neunziger Jahre deckten sich bei Fontanes Romanen der Name des Autors mit dem des Verlegers. FRIEDRICH, der jüngste Sohn und gelernter Buchhändler, hatte sich 1888 selbständig gemacht (vgl. 1.4.4). Die anfängliche Skepsis des Vaters wich schon bald verdienter Anerkennung.

Das wachsende Ansehen des Autors und FRIEDRICHS geschäftliches Geschick wirkten in die gleiche Richtung. »Im Herbst [1895] erscheint ›Effi Briest‹ als Buch und bringt es in weniger als Jahresfrist zu 5 Auflagen, – der erste wirkliche Erfolg, den ich mit einem Roman habe«, notierte Fontane im *Tagebuch* (II.263). Eine neuere Untersuchung hat allerdings die Auflagenerfolge der Romane Fontanes im Verlag des Sohnes gründlich in Frage gestellt (K.-P. MÖLLER, 1999). Besonders *Effi Briest* bietet ein Beispiel dafür, daß Friedrich durch geschickte Präsentation von Titelauflagen eine höhere Anzahl von Folgeauflagen vortäuschte, um einen werbewirksamen Verkaufserfolg zu suggerieren. Der mit seinem Vater geschlossene Vertrag ermächtigt den Verlag zu einem solchen Vorgehen unter Zugrundelegung präziser Zahlen, und es ist von diesem offensichtlich Gebrauch gemacht worden, wenngleich es im einzelnen komplizierter Untersuchungen bedarf, wie die Praxis aussah. Ob und inwieweit Fontane sich über die wirkliche Situation getäuscht hat, läßt sich schwer entscheiden.

»Schröpfanstalten«, aber »Die Mecklenburger wissen zu leben«

Drängender Existenzsorgen waren die Fontanes nunmehr enthoben, sogar ein bescheidener Wohlstand stellte sich ein. Anstelle Kissingens und des Riesengebirges – das nie wieder besucht wurde – bevorzugten sie nun zunächst Karlsbad, wo EMILIE auch kurte. Von 1893 an kamen sie alljährlich in das Bad an der Tepl, das den Dichter noch in seinem Todesjahr mit *Stechlin*-Korrekturen beschäftigt sah. Er nannte den Ort »wirklich eine Sehenswürdigkeit […] Welt-Gasthaus-Stadt«, das am Abend von Lichtern strahlende Grandhotel Pupp »feenhaft oder doch orientalisch, welche Wirkung durch den Stammescharakter seiner Gäste noch gesteigert wurde«. Hier wie an anderen Kurorten – Norderney – erging er sich nur zu gern in boshaften Anspielungen über das zahlreiche jüdische Publikum. Er nannte Karlsbad auch »die Metropole des schönen Gebäcks«, zählte es aber doch zu den »Schröpfanstalten« und litt gelegentlich – so wenn FRIEDLAENDERS ausblieben – unter Einsamkeit, die »das Ganze doch zu einem grausamen Vergnügen« stempelte (an MARTHA FONTANE, 17., 20. und 21. 8. 1893, IV.4.275f., 277–280). Auch in Waren an der Müritz und in Neubrandenburg (Augustabad) ließen sie sich wochenweise nieder (B. BIRNBAUM, 1994). »Die Mecklenburger wissen zu leben.« (*Tagebuch* II.267)

»Als ich zwei dicke Bände herausgab«

Die »Korrekturmassen« (an C. STOCKHAUSEN, 8. 10. 1897, IV.4.669) ließen bis zuletzt nicht nach. Spätestens seit den Sechzigern war es so: »Seine schriftstellerische Arbeitsleistung über Jahrzehnte hinweg war ungeheuerlich.« (C. GRAWE 1999, S. 227) Aber die gesundheitlichen Beschwerden mehrten sich. Zurückgezogen wurde Silvester verbracht: »punschlos, einen einzigen Pfannkuchen in der Hand, traten wir ins neue Jahr« (*Tagebuch* II.268), schließt die Sammeleintragung für 1897. Danach folgen nur noch wenige Zeilen. Der Jahresanfang war »ganz leidlich. Aber es dauerte nicht lange; Husten Asthma und, was das schlimmste war, eine totale Nervenpleite stellten sich ein. Das ging so durch zwei Monate […].« (Ebd.) Im März hat Fontane »nur noch 36 Pulsschläge in der Minute […], gerade die Hälfte vom Normalen« (an FRIEDLAENDER, 15. 3. 1898, IV.4.704); im Juni werden es nur noch 34 sein. Aber er schrieb neben seiner Korrekturarbeit noch immer viele Briefe (mehr als 160 sind für 1898 dokumentiert) und einige Gedichte. Da annähernd gleichzeitig mit dem *Stechlin* auch *Von Zwanzig bis Dreißig* erschien, verfaßte er die scherzhafte Rechtfertigung *Als ich zwei dicke Bände herausgab*: »Zwölfhundert Seiten auf einmal,/Und mit achtundsiebzig! Beinah' ein Skandal [...].« (I.6.329) Er besuchte Gesellschaften, »veranlaßt durch Schlenthers Abgang nach Wien als Burgtheaterdirektor [...]. Auf der Höhe war das Fest bei Geh. Justizrat Lessing, Schlenthers Abschieds- und Dankrede brillant.« (*Tagebuch* II.268)

Ein mehrwöchiger Aufenthalt auf dem »Weißen Hirsch«, den er mit Frau und Tochter, allerdings sehr eingezogen, verbringt, soll die Kräfte wiederherstellen helfen. Neben der gesunden Luft genießt er in dem Kurort über der sächsischen Hauptstadt

> einen Grad von Manierlichkeit, der bei uns doch noch vielfach fehlt. Alte Kultur ist kein leerer Wahn. Daß sie hier gegen alles Preußische gereizt sind, kann ich ihnen nicht verdenken; die Preußen gerieren sich als die Ueberlegenen und sind es doch vielfach nicht (an FRIEDLAENDER, 2. 6. 1898, IV.4.723).

Im Anschluß ist eine Rheinreise geplant, die jedoch wegen EMILIES Leberbeschwerden zugunsten Karlsbads aufgegeben wird. Dort beendet er im Hotel »Stadt Moskau« (eine Gedenktafel an dem unweit des Hotel Pupp gelegenen Hauses erinnert daran) die Korrektur der Buchausgabe des *Stechlin*: Wie sein letzter Brief an FRIEDLAENDER mitteilt, herrschte »kannibalische Hitze« (29. 8. 1898, IV.4.743).

Von manchem dieser Briefe wünschen wir heute vielleicht, Fontane hätte ihn nicht geschrieben. Die Bewunderung für den großen Briefschreiber, das »epistolographische Genie« (HEFTRICH) kommt ohne das Eingeständnis nicht aus, daß er in diesen stilistisch und kalligraphisch perfekten kleinen Wortkunstwerken in Rücksicht auf Dritte und soziale Gruppen entgleisen konnte, wie etwa in der 1898 geführten Korrespondenz mit Friedrich PAULSEN über die jüdische Problematik, in der er auch seinen langjährigen Brieffreund FRIEDLAENDER »geradezu infam« (HETTCHE, 1994, S. 457) preisgibt. »Altersbetrachtungen über den alten Fontane« (G. DE BRUYN, 1999, S. 206) zeigen sich daher in Rücksicht auf die Briefe wohl auch skeptischer – während die späten Romane und Gedichte, die Fontanes geistige Persönlichkeit ungetrübt erkennen lassen, im wachsenden Abstand der Jahre immer noch an künstlerischem Glanz zu gewinnen scheinen. Antisemitisches Ressentiment spiegeln allerdings auch einige Altersgedichte.

Im Januar hatte sich METE mit dem sechzigjährigen Architekten Karl Emil Otto FRITSCH, dessen zweite Frau soeben einem Krebsleiden erlegen war, heimlich verlobt. Die Dichterin Clara VIEBIG hat von stürmischen Szenen berichtet, die diese Nachricht in der Potsdamer Straße 134c auslöste. Aber bei der kleinen Feier dort am 16. 9. – ohne EMILIE, die die Rückreise von Karlsbad bei einer Dresdner Freundin in Blasewitz unterbrochen hatte – zeigte sich der alte Herr im Vollbesitz seiner gesellschaftlichen Gaben. »Voller Entwürfe, voll regsten Interesses für alles und jedes« sah SCHLENTHER ihn an diesem Tage, »in seiner herrlichen, lieben Greisesschönheit Mittelpunkt und Seele der Unterhaltung« (NÜRNBERGER, 1968, S. 161).

Fontane starb am 20. 9. gegen neun Uhr abends in seiner Wohnung. Der Tod trat durch Herzschlag unvermutet ein – METE, die als einzige anwesend war, fand ihren Vater, der nach dem Abendessen und einer lebhaften Unterhaltung in sein Zimmer gegangen war, leblos über das Bett gelehnt. Am folgenden Tag fuhr FRIEDEL nach Blasewitz, um EMILIE zu informieren und sie nach Berlin zu begleiten. Justizrat Paul MEYER, Freund und Testamentsvollstrecker, der am nächsten Morgen kam und von der »Chevalière« Emilie ZÖLLNER, der langjährigen, selbst bereits verwitweten Freundin der Familie, zu dem Toten geführt wurde, sah auf dem Schreibtisch »das bekannte Bild größter Ordnung« (MEYER, 1936, S. 36). Von seinem Eindruck bei dem am gleichen Tag erfolgten Kondolenzbesuch berichtet BRAHM:

> [...] ruhig war er gestorben, und in sanfter Ruhe lag er auch da, das schöne Greisenantlitz nur wenig gesenkt, keine Spur von Kampf oder Schmerz in der Miene, Philosoph noch im Tode. Die Augen geschlossen für immer, die so leuchtend lächeln, so blau blitzen konnten, leicht gefaltet die feinen, emsigen Hände, der Mund verstummt, der mit so viel Charme zu plaudern wußte und mit so viel echter Anmut. Ein überreiches Leben geendet, das durch so viel Wandlungen deutscher Literatur geschritten war als ihre persönlichste Persönlichkeit, sich selber treu und der Heimat, im Nächsten wurzelnd und im Vertrautesten, und aufsteigend von ihm zu lichten Höhen des Dichtens und Gestaltens. Noch im Tode schien er auf diesem schlichten Lager, hinter der spanischen Wand dieses Berliner Zimmers in seiner geliebten Potsdamer Straße, die feine Enge seines Heims zu preisen, in der er sich so wohl gefühlt, in der er hatte leben und sterben wollen: wie ein Sinnbild der märkischen Heimat mochte sie ihm erschienen sein, deren innerlichste Reize er erspäht hatte.

HELMUTH NÜRNBERGER

LEBEN UND PERSÖNLICHKEIT 97

Literatur

R. KIND, Das Seebad zu Swinemünde. Als Anhang eine kurze Anleitung, die Insel Rügen zu bereisen, Stettin 1828. – F. DAHN, Erinnerungen, 2 Bde., Leipzig 1891. – O. ROQUETTE, Siebzig Jahre. Geschichte meines Lebens, 2 Bde., Darmstadt 1894. – P. HEYSE, Jugenderinnerungen und Bekenntnisse, Berlin 1900. – F. SERVAES, Theodor Fontane. Ein literarisches Portrait, Berlin/Leipzig 1900. – J. ETTLINGER, Theodor Fontane, Berlin [1904]. – E. HEILBORN, Fontanopolis, in: Velhagen ›Klasings Monatshefte‹ 23 (1908/09), H. 2, S. 580f. – A. VON WERNER, Erlebnisse und Eindrücke. 1870–1890, Berlin 1913. – P. AMANN, Theodor Fontane und sein französisches Erbe, in: Euph 21 (1914), S. 270–287, 623–653, 790–815. – R. BÉRINGUIER, Persönliche Erinnerungen an Theodor Fontane, in: Groß Berliner Kalender 1914, S. 204–216; 1915, S. 237–240. – G. FONTANE, Feldpostbriefe 1870 bis 1871, Berlin 1914. – F. SCHÖNEMANN, Theodor Fontane und England. Vortrag, in: PMLA 30 (1915), S. 658–671. – R. HUCH, Fontane aus seinen Eltern, in: Westermanns Monatshefte 1917/18, S. 589ff. – WANDREY, 1919. – K. K. EBERLEIN, Der junge Fontane. Unbekanntes und Ungedrucktes aus seiner Dresdner Apothekerzeit, in: Preußische Jbb 181 (1920), S. 79–85. – M. KRAMMER, Theodor Fontane, Berlin 1922. – O. PNIOWER, Theodor Fontanes Abstammung und Name, in: Mitteilungen des Vereins für die Geschichte Berlins 40 (1923), S. 28–29. – F. BEHREND, Theodor Fontane und die »Neue Ära«, in: Archiv für Politik und Geschichte 1924, S. 475ff. – Ders., Ungedruckte amtliche Briefe von Theodor Fontane, in: Der Schatzgräber 4 (Dez. 1924), H. 3, S. 30–34; (Jan. 1925), H. 4, S. 1–3. – H. FECHNER, Menschen, die ich malte, Berlin-Zehlendorf 1927. – H. SPIERO, Fontane, Wittenberg 1928. – P. VON GEBHARDT, Ahnentafel des Schriftstellers und Dichters Theodor Fontane, in: Ahnentafeln berühmter Deutscher 1929–1932, S. 13–15. – W. HEYNEN, Vom Literaten Fontane in London, in: Preußische Jbb 240 (1935), S. 286–302. – P. MEYER, Erinnerungen an Theodor Fontane 1819 bis 1898. Aus dem Nachlaß seines Freundes und Testamentsvollstreckers Paul Meyer, Berlin 1936. – H. FRICKE, Emilie Fontane, Berlin 1937. – C. JOLLES, Theodor Fontane und die Ära Manteuffel. Ein Jahrzehnt im Dienste der Preußischen Regierung, in: Forschungen zur Brandenburgischen und Preußischen Geschichte 49 (1937), S. 57–114; 50 (1938), S. 60–85 [jetzt in: ²1983, s.u. 3.4.1.]. – F. BEHREND, Geschichte des »Tunnels über der Spree«, Berlin 1938. – C. JOLLES, Der junge Fontane, in: Brandenburgische Jahrbücher 9 (1938), S. 13–22. – U. WISKOTT, Theodor Fontane, Ahnen und Erbe, in: Brandenburgische Jahrbücher 9 (1938), S. 7–13. – C. JOLLES, Des jungen Literaten Theodor Fontanes Unterstützungsgesuche an König Friedrich Wilhelm IV., in: Zs des Vereins für die Geschichte Berlins 55 (1938), S. 62–66. – C. HÖFER, Theodor Fontane und die Familie v. Wangenheim, Privatdruck Eisenach 1939. – E. KOHLER, 1940, s.u. 3.2.1. – J. FÜRSTENAU, Fontane und die märkische Heimat, Berlin 1941. – G. RADBRUCH, Theodor Fontane oder Skepsis und Glaube, Leipzig 1945. – C. JOLLES, 1947, s.u. 3.4.2. – P. FECHTER, Menschen und Zeiten. Begegnungen aus fünf Jahrhunderten, Gütersloh 1948. – H. FRICKE,

Ein Berliner Taugenichts – Theodor Fontane, in: Berliner Hefte 3 (1948), H. 2, S. 135–145. – M. KRAMMER, Aus Theodor Fontanes Jugendland, in: Jb f Br Lg 2 (1951), S. 10.20. – D. BARLOW, Fontanes English journeys, in: GLL NS 6 (1952/53), S. 169–177. – H. FRICKE, Fontanes Historik, in: Jb f Br Lg 5 (1954), S. 13–24. – Ders., Theodor Fontanes Kriegsgefangenschaft 1870. Quellenmäßig dargestellt, in: Der Bär von Berlin 5 (1955), S. 53–57. – Ders., Theodor Fontanes Schülerjahre, in: H. F., Brandenburgische Beiträge, Neuß 1955, S. 54–63. – J. SCHOBESS, Fontanes Apothekerlaufbahn und ihr Einfluß auf sein literarisches Schaffen, in: Die Pharmazie 13 (1958), H. 9, S. 588–594. – H. FRICKE, Theodor Fontane. Chronik seines Lebens, Berlin-Grunewald (1960). – H. KNORR, Theodor Fontane und England, 2 Bde, Diss. Göttingen 1961. – H. FRICKE, Theodor Fontanes letzter Wille und seine Vollstreckung. Ein Beitrag zur Biographie, in: Der Bär von Berlin 11 (1962), S. 86–100. – H. ROCH, Fontane, Berlin und das 19. Jahrhundert, Berlin-Schöneberg 1962. – J. SCHOBESS, Die Bibliothek Fontanes, in: Marginalien. Blätter der Pirckheimer-Gesellschaft 14 (1963), S. 2–22. – A. MEINECKE, Erinnerungen an Theodor Fontane und seinen Hausarzt Dr. Wilhelm Delhaes, in: Jb f Br Lg 15 (1964), S. 161–164. – L. ZIEGERT-HACKBERTH, Emilie Zöllner – die Chevalière aus Fontanes Freundeskreis, in: Jb f Br Lg 15 (1964), S. 157–160. – H. FRICKE, Theodor Fontanes Parole d'honneur von 1870. Ein bedeutender Fund in Frankreich, in: Der Bär von Berlin 14 (1965), S. 49–70. – J. de PABLO, Über Theodor Fontanes Beziehungen zur Französischen Kirche in Berlin, in: Hugenottenmuseum 1965, Beilage zu Nr. 3. – H. FRICKE, Der Sohn des Dichters. In memoriam Friedrich Fontane, in: Jb f Br Lg 17 (1966), S. 24–51. – H.-M. SCHORNECK, Fontane und die Franzosen, Diss. Göttingen 1966. – C. JOLLES, 1967, s.u. 3.4.2. – H. NÜRNBERGER, FrF, 1967. – J. de PABLO, Theodor Fontanes Verhältnis zur Französischen Kolonie in Berlin, in: Geschichtsblätter des Dt Hugenotten-Vereins H. 4, Obersickte 1967. – H.-E. TEITGE, Zur Ehrenpromotion Theodor Fontanes, in: FBl Bd. 1 H. 4 (1967), S. 156–158. – H. NÜRNBERGER, Theodor Fontane in Selbstzeugnissen und Bilddokumenten, Reinbek 1968, [23]1998. – H.-H. REUTER, Theodor Fontane. Grundzüge und Materialien einer historischen Biographie, Leipzig 1969. – REUTER, 1968. – J. A. S. PHILLIPS, James Morris, der unbekannte Freund Theodor Fontanes, in: FBl Bd. 1 H. 8 (1969), S. 427–449. – H. RICHTER, Nahen einer neuen Zeit. Zur frühen Publizistik Theodor Fontanes, in: Neue dt Literatur 17 (1969), H. 12, S. 94–97. – E. SCHERING, Der junge Fontane zwischen Revolution und Diakonie, in: Die innere Mission 1969, S. 531ff. – K. ATTWOOD, Fontane und das Preußentum, Berlin 1970. – E. SCHERING, Von der Revolution zur preußischen Idee. Fontanes Tätigkeit im Mutterhaus Bethanien und der Wandel seiner politischen Einstellung, in: Zs für Religions- und Geistesgeschichte 22 (1970), H. 4, S. 289–323. – C. SCHULTZE, Fontane und Wolfsohn. Unbekannte Materialien, in: FBl Bd. 2 H. 2 (1970), S. 151–171. – M. STÜRTZBECHER, Die Apothekerschwestern im Krankenhaus Bethanien und Theodor Fontane, in: Der Bär von Berlin 19 (1970), S. 84–105. – W. HUDER (Hg.), Theodor Fontane und die preußische Akademie der Künste. Ein Dossier aus Briefen und Dokumenten des Jahres 1876, Berlin 1971. –

C. Schultze, Fontanes »Herwegh-Klub« und die studentische Progreßbewegung 1841/42 in Leipzig, in: FBl H. 13 (1971), S. 327–339. – R. Bellin, Fontanestätten in Neuruppin, in: FBl H. 15 (1972), S. 474–492. – G. Rutenborn, Fontane als Mitglied der Französischen Kirche zu Berlin, in: Anstöße. Aus der Arbeit der Evangelischen Akademie Hofgeismar 19 (1972), S. 30–36. – G. Krause, Über Ryno Quehl und Ludwig Metzel, die Vorgesetzten Theodor Fontanes als Mitarbeiter der Manteuffelpresse, in: Jb f Br Lg 24 (1973), S. 40–62. – H. Fricke, Der Meditationsstuhl und eine Bronzehand. Theodor Fontanes Schriftstellerwerkstatt in der Potsdamer Straße 134c, in: Der Bär von Berlin 23 (1974), S. 70–78. – A. Guthke, Ich liebte Dr. Lau, in: FBl H. 19 (1974), S. 165–189. – Rotwein und Geschreibsel. Theodor Fontane in unbekannten Aufzeichnungen der Dichterin Clara Viebig, in: Die Welt, 19. 10. 1974, Nr. 244. – M. Gill, Theodor Fontanes Aufenthalte in Letschin, in FBl H. 22 (1975), S. 439–438. – C. Liesenhoff, Fontane und das literarische Leben seiner Zeit. Eine literatursoziologische Studie, Bonn 1976. – J. A. S. Phillips, Die Familie Merington. Theodor Fontanes Freunde in der Not, in: Jb f Br Lg 27 (1976), S. 86–104. – H. Frikke, Peter Fontane (1757–1825), in: Jb f Br Lg 28 (1977), S. 119–128. – H.-W. Klünner, Theodor Fontanes Wohnstätten in Berlin, in: FBl 26 (1977), S. 107–134. – G. Rutenborn, Fontane und die Französische Kirche, in: Die Hugenottenkirche 30 (1977), Nr. 5, S. 17–18; Nr. 6, S. 21–23. – H. Scholz, Theodor Fontane, München 1978. – F. Mockey, War Fontane ein Gesellschaftsmensch, in: FBl H. 30 (1979), S. 509–520. – P. I. Anderson, 1980, s. u. 3.1.1. – K. Schober, Theodor Fontane. In Freiheit dienen, Herford 1980. – D. Rüegg, Theodor Fontane und Theodor Storm. Dokumentation einer kritischen Begegnung, Diss. Zürich 1981. – D. Storch, 1981, s. u. 1.2. – K. Bellin, Zwei Original-Briefe Louis Henri Fontanes. Mosaiksteine zum »Bildnis des Vaters«, in: FBl H. 34 (1982), S. 147–153. – W. Pleister (Hg.), Theodor Fontane und München. Briefe und Berichte, München 1982. – J. Osborne, Meyer or Fontane? German Literature after the Franco-Prussian War 1870/71, Bonn 1983. – E. Verchau, Theodor Fontane: Individuum und Gesellschaft, Frankfurt am Main 1983. – H. Fischer, 1986, s. u. 3.4.1. – L. Grevel, 1986, s. u. 2.1.7. – S. Schilfert, Fontane als Zögling der Berlinischen Gewerbeschule, in: FBl H. 42 (1986), S. 415–425. – P. Wruck, Fontanes Berlin. Durchlebte, erfahrene und dargestellte Wirklichkeit, in FBl H. 41 (1986), S. 286–311; H. 42 (1986), S. 398–415. – H. Chambers, Theodor Fontane, Albert Smith und Gordon Cumming, in: Literarisches Leben, 1987, S. 268–302. – G. Erler, Die Fontanes und die Merckels, in: ebd., 1987, S. 418–441. – F. Gebauer, Fontane und Bucher, in: ebd., S. 442–465. – W. Wülfing, Fontane und die »Eisenbahn«. Zu Fontanes literarischen Beziehungen im vormärzlichen Leipzig, in: ebd., S. 40–66. – P. Wruck, Theodor Fontane in der Rolle des vaterländischen Schriftstellers. Bemerkungen zum schriftstellerischen Sozialverhalten, in: ebd., S. 1–39. – G. Friedrich, Fontanes preußische Welt: Armee, Dynastie, Staat, Herford 1988. – H. Nürnberger, Fontane und London, in: Rom – Paris – London. Erfahrung und Selbsterfahrung deutscher Schriftsteller und Künstler in fremden Metropolen. Hg. von C. Wiedemann, Stuttgart 1988, S.

648–661. – W. PAULSEN, 1988, s.u. 3.1.1. – W. HETTCHE, Theodor Fontane zu Gast bei den Münchener »Krokodilen«, in: Literatur in Bayern Nr. 20, 1990, S. 2–10. – C. JOLLES, Konfidentenberichte Edgar Bauers über den »Preußischen Agenten Fontane«. Eine überraschende Entdeckung, in: FBl H. 50 (1990), S. 112–120. – I. ROCKEL, Theodor Fontane und sein Jugendfreund Wilhelm Gentz, in: FBl H. 50 (1990), S. 5–8. – W. WÜLFING, Der »Tunnel über der Spree« im Revolutionsjahr 1848. Auf der Grundlage von »Tunnel«-Protokollen und unter besonderer Berücksichtigung von Theodor Fontane, in: FBl H. 50 (1990), S. 46–84. – S. BUCK/W. KÜHLMANN, Brotarbeit – Theodor Fontanes Korrespondenzartikel für das Heidelberger Journal, in: Euph 86 (1992), S. 107–117. – H. NÜRNBERGER, Theodor Fontane. Märkische Region & Europäische Welt, Bonn 1993. – C. GRAWE, Theodor Fontane, in: Deutsche Dichter, Bd. 6: Realismus, Naturalismus und Jugendstil. Hg. von G. E. GRIMM/F. R. MAX, Stuttgart 1989, S. 126–151 (auch in: Deutsche Dichter. Leben und Werk deutschsprachiger Autoren vom Mittelalter bis zur Gegenwart. Hg. von dens., Stuttgart 1993, S. 486–494). – R. BERBIG, »[...] den langentbehrten *Lafontaine* wieder in unserer Mitte.« Fontanes Rückkehr in den »Tunnel über der Spree«, in: FBl H. 58 (1994), S. 43–61. – B. BIRNBAUM, Fontane in Mecklenburg, Schwerin 1994. – W. HETTCHE, Nachwort zu: Theodor Fontane. Briefe an Georg Friedlaender, Frankfurt am Main/Leipzig 1994, S. 445–460. – J. THUNECKE, 1994, s.u. 3.4.4. – K. EH, Gedanken zu einem Porträt des jungen Fontane, in: FBl H. 60 (1995), S. 169–179. – H. ERDMANN, Drei Fontanes und Neuruppin, Neuruppin 1995. – T. Fontane, Theodor Fontane hat es geschrieben gans allein ... Fontanes erstes »Geschichten Buch«. Hg. von H. u. E. NÜRNBERGER, Berlin 1995. – C. JOLLES, A Foreigner who Subscribes Himself ›T. F.‹, in: London Symposium, 1995, S.195–208. – R. MUHS, Massentourismus und Individualerlebnis. Fontane als Teilnehmer der ersten Pauschalreise von Deutschland nach London 1844, in: ebd., S. 159–194. – H. NÜRNBERGER, Georg Hett (1892–1956) und Thea Zimmermann-de Terra (1901–1939), zwei Enkel Theodor Fontanes. Zur Geschichte zweier unehelicher Kinder, in: Jb f Br Lg 46 (1995), S. 144–158. – H. OHFF, Theodor Fontane. Leben und Werk, München/Zürich 1995. – J. SKALSKI, Les Ancêtres Huguenots de Theodor Fontane (1819–1898), in: Cahiers du Ventre de Généalogie Protestante N5, [?] 50/1995. Ergänzungen von M. PELLET in Nr. 52, 1995, S. 178 – B. ZAND, Theodor Fontane und die »Vossische Zeitung«. Unter Berücksichtigung bisher unveröffentlichter Briefe an Friedrich Stephany und Carl Robert Lessing sowie weiterer Materialien. M. A. Hamburg, 1995. – W. RASCH/B. ZAND, Ein unbekannter Brief Gutzkows über Theodor Fontane, in: FBl H. 60 (1995), S. 47–60. – B. ZAND (Hg.), Fontane und Friedrich Stephany. Vierzehn unveröffentlichte Briefe, in: FBl H. 59 (1995), S. 16–37. – P. ALTER, Graf Bernstorff als preußischer Gesandter in London, in: Ders./R. MUHS (Hg.), Exilanten und andere Deutsche in Fontanes London, Stuttgart 1996, S. 416–430. – P. BARKER, Edgar Bauer, Refugee, Journalist and Police Informer, in: ebd., S. 370–384. – R. DIETERLE, Vater und Tochter. Erkundung einer erotisierten Beziehung in Leben und Werk Theodor Fontanes, Bern 1996. – W. KILLY, Von Berlin bis Wandsbeck. Zwölf Kapitel deutscher Bürgerkultur um 1800, München 1996 – E. A. MAYRING, Heinrich Beta als Londonkorrespondent der »Gartenlaube«, in: P. ALTER/R. MUHS (Hg.), Exilanten und andere Deutsche in Fontanes London, Stuttgart 1996, S. 327–339. – R. MUHS, Max Schlesinger und Jakob Kaufmann. Gegenspieler und Freunde Fontanes, in: ebd., S. 292–326. – S. NEUHAUS, 1996, s. u. 3.4.3. – D. SANGMEISTER/B. ZAND (Hg.), »Warum wir unseren Theodor Fontane so lieb hatten«. Fontane und Franz Servaes. Unbekannte Briefe aus den Jahren 1890 bis 1905, in: FBl H. 61 (1996), S. 40–54. – M. WIESE, Aus meinem Leben, Berlin/Karwe 1996. – E. ZIEGLER/ G. ERLER, Theodor Fontane. Lebensraum und Phantasiewelt. Eine Biographie, Berlin 1996. – G. A. CRAIG, Über Fontane, München 1997. – H. FISCHER, »...so ziemlich meine schlechteste Lebenszeit.« Unveröffentlichte Briefe von und an Theodor Fontane aus der Akademiezeit, in: FBl H. 63 (1997), S. 26–47. – R. MUHS, 1997a, s. u. 3.4.5. – Ders., Fontanes »Englische Berichte« 1854/55, in: FBl H. 63 (1997b), S. 121–123. – H. NÜRNBERGER, FW, Berlin 1997. – P. PARET, Berlin an Menzels Zeit, in: C. KEISCH/M. U. RIEMANN-REYHER (Hg.), Adolph Menzel 1815–1905. Das Labyrinth der Wirklichkeit, Berlin 1997, S. 369–380. – T. PELSTER, Theodor Fontane, Stuttgart 1997. – H. STREITER-BUSCHER, 1997, s. u. 3.4.5. – C. BEINTMANN, Theodor Fontane, München 1998. – H. BEMMANN, Theodor Fontane. Ein preußischer Dichter, Berlin 1998. – J. DESEL, Theodor Fontane. Seine Familie und seine französische Abstammung, in: Genealogie 11/12 (1998), S. 338–355. – R. DIETERLE, Die »Insel der Seligen«. Stationen einer Vater-Tochter-Beziehung, in: FBl H. 65–66 (1998), S. 125–137. – O. DRUDE, Fontane und sein Berlin. Personen, Häuser, Straßen, Frankfurt am Main/Leipzig 1998. – H. FISCHER, Theodor Fontanes Achtzehnter März. Neues zu einem alten Thema, in: FBl H. 65–66 (1998), S. 163–187. – K. GERLACH, Freimaurer im friderizianischen Preußen (Teil XIV). Theodor Fontanes Großväter Pierre Barthélemy Fontane und Jean Francois Labry, in: Bundesblatt. Handschrift für Brr. Freimaurer, im Selbstverlag der Großen National-Mutterloge, Berlin, hg. 1996 (1998), 2, S. 34–39. – GRAWE, 1998. – W. HÄDECKE, Theodor Fontane. Biographie, München/Wien 1998. – M. LOWSKY, Marie von Wangenheim, die Freundin aus Oberschwaben, in: Mitteilungen der Theodor Fontane Ges 1998, Nr. 14, S. 30–35. – B. MACHNER, Auf der Suche. Vom Apotheker zum Staatsdiener. Vom Tunneliater zum freien Schriftsteller, in: Fontane und sein Jahrhundert, Berlin 1998a, S. 43–53. – Dies., Potsdamer Straße 134 c. Der Dichternachlaß, in: ebd. (1998b), S. 251–268. – R. MUHS, »Die Lilie der Legende«. Ein unbekanntes Huldigungsgedicht Theodor Fontanes an Königin Elisabeth von Preußen, in: Berliner Hefte zur Geschichte des literarischen Lebens 2 (1998), S. 65–74. – S. NEUHAUS, Fontane-ABC, Leipzig 1998. – H. NÜRNBERGER, »Hohenzollernwetter« oder Fünf Monarchen suchen einen Autor. Überlegungen zu Fontanes politischer und literarischer Biographie, in: Theodor Fontane und Thomas Mann, Frankfurt am Main 1998, S. 49–76. – G. PERREY/H.-J. PERREY, Theodor Fontane in Schleswig-Holstein und Hamburg, Hamburg 1998. – B. W. SEILER, Theodor Fontanes uneheliche Kinder und ihre Spuren im Werk, in: WW 48 (1998), 2, S. 215–

233. – G. de Bruyn, Altersbetrachtungen über den alten Fontane, in: G. d. B., Deutsche Zustände, Frankfurt am Main 1999, S. 206–223. – R. Dieterle, Im Banne des Vaters. Die Fontanesche Familientragödie, in: Theodorus victor, 1999a, S. 203–201. – Dies., 1999b, s.u. 3.1.14. – H. Fischer, Ein »etablierte[r] deutsche[r] Schriftsteller«? Fontane in den siebziger Jahren des 19. Jahrhunderts, in: Theodorus victor, 1999, S. 67–97. – C. Grawe, »Mit 78 ist man ein unsicherer Passagier. Theodor Fontanes letztes Lebensjahr – an der Schwelle zum 20. Jahrhundert, in: ebd., S. 221–241. – D. Kleine, Die Hankels auf Hankels Ablage. Wo Fontane in der Sommerfrische war, Zeuthen 1999. – C. Klug, Die Poesie der Zeitung. Fontanes poetische Rezeption der Tagespresse und die Entdeckung der neuen Wirklichkeiten, in: FBl H. 68 (1999), S. 74–117. – K.-P. Möller, Der vorgetäuschte Erfolg. Zum Problem der Erstausgaben, Neuauflagen, Neudrucke bei Theodor Fontane, in: FBl H. 68 (1999), S. 192–216. – H. Nürnberger, »Theodorus victor« – ein Schriftstellerleben, in: Theodorus victor, 1999, S. 253–273. – H. Gravenkamp, »Um zu sterben muß sich Hr. F. erst eine andere Krankheit anschaffen«. Neue Fakten zu Fontanes Krankheit von 1892, in FBl H. 69 (2000), S. 81–98. – C. Grawe, 2000, s.u. 2.1.7. – H. Nürnberger, Ein fremder Kontinent – Fontane und der Katholizismus, in: Ehlich 2000.

1.2 Theodor Fontane – Zeuge seines Jahrhunderts

Wie Otto von BISMARCK, dessen Persönlichkeit und politisches Wirken aus dem Werk des Dichters nicht wegzudenken sind, war auch Theodor Fontane eine Jahrhunderterscheinung. Gestaltete der eine deutsche und europäische Geschichte und veränderte nachhaltig die politische Topographie des alten Kontinents, so schuf der andere in seinem umfangreichen literarischen Werk ein ebenso anschauliches wie vielschichtiges und facettenreiches »Kompendium des 19. Jahrhunderts« (G. ERLER, 1996). Mit ungezählten Wurzeln senkt es sich in den Humus seiner Geschichte, wo immer man darin zu lesen beginnt. Kein Wunder, wenn Historiker, die sich mit dieser Zeit beschäftigen, fast ausnahmslos auch auf Fontane Bezug nehmen, der selber einmal den Wunsch geäußert hat, »Professor der Geschichte« zu werden (IV.1.375). Eine Profession wurde aus seiner Passion indessen nicht. Dennoch blieb ihm die Geschichte ein nie versiegendes Elixier seines künstlerischen Schaffens. »Ich kultiviere Historisches« (III.4.95), hätte er mit LOUIS HENRI FONTANE, dem Vater, sagen können, seinem ersten und wohl auch eindrucksvollsten Geschichtslehrer. Ebenso wie die Vergangenheit zogen ihn Zeitgeschichte und Politik in ihren Bann. So beleben zahllose Anspielungen auf das, was im Lande vorging, in Europa und in der Welt, sein Werk. Weit davon entfernt, nur Zeitkolorit zu sein, bilden sie den Quellgrund seiner Vieldimensionalität, Lebendigkeit, Aktualität und Urbanität. Scheinbar hingestreut von leichter Hand, durchwirken sie gleichsam hintergründig beinahe alles, was er geschrieben hat. Fontanes Werk erweist sich dabei den geschichtlichen Umbrüchen und Wandlungen in vielfältiger Weise verpflichtete. Wie sonst nirgends in der deutschen Literatur zwischen GOETHE und Thomas MANN spiegelt es, hineingewoben in seine Zeit, rückblickend oder unmittelbar, nahezu das ganze Jahrhundert wider, das gekennzeichnet ist von Widersprüchen und Gegensätzen, von Hoffnungen und Ängsten, vom Pendelschlag zwischen Revolution und Restauration, vom Aufbruch zu neuen Ufern und Rückzug auf die Tradition, von Optimismus und Endzeitgefühl.

1.2.1 Preußen im Zeitalter Napoleons

»Am Anfang war Napoleon«. Zwischen 1800 und 1815 standen »die Geschichte der Deutschen, ihr Leben und ihre Erfahrungen [...] unter seinem überwältigenden Einfluß« (T. NIPPERDEY, 1991, S. 11). Bis dahin war das Bewußtsein der deutschen Bildungsgesellschaft nicht auf politische Einheit gerichtet, sondern orientierte sich an der gemeinsamen Sprache, Kultur und Literatur. Nicht als Staatsnation existierte Deutschland, sondern als Kulturnation. Dann aber waren die Ideen der Französischen Revolution auch über den Rhein gekommen und in ihrem Gefolge NAPOLEON. Es gab Krieg und wieder Krieg. Bald wuchs die Abneigung gegen die drückende Herrschaft des landfremden Eroberers, der, so Fontane ein halbes Jahrhundert später, als »Sohn der Revolution« und »ihr Bändiger zugleich« seine Untertanen »bis auf den letzten Tropfen« ausgesogen habe (III.1.64). In seinen *Reden an die deutsche Nation* schlug Johann Gottlieb FICHTE, ursprünglich ein Anhänger des revolutionären Jakobinismus, nun unüberhörbar nationale Töne an, mit denen er seine Landsleute beschwor, sich endlich als Nation zu begreifen. Zwar knüpften die »Erwecker der Nation«, darunter Ernst Moritz ARNDT, noch immer daran an, was deutsche Kulturnation meinte. Ihre Merkmale aber wurden nun »ins Politische gewendet« (E.-W. BÖCKENFÖRDE, FAZ, 30. 9. 1995).

Bevor es auch in Preußen dazu kam, hatte FRIEDRICH WILHELM II., der lieber bei der dritten polnischen Teilung mit dabeisein als in den Koalitionskriegen weiterhin glücklos die Waffen mit den Franzosen kreuzen wollte, 1795 den Frieden von Basel geschlossen. In seinem Roman *Vor dem Sturm* ließ Fontane Berndt von Vitzewitz, der im »Paktieren« mit den »Pariser Schreckensmänner[n] [...] ebenso eine Gefahr wie eine Erniedrigung Preußens« sah (I.3.28), seinen Abschied aus der Armee nehmen, während der polnische Aristokrat Alexander von Ladalinski, als sich »jene Ereignisse« vorbereiteten, »die schließlich Polen aus der Reihe der Staaten strichen« (I.3.327), an der Seite KOSCIUSZKOS den hoffnungslosen Kampf gegen die Russen aufnahm. In den gut zehn noch verbleibenden Jahren, bevor Krieg und wirtschaftlicher Niedergang auch in die bisher unversehrt gebliebenen Regionen einbrachen, blühte die Kultur auf, entfaltete sich die deutsche Klassik, wurden die Salons einer Henriette HERZ, Rahel LEVIN und Bettina von ARNIM zur Börse für neue Ideen und geistigen Austausch über Literatur, Kunst und Politik, trat das Berlin der Romantik in Wettstreit mit dem klassischen Weimar.

Jedoch nicht davon war in den so farbigen Erzählungen und pointierten Anekdoten LOUIS HENRI FONTANES die Rede. Diese galten vielmehr den Jahren »von Marengo bis Waterloo« (III.4.91), innerhalb derer sich Aufstieg und Fall des Kaisers der Franzosen vollzogen hatten und die dem Sohn auf diese Weise zum nachhaltigen Erlebnis wurden.

Sah noch in den Tagen der Märzrevolution der demokratisch-revolutionär eingestellte Jungapotheker in dem »volksentstammten Korsen« ein Vorbild für den Griff des Volkes nach der »Fahne der neuen Zeit« (III.1.11) unter der Inschrift Einheit und Freiheit, so begann sich sein Napoleonbild nach dem Scheitern der Revolution zu wandeln.

Während in *Schach von Wuthenow* am Vorabend der Katastrophe des friderizianischen Staates NAPOLEON im Meinungsstreit der literarischen Figuren zwar kontrovers, aber ohne Haß betrachtet wird (NÜRNBERGER, 1997, S. 16), erscheint der Franzosenkaiser in *Vor dem Sturm* , und das heißt zu Beginn der Befreiungskriege, im Spiegel der literarischen Figuren und des Erzählers als »Dämon« mit dem »gelben Wachsgesicht«, ja als »*Bösester* auf Erden« (I.3.31) und in den *Wanderungen* als das große »Gespenst des Jahrhunderts« und Feind »alles echten Lebens« (II.1.38, 36).

Fontanes bereits in seinem ersten Roman wahrnehmbares Bemühen, die Befreiungskriege als heilsgeschichtlichen Weg aus der »Gefangenschaft« in einen »neue[n] Tag« erscheinen zu lassen (I.3.593), verstärkte sich in seinem Romanfragment *Eleonore* (um 1880), angesiedelt im Lande des blinden hannoverschen Königs GEORG V. (1851–1866). Nirgends wurde des Tages von Waterloo eingehender gedacht als in dem welfischen Königreich, dessen Soldaten auf englischer Seite den Sieg wesentlich mitentschieden hatten. Noch heute erhebt sich in der niedersächsischen Landeshauptstadt zur Erinnerung an den 18. 6. 1815 die klassizistische Waterloosäule. Nicht die farbenprächtige Truppenparade stellt Fontane in den Mittelpunkt des Gedenkens, sondern das Waterloo-Gedicht Christian Friedrich SCHERENBERGS »aus dem Preußischen drüben«. Ein junges Mädchen, »blauäugig, groß, mit langen blonden Zöpfen«, trägt daraus jene Stelle vor, »wo die hannöversche Garde angreift« (I.7.346), der schon in seinem 66er Kriegsbuch Fontanes Bewunderung gegolten hat. Die Rezitation läßt einen Landgeistlichen, dem jeder »bloße Waffenlärm« nicht nur verhaßt ist, sondern auch als unheilige Sache gilt, die auch ein Tedeum nicht in »eine Gottwohlgefällige« verwandeln kann, den Waterlootag aus moralisch-religiöser Sicht nicht als »Schlachtentag«, sondern als

»Prinzipien-Tag« bewerten, »wo Gut und Böse, göttliche Weltordnung und Menschenübermut einander gegenüberstanden«. Ein Dämon, der sich freigemacht habe, sei gebändigt und »in Nacht und Einsamkeit zurückgeworfen« worden (I.7.347). Mehr noch: Die »Frage Gott oder Mensch« sei an diesem Tage entschieden worden. Obwohl Fontane in seinen Romanen häufiger Bezug auf den Sedanstag nahm, der, so Sebastian HAFFNER, in seiner allgemeinen Akzeptanz der einzige wirkliche Nationalfeiertag der Deutschen gewesen sei, besaß der Tag von Waterloo für ihn einen deutlich höheren Stellenwert. Demgegenüber begründete er in *Kriegsgefangen* das Scheitern NAPOLEONs politisch, und zwar als Sieg des »Nationalitätsprinzips« über den »*Weltmonarchie*-Gedanken« (III.4.643). Hatte NAPOLEON anfangs die Idee der nationalen Selbstbestimmung über die Grenzen Frankreichs hinausgetragen, so war er in seinem wachsenden Machtanspruch bald darüber hinweggeschritten. Zwar reihte ihn noch der alte Fontane unter die Weltgrößen ein, als sittliche Größe aber galt er ihm nicht (an J. MORRIS, 16. 4. 1896, IV.4.554).

Zweimal formte Fontane einen Stoff aus der Napoleonzeit zum literarischen Werk. In *Schach von Wuthenow* entwarf er ein düsteres Bild vom inneren Zustand der preußischen Armee und Gesellschaft am Vorabend von Jena und Auerstedt. Bemüht, seine Neutralität unter allen Umständen zu wahren, hatte das nachfriderizianische Preußen auf dem Schlachtfeld von Austerlitz gefehlt. Nach dem Sieg NAPOLEONs über Russen und Österreicher gezwungen, mit dem Franzosenkaiser ein Bündnis einzugehen (»Mission Haugwitz«), war ihm als »Morgengabe« dieser unfreiwilligen Ehe, nachdem es zuvor mit seinen Landesteilen Ansbach, Cleve und Neuenburg den Handel teuer hatte bezahlen müssen, das England in Personalunion verbundene Hannover zugeschoben worden. Noch im Nachklang zur Märzrevolution hatte Fontane, für den Preußen als Teil eines von NAPOLEON geeinten Europas schlechthin unvorstellbar war, dem Grafen HAUGWITZ attestiert, als Außenminister sein Land »zum Trabanten, zum gehorsamen Diener anderer Mächte herabgedrückt« zu haben (III.1.65). Gut ein Jahrzehnt nach der Gründung des Bismarckreichs kam er in seiner historischen »Erzählung aus der Zeit des Regiments Gensdarmes« auf die politische Situation von 1805/06 erneut zurück. Während der bekannte Militärschriftsteller Heinrich Dietrich von BÜLOW, aus dessen Werk über den »Feldzug von 1805« Fontane umfangreiche Passagen in seine Novelle übernahm, das Einvernehmen zwischen Berlin und Paris als wünschenswert begrüßt, nennt PRINZ LOUIS FERDINAND Hannover ein »Mitbringsel«, dem Preußen seine Ehre preisgegeben habe. Der fragwürdige Erwerb des Welfenlandes wird zur Flammenschrift an der Wand. Kritisch beleuchtete Fontane die unter preußischen Offizieren weit verbreitete Militärlegende, wonach die Welt »nicht sicherer auf den Schultern des Atlas« ruhe »als der preußische Staat auf den Schultern der preußischen Armee« (I.1.572). Voller Selbstüberschätzung – hat sie doch im Siebenjährigen Kriege einer Welt von Feinden standgehalten – treibt diese Armee, deren adelige Führungselite »statt der Ehre nur noch den Dünkel und statt der Seele nur noch ein Uhrwerk hat« und eine Welt des Scheins beschwört (I.1.678), in fataler Verkennung ihrer Schwäche und Rückständigkeit blind der Katastrophe entgegen. Am 14. 10. 1806 hob bei Jena und Auerstedt die »Kaiserkatze, die so lange mit der Maus gespielt hatte, [...] die Tatze, um tödlich zu treffen« (II.1.770). Nicht auf ein totales Verdikt über Staat und Armee kam es Fontane indessen an, sondern darauf, ein Stück geschichtlicher Wirklichkeit differenziert darzustellen und zu zeigen, wie sehr die Niederlage auf geistige und moralische Ursachen mit zurückzuführen war. Doch er ging noch weiter. Seine Kritik am Preußen der Napoleonzeit, die er preußischen Offizieren in den Mund legte, diente ihm zugleich als »Parabel zur Anwendung auf die Gegenwart« (REUTER, 1968, S. 602), nachdem er hatte wahrnehmen müssen, wie sehr im neuen Reich nach drei siegreichen Kriegen die Überschätzung der eigenen militärischen Tüchtigkeit wieder um sich zu greifen und die Achtung vor den Fähigkeiten und Leistungen anderer Völker zu sinken begann.

Durch »Öffnung der Vergangenheit nach vorn« (ebd., S. 588) wollte er einen Denkanstoß geben, »mit dem Scheinwesen« ein Ende zu machen, während er an seiner »Erzählung aus der Zeit des Regimentes Gensdarmes« feilte: »Aber wir arbeiten immer noch mit *falschen Werthen*«. Nicht auf »Titulaturen, Orden und andere Wichtigthuns-Attribute», die ihm als »Alfanzereien« galten, komme es an, sondern auf »Kraft und Vermögen« (an MARTHA FONTANE, 8. 8. 1880, IV.3.97).

Reformen und Befreiungskriege

Nur weil Rußland nicht wünschte, unmittelbar an den französischen Machtbereich zu grenzen, war nach Jena und Auerstedt das tiefgedemütigte und in seinem territorialen Umfang erheblich zurückgestutzte Preußen, dessen materielle und moralische Existenz aufs äußerste bedroht war, als Puffer zwischen den Machtblöcken erhalten geblieben. Die Ausnahmesituation, in der sich das Land damals befand, verlangte eine überzeugende Antwort auf die ›Grande Revolution‹, sollten Staat und Gesellschaft wieder eine Zukunft haben. Denn die »Gewalt« der Ideen von 1789 war nach Auffassung Hardenbergs so groß, daß der Staat, wenn er sie nicht annehme, entweder seinem Untergang oder der erzwungenen Annahme derselben entgegensehen müsse. »Es war eine Zeit des Schenkens wie in den Märztagen. [...] Man schenkte, damit es nicht genommen würde« (an. B. von Lepel, 12. 10. 1848, IV.1.45), urteilte Fontane im Revolutionsjahr 1848. Darauf wollte man es in Preußen nicht ankommen lassen und trat in eine zügige Reformpolitik des Staates und der noch weithin patriarchalisch und feudal verfaßten Gesellschaft ein. Mit ihr begann der Aufbruch vom Untertan zum Staatsbürger; es sollte ein langer Weg werden. Entschlossen, ganz neue Prioritäten beim Wiederaufbau von Staat, Armee und Gesellschaft des darniederliegenden Preußen zu setzen, machten Stein und mit ihm Hardenberg, Scharnhorst, Gneisenau, Boyen und Humboldt durch ihre »Revolution von oben« Preußen zu einem vergleichsweise modernen Gemeinwesen in Europa und bahnten den Weg zur Entstehung einer bürgerlichen Leistungsgesellschaft. Ihnen zur Seite standen Beamtenschaft und Bildungsbürgertum, offen für die Ideen, die ihnen der »Westwind« zugetragen hatte. Ihn hielt Fontane der Französischen Revolution zugute, bevor sie 1795 in die Herrschaft des radikalen Jakobinismus der »Pariser Schreckensmänner« eingemündet war.

Auch wenn die adlig-bürgerliche Reformelite des Landes mit Bauernbefreiung, Städteordnung, Heeres- und Bildungsreform, mit Gewerbefreiheit und Judenemanzipation gleichsam einen »Griff in das Zeughaus der Revolution« (Gneisenau) tat, zeigten die Reformen zugleich ein konservatives Gesicht. Mit der Städteordnung sei Preußen »in den Jahren der Erniedrigung [...] ein wahrhaft königliches Geschenk« zuteil geworden. »Es schien als ob uns der Segen des Jahres 92 treffen sollte, ohne seine Gräuel« (ebd.), urteilte rückblickend Fontane. Ihren Initiatoren galt sie nicht zuletzt als Bewährungsfeld bürgerlicher Eigenverantwortlichkeit, bevor durch Gewährung weiterer politischer Rechte an die Anerkennung einer Nation aus freien Staatsbürgern zu denken war. Solange es Napoleon zu besiegen galt, war in Preußen, wie Fontane in den Tagen der Märzrevolution unterstrich, »der ganze constitutionelle Hausrath [...] in Aussicht gestellt« worden mit einer »Volksvertretung in zwei Kammern, Steuerbewilligungsrecht, Preßfreiheit« (ebd.). Dann aber hatte der Widerstand des Adels und des Königs, der »damals seine ganze Schwäche und Unbedeutendheit« bekundete, indem er seinem opferwilligen Volk die bereits zugesagte Verfassung vorenthielt, die historische Chance vertan, Staat und Gesellschaft ein durchgreifend modernes Profil zu geben. Erst 1848 gelang es dem liberalen Bürgertum, Preußen zum Verfassungsstaat zu machen; ihn in eine parlamentarische Monarchie nach englischem Muster weiterzuentwickeln, was ihm eine wirklich überzeugende »Mission« auf dem Wege zur Reichsgründung hätte verleihen können, scheiterte 1862.

Seitens des Adels und insbesondere Friedrich August Ludwig von der MARWITZ', den Fontane wegen seiner Charakterfestigkeit bewunderte, als »vollkommenen Vertreter adeliger Gesinnung« bezeichnete und als historisches Vorbild für seinen Berndt von Vitzewitz nahm (vgl. S. 3.1.2), kam es ohnehin schon zu heftigen Protesten gegen die als revolutionär eingestuften Reformen, wollte man doch auf manches liebgewordene Vorrecht nicht verzichten, vor allem, wenn es ums Geld ging. Immerhin war MARWITZ, »ein Mann zwischen den politischen Gruppen« (G. HEINRICH, 1984, S. 295), durchaus zu materiellen Opfern bereit, wenn nur die altständische Verfassung unangetastet blieb. Was historisch gewachsen war, sollte nicht »zerstört«, wohl aber »veredelt« werden. Zwar hegte der Landesadel tiefste Abneigung »gegen den ›großen Würger‹« NAPOLEON, die »»Neuerungen‹ im eigenen Lande« schätzte er jedoch ebensowenig (II.3.255) und mißtraute vor allem STEIN, weil er »den Krieg der Besitzlosen gegen das Eigentum« (MARWITZ) eröffnet habe. Solche »opferunlustige Engherzigkeit«, wo doch ein »Allerhöchstes« auf dem Spiel stand, bei dem nicht der einzelne, sondern allein das Ganze zählte (II.3.259), hatte lange vor Fontane bereits STEIN am »Adel im Preußischen« gerügt, welcher der Nation lästig sei, »weil er zahlreich, größtenteils arm und anspruchsvoll auf Gehälter, Ämter, Privilegien und Vorzüge jeder Art ist«.

Wie sich die nationale Erhebung gegen NAPOLEON vorbereitete, gestaltete Fontane in *Vor dem Sturm* (vgl. S. 3.1.2). Als GNEISENAU damals dem König die Möglichkeit eines Volksaufstandes gegen die Franzosen empfahl, hielt dieser seinem Generalstabschef nüchtern entgegen: »Als Poesie gut.« Fast will es scheinen, als hätte Fontane mit seiner Darstellung des fehlgeschlagenen Unternehmens gegen die Oderstadt Frankfurt daran angeknüpft.

Tatsächlich kam es kurz vor Ausbruch des Befreiungskrieges in Preußen vereinzelt zu »Insurrektionen«, bei denen einige lokale französische Militärkommandanten vertrieben wurden. Ein

Volkskrieg entwickelte sich daraus nicht. Die große Mehrzahl derer, die nach dem Aufruf des Königs zu den Fahnen eilten, kämpfte in den Reihen der alten Armee. Gemeinsam machte man seine Sache so gut, daß NAPOLEON anerkennend feststellen mußte: »Die Tölpel haben was gelernt.« Eine neue, kollektive Identität hatte mit dazu beigetragen, daß sie, wenn auch unter großen Opfern, erfolgreich blieben.

Wenn Fontane bei seiner »Positionssuche zwischen den Klassen« (O. KEILER, 1991, S. 38) einen Bamme sagen läßt, daß es nichts sei »mit den zweierlei Menschen«, so nicht, weil er dabei an revolutionäre Veränderungen dachte. Wohl aber wünscht er sich eine Gesellschaft, in der der Adel keine Bevorzugung mehr genoß, sondern gemeinsam mit dem gleichberechtigten Bürgertum politische Verantwortung trug. War nicht – und hier wird Fontanes Zeitkritik unüberhörbar – aus dem »freudigen Gehorsam«, mit dem Tausende von Freiwilligen 1813 für »Gott, König und Vaterland« in den Befreiungskrieg gezogen waren, schon wenige Jahre später »toter Gehorsam« geworden, von den Regierenden »zu eines Volkes höchster Tugend« gestempelt? Selbst als Parteigänger der Konservativen hatte er sich 1863 »feierlich« dagegen verwahrt, »daß das, was ich ›adlig‹ nenne, blos an der Menschenklasse haftet, die man ›Adel‹ nennt; es kommt in allen Ständen vor« (FE II.256). Adel galt ihm nicht als Standesvorrecht, sondern als Gesinnung, die alle künstlich aufgerichteten Standesschranken obsolet machte. Der Tod Hansen-Grells, der sogar »einen alten Soldaten« wie Bamme beeindruckt, gerät hierfür zur Probe aufs Exempel. Zwar sollte ein »Ingenieur Müller«, so erfährt man in dem Fragment *Allerlei Glück*, sich nicht gleich einfallen lassen, »um eine Comtesse Dönhof anhalten zu wollen«. Wohl aber wollte Fontane deutlich machen, daß es längst auch im Bürgertum Menschen gebe – er nennt sie ›gentlemen‹ –, die an »gleichartiger Bildung (Wissen), Gesinnung und gesellschaftlicher Form [...], Anstands und Ehrengesetz« (I.7.418) dem Geburtsadel um nichts nachständen.

Rückblickend reihte Fontane die kurze Zeitspanne zwischen dem »Untergang des alten« und dem »Wiedererstehen eines *neuen* Preußens«, innerhalb derer die preußischen Reformen im wesentlichen stattgefunden hatten, unter die »Weltereignisse« ein (II.1.105). Für seinen Pastor Lorenzen gehörte die Zeit zu den drei großen Epochen des Landes. Damals sei das »arme, elende, halb dem Untergang verfallene Land nicht von Genie, wohl aber von Begeisterung durchleuchtet« gewesen, vom »Glauben an die höhere Macht des Geistigen, des Wissens und der Freiheit« (I.5.272).

Wenn 1806 die siegreichen Franzosen »von einem starken Bruchtcil« der Bevölkerung zunächst »mehr als Befreier wie als Unterdrücker« empfangen wurden und das Bürgertum, »wenigstens hier und dort«, wie Fontane 1860 vorsichtig einschränkend anmerkte, »die Niederlage von Jena mit Befriedigung« vernahm (II.1.783), so nicht zuletzt deshalb, weil es im Lande Preußen verschiedentlich immer noch Verhaltensweisen gab, die »den Begriff der Menschenwürde« (II.3.115) offenbar nicht kennen wollten. Für das Alte Begeisterung zu wecken, »war unmöglich, wenigstens *damals* unmöglich« (II.1.782). Ein neues »Belebungs- und Erwekkungsmittel« mußte gefunden, ja »ein neues Haus« bezogen werden (II.1.782).

Wer aber die Architekten und Zimmerleute waren, die darangingen, es zu entwerfen und wenigstens teilweise zu errichten, wird – HARDENBERG ausgenommen, an dem ein Berndt von Vitzewitz »beständig zu mäkeln und zu tadeln« hat (I.3.225) – in den *Wanderungen* kaum erwähnt. HARDENBERG, dem das größere Preußen ein angemesseneres Wirkungsfeld bot als seine hannoversche Heimat, war ein geschmeidiger Diplomat, der wie STEIN nach der Niederlage von 1806 zu den entschiedenen Befürwortern grundlegender Reformen gehörte. Fontane, selber ein Mann des Ausgleichs, lobte seine vermittelnde, auf Vernunft und Augenmaß gestellte Politik, auch wenn sie aus seinen Schwächen erwuchs. Ihr sei die Rettung des Vaterlandes geglückt, wo »Eigensinn und Prinzipienreiterei« nur alles verdorben hätten. »Ein bloßer sans peur et sans reproche – etwa wie *Stein* oder *Marwitz*, zu denen wir freilich freudiger und gehobener aufblicken – hätte es mutmaßlich *nicht* vermocht«. So sei »diese Mischung von Edlem und weniger Edlem« – man fühlt sich an Fontanes spätere BISMARCK-Kritik erinnert –, »von Schlauheit und Offenheit, von Nachgiebigkeit und Festigkeit« genau das gewesen, »was die Situation damals erheischte« (II.1.695).

1.2.2 Restauration und Vormärz

Mit seinem System einer geschickt austarierten »Synthese aus Macht und Moral« (K. HILDEBRAND, 1995, S. 202) suchte der Wiener Kongreß nicht nur Europa neu zu ordnen, sondern auch eine möglichst dauerhafte Friedensordnung zu schaffen, die das alte Mächtegleichgewicht, bestehend aus England, Frankreich, Österreich, Rußland und Preußen, wiederherstellen, die Legitimität fürstlicher Herrschaft wahren und revolutionäre Erschütterungen künftig ausschließen sollte. Als folgenreich sollte sich allerdings erweisen, daß man in Wien nicht bereit war, die nationalen Hoffnungen der Italiener, Polen und Deutschen zu erfüllen. Letzteren wurde mit dem Deutschen Bund ein lockeres Gefüge aus 39 souveränen Einzelstaaten beschert, unter denen den beiden Großmächten Österreich und Preußen das entscheidende Gewicht zukam.

Zwischen Beharrung und Aufbruch

Wenn auch nach den ununterbrochenen Kriegen der Napoleonzeit das dringende Ruhebedürfnis eine Abkehr der meisten Menschen in Deutschland von den großen Staatsaktionen und vor allem in bürgerlichen Kreisen eine Hinwendung zur Familie, Literatur und Kunst nach sich zog, die, so Fontane, »nach Tagen voll Muth und Kraft« den verzeihlichen Wunsch hegten, »nun auch in aller Muße des Sieges und seines Theils *daran* sich zu freuen« (an LEPEL, 12. 10. 1848, IV.1.46), der Ruf der akademischen Jugend nach einem »größeren Vaterland« und Mitspracherecht in Staat und Gesellschaft wollte dennoch nicht verstummen. Aus den Freiheitskriegen in die Enge deutscher Kleinstaaterei zurückgekehrt, mochte sie sich nicht damit abfinden, ihren Zielen keinen Schritt nähergekommen zu sein. Den 300. Jahrestag des Lutherschen Thesenanschlages nutzten 1817 mehr als 500 Studenten zu einer großen Kundgebung auf der Wartburg für nationale Einheit und eine freiheitliche Verfassung. Die Ermordung des als russischer Spion verdächtigten Lustspieldichters August von KOTZEBUE durch den Burschenschaftler Ludwig SAND bot METTERNICH endlich den erwünschten Anlaß, um seitens des Deutschen Bundes gegen die »revolutionären Umtriebe und demagogischen Verbindungen« vorzugehen. Mit den »Karlsbader Beschlüssen«, die der junge Radikaldemokrat Fontane 1848 »Schandflecke auf den Purpurmänteln« (ebd.) der deutschen Fürsten nennen sollte, setzte 1819 die politische Überwachung der Universitäten ein, verschärfte sich die Pressezensur, wurde die Burschenschaft verboten und begann, so Friedrich von GENTZ, die »größte retrograde Bewegung, die seit 30 Jahren in Europa stattgefunden hat« (zit. nach M. BEHNEN, 1987, S. 379).

Anders als in den süddeutschen Staaten, wo es bereits Verfassungen gab, waltete in den Hohenzollernlanden die Reaktion von nun an »mit schnöder Omnipotenz«. Mit dem Sturz HUMBOLDTs und BOYENs, der »Beseitigung aller freisinnigen, ehrlichen Männer, die dem Volk nun auch geben wollten, was ihm versprochen war« (an LEPEL, 12. 10. 1848, IV.1.46), und der Verbannung des Verfassungsversprechens in die Abstellkammer der Geschichte hatte sich das andere, das restaurative Preußen 1819 vollends »retabliert«. So standen die Dinge, als am 30. 12., dem vorletzten Tag dieses »Unglücksjahrs« (F. MEINECKE, zitiert nach NÜRNBERGER, 1997, S. 15) zu Neuruppin Theodor Fontane geboren wurde. Seine Kindheit und Jugend verbrachte er, ohne davon berührt zu werden, im Zeichen der »Polizeialliance«, jenem Bündnis der drei Ostmächte zur Bewahrung des konservativen Ordnungssystems im nachnapoleonischen Europa, bekannt als »Heilige Allianz«.

In seinen *Wanderungen durch die Mark Brandenburg*, die, obzwar zu einem nicht geringen Teil Geschichte des märkischen Adels, dennoch keineswegs »eintönig das Lied nur einer Klasse« (NÜRNBERGER, FrF, S. 105) singen oder gar die Mark heimattümelnd glorifizieren, blickte er mehrfach kritisch auf die Zeit der Reaktion und Restauration zwischen 1815 und 1848 zurück. Obgleich er, seine Argumente vorsichtig gegeneinander abwägend, Parteinahme eher zu vermeiden suchte, wird seine kritische Einschätzung der nach Abbruch der Reformen herrschenden repressiven Verhältnisse dennoch erkennbar, zeigt er sich politisch ernüchtert. So etwa, wenn er dem Franzosen Victor Marquis de MIRABEAU beipflichtet, daß der Staat FRIEDRICHS DES GROSSEN bereits vor Jena und Auerstedt »eine vor der Reife faul gewordene Frucht« gewesen sei, »die beim ersten Sturm abfallen werde« (II.3.245). Deutlicher noch wurde Fontane, als er (1882) in seinem *Wanderungen*-Kapitel *Hoppenrade* von der »Halbheit, Zerfahrenheit und Verwirrung« der Zeit zwischen 1815 und 1848 sprach und Preußen als einen »Bovist« charakterisierte, darin »*alles* hohl und faul« gewesen sei. Ein bitteres Lächeln überkomme »*den*, der jene Tage noch mit durchkostet hat, wenn er von ihnen wie von einer hingeschwundenen ›guten alten Zeit‹ oder gar wie von einem ›verlorengegangenen Paradies‹ berichten hört« (II.3.228). Begünstigt durch das liberalere Klima der »Neuen Ära« war Fontane bereits 1861 auf die Opfer der sogenannten Demagogen-Verfolgungen in den zwanziger Jahren, ausgelöst durch die Karlsbader Beschlüsse, zu sprechen gekommen. Ebenso hatte ihn ein Besuch in Spandau, wo sich noch heute die geschichtsträchtige Zitadelle erhebt, an jene »Stille« und »Stagnation« erinnert, »die so leicht zum Brütewinkel alles Finstern und Unheimlichen werden«. Auch durch Köpenicks Schloß war nach 1815 »ein finstrer Geist« gegangen, als dort Hunderte sogenannter Demagogen hinter Gitterfenstern saßen, nachdem ein »Mangel an Mut« mit harten Urteilen über »waghalsige

Schwärmerei« und »mißgeleitete Begeisterung«, die sich aus den Forderungen des politischen Liberalismus gespeist hatten, zu Gericht gesessen hatte (II.2.551).

Wie sehr der einflußreiche Berner Staatsrechtler Karl Ludwig von HALLER, dessen sechsbändiges Werk *Die Restauration der Staatswissenschaften* (1816 ff.) dem Zeitalter seinen Namen gab, auch bemüht war, Autorität und Legitimität der fürstlichen Gewalt zu untermauern, das 19. Jahrhundert sollte dennoch das Jahrhundert der Revolutionen und der Revolutionsfurcht bleiben. 1830 schreckte die Julirevolution Europa aus seiner trügerischen Ruhe auf. Von Paris sprang der Funke nach Brüssel über, zur Flamme angefacht durch eine Aufführung von François AUBERS Oper *Die Stumme von Portici*. Der elfjährige Fontane fand es »unbeschreiblich schön, daß hier ein Lied eine politische Tat geweckt oder gezeitigt hatte« (III.4.110).

Auch das Zarenreich, das sich vor allen anderen Mächten als Hort der Restauration verstand, war damit beschäftigt, den revolutionären Funkenflug einzudämmen, der sogar bis nach Polen herübergeweht war und im Frühjahr 1831 vor der eigenen Haustür weite Teile des russisch dominierten Königreichs in Brand gesetzt hatte.

Um das Schicksal der tapferen Polen bangte auch der junge Fontane, der in Swinemünde eine glückliche Kindheit verbrachte. Hier, in dem kleinen fahnenbunten, regsamen Hafenort mit seinem Charme aus Weltoffenheit und Provinzialität, der erst 1720 an Preußen gefallen und noch nicht von dessen nüchterner Strenge geprägt war, erwachte sein historischer Sinn. Zudem begann er damals mit der Zeitungslektüre, die ihm eine neue, unendlich vielgestaltige und abenteuerliche Welt erschloß. Der Informationsgehalt der Gazetten, in deren Berichterstattung ihn insbesondere alles Kriegsgeschehen anzog, übertraf bei weitem den der grellbunten Kühnschen Bilderbogen, mit deren Hilfe er zuvor seine Neugier hatte stillen müssen. Was damals kaleidoskopartig an ihm vorüberzog und sich in der kindlichen Phantasie zu aufregenden Bildern formte, deren Ursachen und Zusammenhänge ihm freilich noch verborgen bleiben mußten, wirkte in ihm fort, um in verwandelter Form wiederzukehren.

1833 war Fontane nach Berlin gekommen, um zunächst in die Klödensche Gewerbeschule einzutreten, auf deren Stundentafeln nicht die traditionellen Humaniora standen, sondern naturwissenschaftlich-technische Realien und moderne Sprachen, und drei Jahre später seine Apothekerlehre zu beginnen. Die Hauptstadt des

Königreichs Preußen stand damals am Anfang einer stürmischen Entwicklung. Allein bis 1850 verdoppelte sich ihre Einwohnerzahl auf 400000. An der Spree versammelten sich »alle Elemente, welche sich dem preußischen Staate geltend machen und denselben zum Teil bewegen« (F. SASS zit. nach G. KORFF/R. RÜRUP, 1987, S. 126). Dazu gehörten nicht nur Hof, Militär und Beamtenschaft, auch das Bürgertum hatte durch die preußischen Reformen und seine Teilnahme an den Freiheitskriegen merklich an Selbstbewußtsein gewonnen. Zudem verlieh die 1810 gegründete Universität der Stadt kaum zu überschätzende geistige und wissenschaftliche Impulse. An der Alma mater im Prinz-Heinrich-Palais »Unter den Linden« mit ihrer modernen von Wilhelm von HUMBOLDT entwickelten Konzeption der Einheit von Forschung und Lehre gaben sich fortan Wissenschaftler von europäischem Rang ein Stelldichein.

Neben der »glänzendsten Perspektive«, wie man die Prachtstraße »Unter den Linden« gern nannte, die mit dem Forum Fridericianum ein städtebauliches Ensemble von hohem Rang aufwies, gab es freilich auch das Fontane wohlbekannte alte Berlin mit seinen zumeist bescheidenen Häusern, dunklen Höfen, Treppenaufgängen und Wasserbrunnen, daneben die Senkgruben und die ihm später so unerträglichen offenen Kanäle voll übelriechender Abwässer, insbesondere in der Hitze des Sommers, die die staubigen Straßen begleiteten und eine ständige Choleragefahr bedeuteten. Nahezu unwiderstehlich zogen ihn die Konditoreien und Caféhäuser an, in denen preußische und auswärtige Zeitungen auslagen. In diesen Lese-Cafés, den »Hauptquartieren der preußischen Intelligenz« (G. SICHELSCHMIDT, 1986, S. 46), ob bei Josty, Spargnapani oder Stehely, setzte er seine in Swinemünder Tagen begonnene Zeitungslektüre fort, die ihm längst zur »Passion« geworden war. Indessen bestanden diese Refugien mit ihrem Studenten-, Künstler- und Beamtenpublikum, die er »mit der Feierlichkeit eines Kirchengängers« (III.4.186) zu betreten pflegte, keineswegs nur aus stillen Lesezirkeln. Vielmehr bewirkte der Aufschwung des Pressewesens eine »Leserevolution« (T. NIPPERDEY, 1983, S. 587), die allmählich zur Herausbildung einer öffentlichen Meinung beitrug, die auf Dauer den Regierenden nicht gleichgültig bleiben konnte. Das galt für den polnischen Novemberaufstand ebenso wie für den aufsehenerregenden Verfassungsbruch im Königreich Hannover und den um 1840 erneut auflebenden französischen Wunsch nach der Rheingrenze, der in Deutschland heftige nationale Emotionen auslöste. Als Nachklang auf solche Ereignisse und unter dem Einfluß von LENAUs Polenlyrik steuerte von Leipzig aus auch der junge Fontane mehrere Polengedichte bei.

Anders als Preußen gehörte Sachsen seit 1831 zu den Verfassungsstaaten des Deutschen Bundes. Hier konnte eine politisch kritisch eingestellte Zeitschrift wie *Die Eisenbahn* erscheinen, die dem angehenden Apotheker Gelegenheit bot, seine Stimme unter den Chor derer zu mischen, die immer nachdrücklicher die Einheit und Freiheit aller Deutschen einforderten, aber auch die zunehmenden gesellschaftlichen Spannungen geißelten. Als geeignetes Medium hierfür erwies sich das politische Gedicht, das im Vormärz niemand wirkungsvoller als Georg HERWEGH zum literarischen Kampfinstrument seines Freiheitspathos zu machen wußte. Unter seinem Einfluß begann Fontane, der an der Pleiße bald Anschluß an einen »Herwegh-Klub« fand, nun selber Zeitungsartikel und Gelegenheitsgedichte politischen Inhalts zu verfassen, wobei sich seine Neigung zur Geschichte mit dem Interesse an der Politik verband. »So mancher, dem die Politik ein Greuel war«, sei durch HERWEGHs Lieder »plötzlich zum *Manne* geworden«, um von nun an »Gut und Blut« für die Freiheit einzusetzen. Gewiß, »es packte« auch ihn (N XIX.16). Allerdings ließ er es beim Einsatz seiner Schreibfeder bewenden. Hart ging er in seinen *Korrespondenzen* aus der '*Eisenbahn*' (1842) mit den politischen Zuständen in Preußen ins Gericht, wo es den Bewohnern offenbar gleich gelte, »ob das Vaterland wie Rußland oder Großbritannien regiert wird« (N XIX.7). Nicht minder prangerte er den »Mangel an politischer Bildung« im Königreich Sachsen an, denn es schmerzte ihn, die hier bereits geltende Verfassung nicht »in *dem* Maße gewürdigt zu sehen, wie sie es verdient« (N XIX.12). Vor allem aber mißfielen ihm jene »freiheitbrüllenden Toren«, die, wenn es zum Klappen kommt, fein säuberlich zu Hause bleiben« (N XIX.22), während es ihn zur Tat drängte, wenigstens im literarischen Pulverdampf. Und dies, obwohl ihm »die ganze *nationale* Poesie« – das »gewaltig kriegerisch« klingende »Beckersche Rheinlied« nicht ausgenommen – doch nur als »ein tönendes Erz und eine schallende Glocke« galt (N XIX.20). So forderte er die Deutschen in eigenen Versen auf, »für Polens Freiheit in die Schlacht zu gehn«, auf daß «dem Russenaar die beiden Köpfe« abgeschlagen würden (I.6.917). Nicht nur zog es ihn zu jener Stelle, wo der auf Seiten NAPOLEONs kämpfende polnische Marschall Józef PONIATOWSKI während der Leipziger Völkerschlacht im Hochwasser der Elster den Tod gefunden hatte. Ihm widmete er auch eine Ballade (*An der Elster*), genährt aus dem »Wissen um die tragische historische Konstellation für die nach dem Novemberaufstand unterlegenen Polen« (W. RIECK, 1996, S. 89). Noch mehr als ein halbes Jahrhundert später erinnerte er sich an die »blutigen Schlachten von Grochow und Ostrolenka« und bekannte: »Kein anderer Krieg, unsere eigenen nicht ausgeschlossen, hat von meiner Phantasie je wieder so Besitz genommen wie diese Polenkämpfe [...] Ein Jahr dauerte der polnische Insurrektionskrieg, während welcher Zeit ich mich zu einem kleinen Politiker herangelesen hatte.« (III.4.110f.)

In seiner Erzählung *Unterm Birnbaum* (1885) ließ Fontane den Reisenden von »Olszewski-Goldschmidt & Sohn« aus Krakau, Szulski, eine anschauungsgesättigte Schilderung der dramatischen Ereignisse in der Warschauer Dluga-Straße während des Aufstandes geben. Zugleich nutzte er das historische Ereignis, um ein Stück preußischer Wirklichkeit aus den Tagen von Revolution und Restauration kritisch zu beleuchten. In der dumpfen verräucherten Weinstube des Abel Hradschek schwadronieren die »Rittmeister und Lieutenants«, auf Manöver in das weltentlegene Oderbruch verschlagen, über Frankreich, die Revolution und Rußland. Da wird LOUIS PHILIPPE, Frankreichs neuer konstitutioneller Monarch, ohne zu zögern als »Waschlappen« und »halber Kretin« diffamiert, in Analogie zur sogenannten »polnischen Wirtschaft« verächtlich von der »neuen französischen Wirtschaft« gesprochen und das Bürgerkönigtum flugs als »Phrasendrescherei« abgetan (I.1.517). Auf welcher Seite diese Offiziere in der großen Auseinandersetzung des Jahrhunderts zwischen Volkssouveränität und monarchischem Prinzip stehen, welche Standesideologie und politische Gesinnung sie vertreten, bleibt nicht einen Augenblick zweifelhaft. Ihr Mann ist Zar NIKOLAUS I., ein Autokrat, den man nicht zu Unrecht den »Gendarm Europas« genannt hat.

Durch den Abschluß der Alvenslebenschen Konvention, die BISMARCK 1863 zwecks gemeinsamer Unterdrückung des soeben in Russisch-Polen ausgebrochenen Aufstandes mit Zar ALEXANDER II. abschließen ließ, kam Fontane – inzwischen Redakteur bei der *Kreuzzeitung* – erneut mit der Polenfrage in Berührung. Zwar hatte der Zar nach der Niederlage im Krimkrieg in seinem rückständigen Lande Reformen eingeleitet, zu denen die Aufhebung der Leibeigenschaft ebenso gehörte wie eine Hebung des Bildungswesens, Selbstverwaltung für die Gouvernements und eine Gerichtsreform, die den Richtern die notwendige Unabhängigkeit in ihrer Rechtsprechung einräumte. Dennoch blieb die innenpolitische Lage in dem Riesenreich weiterhin gespannt. Während England und Frankreich, ja sogar die alte Teilungsmacht Österreich in St. Petersburg zugunsten der Polen vorstellig wurden und die Zweite Kammer in Berlin die völlige Neutralität Preußens verlangte, entschied sich BISMARCK entgegen der vorherrschenden Stimmung daheim und in Europa für ein Zusammengehen der beiden konservativen Ostmächte. Zu Fontanes dienstlichen Obliegenheiten gehörte damals, dem heftig kritisierten Vorgehen BISMARCKS journalistisch Schützenhilfe zu leisten. Dabei zeigte er sich vor allem bemüht, der englischen Kritik entgegenzuwirken, die sich gern »human und liberal auf Kosten *anderer* Leute« gebärde. Während man seinerzeit an der Themse angesichts des indischen Aufstandes »gegen das ›von der Kanone-Wegblasen‹« der Sepoys »nicht das Geringste« einzuwenden gehabt habe, solle Rußland in Polen »stillhalten« (Unechte Korrespondenzen, S. 1083). Unangenehm berührt zeigte er sich, als die preußisch-russische Konvention in der *London Review* als ein »Gesetz zur Verfolgung flüchtig gewordener weißer Sklaven« bezeichnet wurde (ebd., S. 1084). Kaum zwei Jahre zuvor noch hatte er im Hinblick auf die der zweiten Teilung Polens gefolgte nationale Erhebung unter Tadeusz KOSCIUSZKO (1794), die von Preußen und Russen gemeinsam niedergeschlagen worden war, von der Unpopularität solchen Vorgehens gesprochen und dem »Mißkredit, in dem das Ganze stand« (II.1.104), ja die Teilung Polens als »eine Maßregel« bewertet, »der die Sympathien der Völker niemals zur Seite gestanden hatten«.

Zwar hatte er in seiner Rezension von *Soll und Haben* (1855) nicht nur Gustav FREYTAGS »Verherrlichung [...] insonderheit des *deutschen* Bürgertums« gutgeheißen, sondern auch die »Polenwirtschaft« als »durch sich selbst dem Untergang geweiht« (III.1.303) angesehen; später aber wollte er weder ein deutsches Superioritätsgefühl gelten lassen, noch billigte er die Germanisierungspolitik gegenüber den polnischen Bevölkerungsteilen im neuen Reich, die für ihn ganz selbstverständlich mit zu den Wurzeln des preußischen Staates gehörten. Wie auch sein Roman *Vor dem Sturm* zeigt, hegte er keine antipolnischen Ressentiments, vielmehr wies er in dessen Handlungsverlauf die schwierigen Bedingungen auf, mit denen sich polnische Patrioten angesichts der Löschung ihres Landes von der politischen Karte Europas konfrontiert sahen.

Ebenso wie im deutschen Bürgertum war allerdings auch Fontanes Polenbild Veränderungen unterworfen. Beeinflußt sowohl von poetischen und moralischen als auch von politischen Sichtweisen, verhielt er sich gegenüber den polnischen Freiheitskämpfern ambivalent und bekannte, obwohl er deren »Ritterlichkeit«

und »Opfermut« zu rühmen wußte (II.2.26), »nur mit geteiltem Herzen« auf ihrer Seite zu stehen, da sein Ordnungsgefühl »jederzeit ein gewisses Engagement zugunsten der geordneten Gewalten« (III.4.111), wozu auch die Zarenmacht gehörte, mit einschloß. Dann wieder erfüllte ihn mit Genugtuung, wenn, wie im Sepoy-Aufstand, »die getretene Schlange siegreich nach jener Stelle zischt, wo die überlegene aber rohe Kraft verwundbar geblieben ist« (IV.1.595). Allerdings: Hierin weit entfernt vom vormärzlichen solidarischen Befreiungsnationalismus, der auch das östliche Nachbarvolk seinerzeit mit einbezogen hatte (K. ZERNACK, 1991, S. 156), sah er in der Wiederherstellung eines unabhängigen polnischen Nationalstaates eine Bedrohung der territorialen Integrität des Königreichs Preußen. Nicht von ungefähr weigert sich Bauer Kunicke in Abel Hradscheks Weinstube, mit dem den National-Polen herauskehrenden Szulski anzustoßen und »die Polen leben« zu lassen. Er dachte »an Anno 13 [...] und trank auf die Russen« (I.1.481). Damals hatten die Polen in der Hoffnung auf eine Wiederherstellung ihres Staates an der Seite NAPOLEONS gekämpft. Zweifellos lagen Fontanes Polen-Sympathien weniger auf der politischen als vielmehr auf der menschlichen Ebene und dürften dem nahegekommen sein, was der so weltläufige Diplomat Graf Barby in *Der Stechlin* in dieser Frage für seine Person geltend macht, als er seine Vorliebe »für alle Polen« auf »Musikanten oder Dichter oder auch Wissenschaftsmenschen« begrenzt: »Als Politiker kann ich mich mit ihnen nicht befreunden. Aber vielleicht nur deshalb nicht, weil ich Deutscher und sogar Preuße bin.« (I.5.129) Dies um so mehr, als Fontane – nicht anders als BISMARCK – in pessimistischen Stunden den »Zusammenbruch der ganzen von 64 bis 70 aufgebauten Herrlichkeit« sehr wohl für möglich hielt, wodurch denn »ein Polenreich (was ich über kurz oder lang beinah für wahrscheinlich halte) [...] aufs neue« entstehen könnte (an A. von HEYDEN, 5. 8. 1893, IV.4.272).

Zur Themenpalette der vormärzlichen politischen Lyrik Fontanes gehörte auch der aufsehenerregende Verfassungsbruch des Welfenkönigs ERNST AUGUST. Nach Erlöschen der Personalunion mit England 1837 auf den hannoverschen Thron gelangt, hob er das ihm von Anfang an mißliebige Staatsgrundgesetz von 1833 – es verdankte sich dem Wetterleuchten von 1830 – kurzerhand auf. Den Gewissensprotest von sieben Professoren der hochangesehenen Landesuniversität in Göttingen – unter ihnen Jacob und Wilhelm GRIMM sowie Friedrich DAHLMANN und Georg GERVINUS –, die nicht »stillschweigend geschehen lassen wollten«, daß die Verfassung des Landes »ohne weitere Untersuchung und Verteidigung von seiten der Berechtigten allein auf dem Wege der Macht zugrunde gehe« (zit. nach R. von THADDEN, 1987, S. 38), beantwortete der Monarch kurzerhand mit ihrer Amtsenthebung und Ausweisung aus den Hannoverlanden. Seine Handlungsweise löste in ganz Deutschland einen nahezu einhelligen Proteststurm aus, in den der junge Apothekerlehrling Fontane, wiederum mit einiger Verzögerung, einstimmte. Seine um 1841 entstandenen Gedichte *An die Hannoveraner* und *An den König von Hannover* blieben allerdings zu Lebzeiten unveröffentlicht. Der junge Radikaldemokrat, dessen Wunschziel auf die Schaffung einer deutschen Republik – und sei es auch auf revolutionärem Wege – gerichtet war, las darin ERNST AUGUST die Leviten und rief das »herrlich Volk der männlichen Cherusker« (I.6.911) sogar zur Gewaltanwendung wider seinen Landesherrn auf.

Aufbruch ins Maschinenzeitalter

Die Gründung des Deutschen Zollvereins von 1834 erfolgte gerade rechtzeitig, um dem alsbald einsetzenden Eisenbahnbau in Deutschland die Wege zu ebnen, der eine Verkehrsrevolution ohne Beispiel auslöste und eine zukunftsträchtige industrielle Entwicklung hier überhaupt erst möglich machte. Wie man bei BORSIG in der Lokomotive den »feurigen Vorläufer der Freiheit und Einheit aller Länder« sah und ihr Pfeifen als »Signal zu [...] einer friedlichen Revolution aller sozialen und politischen Verhältnisse« (*Berliner Reform*, 1862, S. 233) verstand, so erkannte auch Fontane sehr bald die ungewöhnliche Bedeutung des neuen Verkehrsmittels und dessen völkerverbindenden Möglichkeiten. Von Anfang an nutzte er die Möglichkeiten des neuen Verkehrsmittels, wenn er sich auch erst an die neue »*Art* des Reisens« mit ihrer Veränderung des Zeit- und Raumempfindens gewöhnen mußte (an EMILIE FONTANE, 6. 4. 1852, IV.1.212). Die großen Bahnhöfe, darunter besonders »der Braunschweigische«, der wohl schönste klassizistische Bahnhofsbau in Deutschland, faszinierten ihn ebenso wie »die streng und eisern gezogene Linie der Realität« der Gleise, auf die er von der Höhe des Spandauer St. Nicolai-Kirchturms herabsah, während sich von zwei Seiten her »zischend, brausend, dampfend, dazwischen einen Funkenregen ausstreuend, [...] die langen Wagenreihen zweier Züge« näherten und aneinander vorbeiflogen: »Das ganze wie ein Blitz«. Wem käme hier nicht Adolf MENZELS bereits 1847 entstandenes Gemälde »Die Berlin-Potsdamer Bahn« als Ausdruck der künstlerischen Ästhetik des anbrechenden Eisenbahnzeitalters in den Sinn? Ebenso selbstverständlich wie das »Dampfroß« benutzte Fontane das Dampfschiff und, kaum war sie eröffnet, auch die Stadtbahn im Berliner Nahverkehr. Diese war für Personen von Stand anfangs durchaus gewöhnungsbedürftig. Während Gräfin Barby fasziniert »auf die lange Reihe der herankommenden Stadtbahnwaggons« blickt (I.5.110), empfindet die Domina von Kloster Wutz als »Horreur«, daß preußische Gardeoffiziere in der Berliner Pferdebahn »Platz machen, wenn eine Madamm aufsteigt, manchmal mit 'nem Korb und manchmal auch mit 'ner Spreewaldsamme« (I.5.99).

Fontane, in dessen letzten Lebensjahren bereits die ersten Autos fuhren, ja die Eroberung des Luftraums durch den Menschen – 1891 unternahm Otto von LILIENTHAL seinen ersten Flugversuch – begonnen hatte, stand insbesondere der Kommunikation mittels Telegraphie sehr aufgeschlossen gegenüber, für deren Förderer, Werner von SIEMENS, er besondere Wertschätzung hegte. Die neuartige Verbindungsmöglichkeit, die in kürzester Zeit Nachrichten um den Erdball schicken konnte, gehört ebenso zur zeitgeschichtlichen Grundierung seines literarischen Werkes wie der Aufschwung des Postwesens unter Heinrich von STEPHAN, dem Generalpostmeister des Reiches. Das Bewußtsein der historischen Gleichzeitigkeit von Ereignissen in verschiedenen Weltteilen mit ihren »merkwürdigen Verschiebungen in Zeit und Stunde«, die es ermöglichte, »den Kaiser von China« wissen zu lassen, »daß wir hier versammelt sind und seiner gedacht haben« (I.5.27), faszinierte Fontane und seinen Dubslav von Stechlin gleichermaßen.

In den Anfängen der industriellen Revolution gestalteten sich die Arbeits- und Lebensbedingungen oft außerordentlich hart. Massenarmut (Pauperismus) und gelegentliche Hungersnöte gehörten mit zum Erscheinungsbild dieser Zeit. Während seiner Schulzeit im vormärzlichen Berlin war auch Fontane infolge seiner Lebensumstände in ein Milieu geraten, das »zur Übergangs- und Grauzone zwischen den sozialen Sphären gehörte« (P. WRUCK, 1986, S. 291). Zwar fehlten noch, als er sich oft »halbe Wochen lang in und außerhalb der Stadt« herumtrieb (III.4.283f.), die beengten Massenquartiere grauer Arbeitervorstädte, doch gab es bereits berüchtigte Elendsgegenden in der Stadt, und Fontane kannte die Armut. Zum »sozialen Terrain«, auf dem sich seine Romanfiguren bewegen sollten, gehört sie jedoch allenfalls am Rande. Vorübergehend und ansatzweise beschäftigte er sich um 1841 mit sozialistischem und kommunistischem Gedankengut. Unter dem Einfluß des englischen Arbeiterdichters John PRINCE, aus dessen

Werk er Teile ins Deutsche übersetzte, stellte er soziale Gleichheit noch über politische und persönliche Freiheit, zumal letztere »oftmals kaum vor dem Hungertode« schütze (III.1.207). Wieweit er die Lektüre der Schrift Lorenz von STEINs über den *Sozialismus und Communismus des heutigen Frankreich* (1842), die er als »ebenso reichhaltige als interessante Quelle« bezeichnete, wirklich rezipierte, bleibt ungewiß (III.1.208).

Im *Tagebuch* seines ersten Englandaufenthalts übte Fontane harsche Kritik an den sozialen Mißständen daheim, sei es in Berlin, im Erzgebirge oder an der Mosel, und beklagte das Schicksal der schlesischen Weber, »die so entsetzlich hungern, daß sie – das Unerhörte in Deutschland – eine Revolution zu Stande bringen«. Während aber der Engländer »seine Klage verlautbaren« dürfe, müsse der Deutsche schweigen (III.3/II.783).

Erst nach der Jahrhundertmitte vermochte die fortscheitende Industrialisierung, begünstigt durch anhaltenden konjunkturellen Aufschwung, der auch das städtische Gewerbe neu belebte, allmählich ein ausreichendes Arbeitsplatzangebot für die vielen unter- bzw. unbeschäftigten Menschen bereitzustellen und dadurch das Pauperismusproblem in dem noch bis weit über 1850 hinaus agrarisch geprägten Land zu entschärfen.

Deutlichere Konturen im Hinblick auf eine eigenständige Arbeiterbewegung »gleichsam als politisch beseelte Körperschaften«, die sich den übrigen Bürgern »und den Staatsmännern bemerklich machen« wollten (M. QUARCK, 1924, S. 349), zeigte erst der im Revolutionsjahr 1848 in Berlin abgehaltene »Deutsche Arbeiter-Kongreß«. Es war dasselbe Jahr, in dem Karl MARX in London mit dem *Kommunistischen Manifest* sein politisches Programm veröffentlichte. Kaum eine Schrift dürfte auf die Arbeiterbewegung größeren Einfluß gewonnen haben als dieses Manifest, das den Verlauf der Geschichte unter das Gesetz des Klassenkampfes zwischen Besitzenden und Besitzlosen stellte und dem Proletariat für die Zukunft eine klassenlose Gesellschaft verhieß fern aller Ausbeutung durch die Bourgeoisie.

Was Fontane betraf, so hatten ihn tiefer als dessen soziale Probleme Geschichte und Tradition des Inselreichs berührt und ihn gleichsam vordisponiert, um auf Bernhard von LEPELs Empfehlung noch 1844 in den »Tunnel« einzutreten, eine »sich selbst als unpolitisch verstehende Dichtergesellschaft aus Journalisten und Schriftstellern […] Beamten und Offizieren« (NÜRNBERGER, 1993, S. 38), die ihrer sozialen Zusammensetzung und überwiegend konservativ-royalistischen Einstellung nach sich durchaus kontrapunktisch zu Fontanes damaligem politischen Credo verhielt. Der allerdings bemerkte rasch, daß sich aus der märkisch-preußischen Geschichte selbst für einen Mann seiner politischen Denkungsweise – zumindest literarisch – durchaus etwas machen ließ, ohne deswegen seinen Gegenstand kritiklos zu verherrlichen, wie seine stofflich der Geschichte entlehnten »Preußenlieder« zeigen. Dabei knüpfte Fontane an das vormärzliche Friedrichbild des liberalen Bürgertums an, das in dem Preußenkönig einen Protagonisten für Freiheit und Gerechtigkeit sah und dessen Autorität nutzte, um für ein anderes Preußen als das der Restauration zu werben. Hinzu kam, daß sich nahezu alles, was mit dem »Alten Fritz« zusammenhing, nach wie vor großer Volkstümlichkeit erfreute.

Der Regierungsantritt FRIEDRICH WILHELMS IV. gab – wenigstens in Preußen – den Hoffnungen des liberalen Bürgertums auf Veränderung der politischen Verhältnisse vorübergehend neuen Auftrieb. Zu denen, die darauf setzten, weil »es *politisch* nicht so weiter ging« (III.4.185), gehörte der junge Fontane, der den Thronwechsel als »Anbrechen einer neuen Zeit« (III.4.185) begrüßte. Noch ein halbes Jahrhundert später ließ er keinen Zweifel daran, wie sehr damals »alles, mit verschwindenden Ausnahmen, […] angefleckt und angekränkelt« gewesen sei (III.4.188). Daß die »Stürme von 89 und 13 […] nicht umsonst geweht« (III.4.185) hatten, wurde jedoch erst acht Jahre später offenbar. Ins Herrscheramt gelangt, blieb der neue König nicht nur seinen konservativ-pietistischen Neigungen treu, sondern wollte auch nicht zulassen, »daß sich zwischen Unserem Herr Gott im Himmel und diesem Lande ein beschriebenes Blatt […] eindrängte, um uns mit seinen Paragraphen zu regieren und durch sie die alte heilige Treue zu ersetzen« (zit. nach M. GÖRTEMAKER, 1989, S. 97). Zwar zeigte sich Fontane gewiß, daß der König über kurz oder lang »eine Constitution *geben*« werde, die schon »fix und fertig in seinem Pult« läge, aber nur, um sodann »mit Volkserlaubnis – *pumpen und besteuern*« zu können (an LEPEL, 27. 7. 1846, IV.1.22). Tatsächlich berief FRIEDRICH WILHELM IV. wenige Monate später (1847) einen »Vereinigten Landtag«, der nicht viel mehr als eine verfassungspolitische Halbheit (G. HEINRICH) war, geeignet, wie die Politik des Königs zumeist, vor allem Mißverständnisse zu bewirken.

1.2.3 Von der Revolution zur Reichsgründung

Auch 1848 ging »das revolutionäre Wetter« einmal mehr von Frankreich aus, wo wachsende wirtschaftliche und politische Unzufriedenheit im Februar den König seinen Thron gekostet hatte. Es fand überall »reichlichen Zündstoff«. »Auch bei uns«, wie Fontane resümierte, denn »die Zusagen von 1815 waren unerfüllt geblieben« (II.1.248). Außer auf die Flügelmächte England und Rußland griffen die Unruhen auf fast ganz Europa über und erwiesen sich als ein politischer und gesellschaftlicher Vorgang von weitaus größerer Tragweite als 1830.

Revolution und Gegenrevolution in Preußen

Anders als in Paris und Wien, in Budapest und Prag schienen die Märztage von 1848 in Berlin vergleichsweise ruhig verlaufen zu wollen. Zwar kam es auch hier zu Volksversammlungen, auf denen politische Reden gehalten und die Forderungen nach Einberufung eines gesamtdeutschen Parlaments, nach Presse- und Versammlungsfreiheit, Volksbewaffnung, gerechter Besteuerung und Sicherung der individuellen Freiheiten und staatsbürgerlichen Rechte erhoben wurden. Dann aber ließen die Ereignisse auf dem Schloßplatz (18. 3.), wo sich – ohne Schaden anzurichten – zwei Schüsse aus den Gewehren von Soldaten gelöst hatten, einen Aufruhr entstehen, der zu Barrikadenbau und Straßenkämpfen führte. Sehr bald ließ der entsetzte König den Kampf abbrechen und das Militär aus der Stadt abrücken. Nicht nur ehrte er am folgenden Tage die 97 im Schloßhof aufgebahrten Märzgefallenen. Bei einem Umritt durch Berlin, dessen Augenzeugen LOUIS HENRI und Theodor FONTANE wurden, verkündete er, angetan mit einer schwarz-rot-goldenen Schärpe: »Preußen geht fortan in Deutschland auf«. Der Einsetzung eines liberalen Ministeriums unter Ludolf CAMPHAUSEN folgten am 1. 5. die Wahlen zu einer verfassunggebenden Nationalversammlung in Preußen.

Als am 18. 3. auch in Berlin »die junge Freiheit geboren« wurde, zeigte sich, so Fontane, daß die 24 Millionen Preußen »keine misera plebs mehr« waren, »sondern freie Menschen – wenigstens innerlich« (III.4.488). Überzeugter Republikaner, der er damals war, stand er auf seiten des Volkes hinter der Barrikade. Ob er mit zu denen gehörte, die am Alexanderplatz »zuguterletzt die Sache durchfochten« (III.4.489), bleibt ungewiß. Sicher hingegen ist, daß *seine* Waffe bald die Feder wurde. Immerhin war er von den »kleinen Leuten« in der Berliner Königsstadt zwar nicht als Wahlmann für das preußische Abgeordnetenhaus, wie er später glauben machen wollte, aufgestellt worden, sondern für die deutsche Nationalversammlung in Frankfurt (H. FISCHER, 1998). Aus dieser Perspektive wird verständlich, warum er in seinem ersten Zeitungsaufsatz *Preußens Zukunft* keine Bedenken trug, den Hohenzollernstaat einer gesamtdeutschen Republik opfern zu wollen. Knapp fünfzig Jahre später war er in seinen autobiographischen Aufzeichnungen über die Märzrevolution hingegen bemüht, seine persönliche Beteiligung daran ironisch-humorvoll zu verharmlosen, ja zu verschleiern. Manches, was er darüber niederschrieb, erwies sich bei näherer Prüfung geradezu »als irreführend« (NÜRNBERGER, 1997, S. 120). Dabei ging es ihm nicht zuletzt darum, seine 1850 beginnende Mitarbeit bei der regierungsamtlichen Presse einigermaßen verständlich in das Gesamtbild seiner Biographie einzupassen. So verschwieg er seine Kandidatur als Wahlmann zum Frankfurter Parlament ebenso wie seine radikaldemokratisch orientierten Beiträge für die *Berliner-Zeitungs-Halle* und die *Dresdner Zeitung*.

Etwa zur gleichen Zeit wie Fontane ging auch BISMARCK daran, mit der Abfassung von *Gedanken und Erinnerungen* seinem Nachruhm die gewünschte Richtung zu geben. Lothar BUCHER, der ihm half, seine Diktate »mit den Akten und Fakten halbwegs in Einklang zu bringen« (T. SCHWARZMÜLLER, 1998, S. 136), wußte beredt darüber zu klagen, daß der Altreichskanzler »bei nichts, was mißlungen ist [...], beteiligt gewesen« sein wollte. Soweit ging Fontane nicht, wenn man etwa an sein 1894 entstandenes, zu Lebzeiten allerdings unveröffentlicht gebliebenes Fragment *Die preußische Idee* denkt, das auf seine Skepsis gegenüber Parteien und so manchen politischen Richtungswechsel in seiner eigenen Biographie anspielt.

Schon in seinem Beitrag *Die Teilung Preußens* (Oktober 1848), worin er eine Erneuerung der deutschen Kaiserwürde unter den Hohenzollern ablehnte, wofern sie sich nur »auf Kosten des alten Preußentums« verwirklichen ließe, klang ein Ton an, der für gewöhnlich nicht zur Gedankenwelt der Revolutionäre gehört haben dürfte und Fontanes »historisch-ästhetische Bindung an das alte Preußen« (NÜRNBERGER, FrF, S. 139) erneut in Erinnerung ruft.

Die Revolution war bereits im Abklingen, als er im Spätsommer 1849 Artikel für die *Dresdner Zeitung* zu schreiben begann. Darin richtete er scharfe Angriffe gegen »diese Stahls, diese Bismarcks und Gerlachs« (III.1.38), die ihm unter den adligen Standesvertretern der Zweiten Kammer als die eigentlichen »Revolutionsmänner« galten, weil sie durch ihr unbeirrbares Festhalten an den ungeschmälerten königlichen Prärogativen immer neue Revolutionen vorbereiten würden. Einmal antwortete er in einem Zeitungsbeitrag sogar unmittelbar auf »Herrn v. Bismarck-Schönhausen, den stets schlagfertigen Kämpen und Witzemacher der äußersten Rechten« (III.1.44). Dieser hatte hinsichtlich der Zulässigkeit der Zivilehe, die er später als Reichskanzler selber einführen sollte, zu Protokoll gegeben, »das Narrenschiff der Zeit« werde am christlichen Bewußtsein des Volkes wie an einem Felsen zu Grunde gehen. Fontane münzte die Äußerung in die Drohung um, das »Narrenschiff der Reaktion« werde »an dem beleidigten Rechtsgefühle des Volkes scheitern« (III.1.23).

Wohl niemals waren sie politisch und weltanschaulich weiter voneinander entfernt, der Radikaldemokrat aus der Grafschaft Ruppin und der Junker aus der Altmark, der gegen die »geheimen Orgien der Demokratie« zu Felde zog. Und doch: Preußen waren am Ende beide. Auf Preußen, genauer gesagt, auf das ältere Preußen, hielt, wie schon in seinen *Preußenliedern*, auch der Jungrevolutionär und »rote Republikaner« aus der Apotheke »Zum Schwarzen Adler« in der Berliner Neuen Königstraße noch immer einiges. Mit seinem Beitrag *Preußen – ein Militär- oder Polizeistaat?*, den das Blatt wegen allzu pro-preußischer Gesinnung des Autors ablehnte, rückte er wieder näher an den gegenwärtigen Hohenzollernstaat heran. »Ich bin nun mal Preuße und freue mich es zu sein. [...] Unseren par force Demokraten zu Gefallen aber mein Vaterland zu schmähen und zu verkleinern« (IV.1.100), dazu mochte er sich nicht verstehen. Orientiert an der in England erfahrenen Macht des Gesetzes und der Freiheit des Individuums, lehnte er zwar jede Polizeiwillkür gegenüber den Anhängern der Revolution entschieden ab, verteidigte aber zugleich den preußischen Rechtsstaat. Daran war in Dresden freilich niemand interessiert. Während dessen arbeitete die Zeit gegen das deutsche Nationalparlament, das, so Carl Schurz, vergaß, »daß in gewaltsam bewegter Zeit die Weltgeschichte nicht auf den Denker wartet« (Schurz, 1958, S. 86). Immerhin konnte endlich am 28. 3. 1849 die deutsche Verfassung verabschiedet werden.

Inzwischen hatte sich der Wind mehr und mehr gedreht. Beunruhigt über die soziale Radikalisierung der Revolution in Frankreich durch den Aufstand der Pariser Arbeiterschaft und dessen blutige Niederschlagung im Juni 1848, begann das deutsche Bürgertum, das eine ähnliche Entwicklung im eigenen Lande befürchtete, sich nun stärker nach links abzugrenzen und vorsichtig den alten Autoritäten wieder anzunähern, um sich am Ende erneut mit ihnen zu arrangieren. Spätere Historiker haben darin erste Ansätze zu einer Symbiose zwischen dynastischer Gewalt und bürgerlich-liberalem Gedankengut gesehen, »die zum Ferment der Einigungsbewegung ›von oben‹ werden sollte« (M. SALEWSKI, 1991, S. 49).

Allmählich war es den Kräften der Gegenrevolution überall gelungen, wieder an Boden zu gewinnen. Auch in Berlin hatte sich eine konservative Gegenbewegung formiert. Während die preußische Nationalversammlung noch die Schaffung eines Volksheeres und das allgemeine und gleiche Wahlrecht für die Zweite Kammer forderte, den Titel eines Königs »von Gottes Gnaden« zu streichen und sogar den Adel abzuschaffen gedachte, verschaffte sich FRIEDRICH WILHELM IV. wieder Handlungsspielraum. Schon im September 1848 berief er mit Ernst von PFUEL einen hochrangigen Militär zum Chef einer Übergangsregierung, während General WRANGEL seine Soldaten als »Stütze der guten Bürger« empfahl.

Fontane versetzten diese Vorgänge in höchste Unruhe. »Der Wrangelsche Armeebefehl und das Ministerium ›Pfuel, Eichmann, Bonin‹ erklären geradezu die Contre-Revolution und fordern zum Kampf heraus« (an LEPEL, 21. 9. 1848, IV.1.42), schrieb er an LEPEL, um gleichzeitig anzufragen, ob er »nicht auf der väterlichen Rumpelkammer eine alte aber gute Büchse« habe. Hätte er nur Zeit und Geld, so wollte Fontane »ein Wühler comme il faut« sein, »um im ersten Augenblick die Mine springen lassen zu können« (ebd.).

Kaum zwei Jahre später – inzwischen hatte er im Lager der Regierungspresse ein Unterkommen gefunden –, sollte er sogar – »Vorwärts, drauf und frisch heran!« – in einem Gelegenheitsgedicht den alten Haudegen WRANGEL feiern, nachdem dieser an der Spitze seiner Soldaten in Berlin eingerückt war, um dort »des Unkrauts Saat [...] mit starken Händen« zu mähen. Als WRANGEL im November 1848 über Berlin den Ausnahmezustand verhängte und die preußische Nationalversammlung staatsstreichartig nach Brandenburg verjagte, empörte sich Fontane noch einmal über »das widerliche Reactions-Gesicht«, das sich so frech und unverhohlen gezeigt habe, daß sich der »ganze alte Schandstaat« gleichsam »über einem Pulverfaß« befinde (an LEPEL, 17. 11. 1848, IV.1.50). Das explodierte selbst dann nicht, als FRIEDRICH WILHELM IV. die ihm von der Frankfurter Nationalversammlung angebotene Kaiserkrone als »Reif aus Dreck und Letten«, behaftet mit dem »Ludergeruch der Revolution«, brüsk zurückwies. Fontane, der sich, noch im stillen Bethanien, den »Fortschrittsmännern« zugehörig fühlte, war tief bestürzt. Man werde nun »um die Guillotine nicht drum rumkommen«, ließ er Lepel wissen, wobei die »Pöbelherrschaft« notgedrungen die Brücke sein werde, »über die wir fort müssen« (7. 4. 1849, IV.1.65).

Mit der vom König oktroyierten Verfassung, die mit ihren Grund- und Freiheitsrechten in wichtigen Teilen den Wünschen des liberalen Bürgertums entsprach und aus Preußen eine konstitutionelle Monarchie machte, mußte sich endlich auch Fontane arrangieren, selbst wenn dabei von dem erhofften »demokratische[n] Constitutionalismus, der nichts anderes als eine Republik mit erblichem Präsidenten wäre« (an Lepel, 12. 10. 1848, IV.1.47), keine Rede sein konnte. Noch im hohen Alter (1897) nannte er es mißlich, wenn Freiheitsdinge mit etwas Oktroyiertem anfingen. Nicht von ungefähr blieb sein *Karl Stuart*-Drama, das am Beispiel Karl I. von England die aktuelle Auseinandersetzung zwischen Volkssouveränität und monarchischem Prinzip zum Gegenstand haben sollte, unvollendet.

Weder Fontane noch Bismarck waren mit dem Ausgang der Revolution zufrieden: Bismarck, weil er »den Rücken gegen den Mist und die Front gegen den Feind« (L. Gall, 1980, S. 36) nicht hatte verhindern können, daß Preußen als Ergebnis des historischen Kompromisses zwischen Krone und bürgerlichem Liberalismus zu einer konstitutionellen Monarchie, wenn auch mit Dreiklassenwahlrecht, geworden war; Fontane, weil er die eigentlichen Ziele der Revolution nicht erreicht sah und ihm die preußische Verfassung lediglich als »Scheinkonstitutionalismus« galt. Dennoch zeichnete sich bei ihm allmählich ein politischer Richtungswechsel ab, der die für den späteren Autor so charakteristische »Ambivalenz« des Urteils in Umrissen schon habe sichtbar werden lassen (Nürnberger, 1997, S. 128).

Zwar kehrten die alten Gewalten überall zurück, bemüht, einen längst obsolet gewordenen politischen und gesellschaftlichen Zustand so weit wie möglich wieder herzustellen. Dennoch gehörte die Revolution von 1848 fortan zur unverlierbaren Erfahrung der Deutschen. Auch wenn sie sich nicht auf Volkssouveränität gründeten, mit den Verfassungen, die es nun – ausgenommen Mecklenburg – in allen deutschen Staaten gab, hatten die alten Mächte dem liberalen Bürgertum politische Zugeständnisse machen müssen, die sich nicht mehr zurücknehmen ließen. Nicht, ob sich Freiheit und Einheit überhaupt würden verwirklichen lassen, war fortan die Frage, sondern wann, auf welchem Wege und durch wen dies geschehen würde.

So sah es auch Fontane und verwarf alle Pläne, nach Amerika auszuwandern. Er hatte »am Vaterland noch immer nicht verzweifeln gelernt«. Was auch die Zukunft bringen mochte, »Reform oder Revolution – der Gedanke der Freiheit, einmal in die Welt geschleudert«, sei nicht mehr auszurotten. »Ob rasch oder langsam – *wir schreiten* fort«, denn es gebe »Welt-Errungenschaften«, die sich nicht mehr in Frage stellen ließen (an Unbekannt, Ende November 1849, IV.1.99).

Was man der Revolution nicht hatte gestatten wollen, nämlich Deutschland »von unten« her zu einen, das versuchte man in Berlin nun »von oben« mittels einer Unionspolitik, die im Einvernehmen mit den deutschen Fürsten den kleindeutschen Bundesstaat unter preußischer Führung doch noch aus der Taufe heben sollte. Die Liberalen waren mit von der Partie, als – diesmal in Erfurt – abermals eine deutsche Verfassung ausgearbeitet werden sollte. Fontane hatte für den Wassergehalt der »Parlamentsreden« aus der »Erfurter Quelle«, wo man sich anschickte, »nach alten unbrauchbar gewordenen Rezepten den Heiltrank unserer Zeit brauen zu wollen« (III.1.68), nur Spott übrig. Erneut, und diesmal zum Nachteil der preußischen Bestrebungen, zeigte sich die europäische Dimension der deutschen Frage. Österreich nahm die Herausforderung an, die noch verschärft wurde durch Differenzen der beiden deutschen Führungsmächte über Entwicklungen in Kurhessen und Schleswig-Holstein. Zu militärischen Auseinandersetzungen kam es nur deswegen nicht, weil Rußland entschieden auf die Seite Österreichs trat und Preußen in die Solidarität der drei konservativen schwarzen Adler zurückzwang.

Als aufmerksamem Beobachter der politischen Szene kam das Scheitern der Union Fontane nicht unerwartet. Preußens schwere Demütigung in der Olmützer Punktation brachte er auf die knappe Formel: »Vivat Österreich und der alte Bund! *Pereat* Erfurt und Kleindeutschland.« Er zeigte sich um so enttäuschter, als Österreich durch den polizeistaatlichen Neoabsolutismus seines Ministerpräsidenten Felix Fürst zu Schwarzenberg »weiter hinter der europäischen Entwicklung westlich von Rußland zurückfiel als zu irgendeiner Zeit nach 1815« (R. A. Kann, 1977, S. 243). Anders verhielt sich Bismarck, der das Ende der Unionspläne begrüßte und auf den staatlichen Egoismus der Hohenzollernmonarchie setzte, dessen kriegerisches Element zu erwähnen er nicht vergaß. Seine eigentliche Antwort auf Olmütz erfolgte 1866 bei Königgrätz, dann freilich unter gewandelten Bedingungen.

Englisches Zwischenspiel

Noch bevor sich Erfurt wieder in eine stille Landstadt verwandelte, hatte sich der gescheiterte Revolutionär und Patriot Fontane, der Preußen trotz allem »nicht in den Dreck treten« wollte, der Not gehorchend, »der Reaktion für monatlich 30 Silberlinge verkauft« (an LEPEL, 30. 10. 1851, IV.1.194). Das fiel ihm um so schwerer, als die Zielrichtung der regierungstreuen Meinungspresse, bei der er hatte unterschlüpfen können, in schroffem Gegensatz zur Überzeugung des ehemaligen Achtundvierzigers stand, der sich nun ganz neuen Realitäten stellen mußte. In den nächsten Jahren wurde aus dem enttäuschten »rothen Republikaner« ein loyaler Mitarbeiter im regierungsamtlichen »Literarischen Kabinett«, wenn auch gewiß kein »Reactionär vom reinsten Wasser« (an LEPEL, 8. 4. 1850, IV.1.113). Während dieser Zeit gesellten sich zu seinem ersten, nur sehr kurzen Englandaufenthalt zwei weitere. Schon seine erste Begegnung mit London (1844), der Welthauptstadt des 19. Jahrhunderts, hatte ihm die Andersartigkeit jenes in so vielem fortgeschritteneren englischen Gemeinwesens, »wo der König eine Puppe und nicht Geburts- sondern Seelenadel an seiner Statt der Herrscher« war (III.3/II.784), vor Augen geführt. Gemessen daran, war ihm das vormärzliche Preußen in seiner politischen Enge und Unbeweglichkeit geradezu als ein »Ägypten knechtischer Bevormundung« erschienen (III.2/II.782). Als er 1852, diesmal für ein halbes Jahr, an die Themse kam, zeigte er sich in seiner Wahrnehmung des Inselreichs kritischer. Er beanstandete das allenthalben herrschende Gewinnstreben, das er nicht zuletzt dem Puritanismus anlastete. »Sie sagen ›Christus‹ und meinen Kattun«, sollte es später im *Stechlin* heißen.

Fontanes dritter Englandaufenthalt war bedingt durch den Versuch des Zarenreichs, mittels militärischen Drucks auf die Türkei die Herrschaft über die Ausgänge des Schwarzen Meeres und die unter türkischer Oberhoheit stehenden Donaufürstentümer zu gewinnen. In dem darüber ausbrechenden Krieg schlugen sich England und Frankreich, an dessen Spitze seit 1852 NAPOLEON III. als Kaiser der Franzosen stand, auf die Seite des geschwächten Osmanischen Reiches, an dessen Fortbestehen sie angesichts der russischen Expansionsbestrebungen interessiert waren.

Wenn der Krimkrieg nicht in einen großen europäischen Krieg einmündete, so deswegen, weil sowohl Österreich als auch Preußen dabei nicht mittaten. Die preußisch-russischen Beziehungen erwiesen sich als tragfähig genug, um die Hohenzollernmonarchie von einem Kriegseintritt fernzuhalten, was ganz und gar im Sinne des preußischen Bundestagsgesandten von BISMARCK war, der es ablehnte, daß Österreich »hinter seinem kranken Staatswesen die preußischen Taler und deutschen Bajonette rasseln« lassen wollte (zit. nach *Dt. Historisches Museum*, 1990, S. 223). Wien hingegen hatte anfangs versucht, für seine Balkaninteressen den Deutschen Bund gegen Rußland zu mobilisieren, ohne der militärischen Hilfe des Zaren gegen die aufständischen Ungarn 1848/49 eingedenk zu sein. Fontane schätzte die Folgen solcher Verhaltensweise absolut zutreffend ein, wenn er von der »Undanksneutralität« sprach, mit der die Donaumonarchie damals ein für allemal die Freundschaft Rußlands verspielte und die das Zarenreich »eine Flotte und seine europäische Suprematie kostete« (III.5.366). Am Ende war nicht nur die Solidarität der europäischen Großmächte zerbrochen, sondern auch die Heilige Allianz der drei schwarzen Adler. Immerhin bescherte die infolge des englisch-russischen Gegensatzes veränderte politische Großwetterlage in Europa Preußen – zumindest für die nächsten Jahre – einen deutlich erweiterten außenpolitischen Spielraum, den BISMARCK geschickt zu nutzen wußte.

Als Fontane, dessen Auftrag es damals war, die englische Presse, wenn schon nicht für Preußens Neutralität im Krimkrieg zu gewinnen, so doch wenigstens in ihren heftigen Angriffe auf die Hohenzollernmonarchie zu mäßigen, in London eintraf, feierte man dort soeben den Fall der Festung Sewastopol, der Rußlands Niederlage besiegelte. Für seine Arbeit organisatorisch und materiell unzureichend ausgestattet und mit kompetenten Konkurrenten wie Lothar BUCHER konfrontiert, hatte Fontane, dessen Metier die Tagespolitik nicht war, mit beträchtlichen Schwierigkeiten zu kämpfen. Daher zeigte er sich mehr als erleichtert, als nach dem Ende des Krimkrieges die *Deutsch-englische Korrespondenz* eingestellt wurde und er trotzdem als politischer Korrespondent »im Interesse des preußischen Gouvernements« mit der Auflage, den »Weisungen der Königlich preußischen Gesandtschaft Folge zu leisten«, in London bleiben durfte (NÜRNBERGER, FrF, S. 219).

Statt mit dem Krimkrieg befaßte sich Fontane, der für seine Zeitungstätigkeit den »Poeten« hatte aus- und den »Zeitungsmenschen« anziehen müssen (an EMILIE FONTANE, 18. 3. 1857, IV.1.568), mit dem Konflikt um Neuenburg. Obwohl nicht mehr als eine Fußnote der Geschichte, beschäftigte er gleichwohl die internationale Politik. Infolge einer Erbschaft seit 1707 der Hoheit der preußischen Krone unterstellt, hatte sich das fern im Alpenraum gelegene Zwergterritorium – von Berlin nicht anerkannt –

im achtundvierziger Revolutionsjahr zur Republik erklärt. Die Situation verschärfte sich, als im September 1856 königstreue Neuenburger durch einen Putsch versuchten, die Rechte der preußischen Krone wiederherzustellen. In einem Beitrag aus London für die *Kreuzzeitung* beklagte Fontane die antipreußische Haltung der englischen Presse in der Neuenburger Angelegenheit. Der angesehenen *Times* warf er vor, den eigentlichen Rechtsstandpunkt gänzlich zu vernachlässigen, indem sich ihre Argumentation auf die schlichte Formel reduziere: »Die Frage, ob der Kanton preußisch werden (oder bleiben) soll, beantwortet sich einfach so: ›Natur und Geographie sagen: nein; Stolz und *Pedanterie* sagen: ja‹.« (III.1.785) Ihm selber erschien der Nutzen des fernen Schweizer Ländchens für Preußen mehr als zweifelhaft. Privat sprach er verächtlich von einem »Nasenpopel« (an EMILIE, 8. 1. 1857, IV.1.557), dem seine Knochen zum Opfer zu bringen das Volk keine Neigung verspüren dürfte. Man sollte »den Quark von Kanton« (ebd., S. 556) der Schweiz lassen und froh sein, daß man ihn los wäre. Im Dienste der Regierungspresse stehend, durfte er das freilich um so weniger äußern, als FRIEDRICH WILHELM IV. für das kleine Fürstentum besondere Sympathie hegte. Der letztlich unvermeidbare Verzicht des Preußenkönigs auf seine Erbschaft im Mai 1857 machte dem Streit um Neuenburg ein Ende.

Ob seit 1858 als Korrespondent für die preußische Gesandtschaft oder, weniger weisungsgebunden, als Presseagent für verschiedene Blätter daheim, Fontane schrieb aus England über eine Vielzahl unterschiedlicher Themen. Mit beträchtlichem Engagement verfolgte er den Sepoy-Aufstand von 1857 gegen die sich ausdehnende britische Herrschaft auf dem indischen Subkontinent. Die gewaltsame »englische Kattun-Mission [...] mit etwas spackem Christentum und Unzucht und Opiumkiste«, zu der das Inselreich etwa zeitgleich gegen das schwache und rückständige China aufgebrochen war, erschien ihm dabei gleichbedeutend mit den »Taten des Schweinetreibers und Quartanerhelden Pizarro« (an H. von MERCKEL, 20. 9. 1857, IV.1.595).

Dessen ungeachtet faszinierten ihn Reformbereitschaft und Reformfähigkeit des Inselreiches, die seit der »Glorious Revolution« (1688) immer wieder dafür gesorgt hatten, in England radikale Umbrüche gar nicht erst entstehen zu lassen. Dadurch konnte sich herausbilden, was man in Unterschied zur kontinentalen Staatskultur die englische Zivilkultur nennt (K. ROHE, 1985, S. 186). Sie schuf sich eine Gesellschaft, die, anders als MARX und ENGELS vorausgesagt hatten, politischer und sozialer Revolutionen gar nicht bedurfte, indem es ihr gelang, »auf dem Wege der demokratischen Reform ethisch-politische Ziele zu erreichen, die auf dem Wege der Revolution, der Gewalt, des Fanatismus und der Diktatur nicht erreicht werden konnten« (K. POPPER, 1987, S. 160). Noch sein letztes Werk, den *Stechlin*, sollte Fontane unter die Thematik von Alt und Neu, vom Wandel in der Kontinuität stellen.

Indessen war – was Fontane sehr genau wußte – auch England keine Insel der Seligen, die frei gewesen wäre von Konflikten. Da gab es 1819 das Massaker von Peterloo, als das Militär eine Massendemonstration zur Erweiterung des Wahlrechts gewaltsam auflöste. Ebenso führte der Aufmarsch der Chartisten 1839 in Wales zu blutigen Zusammenstößen mit der Staatsgewalt, die aus Furcht vor revolutionären Weiterungen mit großer Härte reagierte. So gesehen muß etwa die whigistisch beeinflußte Darstellung des von Fontane hochgeschätzten Historikers Thomas Babington MACAULAY, der Englands Geschichte wirkungsvoll als ununterbrochene ›success story‹ zu präsentieren wußte (B. WEISBROD, 1990, S. 249) und dessen Weg zur Freiheit »als welthistorische Zivilisationsmission« propagierte, mit einiger Zurückhaltung aufgenommen werden. Dennoch unterschied sich die Entwicklung Englands mit ihren »graduellen Korrekturen« wie die Wahlrechtsreform von 1832 und der ›Reform Act‹ von 1867 durchaus von der Kontinentaleuropas. Sie bewies erneut die Anpassungsfähigkeit der führenden Schichten, deren Grenzen, anders als in Deutschland, auch nach unten »weniger markiert und relativ offen« waren (H.-C. SCHRÖDER, 1994, S. 31).

Zeitenwende – die »Neue Ära«

Was sich 1859, von Camillo CAVOUR geschickt gelenkt, in Italien als Einigungsbewegung von oben präludierend vollzog, war geeignet, auch dem deutschen Einigungsgedanken, vor allem in Preußen, neuen Auftrieb zu verleihen. Hier hatte mit der »Neuen Ära« (1858) »ein vollständiger Systemwechsel« (I.2.583) eingesetzt, indem auf das reaktionäre Regime MANTEUFFEL ein relativ liberales und westlich orientiertes politisches Klima gefolgt war. Mit dessen Hilfe hoffte Prinz WILHELM, der für den erkrankten FRIEDRICH WILHELM IV. die Regentschaft übernommen hatte, »moralische Eroberungen« in Deutschland zu machen.

Während des italienischen Krieges gab es in Berlin nicht wenige Stimmen, die das Habsburgerreich militärisch unterstützt wissen wollten. In Erwartung österreichischer Zugeständnisse ließ Berlin vorsorglich mobil machen. »Bataillon Torgau, antreten«. [...] »Hurra und Hüteschwenken« (II.3.469): Auf dem Potsdamer Bahnhof beobachtete Fontane in den Pfingsttagen des Jahres 1859 die Einwaggonierung preußischer Truppen, die im Ernstfall »den Rhein am Po verteidigen« sollten.

Mit dem Jahre 1859 setzt auch das Handlungsgeschehen von *Unwiederbringlich* ein. Obwohl es bei Erscheinen des Romans (1890) etwa dreißig Jahre zurückliegt, ist *Unwiederbringlich* zugleich ein Zeitroman, der auf das Ende der Ära BISMARCK verweist (M. MASANETZ, 1991, S. 68–90). Die Erwähnung seiner militärischen Führer Erzherzog ALBRECHT und Admiral TEGETTHOFF und der für den Vielvölkerstaat Österreich verlorenen Schlachten von Magenta und Solferino läßt zunächst die wesentliche Ursache des Krieges ins Blickfeld treten: Es ist der »moderne Götze der Nationalität«, ein »Idol«, vor dem zu beten, Gräfin Holk entschieden ablehnt (I.2.583). Der freilich wartet hinter der politischen Bühne schon auf seinen nächsten Auftritt, nicht nur in Dänemark und dem mit ihm verbundenen Schleswig-Holstein, sondern, weit wirkungsmächtiger noch, in Preußen. Hier, so Baron Arne, der an Dänemarks Zukunft zweifelt, lebe »auch so was« wie bei den Russen, die meinten, Konstantinopel besitzen zu müssen (I.2.588). Manche Dinge brauche ein Staat, »um weiter zu leben«, betonte Fontane noch 1897: »So brauchten wir Schleswig-Holstein. Wir mußten es haben, und wir haben es gekriegt.« (IV.4.635)

In *Unwiederbringlich* fehlt es nicht an Hinweisen, daß die Lösung der schleswig-holsteinischen Frage eine militärische sein wird, wenn dänische Offiziere auftreten, die 1864 in Düppel mit dabeisein werden; selbst das berüchtigte dänische Panzerschiff »Rolf Krake«, das im Alsensund Furcht und Schrecken verbreiten wird, nimmt durch Erwähnung seines Namensgebers bereits Konturen an. Auf Holkenäs fühlt man sich an die Jahre 1806 – 1813 erinnert, als »nach voraufgegangener Erniedrigung die Zeit der Vorbereitung und Wehrhaftmachung« (I.2.583) kam. Galt es damals, die Scharte von Jena und Auerstedt auszuwetzen, so ging es nun für Preußen außer um die »up ewig ungedeelten« Herzogtümer auch darum, Revanche für Olmütz zu fordern. Zeichnete sich nicht für Österreich auf dem italienischen Kriegsschauplatz soeben eine schwere Niederlage ab? Und war nicht die Zeit gekommen, das »immer im Schlepptau heute von Rußland morgen von Österreich« (I.2.588) segelnde nachfriderizianische Preußen endlich auf eigene Füße zu stellen?

Obgleich er erst drei Jahre später ins Amt gelangen wird, spukt der »Schwefelgelbe« bereits hinter der Szene. Holks Devise, wonach »ein Staat, der sich halten und mehr als ein Tagesereignis sein will [...], natürliche Grenzen haben und eine Nationalität repräsentieren« müsse (I.2.588), hätte gleichermaßen von BISMARCK stammen können. Der sah schon im Mai 1859 im Bundesverhältnis zu Österreich ein »Gebrechen«, welches wohl »früher oder später *ferro et igni*« geheilt werden müsse (zit.nach T. SCHWARZMÜLLER, 1998, S. 52). Auf ihn zielt Fontane zwischen den Zeilen durch eine Bemerkung der Gräfin Ebba, die den Deutschen – gemeint ist vor allem ein bestimmter Deutscher –, »ein gewisses brutales Talent zum Regieren« bescheinigt, das »ein grobes Geschäft« sei (I.2.655). BISMARCKs innenpolitische Gegner hätten das gewiß nicht anders gesehen. Mehr noch: Fontane, der seinen Roman nur wenige Monate nach BISMARCKs Entlassung abschloß, nutzte das staatsmännische Profil des leitenden dänischen Ministers Carl Christian HALL und dessen bevorstehenden Sturz im Jahre 1859, um darin das Ende der Ära BISMARCK widerzuspiegeln. Nicht um HALL geht es wirklich, gegen den »ein wahres Sturmlaufen« eingesetzt und der als einziger »eine Idee von Politik« habe, ja zu warten verstehe, »was das erste Gesetz aller Politik« sei (I.2.649). Gehörte nicht das Warten auf die Gunst der Stunde zu BISMARCKs meisterlich beherrschtem außenpolitischen Instrumentarium? Wußte nicht gerade er, die »Dinge mit Klugheit« zu behandeln, ohne »gleich das Schwert in die Waage« zu werfen? Dahinter verbirgt sich eine Hommage Fontanes an den Reichsgründer und Außenpolitiker BISMARCK in der Stunde seines Abschieds von der Macht, der sich in dem schwierigen Metier als Mann des Maßes und der Mäßigung gezeigt hatte. Gleichermaßen auf BISMARCK bezogen versteht sich der Hinweis, im selben Augenblick, wo er (HALL) gehe, »werde das Land auch schon einsehen, was es an ihm gehabt habe« (I.2.700). Kaum hatte der Altreichskanzler Berlin verlassen, begann der Kultus um den Reichsgründer, der sich, von ihm selber bewußt gefördert, je länger je mehr, bis ins Mythische steigerte. Nie war er so populär wie nach seiner Entlassung. Je sprunghafter, unberechenbarer und taktloser sich WILHELM II. verhielt, desto größer wurde die Sympathie, die man BISMARCK in breiten Bevölkerungsschichten entgegenbrachte (E. VERCHAU, 1981, S. 158). Fontane, der ihn ohne Bedauern hatte scheiden sehen, beklagte nun eine gewisse Schläfrigkeit des Berliner Lebens, das vollends zur Langweiligkeit geriete, »wäre nicht der alte Löwe in Friedrichsruh«, denn darin sei er sich »in und außer dem Amte gleich geblieben: ›was er auch packt, er packt's interessant‹« (an P. HEYSE, 8. 1. 1891, IV.4.86).

In seinem subtilen Geflecht anspielungs- und beziehungsreicher Plaudereien und politischer Gespräche verweist *Unwiederbringlich* gleich auf eine zweifache Zeitenwende: auf die »Neue Ära« als Zeit der »Vorbereitung und Wehrhaftmachung«, die BISMARCK an die Schalthebel der Macht in Preußen führen wird, und auf das Ende seiner fast drei Jahrzehnte währenden Kanzlerschaft. Beide Vorgänge waren sowohl mit einem Wechsel an der Spitze des Staates als auch mit einer politischen Kursänderung verbunden. In Dänemark folgte auf FRIEDRICH VII. CHRISTIAN IX., dessen Zustimmung zur dänischen Gesamtstaatsverfassung 1864 zum Krieg mit Österreich und Preußen führte, während in Berlin kurz zuvor WILHELM I. an die Stelle FRIEDRICH WILHELMS IV. getreten war. Der zweite Wechsel vollzog sich mit der Thronbesteigung WILHELMS II. und der Entlassung BISMARCKS. Ihm verdankte sich die neue deutsche »Weltpolitik«, der Europa als Operationsfeld nicht mehr genügte und die ab 1897 in jene verhängnisvolle »Wehrhaftmachung« zu Wasser einmündete – nicht im Hinblick auf »gamle Dänemark«, sondern gegenüber dem britischen Weltreich.

Verweist Fontane durch HALL zugleich auf BISMARCK, so durch Christian Julius de MEZA auf Helmuth von MOLTKE. Auf diesen trifft in besonderer Weise zu, was über den Sieger von Idstedt und Oberkommandierenden im bevorstehenden Krieg von 1864 gesagt wird, nämlich »ein Stück Genie« zu besitzen. Mehr noch: de MEZAS Neigung für den Süden und Orient korreliert mit den Interessen des Italien- und Romfreundes MOLTKE und mehrjährigen Militärinstrukteurs im Dienste des türkischen Großsultans. Beide galten Fontane als außergewöhnliche Feldherren und bemerkenswerte Persönlichkeiten. Das Fest, das dänische Offiziere »an einem Oktobertage mit frischer Brise« (I.2.657) de MEZA ausrichten, ruft die aufwendige Geburtstagsfeier für den neunzigjährigen MOLTKE im Oktober 1890 in Erinnerung. Nicht weniger bunt als die Flaggen und Wimpel vor dem Festzelt in Klampenborg nahmen sich die Fahnen und Standarten des Gardekorps und des Kolbergschen Grenadierregiments aus, die WILHELM II. zur Ehrung seines Feldmarschalls eigens zum Berliner Generalstabsgebäude mitbrachte.

In seinem 64er Kriegsbuch charakterisiert Fontane de MEZA als fein angelegten Menschen, der nach außen kalt, nüchtern und vornehm wirkt und sich als Mann der großen Züge nicht um Details kümmert. Gleichgültig gegenüber Popularität, sei er dennoch populär. Nicht anders verhielt es sich mit MOLTKE. Mochten BISMARCK, YORK, ja sogar »der große König« für Fontane »oft nach mehr als einer Seite hin angreifbar sein« (II.1.576), für den »großen Schweiger«, der selbst- und bedürfnislos »der Sache allein« diente, galt das nicht. Die Achtung vor dem Menschen und Feldherrn MOLTKE, dessen bronzener Handabguß auf Fontanes Schreibtisch stand, begegnet noch im *Stechlin*: »die wirklich Vornehmen, die gehorchen, nicht einem Machthaber, sondern dem Gefühl ihrer Pflicht.« (I.5.104)

Einigungskriege

Der mit dem Monat der Krönung WILHELMS I. zum König von Preußen (Oktober 1861) endende Roman *Unwiederbringlich* enthält auch einen Hinweis auf den preußischen Verfassungskonflikt. In London erfährt Graf Holk von der in Berlin angestrebten »Heeresverdoppelung und einer sich dagegen bildenden Oppositionspartei« (I.2.796). Diese war nicht bereit, die im Zuge einer Heeresreform geplante Auflösung der Landwehr hinzunehmen. Während der König »exerzierte Bürger« mit dreijähriger Dienstzeit forderte, hielt die Parlamentsmehrheit am »Volksheer« als Vermächtnis von 1813 fest. Der Versuch der Regierung, durch Neuwahlen die Ablehnung der Kammer zu brechen, endete in einem völligen Fehlschlag. Die Stunde, da Preußens König lieber zurücktreten als den Liberalen Zugeständnisse machen wollte, wurde zur Stunde BISMARCKS. Er sollte von nun an für beinahe drei Jahrzehnte die Geschicke Preußens, Deutschlands, ja Europas prägend mitgestalten. Vorläufig hebelte er das Steuerbewilligungsrecht des Parlamentes aus, um sodann die Militärreorganisation im Sinne seines Königs durchzuführen. Den Liberalen hielt er entgegen: »Nicht auf Preußens Liberalismus sieht Deutschland, sondern auf die Macht. [...] Nicht durch Reden und Majoritätsbeschlüsse werden die großen Fragen der Zeit entschieden – dies ist der Fehler von 1848 und 1849 –, sondern durch Eisen und Blut.« (BISMARCK, 1919, S. 153)

Auch Fontane bezog im preußischen Verfassungsstreit Position. Zum Leidwesen seiner Frau ließ er sich im April 1862 nicht nur als »Wahlmann-Candidat« für die Konservativen aufstellen und unterzeichnete einen Wahlaufruf zu ihren Gunsten, er teilte auch deren Niederlage. Hatte er 1848 auf die Forderungen des Bürgertums nach Einheit, Freiheit und Teilhabe an der Macht im Staat als Demokrat geantwortet (FISCHER, 1995), so hoffte er, inzwischen Redakteur des »englischen Artikels« bei der *Kreuzzeitung*, im Lager der Konservativen nun auf eine Lösung der deutschen Frage »von oben«. Er wurde in den sechziger Jahren zum Anhänger BISMARCKS und bejahte dessen machtpolitischen Kurs. »Wer mobilisiert, muß auch schlagen«, resümierte er rückblickend: »Eine Epoche glänzender Kriege nahm ihren Anfang.« (II.1.254) Vor allem die Entwicklung der schleswig-holsteinischen Frage, in deren komplizierten Zusammenhängen er sich hervorragend auskannte, blieb ihm Herzensangelegenheit, wie aus persönlich gefärbten Kurzkommentaren und Glossen zu einigen Berichten in der *Kreuzzeitung* hervorgeht. Dabei lastete er »der sechsten Großmacht«, wie er die so einflußreiche *Times* nannte, an, »mit ungleichem Maß« zu messen (Unechte Korrespondenzen, S. 57), weil sie, ungeachtet ihrer sonst zu beobachtenden »Nationalitätenschwärmerei«, keinerlei Bedenken trüge, »für Ungarn und Venetien dasselbe ›Nationalitätsrecht‹ geltend zu machen«, das man, weil politisch unbequem, im Falle Schleswig-Holsteins so heftig befehde.

Fontane, der sich nach eigenem Bekunden »keines anderen Außenereignisses« entsann, das ihn »so getroffen hätte, wie die Niederlage der Schleswig-Holsteiner bei Idstedt« (1850) und das Problem der beiden Herzogtümer auch als Korrespondent in London nie aus den Augen verlor, vermochte sich für sie nur eine nationalstaatlich deutsche Lösung vorzustellen. Dazu kam es 1864. Dem Bruch der im 2. Londoner Protokoll (1852) festgelegten internationalen Abmachungen durch Dänemark, den Fontane ausschließlich Kopenhagen anlastete, folgten der preußisch-österreichische Krieg gegen das nordische Königreich und die Annexion Schleswig-Holsteins durch die Hohenzollernmonarchie, wobei Fontane wahrnehmen mußte, wie so mancher in dieser »hochmüthigen, allem deutschen Wesen entfremdeten Provinz« noch fünf Jahre nach Kriegsende »lieber dänisch als preußisch« sein wollte (an Emilie, 26. 11. 1869, IV.2.271).

Mit dem Krieg um die Herzogtümer begann Fontanes Tätigkeit als Kriegsberichterstatter, die ihn nicht nur über die dänischen, sondern bald auch über die böhmischen und französischen Schlachtfelder führen sollte. Bei dem, was er in seinen umfangreichen Büchern darüber festhielt, verdienen sein Gerechtigkeitsgefühl, sein Anstand und seine Fairneß gegenüber den unterlegenen Gegnern Respekt. Sowenig er sein Preußentum verleugnete, sowenig öffnete er sich nationalem Chauvinismus. Das hinderte ihn andererseits nicht, den *Tag von Düppel*, die *Berliner Landwehr bei Langensalza* und den *Einzug* der Preußen durch das Brandenburger Tor nach ihrem Sieg über die Franzosen in patriotischen Versen zu feiern, wobei »Heldenverehrung und Fürstenhuldigung« (W. Hädecke, 1998, S. 214) nicht selten dicht beieinander standen.

Keiner der drei deutschen Einigungskriege jedoch hat in Fontanes späterem Romanschaffen derart nachhaltig fortgewirkt wie der dänische. »Ja, vierundsechzig, Kinder, da fing es an [...]. Anfangen ist immer die Hauptsache; das andre kommt dann schon wie von selbst«, heißt es noch im *Stechlin* (I.5.167). Dabei gewann das »schwarze Ungetüm im Alsensund«, »Rolf Krake«, dessen seemilitärische Operationen Fontane nachzeichnete, ohne Augenzeuge gewesen zu sein, in seinem Romanwerk mehrfach Symbolcharakter.

Seit den Tagen der Revolution und der Niederlage von Olmütz galt dem Realpolitiker BISMARCK für ausgemacht, daß Preußen und Österreich in Deutschland »denselben streitigen Acker pflügten« und der Dualismus beider Mächte früher oder später einer endgültigen Lösung bedurfte. Den weiteren Gang der Dinge forcierte er im Sinne preußischer Machtstaatpolitik. Nicht nur brachte er eine für Österreich unannehmbare Reform der Bundesverfassung in Vorschlag. Als er »zur Wahrung preußischer Rechte« obendrein noch in das von Österreich verwaltete Holstein preußisches Militär einrücken ließ, kam es im Sommer 1866 zum Waffengang zwischen den beiden rivalisierenden deutschen Mächten, nachdem Preußen den Deutschen Bund für erloschen erklärt und Österreich die nichtpreußischen Kontingente des Bundesheeres hatte mobilisieren lassen. Mit dem Kaiserstaat marschierten die süddeutschen Staaten, aber auch das Königreich Hannover.

Anders als den Feldzug gegen Dänemark nahm Fontane, wie die meisten seiner Landsleute, den Ausbruch des deutsch-deutschen Krieges mit großer Zurückhaltung auf. Er räumte sogar ein, wie unpopulär der preußische Konfliktminister BISMARCK daheim war, und erinnerte an dessen noch immer schwelenden Konflikt mit dem Abgeordnetenhaus. Zwar nannte er den Sieg bei Königgrätz, der den deutschen Dualismus überwand, die Geburtsstunde des neuen Deutschlands (*Der deutsche Krieg*, I.2.633), doch blieb seine Gestimmtheit eher verhalten. Angesichts des Waldsteinschen Schlosses zu Münchengrätz, in dessen Mauern 33 Jahre zuvor die Herrscher Österreichs und Rußlands noch einmal die Grundsätze der Heiligen Allianz bekräftigt hatten, zog er nach Königgrätz eine nachdenkliche Bilanz. Während Österreich »todwund« und mit Rußland »unversöhnt« sei, habe Preußen nicht nur das »Gängelband Metternichs« abgestreift und den »Erniedrigungstag von Olmütz« wieder wettgemacht, sondern sei nun auch »Herr in Deutschland« (III.5.366). Das sollte sich schnell bestätigen. Nicht Österreich, sondern seine norddeutschen Verbündeten mußten die Zeche teuer bezahlen, indem Preußen sowohl Hannover und Kurhessen als auch Nassau und Frankfurt ungeachtet aller legitimistischen Bedenken annektierte, dazu noch Schleswig-Holstein. Mit der Gründung des bis zur Mainlinie reichenden Norddeutschen Bundes (1867) und dessen eingeschränkter parlamentarischen Verfassungskonzeption zeichnete sich bereits der staatsrechtliche Rahmen für eine endgültige (»kleindeutsche«) Lösung der deutschen Frage unter preußischer Führung ab, zu deren Fundamenten die inzwischen von BISMARCK abgeschlossenen Schutz- und Trutzbündnisse mit den süddeutschen Staaten gehörten.

Bei der Erörterung der Kriegsschuldfrage tat Fontane sich diesmal schwerer, wollte er doch der »Politik des Erfolges« auf keinen Fall bedenkenlos huldigen, wiewohl überzeugt davon, daß »das Segensreiche des Ausganges das Schuldvolle des Beginnens [...] von vornherein in Zweifel stellt« (*Der deutsche Krieg*, I.1.40). BISMARCKS finessenreiches politisches Spiel vermochte er indessen nicht zu durchschauen. Ein gewisses Unbehagen bleibt dennoch bei ihm spürbar. So als habe er an den Unterlegenen etwas gutzumachen, zu denen auch die mit Österreich ins Feld gezogenen Sachsen gehörten, lobte er deren »Bravour« und konfrontierte ihre Lebens- und Denkungsart mit der Grobheit der pommersch-brandenburgischen Biedermänner in »Stulpstiefeln und Pfundsporen« (III.5.354). Die »Überlegenheit« der Preußen als etwas geradezu »Ausgemachtes und Weltkundiges« anzusehen, dazu mochte er sich nicht verstehen (III.5.332). Noch in *Graf Petöfy* spricht Pater Fessler von einer »rechthaberischen Ausgesprochenheit« der Preußen und ihrem »ehrlichen Glauben an eine preußische Verheißung« (I.1.695).

Im Gegensatz zu dem sich in gefällige Formen kleidenden Wiener Charme bewirken Franziska Franz und ihre Freundin Phemi durch ihr »norddeutsch übermütiges Lachen«, mit dem sie Graf Aspergs scherzhaft gemeinter Auflösung des »O.H.I.N.N.« in «Oesterreich Hinkt Immer Noch Nach« quittieren, bei ihren auch als Ungarn loyal zum Hause Habsburg stehenden Gesprächspartnern »eine kleine Verstimmung« (I.1.725). Dies um so mehr, als das »O.H.I.N.N.« als Parodie auf den bekannten lateinischen Wahlspruch des Habsburgers und römisch-deutschen Kaisers FRIEDRICH III., »A.E.I.O.U.«, erscheint, dessen deutsche Übersetzung sowohl mit »Alles Erdreich ist Österreich Untertan« wiedergegeben wird als auch mit »Österreich wird bestehen bis ans Ende der Welt«. Wie wenig das Vielvölkerreich im nationalstaatlichen Zeitalter nach Revolution (1848) und Verlust seiner norditalienischen Provinzen

(1859) sowie seines Einflusses in Deutschland (1866) noch zu den beherrschenden Mächten zählte, verrät der resignierte Rückblick des alten Grafen auf jene Zeit, da sich im alten Österreich, »so bunt, wie's auch heute noch ist«, die Farben untereinander vertrugen (I.1.719).

Damit war es spätestens 1848 vorbei, als das »Feuer durch ganz Österreich hin« (I.1.720) zu brennen begann und mit METTERNICH der greise »Träger eines hinfällig gewordenen Systems« (*Der deutsche Krieg*, I.1.94) abtreten mußte. Bereits in seiner frühen Novelle *Tuch und Locke* (1854), deren Rahmenhandlung den ungarischen Unabhängigkeitskampf unter KOSSUTH gegen die österreichische Vorherrschaft (1849) aufblitzen läßt, während eine der Binnenerzählungen den lombardischen Aufstand gegen die Habsburger (1848) widerspiegelt, hatte Fontane mit der Äußerung der Gräfin Julia, die infolge der österreichischen Unterdrückungspolitik alles verabscheute, »was deutsch war« (I.7.189) – wobei hier deutsch als gleichbedeutend mit österreichisch zu verstehen ist –, die damals aufbrechenden Nationalitätenkonflikte berührt.

Auf das sich 1848 ebenfalls zu Wort meldende tschechische Nationalbewußtsein kam er in seinem 66er Kriegsbuch zu sprechen. Die inzwischen vor allem von den »Jungtschechen« erhobenen Forderungen nach weitgehender Autonomie der böhmischen Länder, orientiert am österreichisch-ungarischen Ausgleich von 1867, vermochte er um so weniger zu teilen, als sie ihm angesichts der bestehenden Machtverhältnisse als völlig chancenlos erschienen. Anders als der polnische Siedlungsraum im Osten galt ihm Böhmen, »weil von deutschem Leben rings umgeben«, als »halbgermanisierte slawische Insel«, die eher früher als später »notwendig germanisch« werden müsse (*Der deutsche Krieg*, I.1.94). Obwohl ihm nicht entgangen war, wie sehr das »deutsche Element« seit 1848 im ethnischen Kräfteverhältnis »an Terrain verloren« hatte (ebd.), unterschätzte er die Beharrlichkeit und Geschichtsmächtigkeit des tschechischen Strebens nach nationaler und sozialer Emanzipation (F. PRINZ, 1993). Zwar wandte sich Fontane am Vorabend der Gründung des kleindeutschen Nationalstaats, deren historische Berechtigung für ihn außer Frage stand, entschieden gegen jede Verunglimpfung des tschechischen Volkscharakters im Spektrum preußisch-deutscher Vorurteile, lehnte aber die nationalpolitischen Forderungen der Tschechen als für das Deutschtum in Österreich nicht hinnehmbar ab. Allerdings wünschte er offenbar weder damals noch später einen Nationalitätenkampf in Böhmen, dessen Weltkurort Karlsbad er seit 1893 bis zu seinem Tode alljährlich besuchte. Wie so oft, wenn er außer Landes weilte, zeigte er sich auch jetzt aufgeschlossen für »das Farbenbunte« des Vielvölkerstaates, das ihm hier begegnete, und verhehlte nicht seine Sympathie für jene »draußenliegende, andre Welt« (IV.4.277). An den auch in Deutschland 1897 aufflammenden vehementen Protesten gegen die Sprachenverordnung des österreichischen Ministerpräsidenten BADENI, die in Böhmen das Tschechische zur gleichberechtigten Amtssprache neben dem Deutschen machte, beteiligte er sich auch dann nicht, als selbst die *Vossische Zeitung* dagegen mobil machte (J. KOŘALKA, 1993).

Dennoch wollte Fontane ebensowenig wie BISMARCK die Donaumonarchie zugunsten eines Zusammenschlusses ihrer deutschsprachigen Landesteile mit dem kleindeutschen Nationalstaat geopfert wissen. Solche Abstinenz galt allerdings nicht gegenüber deutschen Bundesstaaten wie Hannover und Hessen, die Österreichs Niederlage teilten. Hinsichtlich ihres politischen Schicksals gelangte Fontane zu einer sehr anderen Bewertung des Konflikts von Politik, Recht und Moral als der hochkonservative Leopold VON GERLACH, der die preußischen Annexionen als »grundgottlose Hauptat« BISMARCKS verurteilte. In einem Beitrag für die *Dresdner Zeitung* hatte Fontane bereits 1850 ein »Aufgehen aller kleinen deutschen Staaten in Preußen« für »segensreich« gehalten und bekannt, »in schwachen Stunden« von dergleichen »patriotisch-raubgierigen Gelüsten heimgesucht zu werden« (III.1.44). Das »Unrecht von damals«, so befand er nunmehr aus dem Blickwinkel der Reichsgründung, sei längst »als politisches Recht, als nationale Pflicht, als ein Heil und Segen erkannt worden« (*Der deutsche Krieg*, I.1.42).

Vor allem im Hannoverschen sah man das anders. Die Eingliederung der traditionsreichen Welfenmonarchie in den Hohenzollernstaat, mit der sich viele Hannoveraner nicht abfinden wollten, ließ Fontane in seinem Alterswerk mehrfach kontrovers diskutieren. Seine Hoffnung, die preußische Herrschaft in den Neuprovinzen möge wie das bekannte friesische Hemd erst jucken, hinterher aber um so wärmer sitzen, traf für Hannover sobald nicht zu, wie Käthe von Rienäcker (*Irrungen, Wirrungen*) bei einem kurzen Zwischenaufenthalt in der alten Welfenresidenz feststellen muß. Während eines Badeaufenthalts wird sie erneut mit dem Thema »Hannover« konfrontiert, als Mr. Armstrong, ein Kurgast aus Schottland und »vollkommener Gentleman«, vor preußischen Ohren keinen Unterschied gelten lassen will zwischen Länderraub und Viehraub (I.2.468). Daß die Annexion von Territorien und

Staaten etwas mit gewöhnlicher Räuberei zu tun haben könnte, wird bereits in *Vor dem Sturm* diskutiert, wo Graf Bninski, ein glühender polnischer Patriot, die Preußen »ein Seeräubervolk« nennt, »das seine Züge zu Lande macht« und nur ein Verlangen hat: »immer mehr!« (I.3.474). Von »Seeräuberpolitik« sprach, auf Bismarck gemünzt, auch Kronprinz Friedrich Wilhelm, der Preußens leitenden Staatsmann einen »Otto Annexandrowitsch« nannte. Vermutlich ging diese Äußerung auf die von Bismarck so bezeichnete »Frauenzimmerpolitik« der »Princess Royal«, der Kronprinzessin von Preußen und des Deutschen Reiches, zurück. Ebenso wie der Reichskanzler mißtraute Fontane den politischen Ambitionen Victorias und zweifelte an der Loyalität der »Engländerin« aus den Häusern Hannover und Coburg, die der Ober-Gouvernante ihrer Kinder nicht verwehrt hatte, von »ihrem Großvater als dem Räuber-König« zu sprechen. Er hielt es sogar für möglich, daß Victoria, nur um den »alten Ekel«, nämlich Bismarck, zu treffen, bestrebt sein könnte, das Königreich Hannover wieder herzustellen (D. Storch, 1981, S. 159).

In keinem seiner Werke kam Fontane auf das Thema »Hannover« so ausdrücklich zu sprechen wie in *Schach von Wuthenow*. Zwar geht es hier um die Entgegennahme des damaligen Kurfürstentums aus den Händen Napoleons durch Preußen im Jahre 1805, darüber hinaus aber hatte Fontane die Einverleibung des Welfenstaates durch den Sieger von 1866 und die nach wie vor deutlich spürbare Abneigung weiter Bevölkerungskreise gegenüber der preußischen Herrschaft im Blick. Indessen handelte es sich diesmal nicht um ein zweifelhaftes Geschenk von Napoleons Gnaden, sondern um ein Opfer auf dem Wege zur nationalen Einheit, das in den Augen Fontanes seinen Preis wert war. »Andauernde Treue gegen das Alte macht die Treue gegen das Neue nahezu zur Unmöglichkeit«, belehrt der Emeritus, selber ein »fester Braunschweiger«, den askanischen Patrioten Eginhard Aus dem Grunde *(Cécile)*. Aber wenn »morgen ›der Preuß‹ uns annektirt, so bin ich übermorgen loyaler Preuße. Nur keine Prinzipienreiterei« (I.2.214). Gewiß wollte Fontane die Haltung des Emeritus nicht als gesinnungslosen Opportunismus verstanden wissen. Für ihn schlossen sich Anhänglichkeit an das alte Herrscherhaus und Zustimmung zum neuen Reich keineswegs aus, sondern galten ihm als zwei Seiten ein und derselben Medaille. Wofern sich solche Anhänglichkeit allerdings mit separatistischen Tendenzen verband und gegen die Integrität des deutschen Nationalstaats richtete, verfiel sie seiner entschiedenen Ablehnung.

Die Gründung des Norddeutschen Bundes hatte lediglich eine kurze Übergangsphase bewirkt. Schon 1870 führte die Frage der spanischen Thronkandidatur des Prinzen Leopold von Hohenzollern-Sigmaringen zum Bruch mit Frankreich. Der von Bismarck in verkürzten und damit zugespitzten Formulierungen veröffentlichten Emser Depesche folgte die Kriegserklärung Napoleons III. an Preußen und damit der deutsch-französische Krieg. Anders als 1866 fand dieser Krieg in nahezu allen Bevölkerungskreisen und politischen Lagern viel Zustimmung, ja er löste in ganz Deutschland nationale Begeisterung aus, der Fontane anfangs zögernd gegenüberstand. Noch einmal zog er zur Berichterstattung hinaus. Dabei wäre er von den Franzosen beinahe als vermeintlicher preußischer Spion erschossen worden. Nicht nur die Marschbewegungen, die Vorpostengefechte und blutigen Schlachten der Kriegführenden wurden ihm zum Thema, sondern auch die großen Menschenverluste, das Elend der Verwundeten und die physischen und psychischen Leiden der Zivilbevölkerung. Trotz mancher kritischen Äußerung über die Franzosen zeigte er sich auch diesmal frei von nationaler Überheblichkeit und verzichtete, im Kontext der alles beherrschenden nationalen Euphorie ungewöhnlich genug, auf die in der Öffentlichkeit weithin anzutreffende »Entrüstungssprache« gegenüber dem unterlegenen Gegner. Selbst für den vielgeschmähten Napoleon III. suchte er Verständnis zu wecken.

Obwohl von der gerechten Sache der Deutschen überzeugt, ließ er Frankreichs Außenminister Gramont zu Wort kommen, in dessen Bemühen, »den Beweis zu führen, daß *Preußen* den Krieg gewollt habe [...], weil es ihn *brauchte*«. Preußen werde das freilich ableugnen: »Aber was würde in Preußen nicht geleugnet?!« (*Der Krieg gegen Frankreich*, I.1.23) Was die Emser Depesche betraf, so gab Fontane »gern« zu, daß Bismarck, um «*ein abermaliges Friedens-Flickwerk unmöglich zu machen*«, die Absicht hatte, »den Bruch zu fixieren« (*Der Krieg gegen Frankreich*, I.1.30) In *Irrungen, Wirrungen* wird wenige Jahre später Baron von Osten auf die besondere Geschicklichkeit eines ehemaligen Referendars »auf der Potsdamer Regierung« hinweisen, der »eigentlich nichts gelernt« habe »als Depeschen schreiben«, aber »*das* versteht er« (I.2.354).

Je länger der Krieg dauerte, desto weniger verfehlten die unter Führung Gambettas den Deutschen immer wieder entgegengestellten Heere, bereit, »à outrance« für ihr Land zu kämpfen, aber auch die beginnende Ideologisierung und Totalisierung des Krieges ihren Eindruck auf Fontane. In den Siegesjubel für die heimkehrenden Soldaten mischte er mit leisem Unterton die Mahnung des Alten Fritz vom hohen Denkmalssockel: »Bon soir, Messieurs, *nun* ist es genug.« (I.6.246)

1.2.4 Das Bismarckreich

Noch während der Belagerung von Paris wurde Preußens König WILHELM I. am 18. 1. 1871 im Schloß LUDWIGS XIV. zu Versailles in einer militärischen Feier zum »Deutschen Kaiser« proklamiert und als Bündnis der deutschen Fürsten und Städte der kleindeutsche Nationalstaat aus der Taufe gehoben. Was Fontane 1848 nicht für möglich gehalten hatte, »eine deutsche Einheit bei 37 Fürsten« (an LEPEL, 12. 10. 1848, IV.1.48), war »von oben« möglich geworden. Sein Bericht über den Gründungsakt war allerdings eher sachlich-kühl gehalten, wobei er anmerkte, der neue Kaiser habe während der Zeremonie »seinen Stand« unter einem den französischen Absolutismus verherrlichenden Bild genommen, »eine seltsame Umrahmung für diesen Wiedererstehungstag eines durch Siege geeinten Deutschlands« (*Der Krieg gegen Frankreich*, II.2.758).

Während der kleindeutsche Nationalstaat sich ohne die Deutschen in Österreich gründete, mußten nicht wenige Polen und Dänen ungefragt innerhalb seiner Grenzen leben. Hinzu kamen die Elsässer und Lothringer, deren Verlust Frankreichs Selbstgefühl tief verletzte und den Grundstein für eine weitere kriegerische Auseinandersetzung legte, die im August 1914 begann. Fontane widersprach der Annexion Elsaß-Lothringens nicht, wiewohl er bald genug an »der ewigen Deutschheit Lothringens« zweifelte. Mochten die Elsässer dem Deutschtum auch näherrücken, ihre Integration in das neue Reich erschien ihm noch schwieriger. Wenn er hoffte, sie durch »neue Liebe zu gewinnen«, und dies »von deutschen Geistes wegen!« (III.4.998), so dürfte letzterer bei der rasch installierten preußischen Militärverwaltung kaum die rechte Entfaltungsmöglichkeit gehabt haben. Von deren »Forscheté« erwartete Fontane zu Recht nichts Gutes. Mit den Jahren wuchs in ihm zudem die Überzeugung, daß selbst das Elsaß, »dies so ziemlich urdeutscheste Land« (an MORRIS, 30. 8. 1898, IV.4.744) seine Liebe zu Frankreich weit höher stellte »als ein obsolet gewordenes Stammesgefühl« (an THEO, 20. 6. 1882, IV.3.191).

Innenpolitische Konflikte

Statt nach der Reichsgründung angesichts der Vielzahl einander widerstrebender Interessen den innenpolitischen Kurs auf Ausgleich und Versöhnung festzulegen, beschritt BISMARCK vielmehr den Weg der Konfrontation. Unter Einsatz massiven staatlichen Drucks wurden alle diejenigen als »Reichsfeinde« ausgegrenzt, die sich seiner Sichtweise und Handhabung der Dinge versagten, wie vor allem die Sozialdemokratie und das Zentrum, eine in allen sozialen Schichten beheimatete katholische Sammlungsbewegung. Indem er sein Werk durch die politischen Bestrebungen der »Ultramontanen« bedroht glaubte, eröffnete BISMARCK eine Kampagne gegen Zentrum und katholische Kirche. Der als »Kulturkampf« in die Geschichte eingegangene Konflikt zwischen Staatsanspruch und liberaler Weltanschauung einerseits und politischem Katholizismus andererseits »um Schule und Kanzel, um Zivilehe und Staatsleistung an die Kirche« (H. BOOCKMANN, 1987, S. 387) wurde von ihm um so heftiger geführt, je mehr er befürchtete, das Zentrum als Sammelbecken der Unzufriedenen werde gegen den Staat mobil machen.

Fontane bewertete BISMARCKS Vorgehen als schweren Mißgriff. Sein rechtsstaatliches Denken beharrte auf dem Grundsatz, »was ein anständiger Mensch nicht darf, das darf auch ein anständiger Staat nicht« (an THEO, 7. 12. 1887, IV.3.575). Entschieden wandte er sich gegen jedwede Katholikenhetze, die ihn «höchst unangenehm und zugleich traurig« berührte (an K. ZÖLLNER, 30. 7. 1874, IV.2.464). Auch verwahrte er sich dagegen, daß Katholiken als »Reichsfeinde« abgestempelt wurden. Im katholischen Hause WANGENHEIM, dem er nahezu fünfzig Jahre lang freundschaftlich verbunden war, hatte er nicht wenige Katholiken kennen- und schätzen gelernt, die in Politik und Gesellschaft des kaiserlichen Deutschlands eine hervorragende Rolle spielten. Zu ihnen gehörten der Zentrumsführer Ludwig WINDTHORST, August REICHENSPERGER, führendes Mitglied der Zentrumsfraktion und entschiedener Bismarckgegner, sowie Hermann von MALLINCKRODT, Mitbegründer der Zentrumspartei.

Unter den politischen Themen, die in Fontanes Roman- und Briefwerk Eingang gefunden haben, kommt dem Kulturkampf ein wichtiger Stellenwert zu. Dabei fällt auf, daß prononcierter Antikatholizismus beinahe ausschließlich von wenig ansprechend gezeichneten literarischen Figuren geäußert wird, denen häufig sogar etwas Karikatureskes anhaftet. In *Cécile* versteigt sich ein General von Rossow zu der Äußerung, Gewissensfreiheit sei ebenso wie Presse- und Redefreiheit »alles Unsinn, alles Ballast, von dem wir eher zu viel als zu wenig haben« (I.2.272), während Geheimrat a. D. Hedemeyer BISMARCKs Bemühungen, den Kulturkampf beizulegen, als »Prinzipienlosigkeit« einer »Politik von heut' auf morgen« tadelt, die nicht nur nach Canossa, sondern sogar »bis nach Rom« führen werde (I.2.269). Von vergleichbarer Maßlosigkeit, mit dem Wissen um das Scheitern des Kulturkampfs vom Autor allerdings ironisch kontrastiert (E. SAGARRA, 1995), zeugen Äußerungen des Polizeiassessors Goldammer *(Frau Jenny Treibel)*, einem »heimlichen Fortschrittler« und zugleich Antikatholiken, der sich gar auf das berüchtigte »Écrasez l'infâme« (I.4.334) des Alten Fritz beruft. Als vehemente Antikatholikin gibt sich in ihrer Unbildung und Ignoranz auch die Domina von Kloster Wutz zu erkennen, der alles Katholische als »Götzendienst« gilt, der schlimmer sei als Unglaube (I.5.83). »Die *nationalen* und *konfessionellen* Unterschiede ziehen eben eine tiefe Kluft«, merkte Fontane nicht ohne Besorgnis an (II.1.450). Dennoch: Was im Kulturkampf von Staates wegen veranstaltet wurde, lief ihm um so mehr zuwider, als ihm Meinungs- und Gewissensfreiheit besonders am Herzen lagen. LEPEL gegenüber scherzte er sogar, diesmal (1880) als Sommerfrische Oberammergau wählen zu wollen, um sich in seinem »Katholicismus immer fester zu machen«, oder am besten gleich »in Canossa Quartier zu bestellen« (an LEPEL, 26. 5. 1880, IV.3.81). Fontane ging es nicht darum, zu spalten; er wollte versöhnen, trat für Gewissens- und Meinungsfreiheit ein und lehnte jede staatliche Einmischung als »Anpacken dieser feinen Dinge von außen her« (an G. FRIEDLAENDER, 12. 2. 1892, IV.4.182) strikt ab. Religion gehörte für ihn zur Privatsphäre und war in die Entscheidung jedes Einzelnen gestellt. Das aber war nur möglich, wenn Staat und Religion ihre enge Verbindung lösten.

Erfreut zeigte er sich darüber, daß selbst in den »Zeiten brennendster Gegnerschaft« und »offenster Fehde, gleichviel nun ob Ära Mühler oder Ära Falk auf der Tagesordnung stand«, beim Landadel wie bei den Landpastoren der Grundsatz gegolten habe, »den Gegner auch in *dem*, was ihn zum Gegner machte, gelten zu lassen« (II.2.875). Daran hält sich auch der altkonservative Herr von Borcke *(Effi Briest)*, als er bei der Taufe von »Lütt-Anni« die Katholiken »unsere Brüder« nennt, »die wir, auch wenn wir sie bekämpfen, achten müssen« (I.4.117). Nicht jeder evangelische Pfarrer verhielt sich so, wie man von Gigas und Roggenstroh *(Grete Minde)* weiß, deren seelsorgerisches Wirken keineswegs so »trostreich und labevoll und kühl und schön« war, wie Victoire es in Araceli zu Rom im Schoß »der alten Kirche« empfand. Damit ließ Fontane seine Erzählung *Schach von Wuthenow* ausklingen, die ebenso wie *Grete Minde* zur Zeit des Kulturkampfs entstand.

Zwar hatte BISMARCK erklärt: »Nach Canossa gehen wir nicht – weder körperlich noch geistig«, dennoch ließen ihn die äußerst unsicheren Erfolgsaussichten seine »Jagd hinter den wilden Gänsen, die nie zum Ziele führt« (zit. nach T. SCHIEDER, 1977, S. 201), allmählich abblasen und entgegen den Forderungen des politischen Liberalismus einen Kompromiß mit dem neuen Papst LEO XIII. suchen (I.4.117). Nicht nur übte Fontane Kritik an einem allzu rigiden protestantischen Konfessionalismus, so in *Grete Minde*, und an »staatskonformer Kirchlichkeit« (B. LOSCH, 1999, S. 193) wie in *Quitt*, er schwamm auch gegen den Strom, wenn er »die Katholschen« in seinem Werk häufig zu Sympathieträgern machte (E. SAGARRA, 1995), ob sie aus der Dienstbotensphäre stammen wie Roswitha Gellenhagen *(Effi Briest)* oder dem Klerus angehören wie der ebenso tolerante wie weltläufige Pater Feßler *(Graf Petöfy)*. Fontane schuf diese ansprechende literarische Figur, als der Kulturkampf bereits im Abklingen war, verlegte aber die Handlung des Romans bewußt in das Jahr 1874, als die Auseinandersetzung zwischen Staat und katholischer Kirche am Anfang stand. Ihr attachierte er als weitere tiefgreifende Erschütterung gleichsam hintergründig den großen Börsenkrach von 1873, dem eine langanhaltende wirtschaftliche Depression folgte, die weithin ein allgemeines Krisenbewußtsein auslöste. Als Fontane gut zwanzig Jahre später daran ging, seinen *Stechlin* abzufassen, war die Frage »Quirinal oder Vatikan« längst zu einer Fußnote der Geschichte geschrumpft, hatte »das moderne Leben [...] erbarmungslos mit all dem Überkommenen« (I.5.142) aufgeräumt und gehörte das Zentrum inzwischen zu den staatstragenden Parteien.

Der Kulturkampf blieb nicht das einzige Fiasko Bismarckscher Innenpolitik. Im Umgang mit der aufstrebenden Sozialdemokratie unterliefen dem Kanzler ähnlich schwere Mißgriffe. Da ihm der programmatische Internationalismus der Partei nicht weniger verdächtig erschien als der »Ultramontanismus« des Zentrums, reagierte er auch auf diese Herausforderung mit allen ihm zu Gebote stehenden staatlichen Repressionsmitteln. Zumindest seit dem blutigen Aufstand der Kommune im belagerten Paris (1871) sah er im Sozialismus eine besonders gefährliche Form des Anarchismus und der revolutionären Bedrohung des monarchisch-adelig und bürgerlich geprägten deutschen Staatswesens. Als 1878 auf den

81jährigen Kaiser in kurzem Abstand zwei Attentate verübt wurden, nutzte BISMARCK, obwohl eine Verbindung der Attentäter zur 1869 gegründeten Sozialdemokratischen Arbeiterpartei nicht hatte nachgewiesen werden können, die Gunst der Stunde zu einem »Gesetz gegen die gemeingefährlichen Bestrebungen der Sozialdemokratie«.

Obwohl sich Fontane über die alsbald einsetzende Sozialistenverfolgung lange ausschwieg, gibt es manches Indiz, mit welch' wachem Bewußtsein er die weitere Entwicklung des vierten Standes und der sozialen Frage verfolgte. So vertraten die Arbeiter für ihn keineswegs »blos Unordnung und Aufstand«, wohl aber »Ideen, die zum Theil ihre Berechtigung« hätten. Man könne sie weder totschlagen noch einkerkern, sondern müsse sie »*geistig* bekämpfen«. Das aber sei nach Lage der Dinge »sehr, sehr schwer« (an EMILIE, 5. 6. 1878, IV.2.581f.). Dem Utopismus im Selbstverständnis der Partei BEBELS und LIEBKNECHTS vermochte Fontane wenig und ihrer revolutionären Stoßrichtung gar nichts abzugewinnen.

In dem um 1877/79 entstandenen Prosafragment *Allerlei Glück* beabsichtigte er angesichts der ungelösten sozialen Frage und der politischen Pressionen gegenüber der SPD, einen fiktiven Schlossermeister über die Pflichten preußischer Staatsbürger sprechen zu lassen, unter ihnen Millionen von Menschen, deren Los »unendlich hart« sei. Alle besäßen zwar »jetzt das Stimmrecht« (für den Reichstag), im übrigen aber müßten sie im Frieden »dienen und zahlen und im Kriege pro patria« sterben (I.7.276). Kein Wunder, wenn »in manchem Wahlkreis 40000 sozialdemokratisch an die Wahlurne rücken«, ohne durch ihre »sozialdemokratischen Utopien« ihre Lage verbessern zu können.

Fontanes Sichtweise des vierten Standes berührte sich mit seiner ambivalenten Haltung gegenüber der Revolution, einem zentralen Thema seines Jahrhunderts, dessen Facettenreichtum ihm in den tiefgreifenden politischen und sozialen Folgen von 1789 ebenso begegnet war wie im Wetterleuchten von 1830, in den Märztagen von 1848 und im Aufstand der »Commune« von 1871 mit seiner Erinnerung an die einstige Jakobinerherrschaft. Lange unvergessen blieb ihm die physische und psychische Existenzangst, die ihn in französischer Kriegsgefangenschaft so elementar überwältigt hatte, als er, alarmiert durch lautes »Geschrei von Menschenstimmen«, einen Volksaufstand sich vorbereiten wähnte, mit dem »la terreur« heranziehe und seine Herrschaft proklamiere« (III.4.594). Was würde geschehen, so hatte er sich damals mit Blick auf die Septembermorde von 1792 gefragt, »wenn diese Septembriseurs in die

Gefängnisse einbrechen und furchtbar Musterung halten?«
(III.4.593).

Noch 1893 zeigte er sich überzeugt, daß die »große Triebkraft« von Revolutionen »mehr im Schlechten als im Guten der menschlichen Natur läge« (an B. CASPAR, 28. 10. 1893, IV.4.302). Dennoch maß er die »Grande Révolution« keineswegs nur an der Phase der Jakobinerherrschaft, sondern war sich ihres Ursprungs für ein »wirklich politisches Leben« bewußt (II.1.764). Auch wenn er überwiegend Distanz zur Revolution hielt, bekundete er mehrfach Sympathie für Aufstandsbewegungen und Frondeurtum (NÜRNBERGER, 1997, S. 190) und wandte seine Aufmerksamkeit den eher selten begegnenden »Umsturzmännern vom Fach« zu wie dem Kommunarden L'Hermite *(Quitt)*, der dem Pariser Erzbischof 1871 zum Verhängnis geworden war, oder der »nach Intellekt, Wissen und bürgerlicher Stellung« den im Mai 1849 in Dresden gegen sie aufmarschierten uckermärkischen Füsilieren weit überlegenen »*Kerntruppe* der Revolution« (II.1.250), darunter Michael BAKUNIN. Die blutige Niederschlagung des Aufstands der Pariser Kommune sah Fontane ohne Bedauern. Im schmutzigen »Massenrot« ihrer Fahnen symbolisierte sich ihm der Bruch der Insurgenten mit Frankreichs Kultur und Geschichte.

Anders dagegen bewertete er BISMARCKs innenpolitischen Feldzug gegen die Sozialdemokratie. Noch im *Stechlin* trägt seine borniert Ablehnung der SPD Parvenu Gundermann den Vorwurf der Unanständigkeit ein. Im Gegensatz zu seiner Romanfigur lehnte Fontane jede Ausgrenzung und Verfolgung der SPD ab, ohne sich allerdings politisch zu ihr zu bekennen. Er tat dies um so weniger, als er, der »unanfechtbaren Wahrheiten« stets mit Vorbehalten zu begegnen pflegte, auch dem Doktrinarismus einer Partei, die sich noch immer auf die Diktatur des Proletariats berief, fernstand. Seine Angst vor der »roten Gefahr« und einem gewaltsamen Umsturz der politischen und sozialen Fundamente des Reiches nahm jedoch in dem Maße ab, in welchem der Revisionismus Eduard BERNSTEINs in der SPD an Boden gewann. In fortgeschrittenem Alter bekannte Fontane, nicht nur »immer demokratischer« zu werden (an MARTHA, 16. 2. 1894, IV.4.335), auch sein Wunsch nach Veränderung in Staat und Gesellschaft belebte sich erneut. Die »Proletarier« sollten nicht immer nur »dazu da« sein, »die Kastanien aus dem Feuer zu holen«, um, »ging es dann schief«, in Spandau einzusitzen, während »Bruder Protz« sich daheim gemütlich zurechtrückte, heißt es im *Stechlin* (I.5.247). Auf das Miteinander der Stände und Klassen bei gleichen Rechten und Pflichten kam es ihm an. Während er den Bourgeois immer kritischer sah, gewann der vierte Stand, auf dem »alles Interesse« beruhe (an MORRIS, 22. 9. 1896, IV.4.539), für ihn zunehmend an Bedeutung, weil er für die Zukunft Posivites von ihm erwartete (E. SAGARRA, 1986, S. 29). Daneben aber bleibt das Revolutionäre der aufstrebenden neuen politischen Kraft in Fontanes letztem Roman zumindest potentiell gegenwärtig, wo nicht nur ein »beinah Sozialdemokrat« vom Format des fortschrittlich denkenden Pastor Lorenzen begegnet, sondern auch ein vom Erzähler als »gefährlich für die ganze Grafschaft« eingestufter »Wanderapostel aus Berlin«, der auf den Dörfern im Wahlkreis Rheinsberg-Wutz mit Forderungen nach Achtstundentag und Lohnerhöhung (I.5.165) sein agitatorisches Geschäft betreibt und Front gegen Adel und Kirche macht.

Erst spät und durch die Lektüre von Leopold von GERLACHS *Denkwürdigkeiten* (1891/92) erfuhr Fontanes langgehegte Überzeugung »von der absoluten Unbesiegbarkeit einer wohldisziplinierten Truppe jedem Volkshaufen gegenüber« (III.4.504) und damit auch sein Revolutionspessimismus eine gewisse Relativierung. Stärker zu sein »als die wehrhafteste geordnete Macht«, setze bei den Aufständischen allerdings ein »großes und allgemeines Fühlen« voraus (III.4.505). Das hatte, wie er fünfzig Jahre später befand, im März 1848 offenbar nicht ausgereicht, der zwar, historisch gesehen, »eine große Sache«, »als Heldenleistung aber urschwach« gewesen sei (an F. STEPHANY, 29. 3. 1898, IV.4.709).

Gewaltsame soziale Veränderungen behielten für ihn gleichwohl etwas unberechenbar Gefährliches. Für Schulze Kluckhuhn etwa *(Der Stechlin)* liegt »alles zur Sozialdemokratie Gehörige« auf der Lauer wie das unheimliche schwarze Ungetüm im Alsensund, das dänische Panzerschiff »Rolf Krake«, Geschichtsbild und Allegorie auf das, »was sie jetzt die soziale Revolution nennen« (I.5.168), während hinter den verfallenen Mauern von Kloster Wutz Rentmeister Fix, aus Berlin zurückgekommen, mit seinem Bericht über die notwendige »Umwertung« der »Werte« die Klosterdamen in einige Unruhe versetzt (I.5.98). Von größter Bedeutung und »allem vorauf aber« bleibt für den Grafen Barby, den Fontane hierin für sich mitsprechen läßt, »ob sich der vierte Stand etabliert und stabilisiert« (I.5.142).

Nicht nur den Innenpolitiker, sondern auch den Menschen BISMARCK sah Fontane in den letzten Jahren zunehmend kritischer. Schon den 1874 vom Kanzler ausgelösten Skandal um Harry Graf ARNIM hatte er mit gespannter Aufmerksamkeit verfolgt. Nicht nur hatte ARNIM, damals deutscher Botschafter in Paris, mit seinem

Eintreten für die französischen Royalisten die anders gelagerten politischen Intentionen des Kanzlers gestört, sondern auch noch gewagt, ihn öffentlich anzugreifen. BISMARCK, der in ARNIM einen potentiellen Konkurrenten sah, schlug mit aller Härte zurück, indem er dem Diplomaten vorwarf, sich widerrechtlich geheime Staatsdokumente angeeignet zu haben. Er vernichtete ARNIMS bürgerliche Existenz »mit Hilfe zweier dubioser Prozesse«, in denen dieser zu fünf Jahren Zuchthaus verurteilt wurde (L. GALL, 1980, S. 568). In *Cécile* tadelt, auf den Fall ARNIM anspielend, der entschiedene BISMARCK-Gegner Hedemeyer »die Omnipotenz« des Mächtigen und dessen »Übergriffe nach allen Seiten, und soviel Übergriffe, soviel Fehlgriffe« (I.2.269). Nicht um einen fehlenden Brief oder Rohrstuhl sei es gegangen. Was wirklich gefehlt habe, sei einfach nur Unterwerfung gewesen.

»Daß ein gewisser Halberstädter mit schwefelgelbem Kragen« und »Kürassieroffizier aus der Reserve« (I.2.354f.) gegenüber ARNIM, einem Mann aus einer Familie, »vornehmer als die Bismarcks«, Macht hatte vor Recht gehen lassen, empörte in *Irrungen, Wirrungen* auch den adelsstolzen Baron von Osten, »Frondeur« und »Träger einer Opposition quand même«. Zwar läßt sich die BISMARCK-Kritik weder Hedemeyers noch von Ostens ohne weiteres mit Fontanes Auffassung gleichsetzen. Dennoch hielt auch er BISMARCKS Vorgehen für bedenklich. Nicht nur zählte er die ARNIMS zu den »berühmten und bevorzugten« Adelsfamilien, die er weit über den »märkische[n] Durchschnitts-Adel« stellte (an EMILIE, 12.8.1882, IV.3.198). Er sprach sogar von BISMARCKS »Grausamkeiten gegen Harry Arnim« (II.3.466).

Auch der als »Negationsrat« apostrophierte Baron Duquede (*L'Adultera*), der sich ebensowenig wie Hedemeyer und von Osten durch besondere Klugheit oder Liebenswürdigkeit auszeichnet, wird in seiner BISMARCK-Kritik, wenn auch nicht in ihrer Maßlosigkeit, so doch in gewissem Umfang von Fontane bestätigt. Während der Baron prophezeit, der gegenwärtig (1879) in Deutschland umgehende »Heroenkultus« werde sich noch zum »Götterkultus« steigern, klagt Fontane gegenüber Georg FRIEDLAENDER darüber, daß BISMARCK glaube, sich gegenüber mißliebigen Gegnern »gottgleich alles erlauben zu dürfen« (an FRIEDLAENDER, 26. 1. 1887, IV.3.516).

Nicht minder beunruhigt zeigte sich Fontane über den Fall GEFFKEN. Der Professor für Strafrecht, ein Vertrauter FRIEDRICHS III., hatte nach dessen Tod Teile aus dem geheimen Kriegstagebuch des 99–Tage-Kaisers veröffentlicht. Dies mißfiel dem

Reichskanzler derart, daß er gegen GEFFKEN nicht nur ein Verfahren wegen Landesverrats anstrengte, sondern ihn sogleich in Untersuchungshaft nehmen ließ. Obwohl von der Echtheit der veröffentlichten Tagebuchauszüge überzeugt, bezichtigte er den Juristen dennoch der Fälschung.

Gewiß, auch Fontane hätte es lieber gesehen, die Veröffentlichung wäre unterblieben. Etwas »Schamloses« aber vermochte er darin nicht zu erkennen. Vielmehr bewertete er BISMARCKS Vorgehen als »häßliche Form kleinlichster Gehässigkeit«. Er warf dem Kanzler Mangel an Edelmut vor und nannte dessen Immediat-Bericht zur Erhebung der Anklage »furchtbar verlogen«. Mit ihm sei BISMARCK offenbar »in völlige Confusion« geraten (an FRIEDLAENDER, 1. 5. 1890, IV.4.42). So muß es wohl auch das Reichsgericht gesehen haben, das GEFFKEN sehr zur Genugtuung Fontanes freisprach.

Zu BISMARCKS Defiziten gehörte für Fontane nicht zuletzt dessen juristisch fragwürdiger Umgang mit dem beschlagnahmten Privatvermögen des 1866 entthronten hannoverschen Königs GEORG V., den er für unvereinbar mit rechtsstaatlichen Grundsätzen hielt, »wenigstens im alten Lande Preußen« (an MARTHA, 4. 4. 1891, IV.4.110), auf die er selbst in den Tagen der Märzrevolution so entschieden vertraut hatte.

Als 1884 Englands Botschafterposten in Berlin vakant wurde, hätte das Kronprinzenpaar ihn gern mit dem ihm befreundeten Sir Robert MORIER besetzt gesehen. BISMARCK lehnte jedoch ab. Er sah in dem Diplomaten, der wie GEFFKEN zum liberalen Freundeskreis um den Thronfolger gehörte, einen Intriganten, wenn nicht sogar Spion. Ende 1888 erschienen in der Presse Berichte, wonach MORIER, 1870 Gesandter in Darmstadt, über London den Franzosen angeblich Hinweise auf deutsche Truppenbewegungen hätte zukommen lassen. Fontane, dessen Mißtrauen gegenüber der Kronprinzessin nach wie vor lebendig war, hielt keineswegs für ausgeschlossen, daß »viel Strafbares, ja furchtbar Strafbares« vorläge. Allerdings verlangte er Beweise, zumal sich der Angeschuldigte, inzwischen Botschafter in St. Petersburg, vehement zur Wehr setzte. Da sie ausblieben, bewertete er das Ganze als »persönliche Gehässigkeit« BISMARCKS, die nicht nur dessen »Ruhm, sondern auch Deutschlands Ansehen« geschadet habe (an FRIEDLAENDER, 7. 1. 1889, IV.3.674). Noch Jahre später nannte er die Skandale um GEFFKEN und MORIER »lauter schlimme Kapitel, so schlimm, daß man froh sein muß, aus dieser Geschichte heraus zu sein«, die sich »derart auf die Forderung unbedingter Bismarckanbetung zugespitzt« habe, »daß alle freie Bismarckbewunderung darin unterging« (an FRIEDLAENDER, 1. 5. 1890, IV.4.42).

Selbst wenn ihm »nirgends […] ganz zu trauen« war (an HEYDEN, 5. 8. 1893, IV.4.272), in Fundamentalopposition zu BISMARCK stand Fontane dennoch nicht, wiewohl seine Empfindungen ihm gegenüber geteilt blieben. Sie entluden sich in seinen Briefen bisweilen in einem Feuerwerk ebenso gelungener wie antithetisch zugespitzter Formulierungen, gespeist aus wechselnden Stimmungen, literarischer Gestaltungsfreude und spontanen Eingebungen.

Sozialer und wirtschaftlicher Wandel

Ein nach wie vor ungelöstes Problem bildete die soziale Frage, die sich durch die wirtschaftlichen Schwierigkeiten der Jahre 1873–94 erneut verschärfte. Als 1892 in Hamburg die Cholera erneut zahlreiche Opfer forderte, zumeist in sozial benachteiligten Bevölkerungskreisen, nahm Fontane dies zum Anlaß, um auf die völlig unzulänglichen Wohnverhältnisse ungezählter Menschen in Berlin hinzuweisen: »Miethskasernen, Kellerlöcher, Hängeböden, Schlafburscheninstitut, alles überfüllt, Kanalluft, Schnaps, kühle Weiße und Budikerwurst – da kann es jeden Augenblick auch hereinbrechen« (an MARTHA, 1. 9. 1892, IV.4.211). Die 24jährige Hausgehilfin Hedwig – sie ist »mal wieder außer Dienst« – weiß anschaulich über ihre früheren Schlafstätten zu berichten: »Glauben Sie mir, es ist eigentlich zum Weinen. Und mitunter hab' ich auch schon geweint. Als ich nach Berlin kam, da gab es ja noch die Hängeböden. […] Immer sind sie in der Küche, mitunter dicht am Herd oder auch gerade gegenüber. […] Und am schlimmsten is es im Sommer. Draußen sind dreißig Grad, und auf dem Herd war den ganzen Tag Feuer; da is es denn, als ob man auf den Rost gelegt würde‹.« (I.5.148)

Die wirtschaftlichen und sozialen Auswirkungen von industrieller Revolution und Gründerjahren begegnen im Themenspektrum der Reisefeuilletons, Berichte, Briefe und Romane Fontanes nur streiflichtartig. Schottlands Geschichte etwa zog ihn weit mehr an als die »dreihundert Fuß hohen Fabrikschornsteine« Glasgows, die »wie erstarrte Dampfsäulen, hoch in den Himmel stiegen« (III.3/1.372). Wenn Adolf MENZEL mit seinem »Eisenwerk« Mächtigkeit und Faszination der neuen industriellen Produktionsstätten »zu einem Bildnis ihrer selbst« (B. SCHULZ, 1997, S. 34) werden ließ, so erhob Fontane seinerseits des Zeitgeists »*gewaltige Rauchröhren*« (II.3.526) zu ihrem Wahrzeichen. In seinen Romanen häufiger erwähnt, lassen die hohen Schornsteine nicht vergessen, daß es neben der Welt des preußischen (Militär-)Adels, dem er vor allem sein literarisches Werk öffnete, auch eine expandierende Industrie- und Arbeitswelt gab mit ungezählten fleißigen Menschen, die sich in qualm- und lärmerfüllten Hallen ihr oft schweres Brot verdienen mußten.

Seit er sich 1859 zu seinen *Wanderungen durch die Mark Brandenburg* aufgemacht hatte, registrierte Fontane die Veränderungen, die um ihn herum vorgingen. Sie begegneten ihm in den förmlich aus dem Boden schießenden Berliner Vorstädten mit den »großen Etablissements von Egels und Borsig«, über deren Schloten »die bekannte schwarze Fahne« wehte, und in den »heterogenen Elementen« der Bahnhöfe, Kasernen und Eisengießereien, die die Oranienburger Vorstadt prägten (II.2.156). Demgegenüber traf er am Wedding noch »die Bilder jener prosaischen Dürftigkeit« an, »wie sie dem märkischen Sande ursprünglich eigen sind« (II.2.157). Später entwickelte sich auch hier ein wichtiger Industriestandort mit tiefgestaffelten Mietskasernen. Ihren Höhepunkt erreichten sie in »Meyers Hof«, der mit seinen sechs Hinterhöfen mehr als tausend Menschen ein anspruchsloses Obdach bot.

Weiter draußen im Lande sah sich Fontane mit dem Produktionsvorgang der Ziegelbrennerei in Glindow und den Lebensbedingungen der »kümmerlichen Tagelöhnerbevölkerung« konfrontiert, »die nichts drin, nichts draußen hat« und »früh zugrunde geht«. Der fragwürdigen Behauptung der »Glindower Herren«, daß »nichts abhärtender und nichts gesünder sei, als der Ziegeldienst in Glindow«, hielt er die nüchterne Einschätzung Potsdamer Hospitalärzte entgegen, wonach der »stete Wechsel von Naßkälte und Glühofenhitze die Gesundheit früh zerstöre« (II.2.445). Gegensätzlich wie die Auffassungen über die Zuträglichkeit solcher Arbeitsbedingungen für die Menschen waren auch die Wohnverhältnisse von Ziegelarbeitern und »Ziegellords«. Während die Häuser der Fabrikherren sich mit Laubengängen, farbenprächtiger Clematis und japanischem Taubenhaus umgaben, fand sich unweit davon »die Lehmstube mit dem verklebten Fenster«, spielten Kinder, deren Sinne so trübe waren »wie das Wasser, worin sie waten und plätschern« (II.2.449). Bisweilen aber geriet Fontane, wie in *Irrungen, Wirrungen*, die Mühsal des Arbeitsalltags in Walzwerk oder Maschinenwerkstatt zur Idylle jenseits aller Sozialproblematik, so wenn die Arbeiter, einer »Gruppe glücklicher Menschen« gleich, umsorgt von ihren Frauen, unfern von »Qualm und Feuersäulen« ihr Mittagbrot verzehren (I.2.405).

In der Oranienburger Vorstadt wiederum, wo Stine, aber auch »*Borsig* und *Schwarzkoppen* seine« dicht bei den großen Fabriken wohnen, bildet die Spree eine deutliche Scheidelinie zwischen dem von Waldemar von Haldern frequentierten Sommerlokal im Schatten alter Bäume und den »Qualmwolken aus dem gerade gegenüber gelegenen Borsigschen Eisenwerke« (I.2.548).

Mag auch das Landschaftsbild durch die »Feueressen und Rauchsäulen« der Eisenhütte im Luftkurort Thale »nicht allzuviel an seinem Reize« verlieren, wie der Erzähler feststellt, zwei Berliner Feriengäste fühlen sich gleichwohl lebhaft an die Emissionen der Kuhnheimschen Düngemittelfabrik in Berlin-Kreuzberg erinnert: »Thale, klimatischer Kurort«, so habe man in der Annonce lesen können: »Und nun diese Schornsteine!« (I.2.151)

Unter dem Gespräch, ob sich der vierte Stand etablieren und stabilisieren werde, das Graf Barby und Baron Berchtesgaden auf ihrem Spaziergang nahe dem »Eierhäuschen« führen, tauchen vor ihnen die »Fabrikschornsteine von Spindlersfelde« auf (I.5.143). Ihre Rauchfahnen rühren von den modernen Großwaschanstalten, Färbereien und Reinigungen her, die Spindler, Absolvent der Klödenschen Gewerbeschule wie Fontane, am Stadtrand von Berlin betreibt. Die Frage der beiden Aristokraten, wodurch sich Spindlers so verbraucherfreundliche Preise ermöglichen, bleibt offen.

In der Köpenicker Straße schließlich, wo sich Kommerzienrat Treibel eine neue Villa im gründerzeitlichen Stil hat errichten lassen, treibt der Wind, wenn er ungünstig steht, von der benachbarten Fabrik für »Blutlaugensalz und Eisenvitriol« den »Qualm« heran, obschon Treibel »die Fabrikschornsteine mit jedem Jahr höher hinaufführen« läßt (I.4.307).

Von den Glindower Ziegelöfen der sechziger führt der Weg zur Globsower Glashütte der neunziger Jahre mit ihrem »rotgelben Rauch, der einem gleich die Lunge anfrißt« (I.5.69). Wie der Stechlin, an dem sie liegt, hält auch sie eine revolutionäre Botschaft bereit. Der Gedanke, daß aus »Bataille« und »Barrikade« der spielenden Arbeiterkinder womöglich einmal Ernst werden könnte, kommt einem Hauptmann von Czako allerdings keinen Augenblick. Vielmehr findet er deren Treiben »wirklich charmant« (I.5.66). Tiefer läßt Fontane da schon den alten Dubslav blicken, der »andere Tage« kommen sieht und im Hinblick auf künftige Entwicklungen von einer bevorstehenden »Generalweltanbrennung« spricht.

Ihr vorzubeugen bereitete BISMARCK bereits neun Jahre vor Aufhebung des Sozialistengesetzes einen Kurswechsel in der weiteren Behandlung der Arbeiterfrage vor mit dem Ziele, die dringendsten sozialen Probleme mittels staatlicher Gesetzgebung zu entschärfen, die Klassengegensätze zu vermindern und damit den innergesellschaftlichen Frieden zu sichern.

Mit seinem Sozialgesetzgebungswerk (ab 1883) zur Krankenversicherung, zur Unfallversicherung (1884) und zur Alters- und Invaliditätsversicherung (1889), das im Reichstag von Konservativen, Nationalliberalen und Zentrum mitgetragen wurde, machte BISMARCK das Deutsche Reich auf dem Gebiet der sozialen Sicherung zum modernsten Staat Europas. Entgegen Mühlenbesitzer Gundermann, der BISMARCKs Sozialgesetze als »Neuerungen, an denen sich leider auch der Staat beteiligt«, tadelt und als »Begünstigung der Unbotmäßigkeit« und »Wasser auf die Mühlen der Sozialdemokratie« bewertet (I.5.26), wartete Fontane schon länger darauf, daß »die ganze Geschichte wieder aus ihrer Misere« herausgerissen würde (an EMILIE, 8. 6. 1878, IV.2.585). Er wußte, was es bedeutete, seinen Lebensunterhalt bestreiten zu müssen, und »is man mal krank un elend [...], wo soll man's denn hernehmen?« (I.2.484). Ob »herz- und gewissenlose Leute mit Kapital«, die ihr Personal ausbeuteten, eher im Bürgertum oder im Adel anzutreffen waren, blieb im Gespräch Fontanes mit dem Kutscherehepaar Moll im Lande Beeskow-Storkow offen (II.2.484f.). Nicht so im *Stechlin*, wo Hauptmann von Czako die Auffassung vertritt, ein richtiger Junker wie der alte Dubslav habe ohnehin »ein Stück Sozialdemokratie« im Leibe. Werde er gereizt, bekenne er »sich selber dazu« (I.5.207).

Wozu BISMARCK sich bekannte, war ein Stück »Staatssozialismus«, der sich schon »durchpauken« werde. Sein erstmals im Sinne staatlicher Daseinsvorsorge aus sozialen Gründen erfolgter Eingriff in die Wirtschaft erwies sich als zukunftsweisend. Er wurzelte in der Verbindung »von christlichem und politisch-pragmatischem Verantwortungsbewußtsein« (G. LOSTER-SCHNEIDER, 1986, S. 131), wie es auch im *Stechlin* begegnet. Mit einem solchen Lösungsansatz der sozialen Frage vermochte sich Fontane zu befreunden, um so mehr, als er gewaltsame Veränderungen ablehnte.

Während die alte Agrargesellschaft weiter an Bedeutung verlor, schuf die fortschreitende Industrialisierung insbesondere in innovativen Bereichen immer neue Arbeitsplätze. Rationelle Produktionsmethoden verbesserten die Lebensbedingungen der unteren Schichten und machten es möglich, »in einem Fünfzigpfennigbasar allerhand Einkäufe« zu billigen Preisen zu tätigen (I.5.143). Zudem belebte sich die Konjunktur und ließ die Löhne steigen bei relativ hoher Preisstabilität. Mit ihren Elektroerzeugnissen und chemischen Produkten »made in Germany« stieß die deutsche Wirtschaft in die Weltspitze vor. Ihr Erfolg basierte wesentlich auf dem wirkungsvollen Zusammenspiel von Universitäten, neuen Technischen Hochschulen und Forschungseinrichtungen der Industrie. Gleich seinem Pastor Lorenzen begrüßte Fontane die bahnbrechenden Leistungen der »Erfinder und Entdecker« wie James WATT und Werner von SIEMENS und verband damit die Hoffnung auf einen Exodus der »Bataillen« und »Bataillone« aus der modernen Geschichte (I.5.273).

Immer schneller veränderte sich die Welt. Während der alte BISMARCK angesichts der ausgedehnten Werftanlagen, hochaufragenden Kräne und mächtigen Dampfschiffe im Hamburger Hafen feststellte: »Das ist nicht mehr meine Welt« (zit. nach M. STÜRMER, 1994, S. 84), bewegten bei einer Rundfahrt am nämlichen Ort den alten Fontane, offen für alles Neue, ganz andere Empfindungen. Er fühlte sich durch das, was er sah, freudig bewegt, ja sogar »patriotisch« erhoben und wähnte sich hier an der »Wiege [...] jenes Angelsachsenthums, dem die moderne Welt entsprossen ist« (an FRIEDLAENDER, 23. 7. 1891, IV.4.135). Noch blickt in Berlin Baron Papageno *(Stine)* aus dem Fenster seines nach Ausstattung und Lage bevorzugten Wohnquartiers auf die Denkmäler ZIETENS, SCHWERINS und des Alten DESSAUERS, deren »bessere Tage« freilich längst zurückliegen. Gleich dahinter aber »türmen sich«, sinnbildlich für die politisch einflußreiche Staatsbürokratie und das wirtschaftlich beherrschende Unternehmertum, »die Ministerien auf, und Pleß und Borsig« (I.2.523). Während Reichsberlin dabei ist, sich neu zu entwerfen, gelangt der alte Graf von Haldern zu der resignierten Erkenntnis, wonach es à la longue zwecklos sei, »mit bloß legitimistischen Sentiments gegen Tatsachen« zu fechten (I.2.522).

Die Poggenpuhls haben das bereits an sich erfahren müssen. Schon der Name der Straße, in der sie wohnen, Großgörschenstraße, signalisiert eine – wenn auch ehrenvolle – Niederlage, nicht minder der »Hochkircher« in ihrer bescheidenen »Ahnengalerie«. Die eigentümliche »Doppelaussicht« auf die Erbbegräbnisse des Matthäikirchhofs, Chiffre der Vergänglichkeit einer einst adelig geprägten Welt, daneben die »roten und blauen Riesenbuchstaben« von »Schulzes Bonbonfabrik« (I.4.479), lassen keinen Augenblick vergessen, wem die Zukunft gehört. Fontanes Berliner Leserschaft assoziierte mit der Großgörschenstraße nicht zuletzt die

»Intensivbebauung« der sogenannten Roten Insel, zweifach unterbrochen durch die Gleisanlagen der Potsdam-Magdeburger- und der Berlin-Anhalter-Eisenbahn. Als Fontane an die Gestaltung der *Poggenpuhls* ging, hatte sich soeben August BEBEL in der Großgörschenstraße eingemietet.

Parteien, Wahlen, Reichstag

Die Bildung von politischen Parteien war in Deutschland vom Bürgertum ausgegangen. Mit der Revolution von 1848 hatten sich unterschiedliche politische Richtungen herauskristallisiert, die sich in der Folgezeit allmählich zu Parteien formten. Hervorgegangen aus der Opposition, stand ihnen lange »ihre Geschichte im Wege« (M. STÜRMER, 1983, S. 119), denn anders als in England waren sie nicht wirklich an der Machtausübung im Staat beteiligt. Sie entwickelten sich zu Weltanschauungsparteien und vertraten vorrangig die Interessen bestimmter gesellschaftlicher Gruppen.

Zur Zeit des Kaiserreichs waren im wesentlichen fünf politische Richtungen, die größere Parteiblöcke bildeten, im Reichstag vertreten. Die Nationalliberalen, die ihren Rückhalt vor allem im aufstrebenden Wirtschafts- und protestantischen Bildungsbürgertum besaßen, standen auf dem Boden der konstitutionellen Monarchie und unterstützten weitgehend den Machtstaat Bismarckscher Prägung. Durch ihre nachträgliche Indemnitätserteilung für BISMARCKS Vorgehen im preußischen Verfassungskonflikt hatten sich die Nationalliberalen, zu deren Anhängern mindestens bis Ende der siebziger Jahre auch Fontane gehörte, 1867 von der seit 1861 bestehenden linksliberalen Fortschrittspartei getrennt, die, überwiegend von Freiberuflern und Handwerkern getragen, bestrebt war, die Demokratisierung des Kaiserreichs bis hin zur parlamentarischen Monarchie nach englischem Muster voranzutreiben. Ausgenommen im Kulturkampf, stand sie in ununterbrochener Gegnerschaft zu BISMARCK. Zu ihr ging Fontane, der 1848 auf den demokratisch ausgerichteten Linksliberalismus gesetzt hatte, auf Distanz. Seiner Auffassung nach gefielen sich die Fortschrittler, realitätsfern und »rechthaberisch [...] im Doktrinarismus eines rabiaten Konventiklers« (III.4.443). Auch bei den Konservativen, in deren Lager Fontane 1862 als Kandidat im 139. Urwahl-Bezirk gestanden hatte, bildeten sich zwei unterschiedliche Richtungen heraus. Wollten die Altkonservativen (später Deutsch-Konservative), unterstützt vom Großgrundbesitz, die bestehenden Machtverhältnisse und damit das monarchische Prinzip mit seiner Privilegierung der aristokratischen Führungsschicht unbedingt erhalten wissen, so trennten sich von ihnen die Freikonservativen (später Deutsche Reichspartei), denen nicht wenige Gutsbesitzer, Industrielle und Vertreter der Bürokratie ihre Stimme gaben. Bereit, sich auf den Boden der Verfassung des Bismarckreiches zu stellen, unterstützten sie den Kanzler beim inneren Reichsausbau. Die Sozialdemokratie, politische Heimat vor allem der Arbeiterschaft, strebte eine grundlegende Veränderung der politischen, wirtschaftlichen und sozialen Verhältnisse an und propagierte die Übernahme der Herrschaft durch die Arbeiterklasse. Im Gegensatz zu den Liberalen, deren Wahlergebnisse sich mit den Jahren verschlechterten, vermochten sie ihren Stimmenanteil kontinuierlich zu verbessern. Als weitere gesellschaftliche Kraft von beachtlichem Gewicht präsentierte sich, durch den Kulturkampf gestärkt, der in der Zentrumspartei organisierte politische Katholizismus.

Nach Durchmusterung des Parteienspektrums im Dezember 1894 mochte Fontane sich zwar die »Junker-, die Zentrums- und die sozialdemokratische Opposition« gefallen lassen, denn »da ist Muck drin«, nicht aber die ihm »einfach ridikül« erscheinende Paragraphenreiterei der Fortschrittler (an P. und P. Schlenther, 6. 12. 1894, IV.4.404). Je älter er wurde, desto zurückhaltender zeigte er sich gegenüber politischen Parteien und ihrem Politikverständnis. Ihr häufiger Streit um Partikularinteressen lief ihm, der sich einen Ausgleich der Gegensätze wünschte, zuwider. Den Konflikt zwischen Politik und Moral berührte er häufiger in seinem Werk. So in *Vor dem Sturm*, wo General Bamme die Überzeugung vertritt, man gehe zusammen, solange es eben passe. »Manus manum lavat. [...] Alles ist Akkord und Pakt und gegenseitiger Vorteil« (I.3.556). Den Grafen Friedrich Leopold von Hertefeld zitiert Fontane mit dem Ausspruch: »Ich erkenne mehr und mehr, daß die Politik die Wissenschaft des Betruges ist« (II.3.266); und sein Kommerzienrat Treibel muß sich von einer Majorin Ziegenhals fragen lassen, warum er sich überhaupt in die Politik verirrt habe, verderbe er sich dadurch doch seinen guten Charakter und seine guten Sitten (I.4.321). Von daher ist es nur ein kleiner Schritt zum karikaturesken Figurenentwurf eines Leutnants Vogelsang, der, einem reaktionären »Vorachtundvierziger« nicht unähnlich, als Musterbeispiel der Anfälligkeit der Politik für leere Phrasen und persönliche Vorteilswahrnehmung erscheint. Kein Wunder, wenn es solchem »Kurpfuscher« (I.4.395) weder in »Markgraf-Pieske« noch in »Groß-Rietz« gelingt, mit dem abwegigen Programm seiner »Royaldemokratie« den (fiktiven) Reichstagswahlkreis Teupitz-Zossen für seinen Auftraggeber Treibel zu gewinnen. Am Ende ist der Kommerzienrat froh, seinen Irrweg zwischen Konservativen und Nationalliberalen verlassen zu können. Für den Fall einer erneuten politischen Betätigung weiß die Ziegenhals dem erfolglosen Kandidaten ein relativ unkompliziert zu handhabendes Verhaltensmuster anzubieten: »Rittergutsbesitzer sind agrarisch, Professoren sind nationale Mittelpartei und Industrielle sind fortschrittlich.« (I.4.321)

In seinem um 1895 entstandenen politisch-satirischen Fragment *Die preußische Idee*, das vom »patriotisch verbrämten Opportunismus« (NÜRNBERGER, FW, S. 307) eines Geheimrats Adalbert Schulze zwischen Vormärz und Reichsgründung handelt, spiegelt sich in manchem Fontanes eigene politische Biographie wider, als auch er es vergeblich »rechts und links und in der Mitte« versucht hatte.

Die Wahlthematik in *Frau Jenny Treibel* dürfte in Zusammenhang mit den Veränderungen in der politischen Landschaft durch neue Parteienkonstellationen stehen, die sich 1887 infolge der Ablehnung des Militärbudgets durch Zentrum, Freisinnige und Sozialdemokraten ergaben (C. GRAWE, 1984). Bedingt durch Sozialistengesetz und Septennatsstreit, tat sich Fontane bei den Reichstagswahlen der achtziger Jahre schwer, während er zuvor auf der Linie BISMARCKs sehr wahrscheinlich für die Nationalliberalen gestimmt hatte. Der wichtigen Wahl von 1887 blieb er fern, da er sich nicht in der Lage sah, für die eine oder andere Seite Partei zu ergreifen. Allerdings verhehlte er nicht, daß nach Lage der Dinge »der Bismarck-Enthusiasmus«, selbst bei den aufrichtigsten Bewunderern des Kanzlers, »immer mehr ins Wackeln« komme (an FRIEDLAENDER, 26. 1. 1887, IV.3.516). Von daher sind Zweifel angebracht, ob er 1890, als er »nach vielen vielen Jahren zum ersten Male wieder einen Stimmzettel in die Urne« legte (an H. HERTZ, 20. 2. 1890, IV.4.28), für die Kartellparteien stimmte, obwohl ihm bewußt war, daß es dabei mehr noch als um die Verlängerung des Sozialistengesetzes um das politische Überleben BISMARCKs ging.

Ebensowenig wie Treibel in Teupitz-Zossen, obwohl »ein guter und auch ganz kluger Kerl« (I.4.437), vermag sich, bei aller Sympathie des Autors für ihn, der alte Dubslav gegen den Sozialdemokraten Torgelow in Rheinsberg-Wutz durchzusetzen. Beide scheitern weniger als Kandidaten der »falschen Partei« als vielmehr an ihrer mangelnden Ausgewiesenheit für sach- und fachgerechte Parlamentsarbeit. Mit Recht hat LOSTER-SCHNEIDER (1986, S. 185 f.) darin eine Aufwertung der Volksvertretung im politischen Verständnis Fontanes gesehen, an die nach seinem Sturz selbst BIS-

MARCK gedacht zu haben scheint. Wenn der rasche Übergang des Gesprächs »von Wahl und Politik« auf »die neuesten Klatschgeschichten aus der Grafschaft« (I.5.196) mit einer gewissen »Fidelitas« geschieht, so nicht zuletzt auch deshalb, weil man um den begrenzten Einfluß des großen Hauses »mit den vier Ecktürmen« im wilhelminischen Deutschland weiß. Den Reichstag aber abschaffen, wie Gundermann hitzig fordert, mag selbst ein von Molchow nicht, für den das Nationalparlament »die beinahe einzige Stelle« ist, »wo wir den Mund [...] einigermaßen auftun und was durchsetzen können« (I.5.195). Gelegenheit hierzu bot die »Umsturzvorlage«, gegen die auch Fontane entschieden Front machte, wohl wissend, daß es einen wachsenden Demokratisierungsdruck »von unten« gab, der den Reichstag als politische Institution aufzuwerten begann. Bis zu seiner Entlassung hatte die politische Ausnahmeerscheinung des Reichsgründers in ihrer distanzierten Haltung gegenüber Funktion und Bedeutung des Reichstages Fontane nicht unbeeinflußt gelassen.

Gewiß hält der Erzähler in *Cécile* mit »epischer Ironie« (MÜLLER-SEIDEL, S. 192) Distanz zur Feststellung Eginhards, aus dem Grunde, es seien »die Männer großen Stils«, die Geschichte machten (I.2.212). Und doch schwingt in dieser Anspielung auf Treitschkes »Männer machen die Geschichte« cum grano salis Fontanes Einschätzung BISMARCKs als eines »Riesen« auf politischem Felde (an P. zu EULENBURG, 12. 3. 1881, IV.3.124) mit, dessen »Regiment, eine Genialitäts-Episode«, dazu geführt habe, »an oberster Stelle mit dem Ausnahmefall zu rechnen« (FFr, S. 149). Als solcher galt ihm BISMARCK, für den als Politiker er sogar Ausnahmegesetze gelten lassen wollte.

Wenn Fontanes Interesse an der Volksvertretung im ganzen noch immer eher zurückhaltend blieb und er sogar von »Wahlkrempel« sprach, der unmöglich der Weisheit letzter Schluß sein könne, so nicht, weil er von Demokratisierung nichts gehalten hätte. Für ihn mußte – wie in England oder Amerika – hinter einer »Volks*wahl*« auch eine »Volks*macht*« stehen, »fehlt *die*, so ist alles Wurscht« (an FRIEDRICH, 16. 6. 1898, IV.4.728). »Wir«, so schrieb er 1895 an Friedrich STEPHANY, »haben alles aus Kommisseration«, also aus Erbarmen und Mitleid. Bei dem, was sich das Reich an Parlamentarismus leistete, handelte es sich in seinen Augen nur um »Gnadengeschenke [...], die uns jeden Augenblick wieder genommen werden können«. Daraus sprechen Enttäuschung und Resignation über die noch immer ausstehende Entwicklung Deutschlands zur parlamentarischen Monarchie etwa nach englischem

Vorbild, in der die Staatsgewalt vom Volk ausgeht und der Regierungschef ohne Wenn und Aber dem frei gewählten Parlament verantwortlich ist. »Ehe nicht die *Macht*verhältnisse zwischen alt und neu zugunsten von ›neu‹ sich ändern, ist all unser politisches Tun nichts als Redensartenkram und Spielerei« (IV.4.426).

Außenpolitik des Gleichgewichts

Mit der Gründung des deutschen Nationalstaats war im Herzen Europas ein Machtblock entstanden, der nach Bevölkerungszahl, wirtschaftlicher Kraft und militärischer Stärke das 1815 in Wien so kunstvoll austarierte europäische Mächtesystem aus dem Gleichgewicht zu bringen drohte. Nicht von ungefähr hatte der leitende britische Staatsmann Benjamin DISRAELI 1871 von der »deutschen Revolution« gesprochen, durch die sich alle Prinzipien der Staatspolitik und diplomatischen Tradition umkehren müßten. Niemand wußte das besser als BISMARCK, bestrebt, das Reich »vor den bedrohlichen Folgen seiner Gründung zu bewahren« (A. HILLGRUBER). Als eine der schwerwiegendsten erwies sich die Annexion Elsaß-Lothringens, die BISMARCK das Kunststück abverlangte, Frankreich auf Dauer keinen Verbündeten in Europa für einen möglichen Revanchekrieg finden zu lassen.

Wie isoliert aber das Reich selber war, zeigte die »Krieg-in-Sicht«-Krise von 1875. Als BISMARCK im Hinblick auf das militärisch schneller als erwartet wiedererstarkte Frankreich in der Presse die Möglichkeit eines Präventivkrieges in Betracht zu ziehen schien – ein Reflex davon findet sich in Fontanes *L'Adultera*: »binnen heut' und drei Monaten haben wir Krieg« (I.2.26) – mußte er erkennen, daß England und Rußland nicht gewillt waren, dies hinzunehmen. Für BISMARCK wurde diese Erfahrung zur »Wegscheide der Politik« (A. HILLGRUBER). Seine Besorgnis, die auch Fontane teilte, das Reich als Nachbar dreier Großmächte könnte womöglich nur vorübergehend Bestand haben, ließ ihn alles tun, um das so mühsam Erreichte zu sichern. Fortan stand die Außenpolitik des Reichskanzlers ganz im Zeichen einer pragmatischen Sicherheitspolitik. Sie gestaltete sich um so schwieriger, als das Zarenreich in der Balkanregion, wo es imperiale Interessen verfolgte, die kulturelle und politische Vereinigung aller Slawen unter russischem Protektorat anstrebte. Hierüber kam es 1877 zum Krieg mit dem Osmanischen Reich. Der Sieg des Zaren über den Sultan alarmierte England, aber auch Österreich-Ungarn. Eine große militärische Konfrontation schien unmittelbar bevorzustehen, die auch das Reich in den englisch-russischen Weltgegensatz hineinzuziehen drohte, als es BISMARCK auf einem 1878 nach Berlin einberufenen Kongreß übernahm, zwischen den an der Orientkrise beteiligten Mächten als »ehrlicher Makler« zu vermitteln. Dies gelang ihm allerdings nur um den Preis einer Verstimmung Rußlands, das sich um seinen »Siegfrieden« gebracht sah und am Ende auf Bulgarien verzichten mußte.

Seit er unter den Mauern von Windsor Zar NIKOLAUS I., »dem größten aller irdischen Potentaten«, wie Englands Königin VIKTORIA befand, bis »auf ganz kurze Distanz« (III.4.303) begegnet war, schenkte Fontane den Beziehungen Preußens und später des Reiches zu den Weltmächten Rußland und England besondere Aufmerksamkeit. Sie galt nicht minder dem Gegensatz der beiden europäischen Flügelmächte, der sich durch die Expansion des Zarenreichs in Richtung Persien und Afghanistan noch verstärkte.

Was an der gastlichen Tafel des Prinzen FRIEDRICH KARL in Dreilinden, zu der Fontane 1882 geladen war, über »*Skobeleff – Wereschtschagin* und Exkurse nach Turkmenien, Merw und Samarkand« gesprochen worden war, fand in manchem Eingang in seinen zwei Jahre später begonnenen Roman *Cécile*, wo auf den wachsenden Einfluß des nationalistisch ausgerichteten Panslawismus und die Verschlechterung der deutsch-russischen Beziehungen im Gefolge des Berliner Kongresses angespielt wird. So ist Leslie-Gordon, der noch 1877 unter General SKOBELEFF bei Plewna gegen die Türken gekämpft und in russischen Diensten ein »Triennium in der Steppe« verbracht hat, um seinen Abschied eingekommen, nachdem ihm »der wachsende Haß der Russen [...] gegen alles Deutsche« (I.2.192) bewußt geworden ist. Auch die Anspielung auf den russischen Maler Wassilij WERESCHTSCHAGIN, der die Grausamkeit des Krieges, darunter die Kämpfe am Schipka-Paß, in realistischen Darstellungen festgehalten hat, verweist auf die Orientkrise. Mehr noch: Sein von Rosa Hexel andeutungsweise ins Gespräch gebrachtes Bild »Apotheose des Krieges«, eine aus Totenschädeln aufgetürmte Pyramide, weitet die Perspektive bis nach Mittelasien und dessen Eroberung durch das Zarenreich seit der Jahrhundertmitte. Anders als die Tiermalerin vermag Leslie-Gordon, den sein Beruf als Zivilingenieur und Spezialist für Kabellegung unter anderem nach Samarkand geführt hat, mit dieser Stadt nichts Märchenhaftes zu verbinden, sondern nur eine den kriegerischen Ereignissen geschuldete »schreckliche Wirklichkeit« (I.2.164). Zum Thema Militärhilfe für orientalische Armeen hatte sich Fontane in Dreilinden notiert: »Techniker und Zivilingenieure [...] sind wichtiger als Offiziere« (II.3.346). Auch dies sollte sich in *Cécile* niederschlagen. Mit dem weltgewandten, Naturwissenschaft und Technik eng verbundenen Leslie-Gordon schuf er eine Figur, deren Genese sowohl auf den bekannten Erfinder und Unternehmer Werner von SIEMENS zurückzuführen ist als auch auf seinen Bruder Wilhelm und den schottischen Professor und Pionier der submarinen Telegraphie, Lewis D. B. GORDON, mit dem Wilhelm beruflich eng zusammenarbeitete und dessen jüngste Schwester er heiratete (FISCHER, 1999).

Zwar verringerte der Abschluß des Dreikaiservertrages von 1881 zwischen Berlin, Wien und St. Petersburg die Spannungen zunächst wieder, jedoch brach schon wenige Jahre später eine neue Balkankrise aus, bedingt durch den Versuch Alexander von BATTENBERGS, sein bulgarisches Fürstentum dem russischen Einfluß zu entziehen. Ein österreichisch-russischer Waffengang schien wahrscheinlich, bevor der Battenberger, so Fontane, »an der kühl ablehnenden Haltung des russischen Kaisers« (an FRIEDLAENDER, 5. 1. 1898, IV.4.686) endgültig scheiterte. Sein Nachfolger als Fürst von Bulgarien, der deutsche Prinz FERDINAND VON SACHSEN-COBURG-KOHARY, war am Zarenhof nicht weniger persona non grata. 1887 schien sogar eine russische Okkupation des Balkanlandes nicht ausgeschlossen, die Fontane an seine Frau schreiben ließ: »Ueber die ›Russen‹ sprechen wir mündlich; vielleicht ist ein Krieg näher, als wir glauben.« (an EMILIE, 16. 7. 1887, IV.3.552).

Auch in der Villa Treibel stellt man über die Frage von »Krieg und Frieden« Mutmaßungen an. Während der Kommerzienrat zweifelt, ob »selbst der leitende Staatsmann« eine Antwort darauf wisse, sieht die Gesellschafterin Fräulein Honig, sonst »gewohnt, mit der Majorität zu gehen« (I.4.325), »nach Westen hin einen klaren Himmel, während es im Osten finster braue […], und zwar oben sowohl wie unten« (I.4.451), nämlich in Rußland und Österreich. Die Aufhellung im Westen erwies sich nur als vorübergehend, indem der 1886 neu ins Amt gekommene französische Kriegsminister BOULANGER nicht nur für ein französisch-russisches Bündnis eintrat, sondern, begleitet von französisch-russischen Generalstabsgesprächen, zugleich einen Revanchekrieg gegen das Reich propagierte. BISMARCK antwortete darauf mit einer Heeresvermehrung im Rahmen des Septennats. Einen Präventivkrieg gegen Rußland, wie er im Generalstab diskutiert wurde, lehnte er als politischen Realitätsverlust ebenso entschieden ab, wie das unreflektiert um sich greifende militärische Überlegenheitsgefühl.

Die Spannungen zwischen beiden Ländern, verschärft durch deutsche Schutzzölle zugunsten des einheimischen Getreides, leuchten auch in *Quitt* auf, wo Förster Opitz als Anhänger der Kriegspartei und Protagonist eines ebenso maßlosen wie überheblichen Preußentums sich über Léon GAMBETTA, den Kopf des republikanischen Frankreich im Widerstand gegen die Deutschen, und Michael SKOBELEFF, den Führer der panslawistischen Kriegspartei, äußert, beide gewiß keine Deutschenfreunde. Auf die drei Einigungskriege zurückblickend, stellt er fest: »wir haben sie nun all am Kragen gehabt [...]; nur der Russe war noch nicht dran. [...] Aber ich denke, den fassen wir auch noch. Nennt sich immer Freund. Aber was heißt Freund! Alles Fusel, alles Dusel .[...] Da muß auch einmal aufgeräumt werden.« (I.1.226) Dergleichen lag Fontane denkbar fern, wiewohl er vier Jahrzehnte zuvor in einer nationalpatriotischen Aufwallung für die Sache der Schleswig-Holsteiner wider die »Furcht vor dem großen Popanz – Rußland« gewettert und – wenn es sein mußte – sogar »den Krieg mit jenem ungeschlachten, nachbarlichen Koloß« (III.1.65) nicht zu fürchten gemeint hatte. An der Überlegenheit der russischen Armee zweifelte er allerdings auch jetzt (1889), selbst wenn diese »von 150000 Mann turkmenischer Reiterei« begleitet würde (an MARTHA, 13. 5. 1889, IV.3.692).

In seinen autobiographischen Aufzeichnungen *Von Zwanzig bis Dreißig* (1895/96) blickte er ausführlich auf die preußisch-russischen Beziehungen zurück. Nach 1848 noch hatte für viele, darunter Hohenzollernprinzen, ein Zusammengehen mit Rußland als patriotische Pflicht gegolten. »Ja, warum nicht?« Hatte nicht Rußland nach Jena und Auerstedt den preußischen Staat gerettet? Und gehörte nicht Zar NIKOLAUS I. in Berlin sozusagen »mit zur ›Familie‹«? (III.4.401) Dennoch ließ Fontane, der trotz der Reformen unter Zar ALEXANDER II. mit allem »Russischen« ein Freiheitsdefizit verband, keinen Zweifel, daß ihm die Russophilie »im wesentlichen contre coeur« gegangen sei und man froh sein müsse, »aus der Vormundschaft« Rußlands, aber auch Englands endlich heraus zu sein (an MORRIS, 5. 8. 1893, IV.4.700).

Zwar war Fontane nicht entgangen, wie sehr die autokratische Weltmacht im Osten, der sich seit 1892/93 das republikanische Frankreich »huldigend an die [...] Seite« (III.4.402) drängte, mehr und mehr »Oberwasser« gewinnen mußte »und Frankreich desgleichen« (an A. von HEYDEN, 5. 8. 1893, IV.4.273). Auch wußte er wohl, wie sehr die Reichsgründung dem Stillhalten des Zarenreiches mit zu verdanken war. Dennoch hieß er den allmählichen Wandel in den Beziehungen zu Rußland gut, der im öffentlichen Bewußtsein populär war, richtete er sich doch gegen ein autokratisches Regime, dem weder Liberalismus noch Sozialdemokratie etwas abzugewinnen vermochten.

Als im Herbst 1896 der geheime Rückversicherungsvertrag von 1887 mit Rußland, dessen Erneuerung WILHELM II. 1890 abgelehnt hatte, durch eine gezielte Indiskretion BISMARCKS bekannt wurde, arbeitete Fontane bereits am *Stechlin*. Hier verlieh er dem Thema Rußland noch einmal einen wichtigen Stellenwert. Angeregt durch Czakos Achselklappen mit dem »wohlbekannten Namenszug des Regiments Alexander«, wendet sich ein Gespräch wie beiläufig der »Welt um den Alexanderplatz« zu mit ihrem »so eigenen Zauber« (I.5.42). In den Märztagen von 1848, als der Platz »von zwei Seiten her«, darunter aus der Alexanderkaserne, von Kugeln »bestrichen worden« war, hatte er zu den Brennpunkten des revolutionären Geschehens gehört, wie Fontane in seinen weithin gleichzeitig mit dem *Stechlin* konzipierten Lebenserinnerungen *Von Zwanzig bis Dreißig* anmerkte (III.4.503). Dubslav von Stechlin gewinnt allerdings rasch wieder festen Boden, indem er sich der Alexanderkaserne und den Tagen unter FRIEDRICH WILHELM III. und FRIEDRICH WILHELM IV. zuwendet, »als es immer hin- und herging zwischen Berlin und Petersburg« (I.5.44). Besonderes Gewicht legt er auf die »Waffenbrüderschaft von Anno dreizehn, und dies Anno dreizehn, das wir mit den Russen durchgemacht haben [...], das war doch unsere größte Zeit. Größer als die jetzt große« (I.5.45), wie er mit kritischem Seitenblick auf die Bündnispolitik unter WILHELM II. hinzufügt. Nachdrücklich bekennt er sich »für Rußland, für Nikolaus und Alexander [...]; alles andere ist revolutionär, und was revolutionär ist, das wackelt«. Was da »wackelt«, ist die »Waffenbrüderschaft der Orgeldreher und Mausefallenhändler« (I.5.46), wie Dubslav abschätzig bemerkt, Deutschlands Bündnis – es wurde 1882 durch den Beitritt Italiens zum Dreibund erweitert – mit dem immer schwächer werdenden österreichisch-ungarischen Vielvölkerstaat, auf den sich BISMARCK nach dem Berliner Kongreß mangels anderer Optionsmöglichkeiten 1879 festgelegt hatte. Anders als seine literarische Figur und ohne die vom Balkan her drohenden Gefahren in ihren möglichen Konsequenzen zu erkennen, sah Fontane, hierin dem ihm persönlich bekannten Journalisten ST. CÉRE zustimmend, der für *Le Figaro* schrieb, »in dem so viel angefochtenen Dreibund *wirklich* einen Friedenshort« (an FRIEDLAENDER, 29. 8. 1894, IV.4.382). Dies umso mehr, als der Vertrag eine Annäherung an England mit anstrebte.

Dubslav von Stechlins so entschiedene Option, die seinem Gesprächspartner Czako, für den Erzähler «ein ganz moderner, politisch stark angekränkelter Mensch« (I.5.44), einige Verlegenheit bereitet, lag Fontane, dem »immer verdächtig« war, was sich lange »in Rußland« aufgehalten hat, durchaus fern (an FRIEDLAENDER, 14. 1. 1890, IV.4.177). Seit langem an England orientiert, neigte er vielmehr der neuen außenpolitischen Linie zu, die auf ein Bündnis mit der anderen, der maritimen Weltmacht setzte. Dennoch verkannte er nicht, welch überragende Bedeutung Rußland für die Erhaltung des Weltfriedens zukam. In einem Brief aus Karlsbad, »wo die Kaiser und Könige in den Gott sei Dank verschwundenen Tagen der Polizeiallianz, die in der Geschichte den anspruchsvollen Namen ›Heilige Alliance‹ führt«, einst zusammengekommen waren, begrüßte er den Vorschlag von Zar NIKOLAUS II., hierher eine Konferenz »über die Abrüstung und den Weltfrieden« einberufen zu wollen (an MORRIS, 30. 8. 1898, IV.4.744). Sein Realismus im Hinblick auf die Weltmacht im Osten ließ ihn vor den »ewigen Einbildungen von unserer deutschen Herrlichkeit und Überlegenheit« warnen (an H. WICHMANN, 18. 9. 1898, IV.4.757). Für heutige Ohren nahezu prophetisch klingen seine Worte über die Zukunftsperspektive sowohl des britischen Weltreichs als auch des gewaltigen Imperiums zwischen Weichsel und Wladiwostok, das ebenfalls nur eine Episode sein werde, denn »ein sich auf sich selbst besinnendes nationales, religiöses und dem uralt Überlieferten angepaßtes Leben wird schließlich triumphieren und einigen Anspruch auf Dauer haben« (an MORRIS, 26. 10. 1897, IV.4.671).

1.2.5 Die wilhelminische Ära

Mit dem Dreikaiserjahr 1888 ging der Thron Preußens und des Reiches nach nur 99tägigem Intermezzo unter FRIEDRICH III. von einem 91jährigen auf einen 29jährigen über. Es war der fünfte Hohenzollernherrscher, den Fontane erlebte. Jedoch nicht von ungefähr spielt die Handlung der meisten seiner Zeitromane während der Regierungszeit WILHELMS I., die zugleich die Ära BISMARCKS war. In diesem Monarchen alter Schule, »dem letzten Menschen, der noch ein wirklicher Mensch war« (I.5.293), dessen Pflichtbewußtsein, Gradlinigkeit und bürgerlich anmutende Schlichtheit er schätzte, sah er die Einheit des Reiches über alle Klassen- und Interessengegensätze hinweg verwirklicht, wiewohl sein Verhältnis zu ihm infolge der kühlen Aufnahme seines dritten Kriegsbuches »eine langanhaltende Trübung« erfahren hatte (NÜRNBERGER, 1997, S. 278). Dem totkranken Kaiser FRIEDRICH, billigte Fontane zwar zu, von den besten liberalen Intentionen bestimmt zu sein und räumte ein, daß es in Preußen »auch einen liberalen Adel, eine liberale Geistlichkeit und eine liberale Beamtenschaft« gebe, an »Zahl wie geistiger Potenz der alten preußischen Regierungsgarde mindestens ebenbürtig«. Eine Chance, ihre politischen Vorstellungen zu verwirklichen, sah er für sie jedoch nicht, zumal FRIEDRICH III. bereits ein Sterbender war. Fontane befürchtete nur »Dilettantismus, wo noch eben Meistervirtuosen die Geige spielten« (BSJ II.99). Dies um so mehr, als von der Kaiserin in die alte Regierung »fortschrittlerisch hineingewirtschaftet« werde mit dem Ergebnis von »Willkürlichkeit und Konfusion« (*Tagebuch* II.243). Er teilte die weithin vorherrschende öffentliche Meinung, nach der »Vicky« als der bestimmende Ehepartner galt, was im Kern zutraf. Der hinterpommersche Landadel, so erfährt man in *Effi Briest* , sprach gern über BISMARCK und die Kronprinzessin. Das aber meinte für die zeitgenössischen Leser nichts anderes, als daß man vor allem die lebenslange gegenseitige Abneigung zwischen »der Engländerin« und ihrem Widerpart, dem »alten Ekel«, thematisierte. Immerhin sei doch auch NAPOLEON III. in den Händen der Kaiserin EUGENIE wie Wachs gewesen, und es sei keineswegs erwiesen, »ob nicht Frauenherrschaft eigentlich als Vorzug« gelten könne (I.4.67). Im Hinblick auf die »Princess Royal« hätte Fontane letzteres wohl verneint. Diese mochte sich nicht damit abfinden, daß eine Frau »nach preußischen Ideen« nichts anderes sein sollte »als eine Türkin im Harem« (zit. nach B. OHM, 1997, S. 110). Ähnlich wie Mathilde Möhring vermochte sie, selbst als Frau aus »allerhöchsten Kreisen«, politisch nur über bzw. durch ihren Mann zu wirken. Um so entschiedener setzte sie sich für eine Verbesserung der Frauenbildung ein. Sie übernahm die Schirmherrschaft über den Lette-Verein, dessen Ziel es war, Möglichkeiten einer Erwerbstätigkeit für alleinstehende Frauen »aus gutem Hause« zu fördern, die keinen Ehemann fanden und sich selber zu versorgen hatten (OHM, 1997, S. 11f.), dies um so mehr, als es in Preußen infolge der deutschen Einigungskriege einen nicht geringen Frauenüberschuß gab. Man darf annehmen, daß Fontane, dem die Zukunft seiner hochgebildeten, aber mittellosen Tochter Sorge bereitete, sich über das Ausbildungsprogramm des Lette-Vereins unterrichten ließ. In *Frau Jenny Treibel* erläutert Corinna Schmidt, als deren Vorbild Tochter MARTHA in manchem angesehen wird, Mr. Nelson aus Liverpool den Lette-Verein als »ein Institut oder eine Schule für weibliche Handarbeit. Ich glaube sogar nach englischem Muster, was noch ein besonderer Vorzug wäre« (I.4.326). Seit den 70er Jahren gehörten zum Lette-Verein

auch eine Handels- und Gewerbeschule sowie ein Lyzeum für
Mädchen. Unterrichtet wurden u. a. Hausarbeit, Schneidern, Maschinennähen, praktisches Handarbeiten (Corinna Schmidt gewann zwei Medaillen als Kunststopferin), Gesundheits-, Nahrungsmittel- und Wirtschaftslehre. Das Victoriahaus für Krankenpflege, ebenfalls eine Gründung der »Princess Royal«, bot, die ärztliche Tätigkeit ergänzend, gebildeten Frauen und Mädchen die Möglichkeit, einen Beruf zu erlernen, der sie geistig und materiell zufriedenstellen sollte. Eine politische Gleichberechtigung der Frauen wurde laut Vereinssatzung nicht angestrebt. Im übrigen ruft Corinna Schmidts Hinweis auf Reck und Hanteln in Erinnerung, daß die »Engländerin« auch entschieden den Turnunterricht für Mädchen förderte, der in Preußen als unweiblich abgelehnt wurde. Mr. Nelson aus Liverpool zumindest hätte die »deutsche Weiblichkeit« gern durch Eigenschaften wie »always quick and clever« (I.4.325) bereichert gesehen, worin er wenigstens Corinna auf dem richtigen Wege wußte. Nach ihrer Trennung von Innstetten von der Gesellschaft gemieden und zur Untätigkeit verurteilt, erinnert sich Effi Briest, es gebe »so Vereine, wo junge Mädchen die Wirtschaft lernen oder Nähschulen oder Kindergärtnerinnen« (I.4.266). Gern würde sie sich beteiligen, »wo man sich nützlich machen kann«. Von der Gesellschaft geächtet, bleibt ihr sogar verwehrt, »bei Gutem mit dabei zu sein« (I.4.266).

Angesichts der tiefen Kluft zwischen VICTORIA und dem »bösen Mann« BISMARCK wähnte Fontane mit der Thronbesteigung FRIEDRICHS III. BISMARCKS Politik bereits »auf dem Katafalk tot ausgestellt und mit Fingern darauf gewiesen« (an MARTHA, 13. 3. 1888, IV.3.592). Nie zuvor war er entschiedener auf die Seite des Reichskanzlers getreten als im Frühjahr 1888. Er attestierte ihm, das Größte vollbracht zu haben, »das *politisch* in einem Jahrtausend geleistet worden« sei, ja sogar die Leistungen FRIEDRICHS DES GROSSEN und NAPOLEONS überrage (ebd.). Dessen ungeachtet nötigte das leidvolle Schicksal FRIEDRICHS III. und die Haltung, mit der er es trug, Fontane hohen Respekt ab, den er in zwei Gedichten zum Ausdruck brachte. Als Kaiser blieb er für ihn nur ein »Mann der Möglichkeiten« (H. SEIER, 1990, S. 410). Ob er am Ende die Hoffnungen der Liberalen auf weniger Staat und mehr bürgerliche Mitsprache hätte erfüllen können, ob er unter dem Einfluß seiner englischen Gemahlin gar ein »Bürger-Kaiser« geworden wäre, das Reich stärker am liberalen Westeuropa orientiert und einen Ausgleich mit England bewirkt hätte, muß offen bleiben. Dubslav von Stechlin jedenfalls glaubt nicht, daß FRIEDRICH III. dem märkischen Sandboden »die richtige Witterung« gebracht hätte, ohne an der Gegnerschaft des wieder erstarkenden Junkertums zu scheitern. Dann, so folgert Graf Barby, »wär' es schließlich ein Glück, daß es nach den neunundneunzig Tagen anders kam« (I.5.307).

Der »Neue Kurs«

Mit WILHELM II. betrat ein Mann die Bühne der Geschichte, der keinen Augenblick daran zweifelte, daß auch Deutschland fortan eine führende Rolle als Weltmacht spielen müsse. Zwar hegte er anfänglich große Bewunderung für BISMARCK, dennoch stand ihm der Kanzler bald mehr und mehr im Wege, als er seinen persönlichen Einfluß auf die Reichspolitik geltend machen wollte. Unsicher und leicht beeinflußbar, überschätzte er, der keineswegs nur negative Eigenschaften besaß, nicht selten seine verfassungsmäßigen Möglichkeiten und eigenen Fähigkeiten. Die Ratgeber, zumeist aus aristokratisch-militärischen Kreisen, mit denen er sich umgab, zollten seinem Auftreten und Regierungsstil unkritisch die erwartete Bewunderung, ohne auf die Gefahren aufmerksam zu machen, die seine häufig unbedachten Eingriffe in die Regierungsgeschäfte heraufbeschwören mußten. Tatsächlich gemahnte sein von Sprunghaftigkeit und Widersprüchlichkeit geprägtes »persönliches Regiment« bisweilen an neoabsolutistisches Gebaren. Allzu häufig meldete er sich öffentlich zu Wort ohne Rücksicht darauf, welche Wirkung seine oft fatale Rhetorik nicht nur daheim, sondern vor allem draußen in der Welt haben mußte. Dennoch erlebte Deutschland unter WILHELM II., der hierfür sehr aufgeschlossen war, einen gewaltigen wirtschaftlichen, wissenschaftlichen und technischen Aufschwung und rückte, allmählich sogar England überflügelnd, unter die führenden Handels- und Industrienationen auf.

Daß sich der Kaiser von BISMARCK trennen würde, konnte am Ende nur eine Frage der Zeit sein. Meinungsverschiedenheiten zwischen beiden bestanden nicht nur in der Sozialpolitik, sondern auch hinsichtlich des Rückversicherungsvertrages mit Rußland. Die düstere Prophezeiung der Kaiserin VICTORIA, Deutschland werde »nun ein anderes werden«, denn ihr Sohn, WILHELM II., »jung, verblendet und befangen«, wie er sei, werde »einen verkehrten Weg gehen und von schlimmen Menschen zu schlimmen Dingen gebracht werden« (H. SEIER, 1990, S. 418), wäre bei Fontane damals nicht auf fruchtbaren Boden gefallen. Wohl aber quittierte er den Sturz BISMARCKS mit der Bemerkung, »es ist ein Glück, daß wir ihn los sind« (an FRIEDLAENDER, 1. 5. 1890, IV.4.42). Landauf, landab fragte man sich, wie die Bewahrung des nach seinem Willen konservativ ausgerichteten Staatswesens mit seiner nach wie vor überwiegend aristokratischen Führungsschicht überhaupt noch zusammenpasse mit dem hocheffizienten dynamischen kapitalistischen Wirtschaftssystem und der politischen Mobilisierung der Massen mittels des allgemeinen Reichstagswahlrechts (L. GALL, 1980, S. 150).

Auch Fontane verspürte nach der innenpolitischen Erstarrung der späten Bismarckzeit die Aufbruchstimmung, hieß sie gut und ergriff Partei für WILHELM II. Wie nicht wenige seiner Zeitgenossen stand er dem jungen Kaiser, der »ganz unkleinlich, forsch« sich neue Hosen machen lasse, »statt die alten auszuflicken« (an FRIEDLAENDER, 5. 4. 1897, IV.4.642), zunächst durchaus positiv gegenüber. Noch sah er in ihm keine »bedrohliche Erscheinung« (an THEO, 17. 6. 1888, IV.3.616), sondern einen hoffnunggebenden Fürsten voller »Überlegenheit, Klugheit – und Gerechtigkeit« (an FRIEDLAENDER, 12. 4. 1894, IV.4.341), der »nicht alles bloß dem Zufall« überließ (*Tagebuch* II.243). Er zeigte sich sogar bereit, ihm manches nachzusehen, wie den peinlichen Eintrag ›Suprema lex regis voluntas‹ ins Goldene Buch der Stadt München (1891), der vielerorts als Proklamation eines neuen Absolutismus getadelt wurde. Fontane war keineswegs entgangen, daß selbst die konservative Presse, deren »Courage« er höher veranschlagte als die der liberalen Blätter, dagegen aufgemuckt hatte. Er registrierte »das alles mit Trauer, und um so mehr als der Träger dieses modernsten Absolutismus ein ungewöhnlich kluger Herr ist und in vielen Stücken den Nagel auf den Kopf trifft« (an FRIEDLAENDER, 16. 11. 1891, IV.4.162). In des Kaisers Unbedachtheit sah er das Erbteil der »Koburger«, die den Fehler hätten, »in der Reihe der Doktoren« obenan stehen zu wollen (ebd.), was insbesondere für die »Princess Royal of England« gelte. Dennoch mußte er bei allem Wohlwollen allmählich erkennen, daß sich Wilhelms »absolutistische Kraftsprüche« (NIPPERDEY, 1992, S. 477) mehrten, der darauf pochte, alleiniger Herr im Reich zu sein. Als 1894 Ludwig QUIDDES Schrift *Caligula – eine Studie über römischen Cäsarenwahn* erschien, kam dies einer Sensation gleich. Sie erlebte binnen kurzem 30 Auflagen. Das als historische Studie getarnte Pamphlet, dem Fontane etwas vorschnell wissenschaftlichen Anspruch zubilligte, ließ hinter der Gestalt des einstigen römischen Gewaltherrschers ebenso treffend wie ungeniert das neoabsolutistische Gebaren WILHELMS II. durchscheinen. Trotz erheblicher Vorbehalte gegenüber der Person des Bremer Historikers und Politikers, der 1927 den Friedensnobelpreis erhalten sollte, lobte Fontane dessen schriftstellerische Leistung als »etwas sehr Gelungenes, sehr fein, sehr geschickt. Stilist comme il faut«. Allerdings sträubte sich sein Taktgefühl, den Kaiser durch QUIDDE, der ihm als »Nummer« galt, »vor der man sich zu hüten hat« (an STEPHANY, 4. 6. 1894, IV.4.364), in ätzender Schärfe zur Karikatur reduziert zu sehen.

Noch hielt er sich mit Kritik an WILHELM II. zurück, jedoch verbrauchte sich dessen Sympathiebonus nun rasch. So verargte Fontane dem Kaiser seine Abkehr vom Versöhnungskurs gegenüber der Sozialdemokratie mittels der sogenannten »Umsturzvorlage«. Da sie mit einem so nüchternen und gradlinigen Mann wie CAPRIVI nicht zu machen war, ernannte WILHELM II. 1894 den liberal-konservativen süddeutschen Aristokraten Fürst Clodwig zu HOHENLOHE-SCHILLINGSFÜRST zu dessen Nachfolger. Alsbald legte die Regierung dem Reichstag ein »Gesetz zur Bekämpfung der revolutionären Bestrebungen im Lande« zur Entscheidung vor, das sich vor allem gegen SPD und Gewerkschaften richtete. Zudem schien die Gelegenheit günstig, gesellschaftskritische Literatur wie Gerhart HAUPTMANNS *Die Weber*, die offiziell als Beispiel für skandalösen Sittenverfall gebrandmarkt wurden, künftig nur ja gleich mit zu unterdrücken. Fontane fühlte sich davon entschieden mitbetroffen. Nie zuvor hatte er sich öffentlich stärker politisch engagiert als in den ersten Monaten des Jahres 1895, die Revolutionsjahre 1848/49 und seine Kandidatur auf der Liste der Konservativen für den Preußischen Landtag 1862 ausgenommen. Hatte er sich, ohne deswegen ins Lager der Naturalisten übergehen zu wollen oder sich gar als Avantgardist zu verstehen, seinerzeit entschieden auf HAUPTMANNS Seite gestellt, so trat er auch jetzt wieder für die Freiheit der Kunst ein. Er dachte nicht daran, in der sich anbahnenden Auseinandersetzung etwa still beiseite zu stehen, zumal er diesmal die erforderlichen »Zentner an Überzeugung« besaß. Nicht nur unterzeichnete er die Petition gegen die »Umsturzvorlage«, er erbot sich sogar, die Unterschrift anderer bekannter Künstler einzuwerben.

»Eh wir nicht volle Freiheit haben, haben wir nicht volle Kunst; ob einige Zoten und Frechheiten mit drunterlaufen, ist ganz gleichgültig, *die* leben keine 3 Tage. Die Regierenden glauben hier, auf jedem Gebiet, das todte Zeug einpökeln zu können« (IV.4.451), schrieb er am 6. 5. 1895 an FRIEDLAENDER. Dabei dürfte er bereits an den Fall Oskar PANIZZA gedacht haben, dessen *Liebeskonzil*, ein Theaterstück von »gigantischer Blasphemik«, seinem Verfasser ein Jahr Gefängnis eintrug. Der Einladung Maximilian

HARDENS, über den verfehmten Autor zu schreiben, mochte Fontane zwar nicht nachkommen, PANIZZAS Stück aber nannte er »ein bedeutendes Buch« (22. 7. 1895, IV.4.462). Mehr noch: Seine Kritik an den rückständigen innenpolitischen Verhältnissen in Deutschland dürfte selten deutlicher formuliert worden sein.

Auch der zunehmend widersprüchliche innen- und außenpolitische Kurs WILHELMS II. ließ Fontane mehr und mehr auf Distanz gehen bis hin zur Revision seiner ursprünglichen Einstellung. Sie wird sowohl in der Figurenrede seines letzten Romans als auch in den Briefzeugnissen jener Jahre sichtbar und verdichtet sich zu massiver Kritik am Kaiser. Ohne ihn namentlich zu nennen, wirft ihm Pastor Lorenzen vor, nie das zu halten, »was man von ihm erwartet«. Nach einem »leidlich ehrlichen Versuch, als Neugestalter aufzutreten«, wobei er »ein Volksbeglückungsprogramm auch wirklich aus der Tasche« geholt habe, wie es bei Regierungsantritt gegenüber der Sozialdemokratie der Fall gewesen sei, lenke »der Neuerer wieder in alte Bahnen und Geleise ein« (I.5.369). Zwar breche er »mit dem Alten«, so schärfte Fontane im April 1897 brieflich nach, aber nur, um das Uralte wiederherzustellen (an FRIEDLAENDER, 5. 4. 1897, IV.4.642). Nicht nur rechnete er die Ermutigung des »jetzt in unserem Lande blühenden Borussismus« (an MORRIS, 5. 2. 1898, IV.4.697) durch den Kaiser mit dazu, sondern auch die neuerliche Aufwertung der privilegierten Stellung des Adels in Staat und Gesellschaft, die eine Überwindung der Klassengegensätze erheblich erschweren mußte, zumal das Bürgertum, um seine eigene Position besorgt, lieber Anschluß nach oben suchte. Damit nicht genug, rügte er die forcierten militärischen Anstrengungen und forderte: »die Rüstung muß fort, und ganz andere Kräfte müssen an die Stelle treten: Geld, Klugheit, Begeisterung«. Nur so könne der Kaiser »mit seinen 50 Millionen Deutschen jeden Kampf aufnehmen« (an FRIEDLAENDER, 5. 4. 1897, IV.4.643).

Statt die alten »Grenadierblechmützen« wieder hervorzuholen und einem aus dem historischen Kostümfundus beschworenen Friderizianismus zu huldigen, sollte der Kaiser »um eine Nummer weiter zurückgreifen«, und zwar auf FRIEDRICH WILHELM I. Ihn benötige man jetzt, um mit der »aufgesteiften, falschen Adelsmacht« ein Ende zu machen (an FRIEDLAENDER, 14. 5. 1894, IV.4.353). Fontane sah weder im Vorrang des Militärs noch in der Bildungsinsuffizienz des Adels zukunftsträchtige Säulen des staatlichen Gemeinwesens. Wenn er mit einer in seinen späten Briefen häufiger anzutreffenden Altersradikalität, die in seine Romane niemals Eingang fand, forderte, über den Adel müsse »hinweggegangen werden«, so, weil er ihm historisch überlebt erschien und er sich für die moderne Gesellschaft »einen ganz anderen Unterbau« wünschte (an FRIEDLAENDER, 5. 4. 1897, IV.4.643). Dabei dachte er auch an einen neuen Adel, der über geistige und moralische Fähigkeiten verfügen, für »das Ganze« Bedeutung haben, »Vorbilder stellen« und »große Beispiele geben« müßte (an FRIEDLAENDER, 6. 5. 1895, IV.4.451). Zu einer gänzlichen Verurteilung des Adels verstand er sich jedoch ebensowenig wie im Falle BISMARCKS. Weder vermochte er sich von dem für ihn künstlerisch und ästhetisch so anregenden Stand noch von einem Meister der Sprache wie BISMARCK, der »selbst vor Shakespeare die Einfachheit und vollkommenste Anschaulichkeit« voraus habe, innerlich zu trennen. Solches Lob hatte sich der Altreichskanzler durch einen Seitenhieb auf WILHELM II. verdient, der danach trachte, fernliegende Dinge »ʼbeständig in der *Luftlinie*ʻ« erreichen zu wollen, »das ginge aber nicht und der Weg unten sei mühsam und voller Hecken und Gräben« (an HEYSE, 8. 1. 1891, IV.4.86). Selbst Dubslav von Stechlin, dem in der Lenkung des Staates ein »Alter-Fritzen-Verstand«, der »die ganze Geschichte regulieren könnte« (I.5.44), lieber wäre als die ganze preußische Verfassung, sieht in WILHELM II. offensichtlich nicht den geeigneten Mann dafür.

Ohne daß er selber ihre kritische Dimension überhaupt schon hätte ermessen können, muß Dubslavs Äußerung, wonach »ein solcher oberster Wille auch seine Werkzeuge« benötige, die in Adel und Armee bereitstünden (I.5.44), gleichwohl gegen den Strich gelesen werden. Zwar fiel die aufsehenerregende Rede vom Februar 1897, in der Kaiser Bismarck als bloßen »Handlanger« WILHELMS I. abqualifiziert hatte (E. JOHANN, 1966, S. 70), nicht mehr in den Handlungszeitraum des *Stechlin*, dennoch bezog Fontane sie bewußt in seine tour d'horizon durch das wilhelminische Deutschland mit ein. Für ihn verdankte das Haus Hohenzollern seine »ganze neue Glorie [...] dem genialen Kraftmeier im Sachsenwald. [...] Und *der* soll Werkzeug gewesen sein oder Handlanger oder gar Pygmäe. Wie kann man die Geschichte so fälschen wollen« (IV.4.644).

Innenansichten

Ebenso wie die anderen westeuropäischen Industriegesellschaften bot auch Deutschland unter den Hohenzollernkaisern zunehmend das Bild einer Klassengesellschaft, gekennzeichnet durch unterschiedliche ökonomische und soziale Verhältnisse sowie ein deutliches Bildungsgefälle. Es gab, wie Fontane feststellte, etablierte

Mächte, denen man sich zu unterwerfen habe: »Diese Mächte sind verschieden: Geld, Adel, Offizier, Assessor, Professor. [...] Es kommt nun darauf an, daß einen das Leben, in Gemäßheit der von einem vertretenen Spezialität, richtig einrangiert.« (An FRIEDLAENDER, 3. 10. 1893, IV.4.299) Der arbeitenden Klasse, der mindestens drei Viertel der Bevölkerung angehörten, standen etwa vier bis fünf Prozent gegenüber, die der wirtschaftlichen Oberklasse zuzurechnen waren. Dazwischen war mit höchstens einem Prozent die schmale Schicht des Bildungsbürgertums angesiedelt; hinzu kam das Mittel- und Kleinbürgertum mit zehn bis fünfzehn Prozent der 75 Millionen zählenden Reichsbevölkerung. In dem im europäischen Vergleich hervorragend ausgebauten Bildungssystem nahm die von 90 Prozent der Schulpflichtigen besuchte Volksschule einen wichtigen Platz ein. Von den sechs bis sieben Prozent, die ein Gymnasium besuchten, legten ca. ein bis zwei Prozent die Reifeprüfung ab. Die Gymnasiasten kamen im wesentlichen aus dem Bildungsbürgertum, zunehmend aber auch aus der bürgerlichen Mittelschicht (H. U. Wehler, 1995, S. 1279).

Selbstverständlich war Fontane stolz auf seinen Zweitältesten (THEODOR), der am Französischen Gymnasium in Berlin das Abitur abgelegt hatte. Wie so viele seiner Zeitgenossen aus bürgerlichem Milieu ohne Adelsprädikat und Vermögen, nutzte auch er für seine Söhne THEO und GEORGE – er sprach von einem »wohlüberlegte[n] und wohlgereifte[n] Entschluß« (an M. von ROHR, 15. 4. 1870, IV.2.294) – die Berufs- und Aufstiegschancen, die das Militär damals bot, dessen Prestige nach drei siegreichen Kriegen im Zenit stand. Auch er sah in der Armee, deren hohe Kommandostellen nach wie vor fast ausschließlich in der Hand des Adels waren, einen wesentlichen Stabilisierungsfaktor des Bismarckreiches, von dessen Kraftfeld sich selbst das Bildungsbürgertum in beachtlichem Maße angezogen fühlte. Allerdings war Fontane nicht gewillt, dem Militär die Sonderstellung eines Staates im Staate einzuräumen und hielt, darin ganz auf der Linie BISMARCKS, unbeirrt am Primat der Politik fest. Sein Leitbild war eine Zivilgesellschaft, wie er sie von England her kannte und bejahte. Entschieden wandte er sich gegen die zunehmende Vergötzung alles Militärischen, das mit seinen starren Verhaltensnormen und anachronistischen Ehrbegriffen Leben und Denkweise der Gesellschaft mehr und mehr zu prägen begann. Zwar hielt man in bürgerlichen Kreisen vielfach noch immer an den Maximen humanistischer Bildung fest, auch wenn Gymnasialprofessor Willibald Schmidt »das Klassische, was sie jetzt verspotten« (I.4.469), auf dem Rückzug sieht. Daneben aber brach sich das staatliche Berechtigungswesen mit seinen vorgeschriebenen Examina als »Eintrittsbillet in attraktive Karrieren« immer ausschließlicher Bahn und verflüchtigte das Ideal der Selbstbildung der Persönlichkeit allmählich ins Unverbindliche. An dessen Stelle trat die Institution des Reserveleutnants, in der Fontane nicht nur den »Vitzliputzli des preußischen Cultus« überhaupt sah (an FRIEDLAENDER, 3. 10. 1893, IV.4.300), sondern auch ein Lebenselixier des ihm so unerträglichen Militarismus, mit dem er sich wieder und wieder auseinandersetzte, sei es in seinem erzählerischen Werk oder – weit kritischer noch – in seinen Briefen. »Auch wieder einer«, bemerkt Melanie van der Straaten, als sie auf die Visitenkarte Ebenezer Rubehns schaut, »und noch dazu aus der Reserve! Mir widerwärtig, dieser ewige Lieutenant. Es gibt gar keine Menschen mehr.« (I.2.46) Man erinnere sich nur des Leutnants a. D. Vogelsang, jener karikaturesken Erscheinung, die sogar ihrem Auftraggeber, Kommerzienrat Treibel, eher »ein Greuel« ist. Dennoch läßt sich nicht übersehen, wie vorteilhaft das Patent eines »Leutnants der Reserve« für eine gutdotierte Lebensstellung, für beruflichen Aufstieg und gesellschaftliches Ansehen bis weit hinein in die bürgerliche Gesellschaft war, die auf solche Weise am Nimbus des so erfolgreichen Militärs teilzuhaben vermochte.

Anders als die meisten Zeitgenossen erkannte Fontane, wie sehr der in alle Lebensbereiche hineinwirkende Mechanismus von Befehl und Gehorsam bürgerliche Freiheit und Selbstbestimmung einschränkte und den Abstand zwischen Regierenden und Regierten vertiefte.

Wie Jakob BURCKHARDT, so gehörte auch er zu den frühesten und schärfsten Kritikern schon des heraufziehenden preußischdeutschen Militarismus. Hatte der angesehene Schweizer Historiker 1872 notiert: »Das Militärwesen muß nun das Muster alles Daseins werden […] in der Staats- und Verwaltungsmaschine – im Schul- und Bildungswesen« (BURCKHARDT, 1941, S. 218), so formulierte der weniger bekannte Kriegsberichterstatter Fontane eine geharnischte Philippika wider *die Potsdamme der Weltgeschichte*«, deren Ursprung er in »einer unheilvollen Verquickung oder auch Nicht-Verquickung von Absolutismus, Militarismus und Spießbürgertum« sah (III.4.1011). Noch in französischer Kriegsgefangenschaft hatte er Charles RABOUs bekanntes Werk über die Feldzüge NAPOLEONs *(La grande Armée)* gelesen und daraus den Schluß gezogen: »Die bloße Verherrlichung des Militärischen, ohne sittlichen Inhalt und großen Zweck, ist widerlich« (III.4.603). »Die alleinseligmachende Militärhose« brachte ihn »nach grade zur Verzweiflung [...] Spartanerthum! Bah, Maschinentum ist es. Und jeden Tag wird es toller.« (IV.3.63) Die scharfe Kritik des Berliner Philosophie- und Pädagogikprofessors Friedrich PAULSEN in der *Vossischen Zeitung* an »Borussismus«, »Kastengeist« und »ewigem Reserveoffizier«, an »Halbbildung« und »lärmendem, phrasenhaften, borniertem Nationaldünkel« war Fontane aus der Seele gesprochen. Er nannte sie an den Verfasser eine »Hinrichtung des Borussismus; der beduselte Kopf fliegt nur so weg« (14. 3.1897, IV.4.639).

Die Frage ist oft gestellt worden, ob der Verzicht des Bildungsbürgertums wie auch des in der Sozialhierarchie weit oben angesiedelten Großbürgertums der Fabrikherren, Unternehmer, Manager und Bankiers auf ein adäquates Mitspracherecht in Staat und Politik nicht am Ende zu seiner Anpassung an die Normen und Wertvorstellungen des Adels, mithin zu seiner »Feudalisierung« geführt habe. Hat es nicht, obwohl zur politischen Herrschaft prädestiniert, vor den »traditionsbewußten Adelskontrahenten kapituliert«, um sich »mit der Rolle eines deklassierten Juniorpartners zufriedenzugeben?« (WEHLER, 1995, S. 1270) Gewiß, man wollte – wie auch anderswo in Europa – am Lebensstil des Adels teilhaben, den auf seine Weise nachzuahmen, sich sogar das Kleinbürgertum angelegen sein ließ. Mehr noch als der Adel wirkte indessen der starke Staat als Leitstern und Kristallisationspunkt, zu dem sich Adel, Militär und Bürokratie als machtvolle Repräsentanz der Staatsgewalt verdichtet hatten. WEHLER hat in diesem Zusammenhang von einem »Streben nach Staatsnähe« gesprochen, das bis zur devoten Staatsuntertänigkeit reichen konnte. Der Staat war zum entscheidenden Gravitationszentrum aller Kräfte geworden. Fontane bereitete dies alles tiefes Unbehagen. Er sprach davon, daß »etwas faul im Staate Dänemark« sei (T. Fontane an Georg FRIEDLAENDER, 1954, S. 77), während Walter RATHENAU rückblickend über die »geistige Verräterei des Großbürgertums« klagte, das »seine Abkunft und Verantwortung« geleugnet habe »um den Preis des Reserveleutnants, des Korpsstudenten, des Regierungsassessors, des Adelsprädikates, des Herrenhaussitzes und des Kommerzienrates«, wodurch die Quellen der Demokratie nicht nur verstopft, sondern vergiftet worden seien (RATHENAU, 1919, S. 11).

Zu den dunklen Flecken im Erscheinungsbild des Kaiserreichs gehörte die Lage des Judentums, das wenig mehr als ein Prozent der Gesamtbevölkerung ausmachte. Sozial gesehen zählten viele Juden in Deutschland zur Mittelschicht, jedoch besaßen sie auch einen vergleichsweise starken Anteil an leitenden Funktionen in Banken und Wirtschaftsunternehmen; erinnert sei nur an den Großreeder und Generaldirektor der Hapag, Albert BALLIN, an Emil RATHENAU, der die AEG aufbaute, an die Pressezaren MOSSE und ULLSTEIN, die Warenhausbesitzer TIETZ und WERTHEIM sowie an BISMARCKS Bankier BLEICHRÖDER. Sie alle fühlten und dachten ganz selbstverständlich als Deutsche und trugen in beträchtlichem Maße zum wirtschaftlichen und industriellen Aufschwung des Reiches bei. Nicht minder bedeutsam waren die Leistungen deutscher Juden in Kunst und Wissenschaft. Seit 1871 war zwar ihre rechtliche Gleichstellung von Staats wegen gewährleistet. Zudem hatte sich ihr Angleichungsprozeß an das Bürgertum merklich beschleunigt, jedoch erwies sich der im letzten Drittel des Jahrhunderts selbst im Bildungsbürgertum wieder zunehmende Antisemitismus der weiteren Assimilation der Juden als abträglich. (Vgl. 2.3)

Benachteiligt in vielerlei Hinsicht waren auch die Frauen. Bis zum Ende der Monarchie 1918 gab es keine Rechtsgleichheit der Geschlechter, was sich besonders im Eigentums- und Familienrecht für die Frau ungünstig auswirkte. Das 1896 abgeschlossene *Bürgerliche Gesetzbuch* bezeichnete zwar jeden Menschen »ohne Unterschied des Geschlechts, Glaubens oder Standes« als rechtsfähig, ließ aber dennoch zu, daß »beim weiblichen Geschlecht«, wie Paul LANDÉ in seinem wissenschaftlichen Kommentar anmerkte, »in einzelnen Beziehungen die Rechtsfähigkeit gemindert würde«. Während wirtschaftliche Zwänge nicht wenige Frauen aus Arbeiterkreisen zur Annahme schlechtbezahlter Fabrikarbeit nötigten, beschränkte sich die Tätigkeit der Frau im bürgerlichen oder gar adeligen Milieu, wo jeder Erwerbsarbeit das Odium finanzieller Not anhaftete, vornehmlich auf die Wahrnehmung bestimmter häuslicher Pflichten. Studieren durfte sie (in Preußen bis 1908) nicht, über Politik stand ihr kein Urteil zu. Das Wahlrecht besaß sie nicht. Erst spät räumte man ihr die Erlaubnis ein, Mitglied in einer politischen Vereinigung zu werden. Es war auch rechtens, wenn der Ehemann ihre Privatpost kontrollierte. Attraktiv durfte, ja sollte sie allerdings sein, denn darin stellte sie einen »Wert« für ihn dar.

Dem »persönlichen Geschmack« des Obersten von St. Arnaud zufolge brauchten »Damen überhaupt nichts zu wissen. Und jedenfalls lieber zu wenig als zu viel« (I.2.169). In Preußen wünsche man sich, wie die »Princess Royal« zu ihrem Leidwesen feststellen mußte, die Frau als »williges Werkzeug«, als eine »Art Kammerfrau, die sich gut anzieht, hübsch aussieht, mit jedem ein banales Wort zu sprechen weiß [...] in ihrem Haus eine Puppe ist, [...] sich gehorsam und sanft in alles fügt« und vor allem nicht »die preußische

Erziehung ihrer Kinder verdirbt« (OHM, 1997, S. 110). War sie, wie die Frauenrechtlerin Helene LANGE betonte, die erste Fürstin, die sich, obgleich die Ablehnung weiter Kreise schwer auf ihr gelastet habe, in vollem Umfang für die Frauenbewegung einsetzte, so war es Theodor Fontane, der wie kein anderer die Lage der Frau am Ende seines Jahrhunderts zu einem der großen Themen seiner Gesellschaftsromane machte, die man heute gern als »Frauenromane« bezeichnet. Daß er »bei Kenntniß des Allgemeinzustandes auch das Einzelne mit Nothwendigkeit treffen« mußte (an J. V. WIDMANN, 27. 4. 1894, IV.4.347), stellte er einmal mehr im Figurenentwurf seiner Mathilde Möhring unter Beweis, mit dem es ihm gelang, eher eine Frau des 20. Jahrhunderts als seines eigenen darzustellen (G. CRAIG). Mit Umsicht, Tatkraft und Geschick bringt Mathilde ihren willensschwachen späteren Ehemann beruflich und gesellschaftlich dahin, wohin er aus eigenem Antrieb nie gelangt wäre. Nach seinem frühen Tod aber muß sie wieder in die ihr als Frau gesetzten Schranken zurückkehren und ihr Leben neu ordnen. Ihre beachtlichen Fähigkeiten durfte sie nur solange mit einbringen, wie dies durch und über ihren Ehemann geschehen konnte. Natürlich kann Mathilde Möhring ebenso wie Corinna Schmidt auch kochen, nähen und plätten und legitimiert sich dadurch als »ein echtes deutsches Mädchen«, das obendrein noch »klug und tapfer« ist und »von einer großen Innerlichkeit, geistig und moralisch«, kurzum: als »ein Wesen, das jeden glücklich machen muß« (I.4.610). Daß etwa vom Manne annähernd Vergleichbares erwartet würde, davon ist nirgends die Rede.

Es war das Opferdasein der Frauen, das Fontane wieder und wieder bewegte und ihn, wie der amerikanische Historiker Gordon A. CRAIG feststellte, veranlaßte, seine künstlerische Schaffenskraft einer Reihe subtiler Porträtstudien preußischer Frauen unterschiedlichen Ranges und Standes zu widmen, die zugleich ein Stück Sozialgeschichte der Frau im letzten Drittel des 19. Jahrhunderts darstellen. Sie reichen von der ehemaligen Fürstengeliebten Cécile und der mädchenhaften Effi (»Es ist soviel Unschuld in ihrer Schuld«) bis zur ebenso schlichten wie natürlichen und wahrhaften Lene Nimptsch und zu Melusine, der klugen und humanen Gräfin Barby, die sich dem Neuen öffnet, ohne dem Alten seine Existenzberechtigung zu verweigern. Den physisch und psychisch so sensiblen Mann aus der Potsdamer Str. 134 c empörte die allenthalben grassierende Heuchelei jener fragwürdigen »preußischen Moral«, die es den Männern nachsah, wenn sie ihre »Verhältnisse« hatten *(Stine)*, die Frauen hingegen dafür verurteilte und im Falle des

Ehebruchs das doppelte Strafmaß über sie verhängte. »Wir stecken ja bis über die Ohren in allerhand konventioneller Lüge«, schrieb er am 8. 9. 1887 an seinen Sohn THEO, »und sollten uns schämen über die Heuchelei, die wir treiben, über das falsche Spiel, das wir spielen« (IV.3.559). (Vgl. 3.1.1)

Auf dem Weg in die Weltpolitik

BISMARCK, »in diesem Punkte altmodisch und überhaupt kein Kolonialmensch«, so Fontane (IV.4.652), hatte lange gezögert, das Reich am Wettlauf um Kolonien zu beteiligen, fürchtete er doch, daß es darüber zu Konflikten mit England und Frankreich kommen könnte. Als aber die Kolonialfrage auch in Deutschland immer größere Bedeutung gewann, in der Hoffnung, in Übersee neue Absatzmärkte für die aufblühende Industrie und dringend benötigte Rohstoffquellen zu erschließen, etablierte er, 1883/84 eine kurze Phase englisch-französischer Verstimmung geschickt nutzend, auch Deutschland als Kolonialmacht, zunächst in Afrika, dann im Pazifik.

Mit dem mehrschichtig deutbaren Chinesenmotiv in *Effi Briest* beleuchtet Fontane nicht zuletzt auch den Imperialismus der europäischen Mächte kritisch, unter ihnen das wilhelminische Deutschland mit seinem wirtschaftlichen und politischen Machtanspruch gegenüber dem im Niedergang befindlichen Mandschureich. Dies um so mehr, als sich das europaweit wirksame »Angstklischee vom ›Chinesen‹« (P. UTZ, 1984, S. 212) leicht dazu instrumentalisieren ließ, der Akzeptanz selbst eines militärischen Vorgehens gegen China innenpolitisch den Boden zu bereiten.

Auch Innstettens Hinweis auf »Schwarzflaggen« und Krieg »im Zeichen des chinesischen Drachen«, gemeint ist der offiziell unerklärt gebliebene Krieg zwischen China und Frankreich 1884/85, hat den europäischen Kolonialimperialismus zum Hintergrund und lenkt zugleich den Blick auf BISMARCKS vergeblichen Versuch, im Wege einer Kolonialentente zu einem Ausgleich mit Frankreich zu gelangen und es vom Elsaß an die südostasiatische Peripherie nach Annam und »weit dahinten in Tonkin« abzulenken (I.4.47).

Schon 1857 hatte Fontane nicht nur Englands Vorgehen gegen die aufständischen Sepoys getadelt, sondern auch dessen gewaltsame Öffnung Chinas zugunsten englischer Wirtschaftsinteressen. Noch im *Stechlin* ließ er Pastor Lorenzen die ihm fragwürdig erscheinende Verquickung von Religion und Geschäft mit der Bemerkung quittieren: »lauter Jobber und die vornehme Welt obenan […]; sie sagen ›Christus‹ und meinen Kattun« (I.5.224). Solches Gebaren sah er keineswegs nur auf England beschränkt. In seinem Gedicht *Die Balinesenfrauen auf Lombok* las er den niederländischen Kolonialherren die Leviten. Den Protest holländischer Zeitungen, »die sich getroffen fühlten«, ertrug er gelassen (I.6.382). Nicht minder deutlich verurteilte er die Verhaltensweisen mancher deutschen Kolonialbeamten in Afrika. »Die Zivilisation ist noch nicht da, und schon haben wir ihre Greuel«, klagt denn auch Superintendent Koseleger im Hinblick auf Deutschlands »Äquatorialprovinzen«, wo die »Verbrechen und Laster nicht bloß im Gefolge der Kultur auftreten, sondern umgekehrt ihr voranschreiten« (I.5.325).

An den englischen Arzt James MORRIS schrieb Fontane: »Die ganze Kolonisationspolitik ist ein Blödsinn: ›Bleibe zu Hause, und nähre dich redlich‹. Jeder hat sich *da* zu bewähren, wohin ihn Gott gestellt hat, nicht in einem fremden Nest.« (26. 10. 1897, IV.4.671). Daß die englische Kolonialherrschaft – etwa in Indien – in nicht allzu ferner Zukunft zusammenbrechen müsse, schien ihm gewiß, da ihre Uhr abgelaufen sei, beschleunigt durch Spannungen mit Rußland, das sich immer nachdrücklicher in Asien engagierte. Zwar schienen Kanonen und Gewehre, die »immer besser« würden, »die Fortdauer der ›europäischen Zivilisation im Pizarrostil‹ vorläufig noch verbürgen zu wollen«, doch war er sich sicher, daß »die nichtzivilisierte Welt«, ihrer eigenen Kraft bewußt geworden, »die Welt und die Landkarte anders aussehen« lassen würde (6. 1. 1898, IV.4.688). Die Forderung des englischen Kolonialministers Joseph CHAMBERLAIN, wonach »der ›Selbsterhaltungstrieb eine Politik der Reichsausdehnung‹ gebiete«, wie sie auch von Max WEBER erhoben wurde, der in der Reichsgründung keineswegs den Abschluß, sondern den »Ausgangspunkt einer deutschen Weltpolitik« sah (WEBER, 1993, S. 571), nannte Fontane schlichtweg »unsinnig« (11.11.1897, IV.4.674). Nicht anders beurteilte er die von WILHELM II. am 25. Jahrestag der Reichsgründung propagierte Politik einer »›Reichseinheit‹«, deren Ziel es sein müsse, das »größere Deutsche Reich […] fest an unser heimisches« anzuschließen (M. FRÖHLICH, 1994, S. 73).

Auch für die christliche Mission mit »ihren Weltreformatoren kleinen Stils« wollte er, dem jedes Sendungsbewußtsein verdächtig war, keine Ausnahme gelten lassen. Er fand »es blos anmaßlich, wenn ein Schusterssohn aus Herrnhut 400 Millionen Christen bekehren will« (an M. HARDEN, 8.8.1895, IV.4.465). Häufig ging es nicht einmal darum. So bot die Ermordung zweier deutscher Missionare in China im November 1897 der Reichsregierung endlich Gelegenheit, ihr nicht erst seit dem chinesisch-japanischen Krieg verfolgtes Ziel, einen deutschen Flottenstützpunkt in China zu errichten, in die Tat umzusetzen. Besonders geeignet dafür erschien die Bucht von Kiautschou mit der kleinen Hafenstadt Tsingtau. Schon im Dezember schiffte sich Prinz HEINRICH, der Bruder des Kaisers, nach Ostasien ein, was WILHELM II. Gelegenheit zu einer Abschiedsrede gab, die Fontane als »Rückfall in Anschauungen« qualifizierte, »die noch über die Stuart-Anschauungen Jacobs II.« hinausgingen (an MORRIS, 5. 2. 1898, IV.4.697). Die Aufforderung des Kaisers, »mit gepanzerter Faust« dreinzufahren, »sollte jemand uns an unserem guten Recht« kränken oder schädigen wollen, ließ Fontane ebenso »himmelangst« werden wie die Versicherung des Prinzen, »das Evangelium Eurer Majestät geheiligter Person« überall im Ausland verkünden zu wollen (E. JOHANN, 1966, S. 76).

Die Besetzung Kiautschous überging Fontane mit Schweigen, was angesichts einer nahezu einhellig zustimmenden öffentlichen Meinung einer Ablehnung gleichkam. Hingegen nötigten ihm die »in Japan und da herum« (an M. NECKER, 3. 11. 1895, IV.4.500) sich vollziehenden weltpolitischen Veränderungen und Gewichtsverschiebungen größte Aufmerksamkeit ab. Dies um so mehr, als sich zum Staunen der Welt die von Peking als »Zwerg-Barbaren« angesehenen und niemals als gleichberechtigt behandelten Japaner im Krieg gegen das Mandschureich (1894/95) den Chinesen militärisch weit überlegen gezeigt und ihnen den Frieden von Shimonoseki diktiert hatten. Fontane stellte sich sofort und uneingeschränkt auf ihre Seite: »Der Japanersieg hat mich entzückt, trotzdem ich sagen kann: ›ich kenne ihm nich, ich kenne ihr nich‹.« (IV.4.385 f.).

Immerhin war er zumindest durch die Reiseberichte des Japanexperten Rudolf LINDAU schon früher auf das Land der aufgehenden Sonne aufmerksam geworden (*Tagebuch* II.154) und hatte im Gespräch mit ihm »den Japanern den Vorzug« vor den Chinesen gegeben (N XXI/1.321). Bei seinen *Wanderungen* war ihm in Liebenberg erstmals japanische Kunst begegnet, die Graf Friedrich zu EULENBURG Anfang der sechziger Jahre von der preußischen Flottenexpedition nach Ostasien mitgebracht hatte. Für Mathilde Möhring sind die Japaner »den Chinesen doch weit voraus« und repräsentieren »eine allerhöchste Kultur« (I.4.635). Nicht sie war es jedoch, die Fontane für das ferne Japan optieren ließ, sondern dessen Funktion als Gegenbild zur petrefakten Unbeweglichkeit Chinas unter der Kaiserin-Witwe CIXI, die trotz aller Demütigungen, sei es durch die »weißen Teufel« oder die »Zwerg-Barbaren«, unverändert an ihrem reformfeindlichen Kurs festhielt. Gleichsam als Abbild dessen erscheint das ebenso im Niedergang begriffene, mauerumgebene Kloster Wutz unter seiner rückwärts gewandten Domina. In einem ersten Entwurf zum *Stechlin* notierte Fontane: »Was bei den chinesischen Mauern herauskommt, das sehen wir da, wo diese Mauer steht. Sich abschließen heißt sich einmauern, und sich einmauern ist der Tod.« (AR 8.443) Die Gegenposition hierzu vertritt u. a. Graf Barby. Er weiß um die Bedeutsamkeit der weiteren Entwicklung im fernen Asien, »ob Japan ein England im Stillen Ozean wird« und »China mit seinen vierhundert Millionen aus dem Schlaf aufwacht [...] und der Welt zuruft: ›Hier bin ich‹« (I.5.142). Damit weitet sich die Perspektive des Romans zum weltgeschichtlichen Betrachtungshorizont. Im Zusammenhang mit dem Japanersieg bekannte Fontane, »einen Haß gegen alles Alte« zu haben, »das sich einbildet, ein Ewiges zu sein« (IV.4.386). Anders als in China hatte sich in Japan unter dem Druck der westlichen Kolonialmächte ein durchgreifender Wandel vollzogen, durch den es der Führungselite des Landes gelungen war, sowohl die staatliche Unabhängigkeit und territoriale Integrität zu wahren als auch durch Aufnahme wesentlicher Errungenschaften westlicher Wissenschaft und Technik ihrem Inselreich einen beträchtlichen Modernitätsschub zu geben und es als erstes nichtweißes Land den traditionellen Großmächten gleichberechtigt an die Seite zu stellen. In Japan, dem Land des komplementären Sowohl-als-Auch, das, ohne mit seiner Geschichte und Tradition zu brechen, dennoch moderne Zukunft zu gestalten wußte, sah Fontane eine gelungene Synthese von »Alt« und »Neu« (STORCH, 2000).

Seine Japansicht war allerdings nicht die WILHELMS II. und seiner Ratgeber, die den Sieger von Shimonoseki im Benehmen mit Rußland wegen eigener Chinainteressen um ein wesentliches Stück der erhofften Beute brachten: die Halbinsel Liaotung. Auch das beobachtete Fontane aufmerksam, der sich in seinem Gedicht *Zeitung* (I.6.333) mit »Liu-Tang« auf die von Japan vergeblich angestrebte Annexion der Halbinsel Liaotung bezog und mit »Liu-Tschang« niemand anderen meinte als LI HUNG TSCHANG, Chinas einflußreichsten Staatsmann, der den Friedensvertrag mit den Japanern ausgehandelt hatte und in Deutschland wegen seines politischen Geschicks bisweilen der »chinesische Bismarck« genannt wurde. Seinen vielbeachteten Besuch in Berlin im Juni 1896 verpaßte Fontane, der zur Kur in Karlsbad weilte.

Mit der Okkupation der Bucht von Kiautschou hatte sich das

wilhelminische Deutschland endgültig von den engen Bindungen der europäischen Gleichgewichtspolitik BISMARCKs losgesagt und war in die Phase der aktiven deutschen Weltpolitik eingetreten. Im festen Glauben an die Unüberwindlichkeit des Weltgegensatzes zwischen London und St. Petersburg erlag es der Versuchung, noch einmal aus der mitteleuropäischen Zwangslage auszubrechen (M. STÜRMER, 1983, S. 285 f.) in der Hoffnung auf »seinen Platz an der Sonne« und eine »redivision of the globe«. Das aber mußte England auf den Plan rufen. Statt mit dem Inselreich zu einem »Akkord« zu gelangen, den Fontane so dringlich wünschte, wuchsen die Dissonanzen zwischen beiden Mächten – am gefährlichsten im südlichen Afrika, wo 1895/96 mit dem »Jameson Raid« der Versuch britischer Freischärler gescheitert war, die Burenrepublik Transvaal zu besetzen und deren Präsidenten Ohm KRÜGER zu stürzen. Die von WILHELM II. veranlaßte burenfreundliche »Krügerdepesche« löste in England erhebliche Verstimmung aus.

Nicht um den Abenteurer JAMESON zu verteidigen, kritisierte Fontane des Kaisers Vorgehen, sondern weil seiner Parteinahme »der rechte Ernst« gefehlt habe, indem er nicht willens gewesen sei, »eventuell mehr zu tun« (an MORRIS, 15. 3. 1897, IV.4.640). Längst war sich Fontane der fatalen Rhetorik, der selten Taten folgten, bewußt geworden, beobachtete er doch aufmerksam, was auf der weltpolitischen Bühne vor sich ging. Den konflikträchtigen Kurs des Reiches gegenüber den USA und England »um einer menschenfresserischen Insel im Pacific willen« (ebd., S. 717) – gemeint ist Samoa – lehnte er entschieden ab. Sie war ihm nicht den Tod von »nur fünf Füsilieren« wert. Er wußte, welche unwägbaren Risiken das Streben nach nationalem Prestigegewinn mit sich führte. Daher entsprang seine kolonialpolitische Abstinenz nicht zuletzt dem Wunsch zur Konfliktvermeidung mit der maritimen Weltmacht, wobei ihm nicht entging, wie sehr sich die lange Zeit hindurch probritische Einstellung vieler Deutscher zu verändern begann. Sie wich einer gegenüber dem Inselreich bisher nicht gekannten ablehnenden Gefühlshaltung, und zwar in so gut wie allen sozialen Schichten. Britischerseits wurde dies mit einer zunehmend negativen Sichtweise Preußens und Deutschlands beantwortet (S. BIRKE, 1988, S. 18). Beides drohte fortan den Blick auf die Wirklichkeit zu verstellen. Umsonst hatte angesichts der durch den Krimkrieg hervorgerufenen preußisch-englischen Spannungen schon 1857 Fontane gewarnt, »daß es nicht England ist, was so schwarz ist, sondern nur das Glas, durch das man es betrachtet« (III.1.149). Um wieviel mehr noch galt dies am Ende des Jahrhunderts.

Zu seinen Lebzeiten steckte das so verhängnisvolle flottenpolitische Duell mit England noch in den Anfängen. Das erste Flottengesetz, es sah den Bau von 19 Linienschiffen vor, wurde im März 1898 vom Reichstag angenommen, wobei Reichskanzler von HOHENLOHE-SCHILLINGSFÜRST versicherte, Deutschland denke nicht daran, »mit den großen Seemächten zu rivalisieren«. Erst das zweite Flottengesetz vom Juni 1899 löste in der britischen Admiralität ernste Besorgnis aus (R. K. MASSIE, 1993). Von daher wird verständlich, warum Fontane auf die Flottenpolitik kaum reagierte. Indem er die neuerlichen Rüstungsanstrengungen der Großmächte als »modernen Unsinn« abqualifizierte (an MORRIS, 13. 7. 1897, IV.4.658), hätte er das Wettrüsten zur See davon kaum ausgenommen. Ohnehin war er der Auffassung, die Deutschen könnten ihr »bißchen Geld besser anlegen« als in einer großen Flotte, »um sie nach vier Wochen verbrannt zu sehen« (ebd.). Er dachte dabei an Englands gewaltige Seemacht, zu der in Konkurrenz treten zu wollen, ihm abwegig erschien.

Im *Stechlin* wird England noch einmal zu einem wichtigen Thema. Nicht von ungefähr reist Woldemar mit einer Abordnung seines Regiments, dessen Inhaberin keine Geringere als Queen VICTORIA ist, zu Besuch an die Themse. Indessen scheint es, als seien es »der Sendbotschaften doch fast zuviel« (I.5.208). Zwar ist das eigene Selbstbewußtsein inzwischen erheblich gewachsen, denn Schiffe haben die Deutschen »ja jetzt auch und auch ein Parlament« (I.5.210). Nach wie vor aber steht eine Mission an die Themse weit höher im Kurs als solche »zu Winterpalais und Kreml« (I.5.213). Neben Rußland gehört das britische Inselreich für den alten Stechlin zu den »denkbar besten Themata« (I.5.225). Auch wenn er einräumen muß, daß »die Vettern« jenseits des Kanals »nun mal nicht zufriedenzustellen« sind, bleibt doch »Windsor [...] das denkbar Feinste« (I.5.213). Pastor Lorenzen rückt die Dinge für sich, und, wiewohl Figurenrede, in diesem Falle auch für Fontane, zurecht, wenn er von einer Zeit spricht, in der er bedingungslos für England geschwärmt und dessen »halbe Vergötterung [...] noch ehrlich mit durchgemacht« habe (I.5.224). Jetzt aber übt er – wie lange vor ihm bereits Fontane – harsche Kritik am Wirtschaftsgebaren dieses Landes mit seinem ständig wachsenden »Kult vor dem Goldenen Kalbe«. Trotzdem ließ die »englische Inscenierung des Lebens« (an MARTHA, 31. 7. 1891, IV.4.141), das Inselreich, das Superintendent Koseleger – nicht ohne Fontanes Zustimmung – ein »Produkt der Zivilisation« nennt: »Alles modern und zugleich alles alt, eingewurzelt stabilisiert« (I.5.255), noch den Fünfundsiebzigjährigen vom »Lande meiner Sehnsucht« sprechen (an Frau L. MÜLLER, 6. 7. 1894, IV.4.371).

Während Fontane am *Stechlin* arbeitete, war die Entwicklung der deutsch-britischen Beziehungen, begleitet von einer tour d'horizon durch die Krisenregionen der damaligen Welt, häufig Gegenstand seiner Briefe an MORRIS. Gleichgültig, ob er in seiner Einschätzung der »großen Politik« Irrtümern unterlag oder durch die historische Entwicklung bestätigt wurde, seine Strichführung fiel oft ebenso beherzt wie entschieden aus. In manchem, was er nach London schrieb, spiegeln sich nicht zuletzt Unsicherheit und Widersprüchlichkeit der deutschen Englandpolitik, deren brüchiges Dogma einer dauernden Unvereinbarkeit von »Walfisch« (England) und »Bär« (Rußland) auch auf Fontane seine Wirkung nicht verfehlte.

Enttäuscht über die »immer bedrücklicher und immer kränkender werdenden Weltherrschaftsaspirationen Englands« (an MORRIS, 19. 8. 1897, IV.4.663), vermochte er sich ein entschiedeneres Auftreten gegenüber den »Vettern« jenseits des Kanals durchaus vorzustellen. Die »schönen Tage von Aranjuez« im deutsch-britischen Verhältnis schienen ihm zunächst vorüber. Das aber könnte England nur dann gleichgültig sein, »wenn Rußland nicht wäre« (an MORRIS, 13. 5. 1898, IV.4.717). Dabei spielte er auf den voranschreitenden Bau der Transsibirischen Eisenbahn »im Norden von China« und »Indien« an, der «neue Weltlagen» geschaffen habe, «alle zu Ungunsten Englands» (an MORRIS, 14. 3. 1898, IV.4.704), und beklagte die gereizte Stimmung an der Themse gegenüber dem geeinten Deutschland, das «aus der Vormundschaft» heraus sei und das man «seine *eigenen* Wege« auch dann gehen lassen müsse, wenn sie den Erwartungen und Interessen anderer zuwiderliefen. Entschieden plädierte er dafür, den Deutschen »dieselben *nationalen* Ansprüche« zuzubilligen, die bei anderen Völkern als »natürlich und selbstverständlich« angesehen würden (an MORRIS, 7. 3. 1898, IV.4.700).

Von einem deutschen Anspruch auf Weltpolitik, der im Auswärtigen Amt den Vortragenden Rat Friedrich von HOLSTEIN die Parole ausgeben ließ, »mitzugrapschen, wenns zum Grapschen kommt« (zit. nach D. LANGEWIESCHE, 1984, S. 57), wollte er jedoch nichts wissen. Hierin blieb die auf Ausgleich bedachte europazentrierte Gleichgewichtspolitik BISMARCKS, deren oberstes Ziel die Bewahrung des so mühsam Erreichten und stets Gefährdeten gewesen war, für Fontane nahezu sakrosankt. Ihn beunruhigte, mit welcher deutlichen Reserve Englands politisches Establishment dem Reich begegnete. Um so erleichterter zeigte er sich, sooft er einen Rückgang der »Friktionen zwischen England und Deutschland« wahrzunehmen meinte, »leider wohl nicht auf lange« (an MORRIS, 4. 11. 1896, IV.4.606), womit er recht behalten sollte. Auch wußte er sehr genau um das große Gewicht, das den beiden Flügelmächten Europas, der Weltmacht zu Wasser und der zu Lande, bei der Erhaltung des Friedens zukam, und lobte die Politik Lord SALISBURYS, »sich nach Möglichkeit mit Rußland gut [zu] stellen«, denn alles andere führe zum Verderben (an MORRIS, 30. 8. 1898, IV.4.744).

Gewiß lassen die Briefe an MORRIS gelegentlich auch patriotisch gefärbtes Selbstbewußtsein und Stolz auf das mit und seit der Reichsgründung Erreichte erkennen. Ebensooft aber verraten sie politischen Weitblick und kluge Zurückhaltung. Bisweilen muten sie sogar an, als versuchte Fontane, appeasement policy zu betreiben, wenn er sich gegenüber seinem englischen Adressaten bemühte, alle »Streitereien« des Empires »mit Deutschland« als »Nullität« herunterzuspielen (an MORRIS, 14. 3. 1898, IV.4.704) und die »relative Wertlosigkeit« der afrikanischen und ozeanischen Besitzungen des Reiches unterstrich (an MORRIS, 13. 5. 1898, IV.4.717).

Die britisch-französische »Entente cordiale« (1904) erlebte er nicht mehr, ebensowenig den britisch-russischen Interessenausgleich (1907). Das aber stand ihm in seinem Urteil über das wilhelminische Deutschland am Ende seines Lebens fest: »Im *Politischen* fehlt uns sehr, sehr viel, und mitunter ist es geradezu zum Lachen und Weinen.« (IV.4.757)

Mit dem Ersten Weltkrieg versank das alte Europa, verlosch das »lange 19. Jahrhundert«, das auch sein Jahrhundert war. Wenn Golo MANN (1992, S. 433) über BISMARCK gesagt hat: »Vor ihm war Biedermeier, nach ihm kamen Weltpolitik, Weltkrieg und Revolution. So kann es nicht anders sein: seine Person muß uns immer wieder beschäftigen«, so gilt dies nicht minder für Theodor Fontane.

DIETMAR STORCH

Literatur

Stenographische Berichte, Reichstag, IX. Legislaturperiode, V. Session 1897/98, Bd. 1, Berlin 1918. – O. HAMANN, Der Neue Kurs, Erinnerungen, Berlin 1918. – O. von BISMARCK, Briefe, Reden, Erinnerungen, München/Leipzig 1919. – W. RATHENAU, Der Kaiser. Eine Betrachtung, Berlin 1919. – O. von BISMARCK, Die gesammelten Werke 12, Berlin 1924. –

M. Quarck, Die erste deutsche Arbeiterbewegung, Leipzig 1924. – J. Burckhardt, Weltgeschichtliche Betrachtungen, hg. von W. Kaegi, Bern 1941. – R. A. Kann, Das Nationalitätenproblem der Habsburger Monarchie, Graz/Köln ²1964. – E. Johann (Hg.), Reden des Kaisers, München 1966. – W. Müller-Seidel, Fontane und Bismarck, in: Nationalismus in Germanistik und Dichtung, hg. von B. von Wiese/R. Henss, S. 170–201, Berlin 1967. – H.-H. Reuter, Fontane, München 1968. – H. Nürnberger, 1968, s.u. 1.1. – K. Attwood, 1970, s.u. 1.1. – C. Schulze, 1971, s. 1.1. – A. Hillgruber, Bismarcks Außenpolitik, Freiburg 1972. – H. Lübbe, Fontane und die Gesellschaft, in: Preisendanz, S. 354–400. – R. Skovmand/V. Dybdal/E. Rasmussen: Geschichte Dänemarks 1830–1939, Neumünster 1973. – R. Buchner, Deutsche Geschichte im europäischen Rahmen, Darmstadt 1975. – W. Wulf (Hg.), Geschichtliche Quellenhefte 9, Frankfurt am Main 1975. – R. A. Kann, Geschichte des Habsburgerreiches 1526–1918, Wien/Köln/Graz 1977. – T. Schieder, Staatensystem als Vormacht der Welt 1848–1918, Frankfurt am Main/Berlin/Wien 1977. – H. Diewald, Geschichte der Deutschen, Frankfurt am Main/Berlin/Wien 1978. – S. Haffner, Preußen ohne Legende, Hamburg 1978. – E. Weis, Der Durchbruch des Bürgertums 1776–1847, Frankfurt am Main/Berlin/Wien 1978. – L. Gall, Bismarck. Der weiße Revolutionär, Frankfurt am Main/Berlin/Wien 1980. – J. W. von Goethe, Hamburger Ausgabe Bd. 10, München 1981. – G. A. Craig, Frauen in Preußen, in: Preußen – Versuch einer Bilanz, Berlin 1981, S. 271–294. – D. Storch, Theodor Fontane, Hannover und Niedersachsen, Hildesheim 1981. – C. Jolles, Fontane und die Politik, Berlin und Weimar 1983. – P.-P. Sagave, Theodor Fontane und die Französische Revolution, in: FBl H. 35 (1983), S. 286–294. – M. Stürmer, Das ruhelose Reich. Deutschland 1866–1918, Berlin 1983. – C. Grawe, 1984, s.u. 3.1.14. – D. Langewiesche (Hg.), Das deutsche Kaiserreich. Bilanz einer Epoche, Freiburg/Würzburg 1984. – K. Rohe, Großbritannien: Krise der Zivilkultur?, in: Politische Kultur in Westeuropa, hg. von P. Reichel, Bonn 1984, S.167–193. – H. Lutz, Zwischen Habsburg und Preußen. Deutschland 1815–1866, Berlin 1985. – G. Loster-Schneider, 1986, s.u. 3.1.1. – E. Sagarra, 1986, s.u. 3.1.18. – G. Sichelschmidt, Theodor Fontane. Lebensstationen eines großen Realisten, München 1986. – P. Wruck, 1986, s.u. 1.1. – M. Behnen, Deutschland unter Napoleon. Restauration und Vormärz (1806–1847), in: Deutsche Geschichte. Begründet von P. Rassow, hg. von M. Vogt, Stuttgart 1987, S. 349–402. – Berlin, Berlin. Ausstellung zur Geschichte der Stadt, hg. von G. Korff/R. Rürup, Berlin 1987, S. 126–129 u. S. 304–307. – H. Boockmann u.a., Mitten in Europa. Deutsche Geschichte, Berlin 1987. – J. Dülffer, Deutschland als Kaiserreich (1871–1918), in: Deutsche Geschichte, hg. von M. Vogt, Stuttgart 1987. – K. R. Popper, Auf der Suche nach einer besseren Welt, München/Zürich 1987. – R. von Thadden, Die Göttinger Sieben, ihre Universität und der Verfassungskonflikt von 1837, Hannover 1987. – G. Friedrich, 1988, s.u. 1.1. – M. Görtemaker, Deutschland im 19. Jahrhundert. Entwicklungslinien, Opladen 1989. – Bismarck – Preußen, Deutschland und Europa, hg. Deutsches Historisches Museum, Berlin 1990.

– T. Nipperdey, Deutsche Geschichte 1866–1918. Arbeitswelt und Bürgergeist, München 1990. – P. Paret, Kunst als Geschichte. Kultur und Politik von Menzel bis Fontane, München 1990. – H. Seier, Friedrich III. Deutscher Kaiser, in: Die Kaiser der Neuzeit, hg. von A. Schindling, München 1990, S. 410–418. – B. Weisbrod, Der englische »Sonderweg« in der neueren Geschichte, in: Geschichte und Gesellschaft 16, Göttingen 1990. – C. Grawe, 1991, s.u. 3.1.16. – M. Masanetz, 1991/1993, s.u. 3.1.13. – T. Nipperdey, Deutsche Geschichte 1800–1866, München ⁵1991. – M. Salewski, Vom Deutschen Bund zur deutschen Katastrophe (1815–1945), Kiel 1991. – O. Keiler, 1991, s.u. 3.1.2. – W. J. Siedler, Abschied von Preußen, Berlin 1991. – K. Zernack, Preußen-Deutschland-Polen. Aufsätze zur Geschichte der deutsch-polnischen Beziehungen, Berlin 1991. – E. Jesse, Parteien in Deutschland. Ein Abriß der historischen Entwicklung, in: Parteien in der Bundesrepublik Deutschland, hg. von A. Minzel/H. Oberreuter, Bonn 1992, S. 41–88. – C. Graf von Krockow, Preußen. Eine Bilanz, Stuttgart 1992. – T. Nipperdey, Deutsche Geschichte 1866–1918. Machtstaat vor der Demokratie, München 1992. – P. Steinbach, Zur deutsch-jüdischen Beziehungsgeschichte im 19. und 20. Jahrhundert, Bonn 1992. – E. Sagarra, Noch einmal: Fontane und Bismarck, in: FBl H. 53 (1992), S. 29–42. – G. Mann, Deutsche Geschichte des 19. und 20. Jahrhunderts, Frankfurt am Main 1992. – I. Geiss (Hg.), Chronik des 19. Jahrhunderts, Dortmund 1993. – J. Kořalka, Deutschland und die Habsburgermonarchie 1848–1918, Bd. VI.2, hg. von A. Wandruska und P. Urbanitsch, Wien 1993, S. 107f. – H. Nürnberger, 1993, s.u. 1.1. – R. K. Massie, Die Schalen des Zorns, Frankfurt am Main 1993. – F. Prinz, Böhmen und Mähren, Berlin 1993. – H. Nürnberger, Die England-Erfahrung Fontanes, in: FBl H. 58 (1994), S. 12–28. – H. C. Schröder, Die Geschichte Englands. Ein Überblick, in: Länderbericht Großbritannien, hg. von H. Kastendiek/K. Rohe, Bonn 1994, S. 15–67. – W. von Sternburg (Hg.), Die deutschen Kanzler. Von Bismarck bis Kohl, Frankfurt am Main 1994. – H. Streiter-Buscher, 1994, s.u. 3.4.1. – M. Stürmer, Die Grenzen der Macht. Begegnung der Deutschen mit der Geschichte, München 1994. – H. Aust, Zur Modernität des vaterländischen Romans bei Theodor Fontane, in: FBl H. 60 (1995), S.83–102. – H. Fischer, »Mit Gott für König und Vaterland«. Zum politischen Fontane der Jahre 1861 bis 1863, in: FBl H. 58 (1994), S. 62–88 und H. 59 (1995), S. 59–84. – K. Hildebrand, Das vergangene Reich. Deutsche Außenpolitik von Bismarck bis Hitler, Stuttgart 1995a. – Ders., Macht und Staatskunst von Richelieu bis Kissinger, München 1995b. – E. Sagarra, 1995, s.u. 3.1.1. – H. U. Wehler, Deutsche Gesellschaftsgeschichte 1849–1914, München 1995. – Fragen an die deutsche Geschichte. Wege zur parlamentarischen Demokratie, hg. Deutscher Bundestag, Bonn 1996. – B. Plett, »Au fond doch viel eigenartiger[...]«. Die Wahrnehmung russischer Politik und Kultur in Werken und Briefen Fontanes, Flensburger Universitätszs 2, S. 25–42, Flensburg 1996. – D. Raff, Deutsche Geschichte. Vom Alten Reich zum vereinten Deutschland, München 1996. – W. Piereth (Hg.), Das 19. Jahrhundert. Ein Lesebuch zur deutschen Geschichte 1815–1918, München 1996. – W. Rieck, Polnische Thematik im

Werk Theodor Fontane, in: FBl H. 61 (1996), S. 84–115. – H. SCHULZE, Kleine deutsche Geschichte, München 1996. – E. ZIEGLER/G. ERLER, 1996, s.u. 1.1. – G. A. CRAIG, 1997, s.u. 1.1. – B. OHM, Victoria – eine englische Prinzessin in Deutschland, in: W. ROGASCH (Hg.), Victoria & Albert. Vicky & The Kaiser, Berlin 1997, S. 109–118. – B. SCHULZ, Adolph Menzel – ein Maler des modernen Lebens? in: Museums-Journal Nr. 1, 11. Jg., Januar 1997, S. 32–34. – H. NÜRNBERGER, Fontanes Welt, Berlin 1997. – H. AUST, Theodor Fontane, Tübingen/Basel 1998. – H. FISCHER, Theodor Fontanes *Achtzehnter März*. Neues zu einem alten Thema, in: FBl H. 65–66 (1998), S. 163–187. – S. GOLTERMANN, »Körper der Nation«. Habitusformierungen und die Politik des Turnens 1860 bis 1890, Göttingen 1998. – W. HAEDEKE, 1998, s.u. 1.1. – H.-M. HINZ/C. LIND (Hg.), Tsingtau. Ein Kapitel deutscher Kolonialgeschichte in China 1897–1914, Berlin 1998. – W. J. MOMMSEN, 1848. Die ungewollte Revolution, Frankfurt am Main 1998. – O. PFLANZE, Bismarck. Bd. 2. Der Reichskanzler, München 1998. – T. SCHWARZMÜLLER, Otto von Bismarck, München 1998. – Stiftung Stadtmuseum Berlin (Hg.), Fontane und sein Jahrhundert, Berlin 1998. – V. ULLRICH, Otto von Bismarck, Hamburg 1998. – H. FISCHER, 1999, s.u. 3.1.9. – B. LOSCH, Die Staatsauffassung Theodor Fontanes und seine Einstellung zur staatlichen Kirchenpolitik, in: Dem Staate, was des Staates – der Kirche, was der Kirche ist. Festschrift für Joseph Listl, hg. von J. ISENSEE/W. REES/ W. RÜFNER, Berlin 1999, S. 171–198. – D. STORCH, »[...] unterm chinesischen Drachen [...]. Da schlägt man sich jetzt herum«. Fontane, der Ferne Osten und die Anfänge der deutschen Weltpolitik, in: Theodor Fontane. Am Ende des Jahrhunderts, hg. von H. DELF VON WOLZOGEN in Zusammenarbeit mit H. NÜRNBERGER, Bd. 1, Der Preuße – Die Juden – Das Nationale, Würzburg 2000, S. 104–118.

1.3 Fontane und das literarische Leben seiner Zeit

1.3.1 Literarisches Leben

Literaturbetrieb

Kaum ein Schriftsteller im 19. Jahrhundert bewegte sich in dem Geflecht von Verlagen, Buchhandel, Literaturkritik, Publikationsorganen aller Art, literarischen Gruppen und Vereinen, kulturellen und literaturpolitischen Institutionen mit gleicher Intensität wie Fontane, kaum einer hat es so zutreffend und einsichtsvoll reflektiert wie er. Wer Fontane in seinem komplizierten Lebens-, Bildungs- und Schriftstellerweg und seine eigenwillige Werkstruktur verstehen will, muß über die Kenntnis dieses Netzwerks verfügen.

Fontane, schreibt P. WRUCK (1987b, S. 644), »hätte gegen die Absicht, ihn in das literarische Leben seiner Zeit zu stellen, wenig einwenden können«. Ihm war es, seit er die Entscheidung für eine schriftstellerische Laufbahn gefällt hatte, eine Selbstverständlichkeit, sich mit den Umständen von Literatur und besonders mit ihren materiellen Gegebenheiten auseinanderzusetzen. Er hatte keine Zweifel, daß diese Kenntnis notwendig sei, um sich beruflich angemessen bewegen zu können und auf dem Buch- und Zeitschriftenmarkt Erfolg zu haben. Bewußter als andere Schriftsteller seiner Zeit taxierte und analysierte er das öffentliche Literaturleben und setzte sich in Bezug zu ihm. Das für ihn zentrale Kapitel zum »Tunnel über der Spree« in seinen Erinnerungen *Von Zwanzig bis Dreißig* (1898) versah er mit der Überschrift »Aus dem literarischen Leben der vierziger und fünfziger Jahre«, und seine Biographie über den »Tunnel«-Gefährten SCHERENBERG, in dessen berufsliterarischer Laufbahn er die eigene spiegelte, betitelte er *Christian Friedrich Scherenberg und das literarische Berlin von 1840 bis 1860*. Veranlassung, den Begriff selbst zu reflektieren oder gar zu problematisieren, fühlte Fontane keine. Ihm war er selbstverständlich. Im Fall SCHERENBERGS diente er ihm dazu, »ein exzentrisches Poetenschicksal zu erklären« (WRUCK, 1987b, S. 645), bei dem der Wunsch nach literarischer Anerkennung einherging mit dem nach materieller Sicherstellung. SCHERENBERGS Zugang zum literarischen Leben, befördert durch Vereine und Gönner, erwies sich in dieser Darstellung als der Gewinn einer eigenen literarischen Öffentlichkeit. Die zeitweilige Bedeutsamkeit, zu der SCHERENBERG es gebracht hatte, verdankte er nach Fontane dem wirkungsvollen Zusammenspiel von Einzelmomenten, die sich in dem weitfassenden Begriff »literarisches Leben« bündeln lassen. Dem Autor, dessen subjektive Autonomie zu bewahren, aber nicht mit wirklicher Unabhängigkeit zu verwechseln sei, räumte Fontane eine zentrale, aber nicht mehr die dominierende Rolle ein. Das Denken des Autors kreise »um die Chancen, den Abhängigkeitsverhältnissen, in die [er] hineinwächst, die erforderlichen Existenz-, Produktions- und Wirkungsbedingungen abzugewinnen« (WRUCK, 1987b, S. 648 f.). Das gelinge umso besser, je genauer die Komponenten dieses Kräftespiels identifiziert würden. In keiner Phase seines langen Schriftstellerlebens ließ es Fontane an der Energie fehlen, die diese Analyse erforderte.

Neben diesen Haupttexten gibt es eine Reihe weiterer Arbeiten, die Fontanes intensives Interesse am Literaturbetrieb bezeugen. Begünstigt und erzwungen wurde diese Aufmerksamkeit durch seine berufliche Entwicklung, die ihn als Pressekorrespondenten bzw. -mitarbeiter nach England und in die Redaktion der *Neuen Preußischen (Kreuz-)Zeitung* führte. In Artikeln über die Bedingungen der Presse und das journalistische Metier legte sich Fontane Rechenschaft über die Welt ab, die seine Berufswelt geworden war. Gleiches gilt für die biographischen Artikel über einzelne Autoren (z. B. seine Studie über Willibald ALEXIS, 1872, aber auch die zahllosen Lebensskizzen, von denen sein Werk durchzogen ist und für die *Von Zwanzig bis Dreißig* nur ein Beispiel abgibt) und für die bislang noch nicht vollständig erfaßte Fülle von kürzeren Texten über Zeitungen und Zeitschriften. Fontane registrierte den sowohl durch die technische als auch die politische Entwicklung verursachten Wandel des literarischen Lebens seiner Zeit aufmerksam. Zwar äußerte er seit den achtziger Jahren wiederholt, er habe sich zurückgezogen und beobachte das ganze literarische Treiben eher leidenschaftslos, doch ist die ungeminderte Intensität unübersehbar, auf der Höhe der Entwicklung zu bleiben. Wer der Erzählwelt Fontanes auf die Spur kommen will, wird sich die Welt des Autors in ihrer Ganzheit zu vergegenwärtigen haben, denn sie fügt sich aus sehr unterschiedlichen literarischen Tätigkeiten zusammen. In den letzten beiden Jahrzehnten hat die Forschung herausgearbeitet, daß es bei der Beurteilung des Schriftstellers Fontane von elementarer Bedeutung ist, seinen Weg weder politisch noch literarisch in voneinander getrennte Phasen bzw. Bereiche zu scheiden. Wie wenige andere Autoren von Rang hat Fontane den Literaturbetrieb mit seinen im 19. Jahrhundert sich radikal verändernden Erscheinungsformen als den Raum des Schreibens akzeptiert. Er hat sich von jeder dünkelhaften Poeten-Scheu freigehalten und war bereit, seine schriftstellerische Arbeit auf die Gesetze der literarischen – und das hieß auch: der journalistischen – Welt abzustimmen. Eine Grenze zwischen einer genuin literarischen Welt und einer von ihr abzuhebenden journalistischen hat für ihn nicht bestanden. Das hatte ihn seine Berufslaufbahn gelehrt.

Es lohnte sich, die erstaunlich große Anzahl von Äußerungen zusammenzustellen, die Fontane in Briefen, in Artikeln, in seinen Büchern zum »literarischen Leben« notiert hat. Darunter befinden sich Porträts von Schriftstellern, von Zeitschriften und Zeitungen, Überlegungen zum Buchhandel, zur Kritik, zum Verhältnis von Literatur und Staat etc. Genauso lohnend wäre es, die Wahrnehmung Fontanes selbst in dieser Welt zu rekonstruieren. Wie haben ihn die Buchhändler, wie die Kritiker und wie die Redakteure und Herausgeber gesehen? Aber auch: Wie hat ihn die nicht-literarisch gepolte, wie die politische und wie die akademische Öffentlichkeit betrachtet, wo hat sie ihn eingeordnet und aus welchen Gründen? Wie hat sich Fontane dazu verhalten, hat er gleichsam mitgespielt, war er aktiv oder passiv? Behielt er den Überblick? Möglicherweise war gerade sein Umgang mit dem Begriff »literarisches Leben« beispielhaft. Er brachte ans Licht, was die Autoren seiner Zeit beeinflußte, was ihren Spielraum verengte oder erweiterte und was letzthin dazu führte, die deutsche Literatur des 19. Jahrhunderts mit anderer Elle zu messen als die des vorangegangenen.

Fontanes Entwicklung als Autor

Fontanes Entwicklung ist, seit sich die Literaturwissenschaft mit diesem Schriftsteller befaßt, als Sonderfall angesehen worden. Sie unterschied ihn von den anderen Autoren seiner Generation und seines Jahrhunderts und argumentierte mit seinem späten Beginn als Erzähler. Die Wendung von der »Verspätung«, die bereits bei R. M. MEYER 1899 anklingt und 1905 um die Formulierung von Fontanes »eigene[r], merkwürdig langsame[r] Entwicklung« (MEYER, 1905, S. 203) erweitert wurde, war geeignet, den Blick auf Fontanes eigentlichen Werdegang zu verstellen. Sie war prägend bis zu G. LUKÁCS' Analyse des Autors und H.-H. REUTERS *Die Geschichte einer Verspätung* (1964). H. NÜRNBERGER in seinem Buch über den frühen Fontane und WRUCK in seiner Dissertation von 1967 *Preußentum und Nationalschicksal bei Theodor Fontane* haben dann diesen so nachhaltig wirkenden Erklärungsansatz grundsätzlich hinterfragt.

Fontane war durch die zweckgerichtete Selbststilisierung, die er in seinem Spätwerk und seinen Briefen betrieb, an dieser Wirkungsgeschichte nicht schuldlos. Sie ist gekennzeichnet von wiederholtem politischen und schriftstellerischen Frontenwechsel. Während besonders REUTER Fontanes Entwicklung aus den vormärzlichen Anfängen herleitet und die Arbeitsjahrzehnte im Dienst der preußischen Regierung bzw. der konservativen Presse als erzwungen ansieht und herunterspielt, um dann Fontanes Selbstfindung im sozial- und preußenkritischen Romanwerk als eigentliche Leistung zu feiern, verstärkt sich in jüngster Zeit die Skepsis gegenüber dieser vom Ende her bestimmten Sicht. Am nachdrücklichsten hat WRUCK beschrieben, wie sich Fontanes schriftstellerisches Sozialverhalten aus den Gegebenheiten seiner Existenz und den vorgefundenen Bedingungen entwickelte und wie er durchaus bewußt und in Übereinstimmung mit eigenen Auffassungen zwei Jahrzehnte seines Lebens als »vaterländischer Schriftsteller« tätig war (WRUCK, 1987b). Es erwies sich als aufschlußreich, die jeweils geltenden Auffassungen von literarischem Beruf und sozialer Zuordnung, die Autoren erfuhren, in die Beurteilung der Entscheidung Fontanes einzubeziehen, die eigene Existenz (und die seiner Familie) auf schreibende Tätigkeit zu begründen und sich als Schriftsteller zu etablieren. Dabei geraten Durchsetzungsstrategien ins Blickfeld, die mit politischen Zuordnungen im Widerstreit liegen und Unvereinbarkeiten aufdecken. Die Potsdamer Fontane-Konferenzen von 1986 (vgl. Literarisches Leben, 1987) und 1993 (vgl. FBl H. 58, 1994), die sich mit Fontanes Stellung im literarischen Leben der Zeit und mit dem sogenannten »mittleren« Fontane befaßten, haben für diese Auffassung fundierte Belege geliefert.

Fontanes Loslösung aus dem ungeliebten Apothekerberuf und seine Hinwendung zu schriftstellerischer Betätigung vollzog sich auf zwei Ebenen: 1. der des Bruchs mit dem tradierten Verständnis, das von einer hohen Wertschätzung des Poeten ausging, und 2. der praktischer Möglichkeiten, die sich ihm als Schreibenden boten. Die erste, in der Romantik wurzelnden Ebene war geprägt von einem Dichterbegriff jenseits der Niederungen alltäglicher Mühsal und Plage im imaginären Reich. Auf der zweiten Ebene durchlief Fontane als Lernender wesentliche Bereiche, die ein neues Berufsbild des Schriftstellers zusammenfügten und ihn in wachsendem Maß an die modernen Medien banden. Es bleibe ihm »nur die Publizistik, da ich festentschlossen bin, das Martyrthum des Gedichte- und Stücke-schreibens nicht auf mich zu nehmen« (an EMILIE, 10. 3. 1857, FE II.30). Die journalistische Schule, deren wichtigste Stationen er in England und im Dienst der preußischen Regierung durchlief, verlangte ihm alles ab und hinterließ Prägungen unverwechselbarer Art. Ein Zeugnis, das ihm der preußische Botschafter Graf von BERNSTORFF im Dezember 1856 auf Anforderung des Staatsministeriums unter MANTEUFFEL anfertigte, ist auf seine Weise beredt. Dort heißt es: Fontane lasse es an Willen und Fleiß nicht fehlen, aber er sei doch »mehr belletristischer als politischer Schriftsteller« und es werde »ihm daher nicht so leicht, sich die journalistisch-politische Schreibart anzueignen« (zit. nach C. JOLLES, 1983, S. 180). Übergreifend wirkte auf die Beziehung zwischen den Ebenen die Frage nach der sozialen Reputation des Schriftstellerberufes, die Fontane zeitlebens interessierte (vgl. u. a. seine Aufzeichnungen *Die gesellschaftliche Stellung des Schriftstellers in Deutschland* und *Die gesellschaftliche Stellung der Schriftsteller* (um 1881 und – mit verändertem Akzent – 1890/91). Sie hatte entscheidende Auswirkung auf den Beginn seiner Laufbahn und die Anziehungskraft, die der »vaterländische Schriftsteller« als sozial akzeptierter und partiell staatlich subventionierter Autor auf ihn ausübte. Fontane schlug aus dem beruflichen Realitätsgewinn, den ihm die eingeschlagene Richtung als Verfasser der *Wanderungen durch die Mark Brandenburg* und der geschichtlichen Darstellung der drei großen preußischen Kriege bescherte, Kapital in den verschiedenen literarischen Gattungen, deren unterschiedlichen Wert und Verwertbarkeit er sorgfältig prüfte. Begriffliche Klarheit zwischen Poet, Dichter, Journalist, Literat und Schriftsteller läßt sich nur aus dem jeweiligen Zeitkontext herleiten. Für Fontanes Berufspraxis ergibt sich die Diskrepanz zwischen dem, *was* er gemacht hat, und *der Rolle,* in der er sich dabei empfand. Sie läßt sich ermitteln aus Artikeln und Büchern, die er verfaßte, aus den Verlagen, an die er sich vertraglich band, und aus den Kontakten, die er zu staatlichen und anderen Institutionen herstellte und um deren Sicherung er sich mühte oder die er vernachlässigte. Das Fahnden nach unbekannten Texten Fontanes hat in den letzten Jahren die Einsicht erhärtet, daß der Anteil journalistischer Arbeiten wesentlich höher als vermutet war (vgl. H. STREITER-BUSCHER, 1996), ohne daß mögliche sich aufdrängende Zuordnungsmuster bislang zureichend reflektiert und differenziert worden sind.

Das literarische Zentrum Berlin

Die Auffassung, daß Fontane als Autor ohne seine Bindung an Berlin nicht zu verstehen ist, hatte sich schon zu seinen Lebzeiten durchgesetzt. Leben und Werk des Schriftstellers sind mit dieser Stadt verbunden, die im Verlauf seines Jahrhunderts von der kaum bemerkenswerten, eher kleinen Residenzstadt Preußens zur Millionen- und Hauptstadt des zweiten deutschen Kaiserreiches wurde. Fontane hat in dieser Stadt den größten Teil seines Lebens verbracht. Sein Romanwerk legt ein gültiges Zeugnis darüber ab, wie bewußt der Autor alle Veränderungen der Stadt beobachtete und in ihrer Wirkung auf die in ihr lebenden Menschen registrierte. Verlebte Fontane die erste Hälfte seines Lebens an sehr unterschiedlichen Orten, so gehörte die zweite beinahe ausschließlich Berlin. Er fällte diese Entscheidung 1859/60 und hat sie nie ernstlich bereut. Als Grund formulierte er am 28. 6. 1860 gegenüber Paul HEYSE, der Fontane das (freilich etwas unausgegorene) Angebot unterbreitet hatte, nach München überzusiedeln:

> Es ist mir im Laufe der Jahre besonders seit meinem Aufenthalte in London, Bedürfniß geworden an einem großen Mittelpunkte zu leben, in einem Centrum, wo entscheidende Dinge geschehn. Wie man auch über Berlin spötteln mag, [...], das Faktum ist doch schließlich nicht wegzuleugnen, daß das, was hier geschieht und nicht geschieht, direkt eingreift in die großen Weltbegebenheiten. (IV.1.709)

Fontane hatte Berlin in seiner politischen, ökonomischen, kulturhistorischen und sozialen Entwicklung studiert wie keine andere Stadt. Sie hatte ihn zum Schriftsteller werden lassen, ihr verdankte er seinen Durchbruch (vgl. WRUCK, 1987 a).

Sein Werdegang erhielt von der literarischen Region, deren eigenwilliges, immer etwas fremdes Zentrum Berlin war, entscheidende Prägung. Erfahrungen mit anderen literarischen Regionen sammelte er kaum. Einzige wesentliche Ausnahme bilden die Jahre 1840 bis 1843, die er zeitweilig außerhalb der preußischen Grenzen verlebte. In Leipzig und Dresden suchte er Verbindungen zu literarischen Gruppen, von denen er sich Vermittlung zu Verlagen und Zeitschriftenredaktionen versprach. Das gelang partiell, eigentlich Fuß faßte er dort nicht. Seine schon aus den Kinderjahren herrührende Sympathie galt Norddeutschland, im lokalen, im regionalen, aber auch im politischen Sinn. Herzstück dieses Nordens war Preußen.

Aber die Entrüstung über *unpreußische* Handlungsweise der jetzigen preußischen Machthaber wird nie so weit gehn, daß ich das Kind mit dem Bade ausschütte und wohl gar Land und Volk schmähe, aus *Liebe* zu dem ich überhaupt nur in Entrüstung gerathen konnte. (An W. WOLFSOHN, 11. 12. 1849, IV.1.100)

Das galt 1849. Abgewandelt und durch ein ereignisreiches Leben unpathetischer galt es auch in den späten Jahren. Seinem Freund WOLFSOHN riet er allerdings, sich vor Berlin zu hüten, man bedürfe »befreundeter Herzen, ermunternder Worte« (27. 2. 1852, IV.1.205), denn die Konkurrenz sei hier unglaublich.

Seit der Rückkehr aus England 1859 versucht Fontane, sich im Zentrum preußischer Politik und preußischen Lebens als »vaterländischer Schriftsteller« zu profilieren und etablieren. Er mußte erst diese Phase mit dem gehörigen Ernst durchlaufen, um zu der Schärfe und Unbestechlichkeit zu gelangen, die seine späte Preußenkritik auszeichnen. Noch im November 1882 benutzte Fontane gegenüber dem Verleger Wilhelm FRIEDRICH den Begriff: Bei aller Bescheidung wisse er doch, »dass ich ein kleines Publikum habe, das *fest* zu mir hält und nun seit Jahren daran gewöhnt ist, in der Woche vor Weihnachten drei oder vier Mark an seinen ›vaterländischen Schriftsteller‹ zu setzen« (5. 11. 1882, IV.3.217).

Definiert man nach K. HERMSDORF die literarische Region aus jeweils unterschiedlichen Blickwinkeln »als Gebiete varianter Wirkung literarischer Texte; [...] als Gebiete unterschiedlicher Schaffensbedingungen für Autoren; [...] als Zonen verdichteter Interaktion von Autoren und Medien [oder als] themenleitende, stoffgebende Erfahrungsräume von Schriftstellern« (HERMSDORF, 1993, S. 8), dann sind damit die Bereiche gekennzeichnet, die für Fontanes literarregionale Situierung standen und von denen aus diese sich beschreiben läßt. Fontanes Entscheidung für Berlin war auch die Entscheidung für ein regionales Zentrum, in dem sich in wenigen Jahrzehnten nationale kulturelle Bestrebungen konzentrieren sollten. Anläßlich der Besprechung des Erinnerungsbuches von Felix EBERTY *Jugenderinnerungen eines alten Berliners* (Berlin 1878) für die *Vossische Zeitung*, rekapitulierte Fontane diese Wandlungen am Beispiel von EBERTYs Erfahrungen mit einem nun längst vergangenen Berlin (in FaK, S. 85–98).

So intensiv Fontane diese urbane Entwicklung begleitet und sogar zeitweilig seine schriftstellerische Position von ihr her definiert hatte, so schwankend stand er in den letzten anderthalb Lebensjahrzehnten dem Ergebnis gegenüber, dessen Wert und Solidität ihn immer weniger zu überzeugen vermochte. Das ging soweit, daß er in einem Brief 1885 sogar Berlin selbst verteufelte und meinte, es sei nur seine Verpflichtung als Theaterkritiker, die ihn in der Stadt halte. Am liebsten würde er Berlin aufgeben und beispielsweise nach Schmiedeberg ziehen. Was er an Material für die literarische Arbeit brauche, das habe er beisammen, »ja so viel davon, daß ich's allein nie abarbeiten kann« (an M. von ROHR, 13. 7. 1885, IV.3.403). Als jedoch Guido WEISS in einem Aufsatz ein Berlin-Bild in dunkelsten Farben veröffentlicht hatte, legte Fontane umgehend Widerspruch ein, indem er bereitwillig bestätigte, daß das »*Städtische der Stadt*« zwar öd und langweilig sei, »aber alles, was die Hohenzollern geschaffen und mit ihrem Tun und ihrem Geiste durchdrungen haben« hoch interessant sei. Es habe nur noch nicht »seinen Geschichtsschreiber gefunden«. Er könne es, sei aber zu alt dazu (14. 8. 1889, IV.3.711).

Wenn in den folgenden Abschnitten die Zeitungen und Zeitschriften in ihrer Bedeutung für Fontane erläutert werden, erhärtet sich der festgestellte Berlin-Zentrismus. Aber er wird bereichert um nicht unwesentliche, ihn relativierende Nuancierungen. Fontane hat in den letzten Lebensjahrzehnten mit süddeutschen Verlagen und Zeitschriften verhandelt und war weit davon entfernt, die sich dort abzeichnende neuartige Qualität literarischen Lebens geringzuschätzen. Fast scheint es, als ob mit seiner preußischen Verdrossenheit die Aufmerksamkeit für andere literarische Regionen gewachsen sei. Das korrespondiert mit einer auffälligen Öffnung gegenüber Zeitschriften, die überregionale und sogar übernationale Bindungen aufwiesen.

Literatur

R. M. MEYER, Die deutsche Literatur des neunzehnten Jahrhunderts, Berlin 1899. – DERS., Theodor Fontane, in: Gestalten und Probleme, Berlin 1905, S. 203–214. – W. HEYNEN, Vom Literaten Theodor Fontane in London, in: Preußische Jbb 240 (1935), S. 286–302. – G. HERDING, Theodor Fontane im Urteil der Presse. Ein Beitrag zur Geschichte der literarischen Kritik, Diss. Masch. München 1945. – C. JOLLES, Zu Fontanes literarischer Entwicklung im Vormärz. Bibliographische Übersicht über seine Beiträge in Zeitschriften, Almanachen, Kalendern und Zeitungen 1839–1858/59, in: Jb DSG 4 (1960), S. 400–424. – H. ROCH, 1962, s.u. 1.1. – H. H. REUTER, Die Geschichte einer Verspätung. Theodor Fontanes Weg zum gesellschaftlichen Schriftsteller, in: SuF 16 (1964) H. 5, S. 653–675. – E. D. BECKER/M. DEHN, Literarisches Leben. Eine Bibliographie, Hamburg 1968. – R. BÖSCHENSTEIN-SCHÄFER, Das literarische Leben. 1800–1850, in: Berlin und die Provinz Brandenburg im 19. und 20. Jahrhundert, hg. von H. HERZFELD unter Mitwirkung von G. HEINRICH, Berlin 1968. – C. JOLLES, 1969, s. u. 3.1.20. – H.-D. LOOCK (Hg.), Fontane und Berlin, Berlin/West 1970. – C. SCHULTZE, 1970, s. u. 1.1. – C. JOLLES, Theodor Fontane als Essayist und Journalist, in: Jb für Internationale Germanistik 7 (1975), H. 2, S. 98–119. – C. LIESENHOFF, 1976, s. u. 1.1. – Berlin zwischen 1789 und 1848. Facetten einer Epoche. Ausstellung der Akademie der Künste vom 30. 8. bis 1. 11. 1981, Berlin 1981. – W. D. LÜTZEN, Der Textschreiber und seine Medien. Scriblifax, Journalist, Romanschreiber zwischen Staatsdienst, Feuilleton, Familienblatt und Buchverlag, in: Fontane. Dichtung und Wirklichkeit, hg. vom Verein zur Erforschung und Darstellung der Geschichte Kreuzbergs e. V. und dem Kunstamt Kreuzberg, Berlin (West) 1981, S. 189–224. – A. TEBBE, Literaturverhältnisse zur Zeit Fontanes, in: ebd., S. 175–187. – R. WITTMANN, Das literarische Leben 1848 bis 1880 (mit einem Beitrag von G. JÄGER über die höhere Bildung), in: Realismus und Gründerzeit. Manifeste und Dokumente zur dt. Literatur 1848–1880, hg. von M. BUCHER u.a., Stuttgart 1981, S. 161–257. – Preußen und Berlin. Beziehungen zwischen Provinz und Hauptstadt, hg. von U. ARNOLD, Lüneburg 1981. – P. U. HOHENDAHL, Literarische Kultur im Zeitalter des Liberalismus 1830–1870, München 1985. – O. KEILER, »Und aus der Schüssel, aus der 30.000 Deutsche essen, ess' ich ruhig mit.« Zum Begriff »Literarisches Leben«. Neue Materialien und Ansichten der Fontane-Forschung, in: FBl H. 40 (1985), S. 201–229. – P. WRUCK, 1986, s.u. 1.1. – B. PLETT, 1987, s.u. 2.2. – Geschichte Berlins, hg. von W. RIBBE, 2 Bde., München 1987. – H. RICHTER, Guido Weiß und Theodor Fontane. Demokratische Beiträge zur Wesensbestimmung des Dichters, in: ebd., S. 337–378 [leicht verändert in: FBl H. 44 (1987), S. 606–644)]. – P. WRUCK, Fontanes Berlin. Durchlebte, erfahrene und dargestellte Wirklichkeit, in: Literarisches Leben in Berlin, Berlin 1987a, 1. Bd., S. 22–87. – P. WRUCK, Theodor Fontane in der Rolle des vaterländischen Schriftstellers. Bemerkungen zum schriftstellerischen Sozialverhalten, in: FBl H. 44 (1987b), S. 644–667. – K. HERMSDORF, Regionen deutscher Literatur 1870–1945. Theoretische und typologische Fragen, in: Zs für Germanistik, N. F. III–1 (1993), S. 7–17. – E. D. BECKER, Literarisches Leben. Umschreibungen der Literaturgeschichte, St. Ingbert 1994. – H. NÜRNBERGER, FW, 1997.

1.3.2 Fontanes Beziehungen zu Zeitungen

Zeitungen gehörten zu Fontanes Leben wie die Luft zum Atmen. Er sei, schrieb W. HAACKE (1940, Sp. 1052), »einer der ersten deutschen Ztgs-männer des 19. Jhs« gewesen, »die ihre gesamte Entwicklung zum vorwiegend sichtbaren Typ der *journalistischen Persönlichkeit* allein der Presse verdanken«. Seine Entwicklung als literarischer Autor geschah in einem Zuge mit dem Heimischwerden in der sich rasch entfaltenden Welt der Presse im 19. Jahrhundert. Ein umfangreicher Teil seines brieflichen Verkehrs über Jahrzehnte war der Pflege der Beziehung zu Zeitungs- und Zeitschriftenredaktionen gewidmet. Sein heute geflügeltes Wort, Zeitungen seien doch das Beste, gründete auf Erfahrungen, die ihre materielle, aber gleichermaßen ihre intellektuelle Seite hatten. Wer sich mit Fontane befaßt, muß sich bewußt halten, daß er es mit einem Autor zu tun hat, der alle Presse-Institutionen kennengelernt hatte und dessen literarische Arbeit zu großen Teilen aus diesen Beziehungen entstanden waren. JOLLES war wohl die erste, die diesem Tatbestand gerecht wurde, als sie Mitte der dreißiger Jahre Fontanes Journalismus gründlich untersuchte und seine England-Erfahrung in das gehörige Licht rückte. Sie sprach von »einer fast vierzigjährigen Vorbereitungszeit« (JOLLES, 1975, S. 98) Fontanes in publizistischen Tätigkeiten. Diese erst habe den Romancier hervorgebracht, dessen Rang seine eigentliche Stellung in der deutschen Literatur ausmache. Das stimmt, so könnte man mit Fontane sagen, und es stimmt nicht. Die scharfe Grenze zum Romanschriftsteller hin läßt sich nicht verläßlich ziehen. Fontanes literarische Welt erwuchs aus der journalistischen Welt, die sein Metier war – ganz gleich, ob er Verse über den Hamburger Brand oder auf preußische Feldherrn dichtete, ob er über das Londoner Theater und die englische Presse schrieb oder ob er zahllose politische Artikel, *Wanderungen*-Aufsätze und literarische Anzeigen für die unterschiedlichsten Blätter verfaßte – oder eben ob er sich Romane und Novellen für dieses oder jenes Publikationsorgan ausdachte: immer ergab sich seine Schreibhaltung aus den Chancen und Bedingungen, diese Texte an die geeignete Öffentlichkeit zu bringen. Man hat in den letzten Jahren gelernt, daß auch die »Vorbereitungszeit« vor den großen Romanen eine Zeit reifer Leistungen war – umstritten zwar, aber unbestritten in ihrer eigenen Bedeutung.

Fontanes Schritt Ende der vierziger und Anfang der fünfziger Jahre in die sich rasch parteipolitisch differenzierende Publizistik, die in Berlin ihr Zentrum hatte, hat in der Forschung zu kontroversen Auffassungen geführt. Leicht hat es Fontane seiner urteilsfreudigen Nachwelt dabei nicht gemacht. Das betrifft sowohl seine politische Orientierung, deren konservativ-reaktionäre Wende mittlerweile außer Zweifel steht, als auch die damit einhergehende Notwendigkeit, sein literarisches Werk aus dem journalistischen herzuleiten, also literarisches gleichermaßen als journalistisch-publizistisches Leben zu sichten. Der Lyriker Fontane suchte Hand in Hand mit dem Feuilletons und politische Artikel schreibenden

Journalisten Fontane einen Publikationsraum, der finanzielle Sicherheit und soziale Gebundenheit garantierte. Dieser individualgeschichtliche Vorgang ging einher mit der Entstehung politischer Parteien in Preußen, mit der Entwicklung einer eigenen Parteipublizistik und dem Bestreben der Regierung, die auf das monarchische Prinzip gesetzt hatte, sich auf diese Spaltungsvorgänge einzustellen.

In seiner Zeit als preußischer Presseagent in London und als Mitarbeiter im »Literarischen Cabinet« unterhielt Fontane Beziehungen zu diversen Zeitungen in Deutschland. Das gehörte zu den Pflichten, die ihm diese Stellung vorschrieb. Die Kontakte waren von ganz unterschiedlichem Gewicht, häufig lassen sie sich gar nicht mehr oder nur noch sehr unzulänglich nachweisen. JOLLES hat mit ihren ergiebigen Untersuchungen über Fontanes England-Aufenthalt den Blick für die eminent große Rolle geschärft, die sein reflektierender Umgang mit der englischen Presse für ihn bedeutete. Er habe sich in London geradezu auf Zeitungen und Zeitschriften gestürzt (vgl. JOLLES, 1975, S. 98) und sich dabei durchaus systematisierender Aneignungspraktiken bedient, wozu er neigte. Er hat die Artikelfolgen, die er zwischen 1856 und 1859 über die Londoner Presse verfaßte, 1860 unter dem Titel *Aus England. Studien und Briefe über Londoner Theater, Kunst und Presse* in Buchform herausgegeben – wohl nicht in Ermangelung anderer publizierbarer Texte, sondern weil er sie in hohem Maße aufschlußreich für den Charakter der literarischen Öffentlichkeit empfand. Sie sind es heute im Hinblick auf ihren Verfasser.

Im Zentrum von Fontanes Zeitungsbeziehungen steht ohne Zweifel die Berliner Presse, allen voran die *Kreuzzeitung* und die *Vossische Zeitung*. Hier veröffentlichte er den umfangreichsten Teil seines publizistischen und zum Teil sogar seines literarisch-künstlerischen Werkes von den *Wanderungen* bis zu *Irrungen, Wirrungen*. Hier referierte er Tagesereignisse und literarische Ereignisse, kritisierte neue Bücher und verfaßte über bald zwei Jahrzehnte die Kritiken der Aufführungen im Königlichen Schauspielhaus. Und hier traf er die wichtigsten Vertreter von Presse und Politik und verkehrte mit ihnen gesellschaftlich, um sich erst gegen Lebensende von diesem Treiben zurückzuziehen. Für ihn waren diese Zeitungen – neben den Verbindungen zu Zeitschriften – Orte konzentrierten literarischen Lebens. Beide Blätter müsse er, schrieb er am 23. 11. 1882 seinem Verleger FRIEDRICH »cajolieren, denn beide (wiewohl politisch ganz entgegengesetzt) umfassen mein allereigentlichstes Publikum« (FBl H. 17, 1973, S. 46). Obgleich Fontanes Urteil über die hauptstädtische Journalistik schwankte, fiel es am Ende gnädig aus. Er wußte sie zu schätzen und war sich ihrer Ausstrahlungskraft über die Berliner Grenzen hinaus bewußt. »Im Kern ist unsre Berliner Presse nicht schlecht«, resümierte er gegenüber dem Österreicher Moritz NECKER am 9. 4. 1894, »vielleicht besser als irgend eine andre, weil sie noch ein Stück Selbständigkeit hat« (IV.4.340f.).

Schon Ende der siebziger Jahre war Fontane soweit, nicht mehr um jeden Artikel und dessen Abdruck zu feilschen. Mehr als einmal findet sich in Briefen die Notiz, er sei noch einmal rasch auf die Redaktion gegangen, um einen Artikel zu notieren, der dann wenige Stunden später gedruckt vor dem Leser zur Begutachtung lag. »Ich bin zu lange ›dabei‹«, schrieb er Julius GROSSER am 16. 6. 1879 (IV.3.27), und meinte damit seine tiefe Vertrautheit mit der Welt des Zeitungsmachens. Diese Vertrautheit erlaubte ihm schließlich, eine einmal gemachte Zusage über die Annahme eines Artikels, der dann doch nicht abgedruckt werden konnte, ohne Groll zu verschmerzen.

Andererseits waren Zeitungen und Zeitschriften für Fontane Informationsquellen ersten Ranges. Aus ihnen bezog er sein Wissen, sie waren ihm Bildungsanstalt und später auch Stoffquelle für sein Romanwerk. So wichtig ihm Bücher waren, wichtiger waren ihm Zeitschriften und Zeitungen. Es gehörte zum täglichen Ritual, daß ihm seine Frau beim Tee die Tagespresse vorlas. Fontane hat auch aktiv bis in das hohe Alter an diesem zentralen Bereich literarisch-publizistischen Lebens teilgenommen: vom Vorabdruck über Artikel, Essay und Rezension bis zu der wiederholt benutzten Gattung des Leserbriefes.

Die Liste der Zeitungen, für die Fontane gearbeitet hat, ist eindrucksvoll, aber ihre Beurteilung fällt schwer. Hier sollen wenigstens die wichtigsten genannt werden: *Berliner Figaro* (Berlin), *Leipziger Tageblatt* (Leipzig), *Zeitung für die Elegante Welt* (Leipzig), *Dresdner Zeitung* (Dresden), *Berliner Zeitungshalle* (Berlin), *Deutsche Allgemeine Zeitung* (Leipzig), Cottas *Morgenblatt für Gebildete Leser* (Stuttgart), *Deutsche Reform. Politische Zeitung für das constitutionelle Deutschland* (Berlin), *Preußische (Adler-)Zeitung. Organ für Politik, Wissenschaft, Kunst, Landwirtschaft, Handel und Gewerbe* (Berlin), *Die Zeit. Neueste Berliner Morgenzeitung* (Berlin), *Preußische Zeitung* (Berlin), *Neue Preußische (Kreuz-)Zeitung* (Berlin), *Königlich privilegierte Berlinische Zeitung von Staats- und gelehrten Sachen* (*Vossische Zeitung*) (Berlin), *Die Presse* (Wien), *National-Zeitung* (Berlin), *Allgemeine Preußische (Stern-)Zeitung* (Berlin), *Berliner Fremden- und An-*

zeigeblatt (Berlin), *Berliner Tageblatt* (Berlin) und *Die Post* (Berlin). Hinzu kamen sporadische, oft beiläufige und einmalige Kontakte zu kleineren Tagesblättern. Einige Verbindungen, besonders die während seiner Mitarbeit an der »Centralstelle für Preßangelegenheiten«, sind bekannt, ohne daß sie sich bislang verläßlich beschreiben lassen. STREITER-BUSCHER und R. MUHS haben im Zusammenhang mit der Veröffentlichung der sogenannten »Unechten Korrespondenzen« Fontanes (seine »englischen Artikel« für die *Kreuzzeitung* zwischen 1860 und 1870) auf die vielfältigen Schwierigkeiten verwiesen, die die eindeutige Identifizierung anonym veröffentlichter Artikel bereitet (vgl. FBl H. 64, 1997).

Nicht zufällig ist die Liste weitestgehend chronologisch geordnet. Mit den Namen dieser Zeitungen verbinden sich Lebens- und Arbeitsphasen Fontanes, bei den einen mehr, bei anderen weniger. Das gilt für die sächsischen Blätter in den ersten vierziger Jahren, die unter vormärzlicher Flagge segelten. Es trifft zu für die *Deutsche Reform*, die *Preußische (Adler-)Zeitung*, *Die Zeit* und die *Preußische Zeitung*, mit denen Fontanes Arbeit für die offiziöse preußische Presse zu beschreiben ist, und es hat vornehmlich Gültigkeit für die beiden wichtigsten Zeitungen in Fontanes Leben: die *Kreuzzeitung* und die *Vossische Zeitung*. Neben der *Kreuzzeitung*, die wie kaum ein anderes Organ die Spezifik der Zeitungsarbeit Fontanes spiegelt, sollen im folgenden exemplarisch der für seinen literarischen Werdegang einflußreiche *Berliner Figaro* und – als anschaulicher Beleg seiner Tätigkeit für die offiziöse gouvernementale Presse – die *Deutsche Reform* charakterisiert werden. Gerade in den Details, auf die hier nicht verzichtet werden kann, erscheint das literarische Leben als der für Fontanes schriftstellerische Profilierung maßgebliche und in sich komplexe Wirkungsraum.

Der Berliner Figaro (Berlin. Redaktion Leopold Wilhelm Krause)

Er ist wie keine andere Zeitung mit Fontanes literarischen Anfängen verbunden. Dort veröffentlichte er seine ersten Texte, u. a. auch die für geraume Zeit einzige Erzählung *Geschwisterliebe*.

> Das war unser Hauptblatt. Darin waren wir selber zu finden, mit Versen, in denen jeder jede Woche wenigstens einmal starb. Meistens fürs Vaterland. Denn es war die Herwegh-Zeit. (1886, N XV.410)

Die Zeitung, die zwischen 1831 und 1848 werktäglich herauskam, hatte ihre publizistischen Wurzeln in den zwanziger Jahren. Ihr Vorläufer, der sich *Der Berliner Eulenspiegel. Zeitschrift von und für*

Narren genannt hatte, war von Eduard Maria OETTINGER herausgegeben worden. OETTINGER war Mitglied im »Tunnel über der Spree« gewesen, den er nach einem öffentlichen Streit mit dessen Gründer, Moritz Gottlieb SAPHIR, verlassen mußte. Dessen ursprüngliche Intention hatte er übernommen, auch in der literarischen Strategie, die er unter der Flagge des Witzes und sprachlichen Narrentums verfocht und die von der politischen Macht stets kritisch beäugt wurde (vgl. W. WÜLFING, 1993). Wie der »Tunnel« hatte er sich Till Eulenspiegel zum Leitbild gewählt. Nicht zufällig wurde SAPHIR, der eigentliche Ideenspender, bald Autor der Zeitung und blieb es über Jahre hinweg. Leopold Wilhelm KRAUSE, der bis 1846 für den *Figaro* verantwortlich zeichnete und Fontane möglicherweise in seiner Absicht unterstützte, sich mit dem englischen Arbeiterdichter John PRINCE zu befassen, hatte dann 1831 aus dem *Berliner Eulenspiegel-Courier* eine eigene Zeitung entwickelt, die bald zu einem beachteten Organ junger Schriftsteller wurde. »Till hat«, heißt es 1831 in einer Selbstanzeige, »zwei Brükken geschlagen, die erste verbindet Berlin mit Wien, die zweite mit Hamburg« (zit. nach A. ESTERMANN 1, 4, S. 406). An beiden Orten wurden Korrespondenten eingesetzt, die über die geographische eine kulturelle Achse markieren sollten. Versuche, durch äußere Gestalt und innere Profilierung sich an der Pariser Journalliteratur zu messen, deren Überlegenheit man anerkannte, waren aus finanziellen Gründen gescheitert. Im selben Jahr hatte man den Namenswechsel vorgenommen und *Eulenspiegel* gegen *Figaro* ausgetauscht, behielt aber die ironische Sprachgebung bei.

> Du weißt, lieber Leser, daß ich ein Feind von Lobhudeleien bin, sonst würde ich mich als erstes satyrisches Licht, und meine Zeitschrift als das witzigste, geistreichste und pikanteste Journal von ganz Deutschland ausposaunt haben. (Zit. nach ESTERMANN 1, 4, S. 407)

Als Fontane zu diesem Blatt stieß, war eine Wende ins Seriöse vollzogen, der witzige Ton verabschiedet und namhafte Autoren wie ALEXIS, Karl GUTZKOW, Heinrich HEINE, Hermann von PÜCKLER-MUSKAU und Ludwig UHLAND gewonnen. Man beanspruchte, über alles, »was innerhalb unsrer Mauern im Gebiete der Kunst, der Literatur und des geselligen Lebens Neues geschah« (ebd., S. 411), zu berichten und sich besonders der jungen Literatur zu widmen. Wie weit man sich trotz aller gegenteiligen Beteuerungen von seinen Anfängen entfernt hatte, belegt das Editorial für den 11. Jahrgang 1841:

> Es gilt uns der Aufgabe der Zeit, die keine kleine und geringfügige
> ist, bewußt zu werden; denn ihre Erfüllung besteht nicht bloß in dem
> Kampfe gegen veraltete Vorurtheile, sondern auch im freudigen zu-
> versichtlichen Weiterbauen für eine schönere Zukunft unsers wis-
> senschaftlichen und künstlerischen Daseins, und eines regeren Zu-
> sammenwirkens unter dem Gesichtspunkte der Nationaleinheit und
> Einigkeit. (Ebd., S. 411 f.)

Fontane, dessen erste publizierten Gedichte dort am 27. 1. 1840 erschienen, war sich noch in seinen späten Jahren der Bedeutung bewußt, die dieses Blatt und die Räumlichkeiten, in denen es gelesen und debattiert wurde, für ihn und seinesgleichen hatten. »Das Blatt ist insofern merkwürdig«, schreibt er in vorbereitenden Notizen für Studien über jene Zeit, »als jeder, der aus den Berliner Literatur- und Studentenkreisen später zu etwas gebracht hat, hier (im ›Figaro‹) begann.« Von all den Autoren, die im *Figaro* publiziert hätten, »erzählen [zu] wollen hieße ein Stück Literaturgeschichte schreiben.« (AW 7, S. 143) Dabei dachte er etwa an Otto HOFFMANN, die Brüder MARGGRAFF und Julius MINDING, allesamt Poeten, die sich in einer Weinstube in der Adlerstraße trafen und die Heinrich HEINE als hinterpommersche Dichterschule bezeichnet hatte. Daß auch noch weitere »Tunnel«-Gefährten Fontanes der Zeitung verbunden waren, bezeugt nicht nur seine wahrscheinlich aus dem Jahr 1861 stammende Notiz, sich bei Ludwig LESSER und Rudolf LÖWENSTEIN Erkundigungen einholen zu wollen. Die Liste der Autoren, die ESTERMANN zusammengestellt hat, führt auch einige weitere Vereinsmitglieder auf (u.a. K. HERLOSSSOHN, H. von MÜHLER, L. SCHNEIDER und H. SMIDT). Der Überblick in seiner Gesamtheit erlaubt kaum Rückschlüsse auf das wechselnde Profil der Zeitung selbst, wenngleich das oppositionelle Potential überwog. Man beschränkte sich jedoch keineswegs auf junge Mitarbeiter und druckte auch Artikel von angesehenen, lebenden wie toten Autoren ab. Für Fontane stellte sich über die Beteiligung am *Figaro* eine willkommene Brücke zu literarischen Kreisen her. In seiner Autobiographie nennt er in diesem Zusammenhang den »Platen-Klub«, wo man durch eine Publikation in diesem Blatt auf ihn aufmerksam wurde. Die Gedichte, die neben der ersten Erzählung Fontanes hier erschienen, waren mit seinem Namen bzw. mit »Fontan« gezeichnet (vgl. JOLLES, 1983, S. 229f.) und gehören zu den wesentlichen Zeugnissen seiner frühen poetischen Intentionen. Als Fontane 1840 aus beruflichen Gründen nach Burg und bald darauf – was entscheidende Folgen hatte – nach Leipzig wechselte, löste sich die Verbindung. An ihre Stelle trat die zur weitaus radikaleren in Sachsen erscheinenden *Eisenbahn*.

Deutsche Reform. Politische Zeitung für das constitutionelle Deutschland. (Berlin)

»Ich soll so'n Stück Mitarbeiter am Feuilleton der ›Deutschen Reform‹ (ministeriell) werden«, schrieb Fontane am 3. 5. 1850 unmittelbar nach Ende der Korrespondenz für die *Dresdner Zeitung* an WOLFSOHN (IV.1.120). Als Fontane zu dieser Zeitung stieß, hatte sie bereits eine zwar kurze, aber wechselvolle Geschichte hinter sich. Sie war 1848 von dem damaligen Handelsminister MILDE in der Absicht gegründet worden, »durch ein Organ in der Tagesliteratur die konstitutionelle Monarchie und das Königthum gegen die überfließenden Angriffe der Demokratie und der Anarchie zu vertheidigen« (zit. nach M. OVERESCH, 1974, S. 19). Man wollte der liberalen Pressefront, die sich nach den Märztagen formiert hatte, publizistisch wirkungsvoll begegnen. Verlegt wurde sie vom Kgl. Geh. Oberhofbuchdrucker Rudolf von DECKER, einem späteren Verleger Fontanes. Im äußeren Erscheinungsbild war sie ein kaum verstecktes Imitat von Arnold RUGES viel gelesener demokratischer *Reform*. Eigentlicher Hintergrund des Blattes war der Wunsch der preußischen Regierung, über ein offiziöses Blatt zu verfügen, das willfährig einen staatstreuen Kurs steuerte. Dafür wurden reichlich Gelder, u. a. ein Startkapital von 40000 Reichstalern, zur Verfügung gestellt. So einfach das Verfahren, so kompliziert seine Umsetzung, denn – und das bewiesen auch die nachfolgenden Unternehmen der *Zeit* und der *Preußischen Zeitung* – die angestrebte Willfährigkeit in der bedingungslosen Annahme von Regierungsartikeln erwies sich als kaum umsetzbar. Das Verfahren, gleichsam mit halbverdeckten Karten zu spielen, fand weder unter den Journalisten noch bei den Lesern viele Sympathisanten. Schon bald nach ihrer Gründung mußte die *Deutsche Reform* Leserschwund und Geldmangel beklagen. Das lag u. a. daran, daß sie es im Auf und Ab des Tagesgeschehens 1848 an der Eindeutigkeit fehlen ließ, die konservative Wähler von ihr erhoffen mochten. Im Frühjahr 1849 verhandelte die Regierung mit dem konservativen Politiker und Publizisten Friedrich HARKORT um ein Neukonzept, während das Blatt selbst sich vom Regierungskurs entfernte. Neben dem Hauptredakteur C. M. OLDENBURG waren der Dichter Friedrich BODENSTEDT und aus dem »Literarischen Cabinet« Carl Ludwig AEGIDI beteiligt. 1849 wechselten die Chefredakteure wiederholt, was die anhaltende Erfolglosigkeit des Blattes jedoch nicht verhindern konnte. Im Herbst des Jahres bewegte man sich bei einer Auflage von etwa 4000 Exemplaren, wobei das Finanzdefizit wuchs. Im Februar 1850 wurde Ludwig HAHN (nicht, wie in der Fontane-Literatur zuweilen behauptet wird, der Schriftsteller, Literarhistoriker und »Tunnel«-Gefährte Werner HAHN) zum Hauptredakteur berufen, der sich durch eine Reihe von regierungsfreundlichen Leitartikeln empfohlen hatte. Er stand in ständigem Kontakt zu den Ministerien und zum »Literarischen Cabinet«, in das Fontane im selben Jahr durch die Vermittlung Wilhelm von MERCKELs eintreten sollte. HAHN gab am 14. 3. 1850, also kurz vor Fontanes Mitarbeit, eine Erklärung ab, die keinen Zweifel über den politischen Standort der *Deutschen Reform* ließ. Die Zeitung vertrete konservative Politik und mache sich »besonders die Vertheidigung des Regierungs-Systems zur Aufgabe, welches seit dem November 1848 die Entwicklung der öffentlichen Freiheit mit den Erfordernissen einer kräftigen Regierung verbinden« (zit. nach OVERESCH, 1974, S. 32).

Am 29. 4. 1850 berichtete Fontane seinem Freund LEPEL, daß er gerade aus dem Büro der *Deutschen Reform* komme. Es ist vermutet worden, daß die Vermittlung zu dieser regierungsnahen Zeitung auf Fontanes »Tunnel«-Freund MERCKEL zurückging, der im April 1850 die Leitung des »Literarischen Cabinets« und damit die Organisation der konservativen Presse in Preußen übernommen hatte (JOLLES, 1983, S. 241). L. HAHN, Fontane titulierte ihn im Bericht an LEPEL auch »Haupthahn« (FL I.312), habe nicht genau gewußt, wie er ihn beschäftigen könne, woraufhin ihm Fontane einen Artikel über A. von STERNBERG und FANNY LEWALD vorschlug – den zu schreiben er dann umgehend LEPEL bat. Das sei, so Fontane, eigentlich dessen Thema, und eine gute Weitervermittlung empfehle auch ihn selbst. Das Honorar – pro Spalte 3 Taler – sei gut, ein »pikanter Styl« werde gewünscht, weil das Feuilleton vornehmlich für weibliche Leser bestimmt sei. Fontane vergaß nicht hinzuzusetzen: »Es versteht sich von selbst, daß wenn ein Stück Politik durchblickt, diese ministeriell-constitutionell angestrichen sein muß« (FL I.261). Auf diese Weise vermittelte er den Freund, dessen Aufsatz am 26. 5. 1850 erschien, und war selbst gleich mit dem eigenen Artikel *Ein Tag in einer englischen Familie* (9. und 12. 5. 1850) vorangegangen, dem zwei weitere Erinnerungen an den Englandaufenthalt 1844 folgen sollten. Der einzige gezeichnete Artikel Fontanes (mit T. F.) war gleichzeitig der aufschlußreichste: Es handelte sich um seinen Aufsatz über Christian Friedrich SCHERENBERG, der sich gerade auf den Zenit seiner öffentlichen Anerkennung zubewegte und dem Fontane an dieser Stelle nicht zufällig einen Platz »unter den echten Poeten seines Vaterlandes« (N XXI/1.64) zuwies. SCHERENBERG war Mitglied des »Tunnels«. Er hatte sich gerade Anerkennung in allen Lagern erworben, und sein Werk wurde bei Adolf W. HAYN verlegt, in dessen Verlag soeben *Männer und Helden* erschienen waren und der auch die Zeitschrift *Soldatenfreund* von Louis SCHNEIDER herausgab. Fontane bedankte sich so bei SCHERENBERG für die Verbindung zu HAYN, der im übrigen bald in die Geschicke der nach wie vor krisenhaft operierenden Pressepolitik der Regierung eingreifen sollte, indem er maßgeblich an der Konzipierung und Entwicklung der *Zeit* beteiligt war, die nach dem Willen ihrer Schöpfer die Aufgabe der *Deutschen Reform* übernehmen sollte. Ab 1. 8. 1850 wurde Fontane Mitarbeiter im »Literarischen Cabinet«, deren Aufgabe darin bestand, die Tagespresse (besonders die lokale) durch gezielte Korrespondenzen im Sinne der Regierungspolitik zu beeinflussen.

Zufrieden konnte Fontane mit der redaktionellen Betreuung durch die *Reform* nicht sein. Ein Artikel über Nikolaus LENAU blieb auf dem Redaktionstisch liegen, so daß Fontane sich zu der Bemerkung veranlaßt fühlte: »Solche Mitarbeiterschaft mag der Teufel holen.« (An WOLFSOHN, 19. 11. 1850, IV.1.137) Ein deutscher Schriftsteller könne nur leben, wenn er über Rittergüter verfüge, eine reiche Bankierstochter zur Frau habe – oder selbst eine Zeitung bzw. Zeitschrift redigiere. Als die *Deutsche Reform* im März 1851 unter diesem Titel ihr Ende fand, um kurzzeitig als *Preußische (Adler-)Zeitung* wiederaufzuerstehen, da stand auch Fontane schon »außer aller Beziehung« zu ihr. Die ersten Erfahrungen mit dem konservativen publizistisch-literarischen Leben fielen eher negativ aus. Unbehagen bereitete Fontane nicht der politische Kurs, sondern die Kümmerlichkeit im Finanziellen und Journalistischen. Inwieweit er Einsicht hatte in die Unsicherheiten, mit denen die preußische Regierung an dem Konzept eines offiziösen Organs bastelte und die sie veranlaßten, die *Deutsche Reform* aufzugeben (vgl. OVERESCH, 1974, S. 32–35), mag dahingestellt bleiben; über vieles indes wird ihn die Mitarbeit im »Literarischen Cabinet« unterrichtet haben, die im Dezember 1850 zwischenzeitlich allerdings schon einmal ihr Ende gefunden hatte.

Die Kreuzzeitung (Berlin. Chefredakteur Tuiscon Beutner)

Am 30. 5. 1860 debütierte Fontane als offizieller Mitarbeiter an der *Kreuzzeitung*, und einen Monat später schrieb er dem von diesem Schritt irritierten Heyse nicht ohne Forciertheit, er habe noch überhaupt keinen Grund, den Schritt zu bereuen. Man werde mit den Jahren »ehrlich und aufrichtig konservativer«, lasse sich durch Persönlichkeiten und zufällige Vorkommnisse »immer weniger in den großen Prinzipien beirren« (28. 6. 1860, IV.1.709). Damit begann eine Zeit, die als »Kreuzzeitungsjahrzehnt« biographisch verbucht wird und über die Fontane in seinen Erinnerungen im Hesekiel-Kapitel stilistisch brillant, aber voller Unwahrheiten berichtet hat. Publikationen der letzten Jahre haben für Aufklärung gesorgt und lassen vermuten, daß das letzte Wort über diese Arbeitsphase Fontanes noch nicht geschrieben ist. L. Berg-Ehlers gibt in *Fontane und die Literaturkritik* (1990) ein Porträt der Zeitung und beschreibt, welche Rolle sie für die Aufnahme Fontanes in der literarischen Öffentlichkeit gespielt hat, und Streiter-Buscher hat Fontanes Tätigkeit bei der *Kreuzzeitung* untersucht und dokumentiert (1996).

Bei Licht besehen, haftet Fontanes Schritt, 1860 in die Redaktion der *Kreuzzeitung* einzutreten, weniger Sensationelles an als gemeinhin behauptet. Seit 1856 hatte Fontane für diese Zeitung geschrieben, im ersten Jahr sogar als regelmäßiger Mitarbeiter. »Ich gedenke zunächst, 2 mal wöchentlich zu schreiben und abzuwarten, ob Sie ein plus oder minus wünschen.« (An Beutner, 27. 10. 1856, IV.1.541) Zu dieser Verabredung war es nach einer persönlichen Begegnung gekommen, die anläßlich Fontanes Berlin-Aufenthaltes im September 1856 stattgefunden hatte (*Tagebuch* I.172). Trotz einiger gegenseitiger Irritationen begann Fontane für das Blatt zu schreiben. Jolles hat immerhin für 1856 zehn Beiträge, 79 für 1857, für 1858 sieben und für 1859 eine Rezension (zu Heyses *Thekla*) und das sich über mehrere Nummern erstreckende Feuilleton *Das Macbeth-Land* sowie den Auftakt der Reihe *Märkische Bilder* (6 Beiträge) ermittelt (Jolles, 1983). Es kam im Verlauf des Jahres 1857 zu leichten Mißstimmigkeiten, die weniger politischer, als sachlicher Natur waren. Doch war die Verbindung nicht abgebrochen worden, wie die Veröffentlichungen belegen. Gegenüber Henriette von Merckel rechtfertigte Fontane gar seine geringfügige Präsenz in den Spalten der Zeitung:

Sie sprechen Ihre Verwunderung aus, daß die Kreuzzeitung immer nur Schnipselchen von mir bringt. Das hat seinen guten Grund – ich schreibe nur noch Schnipselchen. Die Zeitung hat in der Tat keinen Platz für das Ausland; sie gibt in der Regel nur eine halbe Spalte, oft nur eine viertel und noch weniger für England her. Ich billige das im Prinzip; es ist dummes Zeug und geradezu unwürdig, sich um jeden endlosen englischen Vergiftungsprozeß oder um die Parlamentsrede von Mr. Klutterbuck zu bekümmern. (20.9. 1857, IV.1.592)

Das schloß Ärger und Gekränktheit nicht aus. Die Arbeit für die Zeitung wurde dadurch erschwert; da er »gelegentlich völlig verschieden von der ›Kreuz-Ztng.‹ über die Dinge denke«, habe er es bei einem aufs Papier gebrachten »pikanten Einfall« belassen, der nicht vielmehr als ein Witzwort war (ebd.).

Am 26. 5. 1857 druckte die Zeitung Fontanes *Die Fahne Schwerins* mit dem redaktionellen Vermerk, daß man den Verfasser, dessen Initiale mitgeteilt wurden, möglicherweise »an dem charakteristischen Verspätungsgeschick« (zit. nach AG I.585) erkenne. Zu dem veränderten Mitarbeitsstatus war es Mitte 1857 gekommen, weil Fontane beklagt hatte, daß er an der *Kreuzzeitung* »auf keinerlei Weise [...] mitzubauen habe«, sondern nur Ornament sei (an BEUTNER, 3. 6. 1857, IV.1.574). Ihn hatte nach einem individuellen Korrespondententon verlangt, für den die Zeitung – ohnedies mit einer ständig schrumpfenden Auslandsrubrik – keinen Platz hatte bieten können. Doch war die Verbindung nicht abgebrochen worden, wie die Veröffentlichungen belegen.

Die Festeinstellung 1860 und die Übernahme des englischen Artikels bedeuteten für Fontane – neben einem soliden Gehalt von erst 900, dann ab 1864 1000 Talern – aber doch einen folgenreichen Einschnitt. Von nun an wurde er zu der Partei gezählt, für die die *Kreuzzeitung* stand und der sie ihre Existenz verdankte. Auch sie war eine publizistische Neugründung des Jahres 1848 und aus einer Initiative des Komitees der konservativen Rechten hervorgegangen, zu dem Ludwig von GERLACH, Hermann WAGENER und Otto von BISMARCK gehörten. Auf die Fahnen hatte man sich den Kampf gegen die liberalen und fortschrittlichen Ideen geschrieben, ›Thron und Altar‹ waren es, auf die man schwor. Die politisch-ökonomische Welt, die unmittelbar aus dem Agrarjunkertum und angestammtem Adel erwuchs, verband sich mit pietistischer Frömmigkeit und konservativem Luthertum, das die Institutionen von Ehe, Familie, Volk und Kirche für unantastbar erklärte. Die *Kreuzzeitung* trug sich als Aktiengesellschaft wirtschaftlich selbst, was ihr die Freiheit gab, sich einmal in zustimmender Nähe, dann wieder in Distanz zu der Regierungspolitik zu positionieren. Im Konzept der Zeitung hieß das »Bevorzugung der Ressorts Innen-, Außen- und Wirtschaftspolitik bei Vernachlässigung des Feuilletons« (BERG-EHLERS, 1990, S. 30), wobei sich herausstellte, daß gerade die indirekte Form – z.B. durch die Literaturkritik – die gewünschte ideologische Einflußnahme beförderte. Das führte dazu, daß diese Gattung nicht allein auf den Feuilletons. Lokalteil des *Berliner Zuschauer* eingeschränkt, sondern auf allen vier Seiten des Blattes praktiziert wurde und zeitweilig einen Anteil von 20–30% ausmachte. Dabei wurde gern auf freie Mitarbeiter zurückgegriffen, die meist Pastoren oder Lehrer waren. Die Redaktion des *Berliner Zuschauer*, der sich bald zu einer gefürchteten und verhaßten Instanz entwickelte, lag bei Hermann GOEDSCHE, der sich unter dem Pseudonym Sir John RETCLIFFE auch als Verfasser von Schauerromanen einen Namen machte. Erster Chefredakteur war Hermann WAGENER gewesen, ihm war BEUTNER (1854–1872) gefolgt, mit dem Fontane vornehmlich zu tun hatte. Zur Redaktion gehörte HESEKIEL, dem Fontane 1860 die Vermittlung zur Zeitung verdankte. Mehr noch als die journalistische Tätigkeit waren für Fontane die gesellschaftlichen Kreise von Belang, in die er sich versetzt sah. Die Zeitung war bestrebt, engmaschige Kontakte zu fördern. Die Redakteure sollten vertrauten Umgang pflegen, und zwischen den Zeitungsleuten und den Parteifreunden der Konservativen sollten regelmäßige Begegnungen stattfinden. Es ging darum, das »Gefühl einer besonderen Zugehörigkeit zu wecken«: »Wir wurden dann [...] brüderlich oder doch wenigstens halbbrüderlich unter die Ministerialräte des Innern oder Kultus eingereiht.« (III.4.429, 422)

STREITER-BUSCHERS Sammlung der Artikel Fontanes über England in der *Kreuzzeitung* hat sich auf schwieriges Gebiet begeben. In der Regel waren die Korrespondenzen ungezeichnet, d.h. die Verläßlichkeit, Fontane als Verfasser zu identifizieren, ist begrenzt. Aber trotz dieser Einschränkung gibt die Dokumentation ein umfassendes Bild von der Arbeit, die Fontane zu absolvieren hatte. Politisch wie journalistisch vollzog er, was BERG-EHLERS »Akkomodationen an das Medium« (1990, S. 35) nennt. Läßt man einmal den »Englischen Artikel« beiseite, wirkte er nun am Feuilleton der *Kreuzzeitung* mit: als Rezensent, als »Wanderer« durch die Mark Brandenburg und als redaktioneller Mitarbeiter. Das Bild, das Fontane im literarischen Leben – weit über die unmittelbare *Kreuzzeitungs*-Zeit hinaus – abgab, war durch die Zeitung geprägt, vielleicht sogar bestimmt. Die erste Besprechung, die über ihn veröffentlicht wurde und wie die meisten von HESEKIEL stammte, galt den 1861 erschienenen *Balladen* (19. 10. 1860). Betont wurde – und das traf generell zu – weniger das Ästhetische oder Poetische, sondern das Stoffliche, die politische Gesinnung und die »Volkstümlichkeit«, auf die Wert gelegt wurde. Die *Wanderungen* wurden, ebenfalls von HESEKIEL, euphorisch begrüßt. Von Fontane verfaßte eigene Buch-Anzeigen – übrigens auch in der *Vossischen Zeitung* – wurden abgedruckt. Als konservativer Märker, Sänger preußischer Balladen und nach 1866 als Militärschriftsteller gewann Fontane in der *Kreuzzeitung* sein Profil. Es war das des vaterländischen Schriftstellers. Diese literarische und politische Umgebung trug ursächlich dazu bei, daß am 18. 5. 1866 in der Rubrik »Literatur und Wissenschaft« der Erlaß des Kultusministers an sämtliche Provinzial-Schul-Kollegien zu lesen war, der die Anschaffung des Fontaneschen Werks empfahl.

1870 endete die Anstellung Fontanes. Die Initiative zur Auflösung des Arbeitsverhältnisses ging von Fontane aus. Über die Gründe der Trennung von der *Kreuzzeitung* gehen die Meinungen auseinander. Daß sein Chef BEUTNER ihn durch sublime Mißachtung des von ihm Erreichten gekränkt hatte, mag ein Grund sein. Immerhin hatte Fontane eine Ehren-Unterstützung durch die Regierung erhalten und sah seine Bücher vom preußischen König gelobt. Auslöser war offenbar eine Kritik BEUTNERS an Fontanes »Skandinavien«-Artikel, den er zuweilen zu erledigen hatte. Fontane kündigte, bat aber, seine alten Beziehungen zur Zeitung, Mitarbeiterschaft statt Redaktion, fortbestehn zu lassen. Im Briefbericht an seine Frau rechnete Fontane mit dem Kreuzzeitungstum dann auch gleich politisch ab. Es sei gemein, beständig Christentum und Bibelsprüche im Munde zu führen »und nie eine *gebotene* Rücksicht zu üben, die allerdings von Juden und Industriellen, von allen denen, die unsern biedern Spalten beständig bekämpft werden, oftmals und reichlich geübt wird« (11. 5. 1870, IV.2.307). Die *Kreuzzeitung* ging nach diesem Ende auf Distanz zu Fontane, nicht zuletzt deshalb, weil er sich – freilich auf gänzlich andere Weise – an die Konkurrentin, die *Vossische Zeitung*, band. Von seiner französischen Kriegsgefangenschaft berichtete sie verhalten, die daraus entstandenen Bücher *Aus den Tagen der Okkupation* und *Kriegsgefangen* ignorierte sie. Der geschickte Schachzug Fontanes, seine gute Beziehung zu HESEKIELS Tochter Ludovika zu nutzen, die als Rezensentin die Nachfolge ihres Vaters angetreten hatte, um sie für seine Arbeiten zu gewinnen, half ihm, sein *Kreuzzeitungs*-Publikum nicht ganz zu verlieren. Fontane dankte ihr nach der ersten Besprechung:

> Mein Eintritt bei der Vossin, wenn ich eine bloße Mitarbeiterschaft so nennen kann, wurde mir im alten Lager sehr verdacht, und im neuen glupte man mich mißtrauisch an. Beides ist nun vorüber. (10. 2. 1873, IV.2.427)

Sie besprach dann auch das mit *Vor dem Sturm* beginnende Erzählwerk, wobei sie jeweils von Fontane sorgfältig eingestimmt wurde, der dafür sogar im Gegenzug Revanche anbot: »Tuen Sie nun was Sie können und seien Sie meines Dankes und meiner Bereitwilligkeit zu kl. liter. Gegendiensten im voraus versichert.« (6. 11. 1878, IV.2.630) Mit dem Akzent auf dem »märkischen Dichter« zog Ludovika Hesekiel bis *L'Adultera* mit, wo sich zweifelnde moralische Kritik bemerkbar machte; nach *Graf Petöfy* war dann 1884 für acht Jahre Schluß. Nur beiläufig in kleineren Meldungen wurde Fontane erwähnt. Anläßlich seines 70. Geburtstages übernahm die *Kreuzzeitung* in gekürzter Form den von L. Pietsch verfaßten Festbericht. Erst im letzten Jahrzehnt wurde wieder rezensiert (1892 eine mit -rb- gezeichnete Besprechung zu *Frau Jenny Treibel*), der *Stechlin* sogar gelobt. Die letzte Rezension zu Fontanes Lebzeiten war ein würdigender Artikel zu *Von Zwanzig bis Dreißig*.

Fontane selbst thematisierte den Weggang von der *Kreuzzeitung* nicht öffentlich. Gerade das Taktieren mit Hesekiels Tochter verdeutlicht, daß Fontane die erworbene Leserschaft nicht mutwillig verlieren wollte. Anonym berichtete er am 3. 7. 1873 über das Fest anläßlich des 25jährigen Bestehens der *Kreuzzeitung* im Englischen Haus – in der *Vossischen Zeitung*. Er strich die Rede seines »Tunnel«-Bekannten Louis Schneider heraus, deutete Distanz im Politischen an und lobte »die wohltuend reservierte Haltung« als den charakteristischen und dem Anlaß angemessenen Zug des Festes (N XXI/2.795 f.). Mit den Jahren nahm freilich seine eigene Reserviertheit gegenüber dem Blatt zu. Als ihm während eines Erholungsurlaubs in Thale 1881 die *Kreuzzeitung* nachgesandt wurde, gestand er seiner Frau, er geniere sich, sie in Gegenwart anderer zu lesen. Da läge etwas drin,

> daß ein anständiger *und* gescheiter Mensch [...] sie doch wirklich nicht lesen *kann*. Beinahe nicht *darf*. Und diese Leute wollen das Land regieren! Bibelsprüche sind sehr was Gutes und Schönes, aber blos mit'm Bibelspruch läßt sich das Geschäft nicht machen. (24. 6. 1881, IV.3.148)

Literatur

W. BLOS, Unsere Preßzustände, Leipzig 1875. – H. WAGENER, Erlebtes. Meine Memoiren aus der Zeit von 1848 bis 1866 und von 1873 bis jetzt, Berlin ²1884. – L. SALOMON, Geschichte des dt Zeitungswesens. Von den ersten Anfängen bis zur Wiederaufrichtung des Dt Reiches, 3. Bd.: Das Zeitungswesen seit 1814, Oldenburg 1900–1906. – Theodor Fontane und die »Kreuzzeitung«, 1902, s.u. 3.4.1. – E. KREOWSKI, Urteil Theodor Fontanes über die Berliner Presse, in: Neue Bahnen, Halbmonatsschrift für Kunst und öffentliches Leben 5 (1905). – Kreuz-Zeitung (Hg.), An der Wiege der »Kreuz-Zeitung«. Erinnerungen aus den Tagen ihrer Vorgeschichte und Gründung aus Anlaß ihres 60jährigen Bestehens, Berlin 1908 (Separat-Abdruck aus der Kreuz-Zeitung). – A. MERBACH, 1922, s.u. 3.4.1. – I. LANDAU, Ein Jahrhundert Berliner Presse, in: Unser Berlin. Ein Jahrbuch von Berliner Art und Arbeit, hg. von A. WEISE, Berlin 1928, S. 72–81. – W. HAACKE, Art. »Theodor Fontane« in: Handbuch der Zeitungswissenschaft, hg. von W. HEIDE, Bd. 1, Leipzig 1940, Sp. 1052–1057. – K. DANNEBERG, Die Anfänge der Neuen Preußischen (Kreuz-)Zeitung unter Hermann Wagener 1848–1852, Berlin 1943. – G. LUKÁCS, Dt Realisten des 19. Jahrhunderts, Berlin 1956, S. 260–305. – P. DE MENDELSSOHN, Zeitungsstadt Berlin. Menschen und Mächte in der Geschichte der dt Presse, Berlin 1959. – K. KOSZYK, Dt Presse im 19. Jahrhundert. Geschichte der dt Presse, Teil II, Berlin 1966. – Die Zeitung. Dt Urteile und Dokumente von den Anfängen bis zur Gegenwart, hg. von E. BLÜHM/R. ENGELSING, Bremen 1967. – E. DOVIFAT, Das publizistische Leben, in: Berlin und die Provinz Brandenburg im 19. und 20. Jahrhundert, hg. von H. HERZFELD unter Mitwirkung von G. HEINRICH, Berlin 1968, S. 751–782. – M. ROHLEDER/B. TREUDE, Neue Preußische (Kreuz-) Zeitung (1848–1939), in: H.-D. FISCHER (Hg.), Deutsche Zeitungen des 17. bis 20. Jahrhunderts, München 1972, S. 209–224. – M. OVERESCH, Presse zwischen Lenkung und Freiheit. Preußen und seine offiziöse Zeitung von der Revolution bis zur Reichsgründung (1848–1871/72), Pullach bei München 1974 [bes. Kapitel I., S. 17–35]. – C. JOLLES, 1975, s.u. 1.3.1. – W. G. OSCHILEWSKI, Zeitungen in Berlin. Im Spiegel der Jahrhunderte, Berlin 1975. – C. LIESENHOFF, 1976, s.u. 1.1. – E. NAUJOKS, Die offiziöse Presse und die Gesellschaft (1848/1900), in: Presse und Geschichte. Beiträge zur historischen Kommunikationsforschung, München 1977, S. 157–170. – H.-J. KONIECZNY, Fontanes Erzählwerke in Presseorganen des ausgehenden 19. Jahrhunderts, Paderborn 1978, S. 29–40, 66–72. – M. WINDFUHR, 1979, s.u. 3.1.1. – C. JOLLES, ²1983 (1936), s.u. 3.4.1. – L. BERG-EHLERS, Theodor Fontane und die Literaturkritik. Zur Rezeption eines Autors in der zeitgenössischen konservativen und liberalen Berliner Tagespresse, Bochum 1990 [bes. S. 27–157]. – W. WÜLFING, Folgenreiche Witze: Moritz Gottlieb Saphir, in: Rhetorik, Ein internationales Jahrbuch 12 (1993), S. 73–83. – H. STREITER-BUSCHER, 1994, s.u. 3.4.1. – Dies., 1995, s.u. 3.4.1.

1.3.3 Fontanes Beziehungen zu Zeitschriften

Zeitungen, aber mit Beginn seines Erzählwerkes mehr noch Zeitschriften, waren für Fontane – wie für die meisten belletristischen Autoren des Jahrhunderts – eine wichtige Erwerbsquelle. Für sie lieferten die Schriftsteller Beiträge, in ihren Redaktionen suchten sie nach Anstellung und versuchten sich nicht selten gerade auf diesem Feld als Herausgeber oder Schriftleiter. Nicht anders Fontane. Er hat wiederholt mit dem Gedanken gespielt, sich als Zeitschriftenredakteur beruflich zu etablieren. Anfang der sechziger Jahre war er dabei soweit gegangen, sogar die Gründung eines eigenen konservativen Magazins zu erwägen, das im Verlag von Alexander DUNCKER herauskommen sollte. Der Plan zerschlug sich, die dahinter stehende Ambition bleibt aufschlußreich (s. u. *Wochenblatt der Johanniter-Balley Brandenburg*). Eine Zeitschrift verhieß Unabhängigkeit und wirkte verlockend auf den, der eigene literarische oder (kultur)politische Intentionen verfolgte.

Zweifellos waren im Umgang mit Zeitschriften und deren Redakteuren materielle Erwägungen im Spiel. Zeitungen und Zeitschriften zahlten meist pünktlich und sogar gut, jedenfalls wesentlich mehr, als Verlage für Bücher zu zahlen imstande und willens waren (vgl. C. LIESENHOFF, 1976).

Fontane blieben die Konsequenzen, die die Entscheidung für dieses oder jenes Blatt nach sich zog, weder verborgen, noch hat er sie ignoriert. Vielmehr war er darauf bedacht, aus seinem Wissen um Charakter, politischen Standort, Abonnentenschaft und personeller Besetzung der jeweiligen Zeitschrift literarisches, berufliches Kapital zu schlagen. »Jede geistige Arbeit nimmt von dem Ort (ein unter Umständen schwerwiegendes Wort), wo sie sich niederläßt«, schreibt Fontane am 1. 3. 1885 an den Herausgeber der *Deutschen Rundschau*, Julius RODENBERG, »einen ganz bestimmten Geruch an« (FRo, S. 71). Bei einer ganzen Reihe seiner Novellen und Romane handelte es sich um Texte, die für ein bestimmtes Publikationsorgan gedacht waren und dessen Abonnentenschaft und deren Geschmacksrichtung einkalkulierten. Einigen Redakteuren wie z.B. Gustav KARPELES von *Westermanns Monatsheften* unterbreitete Fontane regelmäßig Erzählskizzen, die er, blieb die zustimmende Reaktion aus, ohne viel Umstände auch wieder zu verwerfen bereit war. H.-J. KONIECZNY (1978, S. 585) hat versucht, Fontanes strategisches Operieren zu rekonstruieren, und konnte am Ende dem Autor, der sein Vorgehen mit dem eines klugen Feldherrn verglich, nur zustimmen. Fontanes Texte müssen immer auch auf ihren Publikationsort hin analysiert werden. Vor allem seine Erzähltexte erfordern eine genaue Beschreibung des publizistischen Umfelds. Was – um ein, zwei Beispiele zu nennen – bekam der Abonnent der Zeitschrift *Daheim* neben den vielen Fortsetzungen des Romans *Vor dem Sturm* noch geboten? Welchen Einfluß hatte eine Monatsschrift wie *Nord und Süd* auf die Rezeption von Fontanes ersten Berliner Roman *L'Adultera*? Was sagt es dem heutigen Leser, wenn er weiß, in welcher konkreten literarischen Gesellschaft sich Fontanes Texte bei ihrer ersten Veröffentlichung befanden? Wie nötig ist es, diesen Kontext wieder aufzufrischen?

Eine verläßliche Strategie für die Publikation seiner literarischen Arbeiten zu finden, war für Fontane keineswegs leicht. Das Zeitschriftenspektrum fächerte sich nach 1860 erheblich auf, sprunghaft stieg die Anzahl der Blätter, die in ihren Spalten Erzählungen und Fortsetzungsromane wünschten. Neben den bereits erfolgreichen Familien- und Unterhaltungszeitschriften trat die Revue, deren Musterbeispiel für Deutschland RODENBERGS *Deutsche Rundschau* wurde. Nicht immer war auf Anhieb zu erkennen, wohin die Neugründungen steuerten und unter welche Flagge sie sich stellten. Fontanes Wunsch, seine Erzählungen und Romane möglichst profitabel zu publizieren, hatte die öffentliche Wertschätzung der jeweiligen Publikationsorgane zu berücksichtigen, die keineswegs identisch mit Auflagenhöhe und Ausgestaltung war. Wollte er sich als Schriftsteller gesellschaftliches Ansehen verschaffen, mußte er Zeitschriften auswählen, die seinen Ruf nicht gefährdeten, und dafür gegebenenfalls auch finanzielle Einbußen hinnehmen. Überdies wußte er, daß z.B. der Umstand, als *Deutsche-Rundschau*-Autor zu gelten, bei zukünftigen Vorhaben förderlicher war als ein noch so hohes Honorar einer weniger angesehenen Zeitschrift. Andererseits durfte er sich aus finanziellfamiliären Rücksichten nicht zimperlich zeigen. Aus »der Schüssel, aus der 300 000 Deutsche essen«, schrieb er am 15.11.1887 in dem Wunsch, in der *Gartenlaube* veröffentlicht zu werden, an deren Redaktion, »ess' ich ruhig mit« (IV.3.737). Der Roman *Quitt*, der dort im Vorabdruck erschien, war also kein unbedachter Ausrutscher.

Bemerkenswert ist, wie beweglich Fontane sich im letzten Lebensjahrzehnt bei der Publikation seiner Texte zeigte. Mit seiner Beteiligung am exklusiven *Pan*-Projekt, mit seiner Hinwendung zur *Deutschen Dichtung* und der Bereitschaft, sich an Zeitschriften zu binden, die sich überregional orientierten, setzte er deutliche

Zeichen, die mit seiner Preußenskepsis korrespondierten. Dahinter stand auch die Absicht, eine Leserschaft im Süden Deutschlands zu rekrutieren und den Vergleich mit der modernen europäischen Literatur nicht zu scheuen.

Auch bei den für Fontane wichtigen Zeitschriften soll eine charakteristische Auswahl die Bandbreite seiner Beziehungen illustrieren. Die (nicht einmal vollständige) Liste der in Frage kommenden Periodika verweist auf die Gefahren dieser notwendigen Beschränkung. Fontanes Texte erschienen in folgenden Zeitschriften: in der Leipziger *Eisenbahn*, in SCHNEIDERS *Soldaten-Freund* (Berlin), im von Robert Eduard PRUTZ herausgegebenen *Deutschen Museum* (Leipzig), in GRUPPES *Deutschem Musenalmanach* (Berlin), in den kurzlebigen und von Karl BIEDERMANN verantworteten *Deutschen Annalen zur Kenntniß der Gegenwart und Erinnerung an die Vergangenheit* (Leipzig) und in dem von Friedrich ZARNCKE über Jahrzehnte betreuten Rezensionsorgan *Literarisches Centralblatt für Deutschland* (Leipzig). Fontane publizierte im *Deutschen Kunstblatt* und dessen *Literaturblatt* (Leipzig, dann Berlin, schließlich Stuttgart), im *Illustrirten Familienbuch zur Unterhaltung und Belehrung häuslicher Kreise* (Triest), im *Volkskalender* (Berlin), in der Dessauer Zeitschrift für Leben und Literatur in England und Amerika, *Atlantis*, in der *Berliner Revue*, im *Wochenblatt der Johanniter-Ordens-Balley Brandenburg* (Berlin), wo er – wie u. a. auch in Heinrich PROEHLES *Unser Vaterland* (Berlin) und in COTTAS *Morgenblatt* – *Wanderungs*-Kapitel abdrucken ließ. Wenig Gewicht ist seiner Bindung zu der Leipziger *Europa* zuzumessen. Mehr Beachtung dagegen gebühren der bereits erwähnten *Gartenlaube* (Leipzig) Ernst KEILS, in der *Unterm Birnbaum* und *Quitt* im Vorabdruck erschienen, die dadurch erhebliche Verbreitung fanden, und der Familienzeitschrift *Daheim* (Leipzig), die als konservatives Gegenstück zur *Gartenlaube* konzipiert worden war und in der Fontane seinen Romanerstling *Vor dem Sturm* unterbrachte. Er veröffentlichte in RODENBERGS Zeitschriften *Salon* und natürlich in der *Deutschen Rundschau*, in der u. a. *Unwiederbringlich*, *Frau Jenny Treibel* und – sein größter Erfolg als Erzähler – *Effi Briest* zuerst gedruckt wurden. Um einiges sympathischer als die Respektsperson RODENBERG, dessen Aufstieg in der Berliner Presselandschaft Fontane von Beginn an verfolgt hatte, war ihm dessen Konkurrent Paul LINDAU, der das moderne Wochenblatt *Die Gegenwart* verantwortete, in dem Fontane regelmäßig vertreten war. Als LINDAU 1877 mit der Monatsschrift *Nord und Süd* der *Deutschen Rundschau* als repräsentativer Revue des Kaiserreiches den Rang ablaufen wollte, verhielt sich Fontane zögerlich, gab dort dann aber erst *Grete Minde* (1879) und ein Jahr später seinen ersten Berliner Gesellschaftsroman *L'Adultera* zum Vorabdruck. Nach Publikationen in der *Illustrirten Frauen-Zeitung* (Berlin) und in LINDAUS glücklosen Wochenschrift *Das neue Berlin* folgten Veröffentlichungen in der von Emil DOMINIK herausgegebenen *Zur guten Stunde*, im – von größter Bedeutung – *Magazin für die Literatur des In-und Auslands*, dessen Herausgeber FRIEDRICH (der »Cotta der Moderne«) auch der Verleger von *Schach von Wuthenow* wurde, in *Über Land und Meer* (Stuttgart) und dem *Deutschen Wochenblatt* (Berlin). Neben den für die neunziger Jahre wichtigen Zeitschriften *Pan* und *Deutsche Dichtung* (Berlin, hg. von Karl Emil FRANZOS), mit denen Fontane in z. T. engerer Verbindung stand, knüpfte er Kontakte zu der internationalen Revue *Cosmopolis* (Berlin, London, Wien u.a.), zu der in Dresden besorgten Zeitschrift *Universum*, zu Wilhelm SPEMANNS Unterhaltungszeitschrift *Vom Fels zum Meer* (Stuttgart), wo der Roman *Poggenpuhls* erschien, und zu Maximilian HARDENS *Die Zukunft* (Berlin). Daß Fontane in dem Bestreben, seinen literarischen Radius auszudehnen, nicht gänzlich auf die für ihn so prägende regionalpolitische und -literarische Einbindung verzichtete, beweist seine langjährige Beteiligung an der Zeitschrift *Der Bär*, die seit 1878 den bezeichnenden Untertitel *Berlinische Blätter für vaterländische Geschichte und Alterthumskunde* trug.

Will man der Bedeutung der Zeitschriften (wie auch der Zeitungen) für Fontanes Stellung im literarischen Leben gerecht werden, müssen neben seinen eigenen Veröffentlichungen diejenigen über ihn einbezogen werden. Es ist aufschlußreich, wo und von wem Rezensionen oder Würdigungsartikel über Fontane publiziert wurden – und auch wo nicht. Die Rolle, die dabei Freunde und Bekannte Fontanes wie Wilhelm LÜBKE, Fritz MAUTHNER, HARDEN oder einzelne Redakteure nicht nur in ihren eigenen Blättern spielten, hatte spezifischen Anteil an dem öffentlichen Bild Fontanes. Daß Fontane selbst an der Konturierung dieses Bildes gehörig mitwirkte, steht außer Zweifel.

Die Auswahl der nachfolgenden Zeitschriften bevorzugt die Sonderfälle, die Licht auf Fontanes schriftstellerischen Weg werfen. *Die Eisenbahn* soll Fontanes Versuch, sich Zugang zum literarischen Leben im Sachsen des Vormärzes zu verschaffen, veranschaulichen. Da diese für seine schriftstellerische Entwicklung folgenreich und in gewissem Sinn eine Art Pendant zur *Eisenbahn* waren, schließen sich *Der Soldaten-Freund*, in dem Fontanes erste »Preußenlieder« verbreitet wurden, und das *Wochenblatt der Johan-*

niter-Ordens-Balley Brandenburg an. Da Fontanes Verhältnis zu RODENBERG und dessen Zeitschriften verschiedentlich beschrieben und gut dokumentiert ist, werden weiterhin drei andere, oft nur beiläufig erwähnte, dabei charakteristische Blätter ausgewählt: *Über Land und Meer, Der Bär* und *Pan.*

Die Eisenbahn. Ein Unterhaltungsblatt für die gebildete Welt. Neue Folge (Leipzig. Verlag und Redaktion Robert Binder)

Der erste Text Fontanes in der *Eisenbahn* – das Gedicht *Mönch und Ritter* – erschien am 21. 9. 1841. Ihm folgten bis 1843 ca. 40 Beiträge, meist Gedichte bzw. Übertragungen aus dem Englischen und daneben Korrespondenzen aus Dresden, wo er von Juli 1842 bis Ostern 1843 lebte. Fontane hat in seinen Erinnerungen aus der Sicht der 90er Jahre die Radikalität, die seine Arbeiten für das Blatt auszeichnete, und die tatsächlichen Umstände verschleiert, die ihn zu diesem Blatt führten, das sich seit 1841 neu profilierte und mit dem Untertitel *Ein Unterhaltungsblatt für die gebildete Welt* erschien. Indem er ausführlich über die positive Aufnahme seines Gedichts *Shakespeares Strumpf* erzählt, verstellt er den Blick auf seine anderen Veröffentlichungen, die sich eng der Tendenz des Blattes anschlossen, ohne gänzlich in ihr aufzugehen. WÜLFING hat mit einer präzisen Analyse die Geschichte der *Eisenbahn*, die 1838 gegründet worden war, gezeigt, wie die von ihr bevorzugten Schlagwörter – ihr Name selbst war eins – sie in die politische Opposition der Zeit einbetteten. Ihr verantwortlicher Redakteur seit 1841 Robert BINDER, der als Verlagsbuchhändler und Schriftsteller ebenso bekannt war wie als Demokrat, was ihn beständig mit der Zensur in Konflikt brachte und dazu führte, daß er sich 1849 unter Hochverratsverdacht angeklagt sah. Fontanes in *Von Zwanzig bis Dreißig* gegebenes Urteil über BINDER – ein zwar feiner, aber unbedeutender Mann, der »schärfer ins Zeug« gehe, »als seine Mittel, die geistigen mit einbegriffen, ihm gestatteten« (III.4.251) – darf mißtraut werden. Aufschlußreich ist sein Hinweis, BINDER habe ihm 1842 angeboten, die Redaktion eines belletristischen Blattes – gemeint war die *Eisenbahn* – zu übernehmen (an G. SCHWAB, 18. 4. 1850, IV.1.116). Dort nennt er ihn seinen besonderen »Protektor«, der ein Lump gewesen sei und (zu seinem Glück, wie er betonte) das Wort gebrochen habe. C. SCHULTZE skizziert die Hintergründe dieser mißglückten Anwerbung Fontanes, der der Rücktritt Johann Georg GÜNTHERS, des Schwagers von Robert BLUM, vorausgegangen war. Max MÜLLER und WOLFSOHN wollten Fontanes Bestes und verstanden dessen ablehnende Haltung nicht. Durch seine Erkrankung war der Konflikt gelöst worden. Überliefert ist ein Brief MÜLLERS vom Dezember 1842, in dem das Bedauern über Fontanes Entscheidung nachklingt:

> Wir wollen das Redaktionsthema auf sich beruhen lassen, [...] Sie würden allerdings mit mancher Not zu kämpfen gehabt haben, aber ich glaube, wenn Sie körperlich stark geblieben wären, so hätten Sie auch wohl Kraft gehabt, sich durchzuarbeiten. (Zit. nach SCHULTZE, 1988, Einleitung, S. 20)

Hinter der *Eisenbahn* stand eine Gruppe, die in Fontanes Erinnerungen als »Herwegh-Klub« bezeichnet wird und bei der es sich um eine illegale burschenschaftliche Studentenverbindung handelte, der sich auch Nichtstudenten angeschlossen hatten. BINDER ließ in einem Kommentar seiner Zeitschrift keinen Zweifel darüber, unter welcher Flagge er diese ins Pressegefecht schicken wollte:

> Gegenüber der mattherzigen und gesinnungsleeren Richtung, wie sie ein großer Theil unserer schöngeistigen Presse eingeschlagen hat, soll die Eisenbahn auch ferner Fronte machen und den Ideen der Gegenwart zugethan, deren Tendenzen in ihren Spalten abspiegeln, so weit dies eben in der Tendenz des Blattes selbst liegen kann. (Zit. nach WÜLFING, 1987, S. 57f.)

Die Kursänderung, mit der Fontanes Eintritt in die Zeitschrift einherging, ohne etwas mit ihm zu tun zu haben, war durch eine entschiedene Parteinahme für HERWEGHS *Gedichte eines Lebendigen* signalisiert worden. Nicht länger galt Paris als der Hort des Fortschritts, die Forderung nach dem freien Wort verband sich mit einer patriotischen Tendenz. Obwohl Fontane, wie WÜLFING am Beispiel von dessen allerdings nicht in der *Eisenbahn*, sondern in der *Zeitung für die elegante Welt* abgedruckten Gedicht *Einigkeit* zeigt, nicht vorbehaltlos in die Formel von nationaler Einheit und Freiheit einstimmte, sondern die Freiheit absolut setzte, ging er mit der generellen Linie des Blattes und seiner Mitarbeiter konform: »Es war die Herwegh-Zeit, und das Interesse für Politik und Poeterei, ganz besonders aber für die Verschmelzung beider« (AA III/1.430) habe alles andere hintanstehen lassen. An Fontanes Seite in der *Eisenbahn*, die Bildung und Unterhaltung verbinden wollte und zeitweilig den Anspruch erhob, Revuen über Tendenzen vergleichbarer englischer und französischer Unterhaltungsblätter zu geben, standen zahlreiche Vormärz-Autoren von Rang: Robert BLUM, Adolf BRENNGLAS (d.i. Adolf GLASSBRENNER), Franz DINGELSTEDT,

Anastasius GRÜN, HERWEGH, Heinrich HOFFMANN von FALLERSLEBEN, Karl HERLOSSSOHN, Gustav KÜHNE und ein Mann, der Fontanes Freund wurde, Wilhelm WOLFSOHN. Im Vergleich zum *Figaro*, stellt JOLLES (²1988, S. 36) fest, spiegelte sich der ganze Gegensatz zwischen Preußen und Sachsen. Das beziehe sich nicht allein auf die günstigeren Preßverhältnisse in Leipzig, sondern sei auch eine Frage des erreichten und erwarteten Niveaus gewesen.

Der Soldatenfreund. Zeitschrift für faßliche Belehrung und Unterhaltung des Preußischen Soldaten. (Berlin. Redaktion und Herausgeber Louis Schneider)

1846 erschien im *Soldatenfreund* Fontanes Gedicht *Der alte Derfling* [!]. Die Verbindung festigte Fontanes Freund Bernhard von LEPEL im Mai 1847, als er dem Herausgeber SCHNEIDER, mit dem beide über den »Tunnel über der Spree« bekannt waren, weitere *Preußenlieder* Fontanes übergab. SCHNEIDER veröffentlichte auch diese (*Seydlitz, Schwerin, Keith, Der alte Dessauer* und *Der alte Zieten*), und zwar mit einer Fußnote über den »talentvollen Verfasser, der besser als in neuerer Zeit irgend einer den Ton des echt preußischen Soldatenliedes zu treffen gewußt hat« (zit. nach FL I.429). Da dieser Druck etwa zeitgleich mit dem in COTTAS *Morgenblatt* erschien, sorgte sich Fontane wegen der Honorierung, doch LEPEL zerstreute die Bedenken mit der Bemerkung: »Die Morgenblättler wissen auch wohl gar nicht, daß der Soldatenfreund existiert; also vor deren Prioritätsansprüchen brauchst Du Dich nicht zu fürchten.« (FL I.62) Als das Honorar kam – für einen Bogen zahlte SCHNEIDER 6 Reichstaler 20 Silbergroschen – erhielt Fontane für fünf Gedichte etwas über 2 Reichstaler, eine so lächerlich geringfügige Summe, daß LEPEL sich gegenüber Fontane empörte und SCHNEIDER ein »Schw...« und einen »E-l« (FL I.64) nannte. Die Parallelität der Erscheinungsorte, über die die *Preußenlieder* Fontanes ihr Publikum suchten, ist über die Honorarfrage hinaus bemerkenswert.

Es war nicht der Zufall allein, der SCHNEIDER und Fontane zusammengeführt hatte und die Publikationen begünstigte. Die Zeitschrift schien unabhängig davon auf merkwürdige Weise geeignet, eine Leserschaft dieser preußischen Balladen zu konstituieren. Der Untertitel wies das Blatt als Organ für preußische Soldaten aus. Es kam »unter Verantwortlichkeit der Königlichen Hofbuchhandlung von E. S. Mittler und Sohn« heraus, und 1848/49 nahm es der Verleger Adolf Wilhelm HAYN in Kommission, der dann Fontanes patriotische Lieder 1850 in Buchform unter dem Titel *Männer und Helden* verlegte. *Der Soldatenfreund* verstand sich als militärisches

Unterhaltungsblatt, das mit Illustrationen und Notenbeilagen seine Leserschaft innerhalb der preußischen Armee gewinnen wollte. Neben Militärischem wollte man mit einem literarischen Angebot, das auf die Bedürfnisse der Soldaten zugeschnitten war, für Kurzweil sorgen. In einem Editorial von 1833 heißt es:

> Manch tüchtiges Preußen-Lied, manch munteres ausgelassenes Soldaten-Lied wird nach und nach in die Hände derer kommen, die sich den Soldatenfreund anschaffen, und es ist ein wahres Wort: Gesang erfreut des Menschen Herz. (Zit. nach ESTERMANN 2, 4, S. 592)

Auch soldatische Auszeichnungen u. ä. teilte das Blatt mit, und der Herausgeber garantierte dafür, daß dergleichen Nachrichten überall bekannt würden, »denn der Soldatenfreund wird in allen Regimentern der ganzen Königlichen Armee gelesen« (ebd., S. 593). König FRIEDRICH WILHELM III. sei bis zu seinem Lebensende regelmäßiger Leser des *Soldatenfreundes* gewesen, heißt es in SCHNEIDERS Erinnerungen, »jedenfalls sprach er jedesmal von dem Inhalte der letzten Nummer mit mir, wenn ich die Ehre hatte, von ihm angeredet zu werden« (SCHNEIDER, 1879, Bd. I, S. 116). SCHNEIDER sah in seiner Zeitschrift eine neuartige Erscheinung innerhalb der preußischen Presse, die sich erstmalig ausschließlich dem Militär als Adressaten zuwendete. Zu diesem Zweck öffnete er die Spalten seines Blattes für kriegsgeschichtliche Darstellungen, wobei bevorzugt über das preußische Heer verhandelt wurde. Er machte sich den Informationsvorsprung, den er durch seine guten Beziehungen zu unterrichteten Kreisen hatte, zunutze und versprach immer wieder dafür zu sorgen, daß sich nichts

> Unpassendes eindränge, und was Frankreich, England, Rußland, Italien nur irgend in dieser Richtung hervorbringt, wird genau gesichtet, um den Lesern ein lebendiges Bild des Soldatenlebens mit seinen sonderbaren Widersprüchen von Ruhm und entsagendem Gehorsam, von Ehre, Glanz, Aufopferung, Wunden, Tod, Freuden und Leiden zu geben. (Zit. nach ESTERMANN 2, 4, S. 594)

Für Fontane blieb es bei den wenigen, aber wichtigen Gedichtveröffentlichungen, die – eine Tatsache von eigenem Gewicht – im Oktober 1848 unter der Überschrift *Leyer und Schwert. Militärische Gedichtsammlung* ein zweites Mal abgedruckt wurden. Offenbar hielt der Herausgeber die Verse für geeignet, in ihrer historischen Beschwörungskraft ermutigend auf den preußischen Soldaten zu wirken. Mit dem Revolutionsjahr änderte das Blatt seinen Erscheinungsrhythmus. Aus der Wochen- wurde eine Monatsschrift. Zu dem Herausgeber unterhielt Fontane bis zu dessen Tod 1878 eine Verbindung, die allerdings ohne persönliche Vertraulichkeit oder gar freundschaftliche Nähe blieb. Für Fontanes Durchsetzung und Bekanntheit am preußischen Hof sorgte SCHNEIDER in seiner einflußreichen Rolle als Vorleser und Vertrauter des preußischen Königs FRIEDRICH WILHELM IV. Wiederholt setzte er sich für Fontane ein, lancierte dessen Texte beim König und warb für finanzielle Zuwendungen. Fontane bekannte in seinen Erinnerungen:

> Ich persönlich habe sehr viel von Schneider gehabt, obschon er mir mehr oder weniger unsympathisch, seine Politik – [...] – im wesentlichen contre coeur und seine Kunst geradezu schrecklich war. (III.4.407)

Er wußte SCHNEIDERS Konnektionen zu schätzen und seinen Reichtum an anekdotischen Geschichten zu nutzen und stand ihm eine Zeitlang auch politisch näher, als er später zugeben mochte. Das galt besonders für seine Zeit bei der *Kreuzzeitung*.

Wochenblatt der Johanniter-Ordens-Balley Brandenburg (Berlin. Redakteur Leopold von Ledebur, [ab 1861:] Albert Emil Brachvogel)

Neben der Beziehung zur *Kreuzzeitung* beurkundet keine andere publizistische Verbindung Fontanes so präzis seine konservative Wende seit Mitte der fünfziger Jahre wie die zum *Johanniter-Blatt* und den politischen Kreisen, die es repräsentierte. H. FISCHER (1995, S. 61) hat dargestellt, daß die Bedeutung dieses Blattes »als Publikationsort *und* Stofflieferant für größere Teile der *Wanderungen* gar nicht hoch genug veranschlagt werden« kann. Der von Fontane vollzogene Schritt war nicht allein ein ideologischer, sondern ein aus seiner Sicht folgerichtig entschieden parteipolitischer. Das konservative Vereinswesen, in das er integriert und für das er dann bald als Wahlmann tätig wurde, gruppierte sich um Publikationsorgane wie die *Kreuzzeitung* und das *Johanniter-Blatt*, deren erklärter Feind die Liberalisierung und Parlamentarisierung der politischen Verhältnisse in Preußen war. Fontane stellte sich – politisch, publizistisch und literarisch – dem Lager der traditionellen Führungsmächte Krone, Militär und höhere Bürokratie zur Verfügung.

Die Eröffnungsnummer des *Johanniter-Blattes* erschien am 1. 10. 1860. Erster Redakteur war Ludwig von LEDEBUR, Direktor der Königlichen Kunstkammer, Genealoge und Historiker (u.a. mit

Arbeiten über die Mark Brandenburg), der in unmittelbarer Nachbarschaft zu Fontane wohnte. Der Johanniter-Orden, dessen Organ das Blatt war, hatte 1852 durch FRIEDRICH WILHELM IV. eine Neugründung erfahren und war als Adelsgenossenschaft mit sozialen Aufgaben mit der Förderung und Ausübung christlicher Krankenpflege beauftragt worden, betrieb aber gleichermaßen die Wahrung adliger Standesinteressen. Anfang der sechziger Jahre vereinte der Orden ca. 1600 Ritter hoher und höchster Abstammung. Drei Rubriken gliederten das *Johanniter-Blatt*: die amtliche mit den offiziellen Bekanntmachungen des Ordens, die statistische, in der über die Bestrebungen des Ordens in der Gegenwart unterrichtet wurde, und die historische. Dieser Teil thematisierte die Geschichte des Ordens und beabsichtigte,

> die Adelskunde, das Wappen- und Waffen- so wie das gesammte ritterliche Wesen Deutschlands in den Kreis seiner Betrachtung [zu] ziehen, so wie vornehmlich die Literatur dieses Gebietes (zit. nach FISCHER, 1995, S. 61).

Hier sollte Fontane bald einen angestammten Platz haben. Sein erster Beitrag zum *Johanniter-Blatt* bestand in dem Artikel *Die Grafen von Ruppin* (Nr. 28, 10.7.1861) noch unter der Redaktion von LEDEBUR, dessen trockene Regie schon nach einem Jahr zum Amtswechsel führte. Für Fontane, schreibt FISCHER (1995, S. 61), war diese Publikation »das Entreé zu einem zahlenmäßig nicht großen, dafür aber um so einflußreicheren Leserkreis«. Aus diesem Umfeld heraus erwuchs Fontane u.a. auch die Verbindung zum »Verein für Geschichte der Mark Brandenburg« und dem »Verein für die Geschichte Potsdams«, dessen Spiritus rector Fontanes »Tunnel«-Gefährte SCHNEIDER war.

Um den freiwerdenden Redakteursposten bewarben sich Fontane und sein langjähriger Freund LEPEL, der sich plötzlich mit seinen konstitutionellen Auffassungen links von Fontane wiederfand. LEPEL entging es nicht, daß sich Fontane nicht nur beruflich, sondern auch politisch auf die Seite der Hochkonservativen zubewegte, eine Entwicklung, die die Freunde entfremdete. Im Juli 1861 schien festzustehen, daß LEPEL den Posten trotz der von ihm gestellten Bedingung, »daß aller Parteikampf, alles Plädieren für Reaktion etc. [im Blatt] nicht vorkommen darf« (an HEYSE, 22.7. 1861, FH, S. 100), erhalten sollte. Er ermunterte Fontane, einen in Arbeit befindlichen Artikel fertigzustellen, und bat ihn, auch einmal bei HEYSE in München um Mitarbeit anzuklopfen. Im Hintergrund standen dabei nicht nur frühere gute Kontakte zu dem erfolgreichen HEYSE, sondern ein Brückenschlag zu dem norddeutschen Dichter- und Intellektuellenkreis in der bayerischen Metropole. Fontane, der dem Wunsch nachkam, versuchte HEYSE als den liberalsten seiner Freunde mit dem Herunterspielen der politischen Bindung des Blattes zu gewinnen. HEYSE habe gänzlich freie Hand bei der Stoffwahl und deren Behandlung, die Leserinnen und Leser des Blattes wollten »durchaus Pikantes und Unterhaltliches lesen«. Dazu kam ein schmackhaftes Honorarangebot, »pro Zeile von 15 Silben 1 Sgr.«. Das sei »besser als das Honorar irgendeines andern hiesigen Blatts mit Ausnahme der *Kreuz-Ztgn.*, das ebenso hoch ist« (an HEYSE, 22. 7. 1861, FH, S. 100). Doch diese Vorbereitungen waren umsonst. Als LEPEL nicht bereit war, sich die Ordensaufsicht durch den Ehrenritter Adolph von WINTERFELD gefallen zu lassen, entschied man sich bald darauf für BRACHVOGEL, der gegen die Vormundschaft nichts einzuwenden fand. Gleichzeitig liefen die Verhandlungen mit Fontane weiter. Dieser spielte in einem Brief an den Verleger HERTZ die Idee durch, das *Johanniter-Blatt* zu verschmelzen mit dem Vorhaben des Verlegers Alexander DUNCKER, ein konservatives Monatsmagazin ins Leben zu rufen. Der Titel sollte ohne Johanniterkreuz auskommen, »aber etwas was den conservativen Grundton leise andeutet in Wort und Bild« (FHe, S. 104). Für die Redaktion verlangte er Selbständigkeit, Verantwortung nur einem Komitee gegenüber, und für sich ein Jahressalair von 600 Rtlr. Begründet hat Fontane seine Absage an das *Johanniter-Blatt* im Frühherbst 1862 mit den Argumenten, daß es nicht immer gut sei, »allzu prononcirt herauszutreten«, mit der pekuniären Seite trotz »viel Rücksichtnahme, viel Antichambrirung« und mit der ruppigen Behandlung der Redakteure durch den Orden – allen voran LEDEBURS (an W. HERTZ, 18. 10. 1862, FHe, S. 79f.).

BRACHVOGEL warb, kaum daß er die Geschäfte des Blattes in die Hand genommen hatte, im Dezember 1861 emphatisch für den ersten Band der *Wanderungen*, der in einer Zeit, wo die Fortschrittspartei in Preußen einen Sieg nach dem anderen errang und die Konservativen mit dem Gedanken an einen Staatsstreich spielten, »als ein ›parteiliches‹ Buch erscheinen« (FISCHER, 1994, S. 70) mußte: »*keinem* Edelmann, der von alter Poesie und Ehre träumt, *keinem* Patrioten, der auf Thaten und Helden seines Landes stolz ist, sollte dieses Buch auf dem Büchertisch fehlen« (*Johanniter-Blatt*, Nr. 50, 11. 12. 1861). Wie ernsthaft sich Fontane mit dem Orden selbst befaßte – wohl in Zusammenhang mit seiner Bewerbung – zeigt sein gemeinsam mit HESEKIEL vom 23. bis 29. 6. 1862 unternommener Ausflug nach Sonnenburg, um an einem Johanniter-Ritterschlag teilzunehmen. Der darüber verfaßte und für das *Johanniter-Blatt* gedachte Bericht wurde dort allerdings abgelehnt und erschien in der *Kreuzzeitung* (vgl. N XVIII.474–476 und die Anmerkung in N XVIIIa.1045). Für die *Vossische Zeitung* (Nr. 8, 21. 2. 1875) rezensierte Fontane in einem Artikel die von Carl HERRLICH verfaßte Ordensgeschichte *Die Ballei Brandenburg des Johanniterordens*, in dem er sich auch über dessen Rolle nach 1853 äußerte (N XVIII.622).

J. FÜRSTENAU hat im *Johanniter-Blatt* allein 33 Beiträge aus den *Wanderungen* ermittelt. Mit dieser Zahl kann kein anderes Blatt konkurrieren. Der Zeitraum erstreckt sich von 1861 bis Dezember 1875. Fontane war überzeugt, daß er über das Blatt sein Publikum erreichte und durch das Blatt die Konsolidierung seiner Lebenssituation zu betreiben war. Die Beiträge, unter die er sich mit seinen *Wanderungen*-Aufsätzen – u. a. *Eine Pfingstreise in den Teltow* (1862), *Freienwalde* (1863) und *Regiment Prinz Ferdinand* (1873) – mischte, sind ebenso aufschlußreich wie die Autoren, die sie verfaßten. FISCHER nennt vor anderen und neben LEDEBUR HESEKIEL und SCHNEIDER. Die Thematik der Aufsätze reichte von den *Prophezeiungen künftiger Größe für das Haus Hohenzollern* (SCHNEIDER) bis zu einer endlosen Fülle von Erzählungen und historischen Aufsätzen von HESEKIEL, die Titel führten wie *Ein ächter Johanniter*, *Brüderliche Vermahnung eines Edelsmanns* und *Ritterwürde und Ritterstand*, (vgl. zu den Nachweisen FISCHER, 1995, S. 62, 81). Neben dem Themenbereich der *Wanderungen* bediente Fontane das *Johanniter-Blatt* auch mit Vorabdrucken aus seinen Kriegsbüchern und Rezensionen. Als er im April 1866 einen Vortrag im »Conservativen Verein der Lucas-Gemeinde zu Berlin« hielt, ließ er ihn charakteristischerweise ebenfalls hier drucken. HERRLICH, seit Mitte der sechziger Jahre Herausgeber des *Johanniter-Blattes*, wohnte wie Fontane Potsdamer Straße 134 c, so daß ein regelmäßiger freundlicher Verkehr stattfinden konnte (vgl. die Eintragungen in *Tagebuch* II) und man sich sogar noch Ende der achtziger Jahre über die Linie des Blattes beriet.

Für das Lebensjahrzehnt Fontanes zwischen 1860 und 1870, also der Phase seines uneingeschränkten konservativen Parteigängertums, gibt die Beziehung zum *Wochenblatt der Johanniter-Ordens-Balley Brandenburg* elementaren Aufschluß über den Werdegang des Autors. Das Personengeflecht, das hinter der Bindung zu diesem Blatt stand, prägte ihn, und dahinter scheint das politisch-literarische Leben des konservativen Preußen der sechziger Jahre auf, an dem Fontane in diesem Blatt, der *Kreuzzeitung* und in diversen gesellschaftlichen Formen Anteil nahm und hatte.

Über Land und Meer. Allgemeine Illustrirte Zeitung. (Stuttgart. Herausgeber Eduard Hallberger und Redaktion Friedrich Wilhelm Hackländer)

LÜBKE, Freund Fontanes aus den frühen »Rütli«-Tagen, Kunsthistoriker und Schriftsteller, veröffentlichte hier 1878/79 (Nr. 7, S. 127 f.) eine lobende und überdies umfängliche Besprechung (mit einem Holzschnittbild Fontanes) von *Vor dem Sturm*, für deren Abdruck Fontane HALLBERGER in einem persönlichen Brief am 19. 11. 1878 dankte. Bei dieser Gelegenheit bedauerte er es, bisher erst einmal in den Spalten des Blattes mit Eigenem vertreten gewesen zu sein – von Oktober bis Dezember 1871 (13. Jg., Bd. 26) waren einige Kapitel aus *Havelland* unter dem Titel *Havel und Haveldörfer* abgedruckt worden –, da er erst jetzt »in den Orden der Erzähler eingetreten« sei (IV.2.633), und kündigte an, daß er demnächst auch *Über Land und Meer* Novellenskizzen zur Begutachtung vorlegen werde. 1881 arbeitete Fontane an *Ellernklipp*, die er für *Über Land und Meer* gedacht hatte, dann aber an *Westermann's Monatshefte* gab. Erst 1884 kam ein Kontrakt über einen Novellen-Vorabdruck zustande, und *Graf Petöfy* erschien in der *Deutschen Roman-Bibliothek zu Über Land und Meer* (Nr. 28–34) – in einer weitestgehend druckfehlerfreien Form! Bei den nächsten Erzählprojekten hatte Fontane die Zeitschrift zwar meist im Kalkül, entschied sich aber für andere, ihm angemessener vorkommende. Das änderte sich unerwartet und zu einem sehr späten Zeitpunkt, als Fontane 1896 durch den Bruch mit RODENBERGS *Deutscher Rundschau* gezwungen war, für seinen *Stechlin* einen geeigneten Ort zum Vorabdruck ausfindig zu machen. Die »Anbändelung mit *Über Land und Meer*« erwies sich als Glücksgriff. Adolf HOFFMANN, der Direktor des Verlages KRÖNER, wo die Wochenschrift verlegt wurde, erklärte sich zur Übernahme bereit: »unter beinah glänzenden Bedingungen. Honorar mehr als doppelt so hoch wie das der *Rundschau*« (*Tagebuch* II.265). Möglicherweise war Fontane auf *Über Land und Meer* nach einer sehr wohlwollenden Besprechung von *Die Poggenpuhls* verfallen. In einem Telegramm [Juli/August 1897] dankte die Redaktion Fontane dafür, »daß *Über Land und Meer* ein solches Werk veröffentlichen darf« (Du D II.476). Nicht minder gefühlvoll replizierte der dankbare Fontane dann auch HOFFMANN. Es müsse doch, so in einem Briefentwurf vom August 1897, einen Grund haben, daß er einem »freien, mit einer gewissen Largesse gepaarten Wesen nur in Süddeutschland und speziell in Ihrem Stuttgart begegnet bin; vor zehn Jahren bei Kröner und nun bei Ihnen« (IV.4.660).

Diese Zeitschrift war 1858 von HACKLÄNDER, der nach 1849 bei der *Augsburger Allgemeinen Zeitung* Berichterstatter gewesen war, gegründet worden und kam in HALLBERGERs in Stuttgart ansässigem Verlag heraus. HACKLÄNDER redigierte das Blatt, das mit seiner anspruchsvollen Aufmachung und dank künstlerisch wertvoller Illustration bald Ansehen bei den Lesern erworben hatte. Er wurde darin im ersten Jahrzehnt von Edmund ZOLLER unterstützt. Man wollte modern sein und hatte das in dem Ankündigungsprospekt in beziehungsreicher Metaphorik ausgesprochen:

> *Ueber Land und Meer* schwingt sich der Gedanke mit des Blitzes Schnelligkeit und des Blitzes Zündkraft, seit der Draht des Telegraphen die entferntesten Pole der Erde verbindet. *Über Land und Meer* soll darum das Blatt heißen, das seine Leser durch Bilder-Telegramme mit allen Welttheilen zu verbinden die große Aufgabe sich gestellt hat. Der mächtige Hebel des Journalismus, der die Gedanken der Zeit mit Riesenkraft erfaßt, um sie für das große Getriebe zu bewältigen, hat diesen Umschwung gewaltiger als alles Andere erfahren: [...] Was der erfinderische, entdeckungskühne Genius unseres Jahrhunderts denkt und schafft, soll das Gemeingut der Leser werden, die mit uns auf der Höhe der Zeit bleiben wollen. (Zit. nach A. ESTERMANN 2, 4, S. 126)

Der Ton, durch den sich bald alle Familienzeitschriften auszeichnen sollten, fehlte. Belehrung und Unterhaltung paarten sich nicht mit Beschaulichkeit. Auch die nationale Beschränkung, nicht selten Beschränktheit unterblieb. Nachdrücklich verwies man auf die Notwendigkeit umfassender Verbindungen ins Ausland und bekannte sich zu kosmopolitischem Streben. In Korrespondenzen zu Deutschland sollte über die Geschichte des öffentlichen, sozialen und künstlerischen Lebens aus den wichtigsten Zentren Europas berichtet werden, jedoch ohne sich ins Politische zu verlieren oder einzumischen. Entsprechend lebendig galt es die üblichen Rubriken aufzufüllen. Anschaulichkeit in allem erklärte man als höchstes Prinzip. Unter den Autoren müssen Theodor STORM, Gottfried KELLER und Marie von EBNER-ESCHENBACH als die namhaftesten gelten. Mit der Gründung der *Deutschen Romanbibliothek zu Über Land und Meer* reagierte HACKLÄNDER 1873 auf den nur engen Rahmen, der in *Ueber Land und Meer* dem Abdruck von Romanen und Novellen gesteckt war. HALLBERGER redigierte die ersten Nummern, weitere Redakteure folgten.

Die Romanzeitschrift, in der Fontanes Erzählung *Graf Petöfy* dann erschien, war anfangs sehr erfolgreich und konnte sich 1876 über immerhin 34000 Abonnenten freuen. Diese Zeitschrift wurde übrigens in zwei Ausgaben gedruckt: als wöchentliche Nummernausgabe für die Bezieher von *Über Land und Meer* und als vierzehntägliche Heftausgabe im Groß-Quart-Format. Konieczny (1978, S. 108f.) unterstellt in der österreichisch-ungarischen Stoffwelt des Romans wohl zurecht Konzessionen an das Blatt, das sich von nationalstaatlichem Denken distanzierte. Die Kooperation mit einem süddeutschen Unternehmen habe den mit seinen Berlin-Romanen im Einzugsgebiet der Zeitschrift wenig bekannten Fontane – wie auch andere Autoren der *Deutschen Romanbibliothek* – die geistig-kulturelle Metropole Wien wählen lassen. Die Umtriebigkeit Hallbergers fand, neben einer Reihe weiterer Zeitschriften, auch in einem reputierlichen Romanverlag ihren Ausdruck, zu dessen Stamm u.a. folgende Schriftsteller gehörten: Georg Ebers, Karl Emil Franzos, Karl Gutzkow, Julius Rodenberg, Wilhelm Raabe und so angesehene ausländische Autoren wie Emil Zola und Mark Twain.

Pan. (Berlin. Herausgeber Genossenschaft Pan, Redakteure [1895/96:] Otto Julius Bierbaum, Julius Meier-Graefe, Richard Graul; [1896/97:] Cäsar Flaischlen, Wilhelm Bode)

Für Fontanes Einbindung in das Berliner literarische Leben der neunziger Jahre bedeutete sein Einsatz für das Projekt *Pan* vielleicht das markanteste Kapitel. Es rückte ihn in die Nähe der künstlerischen Bohème der Stadt und sah ihn verhalten Partei nehmen in einem kunstprogrammatischen und -praktischen Unternehmen, von dem innovative Kraft ausging. Mit *Pan*, schreibt K. Salzmann (1958), habe sich eine belletristisch-ästhetische, die Zeit repräsentierende Revue manifestiert, die für einen neuen Zeitschriftentypus stehe: modern und exklusiv, anspruchsvoll und kreativ. Die Gründung ging zurück auf den Kreis, der sich um Stanislaw Przybyszewski und seine Frau Dagny scharte und zu dem Otto Julius Bierbaum, Richard Dehmel, Eberhard von Bodenhausen (später Direktor bei KRUPP und Kandidat für das Reichskanzleramt) und Julius Meier-Graefe gehörten. Versammlungsort war die Berliner Kneipe »Zum Schwarzen Ferkel« in der Dorotheenstraße gewesen. Hier wurde die Zeitschriftenidee entwickelt, die bildende Kunst und die Dichtkunst zusammenführen wollte und dabei gänzlich frei von künstlerischer, buchhändlerischer und literarischer Reglementierung zu operieren beabsichtigte. Zu diesem Zweck rief man eine Genossenschaft ins Leben und warb wohlhabende Mitglieder, die für ihren Beitritt 100 Mark zu zahlen bereit waren. Er sei diesem Kreis beigetreten, meldete Fontane am 9. 12. 1894 beinahe forsch an FRIEDLAENDER. Nur wenige Tage zuvor – am 28. 11. – hatte er in einem Brief an DEHMEL sogar den Prospekt der Genossenschaft kommentiert und bei dieser Gelegenheit sein völliges Einverständnis ausgesprochen (FBl H. 19, 1974, S. 193). In dem aufwendigen Prospekt war die Finanzierungsfrage erläutert und ein Periodikum höchster Qualität in Inhalt und Ausstattung in Aussicht gestellt worden. Jeder Texte sollte seine eigene graphische Gestaltung und Illustration erfahren. Das Jahresabonnement war auf 70 Mark veranschlagt. Die Auflage betrug 1500 Exemplare. Daneben wurden 70 Hefte als Luxusausgabe für Bibliophile gedruckt.

Fontane war ohne viel Zögern bereit, dem Redaktionsausschuß anzugehören. Installiert wurde ein Aufsichtsrat, der die geschäftliche Seite regeln, aber auch das letzte Wort als Herausgebergremium haben sollte. Ihm gehörten Männer wie der Museumsdirektor Wilhelm von BODE, Max HALBE, Graf Leopold von KALKKREUTH, Alfred LICHTWARK und Woldemar von SEIDLITZ an. BODENHAUSEN stand dem Rat vor. Kostspielig, aber mit Erfolg wurde geworben. Dabei war der Blick in dieser Anfangsphase deutlich über die eigenen nationalen Grenzen hinausgerichtet – besonders nach Frankreich, wo sogar eigens ein Korrespondenzbüro eingerichtet wurde (vgl. C. KRAHMER, 1995). Das erste Heft erschien im April 1895, auf seinem Titelblatt war ein Pan-Kopf von Franz STUCK abgebildet, der auf ihn umwimmelnde Zeitschriften herabblickte. Fontane zeigte sich, wie viele andere, nach den hochgespannten Erwartungen eher enttäuscht. Nach der zweiten Nummer – *Pan* kam vierteljährlich heraus – sprach er von den »mehr merkwürdigen als bewunderungswürdigen« Nummern des Blattes. Er selbst war immerhin in allen vier Heften des ersten Jahrganges und im ersten des zweiten vertreten. Nachdem Heft 1 bis 3 unter dem Titel *Aus meinem Leben* die Kapitel über die Rosesche Apotheke, seine Kaiser-Franz-Zeit und über die frühen Vereine aus *Von Zwanzig bis Dreißig* gedruckt hatten, folgten in den nächsten beiden Heften Fontanes Gedichte *Luren-Konzert*, *Die Balinesenfrauen auf Lombok* und *Arm oder reich*, also poetische Glanzstücke der späten Zeit. Mit dem Gedicht über die *Balinensenfrauen* rief er »einen Sturm im Wasserglas hervor« (*Tagebuch* II.265), denn holländische Zeitungen stießen sich an dem politischen Kontext der Verse. Der *Berliner Börsen-Courier* vom 17. 3. 1896 griff die Diskussion auf, vermochte aber ebenfalls nicht, Fontane zu einer öffentlichen Stellungnahme zu bewegen.

Das erste Jahr der Zeitschrift, das einzige »eigentliche« Fontane-Jahr, wurde geprägt von der scharf geführten Kontroverse zwischen der literarischen Redaktion und dem Aufsichtsrat (vgl. W. Niemirowski, 2000). Für diesen war das Maß des Erträglichen voll, als Meier-Graefe von einem Paris-Aufenthalt das Bild *Marcelle Lender en buste* von Toulouse-Lautrec mitbrachte (3. H., 1895). Was er zu Recht als neue maßgebliche Kunst feierte, stieß auf empörte Ablehnung. Während Bodenhausen die Parteinahme für diese Kunst als »Fremden-Anbetung« (zit. nach K. Salzmann, 1958, S. 216) bezeichnete, sprach sich Fontane für diese Lithographie aus. Deutlich wurde, daß weder die künstlerische Kluft noch die politische und schon gar nicht die konträrer Lebensentwürfe zu überbrücken war. Bierbaum und Meier-Graefe sahen sich gezwungen, die Redaktion niederzulegen. Flaischlen und Graul rückten auf. Die Redaktion werde nun, kommentierte Fontane, »wenn auch nicht besser, so doch etwas weniger verrückt auftreten« (an Friedlaender, 19. 11. 1895, IV.4.504). Fontanes Urteil sprach sich um eine Nuance deutlicher durch sein Ausscheiden aus dem Redaktionsrat nach der redaktionellen Umbesetzung aus – und das obwohl (oder gerade weil?) das Verlagsunternehmen seines Sohnes Friedrich *Pan* mit dem zweiten Jahrgang in Kommission nahm. Lukrativ, gespickt mit hochrangigen Autoren – von Stephané Mallarmé und Paul Verlaine über Paul Scheerbart bis Hugo von Hofmannsthal – und in gediegener Ausstattung trat die Zeitschrift nun wieder eher in konventionellem Gewand vor sein Publikum. Flaischlen brauchte sich um Zuzug nicht zu sorgen, obgleich er in den Ruf kam, *Pan* »langsam eingeschläfert und philiströs gemacht zu haben« (K. Salzmann, 1958, S. 221).

Der Bär. [1.1875–4.1878:] Berlinische Blätter für vaterländische Geschichte und Alterthumskunde. (Berlin. Herausgeber und Redakteure Ernst Friedel, George Hiltl, R. Schillmann [seit 1879:] Ernst Friedel und Emil Dominik)

Fontanes Name stand seit dem ersten Jahrgang dieser regionalen Kulturzeitschrift, die im Verlag von Otto Gülker seit 1875 erst vierzehntägig, dann ab dem 6. Jg. (1880) wöchentlich erschien, einige Jahre im Titelkopf unter den Mitwirkenden. Ende Dezember 1878 unternahm er auf Drängen des Herausgebers Friedel eine »märkische Wanderung« nach Malchow. »Seit drei Jahren steht mein Name an der Spitze des Blatts, rein als Ornament, und 'mal muß es doch heißen: ›noblesse oblige‹« (an HERTZ, 16. 12. 1878. FHe, S. 204). Neben FRIEDEL, Stadtrat und Direktor des Märkischen Provinzialmuseums, fungierte der Stadtschulinspektor SCHILLMANN als Herausgeber dieser Wochenschrift, die dann auch diesen gleichsam bestellten Beitrag (*Malchow. Eine Weihnachtswanderung*) brachte. Die Honorare empfand Fontane als »klein, aber aus manchem Grunde doch auch acceptabel« (an Unbekannt, 23. 4. 1883, IV.3.241). Von 1879 bis 1885 teilte sich DOMINIK mit FRIEDEL die Redaktion der jetzt mit dem Untertitel *Illustrirte Berliner Wochenschrift* erscheinenden Zeitschrift und erbat einen weiteren *Wanderungs*-Beitrag, wobei er Fontane mit der Reklamewirkung des Blattes lockte (vgl. an HERTZ, 15. 12. 1879, FHe, S. 227). Neben Fontanes Namen finden sich nach dem Titel »unter Mitwirkung von« weitere illustre Persönlichkeiten, die auch für konservative Regional- und Kulturpolitik standen: LEDEBUR, SCHNEIDER, M. JÄHNS, W. SCHWARTZ und G. BÜCHMANN. 1880, nun als *Illustrirte Wochenschrift für die Geschichte Berlins und der Mark*, druckte DOMINIK – mit demselben Holzschnittbild – noch einmal LÜBKEs Besprechung von *Vor dem Sturm* aus *Über Land und Meer* ab, was Fontane zurecht als nicht sonderlich originell empfand. Als Fontane Forschungen zur Familiengeschichte der BREDOWs anstellte, benutzte er die Zeitschrift *Der Bär*, um über einen offenen Brief Kenner ausfindig zu machen (vgl. an DOMINIK, 13. 8. 1880, IV.3.99–101, der als *An die Genealogen des Hauses Bredow* im *Bär* am 4. 9. 1880 gedruckt wurde) – übrigens mit Erfolg. Das Theodor-Fontane-Archiv in Potsdam bewahrt einige Hefte der Zeitschrift auf, u. a. die Nummer mit dem Aufsatz von A. von CROUSAZ über Prinz HEINRICH (2, 1876, Nr. 13 ff.), die zahllose Anstreichungen und Kommentare Fontanes wie »sehr gut« oder »völliger Unsinn« aufweist. Zu den Beiträgern der Zeitschrift gehörten Adolf STRECKFUSS, Max RING, aber auch L. HESEKIEL, die sich auch unter den Mitwirkenden des Blattes fand und die wichtig für Fontanes Besprechungen in der *Kreuzzeitung* geworden war. Veränderungen im Verhältnis zum *Bär* gab es offenbar 1880/81.

Die Spezifik des Blattes, wie sie Fontane sah, wird an einem Fall deutlich. Als DOMINIK in einer Angelegenheit der Stadtverordnetenversammlung Stellung gegen die Fortschrittspartei nehmen und einen so angelegten Artikel im *Bär* veröffentlichen lassen wollte, verweigerten die Verleger – die Gebrüder PAETEL, die immerhin die *Deutsche Rundschau* im Programm hatten – ihre Zustimmung. Vergeblich hoffte DOMINIK auf Fontanes Schützenhilfe. Der begründete seine ablehnende Position mit dem Zuschnitt der Zeitschrift. Dieser mache es schlechterdings unmöglich, daß DOMINIK hier Front gegen die Stadtverordneten beziehe. Der *Bär* sei ein *Stadt*blatt, auf dessen erster Seite »sechs oder sieben Stadträte, Stadtvorsteher usw. als Mitarbeiter und fortschrittlich-liberale Taufpaten verzeichnet« seien (an P. von EULENBURG, 23. 12. 1880, IV.3.116). Fontane handhabte das Blatt in diesem Sinn. Er akzeptierte den Boden, auf dem es stand, und nutzte dessen Möglichkeiten behutsam. Er wollte sich nicht einbinden lassen, wußte aber, daß aus dem Abonnentenkreis sein potentielles Publikum, seine potentielle Käuferschaft stammte. Er unterließ es beinahe nie, dem *Bär* ein Rezensionsexemplar seiner neuen Bücher zukommen zu lassen, um dort eine Rezension zu erwirken. FRIEDRICH, der Verleger, wurde nachdrücklich auf DOMINIK hingewiesen, der »ganz decidiert zu mir« stehe »in dem für Berlin *sehr* wichtigen *Bär*« (23. 11. 1882, FBl H. 17, 1973, S. 46).

Konnte Fontane in diesem Fall die Sache noch von außen besehen, so wurde er im März 1881 direkt involviert. DOMINIK hatte in einem BISMARCK-Artikel im *Bär* auf Fontane verwiesen und ihn für einen Text gelobt, der auf Rudolf LINDAU zurückging, so daß sich Fontane, in hohem Maß peinlich berührt, zu einer Reihe von richtigstellenden Briefen veranlaßt sah. Die Praxis des Werbens in eigener Sache läßt sich gerade an den Fontane-Beiträgen im *Bär* belegen. So hieß es anläßlich des Abdrucks von *Die Werdersche* in einer Fußnote, daß die Bücher Fontanes nicht fehlen dürften, »wo die besten Bücher unserer ersten deutschen Schriftsteller aufbewahrt werden« (7, 1881, Nr. 30, S. 369).

Nach dem Tod FRIEDRICHS III. 1888 verfaßte Fontane einige Gedichte, die später unter dem Titel *Kaiser Friedrich III.* zusammengefaßt wurden. Daß er sie in Zeitschriften veröffentlichte, die mit DOMINIKs Namen verbunden waren (wie *Der Bär*, wo 1888 und 1890 die Gedichte *Kaiser Friedrichs letzte Fahrt* und *Ré Umbertos Kranz* erschienen, und *Zur guten Stunde*, wo das Gedicht *Letzte Audienz vor Kaiser Friedrich* gedruckt wurde), fällt auf und trägt zu ihrer Erklärung bei. Dabei sind auch die Beziehungen, die Fontane z.B. zum »Verein für die Geschichte Berlins« unterhielt, heranzuziehen. Deutlich zeichnen sich Vernetzungen ab, die die Entstehung der Texte und ihre Verbreitungsform bedingten. Unter diesen Umständen kommt dem im 16. Jahrgang (1889/90) geführten Untertitel *Illustrierte Wochenschrift für vaterländische Geschichte, vorzüglich für die Geschichte der Hohenzollern, der Kaiserstadt Berlin und der Mark Brandenburg* programmatische Bedeutung zu.

Literatur

L. Schneider, Aus meinem Leben, 3 Bde., Berlin 1879, Bd. 1, S. 106–123. – A. Estermann 2, 4, S. 587–595. – H. Wuttke, Die dt Zeitschriften und die Entstehung der öffentlichen Meinung. Ein Beitrag zur Geschichte des Zeitungswesens, Leipzig ³1875. – E. Eckstein, Beiträge zur Geschichte des Feuilletons, 2 Bde., Leipzig 1875–1876. – K. Herrlich, Die Ballei Brandenburg des Johanniterordens von ihrem Entstehen bis zur Gegenwart, Berlin 1891. – K. Telmann, in: Eugen Wolff, Über den Einfluß des Zeitungswesens auf Literatur und Leben, Kiel/Leipzig 1891. – G. Dahms, Das Litterarische Berlin. Illustriertes Handbuch der Presse der Reichshauptstadt, Berlin o. J. [1895]. – Jubiläumskatalog zu *Über Land und Meer*. Stuttgart 1898. – L. Salomon, Geschichte des Dt Zeitungswesens von den ersten Anfängen bis zur Wiederaufrichtung des Dt Reiches, 3 Bde., Oldenburg/Leipzig 1900–1906. – J. Lazarus, Die Berliner Presse. Beiträge zu einer Geschichte des Berliner Zeitungswesens, in: Mitteilungen des Vereins für die Geschichte Berlins 25 (1908), S. 176–181. – E. F. Meunier, Die Entwicklung des Feuilletons der großen Presse, Diss. Masch. Heidelberg 1914. – K. K. Eberlein, Der junge Fontane. Unbekanntes und Ungedrucktes aus seiner Dresdner Apothekerzeit, in: Preußische Jbb 181 (1920), S. 79–85. – E. Drahn, Die Berliner Presse des Revolutionsjahres 1848, in: Der Buch- und Zeitschriftenhandel 49 (1928), S. 13–21. – F. Köppen, Feuilleton der Berliner Börsen-Zeitung. 75 Jahre Arbeit an dt Kultur, in: 75 Jahre Berliner Börsen-Zeitung, o. O. o. J. [Berlin 1930]. – E. F. Meunier, Das dt Feuilleton. Ein Beitrag zur Zeitungskunde, Berlin 1931. – R. Horovitz, Vom Roman des Jungen Deutschland zum Roman der »Gartenlaube«. Ein Beitrag zur Geschichte des dt Liberalismus, Breslau 1935. – G. Malbeck, Der Einfluß des Judentums auf die Berliner Presse von 1800 bis 1879. Ein Nachweis der Berechtigung des Auftretens Adolf Stoeckers gegen die Verjudung der Berliner Presse, Diss. Masch. Leipzig 1935. – E. A. Kirchstein, Die Familienzeitschrift, ihre Entwicklung und Bedeutung für die dt Presse, Charlottenburg 1937. – H. Becker, Das Feuilleton der Berliner Tagespresse von 1848–1852. Ein Beitrag zur Geschichte des dt Feuilletons, Würzburg 1938. – G. Menz, Art. »Familienzeitschrift«, in: Handbuch der Zeitungswissenschaft, Bd. 1, Berlin 1940. – W. Haacke, »Theodor Fontane«, in: Handbuch der Zeitungswissenschaft, Leipzig 1940/41, Bd. 1, Sp. 1052–1057. – K. D'Ester, Die Presse und ihre Leute im Spiegel der Dichtung. Eine Ernte aus drei Jahrhunderten, Würzburg 1941. – E. v. Bodenhausen, Ein Leben für Kunst und Wirtschaft, hg. von D. von Bodenhausen-Degener, Düsseldorf/Köln 1955. – F. Berner, Zur Geschichte der Dt Verlags-Anstalt, in: Im 110. Jahr. Almanach der DVA, Stuttgart 1958, S. 14–64. – H. Rosenfeld, Art. »Familienblatt«, in: Reallexikon der Dt Literaturgeschichte, Bd. 1, ²1958. – K. H. Salzmann, Pan. Geschichte einer Zeitschrift, in: AGB I (1958), Sp. 212–225. – G. Kieslich, Journalistisches und Literarisches bei Theodor Fontane, in: Publizistik 5 (1960), S. 452–462. – J. Kirchner, Das dt Zeitschriftenwesen, Teil II: Vom Wiener Kongress bis zum Ausgange des 19. Jahrhunderts, Wiesbaden 1962. – H. Pross, Literatur und Politik. Geschichte und Programme der politisch-literarischen Zeitschriften im dt Sprachgebiet seit 1870, Alten/Freiburg 1963. – R. ENGELSING, Massenpresse und Journalistentum im 19. Jahrhundert, Berlin 1966. – K. KOSZYK, Dt Presse im 19. Jahrhundert. Geschichte der dt Presse, Berlin 1966. – Jüdische Presse im 19. Jahrhundert. Aus dem Internationalen Zeitungsmuseum der Stadt Aachen. Katalog hg. von W. HIRSCH, Tel Aviv 1967, bearbeitet von B. POLL/J. MAIER, Aachen 1967. – H. RADECK, Zur Geschichte von Romanen und Erzählungen in der »Gartenlaube« (1853–1914). Heroismus und Idylle als Instrument nationaler Ideologie, Diss. Erlangen/Nürnberg 1967. – E. D. BECKER, »Zeitungen sind doch das Beste«. Bürgerliche Realisten und der Vorabdruck ihrer Werke in der periodischen Presse, in: Gestaltungsgeschichte und Gesellschaftsgeschichte. Fs für F. Martini, hg. von H. KREUZER in Zusammenarbeit mit K. HAMBURGER, Stuttgart 1969, S. 382–408. – C. JOLLES, 1969, s. u. 3.1.20. – H. RICHTER (Hg.), Der junge Fontane. Dichtung, Briefe, Publizistik, Berlin, Weimar 1969. – Ders., Nahen einer neuen Zeit. Zur frühen Publizistik Theodor Fontanes, in: Neue Dt Literatur 17 (1969), 12, S. 94–97. – H.-J. KONIECZNY, Fontanes Erzählwerke und die zeitgenössischen Zeitschriften, Bonn 1970. – W. HAACKE, Das ›Magazin‹ – ein unentdeckter Zeitschriftentypus, in: AGB XI (1971), Sp. 429–448. – Ders., Der Zeitschriftentypus ›Revue‹, in: AGB XI (1971), Sp. 1035–1056. – C. SCHULTZE, 1971, s. u. 1.1. – H. D. FISCHER, Dt Zeitungen des 17. bis 20. Jahrhunderts, 2 Bde., München 1972. – D. BARTH, Zeitschrift für alle. Das Familienblatt im 19. Jahrhundert, Münster 1974. – G. HENZE, Der PAN. Geschichte und Profil einer Zeitschrift der Jahrhundertwende, Diss. Freiburg 1974. – G. M. van ROSSUM, 1974, s. u. 3.2.2. – Theodor Fontanes Briefe an Richard Dehmel, hg. von H. NÜRNBERGER, in: FBl H. 19 (1974), S. 189–199. – D. BARTH, Das Familienblatt. Ein Phänomen der Unterhaltungspresse des 19. Jahrhunderts, in: AGB XV (1975), Sp. 121–316. – H.-D. FISCHER (Hg.), Dt Presseverleger des 18. bis 20. Jahrhunderts, München 1975. – H.-W. WETZEL, Presseinnenpolitik im Bismarckreich (1874–1890). Das Problem der Repression oppositioneller Zeitungen, Bern/Frankfurt am Main 1975. – U. E. KOCH, Berliner Presse und europäisches Geschehen 1871. Eine Untersuchung über die Rezeption der großen Ereignisse im ersten Halbjahr 1871 in den politischen Tageszeitungen der dt Reichshauptstadt, Berlin 1978. – H.-J. KONIECZNY, 1978, s. u. 1.3.2. – H.-D. FISCHER, Handbuch der politischen Presse in Deutschland 1480–1980. Synopse rechtlicher, struktureller und wirtschaftlicher Grundlagen der Tendenzpublizistik im Kommunikationsfeld, Düsseldorf 1981 (mit einem Anhang: Programme dt Tendenzorgane von 1832 bis 1979, S. 599–645). – K. U. SYNDRAM, Rundschau-Zeitschriften. Anmerkungen zur ideengeschichtlichen Rolle eines Zeitschriftentypus, in: Ideengeschichte und Kunstwissenschaft. Philosophie und bildende Kunst im Kaiserreich, hg. E. MAI u.a., Berlin 1983, S. 349–370. – F. BERNER, Louis und Eduard Hallberger. Die Gründer der Dt Verlagsanstalt, Stuttgart 1985. – B. ROLLKA, Die Belletristik in der Berliner Presse des 19. Jahrhunderts. Untersuchungen zur Sozialisationsfunktion unterhaltender Beiträge in der Nachrichtenpresse, Berlin 1985. – S. OBENAUS, Literarische und politische Zeitschriften 1848–1880, Stuttgart

1986. – W. WÜLFING, 1987, s.u. 1.1. – Theodor Fontanes Briefwechsel mit Wilhelm Wolfsohn, hg. von C. SCHULTZE, Berlin/Weimar 1988 [Einleitung], S. 5–54. – M. THURET, Fréderic Guillaume, Louis Schneider et le Tunnel sur la Spree, 2 Bde., Diss. Paris [1988]. – J. WILKE, Die periodische Presse im Kaiserreich, in: AGB XXXI (1988), Sp. 221–230. – K. U. SYNDRAM, Kulturpublizistik und nationales Selbstverständnis. Untersuchungen zur Kunst- und Kulturpolitik in den Rundschauzeitschriften des Dt Kaiserreichs (1871–1914), Berlin 1989.– J. WILKE, Auf dem Weg zur »Großmacht«. Die Presse im 19. Jahrhundert, in: Das 19. Jahrhundert. Sprachgeschichtliche Wurzeln des heutigen Dt, hg. von R. WIMMER, Berlin u.a. 1991, S. 169–212. – G. von GRAEVENITZ: Memoria und Realismus. Erzählende Literatur in der dt »Bildungspresse« des 19. Jahrhunderts, in: A. HAVERKAMP/R. LOCHMANN (Hg.), Memoria. Vergessen und Erinnern, München 1993, S. 283–304. – H. FISCHER, 1994/1995, s.u. 3.4.1. – R. KOHNEN, Pressepolitik des Dt Bundes. Methoden staatlicher Pressepolitik nach der Revolution von 1848, Tübingen 1995. – C. KRAHMER, Die Zeitschrift Pan und das Ausland (1894–1895), in: Jb DSG 39 (1995), S. 267–292. – W. NIEMIROWSKI, in: Jahrhundert, Bd. 3, 2000.

1.3.4 Fontanes Verlags- und Verlegerbeziehungen

Fontane sah sich in seinem Bestreben, als Autor auf dem literarischen Markt zu bestehen, mit einer lebhaften Entwicklung konfrontiert, die den Buchmarkt im deutschen Sprachraum gründlich veränderte. Die Gründe lagen in dem enormen technischen Sprung des Buchdruckwesens und in der Rechtslage. Alle am Buchhandel Beteiligten (Verleger, Autor, Drucker, Buchhändler) reagierten auf die Wandlungen, erweiterten bzw. begrenzten ihr Betätigungsfeld und drängten im wachsenden Maße nicht nur auf moderne rechtliche Regelungen, sondern gleichermaßen auf deren Durchsetzung. Das Urheberrecht, das dem Autor einen gänzlich neuen Rechtsstatus verlieh, erhielt durch das 1837 in Preußen in Kraft getretene Gesetz gegen Nachdruck und Nachbildung zum Schutz des Eigentums an Werken der Wissenschaft und Kunst erstmals juristisches Profil. Fontane beobachtete diese Vorgänge, von denen er profitierte, genauer auf sie eingelassen hat er sich nicht. Artikel wie der am 27. 11. 1869 in der *Kreuzzeitung* gedruckte *Buchhandel und Zeitungen* (N XXI/1.481–483) blieben Ausnahme, zeigen aber, auf wessen Seite sich Fontane im Zweifelsfalle schlug: auf die der Zeitungen, der Presse. Fontanes ironische Bemerkung, daß die eigentliche Kunst darin bestehe, *nicht* zu schreiben und (an den Auflagen) zu verdienen, hat er nie in die Tat umsetzen können. Als er am 18. 7. 1887 empört mit Friedrich STEPHANY über die Drucklegung von *Irrungen, Wirrungen* abrechnete, milderte er seinen Zorn mit dem Hinweis, ihm sei bei dieser Gelegenheit noch einmal die ganze Wut hochgekommen,

> wie in zurückliegenden Zeiten die Schriftsteller behandelt wurden und noch froh sein mußten, von einem Ruppsack von Buchhändler (die immer an den unglaublichsten Orten drucken ließen) 10 Taler für eine Novelle zu kriegen oder Schillers Werke statt Zahlung (BE II.165).

So deftig seine Bemerkungen gegen jene Zunft ausfielen, so virtuos verstand er sich mit den Jahren darauf, die einzelnen Zeitschriften, Zeitungen und Verlage gegeneinander auszuspielen, um am Ende die avisierte Summe bezahlt zu bekommen. Doch dazu gehörte Geduld. »Denn von ›Gesucht*werden*‹ ist bei mir keine Rede, so daß immer noch erst ein ›petitum‹ gestellt werden muß« (an G. KARPELES, 16. 6. 1881, IV.3.145). Dabei war Fontane wohl mehr noch als andere Schriftsteller abhängig von einer verläßlichen Bindung an einen Druckort, die ihn erst mit der nötigen inneren Ruhe schreiben ließ. Das galt schon früh – »Erst wenn ich von einem Buchhändler oder Redakteur die bestimmteste Zusicherung hätte, würd' ich mit Lust und Liebe arbeiten können.« (an WOLFSOHN, 11. 12. 1849, IV.1.101) – und verstärkte sich später entschieden.

Fontanes Weg in den Buchhandel war uneben wie der seiner literarischen Laufbahn. REUTER hat sogar die wechselvolle Erfolgsgeschichte des Schriftstellers Fontane an den eher glücklosen Verlegerbeziehungen festmachen wollen; gewiß nicht ganz zu unrecht. Die Palette der Verleger, auf die er sich einließ, war bunt – in buchhändlerischer, aber auch in politischer, literarischer und persönlicher Hinsicht. Fontane zeigte hohes Geschick, sich der jeweiligen besonderen Beziehung anzupassen und den Umgangston darauf abzustimmen. Beließ er es beispielsweise gegenüber DECKER ganz und gar im Förmlichen, so öffnete er sich dem Verleger der *Wanderungen*, HERTZ, beinahe freundschaftlich und war durchaus geneigt, mit ihm auch privat zu verkehren. Taktieren bis an die Grenze des Erlaubten war ihm im Kontakt zu den Verlegern eher eine Tugend als ein Gebot der Not. Im weiteren werden einige Verlagsbeziehungen skizziert. Die Material- und Forschungslage setzt dieser Übersicht Grenzen. Es sind eher Glücksfälle, wenn sich Archive der kleineren Verlage erhalten haben, und Fontane gehörte nicht zu den Autoren, die beim Aufbewahren von Geschäftspost sonderliche Sorgfalt walten ließen.

Frühe Verlagsbeziehungen

A. GOLZ (AG I) hat detailliert rekonstruiert, auf welche Weise Fontane seine ersten Gedichtbände – *Von der schönen Rosamunde* (bei KATZ, 1850), *Männer und Helden* (bei HAYN, 1850) und *Gedichte* (bei REIMARUS, 1851) – an die Öffentlichkeit gebracht hat. Ohne seine im »Tunnel über der Spree« gewonnenen Kontakte und die freundschaftliche Verbindung zu Wilhelm WOLFSOHN wäre es kaum zu diesen Veröffentlichungen gekommen. Fontane hatte über diesen Freund Ende 1849/Anfang 1850 den in Dessau ansässigen Verleger Moritz KATZ kennengelernt und hoffte, dort den *Rosamunde*-Zyklus, der schon eine Weile bei Cotta lag, zu guten Bedingungen veröffentlichen zu können.

KATZ hatte die Verlagsbuchhandlung Oktober 1849 gegründet, aber erst als er 1851 die Buchdruckerei von Karl Wilhelm FRISCHE übernommen hatte und ihm ein Darlehen von 8000 Talern gewährt worden war, entstand der Verlag der Gebrüder KATZ, den er zusammen mit seinem Bruder Edmund bis zum Konkurs 1864 leitete. Fontanes Zyklus geriet also in die Gründungs- und Profilierungsphase des Verlages, der dem Band zwar ein stattliches Aussehen, dem Autor jedoch ein kümmerliches Honorar von drei Louisdor gab, mit der Zusicherung, bei der zweiten Auflage kräftig zuzulegen. Im Fontane-Archiv hat sich ein Brief von KATZ vom 17. 11. 1849 erhalten, in dem er Bereitwilligkeit für eine nächste Auflage zeigte. Ende 1850 kam es tatsächlich zu Verhandlungen wegen einer zweiten Auflage, für die Fontane zehn Louisdor verlangte. KATZ behielt während der ersten Zeit durchaus Interesse an Fontane. Im genannten Brief heißt es:

> Sollten Sie noch andere literarische Unternehmungen beabsichtigen und mich von denselben unterrichten wollen, so werde ich gern die Hand dazu bieten und unsere neue Verbindung fortsetzen und für unser beidseitiges Interesse lohnend zu machen [suchen]. (Unveröffentlicht, Theodor-Fontane-Archiv, Sig.Da 832)

Er zeigte sich geneigt, auch Fontanes Übertragungen englischer Balladen separat zu veröffentlichen, wozu es nicht kam. Fontanes Empfinden, daß KATZ »keineswegs der Verleger [sei], den ich mir wünsche« (an WOLFSOHN, Mitte März 1852, IV.1.209) beruhte auf Verlegerpraktiken, aber auch auf der Person des Buchhändlers selbst. Trotz dieses Vorbehaltes erschienen in dem Verlag noch 1854 der erste Band der *Argo*, den der literarische Kreis »Rütli« mit Fontane und KUGLER als Herausgeber besorgt hatte, und im selben

Jahr *Ein Sommer in London*. In beiden Fällen wird man jedoch von Notlösungen sprechen können. »Katzen will *ich* weder noch will *er*«, schrieb Fontane, ehe er sich doch entschied, die Londoner Briefe dort herauskommen zu lassen (an WOLFSOHN, 16. 11. 1852, IV.1.325). Als nach dem ersten *Argo*-Band, bei dem Fontane die Verlagsverhandlungen führte, ein Band für das folgende Jahr von KATZ abgelehnt wurde, löste sich die Bindung umstandslos. Bei KATZ gab Ferdinand FREILIGRATH 1854 seine Lyrik-Anthologie *Dichtung und Dichter* heraus, und hier erschien die sich dem englischsprachigen Raum widmende Zeitschrift *Atlantis*, für die auch Fontane etwas lieferte.

Adolf Wilhelm HAYN war in die Berliner Verlagshandlung förmlich hineingeboren, denn seine Vorfahren hatten sie bereits 1727 gegründet und mit patriotischer Gesinnung regierungstreu geführt. Fontane kam gar nicht umhin, auf HAYN zu sprechen zu kommen, denn dieser war Verleger SCHERENBERGS, dessen Lebensbeschreibung Fontane 1885 herausgab. Aber bei HAYN erschienen nicht nur SCHERENBERGS preußische Epen *Ligny* oder *Waterloo*, sondern auch der von SCHNEIDER redaktionell betreute *Soldaten-Freund*, der *Adreßkalender für die königlichen Haupt- und Residenzstädte Berlin und Potsdam* und – ebenfalls unter SCHNEIDERS Regie – das *Bühnenrepertoire des Auslandes*. In Berlin war HAYN namhaft durch das 1808 gegründete und von seinem Verlag seit 1847 besorgte *Berliner Intelligenzblatt*, dem er 1850 ein Potsdamer Pendant folgen ließ. Dieses privilegierte Anzeigenblatt stand unter Aufsicht des Staates und garantierte dem Verleger finanzielle Sicherheit, weil einige Bevölkerungsschichten (u. a. Beamte) unter Bezugszwang standen. Als die *Zeit* 1850 als ein Organ konservativer gouvernementaler Pressepolitik aus der Taufe gehoben werden sollte, gehörte HAYN dem »Comité patriotischer Männer« an, das sich zu diesem Zweck gebildet hatte. Daß in seinem Verlag 1850 *Männer und Helden*, Fontanes preußen-patriotische Balladen, herauskamen, kann wenig verwundern. Einzelne Stücke waren bereits im *Soldaten-Freund* gedruckt worden. Überdies trafen sich SCHNEIDER, eine Größe in HAYNS Verlagsunternehmen und innerhalb der konservativen Fraktion, und Fontane im »Tunnel«, wo dessen Texte ersten nachhaltigen Erfolg errungen hatten. Trotz der politischen Ausrichtung, die bei HAYN unübersehbar preußisch war, hatte Fontane versucht, *Männer und Helden* anders unter Vertrag zu bringen. Er hatte einigen Ehrgeiz aufgebracht, um COTTA-Autor zu werden. Das gelang ihm zu Lebzeiten allerdings nur in dessen *Morgenblatt für Gebildete Leser*, nicht mit einem Buch, wie er es wünschte. Wie Adalbert STIFTER und Gottfried KELLER glückte es ihm nicht, seine Gedichte oder seine Prosa in dem Verlag GOETHES unterzubringen. Da half auch ein ausführliches Empfehlungsschreiben nicht, das KUGLER am 27. 10. 1852 an Johann Georg von COTTA mit der Bitte verfaßte, Fontanes Londoner Briefe in Verlag zu nehmen (FBl H. 48, 1989, S. 3 f.). Dank der Vermittlung von Gustav SCHWAB waren die Chancen, 1850 *Lieder und Balladen* bzw. *Bilder und Balladen* in diesem renommierten Verlag zu veröffentlichen, nicht schlecht (vgl. an WOLFSOHN, 9. 1. 1850, IV.1.103), aber der Verlag zögerte so lange, daß Fontane am Ende die angebotene Vermittlung zu HAYN annahm. HAYN verlegte u.a. mit Adolf MENZEL und HEYSE weitere »Tunnel«-Mitglieder. Im SCHERENBERG-Buch schildert Fontane seine erste Begegnung mit HAYN, der »etwas in seiner Art Imponierendes« gehabt habe, das sich durch Lächerlichkeiten wie ein Schlafrock und eine Weißbierstange kaum verloren habe (III.1.677). In Erinnerung sei ihm nur geblieben, daß sehr viel von SCHERENBERG und sehr wenig von ihm die Rede gewesen sei. Der Vertrag, der am Ende herauskam, mißfiel Fontane, wie er F. EGGERS schrieb, wobei er HAYN als »Sultan« titulierte. Er bekam pro Bogen ein Honorar von 1,5 Louisdor. Briefe Fontanes an HAYN sind nicht überliefert. Als Fontane bei HERTZ an die Sammlung seiner Balladen ging und dafür auch die bei HAYN verlegten einbeziehen wollte, kam die unbehagliche Scheu, die er ihm gegenüber empfand, noch einmal hoch. Er wolle nur ungern an ihn heran, »weil ich Aerger und Unannehmlichkeit ahne« (an HERTZ, 22. 1. 1860, IV.1.693). Das erwies sich, wie ein Brief HAYNS an ihn bezeugt, als unbegründet (vgl. FHe, S. 396). Doch mit dieser rechtlichen Klärung endete Fontanes Beziehung zu HAYN.

Zu den frühen Verlagskontakten zählt auch der zu Friedrich Wilhelm ERNST, der 1850 zusammen mit Heinrich KORN die 1840 von REIMARUS erworbene Gropiussche Buch- und Kunsthandlung in seinen Besitz gebracht hatte. Dank der Vermittlung von F. EGGERS – zuvor hatte es vergebliche Versuche mit Alexander DUNKKER (ebenfalls eine sehr konservative Adresse) gegeben, bei dem STORM unter Vertrag stand – kam eine Vereinbarung zustande, die Fontane (an LEPEL, 20. 7. 1850, IV.1.126) mit »alles zu meiner Zufriedenheit« kommentierte. ERNST expandierte in den nächsten Jahren, akzentuierte sein Profil aber entschieden in Richtung Architektur und technische Wissenschaften, wobei Berg-, Städte- und Schiffbau zu Spezialgebieten wurden. EGGERS hatte zu ERNST Kontakt über den dort erfolgenden Verlag des *Architekturalbums* des

Architektenvereins, mit dem er verbunden war. Im belletristischen Teil war wenig Gewichtiges, sieht man von dem *Poetischen Kinderfreund* ab, der mehrere Auflagen erlebte. Alles in allem war das kein Verlag, bei dem Fontane tatsächlich hätte Fuß fassen können.

»Durch einen hiesigen Buchhändler aufgefordert«, schrieb Fontane am 1. 5. 1851, »geb ich jetzt eine ziemlich umfangreiche Anthologie heraus (30 Bogen). Ende Mai beginnt der Druck. Ich erhalte 150 Taler Honorar« (IV.1.167). Der Verleger, der Fontane dieses Angebot unterbreitet hatte, war Otto JANKE, die Sammlung das *Deutsche Dichter-Album*, das drei weitere Auflagen erleben sollte und in dem er seine Bekannten wie EGGERS, GRUPPE, HEYSE, HESEKIEL, KUGLER, MERCKEL, MÜHLER und LEPEL in die lyrische Gesellschaft von HEINE, PLATEN, LENAU und UHLAND brachte. Die vierte Auflage kam dann in veränderter Form und mit einer Vorrede 1858 bei J. BACHMANN heraus. JANKE hatte, nach einer Lehrzeit bei Ernst MITTLER und der Übernahme der Potsdamer Horvathschen Buchhandlung, 1850 ein eigenes Verlagsunternehmen gegründet. Er gehörte zu den Verlegern, die Geschäftsinteresse mit persönlicher Kunstneigung verbanden und über den nötigen Spürsinn für die Geschmacksrichtung des Publikums verfügten. Marktstrategisch begabt, gelang es ihm, einer der erfolgreichsten belletristischen Verleger seiner Zeit zu werden. Zu seinen ersten Autoren gehörten Theodor MÜGGE und Louise MÜHLBACH, denen er zum Erfolg verhalf. Später kamen beinahe alle bedeutenden Erzählerinnen und Erzähler der Zeit hinzu: ALEXIS (den er als den »Walter Scott der Mark Brandenburg« vermarktete), AUERBACH, Felix DAHN, Luise von FRANÇOIS, GUTZKOW, G. und L. HESEKIEL, Viktor von SCHEFFEL und Friedrich SPIELHAGEN (*Problematische Naturen*, 1861). Fontanes Verbindung zu ihm lag vor dessen großer Zeit, die mit der 1864 gegründeten und ungemein erfolgreichen *Deutschen Roman-Zeitung* ihren Höhepunkt hatte. Er war in seinem Urteil respektlos und erkannte bei JANKE zwar dessen »großen Vorzug, nämlich seine *Rührigkeit*; er versteht das ›an Mann bringen‹« (an LEPEL, 21. 10. 1851, FL 1.386f.), hielt von seinem poetischen Sinn jedoch gar nichts – was er ihm wohl auch schriftlich gab (vgl. an LEPEL, 21. 8. 1851, IV.1.783). Das hinderte ihn nicht, bei dem Verleger für LEPELs Dichtung *Kirke* vorzutasten und am 24. 7. 1859 anzufragen, »ob Sie [JANKE] vielleicht geneigt wären, ein paar Bände die ich über England zu veröffentlichen vorhabe, in Verlag zu nehmen« (DuD I.311). Dieses Vorhaben, das für seinen literarischen Wiedereinstieg nach den England-Jahren enorm wichtig war, wurde nicht von JANKE übernommen, sondern ging an den

Stuttgarter Verleger Emil EBNER (Ebner & Seubert). Hier war der letzte Jahrgang des *Deutschen Kunstblattes* erschienen, LÜBKE, KUGLER (dessen wissenschaftliches Werk dort verlegt wurde) und F. EGGERS unterhielten rege Verbindung zu diesem Verlag, der auf Kunsthistorik spezialisiert war. EBNER brachte den Band gesammelter Arbeiten über englische Presse- und Kunstverhältnisse unter dem Titel *Aus England* 1860 heraus. Neben JANKE hatte Fontane zuvor allerdings schon über LÜBKE bei COTTA und auch bei DEKKER ohne Erfolg die Sammlung anbieten lassen.

1860 endete Fontanes verlegerische Irrfahrt, der es an Zufälligkeiten und Mißglücktem nicht fehlte. Die Ära HERTZ und DECKER begann und mit ihr zog eine relative Stabilität ein. Ehe sie allerdings anfing, gewann Fontane noch einen weiteren Verleger für seinen Bericht von der Schottland-Reise: Julius SPRINGER, immerhin eine der großen Verlegergestalten Berlins, der sowohl im sich organisierenden Buchhandel (z.B. in der »Korporation Berliner Buchhändler« seit 1848 und im »Börsenverein«, dem er längere Zeit vorstand) als auch in der Kommunalpolitik engagiert war und Pressegeschichte geschrieben hat. Soviel verlegerischen Erfolg er jedoch mit praktischer Literatur hatte, so wenig mit belletristischer. Die einzige Ausnahme war das bei ihm verlegte Werk von Jeremias GOTTHELF. Von allen Verlegern, die Fontane hatte, war SPRINGER neben HERTZ, mit dem er eng befreundet war, derjenige, der am intensivsten mit dem gesellschaftlichen Leben der Zeit verbunden war. Unzufriedenheit der Autoren schloß das nicht aus, wie Fontanes Briefe an SPRINGER (vgl. u.a. 29. März 1860, IV.1.702 f.) im Zusammenhang mit *Jenseit des Tweed* zeigen. Sie entzündete sich besonders am fehlerhaften Druck und erstreckte sich auf das Honorar: SPRINGER zahlte statt der verabredeten 150 nur 100 Taler. Daß Fontane schließlich nicht auf SPRINGER setzte sondern auf HERTZ, mochte mit deren unterschiedlichem politischen Profil zusammenhängen. SPRINGER engagierte sich im Verfassungskonflikt – im Gegensatz zu HERTZ – nach 1861 für die Fortschrittspartei und gegen BISMARCKS Politik, was dem *Kreuzzeitungs*-Mann Fontane unbequem sein mußte.

Fontanes Hauptverleger

Zu den gründlich aufgearbeiteten Verlagsbeziehungen Fontanes gehört die zu Wilhelm HERTZ (FHe, 1972, leider nur im Anmerkungsteil einige Schreiben von HERTZ; M. DAVIDIS, 1981). Das hat gute Gründe. Mit HERTZ kam für Fontane beinahe drei Jahrzehnte Verlagssicherheit, durch die er das entscheidende literarische Projekt dieser Zeit kontinuierlich entwickeln und verwirklichen konnte: die *Wanderungen durch die Mark Brandenburg*. Diese Sicherheit hielt auch noch an, als er mit *Vor dem Sturm* 1878 seinen ersten Roman veröffentlichen wollte, und setzte sich über *Grete Minde* (1880), *Ellernklipp* (1881), *Quitt* (1890) und *Unwiederbringlich* (1892) fort, obgleich Krisen seit Beginn der achtziger Jahre den gemeinsamen Weg erschwerten. Begonnen allerdings hatte es lyrisch: 1861 mit den *Balladen*, und so sollte es auch enden: mit der 5. Auflage der *Gedichte* 1898. Die Berlin-Romane fehlen, für sie war bei HERTZ nicht der Platz.

HERTZ (1822–1901) wurde in eine seit 1670 in Hamburg ansässige jüdische Bankiersfamilie hineingeboren, sein Vater war allerdings nicht der in den Apothekerberuf ausscherende Joseph Jacob HERTZ, sondern der Dichter Adelbert von CHAMISSO. Nachdem HERTZ in Berlin eine Buchhändlerlehre durchlaufen hatte, erwarb er 1847 dank eines stattlichen ererbten Vermögens die Bessersche Buchhandlung. Umgehend nahm er mit seinem Sortimentsgeschäft Kurs auf ein gebildetes Publikum, was sich angesichts der günstigen Lage – sein Sitz war die Behrenstraße, in der Nähe der Universität und des Regierungsviertels – anbot. Doch eigentliches Zentrum seiner Tätigkeit wurde der Verlag. HERTZ nutzte seine gesellschaftliche Gewandtheit und natürliche Ausstrahlung, um zu den besten Kreisen der Stadt Zutritt zu erhalten und sie als Autoren und Kunden zu gewinnen. Dabei war die Belletristik Nebenfeld. Politisch war HERTZ nach 1848 ganz und ausschließlich auf Seiten der Reaktion. Er verlegte die Arbeiten von Friedrich Julius STAHL und veröffentlichte die von Ludwig von GERLACH verfaßten Monats- und Quartalsrundschauen der *Kreuzzeitung*, hatte damit also die beiden bestimmenden Persönlichkeiten der Kreuzzeitungspartei im Programm. Weiterhin widmete er sich bevorzugt den Themenkreisen Schule und Kirche, wobei die wichtigste Autorengestalt Moritz August von BETHMANN-HOLLWEG war, der Gründer und Präsident des deutschen-evangelischen Kirchentages und von 1858 bis 1862 preußischer Kultusminister. Auch die drei in ihren Folgen prekären preußischen Volksschulregulative des Oberregierungsrates Ferdinand STIEHL, mit dem Fontane wegen gewünschter Unterstützung in Verbindung trat, wurden von HERTZ verlegt. Erfolgreichster Verlagsartikel war der von L. HAHN verfaßte *Leitfaden der vaterländischen Geschichte*, der von 1855 bis 1901 50 Auflagen erlebte. Der wissenschaftliche Sektor, bestückt mit Reisebeschreibungen, Biographien und populärwissenschaftlichen Darstellungen, wurde wesentlich versorgt durch die Professoren der

Berliner Universität. HERTZ galt als gebildeter und belesener Mann, der durchaus in der Lage war, kompetente Entscheidungen – auch wenn sie sich nicht in das allgemeine Urteil fügten – zu fällen. Zeitgenössische Belletristik machte etwa ein Fünftel aus, von diesem Fünftel beanspruchte allein das Werk von HEYSE zwei Drittel. Einzig die Bindung zu HEYSE pflegte er übersorglich. Dessen Empfehlungen führten zu Erweiterungen auf diesem Gebiet. HEYSE verwandte sich u. a. für Hans HOPFEN, Adolph WILBRANDT, Emanuel GEIBEL und eben auch für Fontane. Die Werke von KELLER und C. F. MEYER kamen erst in den achtziger Jahren in HERTZ' literarisches Programm.

Fontanes erste Versuche, sich HERTZ zu nähern, waren 1853 gescheitert, so daß er sich 1859 der Vermittlung HEYSEs bediente, aus der dann Ende 1860 mit den *Balladen* das erste gemeinsame Buch entstand, das gleichzeitig der erste Gedichtband des Verlages war! Fontane erhielt ein Honorar von 150 Talern. Das war nicht bedeutend, wurde aber von der Persönlichkeit des Verlegers und der sich abzeichnenden Perspektive wettgemacht. HERTZ sei eine »wunderbare Mischung von Lauge und Sentimentalität, von Schnurrigkeit und Geschäftlichkeit, von unglaublicher Offenheit und zugeknöpftester Reserviertheit« (an HEYSE, 7. 11. 1860, FH, S. 90). Knapp zwölf Jahre später heißt es, HERTZ sei

> gescheidt, espritvoll, bürgerlich-respektabel und nach *seiner* Art sogar gütig gegen mich; er hält mich für einen sogenannten ›guten Kerl‹, preist meinen Charakter als ein Unicum und behandelt mich auch danach: freundlich, schmeichlerisch; er cajoliert mich. Er cajoliert mich, aber mit *zugemachter* Hand und in allen Geld- und Honorarfragen nimmt er einen kümmerlich-altmodischen Standpunkt ein (an ROHR, 17. 3. 1872, IV.2.404).

HERTZ' Bedeutung für Fontane wird deutlich, wenn man sich bewußt hält, was alles er für ihn tat: Er beschaffte ihm Materialien, stellte großzügig einschlägige Literatur zur Verfügung, knüpfte nötige persönliche Kontakte, protegierte ihn bei seinen ministeriellen Bekannten und beriet ihn in schriftstellerischen Angelegenheiten, obwohl ihr Urteil auf diesem Gebiet weit auseinanderging. Die ersten Schritte ging HERTZ noch zusammen mit dem Erzähler Fontane: Seine Verträge für *Grete Minde* wie für die weiteren genannten Prosaarbeiten sahen ein Honorar von 500 Mark, 10 Freiexemplare und eine Auflage von 1000 Exemplaren vor, gültig für die erste und alle folgenden Auflagen. Differenzen, deren Ursachen nicht ganz geklärt sind, stellten sich mit *L'Adultera* ein, sie verschärften sich bei *Schach von Wuthenow*, den Fontane an den Verlag Wilhelm FRIEDRICH gab, nicht ohne den taktischen Hinweis, er wolle eventuell ganz mit seinem alten Verlag brechen. Eine Kontinuität, wie sie sich bis dahin abgezeichnet hatte, brach ab. Das Erzählwerk zersplitterte nun in unterschiedlichen Verlagen. HERTZ, der sich seit 1875 mit seinem Sohn Hans, der 1895 durch Freitod aus dem Leben schied, in die Verlagsgeschäfte teilte, konnte nur noch registrieren, wie Fontane seine neuen Erzählungen in den Verlag seines Sohnes FRIEDRICH gab. Als HERTZ die erste, von DOMINIK besorgte Gesamtausgabe aus finanziellen Gründen zum Kauf angeboten wurde, lehnte er dankend, aber bestimmt ab. Ihm erschien der untersagte Einzelband-Verkauf vom buchhändlerischen Standpunkt aus als unsinnig.

DAVIDIS (1982, Sp. 1399) hat die Bedeutung der Verbindung Fontanes zu HERTZ an Fakten aufgelistet: In keinem anderen Verlag sind so viele Bücher Fontanes erschienen, von den 37 Erstausgaben entfallen auf HERTZ allein zwölf (auf FRIEDRICH FONTANES Verlag acht, auf DECKER fünf, dann folgen KATZ und STEFFENS mit je zwei), zwischen 1860 und 1898 erschienen bei HERTZ, alle Neuauflagen eingerechnet, dort ebensoviele Bücher wie in allen anderen Verlagen zusammen. Während der 39 Jahre währenden Verlagsbindung bezog Fontane eine Honorar-Gesamtsumme von 38000 Mark, das waren jährlich also etwa 1000 Mark, was ein Siebtel seines Gesamtbudgets ausmachte. Das höchste Honorar zahlte HERTZ übrigens für Fontanes *Scherenberg*-Buch (1500 Mark für 18 Bogen).

Der Name von Rudolph Ludwig von DECKER taucht bereits im Zusammenhang mit Fontanes Tätigkeit für die gouvernementale Presse auf, die von DECKER verlegt wurde. DECKER war außerordentlich engagiert bei der Konsolidierung der konservativen Presse in Preußen. Er beteiligte sich an verschiedenen Zeitungsunternehmen, bot günstige Konditionen für deren Druck und Verbreitung und pflegte Verbindung mit den wichtigsten Politikern der unterschiedlichen konservativen Vereine. Unter die Hauptverleger Fontanes muß DECKER gereiht werden, weil in dem »Verlag der Königlichen Geheimen Ober-Hofbuchdruckerei«, wie die offizielle Firmenbezeichnung lautete, die Bücher Fontanes über die drei preußischen Kriege herauskamen. Daneben verlegte DECKER auch Fontanes Bericht von seiner Gefangennahme im französisch-deutschen Krieg 1870/71, *Kriegsgefangen* (1871), und *Aus den Tagen der Okkupation* (1871). Fontanes Kreuzzeitungs-Jahrzehnt war auch ein DECKER-Jahrzehnt. Das betrifft jedoch nur die verlegerische

Bindung, keineswegs den persönlichen Umgang. Von der Moderatheit und intellektuell-kulturellen Souveränität, die für Fontane den Umgang mit Hertz so schätzenswert machten, hatte der 1863 in den Adelsstand erhobene Decker nichts. Er entstammte einer alten Druckerfamilie, die es zu hohem Ansehen gebracht hatte. 1763 war der Großvater Deckers, Georg Jacob Decker, zum Hofbuchdrucker ernannt worden, ein Privileg, von dem auch noch Decker selbst, der seit 1830 alleiniger Eigentümer der Firma war, profitierte. Staatliche Druckaufträge garantierten die Existenz des ohnehin wohlhabenden Verlages zusätzlich. Ansonsten widmete sich der Verlag gediegenen Publikationen in Kunst und Wissenschaft und spezialisierte sich überdies auf Rechts- und Staatswissenschaft. Unter anderem erschienen in seinem Verlag zwischen 1846 und 1857 die 30bändige Akademieausgabe der Werke Friedrichs II., für das der Verlag seines Großvaters das Privileg gehabt hatte, aber auch ein *Neues Testament*, deutsch von M. Luther nach der Ausgabe von 1545, für das Peter von Cornelius und Wilhelm von Kaulbach Holzschnitte anfertigten. Auf die äußere Ausstattung wurde großer Wert gelegt, was bibliophile Drucke wie Dantes *Divina Commedia* einschloß, die 1862 in zwei Exemplaren zu 4000 Mark auf Pergament erschien. Im Auftrag des Vereins für die Geschichte Berlins verlegte Decker einige Schriften, u.a. die *Berlinische Chronik*, die der Stadtarchivar Ernst Fidicin 1868 besorgt hatte, und das *Urkunden-Buch zur Berlinischen Chronik* (1880).

Da das Archiv des Verlags im zweiten Weltkrieg vernichtet wurde, läßt sich nicht mehr verläßlich rekonstruieren, wie es zu dem für Fontane folgenreichen Auftrag kam. Im Gegensatz zu dem konkurrierenden Unternehmen von Ernst Mittler & Sohn, der die Generalstabswerke für ein fachwissenschaftliches Publikum verlegte, entschied sich Decker für populärwissenschaftliche, aber gediegen ausgestattete Darstellungen. Fontane war ihm mit seinen *Wanderungen* aufgefallen, die in dieses Profil paßten. Wußte sich Fontane bei Hertz über lange Jahre gut aufgehoben, so war ihm Decker eher steter Anlaß zum Verdruß. Gereizt registrierte Fontane dessen »Knickrigkeit« (an Merckel, 31.7.1867, FM II.235) und focht endlose Kämpfe um Honorare aus. Für sein Buch *Der Schleswig-Holsteinische Krieg*, das 23 Bogen stark war, zahlte Decker 750 Reichstaler. Die überlieferten Briefe Fontanes – zurecht von Hettche in seiner Edition der Briefe (1988) als eine seiner unpersönlichsten Korrespondenzen charakterisiert – geben einen Eindruck von der Widerborstigkeit, mit der Fontane den Konflikt zwischen Stoffgestaltung und ausufernder Illustration durch den Zeichner Ludwig BURGER durchlebte. Bezeichnend für das Verhältnis zu dem Verlag ist Fontanes Brief vom 16. 3. 1869, in dem er sich zu grundsätzlichen Erklärungen genötigt sah, weil er wiederholt Lückentexte zu schreiben hatte, damit das Druckbild sich dem Auge fügt.

> Innerhalb weniger Monate sind es nun runde drei Jahre daß ich an dem Buche arbeite, ausschließlich arbeite und es liegt auf der Hand, daß mir – der ich ein Auge für derlei Dinge habe – selber daran gelegen sein muß, nun das Ganze auch im tadellosen Kleide erscheinen zu sehn. Aber wenn die Partie so steht: kleiner typographischer Mangel oder verpfuschter, konfuse gemachter Text, so wird mir niemand verargen können, wenn ich in diesem Konflikt auf die Seite meines Kindes trete. (FD, S. 113)

Die Bindung an DECKER hing am Ende mit Fontanes Bemühen zusammen, sich offizielle Anerkennung zu verschaffen und als »vaterländischer Schriftsteller« zu reüssieren (vgl. an HERTZ, 9. 8. 1866, IV.2.167f.). Ein Endpunkt der Beziehung zeichnete sich ab, als DECKER Fontane nach dessen glücklicher Befreiung aus der Kriegsgefangenschaft um einen Erlebnisbericht bat. Im Grunde fand Fontane dessen Verlag für ein solches Buch ungeeignet, aber »nach einem gewissen Anstandsgesetz« (an HERTZ, 12. 12. 1870, IV.2.363) glaubte er, es ihm schuldig zu sein.

Behagt hat es Fontane anfänglich nicht, daß sein Sohn FRIEDRICH FONTANE Anstalten unternahm, selbständiger Verleger und darüber hinaus der Verleger des Vaters zu werden. Er hegte Zweifel an dessen Energie und sprach ihm die für diesen Beruf nötigen Eigenschaften ab. FRIEDRICH FONTANE hatte 1884 seine Ausbildung als Sortimentsbuchhändler abgeschlossen und war – nach mehreren kurzfristigen Anstellungen – bei dem Herausgeber und Verleger DOMINIK untergekommen. Am 1. 10. 1888 eröffnete er unter seinem Namen und dem skeptischen Blick der Familie eine eigene Firma. Als Geldgeber stand der Schulfreund Louis LEVY-FENGLER im Hintergrund, der nach etwa drei Jahren ausschied und für den Egon FLEISCHEL und Friedrich Theodor COHN eintraten. Als Kommanditgesellschaft nannte man sich »Friedrich Fontane & Co.« und verzeichnete erstaunliche Erfolge, denen Fontane seinen Respekt dann nicht vorenthielt. Das Verlagsprogramm umfaßte in der Hauptsache Romane und Erzählungen, schloß aber Sachbücher und Broschüren zur Tagespolitik nicht aus. Daß sich der Name des Verlags mit den bedeutenden Literatur-

Zeitschriften *Deutsche Dichtung* (Herausgeber: FRANZOS), dem modernen *Pan* und dem *Literarischen Echo* (eine von Josef ETTLINGER herausgegebene literarische Halbmonatsschrift, die bald zu den verbreitetsten Literaturzeitungen gehören sollte) verknüpft, ist nicht sein geringstes Verdienst. Fontanes Sorge war, daß sein Sohn zu stark auf ihn als Autor und auf seine Bekanntheit rechnete. Es wäre ja fürchterlich, schrieb er FRIEDRICH am 27. 1. 1891, »wenn die gesunde Basis eines Verlagsgeschäfts immer ein bücherschreibender Vater sein müßte« (IV.4.93). Doch konnte er sich darüber bald beruhigen, denn zwar übernahm FRIEDRICH *Stine* (April 1890, dritte Auflage bereits im Oktober d. J.), erwarb gezielt die Publikationsrechte am Erzählwerk des Vaters und brachte 1892 *Fontane's Führer durch die Umgebung Berlins nach eigenen Erfahrungen*, bearbeitet und herausgegeben vom »Touristen-Club für die Mark Brandenburg« auf den Markt (damit also bewußt auf die Werbewirksamkeit des Namens setzend), aber er schaffte es auch, weitere wichtige zeitgenössische Autorinnen und Autoren unter Vertrag zu bekommen: Helene BÖHLAU, Ida BOY-ED, Cäsar FLAISCHLEN, Ludwig FULDA, Arno HOLZ, Johannes SCHLAF, Georg von OMPTEDA, Ludwig PIETSCH, Wilhelm von POLENZ (vom Vater empfohlen), Clara VIEBIG und Ernst von WOLZOGEN. Der damals einträglichste Hausautor war der Erzähler Heinz TOVOTE, der international renommierteste immerhin Emile ZOLA. Zufrieden und nicht ohne Stolz resümierte Fontane am 6. 5. 1895 gegenüber seinem anderen Sohn THEODOR: »Ich war anfangs gegen diesen Großbetrieb und gegen den Wettbewerb mit den reichsten und angesehensten Firmen«, doch habe FRIEDRICH Recht behalten. Fontane bescheinigte ihm »Fleiß, Umsicht, Geschicklichkeit« und stieß sich nicht weiter an der »Großmannssucht«, die er an seinem Sohn beobachtet hatte, die nun aber angesichts des Erfolgs in anderem Lichte stünde. »Auf dem Gebiet der Belletristik ist er, [...], Nummer–1–Verleger geworden. Selbst die großen reichen Firmen stehen literarisch weit zurück.« (IV.4.448) FRIEDRICH wagte sich auch an Gesamtausgaben, er verlegte 1891 eine HOFFMANN-VON-FALLERSLEBEN-Ausgabe und ließ 1892 gesammelte Werke von Ludwig BECHSTEIN und dem von seinem Vater besonders geschätzten Rudolf LINDAU folgen. Das war das Umfeld, in das er die bei DOMINIK begonnene Ausgabe von Fontanes *Romane und Novellen* stellte, die er im Juni 1891 von seinem ehemaligen Chef und stark revisionsbedürftig (die Texte waren von Fontane nicht autorisiert worden) übernommen hatte. Bereits im Dezember 1891 erschien die zweite Auflage der *Gesammelten Romane und Erzählungen*. FRICKE (1966) und jüngst

G. Radecke (1997), die eine Reihe bislang unbekannter Briefe Fontanes an seinen Sohn ediert hat, haben die nicht unkomplizierte Geschichte skizziert, die sich aus der Absicht, Fontanes Erzählwerk in einem Verlag zu konzentrieren, ergab. *Frau Jenny Treibel* (1893), *Meine Kinderjahre* (1894), *Von, vor und nach der Reise* (1894), *Effi Briest* (1895), *Die Poggenpuhls* (1896), *Von Zwanzig bis Dreißig* (1898) und *Der Stechlin* (1899) wurden in Erstauflage von Friedrich verlegt. Die anfänglichen Skrupel Fontanes, vom eigenen Sohn Geld zu nehmen und deshalb einen Sondervertrag mit Theodor, seinem anderen Sohn, abzuschließen, auf dessen Konto das Honorar kam und dem die Rechte an *Stine* übertragen wurden, verloren sich. Laut Verlagskontrakt zwischen Vater und Sohn über *Von, vor und nach der Reise*, ausgestellt am 28. 12. 1893 (vgl. N XVIIIa.823 f.) honorierte Friedrich das Buch, das in einer Auflage von 1620 Exemplaren gedruckt werden sollte, mit 1500 Mark. Für jede folgende Auflage waren 750 Mark Honorar vorgesehen. Auch der Vertrag über *Effi Briest* – datiert auf den 7. 6. 1895 und zu denselben Konditionen wie der hier aufgeführte – hat sich im Fontane-Archiv erhalten. Als Fontane starb, war Friedrich Fontane vierzig Jahre alt und ein angesehener Verleger, der der »Korporation der Berliner Buchhändler« angehörte, Schriftführer der 1888 gegründeten »Vereinigung der Berliner Mitglieder des Börsenvereins Deutscher Buchhändler« und Vorstandsmitglied des am 26. 4. 1891 gegründeten »Berliner Verlegervereins« war. Zweifellos war Fontanes Sohn ein Verleger, dem es trotz bedrückender antisemitischer Auffassungen nicht an Format fehlte. Daran kann auch die Tatsache wenig ändern, daß nach 1900 der Erfolgskurs nicht beibehalten werden konnte, obwohl das Engagement für das Werk des Vaters nicht erlahmte. Die Rechte gingen, um hier einmal von den kleineren Etappen abzusehen, 1918 an den Verlag von Samuel Fischer. Aber erst 1928 wurde der Verlag »F. Fontane & Co.« aus dem Firmenregister getilgt. Friedrich wirkte bis zu seinem Tod für einen sachgerechten Umgang mit den überlieferten Zeugnissen aus dem Nachlaß seines Vaters, die verhängnisvolle Versteigerung 1933 durch die Autographenhandlung Meyer & Ernst konnte er nicht verhindern.

Kleinere bzw. vereinzelte Verlagsbindungen

Jede Verlagsbeziehung Fontanes bietet eine interessante Geschichte für sich. Das trifft auf die frühen, aber beinahe mehr noch auf die späten Kontakte zu. Fontanes Loslösung von Hertz, als der bei den Berlin-Romanen nicht mehr recht mitziehen wollte, bietet reichlich Material. Die Gründlichkeit, mit der er für die Novellenentwürfe die verschiedenen Zeitschriften und Zeitungen für den Vorabdruck gegeneinander abwog, ging bei der Suche nach den angemessenen Verlagen weiter, wobei sich Zufall, Not und zuweilen auch glückliche Umstände die Waage hielten. Von dieser Seite betrachtet, war beispielsweise der Publikationsweg von *L'Adultera* bei allen Komplikationen in sich stimmig.

Als Fontane 1880 in der bei SCHOTTLAENDER verlegten und von P. LINDAU geleiteten Zeitschrift *Nord und Süd* seinen Berlin-Roman *L'Adultera* veröffentlichte, pokerte er, um zwischen HERTZ, SCHOTTLAENDER und Wilhelm FRIEDRICH das beste finanzielle Angebot auszuwählen, wobei er vor Unwahrheiten nicht zurückscheute. Mit dem Roman hatte aber auch etwas Neues begonnen, das in neue Umgebung gehörte. Der Breslauer Verleger LINDAUS mußte ihm gerade gemäß erscheinen. Salo SCHOTTLAENDER übernahm 1881 den Roman als Buch, wozu HERTZ Fontane beglückwünschte, ihm aber im selben Brief beteuerte, »daß es uns stets eine Ehre und eine Freude sein wird, durch unseren Verlag Ihre Arbeiten darbieten zu dürfen« (zit. nach FHe, S. 517). SCHOTTLAENDER hatte seinen Verlag 1876 mit der Absicht gegründet, sich auf das Romanverlagsgeschäft zu spezialisieren, wobei ihm die übliche Kopplung an eine Zeitschrift (in seinem Fall *Nord und Süd*) sehr zupaß kam. Fontanes Roman fügte sich in das Konzept. Nachdem Fontane eine Auflage von 1700 und ein Honorar von 1500 Mark vorgeschlagen hatte, einigte man sich auf eine Auflage von 1200 und 1000 Mark. Orientierung waren für Fontane die Abmachungen mit dem Verlag HERTZ gewesen (vgl. an SCHOTTLAENDER, 31. 8. 1881, DuD II.265). Über den Titel kam es zu Unstimmigkeiten; auch fand Fontane an der Ausstattung – besonders der Abbildung von Melanie van der Straaten – einiges zu bemängeln (vgl. an Schottlaender, 2. 1. 1882, DuD II.267f.). Fontane hoffte nach diesem ausgehandelten Kontrakt, daß sich für die Zukunft eine weitere Verbindung ergebe, sah sich aber darin enttäuscht.

Von ganz anderem Zuschnitt war die Verbindung zu Wilhelm FRIEDRICH in Leipzig, einem der eigenwilligsten Gestalten unter den Buchhändlern, den Michael Georg CONRAD nicht grundlos als »Cotta der Moderne« feierte. M. HELLGE, der eine gründliche Studie über FRIEDRICH verfaßt und Briefe Fontanes an den Verleger ediert hat, charakterisiert ihn als »Prototyp des modernen avantgardistischen Literaturverlegers« (FBl H. 14, 1973, S. 10), ohne den die naturalistische Bewegung nicht geworden wäre, was sie wurde. In ihm verband sich international erfahrenes, versiertes und großangelegtes Unternehmertum mit bekennendem Sinn für literarische Innovation. Die freundliche Beziehung zu Eduard ENGEL war es, die Fontane mit diesem legendären Verleger zusammenbrachte, in dessen 1878 gegründetem Verlag auch das *Magazin für die Literatur des In- und Auslandes* (seit 1879) erschien, dessen Redakteur ENGEL zeitweilig war. Das lag vor jener schwierigen Phase, die, nachdem mit dem Verlag der *Gesellschaft* ein Höhepunkt erreicht war, 1895/96 darin gipfelte, daß sich FRIEDRICH aus dem Geschäft zurück- und an den Gardasee umzog. Als Fontane 1881 den Gedanken erwog, sich nicht nur von HERTZ, sondern auch von Berlin als Verlagsort zurückzuziehen, wandte er sich an ENGEL mit der Bitte um Vermittlung zu FRIEDRICH. Falls der zu ihm Vertrauen fassen könne, so »wäre mir geholfen, und ihm vielleicht nicht zum Schaden« (Jb DSG 28, 1984, S. 31). Geradezu beseelt von dem Wunsch, als Erzähler wahrgenommen zu werden, hoffte Fontane, – verstärkt durch die einsichtige Vermittlung ENGELS' – in dem geeigneten literarischen Umfeld den Durchbruch zu erzielen. Dabei war er entschlossen, sich komplett neu zu binden (vgl. an ENGEL, 2. 11. 1882, Jb DSG 28, 1984, S. 30f.). FRIEDRICH reagierte auf das *Schach*-Angebot umgehend, weil er in Fontane, der als *Magazin*-Autor erstaunliche Resonanz erfahren hatte, eine Entdeckung vermutete. Doch der Buchverkauf – die Zahl 510 taucht in der Korrespondenz auf – war unerheblich. FRIEDRICH warb trotzdem weiter um Fontane, der für ihn jedoch nichts Geeignetes hatte. Als es zwischen ENGEL und FRIEDRICH 1884 zum heftigen Konflikt kam, dessen Auslöser der unerlaubte Nachdruck von 500 Exemplaren eines Buches von ENGEL war, schien FRIEDRICH als möglicher Verleger für Fontane, der loyal Partei nahm, auszuscheiden. Jedenfalls hat er ihm kein weiteres Buch mehr angeboten.

Eine weitere bemerkenswerte Verlegerbeziehung Fontanes, gewachsen aus Mitarbeit an dessen Zeitschriften, war die zu Emil DOMINIK in Berlin. Der Verlag von DOMINIK übernahm zu Fontanes großer Befriedigung 1887 *Cécile*. Es verkehre sich sehr angenehm mit ihm, lautet eine Tagebuchnotiz (*Tagebuch* II.237). Fontane sah in DOMINIK einen neuen Verleger-Typus, worauf es ihm offenbar immer mehr ankam. DOMINIK sei »ganz modern, quick, forsch, unkleinlich, kein Sechserheld« (an ENGEL, 18. 4. 1887, Jb DSG 28, 1984, S. 55). Dieser Verlag war es auch, der 1890/91 anläßlich des siebzigsten Geburtstages des Dichters die erste zusammenfassende Ausgabe von dessen Romanen und Novellen edierte. Um diese Ausgabe, der zahllose Mängel anhaften, gab es nicht nur im Vorfeld Unstimmigkeiten. Das Fatalste – und das ist für die

Beziehung zwischen Verleger und Autor hier hervorzuheben – war, daß Fontane keine Korrekturfahnen vorlagen, wie seine Briefe an Otto Franz GENSICHEN vom 30. 1. 1890 (IV.4.22 f.) und 23. 4. 1891 (LA II.490) bezeugen. Aus verlagsstrategischen Gründen teilte DOMINIK die Romane in mehrere Bücher auf, so daß Einzelbände nicht gekauft werden konnten (vgl. an FRIEDRICH FONTANE, 23. 1. 1890, FBl Bd. 1, Heft 6, 1968, S. 356). Fontane fühlte sich angesichts dieser Entwicklung und seiner wachsenden Bindung an den Verlag seines Sohnes, der ja zeitweilig bei DOMINIK angestellt gewesen war, veranlaßt, einen Großteil der Rechte wieder an sich zu bringen. 1892 kaufte der Verlag von FRIEDRICH FONTANE die Dominiksche Ausgabe. Bei DOMINIK, das am Rande, wurde auch die Zeitschrift *Der Bär* verlegt. Hatte Fontane mit dem Verleger in den achtziger Jahren regen Umgang, so schlief dieser nach seinem Verlagswechsel weitgehend ein.

Anders entwickelte sich die Beziehung zu Gustav MÜLLER-GROTE, einem bedeutenden Berliner Buchhändler, in dessen *Sammlung von Werken zeitgenössischer Schriftsteller* 1885 (Bd. 23) *Unterm Birnbaum* erschien. Weitere Autoren in dieser Reihe waren Friedrich BODENSTEDT, GUSTAV FRENSSEN (dessen *Jörn Uhl* ein außerordentlicher Erfolg war), Ludwig GANGHOFER und auch Wilhelm RAABE. Diese Verlagsbuchhandlung hatte 1867 mit einem umfangreichen Angebot von Klassiker-Ausgaben, mit Einzeldichtungen in prächtiger Ausstattung und eben dem Einreihen zeitgenössischer Schriftsteller in diesen Rahmen eigenes Profil gewonnen. Dazu kam ein respektables kunst- und kulturgeschichtliches Programm. Mit MÜLLER-GROTE pflegte die Familie Fontane zeitweilig lebhaften Verkehr von Haus zu Haus. »Werd ich«, notierte sich Fontane am 14. 11. 1885 im *Tagebuch*, »in diesem Zeichen siegen?« (*Tagebuch* II.230). Das gelang nicht, was jedoch den persönlichen Umgang nicht beeinträchtigte. Anläßlich eines Diners zum Jubiläum der Verlagsbuchhandlung, das mit der Silberhochzeit MÜLLER-GROTES zusammenfiel, steuerte Fontane sogar einen Toast in Versen bei (AG III.274 f.). MÜLLER-GROTE war auch im Buchhändler-Vereinswesen von Einfluß und übte zu verschiedenen Zeiten gewichtige Ämter aus. »Am 6. Februar großes Diner bei Müller-Grotes, zugegen viel Buchhändlerwelt«, hielt Fontane im *Tagebuch* 1885 (II.224) fest. Als MÜLLER-GROTE den Druck von *Cécile* ablehnte, geriet der Kontakt in eine Krise, die erst die nachfolgende Generation behob.

Zumindest genannt werden sollte hier auch Friedrich Wilhelm STEFFENS, Verleger in Dresden und Leipzig, der sich auf Unterhaltungsliteratur spezialisiert hatte und bei dem immerhin zwei Romane Fontanes – *Graf Petöfy* und *Irrungen, Wirrungen* – erschienen sind. Der Verlag war am 21. 10. 1883 in Dresden gegründet worden, Fontane trat bereits Anfang 1884 mit ihm in Verhandlungen. Im August 1888 erkundigte er sich bei LAZARUS nach STEFFENS' Ruf, denn er sei mit ihm zufrieden und wolle sich wegen eines größeren Planes – die Zusammenfassung seiner Berliner Novellen – an ihn wenden. LAZARUS' Antwort veranlaßt ihn zu allgemeineren Ausführungen über reiche Buchhändler, denen »die Frage nach Anstand und Gesinnung [...] immer erst in der 7. Reihe« stehe. Da Fontane fürchtete, daß STEFFENS, der »sich 2mal in höchstem Maße anständig gegen mich« (22. 8. 1888, IV.3.634) benommen habe, am Ende zu »sittlich« sei, ließ er die Überlegung fallen.

Fontane war in seinem Urteil über Verleger nicht originell; er teilte im allgemeinen deren Herabwürdigung und im speziellen den Unmut, der aus dem Empfinden kam, unwürdig von ihnen behandelt zu werden. Es gebe nichts Ruppigeres als reiche Buchhändler, lautet eine Tagebuchnotiz am 8. 6. 1881, die sich am Ende nur mit einem Gedanken zu trösten weiß: »Glücklicherweise gibt es so viele niederträchtige und grundgemeine Schriftsteller, daß für Rache einigermaßen gesorgt ist.« (*Tagebuch* II.123)

Literatur

O. JANKE, Mein Wirken als dt Verleger 1843–68, Berlin o. J. [1868]. – K. F. PFAU, Art. »Müller-Grote«, in: Biographisches Lexikon des Deutschen Buchhandels der Gegenwart, Leipzig 1890, S. 269–270. – Verlags-Verzeichnis von Wilhelm Ernst & Sohn vormals Ernst & Korn in Berlin W 41 [1850–1890], Berlin 1891. – Verlagskatalog von Georg Reimer in Berlin, Berlin 1897. – R. SCHMIDT, Dt Buchhändler, Dt Buchdrucker. Beiträge zu einer Firmengeschichte des dt Buchgewerbes [1902–1908. Reprint Hildesheim/New York 1979]. – J. R. HAARHAUS, Theodor Fontane und seine Verleger, in: Börsenblatt für den Deutschen Buchhandel, Nr. 148, 24. 6. 1910. – E. MANGELSDORF, Das Haus Trowitsch & Sohn in Berlin. Sein Ursprung und seine Geschichte von 1711 bis 1911, Berlin 1911. – H. SCHILLER, Briefe an Cotta, Stuttgart/Berlin 1934. – L. LOHRER, Cotta. Geschichte eines Verlages (1659–1959), Stuttgart 1959. – W. BERG, Der poetische Verlag der J. G. Cotta'schen Buchhandlung unter Georg von Cotta (1833–1863). Ein Beitrag zur Geschichte der deutschen Literatur in den Jahren nach Goethes Tod, in: AGB II (1960), S. 609–715. – H. FRICKE, Der Sohn des Dichters. In memoriam Friedrich Fontane, in: Jb für Brandenburgische Landesgeschichte 17 (1966), S. 24–51. – G. ERLER, Die Dominik-Ausgabe. Eine notwendige Anmerkung, in: FBl Bd. 1, H. 7 (1968), S. 354–357. – Unveröffentlichte Briefe an den Sohn Friedrich, hg. von J. SCHOBESS, in: FBl

Bd. 1, H. 6, 1968, S. 237–239. – H. W. HERTZ, Wilhelm Ludwig Hertz, ein Sohn des Dichters Adelbert von Chamisso. Ein genealogischer Beitrag, in: AGB X (1970), Sp. 269–308. – M. HELLGE, Fontane und der Verleger Wilhelm Friedrich, in: FBl H. 14 (1973), S. 9–53. – M. OVERESCH, Presse zwischen Lenkung und Freiheit. Preußen und seine offiziöse Zeitung von der Revolution bis zur Reichsgründung (1848 bis 1871/72), Pullach bei München 1974. – M. HELLGE, Der Verleger Wilhelm Friedrich und das »Magazin für die Literatur des In- und Auslandes«. Ein Beitrag zur Literatur- und Verlagsgeschichte des frühen Naturalismus in Deutschland, in: AGB XVI (1976), Sp. 791–1202. – D. KUHN u.a., Cotta und das 19. Jahrhundert, Marbacher Kataloge Nr. 35, Marbach 1980. – G. FRIESEN. »Es ist schwere Sache mit der Belletristik«. Karl Gutzkows Briefwechsel mit Otto Janke 1864–78, in: AGB XXII (1981), Sp. 1–206. – G. HAY, Theodor Fontane an Wilhelm Hertz. Ein Nachtrag zur Briefedition, in: Jb DSG 25 (1981) S. 97–103. – M. DAVIDIS, Der Verlag von Wilhelm Hertz, in: AGB XXII (1982), Sp. 1253–1590. – R. WITTMANN, Buchmarkt und Lektüre im 18. und 19. Jahrhundert. Beiträge zum literarischen Leben 1750–1880, Tübingen 1982 [u.a. zu O. Janke]. – H. KRAMER, Georg von Cotta (1796–1863) als Verleger, in: AGB XXV (1984), Sp. 1093–1276. – R. MAHLKE, Berlin als Verlagsort im 19. Jahrhundert, in: Buchhandelsgeschichte 1987/4, B 129–B 143. – F. von LENDENMANN, Deckersche kleine Verlagsgeschichte, Heidelberg 1988. – FD, 1988. – J. WEISBROD, Mit der Gunst des Königs. Der R. v. Decker'sche Verlag, G. Schenk, vor 275 Jahren gegründet, trug zur Blüte des Gewerbes im Berlin des 19. Jahrhunderts bei, in: Börsenblatt für den Buchhandel 44 (1988), S. 3643–3645. – R. BERBIG, Franz Kugler und Theodor Fontane. II. F. Kuglers Empfehlungsschreiben an Johann Georg v. Cotta und sein Gesuch an Emil Illaire, in: FBl H. 48 (1989), S. 3–21. – Der Springer-Verlag. Stationen seiner Geschichte. Teil 1: 1842–1945. Verfaßt von H. SARKOWSKI, Berlin, Heidelberg u.a. 1992, bes. S. 53–55. – M. HORLITZ, Auf dem Weg zu einer zentralen Sammelstätte aller Archivalien von und über Theodor Fontane, in: Theodor-Fontane-Archiv Potsdam 1935–1995. Berichte, Dokumente, Erinnerungen, hg. von M. H., Potsdam 1995, S. 15–69. – A. LOEW, Die Verleger Friedrich Fontane und Adolph Mark (St. Petersburg) im Disput um Lew Tolstois Roman »Auferstehung«, in: FBl H. 63 (1997), S. 48–63. – G. RADECKE (Hg.), »... möge die Firma grünen und blühn«. Theodor Fontane: Briefe an den Sohn Friedrich, in: FBl H. 64 (1997), S. 10–63).

1.3.5 Gruppierungen, Vereine, Institutionen und Geselligkeit

Als Fontane sein Buch über Christian Friedrich SCHERENBERG schrieb, kam er gar nicht umhin, ihn in seinen Bindungen an das literarische Leben zu schildern, denen dieser seinen Erfolg verdankte. So sehr er selbst im Alter versucht war, die Vielfalt der ihn fördernden Beziehungen herunterzuspielen, so sehr haben sie seinen eigenen Weg bestimmt. Wie bei SCHERENBERG ist der Betrachter, will er die literarische Durchsetzung mit ihren hemmenden und beschleunigenden Phasen beurteilen, gezwungen, seinen Blick auf die Unterschiedlichkeit der wirkenden Momente zu richten. Beschränkt er sich auf den eng gefaßten literarischen Bereich, verfehlt er den eigentlichen Wirkungszusammenhang. Das ist einem Abschnitt vorauszuschicken, der geeignet ist, den vorangegangenen Kapiteln über Fontanes Zeitungs- und Zeitschriftenbeziehungen eine Art Fundament zu geben. Was sich jeweils als Einzelkontakt darstellt, war Ergebnis von dichten Vermittlungen, bei denen Gruppierungen, Vereine, Freundeskreise und Parteiverbindungen eine maßgebliche Rolle spielten. Häufig begegnet dem Leser seiner Briefe das Wort »Gönner«, zuweilen war es Floskel, meist jedoch Tatbestand (z.B. bei KUGLER, BORMANN, L. HAHN u.a.). Zu den unangenehmsten Eigenschaften Fontanes, auf die stößt, wer sich mit diesem Teil seines schriftstellerischen Werdeganges befaßt, gehörten die übergroße Selbstverständlichkeit, mit der er Unterstützung erwartete, und seine eingeschränkte Fähigkeit zum wirklich empfundenen Dank. Wer Fontanes Äußerungen über diesen oder jenen Kontakt liest, könnte vermuten, daß Gott und die Welt ihn vernachlässigten und seine literarische Förderung gegen Null gegangen sei. Klagen, wie die am 21. 3. 1877 gegenüber Mathilde von ROHR geäußerte (IV.2.554), daß beständig »Ansprüche an mich erhoben [werden], ich soll geben«, er sich aber nicht entsinnen könne, »daß irgend einem einfiele *mir* zu Willen zu sein, mir einen Gegendienst zu leisten«, haben keinen Seltenheitswert. An Wahrheit gewinnen sie dadurch nicht. Wenn ein Schriftsteller sich zeitlebens freundlicher Förderung erfreuen durfte, dann Fontane.

Überblickt man die Kreise, in die sich Fontane zu den verschiedenen Zeiten seines Lebens begab, dann erhält man ein sehr disparates Bild. Waren es in den frühen Jahren die Lesecafés, so folgten bald die politisch-literarischen Gruppen in Leipzig (z.B. der »Herwegh-Klub«), die er dann gegen den konservativen »Tunnel über der Spree« austauschte, der nach neueren Forschungen kaum als rein literarischer Verein beschrieben werden kann. Verfolgt man den Weg weiter, bekommt man es in den fünfziger Jahren mit Fontanes beinahe unüberschaubaren journalistischen Kontakten in Berlin und London zu tun, die sich bis in Regierungskreise und parteipolitische Gruppierungen erstreckten. In den sechziger Jahren dann wurden sie von der Welt der *Kreuzzeitung* dominiert. Auch in den letzten Lebensjahrzehnten fehlte es nicht an gesellschaftlichem Verkehr, der neben dem kontinuierlichen Treffen im »Rütli« weiterhin aus berufsständischen Kontakten (wie im »Verein Berliner Presse« oder der Zweigstelle der »Deutschen Schillerstiftung«), Begegnungen in regionalen Vereinigungen (wie im »Verein für die Geschichte Berlins«) oder zwanglosen Runden in angesehenen Häusern bestand. Die Grenzen waren fließend. Im folgenden werden einzelne, für Fontane wichtige Gruppierungen, Vereine, Institutionen und gesellige Runden skizziert. Um Übersichtlichkeit zu gewähren, ist eine Teilung in drei Hauptlebensphasen Fontanes vorgenommen worden. Bei den bekannten und durch die Forschung gut aufgearbeiteten Verbindungen (wie z.B. der zum »Tunnel«) wird auf Details verzichtet.

1838 bis 1848/49

Über den Wert der Lesecafés für jeden literarisch Interessierten war sich Fontane früh im klaren. Sie waren ein Ort, um billig und bequem an Lesestoff zu gelangen und über das Gelesene mit Gleichgesinnten in geistigen Austausch zu treten. Für Fontane, der nicht las, ohne umgehend im geschriebenen oder gesprochenen Wort Urteile zu formulieren, mußten diese Räumlichkeiten geradezu *die* Erfindung gewesen sein. Es waren in Berlin das Haus der d'Heureuseschen Konditorei in der Breiten Straße, in dem er sich zum ersten Mal als Novellist in der Zeitung gedruckt fand, und das Café Stehely am Gendarmenmarkt, wo er nicht nur die *Kölnische, Augsburger* und *Leipziger Allgemeine Zeitung* las, sondern wo er überdies teilhatte »an dem erwachenden politischen Leben«. Er habe, so seine späten Erinnerungen, diese Lokalitäten stets mit dem Gefühl verlassen, sich eine Stunde lang »an einer geweihten Stätte befunden zu haben« (III.4.186). In diesen Konditoreien, von denen es in der preußischen Hauptstadt eine Handvoll gediegene und weit mehr heruntergekommene gab, fand sich ein heterogenes Publikum zusammen, das geeignet war, den sozialen Konfliktstoff der Zeit verdichtet zu reflektieren. Die Lektüre der in- und ausländischen Presse und der Austausch über sie lieferten dabei die fälligen zeitkritischen Schlagwörter. Friedrich SASS, der 1846 aus radikalpolitischer Sicht ein Sozialporträt der Stadt zeichnete, hat diese meist in Schweizer oder italienischer Hand befindlichen Konditoreien anschaulich beschrieben, auch die, in denen der junge Fontane verkehrte und SASS kennenlernte. Sie gehörten eher zu den besseren. Die Geschichte des Stehely »mit [seiner] von Literatur, Politik und Philosophie geschwängerten Atmosphäre« zu schreiben, bedeutete schon für SASS (1983, S. 56, 51) nichts anderes »als die Geschichte der Berliner Literaturzustände zu geben«. Hier trafen sich die Leser und Verfasser der Artikel im *Figaro* und anderen Zeitschriften, knüpften Kontakte, debattierten – meist unter den Augen der sorgsam beobachtenden Polizei. »Jedes Ereignis, sei es von lokaler oder allgemeiner Bedeutung, erschüttert den Resonanzboden der Berliner Konditoreien.« (Ebd., S. 58f.) Für Fontane bedeutete diese Welt, wie WRUCK (1987a) gezeigt hat, Kompensation sozialer Defizite, die so in ein Moment literarischer Sozialisation überführt wurde. Vom Besuch in diesen Konditoreien zur Teilnahme an literarischen Vereinigungen war es kaum ein Schritt. Fontane ist ihn gegangen, und er hat in *Von Zwanzig bis Dreißig* darüber berichtet: nicht in jedem Punkt wohl zuverlässig, doch nicht selten ist er die einzige Quelle über die damals existierenden Gruppierungen. Vornehmlich gilt das für den »Platen«-, den »Lenau«- und den »Herwegh-Klub«, von denen erst nach und nach ergänzende Quellen ausfindig gemacht werden konnten.

Über den »Lenau-Klub« ist bis heute nur wenig bekannt. Er habe regelmäßig am Sonnabend in der Wohnung von Fritz ESSELBACH in der Auguststraße in Berlin getagt, man habe sich Verse vorgelesen, die ganz unter dem Bann der Dichtung LENAUS standen, die Fontane dort kennen und schätzen lernte. Der Charakterisierung J. THUNECKES (1996, S. 340), es sei eine

> Vereinigung gleichgesinnter Literaten [gewesen], die regelmäßig zum Gedankenaustausch zusammenkamen, ohne sich jedoch je mit der Dichtung Nikolaus Lenaus zu beschäftigen,

fehlt für den letzten Teil der Aussage der handfeste Beleg. Neben ESSELBACH nennt Fontane in *Von Zwanzig bis Dreißig* (Berlin 1840, Zweites Kapitel) als Mitglieder noch Hermann MARON und Julius FAUCHER, der ihm später (in England) wiederbegegnen sollte und der damals dem radikalen Kreis um Bruno und Edgar BAUER und Max STIRNER nahestand, der sich im Hippelschen Keller zusammenfand. Man darf aus Fontanes umfangreichem Porträt FAUCHERS auf die Bedeutung schließen, die er für ihn gehabt hatte. Gleiches mag für jene Runde gegolten haben, obwohl Fontane in seinen Erinnerungen – vorgeblich oder nicht – in einer Fußnote bemerkt, er habe das Mitgeteilte nur aus zweiter Hand (von Heinrich BETA) erfahren. Die Fäden, die von dieser Gruppierung zu verfolgen sind, führen in die Londoner Presse- und Emigrantenkreise der fünfziger Jahre. Sie haben Einfluß auf die Stellung, die Fontane dann dort einnehmen konnte bzw. auch auf die, die ihm aus verständlichen Gründen verweigert wurde.

Gegen den »Lenau Klub« hob Fontane seine Verbindung zum »Platen-Klub« ab, wo er häufiger war und regen Umgang mit Studenten hatte, die ihn offenbar besonders anzogen. Dieser Kreis lebte von den üblichen literarischen Vereinsgepflogenheiten, zu denen nicht nur Aufnahmerituale, Orden und Diplome gehörten, sondern auch der Vortrag von literarischen Beiträgen. W. Hahn, den Fontane bald im »Tunnel« wiedertraf und dessen später verfaßte literaturgeschichtliche und -pädagogische Bücher er rezensieren sollte, war Mitglied des Klubs. Als eigentliche Bekanntschaft galt Fontane allerdings der in politische und religiöse Konflikte gekommene Egbert Harnisch, der das Zentrum des Klubs bestimmte. Aus Fontanes bemühtem Herunterspielen der tatsächlichen politischen Verhältnisse und Unternehmungen dieses Kreises bei gleichzeitiger Ironisierung seiner literarischen Leistungen in *Von Zwanzig bis Dreißig* (vgl. Berlin 1840, Drittes Kapitel) fällt es schwer, den Charakter des »Platen-Klubs« hinlänglich zu bestimmen.

Mehr Klarheit haben jüngere und jüngste Ermittlungen zum »Herwegh-Klub« erbracht (Schultze, u.a. 1971; Wülfing, 1997), zu dem Fontane während seines Leipziger Aufenthaltes Anfang der vierziger Jahre stieß. Unter diesem Namen existierte diese Gruppe nicht, sie hat ihn erst in den neunziger Jahren erhalten, als Fontane sie beschrieb und mit dem Namen Herwegh Richtung und Mittelpunkt des Klubs fixiert zu haben glaubte (vgl. *Von Zwanzig bis Dreißig*, »Mein Leipzig lob ich mir«, Drittes und Viertes Kapitel). Hier wurde »Partei« bezogen – und zwar radikal-politische. Immer wieder möchte man das Bild vom Netzwerk bemühen, weil es die Funktionsweise dieser Gruppen am zutreffendsten erfaßt. Robert Binder, Verleger und Herausgeber der *Eisenbahn*, prägte zusammen mit Hermann Schauenburg und Hermann Kriege das Profil dieser ebenfalls von Studenten dominierten Runde, die Züge eines Geheimbundes annahm. Das Klima, das herrschte und auf das Fontane sich einschwor, war bestimmt vom radikal-demokratischen Kurs, der durch die Verbindung zur illegalen burschenschaftlichen »Allgemeinheit« forciert wurde. Diese akademische Gruppierung öffnete sich auch Nicht-Studenten. Getragen von der Einsicht, daß Bildung ein revolutionäres Moment zu sein vermag, legte man die Treffen genau daraufhin an.

Unsere Idee war, jeder möge aus seiner Brotwissenschaft das allgemein Wissenschaftliche herausnehmen, um darüber zu sprechen und disputieren zu können. (H. Kriege, zit. nach Schultze, 1971, S. 333)

Die Texte waren politisch durch und durch. Ein Manuskript mit Texten von Fontane ging damals an den Verlag HERWEGHS, zu FROEBEL & CO., wurde jedoch abgelehnt. Für Fontane war die Nähe zu WOLFSOHN, der dem »Herwegh-Klub« regelmäßig vorstand, von großer Bedeutung, ebenfalls die zu Max MÜLLER, der später in England eine Berühmtheit wurde. WÜLFING hat die Hinwendung Fontanes zu England, die in gleichem Zuge eine zur »sozialen Frage« war, auf diesen Klub zurückgeführt. Kein Zufall, daß in diesem Umkreis auch der Name des radikalen Demokraten Robert BLUM auftaucht, den Fontane dort kennenlernte. 1844 verfaßte Fontane für den in schwerer Haft befindlichen KRIEGE Verse. MÜLLER und er planten sogar einen politischen Musenalmanach. Im Privatbrief hat Fontane die tatsächliche Gefahr und damit auch die wirkliche Beschaffenheit des Kreises präzis benannt: »Wir waren in diesem Leipziger Rütli sechs, acht Mann, wovon 2 füsilirt wurden (Rob. Blum und Jellinek), was etwas viel ist; 2 verkamen in Amerika, 2 wurden sächsische Philister, und Max Müller wurde berühmt.« (An M. LAZARUS, 5. 1. 1897, IV.4.627)

Wieder in Berlin, geriet Fontane 1843 in einen Personenkreis, der schicksalhaft auf den Verlauf seines weiteren literarischen Werde- und Bildungsganges einwirkte. Herzstück war dabei der literarische Verein »Tunnel über der Spree«, in den er am 30. 7. 1843 eingeführt und bald als »Lafontaine« aufgenommen wurde. Dieser literarische Verein ist aber nicht als ein in sich geschlossener Zirkel zu denken, sondern er war ein sich aus verschiedenen Gruppen und Personen heterogen zusammensetzendes soziales Gebilde. 1827 hatte Moritz Gottlieb SAPHIR den Verein gegründet, um mit einer Schar junger Leute die Berliner Presse- und Theaterlandschaft gegen die Dominanz der in der »Mittwochs-Gesellschaft« versammelten Autoren um Julius Eduard HITZIG und Willibald ALEXIS anzugehen. In den anderthalb Jahrzehnten vor Fontanes Beitritt hatte der »Tunnel« sein Profil gehörig verändert und sich gänzlich aus der literarischen Öffentlichkeit zurückgezogen. Er wurde durch sein internes Vereinsleben mit Aufnahmeprozeduren, Vereinsnamen, Ämtern und Festen, Textlesungen und deren Beurteilung, die über Jahrzehnte verläßlich protokolliert wurden, geprägt. Aber er bezog daraus gerade auch zu Fontanes Zeit nicht seine ausschließliche Bedeutung. Das Vereinsleben ist von F. BEHREND (1919) bis J. KRUEGER (1978) wiederholt in seinen bunten, zum Teil lächerlichen Erscheinungsformen geschildert worden. Daß man sich sonntäglich traf, daß mehrere, von Mitgliedern verfaßte poetische Proben, »Späne« genannt, vorgetragen und zensiert wurden (von »Acclamation« bis »sehr schlecht«), daß Till Eulenspiegel der Hausgott war und jährlich »Haupt«-Wahlen stattfanden, bei denen jeweils ein Mitglied für zwölf Monate die Versammlungsleitung übernahm – dies alles ist die eine Seite und seit langem bekannt. Auch die Auswirkungen auf die Präferenz einzelner literarischer Gattungen ist früh bemerkt und untersucht worden (wie z.B. die nachhaltige Favorisierung der Ballade, vgl. E. KOHLER, 1940). Mit der Fixierung auf die literarische Seite, deren Ertrag kaum Anlaß zum Überschätzen gibt, wurde der Blick eingeengt, so daß andere, für die Mitglieder nicht selten wichtigere Vorzüge des Vereins unbedacht blieben. Er war ein Ort der »Konnektionen«, der fördernden Verbindungen untereinander: im Literarischen, im Beruflichen und im Politischen, wobei sich zuweilen aus der Vermischung eine unverwechselbare Biographie ergab. Davon hat Fontane (übrigens neben SCHERENBERG) profitiert wie kaum ein anderes Mitglied. Über lange Jahre war er die mehr oder minder maßgebliche literarische Persönlichkeit im Verein. Aus dem Umstand, daß eine ganze Reihe von »Tunnelianern« im öffentlichen und politischen Leben Berlins und Preußens eine bemerkenswerte Rolle spielte (vgl. FISCHER, 1994), schlug man Kapital. Zwar waren am Vorlesetisch alle gleich, und die Vereinsnamen suggerierten, daß sich die außerhalb wirksamen Grenzen zwischen einem Geheimrat im preußischen Kultusministerium und einem Apotheker ohne Apotheke innerhalb des Kreises vergessen ließen, aber in der Realität lagen die Dinge anders. Der »Tunnel« trat kaum öffentlich in Erscheinung, er war aber über viele seiner Mitglieder öffentlich präsent. Und diese wiederum versagten es sich nicht, ihnen als geeignet erscheinende Genossen zu fördern und zu begünstigen. WÜLFING (1997) hat sieben Phasen des von 1827 bis 1898 existierenden Vereins ermittelt: 1. 1827/28, 2. 1829/30, 3. Vormärz, 4. 1848/49, 5. fünfziger Jahre, 6. sechziger und siebziger Jahre, und 7. Ausklang und Ende. Für Fontane waren die 3., 4., 5. und 6. Phase von Belang, wobei die 3. und 5. noch einmal besonders herausragten. Während dieser Phasen führten einige Vereinsmitglieder gleichsam Regie über Fontanes beruflichen Fortgang. Der »Tunnel« hatte sich zwar in seinen Vereinsgesetzen jegliche Beteiligung an öffentlichen literarischen Angelegenheiten verboten, das bedeutete jedoch nicht, daß die Mitglieder, die Lust, Neigung und einen Verlag hatten, nicht publizierten. Obwohl beinahe ausnahmslos alle Versuche, Veröffentlichungen des Vereins durchzubringen, scheiterten, fanden untereinander zahlreiche Vermittlungen statt, die zu Einzelpublikationen führten. Die Tatsache, daß

SCHNEIDER den *Soldatenfreund* herausgab, nutzte Fontane natürlich, um seine *Preußenlieder* an das geeignete Publikum zu bringen, und wirkte – um bei SCHNEIDER zu bleiben – selbstverständlich dahin, daß dieser dann in seiner Funktion als Vorleser zweier preußischer Könige seit 1849 Fontanesche Texte vortrug. Fontane hatte gute Gründe, sich mehr als ein Jahrzehnt in diesem Kreis gut aufgehoben zu fühlen; allein daß er dafür die Betonung auf »wirklichen Dichterverein« (III.4.314) legte, entstellt den Sachverhalt eines Fördervereins, der ihm der »Tunnel« war. Nach ersten Niederlagen mit sozialkritischer Poesie entdeckte er für sich und den »Tunnel« den Stoff brandenburgisch-preußischer Geschichte. Mit ihm war er auf einen Schlag in dem Kreis als Poet etabliert. Das statutengestählte Verbot politischer Themen, dessen Einhaltung zuweilen noch heute bei der Beurteilung des »Tunnels« Glauben geschenkt wird, galt nicht für vaterländisch-preußische Stoffe und auch nicht für politisch-konservative Gesinnungen, die vorherrschten. Im »Tunnel« war ein erstaunlich breites Spektrum politischer Positionen vertreten. Das traf besonders für die Revolutionszeit 1848/49 zu, in der sich »die Vereinsmitglieder außerhalb der protokollierten Sphäre zu informellen ›Fraktionen‹« (WÜLFING, 1997, S. 436) zusammenfanden und sich auf diese Weise in die politischen Geschehnisse einmischten. Bis 1850 war der »Tunnel« für Fontane eine Schule, in der er den poetischen Disput lernte (er wurde zum Musterschüler). Doch von gleichem Gewicht war, daß der »Tunnel« ihn mit einer einflußreichen Welt vertraut machte, daß er Biographien, die weit voneinander abwichen, vorführte und ihm vorexerzierte, wie vielfältig die Strategien literarischer und schriftstellerischer Durchsetzung waren und wer ihm dabei alles behilflich oder was ihm hinderlich sein konnte. Als im Oktober/November 1848 Pläne aufkamen, den »Tunnel« zu reformieren, wurde Fontane von LEPEL und W. HAHN hinzugezogen, die sich dafür verwendeten. Der Gedanke, den Verein aufzulösen, war verworfen worden. Stattdessen mehrten sich die Stimmen, die auf eine Entfaltung nach außen drangen. HAHNs Entwurf hat sich nur als Protokollnotiz von MERCKELs Hand erhalten. Sein Ziel sei »nichts Geringeres« gewesen, heißt es dort, »als die Kunst zu einem deutschen Reichsbundesstaat zu machen, Berlin zum deutschen ReichskunstVorort, und den Sonntags-Verein zur Reichskunst-Zentralgewalt« (zit. nach BERBIG, 1990, S. 35). Zur Skepsis, mit der die Mehrheit im »Tunnel« reagierte, bestand ausreichend Anlaß, denn der Verein hatte im Revolutionsjahr an Anziehungskraft verloren. Mit dem Entschluß, Ausschau nach neuen, geeigneten Mitgliedern zu halten, stellte der Verein die Weichen für entscheidende Änderungen im Nachmärzjahrzehnt, weniger für sich als für Fontane und die Gruppierungen, die sich aus dem Zuzug frischer Kräfte, zu denen KUGLER, HEYSE und HESEKIEL gehörten, zusammenfanden.

1850 bis 1870

Fontanes Entscheidung, als Schriftsteller und nicht als Apotheker den Lebensunterhalt für sich und seine Familie zu verdienen, regulierte die persönlichen und literarischen Beziehungen, auf die er sich in den vierziger Jahren eingelassen hatte. Er drängte als Autor auf den literarischen Markt und als Journalist in eine bezahlte Anstellung. Dabei erwies sich, daß der »Tunnel« Qualitäten aufwies, mit denen nicht zu rechnen war. Von ihm aus zogen sich Kontaktfäden in einige für Fontanes journalistische (und im weiteren Sinn literarische) Integration wichtige Einrichtungen. EGGERS, HEYSE und LEPEL (alle »Tunnel«-Genossen) stellten die Verbindung zu Verlegern her, LEPEL nutzte seine adlige Herkunft, um Fontanes Texte auch in diesen Kreisen zu empfehlen, und BORMANN, der als ehemaliger Lehrer der Prinzen und Prinzessinnen des königlichen Hauses gute Beziehungen zum Hof hatte, sichtete für ihn vornehm das Terrain und ließ seine Verbindungen als Provinzial-Schulrat spielen (vgl. R. PARR/W. WÜLFING, 1997, S. 204f.). MERCKEL übernahm 1850 für einige Monate (April bis Dezember) die Leitung des »Literarischen Cabinets« und wurde zu einer Schlüsselfigur für Fontanes Weg in die konservative Presse – und damit indirekt auch in die Literatur. Im *Wangenheim-Kapitel* (III.4. 1049–1069), gedacht für den dritten Band seiner Autobiographie, ging Fontane beiläufig auf das »Cabinet« ein. Die Neuorganisation der gouvernementalen Presse hatte MERCKEL in einer Denkschrift für den Innenminister Otto von MANTEUFFEL skizziert. JOLLES hat die Arbeit dieses »Cabinets« und der »Centralstelle für Preßangelegenheiten«, das eine dauernde Übersicht über die in- und ausländische Presse anfertigen sollte, beschrieben. MERCKEL strebte mit seinen Vorschlägen an, nicht nur die zu Gebote stehenden *Staats-Anzeiger*, *Deutsche Reform* und *Constitutionelle Zeitung* für regierungspolitische Pressemitteilungen zu benutzen, sondern mit Hilfe einer *Provinzialen Correspondenz* auch die kleinen Kreis- und Lokalblätter zu erreichen. Das Ziel war, mit geeigneten publizistischen Mitteln gegen jeglichen »demokratischen Unsinn« (vgl. JOLLES, 1983, S. 78) vorzugehen. JOLLES (ebd., S. 81) schreibt zur Arbeitsweise:

Die Verbindung mit den einzelnen Zeitungen wurde von den Literaten privatim angeknüpft, ohne daß der Zusammenhang mit dem Cabinet sichtbar werden durfte. Häufig traten aber die Redaktionen mit der Bitte um einen Korrespondenten an das Literarische Cabinet selbst heran.

Die Folge war, neben der nicht zu unterschätzenden journalistischen Praxis, die ihre fatale politische Seite hatte, ein gründliches Vertrautwerden mit der Presse und ihren Vertretern, wobei Fontanes Tätigkeit aufgrund der kurzen Zeit jedoch unbedeutend blieb. Er sei nur »5 mal 4 Wochen Zeuge der Saucen-Bereitung gewesen [...], mit welchen das lit: Cabinet das ausgekochte Rindfleisch Manteuffelscher Politik tagtäglich zu übergießen hatte« (an LEPEL, 7. 1. 1851, IV.1.144). Nachdem MANTEUFFEL Ende 1850 Ministerpräsident geworden war und das Presseressort als »Centralstelle für Pressangelegenheiten« Ryno QUEHL übertragen wurde, gelang es MERCKELS Protektion erneut, Fontane hier von Oktober 1852 bis Oktober 1853 (Wiedereinstellung 1. 1. 1854) zu plazieren. Die Arbeit ähnelte der im »Cabinet«. Über Fontanes Verbindungen zu einigen Zeitungen, die sich aus dieser Tätigkeit herstellten vgl. 1.3.2.

Parallel zu dieser Integration in die Institutionen der Regierungspresse fand eine folgenreiche Verlagerung der »Tunnel«-Aktivitäten statt. Dank der Initiative von F. EGGERS und Kompetenz wie Stellung von KUGLER lösten sich aus dem »Tunnel« zwei kleinere Gruppierungen, das »Rütli« und die »Ellora«. War »Ellora«, 1852 ins Leben gerufen, eine gesellige Runde, in die auch die Ehefrauen einbegriffen waren und die gedacht war, den Verkehr zwischen den Familien zu befestigen, so lag das der auserlesenen Runde des »Rütli« der Wunsch nach einem eigenen Publikationsorgan entscheidend. Deswegen wandte man sich übrigens, was kaum bekannt ist, u.a. auch an den späteren Verleger Fontanes, HERTZ – freilich ohne Erfolg. Zuerst dachte man an eine kritische Vierteljahrsschrift, da man 1851/52 in ähnlicher Runde für das in Leipzig erscheinende *Literarische Centralblatt* rezensiert hatte. Als aber der Kreis formiert war, und man in KATZ einen Verleger gefunden hatte, entschied man sich für ein belletristisches Jahrbuch. Zu dem Kreis der sich jeden Sonnabend nachmittag versammelte, gehörten neben Fontane und den Genannten LEPEL, MENZEL, STORM, Leo GOLDAMMER (nur kurzzeitig), BORMANN, HEYSE und MERCKEL. Später kamen der Jurist und Gerichtsrat am Berliner Amtsgericht Karl ZÖLLNER (1876 Nachfolger Fontanes als Erster Sekretär an der Akademie der Künste), der Maler, Kunsthistoriker und Dichter Hugo von BLOMBERG, der Architekt Richard LUCAE, der Schriftsteller und Literaturhistoriker Otto ROQUETTE, der Wissenschaftler Moritz LAZARUS sowie die Kunsthistoriker Wilhelm LÜBKE, Karl EGGERS und August von HEYDEN dazu. Ganz zum Ende hin tauchte der Erfolgsautor Julius WOLFF im »Rütli« als Mitglied auf.

Kein Kreis, an dem sich Fontane aktiv beteiligte, war vergleichbar ambitioniert. Das gilt besonders für das erste Jahrzehnt seines Bestehens. Nachdem man den ersten Band des Jahrbuches unter dem Titel *Argo* zusammengestellt hatte – Fontane und KUGLER zeichneten als Herausgeber –, war man von der literarischen Öffentlichkeit über die preußischen Grenzen hinaus als Berliner Gruppe aufgefallen und kritisch taxiert worden (u.a. von GUTZKOW in dessen *Unterhaltungen am häuslichen Herd* und in Robert PRUTZ' *Deutschem Museum*). Das setzte sich fort, als man dem von F. EGGERS redigierten *Deutschen Kunstblatt* 1854 ein *Literatur-Blatt* beifügte, für das die »Rütlionen« Rezensionen und Essays verfaßten – bevorzugt über Schriftsteller aus den eigenen Kreisen bzw. über solche, die man als verwandt ansah und für sich gewinnen wollte. Die Erweiterung, schrieb EGGERS in einer Anzeige des Berliner Verlages von Heinrich SCHINDLER, sei im »Interesse der poetischen Nationalliteratur« erfolgt (zit. nach BERBIG/WÜLFING, 1997, S. 397). Außer 1856 erschienen bis Anfang der sechziger Jahre weitere Jahrbücher, deren Erfolg trotz oder wegen opulenter Bebilderung mäßig blieb. Kunst und Literatur aneinanderzubinden war jedoch Programm, das sich schon aus der personalen Vereinigung mit dichtenden Kunsthistorikern bzw. kunsthistorisch orientierten Dichtern ergab. Dabei öffneten sich das »Rütli« und die Beiträger in den Publikationen auch Fragen der sozialen Stellung von Autoren und Künstlern. KUGLER hatte als Vortragender Rat gemeinsam mit EGGERS 1849 eine *Denkschrift über eine Gesammt-Organisation der Kunstangelegenheiten in Preußen* verfaßt, die im *Kunstblatt* erschien, als sie im politischen Apparat gescheitert war.

Dieses Interesse kulminierte 1855, als in Dresden die »Deutsche Schillerstiftung« initiiert wurde. Der fünfzigste Todestag Schillers hatte den Anlaß gegeben, eine Organisation zu begründen, deren oberster und einziger Zweck war:

Unterstützung hilfsbedürftiger Schriftsteller und Schriftstellerinnen, welche sich dichterischer Form bedient und und zur Bildung und geistigen Erhebung der deutschen Nation beigetragen haben, sowie ihrer Hinterbliebenen. (zit. nach R. GOEHLER, 1909, 1, S. 4)

Julius PABST, der spätere Dramaturg am Hoftheater in Dresden, nahm Verbindung mit Fontane auf, den er 1852 über WOLFSOHN kennengelernt hatte, und gewann mit dessen Hilfe die meisten »Rütlionen« (MENZEL, MERCKEL, BORMANN, KUGLER, EGGERS, LEPEL, LAZARUS) für dieses Projekt. Fontane war, wie das Protokoll vom Frühlings-»Tunnel« am 20. 5. 1855 bezeugt, schon in den vorausgegangenen Tagen aktiv geworden: »Lafontaine forderte die Versammlung auf zu einem Geldbeitrag für ein zu gründendes Dichterrettungsinstitut oder Dichter-Nikolausbürgerhospital« (zit. nach FL II.404), wobei eine Summe von 16 Talern zusammenkam, die man auf 20 aufrundete. Am 21. 7. 1855 konstituierte sich in Fontanes Wohnung Luisenstraße 35 eine Zweigstelle der Stiftung mit einem provisorischen Vorstand, der weitere Mitglieder wie den Chefredakteur der *Nationalzeitung*, Friedrich ZABEL, warb. Fontane, der dem Komitee-Vorstand nicht angehörte, wandte sich in dieser Angelegenheit auch an STORM mit der Bitte, »daß Sie uns wo möglich Ihre Person und Thätigkeit, mindestens aber Ihren Namen (bei zu erlassenden Comité-Aufrufen etc.) zur Verfügung stellen« (22. 7. 1855, FS, S. 106), was dieser postwendend gewährte. Eine erste Sammlung im »Rütli« ergab 21 Taler, das Jahr 1856 wurde mit einem Guthaben von 304 Talern beendet. Der ebenfalls um Unterstützung gebetene preußische König zahlte 300 Taler. An der zweiten Generalversammlung am 15. 1. 1857 konnte Fontane nicht teilnehmen, so daß die Diskussion, ob Berlin nicht weit geeigneter als Hauptsitz sei als Dresden, das kein Zentrum für allgemein-nationale Angelegenheiten darstelle, ebenso ohne ihn geführt wurde wie die (ihn gewiß lebhaft interessierende) Frage, ob nicht in den Statuten die Bezeichnung »Dichter« gegen die weiter fassende »Schriftsteller« ausgetauscht werden solle, um der Entwicklung des Berufsstandes Rechnung zu tragen. Das »Rütli« nahm diese Zusage zur Mitwirkung ernst. Solange es existierte, war es für die »Schillerstiftung« tätig. Im *Literatur-Blatt* ließ es regelmäßig Anzeigen von Julius HAMMER und GUTZKOW einrücken, dem man ansonsten mit Widerwillen begegnete. Es beteiligte sich an Wohltätigkeitskonzerten, zu denen LEPEL Verse beisteuerte. LEPEL war es auch, der Fontane 1868 ermunterte, sich um Unterstützung für die Arbeit an *Vor dem Sturm* an das Komitee zu wenden, was Fontane in bekannter Umständlichkeit am Ende ablehnte. Er sei weder arm noch elend genug, und selbst wenn die Gabe aus freiem Herzen und Anstand käme, könne er »sie doch nicht nehmen, ohne mich bei der Kreuz-Ztng, die mir nun doch 'mal mehr bietet und deshalb auch mehr sein muß als die Schiller-Stiftung, lächerlich zu machen« (an LEPEL, 17. 12. 1868, IV.2.227). Am 2. 12. 1883 lud LEPEL, der sich in Prenzlau an der Gründung der »Uckermärkischen Zweigstiftung der deutschen Schillerstiftung« beteiligte, Fontane als »märkischen Wanderer« zu einem Vortrag ein, dessen Ertrag zugunsten dieser Stiftung gehen sollte (vgl. FL II.369f.).

Von London aus unterhielt Fontane mehr oder minder rege Verbindung zum »Rütli«, der »Ellora« und dem »Tunnel«. In der englischen Hauptstadt war es nur ein Kreis, der hier namhaft zu machen ist: der »Babel-Klub«. Im *Tagebuch* hielt Fontane unter dem 22. 10. 1857 eine Begegnung mit Necocles MOSABINI, einem griechischstämmigen Journalisten, Eugene HEYMANN, einem aus Breslau stammenden Geschäftsmann, der auch journalistisch tätig war, einem Herrn KOPISCH und zwei weiteren Mitgliedern dieses Kreises fest. »Die Reconstituirung Babel's wurde beschlossen.« (*Tagebuch* I.280) In *Von Zwanzig bis Dreißig* (Berlin 1840, 2. Kapitel) hat Fontane über den Klub in der Erinnerung an Julius FAUCHER, mit dem er in London regelmäßig verkehrte, geschrieben und dabei die Namen einiger Mitglieder mitgeteilt (III.4.217–221, vgl. THUNECKE, 1996). Es sei kein Klub, ließ er FAUCHER dort erklären, sondern »eine internationale Gesellschaft, Menschen aus aller Herren Länder; Sprachwirrwarr« (III.4.217), daher die Benennung. Gegründet worden war er 1855, Fontane hielt dort am 26. 11. 1857 auf englisch einen Vortrag mit dem Titel *The Revival of the German Literature during the last Century*, dem sich eine lebhafte und interessante Debatte angeschlossen habe (*Tagebuch* I.289). Eine Zeitlang fühlte Fontane sich im Anderton's Hotel, wo donnerstags getagt wurde, wohl (vgl. EMILIEs Brief an Henriette von MERCKEL, 6. 11. 1857, FM I.180) und registrierte zufrieden, daß das »Babel« mit dem »Tunnel« den Stiftungstag (3. 12.) teilte. Die als etwas undurchsichtig beschriebenen Machenschaften eines Mitglieds führten zu Fontanes Distanz gegenüber dem »Babel-Klub«.

Das »Rütli«, über dessen Reaktivierung Fontane noch von London aus 1857 und 1858 mit MERCKEL korrespondierte, änderte nach der kurzen Phase, in der es sich am Feuilleton der *Preußischen Zeitung* beteiligt hatte, sein Profil. Es wurde ein geselliger Verein, der zum Austausch über moderne Zeitauffassungen in Kunst, Wissenschaft und auch Politik einlud, dabei aber weiterhin der gegenseitigen Protektion diente (vgl. an HEYSE, 23. 12. 1860, IV.2.15–19). Als Fontanes Resümee kann gelten, was er am 1. 12. 1857 an MERCKEL schrieb: »Ich behaupte kühnlich, daß das Ins-Leben-Rufen dieser Gesellschaft zu Eggers' größten und unbestreitbarsten Verdiensten zählt.« (FM I.201) Fontane war mittlerweile keineswegs mehr ausschließlich auf diesen Kreis angewiesen. Dank des Unterrichts, den er den Kindern zwischen 1853 und 1855 gab, war er den Offiziersfamilien WANGENHEIM und FLENDER nähergekommen. Bei WANGENHEIMS hielt er zeitweilig Vorträge und verkehrte bis weit in die achtziger Jahre dort. Die wichtige Bekanntschaft zu Mathilde von ROHR, weniger mit ihren von Fontane amüsant geschilderten Leseabenden (vgl. seine Skizze in II.3.448–463) als den weittragenden Kontakten, die er ihr verdankte, muß hier auch zumindest genannt werden. Seine Parteinahme für die konservative Bewegung, der Eintritt in die *Kreuzzeitung* sowie seine engen Beziehungen zum *Wochenblatt der Johanniter-Ordens-Balley Brandenburg* hatten zu einer partiellen Umschichtung seines Bekanntenkreises geführt. FISCHER (1994, S. 63, vgl. auch S. 71f.), der diesen Vorgang mit neuem Material belegt hat, spricht sogar vom »Korpsgeist« Fontanes. Er skizziert am Beispiel seiner Bekanntschaft mit LEDEBUR, der eine Zentralfigur des Berliner konservativen Vereinswesens war und mit dem Fontane regelmäßig verkehrte, in welches soziopolitische Milieu Fontane vorstieß,

> vom ersten Stamm von conservativen Wählern (Baron Hugo vom Blomberg) über das »Central-Comité für conservative Wahlen in Berlin« (Freiherr Leopold von Ledebur) und den Vorstand der »Vaterländischen Gesellschaft zu Berlin« (Wilhelm von Merckel) bis hinauf zum Staatsministerium (Heinrich von Mühler) (ebd., S. 68).

Dazu waren auch lokale Vereinigungen wie der »Verein für die Geschichte der Mark Brandenburg« getreten, der 1837 unter nachdrücklicher Förderung der preußischen Regierung gegründet worden war. Mit Georg von RAUMER, LEDEBUR und Friedrich von der HAGEN an der Spitze war eher eine exklusive Gelehrtengesellschaft geplant als ein Lokalverein, an den man bei der Namensgebung denken mag. Neben dem grundlegenden Urkundenwerk, dem *Codex diplomaticus Brandenburgensis*, gab der Verein die Zeitschrift *Märkische Forschungen* heraus, verlegt bei HAYN und später bei Ernst & Korn, beide auch Verleger Fontanes. Die Unternehmen wurden durch den preußischen König finanziell unterstützt. »Man wollte unter sich bleiben, und es sollte eine Ehre sein, dem Vereine anzugehören, und diese Ehre wollte man auch ferner nur nach gründlicher Prüfung des Wertes zuerkennen«, schreibt J. SCHULTZE für 1862 (1922, S. 10), als die Krisenzeit nach 1848 überwunden war und man sich ganz im konservativen Geist wieder darauf besann, die früheren Verhältnisse der Mark Brandenburg zu erforschen, um dadurch zum richtigen »Verständniß des Vorhandenen und des Werdenden, wie das des Vergangenen« zu gelangen und »das Drängen nach Unberechtigtem« (zit. nach FISCHER, 1994, S. 73) abzuwehren. Vermittelt durch den Kreis um ROHR und die beiden Mitglieder SCHNEIDER und Friedrich Wilhelm HOLTZE fand Fontane Zutritt zum »Verein«, der damals ganze 59 Mitglieder umfaßte und den NEUENDORFF-FÜRSTENAU »den Sammel- und Kristallisationspunkt märkisch – brandenburgischer Geschichtsforschung« nennt (Jb DSG 4, 1960, S. 359). Nach einer der ersten Sitzungen, an der Fontane teilnahm, schrieb er seiner Frau, daß es ihm »recht sehr« gefallen habe und daß er es bedauere, »daß die Zusammenkünfte eigentlich zu selten stattfinden«. Dem »Tunnel« sei er nun entwachsen (23. 5. 1862, FE II.188). HOLTZE, selbst konservativer Parteigänger und langjähriger Generalsekretär des Vereins, wurde ihm zum Buchbeschaffer und Ratgeber in märkischen Angelegenheiten. Erst in den achtziger Jahren thematisierte Fontane die »Ödheiten in den Berliner und brandenburgischen Geschichtsvereinen« (an THEO, 8. 9. 1887, IV.3.559) und zeichnete in *Cecilé* die Karikatur eines Gelehrtentypus, der ihm in jenen Vereinen begegnet sein dürfte. Neben diesem Verein muß auch der von SCHNEIDER 1862 gestiftete »Verein für die Geschichte Potsdams« Erwähnung finden, dessen *Mitteilungen* Fontane wiederholt und stets warmherzig empfehlend in der *Kreuzzeitung* anzeigte, nicht ohne SCHNEIDER kräftig herauszustreichen. Fontane zeigte sich gut unterrichtet, so daß ein genaueres In-Augenschein-Nehmen seinerseits angenommen werden darf. Die Distanz zum »Tunnel«, den Fontane Mitte der sechziger Jahre zum letzten Mal besuchte, gab die Folie für das Lob des Potsdamer Vereins ab. Programmatisch heißt es in einer Anzeige vom 17. 1. 1868:

> Wir wünschen dem Verein, der sich, das Lokale scharf ins Auge fassend, gerade dadurch um die vaterländische Geschichte große Verdienste erworben hat, ein ferneres Gedeihen. (AW 7, S. 332)

Als Fontane starb, nannte ihn ein weiterer Verein sein Gründungsmitglied: der »Verein Berliner Presse«. Was hatte es mit diesem Verein auf sich? Als der Verfassungskonflikt 1861/62 die Fronten auch innerhalb der hauptstädtischen Presse scharf zog, faßten einige Journalisten den Entschluß, mit einem neuzugründenden Verein statt der politischen Differenzen die beruflichen Gemeinsamkeiten durch regelmäßige gesellige Zusammenkünfte zu betonen. Paul LINDAU, Karl FRENZEL, Alexis SCHMIDT, George HESEKIEL und bald das Gros der Mitarbeiter an den Berliner Zeitungen und Zeitschriften schlossen sich der Gründungsinitiative an. Als Orientierung diente die österreichische »Concordia«. Begann man als gesellige Vereinigung von Schriftstellern verschiedener Parteirichtung und Lebensstellung, so verlagerte sich im Verlauf der Jahrzehnte der Akzent auf die Unterstützung von Mitgliedern in Notfällen und die Versorgung Hinterbliebener. In Paul SCHLENTHERS Chronik *Der Verein Berliner Presse und seine Mitglieder 1862–1912* wird diese Entwicklung zu einem eher berufsständigen Verein durch zahllose Aktivitäten belegt. Von allen Wohlfahrtsveranstaltungen war der seit 1872 alljährlich stattfindende Presseball gesellschaftlicher Höhepunkt. Neben den üblichen Ämtern wie Vorsitzender, Schriftführer, Schatzmeister u.ä. richtete die »Berliner Presse« auch eine Ehrenkommission ein, vor der Streitfälle zwischen Journalisten außerhalb des offiziellen Rechtsweges zur Verhandlung kamen. Die im engeren Sinn belletristisch arbeitenden Autoren standen anfänglich der journalistischen Dominanz mit ihrem Drang nach öffentlicher Präsenz skeptisch gegenüber, erkannten aber bald, welche Vorzüge das für die Anerkennung ihres Berufsstandes mit sich brachte. Neben Fontane, der tatsächlich in SCHLENTHERS Statistik unter den »Stiftern« geführt ist, und den bereits genannten Journalisten finden sich die Namen von BRACHVOGEL, FAUCHER, GLASSBRENNER, W. HAHN, Rudolf LÖWENSTEIN, Hermann KLETKE, Otto LINDNER, Heinrich PROEHLE, RODENBERG und Max RING. Später kamen Autoren wie Berthold AUERBACH, Hermann SUDERMANN und Friedrich SPIELHAGEN und weitere hinzu. Dichter-Ehrungen gehörten seit Beginn zum Selbstverständnis des Vereins. Gleich die erste Veranstaltung erklärt, warum in der statistischen Übersicht hinter Fontanes und HESEKIELS Namen der Vermerk: »Austritt 1863« steht. Nach UHLANDS Tod im November 1862 initiierte der Verein nämlich eine große Gedenkveranstaltung, auf der nicht nur der Dichter, sondern auch der Politiker UHLAND mit seinem Ausspruch, daß der deutsche Kaiser mit einem Tropfen demokratischen Öls gesalbt sein müsse, geehrt werden sollte. AUERBACH sollte die Ansprache halten, HESEKIEL wurde ausgestochen. Daraufhin schieden die *Kreuzzeitungs*-Leute aus dem Verein, mit ihnen auch Fontane, der das »der Gesellschaft zum Grunde liegende Friedens- und Gleichberechtigungs-Prinzip« (an H. PROEHLE, 24. 1. 1863, IV.2.94) zugunsten des an sich ausgeschlossenen Politischen verletzt sah (vgl. BERBIG, 1994).

Fontane begegnete in jenen Kreisen – ganz gleich, ob es nun die der Berliner Journalisten, der Hochkonservativen oder der *Kreuz-*

zeitung und ihrer Parteigänger waren – immer wieder »Tunnelianern«. Den Verein selbst aber besuchte er seit 1866 nicht mehr. Ein letztes Mal hatte er sich anläßlich eines nach MERCKELS Tod gestifteten Preises mit eigenem Text an einer Konkurrenz beteiligt. Sein vorgetragenes Gedicht *Gorm Grymme* hinterließ einen »ergreifenden Eindruck« und ›Lafontaine‹ »war der beglückwünschte Sieger« (Sitzungs-Protokolle, 38. Jg., 1864/1865, S. 2). Seine beispiellose »Tunnel«-Karriere war damit beendet. Sie war ihm in den letzten Jahren nicht mehr Herzenssache gewesen. Als Institutionen, die seine literarische Laufbahn als »vaterländischer Schriftsteller« förderten, waren ihm die Ministerien für geistliche, Unterrichts- und Medizinalangelegenheiten und später, als diese Unterstützungsquelle versiegte, das des Inneren längst wichtiger geworden. Dort hatte er allerdings dank des »Tunnel« und der dort geschlossenen Bekanntschaften, aber auch dank der eigenen literarisch-politischen Ambitionen auf sich aufmerksam machen können. »Mein Streben geht nach einer subalternen Stellung im Unterrichts-Ministerium.« (An G. SCHWAB, 18. 4. 1850, IV.1.117) Das Kultusministerium unterstützte seit 1861 mit jährlichen Zahlungen von 300 Talern (bis 1868) das *Wanderungen*-Projekt und empfahl die Bände als Schullektüre, was deren Anschaffung in Schulbibliotheken einschloß. Durch Vermittlung von Ludwig HAHN, Vortragender Rat im Innenministerium, erhielt Fontane am 30. 4. 1870 ein von Minister Friedrich Albrecht Graf zu EULENBURG unterzeichnetes Schreiben, in dem ihm »in Anerkennung und zur Erleichterung Ihrer patriotisch-literarischen Thätigkeit« (zit. nach FBl H. 29, 1979, S. 345) vierteljährlich 100 Taler bewilligt wurden. Diese Zahlung erlosch erst mit seinem Tod. Wie nachhaltig Fontane über eine dauerhafte Bindung an das Unterrichtsministerium nachdachte, zeigt sein 1868 im Gespräch mit HERTZ erörterter Plan zu einem brandenburgisch-preußischen Geschichtsbuch, mit dem er dem verbreiteten *Brandenburgischen Kinderfreund*, einem Lesebuch für Volksschulen, Konkurrenz machen wollte.

> Ich verhehle mir dabei keinen Augenblick, daß von der ministeriellen oder deutlicher zu sprechen, daß von Geh. Rat Stiehls Protektion des Unternehmens alles abhängt. (An HERTZ, 8. 8. 1868, IV.2.208)

Ferdinand STIEHL, dessen *Regulative [...] über Einrichtung des evangelischen Seminar-, Präparanden- und Elementarschul-Unterrichts* die schulpolitische Restauration der Gegenaufklärung bedeuteten, deren Ziel es war, systemkonforme Sozialisation zu sichern, war dritthöchster Beamter im Kultusministerium. PARR/WÜLFING (1997, S. 205–210) haben gezeigt, wie und mit welchen Konsequenzen Fontane sich um diese Institution bemühte. So war es am Ende nicht überraschend, daß Gustav von GOSSLER als Kultusminister an der Feier anläßlich von Fontanes 70. Geburtstag am 4. 1. 1890 nicht nur teilnahm, sondern sogar einige mehr als nur verbindliche Worte an den Jubilar richtete.

1870 bis 1898

Die letzten drei Lebensjahrzehnte Fontanes können hinsichtlich der Vereins- und Gruppenbindungen mit den vorangegangenen nicht konkurrieren. Dieser Eindruck darf nicht dazu verführen, an einen Rückzug Fontanes aus dem gesellschaftlichen Leben nach 1870 zu glauben. »Alle 14 Tage (Dienstags) hatten wir mit Wangenheims und Pastor Windel unsre Schopenhauer-Abende« (*Tagebuch* II.50), heißt es in der *Tagebuch*-Zusammenfassung für 1874. Gesellige Begegnungen wie die in dem konservativ preußenkritischen Haus der katholischen Familie von WANGENHEIM brachten weiterhin wünschenswerte Bekanntschaften. Hunderte von Personen habe er dort kennengelernt, notierte Fontane in einem Entwurf für den nicht mehr zustande gekommenen dritten Band seiner Autobiographie und fügte eine Namensaufzählung bei, in der wichtige vornehme Familien Berlins genannt sind (III.4.1058). Ebenso regelmäßig verkehrte Fontane im Haus der Familie von HEYDEN. Im *Tagebuch* verzeichnete Fontane diese Besuche sorgfältig.

HEYDEN war nun auch – gegen den Widerstand von EGGERS (vgl. an EMILIE, 18. 10. 1868, IV.2.219f.) – Teilnehmer an den »Rütli«-Runden, die bis in die neunziger Jahre tagten. Es hatte dort noch einmal 1879/80 eine Wende gegeben, als Fontane gegen den »liberalen Erhabenheitston« rebellierte, den er als eigentlich »illiberal« empfand. Aber obwohl seine Attacke, die verbindliche Positionen einklagte, anfangs Früchte trug (vgl. an EMILIE, 5. 4. 1880, IV.3.74, wo Fontane berichtete, wie man sich zum Abschied um den Hals gefallen sei und MENZEL sich Luft gemacht habe über die »Imbecilitäten zurückliegender Rütlitage«), hieß es wenige Jahre später: »Der Rütli lebt noch, aber wird immer kleiner.« (An O. ROQUETTE, 18. 4. 1884, IV.3.313) Auch Gäste lud man bis zum Schluß noch ein, was Fontane besonders behagte, selbst wenn die Eingeladenen nicht seine ungeteilte Zustimmung hatten, wie z.B. der vielgelesene Autor WOLFF, der sogar zum »Rütlionen« erkoren wurde. Erst als F. Eggers' Bruder Karl 1895 nach Rostock umsiedelte, endeten die sonnabendlichen Treffen. Einen vielleicht letzten Höhepunkt – noch dazu einen öffentlichen – erlebte das »Rütli«, als es zusammen mit der »Literarischen Gesellschaft«, der *Vossischen Zeitung* und dem »Verein Berliner Presse« die Federführung an dem Fest zu Fontanes 70. Geburtstag am 4. 1. 1890 im »Englischen Haus« übernahm (vgl. FRo, S. 208 f.). Mit dem »Verein Berliner Presse«, dem er 1874 wieder beigetreten war, verband Fontane in diesen letzten Jahren wohl nicht mehr, als daß er für dessen *Almanache* zuweilen kleinere Verse bereitstellte und dessen öffentliches Agieren verfolgte. Möglicherweise nahm er auch an dem einen oder anderen Presseball teil.

Keineswegs hinreichend geklärt ist das Wirken des »Rütli«, oder genauer seiner Mitglieder Bormann, Lazarus, K. Eggers und Fontane für die Zweigstelle der »Deutschen Schillerstiftung«. Bormann hatte als Nachfolger Zabels von 1875 bis zu seinem Tod 1882 den Vorsitz der großen Berliner Zweigstelle. Ihm folgte 1883 Lazarus, der 1895 an Frenzel weitergab. In den Briefen Fontanes finden sich zahlreiche Hinweise auf Aktivitäten. Fontane war offenbar als eine Art Gutachter tätig, jedenfalls wurde er wiederholt um Beratung und Vermittlung gebeten:

> Die Mühen, die ich, als bekannter Drückeberger, davon gehabt habe, waren jederzeit sehr gering, aber ein gewisses unangenehmes Gefühl, das mich, als »Beisitzer«, durch mehr als 30 Jahre begleitet hat, war oft sehr stark. Wenn es jemals eine elende, fast ausschließlich auf Bettel und Hochstaplertum eingerichetete Hilfs- und Unterstützungswirthschaft gegeben hat, so den »Zweigverein der Berliner Schillerstiftung«; wir sind Armenkommission, weiter nichts. (An K. Eggers, 4. 1. 1898, IV.4.685)

Immerhin verfügte diese »Armenkommission« 1908 über ein Vermögen von 65 500 Mark und zahlte zwischen 1871 und 1893 113 Schriftstellern oder ihren Hinterbliebenen Unterstützungsgelder. Fontane setzte sich u. a. für Werner Hahn ein (vgl. an Hertz, 13. 9. 1888, FHe, S. 300 f.) und war an den Verhandlungen um Max Kretzer beteiligt (vgl. an Lazarus, 9. 8. 1888, IV.3.630) – seiner Bemerkung ist ohnedies mit Vorsicht zu begegnen. Als am 11. 11. 1884 das 25jährige Bestehen der »Stiftung« im Festsaal des Hotels Imperial in Berlin gefeiert wurde, steuerte Fontane den *Toast auf Kaiser Wilhelm* bei (u. a. mit den Versen: »Dem Kaiser, ihm, der unser Schirm und Schild,/Ihm, der uns Hut und Hort auf unsren Wegen«, I.6.573), während Rodenberg das Festspiel verfaßte. Fontane selbst hatte 1870 noch einmal seinen Widerwillen erneuert, sich in eigener Sache an die Stiftung zu wenden. Auf eine in diese Richtung gehende Überlegung ZÖLLNERS erwiderte er, er wolle die Stiftung nicht in eigner Angelegenheit »inkommodieren«. Eine jährliche Zahlung würde nicht bewilligt werden und eine einmalige von 100 oder 150 Talern würde er »durch Einbuße an Stellung vor der Welt, sowie vor dem Zeitungs- und Buchhändlerthum hinterher hoch bezahlen müssen« (25. 3. 1870, IV.2.293). Dabei konnte es bleiben, zumal Fontanes Einkünfte ernstzunehmendes Klagen nicht erlaubten. Zu einer einzigen Ausnahme kam es, als Fontane Ende 1870 in französische Gefangenschaft geriet und die Freunde bei der Stiftung für Fontanes Frau um Unterstützung baten (siehe Akte der Schiller-Stiftung).

Fontanes Abstinenz in Vereinsdingen duldete Ausnahmen: 1885 gelang es Pierre BÉRINGUIER, Fontane zu einer Mitgliedschaft im »Verein für die Geschichte Berlins« zu bewegen. Das verstand sich nicht von selbst, denn als Fontane im Jahr der Gründung, 1865, gebeten worden war, dem Verein beizutreten, hatte er die vom Berliner Oberbürgermeister Friedrich MEYER unterstützte Bitte abgelehnt. Schon aus »selbstsüchtigen Gründen« interessiere ihn der Verein, von dessen Existenz er profitieren werde, aber:

> Lehrend, aufklärend oder (bei der Konstituierung) auch nur beratend aufzutreten, dazu fehlen mir alle Gaben. Meine Kenntnisse und meine parlamentarische Geschicklichkeit sind gleichmäßig null. (An J. BEER, 27. 1. 1865, IV.2.136f.)

Er hatte das mit einer grundsätzlichen Erklärung gegen Vereinsmitgliedschaften verbunden, weil ihm »die Verhältnisse eine praktische Ausnutzung meiner Zeit zur Pflicht machen« (ebd.). Das Programm des Vereins korrespondierte nicht zufällig mit dem des »Vereins für die Geschichte der Mark Brandenburg« oder dem »Verein für die Geschichte Potsdams«, da an der Konzipierung und z. T. auch bei der inhaltlichen Gestaltung des Vereinslebens dieselben Personen maßgeblich beteiligt waren. Im Gründungsaufruf war geradezu mustergültig konservativ formuliert worden: »In der jetzigen, zumeist dem Materialismus zugewendeten Zeit sehen wir die alten Denkmäler unserer Vaterstadt mehr und mehr schwinden«, gegen diesen »Strom der Zeit« wolle man einen Damm errichten (zit. nach R. DANKE, 1965b, S. 326). Wiederum stand SCHNEIDER in der ersten Reihe und übernahm 1869 sogar den Vorsitz. Bis 1878 (seinem Todesjahr) hielt er allein hier 79 Vorträge und Referate. DANKE spricht von »ungewöhnlichen

Talenten und einer besonderen Fähigkeit zur Leitung des Vereins« (ebd., S. 340). Schon zu Lebzeiten wurde aus dem sogenannten »Eisernen Fonds« (eingehende freiwillige Zahlungen) eine Louis-Schneider-Stiftung ins Leben gerufen. Die Mitgliederzahl stieg rasch, 1885 waren es 470 Mitglieder (DANKE, 1965a, S. 287). In einer erhalten gebliebenen Liste sind die Namen von August Julius BORSIG, Botho von HÜLSEN, LEDEBUR, Ferdinand MEYER, KARPELES, Ernst FIDICIN und HOLTZE neben denen der jeweiligen Stadtväter zu lesen. Die *Schriften* und andere Publikationen des Vereins erschienen in den Verlagen von MITTLER & Sohn und von DECKER (u. a. die *Berlinische Chronik*, die in Teillieferungen herauskam). Neben den Vortragsabenden war der Verein auf vielfältige Weise lokalpolitisch aktiv, was in Berlin jedoch immer auch überregionale Beachtung fand. Die Vereinspublikationsreihe waren die *Schriften des Vereins für die Geschichte Berlins*, die sogenannten »Grünen Hefte«. 1890, anläßlich des 25jährigen Bestehens, gab BÉRINGUIER eine Festschrift heraus. Fontanes erste Beteiligung am Vereinsleben in diesem Rahmen fiel in das Drei-Kaiser-Jahr 1888. Für die Festsitzung des Vereins, die dem Andenken der beiden verstorbenen Kaiser gewidmet war, verfaßte er den Prolog *Zur Erinnerung an Kaiser Wilhelm I. und Kaiser Friedrich III.*, der dort am 13. 10. 1888 vorgetragen wurde. Das gehörte zu seinem Selbstverständnis, und der Verein hat es ihm denn auch mit schöner Selbstverständlichkeit und wiederholten Vorträgen über ihn und sein Werk zu danken gewußt. Der Verein tagte im Deutschen Dom, das Protektorat hatte FRIEDRICH III. übernommen und nach seinem Tod WILHELM II. Fontane habe sich dem Verein, so DANKE, »mit dem Gewicht seines Namens und mit Gaben seines Dichtertums zur Verfügung« gestellt (1965b, S. 353). Die *Mitteilungen des Vereins*, die BÉRINGUIER seit 1884 bei MITTLER herausgab, korrespondierten in der inhaltlichen und redaktionellen Gestaltung (z. T. waren die selben Leute am Werk) mit der regional weitverbreiteten illustrierten Wochenschrift *Der Bär*, die Fontanes Namen unter den Mitarbeitern aufführte, sie war jedoch keine Vereinspublikation. Der Verein stand mit zahllosen vergleichbaren lokalen Verbindungen im Austausch. 1890 erhob der Verein Fontane anläßlich von dessen Vollendung des 70. Lebensjahres zu seinem Ehrenmitglied. Sein Dank war ein Prolog für die Feier zum 25jährigen Vereinsjubiläum, der am 28. 1. 1890 in Krolls Festsälen verlesen wurde und in dem u.a. LEDEBUR und mehr noch SCHNEIDER herausgestrichen wurden. Überdies sorgte Fontane, solange es ihm möglich war, dafür, daß die Vereinsnachrichten in der *Vossischen Zeitung* sachgerecht angezeigt wurden (vgl. BERG-EHLERS, 1990, S. 287f.). In diesem Zusammenhang sind auch Fontanes Bindungen an die »Landesgeschichtliche Vereinigung für die Mark Brandenburg« zu nennen, die aus dem 1884 gegründeten »Touristenclub für die Mark Brandenburg« hervorging. Dessen *Wanderbuch für die Umgebung Berlins* wurde von FRIEDRICH FONTANE in Verlag genommen und erschien zwischen 1892 bis 1895 in fünf Bändchen (vgl. H.-W. KLÜNNER, 1964).

Mitglied wurde Fontane in Lokalvereinen wie diesem nicht, aber in der »Literarischen Gesellschaft« (vgl. an MARTHA, 16. 1. 1891, IV.4.92). Die Gesellschaft existierte seit 1888 und wurde von SPIELHAGEN als erstem Präsidenten geleitet. Dem Vorstand gehörten Fedor von ZOBELTITZ, Richard GRELLING, Otto NEUMANN-HOFER und MAUTHNER an. Jeden Donnerstag traf man sich im Berliner »Kaiserhof«. Neben diesen Treffen wurden Dichterehrungen veranstaltet. Fontane erwähnte den Besuch einer Feier anläßlich Franz GRILLPARZERS 100. Geburtstag im Januar 1891. Namentlich bekannte Mitglieder waren Fontanes Verleger HERTZ, FRENZEL von der *Nationalzeitung* und der von Fontane lange Zeit geschätzte und mit ihm im »Rütli« regelmäßig verkehrende LAZARUS. Fontane nannte diesen Kreis meist »Club« und war kaum bereit, sich mehr als beiläufig auf ihn einzulassen. Wie im »Verein Berliner Presse« kamen in der »Gesellschaft« Leute aus unterschiedlichen Parteiungen zusammen, um ein geselliges Miteinander zu pflegen. Es sei aber »ein so unsichres Terrain« (an HERTZ, 8. 5. 1889, FHe, S. 311). Er mißtraute der Scheinheiligkeit, mit der dort am Abend Journalisten verkehrten, die sich am Tag in ihren Blättern auf das heftigste befehdet hatten. Außerdem spürte er ein Mißtrauen, das seiner meist mühselig erworbenen neutralen Haltung von beiden Seiten entgegengebracht wurde: »In Dienst und Geschäft muß man mit Freund und Feind verkehren können, im Club müssen Freunde, Gesinnungsgenossen zusammen sein.« (an HERTZ, 7. 12. 1890, FHe, S. 328) Die Anwesenheit von Mitarbeitern des *Berliner Tageblatts* und des *Börsen-Couriers* hielt ihn zusätzlich von einem regelmäßigen Verkehr in diesem Kreis ab (an HERTZ, 8. 5. 1889, FHe, S. 311), er erzittere, wenn »der ›Realismus‹ 6 Mann hoch a tempo« einrücke (FHe, S. 328).

Mitglied und später zum Ehrenvorsitzenden ernannt wurde Fontane in der als Ergänzung zur »Freien Bühne« geplanten und 1890 gegründeten »Freien Literarischen Gesellschaft«. Sie stellte es sich zur Aufgabe, an regelmäßig stattfindenden Vortragsabenden die Besucher mit Zeugnissen zeitgenössischer Literatur bekannt zu machen. Was die »Freien Bühnen« für die Dramatik wollten, das wollten die bald in allen Teilen Deutschlands verbreiteten »Freien Literarischen Gesellschaften« in Epik und Lyrik: an der Umformung des ganzen Lebens und seiner Durchdringung mit modernem Geist teilhaben (vgl. A. SOERGEL, 1916, S. 206). Im November 1890 hielt Ernst von WOLZOGEN den ersten Vortrag, und es wurde neben Texten von Hermann CONRADI, Konrad ALBERTI, Arno HOLZ, SUDERMANN, Detlev von LILIENCRON und Julius HART auch Fontane rezitiert. Zur Jahreswende 1897/1898 fand ein Vortragszyklus mit Rudolf STEINER statt. Zu den Phänomenen gehört, daß sich hier die heterogensten Kräfte und literarischen Auffassungen – wie z.B. die des biederen Otto von LEIXNER mit der des radikalen Ästheten Hermann BAHR – zusammenfanden. Den Vorsitz hatte für längere Zeit Heinrich HART. Mit dem Ehrenvorsitz Fontanes setzte man offenbar auf dessen integrative Kraft, die sich zu bewähren schien, wenngleich nicht wenige Abende – besonders die der Lyrik gewidmeten – das Publikum mehr erheiterten als der jungen Kunst zuführten.

Eine letzte Vereinigung ist zu nennen, die in einer für Fontane schwierigen Phase für ihn wirkungsvoll Partei ergriff und die er überdies aufgrund ihrer persönlichen Zusammensetzung zu schätzen wußte: »Die Zwanglosen«. An kleineren Unternehmungen dieser Wochenkneipgesellschaft, die sich seit 1884 jeden Freitagabend zusammenfand, hatte Fontane mit seiner Frau schon kurz nach Gründung teilgenommen (vgl. *Tagebuch* II.224). Ihr gehörten nicht nur seine Söhne GEORGE und THEODOR sowie Paul MEYER, sondern auch ihm so sympathische Journalisten wie Otto BRAHM und SCHLENTHER an. Dazu gesellten sich MAUTHNER, Emil SCHIFF, Max von WALDBERG und der Sohn seines Verlegers, Hans HERTZ (zu weiteren Mitgliedern vgl. F. BETZ, 1976; BERBIG, 1997). Bemerkenswert ist, daß zu den »Zwanglosen« auch einige Angehörige der Berliner Universität (Paul LEHFELD, Richard STERNFELD, Edward SCHRÖDER und Gustav ROETHE [vgl. FHe, S. 546]) zählten. Dieser Kreis jüngerer journalistisch in dieser oder jener Form tätiger Leute – die Geburtsjahre lagen zwischen 1850 und 1860 – reagierte im Gegensatz zur Mehrheit der Kritik, die entweder schwieg oder verriß, in geschlossener Front positiv und offensiv auf das Erscheinen von *Irrungen, Wirrungen*, das die Gemüter heftig erregt hatte. Fontane hat diesen Umstand, der ihm eine Bestätigung in jeder Hinsicht war, mit starken Worten gewürdigt:

ich verdanke meine verbesserte Stellung oder doch mein momentanes Ansehn im deutschen Dichterwald zu größrem Teile den »Zwanglosen«. Die Jugend hat mich auf ihren Schild erhoben, ein Ereignis, das zu erleben ich nicht mehr erwartet hatte. (An THEO, 9. 5. 1888, IV.3.603)

Die lose Beziehung zu den »Zwanglosen« währte in den neunziger Jahren fort. Von weiteren Aktivitäten für Fontane oder andere Autoren ist nichts bekannt. ROLAND BERBIG

Literatur

Jbb zur Schiller-Stiftung. 1. Bd. Dresden 1857. – P. LINDAU, Ein Fest der Berliner Presse, in: Ders., Literarische Rücksichtslosigkeiten, Feuilletonistische und polemische Aufsätze, Berlin ³1871, S. 128–138. – W. LÜBKE, Lebenserinnerungen, Berlin 1891, bes. S. 133–145. – H. HERTZ/P. SCHLENTHER, Chronik der Zwanglosen 1884–1894, Berlin 1894. – L. PIETSCH, Wie ich Schriftsteller geworden bin. Erinnerungen aus den fünfziger Jahren, Berlin ²1898, bes. Bd. 1, S. 144–178. – M. LAZARUS, Lebenserinnerungen, Berlin 1906, bes. S. 577–621. – R. GOEHLER, Die Dt Schillerstiftung 1859–1909. Eine Jubiläumsschrift in zwei Bänden, Berlin 1909, Bd. 1: Geschichte der Dt Schillerstiftung. Bd. 2: 178 literarische Gutachten der Dt Schillergesellschaft. – Der Verein Berliner Presse und seine Mitglieder 1862–1912. Zum fünfzigjährigen Bestehen nach Sitzungsprotokollen und Jahresberichten im Auftrage des Vorstandes zusammengestellt, hg. von P. SCHLENTHER, Berlin 1912. – Literarisches Echo 16, 1913/14, Sp. 1411. – R. BÉRINGUIER, Persönliche Erinnerungen an Theodor Fontane, in: Großberliner Kalender, Berlin 1914, 1915. – A. SOERGEL, Dichtung und Dichter der Zeit. Eine Schilderung der dt Literatur der letzten Jahrzehnte, Leipzig ³1916, S. 216f. – F. BEHREND, Vom Rütli zu der Ellora, in: Zs für Bücherfreunde, NF 10 (1918) 1, S. 29–39. – E. MÜSEBECK, Das Preußische Kultusministerium vor hundert Jahren, Stuttgart/Berlin 1918. – Der »Tunnel über der Spree«. I. Kinder- und Flegeljahre 1827–1840, hg. im Auftrage des Vereins für die Geschichte Berlins, Berlin 1919. – R. STERNFELD, Zu Theodor Fontanes Gedächtnis, in: Theodor Fontane. Zur Feier seines 100. Geburtstages. Im Auftrag des Vereins für die Geschichte Berlins hg. von P. HOFFMANN, Beilage zu den Mitteilungen des Vereins für die Geschichte Berlins, Berlin 1919, S. 8–10. – J. SCHULTZE, Der Verein für die Geschichte der Mark Brandenburg, in: Forschungen zur Brandenburgischen und Preußischen Geschichte 35 (1922) 1, S. 1–20. – F. BEHREND, Theodor Fontane und die »Neue Ära«, in: Archiv für Politik und Geschichte 2 (1924), S. 475–497. – Ders., Ungedruckte amtliche Briefe von Theodor Fontane, in: Der Schatzgräber, Zs der Gesellschaft dt Literaturfreunde 4 (1924/25), H. 3, S. 30–34, H. 4, S. 1–3. – F. HOLTZE, Erinnerungen an Theodor Fontane, in: Mitteilungen des Vereins für die Geschichte Berlins (1926; Sonderdruck). – K. MÜLLER, Kulturreaktion im 19. Jahrhundert. Mit einem Anhang: Briefe

Fröbels und Diesterwegs, Berlin 1929. – F. von ZOBELTITZ, Ich hab so gern gelebt. Die Lebenserinnerungen, Berlin 1934, bes. S. 113f. – P. MEYER, 1936, s.u. 1.1. – C. JOLLES, 1937, s.u. 1.1. – F. BEHREND, 1938, s.u. 1.1. – C. JOLLES, 1938, s.u. 1.1. – E. KOHLER, 1940, s.u. 3.2.1. – H. FRICKE, Die Ellora und das Rytly. Zwei Seitentriebe des »Tunnel über der Spree«, in: Jb für Brandenburgische Landesgeschichte 7 (1956), S. 19–24. – J. NEUENDORFF-FÜRSTENAU, Briefe Theodor Fontanes an Friedrich Wilhelm Holtze, in: Jb DSG 4 (1960), S. 358–376. – H.-W. KLÜNNER, Theodor Fontanes Beziehungen zur Landesgeschichtlichen Vereinigung, in: Landesgeschichtliche Vereinigung für die Mark Brandenburg, Mitteilungsblatt Nr. 46, 1. 5. 1964, S. 349–354. – R. DANKE, Unser Ehrenmitglied Theodor Fontane, in: Der Bär von Berlin, Jb des Vereins für die Geschichte Berlins, 14. Folge, 1965, Fs zum 100jährigen Bestehen, hg. vom Vorstand, Berlin 1965, S. 281–312. – H. FRICKE, 100 Jahre Verein für die Geschichte Berlins, in: Der Bär von Berlin, Jb des Vereins für die Geschichte Berlins, 14. Folge, 1965, Fs zum 100jährigen Bestehen, hg. vom Vorstand, Berlin 1965, S. 325–405. – Unveröffentlicher Dankes-Toast an den Rütli, hg. von J. SCHOBESS, in: FBl Bd. 1, Heft 6 (1968), S. 243–244. – H.-D. LOOCK (Hg.), Fontane und Berlin, Berlin 1970. – C. SCHULTZE, 1971, s.u. 3.4.1. – G. KRAUSE, Über Ryno Quehl und Ludwig Metzel, die Vorgesetzten Theodor Fontanes als Mitarbeiter der Manteuffelpresse, in: Jb für Brandenburgische Landesgeschichte 24 (1973), S. 40–62. – F. BETZ, Die zwanglose Gesellschaft zu Berlin. Ein Freundeskreis um Theodor Fontane, in: Jb für Brandenburgische Landesgeschichte 27 (1976), S. 86–104. – J. KRUEGER, Der Tunnel über der Spree und sein Einfluß auf Theodor Fontane, in: FBl H. 27 (1978), S. 201–225. – Ders., Fontanes Beziehung zu Hermann Schauenburg, in: FBl H. 29 (1979), S. 428–438. – K. ARLT, Heinrich Wagener – der Potsdamer Berater Theodor Fontanes, in: FBl H. 31 (1980), S. 636–638. – C. JOLLES, Friedrich Max Müller und Theodor Fontane. Begegnungen zweier Lebenswege, in: FBl H. 31 (1980), S. 554–572. – Dies., ²1983, s.u. 3.4.1. – F. SASS, Berlin in seiner neuesten Zeit und Entwicklung 1846, neu hg. und mit einem Nachwort versehen von D. HEIKAMP, Berlin 1983. – R. BERBIG, Ascania oder Argo? Zur Geschichte des Rütli 1852–1854 und der Zusammenarbeit von Theodor Fontane und Franz Kugler, in: Literarisches Leben, 1987, S. 107–133. – M. THURET, Frédéric Guillaume, Louis Schneider et le Tunnel sur la Spree, 2 Bde., Paris o. J. [Diss. 1988]. – R. BERBIG, Franz Kugler und Theodor Fontane. II. F. Kuglers Empfehlungsschreiben an Johann Georg v. Cotta und sein Gesuch an Emil Illaire, in: FBl H. 48 (1989), S. 3–21. – Ders., Der »Tunnel über der Spree«. Ein literarischer Verein in seinem Öffentlichkeitsverhalten, in: FBl H. 50 (1990), S. 18–46. – Ders., »… wie zum Dilettantismus prädestiniert«. Theodor Fontane und Friedrich Eggers. Neues und wenig bekanntes Material, in: FBl H. 49 (1990), S. 12–23. – C. JOLLES, 1990, s.u. 1.1. – P. SPRENGEL, Moritz Gottlieb Saphir in Berlin. Journalismus und Biedermeierkultur, in: Studien zur Literatur des Frührealismus, hg. von G. BLAMBERGER u.a., Frankfurt am Main 1990, S. 243–275. – W. WÜLFING, 1990, s.u. 1.1. – P. WRUCK, Die Marseillaise im Sonntagsverein. Europäische Nationallieder und Nationalhymnen auf dem 13. Stiftungsfest des Berliner »Tunnel über der Spree« im Jahre 1840, in: FBl H. 51 (1991), S. 28–46. – R. BERBIG, »... wie gern in deiner Hand/Ich dieses Theilchen meiner Seele lasse.« Theodor Storm bei Franz Kugler und im Rütli. Poet und exilierter Jurist, in: FBl H. 53 (1992), S. 12–29. – Ders., Der Unstern über dem Tannhäuser-Rütli. Franz Kuglers Briefe an Theodor Storm, in: Schriften der Theodor-Storm-Ges 42 (1993), S. 115–119. – W. WÜLFING, Wider die »Tendenzbilder«, hin zur ›ruhigen‹ Mitte. Zu Theodor Fontanes ästhetischer Erziehung durch den »Tunnel über der Spree« und den Folgen, in: Wahre lyrische Mitte – »Zentrallyrik? Ein Symposium zum Diskurs über Lyrik in Deutschland und Skandinavien, hg. von W. BAUMGARTNER, Frankfurt am Main 1993, S. 107–122. – Theodor Fontane und Friedrich Eggers. Briefwechsel 1858/1859, in: FBl H. 56 (1993), S. 4–32. – R. BERBIG, Der »Verein Berliner Presse« 1862/63. Preußischer Verfassungskonflikt, frühe Vereinsgeschichte und eine Gedächtnisfeier für den Dichter Ludwig Uhland, in: Zs für Germanistik NF 3 (1994), S. 541–556. – H. FISCHER, Der ›jüdische‹ Tunnel über der Spree und die Politik. Ein Kapitel vergessener Vereinsgeschichte, in: Zs für Germanistik NF 3 (1994), S. 557–575. – Ders., 1994/1995, s.u. 3.4.1. – »In Doppel-Dankbarkeit als Mensch und Vater ...« Theodor Fontane an Friedrich Wilhelm Holtze. 15 Briefe, hg. von H. NÜRNBERGER, in: FBl H. 60 (1995), S. 10–26. – H. FISCHER, »Potsdamer Geschichts-Dilettirungen«. Unveröffentlichte Briefe Louis Schneiders und Theodor Fontanes an Leopold von Ledebur mit Antwortkonzepten des Empfängers, in: Jb für Brandenburgische Landesgeschichte 47 (1996), S. 105–130. – R. PARR/W. WÜLFING, Literarische und schulische Praxis (1854–1890), in: Bürgerlicher Realismus und Gründerzeit 1848–1890, hg. von E. MCINNES/G. PLUMPE, München 1996, S. 176–210. – J. THUNECKE, »Von dem, was er sozialpolitisch war, habe ich keinen Schimmer.« Londoner ›Kulturbilder‹ in den Schriften Theodor Fontanes und Julius Fauchers, in: Exilanten und andere Deutsche, hg. von P. ALTEN/R. MUHS, Stuttgart 1996, S. 340–369. – R. BERBIG, Einleitung zu: Theodor Fontane und Friedrich Eggers. Der Briefwechsel, Berlin/New York 1997, S. 1–65. – Ders., Art. »Verein Berliner Presse«, in: Handbuch literarisch-kultureller Vereine, Gruppen und Bünde 1825–1933, hg. von W. WÜLFING u.a., Stuttgart 1997, S. 459–465. – Ders., Art. »Die Zwanglosen«, in: Ebd., S. 500–502. – R. BERBIG/W. WÜLFING, Art. »Rütli«, in: Ebd., S. 394–406. – Dies., Art. »Ellora«, in: Ebd., S. 87–90. – W. WÜLFING, Art. »Herwegh-Klub«, in: Ebd. – Ders., Art. »Tunnel über der Spree«, in: Ebd., S. 430–455.

1.4 Theodor Fontane, die Juden und der Antisemitismus

Annäherungen an ein heikles Thema

> Fontane ist ›anders‹, gerade in der deutschen Romantradition sehr ›anders‹ […] Er doziert nicht, er ideologisiert nicht, er moralisiert nicht, er sentimentalisiert nicht, er vertritt keine ›Wahrheit‹, er prangert nicht an und verteidigt nicht. Er sieht, er versteht, er stellt dar. Er ist der Mann des ›sowohl … als auch‹, des ›ja, aber‹ und ›nein, jedoch‹. Noblesse oblige. Fontanes Noblesse ist Intelligenz. (H. H. REMAK, in NÜRNBERGER, 1968, S. 171)

Diese Charakterisierung Henry REMAKs hebt einen Zug bei Fontane hervor, der zweifellos seine menschliche wie künstlerische Besonderheit im 19. Jahrhundert ausmacht und ihn einerseits mit der Aufklärung des 18. Jahrhunderts, andererseits mit der Moderne der Jahrhundertwende verbindet. Wenn im folgenden von seinem Verhältnis zu Juden, Judentum und Antisemitismus die Rede ist, so tritt demgegenüber eine Einstellung zutage, die den Autor mit den dunkleren Seiten seines Jahrhunderts wie der deutschen Geschichte insgesamt verbindet. Es ist verständlich, daß sich die Forschung, die seit Mitte der fünfziger Jahre Fontane als einen Schriftsteller und Romancier europäischen Formats zu entdecken und ihn dadurch von seinem gerade im Dritten Reich besonders gepflegten Image als märkischer Heimatdichter zu erlösen begann, einer Problematik höchst ungern zuwandte, die den Dichter eben keineswegs als den in jeder Hinsicht ›anderen‹ ausweist, sondern als einen Mann, der im Punkt der ›Judenfrage‹ wie viele seiner Zeitgenossen höchst stimmungsabhängig geurteilt und bei zunehmendem Alter mit der diesbezüglich mangelnden ›Noblesse‹ nicht selten auch seine soziale Intelligenz eingebüßt hat. Auch dieser Aspekt gehört ohne Zweifel zu seiner zu Recht immer wieder hervorgehobenen Zeitzeugenschaft: »Er teilte die Schwächen seiner Zeit, und er teilte sie uns mit.« (G. A. CRAIG, SPIEGEL-Gespräch 1997, S. 278)

Ungeachtet der Peinlichkeit, die der Wahrnehmung eines dunklen Aspekts der Lichtgestalt Fontane inhärent war und bis heute ist, hat es seit H.-H. REUTERS monumentaler Darstellung immer wieder Versuche gegeben, auch dem Problem des Antisemitismus in Leben und Werk des verehrten Autors gerecht zu werden. REUTER selbst, der noch 1959 empört jeden Versuch, Fontane wie die Faschisten zum Antisemiten zu stempeln, als »ebenso töricht wie infam« zurückgewiesen hatte (REUTER, 1975, S. 341), war 1968 zu der Formel gelangt, der Autor sei an der ›Judenfrage‹, dem kompliziertesten und heikelsten Gebiet der Forschung, »*gescheitert*: weniger *obwohl*, eher *weil* er es sich nicht leicht mit ihr machte, vielmehr so verzweifelt schwer, als es das Problem zu erheischen schien« (REUTER, S. 749). SIMON versuchte eine jüdische Antwort, die in der Tradition der Fontane-Verehrung so vieler Juden stand: er sprach 1970 von »jüdischer Ambivalenz«, die im Autor bereits früh angelegt gewesen sei und sich nicht nur auf einzelne jüdische Persönlichkeiten und Freunde bezogen habe, sondern auf die Gruppe als ganze. Zu Recht hebt SIMON eine Verfestigung der Vorurteile im Lauf des Lebens hervor:

> Der junge Fontane liebte viele Juden nicht nur als Einzelne, sondern sympathisierte auch mit der Gruppe, weil er an ihre Assimilierbarkeit so glaubte, wie er die fast vollendete Assimilierung seiner eigenen Hugenottenkolonie vor sich sah. In seinen mittleren Jahren wurden ihm einzelne Juden immer mehr zu erfreulichen Ausnahmen. Der alte Fontane nimmt auch diese Ausnahmen wieder vor und mäkelt an ihnen; außer den Toten besteht vor ihm fast nur noch [Otto] Brahm, aber auch er nur beinahe [...] (SIMON, 1970, S. 273f.)

Was lag näher, als die Frage, wie sich Fontane nach dem Holocaust über die Juden und Israel geäußert hätte, ob gar »seine geheime Sympathie trotz allem gerade den ihm wesensähnlichen halbassimilierten Geistjuden« gegolten hätte, mit dem Schlußwort des alten Briest zu beantworten? SIMON hatte u.a. den Fall Moritz LAZARUS als Beispiel angeführt, wie persönliches Fehlverhalten eines alten Freundes aus »Rütli«-Zeiten Fontane zur Verfestigung seiner antisemitischen Einstellung im Sinn eines fälschlich generalisierenden Urteils bewegt und in Gestalt des alten Baruch Hirschfeld sogar seinen Niederschlag im *Stechlin* findet. An eben diesem Fall LAZARUS zeigt I. BELKE, daß neben weitverbreiteten pseudobiologischen Theorien und der Antipathie gegen das neureiche wilhelminische Bürgertum auch eine Abneigung gegenüber der als allzu idealistisch-rigoristisch beurteilten altjüdischen Ethik das Judenbild Fontanes bestimme (BELKE, 1974). In seiner glänzenden Analyse von Güldenklees Toast in *Effi Briest* läßt REMAK Fontanes Prosakunst als eine virtuose Literarisierung von Politik und Gesellschaft in Preußen in hellstem Licht erstrahlen; den Generalnenner der Fontaneschen Haltung zur ›Judenfrage‹ sieht er in der gegenläufigen Perspektivierung von Adel und Judentum:

> Vorliebe und Antipathie für die Juden bei Fontane entsprechen, mit entgegengesetzten Vorzeichen, seiner Haltung gegenüber dem Adel: objektiv war er mehr gegen den Adel, subjektiv mehr für ihn; objektiv war er mehr für die Juden, subjektiv mehr gegen sie. Fontanes antisemitische Seite war teilweise ästhetischer Herkunft, teilweise gehörte sie zu seiner subjektiven Abneigung [...] gegen die Bourgeoisie, gegen ihre Unfeinheit, Heuchelei und Protzigkeit, ihren ›Unstil‹. Man darf aber nicht vergessen, daß es kaum eine Einrichtung gibt, an der Fontane nicht scharfe Kritik ausübt (Kirche, Moral, Staat, Militär, Preußen, England usw.) und daß seine Liebe für das Aphoristische bei seinen Formulierungen eine bedeutende Urheberrolle spielt. (REMAK, 1979, S. 554f.)

Das Urteil REUTERS, SIMONS und REMAKS ist geprägt durch eine Liebe zu Fontanes Werk, die den unübersehbaren Bestand an irritierenden antisemitischen Äußerungen als dunklen Fleck in einem ansonsten leuchtenden Bild wertet und der diesbezüglichen Schwäche des Autors mit Nachsicht begegnet, ähnlich übrigens wie noch der Historiker CRAIG, der Fontanes zunehmendes Mißtrauen gegenüber dem als zu groß bewerteten Einfluß der Juden auf Kultur und Politik in der Politikferne des Autors begründet sieht und letztlich REUTERS Fazit wiederholt, der Autor habe sich mit der ›Judenfrage‹ schwer getan (CRAIG, 1997, S. 242, hier erstaunlicherweise mit Bezug auf *L'Adultera*). Demgegenüber versucht PAULSEN (1981), der ganz gewiß auch zu den Fontane-Liebhabern zählt, gegen die von ihm als apologetisch charakterisierte Tendenz in der Forschung bis in die siebziger Jahre ein ungeschminktes Bild dessen zu entwerfen, was er in einer die konstitutive Ambivalenz hervorhebenden Formel als ›philosemitischer Antisemitismus‹ pointiert. Die beiden Extreme in Denken und Fühlen des alten Fontane – kosmopolitische Humanität auf der einen, unsensible stereotype Urteile insbesondere gegenüber Juden und Judentum auf der anderen Seite – werden scharf herausgearbeitet, wobei den privaten Zeugnissen, ungeachtet der Adressatenbezogenheit etwa der Briefe, ein besonderer Grad subjektiver Wahrheit zugesprochen wird. Beim jungen Fontane, der enge Freundschaft mit Juden gepflogen hat, könne allenfalls von einem latenten Antisemitismus gesprochen werden; die Wendung zum Negativen sei in den siebziger Jahren erfolgt, die gesellschaftlich durch Depression gekennzeichnet waren. Nicht zuletzt der Einfluß seiner Frau habe zur Tendenz einer immer schärferen Abgrenzung gegenüber dem Judentum geführt, wobei sich allgemeine antijüdische Vorurteile mit individuellen Ideosynkrasien des mühsam seine soziale Position behauptenden Außenseiters der Literaturszene verbunden hätten. Fontanes ›philosemitischer Antisemitismus‹ schlägt sich Paulsen zufolge auch im Erzählwerk nieder – selbstverständlich nicht ungefiltert, sondern indirekt und perspektiviert durch das dominierende personale Erzählprinzip. Die oftmals erhobene Forderung, strikt zwischen privaten und öffentlichen resp. dichterischen Zeugnissen Fontanes zu unterscheiden, wird von Paulsen also relativiert – gerade Spuren der Ambivalenz zwischen Philosemitismus und Antisemitismus im Werk verdienen die besondere Aufmerksamkeit. Eine nichtapologetische Gesamtdarstellung des Problems »im Lichte unserer jüngsten Erfahrungen« wird auch von P. Goldammer gefordert – sie ist in der Tat notwendig, allerdings nicht nur »im Hinblick auf die Folgen des ›akademischen‹ Antisemitismus« seit 1880, wie Goldammer meint, sondern mit Blick auf die gesamte Entwicklung Fontanes. Ob ein solches Unternehmen »mindestens ebensoviel Erkenntniswert [hätte] wie noch so interessante neue Werkinterpretationen im Dutzend« (Goldammer, 1993, S. 56), sei dahingestellt; es wäre jedenfalls eine Erkenntnis auf anderer Ebene als der ästhetischen, und sie bezöge sich auf den Bodensatz an Vorurteilen, den große Autoren mit ihren Zeitgenossen in der Regel zumindest partiell teilen. Die im Fontane-Jahr 1998 im Selbstverlag erschienene umfangreiche Arbeit von M. Fleischer kann – vor allem auch wegen der unzulänglichen Abschnitte über Fontanes Erzählwerk – sicher nicht als zulängliche Gesamtdarstellung des Problems gelten; aber sie bietet, und das ist nicht wenig, eine Zusammenstellung des Materials in weitestgehender Vollständigkeit, nach dessen Lektüre auch der größte Enthusiast zum Nachdenken über die moralische ›Gebrechlichkeit‹ auch der Fontaneschen Lebens- und Gedankenwelt, zugleich aber auch zu einer genaueren Wahrnehmung jüdischer Figuration im Erzählwerk angeregt wird.

Leitlinie der folgenden Darstellung soll eine chronologische Betrachtung sein; allein sie, so hat das wichtige Buch von J. Katz über Richard Wagner als »Vorbote des Antisemitismus« gezeigt, verhilft zu einem angemessenen Verständnis des »psychobiographischen Phänomens«, als das der Antisemitismus zu gelten hat (Katz, 1985, S. 9 ff). Daß damit nicht behauptet werden soll, Wagner und Fontane seien im Punkt ihres Antisemitismus Persönlichkeiten vergleichbarer Brisanz, versteht sich; Fontane blieb auch diesbezüglich ein ›unsicherer Kantonist‹ – kein Antisemit »im eigentlichen Sinn« (NÜRNBERGER, 1997, S. 310) des Partei- oder gar des Radau-Antisemitismus, aber gleichwohl tief berührt von der entsprechenden Zeitströmung.

Die Jahre bis 1870

Im Zeitraum von 1850 bis 1870 gibt es nur wenige auffällig negative Äußerungen Fontanes über Juden oder Judentum. Es ist die Zeit der Freundschaft mit Wilhelm WOLFSOHN (seit 1841) und Moritz LAZARUS (seit 1856, als dieser in den »Rütli« aufgenommen wurde), der freundschaftlichen Beziehung zu Jakob KAUFMANN und Max SCHLESINGER in den Jahren zwischen 1855 und 1858, und auch im »Tunnel«, der von Moritz Gottlieb SAPHIR 1827 als eine Art Gegenstück zu der romantisierend-antisemitischen »Mittwochs-Gesellschaft« gegründet worden war, ergaben sich mannigfache Beziehungen zu den nicht wenigen jüdischen Mitgliedern, die eher liberal-fortschrittlich eingestellt waren (vgl. H. FISCHER, 1994). Allerdings ist festzustellen, daß in den wenigen überlieferten Äußerungen eine eigenartige Distanz Fontanes zu Jüdischem offenbar wird. Das Stereotyp »Alle Juden sind reich« ist bereits voll ausgeprägt, ebenso die Manie, bei mehr oder weniger zufälligen Begegnungen mit Juden nie unerwähnt zu lassen, daß es sich um Juden handelt. Juden sind vielleicht interessant, aber immer fremd – sie fluchen anders, leben anders, sind anders als Christen resp. Nichtjuden. Adressat entsprechender Bemerkungen ist vor allem die Familie. Das Reiseerlebnis mit einer Madame OPPENHEIMER aus Hamburg z.B., im *Tagebuch* am 7. September 1855 lediglich faktisch festgehalten (*Tagebuch* I.51), wird im Brief an EMILIE vier Tage später typisch angereichert (IV.1.416): Das entworfene lächerliche Bild von körperlicher und familial-sozialer jüdischer Indeszenz könnte im Sinn von Norbert ELIAS als mindere Stufe im Prozeß der Zivilisation interpretiert werden (ELIAS, 1978).

Ein Blick auf veröffentlichte Arbeiten dieses Zeitraums zeigt kein grundsätzlich anderes Bild. Wenige Monate vor dem angeführten Reisebrief an EMILIE hatte Fontane Gustav FREYTAGS Roman *Soll und Haben* kennengelernt; am 26. Juli 1855 erscheint seine Rezension im »Literaturblatt des Deutschen Kunstblatts« (III.1.293–308, zur Darstellung der Juden 305f.). Hellsichtig ist Fontanes Kritik, weil der Roman FREYTAGS durch die auf Antithese abzielende Figurenzeichnung bis heute als eines der Exempel für literarischen Antisemitismus gilt; bezeichnend freilich ist die Begründung: Er, der sich nicht zu den »Judenfreunden« zählt, wendet sich gegen die Betätigung *einseitiger* Abneigung; eigentlich passen ihm die Juden, so wie sie sind, auch nicht, aber er nimmt sie als Faktum des gesellschaftlichen und staatlichen Lebens hin. Das aufgeklärte Programm einer ›bürgerlichen Verbesserung‹ durch Toleranz und Freiheit scheint ihm das angemessene Instrument der Integration. In diesem Sinne hatte er sich ein Jahr zuvor im Fall der von ihm übersetzten Ballade *Die schöne Jüdin* im Jahrbuch *Argo* vom Inhalt der fanatisch-mittelalterlichen Schauergeschichte distanziert und ihren Abdruck lediglich mit der poetischen Qualität begründet – einer Poesie des Aberglaubens. Trotz der Bitte seines Bekannten Adolf LÖWENSTEIN mochte er sich von diesem »Musterstück von Balladenton« nicht trennen. Erst in der letzten zu Lebzeiten erschienenen Ausgabe seiner Gedichte 1898 ließ er auf die Bitte des »Vereins zur Abwehr des Antisemitismus« hin, die Gustav KARPELES 1892 auch im Namen Paul HEYSES übermittelt hatte (vgl. Brief an KARPELES vom 19. Juni 1892, IV.4.202), das Gedicht weg.

Bezeichnenderweise wird die Kritik an der Verehrung des »goldnen Kalbs« – als Kritik am modernen Materialismus eine wesentliche Dominante in Fontanes Werk – in den Jahrzehnten bis 1870 weniger an Juden als an Engländern exemplifiziert. In dem Reisefeuilleton »Herrn Marcus' Bilderladen«, veröffentlicht 1858 in *Von der Weltstadt Straßen*, zeigt der Autor – vielleicht ohne die ganze Tragweite zu ahnen –, welche Chance in der Integration der Juden in Europa liegen könnte, nämlich ihre Fähigkeit zu universeller Vermittlung: »Die Welt durchziehend und selten Partei ergreifend, fällt ihnen die Aufgabe zu, das Ferne nah und das Fremde zur Geltung zu bringen.« (III/3.I.545) Hier ist das Zentrum der ›kosmopolitischen‹ Idee zu sehen, für die Fontane häufig eingetreten ist. So sagt er denn auch öffentlich jeder rassistischen Vorstellung ab, wenn es in dem Reisebericht über *Kopenhagen* heißt:

> Ich gehe [...] davon aus, daß ein vorzügliches Racevolk nichtsdestoweniger sehr inferior unter den Kulturvölkern dastehen kann, und daß umgekehrt ein Volk, das weniger oder gar keine Race hat (wohin à la tête die Preußen gehören), von nachweislicher Bedeutung für das Kulturleben sein kann. Race, wie ich schon hervorgehoben, ist überwiegend etwas Äußerliches, aber »innen lebt die schaffende Gewalt« [SCHILLER, *Wallensteins Tod* III,13]. (1864/65, III/3.I.683)

›Race‹ und Kultur sind – jedenfalls zu diesem Zeitpunkt – für Fontane zwei Sphären, die nicht einsinnig und fixierend aufeinander zu beziehen sind. Je gemischter eine ›Race‹, desto interessanter könnte ihre Kultur sein. Daß er im Fall der Juden zu einem anderen

Schluß kommen wird, gehört zu den Rätseln seiner inneren Biographie. Denn gerade in ihrem Fall läge die perspektivierende Dialogik, der sich Fontane als Erzähler besonders verpflichtet weiß, besonders nah, eine Form des menschlichen Denkens und Diskurses, die im Sinn des SIMMELschen Paradoxon vom »Nah- und Fernsein des Fremden« (vgl. M. SUSMAN, 1992, S. 240) nicht nur eine besondere Beweglichkeit zuläßt, sondern zugleich Objektivität im Sinne von Gerechtigkeit.

Einen gewissen Abschluß dieser Phase bildet ein Brief Fontanes an seine Frau vom 11. 5. 1870, also wenige Wochen vor dem Ausbruch des Deutsch-französischen Kriegs. Der Hintergrund ist die Enttäuschung über die *Kreuzzeitung*, die Fontane im April zugunsten der Existenz eines freien Schriftstellers verlassen hatte. Der Widerspruch zwischen Anspruch und Wirklichkeit, Ideologie und Einlösung der eigenen Forderungen bei dem Organ der Ultrakonservativen bringt den Autor zu folgender Einschätzung:

> Es ist *gemein*, beständig große Redensarten zu machen, beständig Christentum und Bibelsprüche im Munde zu führen und nie eine *gebotene* Rücksicht zu üben, die allerdings von Juden und Industriellen, von allen denen, die in unsern biedern Spalten beständig bekämpft werden, oftmals und reichlich geübt wird. Dieser Punkt war für mich der entscheidende. (An EMILIE, IV.2.307)

Hier, so sollte man denken, revidiert Fontane grundsätzlich die Vorurteile gegenüber der ›jüdischen‹ Sphäre, erkennt die Chance, die ihm das aufstrebende Judentum ebenso wie liberale Industrielle bieten – nämlich im Sinn eines gemäßigten Fortschritts zu wirken und vor allem als Schriftsteller ernstgenommen zu werden.

Die Jahre von 1870 bis 1880

Fontane selbst hat im Rückblick das Jahr 1870 als eine Art Wendepunkt der allgemeinen Einstellung gegenüber der Emanzipation der Juden bezeichnet. Bis spätestens zur Reichsgründung, mindestens aber bis 1848, sei die Überzeugung dominant gewesen, daß die humanistische Botschaft der Aufklärung endlich zum Ziel einer Integration der Juden führen würde. Auch im Jahrzehnt der Reichsgründung ändert sich Fontanes Haltung zu den Juden noch nicht grundlegend. Allerdings mehren sich Äußerungen, aus denen eine prinzipielle Ablehnung des ›Jüdischen‹ vor allem im Sinne des Stereotyps unlauteren Geschäftsgebarens hervorgeht (vgl. etwa IV.2.333 f., 380). Daß Fontane sich gegenüber Mathilde von ROHR besonders negativ über Jüdisches ausläßt (vgl. IV.2.415; BSJ

III.143), mag adressatenbezogen sein, zeigt aber auch deutlich, wie leicht es dem Autor wird, das entsprechende antisemitische ›Sprachspiel‹ zu beherrschen. Die Frage des richtigen Badeorts macht Fontane erstmalig 1878 gegenüber seiner Frau u.a. davon abhängig, ob es dort zu viele Juden gebe (IV.2.599). Zehn Jahre später verarbeitet Fontane diesen Brief in der kurzen Erzählung *Wohin?* (*Vossische Zeitung* 1888; I.7.71–84). Interessanterweise wird die Frage hier zwischen einem Juden namens James und seiner Ehefrau Leontine erörtert. Der provozierende Gehalt des Textes wird verstärkt durch das Auftreten des Justizrats Markauer, der, infamerweise mit »kleinen Schweinsaugen« ausgestattet, als ausgesprochener Genießer dargestellt wird. Leontine freilich, die »nach dieser Seite hin sehr empfindlich und im letzten Winkel ihres Herzens eigentlich Antisemitin war« (74), ist wie Melanie van der Straaten in *L'Adultera* irritiert über die Selbstironie ihres Gatten und seines Freundes in bezug auf ihr längst als gesellschaftliche Last empfundenes Judentum (sofern sie denn überhaupt selbst als Jüdin intendiert ist).

Zwei fragmentarische Entwürfe vom Ende der siebziger Jahre zeigen, daß Fontane zu dieser Zeit den Juden gegenüber zumindest nicht dezidiert ablehnend eingestellt ist. Als »ziemlich anti-adlig und sehr judenfreundlich« bezeichnet Fontane selbst gegenüber Julius GROSSER den für die *Gegenwart* konzipierten Aufsatz *Adel und Judenthum in der Berliner Gesellschaft* (16. 6. 1879; IV.3.27) vom Herbst 1878; eben deshalb sei die Ausarbeitung schwierig, und er wolle sich das ernste und gute Thema nicht durch flüchtige Behandlung verderben. In seinem Aufsatzfragment geht Fontane von einer zunehmend souveräner werdenden ›Herrschaft‹ der bürgerlich emanzipierten Juden seit den Befreiungskriegen aus, der eine Verarmung des Adels korrespondiert, und stellt die Frage, ob dieser Sachverhalt sich positiv oder negativ auf die Gesellschaft ausgewirkt habe. Die Antwort fällt angesichts des nicht nur ökonomischen, sondern auch kulturellen Niedergangs des größten Teils der Aristokratie positiv aus, obwohl der Autor die Schattenseiten eines manchmal parvenuhaften Aufstiegs nicht verkennt:

> das Gefühl bedrückt sie, bis in ängstliche Höhen hinausgewachsen zu sein, dazu fehlt das Zusammengewachsensein mit dem Staat, in dem sie leben, dessen Schlachten sie nicht geschlagen, dessen Gesetze sie nicht geschaffen haben. Das Gefühl einer kaum losgewordenen Pariaschaft verläßt sie nicht […].

Der Begriff der ›Pariaschaft‹ verweist einerseits zurück auf Michael BEERS Tragödie *Der Paria* (1826), in denen in indischem Gewand die Tragödie der Juden in einer judenfeindlichen restaurativen Gesellschaft verhandelt wird, andererseits voraus auf Max WEBER, der die Geschichte der Juden seit dem Babylonischen Exil als Pariageschichte beschrieben und daraus bestimmte ökonomische Verhaltensweisen abgeleitet hat. Die Schilderung des kulturellen Aufstiegs der Juden und ihrer Stellung im Mittelpunkt der Gesellschaft bewertet Fontane zusammenfassend: »Der Staat mag dadurch verloren haben, die Welt hat gewonnen.« (AW 7.34).

Im Romanentwurf *Allerlei Glück* (1865; 1877/79) läßt Fontane von einem Gymnasialprofessor ein progressives Bild der jungen Generation entwerfen:

> Vielgereiste, sprachensprechende, kosmopolitisch geschulte Menschen, die sich von dem Engen des Lokalen und Nationalen von Dünkel und Vorurteilen freigemacht haben, Mut, Sicherheit, Wissen und freie Gesinnung haben. Das sind meine Lieblinge. Und ich habe gefunden, daß *sie* die gesellschaftsbeherrschenden sind; sie beanspruchen keine Superiorität, aber sie haben sie. (I.7.289)

In zwei Nebenfiguren – dem aus dem Judentum stammenden Registrator resp. Rechnungsrat Pappenheim und dem offenbar als jüdisch entworfenen Kommissionsrat Unverdorben resp. Unbeschwer – stellt der Autor zwei unterschiedliche Wege jüdischer Emanzipation in Preußen dar: den Weg totaler Identifikation mit dem Staat und den Weg der »Kunst, Geld zu machen«. Pappenheim zeichnet sich offenbar, wie nicht wenige Proselyten, durch Überanpassung an die Mehrheitsgesellschaft aus; die moralisch eher zweideutige Figur des Kommissionsrats Unverdorben hat einen in Fontanes Augen entscheidenden Vorteil: er ist – wie van der Straaten in *L'Adultera* – humoristisch-frivol und insofern, von seinen christlich-patriotischen Sprüchen abgesehen, ein Gewinn für jede Gesellschaft.

Die Jahre von 1880 bis 1898

KATZ hat das Jahr 1879 als »Wendepunkt« hin zum modernen Antisemitismus bezeichnet, insofern nun mit STOECKERs christlich-sozialem und TREITSCHKEs akademischem Antisemitismus eine Art ›Bewegung‹ entsteht, die weite Kreise in ihren Bann zieht (KATZ, 1989, S. 253). Gerade die Diffusität der Bewegung ist es, die ihren Erfolg ausmacht. Auch bei Fontane finden sich seit 1880 gehäuft Ausdrücke, die eindeutig dem Fundus der Antisemiten entstammen: jüdische resp. semitische ›Rasse‹, jüdischer ›Stamm‹ oder jüdisches ›Blut‹ sind nun eindeutig negativ konnotiert. Fontane klagt über das »Jahrhundert der offenbarsten Judenherrschaft, die sonderbarerweise ›Judenhetze‹ genannt« werde (an A. DEETZ, 18. 11. 1880; zit. nach GOLDAMMER, 1993, S. 57); »die fortschrittliche Judenklüngelei« (an EMILIE FONTANE, IV.3.319f.) ist ihm mehrfach Anlaß böser Betrachtungen; der »Judengeist« (an FRIEDLAENDER; IV.4.460) ist im ganzen ein Unglück, »etwas durchaus niedrig Stehendes«, der germanische Geist »unendlich überlegen« (IV.3.487f). Juden beherrschen nicht nur Preußen oder Deutschland, sondern die ganze Welt – so spricht Fontane von »Welt-Judenschaft« (an M. von ROHR, BSJ III.234), von »Massenjudenschaft« (an METE, IV.4.476) oder von »verjüdelte[r] Menschheit« (an METE, IV.4.130). Er ironisiert die »Phrase vom ›unterdrückten Volk‹« (an METE, IV.4.278 f.), wo doch die »Judenmuschpoke« wie im Fall LAZARUS eng zusammenstehe (an K. ZÖLLNER, IV.4.385) und sich an der Affäre DREYFUS die »große Judenmacht« der europäischen Presse erweise (an FRIEDLAENDER, IV.4.704f.). Berlin ist selbstverständlich eine »Judenstadt« (an METE, IV.4.281f.). Deutliche Erleichterung ist zu spüren, wenn ein Ort »judenfrei« ist – wie etwa Borkum (an THEO, IV.4.448) oder ein Eisenbahncoupé (an METE, IV.4.569). Eine bestimmte »Judenphysiognomie« läßt sich auch auf Denk- und Ausdrucksformen beziehen: so wird an Max NORDAU »eine gewisse Judenschärfe des Ausdrucks« und »eine ebenfalls dem Stamm angehörige Unverfrorenheit des Urteils« hervorgehoben – desselben NORDAU, der, nach Auffassung Fontanes offenbar zu Recht, als Jude aus Borkum vertrieben wurde (an F. STEPHANY, IV.4.613); dieser ›jüdischen‹ Schärfe korrespondiert eine »Judensentimentalität«, die alles schlage (an P. SCHLENTHER, IV.4.679f.). Als ob Fontane das festgefügte rassistische Vorurteil noch einmal bekräftigen wollte, feiert er zwei Tage vor seinem Tod Gertrud MENGEL als »reine[n] Typus deutscher Menschenrasse« (an EMILIE, IV.4.758) – anders als das »Evatum« repräsentiere dieser Typus geradezu »etwas Himmlisches«.

Fontanes Brief an ROHR vom 1. 12. 1880 belegt seine antisemitische Infektion auf erschreckende Weise:

> Nichts von den großen Dingen, nicht einmal von der ›Judenfrage‹, so sehr mich diese bewegt und geradezu aufregt. Nur so viel: ich bin von Kindesbeinen an ein Judenfreund gewesen und habe persönlich nur Gutes von den Juden erfahren, – dennoch hab' ich so sehr das Gefühl ihrer Schuld, ihres grenzenlosen Uebermuths, daß ich ihnen eine ernste Niederlage nicht blos gönne, sondern wünsche. Und das

steht mir fest, wenn sie sie jetzt *nicht* erleiden und sich auch nicht ändern, so bricht in Zeiten, die wir beide freilich nicht mehr erleben werden, eine schwere Heimsuchung über sie herein. (IV.3.113)

Die ganze Verwirrung durch die gerade 1880 besonders aufgeheizte Debatte über die ›Judenfrage‹ kommt in den logischen Widersprüchen dieses Ausbruchs zum Vorschein. Bereits die Hervorhebung, er sei »von Kindesbeinen an ein Judenfreund gewesen und habe persönlich nur Gutes von den Juden erfahren«, ist, abgesehen von der gegenteiligen Meinung in der frühen FREYTAG-Kritik, eine Verallgemeinerung, die das Grundprinzip vorurteilsfreien Denkens außer Kraft setzt, dem Fontane prinzipiell huldigt und das er noch dem alten Stechlin in den Mund legt, nämlich das Urteil nach dem Einzelfall. Wie leicht ein solcher ›Philosemitismus‹ – ein Begriff, den Fontane übrigens 1893 in einem Essayentwurf *Die Juden in unsrer Gesellschaft* für sich selbst ablehnt – in Antisemitismus umschlägt, zeigt die zitierte Passage überdeutlich: nun mutieren ›die Juden‹ in ihrer Schuld und ihrem Übermut zu Sündenböcken der gesellschaftlichen Entwicklung, als die sie von den antisemitischen Agitatoren lautstark hingestellt werden.

Nicht selten ist aus antisemitischen Passagen Fontanes ein Ton des Ekels herauszuhören, insbesondere, wenn dadurch die Sommerfrische gestört wird. So schreibt der Autor aus Norderney an EMILIE:

> Fatal waren die Juden; ihre frechen, unschönen Gaunergesichter (denn in Gaunerei liegt ihre ganze Größe) drängen sich einem überall auf. Wer in Rawicz oder Meseritz ein Jahr lang Menschen betrogen oder wenn *nicht* betrogen, eklige Geschäfte besorgt hat, hat keinen Anspruch darauf, sich in Norderney unter Prinzessinnen und Comtessen mit herumzuzieren. Wer zur guten Gesellschaft gehört, Jude oder Christ, darf sich auch in der guten Gesellschaft bewegen; wer aber 11 Monate lang Katun abmißt oder Kampfer in alte Pelze packt, hat kein Recht im 12. Monat sich an einen Grafentisch zu setzen. (IV.3.200)

Es ist schon erstaunlich, wie deutlich Fontane hier die »gute Gesellschaft«, in der auch entsprechende Juden sich bewegen können, gegen die von TREITSCHKE apostrophierten »hosenverkaufenden Jünglinge« aus dem Osten ausspielt. Nicht von ungefähr gehört die zitierte Passage zu den nicht wenigen antisemitischen Stellen, die im Zusammenhang mit der ersten Briefausgabe der Familienzensur zum Opfer fielen (vgl. FLEISCHER, 1998, S. 310 ff). Ein knappes Jahr später berichtet Fontane in einem Brief an seine Frau ebenfalls aus Norderney, er habe sich auf der Überfahrt von Emden neben einer sächsischen auch mit einer jüdisch-polnischen Familie aus Posen oder Warschau »befreundet« (IV.3.267). Zwei Tage später ereifert er sich dann wieder über die »reichen dicken Juden« in Norderney selbst, die alle sehr wohl aussähen: »Und nun gar erst die Jüdinnen! Sie platzen fast und quietschen vor Vergnügen.« (IV.3.272) Es gehört offensichtlich fast zu den Pflichten der Berichterstattung, daß gegenüber EMILIE oder später auch gegenüber METE auf ›die Juden‹ gescholten wird, die durch ihr auffälliges Benehmen die Sommerfrische der ›Christen‹, der ›Deutschen‹, der ›Arier‹ stören. So kann es nicht wundernehmen, daß Fontane gegen Ende dieses Urlaubs in Norderney seine Absage an die Ideale der Aufklärung wiederholt, wie er sie mit Bezug auf LESSINGS *Nathan* seit 1880 bereits mehrfach kundgetan hat (vgl. dazu GOLDAMMER, 1993, S. 54–59):

> Ich bin in nichts ein Prinzipienreiter und so recht einer, der ein Verständniß und meist auch ein liking für Ausnahmefälle hat. Das hebt aber den alten Satz nicht auf: besser ist besser. Je älter ich werde, je mehr bin ich für reinliche Scheidungen […]. Ich habe vieles erlebt, das mir eine tief-innerliche Freude gemacht hat: die Herausreißung Deutschlands aus der politischen Misere, die Mündigwerdung des Volkes, die Säuberung d.h. Sauberwerdung Berlins, das Aufhören der Pfennigwirthschaft und der damit innig zusammenhängenden Gesinnungsruppigkeit etc. etc. Zu diesen Herrlichkeiten, an denen meine Seele lutscht wie an einem Bonbon, gehört auch der immer mehr zu Tage tretende Bankrutt der Afterweisheit des vorigen Jahrhunderts. Das Unheil, das Lessing mit seiner Geschichte von den drei Ringen angerichtet hat, um nur *einen* Punkt herauszugreifen, ist kolossal. Das ›seid umschlungen Millionen‹ ist ein Unsinn. Hoheitsaufgaben, die doch nicht gelöst werden können, verwirren die Menschheit nur. Ganz ganz allgemein aufgestellt sind unerfüllbare Sätze wie ›liebet eure Feinde‹ groß und segensreich. Denn der Einzelne kann sich daran in den Himmel hineinstrampeln. Und ich bewundre es dann. Aber so wie das praktische Leben für den Alltagsgebrauch danach eingerichtet werden soll, gerathen wir in die Nesseln und schreien au. (IV.3.279f)

Die prinzipielle Forderung der Separation bestätigt Fontane 1886 auch seinem Sohn THEO gegenüber, der zum Glück von seiner »früheren Deklination [!]« seiner »Gefühle nach der semitischen Seite hin« abgekommen sei (IV.3.460). Kaum zu Hause angelangt, scheut Fontane auch vor einer Ungeheuerlichkeit nicht zurück: Angesichts des mißmutig registrierten Umstands, daß die Berliner Gesellschaft »immer profilirter, immer ramseshafter« werde, nutzt er brieflich die Nachricht, die 1882 angeklagten ungarischen Juden seien vom Vorwurf des Ritualmords freigesprochen worden, zu einem seichten Witz, indem er der Gewißheit Ausdruck verleiht, »daß in Tisza-Eßlar wenigstens keine Juden geschlachtet worden sind« (IV.3.281).

Die wohl schärfste Verurteilung der Juden – ohne jede Relativierung – stellt der bekannte Brief an Friedrich PAULSEN vom 12. 5. 1898 dar. GOLDAMMER hat diesen Brief zu Recht als Schlußdokument einer Kette von Absagen Fontanes an die Botschaft der Aufklärung gewertet (GOLDAMMER, 1993, S. 59). Wenn PAULSEN noch an der Forderung festhält, die Juden sollten ihr Judentum zugunsten der Mehrheitskultur aufgeben, wogegen sie sich sträuben, sieht sein Briefpartner bereits das historische Faktum als gegeben an, daß die Christen diese Integration gar nicht mehr wünschten.

> Ich glaube auch zu wissen, woher das kommt. Wir standen bis 48 oder vielleicht auch bis 70 unter den Anschauungen des vorigen Jahrhunderts, hatten uns ganz ehrlich in etwas Menschenrechtliches verliebt und schwelgten in Emanzipationsideen, auf die wir noch nicht Zeit und Gelegenheit gehabt hatten, die Probe zu machen. Dies »die Probe machen« trägt ein neues Datum und ist sehr zu Ungunsten der Juden ausgeschlagen. Ueberall stören sie (viel viel mehr als früher) alles vermanschen sie, hindern die Betrachtung jeder Frage als solcher. Auch der Hoffnungsreichste hat sich von der Unausreichenheit des Taufwassers überzeugen müssen. Es ist, trotz all seiner Begabungen, ein schreckliches Volk, *nicht* ein Kraft und Frische gebender »Sauerteig«, sondern ein Ferment, in dem die häßlicheren Formen der Gährung lebendig sind, – ein Volk, dem von Uranfang an etwas dünkelhaftes Niedriges anhaftet, mit dem sich die arische Welt nun mal nicht vertragen kann. Welch Unterschied zwischen der christlichen und jüdischen Verbrecherwelt! Und das alles unausrottbar. (IV.4.714)

Im letzten Lebensjahr Fontanes fließen in diese Polemik ungefiltert und völlig unreflektiert wesentliche Stichworte der in der Öffentlichkeit 1896 eigentlich bereits zu einem vorläufigen Ende gekommenen antisemitischen Agitation ein. Die Formulierung, die Juden seien ein »Ferment«, greift auf ein Stichwort zurück, das seit 1880 als Waffe im antisemitischen Kampf von TREITSCHKE aufgegriffen worden war. Theodor MOMMSEN – der große Anwalt der Juden gegenüber TREITSCHKE – hatte in seiner *Römischen Geschichte* von den Juden als einem »Ferment des Kosmopolitismus und der nationalen Dekomposition« bei der Entwicklung Roms zur Weltmacht gesprochen. Das aus dem Zusammenhang gerissene Schlagwort freilich diente dazu, die Unzuverlässigkeit der Juden im nationalen Sinn hervorzuheben, und genau hierzu greift es Fontane auf. Der ›Dünkel‹ der Juden gehe auf ihre uralte Bestimmung als »auserwähltes Volk« zurück, die es den ›Ariern‹ unmöglich mache, sich mit ihnen zu vertragen. Grotesk ist schließlich die Schlußwendung, derzufolge der ›christliche‹ Verbrecher offenbar noch lange nicht an den jüdischen heranreicht – eine Omnipotenzvorstellung von den Juden, die dämonische Züge trägt. Die Begriffe ›Arier‹ und ›christlich‹ werden ohne jeden Unterschied verwandt – auch dies eine Folge entsprechender Begriffsverwendung in der antisemitischen Bewegung.

Und nun gibt Fontane auch noch den ›Ausnahmefall‹ preis, als der ihm sein langjähriger Briefpartner Georg FRIEDLAENDER erschienen sein mag:

> Ein Freund von mir, Rath und Richter, aus einer angesehenen und reichen und seit 3 Generationen im Staatsdienst stehenden Judenfamilie, der längst verstorbene Vater orthodoxer Musterchrist, der Sohn selber klug und gescheidt und mit einem ehrlich verdienten eisernen Kreuz bewaffnet. Und doch Stockjude, *so sehr, daß* seine feine und liebenswürdige Frau blutige Thränen weint, bloß weil ihr Mann die jüdische Gesinnung nicht los werden kann. Es ist auch kein Ende davon abzusehn und es wäre besser gewesen, man hätte den Versuch der Einverleibung *nicht* gemacht. Einverleiben lassen sie sich, aber eingeistigen nicht. Und das alles sage *ich (muß* es sagen) der ich persönlich von den Juden bis diesen Tag nur Gutes erfahren habe.

Im düstern Licht dieser antisemitischen Ausbrüche scheinen auch viele positive Äußerungen Fontanes über die Juden gleichsam infiziert und bilden jedenfalls keineswegs ein so deutliches Gegengewicht, daß sich (mit SIMON) von einer echten ›Ambivalenz‹ des Autors im Sinne des Psychiaters Eugen BLEULER sprechen ließe. So schreibt Fontane mit Bezug auf die antisemitische Propaganda und die Gewährleistung der Gleichberechtigung durch die Regierung am 21. 11. 1880 an Philipp zu EULENBURG:

> Ich liebe die Juden, ziehe sie dem Wendo-Germanischen eigentlich vor – denn es ist bis dato mit letztrem nicht allzuviel – aber *regiert* will ich nicht von den Juden sein. (IV.3.112)

Drei Tage zuvor hatte er Arthur DEETZ gegenüber seine Negation der Botschaft des Lessingschen *Nathan* kundgetan mit dem vielsagenden Hinweis, er sei nicht für STOECKER, aber noch weniger für DAVIDSOHN; nun spricht er ›den Juden‹ das selbstverständliche Recht von Staatsbürgern ab, auch in der Regierung Ämter zu übernehmen. Berthold AUERBACH hat bei gleicher Gelegenheit resigniert das Scheitern seiner deutsch-jüdischen Existenz dokumentiert: sein »Vergebens gelebt und gearbeitet!« ist gleichsam die Antwort auf die Position, die Fontane hier bezieht (an J. AUERBACH, 23. 11. 1880; AUERBACH, 1884, Bd. 2, S. 442). Am 1. 1. 1881 hält Fontane in seinem *Tagebuch* mit Blick auf die Überzahl der Juden im Kulturbereich fest, daß nur noch der Staat und die Gesetzgebung Schlimmes verhindern könnten (*Tagebuch* II.78) – mit anderen Worten, der Autor steht hier eindeutig auf der Seite derjenigen, die eine Revision der bürgerlichen Gleichstellung der Juden anstreben und zugleich für eine strikte Separierung der Sphären eintreten. Bezeichnend hierfür ist der Brief an EMILIE vom 12. 8. 1883 (IV.3.279f.), in dem das Ausbleiben einer katholischen Köchin zu einer geradezu programmatischen Verknüpfung des Themas der Separierung mit dem Thema der *Nathan*-Kritik als Beleg scheiternder Aufklärung genutzt wird. Es ist verblüffend, wie Fontane sein Bekenntnis gegen Prinzipienreiterei mit den pauschalen Vorurteilen gegen die Juden zu verbinden sucht: als Brücke dient das »liking für Ausnahmefälle«, das sprachlogisch gesehen die Statuierung der als richtig angenommenen Regel voraussetzt. Der Satz »Feine Juden liebe ich, aber wenn sie gewöhnlich sind, sind sie furchtbar«, geäußert im Brief an ROHR vom 13. 7. 1885 (IV.3.404), wird nur scheinbar durch den Hinweis auf den niederen Kulturstandpunkt des Adels, der dem »gebildete[n] Bürger- und geistig hochpotenzirte[n] Judenthum« nicht gewachsen ist, in seiner Problematik relativiert; denn entweder gilt er generell, auch für Nichtjuden, dann ist er trivial, oder er wird bewußt nur auf die Juden bezogen, dann belegt er aufs neue die diesbezügliche Markierungsneigung seines Verfassers. Ähnlich problematisch sind zwei Belege des Jahres 1890, die scheinbar eine Absage Fontanes an den Antisemitismus darstellen. Im Brief an eine jüdische Familie GUTTMANN vom 25. 1. (REUTER, 1959, S. 340) bekennt sich Fontane zum Ideal einer rein nationalen Entwicklung, die das »Schönere« sei; schmerzlicherweise aber müsse er angesichts der Nichtrealisierbarkeit des Ideals und dem Niedergang des von ihm »aufrichtig geliebten« Adels einsehen,

> daß uns alle Freiheit und feinere Kultur, *wenigstens hier in Berlin*, vorwiegend durch die reiche Judenschaft vermittelt wird. Es ist eine Tatsache, der man sich schließlich unterwerfen muß und als Kunst- und Literaturmensch (weil man sonst gar nicht existieren könnte) mit Freudigkeit.

Die deutlichen Einschränkungen durch die unterstrichene Formulierung »*wenigstens hier in Berlin*« und das Paradox einer ›Unterwerfung mit Freudigkeit« sind nicht zu übersehen: daß die positive Funktion der Juden sich nicht unbedingt auf ganz Deutschland oder auch nur Preußen erstreckt und daß ihre Anerkennung unmittelbar mit der eigenen Existenz zusammenhängt, mithin lediglich als funktionale Notwendigkeit erscheint. Ähnlich ist der Brief an METE vom 9. 6. 1890 einzuschätzen: Nur in Ermangelung einer »feine[n], glücklich componirte[n] Christengesellschaft« gesteht Fontane »mit Trauer« zu,

> daß das alles an Bildung, Angeregtheit, Interesse, hinter solcher Judengesellschaft zurückbleibt. Unter Thränen wachse ich immer mehr aus meinem Antisemitismus heraus, nicht weil ich will, sondern weil ich muß. (IV.4.49)

Der Autor gesteht hier offen ein, daß der Antisemitismus zu den festen Beständen seiner psychosozialen Befindlichkeit gehört. Die subjektive Ehrlichkeit seiner Einsicht, aus diesem Antisemitismus herauswachsen zu müssen, soll nicht bestritten werden; aber die kommenden Jahre zeigen, daß Fontane dieser Einsicht nicht im geringsten gewachsen ist – einer Einsicht, die er sich, bezeichnenderweise gegenüber jüdischen Briefpartnern, mehrfach durch den bekannten Satz Adolf LASSONs zu bestätigen sucht, »die Juden bei uns thuen die deutsche Kulturarbeit und die Deutschen leisten als Gegengabe den Antisemitismus« (an FRIEDLAENDER, 4. 10. 1891; IV.4.159; an H. J. HORWITZ, 7. 10. 1896; IV.4.597). Das Äußerste, was Fontane zugesteht, ist die normative Kraft des Faktischen: die Juden sind nun einmal da, man muß sich mit ihnen abfinden und auf ihre »allmählige[n] Christianisirung« hoffen (an FRIEDLAENDER, 7./9. 11. 1892; IV.4.232). Im übrigen ist nicht nur die bürgerliche, sondern auch die adlige Gesellschaft bereits so weitgehend jüdisch versippt, daß jede Bemühung um reinliche Scheidung im Sinn des radikalen Rassenantisemitismus, ganz abgesehen von der moralischen Problematik, undurchführbar erscheint. Im ähnlich argumentierenden Aufsatzentwurf *Die Juden in unsrer Gesellschaft* aus dem Jahr 1893 (AW 7.299) fällt – trotz der positiven Gesamttendenz – freilich der Generalvorbehalt ins Auge:

> Ich bin nicht eigentlich ein Philosemit. Mir ist das Germanische lieber. Eine hübsche germanische Frauengestalt ist mir lieber als eine jüdische Schönheit, es ist mir lieber, Land- als Stadtleben zu sehn, zum Teil weil das Jüdische da fortfällt, ich liebe die Länder (leider nur wenige noch), wo das Volk germanisch ist, namentlich Skandinavien.

Dann: ihre Berühmtheiten überall. Dann (auch wenn wir von allen Berühmtheiten absehen) die Juden als Träger feiner Bildung und Sitte. Natürlich vielfach nicht. Aber vielfach *doch*.

Daß Fontane den Entwurf nicht ausgearbeitet und veröffentlicht hat, deutet ein weiteres Mal die strategische Rücksichtnahme hinsichtlich seiner Leserschaft an, die auch zur Nichtveröffentlichung des Gedichts *An meinem Fünfundsiebzigsten* (I.6.341) geführt hat. Ausgehend von diesem Text läßt sich exemplarisch erläutern, in welcher Weise Fontane die für den Antisemitismus typische Namenspolemik funktionalisiert. Die Schlußwendung »kommen Sie, Cohn« kann als eine Art Kondensierung dessen gedeutet werden, was Gehalt dieses Gedichts ist, nämlich die resignative Feststellung, daß gerade die Juden, denen gegenüber Fontane seit früher Zeit Vorbehalte hatte, die sich in den achtziger Jahren im Gefolge des sich formierenden christlich-sozialen und rassistischen Antisemitismus zu veritablen antisemitischen Vorurteilen radikalisierten, die einzigen wirklich Verbündeten waren, wenn es um die Sache der Kunst ging. Der Name Cohn ist keineswegs zufällig gewählt. Fontane kannte eine ganze Reihe verschiedener Cohns persönlich oder über Berichte (vgl. IV.3.113); er war sich aber auch der Kollektiv-Bedeutung des Namens Cohn bewußt. In einem Brief an FRIEDLAENDER vom 10.4.1893 heißt es z.B.:

> Denn existiren erst 100 adlige Familien mit diesem Zusatz [dem jüdischen], so ist die Sache in der dritten Generation schon ganz unberechenbar; ich heirathe eine Reichsgräfin und meiner Frau Großvater war ein Cohn. (IV.4.250f.)

Ähnlich – hier sogar noch angereichert mit einer körperlichen Nuance, die dem Fundus der antisemitischen Witzblatt-Karikaturen entnommen sein könnte – ist eine Briefstelle an FRIEDLAENDER vom 14.5.1894 zu bewerten, in der es mit Bezug auf eine äußerst scharfe Kritik an den Junkern heißt:

> Der x beinige Cohn, der sich ein Rittergut kauft, fängt an, mir lieber zu werden als irgend ein Lüderitz oder Itzenplitz, weil Cohn die Zeit begreift und alles thut, was die Zeit verlangt, während Lüderitz an der Lokomotive zoppt und »brr« sagt und sich einbildet, sie werde still stehn wie sein Ackergaul. (IV.4.352)

D. BERING hat in seiner wichtigen Studie *Der Name als Stigma* nachgewiesen, daß Cohn (Kohn) als der dritthäufigste unter den jüdischen Familiennamen bei Anträgen auf Namensänderung zum häufigsten Fluchtnamen wird, weil er der Name mit der »stärksten antisemitischen Ladung« überhaupt ist (BERING, 1987, S. 22). Mitglieder des Vereins zur Abwehr des Antisemitismus – darunter Paul HEYSE und Gustav KARPELES – wie auch der befreundete Justizrat und Nachlaßverwalter Paul MEYER rieten Fontane davon ab, das Gedicht zu veröffentlichen, weil es sowohl den Adel wie die Juden gegen ihn aufbringen könne. In der Tat erschien das Gedicht erst postum 1899 in der Zeitschrift »Pan«. Im Erzählwerk benutzt Fontane den Namen Cohn nur in einem nebensächlichen Zusammenhang (vgl. I.2.78), denn die kollektive Verwendung des Namens hätte einem Grundprinzip seines Erzählens, dem Prinzip der individualisierenden Figuration, widersprochen.

Was für die antisemitische Markierung des Nachnamens Cohn gilt, gilt in gleicher Weise für den Vornamen Isidor. In den von BERING erstellten Tabellen von Fluchtnamen firmiert Isidor auf Rang 1, hat also ebenfalls die stärkste antisemitische Ladung und treibt ihre Träger mehr als andere Vornamen dazu, ihn zugunsten eines weniger verdächtigen zu verlassen. Wenn Fontane im *Stechlin* also dem Sohn Baruch Hirschfelds den Vornamen Isidor zuteilt, ist damit für den zeitgenössischen Leser das Urteil gefällt: Es bedürfte gar nicht mehr der Informationen des Gendarms Uncke, denen zufolge dem Anhänger sozialdemokratischer Politik nur an Mogelei als seinem einzigen wirklichen Prinzip gelegen sei.

Zur jüdischen Konfiguration im Erzählwerk

Gemessen an den zahlreichen zu Lebzeiten unpublizierten Brief- und *Tagebuch*äußerungen oder auch Werkentwürfen fällt auf, welche Restriktionen sich Fontane hinsichtlich einer Publikation antijüdischer Äußerungen auferlegt hat. Dies gilt bereits für die *Wanderungen* wie sonstige Reiseprosa, es gilt im großen ganzen auch für die Rezensionen, und es gilt in besonderem Maß für das Erzählwerk. Der erste der Gesellschaftsromane, *L'Adultera*, der noch vor der Verdüsterung von Fontanes Judenbild durch die antisemitische Bewegung vollendet wird und einen vielberedeten Skandalfall um die Familie RAVENÉ aufgreift, ist – wie der bereits erwähnte Aufsatzentwurf *Adel und Judenthum in der Berliner Gesellschaft* von 1878/79 – weitgehend frei von prinzipiellen judenkritischen Tönen (vgl. SCHILLEMEIT, 1986, insbes. S. 34–39, 59–66; HOFFMANN, 1995). Fontane scheint bewußt die Herkunft der beiden sich auseinanderlebenden Ehepartner vertauscht zu haben, wenn er mit größtem Raffinement den aus einer Hugenottenfamilie stammenden Louis RAVENÉ durch den sich selbst als jüdisch eher offenbarenden als verbergenden »Emporkömmling« Ezechiel van der

Straaten verkörpert, der nicht nur durch seinen Namen auf eine Hauptfigur in Gutzkows ›jüdischem‹ Drama *Uriel Acosta* verweist, sondern in Person und Funktion einige Verwandtschaft mit dem einflußreichen Bankier und Bismarck-Vertrauten Gerson von Bleichröder hat, den Emilie seit ihrer Kindheit kannte und mit dem die Familie Kontakt hielt. Ravenés von einer ursprünglich jüdischen Mutter stammende Ehefrau Therese von Kusserow wird zu Melanie de Caparoux, einer Hugenottin von französisch-schweizerischem Adel. Der Liebhaber ist in der Realität wie in der Fiktion Jude: nämlich der Königsberger Bankier Gustav Simon und Ebenezer Rubehn, »Volontär, ältester Sohn eines mir befreundeten Frankfurter Hauses« (I.2.18). Wollte der Autor nicht von vornherein antisemitischen Vorurteilen Vorschub leisten, mußte er beide Kontrahenten als (getaufte) Juden darstellen. Melanies deutlich artikulierte antisemitische Vorurteile in der Szene von Rubehns Ankunft (I.2.19f.) haben sie offenbar nicht an der Heirat mit van der Straaten gehindert, zu dessen Eigenheiten ein frivol-humoristischer Umgang mit seiner Herkunft gehört; noch weniger scheint ihr die Verbindung mit Rubehn problematisch, dessen Judentum offener zutageliegt als das Ezechiels. Rubehns als ›unjüdisch‹ hingestellte distinguierte und zugleich gefühlvolle, mitleidige und hochherzige Art, aber auch sein Wagner-Enthusiasmus, der der Heine-Verehrung van der Straatens bewußt entgegengesetzt wird, repräsentieren gleichsam das Gelingen der Assimilation, und in dem Moment, als Rubehn durch den Bankrott der väterlichen Bank radikal der ›jüdischen‹ Geldsphäre entrissen wird, steht dem glücklichen Ende überhaupt nichts mehr im Wege. Beider Kind bezeugt die Zukunftshaltigkeit einer Ehe ›gemischter‹ Partner, die gesellschaftlich allerdings trotz des Ehebruchs nur als christliche Ehe funktionieren kann – eine Versöhnung wie die am Schluß des Romans angedeutete jedenfalls wäre auf der Basis bloßer Zivilehe nicht möglich.

Inwieweit kryptische jüdische Bezüge auch in *Unterm Birnbaum* festzustellen sind, was durch das Ambiente des Letschiner Gasthofs Hirschlaff (in der Erzählung Abel Hradschek) mit seinen »drei pompösen Judentöchtern« und die sich daran knüpfende Mordgeschichte nahelege, sei dahingestellt (vgl. IV.3.455). *Unwiederbringlich* läßt sich keinesfalls antisemitisch deuten – ganz im Gegenteil. Der dänisch-jüdische General Christian Julius de Meza wird vom Kammerherrn Pentz zwar vom dänisch-nordischen Standpunkt aus als Fremder dargestellt, der bereits äußerlich abstammungsbedingt von der Norm abweicht. Dies ändert aber nichts daran, daß de MEZA als Oberbefehlshaber der dänischen Armee im preußisch-dänischen Krieg von 1864 in seiner Mischung von militärischer Tatkraft und extremer Sensibilität auf Fontane großen Eindruck gemacht hat. Eine der Hauptfiguren des Romans, Ebba von Rosenberg, wird nicht nur als Eva par excellence vorgeführt, sondern zugleich als äußerst hellsichtige Person, der Christine nicht das Wasser reichen kann und der auch Holk hoffnungslos unterlegen ist. Geradezu vernichtend verläuft für ihn eines der ersten Gespräche mit Ebba, das sich um den Namen Rosenberg dreht. Ebba zieht den Adels- und Abstammungsdünkel Holks ins Lächerliche, indem sie im Stil einer Hofdame die Geschichte ihrer Familie, der Meyer-Rosenbergs erzählt und sich als Enkelin des »Lieblings- und Leibjuden Gustavs III.« bekennt. Die sich davon ableitende Nobilitierung als Baron Rosenberg von Filehne kann aus der Sicht Holks richtigen Adel selbstverständlich nicht ersetzen; andererseits ist er fasziniert von der gleichsam illegitimen Geburt und der freibeuterischen Sexualität Ebbas und akzeptiert für die Dauer seines Abenteuers derlei außenseiterische Qualitäten. Der Wahlspruch der Prinzessin ist auch der Ebbas: »Zufluchtsstätte sein und andere beglücken und über Vorurteile lachen.« (I.2.666) Wichtiger aber ist ihr ein zweiter, der sich freilich scheinbar nur auf eine ›pikante‹ Geschichte bezieht: »die Historie verlangt Wahrheit und nicht Verschleierungen.« (I.2.729) Dieser Satz könnte eine Maxime Fontanes sein; er legt sie aber bewußt einer Jüdin in den Mund, deren Geburtstag – der Tag der französischen Juli-Revolution – zugleich einen Verweis auf die eigene Lebensgeschichte darstellt. Übrigens läßt sich die Episode mit dem konvertierten Juden Lissauer zu Beginn des Romans als eine Art Präludium zur Holk-Ebba-Handlung lesen. Dieses »Wunder von Tierarzt« (I.2.576), dieser »tierärztliche Pfiffikus« wird von Holks Schwager Arne als »Mann der Aufklärung« (I.2.577) vorgeführt, der weniger mit seiner Homöopathie als mit strikter Reinlichkeit in den Ställen Erfolge erzielt. Seine ironisierende Freigeistigkeit äußert sich – darin van der Straaten nicht unähnlich – in nicht unbedingt taktvollen Vergleichen wie dem, daß die Tröge für das Vieh so blank sein müßten »wie ein Taufbecken« (I.2.577) – ein Vergleich, der zu einem bedeutungsvollen Blickwechsel zwischen Christine und ihrem geistlichen Vertrauten, dem Seminardirektor Schwarzkoppen führt, die einem jüdischen Konvertiten selbstverständlich nicht über den Weg trauen. Holk hingegen, schon aus Trotz gegen seine Frau, gesteht zwar zu, den Tierarzt allenfalls in der Inspektorwohnung zum Lunch zu bitten, rechnet es diesem aber an, »daß er selbständige Gedanken hat und den Mut der Aussprache« und nimmt ihm deshalb auch den törichten »orientalische[n] Vergleich« nicht weiter übel (I.2.578). Lissauer wie Ebba, die Außenseiter in einer christlich dominierten Gesellschaft, stehen für eine Aufklärung ohne Scheuklappen, die sich in mangelnder Dezenz präsentieren mag, aber nie unehrlich ist; daß Christine zumindest nach Holks Gefühl den genauen Gegensatz zu dieser freien Haltung verkörpert, trägt nicht wenig zum tragischen Ausgang des Romans bei.

In *Effi Briest* gibt es keine jüdischen Figuren; dennoch gehört Jüdisches hier zur Charakteristik der gesellschaftlichen Lage integral dazu. REMAK hat in seiner Analyse des Güldenkleeschen Toasts (REMAK, 1979, S. 554f.) die Brisanz von dessen Ablehnung der Lessingschen Ringparabel aus der Unsicherheit eines pommerschen Junkers abgeleitet, dessen Identität durch die neue nationale Integrations-Politik BISMARCKs gefährdet sei. Die Juden stehen für diese Integration und zugleich für die Herrschaft der Ökonomie über die Politik. REMAK verkennt nicht, daß sich Fontane in Güldenklee selbst zitiert, läßt aber offen, ob dies eine Selbstpersiflage bedeutet oder eine Bekräftigung seiner eigenen Antipathie. Eben dies Offenhalten gehört zu Fontanes künstlerischem Kalkül. Güldenklee kann im Roman kaum als Sprachrohr Fontanes gelten, dazu ist er zu marginal und außerdem humoristisch deformiert. Auch Innstetten, zweifellos eine Hauptfigur, zeichnet sich durch sich widersprechende Züge aus, die gerade den zeittypischen Gehalt dieser Figur ausmachen. In Kap. 13 entpuppt er sich als WAGNER-Schwärmer:

> Was ihn zu diesem hinübergeführt hatte, war ungewiß; einige sagten, seine Nerven, denn so nüchtern er schien, eigentlich war er nervös; anderer schoben es auf Wagners Stellung zur Judenfrage. Wahrscheinlich hatten beide recht. (I.4.103)

In *L'Adultera* waren es zwei getaufte Juden, die sich über ihre HEINE- bzw. WAGNER-Anhänglichkeit unterscheiden ließen; hier, bei dem preußischen Beamtenadligen Innstetten, wird die WAGNER-Schwärmerei zur Zeitsignatur: einerseits hinsichtlich des ›dekadenten Wagnerismus‹, andererseits hinsichtlich des ›Antisemitismus‹, der – wie VOLKOV gezeigt hat – in der wilhelminischen Kaiserzeit zu einer Art gesellschaftlichem bzw. kulturellem ›Code‹ geworden ist (VOLKOV, 1990). Daß man sich im Punkt der Judenaversion mit Innstetten einig ist, zeigt die Äußerung des alten Briest gegenüber seinem Schwiegersohn, Annie werde wohl »einen Bankier heiraten (hoffentlich einen christlichen, wenn's deren dann noch gibt)«

(I.4.223). Effi ließe sich trotz ihres Adelsstolzes einen »sehr, sehr reichen Bankierschwiegersohn« durchaus gefallen. Daß er aber doch wenigstens ›christlich‹ sein sollte, erhellt nach der Trennung von Mann und Tochter aus ihrer Enttäuschung über den Prediger der Christuskirche, der zu viel »vom Alten Testament« spricht: rhetorisch geschult, klug, laut sprechend und gestikulierend, mit schwarzen Locken – ohne Zweifel eine ›jüdische‹ Physiognomie.

Im kleinen Roman *Die Poggenpuhls* werden zwei jüdische Sphären einander gegenübergestellt: die reiche Berliner Bankierfamilie Bartenstein, deren Tochter Flora mit Manon befreundet ist und als mögliche Frau ihres Bruders Leo zur Retterin aus den finanziellen Nöten einer verarmten Adelsfamilie werden könnte, und die ostjüdische Familie Blumenthal aus Thorn, mit deren sinnlich anziehender Tochter Esther – einer jungen »pomposissima« – Leo ein Verhältnis angefangen hat. In der Verwandtschaft der Bartensteins finden sich beide Sphären zusammen. Das Ende des Fontaneschen Romans zeigt freilich, daß wirkliches Glück für den alten Adel offenbar nicht in der Verbindung mit einem – kulturell noch so hochstehenden – Haus wie dem der Bartensteins besteht, sondern in gegenseitiger innerfamiliärer Unterstützung.

Daß REUTER in seiner Analyse von *Mathilde Möhring* von der im westpreußischen Woldenstein ansässigen Firma Ehrenthal statt von (Silberstein &) Isenthal spricht (REUTER, S. 750), geht auf einen Lesefehler des Erstedikors Josef ETTLINGERS zurück, der erst in den neueren Ausgaben korrigiert wurde. Offensichtlich identifizierte ETTLINGER die Firma mit der zweideutigen jüdischen Firma Ehrenthal in FREYTAGS Roman *Soll und Haben*. In der karikierenden Zeichnung insbesondere Silbersteins bündelt Fontane alle Vorurteile gegenüber dem aufstrebenden Judentum. Wenn Silberstein Hugo Großmann mit Nathan vergleicht, dem Mann, »der die drei Ringe hat« (I.4.650f), und Mathilde von der »Dreieinigkeit« von Papst, LUTHER und MOSES spricht, dann zeigt dies nur, daß der jüdische Geschäftsmann wie die Titelheldin die für Fontane längst überholte Humanitätsphraseologie nutzen, um Vorteile für sich herauszuholen. Die Bewertung Isenthals, Mathilde habe etwas »von unsre Leut« (I.4.655), ist gleichbedeutend mit einer moralischen Verurteilung der ehrgeizigen Bürgermeistersfrau. Diese übernimmt folgerichtig zusammen mit Rebecca Silberstein die Leitung einer Weihnachtsbescherung für arme Kinder aller Konfessionen (I.4.656); beide Damen verraten denselben schlechten Geschmack für teure Ausstattung. Es ist eine kaum auflösbare Zwiespältigkeit in der Figur Mathildes, daß sie nach dem Tod ihres

Mannes zu einer guten Lehrerin wird: offenbar auch hier ehrgeizig und zugleich realistisch in bezug auf ihre Zukunftschancen. Auch dieser Zug verbindet sie mit den jüdischen Bourgois, deren Chancen nach Fontanes Meinung im Ausnutzen aller sich bietenden Gelegenheiten zum Aufstieg besteht.

Auf die Figuren des alten Baruch Hirschfeld und seines Sohnes Isidor in Fontanes Roman *Der Stechlin* wurde bereits im Zusammenhang mit der Namenspolemik hingewiesen. P. I. ANDERSON hat in einer quellenkritischen Untersuchung plausibel gemacht, daß – unter Wiederaufnahme zentraler Themen des Fragments *Storch v. Adebar* – das »Grundthema« des *Stechlin* ursprünglich eine Auseinandersetzung mit dem Antisemitismus gewesen sei. Die jüdischen Nebenfiguren – »eigentliche Juden« wie Katzenstein und Moscheles, »Klischeejuden« wie die beiden Hirschfelds und »Juden im übertragenen Sinne« wie Gundermann – sollten die Widersprüche der zeitgenössischen Debatte der ›Judenfrage‹ bearbeitbar machen. Dubslav habe demnach mehr mit dem zwischen Philo- und Antisemitismus hilflos schwankenden alten Storch zu tun, als es einer nachgeborenen Leserschaft lieb sein konnte, die im alten Stechlin das alter ego des Autors feierte (vgl. ANDERSON, 1991, S. 248f.). Dubslav habe sich sozusagen willentlich selbst getötet, indem er aus Aversion gegen den modernen jüdischen Arzt Dr. Moscheles die schulmedizinisch sinnvolle Behandlung seines Herzleidens zugunsten einer Quacksalberin abgebrochen habe (ebd. 253); sein »größtes Paradox und Verhängnis« sei »die Verwobenheit seines Antisemitismus mit seiner Christlichkeit« (ebd. 255). Deutliche Spuren des ursprünglichen Konzepts seien noch Ende 1895 in der Handschrift des ›Ur-*Stechlin*‹ zu finden gewesen – gedacht war u.a. daran, daß analog zu *Storch v. Adebar* der alte Stechlin mittels einer Schwiegertochter aus halb jüdischem Haus mit dem Judentum versöhnt, die Wahl nicht von einem Sozialdemokraten, sondern vom Fortschrittler Katzenstein gewonnen werden sollte. In der endgültigen Fassung freilich wurden die eher positiven jüdischen Aspekte getilgt und nur die negativen beibehalten – die Animosität gegenüber Moscheles und vor allem der Bruch der alten Freundschaft mit dem alten Baruch, der zuerst sogar Abram heißen und damit durch seinen Namen eine repräsentative Funktion erhalten sollte.

Die liebgewordene Vorstellung einer ethisch autonomen, ausgeglichenen Persönlichkeit mit einer bruchlosen, nicht autoritär deformierten psychischen Identität, die antisemitische oder andere Vorurteile ausschlösse, ist idealistisch; gerade extreme künstlerische

Sensibilität und Reizbarkeit können dazu führen, daß die Stabilität traditioneller Normen und Rituale, die im Modus der Erinnerung und Wiederholung entscheidend zur kollektiven Identität beitragen, zugunsten einer großen Offenheit für alles Neue verlassen wird. Dabei werden im Einzelfall unterschiedliche Mischungen von Alt und Neu entstehen, wobei weder das Alte noch das Neue per se gut oder schlecht ist. Die Verbindung von humanen und sozial- wie ästhetikgeschichtlich modernen Ideen und zeittypischen Vorurteilen gehört zu den irritierenden Merkwürdigkeiten der geistigen Signatur vieler großer Schriftsteller. Fontane gleicht insofern dem fernen Urbild seines Stechlin, dem »Confusionarius« Storch (I.7.402; vgl. auch 425 f.), und er gleicht Dubslav, in dem er, möglicherweise auch unbewußt, seine eigenen Vorurteile dargestellt hat. Eine im Punkt der ›Judenfrage‹ besonders sensibilisierte Leserschaft mag es mit Pastor Lorenzen halten, dessen humanes Gesellschaftsmodell auch gegenüber dem Stoeckerschen Antisemitismus immun sein sollte. Eben dieser Lorenzen ist deshalb in der Lage, Dubslav die angemessene Gedenkrede zu halten, wie sie sicherlich auch dem Schöpfer dieser und vieler anderer faszinierender Figuren zukäme. Daß jedenfalls Friedrich Fontanes ›ungehaltener‹ Vortrag über seines Vaters Stellung zur ›Judenfrage‹, der am 8. 7. 1933 im Kampfblatt der örtlichen SA in Neuruppin »Der Ruppiner Stürmer« erschien (vgl. Fleischer 1998, S. 314 ff), nicht die einzige Wahrheit über das leidige Thema enthält, dafür bürgt Fontanes erzählerisches Werk als ganzes, dessen Gehalt – trotz der problematischen biographischen Spuren in ihm – weit über den notwendigerweise durch Ideologien der Zeit beschränkten Horizont des Autors hinausweist. Erzählen wird so nicht nur zu einer »Form von Selbstdistanzierung und Selbstobjektivierung«, sondern ganz wesentlich zu einer »Kunst der Objektivierung, der Differenzierung und der Vielstimmigkeit« (vgl. Mecklenburg, 1998), in der auch die Antisemitismen der Figurenrede aufgehoben sind im humanen Kosmos des narrativen Diskurses.

HANS OTTO HORCH

Literatur

B. Auerbach, Briefe an seinen Freund Jakob Auerbach. Ein biographisches Denkmal. 2 Bde., Frankfurt am Main 1884. – T. Fontane, Von Dreißig bis Achtzig. Sein Leben in seinen Briefen, hg. v. H.-H. Reuter, München 1975 [Erstausg. 1959]. – H. Nürnberger, 1968, s. u. 1.1. – E. Simon, Theodor Fontanes jüdische Ambivalenz, in: Neue Zürcher Zeitung, 16. 8. 1970; auch in: SIMON, Entscheidung zum Judentum. Essays und Vorträge, Frankfurt am Main 1980, S. 266–275. – J. KREMNITZER, Fontanes Verhältnis zu den Juden, Diss. phil. New York Univ. 1972. – I. BELKE, »Der Mensch ist eine Bestie …«. Ein unveröffentlichter Brief Theodor Fontanes an den Begründer der Völkerpsychologie, Moritz Lazarus, in: Leo Baeck Institut Bulletin 13 (1974), No. 40, S. 32–50. – N. ELIAS, Über den Prozeß der Zivilisation. Soziogenetische und psychogenetische Untersuchungen, 2 Bde., 6. Aufl., Frankfurt am Main 1978. – H. H. H. REMAK, 1979, s.u. 3.1.16. – W. PAULSEN, Theodor Fontane. The Philosemitic Antisemite, in: Leo Baeck Institute Year Book 26 (1981), S. 303–322; auch in: W. P., Der Dichter und sein Werk. Von Wieland bis Christa Wolf. Ausgew. Aufsätze zur dt Literatur, hg. von E. NICOLAI, Frankfurt am Main u.a. 1993, S. 267–290. – J. KATZ, Richard Wagner. Vorbote des Antisemitismus, Königstein/Ts. 1985. – J. SCHILLEMEIT, Berlin und die Berliner. Neuaufgefundene Fontane-Manuskripte, in: Jb DSG 30 (1986), S. 34–82. – D. BERING, Der Name als Stigma. Antisemitismus in dt Alltag 1812–1933, Stuttgart 1987. – J. KATZ, Vom Vorurteil bis zur Vernichtung. Der Antisemitismus 1700–1933, München 1989. – N. MECKLENBURG, Einsichten und Blindheiten. Fragmente einer nichtkanonischen Fontane-Lektüre, in: TuK Fontane 1989, S. 148–162, insbes. 152–156. – S. VOLKOV, Antisemitismus als kultureller Code, in: S. V., Jüdisches Leben und Antisemitismus im 19. und 20. Jahrhundert. Zehn Essays, München 1990, S. 13–36. – P. A. ANDERSON, 1991, s.u. 3.1.18. – M. SUSMAN, »Das Nah- und Fernsein des Fremden«. Essays und Briefe, hg. und mit einem Nachwort versehen von I. NORDMANN, Frankfurt am Main 1992. – P. GOLDAMMER, Nietzsche-Kult – Antisemitismus – und eine späte Rezension des Romans »Vor dem Sturm«. Zu Fontanes Briefen an Friedrich Paulsen, in: FBl H. 56 (1993), S. 48–62. – H. FISCHER, Der ›jüdische‹ Tunnel über der Spree und die Politik. Ein Kapitel vergessener Vereinsgeschichte, in: Zs für Germanistik. N. F. 3 (1994), S. 557–575. – H. KÜHN, Zu Fontane und seinem Verhältnis zum dt Judentum, in: Wegweiser durch das jüdische Brandenburg, hg. von I. DIEKMANN/J. SCHOEPS, Berlin 1995, S. 427–435. – E. HOFFMANN, ›L'Adultera‹ und die ›Judenfrage‹, [unveröff. Vortragsmanuskript], Düsseldorf 1995. – G. A. CRAIG, 1995, s.u. 1.1. – H. NÜRNBERGER, FW, 1997. – G. A. CRAIG, »Ein Bild der Zeit im Plauderton«, in: DER SPIEGEL 43/1997, S. 274–278. – M. FLEISCHER, »Kommen Sie, Cohn.« Fontane und die »Judenfrage«, Berlin [Selbstverlag] 1998. – N. MECKLENBURG, 1998, s.u. 3.1.1. – M. REICH-RANICKI, Abram, Isak, Israel, in: Frankfurter Allgemeine Zeitung, 19. 9. 1998. – E. SAGARRA, Intertextualität als Zeitkommentar. Theodor Fontane, Gustav Freytag und Thomas Mann oder: Juden und Jesuiten, in: Theodor Fontane und Thomas Mann. Die Vorträge des internationalen Kolloquiums in Lübeck 1997, hg. v. E. HEFTRICH u.a., Frankfurt am Main 1998, S. 25–47. – P. SCHUMANN, Fontane und die Juden, in: Geschichte in Wissenschaft und Unterricht 9 (1998), S. 530–543. – M. SCHMIDT, »Wie ein roter Faden«. Fontanes Antisemitismus und die Literaturwissenschaft, in: Jb für Antisemitismusforschung 8 (1999), S. 350–369.

2
KULTURELLE TRADITIONEN UND POETIK

2.1 Kulturelle Traditionen

Fontanes einzigartige Stellung in der deutschen Literatur wurde oft beobachtet. Ein wesentliches Merkmal dieser Einmaligkeit liegt in dem überaus weitgespannten und wohl auch diffusen Bedingungsfeld, das den Lebensweg und die Lebensarbeit des Autors beeinflußt hat. Als ›freier Schriftsteller‹ hat Fontane aus Not und mit Vorliebe ›wild‹ gelernt – ohne institutionelle Rahmenrichtlinien und deren ›segnende‹ Abschlüsse. Sein Ziel erreichte er infolge mehrfach revidierter Lebenspläne, mit Instinkt und Ausdauer bei Fehlschlägen. Für einen Romancier von europäischem Format scheint er eine Reihe von wichtigen ›Lektionen‹ versäumt zu haben: keine Spur von STENDHAL, d.i. Marie Henri Beyle, Honoré de BALZAC, Gustave FLAUBERT (trotz I.1.734), Fjodor DOSTOEVSKIJ; statt dessen viel Zeitungslektüre, Briefe, Quellen des Alltags, ›Volkswissens‹ und Kleinlebens, an denen die Weltgeschichte hemmungslos vorbeirast. »Das Beste, was ich weiß, hab ich durch Umgang, Erzählung, Lektüre gelernt.« (IV.1.570) Und:

> Am meisten Einfluß auf mich übten historische und biographische Sachen: Memoiren des Generals *v. d. Marwitz* (dies Buch ganz obenan), *Droysen* Leben Yorks, *Macauley* (Geschichte und Essay), *Holbergs* dänische Geschichte, *Büchsel's* »Erinnerungen eines Landgeistlichen« und allerlei kleine von Pastoren und Dorfschulmeistern geschriebene Chroniken oder Auszüge daraus. Bis diesen Tag lese ich dergleichen am liebsten. (IV.4.274)

So entwickelt sich ein enzyklopädisches und doch spezifisches Wissen, spezifisch darin, daß es sich nicht festlegt. Was hier als Einfluß zählt oder nur im Trott der Rezensenten-Routine abgearbeitet wird, läßt sich schwer sondieren. Für Fontane wird die Welt lesbar – in ihren Texten, Bildern, Gebäuden, Flecken, Landschaften, Kirchhöfen und überall, wohin er kommt. Überraschend und kaum im Zusammenhang erforscht ist seine Bibelkenntnis. Wie ein ›Theaterdichter‹ verfügt er über ein breites Repertoire von

Texten, Stoffen, Motiven und Zitaten. Seine Liste der lesenswerten Bücher reicht von einer »polnische[n] Räubergeschichte« über GOETHES *Faust* und Leopold von RANKES *Weltgeschichte* bis BOECKMANNS »Briefe an seine Frau (nur als Manuskript gedruckt).« (III.1.570ff.) Den etablierten Wissenschaften und ihren Repräsentanten steht er skeptisch gegenüber, doch pflegt er auch den Kontakt (Erich SCHMIDT, Otto BRAHM; Julian SCHMIDTS Literaturgeschichte benutzt er wiederholt). – Die folgenden Abschnitte streben keine Vollständigkeit an, sondern bieten nur einzelne Schlaglichter, die den tatsächlichen Umfang des weiten Blickfeldes bloß andeuten können.

2.1.1 Fontane und die deutsche Literatur

Fontanes Verhältnis zur deutschen Literatur und alle daraus hervorgehenden Einflüsse lassen sich nicht nur lesebiographisch erfassen; abgesehen von den mannigfachen Anregungen des Theaterbesuchs spielen auch persönliche Kontakte eine große Rolle. Das gilt insbesondere von den abtönungsreichen Freundschaften mit Bernhard von LEPEL, Paul HEYSE und Theodor STORM, aber auch von den Begegnungen mit Christian Friedrich SCHERENBERG, George HESEKIEL, Paul und Rudolf LINDAU, Friedrich SPIELHAGEN, Gerhart HAUPTMANN und vielen Kollegen aus dem journalistischen Kreis (Ludwig PIETSCH, Karl FRENZEL, Fritz MAUTHNER, Paul SCHLENTHER); hinzu kommen die verdrießlichen ›Vergleiche‹ mit den Saisongrößen (Ernst von WILDENBRUCH, Julius WOLFF, Julius STINDE, Heinrich SEIDEL). Fontanes spätes Bekenntnis: »Mit Gottfr. Keller hätte ich gern Freundschaft geschlossen, denn er ist in meinen Augen der bedeutendste deutsche Erzähler« (IV.4.741), gibt zu denken; über Wilhelm RAABE urteilte er anders (H. DENKLER, 1987). Conrad Ferdinand MEYERS »Sachen« interessierten ihn »sehr« (IV.4.102), doch gibt es keine Aufzeichnungen, die das Interesse an dessen »Chronik-Stil« spezifizierten. Ebenso arm an erhellenden Dokumenten ist die Bewunderung für Fritz REUTER (IV.3.31) oder – auf lyrischem Feld – für Nikolaus LENAU (»alles«), Ludwig UHLAND (»alles«), Georg HERWEGH (»beinahe alles«) und Eduard MÖRIKE (»alles«). So können die folgenden Einzelskizzen weder Vollständigkeit noch Repräsentanz in jedem Fall (vgl. den Georg HERWEGH-Einfluß) beanspruchen, denn manches Wichtige hat Fontane auch nicht gesagt.

Fontanes Verhältnis zur Weimarer Klassik

Rückblickend bekennt Fontane, nicht mit GOETHE, sondern mit Ferdinand FREILIGRATH »begonnen zu haben« (III.4.243). Dennoch war ihm die Literatur der Weimarer Klassik nicht fremd. Von Jugend auf kannte er SCHILLER (alle seine Balladen), und »Lust und Leid eines Gretchen« (III.1.242) bezeichneten ihm zeitlebens den Stoffkreis des Realismus. Gleichwohl bleibt es eine eigenartige, oft das Handwerkliche betonende Begegnung.

Goethe oder »mein bestes Wehr und Waffen«

»Was Keller über Fontane erhebt, ist seine Goethe-Nachfolge«, schreibt Thomas MANN in seinem späten Fontane-Essay *Noch einmal der alte Fontane*. Die Beobachtung dämpft die Hoffnung auf eine spezifisch preußische »Abwandlung des Goethe'schen Kunstgenius«, macht sie aber nicht ganz zunichte. Eine Grundformel für Fontanes GOETHE – Verständnis begegnet im Erzählgedicht über den säumigen Apothekerlehrling *Fritz Katzfuß* (entstanden 1887, Druck 1889). Sie erschließt eine durchaus pragmatische Situation, in der Lektüremotivation, Werkverständnis und kultureller Gebrauchsstil zusammenkommen und die in ironischer Brechung einen teils autobiographischen, teils programmatischen Wert erhält. Die lyrisch erzählten Lebensumstände – der Verschleiß der Arbeitskraft im Laboratorium des Alltags und seiner Bedürfnisse – werden zu notwendigen Voraussetzungen, unter denen sich der erstarrte »Goethegötzenkultus« (IV.3.639) in die Dynamik einer erinnerten Sehnsucht auflöst und zum erneuten Kraftquell im banalen Leben wird. Abstand und Nähe zur Klassik erschließen sich im Bild der Gebrauchsspuren – »Zerlesen war's und schlecht und abgestoßen« (I.6.366) –, die doppelsinnig Zeugnis ablegen vom Gewicht der bedeutenden Stellen und vom wegweisenden Impuls der ›Reste‹ und ›Abfälle‹; nicht allein, was geschrieben steht, sondern auch wie darauf hingewiesen wird, kennzeichnet den Horizont, vor dem sich lebenswichtige Einflüsse abspielen.

Fontanes intensive GOETHE-Lektüre verteilt sich auf die Jahre 1870 und 1876. Der brieflich überlieferte Ersteindruck zeugt von den Schwierigkeiten, wenn nicht Widersprüchen, die sich bei einer ›reflektierten‹ Lektüre einstellen:

> In diesen Nöthen flieh ich zum alten Göthen und lese die »natürliche Tochter« und die »Wahlverwandtschaften«; ich bewundre es und finde es tief-langweilig. Als Beobachtung des Lebens und Weisheits-Ansammlung klassisch, aber kalt und farblos. (IV.2.325)

Fontane neigt dazu, die Fehler bei sich selbst zu suchen, obwohl er darauf beharrt, für die Lektüre »den besten Willen« mitgebracht zu haben. Trotz dieser nach subjektivem Maß eher gescheiterten Erkundung hat er ohne Zweifel von der Lektüre der *Wahlverwandtschaften* »profitiert«, bezeugt sein eigenes Werk den »strukturellen Einfluß«. (NÜRNBERGER, in: III.1.893)

Die knappe Notiz über *Die Wahlverwandtschaften* konzentriert sich auf ein Problem in der Darstellung des Charakters der Ottilie. In ihrer Wandlung nach dem Tod des Kindes entdeckt Fontane einen psychologischen Bruch, der nicht nur die Glaubwürdigkeit des Figurenbildes, sondern insbesondere auch die Geltung der wirkenden Gesetze beeinträchtigt. Fontane erkennt, daß individuelle Handlungen erst im sozialen Kontext ihren Wert erhalten und daß Normbrüche auf Grund von Normkonflikten zustande kommen. Der Charakter einer Person, seine psychologische Richtigkeit, ergibt sich aus dem Verhältnis zum jeweiligen Lebensraum, und der (moralische) Wert seines Tuns ermißt sich am Grad der Präsenz von Normen. Konkreter, werkbezogener gesprochen: Nur wenn das »göttliche Gesetz« oder ein Gesetz überhaupt von Anfang an – wenn auch noch so schwach – vorhanden ist, dürfen Taten an ihm gemessen werden; Gesetze, die während des Handelns oder gar erst nachträglich ihren Geltungsanspruch erheben, büßen ihre Kraft ein, zumal dann, wenn ihnen ein die Handlung bestimmendes anderes Gesetz, hier das »natürliche«, entgegensteht. Die ›Früchte‹ solcher Erörterungen lassen sich wohl nur umrißhaft andeuten: Die Vermutung liegt nahe, daß eine Diskussion jener psychologischen Momente in der Charakterdarstellung, die zugleich normative Krisen berührten, auf die epische Entfaltung von Frauenbildern vorbereitet, die wie Effi den Normenkonflikt einer Epoche repräsentieren und doch Individuen bleiben. (N. B. WAGNER, 1994, S. 163) Was Fontane an den *Wahlverwandtschaften* lernen konnte und produktiv anwenden wollte, wäre demnach die Erkenntnis von der vorherrschenden Unklarheit in eigenen wie fremden Schuldzuschreibungen und die konsequent einheitliche, nicht beliebig den Maßstab wechselnde Ermessung von Handlungswerten.

Fontanes GOETHE-Lektüre bezeugt immer wieder das hohe Interesse an der künstlerischen Machart im Vorfeld der eigenen Produktion. Wenn Aspekte der Stoffwahl ins Auge fallen (z.B. in *Wilhelm Meisters Lehrjahre*), so urteilt er nach den Kriterien der Aktualität und Verarbeitung (III.1.468). An der Figurendarstellung bemängelt er das Schemenhafte und Abstrakte, sodann die ungleich gelungene Zeichnung männlicher und weiblicher Figuren; die nuancierte Darstellung der Frauengestalten stellt er noch über die SHAKESPEARES. Was die Komposition betrifft, so bewundert er im scheinbaren »Sich-gehen- und -treibenlassen« (III.1.465) die außerordentliche »Kunst des Anknüpfens, des Inbeziehungbringens, des Brückenschlagens«. (III.1.466) Es wäre zu viel behauptet, hier schon Einflüsse wirken zu sehen; dennoch passen solche Urteile in den Prozeß der literarischen Orientierung und der Suche nach dem eigenen, modernen Weg. Fontane gelingt es, der Zwickmühle der institutionalisierten GOETHE —»Idolatrie« (IV.3.99) zu entkommen, ohne auf die Anregungen zu verzichten, die ihm die Rezeption der Goetheschen Werke vielfältig gewährte. Trotz des abstoßenden Kulturrummels um den »letzten Goetheschen Papierschnitzel« (III.1.236) versuchte er, GOETHE »als Symbol für das Höchstmaß des Dichterischen« und »für das Leben im Geiste« (ŠKREB, 1985, S. 209) zu erfassen.

Fontane und Schiller

SCHILLERS Bedeutung für Fontane liegt auf verschiedenen Ebenen und durchdringt mehrere Phasen und Stufen seiner Entwicklung. Private, spontane Erlebnisse und öffentliche, verordnete Feststunden, ästhetisches Vergnügen und beruflicher (Kritiker-)Alltag, klassische Norm und moderner Gebrauch sind Momente einer Rezeptionsgeschichte, die nahezu fugenlos in die eigene Produktionsgeschichte hineinreichen und den Traditionsbezug zu einem weiten Handlungsfeld aufspannen. Was hiervon als Einfluß im engeren Sinn gelten darf, läßt sich schwer einkreisen. Fontane zählte zu jener Generation, der die Begegnung mit SCHILLERS Werk selbstverständlich war, was immer sie daraus in Schule, Theater und Salon-Gesellschaft machte. Die Varianten des kulturbetrieblichen Mißbrauchs standen ihm schon klar vor Augen, doch glaubte er für sich selbst versichern zu dürfen, »daß ich [...] meinen Schiller aufrichtiger liebe und bewundere, als es das nachplappernde Phrasenvolk, das Salon und Schule unsicher macht, beim besten Willen im Stande ist« (IV.2.567). Wenn dabei eine produktive Aneignung stattgefunden haben sollte, dann erfolgte sie jedoch nicht direkt oder gar epigonal, sondern vermittels mehrerer Brüche oder zumindest Verschiebungen. Gewiß stellt das Balladengenre die am nächsten liegende und wohl auch langfristig wirkende Kontaktstelle dar; auch mag der frühe Fontane dem historisch politischen Drama mit dem eigenen *Karl Stuart*-Versuch nachgeeifert haben. Doch scheint sich gerade das Erzählwerk auf Grund seiner epochalen, poetologischen, thematischen und stilistischen Voraussetzungen am entschiedensten gegen Schillersche Einflüsse zu sperren.

Nun läßt sich aber keineswegs übersehen, daß »Schiller« erstaunlich oft in Fontanes Romanen vorkommt. Das liegt zunächst an der zeitgeschichtlichen Konkretheit des Fontaneschen Erzählens, das offenbart, wie sich der nationale Klassiker als ›Münze‹ aus dem »Citatenschatz des deutschen Volkes« verkaufen läßt und wie (BÜCHMANN, ¹1864) das souveräne Hantieren mit erlesenen Textbausteinen funktioniert. Doch das ergibt noch keinen Einfluß. Erst wenn die montierten Redeteile (Zitate, Anspielungen, Rollenbilder, Situationen und Motive) ihre eigene, sozusagen werketymologische Bedeutung bewahren und trotz ihrer philiströsen Entfremdung im brikolierenden Spiel der Gebildeten auf dem Eigensinn beharren, macht sich in ihnen eine Kraft geltend, die Einfluß nehmen könnte auf die Geschichten, die Fontane erzählt, ja selbst auf die Wirklichkeit, die er durchwandernd und beobachtend schildert.

Fontane verfügte über die besten Voraussetzungen, um mit metonymisch verwendetem Zitatmaterial globale Beziehungen herstellen zu können. Der Umfang seiner SCHILLER-Kritiken belegt, wie oft und intensiv er sich als Theaterkritiker mit dessen Werk beschäftigt hat (C. GRAWE, 1996/97), und macht eine bloß eklektizistische Verwendung unwahrscheinlich; selbst die knappste Anspielung kann wie ein Hebel wirken, der das ganze Werk in eine andere Sphäre hebt. Es kennzeichnet Fontanes SCHILLER-Verständnis, daß er die pathetische Höhenlage der Dramen nicht etwa vom realistischen Standpunkt aus nur kritisiert, sondern als gegenrealistische Alternative auch anerkennt. Zwar beanstandet er die Bühnensprache des »lärmenden Affekts« (N XXII/1.183) und distanziert sich vom barock-rhetorischen Stil des Schillerschen Pathos, von dem leicht »das Sentimentale, Phrasenhafte, Unwahre« (N XXII/1.182) ausgehe, doch lehnt er zugleich alle Ansätze zur realistischen Entspannung, Mäßigung und ›Verhäuslichung‹ des Klassisch-Idealen ab:

> Die Tragödie ist nicht als Konversationsstück zu behandeln und schöne Natürlichkeit, so hoch wir sie stellen, ist nicht zum einzigen Gesetz zu erheben. Gewiß, auch Helden tragen einen Hausrock, aber sowie dieser Hausrock Miene macht, sich bis zum Schlafrock zu verlängern, so ist er vom Übel. (N XXII/1.467)

Wenn also SCHILLER in Fontanes Werken präsent ist, so keineswegs nur in der Form der Parodie, sondern wohl auch als Gegenkraft und Ergänzung, die den realistischen Standpunkt in den globalen Horizont eines ästhetischen Gebildes – »in das Reich idealer Kunst« (N XXII/1.88) – einfügen und ihn mit dem Gewicht der stets bewunderten »dramatischen Gewalt« (N XXII/1.381) versehen. So stehen Fontanes SCHILLER-Studien keineswegs beziehungslos zu seiner Praxis als Epiker. Die Vorliebe für den Mittelteil der *Wallenstein*-Trilogie zum Beispiel begründet er mit dem Argument, daß hier zwei sonst entgegengesetzte »Kunstrichtungen« zur Einheit fänden:

> Wir haben die Klarheit, den Stil und die Handlungslosigkeit des französischen Klassizismus (nach dem ich, beiläufig bemerkt, in der Wüstheit unserer Tage, mehr und mehr eine Sehnsucht empfinde) und wir haben zugleich den historischen Sinn und die scharfe und reiche Charakteristik des Shakespeareschen Dramas. Von dem einen die Schönheitslinie, von dem andern das Kolorit. (N XXII/1.686)

Fast hat es den Anschein, als ob Fontane hier in eigener Sache spräche und ästhetische Ideale formulierte, die er episch einlösen möchte.

Noch fehlt es an monographischen Studien, die den Gesamtzusammenhang auf allen Ebenen beschreiben (den hohen Anteil der SCHILLER-Zitate macht PLETT sichtbar; W. JUNG, 1985). Zahlreiche und vielfältige Entdeckungen sind zu erwarten. SCHILLER mag in mehrfacher Hinsicht in Fontanes Erzählwerk gegenwärtig sein: als Quelle für Rollen-Präfigurationen, als Medium der Geschichtserfahrung und als Inbegriff für »das befreiende, das erhebende Wort«. (N XXII/1.88) Von »Schiller« zu sprechen und »Gerson« zu meinen, stellt nach Fontanes Maß das Grundübel der Zeit dar.

Wenn der Dramatiker SCHILLER den Epiker Fontane ›beeinflußt‹ haben sollte, so dürfte sich diese Anregung vorzüglich im Spannungsfeld von dichterischem Rollenangebot und schauspielerischem Darstellungsstil vollzogen haben; immer diskutiert Fontane die Schillerschen Figuren als Partituren, die in der Interpretation durch ›Fach‹-Leute (also eher noch auf Rollenfächer spezialisierte Schauspieler) zur Aufführung gelangen. Ob Fontane in diesem Synthesekonzept der Figurenbilder, die gleichermaßen dichterische wie schauspielerische Momente enthalten, ein Modell für die eigenen Figurenideen wahrnahm, mag nur als Frage erwogen werden; immerhin entstehen ja auch seine Figuren aus der Verschmelzung stofflichen Materials, literarischer Phantasie und kulturgeschichtlicher Typen (Eva, Magdalena). Der Theaterkritiker

Fontane pflegte Rollen und Schauspieler zu typisieren bzw. merkmalsanalytisch zu rubrizieren (GRAWE, 1996/97). So identifizierte er jede Darstellung auf Grund eines wiederkehrenden Sets von Eigenschaften. Dem Epiker Fontane kamen solche Festschreibungen gelegen, dienten sie ihm doch im Konfliktraum seiner sozialen Erzählkunst zur Inszenierung der Spannungen zwischen Individuum und Gesellschaft, Selbstbild und Fremdbild, persönlicher Freiheit und öffentlicher Abstempelung.

Schon ein flüchtiger Blick auf SCHILLERS Frauenfiguren und Fontanes theaterkritischen Umgang mit ihnen mag veranschaulichen, in welcher Weise Impulse vom Dramatiker auf den Epiker ausgegangen sein könnten. Lady Milford gilt ihm als »Abenteurerin« (N XXII/1.763), die das »Kokette, das Nervöse, das Leidenschaftliche« (N XXII/2.117) repräsentiert und doch auch im politischen Spiel mitmischt, Johanna steht für das Romantische und die Begeisterung, für alles Hohe, Große und Ideale (N XXII/1.915), und Maria Stuart verkörpert die typische Königin, das »stolze Stuartgefühl« in Verbindung mit der »scharfen Katholikin«, die in Schuld Verstrickte, »die den Darnley in die Luft fliegen ließ und mit dem Mörder buhlte«, und das »ewig Weibliche«, die Liebende, »die ›den Sänger Rizzio beglückt‹« (N XXII/2.558f.). Ähnliche steckbriefliche Typisierungen finden sich auch bei den männlichen Rollen; so gilt Ferdinand als »schwärmerischer Jüngling« und »Trotzkopf« (N XXII/2.624), Mortimer verkörpert den »Liebeswahnsinn« (N XXII/2.559) schlechthin, Wallenstein steht für »Schneid, Nervosität, Dämonismus« (N XXII/2.361), und Buttler zeigt das »Gallige, die beständig gereizte Bitterkeit des Emporkömmlings, das unendlich Kleinliche neben dem Braven und Tapfren in seiner Natur« (N XX/2.479). Mit Blick auf solche Personenverzeichnisse, die sich der Theaterkritiker anfertigt, wird abschätzbar, welche Bedeutung Anspielungen auf *Maria Stuart* oder *Wallenstein* im *Cécile*-Roman haben (dazu PLETT, S. 83–90; VOSS, 1985, S. 85–103; NÜRNBERGER, 1997). Sie deuten Figuren und Geschehen aus, machen Deutungsmuster bewußt und führen kraft der determinierenden Stereotypisierung die Dramaturgie gesellschaftlicher Konflikte vor Augen.

Fontane und die Romantik

Wenn im Bündel der Einflüsse auch die Romantik erscheint, so mag das auf den ersten Blick befremdlich wirken. Fontane, der Realist und Gegenwartsautor, kann wenig von einer Epoche gelernt haben, die jene erkenntnistheoretischen, geschichtsphilosophischen und mentalitätsgeschichtlichen Grenzen überschritten hat, deren konkrete Wirkungsweisen zunächst einmal entdeckt sein wollten und sodann erzählerisch bewältigt werden mußten. Selbst wenn das Bild der Romantik über die spekulativ idealistische und irrational phantastische Komponente hinaus erweitert wird um wissenschaftsgeschichtliche und politische Dimensionen, so ergibt sich doch stets ein eher negatives Verhältnis, das über bloße Abgrenzungen nicht hinausgelangt. In der Tat läßt sich in Fontanes poetologischer Orientierung eine kontinuierliche Spur der kritischen Haltung gegenüber der ›romantischen Schule‹ verfolgen. Näher besehen jedoch fällt bald die Mehrdeutigkeit des Begriffsgebrauchs ins Auge und macht eine Differenzierung in der Verhältnisbestimmung erforderlich. Für Fontane fiel Unterschiedliches, vielleicht sogar Gegensätzliches im Begriff der Romantik zusammen, so daß er in einer Hinsicht kritisieren mußte, was er unter abgewandeltem Verständnis billigen durfte.

Der Umfang der Quellen, die eine Verhältnisbestimmung zur Romantik zu formulieren erlauben, ist nicht groß, aber über das ganze Leben hin verstreut. Selbstverständlich rückt ›Romantik‹ als Gegenpol der realistischen Bewußtwerdung zur Zeit des programmatischen Essays (1853), die zugleich eine biographische Wendemarke darstellt, in den Vordergrund (vgl. O. KEILER, 1980). Die literaturkritische und werkstattorientierte Standortbestimmung der frühen siebziger Jahre wird abermals den Bezug – jetzt aber differenziert – thematisieren. Die naturalistische Bewegung schließlich liefert aktuelle Motive für eine Überprüfung der eigenen wie allgemeinen Praxis, Traditionsbindungen nur polarisierend wahrzunehmen. Gattungsgeschichtlich gesehen konnte Fontanes Interesse am Romantischen nie endgültig abbrechen; dafür stehen Kritik und Praxis der Ballade wie des historischen Romans, der im narrativen Projekt der Wilhelminischen Gesellschaft nicht gänzlich unterging, sondern sich noch ganz zuletzt im Zeichen einer groß angelegten Synthese zwischen romantischem und realistischem Stil erhielt. Es waren insbesondere Walter SCOTT, Heinrich HEINE, Willibald ALEXIS und Gottfried KELLER, die Fontane veranlaßten, das Verhältnis zur Romantik zeitgeschichtlich, stiltypologisch wie persönlich zu überdenken; hinzu kam die Lektüre der Werke Heinrich von KLEISTs und Achim von ARNIMS.

Im frühen Essay *Unsere lyrische und epische Poesie seit 1848* (1853) steht Friedrich de la MOTTE-FOUQUÉ für alles, was dem jungen Realismus fremd geworden ist:

Der ganze La Motte-Fouqué ist ihm [dem Realismus] mit Haut und
Haaren noch nicht das kleinste Uhlandsche Frühlingsliedchen wert
[...]. Ob König Thor den Hammer schwingt oder nicht, ist ihm zunächst gleichgültig [...] er läßt die Toten oder doch wenigstens das
Tote ruhen. (III.1.242)

FOUQUÉ als Romantiker (vgl. P. ANDERSON, 1994) steht hier neben vielen anderen, die gleichfalls »Rumpelkammern« durchstöbern und »Antiquitäten« nur deshalb verehren, weil sie »alt« sind. Fontane reagiert somit auf eine triviale Ritter- und Spukromantik, die mit Versatzstücken aus Mythologie, Sage und Märchen arbeitet, ohne die eigentümlichen Entdeckungen ernst zu nehmen; d. h. er weist die im Zeichen der Romantik vollzogene Rückwendung auf alte Stoff- und Formbereiche nicht etwa in Bausch und Bogen zurück, sondern bemängelt deren kritiklose Verwertung. Noch später wird er solche romantischen Anstrengungen, die er mit dem Namen FOUQUÉS verbindet und die auf eine Revitalisierung germanischer Mythologie hinauslaufen, differenziert beurteilen (N XXI/1.341). So kann es geschehen, daß gerade der Realist im Zug seiner Romantik-Kritik die typische Neigung des Romantikers, »unter den Trümmern halbvergessener Jahrhunderte« (III.1.242f.) zu suchen, richtiggestellt, es aber noch immer für möglich hält, dort »manche unsterbliche Blume« zu entdecken.

Was immer mit der Wertschätzung des »kleinste[n] Uhlandsche[n] Frühlingsliedchen[s]« gemeint sein mag, es verbürgt Fontanes von keinem realistischen Programm zu beirrendes Interesse an romantischen Werken, die er als »Zierde unserer Literatur« (III.1.436) hochschätzt, und er nennt in diesem Zusammmenhang »Chamissos ›Peter Schlemihl‹, Eichendorffs liebenswürdige[n] ›Taugenichts‹ oder Fouqués ›Undine‹« (III.1.437).

Für Fontanes Realismus-Verständnis bleibt die Verhältnisbestimmung zur Romantik konstitutiv. Die Abgrenzung führt in keinem Fall zum Abbruch der Bemühungen um kritische und differenzierte Aneignung. Offenbar bemerkte Fontane eine fortwährende Debatte um »Wert und Unwert der romantischen Schule« (N XXI/2.43) und entschied sich, hierbei eine eher vermittelnde Rolle einzunehmen; ihm schwebte eine Art Synthese vor, die er theoretisch wie praktisch zu begründen suchte. Seinem konkreten Denkansatz entsprechend spitzt sich die Entscheidung in der Wahl der literarischen Vorbilder zu: Die Weichenstellung zwischen Romantik und Realismus, genauer zwischen falsch-romantischem und echt-romantischem Realismus wird an den Signal-Namen »Ludwig Tieck« oder »Walter Scott« (ebd.) erkennbar. Kann dem ersten noch eine literarhistorische Bedeutung zugestanden werden, so gebührt nur dem zweiten der Ehrentitel eines modernen Klassikers im Sinn eines Wegweisers für die Gegenwart und in die Zukunft.

SCOTT, »der großer Romandichter unseres Jahrhunderts« (III.1.385), erhält eine argumentative Schlüsselrolle bei der Scheidung zwischen echter und falscher Romantik.

> Er war ein Hauptpfeiler echter, *gesunder* Romantik gegenüber jener falschen und *krankhaften* romantischen Richtung, die sich die eigentliche nannte und zu deren Bekämpfung und Verdrängung nichts geeigneter sein konnte als ein völliges sich Vertrautmachen mit der Einfachheit, der durchsichtigen Klarheit der Walter-Scottschen Darstellungsweise. (III.1.403)

Für Fontane zeichnet sich hier eine Leistung von reformatorischer Größe ab, die allen, die »im Vollbesitz der Resultate sind, als ein Natürliches, immer Dagewesenes erscheint« (ebd.), tatsächlich aber ein epochal Neues bezeichnet. Schon im *Alexis*-Essay (1872) – ein Jahr nach dem *Scott*-Aufsatz – wendet Fontane diesen Maßstab an und gelangt zur begrifflichen Trennung zwischen Alt- und Neuromantiker.

> Scott [...] war Altromantiker, W. Alexis ein Neuromantiker. Jener hielt es mit der schottisch-englischen Ballade, mit dem Volksliede, mit den Romanciers des Mittelalters (unter den neueren war ihm Bürger der liebste); dieser hielt es mit der Romantik wie sie Tieck und Hoffmann auffaßten und gestalteten. [...] Die Altromantik, nach der Stellung, die ich zu diesen Dingen einnehme, ist ein Ewiges, das sich nahezu mit dem Begriff des Poetischen deckt; die Neuromantik ist ein Zeitliches, das kommt und geht. [...] Die eine ist höchstes und frischestes Leben, die andere zeigt ein hektisches Rot, freilich auch gelegentlich den Zauber davon. Die eine ist ein Geist, die andere ein Spuk; die eine ist aus Phantasie und Wahrheit, die andere aus Überspanntheit und Marotte geboren. Die eine, zwischen den Glaubensschwestern wählend, geht mit der heiteren Frömmigkeit, die andere mit der dunkeläugigen Mystik. (III.1.459f.)

Die auf diese Weise entworfene Dichotomie hat kanonische Implikationen (s. Gottfried BÜRGER), die auch für Fontane gelten, und legt ein »Ewiges« frei, das in enger Entsprechung zur Realismus-Debatte das Poetische definiert.

Obwohl Fontanes Deutungshorizont des Romantischen weit gedehnt ist, verliert er sich doch nicht im Verschwommenen. Die Grenzen, die dem Romantischen in Fontanes Verständnis gezogen sind, beginnen bei den sogenannten »Unerfindlichkeiten« (N XXII/2.634), die seiner Meinung nach ein Werk ›vergiften‹. Nicht darauf kommt es an, ob ein Schlagwort zündet, sondern allein die Güte der Machart bestimmt, ob das Werk richtungweisend wirkt.

Das so verstandene Romantische verliert seine epochenbildende Bedeutung im historischen Sinn und bezeichnet Merkmale der Stoffwahl und des Gattungshaften. Das zeigt eine grundsätzliche Stellungnahme, die vor dem Hintergrund der naturalistischen Bewegung (1889) die eigene Haltung gegenüber mittelalterlichen Stoffen erläutert:

> Ich stelle das Romantische nicht nur sehr hoch, es bleibt auch meine Lieblingsgattung in der Dichtung, und aller künstlerische Genuß, den ich der realistischen Schule verdanke, die Bewunderung, mit der ich Zola, Turgenjew, Tolstoi, Ibsen gelesen habe, verschwindet neben der erhabenen Freude, die mir, durch ein ganzes Leben hin, romantische Dichtungen wie Chevy-Chase, die Bürgersche Leonore, der Goethesche Erlkönig, das Herz von Douglas (vom Grafen Moritz Strachwitz), die Schillersche Jungfrau von Orleans und viele andere Arbeiten derselben Richtung gemacht haben. Der Sieg des Realismus schafft die Romantik nicht aus der Welt, und wär' es so, so wäre es ein schrecklicher, gar nicht wieder einzubringender Verlust; der Realismus schafft nur die falsche Romantik aus der Welt, die Romantik, die keine ist. (N XXII/2.638)

Fontane kritisiert als falsche Romantik eine Theatermode, die sechzig Jahre vor ihm schon Johann NESTROY parodiert hat und die sich auf dem »Markt« des Bildungstheaters trotz alledem erhält. So ergreift der Realist im Namen der Poesie die Partei der Romantik, um sie vor der »tiefe[n] Prosa der sogenannten Romantiker« (ebd.) in Schutz zu nehmen.

> Die Romantik kann nicht aus der Welt geschafft werden und in einer neuen Gestalt, oder vielleicht auch in ihrer alten oder nur wenig gemodelten, wird sie (denn sie verträgt sich sehr gut mit dem *Realismus*, was man an den echten Romantikern studieren kann) aufs neue ihren siegreichen Einzug halten, aber die rechten gläubigen Dichter müssen erst wieder dafür erweckt werden, dann werden sie auch das Publikum zu erwecken im Stande sein. Solange die Romantik aber nur ein Geschäft ist, hat sie verspielt; sie wird wieder siegen, wenn sie wieder ein lebendiges *Gefühl* geworden ist. (N XXII/2.639)

Im Vorfeld der Begeisterung für HAUPTMANNS *Vor Sonnenaufgang* klingen solche Bekenntnisse merkwürdig oder gar überholt, wenn nicht gerade auch in der Anerkennung der neuen Richtung Spuren dieses Romantik-Verständnisses nachweisbar wären. Da ist von einer »sonderbare[n]«, »gruselige[n] Geschichte« die Rede, von einem »Haus mit einem Gespenst in jedem Winkel« und eben von der »Ballade«, die den »Ton« des Ganzen ausmacht (N XXII/2.710–712). Auch hier also bewähren sich Begriffe aus dem romantischen Paradigma für die Identifizierung des Poetischen im naturalistischen Kontext.

Nicht viel anders verhält sich die Kategorie des Romantischen im Umkreis der Selbstcharakteristik des eigenen Werks (»das romantisch Phantastische hat mich von Jugend auf entzückt«; IV.4.113). Sie führt zu unterschiedlichen Lösungen, wenn man die gattungsgeschichtliche Spanne ins Auge faßt, die Fontane mit seiner historischen und zeitgeschichtlichen Romankunst (KEILER, 1985, S. 119) ausmißt. Vom Stofflichen und Diskursiven her gesehen nehmen *Vor dem Sturm* und *Unwiederbringlich* eine Schlüsselstellung ein; was das Symbolische betrifft, wären *Effi Briest* oder *Der Stechlin* zu nennen. Was die Fortführung der romantischen Tradition betrifft, so fühlt sich der Dichter der Nordischen Balladen einem Modeschriftsteller wie Julius WOLFF überlegen, der »grade als Romantiker nur ein öder Nachtwächter neben mir ist« (BSJ II.139).

Für Fontane blieb das Verhältnis von Romantik und Realismus bis zuletzt ein Problem, eine Aufgabe, deren erneute oder wiederholte Lösung ihn faszinierte. Darauf deutet der unvollendete *Likedeeler*-Plan hin, der »eine Aussöhnung sein soll zwischen meinem ältesten und romantischsten Balladenstil und meiner modernsten und realistischsten Romanschreiberei« (DuD II.530). Hier scheint er eine Möglichkeit entdeckt zu haben, direkt den Gegensatz zu gestalten und in einem neuartigen Werktyp zu verwirklichen: »Der Stoff in seiner alten mittelalterlichen Seeromantik und seiner sozialdemokratischen Modernität [...] reizt mich ganz ungeheuer«. (DuD II.531)

Fontane und Kleist

Fontanes KLEIST-Lektüre fällt in den anregungsreichen Sommer 1872. Daß er erst so spät KLEISTs Werk kennengelernt haben sollte, ist angesichts der lebensgeschichtlichen, thematischen und ästhetischen Berührungen höchst verwunderlich; und doch zeugen die erst jetzt aufgezeichneten Eindrücke von einer Art grundlegender Erstbegegnung. Ob sie auch einen Einfluß ausüben konnte, läßt sich nicht so leicht bestimmen (vgl. die kontroverse Einschätzung der Bedeutung KLEISTs für Fontane durch REUTER, AzL, 1969 und BIENER, 1977). Das liegt, jenseits des strittigen KLEIST-Bildes, nicht nur an dem zögernden, sondern überaus reibungsvollen Zugang, den sich Fontane in mühevoller Kritik erarbeitet.

Sein eher konventionelles Realismus-Verständnis erschwerte ihm die Anerkennung eines Werkes, das ihm vornehmlich im Licht einer exzentrischen Romantik entgegentrat; und doch verschloß er sich nicht den modernistischen Zügen, lernte er bei der Verarbeitung der Widerstände das ästhetisch Vollkommene zu erkennen. So sehr Fontane bei seinem Bestreben, KLEIST zu verarbeiten und zu verkraften, fast schon die Position der Klassik übernahm (AzL, S. 267), so sehr befreite er sich angesichts der überwältigenden Kleistschen Kunstleistung von Vorurteilen, die selbst hundert Jahre später von Seiten einer orthodoxen Lehrmeinung fortgeschrieben wurden (das gilt insbesondere von REUTERS unsachlicher Kritik an KLEISTS ›Romantik‹, während BIENER schon einen Schritt darüber hinaus wagte).

Einheitlich und entschieden positiv, wenngleich nicht minder differenziert, fällt Fontanes Urteil über KLEISTS Erzählungen aus: »Als Erzähler ist er sehr bedeutend.« (N XXI/2.141) Die »Legende« über die *Heilige Cäcilie* überzeugt ihn am wenigsten, da ihn die vermeintlich eindeutige katholische Perspektive stört; auch die *Kohlhaas*-Novelle befriedigt ihn nicht restlos, da sie trotz des vorzüglichen ersten Teils in der zweiten Hälfte allzu sehr romantisiere. Am höchsten stellt er *Die Verlobung in St. Domingo* und *Die Marquise von O...*. Beide Werke hält er für »meisterhaft erzählt«; die *Marquise...*-Novelle empfindet er sogar als »das Glänzendste und Vollendetste« (N XXI/2.143), ja sogar »Liebenswürdigste«. Die brisante Exposition sei »mit äußerster Geschicklichkeit kurz und knapp« und mit einer »gewissen frauenärztlichen Objektivität« erzählt. Merkwürdigerweise findet sich keine Notiz über den *Findling*, der mit seiner besonderen Ehethematik Fontane eigentlich sehr interessiert haben müßte (ebensowenig scheint er den *Zweikampf* gelesen zu haben).

Was nun konnte Fontane auf dem Weg zu seiner Erzählform von dieser bewunderten Kunstleistung lernen? Spezifische Novellen-Techniken werden es kaum gewesen sein, denn gerade ihn berührte die berüchtigte Novellen-Diskussion seiner Zeitgenossen überhaupt nicht (vgl. 2.2.5 und 3.1.1). Ist es nur der ›Realismus‹, der – anders als in KLEISTS ›romantischen‹ Schauspielen – hier seine Vorzüge ansichtig machte und zur Fortsetzung ermunterte? Es liegt etwas Verlockendes in dem Gedanken, »daß das, was Fontane an der ›Marquise von O...‹ rühmt, auch für vergleichbare Szenen seines eigenen Werkes – von ›Schach von Wuthenow‹ und ›L'Adultera‹ über ›Graf Petöfy‹ und ›Irrungen, Wirrungen‹ bis hin zu ›Effi Briest‹ – gilt« (AzL, S. 268). Aber welche »Grundhaltung« jenseits von »Kopie« oder »Nachahmung« wäre hier gemeint? REUTER sieht sie in Fontanes bahnbrechender Erkenntnis, daß eine Vergewaltigung, wie sie die *Marquise*-Erzählung exponiert, als »*Möglichkeit* [...] im eigenen Herzen« (N XXI/2.143) entdeckt werden kann. Wenn dieses Argument wirklich zutreffen sollte, dann hätte Fontane sein spezifisches Realismus-Verständnis an Modellen eminenter Normbrüche ausgebildet. Und so gesehen, könnte ihm sogar das Bild des ›vaterländisch anstößigen‹ Prinzen als komplementärer Faktor im politisch-erotischen Normenkonflikt wichtige Hilfen auf dem Weg zu seinem modernen Figuren-Konzept vermitteln. Zur Zeit der Arbeit an *Cécile* las er Otto BRAHMS *Kleist*--Buch; denkbar ist, daß die Angst der ›Belasteten‹ in Verbindung steht mit dem Mißtrauenskonflikt aus der *Verlobung in St. Domingo* und ihm eine moderne Richtung gibt. KLEIST kann auf Fontane nicht so gewirkt haben, wie es manche KLEIST-»Enthusiasten« (N XXII/1.509) für sich in Anspruch nahmen; Fontane distanzierte sich ausdrücklich von WILDENBRUCH, der glaubte, der »wiedererstandene Heinrich v. Kleist« (IV.3.400) zu sein und doch nur ein »[a]rmer Stümper« blieb, der sich »einbildet, in Heinr. v. Kleists Sattel weiterreiten zu können« (*Tagebuch*, II.189). Wenn es eine Linie zwischen KLEIST und Fontane geben sollte, dann bezeichnet sie eher die Gratwanderungen entlang den Demarkationslinien der jeweiligen politisch-gesellschaftlichen Ordnungen.

Fontane und der »Tunnel über der Spree«

Zu der für Fontane kennzeichnenden Einflußgeschichte gehört wesentlich die Rolle der Dichtervereine, die einen »literarischen Verkehr« (III.4.200) begründeten, ohne den Fontanes Entwicklung wahrscheinlich eine andere Richtung genommen hätte (vgl. 1.3.5). Beginnend mit der wenn auch kurzfristigen Mitgliedschaft im »Lenau-« und »Platen-«Klub (1840) entfaltet sich seit dem Beitritt in den Berliner Sonntagsverein »Tunnel über der Spree« und seine Abzweigungen, den »Rütli«- und »Ellora«-Verein, ein institutionsgeschichtlich geprägter literarischer Werdegang. Die Fontane-Forschung ist sich seit langem darüber im klaren, daß Fontanes Leben und Werk insbesondere durch den Sonntagsverein, jener wahrscheinlich zu Unrecht u.a. von Emanuel GEIBEL bespöttelten »Kleindichterbewahranstalt« (HEYSE, 1900, S. 87), entscheidend geprägt wurden. »Die ›Tunnel‹-Episode war auf Fontanes Leben von nachhaltigem Einfluß« und bestimmte »auf Jahre seine literarische Entwicklung« (JOLLES, S. 6f.). Abgesehen von brieflichen Äußerungen, die mehrfach »Tunnel«-Angelegenheiten betreffen, bezeugen das »Kastalia«-Kapitel in *Vor dem Sturm*, die entsprechenden Abschnitte in der *Scherenberg*-Biographie und vor allem der umfassende Teil in der Autobiographie *Von Zwanzig bis Dreißig* die Bedeutung dieses Erlebnisses in der Selbstwahrnehmung des Dichters.

Daß der »Tunnel« nicht nur einen spezifisch literarischen, sondern lebensgeschichtlichen Einfluß auf Fontane ausüben konnte, liegt in einer sozialen Komponente dieser Einrichtung: Der »Tunnel« vereinte Personen unterschiedlicher Herkunft, Stellung und Gesinnung im Namen gemeinsamer produktiver und kritischer Interessen: Offiziere, Beamte, Ärzte Kaufleute, Künstler, Dichter, Gelehrte, Journalisten und Studenten fanden sich zusammen und diskutierten nicht nur ihre eigenen, mehr oder minder gelungenen literarischen Arbeiten, sondern begründeten damit einen Gesprächs-, Bekannten- oder gar Freundeskreis, dessen Spuren weit in Fontanes Zukunft hineinreichen, sozusagen eine Bereitschaft bezeugen, »sich gegenseitig zu fördern.« (R. BERBIG, 1987, S. 112) Fontane blieb dem »Tunnel« mit wenigen Unterbrechungen etwa zwei Jahrzehnte lang ›treu‹: 1843 wurde er in die Vereinigung eingeführt, 1844 offiziell aufgenommen, bald übernahm er das Amt des stellvertretenden, danach auch gewählten Schriftführers, und schließlich rückte er sogar zum Vorsitzenden auf; erst in den sechziger Jahren begann die Entfremdung (III.4.328), fühlte er sich der Vereinigung »entwachsen« (FE I.188). Namentlich bürgen LEPEL, Wilhelm von MERCKEL, Franz KUGLER, Adolph MENZEL und STORM (als ›Gast‹) für die persönlichen und bedeutenden Dimensionen einer mit dem »Tunnel« verknüpften Einflußgeschichte. Daß in dieser Namensreihe nur Männer auftreten, hat seinen besonderen Grund, denn der »Dichterverein« (III.4.314) war eine Gesellschaft, in der selbst bei hohen Festen »die Damen fehlten«. (III.4.324)

Der »Tunnel« war gesellschaftlich-politisch gesehen eine sich selbst so inszenierende Enklave, die im Namen einer betont unpolitischen Literaturdebatte die konservative (monarchistische, antidemokratische) Linie unangefochten voraussetzte und auf diesem Fundament einen humoristisch-ironischen Diskussionston pflegte, den sich auch Fontane in modifizierter Form als »übermütige[n] Bummelton« (III.4.326) aneignete. Solche ›Restriktionen‹ wirkten sich keineswegs nur negativ aus. Persönlich nämlich erschloß sich dem jungen Fontane eine wichtige und interessante Welt: »Fontane gewann durch den Umgang eine persönliche Kenntnis von der Gesellschaftsklasse, die den preußischen Staat trug und in der Vergangenheit getragen hatte.« (NÜRNBERGER, FrF, S. 120) Insofern also existierte intern die sonst beklagte ›chinesische Mauer‹, die den Verein von der Öffentlichkeit abschloß, nicht bzw. wirkte eher ›aufschlußreich‹, denn ihre Demarkationslinie gewährte einen authentischen Einblick in menschliche Verhältnisse und Hintergründe, machte die Spannungen sichtbar, die sich zwischen den Bildern aus der Außensicht und der Eingeweihtenperspektive ergaben. Fontanes »*Tunnel*«-Erfahrungen modifizieren und präludieren in gewissem Sinn Momente der England-Erfahrung, indem sie im literarisch-poetischen Séparée die Nuancen einer Welt eröffnen, »die ihm sonst verschlossen geblieben wäre« (ebd.). Paradoxerweise also diente die literarische Hermetik des »Tunnels« im Bereich des gesellschaftlichen Verkehrs auch als Schule und Sprungbrett für das Leben.

Fontane nahm die Herausforderung zur ›Gelegenheitsdichtung‹, zur literarischen Praxis auf Abruf, und zur öffentlichen Debatte in der geschlossenen Gesellschaft an und konnte somit schon früh Erfahrungen mit dem Publikum machen, die ihm später nützlich sein mußten. Wo andere Dichter sich ›verweigerten‹ bzw. nur ein »Wrumb!« grunzen wollten oder konnten (KELLER/HEYSE, 1919, S. 147), focht Fontane ›parlamentarisch‹ eifrig und gewandt mit und errang eine ›Vormachtstellung‹. Daß er auf diesem Bewährungsweg das Feld der politischen Lyrik im HERWEGH −Stil verlassen mußte und statt dessen die patriotischen Taten der preußischen *Männer und Helden* entdecken konnte, gehört zur bedeutenden, möglicherweise auch etwas bedauerlichen, zugleich aber doch begrenzten »Wirkung des ›Tunnels‹«, denn der »Verein konnte Fontane zum Preußischen führen, er konnte ihn aber nicht zu seiner speziellen Anschauung desselben, zu seiner im engeren Sinne politischen Einstellung herüberziehen.« (E. KOHLER, 1940, S. 230) Anders, formaler gesagt: »Zweierlei dankte Fontane dem ›Tunnel‹: Kritik und Selbstprüfung, Anerkennung und Ruhm.« (REUTER, S. 183)

Obwohl es kein ästhetisches Programm des »Tunnels« gibt, lassen sich doch Grundlinien erkennen, die für Fontanes Entwicklung im negativen wie positiven Sinn wichtig bleiben. Dem gesellschaftspolitischen Selbstverständnis des Vereins entsprechend, also getreu dem Prinzip der Absonderung ins Private zum Schutz der konservativen Gesinnung, rückt auch die Kunst vom unmittelbaren Leben ab und beansprucht eine Sonder- bzw. Höherstellung im machtgeschützten Elfenbeinturm. Befreit von den ›Tendenzen‹ der Zeit repräsentiert sie einen idealen Bezirk, dessen Aufgabe darin liegt, aus den Wirrnissen des Lebens in eine schöne, ruhige und heitere Sphäre hinaufzuführen und in diesem entrückten Kunstraum zu unterhalten. Wo immer sich dennoch Berührungen zwischen Kunst und Leben ergeben könnten, sorgen veredelnde, läuternde und verklärende Kräfte dafür, daß eine tatsächliche Vermengung unterbleibt und die geradezu sakrale Aura der Kunst vor allen profanen, ja selbst moralischen Zumutungen bewahrt wird. Wer an Fontanes Realismus in Theorie und Praxis denkt, wird neben dem Eindruck tiefer Unterschiede doch auch Spuren dieser poetologischen Vereinsmentalität wiederfinden können, selbst wenn er ihre andere oder gar entgegengesetzte Richtung hervorhebt. Entwicklungsgeschichtlich jedenfalls gilt ohne Zweifel: »Die Mitgliedschaft im ›Tunnel‹ dürfte bei Fontane die Rezeption zeitbedingter Anschauungen intensiviert haben.« (J. KRUEGER, 1977, S. 220; AA 3/2.79) Will man nicht unterstellen, daß Fontane durch die »Tunnel«-Linie nur aufgehalten bzw. ausschließlich behindert wurde, so liegt die Vermutung nahe, daß er das erworbene Begriffsrepertoire zwar formal beibehielt, inhaltlich aber modifizierte oder gar umkehrte; denn im Namen der Verklärung knüpfte er abermals Verbindungen zwischen Kunst und Leben, die der »Tunnel« unter demselben Etikett aufzulösen empfahl.

Praktisch, produktionsgeschichtlich gesehen, fungierte der »Tunnel« für Fontane als »Balladenschule« (KOHLER, 1940, S. 137), in der er »alle Klassen absolvierte« (NÜRNBERGER, FrF, S. 121). Ihr eigentümliches Profil gewann diese Schule durch ein weitgehend formal bestimmtes Curriculum, das Kenntnisse und Fähigkeiten im ›Handwerklichen‹ der literarischen Tätigkeit betonte. Zugrunde lag ein »poetischer Kanon« (REUTER, S. 180), in dem die Werke von Louis SCHNEIDER, Moritz von STRACHWITZ und Christian Friedrich SCHERENBERG an oberster Stelle standen; schon GEIBEL und HEYSE lösten nach diesem kanonischen Maß »Unbehagen« (ebd., S. 181) aus. Fontane, der mit einer Freiheitslyrik im Tone HERWEGHS eintrat, orientierte sich bald am Erwarteten, erfüllte und überbot es, so daß er seinerseits dem »Tunnel« ein neues Gepräge gab. Beobachtet, diskutiert und beurteilt wurden im »Tunnel« Stoffwahl und Stoffbehandlung, die Kunst der Darstellung, die Kraft der künstlerischen Abrundung, die Einlösung der Gattungsgesetze, die Erzeugung des Tons, die Kontrasttechnik, das Geschick im Arrangement, der wirkungsvolle Effekt, die ›Kostümierung‹ (KOHLER, 1940, S. 163), die Wahl des Ausdrucks, die Reimform und viele andere technische Einzelheiten und Stilmittel (Leitmotiv, Andeutung, Sprunghaftigkeit). Daß solch enormer Fleiß bei einer ästhetischen Evaluation dennoch schlecht abschneidet, sollte nicht dazu führen, seinen Übungswert gänzlich zu bestreiten; da es sich hier nicht nur um praktizierte Kritik, sondern vor allem um regelmäßig vorgewiesene schriftstellerische Arbeit handelt, liegen »Tunnel«-Veranstaltungen im Niveau allemal über gewöhnlichen akademischen Literaturseminaren. Dem Autodidakten Fontane, der noch nicht einmal das Abitur vorweisen konnte, mußte der »Tunnel« als Bühne für intellektuelle und schriftstellerische Bewährungsspiele gelegen kommen.

Fontane und Alexis

Was Fontane an ALEXIS schätzen konnte, faßt ein Urteil von Georg LUKÁCS bündig zusammen:

> Der einzige deutsche Schriftsteller, von dem man mit einigem Recht sagen kann, daß er Walter Scottsche Traditionen vertritt, ist Willibald Alexis. Er ist ein wirklicher Erzähler, mit einer wirklichen Begabung für das historisch Echte in den Sitten und Gefühlen der Menschen. Bei ihm ist die Geschichte viel mehr als Kostüm und Dekoration, sie bestimmt real das Leben, das Denken, Fühlen und Handeln seiner Gestalten. (1955, S. 66)

Selbstverständlich ›brauchte‹ Fontane seinen Landsmann eigentlich nicht, weil er von Anfang an SCOTT zur Genüge kannte; auch mußte ihm klar sein, daß er durch keine ALEXIS-Nachahmung das erreichen konnte, was er am schottischen »Novellisten« hochschätzte. Wahrscheinlich half ihm ALEXIS am meisten dadurch, daß er ihm Gelegenheit gab, am Modell größtmöglicher Nähe den entscheidenden Unterschied seines eigenen Weges am deutlichsten herauszuarbeiten. Daß hierbei Geschichte, Landesgeschichte, preußische und Nationalgeschichte, überhaupt Geschichte als Sinngebung und Berufung eine herausragende Rolle spielen, liegt auf der Hand. Desgleichen bietet sich das Medium, der historische Roman, zumal in seiner ›vaterländischen‹ Ausprägung, als natürliche und vor allem auch moderne Form an. Biographisch, entwicklungsgeschichtlich, ja selbst im Zuge seiner allerfrühesten Leseneigung, wird Fontane in die ALEXIS-Spur geradezu hineingedrängt, so daß »es unmöglich ist, den Einfluß von Scott und den Einfluß von Alexis auf Fontane klar voneinander zu trennen.« (THOMAS, 1972, S. 427) Fast ließe sich an eine Versuchung denken, die in Gestalt der SCOTT-ALEXIS-Linie an Fontane herantritt und den sich am eigenen Romanprojekt *Vor dem Sturm* abarbeitenden ›Anfänger‹ mit schönen, aber abwegigen Versprechungen in eine Sackgasse zu verlocken sucht. »Alexis und Scott stehen einem Autor nahe, der Weltgeschichte und nationale Mission nicht frei von Illusionen ins Verhältnis setzen kann.« (KEILER, 1994, S. 227)

Die neuere Fontane-Forschung, die soviel Verständnis für die frühkindlichen, ja archetypischen Prägungen aufbringt, wird nicht verkennen, daß besondere Gründe vorliegen müssen, wenn Fontane gerade ALEXIS als jenen »erste[n] Dichter« identifiziert, »den ich sah« (III.1.408). Fontane wird sich im Laufe seiner Entwicklung mehrfach von ALEXIS distanzieren; aber diese Distanz kommt nicht etwa nur seiner SCOTT-Beziehung zugute, wie es die Unterscheidung zwischen dem »olympischen Lachen« (III.1.461) des ›Altromantikers‹ und der »Tiecksche[n] Ironie« (III.1.424) des ›Neuromantikers‹ (III.1.459) zu verstehen geben könnte. Ganz im Gegenteil stuft er auch nach seiner Klärungsarbeit im großen ALEXIS-Essay von 1872, durch die er »selbst etwas lernen möchte« (IV.2.399), den Autor als ›Spezialisten‹ für die Mark Brandenburg hoch ein (»eine ganz große Nummer« IV.4.415). Wo er ihn kritisiert, da mag sich tatsächlich der Verdacht aufdrängen, ob hier nicht etwa Fontane »mit sich selbst [...] hadert« (KEILER, 1994, S. 220). ALEXIS scheint wirklich jemand zu sein, der Fontane »begleitet« (ebd., S. 231). Die Spuren dieser Begleitung unterscheiden sich von den Abdrücken eines Einflusses vielleicht insofern, als sie die Erinnerung an ein gemeinsames »Ursprungsfeld« (ebd., S. 215) lebhafter wachhalten und die mehrfachen Biegungen des gemeinsamen Weges deutlicher anzeigen.

Fontane und Heine

Fontanes Vorliebe für Heinrich HEINE ist mehrfach bezeugt, auch wenn er sich über HEINE nie im Zusammenhang geäußert hat (vgl. jedoch den Hinweis auf einen geplanten Aufsatz in N XXI/2.519). Ihren brisantesten Ausdruck findet diese Vorliebe dort, wo sie in Szene setzt, zu welchem Umgang sie paßt und welchen Zwecken sie dient. Die Rede ist vom ehemännlich unzensierten Literaturgespräch zwischen Crampas und Effi:

> »Er ist mein Lieblingsdichter, und ich kann ihn auswendig, sowenig ich mir sonst, trotz gelegentlich eigener Versündigungen, aus der Dichterei mache. Bei Heine liegt es aber anders: alles ist Leben, und vor allem versteht er sich auf die Liebe, die doch die Hauptsache bleibt.« (I.4.137)

Daß sich Crampas' Bekenntnis zu HEINE als dem Dichter des Lebens, der Liebe, der Romantik und Politik mit Fontanes ureigensten Sympathien deckt, weiß die Forschung seit langem, obwohl sie zugleich auch vor einer Überschätzung warnt (III.1.812). Solche Vorsicht ist angesichts des Zitats in der Tat ratsam, bietet doch die Romanstelle einen eher heiklen (und vor allem auch unauthentischen) Zugang zum Wortlaut der Heineschen Dichtung; überdies steht die Anspielung auf die drei Gedichte (*Seegespenst*, *Vitzliputzli* und *Spanische Atriden*) im Dienste von Unheilsverkündungen wie Überschwemmung, Untergang, Menschenopfer und Mord aus Eifersucht (dazu H. O. HORCH, 1979; GRAWE, 1982; P. PÜTZ, 1989).

Auch für Fontane bedeutet die Chiffre HEINE, zumal wenn sie für ein politisches Programm, für die Gruppe »politischer Schriftsteller in Heines […] Manier« (III.1.157), steht, nicht immer nur etwas Begrüßenswertes. Wohl anerkennt er, daß hier an »Witz und Geist und guten Einfällen kein Mangel« sei, desto mehr aber beklagt er den Mangel »an Sachkenntnis und jenem gesunden Sinn, der vor allen Dingen an keine Vortrefflichkeitsschablone glaubt« (III.1.157). Die Forschung hat diese Distanzierung des Nach-Achtundvierzigers von HEINE als dem politischen Lehrmeister, auf dessen Ära eine »gesunde Reaktion« gefolgt sei, unterschiedlich aufgenommen (NÜRNBERGER FrF, S. 206; vgl. auch IV.3.536) oder erregt als eines der »bösesten« Worte verbucht, die Fontane je geschrieben habe (REUTER, S. 277); auch von »Denunziation« (HORCH, 1979, S. 141) ist streng die Rede, obwohl klar wird, daß solche Formulierungen »Ausnahmen« bleiben bzw. zu Fontanes kompliziertem Entwicklungsweg gehören.

Wo Fontane von der »Schule Heine« absieht, die er als »frivol und abgeschmackt« (IV.3.304) oder auch als gegenrealistisch (III.1.242) bewertet, erklärt er sich in der ihn auszeichnenden differenzierenden Weise für HEINE: »Bürger ist kein Schiller, Heine ist kein Göthe, Storm ist kein Wieland und doch decken Bürger-Heine-Storm mein Herzensbedürfniß unendlich mehr als das große Dreigestirn.« (IV.2.206f.) Das gilt der Lyrik ›von früh bis spät‹. In der Liste seiner »besten Bücher« notiert er zu HEINE: »das Schlechte (mit Ausnahme des Sentimentalen) mit demselben Vergnügen wie das Gute«. (N XXI/1.497). Den *Romanzero* und *Deutschland, ein Wintermärchen* bewundert er rückhaltlos (III.1.570), *Schlachtfeld bei Hastings* zählt er neben Moritz von STRACHWITZ' *Herz von Douglas* zu den »Perlen« (FL II.36) und nennt es sein

»Lieblingsgedicht« (III.1.571). Auch der feuilletonistische Stil beeinflußt Fontane (NÜRNBERGER FrF, S. 189); *Ein Sommer in London* steht im Banne der »Heinesche[n] Manier« (ebd., S. 25), auch wenn er andere Zwecke (nämlich die eines Reiseführers) verfolgt als die *Reisebilder* (IV.1.390f.); die spätere Lektüre der *Memoiren* wird ihn »sehr« amüsieren: »alles kolossal geistreich, fein, witzig«, und doch setzt er zugleich hinzu: »kuckte nicht die Verlogenheit und Eitelkeit überall hervor, so wäre es Nummer eins.« (IV.3.303)

Für Fontane verknüpft sich der Name HEINES mit den Schlüsselwörtern der eigenen Entwicklung: England, Welt, Freiheit (REUTER, S. 167), Protest gegen Enge und Druck, Sehnsucht nach dem »romantische[n] Land« und Phantasiebilder in der Art »jener gespenstisch-schönen« Edith Schwanenhals, die im »Blute mit nackten Füßen« watet (III.3/1.172). Auch Fontanes Phantasien über das Melusine-Thema könnten sich an HEINES Figuren- und Seebildern entzünden (HORCH 1979, S. 151). Wie sehr zudem Richtung und Form der Kritik an der Gegenwart dem Vorbild HEINES verpflichtet sind, zeigt schlagartig und auf knappstem Raum ein Vergleich zwischen HEINES *Sklavenschiff* und Fontanes *Balinesenfrauen auf Lombok* (HORCH, 1979, S. 148). Durch HEINE gewinnt Fontane ein unbestechlich »artistisches Gefühl« (REUTER, S. 60), das seinen Versen und seiner Prosa, der Dichtung wie der Gebrauchsliteratur, den Briefen zumal (ebd., S. 149, 166), zugute kommt. Im Umgang mit HEINES Werk erfährt er die Wirkung der ›Töne‹, z.B. den »keck-phantastische[n] Ton, den »Heine so meisterhaft anzuschlagen verstand« (N XXII/1.166), oder die »pointierte Sprechweise« (N XXII/2.93), den »Schneddredin« (DuD I.157) oder die »Mischung von geheuchelter Naivität, indirekter Polemik und entlarvendem Spott« (REUTER, S. 157). Noch in *Frau Jenny Treibel* bewährt sich diese Schule. Dennoch weiß sich Fontane auch von dieser Heineschen Ironie, dem Prinzip, eine »angeregte Stimmung auf den Kopf [zu] stellen« (N XXI/2.180), zu distanzieren; HEINE – so heißt es – »suchte durch Ironie die Romantik zu überwinden, die ihm Gott ins Herz gepflanzt hatte, und scheiterte damit: die Gottesgabe war stärker als der Dämon, der sie verspottete« (III.1.329).

Mit Recht wurde festgestellt und auch überzeugend demonstriert, daß der eigentliche Einfluß HEINES auf Fontane im Werk selber zu entdecken ist (HORCH, 1979, S. 145). In minutiöser, feinsinnigster Werkinterpretation, die anschaulich macht, worin die HEINE-Wirkung liegt und wozu sie Fontane benützt, kommt HORCH zu dem überzeugenden Ergebnis, daß ohne diesen Einfluß

»Fontanes Weg als Schriftsteller einen anderen Verlauf genommen hätte« (ebd.). Die Romantik-Diskussion in *Vor dem Sturm* bzw. das Romantik-Syndrom in *Schach von Wuthenow* bezeugen das ebenso unbestreitbar wie die vielschichtige Verwendung der HEINE-Zitate in *Effi Briest*, wo es nicht nur darum geht, mit teils übernommenen, teils abgewandelten Formulierungen eine verführerische Wirkung auszuüben, sondern wo HEINE als Schöpfer der Rollenpoesie einbezogen wird in die dargestellten Rollen- und Normenkonflikte, und zwar nicht nur die Effis, sondern auch Innstettens und sogar Crampas' (HORCH, 1979, S. 168). So gelingt mit HEINES Hilfe die Transponierung sozialer Konflikte in die Sphäre der Kunst, wo nach den fatalen Gesetzen der literarischen Topik offenkundig wird, wie sehr selbst die vermeintlich individuellen Täter doch nur Opfer sind.

In HEINES Dichtung begegnete Fontane das Zentralthema des europäischen Romans der Moderne, die Langeweile (NÜRNBERGER, FrF, S. 64f.). Hier, insbesondere in der dritten Strophe von *Heimkehr*, entdeckte er eine Art ›Plan‹, den spätere soziale Romane über passive und leidende Menschen nur auszuführen brauchten:

> Ach Gott, wie einem die Tage
> Langweilig hier vergehn,
> Nur wenn sie einen begraben,
> Bekommen wir was zu sehn. (N XXI/1.291)

Fontane und Storm

Gemessen am Umfang der Materialien – Kritiken, Notizen, Erinnerungen und Briefe –, die von der Begegnung zwischen Fontane und STORM zeugen, besteht kein Zweifel an der eminenten Bedeutung der Beziehung zwischen den beiden Dichtern. »Die Freundschaft mit Storm [...] gehört zu den wichtigsten Kapiteln in F[ontane]s Biographie.« (III.1.824) Dennoch erübrigt sich damit nicht die Frage, ob STORM auf Fontane tatsächlich ›eingewirkt‹ habe. Die Skepsis gegenüber einer solchen Einflußnahme rührt nicht von den mannigfach zu beobachtenden Empfindlichkeiten und kritischen Reaktionen zwischen den beiden, die nur ein ›ambivalentes‹ Verhältnis, und zwar von jeder Seite her, stiften konnten. Fontane, um hier nur die eine Seite ins Auge zu fassen, ließ sich gelegentlich durch STORMS Art (seine »lokalpatriotische Husumerei«, III.4.364, die überhebliche Preußenkritik, der Frivolitätsvorwurf, III.4.373f., überhaupt das »Theodor-Stormsche« IV.1.630) provozieren und besaß nicht immer den Gleichmut, dessen mangelnde Selbstkritik oder Unfähigkeit zur Selbstironisierung zu verkraften; auch mag es sein, daß die eigene Familie, die unbedingt für Storm schwärmte, den Dichter im Haus zu sehr mit der Musterrolle des anderen bedrängte, in der Fontane seinerseits nur die Wirkung des »Stormschen ›Bibber‹« erkennen konnte (IV.3.256). Die Unterschiede waren zu groß und betrafen Natur, Lebensstil (die »gesellschaftlichen Befremdlichkeiten« Storms, III.4.367), »Lebensanschauung«, Erfahrungshorizont, Rollenverständnis und poetische Praxis; sie schlossen eine Begegnung nicht aus, ließen gewiß Anerkennung, Bewunderung und sogar Liebe (III.4.363) zu (immerhin gehörte Fontane zu den Ersten, die Storms dichterischen Rang erkannten) und erschwerten doch eine Beeinflussung im engeren Sinn, ›neutralisierten‹ die Anregungen, die aus Fontanes nahezu unablässiger Auseinandersetzung (P. G. Goldammer, 1987, S. 379) mit seinem Husumer Freund hervorgehen mußten.

Fontane hat Storm mit Heine verglichen, genauer ihn zwischen Heine und Mörike gestellt; die hier gemeinte Heine-Ähnlichkeit betrifft »eine gewisse Vorliebe für Sezierung erotischer Stimmungen und Situationen« (III.1.258). Es liegt auf der Hand, daß Fontane dieser »Manier« wenig abgewinnen konnte, auch wenn er sie in originaler Form schätzte. Dennoch bleibt es nicht nur bei mehr oder minder großer Bewunderung der gänzlich verschiedenen Arbeiten. »Zweifellos hat der Dichter wie Theoretiker Storm einen starken Einfluß auf den jungen Fontane, auch wenn dieser das später nicht mehr so recht wahr haben will. Die Gegensätze treten erst nach Fontanes drittem Englandaufenthalt mit aller Deutlichkeit hervor.« (D. Rüegg, 1981, S. 39) Von einem solchen Einfluß mag die Erkenntnis zeugen, wieviel »Maß und Ordnung überall, ohne den Zopf der Unnatur« (III.1.266) in Storms Poesie zum Ausdruck komme. An Storm konnte Fontane den bedächtigen, strengen, reinen Poeten und gewissenhaften Spezialisten (III.4.369f.; N XXI.2.82) im Zeitalter der »Überproduktion« und »Zeitungseilfertigkeit« (III.1.265) kennen- und schätzenlernen, der mit hoher »Sorglichkeit«, aber auch »Regelmäßigkeit« (III.1.272) arbeitet. Fontane selbst freilich suchte anders mit dieser »Zeitungseilfertigkeit« zurecht zu kommen, doch mußte ihm der Typus des »poetische[n] Poet[en]« (III.1.271; vgl. Goldammer, 1987) und seine kritische »Psychographenmanier« (III.1.272) desto mehr zu denken geben. »Klarheit« (III.1.266), formale Sorgfalt, Makellosigkeit, Einfachheit, »Feinheit« (III.1.267), Originalität, »Treue und Wahrheit« (III.1.268) und nicht zuletzt die geradezu hexenmeisterliche Suggestionskraft (III.4.369) – all das sind die Vorzüge der Stormschen Lyrik und Prosa, an denen sich Fontane ›schulen‹ konnte. »Der ›Immensee‹ gehört zu dem Meisterhaftesten, was wir jemals gelesen haben.« (III.1.269) Und das volle Gewicht der Begründung liegt hier auf dem »Reiz der bloßen Andeutung« (III.1.270). »Storm ist ein Meister in der Kunst des Andeutens, des Ahnenlassens.« (N XXI/2.82) Sowenig Fontane die spezifisch artistische Komponente nur bei STORM finden konnte, so sehr bezeugt ihre Betonung hier doch ihre beeindruckende Kraft; zugleich darf nicht vergessen werden, daß STORM wie HEINE der Dichter des Wassers ist und daß Fontane gerade das Wassermotiv in *Immensee* hervorhebt. »Wenn die verschleierte Schönheit die schönste ist, so haben wir sie hier.« (III.1.271)

In den Entwürfen zu dem geplanten Nekrolog, der einen versöhnlicheren Ton anschlägt, steht das im gegenwärtigen Zusammenhang gewichtige Bekenntnis:»Ich verdanke ihm sehr viel nach der schriftstellerischen Seite hin, denn er verstand sein Metier wie wenige und hatte auch über alles nachgedacht, aber auch wenn ich ihm nach *der* Seite hin minder verpflichtet wäre, bliebe immer noch das, daß er mir mit am meisten Genuß bereitet hat.« (N XXI/2.95) Ob und worin dieser Dank praktische Folgen haben konnte, ist eine Frage, die möglicherweise noch nicht endgültig beantwortet worden ist. Gibt es einen Weg vom Verspaar »Meine Mutter hat's gewollt, Einen andern soll ich nehmen sollt'« zu *Effi Briest* (vgl. zum Motiv schon Fontanes frühe soziale Ballade *Die arme Else*, 1846)? Was konnte für Fontane angesichts jener »dünn[en], kläglich[en], impotent[en], im höchsten Maße unerquicklich[en]« Geschichte klarer werden, in der »ein Mann von 48 eine junge Person von 18 mit in einen ›Waldwinkel‹ nimmt, um hier wie drei Auerhähne zu balzen«? (N XXI/2.97) Wenn es zutreffen sollte, daß der Spukgeschichten-Erzähler Innstetten eine Verarbeitung der Person STORMS darstellt (RÜEGG, 1981, S. 118, mit Bezug auf III.4.369), dann läge darin schon ein Hinweis auf mögliche weitere Spuren über die balladeske Phase Fontanes hinaus, und es ergäben sich Zusammenhänge auch dort, wo das Bewußtsein nur »rein[en] Quatsch« registriert. Daß hierbei der Blick auf *Grete Minde* und insbesondere *Ellernklipp* (vgl. IV.3.181) fällt, liegt auf der Hand. (WANDREY, S. 153f.; R. BRINKMANN, ²1977, S. 66) G. FRIEDRICH hat genauer nachgezeichnet, was Fontanes *Ellernklipp*-Geschichte an STORMS Novelle *Draußen im Heidedorf* heranrücken könnte: »das hilflose Ausgeliefertsein an eine Leidenschaft, gegen die der Mensch nicht aufkommen kann, obwohl er sich mit allen Kräften des Bewußtseins dagegen wehrt.« (FRIEDRICH, 1991, S. 64) Daß Fontane beim Aufgreifen dieses Motivs den Husumer Freund nicht nachahmen, sondern eher »übertreffen« (ebd., S. 66) bzw. zurechtrücken wollte, ist wahrscheinlich. Hinzu kommen hier noch Fontanes Variationen über das Thema des Altersunterschieds (*Waldwinkel*), und auch die nur angedeuteten inzestuösen Momente mögen bei beiden Autoren eine Rolle spielen. Nicht minder wichtig bleibt das gemeinsame und doch auch gegensätzlich interpretierte Interesse an der Adelsthematik und den damit verbundenen Mesalliance-, Untergangs- und Verhängnismotiven (vgl. hierzu Fontanes Begeisterung für die *Grieshuus*-Novelle).

Eine solche Vergleichbarkeit der Motive gibt zu verstehen, daß Fontanes Auseinandersetzung mit STORM nicht nur im Umkreis der balladesken Novellistik erfolgte, sondern sich womöglich auch in der modernen Gegenwartsdichtung fortsetzte.

Fontane und Heyse

Fontanes Freundschaft mit HEYSE hätte so etwas wie der menschgewordene Zusammenhang der Dinge, der verkörperte Welt-Kontakt zumindest auf der Nord-Süd-Achse und das Zeugnis für ein modernes Dioskuren-Paar der nachklassischen Literaturgeschichte werden können. Nichts davon ist der Fall; und doch lagen die besten Voraussetzungen vor. Wenn der achtzigjährige HEYSE im Jahr 1910 als erster deutscher Dichter mit dem Nobelpreis für Literatur ausgezeichnet wird, so scheint tatsächlich eingelöst zu sein, was Fontane dem Freund schon längst bescheinigt hatte, daß er nämlich auf Grund seiner führenden Stellung einem beträchtlichen Abschnitt des 19. Jahrhunderts seinen Namen geben könnte (IV.4.31). Wieviel es bedeuten mußte, mit HEYSE vertraut gewesen zu sein, macht ein Blick auf dessen Kontakte deutlich: Er stand im Briefwechsel mit herausragenden Persönlichkeiten der zweiten Jahrhunderthälfte: Jakob BURCKHARDT, GEIBEL, MÖRIKE, KELLER, STORM. HEYSE beherrschte das gesamte Repertoire der literarischen Formen; er trat erfolgreich als Lyriker, Epiker und Dramatiker auf, er bewährte sich als Übersetzer, Vermittler und Organisator in literarischen Dingen, so daß es keinen Sektor des literarischen Lebens gab, in dem er nicht irgendwie anzutreffen war. Von früh auf galt er als »Wunderkind« (N XXI/2.455) und »Junger Goethe« (N XXI/1.104), als »Liebling der Musen«, verwöhnt von Natur und Verhältnissen.

Was seine Beziehung zu Fontane betrifft, so fällt auch hier das Besondere ins Auge: Verglichen mit Fontanes anderen Dichterfreundschaften (STORM) liegt hier ein relativ kontinuierlich geführter, wechselseitig unterhaltener Austausch vor; als Freundschaftsbriefe legen sie Zeugnis ab von frühen, mittleren und späten Entwicklungsphasen (im Gegensatz zum Briefwechsel mit LEPEL). Und dennoch führen die kommunikativen Anstrengungen nicht weiter, bleiben weit zurück hinter dem erst spät aufgenommenen und nur fragmentarisch überlieferten Dialog mit einem literarischen Laien wie Georg FRIEDLAENDER.

Zweifellos ist die Geschichte der Freundschaft zwischen HEYSE und Fontane gekennzeichnet durch Gegensätzlichkeit, ja »Polarität« (ERLER in FH, S. IX), die aber eine Wiederaufnahme des oft unterbrochenen Kontakts mit welchem Interesse auch immer nicht verhinderte. Ein Schlüsselwort dieser merkwürdigen Beziehung mag der Begriff des »Jüngsten« sein; »unserm Jüngsten« (III.4.341) galt die Bewunderung, als HEYSE (ab 1848) im »Tunnel«-Kreis bzw. im »Rütli« auftrat; im Fluge überholte er den ›älteren‹ Fontane, um schließlich doch angesichts der Modernität des »Jüngste[n]« (IV.4.543) in der Rumpelkammer der Literaturgeschichte zu enden.

Von beiden Seiten aus gesehen handelt es sich um ein kritisches Verhältnis (FRIEDRICH, 1980), das oft auch zu verstummen drohte, doch suchten sie trotz vieler Reibungen den Kontakt zu erhalten. Fontane begegnete dem »Tunnel«-Neuling als gefeierter Balladen-Dichter, nahm aber nicht eigentlich produktiv die Herausforderung an, sondern bemühte sich eher um eine kritische Distanz, gleich einem, der nicht blindlings wetteifernd mitläuft, sondern stehen bleibt und den Lauf von außen zu studieren beginnt. Er wußte, daß er mit dieser Entscheidung in Verdacht geriet, aus der »Mißgunst der Impotenz« (FH, S. 299) zu urteilen. Doch spricht gegen diese Unterstellung die jederzeit klar formulierte hohe Anerkennung, die er dem Dichter HEYSE, dem Lyriker, Dramatiker und vor allem Epiker, und hier wiederum insbesondere dem Versepiker, zollte. Fontanes Liste der erteilten Prädikate macht nicht den Eindruck ›sauertöpfisch‹ erteilter Zugeständnisse, sondern zeugt von hoher Wertschätzung: Eleganz der Form, Klassizität, schönes Maß, graziöse Heiterkeit, Esprit, Witz und Humor; wiederholt vergleicht er den Freund mit Christoph Martin WIELAND. Auch von Realismus ist die Rede, wenngleich es sich hier bloß um einen »auf geistige Vorgänge gerichteten Realismus« (N XXI/1.92) handeln kann, der deutlich vom ›historischen‹ Realismus Fontanes absticht. HEYSES Spezialität des allgemein Menschlichen, der pathologischen Probleme, merkwürdigen, insbesondere erotischen Fälle und der poetischen Kasuistik verwandelt sich in Fontanes Schriftzügen zum Umriß eines Gegenbildes, das der Kritiker für sich selbst zu modellieren sucht.

Die Frage, ob Fontane seinem Freunde etwas verdanke, sollte nicht vorschnell negativ oder zu knapp beantwortet werden. Auf HEYSES Beiträgen ruhte wesentlich der Erfolg des *Argo*-Projekts. Von HEYSE ging die Initiative zur existenzbegründenden Bündelung der Balladendichtung aus: »Du mußt es dahin bringen, daß jeder Quintaner Fontanes Balladen kennt.« (FH, S. 75) HEYSE bestärkte Fontane auch in seiner Spezialisierung auf die »historische Touristik« (FH, S. 104) und erkannte das Gewicht des essayistischen Werkes (FH, S. 153), das gleichfalls eine Sammlung verdiene. HEYSE war hilfsbereit, auch wenn seine Hilfe in die falsche Richtung wies (s. Fontanes München-Episode). Dem Romancier Fontane, seiner Modernität und kritischen Intelligenz konnte der Akademiker nicht gerecht werden. Von kaum einem anderen Dichter hat Fontane über längere Zeit hinweg so Vieles und Unterschiedliches gelesen wie von HEYSE. Was diese Lektüre bei ihm auslösen konnte, wäre im einzelnen noch zu ergründen: Die Glücks- und Liebesthematik spielt gewiß eine große Rolle (FRIEDRICH, 1959), die Schuld-Diskussion (N XXI/1.103) ist wichtig; das Wassermotiv (vgl. *Margherita Spoletina*), der Konflikt der häßlichen Geliebten (vgl. *Michelangelo*), die problematische Figur des »moderne[n], unwiderstehliche[n] Weiberdämon[s]« (vgl. *Nino und Maso*; N XXI/2.25), die Variation des ›rabiaten‹ Mädchens (I.4.40) unter dem Einfluß der Eltern wie überhaupt die »wahre[n] Tiefblicke in die weibliche Natur, in die *Menschen*-Natur überhaupt« (IV.2.247) – das alles sind Momente in einer Lektüre, die dem Kritiker im Blick auf die eigenen, entgegengesetzten Lösungswege nicht gleichgültig bleiben konnten.

Ähnliches gilt vom Bild des Formkünstlers und Ruf des Klassizisten. Mit dem bloßen Befund der Epigonalität ist unter die erwägenswerte Einflußgeschichte noch kein befriedigender Schlußstrich gezogen. Wenn man bedenkt, welche Wirkung HEYSE bis heute auf die moderne Novellen-Forschung ausübt, so wird ahnbar, zu welchem ästhetischen Widerstand Fontane fähig war, als er sich dieser Norm versagte. Fontanes Romankunst erweist sich eben auch in der Form als eigenartig und unterscheidet sich vom Unsterblich-Mustergültigen im Heyseschen Sinn wie die Produktionen der »Freien Bühne« von den preisgekrönten Tragödien des Münchner Hof- und Kulturlebens.

Fontane und Wagner

Fontanes Verhältnis zu WAGNER darf in einem Rechenschaftsbericht über die »kulturellen Traditionen« nicht fehlen; fraglich mag nur sein Ort bleiben: Gehört es in ein (vorläufig noch imaginäres) Kapitel über Fontane und die Musik (das mit Blick auf den Balladenautor, die zahlreichen Vertonungen, die gelegentlich angesprochene »Sehnsucht nach einer Melodie« (I.1.750; IV.1.519) und vor allem die vielen Musik-Motive im Werk selbst sowie das Rhythmische seiner Prosa interessant ausfallen könnte; vgl. G. GEORGE-DRIESSLER, 1990) oder paßt es besser als Ergänzung zum Abschnitt über die Auseinandersetzungen mit SCHOPENHAUER und NIETZSCHE oder reiht es sich am leichtesten in den Reigen der literarischen Verknüpfungen und Verpflichtungen ein, wobei dann noch zu klären wäre, ob Fontanes WAGNER-Rezeption als ein Beitrag zur Romantik-Diskussion aufzufassen wäre? Wahrscheinlich gibt es Gründe für jede der drei Entscheidungen und die vorliegende Zuordnung stellt nur einen Kompromiß dar, der aber insofern auch wieder nahe liegt, als es in diesem Verhältnis doch hauptsächlich um literarische Dinge der Gegenwart, ja Moderne geht.

Der früheste Hinweis auf WAGNER findet sich im Zusammenhang der Berichte über *Shakespeare auf der modernen englischen Bühne* (1855). Der »Vierte Brief« handelt von der *Sturm*-Inszenierung des Sadlers-Wells-Theaters; darin hebt Fontane hervor, daß »wir in diesem Drama der Vergangenheit nicht mehr und nicht weniger als das von Richard Wagner geforderte ›Drama der Zukunft‹, das heißt ein friedliches Zusammenwirken von Tanz, Oper und Schauspiel haben« (III.1.99). Ob und wieviel Fontane von WAGNERs kunsttheoretischen Schriften zur Kenntnis genommen hatte (*Das Kunstwerk und die Zukunft* 1850, *Oper und Drama* 1852), läßt sich nicht feststellen; im Umkreis des »Tunnel« mag WAGNER immerhin insofern ›präsent‹ gewesen sein, als STORM in der Rolle eines Gastes den »Tunnel«-Namen »Tannhäuser« erhielt. (III.4.364) Auffallend an dem frühen Beleg ist, daß Fontane schon jetzt die ›Neuheit‹ des Musiktheater-Programms in Frage stellt; später wird er diesen Vorwurf wieder aufgreifen. WAGNER mag in den folgenden zwanzig Jahren gelegentlich in Gesprächen ein Thema gewesen sein (vgl. punktuell IV.2.248); erwähnen wird ihn Fontane erst wieder in den späten siebziger Jahren. Wieder deuten die Spuren auf eine durch zweite Hand vermittelte Rezeption (IV.2.587), doch dringt auch schon bald die »Musikpaukerei eines […] Wagner-fanatischen Sohnes« (IV.2.648), gemeint ist Sohn THEO, ins Gehör (auch von GEORGE wird es später heißen, er kenne die *Walküre* »in jedem Ton und Takt auswendig«, IV.3.312). Fontane registriert ebenfalls die antisemitischen und nationalen Töne, die im »R. Wagner-Enthusiasmus und -Schwindel« (IV.3.134 und IV.4.373) laut werden.

Den Anlaß für Fontanes erste nähere Beschäftigung mit dem Werk WAGNERS, genauer mit seiner Dichtung, gibt eine Studie von Otto REINSDORFF über die *Meistersinger von Nürnberg* (1873). Fontane tritt hier ›nur‹ als Kritiker der Kritik an WAGNER auf, indem er die poetologischen Grundlagen der Dramentheorie, von denen aus REINSDORFF argumentiert, zurückweist und so zu einer durchaus positiven Beurteilung des *Meistersinger*-Dramas gelangt. REINSDORFF fordert für das Drama einen Konflikt, in dem zwei ungleiche Prinzipien, ein absolut berechtigtes und ein unberechtigtes, aufeinanderstoßen; in den *Meistersingern* fehle eine solche Gegenüberstellung. Was die »Wagnerianer« als »Prinzipienkampf« ausgäben, das Gegeneinander von natürlichem und Kunstgesang, sei gar nicht der »Hauptinhalt« des Dramas, der läge vielmehr in einer »Liebesgeschichte«, wo bloß »Liebe und Eifersucht« wirkten (N XXI/2.176). Fontane bestreitet die Berechtigung dieses poetologischen »Doktrinenwesen[s]« (N XXXI/2.175), das ein Werk nicht nur mit falscher Elle mißt, sondern von ihm sogar ein ›theoretisches‹ Bewußtsein verlangt, nämlich das Aussprechen des gemeinten Prinzipienkampfes; genau diese Form von Reflexion bewirke ganz im Gegenteil, daß alles »leer, ledern, langweilig« (N XXI/2.176) klänge. Gerade das Liebesmotiv, das REINSDORFF geringschätzt, verleihe den *Meistersingern* auf Grund der gestalteten und nicht eredeten Vertiefung zur »*Prinzipienfrage*« ein »wirkliches Leben« und eine »erfrischend[e]« Wirkung, »ohne daß man von einer störenden Gedoppeltheit der Motive sprechen« könne. So gelangt Fontane auf dem Umweg der Kritik einer WAGNER-Studie nicht nur zu einer Aufwertung des Werkes aus realistischer Sicht (vgl. auch das positive Urteil »am bedeutendsten oder doch am eigenartigsten« in *L'Adultera*, I.2.49), sondern zur Bewährung der eigenen dramentheoretischen Überzeugung.

Spuren einer unmittelbaren WAGNER-Lektüre finden sich erst acht Jahre später. Am 27. 6. 1881 heißt es in einem Brief an seine Frau: »Mit ›Rheingold‹ soll heute der Anfang gemacht werden und dann an jedem neuen Nachmittage einen neuen unsterblichen Text. Ich bin sehr neugierig wie's auf mich wirken wird.« (IV.3.150) Ein Tag später setzt bereits die kritische Wägearbeit ein;

obwohl sie den Umkreis privater Mitteilung nicht überschreiten wird, wahrt sie ein Niveau, das keine Öffentlichkeit zu scheuen braucht.

> Es interessirt mich doch; im Detail ist vieles kindisch, geschmacklos, prätensiös, aufs Ganze hin angesehn scheint es aber doch eine groß angelegte Sache, gedankenhaft, und für musikalische Behandlung eminent geeignet. Es ist etwas mystisch, tiefsinnig Märchenhaftes in diesem Stoff und die Behandlung hat ihm diesen Charakter gelassen. Der oft gemachte Vorwurf ›es seien keine Menschen‹ hat keine rechte Berechtigung; es sind menschliche Leidenschaften und Charakterzüge die uns vorgeführt werden: Angst, Muth, Schlauheit, Intrigue, vor allem (Wagners persönliche Hauptleistungen) Goldgier und Liebesgier. Er ist ganz Wotan, der Geld und Macht haben, aber auf ›Lübe‹ nicht verzichten will und zu diesem Zwecke beständig mogelt. Auch hier lebt der Dichter in seinen Gestalten und man muß danach sagen: er schließt schlecht ab. (IV.3.152)

Diese Mitteilung in Form eines Klein-Essays ist überaus wichtig und für Fontane typisch. Sie enthält wie in einem Brennspiegel den Kern der Fontaneschen WAGNER-Rezeption, und zwar als notwendige Debatte. In dieser Form wird sie in das eigene Romanwerk eingehen und eine Filigranarbeit der Bezüge herstellen, ohne die z. B. *L'Adultera* und *Effi Briest* nicht die Kunstwerke wären, die sie dank ihrer postfigurierenden, alludierenden und leitmotivischen Technik sind. Die Behauptung des Jahres 1855, daß es sich hier um die Fortführung der Zauberstück-Tradition (in SHAKESPEARES und RAIMUNDS Art) handelt, verfestigt sich im Eindruck des Märchenhaften. Zugleich wiederholt Fontane das realistische Argument, mit dem er die *Meistersinger* verteidigt hatte, jetzt in der Anerkennung der dargestellten Leidenschaften. Sogar nach Auffassung jener WAGNER-Kenner, die Fontane am Briefende selbst »schlecht abschließen« sehen (P. WAPNEWSKI, 1981, S. 19f.), gelingt es dem Briefschreiber, den »Grundzug des Ganzen« zu erfassen.

Fontanes Kritik richtet sich gegen das ›Mogeln‹; schon in seiner Dramentheorie tadelte er die Dramaturgie der ›gemischten Charaktere‹, weil solche tragischen Helden ihre Unbestimmtheit dazu mißbrauchen konnten, sich aus den Konflikten und der Verantwortung herauszumogeln. Gegenüber WAGNER verschärft er seinen Vorbehalt, wohl wissend, daß er es mit einer »wirkliche[n] Arbeit« zu tun hat. In dem langen Brief an Karl ZÖLLNER vom 13. 7. 1881 setzt Fontane fast schon zu einer Abhandlung an, um seine Position verständlich zu machen:

> Was er gewollt hat, ist über die Banalität eines gewöhnlichen Operntextes hoch erhaben, überall erkennt man den Mann von Geist und poetischer Mit- und Anempfindung, überall möcht er philosophisch das Welträthsel lösen oder doch das Wort sprechen, das uns dieser Lösung näher führt und überall zeigt sich ein ordnender Geist, dem die Kunst der Composition kein leerer Wahn ist. Er behält immer sein Ziel im Auge und stellt es durch überaus geschickte Recapitulationen, in denen er geradezu excellirt, auch seinem Leser oder Hörer immer wieder vor die Seele. (IV.3.155)

Doch diese unbestreitbaren Vorzüge stellen immer nur die eine Seite eines komplexen Entwurfs dar, von dem Fontane sich andererseits distanzieren muß. Wie im Falle SCHOPENHAUERS stößt er sich am bloß Subjektiven und Persönlichen, wo Allgemeines oder Höheres beansprucht wird:

> Von ›Aether‹ [der Kunst] ist keine Rede, überall zappeln die niedrigsten Triebe, die commissesten Gemeinheiten, wie sie sich nur ›Götter‹ leisten können, um mich herum, allerniedrigste Triebe, die dadurch so widerwärtig wirken, daß man Richard Wagner immer persönlich mitzappeln sieht. (IV.3.156)

Urteilt Fontane hier nur von der Objektivitätswarte eines SPIELHAGEN aus? Was paßt ihm eigentlich nicht – das Zappeln oder die Person? Sollten es gar die niedrigen Triebe sein, die er nach dem Gebot seiner Verklärungskunst zwar nicht gänzlich auslöschen, wohl aber verstecken möchte? Vielleicht mißfällt ihm der Effekt der ›Kippfigur‹, die zwischen Göttern und Menschen changiert. Deutlich genug verlangt Fontane »Klarheit«, eine Grundlinie, ohne die alles in »totaler *Confusion*« stecken bleiben muß. Fontane hat den »sozial-utopischen und materialistisch-religionskritischen Gehalt« (M. GREGOR-DELLIN, 1983, S. 360) der Tetralogie klar erkannt, und dennoch warf er WAGNER vor, die selbstgesetzte poetische Aufgabe nicht erfüllt zu haben.

> Und welches war nun diese Aufgabe? Die Verschmelzung zweier Sagen oder Fundamentalsätze, von denen jeder einzelne gerade Schwierigkeiten genug bot. *Erster Fundamentalsatz:* An der Gier, an dem rücksichtslosen Verlangen, hängt die Sünde, das Leid, der Tod. Wer den Goldring der Nibelungen hat, hat ihn immer nur zu Unheil und Verderben. *Zweiter Fundamentalsatz.* Die Götter sind gebunden und regieren nur durch Vertrag. Auch dem Himmel kann gekündigt werden. Wächst der Mensch, so sinken die Götter; der eigentliche Weltherrscher ist der freie Geist und die Liebe. (IV.3.156)

Vor allem, was den zweiten Fundamentalsatz anlangt, so stand Fontane eben noch selbst vor der Aufgabe, in *Vor dem Sturm* die politische Dimension von Grundverträgen, ihrer Berechtigung und ihrer Veränderbarkeit zu erkunden (Treue- und ›Kapitulations‹-Thematik). Das Problem war heikel genug; jetzt wird es durch die religionskritischen und mythologischen Aspekte nicht einfacher. Fontane fährt fort:

> Ich habe gegen die beiden Sätze nichts einzuwenden, aber wenn man sie des Schwulstes und der Dunkelheit entkleidet, worin sie sich bei Wagner geben, so bleiben zwei ganz gewöhnliche Sätze übrig. Satz 1 ist die alte Eva-Geschichte, sündiges Verlangen und die bekannten Consequenzen. Satz 2 hat durch Feuerbach einen viel prägnanteren und geistreicheren Ausdruck empfangen: »Ob Gott die Menschen schuf, ist fraglich, daß sich die Menschen ihren Gott schaffen, ist gewiß.«
> So denn noch einmal, die beiden Sätze, mit denen Wagner operirt, sind zwar keineswegs neu aber doch durchaus acczeptabel. Unacczeptabel wurden sie erst durch ihre Verschmelzung. (IV.3.156f.)

Woran liegt das? Nach Fontanes Auffassung scheinen sich die beiden Fundamentalsätze auszuschließen: hier die Formulierung eines gesetzmäßigen, biblisch-archaischen Zusammenhangs, dort die Erfahrung einer bloßen Konvention, einer relativen Verfügbarkeit von Knüpfung und Lösung. Zeugt denn nicht gerade die »Eva-Geschichte« von dem bloß Gesetzten der »bekannten Konsequenzen«? Vielleicht hat Fontane selbst soeben in *Grete Minde* eine ähnliche »*Doppel-Aufgabe*« (mit vergleichbarem Mißerfolg?) angestrebt: auf der einen Seite die deterministischen Züge in Gretes Charakter, auf der anderen Seite die gesellschaftsgeschichtlichen Kräfte im Vorfeld des Dreißigjährigen Krieges (vom parabolischen Aktualitätswert ganz zu schweigen). Denkt man an die Kombinierbarkeit von »Eva-Geschichte« und »tyrannisierende[m] Gesellschafts-Etwas«, so eröffnet sich fast von selbst ein weites Feld für die gleichzeitig durchzuführende Doppel-Aufgabe. So gesehen, würde Fontane aus der Beschäftigung mit WAGNER die Kraft zum eigenen riskanten Weg gewinnen. Wie dem auch sei, seine Auseinandersetzung mit dem genialen Schöpfer der totalen Moderne bleibt keine wirkungslose Episode, sondern reicht tief in sein eigenes Werk hinein. Ohne den Blick auf WAGNER versteht man Fontanes Liebesgeschichten und Heiratssachen nur halb, indem man ausklammert, auf welche maßgeblichen kulturellen Kontexte sie sich beziehen. Für Fontanes Verhältnis zur ›Moderne‹ ist es kennzeichnend, daß er sie wie im Falle IBSENS differenziert und kritisch wahrnimmt; gerade dem revolutionären Erneuerungsanspruch der »Wagner-Apostel«, die »nicht müde werden, von ›neuem Evangelium‹, ›neuer Weltanschauung‹, ›neuem Lebensinhalt‹ etc. zu faseln« (IV.3.157), gilt (eigentlich schon ab 1855) seine Skepsis.

Ende Juli 1889 reiste Fontane nach Bayreuth. Obwohl er drei Eintrittskarten besaß, besuchte er nur die *Parsifal*-Aufführung, und auch diese verließ er schon nach der Ouvertüre. In seinen Briefen an EMILIE (28. 7.), Karl ZÖLLNER (19. 8.) und FRIEDLAENDER (20. 8.) berichtete er anschaulich über seine Erlebniskatastrophe mit einem ›Gesamtkunstwerk‹, das sich für ihn vornehmlich aus Geld, Masse, Lärm und Geruch zusammensetzte und ihn nur durch den beiläufigen Namenszauber der Gästelisten – »Siam, Shanghai, Bombay, Colorado, Nebraska, Minnesota« (IV.3.715) – in etwa entschädigen konnte. Es gehört zur Ironie kulturgeschichtlicher Gleichzeitigkeit, daß der knapp Siebzigjährige die Ausdünstungen im »geschlossenen Scheunen-Tempel« (IV.3.715) nicht aushielt, während er das ›Schnaps- und Knackkomödien‹-Programm (N XXII/2.732) der vielgeschmähten Stinkbude »Freie Bühne« sehr wohl vertragen sollte. Ein »*Revers*« (REUTER, S. 718) ist dies gewiß, aber nicht unbedingt im – sprachlich ohnehin anfechtbaren – Wechselsinn von »falsch« und »echt«, sondern von Vorder- und Rückseite eines beidseitig beschriebenen Blattes. Fontane verschloß sich nicht engstirnig angesichts eines weit gespannten Horizonts der Moderne und die vermeintlich ausgeschlossene Vermittlung erfolgte durchaus im Romanwerk. Ihr tatsächliches Ausmaß deutet sich freilich erst ab (HORCH, 1986). Bekannt sind die WAGNER-Debatten und WAGNER-Chiffren in *L'Adultera*, *Unwiederbringlich*, *Effi Briest* und *Der Stechlin*. Wo immer Fontane die Probleme des Elementaren als Konflikte der melusinenartigen Frauen gestaltet, ist WAGNER (wie SCHOPENHAUER) mehr oder minder präsent. Hinzu kommen weitere Anspielungen in *Graf Petőfy*, *Cécile* und *Frau Jenny Treibel*. Selbst in einem WAGNER-fernen Milieu wie dem der Möhrings finden sich Anhaltspunkte für eine ›parodistische‹ WAGNER-Rezeption (AUST, 1991).

Am engsten an die WAGNER-Lektüre schließt sich das Fragment *Oceane von Parceval* (1882) an. Ohne den Gründen nachzugehen, weshalb Fontane den Plan aufgegeben hat, zeichnet sich doch schon hier auf engstem Raum die Eigenart der WAGNER-Wirkung ab. Fontane hat klar erkannt, daß WAGNERs pathetisch-mythologisches Thema einen trivialen Kern hat:

das große Ziel, das Welten-Räthsel und das erlösende Wort, worauf läuft es hinaus? auf Richard Lucae's so gern citirtes Wort: ›Vater, koof mir 'nen Appel.‹ [...] Bei Wagner liegt es aber so, daß man nicht recht weiß, ob er nicht statt des ›Appels‹ doch eigentlich einen sauren Hering meint. (IV.3.156)

Nun kann man Fontane gewiß nicht vorwerfen, daß er triviale Themen verabscheute; im Gegenteil, alle seine Geschichten sind im Grund trivial, und die poetische Arbeit liegt eben in der Verwertung dieses Trivialen, und dabei spielt sogar die Mythologie eine wichtige Rolle (R. BOESCHENSTEIN, 1986). Fontanes WAGNER-Kritik führt nicht in die Sackgasse, wo nur noch eine Abwendung übrigbleibt, sondern öffnet den Weg zum ironischen Spiel. Einmal durchschaut, daß WAGNERS »Ring« eigentlich einen »Appel« meint (vom umherschweifenden Wanderer heißt es: »Holdas Äpfel/rührt er nicht an«, *Götterdämmerung* I/3) oder womöglich auch einen »sauren Hering« bedeutet, ist die Ebene gefunden, auf welcher der Epiker seine »*Tendenz* (allgemein mit modernem und romantischem Anflug)« verfolgen kann: »Szenerie: Heringsdorf.« (I.7.427) »Witz und Humor« (IV.3.155) werden hier nicht fehlen.

Oceane ist bei Fontane eine moderne Figur, die das Romantische der Fouquéschen Undine mit dem Ästhetischen eines Hofmannsthalschen Claudio verbindet (»alles, was geschieht wird ihr zum *Bild*«, I.7.427) und im Sinn der Traum-Metaphorik CALDERONS bzw. GRILLPARZERS ihr Dasein nur als »Schein-Leben« erfährt. Sie stellt in ihrem So-Sein keine Ausnahme dar, lebt aber auch nicht im naiven Bewußtsein, sondern weiß von ihrer melusinenhaften Natur, »und die Erkenntnis tötet sie«. Soweit der auktoriale Entwurf; der narrative Ansatz erfolgt in personaler Perspektive als Beobachtungssituation wie bald in *Cécile*. Was nun im szenischen Erzählen passiert, läßt sich von WAGNER aus als Jonglier- und Verwandlungsspiel beschreiben. Der Burgbauherr Wotan ›verschwindet‹ im rechengewandten Meister der »Wasserbaukunde« (I.7.429), der freilich zu Beginn schon tot ist, vielleicht aber im Subtext der Undine-Geschichte die Tochter am Ende doch noch umfängt, wenn sie zum wesensverwandten Element zurückkehrt. Alberichs Ring-Fluch: »Wer ihn besitzt,/den sehre die Sorge,/und wer ihn nicht hat,/den nage der Neid!« (*Rheingold* 4. Szene) wird einerseits ›abgekühlt‹ auf die Verhältnisse einer »Nicht-Empfindungs-Welt« (I.7.431): »Es verlohnt sich um solche Dinge zu leben, eine lange Kette kleiner Wohligkeiten und Behaglichkeiten, aber nicht weinen und nicht lachen, sich nicht engagieren, um Gottes willen keine Leidenschaften und kein Schmerz.« (I.7.433). Andererseits läßt sich Alberichs harter Fluch in geschickter (weiblicher) Hand durchaus zu einem »gute[n] Ruhekissen« (I.7.434) erweichen. »Schlauheit und List« (*Rheingold*, 2. Szene) der Götter sind verderbliche Heilmittel, weil sie ihrer Maßlosigkeit entspringen. Maßvoll berechnet dagegen fällt die ›Verschuldung‹ gelinder aus: »Jeder hat den Lügensinn, den Diebssinn, den Ehebruchssinn, den Mordssinn, aber es gibt im ganzen genommen wenig Mörder. [...] Also aufs Maß kommt es an, nicht bloß bei dem der etwas tut, auch bei dem der dies Getane beobachtet und beurteilt.« (I.7.434 f.) ›Erlösung‹ spielt in Fontanes Fragment eine merkwürdige Rolle. »Christus am Kreuz mit Maria und Magdalena« (I.7.436) ist ein komplizierter Augenblick der Sozial- und Passionsgeschichte an der Schwelle zur Erlösung im Sinn des Heilsversprechens. »Alle sahen es sich an und sprachen darüber, einige medisierten.« (I.7.436) Von Oceane heißt es in dieser ›Ecce homo‹-Situation, daß sie sich abwandte »und schwieg«. Solche Reaktionen Fontanescher Figuren sind bekannt, man denke nur an Cécile vor dem Bild Maria Stuarts. Oceane erklärt sie ein wenig später zum einen als Abneigung gegenüber der ›jahrmarktsbildartigen‹ »Schaustellung«, zum anderen als eigenes Versagen vor der empfundenen Aufforderung zur Nachfolge: »wo bleibt dein Blut?« Gerade das »katholische Kruzifix« erinnert sie an ihren (Gefühls-)Mangel, an das Sehnsuchtssyndrom, das sie von allem ausschließt, woran sie von Herzen teilnehmen möchte (wichtig ist in diesem Zusammenhang auch der Hinweis von HORCH, 1986, S. 319, auf die Kundry-Entsprechung, denn allein Oceanes Nachname knüpft ja schon diese Verbindung). Wahrscheinlich in derselben Kapelle, wo sich das Kreuz befindet, wird Oceane dann auch den aufgebahrten Schiffer sehen und seinen Tod als »Glück« (I.7.441) bewerten. Eine Woche später hört sie die Liebeserklärung. »Sie ist bestürzt, hingerissen. Sie weint. ›Ach dies Glück weinen zu können‹.« (I.7.441) Das unmittelbar folgende Schlußkapitel schildert ihren ›Abschied‹, die elementare Wiedervereinigung mit dem Meer (wie später Christine in *Unwiederbringlich*). Es ist gleichsam ihr Rückweg auf der Brücke, die der Vater am Tag ihrer Geburt fertiggestellt hatte. Eine Rückgabe des Verlorenen, die »Gott und die Welt« (*Götterdämmerung* I/3) erlösen könnte, findet hier freilich nicht statt (es sei denn, daß schon jetzt das komplizierte autobiographische Vater-Tochter-Verhältnis mitgedacht werden sollte), und während die Götter »in lichtester Helligkeit« des »wachsenden Feuerschein[s]« verhüllt werden, versinkt Oceane ins »Reich der Kühle« (I.7.441) mit der Versicherung: »Aber auch dort die Deine.«

Es ist, als ob die WAGNER-Welt für Fontane einen Grundtext (fast schon im Sinn der »dankbaren Tummelfelder« van der Straatens, I.2.50) darstellt, den er vielfach überschreibt. Doch dieses Streichen und Einschreiben erschließt sich nicht nur im Kräftefeld des Korrigierens (schon gar nicht der Billigung), sondern erbringt die eigentliche Architektur des Textes; aus ihr ›WAGNER‹ zu entfernen, hieße das Sinngebäude zu beschädigen.

Literatur

F. SPIELHAGEN, 1898, s.u. 3.1.16. – P. HEYSE, Jugenderinnerungen und Bekenntnisse, Berlin 1900. – K. REUSCHEL, Fontane und Platen, in: Euph 17 (1910), S. 668–670. – R. GRAGGER, Lenau ès Fontane, in: Budapesti semele Nr. 427, Budapest 1912, S. 80–108. – R. GRAGGER, 1912; auch in: G. KEREKES, 1991, s.u. 3.1.7. – F. BEHREND, Der »Tunnel« über der Spree. I. Kinder- und Flegeljahre 1827 – 1840, Berlin 1919. – Paul HEYSE – Gottfried KELLER, Briefwechsel, Hamburg 1919. – A. JACOBSON, Nachklänge Richard Wagners im Roman, Heidelberg 1932, S. 17–19. – F. HASSELBERG, Willibald Alexis im Urteil Theodor Fontanes, in: Jb der Alexis-Fontane-Ges 1937, S. 37–39. – F. BEHREND, Geschichte des »Tunnels« über der Spree, Berlin 1938. – F. HAHNE, Fontane über Raabe, in: Mitteilungen der Raabe-Ges 28 (1938), S. 124–125. – I. S. STAMM, Goethe – Nietzsche – Fontane, in: GR 13 (1938), S. 252–258. – R. BÜLCK, Theodor Fontane und Klaus Groth, in: Nordelbingen 15 (1939), S. 30–40. – E. KOHLER, 1940, s.u. 3.2.1. – E. GÜLZOW, Storm – Fontane, in: Forschungen und Fortschritte 24 (1948), S. 256–258. – Storm-Fontane. Briefe der Dichter und Erinnerungen von Theodor Fontane, hg. von E. GÜLZOW, Reinbek b. Hamburg 1948. – H. OPPERMANN, Raabe und Fontane, in: Mitteilungen der Raabe-Ges 36 (1949), S. 59–64. – J. HOFMILLER, Heyse und Fontane, in: J. H., Die Bücher und wir, München 1950, S. 55–66. – G. LUKÁCS, Der historische Roman, Berlin 1955. – F. SEEBASS, Fontane über Schiller, in: Hundert Jahre Dt Schillerstiftung 1859–1959 (Weimar 1959), S. 21–30. – K. SCHREINERT, Theodor Fontane über Wilhelm Raabe, in: Jb der Raabe-Ges 1962, S. 182–190. – H.-H. REUTER, »Der wendische Hund«. Ein historischer »Kommentar« Theodor Fontanes zu W. Raabes Erzählung »Die Hämelschen Kinder«, in: WB 12 (1966), S. 573–580. – K. B. BEATON, Theodor Fontane und Karl von Holtei. The Tradition of the ›Adelsroman‹ in Nineteenth Century Germany, in: AUMLA No. 47 1967, S. 145–165. – P. BÖCKMANN, Theodor Storm und Fontane. Ein Beitrag zur Funktion der Erinnerung in Storms Erzählkunst, in: Wege zum neuen Verständnis Theodor Storms (= Schriften der Theodor-Storm-Ges) 17 (1968), S. 85–93. – P. GOLDAMMER, Storms Werk und Persönlichkeit im Urteil Theodor Fontanes, in: FBl Bd. 1, H. 6 (1968), S. 247–264. – J. KOLBE, Goethes »Wahlverwandtschaften« und der Roman des 19. Jahrhunderts, Stuttgart 1968, bes. S. 156–195. – D. TURNER: Marginalien und Handschriftliches zum Thema: Fontane und Spielhagens

Theorie der »Objektivität«, in: FBl Bd. 1, H. 6 (1968), S. 265–281. – H.-H.
REUTER, Heinrich von Kleist, Dramen und Novellen, in: AzL, 1969, S. 259–
277. – W. WOESLER, Theodor Fontane über Annette von Droste-Hülshoff,
in: Westfalen 47 (1969), S. 206–209. – W. WEBER, Nachbarn und fremd.
(Fontane und Keller in Berlin), in: W. W., Forderungen, Zürich 1970, S.
150–155. – U. HELMKE, Theodor Fontane und E. T. A. Hoffmann, in: Mitteilungen der E. T. A.-Hoffmann-Ges 18 (1972), S. 33–36. – G. H. POMPEN,
Dichtung und Wahrheit: Spielhagen auf den Spuren Fontanes, in: Festgabe
des Dt Instituts der Universität Nijmegen. P. B. Wessels zum 65. Geburtstag,
1974, S. 112–130. – L. THOMAS, Theodor Fontane und Willibald Alexis, in:
FBl H. 14 (1972), S. 425–435. – E. BAHR, Fontanes Verhältnis zu den Klassikern, in: Pacific Coast Philology 11 (1976), S. 15–22. – J. BIENER, Das
Kleist-Bild Theodor Fontanes. Zum 200. Geburtstage des Dichters, in: FBl
H. 25 (1977), S. 59–68. – R. BRINKMANN, ²1977, s.u. 3.1.1. – P. L. LEHMANN, Stifter und Fontane. Eine romantische Studie zum realistischen Stil,
in: Imago linguae. Beiträge zur Sprache, Deutung und Übersetzung. Fs zum
60. Geburtstag von F. Paepke, München 1977, S. 329–337. – H. EILERT,
1978, s.u. 3.1.5. – A. HÜCKSTÄDT, Über die Beziehungen Theodor Fontanes zu Fritz Reuter und über die Pflege von Reuters Erbe in seiner Vaterstadt Stavenhagen, in: FBl H. 28 (1978), S. 282–298. – J. KRUEGER, Der
»Tunnel« über der Spree und sein Einfluß auf Theodor Fontane, in: FBl
H. 27 (1978), S. 201–225; dass. in AA 3/2.59–86. – K.-P. SCHUSTER, 1978,
s.u. 3.1.16. – H. DAEMMRICH, Situationsanpassung als Daseinsgestaltung bei
Raabe und Fontane, in: Fs JOLLES, 1979, S. 244–251. – M. GUMP, Alles um
der Ehre willen. Stifters »Das alte Siegel« und Fontanes »Effi Briest«, in:
VASILO 28 (1979), S. 49–50. – H. O. HORCH, »Das Schlechte ... mit demselben Vergnügen wie das Gute«. Über Fontanes Beziehungen zu Heinrich
Heine, in: Heine-Jb 18 (1979), S. 139–176. – B. PISCHEL, Theodor Fontanes
Begriff »Adalbert-Stifter-Charakter«, in: VASILO 28 (1979), S. 95–97. –
D. C. RIECHEL, Fontane and Goethe, in: Fs JOLLES, 1979, S. 417–427. –
G. FRIEDRICH, Theodor Fontanes Kritik an Paul Heyse und seinen Dramen,
in: AUST Fontane, 1980, S. 81–117. – O. KEILER, Fontanes Ansichten über
Romantik, in: Potsdamer Forschungen, wissenschaftliche Schriftenreihe
der Pädagogischen Hochschule »Karl Liebknecht«, Potsdam, Reihe A,
H. 39, 1980, S. 115–125. – J. KRUEGER, Zu den Beziehungen zwischen
Theodor Fontane und Fanny Lewald. Mit unbekannten Dokumenten, in:
FBl H. 31 (1980), S. 615–628. – D. RÜEGG, Theodor Fontane und Theodor
Storm. Dokumentation einer kritischen Begegnung, Diss. Zürich 1981. –
FS 1981 [vgl. dazu die Rezensionen von: P. GOLDAMMER, in: FBl H. 34
(1982), S. 214–221; H. NÜRNBERGER, in: Jb der Raabe-Ges 1985, S. 181–187;
H.-F. ROSENFELD, Zum Briefwechsel Theodor Storm-Theodor Fontane,
in: Euph 84 (1990), S. 449–451]. – D. BORCHMEYER, Das Theater Richard
Wagners. Idee – Dichtung – Wirkung, Stuttgart 1982. – C. GRAWE, 1982,
s.u. 3.1.16. – Theodor Fontane. Flüchtige Aufzeichnungen, in: FBl 33
(1982), S. 7–12. – K. E. LAAGE, Theodor Fontane und Theodor Storm. Eine
Dichterfreundschaft, in: Schriften der Theodor-Storm-Ges 31 (1982), S.
29–42. – D. LOHMEIER, Einige Ergänzungen zur neuen Ausgabe des Brief-

wechsels zwischen Storm und Fontane, in: Schriften der Theodor-Storm-Ges 31 (1982), S. 43–49. – P. WAPNEWSKI, Der traurige Gott. Richard Wagner in seinen Helden, München 1982. – K. SCHERFF-ROMAIN, »N. N.« ist nicht Gottfried Kinkel, sondern Richard Wagner, in: FBl H. 33 (1982), S. 27–50. – M. GREGOR-DELLIN, Richard Wagner. Sein Leben – Sein Werk – Sein Jahrhundert, neu durchges. Aufl., München 1983. – J. OSBORNE, 1983, s. u. 3.4.4. – J. RYAN, Views from the summerhouse: Goethe's »Wahlverwandtschaften« and its literary successors, in: Goethe's narrative fiction. The Irvine Goethe Symposium, hg. von W. J. LILLYMAN, Berlin 1983, S. 145–160. – K. B. BEATON, Fontanes »Irrungen, Wirrungen« und Fanny Lewalds »Wandlungen«. Ein Beitrag zur Motivgeschichte der vom Adel verführten Unschuld aus dem Volke, in: Jb Raabe-Ges 1984, S. 208–224. – C. A. BERND, Rez.: FS 1981, in: JEGP 83 (1984), S. 90–93. – W. JUNG, Das »Menschliche« im »Alltäglichen«. Theodor Fontanes Literaturtheorie in ihrer Beziehung zur klassischen Ästhetik und seine Rezeption der Dichtungen Goethes und Schillers, Frankfurt am Main 1985. – D. RÜLAND, Instetten war ein Wagnerschwärmer. Fontane, Wagner und die Position der Frau zwischen Natur und Gesellschaft, in: Jb DSG 29 (1985), S. 405–425. – Z. ŠKREB, Fontanes Goethe-Bild, in: Wege der Wissenschaft, hrsg. von J. KOLKENBROOK-NETZ u. a., Bonn 1985, S. 205–210. – L. VOSS, 1985, s. u. 3.1.1. – M. WALLACH, Ideal and idealized victims: the lost honor of the Marquise von O., Effi Briest and Katharina Blum in prose and film, in: Women in Germany. Yearbook. Feminist studies and German culture 1 (1985), S. 61–75. – R. BÖSCHENSTEIN, Mythologie zur Bürgerzeit: Raabe – Wagner – Fontane, in: Jb der Raabe-Ges 1986, S. 7–34. – H. O. HORCH, Ansichten des 19. Jahrhunderts. Theodor Fontanes Verhältnis zu Richard Wagner und dem Wagnerismus, in: FBl H. 41 (1986), S. 311–324. – PLETT, 1986. – Richard-Wagner-Handbuch, hg. von U. MÜLLER/P. WAPNEWSKI, Stuttgart 1986. – R. BERBIG, 1987, s. u. 1.3.5. – H. DENKLER, Distanzierte Nähe. Zum Verhältnis zwischen Wilhelm Raabe und Theodor Fontane, in: Literarisches Leben, 1987, S. 397–417. – P. GOLDAMMER, »Er war für den Husumer Deich, ich war für die Londonbrücke«, in: Ebd., S. 379–396. – C. JOLLES, Weltstadt – verlorene Nachbarschaft. Berlin-Bilder Raabes und Fontanes, in: Jb der Raabe-Ges 1988, S. 52–75. – G. KEREKES, Theodor Fontanes Verhältnis zu Richard Wagner, in: Germanistisches Jb DDR-UVR 7 (1988), S. 92–101. – J. PETZEL, »Anspruchsvolle Quasselei« oder einige Marginalien zur Hoffmann-Rezeption Theodor Fontanes, in: Mitteilungen der E. T. A.-Hoffmann-Ges 34 (1988), S. 84–88. – M. FUMAGALLI, Theodor Fontane – Richard Wagner. Alcune osservazione per una storia della ricezione, in: Raffaela Sartini, La ricezione di Theodor Fontane in Italia, Testi, Universita de Macerata 1988/89, S. 48–59. – U. HORSTMANN-GUTHRIE, Fontanes Kriminalerzählungen und Droste-Hülshoffs »Die Judenbuche«, in: FBl H. 47 (1989), S. 71–79. – P. PÜTZ, 1989, s. u. 3.1.16. – R. BERBIG, 1990, s. u. 1.3.5. – G. GEORGE-DRIESSLER, Theodor Fontane und die »tonangebende Kunst«. Eine späte Wiedergutmachung, Diss. Augsburg 1990. – D. LOHMEIER, Theodor Fontane über den »Eroticismus« und die »Husumerei« Storms: Fontanes Briefwechsel mit Hedwig Büchting, in:

Schriften der Theodor Storm-Ges 39 (1990), S. 26–45. – W. WÜLFING, 1990, 3. u. 1.3.5. – C. GRAWE, 1990, s. u. 3.1.2. – H. AUST, 1991, s. u. 3.1.19. – G. FRIEDRICH, 1991, s. u. 3.1.4. – K. HANNUSCH, Zur Mitgliedersoziologie des Literarischen Sonntagsvereins »Tunnel über der Spree«, in: FBl H. 51 (1991), S. 55–58. – H. O. HORCH, Annäherungen an ein Jahrhundertereignis. Theodor Fontanes Verhältnis zu Richard Wagner und zum Wagnerismus: ein Thema mit Variationen nebst Introduktion und Koda, in: Dt Dichtung um 1890. Beiträge zu einer Literatur im Umbruch. Hg. von R. LEROY/ E. PASTOR, Bern 1991, S. 31–73. – H. OHL, 1991, s. u. 4.4. – F. SCHÜPPEN, 1991, s. u. 3.2.1. – M. THURET, Patriotische und politische Dichtung im »Tunnel« um 1848, in: FBl H. 51 (1991), S. 46–55. – R. BERBIG, 1992, s. u. 1.3.5. – G. EVERSBERG, Die Bedeutung Theodor Fontanes und seines Kreises für die Entwicklung der Stormschen Erzählkunst, in: FBl H. 54 (1992), S. 61–74. – G. KEREKES, 1992, s. u. Die Fontanerezeption (Ost). – K. E. LAAGE, Die politischen Dissonanzen zwischen Theodor Storm und Theodor Fontane, in: FBl H. 54 (1992), S. 48–61. – H. EGGERT, Ehe und Sexualität. Erzählerischer Umgang mit gesellschaftlichen Normen von Goethes »Wahlverwandtschaften« bis Fontanes »Effi Briest«, in: Sitten und Sittlichkeit im 19. Jahrhundert. Les Morales au XIXe siècle. Hg. von P. BROCKMEIER, St. Michaud/Stuttgart 1993, S. 58–81. – P. GOLDAMMER, Zwischen »Goethebann« und »Goethegötzenkultus«. Anmerkungen zu Fontanes Verhältnis zur Weimarer Klassik, in: FBl H. 55 (1993), S. 125–128. – L. ROGOLS-SIEGEL, Fanny Lewald's »Prinz Louis Ferdinand« and Theodor Fontane's »Vor dem Sturm« and »Schach von Wuthenow«, in: MLR 88 (1993), S. 363–374. – H. SCHMIEDT, Die Herrschaft der Konvention. Stifters »Das alte Siegel« und Fontanes »Effi Briest«, in: ders., Liebe, Ehe, Ehebruch. Ein Spannungsfeld in deutscher Prosa von Christian Fürchtegott Gellert bis Elfriede Jelinek, Opladen 1993, S. 88–113. – P. I. ANDERSON, Das Fouqué-Kapitel. Verhinderte Entwicklung, allegorische Verwertung, in: FBl H. 58 (1994), S. 234–253. – R. BERBIG, »[…] den langentbehrten Lafontaine wieder in seiner Mitte«. Fontanes Rückkehr in den »Tunnel über der Spree« 1859/60, in: FBl H. 58 (1994), S. 43–61. – R. HILLENBRAND, In die Poesie verbannt: Poetologisches in Heyses Novellen, in: Michigan Germanic Studies 20 (1994), S. 94–137. – O. KEILER, Fontanes Alexis-Essay (1872) als Brückenschluß zum Roman, in: FBl H. 58 (1994), S. 213–233. – G. KEREKES, Theodor Fontane und Ungarn, in: Jb der ungarischen Germanistik 1993, Budapest 1994, S. 153–163. – N. B. WAGNER, Goethe as cultural icon. Intertextual encounters with Stifter and Fontane, New York 1994. – H. AUST, 1995, s. u. 3.1.2. – G. de BRUYN, Preußen deine Dichter, in: Lesefreuden. Über Bücher und Menschen, Frankfurt am Main 1995, S. 19f. – G. EVERSBERG, »... diese Sachen sind doch sehr heinisch«. Ein bisher unbekannter Brief Fontanes an Theodor Storm, in: FBl H. 60 (1995), S. 5–9. – D. BORCHMEYER, Melusine oder die »ewig sieggewisse Macht« des Elementaren. Mörike und Wagner in einer Parallele Fontanes, in: »Sei mir, Dichter, willkommen!« Studien zur dt Literatur von Lessing bis Jünger. Kenzo Miyashita gewidmet. Hg. von K. GARBER u. a., Köln 1995, S. 169–181. – J. H. LEVENTHAL, Echoes in the Text. Musical Citation in German Narratives from Theodor Fontane to

Martin Walser, New York 1995. – H. Aust, Hebbel aus realistischer Sicht (am Beispiel von Theodor Fontanes Kritik über »Herodes und Mariamne«), in: Hebbel Jb 51 (1996), S. 49–63. – B. Plachta, Theodor Fontane und Ferdinand Freiligrath, in: FBl H. 62 (1996), S. 88–111. – C. Grawe, 1996/1997, s.u. 3.4.5. – R. Zuberbühler, Fontane und Hölderlin. Romantik-Auffassung und Hölderlin-Bild in »Vor dem Sturm«, Tübingen 1997. – H. Nürnberger, 1977, s.u. 3.1.9. – D. Borchmeyer, Fontane, Thomas Mann und das »Dreigestirn« Schopenhauer – Wagner – Nietzsche, in: Theodor Fontane und Thomas Mann. Die Vorträge des Internationalen Kolloquiums in Lübeck 1997, hrsg. v. E. Heftrich, H. Nürnberger, Th. Sprecher, R. Wimmer, Frankfurt/M. 1998, S. 217–248. – H. R. Vaget, Fontane, Wagner, Thomas Mann. Zu den Anfängen des modernen Romans in Deutschland, in: Theodor Fontane und Thomas Mann, 1998, S. 249–274. – H. Aust, Fontanes Lektürewerk – eine einflußgeschichtliche Skizze, in: Theodorus victor, 1999, S. 31–50.

2.1.2 Fontane und die englische Literatur

Fontanes Kenntnis der englischen Literatur ist mit den folgenden knappen Hinweisen keineswegs vollständig erfaßt. Über Lord Byron hat er sich als Theaterkritiker geäußert, Charlotte Brontës *Jane Eyre* steht auf der Liste der empfohlenen Bücher, und auch George Eliot, die er wohl nicht nur vom Hörensagen kannte (BJS II.306f., IV.2.69), dürfte in einer vollständigen Beziehungs- und Vergleichsgeschichte nicht fehlen. Es gehört zu den Besonderheiten der Fontaneschen Lektüre-Interessen, daß er wahrscheinlich schon früh (1844–50) einen der Moderomane von Catherine Gore, *The Money-lender* (1843), übersetzt hat und somit praktische Erfahrungen sammeln konnte an jenem Typus des sozialen Romans der vornehmen Gesellschaft, der für die Übergangszeit von Romantik zu Realismus in England von Bedeutung war (Nürnberger FrF, S. 158f.).

Ebensowenig dürften in einer vollständigen Übersicht Fontanes transatlantische Literaturinteressen fehlen. Natürlich kannte er James Fenimore Cooper. Über Bret Harte plante er einen umfassenden Essay, in dem ursprünglich auch Mark Twain behandelt werden sollte. Eine Skizze über *A Forgone Conclusion* von W. D. Howells bezeugt seinen Kontakt mit einem maßgeblichen Vertreter des zeitgenössischen Realismus in Nordamerika (N XXII/2.934).

Weltgröße Shakespeare

Es gehört zu den merkwürdigen Tatsachen der Einflußgeschichte, daß gerade ein Klassiker des Dramas und Theaters eine so nachhaltige Wirkung auf einen Romancier ausüben konnte. Gewiß kommen Fontanes dramatische und lyrische Neigungen diesem Vorbild entgegen, doch spielt William SHAKESPEARE eben auch im Umkreis des Erzählwerkes eine entscheidende Rolle. Schon Fontanes Studien, Berichte und Kritiken über SHAKESPEARE ergeben für sich einen stattlichen Band. Um so verwunderlicher ist es, daß es über dieses »lebenslange Interesse« (NÜRNBERGER FrF, S. 100) bislang keine monographische Untersuchung gibt. SHAKESPEARE darf mit vollem Recht als »Sanspareil« bezeichnet werden, »der alles andere überstrahlt, der wieder und wieder zum Maßstab genommen wird, an dem Goethe und Schiller ebenso gemessen werden wie Walter Scott oder Gerhart Hauptmann« (REUTER, 1966; REUTER, S. 162). Er gehört nach Fontanes eigenem Wort zu jenen lebendigen »*Welt*größen«, von denen »dies Jahrtausend nur drei produziert [hat]: Columbus, Shakespeare, Napoleon« (IV.4.554). Was der Erzähler über Lewin, den jungen Helden aus *Vor dem Sturm* berichtet, gilt bedingungslos für Fontane: »Seine Lieblingsbücher, die nicht von seinem Tisch kamen, waren Shakespeare und die Percysche Balladensammlung«. (I.3.370) Nur äußerst selten wird er den Dichter kritisieren (N XXII/2.279), fast immer fühlt er sich »durch alles Shakespearische hingerissen« (IV.2.431f.). Dabei weiß er wohl, wie gern die herrschende (Theater-)Macht, wenn sie nur dürfte, wie sie wollte, viel lieber einen SHAKESPEARE als konfus und unsittlich unterdrücken würde (IV.1.617).

Fontanes Verhältnis zu SHAKESPEARE betrifft unterschiedliche Tätigkeitsformen und äußert sich in vielerlei Hinsicht. Die Beschreibung der SHAKESPEARE-Aufführungen im In- und Ausland macht einen wesentlichen Teil der feuilletonistischen Arbeit aus. SHAKESPEARE steht für eine Welt von Stoffen, Szenen, Figuren, Motiven, Konflikten und Gebärden. Sein Werk bietet ein flexibles Repertoire für ein Idiom, das zitierend, anspielend und projizierend die eigene Äußerung mit der des Vorbildes vermittelt. Wiederholt versucht sich Fontane in SHAKESPEARE-Übersetzungen. Und immer wieder – gerade auch in der Frühzeit – dient SHAKESPEARE – »Macbeth und Hamlet« (III.4.291) – als Stätte der Erquickung und Aufrichtung, als Zuflucht vor den Bedrängnissen der »Giftmischer-Zunft« (IV.1.14). In SHAKESPEARE verdichtet sich für Fontane das Bild des Nordens schlechthin, insofern seine dramatischen Stoffe nicht nur der englischen Geschichte entstammen, sondern auch auf Schottland und Dänemark verweisen.

Mit dem Namen SHAKESPEARE sind mehrere Begriffe verbunden, die zum unveräußerlichen Bestand der Fontaneschen Poetik gehören: Realismus, Geschichte, Volkspoesie, Phantasie, Humor. Ihre praktische Vereinbarkeit und dramatische Tragfähigkeit bestätigen nicht zuletzt auch die ›demokratischen‹ Implikationen eines Realismusprogramms, das sich an die Volkspoesie anlehnt und dennoch nicht den Dorfgeschichten-Weg der Leipziger Programmatiker wählt. Fontanes Orientierung am SHAKESPEARE-Realismus bewährt sich nicht nur in der Anfangsphase des suchenden Schriftstellers, sondern verhilft später auch zu einem klaren Standpunkt in der Auseinandersetzung mit der (naturalistischen) Moderne.

In seiner *Rede zum Shakespeare-Fest* (gehalten am 24. 4. 1864 im »Tunnel«) verknüpft Fontane in bezeichnender Weise drei Begriffe mit dem Namen SHAKESPEARES, die sich eigentlich wechselseitig einschränken, wenn nicht gar widersprechen, und die dennoch zusammenpassen und in ihrer besonderen Verfügung das SHAKESPEARE-Verständnis Fontanes treffend charakterisieren. Es geht um die Begriffe des Nationalen, Übernationalen und des Lokal-Regionalen. Ihre mögliche Vereinbarkeit stellt eine Art Modell für Fontanes eigenes ›Projekt‹ dar, die Kulturgeschichte seiner Heimat mit der europäischen Welt zu verknüpfen. An SHAKESPEARE wie an SCOTT konnte er diese Form der ortsbezogenen Ausstrahlung ins Weltweite studieren und verehren. Wenn sich die deutsche ›Shakespeareomanie‹ den englischen Dichter als »unseren« Lieblingsgenius zu eigen gemacht hat, so durfte sie sich doch immer nur auf den »*Ruhm*« der Pflege, nie auf das »*Glück*« des nationalen Besitzes berufen (III.1.195). Fontane ist mit diesen Schachzügen zwischen Mein und Dein rasch fertig, indem er das Übernationale (III.1.196) des gefeierten Dichters hervorhebt und ihn zum genialen Darsteller »des Menschen überhaupt« erklärt, »seiner verschwiegensten Tiefen und seiner wildausbrechenden Leidenschaften« (III.1.197). Nun könnte gerade diese existentielle Überhöhung des SHAKESPEARE-Verständnisses dem deutsch-nationalen Argument des eigentlich ›unenglischen‹ SHAKESPEARE dienen; doch nicht in diese Richtung gehen Fontanes Gedanken. Im zweiten Teil seiner Rede wendet er sich vielmehr – geradezu im Sinn einer Antithese zur soeben behaupteten nationalen Unspezifik – dem regional Besonderen SHAKESPEARES zu und fragt nach dem, was im England des Jahres 1864 noch an den Dichter erinnert, welche Gebäude, Stätten und Spuren von ihm Zeugnis ablegen. Fast mustergültig äußert sich in dieser Rezeptionshaltung das dialektische Moment einer ›Aneignung‹, die zwischen Allgemeinem und Besonderem, Fremdem und Verwandtem, Vergangenheit und Gegenwart vermittelt. Fontanes SHAKESPEARE-Verehrung vollzieht sich als Bewegung, um das Repräsentative zu re-präsentieren. So entsteht im Rahmen einer Feiertagsrede eine ›Wanderung‹, die Schritt für Schritt von ›Anregungen‹ zeugt.

Die Wirkung SHAKESPEARES auf Fontanes Erzählkunst läßt sich vorläufig nicht schwer abschätzen. Kaum ein Roman verzichtet auf eine SHAKESPEARE-Anspielung (vgl. PLETT); freilich gilt dies mit noch größerem Recht von den SCHILLER-Zitaten. Es bleibt sorgfältigen Einzelstudien vorbehalten, die Bezüge auf ihre sinnstiftenden und strukturbildenden Momente hin zu befragen und ihre Reichweite zu ermessen. Besondere Aufmerksamkeit verdienen die gattungsübergreifenden stoffgeschichtlichen, motivlichen und figurentypologischen Einwirkungen. Berühmt ist Fontanes Adaption der *Macbeth*-Tragödie in der Ballade *Die Brück' am Tay*. Hier gelingt eine faszinierende Synthese von Technik, Mythologie und Literatur, ein ›symphonisches‹ Gebilde, das der scheinbar veraltenden numinosen Ballade den Weg in die Zukunft öffnet. Auch am Beispiel der kriminalistischen Oderbruchgeschichte *Unterm Birnbaum* wurde Fontanes Verfahren der Grundierung, abermals mit Hilfe des *Macbeth*-Dramas, wiedererkannt (L. VOSS, 1985, s. u. 3.1.1). Fontane hielt diese Tragödie für SHAKESPEARES gewaltigstes Stück (N XXII/1.452) und ließ sich besonders von den Hauptcharakteren fesseln. An Macbeth betonte er die »romantische Verbrechertiefe dieses vom Standpunkt der Kunst aus wundervollen Charakters« (N XXII/1.461). Lady Macbeth verkörperte nach seiner Auffassung entweder »das nornenhaft Entsetzliche« einer Frau, die schließlich gespenstisch endet und noch in ihrem grauenvollen Untergang imponiert (vgl. N XXII/1.755), oder »das sinnlich Verführerische«, das Prinzip der »Nerven-Überreizung« und »Nerven-Verzehrung«, das im schließlichen Übergang zum fast »Schönmenschlichen« sogar »Mitleid« erweckt (N XXII/1.848). Wie KELLER in *Romeo und Julia auf dem Dorfe*, Nikolaj LESKOV in *Die Lady Macbeth aus dem Landkreis Mzensk* oder Iwan TURGENEV in *Der Hamlet des Stschigrowschen Kreises* verwendet Fontane Shakespearesche Figurenmuster und Motive, um moderne Menschen und ihre Konflikte zu gestalten. Er selbst hatte ja gelegentlich seiner ZOLA-Lektüre ähnliche Verbindungen zwischen der Rougonschen Karriere-Geschichte und dem Ehrgeiz des Macbeth-Paares geknüpft.

Unübersehbar ist die Nachwirkung weiterer Motive und Figuren (insbesondere der reichen Fülle der Frauengestalten, III.1.465): die politische Bedeutung der schönen Anne Bulen, Ophelias Schicksal (unter besonderer Berücksichtigung der Vermittlung durch die Präraffaeliten), die Vater-Tochter-Beziehung (*Lear*), das Symptom der Nervenzerrüttung (*Hamlet*). Vor allem bewunderte Fontane den psychologischen Reichtum (III.2.37) und die bilderweckende Kraft der Namen (III.1.195). Selbst die Landschaftsschilderung verdankt ihre moderne Form dem »Muster [...] Shakespeare« (III.1.456).

Fontanes SHAKESPEARE-Verständnis offenbart nochmals das literarische Verfahren seines Erzählrealismus: die Überführung, Überblendung, Vertiefung und Interpretation der Wirklichkeits- und Lebensbilder mit den Mustern einer klassischen Literatur, die ihrerseits eine Synthese zwischen Geschichtlichem und Phantastischem, Realem und Idealem, ›Klassischem‹ und ›Romantischem‹ repräsentiert. Wenn Fontane in SHAKESPEARE die »Vollendung des Realismus« (IV.3.729) erkennt, so macht er damit nicht nur einen Schritt zurück in die Phase der realistischen Programmatik (so MÜLLER-SEIDEL, S. 464), sondern nimmt teil an der Modernisierung der Literatur.

Fontane und der realistische Roman des 18. Jahrhunderts

Fontanes Auseinandersetzung mit den Klassikern des englischen humoristisch-realistischen Romans im 18. Jahrhundert findet im letzten Jahrzehnt vor dem Erscheinen seines ersten Romans *Vor dem Sturm* statt: 1869 liest er Henry FIELDINGS *Tom Jones*, vier Jahre später Laurence STERNES *Tristram Shandy* und *Yoricks Sentimental Journey*, und 1878 beschäftigt er sich schließlich mit Tobias SMOLLETTS *Roderick Random*. Es ist für Fontane die Zeit erhöhter literaturkritischer Tätigkeit (Essays über SCOTT und ALEXIS), die im Dienst der Fertigstellung seines eigenen Werkes steht. Die Stoff- und vielleicht auch Gattungsperspektive seiner eigenen Arbeit richtet sich zwar noch auf das geschichtliche Genre, gibt aber gleichzeitig schon das Interesse am Aktuell-Realistischen zu erkennen. So fällt der Rückgriff auf die englische Romanliteratur des 18. Jahrhunderts nicht gänzlich aus dem Rahmen. Ihr humoristisch-realistischer Ruf mag den besonderen Anreiz für eine Lektüre gebildet haben, welche die Neugier am Ursprung des modernen Romans befriedigen konnte. Die Rückbesinnung auf die Frühgeschichte dieser Romanform konnte im Zeichen des Realismus die ehemals neuartige Form des Gegenwartsromans bewußt machen.

Das Erinnerungsprotokoll über FIELDINGS *Tom Jones*, also vier Jahre nach der Lektüre aufgezeichnet – enthält naturgemäß die vagsten Spuren einer Orientierung bzw. kritischen Aneignung. Verwunderlich ist die Kritik am bloß Zeitbildhaften des Romans, wenn man davon ausgeht, daß gerade dieser Begriff die Fontanesche Kunst wesentlich charakterisiert. Doch weist Fontanes Argumentation eigentlich in eine andere Richtung; gerade weil er solche Zeitbilder schon von »jede[m] gute[n] Touristenbuch« (N XXI/2.319) erwartet, ist zu vermuten, daß er hier nicht den Kernbegriff seiner Poetik meint, sondern eher in jenen Bahnen denkt, die den Roman als Kunst von essayistischen oder protokollarischen Wirklichkeitsdarstellungen unterscheiden. Auffallend ist dagegen das Prädikat »eigenartig«, das er lobend auf die Figurenzeichnung anwendet. Es ist nicht identisch mit »charakteristisch«, weil diese Eigenschaft gegeben sein kann, wo jene fehlt (N XXI/2.319). Fontane registriert sehr wohl FIELDINGS Verfahren, banale bzw. derbe Ereignisse »im Stil eines komischen Heldengedichts« (ebd.) zu schildern; daraus entstehe ein »famoser Humor«. (N XXI/2.930) Eingedenk seines späteren Erzählstils voll Anspielungen und Überblendungen sollte diese Beobachtung nicht zu gering eingeschätzt werden; hier könnte tatsächlich ein Muster bewußt geworden sein, dessen spätere Ausbildung sich der vorläufig nur kritisch Lesende angelegen sein läßt.

Über SMOLLETS *Roderick Random* (1748) weiß Fontane im Jahr 1878 wenig Gutes zu notieren. Das meiste findet er »langweilig« (N XXI/2.330), »unschön, intereßlos, ridiküle« (N XXI/2.331) und »altmodisch« (N XXI/2.332). Seine realistische Grundhaltung läßt ihn gemischte Charaktere erwarten, statt dessen entdeckt er vorwiegend Schwarzweiß-Zeichnungen und bloße Karikaturen. Seiner Überzeugung nach leidet darunter der Realismus; denn das gegen seine Kardinaltugend, den Humor, gerichtete karikaturistische Prinzip beeinträchtige die »Wahrheit« (N XXI/2.331) des geschilderten Lebens, störe das »Interesse« und bringe nur das »*bloß* Häßliche« hervor »ohne alles Erklärende und Versöhnende« (N XXI/2.331). Was Fontane als künstlerische Aufgabe des Romans erkennt, nämlich »ein abenteuerliches Leben« zu erzählen, hält er für eine »geringere« Zielsetzung, die der moderne Standpunkt überholt habe. So wäre denn die ganze Lektüre eine vergebliche Mühe gewesen, wenn nicht doch einzelne Momente Beifall gefunden hätten. Dazu gehört die lobende Hervorhebung des erzählerischen Talents und der gleicherweise scharfen wie reichen »Lebensbeobachtung« (N XXI/2.331). Überdies bescheinigt Fontane dem Erzähler einen »*Mut in der Meinung*, der sich ebenso im Politischen wie Alltäglichen, ebenso in der Tendenz des Ganzen wie in seiner Form und Darstellung zu erkennen gibt« (N XXI/2.331). Das ist kein geringes Lob, zumal wenn man die – zeitlich früheren – Urteile über den politisch wirksamen Charles Dickens berücksichtigt; Fontane ist flexibler geworden, sein Urteil fällt souveräner aus.

Sterne bildet einen seltsamen Faktor in Fontanes Lesebiographie und Einflußgeschichte. Das Erscheinen dieses Klassikers des 18. Jahrhunderts wirkt in der Lesebiographie eines Autors, der die moderne Romancierschule eines Scott, Dickens und William Thackeray bereits hinter sich hat, merkwürdig verspätet; andererseits ist aber auch klar, daß gerade der *Tristram Shandy* keine ›Einstiegslektüre‹ ist. Im übrigen aber übersieht Fontane keineswegs, daß selbst Scott und Charles Dickens wie überhaupt »alle modernen Romanschriftsteller« (N XXI/1.391) diesen Roman »benutzt« haben. Fontane hat *Tristram Shandy* trotz mancher Bedenken überaus bewundert; aber diese hohe Bewunderung beinhaltet zugleich die Ablehnung jedes Anspruchs, als Muster und Vorbild wirken zu können. So wäre über eine notwendig einflußlos bleibende Lektüre zu berichten, wenn sich nicht doch mit dem Namen Sternes ein entscheidender Zusammenhang abzeichnete.

Diese Verbindung liegt zunächst einmal in der Gelegenheit, erneut und aus größerem Zeitabstand realistische Kriterien anzuwenden. Wenn Fontane im Sommer 1873 anfängt, *Tristram Shandy* (wahrscheinlich in deutscher Übersetzung) zu lesen, so begreift er das Werk im Rahmen seines Realismuskonzepts. An erster Stelle steht die Frage nach der Glaubwürdigkeit der Figuren, die mit ihrer »Lebensfähigkeit« zusammenhängt und über die »Wahrheit« des Erzählten entscheidet. Die meisterhafte Figurenzeichnung, die den Gestalten ein »vollständig selbständiges Leben« (N XXI/1.391) gibt, wird kritisch verglichen mit der nebenherlaufenden Neigung, die Figuren karikaturistisch zu überzeichnen. Was Fontane über die Rolle des Titelhelden sagt, nämlich daß er eigentlich nur als »*Objekt*« diene, »um andre Personen ihre Anschauung und Charaktere entwickeln zu lassen« (N XXI/1.389), darf mit Scotts Konzept des ›mittleren Helden‹ als Medium für Geschichtserfahrung in Verbindung gebracht werden und deutet auf einen weiter gespannten Einflußbogen hin.

Das erzählerische Spiel mit den »eingelegten Stücken« wirft die Frage nach der ›epischen Integration‹ auf; obwohl Fontane die vorwaltende »Willkür« und das übermütige Spiel vermerkt, bescheinigt er doch dem Ganzen eine strenge Zweckmäßigkeit, die die künstlerische Aufgabe erfüllt und eine geniale »Kühnheit des Aufbaus« (N XXI/1.393) bewirkt. Wer z.B. an das Schmerlen-Gespräch in *Cécile* denkt, wird die Relevanz solcher Reflexionen über die epische Integrierbarkeit ›freier‹ Gesprächseinlagen nicht zu knapp bemessen. So entsteht das Bild einer Romankunst, die den auseinanderstrebenden, sprengenden Kräften eine dennoch konzentrische Ordnung gibt; trotz der kompositorischen Komplexität beruht alles auf dem Kunstgriff, mit einfachsten Mitteln größtmögliche Wirkungen zu erzielen. An *Yoricks empfindsamer Reise* hebt Fontane zudem die »eigentümliche Kunst des Andeutens, des Abbrechens, des Erraten-, oft auch des Fallenlassens« (N XXI/1.396) hervor. Solche Kunstgriffe werden auch zu Fontanes Meisterschaft beitragen.

Fontane erkennt sehr wohl, daß STERNES ›wildes‹ Erzählen kein billiges Drauflosschreiben ist, sondern höchstes Kunstbewußtsein voraussetzt; »während er die Gesetze des Erzählens scheinbar nicht nur durchbricht, sondern sie wie toll und blind auf den Kopf stellt, hält er sie aufs strikteste inne.« (N XXI/1.392) Im Falle ZOLAS wird er die Unterbrechungen, Rückwendungen und Neuansätze des Erzählers keineswegs so günstig beurteilen. STERNE gegenüber jedoch kommt er »aus dem Wundern und Bewundern nicht heraus«.

Eine besondere Rolle spielt bei der *Tristram Shandy*-Lektüre das Inhaltliche. Auch hier erscheint ihm STERNE als Meister des Humors, der die »ungeheure Schwierigkeit« meistert, das »Häßliche in dem Komischen untergehn zu lassen« (N XXI/1.394). Unter dem ›Häßlichen‹ versteht Fontane alles Obszöne, das die »Grenzen des schicklich Lesbaren« berührt. Selten spricht sich Fontane so deutlich über Sinn und künstlerische Behandlung der »komischen Unanständigkeit« aus, über den Versuch, »das *Geschlechtliche* auf seine komische Seite hin anzuschaun und darzustellen« (N XXI/1.397):

> strammes und unstrammes Ehebett, Witwenlüsternheit, Junggesellenscheuheit und Ungeschick, immer vorhandene Schußfertigkeit des Bedienten, Verwandtschaft der »Kammerjungfern und der Knopflöcher«, Zynismen eines *über* der Sache stehenden Philosophen und eines *in* der Sache stehenden Geburtshelfers, weggeklemmte oder beschädigte Kindergenitalien, Elend der Schwäche oder des Unvermögens und begehrenswertes Glück einer großen Nase. (N XXI/1.394)

Fontane hält die »keck-humoristische Behandlung« solcher »Sinnlichkeitsbocksprünge und kitzlige[r] Situationen« (N XXI/1.397) für eine kolossale »Kühnheit«, die er aber keineswegs tadelt, sondern auf Grund des sich darin ausdrückenden Mutes, der komischen Kraft und Grazie genießt; es ist dies ein Genuß, der nicht nur der natürlichen, sondern vor allem der künstlerischen Komik gilt.

Zwei weitere inhaltliche Momente verdienen mit Rücksicht auf Fontanes eigene Belange eine Hervorhebung. Da begegnet zum einen das Notat über die Bedeutung von Tristrams Vater. Fontane gibt der Figur des Walter Shandy den Vorzug, weil in ihr »der Mann des geistigen Wagnisses, der Hypothese, der Debatte à tout prix« (N XXI/1.391) steckt. Wer die eminente Bedeutung des Vaterbildes in Fontanes Leben und Werk ins Auge faßt, wird an dieser Beobachtung nicht gleichgültig vorübergehen. Ähnliches gilt vom Hinweis auf die eingelegte Abhandlung über Namen. Auch hier entdeckt ja die gegenwärtige Fontane-Forschung weitreichende sinnbildende Bezüge.

Diese wenigen Bemerkungen über mögliche Nachwirkungen der Beschäftigung mit STERNE sollen plausibel machen, daß Fontanes Lektüre nicht unbedingt eine folgenlose Episode bleiben mußte; sie zeugt in jedem Fall von jener unerhörten Aufgeschlossenheit, die es dem werdenden Erzähler ermöglichte, sowohl an der Tradition als auch an der Moderne teilzunehmen. Gemessen an den lapidaren Bemerkungen über DICKENS und THACKERAY kommt den STERNE-Notizen ein besonderes Gewicht zu. Vielleicht läßt sich dieser ›Einfluß‹ mit genau denselben Worten kennzeichnen, die Fontane gebrauchte, als er die Vorbilder STERNES benannte. STERNE – so heißt es – habe sich an François RABELAIS und Miguel de CERVANTES, »jenen großen Vorbildern begeistert, geschult, gestählt, aber er kopierte sie nicht« (N XXI/1.391).

Fontanes Scott-Lektüre

Die Bedeutung Walter SCOTTS für Theodor Fontane ist unbestritten; ihre Darstellung gehört seit je zu den wichtigsten Kapiteln einer Einflußgeschichte, ja der Biographie überhaupt. Dennoch herrscht kein klares Bild über Umfang und Intensität dieses Einflusses. Fontane, der es am besten wissen müßte, pflegte die Abhängigkeit herunterzuspielen (IV.2.163,631; IV.4.274), nicht zuletzt wohl deshalb, um die Selbständigkeit, die Eigenleistung im Kontext einer Öffentlichkeit bzw. Kritikerzunft hervorzukehren, die zum Rubrizieren und Abstempeln neigte. Gleichwohl kann auch die im privaten Gespräch eingestandene Nähe nicht darüber hinwegtäuschen, daß Fontanes Beziehung zu SCOTT jenen Abstand schon in sich trägt, der es zwar ermöglicht, den Klassiker anzuerkennen und sogar zu lieben, der zugleich aber auch anzeigt, daß eine brisante Herausforderung für die Gegenwart aus dieser Lektüre nicht unbedingt zu erwarten ist bzw. – um es vorsichtiger zu sagen – durch einen Autor wie THACKERAY vermittelt und gesteigert werden mußte (vgl. REUTER, S. 275 mit Bezug auf die Diskussion in *Graf Petöfy*, I.1.726).

Trotz eines solchen Vorbehalts stellt SCOTT den Horizont dar, vor dem sich Fontane zeitlebens bewegen wird. Das bestätigt sich in seiner SCOTT-Schwärmerei ebenso wie in seiner SCOTT-Kritik. Vor allem aber macht es der reiche und bunte Inhalt des SCOTT-Bildes möglich, daß der Bezug auf den schottischen Romancier geradezu unausschöpflich ist. Fontanes SCOTT-Ideal umfaßt Mensch und Werk, Geschichte, Politik, Topographie und Poesie, Romantik und Realismus, Epik und Lyrik; der Name SCOTT signalisiert ein poetologisches Programm, das sich selbst musterhaft erfüllte und von aller Welt anerkannt wurde.

Glaubt man den stilisierten Kindheitserinnerungen, so kannte Fontane seinen SCOTT von Anfang an dank der »Bröckelchen« (III.4.86), die von der »Lieblingslektüre« seines Vaters für ihn abfielen. Ohne die Lesestationen und den Kurvenverlauf der SCOTT-Schwärmerei im einzelnen nachzeichnen zu wollen (dazu NEUHAUS 1996), muß insbesondere hervorgehoben werden, daß SCOTT für Fontane nicht nur ein reines Leseerlebnis blieb (die Liste der ihm bekannten Romane ist beträchtlich; vgl. auch die Titelnotizen, abgedruckt bei NEUHAUS, S. 202 f.), sondern den Schlüssel zur Erfahrung der englisch-schottischen Welt und – durch sie vermittelt – auch der märkischen Heimat darstellt. SCOTTs Werk dient demnach als Wegweiser, Brücke, Perspektive, ›Absprung‹ und Ziel; selten haben Bücher, Fiktionen trotz des historischen Genres, solchermaßen das (auch gegenwärtige) Leben vermittelt wie im Fall der Fontaneschen Art, SCOTT zu lesen. Ob Fontane Momente der eigenen Umwelt beschreibt (IV.1.35 f.), Anschauungsmaterial für die geplante Dichtung sucht (IV.1.59,59), die eigene poetische »Richtung« kennzeichnet (III.4.327), sich für eine Reise vorbereitet (*Jenseit des Tweed*) oder die eigene Erzählkunst im Vergleich einschätzen möchte (Tb II.65), überall ist SCOTT als Bezugsgröße, Maßstab, ja Autorität gegenwärtig. Und diese Vorbild-Rolle erfüllt er sowohl in schriftstellerisch-professioneller als auch menschlich-persönlicher Hinsicht. Das Angebot, über SCOTT einen Essay zu schreiben, greift er aus »Liebe zu meinem Lieblings-Dichter, noch mehr Lieblings-*Menschen*« (IV.2.377) auf. Wie so oft, und eigentlich etwas im Widerspruch zu seinem Kunstbegriff, der die schriftstellerische Arbeit an sich zu betonen pflegt, sucht er im Werk die Spur seines Schöpfers und schätzt es über alles, sobald es gleich einem Fenster den Blick freigibt für ein dahinterstehendes »entzückendes Menschen-Exemplar«. (IV.3.332)

Ob es bei Fontane eine Entwicklung der Scott-Begeisterung gibt, läßt sich nicht ohne weiteres feststellen. Für Neuhaus (1996, S. 228) bleibt Fontane »bis 1860 ein uneingeschränkter Bewunderer Scotts.« Das besagt freilich nicht allzu viel für einen Autor, der sich zu diesem Zeitpunkt zwar als erfolgreicher Balladendichter für sein Vorbild erklären kann, nicht aber im Hinblick auf seine eigene moderne Romankunst eine Abhängigkeit eingesteht; und gerade als dieser Romancier und späte Lyriker interessiert sein Verhältnis zu Scott. Dennoch finden sich auch später Belege, die bezeugen, daß er Scott »mit größtem Entzücken« (1868: TB II.33) gelesen und »Bewunderungs-Adressen« (1868 bei der erneuten Lektüre von *Das Kloster* und , IV.2.211) an sein Idol gerichtet habe; auch 1893 erfüllen ihn die Anfangskapitel von »mit ungeheurem Entzücken«. Typischer aber klingt das differenzierende Urteil, das er anläßlich der *Altertümler*-Lektüre in Tagebuch und Brief ausspricht:

> Meine Begeisterung war anfangs die alte; es zieht sich aber doch ein Element des Oberflächlichen, des zu leicht-nehmens beim Arbeiten durch alle seine Produktion hindurch und vieles ist geradezu gehuschelt. Nur sein seltenes Talent und vielleicht noch mehr seine niedagewesene persönliche Liebenswürdigkeit (die sich in allem wiederspiegelt) lassen über diese Fluddrigkeiten hinwegsehn. (Tb II.65)

Im gleichzeitigen Brief an Emilie liegt dagegen der Akzent auf dem Positiven:

> *Scott*, in dem ich täglich lese, interessiert mich wieder aufs höchste. Im einzelnen ist es angreifbar: breit, vollgestopft mit Notizen von höchst zweifelhaftem Interesse, nicht allzu sorglich in der Ausführung, nicht allzu tief in der psychologischen Behandlung, aber enfin doch ganz einzig. Ein reicher, gottbegnadeter Mann, der da spielen durfte, wo andre sich im Schweiße ihres Angesichts quälen. Alles einfach, natürlich, humoristisch und voll so entzückender Oasen, daß man die zwischenliegenden Steppen gern mit in den Kauf nimmt. (Brief an Emilie, 13. August 1877, Familien-Briefe, I.247 f.)

Der Brief enthält die Schlüsselwörter der Fontaneschen Poetik: »einfach, natürlich, humoristisch«; Scotts »klassische[n] Einfachheit« (IV.2.204) und »kolossalen Schönheit« (IV.2.211) wird er nie die Anerkennung versagen.

Die Summe dessen, was Scott für Fontane bedeutete, findet sich im *Walter Scott*-Essay zum hundertsten Jahrestag seiner Geburt. Noch hat Fontane seinen »kleinen Romanschriftsteller-Laden« (IV.2.572) nicht aufgemacht; um so freier kann er urteilen. Aber die Kategorien stehen schon längst fest und gelten auch für die Zukunft der Debatte mit dem Naturalismus. Zur Sprache kommen biographische, gattungsgeschichtliche, stilästhetische und politische Momente. Insgesamt würdigt er Scott als den »Hauptpfeiler echter, *gesunder* Romantik« (III.1.403) und paßt ihn auf diese Weise seinem Verklärungsrealismus an. Wenn es einen globalen Einfluß Scotts auf Fontane geben sollte, so liegt er in dieser (nicht theoretisch entwickelten, sondern) praktisch demonstrierten Synthesemöglichkeit von Romantik und Realismus (»daguerreotypische Treue« III.3/1.559), Poesie und Prosa, Wahrheit und Verklärung: »alles nach dem Leben porträtiert und doch alles verklärt« (III.1.396), heißt der Schlüsselsatz. An den epischen Dichtungen in Versen hebt Fontane den »romantischen Ton« (III.1.392) hervor; von ihm ginge nicht nur »der größte Zauber« aus, sondern in ihm läge auch »das größte Verdienst« dieser Dichtungen. Im Mittelpunkt der Betrachtung steht natürlich das Erzählwerk. Nicht nur im topischen Sinn nennt er Scott den »Shakespeare der Erzählung«. (III.1.395) Damit meint er den konkreten literarhistorischen Sachverhalt: »Er erzählte vielleicht wie nie vorher erzählt worden ist, wahr, schlicht, ohne Anstrengung, vor allem unerschöpflich«. (III.1.387 f.) Zugleich erfüllte er die Kardinaltugenden seiner Ästhetik: »das *Einfache* und das Wahre« (III.1.399) im Verein mit der »durchsichtigen Klarheit« (III.1.403) und nicht zuletzt mit dem »Humor« (III.1.395), der »humoristische[n] Durchdringung«. (III.1.399 f.) So kann Scott als Quelle, Bestätigung und Einlösung der Fontaneschen Ästhetik angesehen werden. Scott bleibt aber auch in politischer Hinsicht bedeutsam. Für Fontane ist er der Pionier der »Nationalitätsidee«: »Was uns jetzt, wo wir im Vollbesitz der Resultate sind, als ein Natürliches, immer Dagewesenes erscheint, war vor kaum siebenzig Jahren ein Neues, ein Werdendes. Er wirkte in diesem Sinne reformatorisch.« (III.1.403)

Scotts politische Bedeutung steht nicht beziehungslos zu seinem literarischen Schaffen, sondern gibt ihm die spezifische Färbung. Auch hierin kann sein Vorbild prägend wirken bzw. für Fontanes eigene Vorstellungen als Bestätigung dienen. Fontane lobt an Scott die »diplomatisch geschickte Überwindung politischer Schwierigkeiten« (III.1.396), das Vermittlungsgeschick. Indem er die »Reinheit des Empfindens und der Gesinnung«

(III.1.395) betont, rückt er ein Kriterium in den Vordergrund, das sowohl autobiographisch als auch ästhetisch weitreichende Wirkung hat (von *Vor dem Sturm* bis *Der Stechlin*). Vor allem entdeckte Scott eine ›Geschichte‹, deren politische, regionale, sozial- und kulturgeschichtliche Dimensionen Fontane viel ›zu tun‹ geben sollte. Fontane begriff Scotts historischen Roman als »modernen Zeitroman«; möglicherweise hat er damit sein Vorbild mißverstanden, aber dieses Mißverständnis führte – im Gegensatz zur Scott-Nachfolge der zwanziger und dreißiger Jahre – zum modernen Gesellschaftsroman, der dem europäischen Vergleich standhält. Gerade die Umfunktionierung des Geschichts- und Vergangenheitsromans zum Gegenwartsroman, der die Wilhelminische Gesellschaft im Licht des geschichtlichen Wandels und der politischen Krise interpretiert, begründet einen Erzählstil, der seinerseits von sich in Anspruch nehmen kann, zu erzählen, »wie nie vorher erzählt worden ist.«

Welche Spuren Scott in Fontanes Erzählwerk hinterlassen hat, wurde wiederholt beschrieben (Shears, Paul, Grieve, Neuhaus). Dabei spielt *Vor dem Sturm* eine wichtige, aber keineswegs ausschließliche Rolle. Lewin, Pastor Seidentopf, Hoppenmarieken, Effi und Mathilde erinnern mehr oder weniger an Scotts *Waverley*, Oldbuck, Norna, Effie und Jeanie Deans (weniger überzeugend fällt der neuerliche Vergleich zwischen *Waverley* und Woldemar von Stechlin aus; s. Neuhaus); vor allem das Muster des passiven Helden könnte über Lewin hinaus auch auf andere Figuren (Waldemar, Leopold) abgefärbt haben. Natürlich erinnert *Vor dem Sturm* am deutlichsten an Handlungsmuster und Gattungskonzept des *Waverley*-Romans. Doch zeigt sich schon hier der für Fontane kennzeichnende Umstand, daß Einflußfaktoren weniger unmittelbar wirken, sondern eher auf dem Umweg der Literarisierung selbständig gewählter Stoffe; das Oppositions- und Insurrektionsthema, das im Marwitz-, Knesebeck- und Yorck-Stoff liegt, im Verein mit dem Treue-Konflikt des konservativen Adligen, ergab eine historisch-dramatische Konstellation, auf die sich Scotts ›Methode‹ leicht anwenden ließ. So entfalten sich Gesprächsszenen, Alltagsbilder und mentalitätsgeschichtliche Facetten (vgl. Grieve). Daß Fontane trotz seiner poetischen Erfahrung mit Stuart- und Douglas-Stoffen keine Haupt- und Staatsaktionen erzählte und dennoch Geschichte entwarf, verdankt er dem ›demokratischen‹ Volksroman-Typus von Scott und seinem epischen Interesse an den »Details des Klein- und Alltagslebens«. (III.1.133) – Eine Spiegelung seiner Sicht von Scott-Rezeption mag nicht zuletzt darin liegen, daß nach seinem phantastischen Willen zu den erfundenen SCOTT-Lesern Holk, Corinna und Effi gehören.

Unbeschadet einer zukünftigen Entscheidung, wieviel Einfluß SCOTT auf Fontane tatsächlich ausgeübt hat, läßt sich vorläufig festhalten, daß die Zahl der poetologisch relevanten ›Reizwörter‹, die Fontane in der kritischen Würdigung SCOTTS vereint, so hoch liegt, daß SCOTT zweifellos zu den wichtigsten, langfristig anerkannten Vorbildern Fontanes gerechnet werden kann. SCOTTS monumentales Projekt einer »poetische[n] Glorifizierung« von »Land und Leute[n] sowohl, wie Sitte und Geschichte« (III.3/1.559) hatte Fontane tief beeindruckt und dies nicht zuletzt durch die weltweite Wirkung einer solchen Anstrengung an einem eigentlich nicht besonders auffallenden Stoff. Es sollte aber auch deutlich bleiben, daß Fontanes Fähigkeit, sich mit ZOLA, TURGENEV, IBSEN und anderen Modernen kritisch auseinanderzusetzen und mit ihnen praktisch zu konkurrieren, nicht hauptsächlich von SCOTT her erklärt werden kann; doch ist es deshalb nicht nötig, von einer »Überwindung« (REUTER 1968, S. 545) zu sprechen.

Dickens und Thackeray

Die Namen DICKENS und THACKERAY bürgen für einen modernen Ansatz der deutschen Romankritik und Erzählkunst im Zeichen des englischen Realismus nach SCOTT. Von den *Grenzboten*-Programmatikern zum Vorbild erklärt, steht DICKENS insbesondere für die Erfüllung der realistischen Ideale: scharfe Beobachtung und getreue Schilderung des gegenwärtigen Alltags, Lebenswahrheit, »Fülle der Anschauung«, »Gesammtleben der Natur« – wie J. SCHMIDT es in *Bilder aus dem geistigen Leben* von 1871 (S. 4f.) nannte –, »Gemüthlichkeit« (J. SCHMIDT 1851, in RUCKHÄBERLE/WIDHAMMER, 1977, S. 159), Volkstümlichkeit, Humor, Versöhnung, ›gesunde‹, liebevolle Kritik, mitleidweckende Darstellung (vgl. STEINECKE, 1975, S. 163, 206). DICKENS bildet nicht nur für Fontane die entscheidende Gelenkstelle zwischen dem historischen Realismus SCOTTS und dem Gesellschaftsroman der Moderne; was jener vorbereitet hat, hebt dieser auf ein neues Niveau. Der soziale Roman erhält in seiner Ausprägung (durchaus im Gegensatz zur französischen Variante) bei den deutschen Realisten den größten Beifall. Zwar machen sich auch Vorbehalte geltend, die desto lauter klingen, je kritischer und pragmatischer DICKENS schreibt, doch stellt sein epischer Kosmos der Großstadt, ihrer Typen, Situationen und Konflikte, die unter deutschen Programmatikern akzeptabelste Version des ausländischen Realismus dar.

Fontane steht im Strom dieser positiven DICKENS Rezeption, die eigentlich schon um 1840 einsetzt (STEINECKE, 1975, S. 109). Bereits zu diesem Zeitpunkt, also noch vor seiner ersten England-Reise, hat Fontane DICKENS gelesen (N XVII.457; vgl. NÜRNBERGER FrF, S. 107). Eine Auseinandersetzung in essayistischer Form liegt weder vor, noch scheint er sie je angestrebt zu haben. Als es der Zufall will, daß er in London (1852) den berühmten »Boz« als seinen »nächste[n] Nachbar[n]« entdeckt, traut er sich dennoch zu keiner Visite und sucht nur den vor dem Haus gelegenen Park auf, »und niemals ohne den frommen Wunsch zu hegen, daß die frische Luft, die da weht, mir von dem Geist leihen möge, der eben an dieser Stätte heimisch und tätig ist« (III.3/1.42). Ob später ein persönlicher Kontakt stattfand (IV.1.649), ist ungewiß. Die wenigen Urteile über Dickens finden sich verstreut in journalistischen Arbeiten und in privater Korrespondenz; vieles spielte sich auch im Gespräch ab (*Tagebuch* I.103,218); noch Tochter MARTHA wird DICKENS als Lieblingsautor anführen. Bemerkenswert ist, daß Fontane DICKENS oft mit THACKERAY zusammen nennt, sei es zum Zwecke der Gleichsetzung, sei es, um Unterschiede hervorzuheben.

Fast hat es symptomatischen Charakter, wenn Fontanes vergleichsweise ausführlichste Charakteristik der beiden Engländer im Zusammenhang der *Soll und Haben*-Rezension (1855) erfolgt. DICKENS und THACKERAY signalisieren hier Grundlagen, deren Vorzüge und Schwächen bekannt sind, so daß sich eine separate Diskussion fast schon erübrigt; aber in jedem Fall lassen sich heimische Novitäten an ihnen messen. Wenn es mithin eigentlich um den Wert des Freytagschen Kaufmannsromans geht, erwogen nach internationalem Eichmaß, so kann sich trotzdem so etwas wie ein kritisches Zwischenspiel einschieben, bei dem sich auch der Richter nochmals seiner Norm versichert:

> Boz und Thackeray sind unübertroffen, vielleicht überhaupt unübertrefflich, in daguerreotypisch treuer Abschilderung des Lebens und seiner mannigfachsten Erscheinungen. Der letzte Knopf am Rock und die verborgenste Empfindung des Herzens werden mit gleicher Treue wiedergegeben. Sie sind vollendete Charakterdarsteller. [...] Aber was ihnen fehlt, das ist entweder die ideelle Durchdringung oder die vollendete Form. Sie verfolgen häufig ein Nützlichkeitsprinzip, im günstigsten Falle eine Tendenz, sie machen den Egoismus, die Eitelkeit, die Scheinheiligkeit der Gesellschaft oder die Verderbtheit bestimmter Kreise und Klassen zum roten Faden ihrer Darstellung, aber das ist keine Idee in dem Sinne, wie wir es meinen. (III.1.295f.)

Verglichen mit Julian SCHMIDT fällt Fontanes kritische Einschränkung eigentlich noch strenger aus, wenn er bei den Engländern die Auswirkung der Verklärung vermißt. Im übrigen aber äußert er sich über DICKENS, wie es die Literaturkritik der vierziger und fünfziger Jahre zu tun pflegt (STEINECKE, 1975, S. 175f.). Der Künstler und sein Talent werden gelobt, doch über den engagierten »Reformer und Politiker, der in Novellenform demokratisiert und Dinge behandelt, von denen er nichts versteht« (III.1.157), wird nur Ungünstiges mitgeteilt. Das muß nicht nur eine Konzession an das Medium darstellen, für das Fontane schreibt, die *Kreuzzeitung*, zumal es sich ja nicht um sein eigenes, sondern nur referiertes Urteil handelt; aber Fontane neigt auch selbst zu solchen Unterscheidungen, denn der Glaube an einen unauflöslichen Zusammenhang zwischen dichterischem Talent und politisch richtiger Praxis war ihm keineswegs selbstverständlich.

An prominenter, aber zugleich heikler Stelle steht das DICKENS-Bekenntnis in *Unwiederbringlich*, hier dem Grafen Holk in den Mund gelegt:

> Namentlich Dickens selbst war seine Schwärmerei geworden, und bei Gelegenheit eines Whitebait-Dinners in Greenwich ließ er seinen neugewonnenen Freund leben, den großen Erzähler, von dem er zwar nur den »David Copperfield« kenne, der aber als Verfasser dieses Buches auch der Sanspareil aller lebenden Schriftsteller sei. (I.2.792)

Die Stelle hat eine autobiographische Grundlage (s. o.). Dennoch zeugt sie wohl weniger von DICKENS-Bewunderung als Holk-Ironisierung (REUTER, S. 274), wenn es weiter heißt:

> Mehr von ihm zu lesen, wozu er von den übrigen Anwesenden am Schluß seines Toastes unter Lachen aufgefordert wurde, behauptete er ablehnen zu müssen, da Copperfield auch von Dickens selbst schwerlich übertroffen worden sei, weshalb ein weiteres Lesen eigentlich nur zur Herabminderung seiner Begeisterung führen könne.

Fontane hatte durchaus weitergelesen, nach den *Pickwickiern*, *Oliver Twist*, *Nikolaus Nickleby* und *David Copperfield* dann auch *Little Dorritt*, *Hard Times*, *Dombey & Son* und *Bleak House* (III.1.294, *Tagebuch* I.218); auch versuchte er bei der Verteidigung seines ersten Romans, dem biographischen Modell des *Copperfield*-Romans als alternatives Muster den Vielheitsroman gegenüberzustellen. Er wird von DICKENS entschieden mehr gelernt haben als bloße »Detailschilderung des kleinbürgerlichen Lebens« und »Darstellungstechnik« (H. KNORR, 1961, S. 131).

Auch über THACKERAY finden sich nur verstreute Bemerkungen, wiewohl Fontane gerade über dessen politische Tätigkeit ausführlicher, wenn auch hier wiederum nur mediengerecht für die *Kreuzzeitung* berichtet hatte. Was das satirische Temperament betrifft, so gab er der allgemein gehaltetenen Thackerayschen Form den Vorzug vor der DICKENS', die ihm direkter, einseitiger, ja klassenkämpferischer anmutete. Gemessen am eigenen Realismusbegriff kam er nicht umhin, an THACKERAY das gleiche zu tadeln wie an DICKENS:

> Er sucht nach Wahrheit, aber seinem Suchen und seinem Finden fehlt die Liebe. So fehlt seinen Wahrheiten zuletzt doch die höchste Wahrheit und seine getroffensten Porträts frappieren überwiegend durch die *häßliche* Hälfte des Originals. (III.1.157)

Diese Kritik muß nicht abermals als adressatenspezifisches Zugeständnis dem an anderer Stelle formulierten ›eigentlichen‹ Urteil widersprechen; auch hier liegt der Akzent auf der politischen Tätigkeit und Wirkung. Zeitlebens bekannte sich Fontane zu *Vanity Fair* als einem zunächst »sehr hübsch[en]« und alsbald »*höchst* interessante[n] Buch« (IV.1.292), das er in Originalsprache las und mit »herrlichen Randglossen« (IV.1.407) versah. Freilich scheint er in diesem Fall tatsächlich wie Holk nichts weiter von seinem favorisierten Autor gelesen zu haben. Der eine »berühmte Roman« genügte ihm, um seinen Verfasser dafür zu loben, daß er »wie kein zweiter (am wenigsten Boz-Dickens) das Londoner Leben« (III.3/1.170) vor Augen geführt habe. *Vanity Fair* wird noch am Ende des Jahrhunderts den Maßstab liefern für einen in Deutschland anzustrebenden Roman, der die »Gesamtheit unseres Lebens schildert.« (III.1.568) Den Einwand Friedrich SPIELHAGENs gegen den ›Puppenspieler‹, d.h. die auktoriale Erzählperspektive, wird Fontane gern mit Blick auf THACKERAYS Roman zurückweisen, wenn er auch praktisch dem objektivistischen Konzept eher folgt.

Trotz der an Zahl geringen Belege sollte THACKERAYS Wirkung auf Fontane nicht unterschätzt werden. Mit Recht zählt sein Name im Verein mit SCOTT und DICKENS zu den »höchste[n] Prädikaten«, die Fontane im Romanfach zu vergeben hat (so REUTER in AzL, S. 331). In *Vanity Fair* kann er ein literarisches Muster erkannt haben, das die Stoffe des modernen, großstädtischen Lebens nicht nur gültig erfaßt, sondern im (barocken) Bild des ›Jahrmarkts der Eitelkeit‹ interpretiert und so auf epischem Feld das erreicht, was Fontane an dramatischem Gebiet an Pedro CALDERÓN de la BARCAS Vision vom Leben als Traum bewunderte. Insofern fällt KNORRS Bilanz

(»Von einer Beeinflussung Fontanes durch Thackeray kann nicht die Rede sein«, S. 128) zu rigoros aus, auch wenn die extrem gegenteilige Position (s. EBERHARDT, 1975) nicht minder strittig ist.

Literatur

H. CONRAD, Theodor Fontanes »Hamlet«, in: Das literarische Echo 2 (1899/1900), Sp. 15–18. – F. SCHÖNEMANN, Theodor Fontane und England. Vortrag, in: PMLA 30 (1915), S. 658–671. – L. A. SHEARS, 1922, s. u. 3.4.2. – A. PAUL, 1934, s. u. 3.4.2. – B. W. DOWNS, Meredith and Fontane, in: GLL 2 (1938), S. 201–209. – O. NEUENDORFF, Fontanes Gang durch englische Dichtung. Zu Fontanes Vortrag über Tennyson, in: Brandenburgische Jb 9 (1938), S. 35–42, 43–51. – E. KOHN-BRAMSTEDT, Marriage and Misalliance in Thackeray und Fontane, in: GLL 3 (1939), S. 285–297. – C. JOLLES, 1947, s. u. 3.4.2. – S. HOLZNAGEL, Jane Austens »Persuasion« und Theodor Fontanes »Der Stechlin«, eine vergleichende morphologische Untersuchung, Diss. masch. Bonn 1956. – H. KNORR, 1961, s. u. 3.4.2. – W. SHAKESPEARE, Hamlet. Prinz von Dänemark. Übers. von Theodor Fontane, hg. von J. KRUEGER, Berlin/Weimar 1966. – H.-H. REUTER, Fontane übersetzt Hamlet, in: Thüringer Landeszeitung, 10. 12. 1966. – C. JOLLES, 1967, s. u. 3.4.2. – P. MICHELSEN, Theodor Fontane als Kritiker englischer Shakespeare-Aufführungen, in: Jb der deutsche Shakespeare-Ges, West, 1967, S. 96–122. – C. JOLLES, Fontane und eine Episode aus Thackerays »Vanity Fair«, in FBl Bd. 2, H. 3 (1970), S. 217f. – C. D. TURNER, Theodor Fontane on Laurence Sterne, in: Affinities. Essays in German and English Literature, hg. von R. W. LAST, London 1971, S. 307–317. – C. JOLLES, 1972, s. u. 3.4.2. – M. E. KEUNE, Das Amerikabild in Theodor Fontanes Romanwerk, in: Amsterdamer Beiträge zur neueren Germanistik 2 (1973), S. 1–25. – H. GRIEVE, Fontane und Scott. Die Waverley-Romane und »Vor dem Sturm« , in: FBl H. 20 (1974), S. 300–312. – W. EBERHARDT, Fontane und Thackeray, Heidelberg 1975. – F. MARTINI, Auswanderer, Rückkehrer, Heimkehrer. Amerikaspiegelungen im Erzählwerk von Keller, Raabe und Fontane, in: Amerika in der dt Literatur, hg. von S. BAUSCHINGER u. a. Stuttgart 1975, S. 178–204. – W. T. HADI, Die England-Reisen Theodor Fontanes. Zu den Anschauungen deutscher Schriftsteller über England in der Mitte des 19. Jahrhunderts, Diss. masch. Leipzig 1976. – W. HOFFMEISTER, Der realistische Gesellschaftsroman bei Theodor Fontane und William Dean Howells: eine dt-amerikanische Parallele, in: FBl H. 24 (1976), S. 600–607. – H.-J. RUCKHÄBERLE/H. WIDHAMMER, Roman und Romantheorie des dt Realismus. Darstellung und Dokumente, Frankfurt am Main 1977. – H. R. KLINEBERGER, Fontane and Trollope, in: Fs JOLLES, 1979, S. 428–432. – H. H. REUTER, 1979, s. u. 3.4.2. – H. H. H. REMAK, Der Weg zur Weltliteratur: Fontanes Bret-Harte-Entwurf, in: FBl Sh 6 (1980). – H. R. KLIENEBERGER, Fontane and English Realism, in: H. R. K., The Novel in England and Germany, London 1981, S. 145–183. – D. MALCOLM, Contemporary and Radical Themes in George Eliot's and Theodor Fontane's Fictions, Diss. London 1981. – S. H. KEADY, Theodor Fontane und William Dean Howells. Eine vergleichende Studie, Diss. Stanford University 1982 (DA 43/08A S. 2688). – G. GILLESPIE, Das Englandbild bei Fontane, Moltke und Engels, in: Viktorianisches England in deutscher Perspektive, hg. von A. M. BIRKE/K. KLUXEN, München 1983, S. 91–108. – G. A. WITTIG DAVIS, Novel Associations: Theodor Fontane and George Eliot within the Context of Nineteenth-Century Realism, New York 1983. – H. CHAMBERS, 1989, s.u. 3.4.2. – U. HORSTMANN-GUTHRIE, Thackerays »Catherine« und Fontanes »Grete Minde«, in: FBl H. 48 (1989), S. 82–92. – F. SCHÜPPEN, Paradigmawechsel im Werk Theodor Fontanes. Von Goethes Italien- und Sealsfields Amerika-Idee zum preußischen Alltag, Freiburg/B. 1990. – C. A. BERND, Fontane's discovery of Britain, in: MLR 87 (1992), S. 112–121. – H. NÜRNBERGER, Die England-Erfahrung Fontanes, in: FBl H. 58 (1994), S. 12–28. – S. NEUHAUS, 1996, s.u. 3.4.2.

2.1.3 Fontane und die russische Literatur

Fontanes Begegnung mit der russischen Literatur zählt zu den frühesten und zugleich dauerhaftesten Erfahrungen seiner Schriftstellerlaufbahn. Durch seinen Freund Wilhelm WOLFSOHN schon um 1841/42 in die »vorturgeniewsche(r) russische(r) Literatur« (III.4.263) eingeführt, bot sich ihm auch in den fünfziger Jahren in der Begegnung mit dem Übersetzer August VIEDERT Gelegenheit, seine Kenntnisse der allerneuesten russischen Literatur zu erweitern. Als Literaturkritiker des ausgehenden 19. Jahrhunderts kommentierte und begrüßte er schließlich den bedeutenden Anteil der russischen Gegenwartsliteratur an der Moderne. So war er in der Tat »einer der ersten deutschen Dichter von Weltgeltung, die so früh und so unmittelbar mit der jungen russischen Literatur vertraut wurden« (C. SCHULTZE, 1965, S. 43).

Fontane berichtet über diese frühe Begegnung, die einen großen Einfluß auf ihn ausgeübt hat, in seiner Autobiographie *Von Zwanzig bis Dreißig*. Zwar hebt er hier nur die Vermittlerrolle seines Freundes WOLFSOHN hervor und übergeht die Anregungen, die er zweifelsohne VIEDERT verdankt (vgl. SCHULTZE, 1974), doch gewähren schon diese Hinweise einen repräsentativen Eindruck von Inhalt und Richtung dieses Austausches:

> Seine [Wolfsohns] Domäne war die Gesamtbelletristik der Deutschen, Franzosen und Russen. Rußland, wenn er uns Vortrag hielt, stand mir selbstverständlich jedesmal obenan, wobei ich mir sagte: »*Das* nimm mit; du kannst hundert Jahre warten, ehe dir russische Literatur wieder so auf dem Präsentierbrett entgegengebracht wird.« [...] in Bezug auf russische Literatur [...] ließ ich nicht wieder los und

vom alten Derschawin an, über Karamsin und Schukowski fort, zogen Puschkin, Lermontow, Pawlow, Gogol an mir vorüber. Ein ganz Teil von dem, was mir Wolfsohn damals vortrug, ist sitzen geblieben, am meisten von den drei letztgenannten – Lermontow war mein besonderer Liebling – und so sehr alles nur ein Kosthäppchen war, so bin ich doch auf meinem Lebenswege nur sehr wenigen begegnet, die mehr davon gewußt hätten. (III.4.259)

Dennoch läßt sich das eigentliche Ausmaß des Einflusses nicht leicht bestimmen. Ludwig PIETSCH gegenüber versichert er brieflich am 23. 12. 1885, daß er zu »Menzel und Turgenjew [...] als zu meinen Meistern und Vorbildern« (IV.3.441) aufblicke; doch mag diese eindeutige Auskunft auch dem Adressaten zuliebe erfolgen, der ja ein Freund TURGENEVs ist. Die Stellungnahme in Briefen an seine Frau (24. 6. und 9. 7. 1881, IV.3.147f., 153) und auch die Aufzeichnungen über *Neuland* spiegeln deutlich Fontanes realistische Linie wieder: Er bewundert die Beobachtungsschärfe, Treffsicherheit und unbeirrbare Wahrheitstreue, doch tadelt er den Mangel an Verklärung und die Dominanz des Trübseligen bzw. Pessimistischen. Wie seine »Tunnel«-Kollegen in den fünfziger Jahren spricht er auch später noch von dem »photographischen Apparat« (IV.3.147), der den poetischen Horizont ausblendet. Gewiß verfolgen beide Romanciers gemeinsame Interessen: Im Vordergrund stehen die Spannungen zwischen den unterschiedlichen Gesellschaftsschichten, die kritische Situation der Adels- und Offizierswelt, die Neuorientierung im Zeichen der Moderne und die katastrophalen bzw. resignierten Kurzschlüsse; beide sehen in den Schwachen und Überflüssigen die epochentypischen Opfer des Krisengeschehens. TURGENEV wie Fontane rücken die Gesprächsszene in den Vordergrund, lassen jedoch die Erzählstimme nicht gänzlich verstummen (TURGENEV verwendet den auktorialen Erzähler noch häufiger als Fontane); beiden dient das Gespräch als Auskunftsmedium über »Gott und die Welt«, und beide erzählen zeit- und ortsgenau.

Sonderbar ist es mit Fontanes Verhältnis zu LEO TOLSTOJ bestellt. An der Erstaufführung des Schauspiels *Die Macht der Finsternis*, am 26. 1. 1890 in der »Freien Bühne«, nahm Fontane teil und schrieb eine weitgehend lobende Kritik: »Die moderne realistische Kunst hat nichts Besseres und trotzdem wir überall in Nacht blikken, nichts heilig Leuchtenderes aufzuweisen als dieses Stück.« (N XXII/2.727) Die Erzählung *Der Tod des Iwan Iljitsch* steht in Fontanes Liste der lesenswerten Bücher und trägt sogar den einmaligen Vermerk »Meisterstück«. Im *Stechlin* stellt der »Tolstojschwärmer«

Woldemar fest: »Wir stehen jetzt im Zeichen von Tolstoj und der Kreutzersonate.« (I.5.130) Im übrigen fehlt jede Spur, die auf eine Kenntnisnahme, geschweige denn einen Einfluß hinwiese. Das überrascht um so mehr, als sowohl *Krieg und Frieden* wie vor allem *Anna Karenina* den entscheidenden Bezugshorizont für Fontanes Werk abgeben könnten. Wenn das lapidare Lob des *Iwan Iljitsch* von einem Einfluß zeugen sollte, so beträfe er wohl die Todesthematik, wie sie ja vor allem im *Stechlin* eine wichtige Rolle spielt. Fontane würde sich im Zeichen seiner TOLSTOJ-Rezeption den physischen, psychischen, dann aber auch christlichen und sogar metaphysischen Problemen öffnen, den Möglichkeiten einer realistischen Darstellung von Grenzerfahrungen nachsinnen und die modernen unchronologischen Erzählweisen schließlich doch akzeptieren (vgl. dagegen den Vorbehalt gegenüber ZOLAS Erzählweise in *Das Glück der Familie Rougon*).

Literatur

W. E. GLAETTLI, Fontanes Haltung gegenüber Rußland, in: Mh 44 (1952), S. 202–206. – J. P. STERN, 1957, s.u. 3.1.16. – E. T. HOCK, Fontanes Verhältnis zur Erzählkunst Turgenevs, in: I. S. Turgenev und Deutschland. Materialien und Untersuchungen. Hg. von G. ZIEGENGEIST, Berlin 1965, S. 303–329. – C. SCHULTZE, Theodor Fontane und die russische Literatur, in: FBl Bd. 1, H. 2 (1965), S. 40–55. – L. R. ELIASON, The problem of generations in the fiction of Turgenev and Theodor Fontane. Diss. University of Colorado 1970. – C. SCHULTZE, Fontane und Wolfsohn. Unbekannte Materialien, in: FBl 2, H. 3 (1970), S. 151–171. – L. R. ELIASON, A nineteenth-century solution to the problem of generations – Turgenev and Theodor Fontane, in: Germano-Slavica. A Canadian journal of Germanic and Slavic comparative studies, 1973, Nr. 2, S. 29–34. – C. SCHULTZE, Die Gogol'-, Kol'cov- und Turgenev-Lesungen A. Viederts 1854/55 im Berliner »Tunnel über der Spree« mit einem von B. von Lepel und drei von Th. Fontane verfaßten Protokollen, in: Zs für Slawistik 19 (1974), S. 393–406. – E. M. VOLKOV, Theodor Fontane und Lev Tolstoj, in: FBl H. 26 (1977), S. 85–107. – C. SCHULTZE, Theodor Fontane als Kritiker der ersten deutschen Aufführung von L. N. Tolstojs »Macht der Finsternis« (1890), in: Zs für Slawistik 23 (1978), S. 54–62. – R. CHAROIT, Une rencontre Tourgueniev – Fontane: *Terres Vierges* (1877) et *Stine* (1881), in: Revue de littérature comparée 53 (1979), S. 176–207. – W. H. SCHWOEBEL, The influence of Turgenev on the narrative technique of Fontane. Diss. Michigan State University 1981. – V. REMENKOWA, 1987, s.u. 3.1.2. – C. SCHULTZE, Einleitung, in: FW 1988, S. 5–54. – C. MIETHING, Drei Frauen, drei Romane, dreimaliger Tod. Eine Reflexion zum Problem des Schönen in der Moderne, in: SuF 46 (1994), S. 341–366. – B. PLETT, »Au fond doch viel eigenartiger …« Die Wahrnehmung russischer Politik und Kultur in Werken und Briefen Fontanes, in: Zs für Kultur- und Bildungswiss. (= Flensburger Universitätszeitschrift) H. 2 (1996), S. 43–53. – B. PLETT, »Sie ... mit einer Hinneigung zu Rußland, ich zu England«. Die Rußlandbilder Theodor Fontanes, in: Russen und Rußland aus deutscher Sicht. 19./20. Jahrhundert: Von der Bismarckzeit bis zum Ersten Weltkrieg. Hg. von M. KELLER, München 1999, S. 566–598.

2.1.4 Fontane und der europäische Naturalismus

Fontane ist der einzige bedeutende Realist, der sich produktiv mit dem Naturalismus auseinandergesetzt hat. Abermals zeugt seine wache Umsicht von der eminenten Aufgeschlossenheit für die europäische Moderne: Seine Reibungen mit dem ›konsequenten Realismus‹ bringen ihn in Verbindung mit den modernsten Tendenzen der russischen, französischen, skandinavischen, spanischen, österreichischen und deutschen Literatur.

Fontanes Zola-Lektüre

Die Wirkung Emile ZOLAS auf Theodor Fontane läßt sich wohl kaum überschätzen. Zwar handelt es sich um eine eminent kritische Rezeption, doch verdichtet sich in ihr Fontanes Zeitgenossenschaft im europäischen Umkreis. Wenn ZOLAS Name für das Grundthema der naturalistisch geprägten Moderne steht, so erhalten alle Bezüge auf diesen ›Erwartungshorizont‹ einen säkularen Wert. Mehr als SHAKESPEARE, SCOTT oder auch THACKERAY kennzeichnet ZOLA auf epischem Gebiet (wie Henrik IBSEN auf dramatischem) den aktuellen Pol im wirkungsgeschichtlichen Kräftefeld.

Fontane hat sich mit ZOLA nicht öffentlich auseinandergesetzt wie im Fall IBSENS oder HAUPTMANNS (sieht man von Anspielungen im Werk ab), doch das mindert nicht das Gewicht der Auseinandersetzung. Die privaten Aufzeichnungen und der Austausch von Leseeindrücken gewähren einen hinreichenden Einblick in den Prozeß der Orientierung, Diskussion und Kritik. ZOLA bedeutet für Fontane soviel, daß es sich lohnte, die Berliner Romane auf dem Hintergrund des *Rougon-Macquart*-Zyklus zu lesen, sie als Antwort zu interpretieren; daß dabei Unterschiede, Gegensätze, ja wohl auch Mißverständnisse sichtbar werden, muß nicht unbedingt den Ertrag des komparatistischen Zugriffs schmälern, sondern läßt die Koordinaten erkennen, die dem Verhältnis historische und poetische Prägnanz verleihen. Nicht um Parallelen geht es, sondern um Verarbeitungen, Entgegnungen, Zurechtstellungen und Überwindungen. In diesem Sinn bewährt sich noch immer REUTERS Vermutung: »Geheime, bisher nicht beachtete Fäden verknüpften Fontanes kritische Untersuchungen über Zola mit seinem eigenen Romanwerk.« (AzL, S. 352)

Schon früh – gemessen an der allgemeinen ZOLA-Rezeption in Deutschland (vgl. *Naturalismus. Manifeste,* 1987, S. 646ff.) – beginnt sich Fontane für ZOLA zu interessieren. In einem Brief vom 12. 6. 1878 an Clara STOCKHAUSEN dankt er für »1. Zola selbst und 2. die Kritik über ihn« (IV.2.587). Obwohl sich bislang noch nicht ermitteln ließ, um welchen Roman es sich hier handelt – die »Kritik« meint das Zola-Kapitel in Julian SCHMIDTS *Portraits aus dem neunzehnten Jahrhundert* (Berlin 1878, S. 382–427) –, ist es nicht ausgeschlossen, daß Fontane jetzt schon den ersten Band des Zyklus »kapitelweise« angelesen hat; dafür sprechen auffallende Parallelen in *Grete Minde,* woran er gerade zu arbeiten beginnt: das kindliche Paar in der unwirtlichen Umwelt, das Nest-Motiv, Miettes Sprung vom Mandelbeerbaum (vgl. *Das Glück der Familie Rougon,* Kap. 5), vielleicht sogar das Motiv der Brandkatastrophe. Noch im selben Jahr 1878 spricht Fontane von ZOLAS »genialer Bravour« bei der Schilderung eines »unterirdischen Pariser Käseladen[s]« (IV.2.630), wenn er auch selbstironisch hinzufügt, mit dieser Erzählweise nicht konkurrieren zu können – soeben ist *Vor dem Sturm* erschienen. Zwei Jahre später hat die ZOLA –»Schwärmerei« (IV.3.71) bereits die eigene Familie ergriffen. Schon jetzt – im März 1880 – findet Fontane zu seiner differenzierenden Kritik-Formel:

> Das Talent ist kolossal und gar nicht zu überschätzen; es ist mir aber ganz unzweifelhaft, daß die *Kunst* andre Aufgaben hat. Es ist ein Unterschied, ob ich die Morgue [das Pariser Leichenschauhaus] male, oder Madonnen, auch wenn das Talent dasselbe ist. (IV.3.71)

Im Brief vom 5. 4. 1880 an seine Frau erwähnt er dann zum ersten Mal seine Absicht, eine »Kritik über Zola« (IV.3.75) zu schreiben. Zu einer Ausführung wird es jedoch nicht kommen; was davon überliefert ist (vgl. III.1.534–550), stellt einen wesentlichen Baustein der Fontaneschen Realismus-Auffassung dar und umkreist gleichzeitig das ›Syndrom‹ des Naturalismus, seine »Übertreibungen nach der Seite des Häßlichen« (IV.3.243). Fontanes ZOLA-Studien konzentrieren sich auf die Zeit seines Sommeraufenthaltes in Thale, Juni 1883; die Arbeit an *Graf Petöfy* steht vor dem Abschluß, die Vorbereitungen für *Unterm Birnbaum* beginnen noch im selben Jahr, auch deuten sich erste Ideen für *Irrungen, Wirrungen* und *Stine* an.

Zolas Ruf, wie er durch Schlagzeilen und Tagesgespräch zustande kam, hat wenig mit Kunst zu tun. Gerade in Fontanes Notizen spürt man die gewissenhafte Sondierung des Sensationell-Schockierenden vom Ästhetischen, des öffentlichen Wirbels von der poetischen Arbeit. Fontane vermied Beschwörungen in der Art Paul Lindaus, nach dessen Urteil in *Die naturalistische Schule in Frankreich und »Nana« von Emile Zola*, (1880) »keine anständige Dame den Mut haben wird, in einem anständigen Salon zu gestehen, daß sie diese Bücher [*L'assommoir* und *Nana*] gelesen habe«. Er weiß: »Man mag Zola vernichten, aber noch im Vernichten muß man ihn *bewundern*.« (BSJ I.129) Später erscheint dieser Sichtungsprozeß gerafft in Effis Frage, »ob es denn wirklich so schrecklich sei« – die Rede ist von *Nana* – und die lapidare Antwort der Geheimrätin Zwicker: »Ach, meine liebe Baronin, was heißt schrecklich? Da gibt es noch ganz anderes.« (I.4.225) Schrecklich im Sinn der guten Gesellschaft, zu der das Lügenspiel um den Ehebruch gehört, war ihm die Zolasche Welt keineswegs; wenn er das »Anfechtbare« (I.1.736) kritisierte, so tat er es unter künstlerischem Gesichtspunkt.

Der Umfang von Fontanes Zola-Lektüre läßt sich nur ungefähr abschätzen, weil er manches auch nur auszugsweise zur Kenntnis nahm (eine Bibliographie der von ihm benutzen Übersetzungen wäre dienlich). *Das Glück der Familie Rougon* und *Die Eroberung von Plassans* hatte er vollständig gelesen, *Die Schnapsbude* (*L'assommoir*) zumindest kapitelweise; diesen Roman, zusammen mit *Die Eroberung von Plassans* und *La faute de l'Abbé Mouret* wird er später (1889 und 1894) als »beste Bücher« zur Lektüre empfehlen. (N XXI/1.499, III.1.572) Weitere Hinweise z.B. auf *Nana* (BSJ I.196) lassen nicht erkennen, wie gründlich die Lektüre ausfiel. Eine Zola-›Verwertung‹ eigener Art begegnet in Hugo Großmanns (*Mathilde Möhring*) gleichzeitiger »Schwärmerei für Lenau wie für Zola« (I.4.595).

In seinen vorbereitenden Aufzeichnungen für den geplanten Essay (1883) setzt sich Fontane mit dem ersten und vierten Roman des *Rougon-Macquart*-Zyklus auseinander; sowohl *Das Glück der Familie Rougon* (1871) als auch *Die Eroberung von Plassans* (1874) zählen zu den sogenannten historischen Romanen, die den Anfang der »Natur- und Sittengeschichte einer Familie unter dem Zweiten Kaiserreich« erzählen. Fontane war in doppelter Hinsicht auf eine solche Lektüre vorbereitet: Als Historiograph des Deutsch-Französischen Krieges war er Sachverständiger für die Epoche, deren Zusammenbruch Zola mit den Mitteln des wissenschaftlich-experimentellen Romans zu rekonstruieren suchte. Als Verfasser mehrerer historischer Romane bzw. Erzählungen (*Vor dem Sturm, Grete Minde, Schach von Wuthenow*) hatte er sich vertraut gemacht mit den Faktoren der politischen Geschichte, dem Erklärungswert von symptomatischen Vorgeschichten für aktuelle Katastrophenfälle und dem Appellcharakter von Dichtungen als Gerichtsspiele über Ereignisse der ferneren wie näheren Vergangenheit und aktuellen Gegenwart.

Fontanes Notizen zum *Glück der Familie Rougon* fassen zunächst den Romaninhalt zusammen, gruppieren dann die Tendenz in einer Liste der episch abgearbeiteten »Aufgaben« und stellen weiterhin eine alternative Romanexposition vor, die weniger ›impressionistisch‹ konfus auf das Kommende vorbereiten soll. Sodann entwerfen sie eine Disposition des gesamten Essays, der einerseits das große erzählerische Talent würdigen, andererseits die künstlerischen und sachlichen Mängel herausstellen soll, und wenden sich schließlich dem programmatischen Romanvorwort zu, um die hier entwickelte Blutmischungstheorie als These, die alles und deshalb nichts beweist, zurückzuweisen. Wollte man aus diesen Notizen eine Einflußspur herausarbeiten, so würden wohl die Zeichen der Abkehr überwiegen und somit eine Abfärbung auf das eigene Werk unwahrscheinlich machen. Fontane verwirft nicht nur den Plan, die »Verfallszeit« deterministisch zu erklären, als eine der Kunst entgegengesetzte Aufgabe, sondern er hält ZOLA auch »Fehler der Composition« (III.1.539) vor. Er ist zumindest nicht gewillt, ZOLAS Erzähltechnik anzuerkennen; einerseits komprimiert ZOLA das erzählte Geschehen auf acht Tage (Staatsstreich und Handstreich in Plassans, Anfang Dezember 1851), andererseits vertieft er den zeitlich eng bemessenen Abschnitt durch wiederholte weitausholende Rückblenden bis in das Geburtsjahr der Stammutter Adélaide Fouque und entwickelt so ein historisches Panorama der Vorgeschichte des Zweiten Kaiserreichs. ZOLAS Friedhof-Exposition, die Fontane zu ›verbessern‹ sucht, gibt dem Ganzen einen Rahmen, der dem ›analytischen‹ Erzählstil (erst das Geschehnisresultat, z.B. Silvères Tod, danach die Schilderung, wie es dazu kam) eine kompakte Form gibt. Fontane bevorzugt offensichtlich die linear sukzessive Erzählweise, die ›natürliche‹ Ordnung des szenischen Erzählens (allerdings beklagte er sich nicht über die moderaten, auktorial gelenkten Unterbrechungen des Erzählfadens in TURGENEVS *Rauch*, vgl. Kap. 6/7 bzw. 9/10).

Doch erübrigt sich bei so vielen Gegensätzen keineswegs die Frage nach den gemeinsamen Interessen. Zumindest ein Moment weist in eine verwandte Richtung. Fontane entdeckt in der Karriere-Geschichte um Pierre und Félicité Rougon das weit ältere Motiv von »Macbeth und Lady Macbeth ins kleinstädtische Bourgeoistum übersetzt« (III/1.535). Von hieraus könnte eine Spur zumindest bis zur Ehe- und Geschäftsgeschichte in *Unterm Birnbaum* führen. Ob es darüber hinaus sinnvoll ist, Félicité mit Jenny oder Mathilde und den politisierenden Pierre mit Treibel zu vergleichen, ob Adélaides oder Marthes (*Eroberung*) Nervenkrankheit in Cécile abgewandelt wiederkehrt und ob die Poggenpuhls ein Gegenbild zur Rougon-Macquart-Familie darstellen, das alles sind Fragen, die einer vorsichtigen Interpretation überlassen werden sollten. Fontane, der seinen Romanerstling mit einem Friedhofsbild abschloß und *Grete Minde* mit einer Kinder-Szene beginnen ließ, konnte wohl kaum gleichgültig bleiben angesichts eines Romananfangs, der gleichfalls und doch ganz anders von Grabsteinsymbolik, Friedhof und ›Kinder‹-Begegnung handelt (Vgl. auch I.1.808). Die Aufmerksamkeit kann um so größer gewesen sein, als Fontanes preußisch-patriotische Landsturm-Version (*Vor dem Sturm*) und Zolas Darstellung des Rougonschen Handstreichs in Plassans zu aufschlußreichen Vergleichen Anlaß bietet.

Die Notizen über *Die Eroberung von Plassans* setzen sich mit dem Problem der Glaubwürdigkeit von solchen Figuren auseinander, die Ausnahmefälle darstellen. Fontane hat die Art, wie Zola »Mittelgrundsfiguren« (III.1.545) zeichnete, bewundert. Von hier aus ergeben sich Verbindungen zur eigenen Kunst der Neben- und Hintergrundsfiguren. Aber auch die Kritik an den Übertreibungen und Verzeichnungen der Zentralfiguren mag nicht ohne Folgen für den eigenen Figurenentwurf geblieben sein. Eine Figur wie Abbé Faujas muß Fontane in mehrfacher Hinsicht angeregt oder aufgeregt haben. Als Geistlicher mit politischen Tendenzen gerät er in Berührung mit jener Figurenkette, die Fontane von Pastor Seidentopf bis Pastor Lorenzen spannt; als ehrgeiziger Politiker gehört er zur Gattung der Innstetten-Figuren; als eigenartiger Störenfried einer Ehe entspricht er dem »Logierbesuch« in *L'Adultera*. Fontane rechtfertigt diesen in die bonapartistischen Intrigen verwickelten Priester mit ähnlichen Worten vor Zola, wie er seinerzeit die Schuldlosigkeit der Rothsattel-Familie im rigorosen Bannkreis der *Soll und Haben*-Welt eines Freytag zu bedenken gab; ein »furchtbares Gericht« (III.1.546) hält er in keinem Fall für gerechtfertigt.

In der Auseinandersetzung mit der Figur der Marthe gelangt Fontane zur Grundlinie seines Figuren-Realismus, der »Durchschnittsmenschen« (III.1.547) bzw. »*tatsächliche* Ausnahmefälle« fordert und keine »*persönlichen*«, damit man sie »als einen der unsren anerkennen« kann. Fontane knüpft an diese Voraussetzung die Fähigkeit der »Mitleidenschaft«, die er nicht nur im Sinne Lessings, sondern auch des modernen Naturalismus, der gleichfalls das Mitleid wiederentdeckte, als grundlegende Wirkungskategorie einfordert. Es muß ihn seltsam berührt haben, an Marthe Mouret Reaktionen beobachten zu können, die er seiner Melanie van der Straaten verwehrte, obwohl sie gelegentlich (und mit wohl mehr Recht) unter dem Verhalten ihres »Ezel« leidet.

Manches, was zwischen Zola und Fontane einflußgeschichtlich wichtig werden könnte, ergibt sich wohl erst aus einer erneuten Zola-Lektüre: die Themen Krankheit, Ehrgeiz, Erziehung, gesellschaftliche Ächtung, Geldheirat, Theater-Milieu (*Nana*), politische Wahlmanipulation (*Eroberung*), Verfall, Untergang u.v.m. spielen bei Fontane keine geringere Rolle; auch er stellt Lebensläufe der Zweiten, Wilhelminischen Kaiserzeit dar, und die ›familiären‹ Bedingungen stehen von Anfang bis Ende im Vordergrund, auch wenn sie nicht ›wissenschaftlich‹ determiniert, sondern märkisch-junkerlich ästhetisiert werden. Zolas Kunst erschöpft sich keineswegs in der Genauigkeit der Schilderung (zumal des Häßlichen). Sein Naturalismus geht weit über den bloßen Report des oberflächlich Beobachtbaren hinaus und entwirft die wissenschaftliche Vision einer »Meute zügelloser Begierden, die in einem Flammenmeer von Gold und Blut Sättigung findet« (*Glück*, S. 413). Für diesen Darstellungszweck benutzt er intertextuelle Verfahren, verknüpft die Ereignis- und Figurenmengen leitmotivisch und grundiert das Geschehen zuweilen sogar mythologisch. Was Heinrich Mann an Fontane schätzte, steht nicht im Gegensatz zu Zola, sondern offenbart die spezifische Zeitgenossenschaft des märkischen Realisten.

Ibsen

Fontanes Verhältnis zu Ibsen betrifft viele Aspekte seiner literaturtheoretischen Debatte, theaterkritischen Urteilsbildung und künstlerischen Tätigkeit. Noch fehlt eine monographische Studie, welche die vielschichtigen Beziehungen im Zusammenhang darstellt und von beiden Seiten erhellt. Von ›Einfluß‹ kann auch hier nur im bedingten Sinn die Rede sein; ein urteilssicherer, schreiberfahrener Autor der älteren Generation (»Ibsenianer mit 70«, IV.3.709) beteiligt sich an einer zeitgenössischen Diskussion der Allerjüngsten und zeigt, wie aufnahmefähig und lernwillig er ist, wie weit seine sachverständige Toleranz reicht und wo der erfahrene Künstler sein entschiedenes Veto einlegt.

Fontane hatte mehrmals Gelegenheit, IBSEN persönlich zu begegnen. Der ebenso gefeierte wie umstrittene Dramatiker wohnte mehreren Berliner Aufführungen bei, die zugleich auch Fontane als Kritiker besuchte. Hinzu kam eine Reihe von Banketts zu Ehren des norwegischen Gastes. Auch an Fontane ergingen diesbezügliche Einladungen. Und dennoch findet sich in seiner Korrespondenz und den Tagebüchern kein positiver Beleg für einen Wortwechsel zwischen den beiden Persönlichkeiten: Dem Ehrenbankett am 8. 1. 1887 blieb Fontane fern (»Ich stehe mit auf dem Papier [der geladenen Gäste], [...] bin aber ›weil verhindert‹ persönlich nicht dabei«, IV.3.508); an dem »solenne[n] Souper« des Jahres 1889 nahm er teil (»Lauter illustre Gäste, auch Hans von Bülow und Brahms [...] Es wurden verschiedene Reden gehalten, auch gute.« (*Tagebuch* II.248); die Einladung zum Bankett bei Dressel am 10. 2. 1891 schlug er wieder aus (IV.4.95), und zur 70jährigen Geburtstagsfeier des Dramatikers schickte er seine Frau (IV.4.706). Fontanes merkwürdige Zurückhaltung ergibt sich nicht etwa aus zufälligen Umständen – im Gegenteil war er durchaus daran interessiert zu erfahren, was »das große nordische Orakel [anderen] zugeflüstert« (IV.4.95) hat –, sie liegt vielmehr in seinem Charakter oder, wenn dies zuviel gesagt sein sollte, in seinem Rollenverständnis als Kritiker begründet (IV.3.720).

Am intensivsten setzt sich Fontane mit IBSEN in den Jahren 1887 bis 1891 auseinander; schon vorher finden sich vereinzelte IBSEN-Spuren, und selbstverständlich bleibt IBSEN als Klassiker der Moderne weiterhin präsent, aber den Höhepunkt der Debatte bilden eindeutig die Berliner Aufführungen der späten 80er Jahre und die Initiativen der »Freien Bühne«. Schon 1876 sah Fontane ein frühes IBSEN-Stück, *Die Kronprätendenten*, als Gastspiel der Meininger Theatergruppe (IV.2.529), ein vornaturalistisches »Schau- oder Trauerspiel«, das ihm wenig zusagte. Im Januar 1878 hätte er dann die Gelegenheit gehabt, an IBSENS programmatischem Auftakt, *Die Stützen der Gesellschaft*, teilzunehmen; doch scheint nur seine Frau die Aufführung besucht zu haben (IV.2.562). Erst die aufsehenerregende *Gespenster*-Aufführung vom 9. 1. 1887 im Berliner Residenz-Theater leitet dann die intensive Auseinandersetzung mit IBSENS Theaterwerk ein. Fontane hat diese Inszenierung wie auch die zweieinhalb Jahre später stattfindende *Gespenster*-Aufführung der »Freien Bühne« im Lessingtheater besprochen (13. 1. 1887 und 30. 9. 1889). Auch über *Die Frau vom Meere* verfaßte er zwei Kritiken

(6. 3. 1889 und 21. 3. 1889). Als drittes und letztes Stück hat er öffentlich nur noch *Die Wildente* rezensiert (22. 10. 1888 mit Nachnotiz vom 28. 10. 1888). Sieht man von eingestreuten Bemerkungen in anderen Zusammenhängen ab, so hat er sich im weiteren nur noch privat über IBSEN geäußert. Ein fragmentarisch überlieferter Essay-Entwurf bezeugt die Rezeption von *Ein Puppenheim* (N XXI/2.355–358; wahrscheinlich Anfang 1887, wohl kein Theaterbesuch, sondern Lektüre, AzL, S. 362f.). Aufmerksam verfolgte Fontane die Premiere von *Hedda Gabler* (IV.4.95f. u. Anm.), obwohl es keinen Nachweis für seinen Aufführungsbesuch gibt. Belegen läßt sich dafür seine Anwesenheit bei der späteren Inszenierung von *Klein Eyolf* (12. 1. 1895; IV.4.416). Wiederholt hat Fontane brieflich über IBSEN geurteilt. Überliefert ist auch der »Entwurf einer Charakteristik« (N XXI/2.358f.) und der *Tagebuch*-Hinweis auf ein gesellschaftliches Treffen bei August von HEYDEN zu Beginn des Jahres 1887, »wo ich mit hocherhobenem Finger, während mich lauter befrackte Kahlköpfe umstanden, einen Vortrag über Ibsen hielt« (*Tagebuch* II.236).

Auf Grund dieser reichhaltigen, aber auch diffusen Dokumentenlage lassen sich mehrere Aspekte der Beziehung Fontanes zu IBSEN unterscheiden. Ohne Zweifel liegt auch eine Beeinflussung im engeren Sinn vor. Sie betrifft Themenwahl (Ehe), Figurenkonzeption (vor allem das Bild emanzipierter, nervöser oder kranker Frauen), Dialogführung (analytischer Zug) und Sprache (symbolische Bezüglichkeit des alltäglichen Wortwechsels), nicht aber Fragen des Genres. Was Fontane an IBSEN lernen konnte, betrifft nicht die ›Technik‹ des Romans, obwohl rezeptionsgeschichtlich belegt ist, daß IBSENs Dramen ›novellistisch‹ gewirkt haben sollen. IBSENs Einfluß auf Fontane ›überspringt‹ die gattungstheoretische Differenz, greift auf der allgemeineren Ebene der gesellschaftskritischen Dichtung und betrifft sowohl kunsttheoretische Probleme des Realismus (im Doppelverständnis von Realismus und Naturalismus) als auch weltanschauliche bzw. anthropologisch-psychologische Fragen des Gehalts, der Themenwahl und Figurenkonzeption. Zu Recht wurde wiederholt darauf hingewiesen, daß Fontane in seinem Erzählwerk IBSEN zitiere: Bothos lieb gemeinte Anrede »Puppe, liebe Puppe« (I.2.466) evoziert den berüchtigten *Puppenheim*-Komplex, und Effis leidenschaftlicher Ausfall gegen Innstettens »Ehre, Ehre, Ehre« (I.4.275) greift Noras Anklage wieder auf. Beide Stellen zeigen aber zugleich, daß Fontane dem Norweger nicht einfach Recht gibt, sondern die Anregungen im eigenen Sinn verarbeitet. Weder Käthe noch Effi gleichen Nora, wenn diese türschlagend das Männerhaus verläßt. Ähnlicher, aber auch nicht identisch, verhält sich Melanie van der Straaten, die, wenn sie dem Nora-Bild entsprechen sollte, auf eine bedeutend frühere *Puppenheim*-Rezeption hinweisen würde (dt. Übers. 1880). Wenn Fontane schon in *Vor dem Sturm* die »Lüge des Daseins« (I.3.205) thematisiert, so deutet das nicht nur auf eine frühe Ibsen-ähnliche Haltung hin, sondern bereitet auch auf eine modifizierte Einstellung vor, die zunächst den kritischen Schlüsselbegriff der Zukunft als fragwürdige Diagnose aus der Randperspektive eines Dr. Faulstich abschwächt.

Wie bedeutend also die Anregungen sein mögen, die der späte Fontane dem ›revolutionären‹ Bühnenwerk IBSENS verdankt, so wichtig bleiben die Abgrenzungen, die er unmißverständlich und weithin gleichlautend gegen das moderne ›Evangelium‹ vollzog. In heutiger Sicht mag dieser Vorbehalt unbegreiflich sein oder umgekehrt nahezu schwinden angesichts der unabweisbar modernen Ibsen-verwandten Perspektive des Fontaneschen Erzählwerks; Fontane als der poetische Anwalt der durch Ehe und gesellschaftliche Institutionen benachteiligten Frau scheint doch die epische Einlösung des Ibsenschen Bühnenprogramms darzustellen. Und dennoch unterscheiden sich die Verhaltensweisen Effis und Noras grundlegend. Es hat wenig Zweck, Fontanes Verurteilung der berühmtesten Ibsenschen Frauenfigur (»Schafslise«, »Quatschliese«, IV.4.636,707) zu bagatellisieren oder sie nur auf den modischen Trend der Nachbildungen anzuwenden. Erst wenn man die Ablehnung als ernst gemeinte Kritik an einer verfehlten Figurenkonzeption und -motivation zugrunde legt, gelangt man zu einem historischen Verständnis der Fontaneschen Frauenfiguren, das nicht gewaltsam die Absichten des Autors vernachlässigt.

Fontanes Kritik an IBSENS ›Botschaft‹ betrifft mehrere Punkte, die bereits in der ersten *Gespenster*-Kritik (N XXII/2.705–709) zum Ausdruck kommen und sich kaum abgewandelt in späteren Stellungnahmen wiederholen. Zunächst erinnert Fontane daran, daß der Grundsatz der Liebesehe eine sehr junge ›Regelung‹ darstellt; IBSENS Liebesevangelium müsse menschheits- bzw. ehegeschichtlich als ein höchst schwacher Faktor gelten, während ›Pakt‹ und ›Übereinkommen‹ historisch bedeutend wirksamer gewesen seien. Alsdann bezweifelt er die weltgeschichtliche Relevanz der Alternative zwischen reiner Neigungsehe und Konvenienz- bzw. Vorteilsehe. Fontane durchschaut das Unwägbare des Neigungsgrundsatzes, der verabsolutiert, als unkontrollierbarer Subjektivismus ohne allgemeine Verantwortung und zugesicherte Bindungsabsicht, zum beliebigen Wechsel führt. Fontane spricht sogar von der Stabilität der Pflicht, was natürlich im Umkreis der Kritik an Innstetten besonders anstößig klingt. Sodann weigert er sich, die fatal-deterministische Dramaturgie der ›Sünden‹-Vererbung anzuerkennen, und besteht auf der Korrigierbarkeit begangener Fehler. Fast hat es den Eindruck, als ob Fontane gegenüber IBSEN nicht nur die Eheinstitution insbesondere, vielmehr sogar das allgemeine Recht der Tradition in Schutz nehmen wollte; der Eindruck des Aberwitzigen an dem Versuch, den Sinn von Ehe und Tradition zu erhalten (vgl. das eben nicht nur figurenperspektivisch bedingte »Ordnung ist Ehe« und »Ehe ist Ordnung«, I.2.406, IV.3.599) schwindet wieder beträchtlich, wenn man den Widerspruch in den Begriffen ›freie Liebe‹ oder ›wilde Ehe‹ erkannt hat. Wahrscheinlich bemerkte er an IBSEN oder seiner Wirkung eine Art Etiketten-Schwindel, bei dem es nur auf den momentanen Aufbruch unter dem rechten Losungswort ankäme. Das historische Bewußtsein Fontanes verrechnete wohl auch die Zukunft und fragte nach den Grundsätzen eines neuen Normenkonsenses nach der forschen Abräumarbeit.

Zu Fontanes IBSEN-Diskussion gehören noch zwei weitere Argumente. Das eine betrifft den Verdacht, daß IBSEN und seine Anhänger die Kunstform um einer Doktrin willen instrumentalisierten (N XXII/2.609f., 705f.). Fontane, der immer wieder die Eigengesetzlichkeit selbst der gesellschaftlich und politisch engagierten Kunst betonte, konnte sich mit dem doktrinären Charakter des Werkgehalts und dem missionarischen Zug der IBSEN-Wirkung nicht befreunden. Das andere Argument kommt IBSEN eher zugute, wenn es im Grunde auch dessen Modernität relativiert. Fontane hielt nichts von polizeilichen Verboten im kulturellen Bereich und betonte immer wieder die Notwendigkeit einer öffentlichen Debatte in diesen Fragen. Auch die *Gespenster*-Aufführungen wie überhaupt die Tätigkeit der »Freien Bühne« standen ja unter dem Bann des Polizeiverbots. Fontane überführte die Fürsprecher eines Verbots von öffentlichen IBSEN-Aufführungen eines Widerspruchs, indem er darauf hinwies, daß dessen naturalistische Vererbungsdoktrin völlig im Einklang stünde mit dem christlichen Erbsünden-Dogma und schon von daher – wenn man also christliche Lehren verständig durchdenke – gänzlich unanstößig sein müsse.

Fontanes differenzierte IBSEN-Kritik hat über die sachlichen Momente hinaus noch weitere poetologisch relevante Aspekte. Insbesondere bewahrheitet sich auch in diesem Zusammenhang, wie sehr er zwischen Kunstfragen und Anschauungssachen zu unterscheiden sucht. Konstant bleibt die Bewunderung für IBSENs Genie und Talent, für seine enorme Kunstleistung, die theaterästhetische und publikumspädagogische Ausstrahlung. Bis zuletzt anerkennt er IBSEN als »epochemachende Erscheinung« (IV.4.635) und »große[n] Reformator unseres Bühnenwesens« (IV.4.720). Vorbehaltlos würdigt er IBSENs bühnenästhetische Errungenschaften: die »Neuheit und Kühnheit der Probleme« (N XXII/2.713), »neue Stoffe« (ebd., S. 735), »neue Gestalten«, »neue Sprache« (IV.4.720); »er interessiert mich, hält mich in seinem Bann vom ersten bis zum letzten Wort, und jedes kleinste, das mir entgeht, betrachte ich als eine Einbuße an künstlerischem Genuß.« (N XXII/2.634) Und dennoch beharrt er auf seiner barschen Kritik an der »Verrücktheit« (IV.3.725), an dem »Zopf von Ehe, freier Liebe, Selbstbestimmung, Verantwortlichkeit etc. etc« (IV.3.728).

Nochmals stellt sich die Frage, in welchem Ausmaß dieses theoretische Urteil den Blick auf das Erzählwerk Fontanes beeinflussen kann. Soll Fontanes IBSEN-Kritik als ›Theorie‹ gelten, die von der erzählerischen Praxis ignoriert, unterlaufen oder gar widerlegt wird? Wollte Fontane im eigenen Werk gegen die Absichten IBSENS arbeiten oder mit ihrer Hilfe das Gleiche anders begründen? Sicher bleibt, daß die Beschäftigung mit IBSEN dazu zwang, sich mit den »schwierigsten Fragen« auseinanderzusetzen und daß diese Debatte auf einen Absagebrief gegen das »Alte« (IV.3.650) hinausläuft. In Beifall wie in Kritik ist Fontane diesen Herausforderungen nicht aus dem Wege gegangen.

Hauptmann

Fontanes Begegnung mit Gerhart HAUPTMANN bildet eine wichtige Gelenkstelle zwischen dem 19. und 20. Jahrhundert, zwischen Tradition und Moderne. Keiner der deutschsprachigen Realisten trat in so engen, auch persönlichen Kontakt mit der neuen Richtung, begriff sich als »Gonfaloniere der ›Neuen‹« (IV.3.731) wie Fontane. Er, der sich selbstironisch als einen »auf dem Aussterbe-Etat stehenden alten Herrn« (IV.3.720) charakterisierte, trat öffentlich für den noch unbekannten HAUPTMANN ein und begrüßte dessen soziales Drama *Vor Sonnenaufgang* als die »Erfüllung Ibsens« (N XXII/2.713). Aus der Sicht der Vormoderne ein »Abtrünnige[r]« und »Freischärler innerhalb jener Rotte Kora« (IV.3.741), die dem Epigonalen ein Ende bereitete, verfocht er den Fortschritt der Poesie und die Vollendung des Realismus. So verdient die Beziehung zwischen Fontane und HAUPTMANN als prägnantes Moment einer literaturgeschichtlichen Epochenschwelle besondere Aufmerksamkeit.

Dennoch läßt sich für beide Seiten wohl nicht von einem ›Einfluß‹ sprechen. Fontane, der hier nicht nach HAUPTMANNS *Buch der Leidenschaft* (Buch 2, Kap. 7, REUTER, S. 948) als dessen »höchster Protektor«, sondern nur als ›Empfänger‹ verstanden werden müßte, hat noch weniger als im Fall IBSENS von HAUPTMANN ›übernommen‹. Gewiß fallen die Hauptmannschen Frauenfiguren in der dramatischen Tradition ebenso auf wie die Fontaneschen in der epischen (REUTER, S. 678f.). Auch mag es sich lohnen, den Beziehungen zwischen der reichen Frau Krause, einer ehemaligen Kuhmagd (*Vor Sonnenaufgang*), und Jenny Treibel, geborene Bürstenbinder, nachzuspüren und die Variationen des vergleichbaren Motivs vom ›Gründerrausch‹ auszumessen. Mathilde Möhring wurde bereits mit Mutter Wolffen aus HAUPTMANNS Diebskomödie in Verbindung gebracht, obwohl gerade für den *Biberpelz* ein Rezeptionsbeleg fehlt; Ähnliches gilt für die Portiersfamilie Nebelung in den *Poggenpuhls* und den »Komplex der Siebenmühlener« im *Stechlin* (REUTER, S. 432). Das Motiv des brüchigen Bodens spielt in *Vor Sonnenaufgang* wie in *Effi Briest* eine zentrale symbolische Rolle; und vielleicht verweist noch zuletzt die Kapitelüberschrift »Sonnenuntergang« im *Stechlin* auf HAUPTMANNS Erstling (vgl. REUTER, S. 845). Und so mögen weitere Nachforschungen noch andere Entsprechungen und Abwandlungen des Vergleichbaren an den Tag bringen. Im Grund aber kommt HAUPTMANN als Einflußfaktor ›zu spät‹; *Irrungen, Wirrungen* und *Stine* sind ja bereits fertig. Gleichwohl bleibt er für den bedeutend älteren Autor als Folie des poetischen Selbstverständnisses, als ›Epoche‹ im realistischen Entwicklungsprozeß, als Dokument für Fontanes Urteilssicherheit und ästhetische Zielstrebigkeit im gegenwärtigen Zusammenhang bedeutsam.

Entgegen der ursprünglichen Absicht, jede »persönliche Beziehung« (IV.3.720) in Kritikerangelegenheiten zu vermeiden, entwickelte sich zwischen Fontane und HAUPTMANN ein reger und beidseitig erfreulicher gesellschaftlicher Verkehr; wiederholt vermerken die Briefe die angenehmen und amüsanten Gespräche im familiären wie offiziellen Zusammenhang (IV.4.167, 173, 199, 388, 603, 673). Die Aufführungen von vier Bühnenwerken (mit Ausnahme des letzten handelte es sich um Uraufführungen) hat Fontane besprochen: *Vor Sonnenaufgang* (21. und 22. 10. 1889), *Das Friedensfest* (2. 6. 1890), *Einsame Menschen* (21. 1. 1891) und *Die Weber* (1894 anonym). Weitere Aufführungsbesuche sind belegt:

Hannele , Florian Geyer und *Die versunkene Glocke*; auch *College Crampton* kannte er.

Für Fontane war und blieb *Vor Sonnenaufgang* das beste aller Stücke, die er von HAUPTMANN kennengelernt hat. Schon *Das Friedensfest* fiel demgegenüber ab, mehr noch *Einsame Menschen*; und am geringsten schätzte Fontane *Hanneles Himmelfahrt* (Aufführungstitel: *Hannele*): »hoch mit ›Crampton‹ und ›Vor Sonnenaufgang‹, aber *nicht* hoch, trotz Himmelfahrt, mit Hannele.« (IV.4.307) Nur *Die Weber* werden nochmals als zweiter Höhepunkt der Hauptmannschen Kunst anerkannt: »vorzüglich, epochemachend« (IV.4.386); *Florian Geyer* überzeugt nicht (»langweilig«, IV.4.525), und *Die versunkene Glocke* wird zwar »bewundert«, aber wegen der Gefühlsunklarheit, einer »Schwabbelei«, besonders im letzten Akt auch getadelt (IV.4.621 f.).

Vielleicht läßt sich HAUPTMANNS ›Einfluß‹ auf Fontane unter folgender Bedingung genauer formulieren und damit auch gerechter einschätzen: Wenn Fontane von der internationalen naturalistischen Richtung für die eigene realistische Erzählpraxis etwas gelernt haben sollte, wenn mithin die sich ankündigende Moderne ihm bei der kunsttheoretischen wie praktischen Loslösung vom Alten und der Hinwendung zum Neuen geholfen hat, dann muß er in dem jungen HAUPTMANN die Bestätigung seiner frühen Umorientierung und weitsichtigen Urteilsbildung erkannt haben. Seine zuweilen massive Kritik am Naturalismus erweist sich von diesem Ende her nicht etwa als Widerstand gegen die Moderne, sondern als deren Beförderer, als Wegweiser auf ein Ziel, das erst *Vor Sonnenaufgang* einlöst. Als »Bestätigung«, »Probe aufs Exempel«, »Legitimation« und »Entscheidung« wertet REUTER (S. 717 f.) Fontanes Eintreten für HAUPTMANN. Nimmt man Fontanes Kritik an der Wortbildung »neue Richtung« – eigentlich sei sie »doch uralt« (IV.4.74) – nicht nur als taktisches Manöver gegenüber einem von dieser Richtung hart Betroffenen (HEYSE), so kann man fast sagen, daß Fontanes Erfahrungen mit HAUPTMANNS Werk einen bedeutend älteren Einfluß, einen schon früh begonnenen Orientierungs- und Lernprozeß in eine positive Bilanz einmünden lassen. Bezeichnenderweise würde sich somit Fontanes realistische ›Prognose‹ auf dramatischem Feld erfüllt haben.

Fontane hat diese, wenn nicht letzte, so doch entscheidende Stufe im realistischen Literaturprozeß wiederholt umschrieben und insbesondere am Unterschied zwischen IBSEN und HAUPTMANN dargestellt:

Er [Hauptmann] erschien mir einfach als die Erfüllung Ibsens. Alles, was ich an Ibsen seit Jahr und Tag bewundert hatte, das »Greif' nur hinein ins volle Menschenleben«, die Neuheit und Kühnheit der Probleme, die kunstvolle Schlichtheit der Sprache, die Gabe der Charakterisierung, dabei konsequente Durchführung der Handlung und Ausscheidung alles nicht zur Sache Gehörigen, – alles das fand ich bei Hauptmann wieder, und alles was ich seit Jahr und Tag an Ibsen bekämpft hatte: das Spintisierenige, das Mückenseigen, das Bestreben, das Zugespitze noch immer spitzer zu machen, bis dann die Spitze zuletzt abbricht, dazu das Verlaufen ins Unbestimmte, das Orakeln und Rätselstellen, Rätsel, die zu lösen niemand trachtet, weil sie vorher schon langweilig geworden sind, alle diese Fehler fand ich bei G. Hauptmann *nicht*. Kein von philosophisch romantischen Marotten gelegentlich angekränkelter Realist, sondern ein stilvoller Realist, das heißt von Anfang bis Ende derselbe. (N XXII/2.713 f.)

»Von Anfang bis Ende« – mit diesem Gutachten hätte Fontane sich zurücklehnen und das Erreichte als Ziel und Gipfel kanonisieren können. Es kennzeichnet die Wachsamkeit des Kritikers, daß er sich gerade so nicht verhält, sondern weiterhin die unterschiedlichen Leistungen sondiert. Er wird bald Gelegenheit bekommen, das Abebben der Bewegung feststellen zu müssen; ihren Sinn jedoch wird er nie bestreiten:

Die ganze realistische Bewegung ist in ein Ebben gekommen, was auch nichts schadet, ihr Einfluß ist doch *sehr* groß gewesen und wenn sie den Geschmack des Publikums auch den Neuproduktionen nicht recht zuwenden konnte, so hat sie den Geschmack dem Alten, Abgestandenen, Phrasenhaften doch abgewendet, und auch *das* schon ist eine That. (IV.4.84)

Literatur

H. GEFFCKEN, Ästhetische Probleme bei Theodor Fontane und im Naturalismus, in: GRM 8 (1920), S. 345–353. – E. AEGERTER, Theodor Fontane und der französische Naturalismus. Ein Beitrag zur Geschichte und Theorie des naturalistischen Romans in Deutschland und Frankreich, Diss. Bern 1922. – M. BONWIT, »Effi Briest« und ihre Vorgängerinnen Emma Bovary und Nora Helmer, in: Mh 40 (1948), S. 445–456. – J. P. STERN, Effi Briest, Madame Bovary, Anna Karenina, 1957, s. u. 3.1.16. – . L. TELLER, Fontane in Flauberts Fußstapfen, in: RLV 23 (1957), S. 147–160, 231–255, 331–343. – P. BANGE, Fontane et le naturalisme. Une critique inédite des Rougon-Macquart, in: EG 19 (1964), S. 142–164. – R. BACHMANN, Theodor Fontane und die deutschen Naturalisten. Vergleichende Studien zur Zeit- und Kunstkritik, Diss. München 1968. – A. CARLSSON, Ibsenspuren im Werk

Fontanes und Thomas Manns, in: DVjs 43 (1969), S. 289–296. – E. FAUCHER, Fontane et Darwin, in: EG 25 (1970), S. 7–24, 141–154. – G. ERLER, Fontane und Hauptmann, in: FBl H. 14 (1972), S. 393–402. – F. PAUL, Fontane und Ibsen, in: FBl H. 15 (1972), S. 507–516. – G. MAHAL, »Echter« und »konsequenter« Realismus. Fontane und der Naturalismus, in: Prismata. Dank an B. Hanssler, Pullach 1974, S. 194–204. – F. BETZ, 1976, s.u. 1.3.5. – T. DEGERING, Das Verhältnis von Individuum und Gesellschaft in Fontanes »Effi Briest« und Flauberts »Madame Bovary«, Bonn 1978. – V. I. MOE, Deutscher Naturalismus und ausländische Literatur. Zur Rezeption der Werke von Zola, Ibsen und Dostojewski durch die deutsche naturalistische Bewegung (1880–1895), Frankfurt am Main 1983. – J. OSBORNE, 1983, s.u. 3.4.4. – M. OSSOWSKI, Theodor Fontane und Max Kretzer. Ein Vergleich anhand ihrer Berliner Romane, in: Literarisches Leben, 1987, S. 525–546. – D. MEYER, Allerwirklichste Wirklichkeit oder wahrheitsvolle Wirklichkeit? Fontanes und Kretzers Beitrag zur Realismus-Diskussion am Ende des 19. Jahrhunderts, in: LfL 1988, S. 175–187. – R. BERNHARDT, Henrik Ibsen und die Deutschen, Berlin 1989. – L. R. FURST, »Two irons in the fire«: »Irrungen Wirrungen« and »L'Assommoir«, in: Connections. Essays in honour of E. Sagarra, hg. von P. SKRINE, Stuttgart 1993, S. 97–102. – H. BASELER, Gerhart Hauptmanns soziales Drama »Vor Sonnenaufgang« im Spiegel der zeitgenössischen Kritik. Eine rezeptionsgeschichtliche Modellanalyse: Karl Frenzel, Theodor Fontane, Karl Bleibtreu, Wilhelm Bölsche, Diss. Kiel 1993. – C. MIETHING, Drei Frauen, drei Romane, dreimaliger Tod. Eine Reflexion zum Problem des Schönen in der Moderne, in: SuF 46 (1994), S. 341–366. – H. SCHEUER, Der Realist und die Naturalisten. Theodor Fontane als Theaterkritiker, in: DU 50 (1998), 4, S. 25–33. – C. GRAWE, »Une saison en enfer«. Die erste Saison der Freien Bühne und Fontanes Kritiken, in: Jahrhundert III, 2000.

2.1.5 Fontane und die Religion (und Kirche)

Fontanes Verhältnis zu Religion und Kirche ist voller Spannungen; schärfste Ablehnung wechselt mit respektvollem Interesse, zumal dort, wo Persönlichkeiten eine Begegnung vermitteln. Schroffe Kritik richtet sich insbesondere gegen die Zumutung, unter ›Religion‹ einen patenten Weg zu verstehen, auf dem man sich allzu behende »in den Himmel hineinstrampeln« (IV.3.280) kann, und unter ›Kirche‹ jene Instanz anzuerkennen, die allein den Zulassungsbescheid zu diesem Heilsweg erteilt. Fontane sah in solchen irdischen Einrichtungen eine »Scheinheiligkeits-Komödie« (IV.3.590), die er nicht oft und scharf genug entlarven konnte. Wo immer ihm der Imperativ begegnete, im Namen Gottes, seiner Schrift und seiner Diener den Blick über und hinter das zu richten, was die irdisch eingeschränkte Welt zu bieten hat, schärfte er seinen Blick gerade für dieses enge Diesseits, um an seinen tatsächlichen Erfordernisses die Güte der Rückwirkungen zu ermessen, die jenseitige Verheißungen auf diesseitige Verhältnisse ausüben. Schon früh (1841/42) äußert sich dieser differenzierende Grundzug seines Verhältnisses zu Religion und Kirche:

> Ernst werd' ich selbst den Unsinn noch betrachten,
> Wenn ein Zuviel des Glaubens ihn erzeugt,
> Doch jede Seele hassen und verachten,
> Die nur zu Schein sich ihrem Gotte beugt. (I.6.724f.)

Das wiegt wohl noch schwerer als die Haltung der »Glaubenstoleranz«, zu der sich die vorausgehende Strophe bekennt, weil sie den Glauben als religiöses Faktum ernst nimmt und ihn vor seiner öffentlichen Vermarktung zu bewahren sucht. Mit aller Energie aber wendet sich das streitbare lyrische Ich gegen einen Mißbrauch, wie ihn das Gedicht *Die zehn Gebote (Aus dem russischen Katechismus)* anprangert. Auf der Basis jener historischen Wirklichkeit, die den Lebensraum Fontanes ausmacht, verliert Religion ihre Glaubwürdigkeit bei ihren Bemühungen, das Verhältnis der Menschen zu Gott oder einer göttlichen Instanz offiziell zu befördern. Als Staatsreligion vermischt sie sich zum Verhängnis ihrer eigenen Heilsbotschaft mit dem ebenso triumphalen wie autoritären Dreifaltigkeitsdogma von Gott, König und Vaterland. Kirche, Staatskirche zumal, offenbart sich als von oben verordnete Andacht, die ihr Allerheiligstes auf der Koppelschnalle zeigt und sich gemäß offizieller Diktion des Prinzen HEINRICH anmaßt, das »Evangelium Eurer Majestät geheiligter Person« zu verkünden (E. JOHANN, 1966, S. 76). Folgerichtig zögert Fontane, die Vergötterung der Hohenzollernschen Dynastie, den »ehrlichen Glauben an eine preußische Verheißung« (I.1.695), den Gedanken an eine Reichsgründung mit Blick auf den Erlöser (IV.4.739) und die Anbetung der »Nationalheiligen« als ›Realisation‹ (SÖLLE) oder gar ›Wiedergabe‹ (IV.4.122) eines neuen Evangeliums anzuerkennen. Religion muß unter diesen Voraussetzungen »Episode« bleiben, die der Wind der Geschichte verweht.

Trotzdem oder gerade deshalb bevorzugt er die herkömmlichen christlichen, ja biblischen Bilder und versucht, sie »in der Auslegung einer sich christlich nennenden und sich christlich legitimierenden Gesellschaft« (P.-K. SCHUSTER, 1978, S. 132) nachzuerzählen, um die eklatante Diskrepanz zwischen dem überlieferten Glauben an den Gekreuzigten und der modernen Verehrung des Eisernen Kreuzes sichtbar zu machen. Mit Bibel und Christentum treibt er die selbsternannten bzw. kaiserlich bestallten biblischen wie christlichen Funktionäre der ›niederen‹ Ordnung aus. Orthodoxe, byzantinische, unerbittlich dogmatische und sentimentale Bekenntnisse bleiben ihm zeitlebens ein Dorn im Auge.

Es ist deshalb relativ leicht, Fontanes Desinteresse, ja mehr noch seine Kritik an jenen religiösen Themen zusammenzufassen, die nur nach Bekenntnis klingen, tatsächlich aber religionspolitische, machtstrategische Schachzüge oder im besten Fall unbeholfene Vergegenständlichungen für den ›Schulgebrauch‹ darstellen. Anläßlich der ominösen ›Lutherfestspiele‹ erklärt er: »›Geboren von der Jungfrau Maria ... niedergefahren zur Hölle, sitzet zur Rechten Gottes‹ daraus ist nichts mehr zu machen.« (IV.4.310) Und bei anderer Gelegenheit heißt es:

> Wer mir zumuthet, daß ich die Zeugungsgeschichte Christi glauben soll, wer von mir verlangt, daß ich mir den Himmel in Uebereinstimmung mit den präraphaelitischen Malern ausgestalten soll: Gott in der Mitte, links Maria, rechts Christus, heiliger Geist im Hintergrund als Strahlensonne, zu Füßen ein Apostelkranz, oben ein Kranz von Propheten und dann eine Guirlande von Heiligen, – wer mir das zumuthet, der zwingt mich zu Panizza hinüber, oder läßt mich wenigstens sagen »wie's in den Wald hineinschallt, so schallt es auch wieder heraus.[«] (IV.4.465)

Angespielt wird hier auf Oskar PANIZZAS Theaterstück *Das Liebeskonzil*, eine blasphemische Satire auf die religiöse Dogmatik, und ihr politisches Nachspiel, das den aggressiven Zug der angeblichen Heilslehren-Hüter diesseits und jenseits der Alpen entlarvt. Daß für menschlich gleichgültige und nur dogmatisch relevante Unterscheidungen »Hunderttausende in Schlachten hingeopfert« (IV.3.590) wurden, war für Fontane ein blutiger Widersinn. Fontane beobachtete die Fortsetzung dieser Politik in der Gegenwart und lehnte alle sanften wie harten Maßnahmen ab, durch Spiele (die Jenaer Lutherfestspiele) oder »mit Hülfe des Schutzmanns, bez. des Staatsanwalts [...] ›wieder Religion ins Land zu schaffen‹« (IV.4.182). Das Bekenntnis zu einem »lebendigen Gott« und die Anerkennung einer »unsterbliche[n] Seele« mußten unter diesen durchsichtig machtpolitischen Voraussetzungen bei Fontane verstummen, auch wenn er diesen ›Grundsätzen‹ in der einflußreichen Lieblingslektüre, dem »Prachtstück unserer märkischen Spezialliteratur« (III.4.429), als Eckwerte für einen »gewissen gemeinsamen Grund« aller ökumenischen Konversation begegnete; gemeint sind Karl BÜCHSELS *Erinnerungen aus dem Leben eines Landgeistlichen* (vgl. H. ESTER, 1975, S. 8).

Fontane wußte stets den christlichen Anteil an der Verweltlichung der religiösen Botschaft vom politischen Kalkül und der lebensklugen »Geschäftlichkeit« (I.2.586) zu unterscheiden. Seine Kritik an Religion und Kirche hat ihren historischen Ort im Umkreis der Unionspolitik König Friedrich WILHELMS III. und ihrer Folgen (E. SAGARRA, 1986, S. 31f.). Dem Phänomen einer staatlich beherrschten und herrschenden Staatsreligion, dem Inbegriff einer verewigten und geheiligten Autorität mit »charakteristische[m] Belohnungs- und Strafsystem« (SAGARRA, 1986, S. 31) mußte der sensible und bedächtige Beobachter des Wilhelminischen Zeitalters energisch entgegentreten. Wo der Staat Religiosität autoritär usurpiert (der Kaiser als »summus episcopus«), treibt er den »Vollgläubigen« sogar im Namen des Glaubens zum »Unglauben« (IV.4.464). Alle politisch grundierten Rechtfertigungsversuche seien Erfindungen jener »schweifwedelnden Pfaffen«, die ihren Schutzbefohlenen die »Mischung von Unverstand und brutalem Egoismus als ›Ordnungen Gottes‹ aufreden wollen« (IV.4.343) und sich somit als die wahren »Teufelskandidaten« erweisen. Auch der neupietistische Widerstand gegen die Verstaatlichungstendenzen konnte nach Fontanes Einschätzung keine Alternative für die Erhaltung bzw. Gewinnung eines religiösen Bewußtseins darstellen, mischten sich doch auch hier Frömmigkeit mit blankem Machtwillen (SAGARRA, 1986, S. 33). Fontanes Fragment gebliebener Plan für eine Geschichte über Storch von Adebar hätte von diesen Bestrebungen erzählen sollen.

Das Projekt, politische, d.h. praktische, soziale, reformerische und sogar revolutionäre Konsequenzen aus dem christlichen Bekenntnis zu ziehen, lag zwar nahe und entsprach dem Konzept einer modernen Kirche bzw. ihrer christlich-sozialen Bewegung, verstieß aber prompt gegen den Willen Kaiser WILHELMS II., der gerade auch das ›Soziale‹ im Selbstbild vom ›sozialen Kaiser‹ für sich allein in Anspruch nahm: »Politische Pastoren sind ein Unding [...] Die Herren Pastoren sollen sich um die Seelen ihrer Gemeinden kümmern, die Nächstenliebe pflegen, aber die Politik aus dem Spiel lassen, dieweil es sie nichts angeht.« (Zit. nach SAGARRA, 1979, S. 581)

Mit dieser verfügten Beschränkung der Pastorentätigkeit auf das Amt der Seelsorge korrespondiert eine andere, nunmehr von der Wissenschaft verantwortete Entscheidung, die gleichermaßen die soziale Verpflichtung jeder religiösen Haltung zu beschneiden droht. Eigentlich geht es nur um ein Gedankenspiel, nämlich um die Frage, welchen Sinn eine theoretische Unterscheidung zwischen human und metaphysisch fundierter Ethik haben kann. Sie dient zur Abschwächung des Arguments, daß sich in der Gestalt des Pastor Lorenzen Fontanes eigener christlicher Glaube manifestiere (SAGARRA, 1979, S. 585); sie unterstellt zugleich aber den nichthumanen Zug einer ernstzunehmenden metaphysisch begründeten Ethik. Gemäß dem Wortlaut der christlichen Lehre gibt es jedoch keine Heilsbotschaft ohne ›sozialen Stoff‹, der allerdings immer schon als Zündstoff wirkte. Fontanes religions- und kirchenpolitische Urteile lassen sich gerade im Umkreis eines gewandelten, sich auf das Sozialethische besinnenden Christentums verstehen. Während er mithin die Verweltlichung des Himmels und ihre Widerspiegelung auf Erden als »durch Gott gegebene Ordnungen« (I.5.53) scharf kritisierte, sympathisierte er mit den zeitgenössischen Bewegungen, die den Sinn der christlichen Heilsbotschaft als konkreten, reformerischen Auftrag einzulösen trachteten.

Es zählen hierzu die verschiedenen Programme und Initiatoren der christlich-sozialen Bewegung in den achtziger und neunziger Jahren. Zu denken ist an die Christlich-soziale Arbeiterpartei (gegr. 1878) und die Berliner Bewegung (1880–90), an den Evangelisch-Sozialen Kongreß (gegr. 1890) und den Nationalsozialen Verein (Friedrich NAUMANN) sowie an die Initiativen der Stadtmission (Rudolf KÖGEL) und der Inneren Mission (J. H. WICHERN, vgl. dazu SAGARRA, 1979). Vor allem tritt in diesem Zusammenhang die überaus schillernde Persönlichkeit des »ebenso gefeierten wie befehdeten« (I.5.30) Hofpredigers und politischen Agitators Adolf STOECKER in den Vordergrund. Sein Name wurde durch Fontanes Pastor am Stechlinsee, Lorenzen, literaturgeschichtlich verewigt. Historisch bezeichnet er im durchaus illustren Kreis der Hofprediger (Fontane erwähnt wiederholt Emil FROMMEL, KÖGEL und Ernst von DRYANDER) den widersprüchlichen Typus des politisch ehrgeizigen und sozial aktiven Pfarrers; in ihm vereinen sich christliches Bekenntnis, soziales Engagement, parteipolitische Energie mit konservativer Ausrichtung (als Mitglied des preußischen Abgeordnetenhauses und Reichstages). Hinzu kommt militanter Antisemitismus, rhetorische Begabung, dynamisches, mitreißendes Auftreten, das im Gegensatz zur kulturpessimistischen Tendenz eine optimistische Perspektive setzt, und eine eminent integrierende Kraft, der es gelingt, konservative wie revolutionäre Bestrebungen zu bündeln und viele Kreise der (insbesondere städtischen) Bevölkerung anzusprechen (eine »knappe, pointicrte Sprechweise […], an der *alle* Volksschichten teilnehmen«, N XXII/2.93). Als leidenschaftlicher Agitator gerät er ins Kreuzfeuer der Auseinandersetzung zwischen kaiserlicher und fortschrittlicher Partei und wird in Sieg wie Niederlage zur interessanten Figur auf der Bühne der allerneuesten Haupt- und Staatsaktionen.

Fontanes Verhältnis zur Kirche findet den konkretesten, ja menschlichen Ausdruck in den Pfarrergestalten seines Werkes. Nie sind sie Vordergrunds- oder gar Titelfiguren wie Oliver GOLDSMITHS *Vikar von Wakefield*, Karl von HOLTEIS *Christian Lammfell*, der vielleicht als literarisches Modell für Lorenzen gelten darf, oder ZOLAS *Abbé Mouret*, aber selten fehlen sie, die er schon im Bann seiner *Wanderungen* »meine Geliebtesten« (II.2.874) genannt hat, obwohl ihm natürlich auch andere Exemplare begegnet sind, die er demnach anders (»Schafsköpfe, Heuchler, Narren«, »Stümper«; NÜRNBERGER FrF, S. 227) titulieren mußte. Die denkbar schönste Huldigung ließ er dem hochverehrten Pastor und Archidiakon Julius MÜLLENSIEFEN zuteil werden, seinem »Ideal eines evangelischen Geistlichen« (III.4.373), dem es wie nur »ganz Wenigen gegeben [war] – ich habe nur *einen* kennen gelernt: Müllensiefen – einem den Himmel aufzuschließen« (IV.4.311). Institutionell gesehen gehören die Pastoren zum Leben schlechthin; Taufe, Konfirmation, Hochzeit, Tod geben ihnen das Stichwort zum Auftritt; aber auch sonst sind sie da, wo immer Gespräch not tut: So einerseits Seidentopf, von dem es heißt »he beet't ook för alles. Allens sall 'inn« (I.3.700), andererseits Roggenstroh, der darauf beharrt, daß sein Kirchhof kein Ort für »fahrende Leute« ist (I.1.78). Niemeyer, der als »Null« gilt, »weil er alles in Zweifel läßt« (I.4.295), gibt trotzdem vor, genau zu wissen, daß Effi »in den Himmel« (I.4.281) kommen wird. Ähnlich, »beinahe lästerlich«, spricht auch Lorenzen, wenn er seinem Patronatsherrn versichert, daß »der Liebe Gott« sich freuen werde, ihn »wiederzusehen« (I.5.340); dabei scheint gerade dieser Pastor zu Auskünften über »Erlösung« und »Unsterblichkeit« am wenigsten berufen zu sein, weil er selber womöglich »nicht viel davon« (I.5.365) weiß. Fontane scheint jene menschlichen ›Sternstunden‹ zu bevorzugen, in denen gerade die ›Spezialisten‹ in der Fülle ihres Fachwissens ihr eigentliches Unwissen eingestehen, genauer die pragmatische Seite des Abwartens angesichts solcher Fragen hervorkehren und dabei doch nicht das, was sie meinen, unter der Hand auf einen ›Godot‹ verkleinern.

In Fontanes Verhältnis zur Kirche spielt der Katholizismus eine bedeutende, erst vor kurzem in seinem wahren Umfang entdeckte Sonderrolle; sie betrifft konfessionelle und soziale Ausnahmen sowie nationale Charakteristiken (das Verhältnis Preußen-Deutschlands zu Österreich, Polen und Frankreich). Wo »die institutionelle katholische Kirche thematisiert wird, dient sie als Chiffre zur Durchleuchtung der tages- und weltpolitischen Machtkonstellationen der Zeit« (SAGARRA, 1995, S. 39). Die katholische Bevölkerung, seit 1870 eine Minderheit im neuen Reich, sah sich zunehmend an den Rand des geltenden staatlichen und gesellschaftlichen Bewußtseins gedrängt. Figuren aus diesem Kreis in die Welt der Fiktion zu überführen hieß für Fontane, ein Motiv zu wählen, das »zur Aufklärung dient, zur Entlarvung von Vorurteil und Intoleranz« (SAGARRA, 1995, S. 41). Sichtbar wird mithin ein »Reizthema« (NÜRNBERGER, FW, S. 299), das verwirrt und vielleicht sogar befremdet, zugleich aber auch bewegt und klärt. Geht man vom Bild des Katholizismus aus, das Fontane bei seiner Durchreise durch Aachen schon im Jahre 1852 entworfen hat, so liegen die Voraussetzungen für ein positives Verhältnis zur römischen Konfession eher ungünstig; und doch weist gerade das beiläufig verwendete ästhetisch-theatralische Kriterium (H. POSER, 1990) auf eine tragende Grundlage für ein kritisches Interesse am Katholizismus hin:

> Nun ein Wort über den Katholicismus. Ich verschließe mich nicht gegen das Großartige seiner Organisation, nicht gegen die Herrscherweisheit die aus seinen Institutionen spricht, nicht gegen die Hoheit und Heiligkeit gewisser Schöpfungen und ihrer Grundprinzipien, [...] aber das Ganze wie's da liegt ist doch nur eine große Volksverdummungs- im günstigsten Fall eine klug eingerichtete Volksbeherrschungs-Anstalt und hat nur deshalb ein Recht zu sein, weil die große Masse zu allen Zeiten dumm und unselbständig gewesen ist und der Katholicismus aus *diesem* Grunde sich schmeicheln darf »einem tiefgefühlten Bedürfniß gründlich abzuhelfen«. Auf unsereins wirkt die ganze Geschichte mit ihrem Hochamt, ihren Messen, ihren Kirchenmusiken, ja selbst mit ihrem dichtgedrängten Publikum (lauter *Gallerie*-Gesichter) wie eine Aufführung der Meyerbeer'schen »Hugenotten« nur daß man das Theater doch nicht ungleich gehobner, erbauter und belehrter verläßt, und als ich vorgestern einen Pfaffen gegen das *Schauspiel* schimpfen hörte, konnt' ich den Gedanken nicht unterdrücken: Brotneid! er fürchtet (und mit Recht) die Concurrenz. Dennoch ist die künstlerische Seite – worunter ich die Pracht der Kirchen und Dome, die Meisterwerke der Malerei an den Wänden, und das oft Bezaubernde der geistlichen Musik verstehe – immer noch der Glanz- und Höhepunkt des Ganzen. (IV.1.219)

Fontane unterhielt engste Verbindungen mit Persönlichkeiten des Katholizismus; er pflegte diese Kontakte und genoß sie geradezu (SAGARRA 1995, S. 42 f.). An erster Stelle ist hier die »über 30 Jahre«

währende Freundschaft mit dem in ›gemischter Ehe‹ glücklich begründeten »Haus Wangenheim« zu nennen: »Ich verdanke dem Hause die glücklichsten Stunden, heiter bis zur Ausgelassenheit und doch immer was dahinter.« (III.4.1058) Von der katholischen Geheimrätin, die er »zu den interessantesten Frauen« (III.4.1057) rechnet, die er je in seinem Leben kennengelernt hat, weiß er zu berichten, »daß sie nichts lieber tat, als mit mir über katholische Dinge zu sprechen, und an meinen mit Fidelität vorgetragenen Ketzereien eine unaussprechliche Freude hatte«, und das nicht etwa nur deshalb, weil sie ihn für einen ›Narren‹ hielt, sondern weil – wie er glaubte – sie »mit feinem Ohr« heraushörte, »daß ich inmitten aller Fragezeichen mit Vorliebe auf dem Standpunkt von ›wenn schon, denn schon‹ stand und inmitten einer gänzlichen Abkehr mich, wenn denn mal wohin geneigt sein sollte, mich mehr ihr zuneigte als allen anderen« (III.4.1058). Die wiederholten Besuche »durch ein Menschenalter hin« führten zu weiteren Begegnungen – »Hunderte von interessanten Persönlichkeiten« (III.4.1056) der katholischen Öffentlichkeit: Freiherr von HAXTHAUSEN, Hermann MALLINCKRODT, Ludwig WINDHORST, August und Peter REICHENSPERGER; auch Pastor WINDEL, dem Fontane einen guten Teil seiner SCHOPENHAUER-Kenntnis verdankt, verkehrte in diesem Kreis. Selbst Fontanes französische Gefangenschaft trug zur Erweiterung des katholischen Bekanntenkreises bei (Kardinal-Erzbischof Césaire MATHIEU). Und nicht zuletzt war es die unscheinbare, und doch so notwendige Reihe der Haushaltshilfen, die ›von unten‹ das »Katholsche« als Lebensalltag in nächster Nähe vergegenwärtigte.

Fontane ließ sich in mehrfacher Hinsicht von diesen Randfiguren der preußisch-protestantischen Moderne inspirieren. In eigentümlicher Verschränkung nationaler, sozialer und konfessioneller Momente verdichteten sich ›absonderlich‹ katholische Züge sowohl zum Inbegriff einer herzerquickenden Lebensform als auch zum Signum für ein Außenseiter- und ›Magdalenentum‹, unter dem insbesondere weibliche Figuren leiden (SAGARRA, 1995, S. 47). Vorstellungen von Reue, Fürbitte, Vergebung und sogar Wunder konturieren einen Zufluchtsrahmen für rettende und tröstende Erfahrungen; an Grete Minde, Ursel Hradscheck und Cécile wäre hier ebenso zu denken wie an Victoire von Wuthenow und Franziska Gräfin Petöfy. Katholische Mentalität erweist sich staatlich wie gesellschaftlich als anrüchiger Ort der Konversion, als Reservat verdrängter Fremdheit und Schutzzone für ›sündlose Mutterschaft‹. Solche Irrungen und Abwege im Zeichen des alten

Glaubens gehören offiziell ebenso wenig in den Kreis der gereinigten Gemeinschaft wie ihre bußfertigen Canossagänge.

Sichtbar wird mithin eine eigenartige Reliefbildung des Menschlichen, Persönlichen, Kreatürlichen, des für Sorgen aller Art Greif- und Hilfreichen auf lokal- wie zeitgeschichtlich abgesondertem Grund. Momente des ›ultramontanen‹ Glaubens erzeugen eine stigmatisierte Lebensform, die für das reformierte Bewußtsein, zumal wenn es sich kulturkämpferisch gerüstet hat, keine bzw. eine minderwertige, unter Umständen sogar eine gefährliche Rolle spielt. Desto überraschender wirkt die ihnen zugesprochene Hilfestellung, die handliche Form der stützenden Gegenstände und der legendären Protagonisten. Nicht als Zeugen des Glaubens treten sie auf; ihr apostolisches Amt bleibt die Dienstleistung in fast charismatischer Selbstlosigkeit. Das bezeugt aus der Welt der Erfindung eine Figur wie Roswitha, das beweist aus der Welt des wirklichen Elends ein Mann wie João de Deus. Der kurze Zeitungsbericht über Leben, Werk und Begräbnis dieses »Volksheiligen« (Nürnberger, FW, S. 401), Pädagogen und Dichters hat Fontane tief beeindruckt und bestärkte ihn zumindest in seinem Vorhaben, einen utopischen Roman (Delille, 1979, S. 506) zu schreiben, der die Fühlung mit der Gegenwart wahrt, die Maßstäbe ihrer Kritik aus der Mobilisierung des sozialen, karitativen Auftrags des Neuen Testaments gewinnt und mit den Umrissen einer Solidargemeinschaft, die sich an »Heiligen« wie João de Deus orientiert, den Weg in die Zukunft erphantasiert. Wie sich dieses tätige Christentum vom namentlich verwandten Programm der christlich-sozialen Arbeiterpartei Stoeckers unterscheidet, macht schon ein Blick auf die Präambel des Parteiprogramms deutlich: Bildet hier der christliche Glaube nur im Verein mit »Liebe zu König und Vaterland« und unter Ausschluß der als »praktisch unchristlich und unpatriotisch« gescholtenen Sozialdemokratie den tragenden Grund (zit. nach Aust, 1978, S. 168), so lehrt die portugiesische Legende die Einheit aller Bevölkerungsschichten im Zeichen der bedingungslosen Hilfe für die Ärmsten.

Ob Fontanes Aufmerksamkeit für fromm inspirierte Unternehmungen und christlich motivierte Sozialarbeit einen sicheren Aufschluß über sein persönliches Verhältnis zur (christlichen) Religion geben kann, muß fraglich bleiben, zumal es wohl kaum eine Legitimation dafür gibt, irgendeines Menschen Gläubigkeit definitiv festzustellen oder gar zu ›beweisen‹. G. Radbruchs Schrift, die neben E. Moltmann-Wendels Ausführungen noch immer zu dem Schönsten zählt, was über dieses Thema gesagt wurde, ist gerade vom Ehrgeiz der »Beweis«-Führung (S. 16) nicht ganz freizusprechen.

Fontane gehörte zeitlebens der französisch reformierten Kirche an; das »Genfertum«, insbesondere die calvinistische Prädestinationslehre prägten seine persönliche Form des religiösen Bewußtseins. Demut, Gnade und Hoffnung haben einen Schlüsselwert für diese Seite der Biographie; ob sie zugleich als »Korrelatbegriffe zum Gottesbegriff« (MOLTMANN-WENDEL, 1964, S. 18) gelten dürfen, mag fraglich bleiben. Seine Kinder ließ er taufen und konfirmieren, er selbst sympathisierte mit dem herrnhutischen Christentum (IV.4.542), wie er sich überhaupt mit allen Maßnahmen eines tätigen Christentums solidarisierte. Am Christentum schätzte er insbesondere »*die Liebe und die Freiheit*« (II.1.80). »Religiosität« wußte er von »Kirchlichkeit« (IV.1.597) zu unterscheiden. Die »großen Sätze in der Bergpredigt« schätzte er trotz ihrer philiströsen Tönung als »das einzig Wahre«; in ihnen stecke »die ganze Größe des Christenthums« (IV.4.283). Wenn er sich selbst mithin als »ganz unchristlich« (IV.4.542) einschätzte und auf das Glück des Ewigkeitsglaubens meinte verzichten zu müssen (IV.4.116), so spricht daraus noch kein endgültiger Bescheid über Richtung und Grad seiner Religiosität. Ein »Atheist« war er nie (R. BRINKMANN, ²1977, S. 155f.; dagegen REUTER, S. 65). Das »berühmte Buch« von David Friedrich STRAUSS *Der alte und der neue Glaube* interessierte ihn vornehmlich »als rein literarische Leistung«, hinterließ aber auch Enttäuschung:

> Die Kritik der Christuslegende [...] hat etwas machtvoll Ueberzeugendes, was nachher kommt, schwebt gerade so in der Luft, wie *alles*, was durch Jahrtausende hin über Gott und Unsterblichkeit gesagt ist und in ferneren Jahrtausenden darüber gesagt werden wird. Der Mensch als solcher bringt in *dieser* Frage die »Forsche« nicht 'raus. (IV.3.483)

Selten spricht Fontane über Bekenntnis-Fragen ohne Bezug auf das Leben; wenn er eher flüchtig die »Gnade der großen Rätselmacht« (BrFo, 1905, II.145f.) erwähnt, so läßt er im selben Atemzug offen, ob er »Gott oder Schicksal« meint. Typischer für ihn bleibt sein Schweigen, das aber seinerseits nicht von religiösem Desinteresse zeugen muß, sondern auch zu dem paßt, was eine nahe Freundin, Henriette von MERCKEL, in dieser Hinsicht von beiden, THEODOR wie EMILIE FONTANE, zu berichten wußte: »Fontane sowie seine Frau haben ihr Bekenntnis nicht auf den Lippen, wohl aber im Herzen; ich halte ihn für tief religiös, obwohl er fast nie in die Kirche geht.« (FM II.257) Ludwig WITTGENSTEINS berühmter Schlußsatz des *Tractatus logico-philosophicus* »Wovon man nicht sprechen kann, darüber muß man schweigen« (§ 7) läßt etwas von dem ahnen, worum es auch bei Fontane geht und was dieser, hätte er Leo TOLSTOJS *Krieg und Frieden* zur Kenntnis genommen, schon hier als wichtige Einsicht vorfinden konnte, daß nämlich »alles, was ich zu begreifen vermag, nichtig ist und daß das Große, Gewaltige, das Allerwichtigste gerade das ist, was ich nicht erfassen kann!« (Buch I, Kap. 19) Fontane hatte in seiner Charakteristik NAPOLEONS III. eine andere Position gegenüber der »Wir wissen es nicht«-Haltung eingenommen (*Der Krieg gegen Frankreich*, I.2.633); das muß hier keinen Widerspruch oder Sinneswandel darstellen, erkannte er doch in diesem Prinzip der »offene[n] Fragen« eine Resignation und Kraftlosigkeit, die vom wirksamen Handeln eher abhält; an anderer Stelle kehrte er lieber das »Lächeln« im »resignierte[n] Bekenntnis« hervor und betonte das Moment des Erwartens unter den Augen der »Gestalt der Hoffnung« (II.2.169; dazu MOLTMANN-WENDEL, 1964, S. 22). Ob die erzählerischen Fiktionen der nicht-wissenden, ›stillen‹ Tätigkeit eine Form der »Andacht« darstellen (E. SPRANGER nach RADBRUCH, ²1948, S. 39f.), die den ästhetischen Grundsatz der Aussparung in eine religiöse »Atmosphäre« unbesprochener Gegenwart des Geglaubten transformiert, mag lieber offen bleiben, weil Formulierungen dieser Art schnell in Widerspruch zu dem geraten, was sie eigentlich zeigen wollen. Wenn die Zeichen, die der *Stechlin* setzt, nicht trügen, so wußte Fontane auch hier Nuancen zu verteilen, die das leicht Sektiererische der Tolstojschen Schreibweise auf Distanz hielten. Nach landläufigem Urteil überwältigen religiöse Erfahrungen den Menschen nicht immer in den Momenten des stärksten Selbstgefühls; auch Fürst Andrej muß erst mehr tot als lebendig darniederliegen, um dieser Offenbarung zuteil zu werden. Und auch Fontane würde sich mit einem »Kenn' ich, kenn' ich« (I.6.330) nicht aus jenem »Vollzug« ausnehmen, der zwar als »ewig Gesetzliches« zum Gleichmut mahnt und doch bei tatsächlichem Eintritt eine »schlimme Nacht« (I.5.372) beschert. Dennoch ist es nicht notwendig, Fontane in der Nähe der ›letzten Dinge‹ aufzusuchen (vgl. seine Schilderung vor dem erwarteten Todesurteil in *Kriegsgefangen*; dazu RADBRUCH, ²1948, S. 16f., 43f.), um zu entdecken, was er denn ›eigentlich‹ denkt bzw. glaubt oder vielmehr wie er sich zu guter bzw. schlimmer Letzt verhält.

Fontanes religiöse Erfahrungen sind keine typischen Endzeitreaktionen; wo sie greifbar werden, tauchen sie eher plötzlich auf und verschwinden auch wieder. Sie haben einen durchaus sinnlichen, zuweilen sogar inszenatorisch arrangierten Zug. Der Blick richtet sich auf ein Geschehen, das durchsichtig wird für eine weitere Szene. Eine solche Mehrfachbelichtung löst aber nicht den Eindruck des Vordergrundes auf, schwächt nicht seine Bedeutung durch eine spirituelle Sinngebung dahinter oder darüber ab, sondern verstärkt und steigert, was ansichtig wird, durch das, was hintergründig dazukommt. So verhält es sich mit Fontanes Fresko-Erlebnis in der Kirche Santa Maria Novella zu Florenz im Jahre 1874. Seine Schilderung des MASACCIO-Wandbildes läßt ein komplettes Szenarium erkennen, das den zufälligen Betrachter in die Teilnahme am exponierten Geschehen verwickelt (eine Abbildung findet sich in NÜRNBERGER, FW, S. 265):

> Ein Alter mit einem Bein [...] saß innerhalb der Kirche und hielt den Eintretenden seinen Hut entgegen. Auch mir. Ich bückte mich ein wenig und warf einen Sous hinein. Als ich mich wieder aufrichtete, fiel schräg, von links her, ein heller Lichtstreifen auf den Pfeiler, zu dessen Füßen der Bettler hockte, und ein Wandbild, das bei gewöhnlicher Beleuchtung meiner Aufmerksamkeit entgangen wäre, blickte auf mich nieder. Es war ein »Christus am Kreuz«. Der Maler hatte für seine Darstellung den Augenblick gewählt, in dem das Menschentum in dem Gottessohn erseufzt; ein unendlicher Schmerz legt sich um Augen und Mund. In diesem bittersten Leidensmoment erscheint Gott Vater selbst und legt seine rechte Hand unter den Arm des Kreuzes, zugleich auch des Gekreuzigten, um ihm hilfreich nahe zu sein in dieser seiner schwersten Stunde. Ein Bild voll tiefer, unendlicher Schönheit. Ich war erschüttert und konnte Minuten lang kein Auge davon lassen. (III.3/1.754 f.)

Den realen, alltäglichen Erlebnisrahmen bildet die Begegnung mit dem Bettler. Sie vermittelt den Blick auf ein Fresko unter besonderer Beleuchtung, dessen Motiv der komplexe Zusammenhang von Tod, Opfer, Schwäche und Hilfe ist. Religiös ist das Ganze nicht wegen der Requisiten eines kirchlichen Bekenntnisses ›vor Ort‹, sondern in der entdeckenden Wahrnehmung eines Raumes, der die Bildfläche des Leidens zur äußersten Hilfsbedürftigkeit des Menschen vertieft und den Gott des Jenseits zum allernächsten Hintergrund in »schwerste[r] Stunde« heranrückt. Die sonst beklagte ›Naivität‹ der konfessionell gebundenen Illustrationen, die Glaubensinhalte nur zu wörtlich »nach dem Rezept der Quattro Cento-Maler« (IV.4.310) reproduzieren, verwandelt sich hier in die Epiphanie einer ›Doppelbühne‹, die den Blick nicht nach oben ablenkt und dabei doch nur irdische Verhältnisse ausmalt, sondern die Aufmerksamkeit für das Leid in seiner maßlosen Größe weckt. Wenn die Rede von den »Inkarnationen des Göttlichen« (BRINKMANN, ²1977, S. 159) einen Vorstellungswert hat, so löst ihn Fontane hier nach Maßgabe seines Sehvermögens und Bildverständnisses ein. Faßbar wird eine im ursprünglichen Wortsinn ästhetische, die Wahrnehmung kennzeichnende Haltung; ihr gelingt es, mehr zu sehen, als sich automatisch den Augen bietet, sie entdeckt das Ergänzungs- und Unterstützungsbedüftige des Menschen in den Momenten seiner höchsten Not. Sie korrespondiert mit jenem anderen Bewußtsein, für das »alles Irdische nur Bild, Vorstellung, Traum« (IV.4.13) ist, unterscheidet sich aber in der Akzentsetzung; Wahrnehmungsgegenstand bleibt die Wirklichkeit trotz oder wegen ihrer wahrgenommenen Vanitas, weil ihre schmerzvolle Nichtigkeit appellativ die Geste des Zu-Hilfe-Kommens ansichtig macht.

Literatur

R. STERNFELD, Theodor Fontanes Dichtungen in ihren religiösen und kirchlichen Beziehungen, in: Kirchliche Monatsschrift 18 (1898), S. 262–267. – O. FROMMEL, Theodor Fontane, in: O. F., Neuere deutsche Dichter in ihrer religiösen Stellung, Berlin 1902, S. 147–167. – A. von ZAHN-HARNACK, Theodor Fontanes Pfarrergestalten, in: Der Pfarrerspiegel, hg. von S. STEHMANN, 1940, S. 259–279. – G. RADBRUCH, Theodor Fontane oder Skepsis und Glaube, Leipzig ²1948. – J. ERNST, Die religiöse Haltung Theodor Fontanes, Diss. masch. Erlangen 1951. – J. ERNST, Gesetz und Schuld im Werk Fontanes, in: Zs für Religions- und Geistesgeschichte 3 (1951), S. 220–229. – P.-P. SAGAVE, Aspects du protestantisme dans les romans de Fontane, in: EG 14 (1959), S. 22–39. – H. FRICKE, Wanderer zur Weisheit und Freiheit. Calvinistische Züge im Staatsdenken Jacob Burckhardts und Theodor Fontanes, in: Jb f Br Lg 1960, S. 5–13. – E. MOLTMANN-WENDEL, Hoffnung – jenseits von Glaube und Skepsis, München 1964. – K. RICHTER, 1966, s.u. 3.1.1. – H. SCHLAFFER, 1966, s.u. 3.1.1. – E. JOHANN, 1966, s.u. 1.2. – D. SOMMER, Prädestination und soziale Determination in Fontanes Romanen, in: Fontanes Werk, 1966, S. 37–52. – H. GLANDER, Glaube als Realität. Die Kirche in Theodor Fontanes Romanen, in: Glaube und Gewissen. Eine protestantische Monatsschrift 15 (1969), S. 215–217. – K. MATTHIAS, Theodor Fontane – Skepsis und Güte, in: Jb FDH 1973, S. 371–439. – H. ESTER, 1975, s.u. 3.1.1. – R. BRINKMANN, ²1977, 155–179, s.u. 3.1.1. – P.-K. SCHUSTER, 1978, s.u. 3.1.16. – H. AUST, 1978, s.u. 3.1.18. – M. M. G. DELILLE, Das João-de-Deus-Motiv in Theodor Fontanes Roman »Der Stechlin«, in: FBl 30 (1979), S. 497–509. – E. SAGARRA, 1979, s.u. 3.1.18. – E. SAGARRA, 1986, S. 29–35, s.u. 3.1.18. – G. LOSTER-SCHNEIDER, 1986, S. 215ff. s.u. 3.1.1. – R. CHEVANNE, Le mouvement chrétien social à la fin du XIX siècle et le »Stechlin« de Theodor Fontane, in: Le texte et l'idée, 1989, S. 107–128. – H. POSER, Katholisierende Elemente bei Theodor Fontane, in: Architectura poetica. Fs für J. Rathofer zum 65. Geburtstag, hg. von U. ERNST/B. SOWINSKI, Köln 1990, S. 461–469. – E. SAGARRA, 1995, S. 38–58, s.u. 3.1.1. – B. LOSCH, Die Staatsauffassung Theodor Fontanes und seine Einstellung zur staatlichen Kirchenpolitik, in: Dem Staate, was des Staates – der Kirche, was der Kirche ist. FS für J. Listl zum 70. Geburtstag, hg. von J. Isensee u.a., Berlin 1999, S. 171–198.

2.1.6 Fontane und die Philosophie

Das Verhältnis Fontanes zur Philosophie ist ein undankbares, wenn auch nicht gänzlich überflüssiges Thema. Keiner Seite wird man freilich bei einem knapp gehaltenen Vergleich gerecht. Fontanes total »empirische« Natur steht den Anregungen der systematischen, idealistischen und spekulativen Philosophie im Wege, sie ist das spezifische Signum seines Realismus, das ihn vor derartigen Berührungen bewahrt; und dennoch hat dieses anti- bzw. unphilosophische Epochenbewußtsein nicht einfach recht gegenüber der reinen Denkbewegung. Fontanes ›Empirismus‹ stellt unter abgewandeltem Vorzeichen doch auch eine Variante jenes Philosophischen dar, dessen Einfluß es zu ergründen gilt und dessen Verbannung eher einem ideologischen Argument dient.

Was Fontane der Philosophie verdankt, ist freilich rasch aufgezählt, weil die Lektüre philosophischer Texte mangels Neigung sehr sporadisch und wohl auch zufällig ausfiel und keineswegs ein Leben lang währte; ›erschütternde‹ Erlebnisse fanden nicht statt. Das Wenige, was sich doch verzeichnen läßt, mag überdies seinen Ursprung dem Gespräch oder Zeitungsfeuilleton verdanken. Eigentlich läßt sich die philosophische Einflußpalette auf eine kurze Liste von Namen reduzieren: Arthur SCHOPENHAUER, Friedrich NIETZSCHE und Eduard von HARTMANN kommen hier vor, möglicherweise auch Ernst HAECKEL; aber eine solche Namensrevue sagt nichts über den Umfang der Lektüre aus. Mit Immanuel KANT verbindet Fontane vornehmlich die rigorose Ethik des Preußentums. Georg Friedrich HEGELS Lehre vom »Gesetz des Gegensatzes, das zugleich ein Gesetz des Ausgleichs ist« (I.2.537), legt er dem kränklichen Waldemar in den Mund. George BERKELEYS Philosophie »von dem blos Visionären von Welt und Leben« offenbarte sich ihm »sinnlich und auf empirischem Wege« (IV.3.567f.). Vielleicht hat er sogar Sören KIERKEGAARD zur Kenntnis genommen, doch läßt sich dieser Einfluß nur vermuten, nicht beweisen. Durchaus belegen läßt sich aber, daß Fontane auch reizende Figuren ersinnen konnte, die »wie zum Philosophieren geschaffen« (I.7.430) sind. Sie werden deshalb nicht unbedingt für Schopenhauer eintreten – »Das ist viel zu trivial« –, wohl aber für einen nicht minder faszinierenden »Spezialphilosophen«.

Schopenhauer-Rezeption

Der Einfluß Schopenhauers auf Fontane ist umstritten. Gleichwohl bleibt die Frage wichtig, was der Romancier dem Philosophen verdankt. Immerhin befaßte sich Fontane mit Schopenhauers Lehre ausführlicher als mit irgendeinem anderen philosophischen Ansatz. Daß die Beschäftigung nicht unkritisch ausfallen konnte, lag in der Natur Fontanes, der lieber abwog als schwärmte. So darf der Name Schopenhauers auf der Liste der Einflüsse nicht fehlen, selbst wenn der Ertrag weniger üppig ausfällt als im Falle Wilhelm Buschs, Wilhelm Raabes, Gerhart Hauptmanns oder Thomas Manns (vgl. K. Richter, 1966; Reuter; Müller-Seidel).

Fontane las Schopenhauers Werke zuerst während eines Sommeraufenthalts des Jahres 1873 in Groß-Tabarz, Thüringen. (*Tagebuch* II.44) Es war dies – wie so oft – keine einsame Lektüre, sondern eine die gesamte Familie mit einbeziehende Gedankenreise:

> in die Tiefen Schopenhauers wird hinabgestiegen, und Wille und Vorstellung, Trieb und Intellekt, sind beinahe Haushaltswörter geworden, deren sich auch die Kinder bemächtigt haben. Mete [dreizehnjährig!] sagt nicht mehr: »Theo, Du bist zu dumm«, sondern »suche das Mißverhältniß zwischen Deinem Willen und Deinem Intellekt auszugleichen.« (IV.2.435)

Im folgenden Winter begannen dann die vierzehntäglich stattfindenden »Schopenhauer-Abende« (*Tagebuch* II.50), die sehr »viel Freude« machten und »viel Anregung« gaben. (IV.2.457) Im Umkreis dieser Gespräche entstanden Fontanes erste Notizen über Schopenhauer . (N XXI/2.844) Es handelt sich hierbei einerseits um knapp kommentierte Exzerpte aus Wilhelm Gwinners *Schopenhauer*-Biographie (1862), andererseits um Bemerkungen zu Schopenhauers *Versuch über das Geistersehen* (aus *Parerga und Paralipomena*), über den Fontane wohl im Gesprächskreis referierte (N XXI/2.843). Die restlichen Zeugnisse über Fontanes Auseinandersetzung mit Schopenhauer stammen wahrscheinlich aus dem Jahr 1884 und diskutieren Themen aus den *Parerga und Paralipomena*.

Eine weitere Folge der »Schopenhauer-Abende« war die Bekanntnschaft mit Carl Ferdinand WIESIKE, dem »geniale[n] Praktiker«, »eifrigen Förderer epochemachender Ideen«, »Homöopathenapostel« (AW 5.574) und SCHOPENHAUER-Verehrer, den Fontane im Mai 1874 erstmals aufsuchte (vgl. das Kapitel »Plaue a. H.« in *Fünf Schlösser*) und mit dem er auch weiterhin zusammentraf, »die Stunden zwischen Schopenhauer, altem Rheinwein und Naturgenuß gewissenhaft theilend« (IV.2.501).

Was Fontane 1880 im Nachruf auf WIESIKE über dessen SCHOPENHAUER-Kenntnisse schrieb, verdient zitiert zu werden, weil es in eine Richtung weist, die auch für Fontane entscheidend war:

> Und daß der Pessimismus nicht ruiniert, sondern unter Umständen auch eine fördernde, humanitäre Seite hat, dessen konnte man an dem alten Wiesike gewahr werden. Er hatte das *Mitleid* – nach Schopenhauer der Menschheit bestes Teil –, und es sind ihrer viele, die die Segnungen dieses Mitleids erfahren haben. (AW 5.575)

Hier zeichnet sich bereits deutlich ab, warum und inwiefern SCHOPENHAUER auf Fontane eingewirkt hat: Nicht auf das philosophische System kommt es an, sondern auf seine lebenspraktische Umsetzung:

> Seitdem sah ich ihn [Wiesike] öfter, meist wenn ich abgearbeitet und elend war, und nie bin ich von ihm fortgegangen, ohne mich an seiner Havel, an seinem Wein und, um das Beste nicht zu vergessen, *an ihm selber* erholt zu haben. Er verstand zu bieten, zu trösten, ohne daß je ein Trosteswort über seine Lippen gekommen wäre. Dazu war er viel zu klug und viel zu fein. Ich kann seiner nicht ohne Dank und Rührung gedenken und zähle die mit ihm verplauderten Stunden zu den glücklichsten und bestangelegten meines Lebens. (AW 5.575)

Vielleicht liegt in dieser ›Personalisierung‹ des Philosophischen, ja in der praktischen Auslöschung und desto wirksameren Einlösung des philosophisch Gedachten der eigentliche Schlüssel zu Fontanes SCHOPENHAUER-Verständnis. Es könnte den ›Umkehrschluß‹ verständlich machen, auf Grund dessen Fontane SCHOPENHAUERS Pessimismus in eine zuversichtliche, praktische Humanität umwandelte. Die Frage, wie weit »Schopenhauer auf Fontanes Schaffen eingewirkt« hat (A. HÜBSCHER, 1970, S. 156), wäre demnach am leichtesten und treffendsten mit der Wirkungsgeschichte des »alte[n], kluge[n] Wiesike« zu beantworten, dessen Spuren vom philosophischen Alten des *Melusine*-Fragments (1877) über Effis Arzt, der sie »von klein auf« (I.4.282) kennt, ja sogar »geholt« hat und zuletzt das Vergessen zu verschreiben sucht, bis hin zum alten Stechlin reichen könnten.

Fontane schätzte SCHOPENHAUER als »glänzende[n] Essayiste[n]« (N XXI/1.43) und verglich seine »Schreibweise [...] mit einer geladenen Leydener Flasche oder mit einer in Tätigkeit begriffenen Elektrisiermaschine«, deren überspringender Funke »blitzt und leuchtet« (N XXI/2.101). Der vorgetragenen Weltanschauung stand er von Anfang an kritisch gegenüber (N XXI/2.103). Während er wiederholt die Brillanz der Formulierung hervorhob, Einzelheiten je nachdem als falsch, wichtig oder sehr gut bewertete, notierte er sich zum Kern der Schopenhauerischen Philosophie: »Ich verstehe es leider nicht.« (N XXI/2.165)

Den modisch bzw. sprichwörtlich gewordenen Kern dieser Philosophie, den »sechsmal geschopenhauerten Pessimismus« (N XXII/1.658), pflegte er später folgendermaßen zu referieren: Die »sogenannte ›beste der Welten‹ ist nur gerade noch *so* gut, um existenzfähig zu sein; um *einen* Grad schlechter, und sie ginge aus den Fugen.« (N XXI/2.222) Auf diese lapidare Form verkürzte Fontane das Reizwort SCHOPENHAUER, wenn er zwar nicht die Welt, aber den Abend der »Sieben Waisen« »aus den Fugen« gehen und seinen pessimistisch gewordenen Gymnasialprofessor »für den Rest [seiner] Tage Schopenhauer und Eduard von Hartmann untern Arm« nehmen läßt (I.4.348). So hielt sich Fontane frei von jenem Pessimismus-Trend, dem sich die ›zeitgemäße‹ Belletristik und epigonale Dramatik verschrieben hatte, um ressentimentgeladen Rundumschläge zu erteilen oder in letzter Stunde zu höchsten, meist militärisch gemeinten Anstrengungen zu mobilisieren.

Sehr wahrscheinlich hinterließ aber doch eine Kernstelle der Pessimismus-Doktrin einen nachhaltigen Eindruck auf Fontane. Gemeint ist das Konzept des Leidens, dessen soziale Implikation auf das Mitleid verweist. Es steht bei SCHOPENHAUER im Zusammenhang mit der Weltverneinung und führt zum Begriff der Resignation, der auch bei Fontane eine Schlüsselrolle einnimmt (Vgl. RICHTER, 1966, S. 156–160). Wenn Fontane SCHOPENHAUER beipflichtend zitiert, so geschieht es in diesem Zusammenhang: »Schopenhauer hat ganz Recht: ›das Beste was wir haben ist Mitleid.‹ Mitleid ist auch vielfach ganz echt.« (IV.4.284) Freilich sollte nicht übersehen werden, daß der Begriff der »Mitleidenschaft« (III.3/1.505) bei Fontane schon vor der SCHOPENHAUER-Rezeption eine wichtige Rolle spielt. In *L'Adultera* läßt er dann das Fräulein mit dem wunderbaren Namen dieses mehr als gütige Wort zitieren (I.2.45). Eine deutliche Spur dieser Mitleidslehre findet sich in Fontanes Erzählung *Ellernklipp*, deren Geschehen trotz oder gerade wegen der kriminellen Richtung um die Themen des Willens und der leidenden Kreatur kreist (vgl. MÜLLER-SEIDEL, S. 83 f.; allerdings wirkt Hildes Kuß aus »ungeheure[m] Mitleid«, I.1.136, nicht nur ›beruhigend‹ und könnte das Problematische des Konzepts der Mitleids-Liebe andeuten (zur Diskussion des Mitleid-Begriffs zwischen »eros« und »caritas«, auch mit Blick auf Ludwig FEUERBACH, vgl. WITTIG-DAVIS, 1983, S. 39). Krankheit als Metapher und Symptom der Gebrechlichkeit aller geschichtlichen und gesellschaftlichen Einrichtungen wird ein Leitmotiv in Fontanes Romanwerk sein. Das Krisenbewußtsein – »von Minute zu Minute hängt alles an einem Haar« (I.7.268) – läßt sich mit dem Pessimismus SCHOPENHAUERS vermitteln, ohne die ›systematischen‹ Konsequenzen in Kauf nehmen zu müssen.

Vielleicht empfiehlt es sich, statt von Einflüssen lieber von Anregungen zu sprechen, die Fontane in seinen *Schopenhauer*-Studien und Gesprächen empfangen hat. Unter diesem Gesichtspunkt ergibt sich ein Diskussionsspielraum, der den Gegensätzen zwischen »Ganz wundervoll. Ersten Ranges« (N XXI/2.166) und »Unsinn« (N XXI/2.170), »grundfalsch« und »Gequackel« (N XXI/2.171) ausmißt. Daß dabei das SCHOPENHAUER-Kapitel *Über die Weiber* in den Brennpunkt der kritischen Auseinandersetzung rückt, ist im Vorgriff auf Figurenbilder wie Hilde, Cécile, Lene oder Effi selbstverständlich, bedeutet aber zum Zeitpunkt der Lektüre auch eine ›programmatische‹ Leistung, die den Weg gegen die Strömung, auch die philosophische, einschlägt. Fontane durchschaut das Verschrobene des Schopenhauerschen Erkenntnisanspruchs. Die Pose des »reinen Denkens« täuscht ihn nicht darüber hinweg, daß sie ihren »höheren Standpunkt« nur einem »Kuhfladen« (N XXI/2.175) verdankt, der einem »persönlich vergrätzten alten Herrn« (N XXI/2.171) den Überblick vortäuscht. Widerlegt werden müßten solche Ressentiments über die vermeintliche Natur der Weiber eigentlich nicht, wenn sie nicht im medialen Aufputz des Philosophischen einen bedeutenden Zeitwert besäßen. Fontanes Reaktion auf SCHOPENHAUERS männlich wüsten Subjektivismus entspricht Vorbehalten, die er auch gegenüber Friedrich HEBBEL (vgl. AUST, in: Hebbel-Jb 1996) und August STRINDBERG (IV.4.362 f.) äußerte.

»Geistvoll und interessant und anregend ist alles« (N XXI/2.172), lautet das Resumee der Notizen. Dennoch gewinnt Fontane nicht den Eindruck, »*hier an der Quelle der Erkenntnis*« zu sitzen. Dieses Gefühl habe er »unendlich mehr«, wenn er »Goethe oder Shakespeare oder Scott lese« (N XXI/2.174). Zugleich sieht er klar, welche Verführungskraft die Schopenhauerschen Anschauungen haben: »Es ist eine gefährliche Lektüre; man muß ziemlich alt und gut organisiert sein, um hier wie die berühmte Biene auch aus Atropa und Datura Honig zu saugen.« (N XXI/2.174)

Zum weiter gezogenen Wirkungskreis SCHOPENHAUERS zählt vielleicht Fontanes Idee der melusinenartigen Frauenfiguren. Am sagenhaften Stoff ließen sich die modernen Konflikte zwischen Individuum und Gesellschaft, Bindung und Freiheit, Rationalität und Gefühl, Natur und Kunst, Moderne und Mythos vielseitig gestalten. In diesem Sinne bildet das *Melusine*-Fragment (1877) den Auftakt zu allen, insbesondere weiblichen Figuren, die gerne »baden, schwimmen, fahren, segeln, Schlittschuh laufen« (I.7.253) und in ihrer fließenden Beweglichkeit an den starren Formen ihrer Umwelt scheitern; eine »unterschwellige« SCHOPENHAUER-Wirkung mutmaßt THOMÉ (*Autonomes Ich,* 1993, S. 313) in Fontanes Konzept der »Einheit alles Natürlichen«. Wenn SCHOPENHAUERS ›Polaritätenprofil‹ des Weiblichen dem Dichter ein Thema geliefert haben sollte, dann stellen dessen epische Variationen genau die Kräfte und Konflikte bloß, die zu jenen Verschrobenheiten führen, welche die moderne Welt für natürlich und philosophisch hält.

Einflüsse der Schopenhauerschen Philosophie lassen sich schließlich auch in Fontanes wirkungspoetologischen Reflexionen nachweisen. Was Fontane über die erlösende Wirkung der »Lesung einer Dichtung« ausführt, weist mittelbar zurück auf SCHOPENHAUERS Bewertung des »principii individuationis« und die Möglichkeit seiner beruhigenden Überwindung. Den Anlaß für diese Besinnung liefert der Zeitungsartikel eines Berliner Gymnasialdirektors, in dem Fontane lesen konnte:

»Die schönste Wirkung eines Kunstwerks auf uns, namentlich bei Lesung einer Dichtung, ist die, daß wir uns dabei vergessen. Die Sprache, immer tiefsinnig, nennt das ›sich verlieren‹ und drückt damit das Höchste aus, das uns zu Theil werden kann. Auch das höchste Glück. Denn dies gerade liegt in dem ›sich verlieren‹. In unsrem gewöhnlichen Zustande sind wir immer nur mit unsrem *Ich* beschäftigt, das wir befriedigen wollen und je mehr wir danach ringen, je weniger fühlen wir uns befriedigt, je unglücklicher werden wir. Denn das Ich und wieder Ich ist unser Leid, unser Druck, unsre Qual. Und nun treten wir an ein Kunstwerk heran und verlieren *uns* darin! Das ist Erlösung vom ›ich‹, Befreiung, Glück.« So ungefähr. Man liest nicht oft so gute Stellen. (IV.4.102)

Abermals gewinnt Fontane der Schopenhauerschen Philosophie, auf die hier angespielt wird, eine eigenartige Nuance ab. Die Erlösung vom Willen zum Leben und vom Ich, die philosophisch durch Lebensverneinung, also durch den Tod, erwirkt wird, erfüllt sich hier im Kunstgenuß, der als Wendung gegen den Egoismus das Leben weniger verneint als durch Kunst richtig stellen könnte.

Fontanes SCHOPENHAUER-Rezeption ist trotz eher punktueller Beschäftigung gekennzeichnet durch einen hohen Grad der Differenzierung; möglicherweise überwiegt sogar das Moment der Anverwandlung, in dem selektiv Teile der Gesamtlehre dem eigenen Vorstellungsbild zurechtgelegt werden. Verglichen mit den beiden Varianten der zeitgenössischen SCHOPENHAUER-Rezeption, der modischen Begeisterung wie der martialischen Schelte (vgl. G. FREYTAG, *Briefe an Hirzel*, I,164; H. VON TREITSCHKE), weist er einen dritten Weg der kritisch-nüchternen Aufmerksamkeit, die dem Werk wie dem Leben zugute kommt.

Fontane und Nietzsche

Fontanes Umgang mit der Philosophie der Lebensverneinung macht neugierig auf sein Verhältnis zum Philosophen der Lebensbejahung. Nun gehört es zu den merkwürdigen Umständen einer Zeitgenossenschaft, daß Fontane nur vage, auf Schlagwörter reduzierte Kenntnis von NIETZSCHE genommen hat. Das überrascht um so mehr, als beide Autoren trotz erheblicher Unterschiede in wichtigen Punkten ihrer Zeit-, Gesellschafts- und Kulturdiagnose übereinstimmten. Beide sind eminente Kritiker ihrer Epoche und erkennen frühzeitig die weitreichenden Folgen der gegenwärtigen Fehlentwicklung. Die Liste solcher gemeinsamen Themen ist beträchtlich: Da steht an erster Stelle die politische Kritik an Preußen, Bismarckscher Ära und Wilhelminischem Kaiserreich, an Nationalismus, Militarismus und Weltmachtsallüren. Hinzu kommt die Forcierung der kulturellen Debatte, zugespitzt auf Sprach-, Bildungs- und Wissenschaftskritik (z.B. die Auseinandersetzung mit dem antiquarischen Historismus); beide Autoren wenden das Minierwerkzeug der Psychologie im Dienst der Entlarvung der gründerzeitlichen Mentalität an. Und nicht zuletzt steht die Gemeinsamkeit in der modernen Poetik mit ihren nervösen Figuren, den Krisen der Labilen, der Atmosphäre des Schwermütigen und dem Stil der Nuance (H. O. HORCH, 1978). Die ›Verflüssigung‹ der Persönlichkeit spielt als anthropologisches Problem sowohl philosophisch als auch narrativ eine zentrale Rolle (R. BÖSCHENSTEIN, 1986).

Solche vergleichbaren Ausrichtungen des kritischen Interesses zeugen von einer Zeitgenossenschaft, die jedoch wenig vermittelt ist. Denn die bloßen Daten einer zu erwägenden Einflußgeschichte ergeben ein durchaus blasses Bild. Wahrscheinlich stieß Fontane zum ersten Mal auf NIETZSCHES Namen und Werk im Zusammenhang mit dem sich herausbildenden Interesse an SCHOPENHAUER während des Plaue-Besuchs bei WIESIKE (Mai 1874). In der (freilich undatierten) Materialsammlung für den *Plaue*-Essay findet sich die bibliographische Angabe zweier Werke von NIETZSCHE (AW 5.580): *Unzeitgemäße Betrachtungen* (mit der expliziten Nennung aller vier Stücke) und *Die Geburt der Tragödie aus dem Geiste der Musik*. Es gibt keine Anzeichen dafür, daß Fontane diese Werke durchgelesen hätte, doch mag die erwachte Neugier auf SCHOPENHAUER und das elementare Interesse an Fragen der »Historie« zumindest ein ›Blättern‹ im zweiten und dritten Stück der *Unzeitgemäßen Betrachtungen* wahrscheinlich machen.

Spuren einer Beschäftigung mit NIETZSCHE finden sich erst viel später in einem Brief an Friedrich STEPHANY vom 8. 6. 1893 wieder; doch auch hier läßt sich keine direkte Rezeption nachweisen, vielmehr bildet NIETZSCHE eher ein Gesprächsthema anläßlich einer anderen Lektüre, hier Max NORDAUS *Entartung*: »Was Nietzsche angeht, so stimme ich Ihnen, nach dem Wenigen was ich von N. kenne, völlig bei. Sind wir erst in Hankels Ablage, so sprechen wir vielleicht weiter über dies Thema.« (IV.4.260) Wenn Fontane den Nordauschen Satz zur Kenntnis genommen haben sollte, den der Kommentar zu dieser Briefstelle zitiert – »Wie die Ichsucht in Ibsen ihren Dichter, so hat sie in Nietzsche ihren Philosophen gefunden« (IV.5/2.816) –, dann hätte sein NIETZSCHE-Verständnis einen bestimmteren Ort in der Begegnung mit der Moderne eingenommen. In der Tat werden ja im Umkreis der naturalistischen Debatte IBSEN und NIETZSCHE wiederholt als die bestimmenden Größen der Zeit genannt.

Fontanes eigentümlicher Rezeptionsstil wird nochmals deutlich bei Gelegenheit der Lektüre eines Zeitungsartikels über den *Nietzsche-Kultus*. Abermals erfolgt die Begegnung mit NIETZSCHE über einen Dritten. In seinem Dank an den Verfasser Friedrich PAULSEN hebt Fontane als besonders wirkungsvoll die Stelle »über den wunderbaren und auch wieder nicht wunderbaren Einfluß Nietzsches auf unsre Reservelieutnants« hervor. »Es ist, – wuchtig und elegant zugleich – die Hinrichtung des Borussismus; der beduselte Kopf fliegt nur so weg.« (IV.4.639) Doch so endgültig diese Exekution auch verfahren mag, sie stellt für Fontane dennoch nicht den Schlußpunkt des Urteils dar; vielmehr – so fährt er im selben Brief fort – wünscht er sich eine »Widerlegung« dieser ›beilfertigen‹ Entscheidung, »aber nur um im unmittelbaren Anschluß daran und unter Zurückgreifen auf Ihren ersten Satz, diese Widerlegung zu widerlegen.« Natürlich ergeben solche Rezeptionsdokumente eine eher negative Bilanz für die unmittelbare NIETZSCHE-Lektüre Fontanes. Sie bezeugen eine zeitgenössische Umsicht, die »Fühlung mit der Gegenwart«, durch die Anregungen entstehen können, wohl kaum aber Einflüsse wirksam werden.

Zu dem »Bedeutendste[n] was Nietzsche ausgesprochen« habe, rechnet Fontane in einem Brief vom 31. 8. 1895 das »Wort von einer immer nothwendiger werdenden ›Umwerthung‹ aller unsrer Vorstellungen« (IV.4.477). Mit Recht weist der Kommentar zu dieser Briefstelle darauf hin, daß Fontane vom originalen Wortlaut der programmatischen Formel abweicht und ihren besonderen Sinnzusammenhang mißachtet, was abermals auf eine nur oberflächliche oder aus zweiter Hand vermittelte Rezeption hinweisen würde (IV.5/2.909). Fontanes Modifikation dieser Losung begegnet in etwas erweiterter Form in einem Fragment (*Johann der muntre Seifensieder*), das wahrscheinlich um 1895 entstanden ist. Hier heißt es:

> Nietzsche hat das Wort »Umwertung« erfunden. Ich könnte ihm die Hände dafür küssen. Es muß alles »umgewertet« werden, und von dem Augenblick an, wo dies geschehen sein wird, wird zwar nicht das Unglück aus der Welt geschafft sein, aber die Menge des Glücks, die Zahl der Glücklichen wird unendlich gewachsen sein. Alles läuft darauf hinaus, sich von der Vorstellung frei zu machen: Geld sei Glück. (I.7.516)

Wenn es sich hier um einen authentischen Sprecher handeln sollte (was aber durchaus fraglich bleiben mag), so verengt Fontane die fundamentale Wertediskussion auf die Kritik der ›Geldsackgesinnung‹. Was in Jennys Lied (I.4.338) verfremdet erschien, verschafft sich unter abgewandelten Verhältnissen und in NIETZSCHES Namen erneut Geltung.

Einen Eindruck vom ›Klima‹ der NIETZSCHE-Wirkung, die auch Fontane erreicht, gibt ein Brief vom 1. 3. 1895, in dem Fontane sein lebhaftes Interesse an dem Artikel *Friedrich Nietzsche und Frau Lou Andreas-Salomé* bekundet. Fritz KOEGEL, der Herausgeber der Werke NIETZSCHES, kritisierte hier die zahlreichen Fehler im *Nietzsche*-Buch von Lou ANDREAS-SALOMÉ und wies energisch zurück, was er für die Quintessenz des Buches hielt:

Das Bild des Uebermenschen nichts als bloßer ästhetischer Schein, die ewig unnahbare, nie zu verwirklichende Rauschvision eines im Uebermaß der Schmerzen zusammengesunknen orgiastischen Schwärmers. [...] Sie reduziert Nietzsche im Grunde auf *eine* Formel: eine Idiotenformel. [...] ihrer Betrachtung letzter Schluß lautet: ein sehr interessantes exzentrisch-pathologisches Schauspiel, das schließlich, schon ein gutes Stück vorm Ende, psychiatrisch wird, ein nervenreizender Anblick für müde Europäer, nichts weiter! (KOEGEL, 1895, Sp. 233f.)

Erregt warnte er vor diesem gefährlichen Liebesdienst einer vermeintlichen »Freundin« des Philosophen:

> Wir aber, wir Männer, wollen uns den Mann Nietzsche, den Kämpfer und Kriegsmann, diese stolze, freie Gestalt nicht eskamotieren lassen durch die Künste und Künsteleien einer neurotischen Weiber-Psychologie. (Sp. 235)

Fontanes Stellungnahme zu solchen Tönen fällt wie üblich differenziert aus: er gibt dem »Kleinkram« suchenden Manne recht und verteidigt zugleich die »aufs Ganze« gerichtete und deshalb schließlich überlegene Klugheit der Frau: »Intuition geht über Studium.« (IV.4.429) Solche Streiflichter im Gang der epistolären Verständigung ergeben natürlich keine Einflußgeschichte; aber sie illustrieren den für Fontane kennzeichnenden Rahmen für philosophische Rezeption. Allenthalben macht sich im Inhaltsaspekt der Beziehungs- und Wirkungsaspekt geltend und lenkt die Aufmerksamkeit auf größere, zeittypische Zusammenhänge.

NIETZSCHE wird bei Fontane fast schon zur vielsagenden Chiffre, die im erzählerischen Kontext mit seinen anspielungsreichen Verweisen den Sinnhorizont der Dichtung erschließt. Dafür steht der Rentmeister Fix aus dem *Stechlin*, der zwar nie in Erscheinung tritt und doch als verborgener Gewährsmann die petrefakte Welt von Kloster Wutz mit Allerneuestem versorgt. Es geht – fast schon Momente des modernen Dekonstruktivismus vorwegnehmend – um die ins Wanken geratene fundamentale Rolle des biblischen »Wortlauts«:

> Er mußte wohl denselben Tag was gelesen haben, was ihn abtrünnig gemacht hatte. Personen wie Fix sind sehr bestimmbar. Und kurz und gut, er sagte: das mit dem ›Wortlaut‹, das ginge nicht länger mehr, die ›Werte‹ wären jetzt anders, und weil die Werte nicht mehr dieselben wären, müßten auch die Worte sich danach richten und müßten gemodelt werden. Er sagte ›gemodelt‹. Aber was er am meisten immer wieder betonte, das waren die ›Werte‹ und die Notwendigkeit der ›Umwertung‹. (I.5.98)

Wie im Karussell drehen sich hier die Schlagwörter um die eigene Achse, bohren sich später sogar in den Traum des netten Fräuleins von Schmargendorf und werden hier zum reinen Wortlaut sublimiert, der selbst im falschen Hersagen seine wahre Gestalt bewahrt. Es ist das Spiel der Ironie, die dem ernst gemeinten Programmwort einen Drall versetzt, der Schabernack treibt.

Die wenigen NIETZSCHE-Spuren bei Fontane deuteten alle in eine ›kritische‹ Richtung, unterstrichen das Ethos der unbeirrten Kritik an den Fehlentwicklungen der Gegenwart. NIETZSCHES Ausflucht in den hymnischen Gesundheitspreis, in die rauschhafte Lebensbejahung und den herrischen Willen zur Macht boten für Fontane keinen Anreiz, obwohl er viel Verständnis für das Heroische im unkonventionellen, sowohl soldatischen als auch bürgerlich-wissenschaftlichen und industriellen Sinn aufbrachte; für STAMM (1938, S. 258) ist Fontane »a sensible antidote to Nietzsche's rhetoric«. Der Begriff des Übermenschen eröffnete ihm keine neue Denk- oder Lebensrichtung, sondern verriet im Gegenteil zuviel von der alten und gegenwärtigen Misere:

> Jetzt hat man statt des wirklichen Menschen den sogenannten Übermenschen etabliert; eigentlich gibt es aber bloß noch Untermenschen, und mitunter sind es gerade die, die man durchaus zu einem ›Über‹ machen will. (I.5.293)

Möglicherweise griff Fontane trotzdem ein ›dynamisches‹ Stichwort NIETZSCHES auf und anerkannte seinen Wert. Gemeint ist die Charakteristik Pastor Lorenzens als »Excelsior«-Mensch (I.5.156). Fontane hat in der Entgegnung Heinrich ROMUNDTs auf KOEGELS »Verunglimpfungen« folgenden Auszug aus einem NIETZSCHE-Brief an ROMUNDT lesen können: »Durch die tägliche Not sich und andere höher heben, mit der Idee der Reinheit vor den Augen, immer als ein *excelsior* – so wünsche ich mein und meiner Freunde Leben.« (ROMUNDT, 1895, Sp. 526) Hier deutet sich die Steigerung eines Menschenbildes an, dem sich auch Fontane nicht verschließt. Im übrigen ging es ihm nicht um die neue Menschenzucht, sondern um den »wirklichen Menschen«; das bezeugt seine Lieblingsfigur, der alte Stechlin, und diese wirklichen Menschen fanden sich sowohl unter den »letzten« – dieser Ehrentitel gebührt »unserm guten Kaiser Wilhelm« – als auch unter den jüngsten Protagonisten einer »neue[n], bessere[n] Welt« (IV.4.539), die Fontane gelegentlich auch als vierten Stand identifizierte.

Ob er mit dieser ›Option‹ endgültig »von Nietzsche abrückte« (REUTER, S. 796), kann mehr als fraglich bleiben. Den »Keim des

Schlimmen« konnte Fontane in NIETZSCHE nach Thomas MANN (Gesammelte Werke XII.697) nicht sehen, dafür hat er wahrscheinlich zu wenig von ihm gelesen; er brauchte ihn wohl nicht einmal bei NIETZSCHE zu suchen, fand er doch, was man als Folgen des »unverantwortliche[n] Philosophieren[s]« (T. MANN, *Tagebuch*, 2. 3. 1943) bezeichnen könnte, zur Genüge in seiner Zeit. Und in der Kritik an ihr stimmt er, soweit es die Belege zu erkennen geben, eher überein. Daß hierbei nicht der Gesamtumfang der Nietzscheschen Moral- und Kulturkritik gemeint ist, liegt auf der Hand. Schon vor NIETZSCHES Urteil über die christliche Tugend des Mitleids hätte Fontane halt gemacht und sich eher auf die Seite SCHOPENHAUERS gestellt.

Literatur

F. KOEGEL, Friedrich Nietzsche und Frau Lou Andreas-Salomé, in: Das Magazin für Litteratur 64 (1895), Sp. 225–235. – H. ROMUNDT, Noch einmal Friedrich Nietzsche und Frau Lou Andreas-Salomé, in: Ebd., Sp. 523–526. – I. S. STAMM, Goethe – Nietzsche – Fontane, in: GR 13 (1938), S. 252–258. – H. O. HORCH, Fontane und das kranke Jahrhundert. Theodor Fontanes Beziehungen zu den Kulturkritikern Friedrich Nietzsche, Max Nordau und Paolo Mantegazza, in: Literatur und Theater im Wilhelminischen Zeitalter, hg. von H.-P. BAYERDÖRFER u. a., Tübingen 1978, S. 1–34. – J. THUNECKE, 1979, s.u. 3.1.12. – A. HÜBSCHER, Melusine, in: Schopenhauer-Jb 51 (1970), S. 153–164. – Ders., Schopenhauer bei Wagners Zeitgenossen, in: Schopenhauer-Jb 61 (1980), S. 61–69. – G. A. WITTIG-DAVIS, Novel associations: Theodor Fontane and George Eliot within the context of nineteenth century realism. Stanford 1983. – F. KIEFFER, 1986, s.u. 3.1.6.– M. BARON, 1988, s.u. 3.1.16. – J. ANNAS, 1989, s.u. 3.1.16. – W. HETTCHE, Strümpfe und Schopenhauer. Ein bisher unbekannter Brief Theodor Fontanes an Karl Ferdinand Wiesike, in: FBl H. 52 (1991), S. 4–7. – E. KOBEL, Theodor Fontane – ein Kierkegaard-Leser? in: Jb DSG 36 (1992), S. 255–287. – E. KOBEL, 1994, s.u. 3.1.16.

2.1.7 Fontane und die bildende Kunst

Seit Fontanes Schriften, Berichte, biographische Essays und Notizen zur bildenden Kunst gesammelt vorliegen (N XXIII/1.2; III.3 und III.5), steht die Bedeutung seiner kunstkritischen Tätigkeit außer Zweifel, und das Interesse an ihren Erträgen und Auswirkungen nimmt stetig zu. Fontane zeigt sich von einer Seite, die zwar zum Routine-Bild seines journalistischen Berufs gehört, sich aber als selbständiges Tätigkeitsfeld profiliert. Schon während seiner Dresdener Zeit (1842) interessierte er sich »nachweisbar« (N XXIII/2.177) für die Werke der bildenden Kunst; eine ›Schau-Bühne‹ besonderer Art eröffnete sich, die den aufmerksamen Beobachter nicht nur jahrzehntelang für sich einnahm, ihn zum »Augenmensch[en]« (REUTER, S. 329) heranbildete, sondern auch persönliche Begegnungen herbeiführte, die lebenslänglich bedeutsam blieben; zu denken ist an den Kontakt mit Franz KUGLER, Adolf MENZEL, August von HEYDEN, Richard LUCAE, Wilhelm LÜBKE, Max LIEBERMANN u.a. Das Thema Fontane und die Kunst zeugt abermals von den Bewegungen eines Lebenslaufs zwischen Region und Europa; auch hier verschmelzen Kunst- mit Welterlebnissen: Gent (1852), London (1852 u.ö.), Manchester (1857), Kopenhagen (1865), Italien (1874, 1875) und immer wieder Berlin markieren die Stationen einer Bilder-Reise als Welt-Ausstellung.

Der Autodidakt Fontane muß heute als kunstkritischer Spezialist ernst genommen werden. Ehemalige Bedenken gegenüber seiner vermeintlich mehr stofflichen als formalen Kritik sehen sich ihrerseits in Frage gestellt, und was ihm angeblich »versagt« war (W. VOGT in N XXIII/2.188) bzw. welchem Problem er nicht »auf den Grund gegangen« ist (ebd., S. 192), läßt sich keineswegs mehr apodiktisch festsetzen. Die Kennzeichnung seiner kunstästhetischen Wägearbeit als »Urtheil eines feinfühlenden Laien« (BSJ I.129) schränkt ihre Gültigkeit nicht ein, sondern unterstreicht ihren besonderen Anspruch. Dies gilt um so mehr, als der angebliche Gegensatz zwischen professionell kundiger und dilettantischer Betrachtungsweise angesichts dessen, was Fontane aus »Passion für diese Dinge« (IV.2.373) zur Sprache bringt, schwindet. »Der Unterschied zwischen der Bewertung zeitgenössischer Werke der bildenden Kunst durch die Fachleute und Fontanes Kunstkritiken ist tatsächlich oft nicht so gravierend.« (S. WÜSTEN, 1978, S. 175)

Als Fontane sich allerdings auf seinen beiden Italienreisen von 1874 und 1875 (vgl. III.3/II.945–1094), die in mehreren seiner Romane Spuren hinterließen, italienischen Kunsteindrücken aussetzte, führte der Zwiespalt zwischen dem Bemühen, ein traditionelles akademisches Kunstprogramm zu absolvieren, und dem Bestehen auf »ketzerische[n[Ansichten«, auf der »Freiheit [...] der Kunst gegenüber« (IV.2.486) zu originellen, aber auch von mangelndem Verständnis geprägten Urteilen, die oft das kunstgeschichtliche Perspektivieren vermissen lassen, zumal nach seinem eigenen Eingeständnis die Renaissance als *Stil* seinem ästhetischen Empfinden widerstand: »Ich habe für diese Renaissanceformen gar kein Organ.« (Fontane, 1984, S. 701). Es waren einzelne Begegnungen mit Gemälden, in denen, auch bei religiöser Thematik, das Menschliche Fontane emotional ansprach und die ihn zu einfühlsamen bewundernden Kommentaren veranlaßten (vgl. L. GREVEL, 1986; C. GRAWE, 2000).

Fontanes kunstkritische Studien belegen, wie sehr er aus einer Not eine Tugend machen konnte. Die ›Not‹ lag darin, daß er sich nie zu den ›Malerdichtern‹ rechnen durfte (obwohl sein Großvater Jean Pierre BARTHÉLMY ein »Zeichenmeister« war) und somit keine praktischen Erfahrungen mit der Malerei gesammelt hat (wie STIFTER, KELLER oder selbst RAABE); die ›Tugend‹ lag darin, daß er seine kritische Kompetenz trotz gelegentlicher Berufung auf »Theorie« und »Grundgesetze« (III.5.533) nicht systematisch-ästhetisch, sondern empirisch-wirkungspsychologisch ausbildete. Er ging gern vom persönlichen Eindruck aus, von dem, was schon ein »Laienauge« (III.5.539) zu sehen vermag, berief sich aber nicht etwa auf diesen Blickpunkt, um den ästhetischen Gehalt des Bildes pragmatisch zu relativieren, sondern um die ›erhöhten‹ Bedingungen der Kunst mit den Voraussetzungen ihrer alltäglichen Wahrnehmung zu vermitteln und den ästhetischen Wert des Artefakts nach Maßgabe der wechselseitigen Beförderung zu bestimmen. Seine Besprechungen verstehen sich als Kritik, die »in einer Zeit, einerseits des bloßen Machenkönnens, andrerseits der spleenhaftesten Verschrobenheiten«, sondieren will, »*worauf es ankommt*« (III.5.612f.). Der kunstkritische ›Neuling‹ wußte mit gutem Gespür einen der besten »Lehrmeister«, John RUSKIN, zu wählen (C. JOLLES, 1972, S. 99). Auch verstand er es, literarästhetische Kategorien auf kunstästhetische Zusammenhänge sinnvoll zu übertragen (Stoffwahl, Motiv, Idee, Komposition, Integration, Ökonomie, Maß, Symbol, Staffage, Detail, Charakteristik, Ton, Nuance, Interesse u.a.); im Grunde sah er keine unüberbrückbare Kluft zwischen dem Bildermalen »mit Worten oder Farben« (III.5.529).

Kunst – insbesondere Malerei, daneben aber auch Skulptur, Denkmal, Monument, Architektur und selbst Kunstgewerbe – ist bei Fontane als Thema in unterschiedlichen Zusammenhängen gegenwärtig: Sie ist Gegenstand der kunstkritischen Berichterstattung und Rezensententätigkeit, Medium der realistischen Positionsbestimmung, Requisit der ›epischen Dramaturgie‹, die übrigens auch Künstlerfiguren einschließt, und Modell einer postfigurierenden, den Bildern ›nachstellenden‹ Menschenzeichnung.

Stofflich gesehen liegt in Fontanes »Bilderkenntniß« (IV.4.511) eine unerschöpfliche Quelle für Mitteilungen über Menschen, Leben, Alltag, Landschaft und – nicht zuletzt – Geschichte. Bilder bewähren sich als ›fächerübergreifende‹ Schule der Darstellung, des Sehens und Interpretierens (S. GREIF, 1993, S. 72). Seine besondere Aufmerksamkeit für Portraitkunst, Genrebild und Historienmalerei (bes. Schlachtenmalerei) kommt seinem literarischmotivgeschichtlichen Interesse entgegen (den Maler David WILKIE nennt er den »Walter Scott mit der Palette«, III.3/1.484). Oft rangieren »Inhalt« bzw. »Vorgang«, die »Geschichte« (III.5.522), gleichwertig neben Aspekten des Darstellungsverfahrens (dazu grundsätzlich III.5.525f.), doch verschreibt er sich keineswegs einem billigen »*Porträt- und Wiedererkennungs-Interesse*« (N XXIII/1.261). Gelegentlich unterstreicht Fontane den kaufmännischen Hintergrund der Kunst-Szene, läßt Kunst als bestellte Ware wahrnehmen.

Die Entsprechungen bzw. wechselseitigen Befruchtungen zwischen der kunsttheoretischen und poetologischen Realismus-Debatte wurden oft beobachtet. In beiden Fällen geht es um den Bruch mit dem »Konventionalismus« (III.5.540), um den »kühne[n] Griff ins wirkliche Leben«, um »Treue« und »Wahrheit« des modernen Realismus »ohne klassischen Faltenwurf und ohne französische Perücke« (III.3/1.475), aber dennoch mit »Idealität« (III.3/1.454) und in »Sonntagsstimmung« bzw. »verklärender Freude« (III.3/1.486). Fontanes Maxime der »Verschmelzung« von »realistischer Treue« mit »künstlerischer Verklärung« (N XXIII/1.260) macht sich bei unterschiedlichen Anlässen geltend: Zum Problem wird ihm die »Darstellbarkeit des Kusses« wegen der Nasen, deren Nähe – hier »männlich-braun«, da »weiblich-weiß« – nur »unwiderstehlich komisch« (III.5.598) wirken könne. Das »Affentum« (III.5.625) verbannt er ganz aus der Kunst. Der Fanatismus der französischen Revolutionäre, die von Königin MARIE ANTOINETTE den Sohn abfordern, bedarf der ideellen Durchdringung (III.5.594) ebenso wie die dargestellte Nacktheit der schönheitlichen (III.5.604f., 647f.). Gerade den »Fleisch«-Malern macht Fontane zum Vorwurf, daß sie das (Studien-) Mittel mit dem (Kunst-) Zweck verwechseln und seelenlose Produkte »ohne Grazie und Schönheit« schaffen. Es mag in diesem Zusammenhang reizvoll sein, Fontanes Vorbehalte gegen das Bild einer nackten Waldnymphe, »die mit aufgelöstem rotem Haar, den einen Arm unter Hals und Nacken, ausgestreckt im Waldmoos liegt« (III.5.605), mit der späteren Art, wie er selbst einen ›Blickfang‹ erzählerisch gestaltet, zu vergleichen (vgl. das Kapitel »Hilde schläft am Waldesrand« in *Ellernklipp*), um den Wirkungen der immer wieder geforderten »künstlerische[n] Verklärung« auf die

Spur zu kommen. Ein wichtiger Fontanescher Grundsatz lautet: Kunst soll nicht nur »Medium« sein, »um Vorhandenes zu vermitteln«, sondern »Wünschelrute, um Verborgenes zu wecken« (III.5.542). Kunst stellt »Aufgaben« (III.5.618), die gelöst werden müssen.

Daß Fontane während seiner kunstkritischen Sichtungsarbeit die ersten Spuren einer filmischen Bewegungstechnik entdeckt (III.3/1.486f.), zeugt von seinem wachen Interesse für technische Neuerungen. Er nahm die Krise des Realismus in der Kunst schon früh wahr und rieb sich nicht nur an den naturalistischen Übertreibungen, sondern auch an den ›impressionistischen‹ Neuerungen (vgl. seine Kritik an William Turner). Bilder konnten ihm zu Signalen für eine Moderne werden, die er viel später erst erzählerisch einlösen sollte; so machte er an einem »Sündenfall«-Bild eine Beobachtung – »Ein Bewußtsein der Schuld in jeder Fiber und doch ein leises Blitzen der Freude über dieselbe Schuld!« (N XXIII/1.47) –, die er abgewandelt in *L'Adultera* verwenden wird. Den Brennpunkt der kunstkritischen und erzählerischen Bemühungen hat D. C. Riechel (1984, S. 64) prägnant zusammengefaßt: »At the heart [...] is the vocabulary of ›disguised symbolism‹, ›Verklärung‹, ›das Natürliche‹, of an organic ›Zusammenhang‹ of form and content, truth and beauty, the ethical and the aesthetic.« Hinzu kommen die kunstwissenschaftlichen Kategorien von Licht, Farbe und Form. Gerade die Auseinandersetzung mit Turner und seiner »abweichende[n] Art zu malen« (N XXIII/1.25) kann zeigen, wie mühevoll sich Fontane das moderne »Beleuchtungsraffinement« (N XXIII/1.27) erarbeiten mußte. Er beharrte auf der Sinnlichkeit der Bilder, auf ihrem ›Augenmaß‹, und verwies den phantasieweckenden Andeutungsstil entschieden in die Wortkunst (III.5.606). Und doch will es scheinen, als ob sich der Erzähler Fontane an Turner heranbilden konnte (Erhaltung und Auflösung des Gegenstands im Nebelton, mit Farbentüpfelchen, unter Rauchkruste und hinter Schleiern; Verknüpfung von Technik, Natur und Mythologie).

Einen besonderen Hinweis verdient ohne Zweifel Fontanes Verhältnis zu Menzel, dem »Tunnel«-Freund. Persönliche, ästhetische und politische Momente lassen die Beziehung (»par distance«, I.6.1061) zu einem wechselseitig erhellenden Spiegelbild und facettenreichen Widerspiel werden. In beiden Biographien geht es um Entwicklungen, die sowohl eine ›systemerfüllende‹ als auch ›systemsprengende‹ Linie verfolgen. Da gibt es das Bild des ›offiziellen‹ Menzel, des Spezialisten der »friderizianischen Epoche par excellence« (N XXIII/1.517), des »Verherrlicher[s] unserer preußischen Geschichte« (N XXIII/1.518) in Vergangenheit wie Gegenwart (MENZELS zweite, »wilhelminische« Epoche). Daneben bzw. danach gibt es aber auch einen »durchaus andere[n] Menzel«, der frei von »Wunsch, Auftrag, Forderung« sich »rein künstlerischen Aufgaben«, insbesondere dem Problem der Lichteffekte, stellte und hier eine gegenläufige, moderne Richtung einschlug (vgl. das »Eisenwalzwerk«-Gemälde von 1878). Stilgeschichtlich vertritt MENZEL einen »*Realismus*« (N XXIII/1.432f.), der in »glänzendster« Weise und epochemachend die Augen für das Äußere, Historisch-Charakteristische und Einzelne öffnet und mit seiner künstlerischen Gewissenhaftigkeit bei der »Kostümfrage« geradezu ein »malerisches Gesetzbuch« eingeführt hat, »das alle Streitfragen in Zukunft schlichten wird« (N XXIII/1.431). In MENZEL konnte Fontane die problematische Verwirklichung eigener Ideale erkennen: die zielstrebige, aber auch festgeschriebene Entwicklung eines ›freien‹ Künstlers »in einer ununterbrochenen Aszendenz« (N XXIII/1.516), die künstlerische und gesellschaftliche Repräsentanz des »richtigen Preußen« (N XXIII/1.519), die durch das gebildete Publikum gestützte Klassiker-Rolle und schließlich auch die ›Zivilcourage‹ des überzeugten, loyalen wie kritischen Staatsbürgers (nach dem MARWITZ-Modell). In »apart gelungen[er]« (IV.3.445) poetischer Gestaltung erscheint ihm MENZEL als »sehr vieles, um nicht zu sagen alles« (I.6.262); doch reibt sich mit der Poesie dieser panegyrischen Impression die rauhe Wirklichkeit, von der ein Brief an G. FRIEDLAENDER am 6. 1. 1886 Zeugnis ablegt.

Über das Requisitenspiel mit Bildern im Erzählwerk Auskunft zu geben heißt soviel wie alle seine Erzählungen zu interpretieren. Immer wieder werden Bilder betrachtet und rücken ihrerseits den Betrachter ins Licht; Bilder ›sprechen‹ und werden besprochen, führen zusammen und trennen; sie zeigen sich und zeugen doch von etwas anderem, schmücken und entlarven; sie werden als zufällige Gegenstände erworben und nehmen ›reagierend‹ ihre Erwerber in Beschlag (wie Bothos Lotterie-Gewinn); sie widerlegen, was sie beweisen sollen, denn ihre Manipulierbarkeit täuscht über die ihnen innewohnende Manipulationskraft hinweg. Bilder dienen als Fenster und Spiegel, lassen sich willkürlich einrahmen und sprengen doch oft ihren Rahmen. Sie interessieren und quälen, je nachdem sie einem »Bilder-Tiger« (IV.3.301) bzw. »Kunstfex« (I.4.37) oder seiner nach einem »Stuhle« (I.1.773) Ausschau haltenden Ehefrau begegnen.

Literatur

R. Fürst, Theodor Fontane als Kunstkritiker, in: Vossische Zeitung, 2. 7. 1905. – H. Fricke, Th. Fontane als Kunstbetrachter, in: Zs des Vereins für die Geschichte Berlins 59 (1942), S. 82–89. – R. Danke, Fontane und Menzel, in: Dt Allgemeine Zeitung, Berlin, 2. 1. 1945. – W. Vogt, Theodor Fontane und die bildende Kunst, in: Die Sammlung 4 (1949), S. 154–163, 5 (1950), S. 275–284 (gekürzt in: N XXIII/2.185–197). – K. Ihlenfeld, Kameraden der Realität. Ein Berliner Beitrag zur Fontanefeier [Fontane/Menzel], in: NDH 16 (1969), 4, S. 108–126. – S. Wüsten, Zu kunstkritischen Schriften Fontanes, in: FBl H. 27 (1978), S. 174–200. – Theodor Fontane, Jenseits von Havel und Spree. Reisebriefe, hg. von G. Erler, Berlin/Weimar 1984. – D. C. Riechel, Theodor Fontane and the Fine Arts: A Survey and Evaluation, in: GSR Abkürz. bitte ausschreiben 7 (1984), S. 39–64. – W. Schwan, Die Zwiesprache mit Bildern und Denkmalen bei Theodor Fontane, in: Literaturwissenschaftliches Jb 26 (1985), S. 151–183. – L. Grevel, Fontane in Italien, in: GRM 36 (1986), S. 414–432. – R. Finlay, H. Dunn, The pictures in Fontane's »Irrungen, Wirrungen«, in: Seminar 24 (1988), S. 221–238. – M. Linckens, Hans Memlings »Das jüngste Gericht«. Eine Vorlage zu T. Fontanes »Grete Minde«, in: Zs Nijmegen 3 (1989), S. 29–38. – Eine unvermutete Entdeckung: Brief Theodor Fontanes an Adolph v. Menzel, hg. von M. Horlitz, in: FBl H. 49 (1990), S. 6–12. – M. Doebeling, Eine Gemäldekopie in Theodor Fontanes »L'Adultera«: Zur Destabilisierung traditioneller Erwartungs- und Sinngebungsraster, in: GR 68 (1993), S. 2–10. – S. Greif, »Wer immer dasselbe sieht, sieht nichts...« Fontanes Kunstbegriff im Kontext des 19. Jahrhunderts, in: FBl H. 55 (1993), S. 69–90. – I. Rockel, Die Beziehungen Theodor Fontanes zu seinem Jugendfreund Wilhelm Gentz, in: FBl H. 50 (1990), S. 5–8. – N. B. Wagner, 1994, s.u. 2.1.1. – J. Osborne, 1996, s.u. 3.1.5. – Fontane und die bildende Kunst, hg. von C. Keisch/P.-K. Schuster/M. Wullen, Berlin 1998. – C. Grawe, »Italian Hours«. Theodor Fontane und Henry James in Italien in den 1870er Jahren, in: Ehlich, 2000.

2.2 Fontanes Poetik

Fontane war kein systematischer Theoretiker. Über Ästhetik zu reflektieren, so wie es Georg W. F. HEGEL tat, hätte er weder gewollt noch vermocht. Dennoch hat er viel über Kunst, Literatur und andere ästhetische Gegenstände nachgedacht. Und was er erkannt und niedergeschrieben hat, braucht sich hinter keiner ›Theorie‹ zu verstecken. Sucht man nach einem Bild, in dem sich der räsonierende Ästhetiker Fontane in etwa wiedererkennen könnte, so böte sich wohl jene Skizze des ›empirisch‹ argumentierenden ARISTOTELES an, die SCHILLER in seinem Brief an GOETHE vom 5. 5. 1797 entwarf und die Fontane »höchst vorzüglich« (N XXI/2.104) fand.

2.2.1 Realismus

Der Schlüssel zu Fontanes Kunstverständnis liegt im Realismusbegriff. Er verbindet die Momente des dichterischen Selbstverständnisses mit Grundsätzen der ästhetischen Kritik und den Eckwerten der epochalen Lage. Als Realist prägt Fontane nicht nur das literaturgeschichtliche Bild der zweiten Hälfte des 19. Jahrhunderts, sondern nimmt auch an den internationalen kulturellen Strömungen teil. Realismus als Kennwort bezeichnet deshalb nicht nur die schriftstellerische Identität, sondern erschließt eine überregionale Vergleichsebene.

Dennoch liegt im realistischen Wert der Fontaneschen Kunsttheorie und -praxis keine Patentlösung vor, die ohne weiteres alle Fragen der künstlerischen Position beantwortet. Der Realismusbegriff ist vielschichtig, spielt in ganz verschiedenen Zusammenhängen (Poetik, Philosophie, Politik, Alltag) eine wandlungsreiche Rolle und droht als Grundbegriff des nicht nur künstlerischen Wirklichkeitsverhältnisses ›zerredet‹ zu werden. Zudem erschließt sich Fontanes historischer Ort bei näherer Betrachtung keineswegs in den engeren Grenzmarken einer sogenannten Epoche des bürgerlichen Realismus; vielmehr zeugt seine künstlerische Entwicklung in der Spätphase gerade auch von nach-realistischen Berührungen (Naturalismus, Literatur der Jahrhundertwende), die einen gleitenden Übergang zur ›Moderne‹ anzeigen.

Fontanes Erkundung des Realismus beginnt früh und hält ein Leben lang an. Am Anfang steht der Essay über *Unsere lyrische und epische Poesie seit 1848*. Er wurde anonym veröffentlicht und darf als Beginn der an die Öffentlichkeit gerichteten literarhistorischen Arbeiten Fontanes gelten (J. BIENER, 1956); nach O. KEILER (1980, S. 589) handelt es sich um »eine bestimmte Grundlinie, die tragende Achse aller weiteren Veränderungen in seinen [Fontanes] Ansichten«. Der Aufsatz hat symptomatischen Wert für die Entwicklung des frühen Fontane, da er die von den Revolutionsgeschehnissen verursachte Verlagerung seines Interesses von politischen auf literarische Themen dokumentiert. Zugleich enthält er aber Aussagen, die über die konkreten Anlässe hinaus für Fontanes poetologisches Denken Geltung bewahren. Das muß um so mehr überraschen, als der Essay zu einem Zeitpunkt entstand, da von einem realistischen Romancier noch lange keine Rede sein konnte. Umstritten ist die Originalität des hier entfalteten Realismus-Verständnisses. Das kann nicht verwundern, erscheint doch die Abhandlung zu einem Zeitpunkt, da die ›Programmatik‹ des Realismus – zumal die Beiträge in den *Grenzboten* – aufblüht. Immerhin aber gilt festzuhalten, daß Fontane geradezu als einziger der ›Programmatiker-Generation‹ den Sprung in die Weltliteratur geschafft hat. Ihn mit Otto LUDWIG oder Gustav FREYTAG zu vergleichen, die beide gleichfalls theoretisch wie praktisch das Realismus-Programm erfüllten, macht vielleicht am plausibelsten deutlich, welchen anderen Funktionswert die poetologische Reflexion bei Fontane hat.

Der Realismusbegriff steht für ein enges Verhältnis zwischen Kunst und Wirklichkeit, bezeichnet die Nahtstellen, an denen Gegebenes und Gemachtes zusammenkommen, um ein neues Gebilde hervorzubringen. Gleich einem Vertrag geht es darum, die Kontrahenten des Lebens und der Poesie in einem gemeinsamen Interesse zusammenzuführen, zur wechselseitigen Verantwortung für ein gemeinsames Projekt zu verpflichten. Solche ›Verhandlungen‹ scheinen zu jeder Zeit geboten zu sein, erweisen sich aber unter besonderen Umständen als vordringlich. Auch Fontane geht von naheliegenden Anlässen aus, um programmatisch zu klären, was eigentlich schon immer nottat:

> Was unsere Zeit nach allen Seiten hin charakterisiert, das ist ihr *Realismus*. Die Ärzte verwerfen alle Schlüsse und Kombinationen, sie wollen Erfahrungen; die Politiker (aller Parteien) richten ihr Auge auf das wirkliche Bedürfnis und verschließen ihre Vortrefflichkeitsschablonen ins Pult; Militärs zucken die Achsel über unsere preußi-

sche Wehrverfassung und fordern »alte Grenardiere« statt »junger Rekruten«; vor allem aber sind es die materiellen Fragen, nebst jenen tausend Versuchen zur Lösung des sozialen Rätsels, welche so entschieden in den Vordergrund treten, daß kein Zweifel bleibt: die Welt ist des Spekulierens müde und verlangt nach jener »frischen grünen Weide«, die so nah lag und doch so fern. (III.1.236)

Empirie, Realpolitik, Pragmatismus und Sozialreform sind Momente einer komplexeren und zeitgenössischen Wirklichkeitserfahrung.

Der Essay von 1853 erlaubt es, eine Art Matrix des Fontaneschen Realismus-Verständnisses zu entwerfen. Grundlegend ist die ›mesotesähnliche‹ Stellung des Realismus-Konzepts zwischen zwei gleichermaßen kritisierten Extremen: dem spekulativen Idealismus einerseits und dem ›radikalen‹, ›nackten‹, ›prosaischen‹ Verismus der Tendenzpoesie andererseits; beide Richtungen treiben Möglichkeiten der realistischen Gestaltungsweise zum einseitig Äußersten, werfen in dieser Überspannung idealer bzw. realer Komponenten die moderne Poesie in eine Krise, die Fontane an der jüngst vergangenen wie gegenwärtigen Literatursituation ermittelt und deren Überwindung er proklamiert. Im Spannungs- oder gar Konkurrenzverhältnis zwischen wirklichkeitsüberfliegender und wirklichkeitsversessener Kunstpraxis spricht Fontane dem realistischen Prinzip eine austarierende Rolle zu, deren Bedeutung er nicht nur modern proklamiert, sondern an klassischen Mustern als allgemeines Kunstprinzip festmacht. So kommt es zur grundlegenden Bestimmung: »Der Realismus in der Kunst ist so alt als die Kunst selbst, ja, noch mehr: *er ist die Kunst.*« (III.1.238) Als Bürgen dieser Überzeugung stehen SHAKESPEARE, HERDER, LESSING, dann auch GOETHE und SCHILLER, »solange sie, ›unangekränkelt von der Blässe des Gedankens‹, lediglich aus einem vollen Dichterherzen heraus ihre Werke schufen« (III.1.239), ja überhaupt die gesamte Phase des Sturm und Drang. Aber auch gegenwärtige Zeugen weiß Fontane anzuführen, selbst wenn er einräumt, daß sich die eigene Zeit erst auf dem Weg zum Ziel befinde. So nennt er gleichsam als Pioniere der modernen Richtung des Realismus im Romanfach Jeremias GOTTHELF, auf dramatischem Feld Friedrich HEBBEL und in der Lyrik Ferdinand FREILIGRATH.

Das regulative Prinzip des Realismus zwischen Romantik und Naturalismus erschöpft sich nicht in einer bloßen Syntheseleistung; auch geht es nicht um einen Eklektizismus des Akzeptablen. Im Grunde kennzeichnet das Realismusprinzip einen funktionalen Zusammenhang, der den kreativen Prozeß am Weg von der Zuwendung zur Wirklichkeit bis hin zu ihrer poetischen Verarbeitung ausmißt:

> Das Leben ist doch immer nur der Marmorsteinbruch, der den Stoff zu unendlichen Bildwerken in sich trägt; sie schlummern darin, aber nur dem Auge des Geweihten sichtbar und nur durch seine Hand zu erwecken. Der Block an sich, nur herausgerissen aus einem größern Ganzen, ist noch kein Kunstwerk, und dennoch haben wir die Erkenntnis als einen unbedingten Fortschritt zu begrüßen, daß es zunächst des Stoffes, oder sagen wir lieber des *Wirklichen*, zu allem künstlerischen Schaffen bedarf. (III.1.241)

Diese ›Aneignungs-‹, Anverwandlungs- und Verarbeitungsidee, die den Realismus hier auszeichnet, hat weitreichende, poetologische wie erkenntnistheoretische Folgen. Zunächst freilich rückt Wirklichkeit als ›unser Leben‹ und vertrauter Alltag in den Blick, wird zum Objekt und Thema der künstlerischen Behandlung. Sodann aber geht es nicht nur um den begegnenden ›Stoff‹, sondern auch um das »Auge des Geweihten«, das in diesem Stoff bereits die »unendlichen Bildwerke(n)« erkennt. Um was es sich hierbei genau handelt, ist schwer zu bestimmen; Fontanes Begriffe des »wirklichen Lebens«, der »wahren Kräfte und Interessen«, des »Wahre[n]« (III.1.242) und Schönen, sodann der »Verklärung« (III.1.237) und »Läuterung« (III.1.241) umkreisen dieses kritische Postulat, beziehen es einerseits auf Merkmale der Welt, andererseits auf Dispositionen ihres Betrachters und schließlich auch auf autonome Gesetze der Kunst.

Wiederholt hat die Forschung hervorgehoben, daß diese eher diffusen, wenn nicht gar widersprüchlichen Bestimmungen im Konzept einer »*Interessenvertretung*« (III.1.242) konvergieren. Fontane hielt diesen Ausdruck für eine »scherzhafte Wendung«, wußte aber dennoch die regulative Kraft des Realismus genau auf diesen Nenner zu bringen:

> Er [der Realismus] umfängt das ganze reiche Leben, das Größte wie das Kleinste […]; den höchsten Gedanken, die tiefste Empfindung zieht er in sein Bereich, und die Grübeleien eines Goethe wie Lust und Leid eines Gretchen sind sein Stoff. Denn alles das ist *wirklich*. Der Realismus will nicht die bloße Sinnenwelt und nichts als diese; er will am allerwenigsten das bloß Handgreifliche, aber er will das *Wahre*. (III.1.242)

So spricht sich im realistischen Prinzip eine kritische Kraft aus, die unterscheidet und zum Unterscheiden anleitet. Von hier aus läßt sich ein Bogen schlagen zur späteren Position des ›jungen‹ Romanciers, der erklärt: »Goethe hat einmal gesagt: ›die Produktion eines anständigen Dichters und Schriftstellers entspricht allemal dem Maaß seiner *Erkenntniß*.‹ Furchtbar richtig.« (IV.3.201) Bei aller Vagheit (noch nicht einmal die GOETHE-Stelle konnte verifiziert werden) zeichnet sich hier ein poetologischer ›Grundwortschatz‹ ab, mit dem der gesellschaftskritische Realismus des Fontaneschen Romanwerks auf europäischer Ebene zum Ausdruck gebracht werden kann.

Es ist eigentlich erstaunlich, wie sehr der frühe Essay bei aller globalen Programmatik dennoch ins Einzelne geht und wenn auch nicht gerade eine Handwerkslehre des realistischen Schaffens, so doch einen Kriterienkatalog entwickelt, mit dessen Hilfe Dichtungen »nach dem *Buche*« von Dichtungen »nach dem *Leben*« (III.1.260) unterschieden werden können. An erster Stelle steht ein Beispiel aus der bildenden Kunst, das ebenso witzig wie treffend das Gemeinte und Geforderte verdeutlicht: »Als *Gottfried Schadow* die Kühnheit hatte, den Zopf in die Kunst einzuführen, nahm er ihr zugleich den Zopf.« (III.1.237) Eigentlich steht ja der Zopf für eine längst überlebte Zeit; aber hier erfüllen seine Charakteristik, der Gegensatz zum stilisierten Haar und zur antikisierenden Pose und die Konkretheit der sinnfälligen Erscheinung im Alltag den realistischen Anspruch. Es geht geradezu um den verfremdenden Effekt, der im Rahmen traditioneller Wahrnehmungsschemata etwas Neues in allernächster Nähe erfahren läßt. Realismus bekundet sich somit als befreiter, entautomatisierter Blick, der registriert, wie etwas tatsächlich ist, und nicht die Augen ›himmelwärts verdreht‹. Aus solcher ›Frömmigkeit‹ entstehen nur »Geschraubtheit«, »verlogene(r) Sentimentalität und gedankenlose[r] Bilderwust« (III.1.238), »Phrase und Überschwenglichkeit« (III.1.239), »ein Wechselbalg aus bewußter Lüge, eitler Beschränktheit und blümerantem Pathos« (III.1.241). Bis in die einzelne Formulierung glaubt Fontane »die Lüge, das Forcierte, das Nebelhafte, das Abgestorbene« (III.1.242) nachweisen zu können: Wer z. B. den Gram einen »roten Korsaren im stillen Meer der Tränen« nennt, verstößt gegen die Regeln des Realismus, »durchstöbert [...] Rumpelkammern und verehrt Antiquitäten«, statt am »ganze[n] reiche[n] Leben« (III.1.242) mitzuweben.

Es gehört zum programmatischen Ton der frühen literaturgeschichtlichen Arbeit, daß sie nicht nur Sachverhalte benennt und Entscheidungen rechtfertigt, sondern Entwicklungen vorzeichnet bzw. etablierten Wertvorstellungen emphatisch widerspricht. In diesem Sinn verwandeln sich die Ausführungen über Realismus zu einem weiterreichenden Projekt der gegenwärtigen, modernen, ja in die Zukunft weisenden Literaturgeschichtsschreibung, das sich ausdrücklich gegen die Kanonisierung der Vergangenheit und ihren negativen Effekt auf die Gegenwart richtet. Fontane geht ein Risiko ein, indem er sich zu einem literarischen Fortschrittskonzept bekennt, somit den »neunmalweise[n] Leute[n] in Deutschland« (III.1.236) widerspricht, deren Klassik-›Arrangement‹ automatisch über das gegenwärtige literarische Leben den Stab bricht (W. JUNG, 1985, 566f.), und die Anzeichen für einen »Genius« aufspürt, »der um der Richtung willen, die unsere Zeit ihm vorzeichnet, berufen sein wird, eine neue Blüte unserer Literatur, vielleicht ihre höchste, herbeizuführen« (III.1.236). So steht die Konstruktion einer modifizierten Klassikauffassung auf dem Spiel. Zu ihren Bausteinen gehört nicht nur der Realismus als Kriterium der künstlerischen Bewältigung von ›problematischer‹ Wirklichkeit, sondern auch das Rollenbild des Autors und das Verhaltensspektrum des Publikums. Damit ist eine systematische Ebene des komplementären Verhältnisses zwischen Produktion und Rezeption angesprochen. Die Bestimmung ihrer Positionen wird in der poetologischen Reflexion Fontanes zeitlebens eine wandlungsreiche Rolle spielen (KEILER, 1980; P. WRUCK, 1986).

Daß Momente des Künstlerbildes die darstellungsästhetischen Grundsatzerklärungen beeinflussen können, zeigt sich bereits im frühen literaturgeschichtlichen Aufsatz. Fontane ist nämlich keineswegs gewillt, alle Werke allein der realistischen Probe zu unterwerfen, und sie ausschließlich nach ihrem Verhältnis zur Wirklichkeit zu bewerten. Das Wahrheitsargument, das zunächst nur eine Rolle im Kontext des empirischen Zeitalters zu spielen scheint, läßt sich auch zu einem Echtheitskriterium für die expressive Funktion umdeuten und bezeichnet nun Eigenschaften und Voraussetzungen der Künstlerpersönlichkeit. In diesem Sinn geht Realismus, insofern er überhaupt »*die Kunst*« ist, »aus einem vollen Dichterherzen« (III.1.239) hervor, und nach dem Realismus eines Werkes zu fragen, kann dann auch nur heißen, »ob wir's mit einem *Dichter* zu tun haben oder nicht« (III.1.244). So verschiebt oder erweitert sich das realistische Werkkriterium um persönliche Merkmale und macht für »das Maß der Dinge«, das »in Sachen der Kunst [...] entscheidet«, auch den »Geschmack« (III.1.250) verantwortlich.

Fontane kannte von früh auf die Marktbedingungen der Kunst und durchschaute die Mechanismen und Strategien der Rezeptionslenkung. Ein Leben lang wird er sich mit der Frage beschäftigen, welche Voraussetzungen ein Publikum erfüllen muß, um einer alten wie neuen Klassik zum Leben verhelfen zu können. Das Realismus-Programm von 1853 setzt ein mit einer Kritik an den ›opinion leaders‹ des ›gebildeten‹ Literaturbetriebs; in den anschließenden ›Einzelbesprechungen‹ (III.1.252) der *lyrischen und epischen Poesie seit 1848* kommt er wiederholt auf die hemmenden bzw. fördernden Faktoren im Publikum zu sprechen. Er verkennt dabei nicht die Verantwortung des Schriftstellers, sich bei der Ordnung seiner Gedanken darum zu kümmern, »ob sie der Leser nach langem Kopfzerbrechen versteht oder nicht versteht« (III.1.251). Aber darin liegt kein Freibrief für die Trägheit des Publikums. Die schwankende Erinnerung scheint für die Entfaltung der modernen (realistischen) Literatur eine große Rolle zu spielen; wie sonst ließe sich erklären, daß ein »Apostel des Realismus« (III.1.246), FREILIGRATHS Gedicht *Die Toten an die Lebenden*, nach fünf Jahren bereits »halb vergessen« sei. Vor allem aber verhindern Diskrepanzen, ja sogar Konflikte zwischen künstlerischem Wollen bzw. ästhetischem Wagnis und Publikumsgeschmack den freien, autonomen (ein hier gewagter Begriff) Fortschritt, die »neue Blüte unserer Literatur« (III.1.236). Eine sich leitmotivisch wiederholende, eigentlich erst den späten Romancier betreffende Erfahrung findet einen frühen Niederschlag in der Klage,

> wie kleine Zahlen das Häuflein derer aufweist, die überhaupt irgendwelches Verständnis für eine Dichtung (gleich welche) mitbringen, und daß sich die meisten Menschen, selbst Personen von sogenannter literarischer Bildung, sofort ihres Urteils, ja selbst ihres gesunden Menschenverstandes begeben, sobald sie gereimte Jamben vor sich haben. Der albernste Autoritätsglaube, die geistloseste Nachplapperei tritt sofort an die Stelle der eigenen Kritik, und, zu bequem zum Nachdenken, zu feig zum Widersprechen, faselt sich groß und klein in eine Begeisterung hinein, die natürlich so lange dauert wie die Mode und der Antrieb, der sie gibt. (III.1.247)

Es zeugt von Fontanes antispekulativer, pragmatischer, nicht einfach nur ›kulturnörgelnder‹ Haltung, daß er von Anfang an das Kunstwerk als Ware im Einflußbereich merkantiler und distributiver Kräfte sieht und mit unausbleiblichen Verzerrungen rechnet. »Jeder Buchhändler sagt einem: das Beste wird nicht gekauft.« (III.1.255)

Für eine Profilierung der Fontaneschen Poetik kann das kritische Debüt über *Unsere lyrische und epische Poesie seit 1848* nicht hoch genug eingeschätzt werden. Ganz gleich, ob es im einzelnen klassizistische Argumente wiederholt, aktuelle Schlagworte aufgreift, mit ungenügendem Material arbeitet (kein Wort über Charles DICKENS oder William M. THACKERAY), ästhetische Masken zur Tarnung der politischen Vergangenheit verwendet oder gar ideologisch zurückfällt, unbestreitbar bleibt, daß sich die Gedankenführung aus den pragmatischen Bedingungen emanzipiert und zur Lebensfrage vertieft, für deren Beantwortung die ästhetische Debatte bis ins hohe Alter und mit unwesentlichen Unterbrechungen geführt wird. Die literaturkritische Studie enthält als »realistische[s] Credo« (REUTER in SzL 1960, S. XVII) die zentralen Positionen und neuralgischen Gelenkstellen, von denen Kontinuität und Wandel, ja sogar Brüche und Widersprüche in der späteren poetologischen Orientierung ausgehen. Erstmalig werden Themenkreise und Entwicklungslinien angesprochen, die den Horizont einer ganzen Dichterbiographie ausmachen und schon in ihrem Anfangsstadium zu »Hoffnungen« (ebd., S. XVI) Anlaß geben. Von hier aus lassen sich ›lebenslänglich‹ gültige Fragen stellen: Was ist Wirklichkeit? Wie funktioniert Verklärung? Inwiefern verlangt »jede Kunst [...] ihre Technik«? (III.1.249) Welche Aufgaben erfüllt künstlerische Produktivität? Welche Rolle spielt der freie Schriftsteller in der Wilhelminischen Gesellschaft, und was tut diese für ihn?

Realismus als »Widerspiegelung alles wirklichen Lebens, aller wahren Kräfte und Interessen im Elemente der Kunst« (III.1.242) meint ein ästhetisches Prinzip, bei dem die Wirklichkeit eine zentrale, aber vielsinnige und wandelbare Bedeutung hat. Die Charakterisierung der künstlerischen Tätigkeit als Widerspiegelung läßt ein Objekt erwarten, das im konkreten, geradezu physikalischen Sinne Reflexe wirft. Die Hervorhebung des »wirklichen Lebens« deutet vielleicht schon auf eine Einschränkung oder Ausgrenzung hin; in der Ergänzung »aller wahren Kräfte« macht sich dann überdeutlich das ungegenständliche, erkenntnistheoretisch und weltanschaulich eingefärbte Bild einer Welt geltend, die nicht in ihrem oberflächlich bemerkbaren Sein, sondern in ihrem nachweisbaren Werden zur Ansicht gelangen soll. Solche Gegensätze in der Objektbestimmung für die künstlerische Widerspiegelung müssen sich nicht ausschließen, sondern können auch eine Steigerung andeuten, die das Gegenständliche (die »bloße Sinnenwelt«, III.1.242) zum Zeugnis für anderes, weniger Gegenständliches (Kräfte und Interessen) nimmt, und dieses wiederum am Objekt beglaubigt. Wer wie Fontane den Blick auf die Wirklichkeit lenkt, läßt sich auf einen »Weg« ein (H. V. GEPPERT, 1994), dessen ausgeschrittene Windungen im Verein mit dem prospektiven Ziel erst das vollständige Bild »alles wirklichen Lebens« ergibt.

Zweifellos berücksichtigt Fontane die »bloße Sinnenwelt«. Wenn es auch fraglich bleibt, ob seine Figurenzeichnung den Anforderungen eines Steckbriefes genügen kann, so fallen doch bei vielen Gelegenheiten seine Angaben dermaßen konkret aus, daß ein Leserbrief an eine Romanfigur seine präzise Adresse erhalten und ein ›Literaturreisender‹ viele Schauplätze der Romanwelt besichtigen könnte. Zu dieser Schreibart paßt das Bekenntnis, »daß mir Gestalten, von denen ich glaube, die Knöpfe des Rockes und die Venen der Hand zählen zu können, lieber sind als diese, Richtungen und Prinzipien vertretenden Schatten« (III.1.467). Wenn es um die Eindrücke des Sehens geht, vermeidet Fontane kompromittierende Verletzungen der Wahrnehmungsbedingungen, weil sie die »*Wahrhaftigkeit der Situation*« (III.1.464) beeinträchtigen, für die er nicht nur im Namen der Kunst, sondern auch seines Publikums eintritt. Es kennzeichnet Fontanes soziologische Einstellung, wenn er bei jeder Darstellungsaufgabe (im Roman wie auf der Bühne) zu bedenken gibt: »der Mensch ist ungemein abhängig von dem Kleid, das er trägt«. (N XXII/2.555)

Fontane ist insofern ein ›unschriftlicher‹, d. h. ›mündlicher‹ Autor, als er mit einer gemeinsamen Wahrnehmungssituation rechnet, die ihn mit seinem Publikum kommunikativ ›von Angesicht zu Angesicht‹ verbindet. Hier liegt die ›situationsgrammatische‹ Bedeutung von Berlin und der märkischen Region, die ihre Glaubwürdigkeit am Grad des Wiedererkennens mißt. Die globale schriftsprachliche Dimension seiner Wirklichkeitsgesten erfüllt sich erst im europäischen Stil seines Realismus, der zum Beispiel Wegweiser nach Schloß Wuthenow setzt, obwohl man dieses Haus nicht erwandern kann und dennoch auf dem Weg nach Jena (dem Jena von 1806) mit der ›Nase‹ davorstehen könnte.

Fontanes Art, Wirklichkeit begrifflich einzukreisen, orientiert sich an ästhetischen, ethischen, weltanschaulichen und gesellschaftsgeschichtlichen Kriterien. Ein Angelpunkt für die ›ästhetische‹ Argumentation liegt im Gegensatz zwischen häßlich und schön. Obwohl auch hier nicht reine Objekteigenschaften, sondern eher Berührungsmerkmale gemeint sind (von THACKERAY heißt es einmal, ihm fehle die »Liebe« und deshalb erfaßten seine »Porträts« bei aller Treffsicherheit doch nur »die *häßliche* Hälfte des Originals«, III.1.157), erweist sich das Begriffspaar zeitlebens als bevorzugter Maßstab für die künstlerische Qualität der Wirklichkeitsbilder.

Der Vorwurf des Häßlichen kann sich gegen Sachverhalte, Gewichtungen und Begründungen wenden. Zur Diskussion stehen insbesondere Erscheinungen aus dem Bereich der Sexualität, Gewalttätigkeit, Arbeit, Krankheit, der materiellen und sozialen Verelendung und überhaupt der »Nachtseiten der menschlichen Natur« (III.1.420). Das sind Themen, die im Umkreis der Vormärz-Literatur und der naturalistischen Bewegung besonders relevant werden und deren ›behutsame‹ Behandlung im Realismus leicht in den Verdacht der Tabuisierung gerät (H. KORTE, 1989); wenn freilich ›Tabu‹ ein unreflektiertes bzw. gedankenloses Verdrängen unliebsamer Mißstände meint, so wäre Fontane von dem Vorwurf auszunehmen, denn er meidet nicht die Debatte, sondern betreibt sie.

Fontanes Liste der Stellen, die »die äußerste Grenze des ästhetisch Erlaubten« (III.1.449) berühren oder gar durchbrechen, enthält Beispiele aus Werken und Lektüreerfahrungen unterschiedlicher Zeit: der sterbende Proletarier (1853 über vormärzliche Tendenzbilder, III.1.240), die »roten Wollfäden«, die sich die Schauspielerin Adelaide RISTORI »als sich verblutende Mirra aus dem Busen zupft« (III.1.761), die sadistische Fürstin Gargazin (1872 über ALEXIS *Ruhe ist die erste Bürgerpflicht*; III.1.449), der »Molkenmarkt«-Geruch (1883 über R. LINDAUS *Im Park von Villers*, N XXI/1.331), die Allmacht der »Brunst« (1886 über M. KRETZERS *Drei Weiber*, N XXI/2.270), die »Schnapsatmosphäre« (1890 über TOLSTOJS *Die Macht der Finsternis*, N XXII/2.727) und die Hintertreppen-Ausschnitte (1890 über *Die Familie Selicke* von HOLZ/SCHLAF, N XXII/2.733 f.). Daß Fontane solche Erscheinungen »des Lebens […] das wir führen« (III.1.568) nicht tabuisiert; zeigt sich an seinen Argumenten:

> Es heißt immer: »ja, das ist nicht möglich, das kommt nicht vor.« Und darauf hin verwirft man die Dinge. Das ist nicht richtig. Daran liegt es nicht. Es kommt alles vor, und auf dem Gebiet der Begehrlichkeiten, besonders auch der sinnlichen, ist alles möglich. Unsere Zeitungsnotizen und die Prozesse zeigen das Äußerste, mindestens so viel, als in den verwegensten Romanen vorkommt. (III.1.568)
>
> Alles, was er [Kretzer] schildert, kommt vor (was kommt überhaupt *nicht* vor?), aber es kommt nicht *so* vor, nicht in solchen Schichten, nicht bei solchen Menschen, vor allem nicht in solchem Grade, nicht in solcher Ausschließlichkeit. (N XXI/2.270)

Das Häßliche, Gemeine und Ekelerregende erhalten ihre Berechtigung als literarischer Stoff nicht durch ihr bloßes Vorkommen in der Wirklichkeit, sondern durch ihre Rolle in der spezifischen

Aufgabenstellung einer Roman-Poetik, die trotz wachsenden Mißerfolgs die Verständigung mit ihrem Publikum sucht. Fontane nimmt teil an den darstellungstechnischen Fortschritten des realistischen Kunstprinzips, das im Siegeszug des photographischen Blicks, der »Daguerreotyp[ie]« (III.1.762) nicht nur die Lupenreinheit seiner Bilder feiert, sondern auch das Dokumentarisch-Authentische ihrer unbestechlichen Enthüllungen hervorkehrt, die ins grelle Rampenlicht rücken, was herkömmlich im Dunklen bleibt. Aber er wehrt sich gegen einen Kurzschluß, der die komplizierten Wechselbezüge zwischen Wirklichkeit und Kunst unterbricht, den Blick im unreflektierten Standpunkt fixiert und das Urteil trübt. Diese Fehlentwicklung hat ihre Ursache schon auf der Ebene der Wirklichkeitsdiagnose. Von hier aus bewahrt die Frage nach dem rechten Stoff ihre kritische Schaltstelle für die künstlerische Tätigkeit.

Angesprochen ist damit gleichfalls das »Maß« (III.1.128) der Dinge, ihre Verteilung und Gewichtung im Geflecht der Wirklichkeit. Ein Begriff, der seine Herkunft aus der klassizistischen Tradition verrät, erscheint hier in ›verweltlichter‹ Form und regelt die ›Verhandlungen‹ zwischen der »Interessenvertretung« der Oberflächenkritik und der Tiefenerklärung. Es geht um »Ausnahmefälle«, deren Vorkommen unbestreitbar, deren Symptomwert jedoch strittig ist.

> Nun sind zwar Ausnahmefälle das Verlockendste für die Darstellung und auch durchaus zulässig, aber doch nur die *tatsächlichen* Ausnahmefälle, nicht die *persönlichen*. In gewissem Sinne, wenigstens nach der Moral-Seite hin, verlangen wir Durchschnittsmenschen, die nur durch eine besondre Verkettung von Umständen in »Ausnahmefälle« hineingeraten. Wir müssen den Menschen begreifen und als einen der unsren anerkennen, das ist die erste Bedingung, und zweite Bedingung ist, daß, wenn der »Ausnahmefall« eintritt, wir ihn zwar als Ausnahmefall empfinden, aber doch zugleich auch fühlen müssen: *wir*, in gleicher Lage, hätten denselben Ausnahmefall eintreten lassen. Darstellungen, die durchweg einen »Ausnahmefall« zeigen, in denen uns *alles* fremd berührt, Charakter wie Tat, gehören nicht in die Kunst. (III.1.547)

Auch hier also argumentiert Fontanes Poetik nicht etwa nur der ästhetischen Werktheorie zuliebe, sondern faßt die Reaktion des Publikums ins Auge und verrechnet sie bei der Einschätzung der künstlerischen Wirkung. Die sich windelweich prügelnden Frauen im Waschhaus und der im Delirium tremens tanzende Patient (ZOLA, *Der Totschläger*) gehören nicht in die Kunst, weil sie das

»freudige Mitgehn« (III.1.548) verderben, weil sie die »Mitleidenschaft« vernichten, jenen Grundbegriff, den Fontane schon früh als »lessing-aristotelischen Probierstein für den Goldgehalt eines Dramas« bezeichnet (AA III/1.220).

Neben den vorkommenden ›wahren‹ »Häßlichkeiten« kritisiert Fontane auch die ›falschen‹, also Darstellungen, die aus Unkenntnis der tatsächlichen (insbesondere psychologischen) Verhältnisse hervorgehen. Es handelt sich um Unwahrscheinlichkeiten, die nicht der Blick auf die Wirklichkeit, sondern der Kalkül um die Gunst des Publikums verantwortet. Fontane erläutert diese »ästhetische Verirrung« an einer Kriminalgeschichte (LINDAUS *Im Park von Villers*):

> Zu den besonderen Häßlichkeiten gehört, daß Komtesse Isolde (ein reizendes Geschöpf) mit Hilfe eines Kleiderschrankes, in den sie kriecht, *jahrelang* die Liebesszenen zwischen Miß Hudson und dem jungen Grafen Riancourt belauscht, desselben jungen Riancourt, den *sie* liebt. Erstlich ist es häßlich, zweitens ist es unwahr; *das* hält kein Mensch aus, am wenigsten Jahr und Tag. (N XXI/1.331)

Fontane setzt offensichtlich eine gemeinsame Grundlage der Verhaltensregeln voraus. Ihre gesetzliche Ordnung ist so ausgeprägt, daß an die Stelle der Nachzeichnung von Wirklichkeitspartikeln der konsequente Entwurf von Lebenslinien treten kann, der, obwohl fiktive Konstruktion, genauso wirklich (vgl. DuD II.273 f.) oder möglicherweise noch authentischer ist als jeder krude ›Ausschnitt‹. So wiegen Verzerrungen in der Auffassung von Konventionen, Übereinkünften (fast schon im modernen Sinn von H. P. GRICE), um so verhängnisvoller. Bei Fontane findet sich der Gedanke des normalen Verhaltens; das scheint angesichts seiner späten gesellschaftskritischen Kunst abwegig zu sein, ermöglicht sie aber erst eigentlich, indem die geschilderten Konflikte im Bereich eben dieses Normalen und nicht etwa des Pathologischen entstehen. Hier liegt der Grund, weshalb mit Recht gesagt werden kann, daß zur Wirklichkeit, wie sie Fontane widerspiegelt, insbesondere Normen (und nicht nur Gegenstände etc.) gehören (M. SWALES, 1986).

Widerspiegelung erreicht dort ihren frappierend realistischen Illusionseffekt, wo sie ihr eigenes Medium, den Spiegel wiedergibt. Das Medium der dichterischen Widerspiegelung ist die Sprache. Sie steht im Mittelpunkt der Fontaneschen Poetik, an ihrem Gebrauch werden Realismus und Rang des Kunstwerkes ablesbar. Ihre eminente Bedeutung liegt nicht etwa in ihrer spezifisch medialen Leistung; vielmehr bezeichnet sie für Fontane einen Teil der Lebenswirklichkeit, einen Aspekt bzw. eine Konsequenz der Person oder Sache selbst.

> Ich bilde mir nämlich ein, [...] ein Stilist zu sein, nicht einer von den unerträglichen Glattschreibern, die für alles nur *einen* Ton und *eine* Form haben, sondern ein wirklicher. Das heißt also ein Schriftsteller, der den Dingen nicht seinen altüberkommenen Marlitt- oder Gartenlaubenstil aufzwängt, sondern umgekehrt einer, der immer wechselnd seinen Stil aus der Sache nimmt, die er behandelt. (DuD II.281)

Dieses ›Aus der Sache Nehmen‹ bzw. das »Sprechen aus der Situation heraus« (N XXII/2.337) charakterisiert nochmals den erkenntniskritischen und analytischen Zug des Fontaneschen Realismus. Er unterscheidet sich durchaus vom naturalistischen Ansatz. Eigentliche Sprachstudien, wie sie ZOLA zum Beispiel betrieb, um das Argot seiner *Totschläger*-Welt kennenzulernen, unternahm Fontane nicht. Techniken des Sekundenstils (»Aah! – Aaaah! – hbf! – hä – hb!« *Familie Selicke*) reizten ihn nicht zur Nachahmung. Dennoch forderte er zeitlebens die Übereinstimmung der Sprache der Kunst mit der Sprache des Lebens. Von hier aus läßt sich entscheiden, ob die Inszenierungen der Kunstwelt das »Leben heucheln« (III.1.323) oder wahrhaft gestalten. Fontane beharrt auf dem Prinzip des Eigenlebens der Figuren, obwohl er den »Scheinwelt«-Charakter (III.1.324) ihres Lebensraums anerkennt. Ihre Lebenskraft hängt von ihrer sprachlichen ›Begabung‹ ab, die aber kein Naturprodukt, sondern ein Werk des Dichters ist. »Die Waffe, mit der sie [die Gestalten] dies [ihren ›Selbstmord‹] vollziehen, ist ihre eigene Zunge; sie sterben immer wieder an der Unzulässigkeit dessen, was sie sagen«. (III.1.324)

Der Realismus der Gegenwart (III.1.705), des Alltags (III.1.240) und seiner Durchschnittsmenschen (III.1.547), sein »Streben nach Wahrheit, nach Emanzipation von jenem konventionellem Plunder, der Ziererei und Idealität verwechselte« (III.1.762) – das alles scheint jenen »demokratische[n] Zug« (N XXII/2.731) in Poetik und Kunst steigern zu wollen, der im Zeichen des bürgerlichen Dramas einsetzte. Realismus als »Interessenvertretung«, als »Spiegel unsrer Zeit und ihrer Kämpfe« (III.1.308), bietet die Möglichkeit, Entscheidungen der Stoffwahl unmittelbar in den Dienst des humanen sozialen »Fortschritts« (III.1.220) zu stellen. So jedenfalls dachte der frühe Fontane der Vormärzzeit, als er einen Essay über den englischen Arbeiterdichter John PRINCE entwarf. Auf dem Spiel steht hier die Emanzipation vieler Millionen, deren Leben voll Entbehrungen und Sorgen aller Art einer ewigen Nacht zu vergleichen, während sich die Reichen im Sonnenschein des Glücks ergötzen. Das Gesetz erkennt ihnen Menschenrechte, aber nicht jene *Berechtigungen* zu, deren Vollgenuß dem Adel, deren Nießbrauch wenigstens dem Bürger wurde, und ihre bescheidenen Ansprüche an Glück und Freude und Wohlleben werden nur zu oft als »freche Forderungen« unberücksichtigt gelassen. (III.1.220f.)

Damit scheint jene Wirklichkeit gefunden zu sein, die es gegen den Widerstand der nicht nur poetischen Konvention zu bergen und zu verarbeiten gilt. Dennoch trifft Fontane andere Entscheidungen. Die biographischen Voraussetzungen für diese Abkehr, diesen »tote[n] Winkel im Repertorium des Dichters« (REUTER, SzL, S. XXXV) sind komplex und ergeben ein wechselreiches, ebenso mehrspuriges wie brüchiges Verlaufsprofil der (literatur)politischen Entwicklung, die keineswegs im globalen Bekenntnis für den vierten Stand münden. Einheitlicher fallen dagegen die poetologischen und literarischen Versuche aus. Hier nämlich rücken alsbald »Adel« und »Bürger« in den Vordergrund. Hinzuweisen wäre auf die Figurenkonzeptionen in den Entwürfen zur *Karl Stuart*-Tragödie und *Wolsey*-Erzählung. Schon im Drama und verstärkt im Erzählfragment tritt die Welt des Adels hervor, fällt Licht und Interesse auf den Typus des konservativen Aristokraten, der dann später, von *Vor dem Sturm* bis *Der Stechlin*, eine zentrale und wandlungsreiche Rolle spielen wird.

»Wer den Adel abschaffen wollte, schaffte den letzten Rest von Poësie aus der Welt.« (IV.I.706) Diese nicht nur politisch, sondern auch poetologisch wichtige Erklärung findet sich im Umkreis der Arbeit an den *Wanderungen durch die Mark Brandenburg*. Sie steht im Zusammenhang mit einer ›Güterabwägung‹, die zu dem Ergebnis gelangt: »Zehn Generationen von 500 Schultze's und Lehmann's sind noch lange nicht so interessant wie 3 Generationen eines einzigen Marwitz-Zweiges.« (IV.1.706) So verweist die stoffgeschichtliche Auswahl auf die Erfahrung geschichtlicher Unterschiede und sozialer Spannungen. Wenn Fontanes insbesondere werkimmanente Poetik wiederholt den Adel und seine Sphäre ins Zentrum der Widerspiegelung rückt, so ergibt sich auf dem ›Schachbrett‹ des Realismus eine komplexe Bedeutung dieser Figuren: Sie gehören nicht zur eigenen Welt des Autors, sondern zu einer ›fremden‹, für die er sich aber aus vielerlei Gründen besonders ›interessiert‹. Sie bilden nominell die herrschende Klasse, doch treten sie unter dem Vorzeichen der immanenten Krise und des unwiderrufbaren Niedergangs in Erscheinung. Der Wert ihres Verfalls bemißt sich auch am Wert ihrer bürgerlichen Kontrahenten (im doppelten Sinn des Wortes). Ihre geschichtliche und landschaftliche ›Vernetzung‹ verleiht ihnen einen hohen Grad an Typik und Repräsentanz, auf die der Realismus als spurenauflesende Suche (GEPPERT, 1994) nach der wahren Wirklichkeit zurückgreift. Ihre Scheinexistenz prädestiniert sie zur Funktion einer Schnittstelle, an der politische Diagnose und poetischer Spielraum zusammenkommen.

Die Erhebung des Adels zur Kunstfigur kann im Rahmen des Realismus-Programms nicht reibungsfrei erfolgen, obwohl sie sich früh andeutet. In FREYTAGS Kaufmannsroman *Soll und Haben* begrüßte Fontane die »erste Blüte des modernen Realismus«, die gelungene »*Verdeutschung* (im vollsten und edelsten Sinne) des neueren englischen Romans« (III.1.294). Der »Idee« nach fand hier die überzeugende »Verherrlichung des *Bürgertums* und insonderheit des *deutschen* Bürgertums« (III.1.302) statt. Von hier aus rechtfertigt sich der Begriff des bürgerlichen Realismus in vollem Maße. Demnach erkannte Fontane schon jetzt den Preis einer solchen Verherrlichungspoesie. Denn die exklusive Begeisterung der Bürger für sich selbst schlägt um in nationale Ressentiments (die Wendung gegen die Polenwirtschaft), ethnische Diskrimination (die negative Zeichnung der Juden) und soziale Ungerechtigkeit (die Kritik am Adel). Im Namen der »poetische[n] Gerechtigkeit, ja [der] Gerechtigkeit überhaupt« (III.1.306) verwirft Fontane solche Lösungen, die FREYTAGS Bürgerutopie in einer Weise tragen, wie das Böse den dunklen Grund für das lichte Märchenglück liefert. Es mag dahingestellt sein, ob Fontane erkannte, wie sehr ein Veitel Itzig nur das augenfällig ausführt, was die Handelswelt von T. O. Schröter schon immer praktiziert (R. C. HOLUB, 1991); Fontane setzt an einem anderen Punkt an und diskutiert die Fragwürdigkeit der Schuld, die der Freiherr von Rothsattel nach ›bürgerlichem‹ Maß auf sich lädt, wenn er in eigenem Interesse nach herkömmlichen Mustern zu handeln sucht. Erkennt Fontane, daß die realistische Option für eine bürgerliche Welt mit nicht reflektierten Belastungen umgeht, die den Weg zur wahren Wirklichkeit erschweren? Zwanzig Jahre später bricht er zudem erbarmungslos den Stab über FREYTAGS Versuch, die Ahnengeschichte der bürgerlichen ›Könige‹ nachzuholen. Sollte sich auch hieran erweisen, daß die realistische Perspektive nicht unbedingt beim Bürgerlichen ansetzen muß, um mit der Zeit zum »Wahren« zu gelangen? Gewiß ist der Bürger aus Fontanes Realismus-Poetik nicht wegzudenken, liefert er das Thema für die Variationen der Bourgeoisie-Kritik; es fehlt ihm aber als poetologisches Argument jener ausgleichende Gegenpol (vgl. die problematische Rolle der Wilibald-Schmidt-Welt in *Frau Jenny Treibel*), der ihn auch poetisch interessant macht, wie es bei den Briests, den Poggenpuhls und Stechlins der Fall ist.

2.2.2 Verklärung

Das Verklärungspostulat kennzeichnet die deutsche Variante des Realismusverständnisses. Insofern die Verklärung eine dem mimetischen Prinzip gegenläufige Kraft darstellt, wird gerade sie gern als Ursache für die ›Rückständigkeit‹ der deutschsprachigen Realisten im europäischen Vergleich angesehen. Von hieraus erklärt sich, daß Ausführungen über den Verklärungs-Begriff mit einer Warnung vor naheliegenden Mißverständnissen einsetzen. In der Tat lassen sich die Grenzen zwischen kritischer und beschönigender Widerspiegelung der Wirklichkeit im Namen einer Verklärungs-Poetik nicht immer scharf ziehen. Sowohl der ›programmatische‹ wie namentlich auch der ›poetische‹ Realismus argumentieren in dieser Hinsicht brüchig, wenn nicht widersprüchlich, so daß der Wert der Verklärung in Theorie und Praxis fraglich bleibt.

Auch Fontane beteiligt sich mit gleichlautendem Vokabular an den programmatischen Orientierungsversuchen. Als Zeitgenosse der naturalistischen Bewegung gewinnt das eigentlich seit 1860 abklingende poetologische Thema der realistischen Programmatiker neue Bedeutung. So ergibt sich die Kontinuität einer Problemstellung angesichts unterschiedlicher Anlässe. Bereits der frühe Essay von 1853 erklärt, daß der »nackte, prosaische Realismus«, der als Fortschritt in der Kunst begrüßt wird, durch eine »poetische Verklärung« (III.1.237) ergänzt werden muß. Diese Nachbesserung erhält anschließend auch den Namen »Läuterung« (III.1.241). In anderen, späteren Zusammenhängen fallen dann neben dem wiederkehrenden Verklärungs-Konzept die Begriffe der »idelle[n] Durchdringung« (III.1.293), der »Versöhnung« (III.1.493, N XXII/1.658) bzw. des »Versöhnlichen« (III.1.569,520) und weitere Umschreibungen der poetischen Kunst der »Beleuchtung« (N XXII/1.696) wie zum Beispiel »das Licht eines kommenden Tages« (ebd., S. 697) oder »der verklärende Schönheitsschleier« (SzL, S. 357).

Was ist darunter zu verstehen? ›Verklärung‹ und ›Läuterung‹ lassen an Religiöses, Biblisches denken; dazu passen der Begriff der

»Modelung« (N XXII/2.xxx), der das Verwandlungsmoment hervorhebt, und die Rede von der »heiligende[n]«, »rettende[n] Macht« des »Ton[s]«, der das Signum der »Reinheit der Anschauung« ist (ebd., S. 713). Dennoch muß hier nicht der Schlüssel liegen, obwohl bekannt ist, wie oft Fontane mit christlichen Bildern arbeitet. Aber die Begriffe stehen ja nicht minder auffällig in einer poetologischen Tradition und spezifizieren darstellungsästhetische wie wirkungsästhetische Sachverhalte. Unbestritten ist, daß der Verklärungs-Grundsatz einen klassizistischen Einfluß darstellt, der direkt oder über einen Umweg (gemeint ist der Umweg über Dänemark, dazu C. A. BERND, 1995) auf das realistische Programm eingewirkt hat. Das muß angesichts der antispekulativen, genenidealistischen Richtung der neuen ›Schule‹ überraschen, erklärt sich aber auch aus der realistischen ›Wirklichkeitsfrömmigkeit‹, die sich nicht metaphysisch, sondern immanent sakralisiert legitimieren will.

Wahrscheinlich hat Fontanes Verständnis von Verklärung mehrere Bedeutungen. Grundlegend ist die Verwendung des Begriffs als Argument für die Unterscheidung von Kunst und Wirklichkeit unter der Voraussetzung ihrer Ähnlichkeit, von Kunst und Essay, Studie oder Protokoll unter der Voraussetzung ihrer vergleichbaren Erkenntnisabsicht, von Kunst und Photographie unter der Voraussetzung ihrer analogen Sensibilität gegenüber Objekten, von Roman und medizinischem Buch (III.1.547) unter der Voraussetzung der gleichermaßen wahrgenommenen ›Erkrankungen‹. Das heißt, Fontane argumentiert hier noch nicht wahrnehmungs- und erkenntniskritisch (vgl. das Verhältnis von neuronaler Reizrezeption und ›intelligenter‹ Wirklichkeitskonstruktion), auch stellt er Standortgebundenheit, Objektwahl und Flächenhaftigkeit des Photographierens nicht in Rechnung, sondern sucht nach dem distinktiven Merkmal des Poetischen im Kontext vielfältiger Gemeinsamkeiten. Im allerweitesten Sinne sind ›Verklärung‹, ›Poesie‹, ›Ton‹ und sogar ›Wahrheit‹ in Fontanes poetologischem wie ethischem Verständnis austauschbare Begriffe (H. E. GRETER, 1973, S. 98).

Die Frage, welche Momente der Verklärung den Unterschied zwischen Poesie und Prosa erwirken können, ist nicht leicht zu beantworten. Fontane spezifiziert einmal die »verklärende Aufgabe der Kunst« mit den Begriffen der »Intensität, Klarheit, Übersichtlichkeit und Abrundung und infolge davon jener Gefühlsintensität« (III.1.569), die das ›erdichtete Leben‹ vor dem ›erlebten‹ auszeichnen. Demnach spielen auch hier grundlegende Begriffe der traditionellen, sogar aristotelischen Poetik eine entscheidende Rolle: Intensität als Verdichtung und Steigerung, Klarheit als Motivation und symbolischer Durchblick, Übersichtlichkeit als Abstand und Ganzheit, Abrundung als Maß und Einheit und schließlich Gefühlsintensität als Arrangement unter wirkungsästhetischem Gesichtspunkt. So gilt das Verklärungs-Postulat zunächst Aspekten der Typik, Repräsentanz, Symbolik und ästhetischen Autonomie im Zeitalter der empirischen Wissenschaft und der marktabhängigen künstlerischen Produktion.

Damit ist seine Bedeutung jedoch noch nicht erschöpft. Wiederholt berührt Fontane unter diesem Stichwort auch Fragen der Konfliktbehandlung bzw. -lösung und setzt sich mit »traurigen« (N XXII/2.733) oder pessimistischen Tendenzen der neuen Kunstrichtung auseinander. Es geht um den Anteil des Schönen im Kontext des entdeckten Häßlichen, um das Gesunde und Natürliche angesichts des Kranken und Künstlichen, um das »Transparentmachen der bloßen Tatsächlichkeit auf ihren menschlichen Gehalt hin, ihre humanen Möglichkeiten als Sein und Tun« (R. BRINKMANN, ²1977, S. 40), um soziale Veränderungen angesichts der bestehenden Not und Perspektiven für die Zukunft in Anbetracht der gegenwärtigen Auswegslosigkeit. Fontanes Verklärungs-Konzept erweist sich somit als Bestandteil seiner Konflikt- und Krisenpoetik, deren Realismus auf eine Wirklichkeit abzielt, wie sie sein soll und die er im kritischen Experiment approximativ anstrebt. In diesem Sinn entspricht das Verklärungs-Postulat durchaus dem ›Standard‹ des europäischen Realismus (GEPPERT, 1994). So läßt sich das Verklärungs-Argument an verschiedenen Positionen der Fontaneschen Poetik wiederfinden: Produktionsästhetisch kennzeichnet es eine Haltung des Autors (z. B. Liebe), darstellungsästhetisch betrifft es formale und gehaltliche Aspekte der Wirklichkeitsgestaltung (symbolische Repräsentation bzw. Sinngebung, Lösungsperspektiven), und wirkungsästhetisch umreißt es den erwarteten bzw. zugemuteten Reaktionsspielraum des Publikums (z. B. freudiges Mitgehen, herzliche Freude; III.1.300).

2.2.3 Humor

Hält man sich an Fontanes Formulierung, so gibt es eine ›Patentlösung‹ für die darstellungsästhetische Verwirklichung der Verklärung: den Humor. Auch hier sind freilich autor-, werk- und publikumsspezifische Momente eingeschlossen, sofern das humoristische Werk den Humoristen voraussetzt und einem entsprechenden »Organ« (III.1.300), einer Lach-»Stimmung« beim Publikum begegnet (III.1.301); doch konzentriert sich die Argumentation auf die darstellungsästhetische Bewältigung der realistischen ›Urspannung‹ zwischen Kunst und Wirklichkeit.

> Der Realismus wird ganz falsch aufgefaßt, wenn man von ihm annimmt, er sei mit der Häßlichkeit ein für allemal vermählt; er wird erst ganz echt sein, wenn er sich umgekehrt mit der Schönheit vermählt und das nebenherlaufende Häßliche, das nun mal zum Leben gehört, verklärt hat. Wie und wodurch? das ist seine Sache zu finden; der beste Weg ist der des Humors. (IV.3.729)

Man hat unter Berufung auf diese und ähnliche Stellen den Humor als »Darstellungsprinzip« gedeutet, »das Gewähr einer eigenständigen poetischen, das heißt einer erst durch Imagination und Sprache der Dichtung wahren Wirklichkeit ist« (W. PREISENDANZ, ²1985, S. 219). Dahinter steht die Hegelianische Theorie vom Gegensatz zwischen poetischem und prosaischem Weltzustand und der dialektisch aufhebenden Kraft des ›objektiven Humors‹. Trotz dieses grundsätzlichen philosophischen Bezugs spielt der Humor in Fontanes Reflexionen keine exklusive Rolle; an seine Seite treten als funktionale Äquivalente das phantastisch Groteske, Idyllische (IV.4.17), ja sogar das »Temperament« (IV.4.82) im Sinn ZOLAS kann eine Quelle für jene Verklärung bezeichnen, die zur Poetisierung des Häßlichen beitragen soll. Das scheint das Gewicht dann wieder auf die Autorenseite zu verlagern und jenes Weltanschauliche zu charakterisieren, das in der Fontane-Rezeption unter anderem auch als heiteres oder freies Darüberstehen hervorgehoben wurde; in Wirklichkeit aber handelt es sich selbst hier um eher ästhetische, gestalterische, poetisch-erkenntniskritische Leistungen.

Was versteht Fontane unter ›Humor‹? Es gibt eine Äußerung, die allzu hohe Erwartungen an definitorisch stichfeste Auskünfte dämpft und trotzdem etwas enthält, was Fontanes Humorverständnis erhellt:

> Der Humorist hat unter allen Schriftstellern den schlimmsten Stand. Man streitet sich gelegentlich darüber, ob eine Sache schön sei oder nicht, tragisch oder nicht, erschütternd oder nicht, aber diese Meinungsverschiedenheiten wiegen federleicht im Verhältnis zur Abweichung des Urteils darüber, was Humor sei und was nicht. Es gibt eine Fülle gescheiter Leute, die absolut unfähig sind, die »Pickwikkier« durchzulesen, denn es fehlt ihnen jegliches Organ, den Bozschen Humor oder überhaupt irgendwelchen Humor zu begreifen.

Etwas noch Schlimmeres ist unsre *Stimmung*, weil sie Macht hat über jeden. Es ist möglich, im »Hamlet« oder »Othello« zu vergessen, daß man Zahnweh hat, und Lady Macbeth wird uns erschüttern, auch wenn wir eine Stunde vorher die Nachricht vom Tode eines Verwandten oder vom Verlust unseres halben Vermögens erhalten, aber der Humor, wenigstens seine lachende Hälfte, wird spurlos an uns vorübergehen, ja, sogar uns verdrießen, wenn unsere Stimmung seiner Heiterkeit nicht entspricht. (III.1.300f.)

Wieder erweist sich sein ›kommunikativer‹ Ansatz als dominant, der selbst das Muster eines humoristischen Werkes pragmatisch in Frage stellt. Enger fällt dagegen die Begriffsklärung im vertrauten, brieflichen Kontext aus, die um so mehr wiegt, als sie an einem Beispiel erfolgt. Da ist zunächst von einer »doppelte[n] Auffassung« die Rede, die »Sie [Friedrich WITTE] und ich und überhaupt jeder Gebildete von ›Humor‹ [...] hat« (IV.1.140). Fontane nennt sie die »vulgäre« und die ›doktrinäre‹ Auffassung. Erstere läßt in freierer Anwendung dasjenige noch als »Komik« gelten, was in einem strengen, eben doktrinären Sinn des Humorbegriffs den Anforderungen nicht genügt. Fontane diskutiert nicht weiter die Berechtigung der jeweiligen Festschreibungen in der ›offiziellen‹ Begriffsverwendung, sondern schlägt statt dessen eine andere, konsensfähige »Definition« vor, derzufolge

»Humor« ganz bündig in dem Spruche »ride si sapis« charakterisiert ist. Das Leben muß einen so weit geschult haben, daß man für die tollsten und schlimmsten Sachen nur das bekannte »alles schon dagewesen« und ein Lächeln in Bereitschaft hat. Es ist das göttliche Durcheinanderschmeißen von groß und klein, ein keck-lustiges Auf-den-Kopf-Stellen unserer Satzungen; der König ist eine Puppe und die Puppe ist König. (IV.1.140f.)

Die begrifflichen und praktischen Orientierungen der frühen fünfziger Jahre müssen natürlich nicht Fontanes spätere Positionen begrenzen. Schon in der *Soll und Haben*-Kritik zeigt sich, daß Humor kein absoluter Wert ist, sondern Mittelmaß bezeichnet, das man nicht nur im ›Zuwenig‹, sondern auch ›Zuviel‹ verfehlen kann (III.1.301). Aber wesentliche Änderungen finden sich in den folgenden literaturkritischen Studien nicht. An SCOTT bewundert er den »sich immer gleich bleibenden Humor, der alles trägt, alles durchdringt und durchleuchtet« (III.1.395). Fontane faßt das Humoristische als ein »Element«, das allein (*Der Altertümler*) oder in Verbindung mit anderen, romantischen, historischen, rührenden oder dramatisch erschütternden Momenten (*Waverley*) auftreten kann. Er sieht in der »humoristischen Durchdringung« die wesentliche Stütze für das »*Einfache* und Wahre« (III.1.399f.), deren Zusammenwirken jenen »Hauptzauber« ergibt, der das Porträt des Lebens erhält und doch »alles verklärt« (III.1.396). Humor stellt für Fontane die wesentliche Vermittlungsleistung dar. Über den *Waverley*-Roman schreibt er: »Sehr geschickt ist hier poetische und politische Berechtigung getrennt worden und zwischen beiden vermittelt.« (III.1.396) Offenbar fallen unter das Inadäquanzkriterium auch solche Spannungen, denen gegenüber der Humor eine noch grundlegendere Vermittlung leistet. SCOTT ist für Fontane der »Großhumorist«, der es zum »olympischen Lachen« (III.1.461) bringt.

Auch im *Alexis*-Essay kommt Fontane auf das »Ride si sapis«-Prinzip (III.1.435) zu sprechen, um den »frische[n], freie[n] Humor« (III.1.434) in den *Hosen des Herrn von Bredow* zu erklären. Das scheint wieder eher den Autor zu charakterisieren, seine »Stellung« dem gewählten Stoff gegenüber. Näher besehen jedoch stehen Fragen der »Anlage« und »Durchführung« zur Diskussion. Was Fontane auf den Autor ALEXIS bezieht, gilt nicht minder vom (fiktiven) Erzähler. Es geht um eine Erzählhaltung, die eben nicht in einem humoristisch-gemütlichen Sinn eine »intime« (III.1.435) Position bezieht, sondern gerade im Gegenteil eine »kühle« Distanz einhält. Sie bildet die Grundlage für eine Perspektive, die ihren Standpunkt nicht inmitten der Gestalten und ihrer Kämpfe wählt, sondern über ihnen steht und »uns in Ernst und Scherz ein gleich gefälliges Spiel« (III.1.434) gibt. Wo Fontane ausschließlich von persönlichen Merkmalen spricht, wie im Falle Christian Friedrich SCHERENBERGS, kippt die sich vom humoristischen Werk lösende Pose des »hoch darüberstehenden Ride-si-sapis-Mann[es]« (III.1.717) selbst ins Lächerliche um. Der Humorist ist sozusagen das an dem Werk rekonstruierte Subjekt. »Der Humor hat das Darüberstehn, das heiter-souveräne Spiel mit den Erscheinungen dieses Lebens, auf die er *herab*blickt, zur Voraussetzung.« (III.1.461; zur Wiederaufwertung des vormals mißbrauchten Begriffs vom heiteren Darüberstehen im Sinn eines erhebenden lachenden Aufstands vgl. M. MASANETZ, 1988, S. 107f.)

Die Begegnung mit dem Naturalismus gibt Fontane weitere Gelegenheit, das Humor-Kriterium anzuwenden und die Vorteile einer humoristischen Verklärung (III.1.531) zu verfechten. Zwar hat man mit Recht darauf hingewiesen, daß auch der Naturalismus ein Humor-Prinzip kenne (GRETER, 1973, S. 105f., mit Hinweis auf Ernst von WOLZOGENS Schrift *Humor und Naturalismus*, die

Fontane gekannt hat; vgl. IV.4.82); doch wiederholt Fontane erneut seine gleichlautende Empfehlung: »der beste Weg [das Häßliche zu verklären] ist der des Humors.« (IV.3.729) Noch 1897, also im Grunde schon auf den Naturalismus zurückblickend, erklärt Fontane, daß er nicht begreifen könne, »wie unsere Realisten nicht *instinktiv* auf die Hülfen verfallen sind, die der Humor ihnen leisten würde« (IV.4.636).

So kann man – zumindest für den literaturkritischen Interessensbereich – feststellen, daß der Humor-Begriff in Fontanes Verklärungsidee, die ihrerseits wiederum einen Kernpunkt seines Realismus-Verständnisses darstellt, eine relativ konstante Rolle spielt und sich gegenüber Werken unterschiedlichster Stilperioden und Gattungen als theoretisch wägender wie praktisch orientierender Maßstab behauptet. Nach seiner terminologischen, wissenschaftlichen Stichhaltigkeit zu fragen ist angesichts seines pragmatischen Nutzens eine eher müßige Anstrengung. Fontane scheut die ›doktrinäre‹ Art keineswegs, aber er gebraucht die Begriffe nach Maßgabe ihrer Fähigkeit, Sachverhalte verständlich zu machen und Urteile zu begründen. Scharfe Grenzziehungen, wenn sie nicht den Etikettenschwindel unterbinden sollen, waren nicht unbedingt sein Fall; freilich kannte er in Sachen Poesie auch wiederum keinen ›Spaß‹. So scheint die Art, wie er über Humor schreibt, jene Genauigkeit einzuhalten, die er als Kritiker und Praktiker für notwendig hält.

Über das Verhältnis von Humor und Ironie hat sich Fontane nur gelegentlich geäußert. Deutlich wird, daß er im Humor die überlegene poetische Kraft sieht. Ironie begnügt sich seiner Meinung nach mit Spöttelei und Persiflage (III.1.461); die sogenannte »Tiecksche Ironie« zum Beispiel zeugt von einem »Romantizismus« (III.1.424), den er kritisiert, obwohl einer ihrer Grundsätze – »alle Dinge haben zwei Seiten« – dem eigenen Darstellungsprinzip der ›doppelten Optik‹ entgegenkommen könnte. Ironie liegt wahrscheinlich auf dem Weg zum Humor, aber man kann bei ihr steckenbleiben und somit das eigentliche, ›olympische‹ Ziel verfehlen.

War Fontane ein Humorist? Die Frage einfach zu bejahen geht wahrscheinlich an den Unterschieden innerhalb seines Erzählwerkes zu großzügig vorbei. Gewiß gehören *Frau Jenny Treibel*, *Die Poggenpuhls* und *Der Stechlin* zu den Höhepunkten seiner humoristischen Praxis; aber mischt sich nicht gerade in *Frau Jenny Treibel* jene andere ›satirische Durchdringung‹ hinein? Und an welchen Stellen setzt man den Angelpunkt fest, wenn man *Effi Briest* und

Unwiederbringlich als humoristische Romane bezeichnet? Zweifellos zeugen auch sie von einer humoristischen ›Seele‹, aber sind sie gerade dafür bekannt? Fontanes kommunikativ-pragmatische Art des Definierens kann ja ohne die Wirkungsseite nicht auskommen, und so bleibt die Frage nach dem alles ›verklärenden‹ Humor eng verknüpft mit der tragischen Konfliktgestaltung, ihrer erschütternden Wirkung und kritischen Aufklärung. Ihren Impulsen und Gestaltungsformen gilt jene kritische Nagelprobe, ob man alldem »freudig folgen« könne.

2.2.4 Grundbegriffe der literarischen Technik

Realismus, Verklärung und Humor bilden eine Art Trinität der Fontaneschen Poetik; dennoch erschöpfen sie diese nicht, ja vielleicht fehlt sogar noch Wesentliches. Fontane spricht wiederholt von der »Technik« des Kunstwerkes, wendet Kriterien an und diskutiert Verfahren, die nicht in der obigen Dreifalt aufgehen. Berücksichtigt man die umfangreichen Äußerungen zum eigenen Werk, zum Selbstverständnis und zur eigenen Entwicklung, so stößt man alsbald auf eine Kernformulierung, die bislang allenfalls berührt, aber nicht entfaltet wurde. Schließlich rückt aus der Sicht der neueren Fontane-Forschung noch ein ganz anderer poetologischer Grundbegriff ins Blickfeld, der, außerhalb des literaturkritischen Kontextes angesprochen, gegenwärtig geradezu eine Schlüsselstellung im ›poetischen Betriebssystem‹ einnimmt.

Unter »Technik« versteht Fontane die Gesamtheit der formalen Mittel, deren richtige Anwendung den Kunstaspekt der Dichtung ausmacht. Fontane hat in dieser Hinsicht ein durchaus handwerkliches Verständnis von Kunst und Schriftstellerei, betrachtet sie als ein Metier, dessen Anforderungen zu erwerben und zu beherrschen sind – »das Dichten als eine *Kunst* genommen, die auch gelernt sein will« (FM II.63). Zwar steht auch hinter dieser Fähigkeit der »Geschmack«, der als ›Himmelsgeschenk‹ nicht unbedingt die Frucht einer spezifisch erworbenen Kompetenz darstellt; in diesem Sinn kann sogar der »beste Techniker« nichts gelten, wenn er nicht zugleich ein »Dichter« ist (SzL, S. 274). Doch erweist sich an der technischen Seite eines Werkes regelmäßig, ob sein Autor sachkundig, d.h. ob er gut oder schlecht arbeitet. Der technische Aspekt erscheint im gegenwärtigen Zusammenhang als Unterpunkt zur Fontaneschen Poetik; in Wirklichkeit aber spielt er eine allgemeinere Rolle, insofern er auch die Tätigkeit des Schriftstellers und Journalisten betrifft.

Der Umfang dessen, was zur schriftstellerischen Technik gehört, ist groß. Er reicht von Sprachlichem, Metrischem, Stilistischem und dem Gebrauch von Bildern über Erörterung der Stoffwahl und Grundfragen der Personendarstellung, Situationswahl, Handlungsführung, Motivation, Konfliktgestaltung, Raum- wie Landschaftsschilderung und Stimmungsbildung bis hin zu Problemen des Aufbaus, Verfahren der Integration und gattungsspezifischen Aspekten der Perspektive, Schuld, poetischen Gerechtigkeit und Wirkung. Dies und noch mehr bilden die Themen in einer nahezu lebenslänglichen Debatte, die trotz ihres ›besonderen‹ Gegenstandes einen klaren, rationalen Zug fordert. Und noch einen anderen Verwendungssinn der ›technischen‹ Argumente gilt es hervorzuheben: Fontane wird immer wieder auf die ›Tendenz‹, den politischen Gehalt eines Kunstwerkes stoßen und bemerken, wie oft nur dieser Aspekt die vermeintlich ästhetische Debatte bestimmt. In solchen Fällen pflegt er das ›Anschauungshafte‹ zur Disposition zu stellen, während er auf dem Künstlerischen als dem Metierhaften und eben Technischen streng beharrt. Das soll nicht heißen, daß ihm der Gehalt eines Werkes gleichgültig bliebe, aber er sucht die spezifisch künstlerische Leistung nicht in der Themenwahl, findet sie nicht ausschließlich in der genialen Idee, sondern in der Beherrschung der Technik.

Einen Eindruck von Inhalt und Stellenwert der ›technischen‹ Argumente vermittelt das »Kastalia«-Kapitel in *Vor dem Sturm*, das Fontanes »Tunnel«-Erlebnisse widerspiegelt. Die Diskussion setzt bei formalen Fragen der Strophenwahl an, wendet sich dann dem »Ton«-Prinzip zu (eine für Fontane zentrale Kategorie), erörtert das strukturelle Moment des Sprunghaften unter gattungsspezifischem (Volkslied) und rezeptionstheoretischem (Phantasie) Gesichtspunkt und mündet schließlich – wie schon zuvor immer wieder – in die Bekundung des Eindrucks, den das Vorgetragene auf die Zuhörer hat. Es will gerade im Licht der humoristischen Darstellung scheinen, als ob bei aller Klugheit des poetologischen Diskurses das Achtergewicht doch immer bei dem Wirkungseffekt liegt, der vor, aber auch nach der Diskussion spontan eintreten kann. Ähnliches hat sich im wirklichen »Tunnel« abgespielt (vgl. »Lafontaines« Protokolle AA 3/1.177–344), und nicht viel anders verfährt auch der Kritiker Fontane. Nicht daß er mit Vorliebe Verstöße gegen jambische und strophische Gesetze beckmesserhaft ahndet (vgl. seine metrischen Kenntnisse DuD I.36–38), setzt er doch zuweilen recht elementar (d.h. bei ihm die »Totalität [der] Form« betreffend) seine technische Kritik an: In der Satzbildung werden Fehler nachgewiesen, nötige Zäsuren vermißt, die lasche Interpunktion gerügt, das ungenaue Reimen getadelt, die Ausdrucksweise bemängelt, das Stilmaß als verfehlt bezeichnet (III.1.249f.) – für Fontane alles Dinge, die ein Schriftsteller, wenn er technisch sorgfältig arbeitet, bewältigen kann. »Künstler« zu heißen bedeutet für Fontane, ›akkurat‹ zu schreiben, »absolut sauber und ›zweifelsohne‹«; »der *Künstler* in ihm« heißt es über Gottfried KELLER, »ruht nicht eher, als bis er durch Kritik und eisernen Fleiß genau *das* erreicht hat, was er erreichen wollte« (III.1.501). Unter Berufung auf Alphonse de LAMARTINE betont er die Bedeutung der Arbeit an »›kleinen Wörter[n] und Wendungen, die aus einem Absatz in den andern, aus einem Kapitel in das andre hinüberleiten.‹ Dies ist sehr richtig. In *diesen* Dingen steckt die Kunst, wodurch man sich vom ersten besten Schmierarius unterscheidet« (DuD II.52). Hier äußert sich das Metierhafte, die Fähigkeit, die »Anforderungen« der »Kunst« (IV.3.201) von Grund auf zu kennen.

Mit Recht wurde die »Schuld- und Motivierungsdebatte« als Kernstück der Fontaneschen Poetik gewertet (KEILER, 1980, S. 601). Sie betrifft den künstlerischen Wert, weist auf geniale Voraussetzungen zurück und entwickelt sich doch im Umkreis rationaler Verständigung und handwerklich zu betreibender Schreibarbeit. Mit dem Schuld-Gedanken sind Aspekte der Konfliktbehandlung ebenso angesprochen wie Fragen der Lösung, so daß die Diskussion der technischen Seite in die Verklärungspoetik hineinreicht. Geht man vom Erzählwerk und seiner immanenten Poetik aus, so stehen die Spannungen zwischen Individuum und Gesellschaft zur Diskussion (KEILER, 1980). Doch nimmt die Schuld-Kategorie eine grundlegendere Position ein, indem sie die Motivierungsweisen in Ballade und Drama gleichermaßen betrifft. Zwar mögen sich hier auch gattungsspezifische Varianten abzeichnen, aber ihre Eigenart kehrt im Erzählwerk wieder und führt zu Überschneidungen, die in Begriffen wie balladesker Erzählung (*Grete Minde, Unterm Birnbaum, Quitt*) oder tragischer Roman (*Effi Briest*) zum Ausdruck gelangen. In der Auffassung der Schuld macht sich ein schriftstellerisch-technisches Moment geltend, das auf allgemeinere Ebenen des Menschenbildes, Gesellschaftsprozesses und Lebensspielraums hinweist.

Schon im Umkreis der eigenen dramatischen Pläne spielt die Schuld als »Seele der Tragödie« (DuD II.490) eine zentrale, für Fontane charakteristische Rolle. Sie bezeichnet keine moralische, sondern eminent historisch-politische Kategorie. Ihr normativer

Grund liegt in den Ideen der Freiheits- und Volksherrschaft, ihre Verletzung heißt »Volksverräterei«; sie vollzieht sich einerseits als Restauration der »angemaßten und dann eingebüßten Prärogative(n) der Krone« (die Schuld Karl Stuarts), andererseits als »Herrschaft einer Partei auf Kosten des ganzen Volkes« (Cromwells Schuld). Entscheidend ist, daß der Schuld-Begriff auf dem Boden eines gewandelten Normenverständnisses relevant wird. Das Maß für Verbrechen und Schuld liegt im historischen Prozeß, im Fortschritt von alter zu neuer Zeit und den sich daraus ergebenden Handlungsverpflichtungen. Es kann hier nicht darum gehen, das Scheitern dieses dramatischen Projekts zu erklären; wichtig ist, daß der Schuldbegriff im Schaffensprozeß eine grundlegende, generative Rolle spielt und daß er weniger individuell-charakterologische als zeitgeschichtlich-normenkritische Bedeutung hat.

Für Fontane sind Schuld und Strafe komplementäre Begriffe. Die Fruchtbarkeit der Stoffe, ihr Reiz zur dichterischen Bearbeitung, bemißt sich nach deren eigentümlichem Verhältnis:

> Sogenannte ›interessante Geschichten‹, wenn es Einzelvorkommnisse sind, sind gar nicht zu brauchen; es kommt immer auf zweierlei an: auf die Charaktere und auf ein nachweisbares oder poetisch zu muthmaßendes Verhältniß von Schuld und Strafe. Hat man *das*, so findet der, der sein Metier versteht, alles andre von selbst. (IV.2.570)

Diese Erklärung hat weitreichende Folgen: Zunächst wird deutlich, daß Fontane das Schuld-Kriterium nicht zur Verrechnung der individuellen Verantwortung benutzt. Darauf deutet die Verknüpfung mit dem Strafmoment hin; denn erst in der Strafe werden Normen und gesellschaftliche Institutionen als Subjekte, als Kontrahenten greifbar. Fontane interessiert sich für dieses dramatische Wechselverhältnis, das in Aktion und Re-Aktion jene Mechanismen freilegt, die das dargestellte Leben in die Krise treiben. Schuld und Strafe bilden so etwas wie einen Kontrapunkt, aus dem sich alles Übrige erschließen läßt, weil er den Nerv der gesellschaftlichen Konflikte trifft. Nicht ob Effi sich schuldig gemacht hat, lautet demnach die Frage, sondern welche Entwicklung eine Wirklichkeit genommen hat, die Schuld und Strafe in dieser Weise verbindet, und welchen Richtungsweg (GEPPERT, 1994) diese Wirklichkeit einschlagen müßte, um zur wahren Wirklichkeit zu gelangen.

Fontane hat sich gelegentlich seiner Rezension der *König Ödipus*-Aufführung eingehender über »das alte Tragödien-Requisit =

die Schuld« (N XXII/1.292) ausgesprochen. Hier mißt er die vertraute »Schuld-Tragödie« an der großen, echten »Schicksals-Tragödie« und kommt zu einer negativen Einschätzung des üblichen »Zug-und-Klippklapp-Spiels von Schuld und Sühne« (ebd., S. 293). Dieses Urteil widerspricht keineswegs seiner Äußerung über die Prägnanz jener Stoffe, die von Schuld und Sühne zeugen. Denn er betrachtet nun den Zusammenhang unter normbestätigendem Gesichtspunkt, während ihm bei der Stoffdiskussion das symptomatisch Normenkritische interessierte. »Die Schuld-Tragödie dient dem Sittlichen, indem sie das Gesetz des Sittlichen in dem sich Vollziehenden proklamiert.« (Ebd.) Um eine solche Proklamierung des bereits Bestehenden geht es dem Erzähler jedoch gerade nicht, wenn er »unsere ›sittliche Weltordnung‹« (ebd.) seinen kritischen Proben unterwirft.

Die Bevorzugung der »Schicksals-Tragödie« mit ihrer Verhängnis-Idee lenkt im weiteren die Aufmerksamkeit auf den Prädestinationsgedanken und führt zur Erkenntnis, daß die »Hütte unseres Glücks wohl auf *demütigem* Hoffen, aber nicht auf dem Glauben an unsere Schuldlosigkeit aufzubauen« (ebd.) ist. Damit kündigt Fontane den sozialethischen ›Vertrag‹ des bestraften Lasters und der belohnten Tugend auf oder zieht zumindest seine Anwendbarkeit in Zweifel. Ging es ihm in der eigenen Ballade *Maria und Bothwell* (ursprünglicher Titel *Schuld und Fluch*) noch um die »Wurzel tiefster Schuld« (AA III.1.256), beschäftigt er sich in der *Soll und Haben* – Rezension mit der Frage, ob überhaupt eine Schuld (des Freiherrn von Rothsattel) vorläge, so beseitigt er später die individualistische Komponente des Schuldbegriffs gänzlich. Jetzt interessieren ihn Geschichten, die »den Satz illustrieren, ›wer mal »drinsitzt«, gleichviel mit oder ohne Schuld, kommt nicht wieder heraus‹« (DuD II.355). In dieser Relativierung des Schuld-Begriffs deutet sich zugleich eine Modifikation des Prädestinationsgedankens an. Zwar weist dieser auf einen religiösen Hintergrund, der sowohl autobiographisch als auch figurenperspektivisch bedeutsam bleibt, hier aber eher einen profanen Sinn erhält und abermals die gesellschaftlichen Determinanten in den Vordergrund rückt. So ist die Schuld-Diskussion von Anfang an und auch da, wo sie sich selbst aufhebt, mit einer Ebene verknüpft, auf der es um die grundsätzlichen Bedingungen für die Möglichkeiten von Verantwortung geht. Das Schuld-Kriterium, das so vielen Stoffen ihren produktiven Reiz verleiht, leitet unmittelbar auf die künstlerische Anforderung über, das Verhalten der Figuren zu motivieren. Es handelt sich dabei nicht nur um die Entfaltung der im individuellen Charakter vereinten Möglichkeiten, sondern vor allem um die Subjektivierung der zugrundeliegenden Normen, des gesellschaftlichen Systems und der historischen Dynamik.

Selbstverständlich stellen die Entwicklungslehre des Naturalismus und ihr kausales Erklärungsmuster eine Herausforderung für Fontanes Verarbeitung des Zusammenhangs von Schuld und Sühne dar. Wissenschaftliche Weltanschauung und literarische Motivationstechnik fallen im Begriff der Determination zusammen. Doch wie verträgt sich das positivistische Experimentieren zur Ermittlung und Bestätigung von Gesetzen mit den realistischen Belastungsproben zur Initiierung von Normendiskussionen und -revisionen? Fontane bezweifelt die Stringenz der deterministischen Deduktionen (vgl. das Kapitel über den Einfluß ZOLAS). Wichtig ist, daß seine Auseinandersetzung im höchsten Grade kunsttechnische Folgen hat, daß die Verfallsthematik verknüpft ist mit der Frage von Schuld und Sühne und daß ihre literarische Verarbeitung ein zentrales Moment der Motivation betrifft. Die immer wieder eingeklagte Glaubwürdigkeit naturalistischer Darstellungen basiert nicht auf vagen Vorbehalten gegenüber modernen Weltbildern, sondern läßt sich auf Kriterien der künstlerischen Arbeit zurückführen.

›Technische‹ Relevanz besitzt ein weiterer Grundbegriff der Realismus-Diskussion, die Objektivität. Fontane diskutiert den Begriff des Objektiven gelegentlich im Zusammenhang mit der Stil-Frage und versteht darunter die Maxime, den Gegenstand selbst sprechen zu lassen (III.1.501). Er sieht diesen Grundsatz überall dort gefährdet, wo der Autor sich persönlich zwischen Gegenstand und Abbild einschiebt und mit eigenen Zusätzen das Original überfremdet. Natürlich muß diese Art von Objektivität in Spannung treten zu dem gleichfalls grundlegenden Humor-Prinzip; wenn es zu keinem eklatanten Widerspruch kommt, so liegt es daran, daß letzteres eher ein Arrangement betrifft, während ersteres die explizite Reflexion über Gegenstände verbannt.

Fontane vergleicht die Technik des objektiven Darstellens gern mit dem Photographieren, das er als apparathafte Mechanik begreift. Gelegentlich ist auch von einer »Riesenpapierschere« (N XXII/1.818) die Rede, die den »Ausschnitt«, das Momentbildliche besorgt. Die textspezifische Grundlage für dieses daguerreotypische Verfahren ist der Bericht, den Fontane als künstlerischen Fortschritt begrüßt, »der uns auf einen Schlag aus dem öden Geschwätz zurückliegender Jahrzehnte befreit hat« (III.1.528); dieser Report-Stil bezeichnet eine Art Durchbruch der ›Freilicht-Studie‹

auf literarischem Feld, darf aber nicht zum Ziel und Ideal der künstlerischen Tätigkeit erklärt werden.

Das Objektivitätsideal nimmt geradezu dogmatische Formen im Umkreis der Diskussion über die Wahl der rechten, d.h. dem Realismus angemessenen Erzählperspektiven an. Auf Friedrich SPIELHAGEN geht die Forderung zurück, keinen auktorialen Erzähler mehr zuzulassen, der sich mit Reflexionen und Kommentaren in das dargestellte Geschehen einmischt. Objektiv erzählen kann demnach nur noch heißen, entweder die personale Perspektive einzunehmen oder die Ich-Erzählung zu wählen.

Fontane hat wiederholt zu dieser in sich schon brüchigen, weil den Erzählvorgang selbst verleugnenden, Doktrin Stellung bezogen. Obwohl sein Urteil zwischen Ablehnung (»reine Quackelei«, IV.3.7) und zögernder Anerkennung schwankt, konnte ihm die Frage nicht gleichgültig sein, weil sie sowohl darstellungs- als auch rezeptionsästhetische Momente betraf. Wenn man Fontanes sich ausbildende Erzählweise in den Handschriften verfolgt (D. TURNER, 1968; W. HETTCHE, 1994), so fällt auf, daß die auktoriale Haltung oft zu Beginn der Stoffverarbeitung auftritt, somit gar kein Gestaltungsverfahren ist, sondern als ›metapoetische‹ Arbeitsanweisung fungiert. Bei zunehmender Integration schwinden diese behelfsartigen Wegweiser des Autors. Andererseits lassen sich aber auch gegenläufige Tendenzen feststellen, die den auktorialen Ton wieder einführen. Das muß der objektivierenden Erzählhaltung nicht widersprechen, handelt es sich hierbei doch eher um die Verwendung von Partikeln, die einen kommunikativen Ton zwischen Erzählung und Publikum anschlagen (GRETER, 1973, S. 76). Fontane war sich bewußt, daß eine Verabsolutierung der »dramatischen Behandlung der Dinge« (IV.3.8) weder möglich noch wünschenswert ist. Was er im Fall des Photographierens noch nicht bedachte, stand ihm hier klar vor Augen:

> Das Hineinreden des Schriftstellers ist fast immer vom Übel, mindestens überflüssig. Und was überflüssig ist, ist falsch. Allerdings wird es mitunter schwer festzustellen sein, wo das Hineinreden beginnt. Der Schriftsteller muß doch auch, als *er*, eine Menge tun und sagen. Sonst geht es eben nicht oder wird Künstelei. Nur des Urteilens, des Predigens, des klug und weise Seins muß er sich enthalten. (IV.4.533)

In Fontanes Erzählwerk begegnen demnach unterschiedliche Erzählhaltungen: Puristisch objektive Formulierungen wie »Einige von den Säcken waren nicht gut gebunden oder hatten kleine Löcher und Ritzen, und so sah man denn an dem, was herausfiel, daß es Rapssäcke waren.« (I.1.453) finden sich ebenso selten wie eklatante Einreden des »Puppenspieler«-Erzählers in der Art von »In der Halle schwelen noch einige Brände; schütten wir Tannäpfel auf und plaudern wir, ein paar Sessel an den Kamin rückend, von Hohen-Vietz.« (I.3.14) Kennzeichnend für Fontanes moderate Form der auktorialen Perspektive ist der vereinzelte Kommentar »Arme Effi, du hattest zu den Himmelswundern zu lange hinaufgesehen [...].« (I.4.292) Warum er den Erzähler hier so vortreten läßt, ist wohl kaum grundsätzlich zu erklären; denn Fontanes poetologisches Verständlichkeitsprinzip, wie er es im Bild der klaren Straßenführung veranschaulicht, die eben keine »Links- oder Rechtswarnung« (III.1.559) benötigt, scheint doch in diesem Fall nicht gefährdet zu sein.

Zur ›objektiven‹ Erzähltechnik gehört neben der Perspektivierung des Erzählberichts auch das Verfahren der Gesprächsführung. Im Grunde bildet das Sprachverhalten der Menschen den idealen Gegenstand für eine Kunst, die sich als Widerspiegelung des Lebens im Medium der Sprache versteht; hier können in der Tat ›spontane‹ Spiegeleffekte und nicht nur komplexere Verarbeitungsprozesse sichtbar werden. Freilich wurde schon deutlich, daß die naturalistische Technik des Sekundenstils für Fontane nicht in Betracht kam, wie sehr er auch das Prinzip, »die Menschen *so* sprechen zu lassen, wie sie *wirklich* sprechen« (IV.3.206), befolgte. Unter erzähltechnischem Gesichtspunkt fällt auf, daß in Fontanes Dialoggestaltung die redeanführenden Verben zurücktreten; dies deutet darauf hin, daß der Autor die einzelnen Gesprächsbeiträge für individuell charakteristisch und den Rhythmus des Rednerwechsels für durchsichtig hält. Das realistisch gelungene Gespräch wird zum Gradmesser für die Vitalität der Kunstfiguren und ihres Lebens. Fontane weiß, daß dieses Gesprächsverhalten auch zeittypisch ist, daß es sich mithin wandelt. Hieraus entstehen dem Autor historischer Dichtungen besondere Aufgaben, will er nicht die Zeitdifferenz ›glattschreibend‹ und ›einheitsstilistisch‹ verwischen. Fontanes Stellung zu diesen Fragen verrät natürlich seine Bindung an den zeitgenössischen Historismus; aber der ist nicht die einzige Quelle. Indem er eine metonymische Verknüpfung von Sprache, Leben und Epoche voraussetzt, verfolgt er im Prinzip des charakteristischen, objektiven Gesprächs Grundlinien seiner realistischen Poetik, die das Kritisch-Symptomatische von Durchschnittserscheinungen in den Arbeitsmittelpunkt rückt.

Im Sinn der Abbild-Poetik stellt der Brief als Romaneinlage noch eine Steigerung gegenüber dem Gesprächsrealismus dar, weil er das schriftliche Merkmal aus der Wirklichkeit übernehmen kann, während das mündliche Gespräch ja immer nur transkribiert und damit ›uneigentlich‹ erscheint. Fontane hat sich zur poetologischen Rolle des Briefes kaum geäußert; die sprachpragmatisch inspirierte Werkinterpretation hat aber eine Fülle von kompositorischen Bedeutungen und Leistungen dieses ›Mediums‹ ermittelt, so daß der Brief in einer poetologischen Übersicht nicht fehlen darf.

Neben dem hohen Abbild-Effekt fällt an der Briefverwendung seine enorme Polyfunktionalität auf (G. HONNEFELDER, 1973; C. LIEBRAND, 1990; A. SCHMIDT-SUPPRIAN, 1993). Das hängt mit seiner kommunikativen Rolle in Verständigungssituationen zusammen, die dem Brief-Objekt mediale (Mitteilungsinhalt), performative (Handlungsvollzug), expressive (Selbstcharakteristik) und kontaktive (Außenbilder, Erwartungshaltungen) Funktionen zuspricht. Insbesondere richtet die Doppelung von schriftlicher Botschaft und ihrem pragmatischen Verwendungssinn einen Verständigungsraum ein, in dem Sagen und Meinen, Sprechen und Tun, kommunikative Hinwendung und Abkehr zusammenspielen. Der Brief dient als Partitur im interaktiven Handlungsspiel und bleibt doch Requisit seines Szenarions. Als absichtlich hergestelltes Schriftstück trägt er nichtsdestoweniger Merkmale des spontanen Lebens und vollzieht dessen kritischen Wechsel zwischen kommunikativer Ausdehnung und solipsistischem Rückzug. Seine Anfertigung, Übersendung und Ankunft geraten zum verkleinerten Selbstbildnis der künstlerischen Praxis und lassen sie als poetische »frische grüne Weide« gewöhnlicher Verständigungshandlungen erscheinen.

Der Brief zeugt vom reibungsvollen Ineinander des ›Individuell-Allgemeinen‹ (Friedrich SCHLEIERMACHER), indem er die persönliche Aussprache im formalen Medium der Schrift betreibt, er verklammert im ›kulturtechnischen‹ Schreibzug und ›buchstabierenden‹ Lesen das Ich mit dem Du und bewahrt doch als Beleg für die grundlegende Schrift-Differenz (Jacques DERRIDA) die Nahtstellen und Brüche der schriftlichen ›Horizontverschmelzung‹, er konstituiert Subjekte und ihre Vexierbilder in Ausrede, Anrede, Zwischenrede und Widerrede. Der Brief ist persönliche Perspektive schlechthin, zugleich aber auch konsensuelle Brücke und handliches Beweisstück in Wortlaut-Debatten über die Entwindungsspiele des Meinens.

Wie gesagt, dieses poetologische Leistungsprofil eines Gebrauchstextes bzw. einer literarischen Kleinform im Funktionsrahmen einer (epischen) Großform ergibt sich nicht aus den literaturkritischen Reflexionen, sondern geht aus Werkbeobachtungen hervor, die ihrerseits methodologisch durch die linguistische Sprechakttheorie bedingt sind. Dennoch erfüllt der Brief Aufgaben, die im Zusammenhang mit der poetologischen Orientierung stehen: Im Sinn der realistischen Forderung spiegelt er Wirklichkeit (die Erfahrungswirklichkeit der Figuren) wider und wird zum Spiegel im Spiegel; der Brief als ›Reflexion‹ im doppelten Wortsinn genügt der Objektivitätsdoktrin und unterläuft sie zugleich, wo Briefpaare mit ihren perspektivierten Reflexionen und Kommentaren die Eckmarkierungen für eine Verstehenstotalität setzen; und der postalische Briefverkehr bildet eine natürliche Grundlage für epische Interpretationen und Vernetzungen zwischen Personen, Schauplätzen und Momenten. Insofern löst der Brief zentrale Forderungen der realistischen (Roman-) Technik ein.

Zu den technisch relevanten Themen der Fontaneschen Romanpoetik gehört als Teilaspekt und dennoch das Ganze betreffend die Gestaltung des Werkanfangs, der ersten Seite. Fontane hat sich zu diesem Punkt wiederholt geäußert. Es handelt sich hierbei nicht eigentlich um eine programmatische Forderung, sondern eher um ein Kriterium für Korrektheit und Konsistenz der Komposition, und dennoch macht sich ein Grundsatz geltend, der die darstellungsästhetische Seite der Poetik kennzeichnet. Obwohl Fontane auch eine Vorliebe für ›wildes‹ Erzählen hatte und das Umschlagen von struktureller Ökonomie in Manier beobachtete, bewunderte er doch Werke mit straffer Integration. Am funktionalen Arrangement der Teile erweist sich die Sorgfalt des Künstlers, das volle Maß seines handwerklichen Arbeitens. »Da wird im ersten Bande kein Nagel eingeschlagen, an dem im dritten Bande nicht irgend etwas, sei es ein Rock oder ein Mensch aufgehängt würde«. (III.1.298) Die Fortsetzung des Zitats zeigt, daß in dieser Hinsicht auch des Guten zuviel getan werden kann. Das Korrektheitskriterium bleibt von dieser Lizenz unberührt und weist auf eine Art ›Logik‹ der Dichtung hin: »Der Anfang ist immer das entscheidende; hat mans darin gut getroffen, so muß der Rest mit einer Art von innerer Nothwendigkeit gelingen.« (IV.3.23,101) So berührt ein kompositorisches Detail die Grundlagen der Fontaneschen Arbeitsweise überhaupt, zeigt Prinzipien, Regeln und Aufgabenpunkte des künstlerisch-kreativen Prozesses an.

Fontanes diffuse Auskünfte über Werkstatt-Probleme konvergieren in einer hypothetischen Poetik als Modell generativer Prozesse. Ihm zufolge steht die Begegnung mit dem Stoff, also einem

›Material‹ der Außenwelt, am Beginn der künstlerischen Arbeit. Es handelt sich hier nicht um eine primär analytische Tätigkeit, sondern um ein ›zündendes‹ Gefühl, das jedoch nicht vage nachwirkt, sondern gestalthaft ganzheitlich ein Raster vorgibt, strukturbestimmend das Muster der weiteren Arbeit festlegt.

> Von dem Augenblick an, wo mich das starke Gefühl ergreift, ›dies ist ein Stoff‹, ist auch alles fertig, und ich überblick' im Nu und mit dem realen Sicherheitsgefühls, daß ich nirgends stocken werde, Anfang, Höhepunkt und Ende. Was dazwischen liegt, ist, wenn ich mich so ausdrücken darf, dunkel und ahnungsvoll ebenfalls da, ahnungsvoll aber mit der Gewißheit, daß mir dies Füllsel keine Schwierigkeiten machen wird ... Und nun schreib' ich zwei Stunden hintereinander weg, und alles steht da. Jedes Kapitel hat seinen bestimmten Inhalt. Und im wesentlichen bleibt es auch so. Aber zu dieser äußeren Raschheit meiner Phantasieschöpferkraft gesellt sich leider eine unendlich schwache *Treffkraft für den Ausdruck*, ich kann das rechte Wort nicht finden. Und so brauch' ich sechs Monate, um eine Arbeit zu vollenden, die ich im Nu konzipierte und in zwei Stunden entwarf. (III.1.557)

Diese Selbstkennzeichnung läßt an SPIELHAGENs Bevorzugung der gefundenen vor den erfundenen Stoffen denken. In der Tat erfindet Fontane seine Stoffe nicht, sondern findet sie, d. h. er umgibt sich gern mit ›Informantinnen‹, die ihn mit Stoffen, ›Nachrichten‹ aus dem gesellschaftlichen Leben, versorgen. Dennoch führt der Begriff des Findens auch in die Irre, weil ihm kein rechtes Suchen vorausgeht und der Erfolg des Findens die Sache nicht fertig in die Hand gibt; gerade das Finden bleibt ein affektives, emotionales Erlebnis, und der rationale Arbeitsweg beginnt erst nach dem Fund. Damit ist eine Spannung gekennzeichnet, die nicht nur zwischen anfänglichem Stoff-Fund und folgender Ausarbeitung besteht, sondern grundsätzlich die Arbeitsweise Fontanes kennzeichnet, die Abfolge von globalem Entwurf bzw. regelmäßigem Arbeitspensum und mühevollem, kritischem Feilen, »Herauspulen«, »Basteln« (III.1.557) und »Pusseln« (IV.3.101) im Detail. »Meine ganze Produktion ist Psychographie und Kritik, Dunkelschöpfung im Lichte zurechtgerückt.« (IV.3.319) Der ›Psychograph‹ ist eigentlich ein Requisit des Spiritismus, ein hölzerner Zeiger, der gleich einer Kompaßnadel infolge medialer Berührung auf Zeichen bzw. Buchstaben hinschwenkt, die dann von gläubigen Beobachtern erlesen werden können (vgl. BROCKHAUS *Konversationslexikon*, [13]1886). Fontane kennzeichnet mit diesem Vergleich einerseits die merkwürdige, für ihn aber typische Diskrepanz zwischen leichter Vorschrift und mühseliger Korrektur, andererseits den rational nicht ganz aufzulösenden Effekt, daß trotz penibelster Planung und Ausführung der »grenzenlose[n] Düftelei« (IV.3.611) im fertigen Werk etwas steckt, woran man eigentlich nicht gedacht hat: »Ich habe das Buch wie mit einem Psychographen geschrieben. Nachträglich, beim Corrigieren, hat es mir viel Arbeit gemacht, beim ersten Entwurf keine. Der alte Witz, daß man Mundstück sei, in das von irgendwoher hineingetutet wird, hat doch was für sich.« (IV.4.502) Das Gewicht solcher Bekenntnisse nimmt eigentlich noch zu, wenn man berücksichtigt, daß Fontane gegenüber einer dominierenden »Psychographenmanier« (III.1.272) reserviert blieb und eigentlich immer die »Kritik« als balancierende Kraft hinzudachte.

Zur »Kritik« als einem Stichwort für den (ästhetischen wie ökonomischen) Wert der Arbeitsleistung gehört unbedingt der Anteil der »tausend Finessen«, die Fontane nicht nur *Irrungen, Wirrungen*, sondern eigentlich allen seinen Arbeiten »auf den Lebensweg gegeben« (IV.3.551) hat. Auch hier hat ein eher handwerklich-technischer Aspekt weitreichende poetologische, ja sogar wissenschaftliche Konsequenzen. Die Gründe für eine solche Schlüsselstellung des Finessen-Begriffs liegen natürlich nicht allein in der Markt-Situation des Schriftstellers, der keinesfalls »unter 400« (Mark pro Druck-Bogen) sinken möchte. Es geht eigentlich um die Bedingungen, Regeln, ja Grenzen der Werkinterpretation. Unstrittig ist, daß Fontanes sublime Kunst auf einer Finessen-›Technik‹ beruht, die eine Gratwanderung zwischen zeigenden und verbergenden Kunstgriffen vollzieht. Unbestritten ist gleichfalls, daß in diesen Finessen die Schnittstellen liegen, wo der eigene Text mit anderen, fremden Texten Berührung aufnimmt. Im modernen Sinne geht es hier also um intertextuelle Kontakte, um Knotenpunkte und Weichenstellungen, die zu Subtexten führen, die das Werk als vielstimmige Komposition ›erklingen‹ lassen. Gemeint sind Anspielungen, Zitate, Allusionen, Postfigurationen, Zeichen, Versatzstücke aller Art, die als Fragmente ganz anderer Zusammenhänge ihre jeweilige ›Vorgeschichte‹ mit hineinbringen und zur Harmonie oder – das wird hier gleichermaßen wichtig – Dissonanz des Werkes als eines polyphonen Klangkörpers beitragen. Gewiß manifestiert sich hier abermals eine moderne, methodologisch bedingte Perspektive, die durch psychoanalytische, kommunikationswissenschaftliche, soziologische und diskurstheoretische Ansätze zu noch differenzierteren Varianten in der Wahl des Blickpunkts führt; doch stellt sich zu Recht mit der zunehmenden Über-

bzw. Unterschichtung und Pluralisierung des Textes, seiner fraktalen Auflösung, die Frage nach der Kontrollierbarkeit solcher Funde im Laboratorium des Textverstehens.

Die Frage hat insofern poetologische Relevanz, als sie die Finessen-Technik dem ästhetischen Maßstab unterwirft, der zwischen »Kunst« und »Künstelei« (K. GUTHKE, 1992) entscheidet. (Dazu Fontane selbst: »Nichts ist schlimmer, wie wenn sich ein Künstler in Finessen überschlägt.«, III.5.473) Der Aspekt des ästhetischen Wertes wiederum lenkt die Aufmerksamkeit auf einen produktionsästhetischen Gesichtspunkt, der den dichterischen Arbeitsprozeß geradezu von der Gegenseite seiner nicht offenbarenden, sondern verhüllenden Richtung begreift. Zur Diskussion steht, wie bewußt Fontane seine Zeichen setzt, ob er sie nach symbolischem oder allegorischem Muster (R. BÖSCHENSTEIN, 1985) anlegt und welche verständigen Ausführungen seine ›raffinierte‹ Partitur zuläßt. Man hat versucht, Fontanes Verfahren mit dem kunstwissenschaftlichen Begriff des ›disguised symbolism‹ (nach Erwin PANOFSKY; vgl. K.-P. SCHUSTER, 1978) zu erklären, um die eigentümliche Überblendungstechnik theoretisch in den Griff zu bekommen, die zwischen profaner und sakraler Bedeutungsebene vermittelt. Auf diesem Weg ergeben sich dann neue Einsichten in die Funktion genrehafter Zustandsbilder: Sie registrieren den Alltag und machen ihn gleichzeitig durchsichtig für andere ›Proto‹-Bilder; und umgekehrt erweist sich das Niedere als Bestandteil des Hohen. So geraten die realistischen Genrebilder mit ihren eigentlich unauffälligen Requisiten des gewöhnlichen Lebens ins Kräftefeld einer gleichsam enharmonischen Verwechslung, der das Einzelne in vielfältige Bezüge unterschiedlichster ›Höhenlagen‹ einbindet. Im Grunde entspricht dieser nachträglich der Fontaneschen Poetik eingefügte Begriff des ›disguised symbolism‹ recht gut anderen literaturtheoretischen Grundsätzen. Man denke nur an Fontanes abwägende Einschätzung großer und kleiner Stoffe. »Ich behandle das Kleine mit derselben Liebe wie das Große, weil ich den Unterschied zwischen klein und groß nicht recht gelten lasse.« (IV.3.278) Gerade vom Kleinen geht der Reiz zur künstlerischen Behandlung aus, zu »Apparat und Inszenierung«.

Es gibt noch eine andere bedenkenswerte Quelle für Fontanes Finessen-Liebe. Sie lenkt die Aufmerksamkeit auf ein autobiographisches Ereignis, das sich schon früh abgespielt hat, aber erst spät notiert wurde. In seinem »autobiographischen Roman« *Meine Kinderjahre* erzählt Fontane von seinen kindlichen »Hauptvergnügungen« (III.4.136), und dazu zählt das »sich Verstecken«. Eigentlich handelt es sich um ein harmloses Kinderspiel, aber Fontane umgibt und durchsetzt die reine Freude doch mit Momenten der »Bedrängnis« und der »Strafe« (III.4.136f.), so daß er rückblickend eher »ratlos« der eigenen »*Versteckspiel*-Passion« (III.4.140) gegenübersteht oder so zu tun vorgibt. Hält er sich versteckt, so treiben ihn »menschliche Schwachheiten« (III.4.136) wieder ans Licht, und deren Spuren hatten dann oft die väterlichen »Vollstreckungen, die kleine[n] Exekutionen« (III.4.137) zur Folge. Anders als im Fall der eigentlich langweiligen und doch so faszinierenden »Buchbinderei, richtiger noch bloß[en] Papparbeit« (III.4.139) konnte er ja über das Versteckspiel nicht sagen: »Es prickelt mich, etwas entstehen zusehen.« (III.4.140) Es ist verlockend und gewagt zugleich, die Schilderung dieser »unverständlichsten« »Leidenschaft« auf Fontanes künstlerische Tätigkeit zu beziehen und ihr eine Schlüsselstellung in der Poetik einzuräumen (P. ANDERSON, 1980). Gewiß ist das »Poetisch-phantastische« ausdrücklich angesprochen, der gesamte Spielzusammenhang gehört ohnehin in die Autogenese der Kreativität, und die Regulierungen, die einen Spielablauf festschreiben, zeigen abermals Fontanes wirkungsästhetisch orientierte Poetik an, die nicht den ›Empfänger‹, sondern ›Mitspieler‹ meint. Auch daß der ganze Sachverhalt in einem Roman, also einer Dichtung vorkommt, paßt gut zur ›selbstbewußten Widerspiegelungspoetik‹, die also auch am eigenen Verfahren nicht spurlos vorübergeht.

Dennoch bleiben Zweifel an der Tragweite des Versteck-Prinzips als Grundformel der poetologischen Arbeit. Fontane deutet selbst das Brüchige im Verhalten des Knaben an, der erst nach Spielabbruch und dann noch hochmütig erscheint. Übertragen auf die schriftstellerische Arbeit käme dies einer nachträglichen verbindlichen Selbstdeutung des Autors und damit auch einer Einschränkung, wenn nicht Entmündigung des Werkes gleich. Fontane hat sich zwar wiederholt zur eigenen Arbeit geäußert (allerdings kaum öffentlich), aber entschlüsselt hat er sie nie. Ob sie als ›verbergend-enthüllender‹ Text (BÖSCHENSTEIN, 1995) überhaupt zu ›entschlüsseln‹ ist, bleibt überdies fraglich; wenn man berücksichtigt, welche Rolle Verständlichkeit, Klarheit und Übersicht in der literaturtheoretischen Reflexion Fontanes spielen, büßen hermetische Schreib- und Deutungsmuster an Erklärungskraft ein. Allerdings ist auch wahr, daß Fontanes epische ›Einstellungen‹ Spuren, Zeichen und Masken bevorzugt, hinter denen Geschichten stecken. Wichtig bleibt bei allem Nachfragen, wie weit poetologische Grundsatzfragen auf die Bedingungen der Verstehbarkeit und Interpretationsspanne des Fontaneschen Werkes Einfluß nehmen, und umgekehrt, zu welchen poetologischen Folgerungen oder auch nur Hypothesen man gelangen kann, wenn man die Erkenntnisse der Werkdeutung produktionsästhetisch untermauern will. Ob Fontane dies alles ›gemeint‹ hat, bleibt zwar immer eine naheliegende Fragestellung, verrät aber auch Hilflosigkeit angesichts der Konsequenzen, die sich aus Fontanes Kunstanspruch und Werkgüte poetologisch zwangsläufig ergeben. Fontanes Realismus im Spannungsfeld von Psychographie und Kritik argumentiert weder naiv theorielos noch esoterisch mit dem Rücken zum Publikum. Was ihn insbesondere auszeichnet, ist seine Prozeßhaftigkeit, die Dauer seiner Suche nach der wahren Wirklichkeit, die sich zum Beispiel auch im Versteckspiel vollzieht, aber nicht so, daß am Ende, nach Abbruch des Spiels die Wahrheit leibhaftig und gar noch als Wahrheit des Einzelnen in Erscheinung träte. Wenn Fontane ›auftritt‹, so ›diktiert‹ er nicht die Wahrheit, sondern stellt sie eher zur Diskussion.

Die Fontanesche Poetik besitzt – wie sich immer wieder zeigte – eine wirkungsästhetische Ausrichtung. Es waren insbesondere die Probleme des realistischen Darstellungsverfahren, die wiederholt darauf hinwiesen, daß nicht allein werkimmanente, sondern auch rezeptionsästhetische Momente den Realismus einlösen. Fontane schrieb im Bewußtsein eines Büchermarkts und mit Rücksicht auf ein zu gewinnendes Publikum (was nicht heißen muß, daß er für ein bestimmtes Publikum geschrieben hätte); in den Rahmen dieser historisch-situativen Bedingungen des gesellschaftlichen Angewiesenseins gehört der literaturtheoretisch ausgehandelte Kompromiß, Zeitbilder herzustellen, die nicht für sich, sondern erst im Akt des Wiedererkennens jenen Realismus als Effekt verwirklichen, der als genuin sprachlicher Sachverhalt immer brüchig bleibt.

Ein Roman soll demzufolge »eine Geschichte erzählen, an die wir *glauben*« (III.1.316). Fontane scheute sich, bei allem Form- und Metierbewußtsein nicht (vgl. N XXI/2.199), gelegentlich das entscheidende Kunstkriterium im »*Gefühl*« (IV.4.423) zu sehen. Der Roman

> soll uns eine Welt der Fiktion auf Augenblicke als eine Welt der Wirklichkeit erscheinen, soll uns weinen und lachen, hoffen und fürchten, am Schluß aber empfinden lassen, teils unter lieben und angenehmen, teils unter charaktervollen und interessanten Menschen gelebt zu haben, deren Umgang uns schöne Stunden bereitete, uns förderte, klärte und belehrte. (III.1.317)

Das klingt am Zitatende wie eine Belebung der didaktischen Poesie (Greter, 1973, S. 45); Fontane wird nicht immer in diesem Maße das Unterhaltend-Nützliche betonen; gleich aber bleibt der unterstellte Beitrag des Lesepublikums. Er liegt aber nicht nur in der bloßen Bestätigung. Indem Fontane die Erinnerung als vermittelnde bzw. auch distanzierende Kraft zwischen Bild und Eindruck schiebt, deutet er einen Blickpunkt an, der an dem (zeitlichen) Abstand die Beglaubigung vollzieht.

> Das wird der beste Roman sein, dessen Gestalten sich in die Gestalten des wirklichen Lebens einreihen, so daß wir in Erinnerung an eine bestimmte Lebensepoche nicht mehr genau wissen, ob es gelebte oder gelesene Figuren waren, ähnlich wie manche Träume sich unserer mit gleicher Gewalt bemächtigen, wie die Wirklichkeit. (III.1.568)

Ob also die Darstellung von Schloß Wuthenow realistisch ist, hängt nicht davon ab, ob es in Wuthenow tatsächlich ein Schloß gibt, sondern ob sich dieses Schloßbild mit Erinnerungsbildern vermischen läßt. Daß Fontane eine solche Verträglichkeit zwischen erlebten und erlesenen Erinnerungsbildern berücksichtigt hat, merken heutige Leser an den Verlangsamungen, die das Nachschlagen im Sachkommentar verschuldet. In der Tat funktioniert Fontanes Realismus-Konzept zunächst einmal auf dem Boden eines gemeinsamen, stillschweigend vorausgesetzten Wissens. Wo dies nicht gegeben ist, treten die Fäden der Kunstwelt in den Vordergrund. Fast will es aber scheinen, als ob Fontanes Erinnerungskonzept gerade auf diesen Umstand Rücksicht nimmt, indem es nach Maßgabe des Gedächtnisses (und das meint hier keinen bloßen ›Behälter‹, sondern einen Verarbeitungsvorgang) über die Lebensfähigkeit eines grundsätzlich nicht Gegenwärtigen entscheidet. So könnte in der Erinnerungsarbeit ein psychologisches Schlüsselbild für jenes poetologische Grundprinzip liegen, das auf darstellungsästhetischer Seite ›Verklärung‹ heißt.

Fontane hat noch in anderer Weise die ästhetische Wirkung umschrieben. Inwiefern es sich hier um grundsätzliche oder doch nur gelegentlich einer Lektüre getroffene Äußerungen handelt, mag fraglich bleiben. Wichtig war ihm der Grundsatz, daß ein Roman »mich wohltuend berühren und mich entweder über das Alltägliche erheben oder aber – das schön Menschliche drin mir zeigend – mir auch das Alltägliche wert und teuer machen soll« (N XXI/2.200). Das klingt abermals konventionell, deutet nichts von der gesellschaftskritischen Brisanz an, die vom eigenen Werk gleichsam posthum ausgeht; und dennoch lassen sich möglicherweise Verbindungen zur eigenen Poetik herstellen. Wenn die Finessen-Technik tatsächlich etwas mit dem Prinzip des ›disguised symbolism‹ zu tun hat, dann erhält das Wahrnehmen wiedererkennbarer Gegenstände in der Kunst eine neue Qualität, verwandelt sich angesichts der Doppelbilder und Mehrfachbelichtungen in einen Akt der Wertschätzung, der natürlich nicht der Wirklichkeit gilt, wie sie ist, sondern wie sie gemäß des realistischen Projekts einmal sein könnte. Die erhebende Wirkung dürfte dann nicht als ›Quietiv‹ wirken, sondern käme der Wahrnehmung einer Spur gleich, die auf dem »realistischen Weg« (GEPPERT, 1994) durch Wirklichkeitskrisen führt und weiterweisende Signale setzt. Das »schön Menschliche« ist dann also nicht ein beschaulicher Bildinhalt, sondern eine vorwegnehmende Erinnerung an das, was sich zeigt, wenn Wirklichkeitsausschnitte transparent werden für andere Bilder und Bilder sich als Wirklichkeitsausschnitte entpuppen.

Auf indirektem Wege haben sogar Partikel der Schopenhauerschen Kunstphilosophie in Fontanes Wirkungsauffassung Eingang gefunden. Wie so oft vermittelt auch hier die Zeitungslektüre die Anregung. Fontane stieß in einem Artikel von Franz KERN auf SCHOPENHAUERS in *Die Welt als Wille und Vorstellung* explizierte Idee von der erlösenden Funktion einer kontemplativen Erkenntnisweise. Diese »von der gewöhnliche[n] Betrachtungsart der Dinge« (§ 34) unterschiedene Wahrnehmungsform setzt das Willens- und Individuationsprinzip außer Kraft, indem sie den Betrachter sich in den Gegenstand seiner Anschauung ›verlieren‹ läßt; auf diese Weise entsteht das »*reine, willenlose, schmerzlose, zeitlose Subjekt der Erkenntniß*« (ebd.). Als ihr angemessenes Objekt hat dieser Erkenntnismodus die ewigen Ideen im Sinne PLATONS; ihnen kann nur eine »geniale Betrachtungsart« (ebd., § 36) entsprechen, und diese liegt insbesondere bei der Kunst. »Ihr einziger Ursprung ist die Erkenntnis der Ideen; ihr einziges Ziel Mitteilung dieser Erkenntnis.« (Ebd.) Hier liegt der Grund für jene »Säligkeit« (ebd., § 38), die von der ästhetischen Wahrnehmung ausgeht. Fontane hat diesen Zusammenhang wahrscheinlich nur ›gefiltert‹ zur Kenntnis genommen; haften blieb die Idee vom befreienden Glück des ›Sich-Verlierens‹ (IV.4.102). Ohne hier Fontanes kritische Stellung gegenüber SCHOPENHAUER zu erörtern (vgl. dazu das Kapitel 2.1.6), kann doch als gesichert gelten, daß es sich bei dieser Ausführung nicht nur um ein erratisches Moment in Fontanes Gedankenwelt handelt. Vom Glück des ›sich Verlierens‹, vom »Ins-Vergessen-

Sinken«, das »des Lebens Bestes sei« (I.1.415), ist in *Quitt* die Rede. Nun stellt L'Hermite, der in solcher Weise die Vorzüge eines »Opiumesser«-Daseins schildert, keinen sehr zuverlässigen Zeugen dar. Und dennoch steht Fontanes Eintreten für die befreiende Wirkung der Lektüre nicht einfach quer zum eigenen, insbesondere gesellschaftskritischen Wirkungsinteresse der Kunst. Ohne die Kontaktmöglichkeiten zwischen SCHOPENHAUER und Fontane überanstrengen zu wollen, liegt doch in SCHOPENHAUERS Philosophie des ›ungewöhnlichen‹ Sehens ein diskutables Äquivalent zu Fontanes erkenntniskritischer Leistung der Verklärungspoetik. In beiden Fällen geht es um ›entautomatisierte‹ Wahrnehmungsformen im Umkreis des Alltäglichen. Wenn SCHOPENHAUER in *Die Welt als Wille und Vorstellung* das niederländische »Stilleben« als Beispiel dafür nimmt, wie die ästhetische Anschauung selbst dem »unbedeutende[n] Dinge« (§ 38) einen ideellen Wert beimißt, so läßt er sich auf eine Diskussion ein, die Fontane in seiner Debatte über die Bedeutung des Kleinen und Großen auf seine Art führt. Für SCHOPENHAUER manifestiert sich die »objektive Anschauung«, also das beglückende Sich-Verlieren, alltäglich in der »Erinnerung« (ebd.), so daß, wie bei Fontane, die Erinnerung zur Demonstration poetischer wie philosophischer Weltverarbeitung herangezogen wird. Solche Hinweise auf mögliche Entsprechungen wollen keinen Einfluß unterstellen; vielmehr geht es um die Möglichkeit, Fontanes punktuelle Eindrücke in Beziehung zu setzen zu dem, was er wiederholt betont. Wenn er also vom »Glück« der »Lesung« spricht und diese Wirkung eine modifizierte oder gar alternative Wahrnehmungsform darstellt, dann ergibt sich ein plausibler Zusammenhang mit der Verklärungspoetik, die ihrerseits durch die Koppelung von »sich verlieren« und Schopenhauerscher Wesenserkenntnis eine eminent erkenntniskritische Potenz erlangt. Soweit kann man gehen, ohne die Inhalte dieser ästhetischen Erkenntnis als erlösende Wirkung zu spezifizieren. Fontanes Realismus exponiert die Sache und immer auch noch etwas anderes; man kann dies mit dem Begriff des ›disguised symbolism‹ kennzeichnen. Sein Wirkungsspielraum wird von Momenten charakterisiert, die auch einen Bezug zur dargestellten Erlösungsfunktion haben.

2.2.5 Gattungsgeschichtliche Aspekte

Fontanes ›Poetik‹ enthält keine gattungsspezifischen Kapitel, sorgt sich nicht um die schulgerechte Rubrizierung und Regulierung aller Textsorten; dennoch zeichnen sich formgeschichtliche Akzente ab, die so etwas wie eine Silhouette des gattungsgeschichtlichen Denkens bei Fontane ergeben. Erwartungsgemäß überschneiden sich natürlich die vielen Ausführungen über den Realismus mit der Positionsbestimmung des modernen Romans. Daneben bewahren die Gedanken über das Drama und seine Formen eine gewisse Selbständigkeit; sie gehen aus dem praktischen Interesse am eigenen Dramenplan hervor, erhalten sich dann aber über den produktiven Sinnwandel hinaus, steigern und vertiefen sich sogar in der Spätphase des Theaterkritikers. Schließlich begegnen auch Werkstattprobleme der Lyrik, des Volksliedes, der Ballade zumal, die sich stellenweise zu poetologisch relevanten Grundsatzdebatten ausweiten.

Fontanes Art, Genres zu unterscheiden oder Regeln ihrer Hervorbringung zu formulieren, dient in erster Linie der Grundlagenbildung für die eigene Produktion und die Kritikerpraxis. Den offiziösen Anspruch, der Welt zu zeigen, »wie Kunst und Dichtung beschaffen sein müsse« (FFr, S. 298), erhob er nie; andererseits ließ er aber auch keinen Zweifel, daß er in diesen Sachen Bescheid wußte.

Roman – Novelle

Obwohl Fontane im Essay des Jahres 1853 die realistische Kunstforderung sowohl im Drama (HEBBEL) als auch in der Lyrik (FREILIGRATH) bereits erfüllt sah, konzentriert er sich im weiteren auf die besondere realistische ›Berufung‹ des Romans. Daß hier eine epochentypische Entscheidung vorliegt, wurde wiederholt festgestellt. Der Roman als die von der ›orthodoxen‹ Poetik am wenigsten reglementierte und noch immer geringgeschätzte Form bot die kühnsten Entfaltungsmöglichkeiten angesichts von Modernitätsschüben, denen kein herkömmliches Format gewachsen war. Und wo er sich dennoch einen Platz im Ranggefüge der offiziellen Ästhetik erwerben konnte, gelang ihm dies eher als Anwalt des Individuellen. Fontanes Roman-Poetik jedoch erkundet eine andere, gegenläufige Form. Auch dies kommt nicht unvorbereitet und kann sich auf Entwicklungen der Romandiskussion in den zwanziger bis dreißiger Jahren berufen. Schon hier finden sich Ansätze zu einem Volksroman oder demokratischen Roman, die den ich-zentrierten Roman um die zentrifugale Kraft des Sozialen ergänzen.

Wörtlich taucht die insbesondere von Karl GUTZKOW geführte Debatte bei Fontane wieder auf, als es gilt, die eigenartige Romanform des Erstlings *Vor dem Sturm* gegen die erwartete vertraute Form zu verteidigen.

Meinst Du nicht auch, daß neben Romanen, wie beispielsweise Copperfield, in denen wir ein Menschenleben von seinem Anbeginn an betrachten, auch solche berechtigt sind, die statt des Individuums einen vielgestaltigen Zeitabschnitt unter die Loupe nehmen? Kann in solchem Falle nicht auch eine Vielheit zur Einheit werden? Das größre dramatische Interesse, so viel räum' ich ein, wird freilich immer den Erzählungen »mit *einem* Helden« verbleiben, aber auch der Vielheits-Roman, mit all seinen Breiten und Hindernissen, mit seinen Portraitmassen und Episoden, wird sich dem Einheits-Roman ebenbürtig – nicht an Wirkung aber an Kunst – an die Seite stellen können, wenn er nur nicht willkürlich verfährt, vielmehr immer nur solche Retardirungen bringt, die während sie momentan den Gesammtzweck zu vergessen scheinen, diesem recht eigentlich dienen. (IV.2.639)

Fontane rechtfertigt sich hier konziliant (unter Verzicht auf Anführung jeglicher Autorität im Fach der epischen Theorie) und nach Maßgabe dessen, was er bis dahin produziert hat. Er argumentiert mit einer Alternative, die im eigenen Werk zunehmend schwindet, insofern seine Figuren sowohl unter dem Entwicklungs- als auch ›Zeitlupen‹-Gesichtspunkt gefaßt sind. Immerhin aber entspricht das Konzept des »Vielheits-Romans« genau dem an anderen Stellen literaturtheoretisch geforderten Roman-Realismus. »Aufgabe des modernen Romans scheint mir die zu sein, ein Leben, eine Gesellschaft, einen Kreis von Menschen zu schildern, der ein unverzerrtes Wiederspiel *des* Lebens ist, das wir führen.« (III.1.568) Selbstverständlich genügt ein solches (theoretisches) Bewußtsein nicht, um Romane wie *Unwiederbringlich*, *Effi Briest* oder *Der Stechlin* zu schreiben. Der brisante Stoff und das symbolbildende Verknüpfungsgeschick gehören dazu, um aus dem »Vielheits-Roman« einen »politischen Roman« (IV.4.562) zu machen. Allenthalben wird sichtbar, daß der »Zeitroman« (IV.4.650) in Fontanes Sinn kein Querschnittsbild gesellschaftlicher Zustände, sondern Prozesse gibt, daß er Zeitverläufe im Medium der Handlung, der Konflikte zumal, und des Gespräches (bei möglicher Abwesenheit von individuellen Konflikten) gestaltet. Von hieraus kann verständlich werden, warum Fontane die moderne Form des Romans selbst an Scotts Werken, die ja historische Romane sind, entfalten kann:

Der Roman soll ein Bild der Zeit sein, der wir selber angehören, mindestens die Widerspiegelung eines Lebens, an dessen Grenze wir selbst noch standen oder von dem uns unsere Eltern noch erzählten. (III.1.319)

Zum Zeit-›Bild‹ gehört somit auch eine Zeit-›Bewegung‹, die das Vergangene mit dem Gegenwärtigen vermittelt; das Heute erweist sich als Resultat, Antwort oder Zwickmühle gestriger Vorgänge, Fragen und anderer Züge. In dieser Dynamik liegt das Prinzip des »Sitten- und Gesellschaftsromans«, der grundsätzlich Krisendichtung ist.

Im Zeitbezug, in der historischen Reliefgebung unter Wahrung der Aktualitätsklausel, liegt die Grundregel der modernen Erzählkunst; Romane, die sich dieser Aufforderung entziehen, die »allerorts und allerzeiten« (III.1.320) spielen, führen nur ein Ausnahmedasein. Fontane rubriziert sie als dramatische, romantische und historische Romanform (ebd.). Der dramatische Roman entwirft – wie das Drama – individuelle Handlungen, die »großen Impulse weniger Gestalten«, deren Grund in der »*Leidenschaft*« liegt. Der romantische Roman zielt nach Art des Märchens und der Legende auf das »Ewige der *Phantasie*welt«. Der historische Roman, der den speziellen Zeitbezug im Sinne Fontanes ebensowenig einlöst, entsteht aus der Vorliebe der »rückwärts gewandten Naturen« (III.1.321), die zwar fähig sind, eine historische Reliefgebung vorzunehmen, nicht aber das Aktualitätsband zu knüpfen.

Es ist nicht ganz leicht, das Gewicht solcher Unterscheidungen und Festsetzungen für Fontanes eigenes Werk zu ermessen. In dieser Differenziertheit, die für sich wiederum wenig Originalität beansprucht, hat sich der Dichter später kaum geäußert. Es scheint auf der Hand zu liegen, daß er dem regulären modernen Roman in Theorie wie Praxis den Vorzug gegeben hat. Wenn er sich dennoch auch als historischer Epiker versucht hat (von *Vor dem Sturm* und *Grete Minde* über *Schach von Wuthenow* bis hin zum *Likedeeler*-Plan), verzichtete er doch nie auf die »Gegenwart seines Geistes« (III.1.321), auf die Verfugung des Historischen mit dem Zeitgemäßen. Gerade auch, wo das Historische bei ihm eine patriotische, vaterländische Färbung annimmt, geschieht das im Licht der realistischen Kunstforderung als Entdeckung ›unserer Welt‹. Interessanterweise warnte er wiederholt vor der Herstellung von Mischgattungen. Insbesondere verurteilte er die Vermengung der Zeitebenen. Bis zuletzt wies er die sprachlich-dialogische Modernisierung historischer Gestalten als Kunstfehler zurück (vgl. seine briefliche Kritik an den Berolinismen in Alfred Doves *Caracosa*-Roman). Der eigene *Likedeeler*-Plan, der am mittelalterlichen Störtebecker-Stoff modern kommunistische Züge herausarbeiten wollte, hinderte ihn nicht an der Verurteilung solcher modischer Kunstgriffe. Die Formmöglichkeiten des parabolischen historischen Romans mit seinen gezielt eingesetzten Anachronismen scheinen ihm noch nicht bewußt geworden und wenn doch, so eher unattraktiv gewesen zu sein. Dennoch wäre es verfehlt, bei Fontane immer nur den ›reinen‹ Zeitroman erwarten zu dürfen. Das ist schon aufgrund seines dynamischen und dramatischen Zeitbegriffs (vgl. Alt-Neu-Thematik) unwahrscheinlich. Hinzu kommt das gelegentliche (aber nicht vereinzelte) Zeitebenenspiel in seinen Romanen. *Irrungen, Wirrungen* zum Beispiel setzt das Geschehen nicht deshalb in einer zehn Jahre zurückliegenden Vergangenheit an, um wie *Effi Briest* am Ende in der unmittelbaren Gegenwart anzulangen, sondern um einen Epochen-Abschnitt zu schildern, der bereits der Vergangenheit – im zeitlichen wie lebensgeschichtlichen Sinn – angehört. Besonders auffällig ist in dieser Hinsicht die Romanform von *Unwiederbringlich*. Fast schon ein historischer Roman (Spielhandlung um 1860), verbindet dieser Eheroman Zeitgeschichtliches mit Autobiographischem (vgl. dazu MÜLLER-SEIDEL) und stellt als Ganzes eine höchst bedeutsame Parabel des national und imperial ausgreifenden Wilhelminismus dar.

Fontanes realistische Grundsätze und seine stoffverwertende Arbeitsweise rücken die Figurenbehandlung in eine Schlüsselposition der imaginären, weil in dieser Systematik und Vollständigkeit ja nie angestrebten Gattungspoetik des Autors. Hinzu kommen die besonderen Bedingungen des Gesellschaftsromans als »Vielheits-Roman«, die zu einer spezifischen Gruppierung und Gewichtung der ›Romanbevölkerung‹ führen. Fontane hat sich über diese Seite seiner Werkauffassung kaum geäußert; dennoch gibt es mindestens zwei Linien seiner literaturtheoretischen Gedankenführung. Die eine betrifft die Regelung des Verhältnisses zu Haupt- und Nebenfiguren, die andere gilt dem Figurenprofil.

Seine Ansicht über die sinnvolle Beziehung zwischen Haupt- und Nebenfiguren spricht er in einem Brief aus, der zwar im Vorfeld der Arbeit an *Vor dem Sturm* nur die Probleme dieses Erstwerkes betrifft, vielleicht aber doch auch allgemeinere Geltung beanspruchen darf (BUSCHER 1969).

> Man muß Vordergrunds- Mittelgrunds- und Hintergrunds-Figuren haben und es ist ein Fehler wenn man *alles* in das volle Licht des Vordergrundes rückt. [...] Die Personen müssen gleich bei ihrem ersten Auftreten so gezeichnet sein, daß der Leser es weg hat, ob sie Haupt- oder Nebenpersonen sind. Auf das räumliche Maß der Schildrung kommt es dabei nicht an, sondern auf eine gewisse Intensität, die den Fingerzeig giebt. (IV.2.162 f.)

Der Hinweis auf die Schattierungen und Abstufungen darf als kritische Auseinandersetzung mit strukturellen Folgen des »Vielheits-Romans« verstanden werden, dessen programmatischer Versuch Fontane an GUTZKOWS ›Roman des Nebeneinander‹ ablesen konnte. In diesem modifizierten Sinn erweisen sich Romane, die oft nur einen einzigen Namen im Titel führen und somit ›Individualromane‹ zu sein scheinen, dennoch als Gesellschaftsromane. Es ist bekannt, daß diese Zentrierung der Figuren, ihre Mittelpunkts- und Randstellung, nicht gleichzusetzen ist mit dem Gewicht ihrer Bedeutung. Zu Recht wurde immer wieder auf Fontanes Praxis hingewiesen, derzufolge Nebenfiguren in einem solchen Ausmaß Sinnträger sind, daß es sich geradezu schon verbietet, sie als Nebenfiguren ›abzuwerten‹. Gilt dies von den ›individuellen‹ Randfiguren, so trifft das in nicht geringerem Maße von den typisierten Rollen zu; das Ensemble in der Ring-Episode (*Effi Briest*) oder die Tischgesellschaft bei Kommerzienrat Treibel konstituiert Gesellschaft und rückt sie ins kritische Licht als symptomatische Erscheinungen. Solche Züge, die den Ort der Figuren im ›Bühnenraum‹ anzeigen und dennoch ihre Bedeutung nicht einschränken, weisen auch darauf hin, daß die Verteilung in Vordergrunds- und Hintergrundsfiguren nicht unbedingt mit Individualisierung und Typisierung zusammenfällt. Ausnahmefall, Durchschnittsmensch, Original und Charakter bilden für Fontane eher Momente auf einer Skala, die am ›Menschen‹ ermessen will, in welchem Grad er als zeitgeschichtlich integriert bzw. ausgegrenzt erscheint und wie tief historische Normen wirken können. Mit Recht wurde immer wieder festgestellt, daß Fontane im Individuellen das Typische suche bzw. gestalte (GRETER, 1973, S. 67). Aber auch diese ›synthetisierende‹ Lösung kennzeichnet noch nicht endgültig und eindeutig Fontanes poetologische Stellung zum Problem. Vielleicht kommt hier ein briefliches Zeugnis am nächsten, das nochmals den Sachverhalt abwägt:

> Ich persönlich bin sehr für Gestalten in der Kunst, die nicht bloß Typ und nicht bloß Individuum sind, aber sonderbarerweise haben die größte Berühmtheit in Kunst und Literatur fast immer *die* Schöpfungen errungen, die die schön und echt menschliche Mittelstufe *nicht* einnehmen, sonderbare Gebilde, die einerseits gar nicht typisch (und menschlich nun schon gewiß nicht) und andrerseits wie im Widerspruch dazu wiederum *nur* typisch sind. »Nur typisch« insoweit, als sie eine bestimmte, aller Menschheit eigene Charakterseite zum Ausdruck bringen und weiter nichts als das sind. (IV.4.156)

Wenn es so etwas wie ein wissenschaftliches Bild von der Poetik im Realismus gibt, so überrascht nach solchem Maß bei Fontane das Fehlen eines Pflichtkapitels: die Auseinandersetzung mit der Novellen-Form. Ob Fontane überhaupt Novellen geschrieben hat, ist eine müßige Fragestellung, weil sich die herkömmlichen Novellen-Merkmale auch in seinen Romanen finden (vgl. den Chinesen als »Drehpunkt«) und seine einzige explizite Novellen-Buchveröffentlichung *L'Adultera* für gewöhnlich dem Romanfach (zu der sich denn auch das Werk ab der 2. Auflage bekennt) zugeschlagen wird. Ob man eine immanente Poetik an den strittigen Novellen-›Kandidaten‹ *Grete Minde*, *Schach von Wuthenow* und *Unterm Birnbaum* rekonstruieren kann, bleibt somit fraglich. Damit erübrigt sich aber die Frage nach dem Stellenwert des Novellen-Begriffs nicht gänzlich. Allein Fontanes Kontakt zu Paul HEYSE, dem bedeutenden Organisator, Novellen-Schatz- und Eichmeister sowie Mit-Schöpfer der Novellen-Form, gibt seiner diesbezüglichen Zurückhaltung einen gattungsgeschichtlich aufschlußreichen Wert. Novelle ist für Fontane Warenbezeichnung, die er im Aushandeln mit Verlegern verwendet; oft scheint hier nur die geschätzte Bogenzahl den Wechsel zwischen Novellen- und Romanbezeichnung zu verursachen. ›Novelle‹ kennzeichnet für Fontane »das Kleinere« (gegenüber der Tragödie, III.5.467) und zugleich einen modischen Trend; aber auch in diesem Sinn dominiert die marktwirtschaftliche Bedeutung, die den ästhetischen Unterschied verdeckt. »Novellen-Schacher« (IV.3.96) und »Novellenkattun« (IV.3.50) sind in diesem Zusammenhang Schlüsselbegriffe. Gelegentlich – im *Stechlin* – findet sich sogar eine ›Definition‹ der »Normalnovelle«. (I.5.300) Daß es sich bei Dr. Puschs abgewandeltem Kanevas für Liebesirrungen und -wirrungen um die hochgeschätzte »Schwester des Dramas« handeln könnte, wird niemand behaupten wollen. Ebensowenig läßt sich ein gattungstheoretisch spezifischer Zusammenhang knüpfen zwischen der Einsicht, daß »der eigentliche Kern in einer Novelle [...] in vier Zeilen stecken« (IV.2.570) kann, und dem Heyseschen »Falken«-Kriterium; Fontane bezieht sich auf die Idee von der Einfachheit des Grundgedankens auch bei anderer Gelegenheit (III.1.303f.) Die Aufgabe, »Wendepunkte« zu gestalten, sprach er nicht etwa dem Epiker, sondern dem Malkünstler zu. (III.3/1.421) Vgl. zu Fontanes Novellenbegriff auch 3.1.1.

Fontanes Dramentheorie

Der Versuch, Fontanes Dramenverständnis in einem gesonderten Abschnitt gebündelt darzustellen, bedarf wohl einer Rechtfertigung. Vieles, was Fontane zu Struktur und Wirkung der dramatischen Literatur formuliert hat, deckt sich mit seiner allgemeinen poetologischen Auffassung; und umgekehrt entfalten sich wesentliche Momente seines Realismus-Verständnisses in der Begegnung mit Bühnenwerken, zumal der naturalistischen Bewegung. Wahrheit, Notwendigkeit und künstlerische Wirkung sind für Fontane Grundkategorien vor aller gattungstheoretischen Differenzierung. Dennoch spielt die Auseinandersetzung mit dem Drama bzw. der Bühnenkunst eine selbständige und wichtige Rolle. Zu erinnern ist an den eminenten Ort des Dramas in der zeitgenössischen wie traditionellen Poetik; eine Auseinandersetzung mit dem Drama gewinnt vor diesem Hintergrund automatisch einen programmatischen Anspruch. Zugleich berührt die dramatische Kritik den empfindlichsten, weil exponierten Teil des geltenden ästhetischen Systems. Fontanes Begegnung mit dem Drama bleibt aber – trotz des eigenen frühen Versuchs *Karl Stuart* – ein durchweg kritisch reflektierender Prozeß.

Fontanes Theaterästhetik und Dramenverständnis bilden keinen festen systematischen Block, sondern stehen im Zeichen der Wandlung und Entwicklung, sehr deutlich ablesbar am Gegensatz zwischen Beginn und Abschluß seiner Tätigkeit als Theaterkritiker (1870–1889/90; vgl. zu den Theaterkritiken 3.4.5): Am Anfang bestimmen die Signale der Reichsgründung den Ton der Theaterarbeit und ihrer kritischen Würdigung; am Ende weisen die Unternehmungen der *Freien Bühne* in eine Gegenrichtung. Fontane hat sich weder der panegyrischen noch der revolutionären Bewegung vorbehaltlos verschrieben, obwohl er wesentliche Momente der Bismarckschen Politik und Wilhelminischen Ära befürwortete und unter neuem Gesichtswinkel kritisierte. Erkennbar wird aber – gerade auf dem Feld der Theaterreflexion – ein Lernvorgang, der nicht nur der Produktion des Romanciers zu Gute kommt, sondern als Resultat ein differenziertes Bild von einem Segment der Berliner oder gar Wilhelminischen Theatergeschichte hervorbringt. Fontanes Theaterrezensionen berücksichtigen in je unterschiedlicher Gewichtung, aber doch grundsätzlich gleichermaßen die drei Seiten jeder Theaterarbeit: die Dramaturgie bzw. Inszenierung, die Ausstattung (Dekoration, Kostüme) und das Spiel. Auch Fragen der Stückwahl spielen eine wichtige Rolle und weiten sich gelegentlich zu prinzipiellen Auseinandersetzungen über das Verhältnis von klassischem und modernem Repertoire. Bedenkt man, daß Fontane ein Zeitgenosse der eigentlichen Klassikerbildung im Sinn einer normierten kulturellen Praxis ist, so gewinnen seine diesbezüglichen Ausführungen einen besonderen Aktualitätswert: Der literaturgeschichtlich geführte Disput über den Gegensatz von alten und neuen Stücken geht bruchlos über in die Diskussion alternativer Muster für kulturelle Bildung. Wie sehr Fontane aber auch als genuiner Theaterkritiker urteilen mag, so verliert er doch nie die Anforderungen der »Dichtung« aus dem Blick. Text und Bühne stellen für ihn keine gleichwertigen Kräfte dar, sondern verhalten sich zueinander wie Anspruch und Erfüllung, die ihrerseits aber viele und weitreichende eigene Wege gehen kann.

Wenn Fontane die Tragödie als eine »Stätte« kennzeichnet, »die dazu da ist, das Schöne zu pflegen, dem Idealen ein Hüter zu sein« (N XXII/1.658), so lassen sich schon hier die entscheidenden Barrieren ausmachen, die es ihm verwehren, im ›hohen‹ Drama den Spielraum für seine sozialen Konfliktstoffe zu finden. Die eigene Poetik verstellt den Weg zur dramatischen Kunst und öffnet ihn zur Epik als zwar anspruchsvoller, aber nicht ›ideal belasteter‹ Gattung. Das Drama, so heißt es, verlange »Menschen und Handlung« (ebd., S. 517), und alles müsse einem Wahrheitskriterium entsprechen, der »Wahrheit der Charaktere und Situationen«. (ebd., S. 43) Das scheint nicht weitab vom Anspruch der epischen Kunst zu liegen, führt aber doch in seiner Konsequenz zu anderen Gestaltungsformen. Zum »Stil der großen Tragödie« gehören demnach »Einheit« (ebd., S. 673), eindeutig »bestimmte Charaktere« (ebd., S. 418), mithin keine »*Misch*-Charaktere«, sodann die »richtig, klar zugestandene Schuld« und »Sühne«; nur unter diesen Bedingungen entstünden »Mitleid«, »Teilnahme«, »Interesse« (N XXII/2.197) bzw. Rührung und Erhebung (N XXII/1.517; AzL, 38). Geradezu wirkungspragmatisch klingt der Grundsatz: »Im Lustspiele heißt es ›man lacht und ist entwaffnet‹, im Trauerspiele heißt es ›wo man gerührt ist, schweigt die Kritik‹.« (XXII/2.559) Fontane wird später dem Moment der erhebenden Wirkung noch ein anderes zur Seite oder entgegen stellen, das Moment der Unterwerfung bzw. Resignation (ebd., S. 696f.). Doch bleibt dramaturgisch die ›gespannte‹ Atmosphäre im Drama erhalten: »das Drama […] ist der Schauplatz für ein Entweder-Oder.« (N XXII/1.419) Fontane fordert den Typus des Konfliktdramas, dessen Aufgabe darin liegt, »uns nicht nur die *Entstehung* des Konflikts, sondern vor allem auch seine *Durchführung, seine unabänderliche Andauer in jedem Augenblicke glaubhaft zu machen*« (ebd., S. 772). »Die hohe Tragödie braucht [...] leidenschaftlich gespannte Tendenzen, eine hinreißende Macht der Ideen und Gegensätze, Konflikte, die wir empfinden, in denen wir selber mit aufgehen.« (N XXII/2.464) Das führt zu einem Rigorismus, der keinen Raum läßt für Facettierungen, die im Roman eine so wichtige Rolle spielen: »Die Bühne ist kein Schauplatz für Nüancirungen. Sie ist der Schauplatz für Gegensätze. Nur diese schaffen Orientirung, Klarheit. Nüancirungen sind der Stolz des Romans, im Drama sind sie der Ruin.« (IV.4.526) Was sich im Epischen als höchstes Kunstprinzip in der Szenenschilderung, Handlungsführung und Figurenzeichnung entfalten kann, erscheint im dramatischen Fach als »Mätzchen«, die der Dramatiker seinen Figuren zugesteht, damit sie sich vor ihrer Verantwortung drücken können. »Helden marchandieren nicht« (N XXII/1.748), heißt es lapidar zu solchem Verfahren. Die Problematisierung der Schuld- und Sühneverhältnisse muß im Rahmen des dramatisch-tragischen Kalküls als Vertuschungsabsicht erscheinen, die nicht etwa im Dienst der poetischen Gerechtigkeit steht, sondern beim kritischen Publikum nur zu einer »wahren ästhetischen Sehnsucht nach einem aufrichtigen Verbrechen« (N XXII/2.197) führt.

Nun ist es mit der Schuld-Kategorie in Fontanes Tragödienverständnis sonderbar bestellt: Einerseits hält er am Schuld-Prinzip als der »Seele der Tragödie« (IV.1.51) fest. Schuld als Folge von Taten und Voraussetzung für Sühne öffnet und begrenzt zugleich einen Handlungsspielraum, in dem es um Motive, Entscheidungen, Krisen und Lösungen geht. Andererseits hebt Fontane mit Blick auf die antike Tragödie (*König Ödipus*) hervor,

> daß die *große*, die echte, die eigentliche Schicksals-Tragödie unsere Schuld-Tragödie an erschütternder Gewalt überragt. Es ist der weitaus größere Stil. In dem Begreiflichen liegt auch immer das Begrenzte, während erst das Unbegreifliche uns mit den Schauern des Ewigen erfaßt. Die Schuld-Tragödie dient dem Sittlichen, indem sie das Gesetz des Sittlichen in dem sich Vollziehenden proklamirt. So sei es. Aber das Größte und Gewaltigste liegt in diesem tragischen Gange von Ursache und Wirkung *nicht* beschlossen. Das Größte und Gewaltigste liegt darüber *hinaus*. Das unerbittliche Gesetz, das von Uranfang an unsre Schicksale vorgezeichnet hat, das nur Unterwerfung und kein Erbarmen kennt, und neben dem unsere »sittliche Weltordnung« wie eine kleinbürgerliche, in Zeitlichkeit befangene Anschauung besteht, dies unerbittliche, unser kleines »woher« und »warum«, unser ganzes Klügeln mit dem Finger bei Seite schiebende Gesetz, *das* ist es, was die Seele am tiefsten fassen muß, nicht dies Zug- und

Klippklapp-Spiel von Schuld und Sühne, nicht die alte Leier von
»Zahn um Zahn« und nicht die haec docet-Lehre: wer Blut vergießt,
des Blut soll wieder vergossen werden. (N XXII/1.293)

Es ist nicht leicht, diesen Ausführungen gerecht zu werden. In der
vorliegenden Pointierung treten sie eher vereinzelt auf; aber der
anschließende Hinweis auf den Prädestinationsgedanken deutet
auch auf Kontinuitäten in Fontanes Denken hin. Vielleicht liegt
schon in der analytischen Struktur des diskutierten Stückes der
Schlüssel für das eigenartige Votum: Entscheidendes Handeln gehört
demnach immer schon dem Vergangenen an, und der eigentliche
dramatische Prozeß spielt sich als Erkennen des längst Geschehenen
ab. ›Unerbittliche Gesetze‹ sind demnach nicht unbedingt
numinose Kräfte, sondern möglicherweise auch nicht klar
erkannte Normen (vgl. ebd., S. 772), vorläufige Einrichtungen, die
in ihrer Folge einen Bann ausüben, vor dem es kein Entrinnen gibt.
Während der Schuld-Begriff immer noch eine übergeordnete,
vernünftig richtende Instanz voraussetzt, von der aus die Welt sich
wieder einrenken läßt (s. a. Fontanes dramaturgisch gefaßten Versöhnungsbegriff),
konturiert das Schicksalskonzept eine Systemimmanenz,
die alle Schlupflöcher, zumal die der »Schuldlosigkeit«,
verstopft hat. Wenn Fontane der Realist der Normendarstellung ist
(M. SWALES, 1986), dann könnte er am Konzept der Schicksalstragödie
in der Tat mehr gelernt haben als am Begriff der Schuldtragödie.

Ballade

Fontane ist nicht nur bedeutend als Übersetzer bzw. Bearbeiter
englisch-schottischer Volkspoesie und Verfasser von Balladen im
traditionellen wie modernen Stil, er nimmt auch in der Geschichte
der Balladen-Poetik eine wichtige Stellung ein. Sowohl brieflich
(bes. die Briefgruppe an Paul de MONT) als auch essayistisch hat er
sich über die Balladenform ausführlich und bestimmt geäußert
(selbstverständlich gehören hierzu auch seine Diskussionsbeiträge
im »Tunnel«) und so zur Konsolidierung eines differenzierten literarischen
Musters beigetragen, dessen Zukunft nicht nur an
heroische oder numinose Stoffwelten gebunden bleibt. Zu den
Grundbegriffen seiner Theorie gehören Sprunghaftigkeit, Andeutungsstil
und der Universalbegriff des Tons, mithin formale Kategorien,
die auf unterschiedliche Stoffe anwendbar sind.

Aus der Volksballade sollen wir das lernen, was draus zu lernen ist:
Composition bei scheinbarer Compositionslosigkeit, Kunst der An-

deutungen, der Fortlassungen, der Sprünge, Kunst der Wiederholungen, der Refrains, der Leitmotive, Kunst mit den kleinsten Mitteln zu wirken, Schlichtheit der Sprache, vor allem *Ton*. (IV.3.538)

Dennoch gehören zum theoretischen Bild der Ballade in Fontanes Verständnis auch näher gekennzeichnete Stoffwelten aus der englisch-schottischen bzw. preußischen Geschichte; sie charakterisieren die Balladenform nicht nur auf inhaltlicher Ebene (zum »Balladenrecht«, I.1.796, gehört z. B. auch das Schreckliche), sondern tragen mit zu jenem Ton bei, der für Fontane jenseits bloßer Stoffverarbeitung zum Wesen des Balladen-Klangs gehört.

Die Bedeutung der gattungsgeschichtlichen Reflexion reicht über die Grenzen der Fontaneschen Balladen-Produktion hinaus und erstreckt sich auch auf Momente des Romanschaffens. Die Fontane-Forschung hat die Anlehnung gewisser Erzählungen (*Grete Minde, Ellernklipp, Unterm Birnbaum, Quitt*) an das ›Balladeske‹ eher als einen Rückfall des ins Moderne strebenden Erzählens bewertet, dabei allerdings verkannt, daß Fontane selbst gerade auch gegenüber allermodernsten literarischen Erscheinungen, so z. B. im Fall von HAUPTMANNS sozialem Drama *Vor Sonnenaufgang*, die balladenhaften Züge in der Dramaturgie hervorgehoben hat. Das deutet doch wohl darauf hin, daß im eigenen Verständnis keineswegs der balladeske Stil dem Avantgardistischen im Wege steht. Balladen wie *Die Balinesenfrauen auf Lombok* belegen zur Genüge den Modernitätsgehalt einer ausdrücklich offenen Formvorstellung (»noch nicht abgeschlossen«), und der große *Likedeeler*-Plan zeugt unabweisbar von Fontanes Bedürfnis, die vermeintlich entgegengesetzten Stilkräfte zu synthetisieren. Bedenkt man die diffizilen Berührungs- und Reibungsflächen zwischen Mythos und Psychologie, elementarer und gesellschaftlicher Lebenswelt, von denen das epische Spätwerk vielfach Zeugnis ablegt, so wird man bezüglich des balladesken Beitrags vorwiegend polarisierende Erklärungsmodelle eher verabschieden und auch hier die ›auffrischende‹ Tendenz zu ermitteln suchen.

Fontanes Balladen-Verständnis, insofern es einen speziellen Beitrag zur umfassenden Erkenntnis der Volkspoesie darstellt, weist noch einen weiteren modernen Zug auf. Für ihn sind Volkslied und Volksballade keineswegs nur durch das Anonymitätsmerkmal gekennzeichnet. Nicht, ob ein Lied einem bestimmten Verfasser zugesprochen werden kann, entscheidet über seine Zugehörigkeit zur Volksdichtung, sondern ob es tatsächlich populär war und insbesondere ob es den typischen »Klang« (III.1.361) aufweist, mithin das immer wieder angesprochene Ton-Kriterium erfüllt. Ebensowenig spielt in diesem Sinn das Originalitäts- bzw. Ursprünglichkeitskriterium eine entscheidende Rolle. Fontane geht vielmehr davon aus, daß auch Volkslieder vielfach durch Nachahmung entstanden seien und trotzdem zur Gruppe der »wirklichen Volkslieder« (III.1.362) gehören. Schließlich lehnt er auch das literaturgeschichtliche Entwicklungskonzept ab, demzufolge Volks- und Kunstdichtung streng aufeinander folgende Erscheinungen sein müssen; seiner Meinung nach treten sie durchaus nebeneinander auf. Der eigentliche Unterschied läge darin, daß, während die Kunstdichtung entwicklungsgeschichtlich gesehen Anfang und Ende hätte, die Volksdichtung sich zeitlich unbegrenzt entfalte und gerade in diesem Sinn auch ein Phänomen der Gegenwart sein könne. Vergleicht man solche Urteile etwa mit dem Verlauf der ›Volksbuch‹-Diskussion im 20. Jahrhundert (BENZ, ²1924; MACKENSEN, 1927; KREUTZER, 1977), so wird deutlich, wie früh Fontane den ›Mythos‹ der Volksdichtung durchschaut und dennoch – unter abgewandelten Gesichtspunkten – das Faktum der Volksdichtung ergründet hat. Vgl. zur Ballade auch 3.2.1.

HUGO AUST

Literatur

G. KRICKER, Theodor Fontane. Von seiner Art und epischen Technik, Berlin 1912. – M.-E. GILBERT, 1930, s.u. 3.1.1. – W. E. ROST, 1931, s.u. 3.1.1. – H. WAFFENSCHMIDT, 1932, s.u. 3.1.1. – E. KOHLER, 1940, s.u. 3.2.1. – E. KLOSTER, Die Technik der Gesellschaftsszene in den Romanen Friedrich Spielhagens und Theodor Fontanes, Diss. Frankfurt am Main 1945. – R. OSIANDER, Der Realismus in den Zeitromanen Theodor Fontanes. Eine vergleichende Gegenüberstellung mit dem französischen Zeitroman (Stendhal, Balzac, Flaubert). Diss. masch. Göttingen 1953. – C. DAVID, Theodor Fontane ou la crise du Réalisme, in: Critique 1957, S. 1011–1028. – H.-H. REUTER, Entwicklung und Grundzüge der Literaturkritik Theodor Fontane, in: WB 5 (1959), S. 183–223 (= Einleitung, in: Theodor Fontane: Schriften zur Literatur, Berlin 1960, S. V–LXX). – F. K. SCHNEIDER, The Concept of Realism in the Novel. A Re-Examination, Diss. University of Washington 1959 (DA 20, 1960, S. 2785f.) – J. BIENER, Fontane als Literaturkritiker, Rudolstadt 1965. – H. TURK, Realismus in Fontanes Gesellschaftsroman. Zur Romantheorie und zur epischen Integration, in: Jb der Wittheit zu Bremen 9 (1965), S. 407–456. – C. JOLLES, »Gideon ist besser als Botho.« Zur Struktur des Erzählschlusses bei Fontane, in: Fs für W. Neuse, Berlin 1967, S. 76–93. – J. THANNER, Die Stilistik Theodor Fontanes. Untersuchung zur Erhellung des Begriffes »Realismus« in deutscher Literatur, The Hague 1967. – H. OHL, 1968, s.u. 3.1.1. – D. TURNER, 1968, s.u. 2.1.1.

– H. Buscher, 1969, s.u. 3.1.2. – D. Brüggemann, 1971, s.u. 3.1.1. – G. Schmolze, Wie ›realistisch‹ war Fontane? Beobachtungen bei ost-westlichen Fontane-Interpretationen, in: Zeitwende 42 (1971), S. 40–51. – H.-H. Reuter, Fontanes Realismus, in: Realismus, 1972, S. 25–64. – J. Gomez, Unveröffentlichte Briefe an Pol de Mont. Ein Beitrag zu Fontanes Theorie der Ballade, in: FBl H. 15 (1972), S. 465–474. – H. E. Greter, Fontanes Poetik, Frankfurt am Main 1973. – K. Harms, Formale Aspekte im Romanwerk Theodor Fontanes, Diss. Northwestern University 1973 (DA 34/07A, S. 4262 DCJ 73–30607). – G. Honnefelder, 1973, s.u. 3.1.1. – J. Krueger, Zu Fontanes Aufsatz »Die gesellschaftliche Stellung der Schriftsteller«. Mit einem unbekannten Brief des Dichters, in: FBl H. 16 (1973), S. 593–598. – H. Aust, 1974, s.u. 3.1.1. – H.-H. Reuter, Nachwort, in: Theodor Fontane: Literarische Essays und Studien, 1974, N XXI/2.471–495. – H. Steinecke, Romantheorie und Romankritik in Deutschland. Die Entwicklung des Gattungsverständnisses von der Scott-Rezeption bis zum programmatischen Realismus, 2 Bde., Stuttgart 1975/76. – K. Lindemann, Realismus als ästhetisierte Wirklichkeit. Fontanes frühes Realismusprogramm in seiner Schrift »Unsere lyrische und epische Poesie seit 1848«, in: Aurora 36 (1976), S. 151–164. – B. E. Trebein, Theodor Fontane as a critic of the drama, 1916, Neudr. New York 1976. – R. Brinkmann, ²1977, s.u. 3.1.1. – K. Gärtner, Theodor Fontane – Literatur als Alternative. Eine Studie zum »poetischen Realismus« in seinem Werk, Bonn 1978. – K.-P. Schuster, s.u. 3.1.16. – U. Hass, 1979, s.u. 3.1.1. – R. G. Leckey, Some aspects of balladesque art and their relevance for the novels of Theodor Fontane, Bern, 1979. – K. Mommsen, 1979, s.u. 3.1.1. – W. Neuse, 1979, s.u. 3.1.1. I. Schuster, Akribie und Symbolik in den Romananfängen Fontanes, in: Fs Jolles, 1979, S. 318–324. – D. Sommer, Soziale Einsicht und Realismusauffassung beim späten Fontane, in: Ebd., 1979, S. 300–304. – P. I. Anderson, 1980, s.u. 3.1.1. – H. Aust, Literatur des Realismus, 3., durchges. und erg. Aufl., Stuttgart 2000. – M. Swales, Epochenbuch Realismus. Romane und Erzählungen, Berlin 1997. – H. Frei, »Kunst ist ein ganz besonderer Saft.« Theodor Fontane – von den Mühen des Schreibens, in: Sprachkunst 12 (1981), S. 297–310. – K. S. Guthke, 1982, s.u. 3.1.1. – W. Gloganev, Die Schönheiten des Trivialen oder: Bürger im Niemandsland. Theodor Fontane zwischen Naturalismus und poetischem Realismus, in: Orbis Litterarum 39 (1984), S. 24–37. – D. Lamping, 1984, s.u. 3.1.1. – W. Preisendanz, 1984, s.u. 3.1.1. – R. Böschenstein, 1985, s.u. 3.1.1. – R. C. Cowen, Der Poetische Realismus. Kommentar zu einer Epoche, München 1985. – W. Jung, Das ›Menschliche‹ im ›Alltäglichen‹: Theodor Fontanes Literaturtheorie in ihrer Beziehung zur klassischen Ästhetik und seine Rezeption der Dichtung Goethes und Schillers, Frankfurt am Main 1985. – W. Preisendanz, ³1985, s.u. 3.2.2. – L. Voss, 1985. – M. Walter-Schneider, »Personen, die nicht da waren, wissen immer alles am besten.« Bemerkungen zum Realismus in Fontanes Romanen, in: ZfdPh 104 (1985), S. 223–244. – G. Loster-Schneider, 1986, s.u. 3.1.1. – Plett, 1986. – M. Swales, Zum Problem des deutschen Realismus, in: Deutsche Literatur in der Weltliteratur, hg. von F. N. Mennemaier/C. Wiedemann, Tübingen 1986, S. 116–

121. – M. MASANETZ, Theodor Fontanes Frühwerk in den liberalen Rezensionsorganen des Nachmärz. Eine rezeptionsgeschichtliche Studie zur Bestimmung der poetologischen Position des Autors in den fünfziger Jahren, in: Literarisches Leben, 1987, S. 166–186. – B. PLETT, Die Emanuel-Geibel-Situation und die Theodor-Fontane-Situation. Anmerkungen zu Stellung und Selbstverständnis zweier Schriftsteller im 19. Jahrhundert, in: Literarisches Leben, 1987, S. 466–495. – M. MASANETZ, Genese und Struktur der Poetik Theodor Fontanes, Diss. Leipzig 1988. P. HASUBECK, 1987, s.u. 3.1.1. – H.-J. ZIMMERMANN, 1988, s.u. 3.1.1. – G. KEREKES: Der Weg durch die Wüste – Theodor Fontanes Dramentheorie, in: Acta Litteraria Hungaricae 31(1989), S. 223–244. – H. KORTE, Ordnung & Tabu. Studien zum poetischen Realismus, Bonn 1989. – M. SWALES, Möglichkeiten und Grenzen des Fontaneschen Realismus, in: TuK Fontane, 1989, S. 75–87. – C. LIEBRAND, 1990, s.u. 3.1.1. – R. C. HOLUB, Reflections of Realism. Paradox, Norm, and Ideology in Nineteenth-Century German Prose, Detroit 1991. – H. NÜRNBERGER, 1991, s.u. 3.2.1. – B. PLETT, 1991, s.u. 3.2.1. – A. SCHMIDT-SUPPRIAN, 1993, s.u. 3.1.1. – H. V. GEPPERT, Der realistische Weg. Formen pragmatischen Erzählens bei Balzac, Dickens, Hardy, Keller, Raabe und anderen Autoren des 19. Jahrhunderts, Tübingen 1994. – W. HETTCHE, 1994, s.u. 3.1.2. – C. A. BERND, Poetic Realism in Scandinavia and Central Europe, 1820–1895, Columbia 1995.

3
DAS WERK

3.1 Das Erzählwerk

3.1.1 Der Fontanesche Roman

1. *Das Romanwerk*
Fontanes erzählendes Œuvre ist weitestgehend ein Alterswerk; es muß biographisch und im nationalen und internationalen Vergleich als verspätet gelten. Zwischen dem letzten Roman Fontanes und dem ersten des über 50 Jahre jüngeren Thomas MANN, *Buddenbrooks* (1901), liegen nur drei Jahre. Obwohl der Autor kurz nach Richard WAGNER, Georg BÜCHNER, Friedrich HEBBEL (alle *1813), Gustav FREYTAG (*1816) Georg HERWEGH und Theodor STORM (beide *1817), im selben Jahr wie Gottfried KELLER (*1819) und vor Conrad Ferdinand MEYER (*1825) und Wilhelm RAABE (*1831) geboren ist, tritt er als Romancier erst in den beiden letzten Dekaden des 19. Jahrhunderts als beinahe Sechzigjähriger und nach einer fast 25jährigen Phase nahezu ausschließlich journalistischer Veröffentlichungen hervor, so daß sein Erzählwerk fast gleichzeitig mit Naturalismus, Impressionismus, Jugendstil, Symbolismus, Dekadenz und den bahnbrechenden Werken Jahrzehnte jüngerer Zeitgenossen wie Friedrich NIETZSCHE (*1844), Sigmund FREUD (*1856) und Gerhart HAUPTMANN (*1862) erscheint. Es weist durchaus erkennbare Beziehungen zu diesen Strömungen und Autoren auf.

Dieses erzählerische Œuvre prägt das heutige Fontanebild insgesamt. Es gilt als Höhepunkt des realistischen Romans in Deutschland und entsteht in kritischer Auseinandersetzung mit der realistischen europäischen Prosa der Zeit (etwa Charles DICKENS, William Makepeace THACKERAY, Emile ZOLA, Iwan TURGENEV). Es umfaßt siebzehn Romane, von denen einer (*Mathilde Möhring*, 1907) – abgeschlossen, aber einer letzten Überarbeitung bedürftig – posthum erscheint: *Vor dem Sturm* (1878, angegeben ist jeweils das Datum der Erstausgabe), *Grete Minde* (1880), *Ellernklipp* (1881), *L'Adultera* (1882), *Schach von Wuthenow* (1883), *Graf Petöfy* (1884),

Unterm Birnbaum (1885), *Cécile* (1887), *Irrungen, Wirrungen* (1888), *Stine* (1890), *Quitt* (1891, ausgeliefert November 1890), *Unwiederbringlich* (1892, ausgeliefert November 1891), *Frau Jenny Treibel oder »Wo sich Herz zum Herzen find't«* (1893, ausgeliefert Oktober 1892), *Effi Briest* (1895), *Die Poggenpuhls* (1896), *Der Stechlin* (1899, ausgeliefert Oktober 1898). Hinzu kommen ein Band mit dreizehn kürzeren Erzählungen, *Von, vor und nach der Reise* (1894) und eine Fülle von Erzählfragmenten, die von der bloßen Notiz bis zu ausgearbeiteten Kapitelfolgen reichen und die Reihe der vollendeten Romane zeitlich begleiten. Die wenigen frühen Erzählungen dagegen nehmen in Fontanes Œuvre einen entschieden geringeren Rang ein.

Mit Ausnahme des ersten Romans, dessen Anfänge in die fünfziger Jahre zurückreichen, schreibt und publiziert Fontane also in den letzten zwanzig Lebensjahren (1878–1898), zwischen seinem 58. und seinem 78. Jahr, neben seinen sonstigen Werken nahezu jedes Jahr einen Roman. Er schafft damit den repräsentativen Zeitroman und führt den deutschen Roman spät auf die Höhe des europäischen Realismus und an die Grenze der Moderne.

Fontanes Erzählwerk ist als eine der großen künstlerischen Altersleistungen der Weltliteratur unbestritten und als solche in seiner Zeit höchstens mit Anton BRUCKNERS fast gleichzeitig entstehendem Sinfoniewerk zu vergleichen. Es weist typische Züge von Alterskunst auf und erfüllt auf bewundernswerte Weise Paul CELANS poetisches Diktum »Schwerer werden, leichter sein«: reiche Schichtung und Symbolisierung der Texte, Bildungsfülle, Lebensreife und -erfahrung, Abgeklärtheit, Skepsis, Toleranz, Humor, aber auch Sentimentalität, Resignation, Plauderhaftigkeit und Mangel an Leidenschaft. Als Alterswerk hat dieses erzählerische Œuvre wohl wegen seiner Distanziertheit vom Persönlichen nicht dazu herausgefordert, als Repositum von bedrängend Autobiographischem untersucht zu werden. Erst in den letzten Jahrzehnten hat die Forschung systematischer die verborgenen, subtilen Verbindungen zwischen Autor und Werk anvisiert (vgl. etwa P. ANDERSON, 1980; R. DIETERLE, 1996).

Gerade wegen der liebenswürdigen Züge von Altescharme und -weisheit muß auch der konfliktreiche und tragische Charakter von Fontanes Erzählen betont werden. In sieben der siebzehn Werke begehen nahezu ausnahmslos junge oder jüngere Menschen Selbstmord; in zweien endet ein Duell tödlich; in dreien geschieht ein Mord, der den Tod des Mörders nach sich zieht; drei weitere Romane enden mit dem Tod eines Protagonisten, wobei es sich wieder mit einer Ausnahme um jüngere Menschen handelt. In *Vor dem Sturm* allein opfern drei junge Menschen ihr Leben, und drei alte sterben. Der Tod ist also in Fontanes Romanen allgegenwärtig; nur in zwei Romanen stirbt keine der Gestalten (*L'Adultera* und *Frau Jenny Treibel*). Daraus aber auf einen monologisch-einheitlichen tragischen Erzählton zu schließen, wäre falsch. Fontane beherrscht das Humoristische wie das Tragische, das Komödiantische wie das Rührende, das Geistreiche wie das Naive, das Diskrete wie das Anrüchige, auch wenn er in einigen der früheren Erzählungen gelegentlich stilistisch der bürgerlichen Rührseligkeit seiner Zeit verfällt.

Die literarischen Marktbedingungen der Zeit, die dem freien künstlerischen Ausdruck nicht gewogen sind, haben auf Fontanes Erzählungen erheblichen Einfluß. Die Zeitgenossen begegnen allen Erzählwerken Fontanes – wie so vieler Erzählliteratur dieser Zeit nicht nur in Deutschland – zunächst in Journalen, in Fortsetzungen und nicht selten gekürzt. Fontane ist finanziell zu sehr auf das zusätzliche Einkommen durch die Vorveröffentlichung angewiesen und hat zu wenig künstlerisches Ansehen, als daß er sich redaktionellen Eingriffen widersetzen könnte. Die Vorabdrucke sind daher fast ausnahmslos textkritisch wertlos. Daß Fontanes Werke wiederholt auf sexuelle Bedenken der Zeitgenossen stoßen, zeigt die engen Grenzen der öffentlichen Toleranz und verzögert in einigen Fällen ihre Publikation (vgl. GRAWE, 1998; N. MECKLENBURG, 1998). Wie wenig gesucht Fontanes Texte sind, erkennt man daran, daß er sich immer wieder um neue Publikationsorgane bewerben muß; seine 16 Romane werden in zehn verschiedenen Zeitungen und Zeitschriften vorabgedruckt. Ähnliches gilt auch für die folgenden Erstausgaben: Sie sind auf sieben verschiedene Verlage verteilt. Der Verleger der *Wanderungen durch die Mark Brandenburg*, Wilhelm HERTZ in Berlin, hat mit den ersten drei Romanen keinen Verkaufserfolg und zögert mit weiterem Einsatz. Die mittleren, im Urteil der Zeit riskanten Werke finden dann nicht leicht Verleger. Erst als der neu gegründete Verlag von Fontanes Sohn FRIEDRICH in den neunziger Jahren, zunächst gegen Fontanes Absicht, die Rechte seiner Bücher erwirbt, hat der Romancier ein verlegerisches Zuhause (vgl. 1.3.4). Dem größten Teil der Romane ist kein großer Publikumserfolg beschieden, worunter Fontane im Bewußtsein seiner künstlerischen Überlegenheit leidet und was ihn zu gelegentlichen Ausbrüchen über Literatur, Literaturmarkt und Publikum provoziert. Sogar der Publikumserfolg von Fontanes späten Romanen, vor allem *Effi Briest*, ist neuerdings als mögliche Verlagsmanipulation angezweifelt worden (vgl. K.-P. MÖLLER, 1999). Fontanes außerordentlicher Ruhm als Romancier ist ein Phänomen der zweiten Hälfte des 20. Jahrhunderts.

Mit seinem Romanwerk führt Fontane die deutsche Prosa des 19. Jahrhunderts aus dem für sie prägenden und typischen peripheren Schauplatz (etwa Gottfried KELLERS Schweizer Dorf Seldwyla, der adlige Landsitz in Adalbert STIFTERS *Der Nachsommer*, Wilhelm RAABES Kleinstädte und das provinzielle Husum in STORMS Erzählungen) an den zentralen Schauplatz, die moderne Metropole, die im realistischen Roman Europas schon lange als unverzichtbar bei der Darstellung der modernen Welt gilt. Um die deutsche Literatur von dem »Wahn« zu befreien, »daß Husum, Heiligenstadt oder meiner Großmutter alter Uhrkasten die Welt sei« (an W. von MERCKEL, 20. 9. 1958, IV.1.625), rückt Fontane Berlin in den Mittelpunkt seiner Romane:

> Es ist mir im Laufe der Jahre besonders seit meinem Aufenthalte in London Bedürfniß geworden an einem großen Mittelpunkte zu leben, in einem Centrum wo entscheidende Dinge geschehn. Wie man auch über Berlin spötteln mag, […], das Faktum ist doch schließlich nicht wegzuleugnen, daß das was hier geschieht und nicht geschieht direkt eingreift in die großen Weltbegebenheiten. Es ist mir Bedürfniß geworden, ein solches Schwungrad in nächster Nähe sausen zu hören, auf die Gefahr hin, daß es gelegentlich zu dem bekannten Mühlrad wird. (An P. Heyse, 28. 6. 1860, IV.1.709)

Fontane ist zwar nur einer der Autoren des zwischen 1880 und 1900 populären »Berliner Romans« (etwa Max KRETZER, Julius STINDE, Paul LINDAU), der die expandierende Hauptstadt des neugegründeten deutschen Reiches mit ihren sozialen Entwicklungen und ihrem gesellschaftlichen Leben zum Handlungsschauplatz wählt, aber außer ihm hat keiner in dem Genre bleibende Leistungen hervorgebracht (vgl. C. JOLLES, 1988; M. OSSOWSKI, 1989). Überhaupt entstehen Fontanes komplexe und riskante literarische Gebilde in einer wenig stimulierenden Literaturszene, die mindestens zum Teil für die qualitative Unausgewogenheit seines Œuvre verantwortlich ist. Während die größten seiner Romane weltliterarisches Niveau haben, bleiben andere teilweise der Salonliteratur und dem ›Butzenscheiben‹-Historismus der Zeit verhaftet. Da es Modelle für ihn nicht gibt, kann er erst beim Romanschreiben zum Romancier werden. Sein heutiger Ruhm darf über die künstlerischen Mängel in einigen der früheren Romane nicht hinwegtäuschen. Dazu gehören Ad-hoc-Psychologie, Sentimentalität und das Ausweichen in metaphysisch-irrationale Deutungsmuster. Erst als Fontane menschliche Ereignisse zeitlich-weltimmanent begründet (»es ist nicht nötig, daß die Stechline weiterleben, aber es lebe *der Stechlin*«, *Der Stechlin*, letzter Satz), statt ins Deterministische auszuweichen (»Ewig und unwandelbar ist das Gesetz«, *Ellernklipp*, Titel des letzten Kapitels), durchdringen sich die literarische, die psychologische und die zeitkritische Ebene bruchlos.

2. Gattungsfragen

Die Gattungsbezeichnungen ›Novelle‹ und ›Roman‹ erlauben bei Fontane keine eindeutigen Schlüsse auf Charakter und Form seiner Werke, denn sie werden pragmatisch, marktgerecht und unverbindlich benutzt (vgl. 2.2.5).

> Zwischen 1878 und 1888 nennt er die neu entstandenen Werke fast ohne Ausnahme Novellen oder Erzählungen, auch dann, wenn sie den novellistischen Kern stellenweise überschreiten. Ab 1888 bezeichnet er umgekehrt alle neu entstehenden Werke als Romane, auch wenn sie nur sehr kleinen Umfang haben. [...] Rückwirkend werden jetzt auch ältere Arbeiten Romane genannt. (M. WINDFUHR, in: Fs JOLLES, 1979, S. 337f.)

WINDFUHRS richtigen Beobachtungen lassen sich einige Präzisierungen hinzufügen. Fontane beginnt mit charakterisierenden Untertiteln, die in vier von fünf Fällen eine historisch-zuordnende, inhaltliche Funktion haben und drei verschiedene Gattungsbezeichnungen verwenden (*Vor dem Sturm*: »›Roman‹ aus dem Winter 1812 auf 13«, *Grete Minde*: »Nach einer altmärkischen Chronik«, *Ellernklipp*: »Nach einem Harzer Kirchenbuch«, *L'Adultera*: ›Novelle‹, *Schach von Wuthenow*: »›Erzählung‹ aus der Zeit des Regiments Gensdarmes«). Später benutzt Fontane inhaltlich-charakterisierende Titelzusätze nur noch in zwei Fällen: beim Vorabdruck von *Irrungen, Wirrungen*: »eine Berliner Alltagsgeschichte« (vgl. an F. STEPHANY, 13. 7. 1887, IV.3.550) und beim Schutzumschlag der Erstausgabe von *Frau Jenny Treibel*: »Roman aus der Berliner Gesellschaft«). Nur *L'Adultera* erscheint mit dem im strengen Sinn irreführenden Titel ›Novelle‹, und zwar sowohl beim Vorabdruck als auch bei der Erstausgabe. Fontane reflektiert Gattungsbegriffe nur sporadisch. Bis 1887/88 bezeichnet er seine Prosaprojekte in seinen Briefen generell und unabhängig von Inhalt und Form als »Novellen« und »Novellenschreiberei«. Das erste Werk nach *Vor dem Sturm*, das als »Roman« bezeichnet wird, ist der Vorabdruck von *Graf Petöfy* (1884). Die immer ausschließlichere Verwendung dieses Terminus auf Kosten von »Novelle« reflektiert mehrere Entwicklungen: Der Versuch, sich mit kürzeren »Novellen«-artigen Erzählungen den Marktbedingungen anzupassen, führt nicht zum ersehnten literarischen und damit finanziellen Erfolg. Das nächste Projekt ist der umfangreich angelegte, aber aufgegebene Berliner Gesellschaftsroman *Allerlei Glück*. Erst als Fontane als Erzähler etabliert ist, nimmt der Umfang seiner Werke wieder zu, so daß der Terminus »Roman« sich als der angemessene anbietet. Fontane begreift sich nun aufgrund seiner zunehmenden Vertrautheit mit der internationalen Erzählliteratur und seines größeren Selbstbewußtseins als Romancier. Dementsprechend führt – außer bei *Stine*, offenbar wegen des geringen Umfangs – die Erstausgabe der letzten neun seiner zu Lebzeiten erschienenen Erzählwerke den Zusatz »Roman«; bei den letzten sechs trifft das auch auf den Vorabdruck zu.

Letzten Endes ist bei Fontanes Erzählwerk die Gattungsfrage von der Nachwelt entschieden worden: »Theodor Storm, C. F. Meyer oder Gottfried Keller sind als Novellisten in die Literaturgeschichte eingegangen, Fontane dagegen als Romancier.« (H. Ohl, 1981, S. 339) Dieses posthume Urteil besteht zurecht, denn Fontanes Werke sind durchweg nicht novellistisch konzipiert, sondern auf größeres Gleichmaß und größeren Umfang angelegt. Ihre Seitenzahl reicht von etwa 100 bis etwa 700, und ihre Handlung dauert mit zum Teil erheblichen Zeitsprüngen von einigen Wochen (*Stine, Frau Jenny Treibel*) bis zu zwölf Jahren (*Effi Briest*). Durchweg verhindert auch Fontanes Vorliebe für die Entfaltung und Begleitung des Geschehens im Gespräch, für den Einbezug von Nebenfiguren und für das personen-, milieu- und zeittypische Detail die novellistische Konzentration und Stringenz – oder gar Rapidität im Sinn Heinrich von Kleists. Der erzählerische Atem auch der kürzeren Erzählungen Fontanes ist eher episch als novellistisch.

Das zeigt sich auch darin, daß sie alle in Kapitel gegliedert sind, ja daß Fontane seine Entwürfe von Anfang an in Kapiteln konzipiert. Überhaupt haben Fontanes Romane gewisse gemeinsame Strukturmerkmale. Die für die novellistische Prosa des deutschen Realismus so typischen Ich- und Rahmenerzählungen, die Vehikel einer ein-stimmigen und auf die Vergangenheit gerichteten Erzählweise, kommen bei Fontane nicht vor. Obwohl früheres Geschehen die erzählte Gegenwart belasten, bestimmen und verändern kann, schreitet die Handlung in allen Romanen Fontanes chronologisch voran; sie ist vorwärtsgerichtet. Angaben, oft am

Kapitelanfang, die den Zeitverlauf registrieren, sind daher häufig (z.B. *Graf Petöfy*, 11. Kap.: »Eine Woche später hatte man sich wieder in dem alten Petöfyschen Palais eingerichtet, und schon den Tag darauf [...]«; oder *Unwiederbringlich*, 25. Kap.: »Die schönen Tage, die, seinem Ruf zum Trotz, fast den ganzen November über angedauert hatten, schlossen mit dem Monatswechsel ab, [...]«).

Fontanes Romane sind szenisch angelegt und werden durchweg von einer externen Erzählerstimme vorgetragen, die sich manchmal in das Geschehen kommentierend einschaltet und manchmal völlig dahinter verschwindet. Der Autor läßt der handlungsinternen Kommentierung und Reflexion der Ereignisse und Gestalten durch das enthüllende und verbergende, gesellschaftliche und intime Gespräch, die beinahe an den inneren Monolog heranführende Selbstbetrachtung und den Brief weitestgehenden Raum, so daß in seinen reifen Romanen ein Polyperspektivismus entsteht, der die Leser zum eigenen Urteil herausfordert und durch den Objektivität und Wahrheit, Werte und Bewertung eine Relativierung erfahren, die auf die Literatur des 20. Jahrhunderts vorausweist. Das Neben- und Gegeneinander unterschiedlicher Sichten auf die Ereignisse durch die Romanfiguren selbst erzeugt ein Mosaik aus individuellen menschlichen Wahrheiten. Menschliches Leben erscheint als vielfältig und widersprüchlich deutbar, ohne doch ethische Beliebigkeit zu suggerieren. Fontanes Erzählen bewegt sich vielmehr in einem »Spannungsfeld von Ethik und Diagnostik« (N. MECKLENBURG, 1998, S. 56).

Für diesen Perspektivismus und die beherrschende Rolle des Dialogs ist das vielfältige und lebhafte gesellschaftliche Miteinander der Fontaneschen Romane besonders geeignet. Diese sind – auch im Balladesken und Historischen – Gesellschaftsromane und erfüllen bald auch ausschließlich Fontanes Forderung, »Der moderne Roman soll ein Zeitbild sein, ein Bild *seiner* Zeit« (III.1.319). Sie stellen Menschen im geselligen und privaten Umgang miteinander dar, der in einer sozial klar gegliederten, Konflikte herausfordernden Gesellschaftsstruktur stattfindet und sich nach Konventionen abspielt, die allen Beteiligten vertraut sind und durch Sitte und Anstand geregelt werden. Die geschilderten Lebensausschnitte, die die Menschen in einem dichten kulturellen Ambiente zeigen, schaffen einen Rhythmus von gesellschaftlichem Ereignis und Alleinsein, von öffentlichem und privatem Dasein. Die Handlung rankt sich meist um wenige, detailliert dargestellte Ereignisse oder Geselligkeiten (Theaterbesuch, Gasthausrunde, Diner, Ausflug, jahreszeitliche Feier usw.), bei denen die Gespräche, nicht die

Ereignisse den größeren Raum einnehmen und die durch vorbereitende und nachbereitende Szenen in wechselndes Licht gerückt werden, so daß die menschlichen Reaktionen und Reflexionen die Episoden selbst verschiedenartig widerspiegeln.

3. Handlung, Personal, Ort, Zeit

Inhaltlich nehmen Fontanes Erzählungen nicht wie die anderer europäischer Realisten (etwa Honoré de BALZAC, »La comédie humaine« oder Anthony TROLLOPE, die »Palliser«- und die »Barchester«-Romane) aufeinander Bezug; keine Gestalt kommt in mehr als einem der Romane vor. Diese bilden nicht ein durchgehendes Handlungsgefüge, sondern ein gesellschaftliches Mosaik, das in unabhängigen Episoden zeittypische soziale Konstellationen fiktionalisiert. Von den beiden historisierenden Erzählungen *Grete Minde* und *Ellernklipp* abgesehen, die im 17., bzw. 18. Jahrhundert angesiedelt sind, erstrecken sich die Handlungen der Romane über Fontanes eigenes Jahrhundert und bleiben damit im zeitlichen Bereich dessen, was Henry JAMES charakterisiert als

> the palpable imaginable visitable past [...] the nearer distances and clearer mysteries, the marks and signs of a world we may reach over to as by making a long arm we grasp an object at the other end of our own table (Vorwort zur New York Edition von *The Aspern Papers*, 1908);

und Fontane weniger diffizil formuliert:

> Der Roman soll ein Bild der Zeit sein, der wir selber angehören, mindesten die Widerspiegelung eines Lebens, an dessen Grenze wir noch standen oder von dem uns unsere Eltern noch erzählten. (III.1.319)

Das Vorrücken der Handlungen innerhalb des 19. Jahrhunderts von *Schach von Wuthenow* (Handlungszeit 1806) über *Vor dem Sturm* (1812/13), *Unterm Birnbaum* (1831) und *Unwiederbringlich* (1859) bis zu den elf ab 1870 spielenden Romanen reflektiert in großen Zügen Fontanes mit zunehmendem Alter immer intensivere und kritischere Auseinandersetzung mit seinem unmittelbaren Lebensmoment. Das nächste Projekt, die im 15. Jahrhundert spielenden *Die Likedeeler*, dem sich Fontane in seinen letzten Lebensjahren zuwandte, hätte bei aller indirekten Zeitaktualität einen Bruch mit dieser Gegenwartsdarstellung bedeutet.

Die inhaltliche Spannweite reicht von den beiden frühen Romanen über Preußens schwerste politische Krise am Beginn des 19.

Jahrhunderts (*Vor dem Sturm* und *Schach von Wuthenow*), die einen mahnenden Kontrast zum triumphalen Preußen des Kaiserreichs bildet, bis zu den beiden letzten Gegenwartsromanen (*Die Poggenpuhls* und *Der Stechlin*), die auf eine Handlung beinahe vollständig verzichten und subtil in der Alltäglichkeit den Wandel der Zeit und das menschliche Befinden in ihr aufleuchten lassen; von den balladesk-kriminalistischen Erzählungen im bürgerlichen oder bäuerlichen Milieu der preußisch-historischen Provinz (*Grete Minde*, *Ellernklipp* und *Unterm Birnbaum*) zu den Darstellungen der zeitgenössischen Berliner Großbourgeoisie (*L'Adultera* und *Frau Jenny Treibel*); von den sich dem Naturalismus nähernden Darstellungen des Kleinbürgertums (*Quitt* und *Mathilde Möhring*), auch in seiner Beziehung und Spannung zum Adel (*Irrungen, Wirrungen* und *Stine*) zu den aristokratischen Eheromanen (*Graf Petöfy*, *Cécile*, *Unwiederbringlich* und *Effi Briest*).

Insgesamt stellt Fontanes Romanwerk ein lebensechtes, kritisch durchleuchtetes und diagnostisch präzises Panorama und eine Mentalitätsstudie der ersten dreißig Jahre des deutschen Kaiserreiches dar, das in der Literatur nicht seinesgleichen hat. Eine Parallele bildet höchstens NIETZSCHES Analyse des intellektuellen Lebens dieser Zeit. Dieses Gegenwartsporträt ist gesättigt von menschlicher, historischer und kultureller Erfahrung, Teilnahme und Beobachtung und enthält einen ungeheuren Reichtum an Zeitsubstanz. Kultur und Kunst, Politik und geistige Auseinandersetzungen, Theater und Militär, menschliches Verhalten und gesellschaftliche Etikette, soziales Milieu und soziale Schichtung, Moralität und Tabus, Alltagswelt und Zeitgeschmack, Geschlechterrollen und -stereotypen, Modesprache und Soziolekte werden lebendig, aber unaufdringlich vergegenwärtigt.

G. BRANDTSETTER/G. NEUMANN (1998, S. 244, s.u. 3.1.6) haben die »vier kulturthematische[n] Felder« identifiziert, die bei Fontanes fiktionaler Analyse der individual-sozialen Gegebenheiten Vorrang haben. Sie erkennen sie

> im Triebfeld der Sexualität und ihrer gesellschaftlichen Zügelungsmuster […]; im Thema der Aggression, die im Zeichen des ›point d'honneur‹ steht […]: im Nahrungsgeschehen […]; im Verhalten und in der Einstellung zum Tod […].

Zu dieser Analyse gehören auch wichtige Repräsentanten der Zeit, unter denen Otto von BISMARCK als der prominenteste, einflußreichste und kontroverseste politische und Richard WAGNER als der entsprechende künstlerische Exponent der Epoche den häufigsten Gegensprächsgegenstand bilden. Die Fülle des charakteristischen und zeittypischen Gegenständlichen hat R. BRINKMANN (Fs JOLLES, S. 378) dazu veranlaßt, Fontanes Werk als »faktophile[n] Realismus« zu bezeichnen.

Die Wirklichkeitsnähe dieser Werke dokumentiert sich schon darin, daß ihnen meist ein der Realität entnommener Handlungskern zugrunde liegt, den Fontane aus Zeitungsnotizen oder Erzählungen Bekannter erfährt. Die Ausgestaltung des ganzen Ensembles der Lebensumstände und der gesellschaftlichen Wirklichkeitsausschnitte allerdings ist die künstlerische Eigenleistung des Autors. Aber die intensiv gestaltete Umwelt der Figuren ist nicht Selbstzweck, sondern Verständnismedium für die menschlichen Vorgänge, da »das ›Milieu‹ bei mir den Menschen und Dingen erst ihre Physiognomie gibt« (an M. NECKER, 29. 10. 1895, IV.4.495). Fontane interessiert sich nicht für das Skandalon in seiner aufsehenerregenden Roheit, sondern für dessen Implikationen und Konsequenzen als Indikatoren des gesellschaftlich Paradigmatischen:

> Liebesgeschichten in ihrer schauderösen Ähnlichkeit, haben was Langweiliges –, aber der Gesellschaftszustand, das Sittenbildliche, das versteckt und gefährlich Politische, das diese Dinge haben, […], *das* ist es, was mich so sehr daran interessiert. (An F. STEPHANY, 2. 7. 1894, IV.4.370)

Das Bild des sozialen Lebens der Kaiserzeit, das Fontane entwirft, ist kein harmonisches, denn die Gesellschaft stellt sich national, sozial und familiär als hierarchische und rigide Ordnungswelt dar, die den Individuen ihre strikte Gesetzlichkeit auferlegt. Mit ihr müssen sie sich auseinandersetzen und akkommodieren, von ihr werden sie geformt und verformt, unter ihr leiden und zerbrechen sie, gegen sie handeln oder – selten genug – rebellieren sie. Im Zentrum von Fontanes Romanwerk stehen Konflikte zwischen dem Individuum mit seinen geistigen, seelischen und triebhaften Bedürfnissen und dem gesellschaftlichen Rollenzwang, der ihnen im Namen des Funktionierens der Sozietät und der religiösen und moralischen Gebote auferlegt wird. Fontanes erzählerisches Œuvre ist daher auch ein Psychogramm, ja eine selektive Sozialpathologie des Seelenlebens der Kaiserzeit und wird als solche gerade von der jüngeren Forschung mit dem soziologischen und psychoanalytischen Instrumentarium des 20. Jahrhunderts analysiert (konsequent z.B. bei R. KOLK, 1986), was gelegentlich dazu verführt, die Romane in Erkenntnis ihrer geistigen und sozialen Substanz auch dort zu rechtfertigen, wo sie künstlerische Schwächen aufweisen. Es handelt sich also bei Fontane vielfach um leidende oder gefährdete, frustrierte oder gar beschädigte Charaktere, die zum großen Teil trotz ihrer negativen Erfahrungen mit den sozialen Gegebenheiten, den moralischen Anforderungen und den stereotypen Geschlechterrollen die Werte der Gesellschaft verinnerlicht haben und gegen sich selbst und ihre eigenen Bedürfnisse vertreten. So zentral der private Raum menschlicher Lebenserfüllung, der Bereich des Herzens und des Glücks und der Anspruch des Menschen auf seine Natürlichkeit in Fontanes Romanen sind und so sehr diese Bedürfnisse die Teilnahme des Autors finden, so wenig lassen sie sich – außer im heiteren Überspielen der tatsächlichen Zustände oder in märchenhafter Enthobenheit von der Realität – in der Gesellschaft seiner Zeit verwirklichen.

> Der natürliche Mensch will leben, will weder fromm noch keusch noch sittlich sein, lauter Kunstprodukte von einem gewissen, aber immer zweifelhaft bleibenden Wert, weil es an Echtheit und Natürlichkeit fehlt. Dies Natürliche hat es mir seit lange angetan, ich lege nur *da*rauf Gewicht, fühle mich nur *da*durch angezogen, […]. (An C. GRÜNHAGEN, 10. 10. 1895, IV.4.487)

Als Ausweg aus den Spannungen und Leiden bleibt den Menschen daher kaum etwas anderes als Reformation, Resignation oder freiwilliger Tod. Protest ist selten; es gibt bei Fontane nur einen offenen Rebellen (Lehnert Menz in *Quitt*) und eine Frau, die ihr Lebensglück gegen das Verdikt der Gesellschaft durchsetzen kann (Melanie van der Straaten in *L'Adultera*). Erst in den letzten beiden Romanen verflüchtigt sich der Grundkonflikt zum schmerzloseren Affiziertsein vom Rollenzwang und vom Wandel der Zeit. In der Mehrzahl von Fontanes Romanen geht es um die Möglichkeit oder Unmöglichkeit einer Wiedereingliederung in die Gesellschaft nach einer menschlichen Krise, einem Überschreiten der Verhaltensnormen. Da die Wiederaufnahme meist nicht gelingt, strahlen Fontanes Romane oft Melancholie aus, eine Stimmung des Unumkehrbaren und »Unwiederbringlichen« fehlgelaufener menschlicher Beziehungen und Handlungen – am ausgeprägtesten wohl in *Unwiederbringlich* und *Effi Briest*. Resignation ist daher als Altersstimmung, als menschliche Reife und in einem epochalen, »eminent geschichtlichen Sinn« »als ebenso charakteristisches wie zentrales Phänomen« (K. RICHTER, 1966, S. 9, 15) in Fontanes Romanen thematisiert. Durch die häufige Zweiteilung der Handlung, deren zweite Hälfte nach einer zeitlichen Zäsur an die erste wiederholend, verändernd, reflektierend und deutend anknüpft, wird dieser Eindruck verstärkt – am ausgeprägtesten in *Quitt*, wo die Handlung im 17. Kapitel nach sechs Jahren mit – jedenfalls im schuldigen Bewußtsein des Protagonisten – gespenstischen landschaftlichen Anklängen an den schlesischen ersten Teil in Amerika fortgeführt wird.

Obwohl auch die Männer sich sozialen und psychologischen Rollenerwartungen und Persönlichkeitsrastern unterwerfen (etwa Gordon und St. Arnaud in *Cécile*; Waldemar von Haldern in *Stine*; Innstetten in *Effi Briest*), ist – wie bei anderen großen europäischen Realisten in der zweiten Hälfte des 19. Jahrhunderts (z. B. TROLLOPE oder JAMES) – das Konfliktpotential bei den Frauencharakteren größer. Mit wenigen Ausnahmen kreist die eigentliche Handlung von Fontanes Romanen, von denen sieben nach der weiblichen Hauptgestalt betitelt sind, um Liebe, Ehe und Ehebruch. Nur in einem Fall (*Unwiederbringlich*) ist dabei nicht die Frau die »Adultera«. Fontanes Blick konzentriert sich daher, wie REUTER (S. 678) richtig beobachtet, am Ende vieler Romane, »auf die *Frau*, nicht [...] auf den *Mann* [...]: auf Victoire, nicht auf Schach; auf Franziska, nicht auf Petöfy oder Egon; auf Cécile, nicht auf St. Arnaud oder Gordon; auf Christine, nicht auf Holk; auf Effi, nicht auf Innstetten; auf Mathilde, nicht auf Hugo«.

In der patriarchalischen Gesellschaft ist die Frau fremddefiniert und in mythische, religöse, philosophische, kulturelle und psychologische Muster gepreßt, die sie ihrem eigenen Wesen entfremden, auch wenn sie sie angeblich verherrlichen, und die ihrer Eigenbestimmung und Selbstverwirklichung nur geringen Spielraum lassen. Gerade mit den Frauen, die »einen Knax weghaben«, sympathisiert Fontane, »nicht um ihrer Tugenden, sondern um ihrer Menschlichkeiten d.h. um ihrer Schwächen und Sünden willen« (an C. GRÜNHAGEN, 10. 10. 1895, IV.4.487f.). Als bedenklich drängt sich dem männlichen Verständnis (oder Mißverständnis, wenn nicht Unverständnis) das angeblich Abgründige, Naturhaft-Zerstörerische, aber gerade dadurch Faszinierende des weiblichen Wesens auf, das Angst erzeugt, die Frau könne sich ihrer sozialen Domestizierung, ihrem männlich definierten sozialen Rollenmuster und damit der Kontrolle des Mannes entziehen. Hier liegt die Wurzel des vielzitierten »Melusinenhaften« (vgl. R. SCHÄFER, 1962; H. OHL, 1986; I. ROEBLING, 1992) vieler Frauengestalten Fontanes vom ersten Roman (Kathinka von Ladalinski) bis zum letzten (Melusine von Barby).

Das gesamte Spektrum der menschlichen Gesellschaft der Zeit ist, allerdings mit ungleicher Gewichtung, in Fontanes Romanen repräsentiert, denn das Personenensemble reicht vom hohenzollernschen Königs-, bzw. Kaiserhaus bis zum Dienstpersonal. Die Berufs- und Arbeitswelt bleibt dabei weitestgehend ausgespart oder wird in kurzen idyllisierenden Bildern vorgeführt. Der Schwerpunkt liegt beim niederen Adel, der in der Mehrzahl der Romane die Protagonisten stellt. Noch 1895 bezeichnet sich Fontane als »Adelsverehrer, ein liebevoller Schilderer unsres märkisch-pommerschen Junkerthums« (an M. NECKER, 29. 10. 1895, IV.4.495). Am reinsten ist diese Vorliebe im ersten und in den letzten beiden Romanen spürbar, die die Fähigkeit und Möglichkeit des Adels umkreisen, den Wandel der Zeit zu begreifen und eine neue Rolle in der Gesellschaft zu finden. Aber Fontanes Porträtierung dieser Klasse, die durchaus nicht auf verbreitete Gegenliebe bei den Porträtierten stößt, ist nicht nur von Sympathie, sondern auch vom Bewußtsein getragen, daß die soziale Ordnung sich zu Ungunsten ihrer beherrschenden Stellung verändert und »diese Form in die moderne Welt nicht ganz paßt, daß sie verschwinden muß und jedenfalls daß man mit ihr nicht leben kann« (an G. FRIEDLAENDER, 2. 9. 1890, IV.4.60). Nur zum geringeren Teil gehören Fontanes tragische oder jedenfalls unglückliche Gestalten nicht den privilegierten, sondern den unterprivilegierten Schichten der Gesellschaft an. Wo diese aber auftreten, tritt die Schwäche der Aristokraten und der Anachronismus ihrer Lebensform gerade in der menschlichen Begegnung mit den aufrechten, willensstarken und illusionslosen Vertreterinnen des Kleinbürgertums und Proletariats (Lene in *Irrungen, Wirrungen*, Stine und vor allem die Witwe Pittelkow in *Stine*) um so deutlicher hervor. Überhaupt haben Fontanes männliche Protagonisten, und zwar gerade die jungen, häufig schon Züge des Antiheldischen, das die Literatur des 20. Jahrhunderts durchzieht.

Der zentrale Handlungsort von Fontanes Romanen ist Berlin, das Zentrum Preußens und die deutsche Hauptstadt des 1871 gegründeten preußisch-deutschen Reiches, wo sich die sozialen, politischen und kulturellen Entwicklungen und Umbrüche der Zeit am auffälligsten zeigen. Fünf seiner Romane spielen ganz oder fast ganz in Berlin, sechs weitere vorwiegend oder zum Teil. Hinzu kommen die Berlin umgebenden preußischen Provinzen, von denen Fäden in die Metropole laufen: Schlesien in *Quitt*, der Harz in *Ellernklipp* und *Cécile*, Hinterpommern in *Effi Briest*, das Oderbruch in *Vor dem Sturm* und *Unterm Birnbaum*, Westpreußen in *Mathilde Möhring* und die Mark Brandenburg in *Grete Minde*, *Schach von Wuthenow*, *Effi Briest* und *Der Stechlin*. Geographisch verläßt Fontane, außer bei Lehnert Menz' Fluchtort Amerika in *Quitt* oder bei den Reisen seiner Romangestalten, den preußisch-norddeutschen Raum nur in zwei Werken. Daß beide in einem Land spielen, das vor der Errichtung des deutschen Reiches von Preußen militärisch besiegt wurde, ist für ihr Verständnis bisher zu wenig beachtet worden: Österreich-Ungarn in *Graf Petöfy* und Dänemark in *Unwiederbringlich*. Es signalisiert politische Substanz auch in ihnen. Überhaupt durchzieht ein urbanes Bewußtsein europäischer Konstellationen Fontanes Romane. Vor allem Frankreich, Polen, Rußland und Großbritannien werden als politische, staatliche und ethnische Gegenwelten immer wieder heraufbeschworen. Fontane mag als Verfasser der *Wanderungen durch die Mark Brandenburg* ein *märkischer* Schriftsteller sein, als Romancier ist er der künstlerisch kompetenteste *preußische* Chronist in der Epoche BISMARCKS, dem Höhepunkt der preußischen Geschichte, den Fontane kritisch beobachtend und warnend, mit Liebe und Anteilnahme, Skepsis und Widerwillen begleitet. Nur auf der Folie der preußischen Historie und Gegenwart, preußischer Werte und Tugenden, Fehler und Katastrophen sind seine Romane zu verstehen.

Weder der städtischen noch der ländlichen Landschaft wird dabei ein naturhafter, ästhetischer oder gar religiöser Eigenwert zugemessen wie etwa in STIFTERS Prosa. Alles Ambiente ist menschlicher Handlungsraum und als solcher in seiner sozialen Charakteristik präzise erfaßt. Aber trotz aller Wirklichkeitsnähe ist er ein Konstrukt, das poetischen Zwecken dient. Die Natur in Fontanes auf Menschen, menschliches Handeln und gesellschaftliches Leben konzentrierter Romankunst ist weitestgehend Folie, Spiegel und symbolisches Deutungsmedium der humanen Welt. Sie ist daher perspektivisch auf die betrachtenden oder sich darin bewegenden Menschen zugeschnitten, wird immer wieder als »Bild« angesprochen und hat in ihrer »Formelhaftigkeit« (H. OHL, 1967, S. 481; vgl. außerdem zu Fontanes Landschaftsgestaltung M. TAU, 1928; D. LAMPING, 1984; B. RAMS-SCHUMACHER, 1997; K. WEBER 1997) Zeichencharakter (vgl. etwa *Cécile*, S. I.2.206, 227, 239, 293). Die realistische Naturschilderung hat Fontane programmatisch als seinen Intentionen widersprechend abgelehnt:

> Eine Sonne auf- oder untergehen, ein Mühlwasser über das Wehr fallen, einen Baum rauschen zu lassen, ist die billigste literarische Beschäftigung, die gedacht werden kann. In jedes kleinen Mädchens Schulaufsatz kann man dergleichen finden; es gehört zu den Künsten, die jeder übt und die deshalb längst aufgehört haben als Kunst zu gelten; es wird bei der Lektüre von jeder regelrechten Leserin einfach

überschlagen und in neunundneunzig Fällen von hundert mit völligem Recht, denn es hält den Gang der Erzählung nur auf. Es ist noch langweiliger wie eine Zimmerbeschreibung, bei der man sich wenigstens wünschen kann, das Porträt des Prinzen Heinrich oder die Kuckucksuhr zu besitzen. Die Landschaftsschilderung hat nur noch Wert, wenn sie als künstlerische Folie für einen Stein auftritt, der dadurch doppelt leuchtend wird, wenn sie den Zweck verfolgt, Stimmungen vorzubereiten oder zu steigern. (III.1.456)

Hier wie auch sonst ist die Erwartung einer bloßen Wiedergabe der realen Schauplätze, eines »unmittelbaren Landschaftserlebnis[ses]« (TAU, 1928, S. 11) ein Mißverständnis, denn auch der geographische Ort unterliegt bei Fontane einer künstlerisch-funktionalen Gestaltung, die sich u. a. im Durchflechten der tatsächlichen Landschaft mit fiktiven, sozial oder symbolisch fungierenden Schauplätzen zeigt (etwa Hohen-Vietz im Oderbruch in *Vor dem Sturm*, Schloß Wuthenow am Neuruppiner See in *Schach von Wuthenow* oder Kessin in Hinterpommern in *Effi Briest*). Damit ist der Kunstcharakter der Werke angesprochen.

4. Kunstcharakter

Fontanes Romane sind Texte von großer innerer Geschlossenheit, die der Autor als »Rundung« (vgl. an S. SCHOTTLÄNDER, 11.9.1881, IV.3.161) bezeichnet. Dieser Terminus zielt auf den inneren Verweischarakter, der u. a. Anfang und Ende, erste und zweite Hälfte, Tat und Strafe, Unschuld und Schuld, Leben und Tod zeichenhaft in Beziehung zueinander setzt. Bekannte Beispiele sind das Titelgemälde im zweiten und im letzten Kapitel von *L'Adultera*, die Wiederholungen im Amerikateil von *Quitt* und das zweimalige »Effi, komm« im zweiten und 34. Kapitel von *Effi Briest*. Im Romanbeginn muß nach Fontane »der Keim des Ganzen stecken« (an G. KARPELES, 18. 8. 1880, IV.3.101), so daß »der Rest mit einer Art von innerer Nothwendigkeit« (an M. von ROHR, 3. 6. 1879, IV.3.23) folgt. Der durch die vielen vorausdeutenden, oft fatalen Zeichen hervorgerufene vieldiskutierte Determinismus bei Fontane kann je nach Roman Schicksalsglaube, psychologische Zwangsvorstellung, ›self-fulfilling prophecy‹, der natürliche Prozeß von Ursache und Wirkung oder die unausweichliche Reaktion gesellschaftlicher Kräfte sein, als Spiel der Präfigurationen und Korrespondenzen ist er in jedem Fall notwendiges Gebot künstlerischer Stringenz und damit Teil dessen, was den Kunstcharakter von Fontanes Romanen insgesamt ausmacht. Fontanes Romankunst zielt »auf die nichtkontingente Darstellung einer kontingenten Welt« (OHL, 1995, S. 236).

Seine Romane bieten den Lesern eine wirklichkeitsgetreue Oberfläche dar. Ihre Gestalten scheinen in Wort, Erscheinung und sozialer Rolle aus dem wirklichen Leben zu treten, ihre Schauplätze der tatsächlichen Welt entnommen und nachbegehbar zu sein, ihre Handlungen sich an das Wahrscheinliche und Sinnenhaft-Erfahrbare zu halten. Aber dieses sich selbst genügende, schein-realistische Lebensabbild, das Fontane anstrebt, obwohl er die Grenzen jedes realistischen Kunstideals erkennt, wird bei genauerem Lesen transparent für eine Tiefentektonik, die die eigentlichen Bedeutungsdimensionen des Geschehens trägt. Ein dichtes Netz von indirekten Kommentaren und Verweisen durchzieht Fontanes Romane, auf deren zentrale Rolle er im Fall von *Irrungen, Wirrungen* selbst mit der Bitte hinweist, »auf die hundert und, ich kann dreist sagen, auf die tausend Finessen zu achten, die ich dieser von mir besonders geliebten Arbeit mit auf den Lebensweg gegeben habe« (an E. DOMINIK, 14. 7. 1887, IV.3.551).

Die mimetische Romanwirklichkeit hat also Referenz-, Projektions- und Kodierungscharakter, durch den das Geschehen mit Subtexten unterlegt wird. In den früheren Werken weist diese künstlerische Anlage gelegentlich noch Züge von plakativer Offensichtlichkeit auf (z.B. der immer wieder als Schicksalsomen fungierende Mond), aber mit zunehmender schriftstellerischer Souveränität Fontanes erreicht sie einen solchen Grad von Bedeutungsfülle, Subtilität, Diskretion und Verborgenheit, daß seine vielseitige Anwendung den immer neuen Reiz der Fontanelektüre ausmacht und die Forschung zur immer neuen Auseinandersetzung mit einzelnen Romanen zwingt. Wird dabei für jeden der Romane eine eigene und besondere Symbolwelt entwickelt, so prägt das Phänomen Fontanes Œuvre insgesamt: Dieses wird zusammengehalten durch »die Kontinuität und Konstanz des Fontaneschen Bilddenkens« (M. MASANETZ, 1991, S. 73). Seit den siebziger Jahren bildet die reiche Intertextualität und der durchgängige, konsistente Allusionscharakter einen Schwerpunkt der literaturwissenschaftlichen Analyse von Fontanes Romanwerk. Diese Intertextualität zieht ein reiches, manchmal obskures Kulturmaterial aus der deutschen und internationalen Literatur, aus Bibel und Märchen, aus Mythos, Sage und Geschichte, aber auch aus der bildenden Kunst heran – die klassische Musik spielt in Fontanes Romanen keine Rolle – und belegt entgegen Fontanes eigenem Minderwertigkeitsgefühl wegen seiner rudimentären schulischen Ausbildung seine profunde, wenn auch idiosynkratische europäische Bildung.

Verständlicherweise findet daher Fontanes Symbolbegriff und -technik in der Forschung viel Aufmerksamkeit (vgl. etwa H. WAFFENSCHMIDT, 1932; V. J. GÜNTHER, 1967; C. N. HAYES, 1967; H. OHL, 1968; D. BRÜGGEMANN, 1970; R. BÖSCHENSTEIN, 1985). Sofern man den Begriff »disguised symbolism«, den P.-K. SCHUSTER (1978, s.u. 3.1.16) von der bildenden Kunst auf Fontanes Romane überträgt, von seinen ursprünglich christlichen Konnotationen befreit, bezeichnet er das Phänomen angemessen, durch das es Fontane gelingt, trotz einer mimetischen realistischen Oberfläche eine beziehungsreiche, hintergründige, autonome Kunstwelt zu schaffen und die Sinnfülle der Wirklichkeit anzusprechen, ohne sie auszusprechen oder auf das Metaphysische zu rekurrieren. Vor allem als Medium, das menschliche Unbewußte zu erschließen, erweist sich Fontanes »disguised symbolism« als besonders geeignet. BÖSCHENSTEIN (1985, S. 532) macht auf die Modernität dieses Konzepts von »Bildzeichen« aufmerksam, die »keinen Anspruch auf Identität von Bild und Sinn mehr« erheben. H. REMAKS verkennendes Verdikt, »Fontane ist kein verschlüsselter Schriftsteller, die Suche nach komplexen Symbolen ist bei ihm fehl am Platze, Geheimniskrämerei liegt ihm fern« (Fs JOLLES, S. 558), und K. S. GUTHKES (1982) vehemente, aber schon bei Erscheinen den Stand der Forschung nicht mehr repräsentierende Kritik an Fontanes »Künstlereien« sind Fontanes Rang als überragendem deutschen Romancier des 19. Jahrhunderts nicht angemessen. Zurecht sieht W. KILLY (1963, S. 195, 204, s.u. 3.1.10) in der Fähigkeit, in den Dingen »als einzige[r] deutsche[r] Schriftsteller nach Goethe [...] zeichenhafte Kräfte zu wecken, ohne ihnen die scheinbare Zufälligkeit der natürlichen Erscheinung zu nehmen« und so eine »Abbreviatur komplexer Realität« herzustellen, die herausragende Kunstleistung Fontanes.

Die Unterlegung mythischer und literarischer Folien; die Durchsymbolisierung der Gegenstandwelt; die perspektivierende Gegenbeleuchtung der Realität durch Märchen oder Historie; das erhellende Stichwort des Zitats; die Anzüglichkeit der Namen, die »auf die verborgenen Facetten der Personen, Virtualität und Ambivalenz (deuten)« (BÖSCHENSTEIN, 1996, S. 48, s.u. 3.1.9); der Anspielungsreichtum des Dialogs, bei dem auch das scheinbar unverbindlichste Geplauder verdeckte Signale für die Beteiligten und die Leser enthält; das sprechende Schweigen; die Konfigurationen mit ihren Spiegel- und Gegenfiguren, Übertragungen und zeichentragenden Gestalten; der Hinweischarakter von Körpermerkmalen; die deutende Funktion von Gemälden; die Signifikanz des

Szenischen und des Ambiente – all dies öffnet Fontanes Texte für das Tiefenpsychologische, Unsagbare, Tabuisierte, Imponderabile und Irrationale.

Durch die hochentwickelte Anspielungskunst, die Intertextualität und die Symbolisierung der manifesten Textoberfläche des Romans wird das Nichtdarstellbare bei Fontane indirekt darstellbar. Seine Romane handeln vielfach, vor allem bei den Frauen, von Entbehrungen und Entsagungen in den menschlichen Beziehungen und von einem Gefühl des Fremdseins in der Gesellschaft. Die Innenwelt der Gestalten drückt sich über die Außenwelt aus, so daß Fontane auf die kommentierende psychologische Analyse weitgehend verzichten kann, ohne doch das Seelische zu vernachlässigen (vgl. aber C. LIEBRAND, 1990). Es äußert sich im Metaphorischen und Assoziativen. Die Symbolwelt, in die etwa Grete Minde, Schach von Wuthenow, Cécile, Waldemar von Haldern, die Gräfin Holk oder Effi Briest eingesponnen werden, erzählt ihre innere Leidensgeschichte – und zwar so, daß dabei die psychischen Ungreifbarkeiten und Widersprüche, die Spannungen zwischen bewußten und unbewußten Seelenvorgängen und auch die Ausgeliefertheit der Gestalten vermittelt werden. Da es sich dabei aber um nicht-rationale Darstellungsweisen durch Andeutungen, Maskierungen und Umwege handelt, entsteht so die suggestive Offenheit vieler Szenen und das Enigmatische vieler Gestalten, das Fontanes Romane für die hermeneutische Forschung so anziehend und reizvoll macht, diese gelegentlich aber auch zu idiosynkratisch-abwegigen Theorien verleitet. Die eigentliche Handlung von Fontanes Werken, deren Mangel an Sensationen beabsichtigt ist und die gegen Ende eine fast vollständige Handlungslosigkeit anstreben, bei der »das ›Wie‹ für das ›Was‹ eintreten [muß]« (an S. SCHOTT, 14. 2. 1897, IV.4.635), spielt sich weitgehend unter der Oberfläche ab. Es wird konstituiert durch das Widerspiel des Symbolischen, das die Realitätspartikel zum Mosaik und Fontanes Romane zu komplexen Kunstwerken zusammenfügt.

Es sind im Verlauf dieser ›Phänomenologie‹ des Fontaneschen Romans einige Stichworte gefallen, die das literaturwissenschaftliche Urteil der zweiten Hälfte des 20. Jahrhunderts erklären helfen, Fontane stehe an der Grenze zur literarischen Moderne: Urbanität und europäisches Bewußtsein, Skepsis und Relativierung absoluter Positionen; Verlagerung der Handlung ins Bewußtsein und Antihelden, Polyperspektivismus, Intertextualität und suggestive Offenheit, hermetische Metaphorisierung des Unbewußten und beginnende Erkenntnis psychologischer Widersprüchlichkeiten. Hängt es auch mit dieser ›Modernität‹ zusammen, daß Fontane der einzige deutsche Romancier vor 1900 ist, der auch heute ein breites Lesepublikum ›unterhält‹ – und zwar im doppelten Sinn dieses Wortes? CHRISTIAN GRAWE

Literatur

T. MANN, Der alte Fontane (1910), in: PREISENDANZ, S. 1–25. – C. WANDREY, Theodor Fontane, München 1919. – H.-F. ROSENFELD, Zur Entstehung Fontanescher Romane, Groningen/Den Haag 1926. – J. PETERSEN, Fontanes Altersroman, in: Euph 29 (1928), S. 1–74. – M. TAU, Der assoziative Faktor in der Landschafts- und Ortsdarstellung Theodor Fontanes, Oldenburg 1928. – M.-E. GILBERT, Das Gespräch in Fontanes Gesellschaftsromanen, Leipzig 1930. – W. E. ROST, Örtlichkeit und Schauplatz in Fontanes Werken, Berlin/Leipzig 1931. – H. WAFFENSCHMIDT, Symbolische Kunst in den Romanen Theodor Fontanes, Diss. Frankfurt am Main 1932. – G. LUKÁCS, Der alte Fontane (1951), in: PREISENDANZ, S. 25–79. – W. RICHTER, Das Bild Berlins nach 1870 in den Romanen Theodor Fontanes, Diss. Berlin (Ost) 1955. – P. BÖCKMANN, Der Zeitroman Fontanes (1959), in: PREISENDANZ, S. 80–110. – W. MÜLLER-SEIDEL, Gesellschaft und Menschlichkeit im Roman Theodor Fontanes, in: Heidelberger Jbb 4 (1960), S. 108–127. – J. SCHILLEMEIT, Theodor Fontane. Geist und Kunst seines Alterswerks, Zürich 1961. – P. DEMETZ, Figurative Names in Fontane's Novels, in: GR 37 (1962), S. 96–105. – F. MARTINI, Deutsche Literatur im bürgerlichen Realismus 1848–1898, Stuttgart 1962, S. 737–800. – R. SCHÄFER, Fontanes Melusinen-Motiv, in: Euph 56 (1962), S. 69–104. – H. LÜBBE, Fontane und die Gesellschaft (1963), in: PREISENDANZ, 1973, S. 354–400. – K. WÖLFEL, »Man ist nicht bloß ein einzelner Mensch«. Zum Figurenentwurf in Fontanes Gesellschaftsromanen (1963), in: PREISENDANZ, S. 329–353. – K. RICHTER, Resignation. Ein Studie zum Werk Theodor Fontanes, Stuttgart u a. 1966. – H. SCHLAFFER, Das Schicksalsmodell in Fontanes Romanwerk. Konstanz und Auflösung, in: GRM NF 16 (1966), S. 392–409. – V. J. GÜNTHER, Das Symbol im erzählerischen Werk Fontanes, Bonn 1967 – C. N. HAYES, Symbol and Correlative in Theodor Fontane's Fiction, Diss. Providence/Rhode Island (Brown University) 1967. – H. OHL, Bilder, die die Kunst stellt. Die Landschaftdarstellung in den Romanen Theodor Fontanes (1967), in: PREISENDANZ, S. 447–464. – Ders., Bild und Wirklichkeit. Studien zur Romankunst Raabes und Fontanes, Heidelberg 1968. – H. BUSCHER, Die Funktion der Nebenfiguren in Fontanes Romanen unter besonderer Berücksichtigung von »Vor dem Sturm« und »Der Stechlin«, Diss. Bonn 1969. – I. MITTENZWEI, Die Sprache als Thema. Untersuchungen zu Fontanes Gesellschaftsromanen, Bad Homburg u.a. 1970. – D. BRÜGGEMANN, Fontanes Allegorien, in: NR 82 (1971), S. 290–310, 486–505. – B. HILLEBRAND, Mensch und Raum im Roman. Studien zu Keller, Stifter und Fontane, München 1971, S.229–283. – J. van

LENTE, The Functions of the Minor Characters in the Novels of Theodor Fontane, Diss. Northwestern University 1972 (DA 32, 1972, S. 5205A.). – P. DEMETZ, Formen des Realismus: Theodor Fontane. Kritische Untersuchungen, Frankfurt am Main u.a. ²1973 (1964). – G. HONNEFELDER, Die erzähltechnische Konstruktion der Wirklichkeit bei Theodor Fontane: Zur Funktion des Briefes im Roman, in: ZfdPh 92 (1973), SH Theodor Fontane, S. 1–36. – C. KAHRMANN, Idyll im Roman. Theodor Fontane, München 1973. – H. AUST, Theodor Fontane: »Verklärung«. Eine Untersuchung zum Ideengehalt seiner Werke, Bonn 1974. – P. BANGE, Ironie et dialogism dans les romans de Theodor Fontane, Grenoble 1974. – H. FLEIG, Sich versagendes Erzählen, Göppingen 1974. – H. ESTER, Der selbstverständliche Geistliche. Untersuchungen zu Gestaltung und Funktion des Geistlichen im Erzählwerk Theodor Fontanes, Leiden 1975. – P. DEMETZ, Theodor Fontane als Unterhaltungsautor, in: Trivialliteratur, hg. von A. RUCKTÄSCHL/ H. D. ZIMMERMANN, München 1976. – R. BRINKMANN, Theodor Fontane. Über die Verbindlichkeit des Unverbindlichen, München ²1977 (1967). – S. G. MICHIELSEN, The Preparation of the Future. Techniques of Anticipation in the Novels of Theodor Fontane and Thomas Mann, Bern u.a. 1978. – U. HASS, Theodor Fontane. Bürgerlicher Realismus am Beispiel seiner Berliner Gesellschaftsromane, Bonn 1979. – E. HELLER, Fontane und die Kunst des Romanciers, in: Jb der Dt Akademie für Sprache und Dichtkunst 1979, S. 56–71. – A. BANCE, The Heroic and the Unheroic in Fontane, in: Fs JOLLES, 1979, S. 404–416. – R. BRINKMANN, Der angehaltene Moment. Requisiten – Genre – Tableau bei Fontane, Ebd., 1979, S. 360–380. – E. FAUCHER, Umwege der Selbstzerstörung bei Fontane, Ebd., 1979, S. 395–403. – H. FLEIG, Bilder Fontanes gegen den Tod: In: Ebd., 1979, S. 457–470. – K. MOMMSEN, Vom »Bamme-Ton« zum »Bummel-Ton«. Fontanes Kunst der Sprechweisen, Ebd., 1979, S. 325–334. – W. NEUSE, Erlebte Rede und Innerer Monolog in der erzählenden Prosa Theodor Fontanes, Ebd., 1979, S. 347–359. – K. RICHTER, Poesie der Sünde – Ehebruch und gesellschaftliche Moral im Roman Theodor Fontanes, Ebd., 1979, S. 44–51. – I. SCHUSTER, Akribie und Symbolik in den Romananfängen Fontanes, Ebd., 1979, S. 318–324. – M. WINDFUHR, Fontanes Erzählkunst unter den Marktbedingungen ihrer Zeit, Ebd., 1979, S. 335–346. – P. I. ANDERSON, »Meine Kinderjahre«: die Brücke zwischen Leben und Kunst. Eine Analyse der Fontaneschen Mehrdeutigkeit als Versteck-Sprachspiel im Sinn Witttgensteins, in: AUST, Fontane, 1980, S. 143–182. – H. CHAMBERS, Supernatural and irrational elements in the works of Theodor Fontane, Stuttgart 1980. – H. GARLAND, The Berlin Novels of Theodor Fontane, Oxford 1980. – H. MITTELMANN, Die Utopie des weiblichen Glücks in den Romanen Theodor Fontanes, Bern u.a. 1980. – W. MÜLLER-SEIDEL, Theodor Fontane. Soziale Romankunst in Deutschland, Stuttgart ²1980 (1975). – G. WILHELM, Die Dramaturgie des epischen Raumes bei Theodor Fontane, Frankfurt am Main 1981. – A. BANCE, Theodor Fontane. The Major Novels, Cambridge 1982. – W. ERTL, Die Personennamen in den Romanen Theodor Fontanes, in: FBl H. 34 (1982), S. 204–214. – K. S. GUTHKE, Fontanes »Finessen«. »Kunst« oder »Künstelei«?, in: Jb DSG 26 (1982), S. 235–

261. – W. Kohlschmidt, Fontanes Weihnachtsfeste. Eine Motiv- und Strukturuntersuchung, in: Literarisches Jb der Görres-Ges NF 23 (1982), S. 117–141. – W. Müller-Seidel, »Das Klassische nenne ich das Gesunde ...«. Krankheitsbilder in Fontanes erzählter Welt, in: Schriften der Theodor-Storm-Ges 31 (1982), S. 9–27. – K. von Faber-Castell, Arzt, Krankheit und Tod im erzählerischen Werk Theodor Fontanes, Zürich 1983. – W. Wittkowski, Theodor Fontane und der Gesellschaftsroman, in: Handbuch des dt Romans, hg. von H. Koopmann, Düsseldorf 1983, S. 418–433. – D. Lamping, »Schönheitsvoller Realismus«. Die Landschaftsbilder Fontanes, in: WW 34 (1984), S. 2–10. – W. Preisendanz, Zur Ästhetizität des Gesprächs bei Fontane, in: Das Gespräch, hg. von K. Stierle/Stierle/R. Warning, München 1984, S. 473–487. – R. Böschenstein, Fontanes »Finessen«. Zu einem Methodenproblem der Analyse »realistischer« Texte, in: Jb DSG 29 (1985), S. 532–535. – W. Schwan, Die Zwiegespräche mit Bildern und Denkmalen bei Theodor Fontane, in: Literaturwissenschaftliches Jb NF 26 (1985), S. 151–185. – L. Voss, Literarische Präfiguration dargestellter Wirklichkeit bei Fontane. Zur Zitatstruktur seines Romanwerks, München 1985. – R. Böschenstein, Mythologie zur Bürgerzeit. Raabe – Wagner – Fontane, in: Jb der Raabe-Ges. 1986, S. 7–34. – R. Kolk, Beschädigte Individualität. Untersuchungen zu den Romanen Theodor Fontanes, Heidelberg 1986. – G. Luster-Schneider, Der Erzähler Fontane. Seine politischen Positionen in den Jahren 1864–1898 und ihre ästhetische Vermittlung, Tübingen 1986 – K. Müller, Schloßgeschichten. Eine Studie zum Romanwerk Theodor Fontanes, München 1986. – H. Ohl, Melusine als Mythologem bei Theodor Fontane, In FBl H. 42 (1986), S. 426–440. – B. Plett, Die Kunst der Allusion. Formen literarischer Anspielungen in den Romanen Theodor Fontanes, Köln/Wien 1986. – P. Hasubeck, »Erzählungen schließen mit Verlobung oder Hochzeit«. Zum Problem des Romanschlusses der Gesellschaftsromane Theodor Fontanes, in: LfL 1987, S. 135–150. – C. Jolles, »Berlin wird Weltstadt«. Theodor Fontane und der Berliner Roman seiner Zeit, in: Berlin. Literary Imagines of a City. Eine Großstadt im Spiegel der Literatur, hg. von D. Glass u.a., Berlin 1988. – W. Paulsen, Im Banne der Melusine. Theodor Fontane und sein Werk, Bern u.a. 1988. – H.-J. Zimmermann, »Das Ganze und die Wirklichkeit«. Theodor Fontanes perspektivischer Realismus, Frankfurt am Main u.a. 1988. – H. Müller-Dietz, Recht und Gesellschaft im Werk Theodor Fontanes, in: Verfassungsrecht und Völkerrecht. Gedächtnisschrift für W. K. Geck, Köln 1989, S. 547–580. – B. Müller-Kampel, Theater-Leben. Theater und Schauspiel in der Erzählprosa Theodor Fontanes, Frankfurt am Main 1989. – M. Ossowski, Der »Berliner Roman« zwischen 1880 und 1900, Rzeszów 1989. – S. Guarda, Theodor Fontane und das »Schau-Spiel«: Die Künstlergestalten als Bedeutungsträger seines Romanwerks, New York 1990. – L. Kretzenbacher, Das Kulturthema Ehre. Über Ehre, Ironie und kulturelle Interferenz: Ehebruch und Ehrenkonflikt bei Theodor Fontane und Eça de Queirós, in: Jb Dt als Fremdsprache 16 (1990), S. 32–75. – C. Liebrand, Das Ich und die Anderen. Fontanes Figuren und ihre Selbstbilder, Freiburg 1990. – N. Mecklenburg, Im Vorfeld modernen Erzäh-

lens: mündliches Wissen und Dialogizität bei Theodor Fontane, in: Mündliches Wissen in neuzeitlicher Literatur, hg. von P. GOETSCH, Tübingen 1990, S. 51–68. – C. GRAWE, »Es schlug gerade ...«: Zur Gestaltung eines Zeitelements in Fontanes Romanen, in: FBl H. 51 (1991), S. 141–156. – Interpretationen, 1991. – N. MECKLENBURG, Figurensprache und Bewußtseinskritik in Fontanes Romanen, in: DVjs 65 (1991), S. 674–694. – R. RAUCH-MAIBAUM, Zum »Frauen«- und »Männerbild« in Romanen Theodor Fontanes. Vergleichende Untersuchungen zu ausgewählten Romanen, Diss. Köln 1991. – H. THOMÉ, Studien über Realismus, Tiefenpsychologie und Psychiatrie in dt Erzähltexten (1848–1914), Tübingen 1993. – KLOEPFER, Fontanes Berlin. Funktion und Darstellung der Stadt in seinen Zeit-Romanen, in: GMR NF 42 (1992), H. 1, S. 67–86. – I. ROEBLING, Nixe als Sohnphantasie. Zum Wasserfrauenmotiv bei Heyse, Raabe, Fontane, in: Sehnsucht und Sirene. Vierzehn Abhandlungen zu Wasserphantasien, hg. von I. R. PFAFFENWEILER, 1991, S. 145–203. – C. H. VELARDI, Techniques of Compression and Prefiguration in the Beginnings of Theodor Fontane's Novels, Bern u.a. 1992. – K. S. GUTHKE, »Jott, Frau Rätin, Palme paßt immer.« Aspekte des Exotischen in Fontanes Erzählwerk, in: FBl H. 55 (1993), S. 91–111. – JOLLES, [4]1993 (1972), S. 37–105. – M. MASANETZ, »Awer de Floth, de is dull!« Fontanes »Unwiederbringlich« – das Weltuntergangsspiel eines postmodernen Realisten, Teil I in: FBl H. 52 (1991), S. 68–90; Teil II, in: FBl H. 56 (1993), S. 80–101. – W. MÜLLER-SEIDEL, Spätwerk und Alterskunst. Zum Ort Fontanes an der Schwelle zur Moderne, in: »Was hat nicht alles Platz in eines Menschen Herzen«. Theodor Fontane und seine Zeit, hg. von der Evangelischen Akademie Baden, Karlsruhe 1993, S. 120–151. – H. NÜRNBERGER, »Der große Zusammenhang der Dinge. »Region« und »Welt« in Fontanes Romanen, in: FBl H. 55 (1993), S. 33–68. – A. SCHMIDT-SUPPIAN, Briefe im erzählten Text. Untersuchungen zum Werk Theodor Fontanes, Frankfurt am Main u.a. 1993. – H. RICHTER, Jugenderfahrung im Alterswerk Theodor Fontanes, in: Jb der Raabe-Ges 1994, S. 115–146. – R. BÖSCHENSTEIN, Storch, Sperling, Kakadu: eine Fingerübung zu Fontanes schwebenden Motiven, in: »Verbergendes Enthüllen«. Zur Theorie und Kunst dichterischen Verkleidens. Fs M. Stern, hg. von W. M. FUES/W. MAUSER, Würzburg 1995, S. 251–264. – H. OHL, Zwischen Tradition und Moderne: Der Künstler Theodor Fontane am Beispiel von »Unwiederbringlich«, in: London Symposium 1995, S. 232–252. – B. PLETT, »... kein Schriftsteller für den Familientisch mit eben eingesegneten Töchtern.« Vorschläge zur Betrachtung des Frauenbildes und des »Unmoralischen« in Fontanes Romanen, in: DD H. 144 (1995), S. 256–263. – E. SAGARRA, »Und die Katholschen seien, bei Licht besehen, auch Christen. Katholiken und Katholischsein bei Fontane: Zur Funktion eines Erzählmotivs, in: FBl H. 59 (1995), S. 38–58. – REUTER, [2]1995 (1968). – R. DIETERLE, 1996, s.u. 1.1. – C. GRAWE, Führer durch Fontanes Romane. Ein Lexikon der Personen, Schauplätze und Kunstwerke, Stuttgart [2]1996 (1980). – G. PLUMPE, Theodor Fontane. Das Ende des Realismus und der Beginn moderner Literatur, in: Hansers Sozialgeschichte der dt Literatur, Bd. 6: Bürgerlicher Realismus und Gründerzeit 1848–1890. Hg. von

E. McInnes/G. P., München/Wien 1996, S. 666–689. – M. Scheffel, Drama und Theater im Erzählwerk Theodor Fontane, in: Aspekte des politischen Theaters und Dramas von Calderon bis Georg Seidel, hg. von H. Turk/J. M. Valentin, Bern u.a. 1996, S. 201–227. – L. Weber, »Fliegen und Zittern«. Hysterie in Texten von Theodor Fontane, Hedwig Dohm, Gabriele Reuter und Minna Kautzky, Bielefeld 1996. – K. Weber, »Au fond sind Bäume besser als Häuser«. Über Fontanes Naturdarstellung, in: FBl H. 64 (1997), S. 134–157. – T. Pelster, Theodor Fontane, Stuttgart 1997. – B. Rams-Schumacher, Vom topographischen Erlebnis zur literarischen Überhöhung. Die Darstellung des Gartenraums in Fontanes Prosawerken, Diss. Berlin 1997. – P. Anderson, Von ›Selbstgesprächen‹ zu ›Text-Paradigma‹. Über den Status von Fontanes Versteckspielen, in: FBl H. 65–66 (1998), S. 300–317. – H. Aust, Theodor Fontane. Ein Studienbuch, Tübingen/München 1998. – C. Grawe »Die wahre hohe Schule der Zweideutigkeit«: Frivolität und ihre autobiographische Komponente in Fontanes Erzählwerk, in: FBl 65–66 (1998), S. 138–162. – N. Mecklenburg, Theodor Fontane. Romankunst der Vielstimmigkeit, Frankfurt am Main 1998. – P. Sprengel, Geschichte der deutschsprachigen Literatur 1870–1900. Von der Reichsgründung zur Jahrhundertwende, München 1998, S. 342–363. – W. Wülfing, »Aber nur dem Auge des Geweihten sichtbar.« Mythisierende Strukturen in Fontanes Narrationen, in FBl H. 65–66 (1998), S. 72–86. – K.-P. Möller, Der vorgetäuschte Erfolg. Zum Problem der Erstausgaben, Neuauflagen, Neudrucke bei Theodor Fontane, in FBl H. 68 (1999), S. 192–216. – B. Plett, Frauenbilder, Männerperspektiven und die fragwürdige Moral, in FBl H. 68 (1999), S. 118–129.

3.1.2 Vor dem Sturm. Roman aus dem Winter 1812 auf 13.

Entstehung und Veröffentlichung
Erste Spuren zeitlicher und thematischer Aspekte von Fontanes erstem Roman lassen sich auf das Jahr 1854 zurückführen, in dem der Autor ein Projekt über den 1809 gefallenen preußischen Freischarführer Ferdinand von Schill erwähnt (vgl. dazu G. Frikke, 1980, S. 146). Aber erst nach Fontanes englischem Intermezzo konkretisiert sich der Plan. Er ist Teil seiner bewußten Rückwendung zur Mark Brandenburg, »von den Tudors auf die Puttkamers« (I.3.450), der auch die *Wanderungen durch die Mark Brandenburg* ihren Impuls verdanken. 1862–65 entstehen die ersten Kapitel, die Fontane selbst noch im Alter als »die besten« (an E. Gründler, 11. 2. 1896, IV.4.531) empfindet. Gegen Ende 1865 ist der Autor so zuversichtlich, daß er mit dem Verleger W. Hertz einen Vertrag über die Veröffentlichung des Romans »Lewin von Vitzewitz« abschließt. Dann nimmt ihn die Arbeit an dem Buch über den *deutschen Krieg* völlig in Anspruch. Erst 1869 kann er sich dem Projekt wieder zuwenden, aber wieder nur kurzfristig, denn nun bekommt

das letzte Kriegsbuch Vorrang. Den entscheidenden Impetus erhält der Roman in der ersten Hälfte 1876 durch Fontanes Entlassung als Sekretär der preußischen Akademie der Künste. Jetzt wird die Vollendung von *Vor dem Sturm* für den freien Schriftsteller zur Existenzfrage. Ende August 1877 ist das dritte Buch, im Februar 1878 das vierte bewältigt. Unterdessen hat der stark gekürzte Vorabdruck in der Wochenzeitschrift *Daheim* begonnen, wo *Vor dem Sturm* von Januar bis September in 36 Fortsetzungen erscheint. Die Erstausgabe mit der Aufteilung in vier Bücher liegt Ende Oktober/Anfang November in zwei Bänden im Verlag W. HERTZ vor. Sie ist kein Erfolg.

Während der langen Entstehungszeit von *Vor dem Sturm* erringt das bisher eher provinzielle Preußen die Vormacht im neuen deutschen Reich, wandelt sich Fontane vom Konservativen zum Preußenkritiker. Beides hinterläßt Spuren in dem Roman. Wie T. MANNs *Betrachtungen eines Unpolitischen* ist er daher ein Werk, das bei seinem Erscheinen die Gesinnung seines Autors nur noch bedingt repräsentiert. Schon drei Jahre später zeichnet *Schach von Wuthenow* ein ungleich kritischeres Preußenbild. Beide Darstellungen preußischer Krisenzeiten reflektieren auch Gegenwartsprobleme und warnen vor bedenklichen Entwicklungen des neuen Reiches. Verständlicherweise hat der mit der Entstehungsgeschichte verknüpfte politische Gehalt von *Vor dem Sturm* die Forschung der DDR eher herausgefordert als die der Bundesrepublik. Thematisch weisen der Konflikt zwischen König und Volk und das Problem des politischen Ungehorsams auf die Revolution von 1848 zurück. REUTER (S. 563) interpretiert die Thematisierung der prekären Einheit von Handeln und Gesinnung als Auseinandersetzung Fontanes mit seinem eigenen Gesinnungsverrat nach der Revolution: Fontane »nahm in der Dichtung zurück, was 1851 in der Wirklichkeit geschehen war.« Nach P. WRUCK (1965, S. 6) erfahren die in *Vor dem Sturm* thematisierten Konflikte durch die »Auseinandersetzungen« in den frühen sechziger Jahren des 19. Jahrhunderts, »die das preußische Staatsgebäude ins Wanken bringen«, eine neue Aktualität:

> Die Analogie zwischen der Lage, in der sich Preußen zur Zeit des Heeres- und Verfassungskonflikts befindet, und den […] zentralen Partien von »Vor dem Sturm« liegt auf der Hand. Wer sich damals bewußt ist, daß die Einigung Deutschlands, […], nicht länger vertagt werden kann, und wer die entscheidenden Schritte von Preußen erwartet, dem muß das Verhalten der Monarchie und des Monarchen kleinmütig, verblendet, anachronistisch erscheinen, als ein Auswei-

chen vor Lebensfragen, die unabweisbar geworden sind: es muß ihm
erscheinen als pure Existenzgefährdung, bewirkt durch die Weigerung, sich mit der Volksbewegung abzufinden und zu einigen. [...]
Im Bilde der Befreiungsbewegung von 1812/13 wird [...] die zeitgenössische nationale Bewegung gerechtfertigt.

Daß Fontane diesen Konflikt im Medium verpflichtender preußischer Historie begreift und das Emanzipatorische des Volkswillens im Problem der Treue entschärft, macht den Roman zu einem Dokument konservativen Denkens. Aber ein blind affirmatives Buch über Preußen ist es auch in seinen frühen Phasen und innerhalb des »vaterländischen Romans« (s.u.) nicht. Vielmehr wird preußisches Ethos darin kritisch befragt, so daß sich Patriotisches und Preußenkritisches, sozial Beharrendes und ein ausgeprägtes Bewußtsein für neue Tendenzen seit der französischen Revolution überlagern. Der zur Entstehungszeit des Romans beliebte preußische Mythos, nach dem der König selbst die treibende Kraft beim Freiheitskrieg ist, wird nicht bestätigt. Vielmehr treibt gerade das Mißtrauen des Königs gegenüber allen progressiven Kräften und sein Zurückbleiben hinter dem Bewußtseinsstand des Volkes die Handlung voran. In der sympathischen Porträtierung des Wendischen und der Anteilnahme an Wendischem (Turgany!; vgl. Fontanes positive Darstellung der Wenden am Anfang von *Havelland*, II.2.20–28) steckt eine Kritik des nicht zur Handlungszeit, aber bei Erscheinen des Buches virulent werdenden chauvinistischen Germanenkults. Ebenso wird das Französische differenziert, vorurteilslos und von Stereotypen frei dargestellt. Entgegen Wrucks Urteil, daß in dem Roman »der revolutionäre Einschlag, der den Insurrektionsbestrebungen innewohnt« durch das Motiv der Königstreue »ideologisch überfärbt« wird, muß man wohl umgekehrt vermuten, daß die frühe Konzeption konservativ ist und erst das langsam wachsende Werk kritisch-freiheitliche Gegenstimmen – etwa in den Kommentaren Hirschfeldts, Bammes und Tubals und in dem kühnen Gespräch Vitzewitz' und Ladalinskis mit Prinz Ferdinand – integriert. Wenn aber, wie Demetz (S. 61) richtig bemerkt, »in diesem vaterländischen Roman alle patriotischen Aktionen mißglücken«, dann widerspricht das nicht seiner vaterländischen Grundstimmung, denn es geschieht in der historischen Gewißheit von Preußens baldiger Befreiung und späteren staatlichen Triumphen. Als Teil von Bernds von Vitzewitz' problematischer eigenmächtiger Kriegsführung ist es die Voraussetzung für seine Einsicht in das Zerstörerische seines Handelns gegen den Willen des Königs.

Nicht nur durch das Widerspiel solcher Faktoren, sondern auch in Anlage und dramatis personis ändert sich die Konzeption des Romans im Lauf der Jahre. Das erhaltene Manuskript des Romans ist noch nicht im einzelnen ausgewertet (vgl. dazu W. HETTCHE, 1994). Soweit sich diese Umgestaltung aber anhand des von H.-F. ROSENBERG (1926) und A diskutierten Fontaneschen Notizenmaterials erschließen läßt, bezieht sie sich im wesentlichen auf zwei Bereiche: Erstens ist der Roman ursprünglich wesentlich »historischer« angelegt. Eine Fülle von tatsächlichen Repräsentanten Preußens und eine Reihe kriegerischer Ereignisse sollen darin geschildert werden. Aber wie Fontane einen Teil der Schauplätze ins Fiktionale und sogar den Zeitpunkt des königlichen Aufrufs vom 17. 3. 1813 chronologisch verfremdet, so drängt er auch das Historische zu Gunsten des Fiktiven zurück. Wo es bleibt, wird es nicht direkt erlebt, so Bernds Begegnung mit dem Staatskanzler Hardenberg oder die Reaktion des Königs auf General Yorks Kapitulation. An ihre Stelle tritt das fiktive Gespräch mit Prinz Ferdinand. Ähnlich tritt an die Stelle tatsächlicher Kriegsereignisse der fiktive Angriff auf Frankfurt. Dies entspricht offenbar Fontanes Absicht, »das Eintreten einer großen Idee, eines großen Moments« gerade »in an und für sich sehr einfache Lebenskreise« (an HERTZ, 17. 6. 66, IV.1.163) darzustellen. Es läßt sich frühen Aufzeichnungen zu *Vor dem Sturm* auch entnehmen, daß Fontane bestimmte Figuren enger mit der Handlung verknüpfen will; so ist z.B. für Hauptmann Bummcke ein Duell mit Bninski (in den Notizen noch Strbenski) wegen politischer Differenzen vorgesehen.

Zweitens reduziert Fontane aus Gründen der Gestaltbarkeit, der thematischen und handlungsmäßigen Konzentration, aber auch in Folge neuer Einsichten die Fülle des Anekdotischen und Sagenhaften und vor allem die Zahl und Vielfalt der Gestalten verschiedener Lebenskreise erheblich. Das Resultat dieser Straffungen ist eine in sich widersprüchliche Gewichtsverschiebung zwischen Bürgertum und Adel, denn sie geschehen zu Lasten der bürgerlichen Gesellschaft Berlins. Diese Kreise sollen ursprünglich durch das Haus einer mit den Ladalinskis verwandten Konsistorialratswitwe und berufliche Gruppierungen, u.a. von Kaufleuten und Lehrern, angemessen einbezogen, wenn auch mit satirischen Streiflichtern versehen werden, die an Frau Hulens Freunde erinnern. Fontane vermeidet diese teilweise abfällige, von seiner Aversion gegen die Bourgeoisie seiner eigenen Zeit inspirierte Darstellung. Aber während er so den neuen staatstragenden Mittelstand aus dem Roman eliminiert, befördert er, ohne sie doch sozial einzubetten, zwei junge Bürgerliche zu Helden, die in soldatischer Haltung den Tod fürs Vaterland sterben – eine Rolle, die ursprünglich dem Adligen Lewin zugedacht ist.

Quellen und Anregungen

Die Quellen und faktischen Anregungen zu *Vor dem Sturm* sind zahlreich. Das ländliche Milieu und seine Figuren tragen Züge von Letschin im Oderbruch, wo Fontane in den vierziger Jahren in der väterlichen Apotheke arbeitet. Das erste Buch des Romans entsteht fast zeitgleich mit *Das Oderland*, dem zweiten, 1863 erscheinenden Band der *Wanderungen*. Die geographischen Schauplätze, die Fontane dafür »erwandert«, kann er in den Roman als Handlungsschauplätze einbringen. Überhaupt muß man sich gegenwärtig halten, daß in die lange Spanne zwischen Idee und Vollendung von *Vor dem Sturm* die ersten drei Bände der *Wanderungen*, sämtliche drei Kriegsbücher Fontanes samt ihren »Abfallprodukten« *Kriegsgefangen* und *Aus den Tagen der Okkupation* und zwei der drei englisch-schottischen Reisebücher fallen. Mit diesen journalistischen und feuilletonistischen Arbeiten teilt *Vor dem Sturm* Gestaltungselemente, die wegen ihres deskriptiven und retardierenden Charakters immer wieder zur Kritik herausgefordert haben, so die erzählerisch nicht integrierten Personenporträts. Vor allem die frühen Teile von *Vor dem Sturm* verraten dieselbe »Tiefenschichtung« des menschlichen Lebensraums. Dieser wird durch die Vergegenwärtigung von Mythos und Sage, Historie und Architektur, Kunst und Folklore, Familientraditionen und Bevölkerung zu einer religiös, abergläubisch, historisch und volkstümlich beglaubigten Kulturlandschaft, die auf die Menschen prägend wirkt und ihre Heimat- und Vaterlandsverbundenheit begründet. In der Ausbreitung dieser Einheit und in dem ständigen Rückbezug von einzelnen Ereignissen auf das Dauerhafte von Lebenssituationen, von einzelnen Gebäuden auf den Charakter der Gesamtarchitektur und in der Betonung geschichtsträchtiger Momente der Region liegt ein Grund für die vielgescholtene scheinbare Weitschweifigkeit des Romans. Die liebevoll porträtierte Landschaft spielt gewissermaßen mit – auch atmosphärisch, denn in keinem späteren Roman Fontanes gibt es so viel Naturschilderung wie in *Vor dem Sturm*. Es gilt aber generell, daß die späteren Teile des Romans eine größere erzählerische Souveränität zeigen. Fontane wird gewissermaßen beim Schreiben seines ersten Romans zum Romancier.

Auch mehrere Figuren verdanken ihren Ursprung Material aus den ersten *Wanderungs*bänden, so Gräfin Pudagla (vgl. *Die Graf-*

schaft Ruppin, II.1.311–319), Bamme (vgl. *Die Grafschaft Ruppin*, II.1.529–536) und Lewin (vgl. *Das Oderland*, II.1.786–810). Besonders fesselt Fontane F. A. L. von der MARWITZ, das Vorbild für Bernd von Vitzewitz. Der pflichtbewußte Offizier ist das Haupt der adligen Opposition gegen die preußischen Reformen von 1807–1812 und büßt seine ständische Auflehnung gegen den König und den Zeitgeist im Juli 1811 mit Festungshaft. Aus dem 1851 erschienenen, aber stark gekürzten Werk *Aus dem Nachlasse F. A. Ludwigs v. d. Marwitz*, dessen vollständiges Manuskript Fontane nach E. BIEHAHN (1971, S. 346) aber gekannt haben muß, übernimmt Fontane Züge von MARWITZ' Persönlichkeit und Leben (so den frühen Tod der Frau, den geheimnisvoll aufhörenden Gebäudebrand und den Versuch, Hardenberg zum schnellen Handeln gegen die Franzosen zu überreden). Aber bezeichnenderweise wird die Gestalt selbst, der Fontane ein 1861 zuerst veröffentlichtes sympathisches Porträt widmet, ihrer anti-revolutionären und anti-reformerischen Züge entkleidet, also entpolitisiert. Aus dem reaktionären Junker wird ein menschlicher, aber ungeduldiger Patriot. Die erzkonservative Gesinnung des Vorbilds ist nur noch am Anfang des Romans in seinem »Abscheu gegen die Pariser Schreckensmänner« (I.3.28) spürbar. Das Reaktionäre, in der Zeit Veraltete wird von Bernd losgelöst und auf die französisierende Schwester Amelie von Pudagla übertragen, die nicht wie ihr Bruder den neuen Ideen von »Volk und Vaterland«, sondern den vorrevolutionären von »Hof und Gesellschaft« anhängt und deren »Herz [...] bei dem Feinde« (I.3.298) ist. Was Fontane u.a. wohl an MARWITZ als Romanfigur reizt, spricht er an Anfang und Ende von dessen Porträt in *Das Oderland* (II.1.763) aus: »Erst seit Marwitzens Zeiten ab existiert in Preußen ein politischer *Meinungs*kampf«, so daß sein »Auftreten einen Wendepunkt in unserem staatlichen Leben bedeutet«, und »An ernstem Streben, an Ringen nach der Wahrheit, an selbstsuchtsloser Vaterlandsliebe sei er Vorbild und Muster auch *uns*.« (II.1.785) Dieser neue von Vaterlandsliebe durchdrungene, aber die staatliche Autorität herausfordernde politische Diskurs, in dessen Mittelpunkt Bernd steht, ist Thema des Romans:

> Aus der Hand Gottes [...] kommen die Könige, aber auch viel anderes noch. Und gibt es dann einen Widerstreit, das letzte bleibt immer das eigene Herz, eine ehrliche Meinung und – der Mut, dafür zu sterben. (I.3.220)

MARWITZ' Nachlaß ist aber nur eins der zahlreichen Bücher über Preußisches, die Fontane konsultiert (vgl. seine eigene Liste in AR

1.339), darunter vor allem »Schilderungen des *Kleinlebens* in Dorf und Stadt« (an F. W. Holtze, 6. 12. 1865; DuD II.186) und Zeitungen von 1812/13, die »doch immer das beste Bild (geben)« (an F. W. Holtze, 19. 10. 1876, DuD II.199) – der deutlichste Nachklang davon im 6. Kapitel des 1. Bandes? Auch für mehrere Einzelkapitel, Nebengestalten und Motive sind Vorlagen eruiert worden (vgl. zu dem Kapitel »Zwischen zwei Toren«: E. Rosen, 1981; zu der Anekdote über Karl XI.: H. G. Richert, 1971; zu der Geschichte von Kajarnak: A. Schmidt, 1955; zu den grünen Särgen: H. Kügler, 1934; zu Hoppenmarieken: A. Wirth, 1926; zu Seidentopfs zweiter Predigt: A. Faure, 1942; zu Kniehase: H.-F. Kniehase, 1979).

Genre
Literarisch gehört *Vor dem Sturm* zunächst in die Tradition des durch Walter Scotts *Waverley* (1814) begründeten historischen Romans, von dem Fontane wesentliche Elemente übernimmt (die Erzähldistanz von zwei Generationen, den durchschnittlichen Helden ohne Macht und Größe, die Spiegelung der politischen Ereignisse in der Provinz mit ihren auch regional-sprachlichen Eigenarten, das Überleben von Rudimenten einer schicksalhaft-archaischen Kulturschicht, die in einer christlichen und rationalen Welt auf ihren irrationalen Begründungen besteht). Auch von Scotts Begründung seiner Stoffwahl mag er sich angesprochen fühlen: »There is no European nation which within the course of half a century, or little more, has undergone so complete a change as this kingdom of Scotland« (*Waverley*, Postcript), denn was für das Schottland zwischen 1746 als der Handlungszeit von *Waverley* und Scotts eigener Zeit galt, läßt sich zu Fontanes Zeit mit gleichem Recht über Preußen sagen, wenn auch die Entwicklung beider Länder gerade entgegengesetzt verläuft.

Wichtig ist aber auch das preußisch-literarische Umfeld von *Vor dem Sturm*, denn das Werk, das Fontane noch ein knappes Jahr vor seinem Tod als »meinen vaterländischen Roman« (an F. Paulsen, 29. 11. 1897, IV.4.678) apostrophiert, gehört auch in den Zusammenhang der »vaterländischen« Dichtung. Als solche bezeichnet sich in den fünfziger und sechziger Jahren des 19. Jahrhunderts die – heute bis auf Adolf Menzels Bilder weitestgehend obsolete – Literatur und Kunst, die preußisches Ethos, preußische Größe und Selbstbesinnung in Sujets aus Vergangenheit und Gegenwart ad majorem Borussiae gloriam darstellt. Die Schriftsteller, die den »vaterländischen« Roman vor Fontane repräsentieren, sind Willibald ALEXIS (1798–1871) und George HESEKIEL (1819–1874). Beide vermitteln Fontane in ihren Werken die vaterländische Variante des »vor sechzig Jahren«, und mit beiden stellt *Vor dem Sturm* eine kritische Auseinandersetzung dar (vgl. dazu C. GRAWE, 1990). Fontane setzt HESEKIELS reaktionärer Preußensicht seine moderat-vaterländische Variante entgegen:

> Das Buch ist der Audruck einer bestimmten Welt- und Lebens-Anschauung; es tritt ein für Religion, Sitte, Vaterland, aber es ist voll Haß gegen die »blaue Kornblume« und gegen »Mit Gott für König und Vaterland«, will sagen gegen die Phrasenhaftigkeit und die Carikatur jener Dreiheit. (An HERTZ, 24. 11. 1878, IV.2.637)

Sowohl bei ALEXIS als auch bei HESEKIEL spielt das Politische die zentrale Rolle; beide führen die Leser unmittelbar in das Machtzentrum Berlin bis hinauf zum Königspaar. Fontanes Entpolitisierung des Stoffes ist auch hier ein bewußtes Sich-Distanzieren.

Aber die plane Zuordnung von *Vor dem Sturm* zum historischen und patriotischen Roman ist problematisch. Den Untertitel »historischer Roman« des Vorabdrucks gibt Fontane in der Erstausgabe zugunsten des zugleich unverbindlicheren und präziseren »Roman aus dem Winter 1812/13« auf – aus gutem Grund, denn seine Zeit hat im Gefolge des Historismus andere Erwartungen an den historischen Roman, der ins Kulturgeschichtliche, Exotische, historisch Unverbindlich-Beliebige oder Ideologische abgeglitten ist. Fontane bemüht sich, dem Genre Zeitnähe, Relevanz, Niveau, Ethos und Menschlichkeit zurückzugewinnen – wenn auch auf Kosten des Erfolgs. Die vaterländische Rückbesinnung auf Preußens schwerste politische Krise am Anfang des Jahrhunderts, die seinem Aufstieg vorausgeht, wird in *Vor dem Sturm* durch die Privatisierung des Themas seiner konservativ-ideologischen Verwendbarkeit beraubt. Als preußisch-vaterländisches Werk kommt es ohnehin zu spät. Sieben Jahre nach der Reichsgründung und zehn Jahre vor der Thronbesteigung des chauvinistischen WILHELM II. ist es nur noch als Dokument politischer Selbstbesinnung geeignet.

Der geringe zeitliche Abstand zwischen Romanhandlung und Gegenwart erlaubt es Fontane, das Historische weitgehend als Gesellschaftliches zu konzipieren und sich damit schon in seinem ersten Roman dem Zeitroman zu nähern, den er 1875 in seiner Kritik von G. FREYTAGS *Die Ahnen* fordert:

Der Roman soll ein Bild der Zeit sein, der wir selber angehören,
mindestens die Widerspiegelung eines Lebens an dessen Grenze wir
selbst noch standen oder von dem uns unsere Eltern noch erzählten.
(III.1.319)

Es ist P. DEMETZ' Verdienst, den ›Roman der guten Gesellschaft‹
mit seinem Rhythmus von gesellschaftlichem Ereignis und dessen
Vor- und Nachbereitung, seiner Gesprächskultur, seiner domestizierten Natur, seinen sozial ›richtigen Adressen‹, seinen gesellschaftlichen Ritualen anhand der internationalen Modelle für die
Deutung von Fontanes späteren Romanen fruchtbar gemacht zu
haben; und völlig zurecht weist er – wie FRICKE schon 1962 – darauf hin, daß auch *Vor dem Sturm* schon auf dem Weg zu diesem
Typus ist. In der präzisen und detaillierten Darstellung von Menschen in ihrem sozialen, kulturellen und geographischen Ambiente
und in den Facetten menschlicher Kommunikation und menschlichen Zusammenlebens ist *Vor dem Sturm* schon ganz Fontanisch.

Struktur, Thematik, Rezeption

Gegen Paul HEYSES Vorwurf des ausladenden »Historischen, Anekdotischen, Kulturfarbigen« (HEYSE an HERTZ, 27. 11. 1878, AR
1.367) und der mangelnden handlungsmäßigen Konzentration
verteidigt Fontane an seinem Roman gerade die »Stärke« »in der
Komposition«, indem er sein Konzept des »Vielheitsromans« erläutert, bei dem man Einflüsse von K. GUTZKOWS »Roman des
Nebeneinander« (vgl. das Vorwort zu seinem Roman *Die Ritter
vom Geiste*, 1850) und ALEXIS' Roman »der mannigfaltigen Erscheinungen des Lebens« (vgl. seinen Aufsatz über die Romane
SCOTTS, 1823) annimmt:

> Meinst Du nicht auch, daß neben Romanen […], in denen wir ein
> Menschenleben von seinem Anbeginn an betrachten, auch solche
> berechtigt sind, die statt des Individuums einen vielgestaltigen Zeitabschnitt unter die Loupe nehmen? Kann in solchem Falle nicht auch
> eine Vielheit zur Einheit werden? […] auch der Vielheits-Roman,
> mit all seinen Breiten und Hindernissen, mit seinen Portraitmassen
> und Episoden, wird sich dem Einheits-Roman ebenbürtig – nicht an
> Wirkung aber an Kunst – an die Seite stellen können, wenn er nur
> nicht willkürlich verfährt, vielmehr immer nur solche Retardirungen
> bringt, die, während sie momentan den Gesammtzweck zu vergessen
> scheinen, diesem recht eigentlich dienen. (An HEYSE, 9. 12. 1878,
> IV.2.639)

Die Dezentralisierung des Vielheitsromans bedingt eine Verinnerlichung der Struktur. Nicht der auf den einen Helden konzentrierte Ablauf der Ereignisse, sondern die thematische Einheit in der Vielfalt, das Beziehungsgeflecht der personalen, gedanklichen, ideellen und symbolischen Spiegelungen, Variationen, Kontraste und Spannungen strukturiert ihn. Es entsteht ein »Zusammenhang zwischen der Diachronie der Ereignisse und der Synchronie einer Zustandsschilderung« (MÜLLER-SEIDEL, S. 130), bei dem trotz allem erzählerischen Verweilen »in jedem Moment der Romanwirklichkeit […] der dynamische Sog auf das Ende hin gegenwärtig« (AUST, 1974, S. 34) bleibt. Auch der Erzählrhythmus ist thematisch bestimmt. Daß sich die eigentliche Handlung erst im 4. Buch mit dem Angriff auf Frankfurt, Lewins Befreiung und Tubals, Othegravens und Hansen-Grells Tod dramatisch beschleunigt, hat mit der Entstehungsgeschichte zu tun, entspricht aber durchaus der Beschleunigung vom zögernden Vorbereiten und Abwägen der sich verändernden politischen Lage zum entschlossenen Handeln.

Zu den Strukturelementen gehören auch die Vielzahl der Textsorten (szenisches Erzählen, Anekdote, Predigt, Brief, Gedicht, Dokument, Dialog, historischer und geographischer Essay) und die subjektive prominente Erzählstimme. *Vor dem Sturm* unterwirft sich nicht der Scheinneutralität objektiven Erzählens, wie sie Friedrich SPIELHAGEN und andere in der zweiten Hälfte des 19. Jahrhunderts fordern. Fontane erscheint die Behauptung,

> daß der Erzähler nicht mitsprechen darf, weil es gegen das »epische Stilgesetz« sei, […] als reine Quackelei. […] Dies beständige Vorspringen des Puppenspielers in Person, hat für mich einen außerordentlichen Reiz und ist recht eigentlich *das*, was jene Ruhe und Behaglichkeit schafft, die sich beim Epischen einstellen soll. Die jetzt modische »dramatische« Behandlung der Dinge hat zum Sensationellen geführt. (An HERTZ, 14. 1. 1879, IV.3.7f.)

– ein nur allzu berechtigter Vorwurf gegen die Erzählprosa seiner Zeit. Für Fontane nimmt das Historische als bewußt Vermitteltes epische Gestalt und Realität an. Ein völliges Eintauchen in die Illusion findet gerade nicht statt. Vielmehr wird der fiktionale Charakter der Fiktion gegenwärtig gehalten. Wie in keinem anderen Roman Fontanes – außer vielleicht in *Frau Jenny Treibel* – ist in *Vor dem Sturm* der »Puppenspieler«, der auch seine Sympathie oder ironische Herablassung spüren läßt, der sichtbare Evokateur und Arrangeur der historischen Szene. Aber bei aller Bewußtheit des historischen Abstands ist Fontanes Erzählen teilnehmend, intim, human und menschlich beteiligt. Auch hierin erweist *Vor dem Sturm* seine Verwandtschaft mit den *Wanderungen*. Aber es wäre falsch, darin ein bloßes Relikt zu sehen. Gerade der vielkritisierte Schluß des Buches rückt mit dem Erzähler an Renates Grab das Geschehen der vorhergehenden 700 Seiten in die Distanz.

Der Roman ist zeitlich bedeutungsvoll gegliedert. Er spielt zwischen Weihnachten und Frühjahr, ja nach einem frühen Entwurf »vom Weihnachtsheilig-Abend bis Osterheiligabend« (AR 1.341), also im christlichen Sinn zwischen Geburt und Auferstehung. Diesem äußeren Ablauf entspricht im politischen Sinn ein innerer, der die entscheidende Entwicklung des Buches signalisiert. Er wird durch drei zeitgenössische Dokumente von tatsächlicher und symbolischer Bedeutung markiert, die von den Romanfiguren gegen Anfang, Mitte und Ende im Gespräch umkreist werden und sie unterschiedlich berühren und motivieren. Die Handlung bewegt sich vom »29. Bulletin« über die »Konvention von Tauroggen« zum »Aufruf des Königs«. In dieser politischen Entwicklung spiegelt sich die Verlagerung der Initiative von Frankreich auf Preußen. Das am 17. 12. 1812 in der Regierungszeitung *Moniteur* veröffentlichte 29. Armee-Bulletin NAPOLEONS, durchzieht mit seinem diskreten Eingeständnis, daß der Rußlandfeldzug gescheitert ist, das erste Buch von *Vor dem Sturm*. Es ist z.B. die erste Nachricht, die der aus Berlin kommende Lewin seinem Vater in Hohen-Vietz mitteilt: »Ladalinskis hatten den französischen Text; Kathinka las uns die Hauptstellen vor. Es hat mich erschüttert.« (I.3.33) Daß man sich mit Graf Bninski das Gespräch über das Bulletin vermeidet, kennzeichnet dessen politische Sympathien. Es bildet auch den Inhalt von Seidentopfs erster Predigt; und Faulstich ist schon dadurch gerichtet, daß er davon »nicht eine Zeile gelesen hat« (I.3.195). Ähnlich zentral ist für das vierte Buch der – von Fontane vom 17. 3. vorverlegte – Aufruf »An mein Volk« des Königs zum Kampf gegen NAPOLEON. Hoppenmarieken etwa bringt die Zeitung mit dem Abdruck (»Un vorbi is et nu mit de lütten Franzosen, dat's man kloar«, I.3.565), und Seidentopf liest bei seiner zweiten Predigt den Aufruf »mit lauter und eindringlicher Stimme« (I.3.592) vor. Zwischen beiden Ereignissen liegt etwa in der Mitte des Buches als »Wendepunkt« – so Fontane in einer frühen Notiz (AR 1.349) – »der Schritt«, der, »uns aus der Erniedrigung in die Erhöhung führt« (I.3.371): die Konvention von Tauroggen, die Preußen, noch ohne den König, von NAPOLEON löst. Tatsächlich gehört diese eigenmächtige Entscheidung eines preußischen Generals auch thematisch zur Handlung, weil sie eine der drei Ebenen darstellt, auf denen der staatliche Ungehorsam beim Kampf gegen die Franzosen thematisiert wird. Zurecht weist deshalb WRUCK (1967, S. 174–178) auf die Bedeutung von J. G. DROYSENS *Das Leben des Feldmarschalls Graf York von Wartenburg* (3 Bde., 1851/52) für Fontanes Roman hin (vgl. neuerdings zu den Spuren YORKs in *Vor dem Sturm*: H. AUST, 1995). Vitzewitz' Handeln wird zweifach gespiegelt: im Großen in YORKs Abfall von NAPOLEON und im Kleinen im Überfall auf die Franzosen beim Schilfschneiden. Nicht umsonst sind Pfeiffer wie Hanne Bogun mit einem körperlichen Makel gezeichnet. Die Nachricht von YORKs politischem Ungehorsam platzt in die Soirée bei Ladalinskis am 4. 1. 1813 und beherrscht Lewins Vormittag in der Universität. Kathinkas »unbedachtes« »eh bien!« auf die Sensation verrät ihre mangelnde Loyalität gegenüber Preußen. Hinter diesen Machtverschiebungen lagert über dem Buch, beginnend mit Bernds Haß (»Er sah in ihm einen Dämon, nichts weiter; eine Geißel, einen Würger, einen aus dem Westen kommenden Dschingis-khan«, I.3.30), die Gestalt NAPOLEONS: dämonisch, verwundbar und zunehmend der Lächerlichkeit verfallen. Ihr entgegengesetzt wird in immer neuen Anspielungen, in Gespräch und Anekdote Preußens Geschichte und vergangene Größe, deren Inkarnation der »Große König«, FRIEDRICH II., ist. Seine Beschwörung, auch als Schöpfer des Oderbruchs, durchzieht ebenfalls den Roman (so bei Lewins Gefangenschaft mit Assoziationen an den hingerichteten Hans Hermann von KATTE und beim Angriff auf Frankfurt mit solchen an die verlorene Schlacht bei Kunersdorf).

Das Figurenensemble von *Vor dem Sturm* ist elliptisch um zwei Familien geordnet, die in verwandtschaftlicher Verbundenheit, Parallelität und Gegensätzlichkeit einander entsprechen: im Oderbruch Bernd von Vitzewitz mit seinen Kindern, seine Schwägerin, Gräfin Pudagla, mit ihrem adligen Zirkel von männlichen Freunden und dazu der Kreis um Pastor Seidentopf, Schulze Kniehases Familie und die Bauern im Krug; in Berlin der Schwager der Gräfin, Geheimrat von Ladalinski, und seine Kinder in höfischer Atmosphäre, der Club der jungen Intellektuellen in der Kastalia und die beiden kleinbürgerlichen Gruppen der Freunde Frau Hulens und der Handwerker auf dem Windmühlenberg. Ohne Mutter (vgl. zu dem Aspekt R. BÖSCHENSTEIN, 1996) wachsen in beiden Familien ein Sohn und eine Tochter auf, deren Leben im Verlauf des Romans nicht den familiär geplanten und erwarteten Verlauf nimmt. Charakter und politisches und geistiges Profil beider Familien beleuchten Preußen von entgegengesetzten Seiten, denn die innerfamiliären Spannungen in ihnen entstehen nicht aus privaten, sondern aus politischen Gründen: bei Bernd und seinem Sohn um das Recht auf das eigenwillige Losschlagen gegen den Feind und bei Ladalinski und seinen Kindern um die Aufgabe der polnischen Identität zugunsten der Verpreußung. Aber während im ersteren Fall die familiären Bande gestärkt werden, zerbrechen sie im letzteren – Zeichen der nationalen Intaktheit Preußens gegenüber der nationalen Zerrissenheit Polens. Preußens Schuld an diesem polnischen Schicksal thematisiert Fontane nicht (vgl. zum Thema Polen W. NIEMIROWSKI, 1990; G. FRIEDRICH, 1996; M. OSSOWSKI, 1998).

Auf geographisch kleinem Raum wird eine Fülle von Gestalten dargeboten, deren soziale Skala vom königlichen Prinzen bis zum Hütejungen reicht. Wenn die Forschung gelegentlich von »der regellosen Fülle« (WANDREY, S. 141) oder dem unerschöpflichen Personal des Romans spricht, ist das bei der klaren Disposition des Figurenensembles kaum gerechtfertigt. Der Schwerpunkt liegt deutlich beim niederen Adel, dessen Entscheidungen die Handlung treiben und der in seiner nationalen Rolle zur Diskussion steht. Dies ist die erste von Fontanes vielen Auseinandersetzungen im Roman mit Wesen, Rolle und Zustand des märkischen Adels. Der eigentliche Reiz des personalen Arrangements aber besteht in den Kontrasten und Ähnlichkeiten des sozialen und menschlichen, religiösen und geistigen Verhaltens, in der Gestaltung des gesellschaftlichen Lebens und dem Niveau und Charakter des politischen Diskurses, wobei die verwandtschaftlichen und freundschaftlichen Beziehungen zwischen sozial unterschiedlichen Milieus auch die nach-revolutionäre Auflockerung der Standesschranken und das Einswerden der Nation signalisieren: das vornehme Diner in Guse und das ärmliche bei Frau Hulen; das politische Gespräch in Wieseckes Saal und im Dorfkrug; die mondän-erotische Kathinka und die anheimelnd-biedere Renate; das neue bürgerliche und christliche Familienfest Weihnachten in Hohen-Vietz und die exklusivere Feier des »Sylvestertag[es] [..] aus allerhand heidnisch-philosophischen Gründen« (I.3.141) bei der Gräfin; aber auch das menschlich erfüllte Weihnachtsfest bei Vitzewitz' im Gegensatz zum »prächtigen« (I.3.125), aber nur menschliche Sehnsucht weckenden bei Ladalinskis; die Nachricht von Kathinkas Flucht und unmittelbar darauf Tubals Werben um Renate; märkische Verwurzelung bei Vitzewitz und polnische Entwurzelung bei Ladalinski; je eine Predigt Seidentopfs gegen Anfang und Ende der Handlung; Variationen des literarischen Diskurses bei Faulstich, bei Seidentopf und in der Kastalia; Lewins hilfreiche Gesten gegenüber den noch verbündeten Franzosen in Berlin und unmittelbar anschließend Bernds hinterhältige Pläne gegen den zukünftigen Feind auf dem Land; Bernds dialogische Vorbereitung seines eigenmächtigen Handelns und die monologische nachherige Selbstbefragung; Hirschfeldts Bericht vom spanischen Feldzug aus antinapoleonischer Sicht und Meerheimbs russischer aus napoleonischer; Seidentopfs Predigt über die »Rückkehr zu Wahrheit« (I.3.593) und unmittelbar darauf und in derselben Kirche Tubals Verführungsversuch; die mit Flugbildern verbundene Marie und das »hüpfende Mariechen« (= Hoppen-Marieken), das Vögel in Käfigen hält.

Der Reichtum an Substanz und thematischer Integration und die Dichte der sich wechselseitig deutenden Bezüge bezieht auch das große Zeitgeschehen und die geistigen Dimensionen im europäischen Maßstab ein (etwa Preußen-Polen, Germanen-Slawen, deutsche und französische Kultur, die Welt vor und nach der französischen Revolution). Viel enger als viele Kritiker wahrgenommen haben, ist auch das Anekdotische und Biographische untergründig oder offen mit der thematischen Entfaltung verbunden. Auch der anscheinend obskure Bericht von Kajarnak dem Grönländer, die Ehegeschichte Graf Drosselsteins, die Erzählung vom Kronprinzenring oder die Anekdote über den französischen König HEINRICH IV. etwa enthalten Beiträge zum Thema der Treue. Auch Mademoiselle Alcestes *Wilhelm-Tell*-Rezitation mündet in die aktuelle Politik; und bei Frau Hulens trivialer »Gesellschaft« (I.3.333) beherrschen preußische Vergangenheit und die politische Zeitlage das Gespräch. All das sind strukturierende Konstituenten des »Vielheitsromans«, dem die auf Handlungsspannung, sentimentale Liebesgeschichten und Sensationen eingestellten Zeitgenossen weitgehend verständnislos gegenüberstehen.

Vor dem Sturm ist nicht in dem Sinn ein historischer Roman, daß darin Leben und Werk bedeutender historischer Persönlichkeiten fiktional aufbereitet oder der religiöse, moralische, mythische oder wissenschaftliche Sinn von Geschichte reflektiert würde. Dargestellt wird vielmehr die Provinz unter dem Zeichen der Weltpolitik, deren Niederschlag und Widerhall im Leben durchschnittlicher Menschen in einem prekären geschichtlichen Augenblick Preußens aufgespürt wird. Geschichte stellt sich nicht als Folge großer Ereignisse dar, sondern als allgegenwärtiges Fluidum, als Alltäglichkeit. Erst das spätere 20. Jahrhundert weiß diese Sicht der Historie vom Privaten und von unten her zu würdigen. Ob es Fontane dabei gelingt, die »inneren Triebkräfte der Epoche« (H.-F.

Rosenberg, 1926, S. 8, s. u. 3.1.1) darzustellen, beantwortet die Forschung unterschiedlich. Die Fruchtbarkeit des gewählten Augenblicks jedenfalls besteht für Fontane im Wandel – das Wort fällt schon im 4. Kapitel des 1. Bandes zweimal –, in der Frage nach dem Recht des bewährten, aber obsolet werdenden Traditionellen gegenüber Fortschritt und Verjüngung, in der prekären Balance zwischen alter und neuer Zeit und Gesellschaft, zwischen Niederlage und Sieg, Unterwerfung und Freiheit, König und Volk, altem Gehorsam und neuem persönlichen Entscheidungsraum. Obwohl die große Dimension des Staatspolitischen aus der Romanhandlung selbst verbannt wird, lebt sie doch allgegenwärtig in Zeitungslektüre und Erlebnisbericht, Gespräch und Klatsch, im gespannten Verfolgen der bedeutenden fernen Ereignisse und in dem von komischen Momenten nicht freien Krieg im Miniaturformat, der mit ordre de bataille, Hauptquartier, aide-de-camp usw. den großen Krieg imitiert und dessen Folgen dieselben sind: »Das Gefecht bei Plaa« (I.3.387) und das Provinzscharmützel »Wie bei Plaa« (I.3.686).

Unter dem Stichwort des Wandels wird aber keine wertneutrale und daher gleichgültige Veränderung, sondern »Erneuerung« als menschliche, ethische und politische Forderung und Bewährung begriffen, die Veraltetes überwindet, mit dem Bestehenden und Bewährten in Konflikt geraten kann und sich ihm gegenüber rechtfertigen und verantworten muß. Diese Erneuerung bezieht sich thematisch auf alle Bereiche des Buches: auf Preußen nach seinem tiefen Fall; auf die Gesellschaft nach der französischen Revolution; auf das geistige Leben in der Besinnung auf das Deutsche (Schiller statt Lemierre, Fichte statt Diderot, die deutsche Sprache statt der französischen, die deutsche romantische Literatur); auf das adlige Haus Vitzevitz, dessen Familienfluch endet, der die Buße für den auch national zu verstehenden Brudermord im dreißigjährigen Krieg ist und dem in Marie neues Blut zufließt; auf Lewin nach seiner Liebesverirrung und langen, todgleichen Ohnmacht; auf Kathinka, die sich einen neuen Lebenskreis sucht; und auch auf Tubal, der seine Unbeständigkeit büßt. Aber der Roman fragt auch, wer dieser Erneuerung nicht angehört, und so sterben unter dem Vorzeichen einer unmöglichen Erneuerung Gräfin Pudagla und Hoppenmarieken, scheitert der Angriff auf Frankfurt unter Bammes Führung, die eine bloße Konzession an das Tradierte ist. Dem zynischen, atheistischen alten General ist es nicht gegeben, das militärische Unternehmen anders denn als »Abenteuer« (I.3.606) zu begreifen und selbst Teil der Erneuerung zu werden, obwohl er die Zukunft durchaus erkennt und durch die provokative Vererbung seines Besitzes an Marie auch begrüßt.

Der Autor selbst charakterisiert das Thema des Romans folgendermaßen:

> Ohne Mord und Brand und große Leidenschaftsgeschichten, hab ich mir einfach vorgesetzt eine große Anzahl märkischer (d.h. *deutschwendischer,* denn hierin liegt ihre Eigenthümlichkeit) Figuren aus dem Winter 12 auf 13 vorzuführen, [...]. Es war mir nicht um Conflikte zu thun, sondern um Schilderung davon, wie das große Fühlen das damals geboren wurde, die verschiedenartigsten Menschen vorfand und wie es auf sie wirkte. Es ist das Eintreten einer großen Idee, eines großen Moments in an und für sich sehr einfache Lebenskreise. Ich beabsichtige nicht zu erschüttern, kaum stark zu fesseln, nur liebenswürdige Gestalten, die durch einen historischen Hintergrund gehoben werden, sollen den Leser unterhalten, wo möglich schließlich seine Liebe gewinnen; aber ohne allen Lärm und Eclat, Anregendes, heitres, wenns sein kann geistvolles Geplauder, wie es hierlandes üblich ist, ist die Hauptsache an dem Buch. (An Hertz, 17. 6. 1866, IV.2.163)

Diese Idee erfaßt die Romanfiguren auf verschiedene und verschieden starke Weise. In Bernd löst sie das unwiderstehliche Bedürfnis aus, »dem Lande das Zeichen der Erhebung zu geben« (I.3.631). Die geistige und tatsächliche Vorbereitung, die Durchführung und das Scheitern dieses Unternehmens, das im vierten Buch die Menschen der unterschiedlichsten sozialen Kreise zum nationalen Zweck vereint, bildet den politischen Handlungsfaden des Romans. Aber bezeichnenderweise sind die Tat und ihre menschlich tragischen Folgen auf die letzten hundert Seiten konzentriert. Im Mittelpunkt des ganzen Romans steht dagegen der Diskurs über die Berechtigung dieses Aufruhrs gegen die königliche Politik des Abwartens. In einer strukturierenden Serie von Gesprächen, die die erste Hälfte von *Vor dem Sturm* durchziehen, rechtfertigt Bernd seine Absicht sich und anderen gegenüber. Er konfrontiert Lewin mit seinem Wunsch nach »heilige[r] Rache« (1. Bd., 4. Kap.); den Staatskanzler mit seinem Plan eines »Volksaufstands« (2. Bd., 7. Kap.); Amelie, Bamme und Drosselstein mit der Mahnung, die Stunde nicht zu verpassen (2. Bd., 7. Kap.); Kniehase mit seiner höheren Verpflichtung gegenüber dem Land als dem König (2. Bd., 13. Kap.); Othegraven mit seinem Willen, die Waffe selbst zu führen, »ist man an oberster Stelle verblendet genug, sich der Waffe, die wir schmieden, nicht bedienen zu wollen« (2.. Bd., 13. Kap.); Bamme mit seiner Entscheidung, die Waffen auch gegen des Königs Willen und auf das Risiko des Hochverrats zu ergreifen (2. Bd., 19 Kap.); und Prinz Ferdinand mit seiner Überzeugung, daß zwischen dem von seinen Ministern beherrschten König und dem Volk nicht mehr »der gleiche Schlag der Herzen« herrscht (3. Bd., 1. Kap.). Fatalerweise ist das erste Stichwort dieses letzten Gesprächs von seiten des Prinzen »Gehorsam« – ein Beispiel für die künstlerisch sorgfältige Durchgestaltung dieser Gespräche, in denen Fontane selbst einen »Schwerpunkt des Buches« (an HERTZ, 1. 12. 1878, IV.2.632) sieht. Nach Dialogen von vergleichbarer Leichtigkeit und dialektischer Kunst, geistigem Niveau und argumentativem Reichtum sucht man in der Erzählprosa des Kaiserreiches bis zu T. MANNs *Buddenbrooks* (1901) vergebens. Konterkariert wird Bernds Unbotmäßigkeit aus Patriotismus nicht nur durch die vorgebrachten Gegenpositionen – wie etwa Amelies hellsichtiges Urteil über die Folgen seines Angriffs auf Frankfurt (I.3.331) – sondern auch durch die wiederholten Hinweise auf die eigenmächtigen Vaterlandsverteidiger SCHILL und Andreas HOFER. Schon im 7. Kapitel des 1. Bandes wird durch die Bilder im Dorfkrug, »darunter Schill und der Erzherzog Karl« (I.3.54) diskret die Alternative von offener und aufständischer Kriegsführung gegen NAPOLEON angedeutet.

Vor dem Sturm ist also die Totalität einer lokalen Welt unter dem Schatten der sich dramatisch zu Gunsten Preußens verschiebenden europäischen Kriegssituation; und während sich dieser Wandel vollzieht, ereignet sich zugleich und in Verbindung damit im persönlichen Leben der Romanfiguren privates Geschehen, das ähnlich von Wandel und Erneuerung geprägt ist wie die politische Weltstunde. Im Zentrum dieses Handlungsstranges stehen die Liebesbeziehungen der Vitzewitzschen und Ladalinskischen Kinder unter dem Zeichen und der Spannung von dynastischer Erwünschbarkeit, familiärem Erbe, persönlicher Wahl, Kompatibilität und charakterlicher Bewährung. Durch die Heirat Lewins und Maries vollzieht sich symbolisch eine Erneuerung des Adels durch das Volk und eine soziale Versöhnung. Auch hier verkündet paradoxerweise der persönlich in der vorrevolutionären Welt des 18. Jahrhunderts verhaftete Bamme die progressive Botschaft: »Mensch ist Mensch.« (I.3.706) Aber trotz der klaren Absicht erweist schon Fontanes erster Roman seine Schwäche in der Darstellung von Liebesbeziehungen. Zwar läßt der Autor Lewins seelische Annäherung an Marie, während er sich noch nach Kathinka verzehrt, in einer Reihe von Träumen vollziehen, so daß er sich im Unterbewußtsein gewissermaßen selbst voraus ist, aber zur Überzeugungskraft dieser zentralen und sozial bedeutungsvollen Liebe trägt das nicht bei; sie bleibt blaß und leidenschaftslos. Diese Schwäche bezieht sich auch auf Lewin als menschliche Figur, obwohl Fontane ihm als einer teilweise autobiographisch angelegten Gestalt große Sympathie entgegenbringt (vgl. das Widmungsgedicht an H. STERNHEIM), und auf seine Schwester Renate, obwohl sie Fontanes »Liebling« (an HERTZ, 30. 1. 1879, DuD II.234) ist und die letzten Seiten ihr gehören. Ihr Rückzug aus der Welt auf Grund ihres Treuegelöbnisses zu Tubal ist thematisch konsistent, aber literarisch nicht überzeugend gestaltet.

Der Grund für diese gestalterische Schwäche liegt in der thematisch bedingten Konfliktlosigkeit der beiden Vitzewitzschen Kinder. Wie nach dem Autor »der Schwerpunkt« seines Romans »in der Gesinnung« liegt, »aus der das Buch erwuchs« (an HERTZ, 1. 12. 1878, DuD II.224), so steht in seinem Zentrum die Gesinnungsprobe seiner Charaktere. Es ist diese ethische Dimension menschlichen Handelns, die das stärkste thematische Band des Buches bildet und das Private und das Politische umgreift und denselben Kriterien unterwirft. Das Problem ist mit dem allgegenwärtigen Stichwort der »Treue« charakterisiert, das in einer Fülle von Bedeutungen und Variationen entfaltet wird und Bewährung und menschlichen Wert umreißt. In aphoristischer Prägnanz formulieren den Maßstab zwei Gestalten ausgerechnet gegenüber Tubal, der davon tief betroffen ist:

Faulstich:

> hüten Sie sich vor jener Lüge des Daseins, die überall da, wo unser Leben mit unserem Glauben in Widerspruch steht, stumm und laut zum Himmel schreit. (I.3.205)

Hirschfeldt:

> gleichviel, Staat oder Person, wer wankt und schwankt, wer unzuverlässig und unstet ist, wer Gelöbnisse bricht, mit einem Wort, wer nicht Treue hält, der ist des Todes. (I.3.616)

Die Widersprüche, die, wie MÜLLER-SEIDEL (S. 120f.) erläutert, das Leben vieler Gestalten des Buches prägen, werden durch ihre kollidierenden Treueverpflichtungen oder durch eine ihnen nicht bewußte Inkonsequenz ihres Verhaltens verstärkt. Was Lewin und Renate ethisch auszeichnet, verurteilt sie zugleich menschlich zur Spannungslosigkeit. Da sie die einzigen sich immer gleich und treu bleibenden Charaktere sind – schon aus ihren Augen spricht »Treue« (I.3.24) –, entbehren sie der Konflikthaftigkeit und des Interesses, das viele andere Figuren auszeichnet. Zwar bleibt auch Marie sich immer treu – nur einmal wird sie in ihrer in sich ruhenden Urteilssicherheit erschüttert: bei der Nachricht von Lewins Gefangenschaft fällt sie in Ohnmacht –, aber anders als die Vitzewitzschen Kinder ist sie als märchenhafte Idealfigur angelegt.

Solche unterschiedlichen Treueauffassungen und -konflikte bis hin zum Verrat prägen die Figuren: Faulstichs Bewunderung für Novalis' schlichtes Lied »Wenn alle untreu werden, so bleib ich dir doch treu« (I.3.204) kontrastiert mit seiner eigenen Lebenslüge. Bninski bricht in eine Tirade gegen Preußens Untreue aus, beweist in seiner Treue zu seinem General Kosciuszko großen Mut, verführt aber Kathinka, die ihrerseits wohl Kind eines Ehe-, also Treuebruchs ist, zum Wortbruch gegen ihren Vater. Aber beide, die nun nur noch sich haben, stehen treu zueinander – in französischen Exil. Auch Maries Eltern stehen treu gegen die Gesellschaft zusammen, was aber einer Untreue gegen ihre verwaist zurückbleibende Tochter gleichkommt. Drosselstein, Ladalinski und auch Küster Kubalke leiden unter der Untreue ihrer Frau. Bamme leugnet die Treueverpflichtung überhaupt (»Alles ist Akkord und Pakt und gegenseitiger Vorteil«, I.3.556), Klemm verneint sie im Politischen. Tubal verrät Renate, büßt aber diesen Verrat durch seine Treue zu dem Hund Hektor. Die Russen, die nach Vitzewitz »Ehrgefühl und Mitgefühl« (I.3.633) nicht kennen, begehen Wortbruch beim Angriff auf Frankfurt. Ladalinski bezahlt seine Untreue gegenüber Polen teuer, Othegraven und Hansen-Grell ihre Treue zum Vaterland mit dem Tod. Die Treue zu Gott betont Pastor Seidentopf.

Besonders akut in der Zeitsituation sind die Lüge des Daseins auf staatlicher Ebene und die daraus resultierenden konkurrierenden Treueverpflichtungen (»Eine Treue kann die andere ausschließen«, I.3.365) zwischen König und Land, Fürst und Volk, Gehorsam und Ungehorsam aus höherer Treue, »beschworener« und »natürlicher« Treue (I.3.216), wie sie General York und Bernd in Konflikte stürzt: »Es gibt eine Treue, die, während sie nicht gehorcht, erst ganz sie selber ist.« (I.3.220) Es handelt sich hier um politische Konflikte, bei denen Müller-Seidel (S. 124) an den Widerstand gegen Adolf Hitler im Juli 1944 erinnert. Von konkurrierenden politischen Loyalitäten handelt auch die Geschichte der Brüder Matthias und Anselm von Vitzewitz im dreißigjährigen Krieg.

Auch der damals im deutschen Roman neue, ausgedehnte, um Klassik, Romantik und Realismus kreisende literarische Diskurs des Buches betont das Gesinnungsmäßige, das ethisch Verpflichtende. An den beiden Endpunkten der Skala des Umgangs mit der Literatur stehen Dr. Faulstich, der das Literarische als rein Ästhetisches, Wirkungsloses erfährt, so daß sich Leben und Überzeugung widersprechen, und Hansen-Grell. Diesen verbindet mit Othegraven der vaterländische Opfertod und das Aufsteigen des Kleinbürgertums zum Heldenstatus. Aber wie bei letzterem die Religion die Einheit von Handeln und Überzeugung herstellt, so bei ersterem die Kunst, denn Hansen-Grell erfüllt Friedrich Hölderlins *Hyperions Schicksalslied* – »einmal leben wie Götter und dann – sterben. Sterben bald, ehe das große Gefühl der Erinnerung verblaßt« (I.3.486) – und bekennt sich vor dem Herzog-Leopold- -Denkmal zum lebensstiftenden Opfertod: »[...] nun lebt er fort, weil er zu sterben verstand.« (I.3.617)

Anders als alle folgenden Romane Fontanes ist *Vor dem Sturm* von der Gewißheit eines nationalen, sozialen und menschlichen Sinns durchdrungen, den viele der Gestalten des Buches als Teil einer religiös begründeten, die Geschichte durchwaltenden Weltordnung begreifen. Aus dieser Überzeugung bezieht Bernd die Verpflichtung zu handeln, erhält das Tragische, das dem einzelnen widerfahren mag, seine Würde. Das gilt mit Einschränkungen sogar für den zum zweitenmal heimatlos gewordenen Ladalinski, wenn er nach dem Tod seines Sohnes »in freudiger Erregung« (I.3.696) das Kruzifix auf dessen Sarg legt. Das Sinngefüge der Welt erklärt den Glauben vieler Romangestalten an die schicksalhafte Vorherbestimmung ihres Lebens. Daß aber tatsächlich angeblich kommt, »was kommen sollte«, weil »das Natürliche, das von Uranfang an Bestimmte« (I.3.679) sich vollzieht, bleibt problematisch und ist mit Müller-Seidels Urteil (S. 127), »was man als Determinismus [...] ansehen könnte, läuft letztlich bloß auf die Allwissenheit des Erzählers hinaus«, nicht erledigt. Fontanes schon in *Vor dem Sturm* ausgeprägtes Bedürfnis, seine Romane künstlerisch beziehungsreich zu runden, verführt ihn auch später noch wiederholt dazu, einen möglicherweise von seiner calvinistischen Erziehung beeinflußten Prädestinationsglauben als Erklärung für die schicksalhafte Vorherbestimmung von Lebenswegen zu verwenden, die aber bei näherem Befragen zu einer Einbuße an Lebensoffenheit und in eine vage Religiosität führt, wie sie in der deutschen Literatur der Zeit vielfach zu finden ist. Ausgeprägt ist das Bewußtsein von der Anwesenheit des Todes im menschlichen Leben, das in Endzeitbildern vergegenwärtigt wird (vgl. Aust, 1994, S. 107f.).

Es dauert fast ein Jahrhundert, bis die Nachwelt den Wert von *Vor dem Sturm* ganz erkennt. Das unenthusiastische Wohlwollen der zeitgenössischen Kritik ist weitgehend von Sympathie für den Autor und Unverständnis gegenüber seinem Werk geprägt. Noch WANDREYS (S. 110) *Vor dem Sturm*-Kapitel ist vorwiegend ein Katalog von Mängeln, unter denen »das Fehlen eines festen inneren Kontaktes, einer die Menschen verbindenden Handlung« obenan steht. Als historischer Roman verfällt das Buch dem Verdikt von G. LUKÁCS' einflußreichem Werk über das Genre als ›politisch inkorrekt‹, weil es sich angeblich durch die Junkerfigur von Vitzewitz die Möglichkeit verstellt, »die wirklich progressiven Tendenzen der Befreiungskriege [...] sowie die plebejisch-rebellischen Elemente der Bewegung [...] zu gestalten« (*Der historische Roman*, Neuwied/Köln 1965, S. 317). Immerhin trägt die Forschung vor 1945 wesentlich zur Erhellung der Quellen bei. Erst die letzten Jahrzehnte sind von Einsicht und Bewunderung gezeichnet. Noch R. BRINKMANN (²1977, S. 63) hält *Vor dem Sturm* bei allem Verständnis im einzelnen für »im Ganzen sehr folgerichtig mißglückt«. Im selben Jahr erscheint DEMETZ' eingehende Analyse im europäischen Kontext, die mit dem Urteil endet: »der schönste deutsche historische Roman.« (S. 66)   CHRISTIAN GRAWE

Literatur

G. WIRTH, Das Urbild zu Fontanes Hoppenmarieken, in: Brandenburgische Zs für Heimatkunde und Heimatpflege 4 (1926), S. 374–376. – H. KÜGLER, Die grünen Särge. Eine Quelle zu Fontanes »Vor dem Sturm«, in: Zs des Vereins für die Geschichte Berlins, (1934), H. 3, S. 57–59. – A. FAURE, Eine Predigt Schleiermachers in Fontanes »Vor dem Sturm«, in: Zs für systematische Theologie 17 (1940), S. 221–279, und 19 (1942), S. 385–413. – C. PUTZENIUS, Theodor Fontanes erster Roman »Vor dem Sturm« als Spiegel der Welthaltung des Dichters, Diss. Hamburg 1947. – P. WRUCK, Zum Zeitgeschichtsverständnis in Theodor Fontanes Roman »Vor dem Sturm«, in: FBl Bd. 1, H. 1 (1965), S. 1–9. – A. SCHMIDT, Fontane und der Eskimo. Ein Beitrag zur Technik und Geschichte der literarischen Restauration, in: Augenblick 1 (1955), S. 55–58. – P. WRUCK, Preußentum und Nationalschicksal bei Theodor Fontane. Zur Bedeutung von Traditionsbewußtsein und Zeitgeschichtsverständnis für Fontanes Erzählungen »Vor dem Sturm« und »Schach von Wuthenow«, Diss. Berlin 1967. – H. BUSCHER, 1969, s.u. 3.1.1. – H.-G. RICHERT, E. M. Arndt als Quelle in »Vor dem Sturm«, in: Euph 65 (1971), S. 206–208. – E. BIEHAHN, Fontanes »Vor dem Sturm«. Die Genese des Romans und seine Urbilder, in: FBl B. 2., H. 5 (1971), S. 339–354. – H. FRICKE, Theodor Fontanes »Wanderungen durch die Mark Brandenburg« als Vorstufe seiner epischen Dichtung, in: Jb f Br Lg 1962, S. 119–135. – S. HAJEK, Anekdoten in Theodor Fontanes Roman »Vor dem Sturm«, in: Jb der Raabe-Ges 1979, S. 72–93. – H.-F. KNIEHASE, Das Urbild des Schulzen Kniehase in Fontanes »Vor dem Sturm«, in: FBl H. 30 (1979), S. 493–497. – H. FRICKE, Fontanes Studien zum Roman »Vor dem Sturm« am Werk des sächsischen Poeten und Persien-Reisenden Paul Fleming, in: Jb f Br Lg 31 (1980), S. 141–152. – E. ROSEN, Aus der Werkstatt Theodor Fontanes. Zur Quellenlage und Entstehung des Kapitels »Durch zwei Tore« in dem Erstlingsroman »Vor dem Sturm«, in: Mitteilungen der Technischen Universität Carolo-Wilhelmina zu Braunschweig 16 (1981), H. 1. – V. REMENKOVA, Die Darstellung der napoleonischen Kriege in »Krieg und Frieden« von Lew Tolstoi und »Vor dem Sturm« von Theodor Fontane, Frankfurt am Main 1987. – H. DITTBERNER, Reimen und Richten. Der lange Anfang des Romandichters Fontane, in: TuK, Fontane, S. 94–102. – C. GRAWE, Preußen 1803 bis 1813 im »vaterländischen Roman«: Willibald Alexis, George Hesekiel, Theodor Fontane, in: Literatur und Geschichte 1788–1988, hg. von G. SCHULZ/T. MEHIGAN, Bern u.a. 1990, S. 141–179. W. NIEMIROWSKI, Zum Polenthema in Theodor Fontanes »Vor dem Sturm«, in: FBl H. 50 (1990), S. 96–102. – O. KEILER, »Vor dem Sturm«. Das große Gefühl der Befreiung und die kleinen Zwecke der Opposition, in: Interpretationen, 1991, S. 13–43. – W. HETTCHE, Die Handschriften zu Theodor Fontanes »Vor dem Sturm«. Erste Ergebnisse ihrer Auswertung in FBl H. 58 (1994), S. 193–212. – H. AUST, Der historische Roman, Stuttgart 1994. – Ders., Zur Modernität des vaterländischen Romans bei Theodor Fontane«, in: FBl H. 60 (1995), S. 83–102. – R. BÖSCHENSTEIN, »Und die Mutter kaum in Salz«. Muttergestalten in Fontanes »Vor dem Sturm« und »Effi Briest«. in: Mutter und Mütterlichkeit. Fs V. Ehrlich-Haefeli, hg. von I. ROEBING/ W. MAUSER, Würzburg 1996, S. 247–269. – G. FRIEDRICH, Preußisch-polnische Irrungen und Wirrungen in Theodor Fontanes Roman »Vor dem Sturm«, in: Zs für Kultur- und Bildungswissenschaften. Flensburger Universitätszeitschrift 1996, S. 43–53. – K. DÜWEL, Archäologie im Roman. Zum Wagen Odins in Fontanes »Vor dem Sturm«, in: Praehistorische Zs 72 (1997), 2, S. 234–243. – H. J. MÜLLENBROCK, Theodor Fontanes historischer Roman Vor dem Sturm und die Scottsche Gattungstradition, in: GRM 48 (1993), 3, S. 365–373. – M. OSSOWSKI, Das Polenbild des jungen und des alten Fontane, in: Literatur und Politik in der Heine-Zeit. Die 48er Revolution in Texten zwischen Vormärz und Nachmärz, hg. von H. KIRCHER/M. KOANSKA, Köln u.a. 1998, S. 219–234. – R. BERBIG, »aber zuletzt – [...] – schreibt man doch sich selber zuliebe«. Mediale Textprozesse. Theodor Fontanes Romanerstling »Vor dem Sturm«, in Theodorus victor, 1999, S. 99–120.

3.1.3 Grete Minde. Nach einer altmärkischen Chronik

Entstehung, Veröffentlichung, Quellen

Die unmittelbar nach *Vor dem Sturm* konzipierten Erzählprojekte Fontanes – *Allerlei Glück, Grete Minde, L'Adultera, Ellernklipp, Schach von Wuthenow*, deren Entstehung zeitlich nahe beieinanderliegt – haben Experimentiercharakter und zeigen zum Teil noch künstlerische Schwächen. Bei seiner Entscheidung, sich noch nicht auf den geplanten großen Berliner Zeitroman *Allerlei Glück* zu konzentrieren, spielt der Wunsch mit, »den Leuten zu zeigen, daß ich [...] auch ohne Retardierung« (an EMILIE, 11. 8. 1878, DuD II.246) erzählen kann. *Grete Minde* und dann *Ellernklipp* sind in Fontanes künstlerischer Entwicklung ein Rückschritt. Sie knüpfen mit ihren balladesken Episoden aus der Regionalhistorie an Fontanes Balladen- und *Wanderungen*-Zeit an und reflektieren mit ihren dämonisierenden und schicksalhaften Zügen den Zeitgeschmack stärker als alle anderen Erzählwerke Fontanes.

Fontanes »Novellen-Debüt« (an EMILIE, 11. 6. 1879, DuD II.250) findet im Mai/Juni 1879 in Paul LINDAUS Monatsschrift *Nord und Süd* statt, wo *Grete Minde* in zwei Fortsetzungen erscheint. Der zeitliche Abstand zwischen diesem Vorabdruck und der Erstausgabe im Verlag Wilhelm HERTZ, Berlin, Anfang November 1880 ist größer als die Entstehungszeit des Werkes selbst. Die Buchausgabe ist stilistisch geringfügig geändert, aber die Beseitigung des für Fontane typischen e-Ausfalls (z.B. eh' statt ehe) läßt den Text etwas weniger archaisch klingen. Wann Fontane den »brillanten Stoff« (an HERTZ, ebd.; ähnlich an LINDAU, 23. 10. 1878, IV.2.625) kennenlernt, ist unbekannt. Ende April und noch einmal Anfang Juli 1878 reist er zu Lokalstudien nach Tangermünde, das er schon einmal 1859 besucht hat. Am 11. 8. 1878 berichtet er seiner Frau, er habe die Novelle angefangen. Schon am 10. 9. ist eine erste Fassung fertig, die dann von Mitte November 1878 bis Mitte Januar 1879 und im Februar 1879 noch zweimal überarbeitet wird. Wie auch bei *L'Adultera* und *Schach von Wuthenow* hat man in *Grete Minde* Fontanes ablehnende Haltung gegenüber dem Kulturkampf der siebziger Jahre bestätigt gefunden (vgl. zu möglichen autobiographischen und zeitpolitischen Bezügen P. ANDERSON, 1991).

Der Untertitel »nach einer altmärkischen Chronik« dokumentiert den historischen und regionalen Aspekt des Werkes. Der Stoff ist Fontane in mehreren Quellen des 17. bis 19. Jahrhundert zugänglich (vgl O. PNIOWER, 1912, S. 295–331 und AR 3.575), aber diese beschäftigen sich weitgehend mit den gerichtlichen Folgen des Stadtbrandes, nicht mit dessen Vorgeschichte, so daß Personenensemble, handlungsmäßige und szenische Ausgestaltung und symbolische Durchdringung des Stoffes ganz Fontanes Leistung sind So ist etwa die Studie zweier frustrierter junger Ehefrauen, Emrentz Zernitz und Trud Minde, seine Erfindung. Nach den Vorlagen ist Grete eine aus einer angesehenen Tangermünder Familie stammende Landstreicherin, der ihr Onkel, ein Ratsherr der Stadt, das Erbe ihres Vaters vorenthält, weil dieser als Mörder die Stadt verlassen und ein Söldner- und Vagabundenleben geführt hat. Grete wird mit ihrem stromernden Mann und einem Kumpanen gehängt, weil sie angeblich aus Rache die Stadt angezündet hat. Durch die Hinzufügung menschlicher Züge (Grete als soziales Opfer, ihre romantische Jugendliebe mit Valtin und beider Kind), die Ausarbeitung der Charaktere und den sozialen und religiösen Rahmen (die familiären Verhältnisse, der historisch nicht nachweisbare Besuch des Kurfürsten, die Spannungen zwischen den drei Konfessionen) wertet Fontane den Stoff auf, indem er ihn vertieft und bereichert. Es liegt ihm offensichtlich nicht daran, eine Verbrecherin darzustellen, sondern zu zeigen, wie eine familiäre und gesellschaftliche Konstellation Aggression, Wahnsinn und Asozialität erzeugt. Entgegen den Quellen wird bei Fontane der Brand von einer seelisch schwer Gestörten angelegt, die sich selbst, ihr Kind und ihren Neffen umbringt. Erst nach Abschluß der Erzählung bestätigen die Forschungen von Ludolf PARISIUS (*Bilder aus der Altmark*, 1883) das positive Image, das Fontane seiner Heldin gegeben hat: Diese sei nicht schuldig gewesen, sondern nur durch Folter zum Eingeständnis der Schuld am Stadtbrand gezwungen worden.

Die Handschrift von *Grete Minde* ist seit 1945 verschollen. Erhaltene Notizen belegen erhebliche Änderungen zwischen den ersten Skizzen und der endgültigen Gestalt der Erzählung. Ursprünglich soll die Geschichte 1660 in Salzwedel spielen. Für das »Sitten- und Charakterbild aus der Zeit nach dem dreißigjährigen Kriege« (an LINDAU, 6. 5. 1878, IV.2.568) ist also eine Epoche zerstörter Ordnung vorgesehen. Grete sollte Valtin heiraten und sich erst nach seinem Tod der Schauspielertruppe zugesellen. Fontane verstärkt also das Außenseitertum seiner Heldin.

Struktur, Thematik, Rezeption

Die Konzessionen an den Zeitgeschmack beziehen sich zunächst auf die Gestaltung von *Grete Minde*. Die Erzählung ist stilistisch wegen ihrer historisierenden sprachlichen Patina umstritten. Diese wird zwar noch 1981/82 von zwei DDR-Forschern als »legitime[s] künstlerische[s] Mittel« (K. GLOBIG, 1981, S. 712) und »künstlerische Meisterschaft« (J. BIENER, 1982, S. 80) bewertet, aber dem stehen gewichtige Urteile und Analysen entgegen. MÜLLER-SEIDELS Entscheidung, in seinem Werk über Fontanes Romane (1975) *Grete Minde* und *Ellernklipp* unter der Überschrift »Im Banne des Historismus« *Vor dem Sturm* voranzustellen, ist überzeugend. Gegenüber dem zum Zeitroman drängenden ersten Roman müssen die beiden folgenden eindeutig historischen Novellen mit ihrem archaisierenden Sprachgehabe und ihrem weiteren Rückgang in die provinzielle Geschichte erzählerisch als Konzession gelten, die sich zwar nicht, wie der Autor gehofft hat, beim Lesepublikum, aber bei den Kritikern auszahlt. Fontanes Anpassung an den Zeitgeschmack des Sentimentalen, Plakativen, Melodramatischen ist ein Umweg zur erzählerischen Selbstfindung. Seine eigene Verteidigung seiner »absolute[n] Simplizitätssprache« (an MARTHA, 24. 8. 1882, IV.3.206): »Je moderner, desto und-loser, je schlichter, je mehr sancta simplicitas, desto mehr ›und‹« (an G. KARPELES, 3. 3. 1881, IV.3.120) verkennt, daß diese mit ihren lexikalischen und grammatischen Eigenheiten (»unflektierte Adjektive, die Inversion des Genitivs, die langen Adverbialformen, häufige Apokope, die archaisierenden Substantiva«, DEMETZ, S. 80) wie so vieles in der Kunst der zweiten Hälfte des 19. Jahrhunderts lediglich »historisches Gewand aus der Maskenleihanstalt« (ebd., S. 83) ist. Die beherrschte Darstellung der Gefühlswelt in *Vor dem Sturm* weicht hier einer konventionellen Stereotypie des Ausdrucks. So weint Grete u. a. zweimal »bitterlich« und einmal »heiße Tränen«; und über zwanzigmal wird das Dialogsätze einleitende schein-naive »sieh« verwendet (»Sieh, ich will dir auch eine Rose schenken«, I.1.27). Sätze wie »Da war nun große Not und Trübsal, und es wurd' erst wieder lichter um Gretes Herz, [...]« (I.1.78) rechtfertigen Fontanes eigene scharfe Abgrenzung gegen die »unerträglichen Glattschreiber« mit ihrem »alt überkommenen Marlitt- oder Gartenlaubenstil« (an G. KARPELES, 3. 3. 1881, IV.3.120) kaum. Aber diese kritische ästhetische Bewertung darf nicht darüber hinwegtäuschen, daß *Grete Minde*, obwohl als Kunstwerk nicht durchweg gelungen, in der Handlungsvorbereitung und -motivierung und in der geistigen Durchdringung des Stoffes weit über die novellistische Gebrauchsware der Zeit hinausragt.

Die Handlung spielt zwischen Mai 1612 und Oktober 1617, wie sich aus externen Daten (Übertritt des Kurfürsten JOHANN SIGISMUND zum Calvinismus 1613, Brand Tangermündes 1617) und einem internen Hinweis (die fünfundneunzigjährige Domina »war schon geboren und getauft, als der Wittenbergische Doktor gen Worms ging und vor Kaiser Carolus Quintus stand«, I.1.81) entnehmen läßt. Grete stirbt mit 19 Jahren. Das Geschehen bewegt sich in einem wechselnden Rhythmus von erzählender und erzählter Zeit mit drei zeitlichen Ballungen. Kapitel 1–5 spielen an vier Tagen und exponieren das städtische Milieu, die Mindeschen und Zernitzschen Haushalte und Gretes und Valtins prekäre Situation in ihnen. Sie kulminieren in Puppenspiel und Feuer im Rathaussaal (Kap. 3) und in Gretes und Truds Gesprächen mit Pastor Gigas (Kap. 5), in denen Elemente des Spiels auf die Wirklichkeit übertragen werden (vgl. H. ESTER, 1975, S. 67–69, s. u. 3.1.1, und 1991, S. 56f.). In Kapitel 5–10, die gut zwei Jahre und damit Gretes Heranreifen umfassen, bereitet sich die Flucht vor, die sich in Kapitel 11–14 in den wenigen Tagen des kurfürstlichen Besuchs vollzieht. Im zentralen 10. der 20 Kapitel bilden das Fest der Liebe, Weihnachten, und Gretes liebloses Behandlung durch ihre Familie einen scharfen Gegensatz.

Grete Minde ist die erste Erzählung Fontanes, bei der durch einen zeitlichen Einschnitt und einen damit verbundenen Schauplatzwechsel der zweite Teil der Erzählung den ersten mit veränderten Vorzeichen weiterführt, spiegelt oder konterkariert. Der Beginn des 15. Kapitels überbrückt drei Jahre; die verbleibenden sechs Kapitel führen in wenigen Tagen zum dramatischen Schluß. Vor und nach dem zeitlichen Einschnitt entsprechen sich bürgerliches Leben und Flucht mit Valtin einerseits und die durch viele motivische Wiederaufnahmen gekennzeichnete Heimkehr Gretes ohne Valtin und ihr scheiternder Wiedereintritt in die Gesellschaft andererseits. Von allen Prosawerken Fontanes hat *Grete Minde* den dramatischsten Schluß; und die für diesen Autor so charakteristischen abschließenden Bewertungen der Ereignisse aus unterschiedlicher Perspektive sind denkbar kurz gehalten, um die Wirkung des »Feuermeers« (I.1.101), in dem die Stadt Tangermünde untergeht, nicht zu mindern. Dieses apokalyptische Ende ist Teil des »Balladesken«, das Fontane selbst für seine beiden eigentlich historischen Erzählungen in Anspruch nimmt. Aber es trägt als »unerhörtes Ereignis« auch dazu bei, daß *Grete Minde* eindeutiger als Fontanes anderen Erzählungen Novellen-Charakter zugesprochen wird, zumal der Text trotz einiger auf größere Breite angelegter Partien weitgehend auf dieses dramatische Ende hin erzählt wird und Figuren und Episoden im wesentlichen dem Verständnis der Protagonistin dienen.

Grete Minde ist zugleich die erste von Fontanes vier problematischerweise so genannten »Kriminalgeschichten« (vgl. H. OHL, 1981, S. 339–355). Der Begriff lenkt von den eigentlichen Intentionen des Autors ab, denn es geht ihm nirgends um das rein Detektivische, sondern um Motivation und Entstehungsprozesse verzweifelter menschlicher Taten. Im Dunkeln über das Verbrechen bleiben die Leser in *Grete Minde* nicht; sie nehmen vielmehr an dessen Vorbereitung und Ausführung und damit an der seelischen Verfassung und Entwicklung eines Charakters teil. Damit ist das bezeichnet, was Fontane selbst an seiner Novelle betont: sie sei »eine ›psychologische‹ Aufgabe« (an EMILIE, 11. 8. 1878, DuD II.246), »ein ›Charakterbild‹« (an LINDAU, 23. 10. 1878, IV.2.625).

Grete ist die erste der sozial schwer integrierbaren Frauengestalten in Fontanes Erzählwerk mit dämonischen oder verführerischen Zügen. Wie bei allen späteren Parallelfällen ist auch in Gretes Individualität etwas angelegt, was dem propagierten Frauentyp der Zeit widerspricht. Ihre Sehnsucht, »am Bug oder Steuer eines Schiffes [zu] stehn [...], und alles war groß und weit und frei« (I.1.48) erinnert schon an Effi Briests Wunsch, Midshipman zu sein. Sie ist eine fordernde, »leidenschaftliche Natur« (I.1.36), stolz, mit starkem Liebes- und Glücksverlangen (»Es tötet mich, daß mich niemand liebt«, I.1.46), die seelisch unter dem frühen Verlust ihrer katholischen Mutter aus Brabant und der Unterdrückung ihrer sensiblen Individualität durch Bruder und Schwägerin leidet. In diesem Sinn ist *Grete Minde* eine Geschichte von menschlicher Deprivation, von Liebesmangel und -bedürfnis, Lieblosigkeit und Liebesverweigerung. Aber daß die Seele dieses Mädchens aus Frustration »verwildert« (I.1.60), ist eine Folge negativer gesellschaftlicher Konstellationen.

Der infernalische Schluß – die Puppenspieler spielen zuletzt den »Sündenfall« – mit der ins Dämonische gesteigerten Heldin steht in scharfem Gegensatz zum idyllischen Anfang, der Grete im Garten zeigt, mit Märchenanklängen und harmonischen Naturbildern, im kindlichen Liebesgespräch und in einer Atmosphäre von »Luft, Licht, Freiheit«, die nach ESTER (1991, S. 53) »zusammen einen verschachtelten Komplex von Indikatoren (bilden), in dem das Maß des Glückes unter Menschen sichtbar wird«. Grete und Valtin erfahren dieses Glück immer nur außerhalb der erstickenden sozialen Welt. Als sie sich daraus befreien, erleben sie Heimatlosigkeit und sozialen Abstieg. Wie in Heinrich von KLEISTS *Michael Kohlhaas*, mit dem Grete Minde als Rächerin, die gerade dadurch schuldig wird, daß sie das ihr vorenthaltene Recht einfordert, wiederholt verglichen worden ist (vgl. vor allem G. H. HERTLING, 1967, S. 24–40), wird das Gegenbild zur zerstörerischen Gesellschaft in einem Friedenstal heraufbeschworen, das deutlich utopischen Charakter trägt. Valtin hat »in einem alten Buche davon gelesen«:

> die Sonne scheint und die Wolken ziehen; und ist kein Krieg und keine Krankheit; und die Menschen, die dort leben, lieben einander und werden alt und sterben ohne Schmerz. (I.1.34)

Dagegen sind Familie, Gesellschaft und Religion Grete gegenüber feindlich eingestellt. In allen diesen Institutionen widerspricht die Praxis weitgehend dem, was der einzelne an Geborgenheit und Gerechtigkeit von ihnen erwartet. Das gilt sogar für die Domina des Klosters, die Grete unter anderem aus Bosheit gegen den protestantischen Pfarrer hilft. Fast alle versagen Grete ihr Recht und brandmarken sie als Außenseiterin, auch wenn das, wie bei Pastor Gigas, ohne böse Absicht und, wie beim »Burgemeister«, mit Widerwillen geschieht.

Ob der in den Quellen kaum erwähnte, bei Fontane aber breit ausgemalte und kritisch bewertete soziale Rahmen überzeugend mit der Charakterstudie verbunden und wie er zu deuten ist, wird in der Forschung unterschiedlich beurteilt, wie die Diskussion über *Grete Minde* in FBl H. 32 (1981) und H. 33 (1982) zeigt. GLOBIGS Ausgangsthese, Grete stehe für »die unterdrückten Klassen« (1981, S. 710), wird man wegen ihrer kruden Ideologisierung von Literatur wohl mit äußerster Vorsicht aufnehmen; und auch V. GIELS Beitrag, nach dem *Grete Minde* belegt, daß »in einer sich zunehmend kapitalisierenden Wirklichkeit für die Verwirklichung des menschheitsemanzipatorischen Anspruches immer weniger Raum bleibt« (1982, S. 73), nimmt Grete zu Unrecht als Repräsentantin sozialgeschichtlicher Entwicklungen in Anspruch. Die von Fontane erfundene geistige Verwirrung, in der Grete die Stadt anzündet, verbietet jede geradlinige Interpretation dieser Tat als Klassenprotest und damit jede Inanspruchnahme Gretes als Klassenrepräsentantin. ESTER und BIENER werden in der erwähnten Diskussion dem sozialen Gehalt von *Grete Minde*, auf den schon MÜLLER-SEIDEL (S. 75 f.) nachdrücklich hingewiesen hat, eher gerecht. BIE-

NER (1982, S. 81) hebt hervor, daß Fontane sich der zu seiner Zeit gängigen sozialen Harmonisierung widersetzt; er sieht Grete als »evokative Gestaltung des Schicksals eines von der Gesellschaft verständnislos und ungerecht behandelten Menschen in *Woyzeck*-Nachfolge und in Vorbereitung des Naturalismus«. In letzterem trifft er sich mit DEMETZ (S. 81), der in der Erzählung die Kausalität der naturalistischen Vererbungslehre am Werk sieht (»Butzenscheiben und Biologie«): »[...] im Grunde die naturalistische ›Studie‹ eines pathologischen Falles; [...] Grete Minde erscheint als die Ahnin des heillosen Bahnwärters Thiel [...].« (ebd., S. 83) Er macht damit auf die unterschiedlichen Begründungsebenen von Charakter- und Sozialstudie aufmerksam.

Zu diesen verschiedenen Argumentationsweisen kommt aber noch eine dritte, auf die ESTER zurecht hinweist, denn beide werden überhöht und damit zugleich geschwächt, wenn nicht entwertet, durch die stark ausgeprägte religiöse Dimension der Geschichte. Die Spannung von Zeitlichkeit und Jenseitigkeit, Gut und Böse, Freiheit und religiösem Determinismus, wie so oft bei Fontane weitgehend in die Vorausdeutungen und die Symbolik verlagert, durchzieht den Text. Selbst wenn man dies weniger als Überzeugung des Autors denn als künstlerisches Ingrediens des Balladesken und als Konzession an den Zeitgeschmack deutet, bleibt es doch ein entscheidender Begründungsfaktor in der Erzählung. Christliche Deutungsmuster werden den Lesern geradezu aufgedrängt: Paradies und Sündenfall; Grete als Engel; das Spiel vom Jüngsten Gericht; der Hahn, der in allzu plumper Direktheit bei Gretes Heimkehr dreimal kräht; die Anspielungen bei der Ratssitzung auf den Hohen Rat der Juden (F. BETZ, 1986, S. 9) und auf die Leiden Jesu. Schon im 3. Kapitel glaubt Grete in ihrer Fantasie vor Gottes Thron zu stehen. Das Angebot des völligen Rückzugs ins Religiöse als Alternative zur Rückkehr in die heimatliche Gesellschaft wird Grete kurz nach dem Verlust Valtins – ihrem ersten Opfer? – gemacht. Diese Episoden und Bilder legen eine mit sozialkritischen Absichten nicht leicht zu vereinbarende Interpretation in Kategorien wie Unschuld, Schuld, Sühne, Gnade und Erlösung nahe (vgl. J. BOS, 1980). Auf ein Schwanken Fontanes zwischen Charakterbild, Sozialstudie und Deutung menschlichen Schicksals unter christlichen Vorzeichen verweist in der Erzählung auch der problematische Ekklektizismus der Bildwelten, von denen Grete eingesponnen wird: die Märchen vom Machandelbaum und von Hänsel und Gretel mit den bösen Stiefmüttern; die Sage von der eingemauerten Nonne und von der Jungfrau im Lorenz-

wald; die Erzählung von der Flucht des Fischbecker Pastors; das
Lied von den Königskindern; die zahlreichen auf Grete bezogenen
Vogelassoziationen (vgl. dazu E. PASTOR, 1978), darunter – wiederum plumperweise – der Pfau, der immer ein Rad schlägt,
»wenn er Greten sah« (I.1.53); die historische Tangerschlacht, bei
der die Heiden über die Christen siegen; die bei der Heimkehr
wiederauftauchenden Symbole von Gretes Jugend; und – hier zum
erstenmal in Fontanes Erzählwerk – »die halbe Mondscheibe«
(I.1.93), die zeichenhaft über der bösen Tat hängt. So entsteht ein
reich geschichteter, aber ästhetisch nicht bewältigter, thematisch
nicht konsistenter Text, der zwischen novellistischer Schauerballade, Sozialstudie und Erbauungsliteratur schwankt. Für ein
Fruchtbarmachen gerade dieser Disparität plädiert ESTER (1991,
S. 62):

> Grete Minde provoziert durch ihre Vielschichtigkeit neues Lesen
> und neues Deuten und ist deshalb im Prinzip mit Effi Briest vergleichbar. Eine wissenschaftliche Interpretation sollte den offenen
> Charakter dieser Novelle nicht aus den Augen verlieren. Die Route
> dahin ist allerdings Beschränkungen unterworfen. Zu dieser Wegstrecke gehört die Anerkennung der geschichtlichen Problematik religiöser Provenienz.

Dem gegenüber glaubt B. LOSCH (1999, S. 63) »unter der Perspektive der Widerstandsleistung« *Grete Minde* als »eine klargefügte
Konzeption« erweisen zu können. Er sieht die »zeitgeschichtliche
Aktualität« der Erzählung im »kirchlichen Widerstand gegen die
feindselige staatliche Kirchenpolitik« und die »Unterdrückungspolitik gegenüber den Sozialdemokraten« (ebd., S. 70). *Grete Minde*
trifft den Zeitgeschmack besser als *Vor dem Sturm*, auch wenn der
Verkaufserfolg wieder gering ist; eine zweite Auflage kommt erst
1888 zustande. Fontane selbst sieht sein »Kunstwerk [...], eine Arbeit, an der ein talentvoller, in Kunst und Leben herangereifter
Mann fünf Monate lang unter Dransetzung aller seiner Kraft tätig
gewesen ist« (an EMILIE, 11. 6. 1879, DuD II.251), nicht genug
gewürdigt. Dabei loben die zeitgenössischen Kritiken, die bei BETZ
(1986, S. 44–58) gesammelt sind, fast durchweg poetische Stimmung, dramatische Handlung, Echtheit des historischen Gewandes
und Einfachheit der Sprache. Daß Paul HEYSE (Vorwort zu *Grete
Minde*, ebd., S. 56) 1884 diese »Dichtung von erschütternder Kraft
und hoher poetischer Schönheit« mit Fontanes zögernder Zustimmung in seinen *Neuen Deutschen Novellenschatz* aufnimmt, bestätigt
das künstlerische Ansehen von *Grete Minde* zu dieser Zeit.

Das 20. Jahrhundert steht dem Werk erheblich kritischer gegenüber. REUTER (S. 586) tut es zusammen mit *Ellernklipp* als erzählerisches »Intermezzo«, »historisierende Virtuosenstücke«, Rückfall in eine Privatisierung von Gesinnungsproblemen und bedenklichen Ausdruck »eines determinstischen Fatalismus« kurz ab. DEMETZ (S. 84) betont das in sich widersprüchliche »Nebeneinander von erzwungenem Historismus und Vererbungslehre«, das »die Misere eines stillosen Zeitalters (reflektiert) anstatt sie artistisch zu überwinden«. Das gegenwärtige Interesse an der heute vielfach als Schullektüre verwendeten Erzählung beruht auf der Studie eines rebellischen Teenagers und den Spannungen zwischen der Protagonistin und ihrem familiären, sozialen und religiösen Milieu, also auch auf dem sozialkritischen Gehalt der Geschichte.

CHRISTIAN GRAWE

Literatur

O. PNIOWER, »Grete Minde«, O. P., Dichter und Dichtung, Berlin 1912, S. 295–331. – G. H. HERTLING, Kleists »Michael Kohlhaas« und Fontanes »Grete Minde«. Freiheit und Fügung«, in: GQ 40 (1967), S. 24–40. – E. PASTOR, Das Hänflingsnest. Zu Theodor Fontanes »Grete Minde«, in: RLV, 44 (1978), S. 99–110. – K. GLOBIG, Theodor Fontanes »Grete Minde«: Psychologische Studie, Ausdruck des Historismus oder sozialpolitischer Appell?, in: FBl H. 32 (1981), S. 706–713. – H. OHL, Theodor Fontane, in: Handbuch der deutschen Erzählung, hg. K. K. POLHEIM, Düsseldorf 1981, S. 339–355. – J. BIENER, Zur Diskussion, in: FBl H. 33 (1982), S. 80–82. – H. ESTER, Zur Gesellschaftskritik in Fontanes »Grete Minde«, in: FBl H. 33 (1982), S. 73–78. – V. GIEL, [Zu K. GLOBIGs Aufsatz], in: FBl H. 33 (1982), S. 68–73. – J. THUNECKE, Klosteridyll und Raubmörderidyll, in: FBl H. 33 (1982), S. 78–80. – J. OSBORNE, Wie lösen sich die Rätsel? Motivation in Fontanes »Grete Minde«, in: ML 64 (1983), S. 245–251. – Theodor Fontane »Grete Minde«. EuD, hg. von F. BETZ, Stuttgart 1986. – H. ESTER, Die Suche nach dem erlösenden Wort, in: Interpretationen, 1991, S. 44–64. – P. I. ANDERSON, Der Durchbruch mit Grete Minde. Ein Probekapitel aus Fontanes Biographie, in: FBl H. 52 (1991), S. 47–68 – B. JENSEN, Die Entfachung der kindlichen Vitalität in Theodor Fontanes »Grete Minde«, in: GLL (1997), H. 3, S. 339–353. – B. LOSCH, Widerstandsrecht bei Fontane. Grete Minde gegen Unterdrückung und Rechtsverweigerung, in: FBl H. 67 (1998), S. 59–74.

3.1.4 Ellernklipp. Nach einem Harzer Kirchenbuch

Entstehung, Veröffentlichung, Quellen

Vermutlich erst kurz vor Beginn der Niederschrift von *Ellernklipp* lernt Fontane durch eine Nichte die Geschichte des Sohnesmörders BÄUMLER kennen. Es handelt sich dabei aber wohl lediglich um die mündliche Überlieferung, nach der die verbrecherische Tat durch die Liebschaft des Sohnes mit einer Pflegetochter des Hauses provoziert wird. Welche historischen Quellen der Autor dann zusätzlich verwendet, ist nicht bekannt. Der Untertitel »Nach Aufzeichnungen eines Harzer Kirchenbuches« ist insofern irreführend, als der Eintrag in diesem nur aus wenigen Zeilen besteht:

> Gestorben 1752. Den 28. Juni morgens gegen 1 Uhr ist Johann Michael Bäumler, ein Jägerbursche, durch mordrische Hand seines Vaters erstochen, woran er bald darauf verschieden und den 29. nach vorhergegangener Anatomie in der Stille beigesetzt, sein Alter ist 19 Jahr. (AR 3.578)

Weder der Name des Vaters noch eine Pflegetochter werden hier erwähnt. Das nur teilweise erhaltene Aktenmaterial des Prozesses gegen den Mörder, dessen Identität also schon unmittelbar nach der Tat bekannt ist, wird erst 1978 (vgl. G. von GYNZ-REKOWSKI, 1978) veröffentlicht. Die Ausgestaltung des Stoffes, vor allem die charakterliche Anlage Hildes und des Heidereiters ist also ganz Fontanes Leistung. Den Schauplatz Wernigerode besucht er, wohl nicht ohne Bezug auf die Erzählung, im Juli 1878 und dann, während der Arbeit daran, im August 1880.

Fontane beginnt die Geschichte in Dresden, wo er am 24. 9. 1879 »das erste, wichtige – weil *ton*angebende – und ziemlich lange Kapitel beendet« (an EMILIE, 24. 9. 1879, IV.3.43). Laut *Tagebuch* (II.70) ist sie »Ausgangs November im Brouillon« abgeschlossen. Die Mitte Januar begonnene mühselige Überarbeitung (»eine Höllenarbeit«, an W. HERTZ, 31. 8. 1880, DuD II.280) wird nach einer dreimonatigen Unterbrechung im September beendet. Auch die Ende Februar 1881 eintreffenden Korrekturbogen werden noch einmal gründlich durchgesehen. Die Erzählung erscheint im Mai/Juni 1881 in zwei Fortsetzungen in *Westermanns Illustrierten Deutschen Monatsheften*. Auf Fontanes Wunsch kommt die Buchausgabe schon im Herbst 1881 bei Wilhelm HERTZ, Berlin, heraus. Der Verkauf ist mäßig; erst 1899 erscheint eine zweite Auflage.

Das bis 1945 vorhandene Manuskript ist heute verschollen, aber einzelne Blätter davon sind wieder aufgetaucht und einige Entwürfe, Schauplatzskizzen und Materialsammlungen sind erhalten (vgl. AR 3.580–582). Die letzteren beziehen sich vorwiegend auf die balladeske Anreicherung der Erzählung durch volkstümliches Sagenmaterial.

Struktur, Thematik, Rezeption

Die Handlung von *Ellernklipp* beginnt Ende September 1767, als Hilde gut zehn Jahre alt ist, und dauert etwa fünfzehn Jahre. Fontane verlegt die Ereignisse also von vor dem Siebenjährigen Krieg auf die Zeit danach, offenbar um auf Preußen und seine Kriege anspielen zu können. Auffälliger noch als das »Pendant« (an P. de MONT, 13. 1. 88, IV.3.580) *Grete Minde* zeigt das Geschehen in *Ellernklipp* balladentypische Sprunghaftigkeit, Naturdämonie und Züge von Schicksalhaftigkeit. Auch die Schauplätze, die den tatsächlichen Gegebenheiten im Nordharz zwischen Wernigerode und Ilseburg, wenn auch mit leicht veränderten Namen (in der Erzählung Emmerode und Ilsenburg), weitgehend entsprechen, sind einer »balladenhafte[n] Formung« (W. E. ROST, 1931, S. 100, s. u. 3.1.1) unterworfen (vgl. dazu auch P. PETERS, 1991, S. 34–36). Dazu gehört auch der Titel, der – bei Fontane einmalig – aus dem Namen des schicksalhaften Schauplatzes besteht. Bis in konkrete Vergleiche hinein (vgl. G. FRIEDRICH, 1991) wird bei dieser Erzählung die Nähe zu Theodor STORM, mit der sich schon Fontane selbst auseinandersetzt (vgl. an A. FRIEDMANN, 19. 2. 1882, IV.3.181), und zu Gottfried KELLER (vgl. dazu P. PETERS, 1991, S. 31–33) betont. Fontane besteht aber durchaus auf der realistischen Durchgestaltung seiner Figuren (vgl. an A. FRIEDMANN, 19. 2. 1882, IV.3.181).

Ellernklipp steht in der Tradition der Adoptionsgeschichte (vgl. P. HOWE, 1984), in deren Zentrum Fontane die libidinöse (Stief-)Vater-Tochter-Beziehung rückt. Dabei mögen bei dem engen Verhältnis zu seiner Tochter MARTHA autobiographische Einschläge eine Rolle spielen. Die Konflikte der Erzählung resultieren aus der Wirkung eines zu Fontanes eigener, nicht hingegen zur Handlungszeit der Geschichte modernen und viel diskutierten Frauentyps. Diese Fontane besonders faszinierende Variante von Weiblichkeit siedelt der Autor, mit vielleicht größerer Überzeugungskraft, sonst fast immer im zeitgenössischen und sozial höher stehenden Milieu statt im historischen und bäuerlichen an. Dargestellt wird in Hilde die »dämonisch-unwiderstehliche Macht des Illegitimen und Languissanten« [dieses letztere Wort fällt zwischen den Offizieren im Schloß der Gräfin, C. G.], die geheimnisvolle

Magie einer jungen Frau, die »poetisch-apathisch« (an G. KARPELES, 14. 3. 80, IV.3.66) durch ihr bloßes Dasein und Wesen einen betörenden und zerstörerischen Einfluß auf das Leben sozial gefestigter Männer ausübt und so Spannungen in den Haushalt eines erfolgreichen und lebensstarken Witwers bringt. Ihr Störpotential ist in ihrer luxurierenden Weigerung gesehen worden, sich in die Wirtschaftsprozesse des bäuerlichen Milieus zu integrieren (vgl. R. KOLK, 1986, s.u. 3.1.1). Die Wirkung dieser aparten Frauengestalt stürzt Baltzer Bocholt in Eifersucht und schwere seelische Konflikte, die sich in Selbstgesprächen kundtun, und verleitet ihn zum Mord. Die Analyse von Bocholts Situation und Befinden rückt das Problem von Schuld und Sühne ins Zentrum und endet mit seinem eigenen Tod. Wie in *Grete Minde* ist dabei die zweite Hälfte des Buches eine Rückkehr – in diesem Fall zum Ort des Verbrechens, das dort gesühnt wird. Hat der Heidereiter sich selbst den ersten Sohn genommen, so raubt das ausgleichende »Schicksal« ihm in Hildes Kind, das nicht einmal eines Namens gewürdigt wird, den zweiten. Bocholt ist die Studie eines durch die erotische Anziehungskraft einer jungen Frau aus der Bahn geworfenen herrischen Mannes mit »preußischen« Charakterzügen, dessen mühsam aufrechterhaltene seelische Fassade erst durch Verdrängung seiner Begierde und dann durch sein Gewissen unterhöhlt wird. Die psychologische Intensität dieser Figur ist durchaus tragfähig und bietet Ansätze zu einer Analyse familiärer und sozialer Desintegrationsprozesse. Der Repräsentant von »Zucht und Strenge« (I.1.109), der in dem Wilderer aus Rechts- und Pflichtbewußtsein einen Gesetzesübertreter erschießt, zerstört als Sohnesmörder selbst die natürliche und rechtliche Ordnung.

Was aber an der Erzählung künstlerisch und gedanklich unbewältigt erscheint, ist die Überhöhung der beiden Charakterstudien und der Spannung zwischen naturhafter Weiblichkeit und sozialer Domestizierung ins populär Religiöse, die Verlagerung des Diskurses auf die metaphysische Ebene. Es läßt sich nicht verkennen, daß die beiden historisch-balladesken Erzählungen Fontanes – und *Ellernklipp* noch weitaus stärker als *Grete Minde* – im Religiösen kulminieren, dem Fontane hier durch das pietistische Element das Zeitkolorit des 18. Jahrhunderts zu geben bemüht ist, und dabei Züge von Erbauungsliteratur annehmen, auch wenn sie durchaus nicht naive Glaubenssicherheit propagieren. Der gedankliche und sprachliche Niveauverlust gegenüber dem Erstlingsroman *Vor dem Sturm* und den gleichzeitigen Kurzromanen *L'Adultera* und *Schach von Wuthenow* liegt im wesentlichen hierin begründet. Erst als Fontane die zum Stereotypen neigenden metaphysischen oder naturmagischen Begründungen aufgibt und durch innerweltliche – psychologische, soziale und poetische – ersetzt, die die Ursachen menschlicher Prägungen, Verhaltensweisen und Handlungen erkennen lassen, und erst als seine Gegenwartsanalyse und -kritik sich entsprechend präzisiert, kommt seinen Erzählungen hoher Rang zu. Schon in *Schach von Wuthenow* wird der Mond nicht mehr als Schicksalszeichen, »als Symbol der Nemesis« (V. GÜNTHER, 1967, S. 47, s.u. 3.1.1), sondern als Indiz für das sentimentale Romantisieren einer Romangestalt eingesetzt. Statt Verhängnisse anzudeuten, werden Schuld und Strafe erst nach *Ellernklipp* Konsequenzen menschlicher Taten und Mißkalkulationen, menschlichen Fehlverhaltens und Irrens, gesellschaftlicher und psychischer Zwänge. Daß dies bei der Analyse des Seelischen und Sozialen keineswegs zu einem Verlust des für Fontanes Erzählwerk so charakteristischen Rätselhaften und Vieldeutigen zu führen braucht, belegt schon *Schach von Wuthenow* überzeugend.

Hilde nimmt einen Weg vom Naturmystischen ihrer Mutter, die stirbt und deren Welt gerade Weihnachten im Feuer untergeht, über das Alttestamentarische des Pastor Gigas zum Neutestamentarisch-Reinchristlichen, das sie nach dem kathartisch auf sie wirkenden Tod Bocholts, in seelischer Harmonie mit ihrer Großmutter und unter dem Einfluß des »strenggläubigen«, aber in »Freudigkeit und Milde des Glaubens« stehenden neuen Pastors zu »werktätiger Liebe« (I.1.211) drängen läßt, und zwar gewissermaßen über Nacht:

> Und von Stund' an wandelte sich Hildens Herz; alle Schwermut fiel von ihr ab, und die Freude, so viel sie davon jemals besessen hatte, blühte wieder in ihr auf. Eine Sehnsucht freilich blieb ihr; aber diese Sehnsucht beschwerte nicht mehr ihren Sinn, sondern hob ihn empor, und sie, die müd und matt gewesen war ihr Leben lang, sie wurd jetzt stark und frisch und froh, und ein tiefes Verlangen erfaßte sie, zu tun und zu schaffen, zu helfen und zu heilen. (I.1.210f.)

Zugleich ist diese Entwicklung ein Weg vom primitiven sozialen Außenseitertum über das respektierte Beamtentum zum Adel ihrer gräflichen väterlichen Familie – auch dies rückt *Ellernklipp* in die Nähe der zeitgenössischen Populärliteratur. Was Fontane als Zentrum seiner Erzählung aufbaut, nämlich die Eigenart eines »vornehm-bleichsüchtig-languissante[n] Menschenkind[es] und den halb rätselhaften Zauber eines solchen« (an FRIEDMANN, 19. 2. 1882, IV.3.181), das stellt sich am Ende also als überwindbar heraus und führt den Autor in bedenkliche Nähe zum religiösen Kitsch, auch wenn Hilde diese neue Existenz nicht durchhält, sondern bald stirbt. Ungelöst bleibt dabei die Spannung zum Determinismus, der sich in Bocholts Untergang offenbart. In seinem Tod vollzieht sich, was Fontane als eines der beiden zentralen Elemente des Novellistischen ansieht: »ein nachweisbares oder poetisch zu mutmaßendes Verhältnis von Schuld und Strafe« (an M. von ROHR, 15. 5. 1878, IV.2.570). Mit den Vorausdeutungen von Martins Tod, dem Spuk beim *Ellernklipp*, der Zeugenschaft des fragenden Mondes und dem mehrmals zitierten Spruch »Ewig und unwandelbar ist das Gesetz«, der die letzte Kapitelüberschrift und gegen Hildes ausdrücklichen Willen ihren Grabspruch abgibt, wird die Unausweichlichkeit von Schuld und Sühne umkreist. Gerade der scheinbare Ewigkeitswert der beiden sich widerstreitenden Ideen – christliche Versöhnung und schicksalhaftes Geschehen des Vorherbestimmten – beraubt *Ellernklipp* der präzisen menschlich-sozialen Problem- und Konfliktanalyse.

Daß der Autor sich gerade bei *Ellernklipp* als künstlerisch bewußter »Stilist« (an KARPELES, 3. 3. 1881, IV.3.120) aufspielt, muß als Fehleinschätzung angesehen werden, denn die Erzählung ist ungeachtet aller motivischen Verwandtschaft mit anderen Werken (vgl. etwa A. BANCES aspektreichen Vergleich mit *Effi Briest*, 1982, s.u. 3.1.1, S. 38–77) künstlerisch seine schwächste. Die Mängel von *Grete Minde* verstärken sich hier noch: der pseudo-naive und archaisierende Ton, religiöser und psychologischer Kitsch, die gehäuft verwendete stereotyp-anheimelnde Dialogfloskel »sieh«, die hier öfter auch einen Verkündigungston in den primären Erzähltext bringt (»Und als er hinaufsah in den ewigen Frieden, siehe, da war es ihm, als stiege der Engel des Friedens hernieder und segne jedes Haus.«, I.1.180), die pseudo-naiven, bilderbuchartigen Überschriften der ersten sieben Kapitel (»Hilde schläft am Waldesrand« usw.) und die Stilbrüche (Bocholt redet bei seiner Geburtstagsfeier, als wäre er van der Straaten aus *L'Adultera*, und die frivolen Gesprächsfetzen der Offiziere im gräflichen Schloß scheinen aus *Irrungen, Wirrungen* zu stammen).

Ein zeitgenössisches Urteil wie PAUL SCHLENTHERS, *Ellernklipp* sei ein »kleines Meisterwerk«, »ein ländliches Rokokogeschichtchen, mit der ganzen altfranzösischen Grazie des vorigen Jahrhunderts angetan« (*Tribüne*, 18. Juli 1882) läßt sich heute nicht mehr nachvollziehen. Insgesamt ist die Zustimmung der nicht zahlreichen zeitgenössischen Kritiken weniger ungeteilt als bei *Grete Minde*. Einzelne Züge – Hildes Heirat mit Bocholt, dessen seelische

Entwicklung oder das Übermaß an »Patina« und »Dämmerlicht« (W. JENSCH, *Magdeburgische Zeitung*, 11. Januar 1882) – stoßen auf Ablehnung, auf die Fontane irritiert reagiert. Das 20. Jahrhundert verstärkt die kritische Tendenz. *Ellernklipp* gerät lange unter die sogenannten »Nebenwerke« Fontanes. Gegenüber diesem Trend werten R. KOLK (1986, s.u. 3.1.1), und P. PETERS (1991) *Ellernklipp* wegen seiner sozialanalytischen Qualitäten, und H. TANZER (1998, S. 40) wegen der »psychologischen Vertextung der beiden Kategorien [Sexualität und Kriminalität, C. G.] mit einer rollen- und geschlechterspezifischen Perspektive« entschieden auf, ohne sich allerdings den künstlerischen Mängeln zu stellen. Nach PETERS (S. 45) ist es entgegen BOCHOLTS Bemühen, doch gerade Hildes Individualität und Eigenrecht zu schützen, »die traurige Geschichte des modernen Subjekts und seiner Depravation im bürgerlichen Mythos seiner freien Selbstbestimmung, dessen Realität das jenseits seiner Vernunftskategorien Liegende rigoros ausgrenzt und Konformität um jeden Preis einfordert«.   CHRISTIAN GRAWE

Literatur

G. VON GYNZ-REKOWSKI, »Ellernklipp« und der Bäumler-Prozeß, in: FBl H. 28 (1978), S. 299–315. – P. HOWE, »Ellernklipp« and the theme of adoption, MLR 79 (1984), S. 114–130. – M. COTTONE, Note e »Grete Minde« e »Ellernklipp« di Theodor Fontane, in: Quaderni di lingue et letterature straniere 8/9 (1984/85), S. 231–241. – G. FRIEDRICH, »Ellernklipp«. Literarische Anlehnungen Fontanes, in: FBl H. 51 (1991), S. 58–77. – P. PETERS, Sozialisation als Denaturierung. Anmerkungen zum zivilisationskritischen Potential von Theodor Fontanes »Ellernklipp«, in: LfL 1 (1991), S. 31–45. – H. TANZER, Das Spiel mit dem Tabu. T. Fontanes erotische Kriminalgeschichte »Ellernklipp«, in DU 50 (1998), 4, S. 34–45.

3.1.5 L'Adultera. Novelle

Entstehung, Anregungen, Veröffentlichung

Fontanes erster Zeitroman hinterläßt einen zwiespältigen Eindruck. Einerseits fordert sein »ganz moderner Stoff« (an G. KARPELES, 14. 3. 1880, IV.3.66) gerade durch den vielkritisierten optimistischen Schluß die etablierten gesellschaftlichen Konventionen seiner Zeit heraus; andererseits verraten seine erheblichen künstlerischen Mängel Fontanes durchaus noch nicht sichere epische Gestaltungskraft. Der Roman bezeugt ein für den literarischen Realismus verständlicherweise attraktives, aber im wohlanständigen, prüden Bürgertum der Zeit erstaunliches Phänomen, das gerade Fontanes Romanwerk prägt: die zeitlich nahezu unmittelbare Umsetzung von aktuellen Gesellschaftsskandalen in Literatur. Aber Fontane schreibt im eigentlichen Sinn keine Schlüsselromane, denn anders als zwei Jahrzehnte später T. MANN konterfeit er nicht Personen ab; er beschränkt sich bei freier Ausgestaltung der Romangestalten auf den Handlungskern. Wo auch die Details stimmen, führt er die Ähnlichkeit darauf zurück, »daß vieles in unsrem gesellschaftlichen Leben so typisch ist, daß man, bei Kenntniß des Allgemeinzustandes, auch das Einzelne mit Nothwendigkeit treffen muß« (an V. WIDMANN, 27. 4. 1894, IV.4.347). Obwohl mit den Beteiligten der Berliner Affäre persönlich nicht bekannt (vgl. ebd.), erfährt Fontane wahrscheinlich über einen in der Firma RAVENÉ arbeitenden Bekannten allerlei Details über sie:

Im November 1874 verläßt in Berlin Therese, geb. von KUSSEROW, offenbar hochschwanger, ihre drei Kinder und ihren 22 Jahre älteren Mann, den Geheimen Kommerzienrat Louis RAVENÉ, einen aus der Stettiner französischen Kolonie stammenden Industriellen. Sie heiratet nach einem längeren Auslandsaufenthalt den Königsberger Bankier G. SIMON, mit dem sie in einer glücklichen Ehe lebt und neun Kinder hat. Der versöhnliche Schluß des Romans ist also zunächst integraler Teil von Fontanes Vorlage (vgl. zu den Fakten T. WAGNER-SIMON, 1992). Aus den meist auf den Rückseiten der erhaltenen Handschrift von *L'Adultera* entworfenen Skizzen geht hervor, daß der Kommerzienrat ursprünglich als Titelheld des Romans vorgesehen ist. Ihm soll, wohl in Anlehnung an das Ende von Friedrich SCHILLERS *Wallensteins Tod* – wie so oft bei Fontane intertextuell verbürgerlichte Variante eines klassischen hohen Stoffes – auch das Schlußwort gehören, das – wie später bei Innstetten in *Effi Briest* – ironisierend den Widerspruch zwischen gesellschaftlichem Erfolg und persönlicher Erfüllung, äußerem und innerem Leben thematisiert, ein in der bürgerlich-kapitalistischen Gesellschaft des späteren 19. Jahrhunderts zentrales menschliches Problem:

> Der Kommerzienrat richtete seinen Kopf gegen die Decke, bedeckte seine Augen mit der Linken u. sagte: »Mein Reichtum verdoppelt sich. Bin ich nicht ein glücklicher Mann!« (AR 3.544)

Der sich ganz im Gespräch entfaltende, die Szene beherrschende Kommerzienrat, dem die gesellschaftlichen Ereignisse dieses ›Romans der guten Gesellschaft‹ viel Gelegenheit zur frivolen, scherzenden, erregten und mit Bildungsgut spielenden verbalen Selbstdarstellung gibt, gilt vielen als eine von Fontanes vitalsten Figuren, als sein typischster Berliner und heimlicher Protagonist von *L'Adultera*. Gegenüber dem realen Vorbild RAVENÉ, der seine Frau gewohnheitsmäßig betrügt, nimmt Fontane mit seiner Figur eine moralische und menschliche Aufwertung vor. Wenn D. MENDE (1980, S. 208) allerdings die Vorliebe für den höchst lebensvoll gestalteten van der Straaten diffamiert als »das angstbesetzte Bestrafungsbedürfnis der Interpreten gegen eine Frau, die sich zum selbständigen Handeln anschickt und die Figur, mit der sie sich identifiziert haben, einfach sitzen läßt«, dann erregt er den Verdacht, als gebe er seinerseits dem Bedürfnis nach, Teile der germanistischen Forschung aus ideologischen Gründen zu bestrafen. Künstlerisch zu rechtfertigen ist sein Urteil wohl nicht. Das ursprüngliche Interesse Fontanes an van der Straaten legt die Vermutung nahe, daß der frühe Tod des kunstliebenden RAVENÉ im Mai 1879, dessen berühmte private Gemäldegalerie im Roman vielsagendes Attribut seiner Persönlichkeit wird, Fontane wenn nicht zur Ausarbeitung des Stoffes anregt, so ihm diese jetzt doch gestattet. Er bewahrt u.a. einen Nekrolog der *Vossischen Zeitung* und eine Zeitungsannonce über den Verkauf des Ravenéschen Treibhausbestandes auf – die Liebesszene unter Palmen formt sich also schon früh in seiner Fantasie. Beides, die für den Schluß geplante ironische Exposition des Widerspruchs von finanziellem Erfolg und persönlichem Glück und die mit dem GOETHE-Zitat aus den *Wahlverwandtschaften* spielende Exotik der Liebesszene, werden dann strukturell zur Mitte des Romans. Schon die Überschriften der zentralen Kapitel 11 und 12, »Zum Minister« und »Unter Palmen«, koppeln das Avancement des Kommerzienrats und Melanies Ehebruch. Der Schlußsatz der Episode, »von diesem Tag an datiert sich eine neue Ära des Hauses van der Straaten« (I.2.83), trifft entgegen van der Straatens argloser Annahme in tragischer Ironie nicht nur auf das erste Ereignis zu. Auf eine für Fontanes motivische Assoziationen bezeichnende Weise beabsichtigt Melanie »dem Palmenhause das Aquarium folgen zu lassen« (I.2.74), dessen Glasscheibe »im letzten Sommer« geplatzt ist, so daß sein Wasser alles überschwemmt hat: Unweigerlich verbindet sich in der künstlerischen Imagination dieses Autors ein weiblicher Ehebruch mit Überschwemmung.

Laut *Tagebuch* (II.70) »im Dezember« 1879 begonnen, ist der Brouillon von *L'Adultera* schon am 14.1.1880 abgeschlossen – ein für den Autor ungewöhnlich knapper Zeitraum. Die kurze Entstehungszeit der »Novelle« erklärt sich wohl daraus, daß diese anders als die drei vorhergehenden Erzählwerke kein Quellenstudium erfordert. Vielmehr schafft Fontane aus eigener Fantasie auf eine von nun an charakteristische Weise aus wenigen Fakten eines wirklichen Ereignisses das zeitgenössische »Berliner Lebens- und Gesellschaftsbild« (an P. LINDAU, 3. 11. 1886, DuD II.272), in dem das Maß der ökonomischen, sozialen und seelischen Bestimmtheit des Individuums durch die Gesellschaft und seine menschliche Befindlichkeit das zentrale Thema bildet. Die Überarbeitung folgt unmittelbar, zieht sich aber durch wochenlanges Unwohlsein Fontanes bis Anfang April hin. Im Juni/Juli erscheint in zwei Fortsetzungen in der Monatsschrift *Nord und Süd* der Vorabdruck, dem im März 1882 die Erstausgabe im Verlag Samuel SCHOTTLÄNDER, Breslau, folgt, da Fontane weder mit seinem »Stammverleger« Wilhelm HERTZ noch mit Wilhelm FRIEDRICH in Leipzig übereinkommen kann. Der Text ist gegenüber dem Vorabdruck geringfügig überarbeitet.

Struktur, Thematik, Rezeption
Die Handlung umfaßt etwa zwei Jahre, von denen Melanie das erste mit van der Straaten und das zweite mit Rubehn verbringt, dessen Gestalt im Gegensatz zu seinem Rivalen um die Gunst Melanies keine Plastizität gewinnt. Daher beraubt Fontane seinen Roman mit dem Ausscheiden des Kommerzienrats und seines gesellschaftlichen Kreises von Außenseitern und politischen Opponenten, die bezeichnenderweise für den »in der Gesellschaft nur bedingungsweise« (I.2.7) anerkannten Bankier alle unter seinem gesellschaftlichen Niveau stehen und wie immer bei Fontane spiegelnde und das Geschehen deutende und vertiefende Funktion haben, auch eines Gutteils von Lebensfülle. Dabei mag allerdings der Gegensatz zwischen dem ironisch-lockeren Ton des ersten Teils und der Ernsthaftigkeit des zweiten als Folge von Melanies Weg vom Schein zum Sein durchaus beabsichtigt sein. Melanie, nicht ihr Mann, der mit dem 16. Kapitel ganz in den Hintergrund rückt und trotz des Verlusts seiner Frau als schicksalsloser und untragischer Charakter sein Leben unverändert weiterlebt, ist, wie der Titel andeutet, als Protagonistin von *L'Adultera* angelegt, denn das Buch handelt von dem erfolgreichen Versuch einer Gesellschaftsdame, aus der Konventionalität ihrer ehelichen Verhältnisse zu einem eigenbestimmten Dasein zu gelangen. Es bildet in dieser untragischen Lösung eines Liebes- oder Ehekonflikts in Fontanes Romanwerk eine Ausnahme. Unter positivem Vorzeichen ist Melanie damit eine Parallelgestalt zu dem Titelhelden des nahezu gleichzeitig entstehenden *Schach von Wuthenow*. Beide gleichen

sich in der Unbedingtheit des Entschlusses, sich dem gesellschaftlich Geforderten, aber persönlich Verabscheuten zu entziehen. Aber wo Schach aus seiner Lebenslüge nur den Tod als Ausweg sieht, gelingt Melanie die Verwirklichung ihrer Persönlichkeit (»Ich habe diese schnöde Lüge satt«, I.2.99). In beiden Fällen fungiert eine sozial tabuisierte sexuelle Beziehung als Katalysator für das Ende des uneigentlichen Lebens. Die Ehe als konventionelles Gesellschaftsarrangement wird von Melanie aufgegeben und von Schach als – im wahrsten Sinn des Wortes – tödliche Bedrohung empfunden. Zu der erfüllten persönlichen Beziehung zweier gleicher Partner findet also nur die Titelgestalt von *L'Adultera*.

Bei Melanies erster Heirat handelt es sich um ein für die sozialen Umschichtungen im späteren 19. Jahrhundert nicht untypisches Tauschgeschäft zu wechselseitigem Vorteil, das denn auch in Finanzmetaphern (»Vabanquespielen«, »Kurse«, I.2.97f.) erörtert wird. Geschäftsbeziehungen bringen Melanie auch den Liebhaber ins Haus. Der verarmte Adel (»älteste Tochter [...] eines Adligen aus der französischen Schweiz. [...] Debits über Debits [...]«, I.2.9) saniert sich finanziell durch eine bürgerliche Geldheirat (»einer der vollgiltigsten Finanziers der Hauptstadt«, I.2.7), die umgekehrt das Kapital um soziales Prestige und in diesem Fall um eine schöne junge Frau bereichert (vgl. dazu vor allem MENDE, 1980). Wie später in *Frau Jenny Treibel* wird die Großbourgeoisie als dominierende Schicht porträtiert, bei der in beiden Fällen der äußere finanzielle Erfolg von einer menschlichen Verarmung begleitet ist. Melanie van der Straaten scheint Corinna Schmidts Schicksal vorwegzunehmen, sofern diese Leopold Treibel geheiratet hätte.

Der Roman thematisiert die inkommensurablen Folgen für die Frau, der aus den menschlichen Versagungen des Daseins »einer Prinzeß im Märchen« (I.2.9, vgl zu den Märchenanspielungen G. FRIEDRICH, 1968, S. 380f.) ohne Ziel und innerliche Verpflichtung (»Ich hab' immer nur getan, was ich wollte, was mir gefiel, wie mir gerade zumute war«, I.2.120) flieht. Statt endloser Frivolitäten ihres Mannes, die als »Karikatur« (vgl. den Entwurf in AR 3.543) die Freiheit vom gesellschaftlichen Rollenzwang in ihrer frustrierenden Ehe nur vortäuschen, wählt sie die sexuelle und menschliche Erfüllung, die mit einer mindestens vorübergehenden gesellschaftlichen Verbannung verbunden ist. Die unter Todesängsten erlittene Geburt des außerehelichen Kindes und die durch Armut erzwungene berufliche Tätigkeit ergreift sie dankbar als Chancen zur Charakterbildung. Das die Gründerjahre reflektierende Fallissement der Firma Rubehn wird zur Voraussetzung einer menschlich reifen und dauerhaften Beziehung. Den unvermeidlichen persönlichen Opfern stellt Melanie sich illusionslos:

> In welche Wirrnis geraten wir, sowie wir die Straße des Hergebrachten verlassen und abweichen von Regel und Gesetz. Es nutzt uns nichts, daß wir uns selber freisprechen. Die Welt ist doch stärker als wir und besiegt uns schließlich in unserem eigenen Herzen. Ich glaubte recht zu tun, als ich ohne Blick und Abschied von meinen Kindern ging, [...]. Aber was hilft es mir? Was ist das Ende? Eine Mutter, die sich vor ihren Kindern fürchtet. (I.2.124)

Ihre die ehebrecherische Mutter zurückweisenden Töchter haben schon als Kinder die gesellschaftlichen Zwänge internalisiert. Daß Fontanes künstlerische Handhabung der Kinderszenen mit Lydias prophetischem Gemüt und tränenvollen Augen dem Gefühlskitsch der Zeit zugehört, die sentimentale Wirkungen in allen Künsten liebt, steht auf einem anderen Blatt.

Fontanes erster Berliner Zeit- und Eheroman, der zur gleichen Zeit wie Henrik IBSENs ihm verwandtes Schauspiel *Ein Puppenhaus* entsteht, kommt den frauenemanzipatorischen Bemühungen dieser Jahre weiter entgegen als alle folgenden Werke des Autors, denn er porträtiert die Frau nicht nur als leidendes Opfer der patriarchalischen Gesellschaft, sondern auch ihre Befreiung zum selbstbestimmten Individuum. Aus dieser Sicht drängen sich sowohl die untragische Haltung van der Straatens als auch der motivisch früh vorbereitete versöhnliche Schluß als humanitäre Herausforderung an die gute Gesellschaft der Zeit auf, deren Ehrbegriffe die Duellforderung des betrogenen Ehemanns an den Liebhaber und die Bestrafung der Ehebrecherin vorschreiben. Fontane dagegen »rechtfertigt den Ehebruch [...] als sittliche Tat« (G. KAISER, 1977, S. 109). Was vielfach als Idealisieren der Wirklichkeit verstanden wird, macht daher *L'Adultera* zu einem provokanten sozialen Dokument, in dem das Durchsetzen einer subjektiven Moral gegenüber einer gesellschaftlich proskribierten mit Sympathie dargestellt wird. Es ist als Exposition des restriktiven und menschlich zerstörerischen sozialen Codes ein Plädoyer für Toleranz. Unbeschadet dessen entspricht Fontanes literarisches Niveau in den letzten Kapiteln nicht dem seiner geistigen Durchdringung des Stoffes. MENDES (1980, S. 209) vehemente Verteidigung des Schlusses als »innovativ« in der »Tendenz«, Melanie ungestraft zu lassen, kann man folgen, nicht aber seiner künstlerischen Rechtfertigung, Glückszustände seien »soviel schwerer (in Prosa)« zu fassen »als solche des Unglücks«. Vielmehr ist Fontane in den letzten

Kapiteln nicht auf der Höhe seines späteren künstlerischen Niveaus, geschweige denn des europäischen realistischen Romans, der sich in seinen großen Leistungen keineswegs unfähig erweist, menschliches Glück überzeugend zu gestalten. DEMETZ' (S. 135) Urteil, daß der Roman ins Banale sinkt, als van der Straaten aus ihm verschwindet, ist nicht zu widerlegen. Zwar weist P. WESSELS (1972, S. 173) nach, wie Fontane sich sprachlich und inhaltlich durch ironische Brechungen »gegen das Gartenlaubenschema« absichert, aber auch er muß konzedieren, daß *L'Adultera* »nach dem Abschiedsgespräch zur billigen Konfektionsware« abgleitet.

Der indirekte Rückbezug auf JESUS – der Roman endet Weihnachten – verstärkt den zeitkritischen Impetus, denn der Inhalt des TINTORETTO-Gemäldes nach Joh. 8.3–11, das Fontane ursprünglich als »zu schreiig« (an W. FRIEDRICH, 17. 2. 1881, IV.3.118) und wegen seines als Anklage gegen Frau RAVENÉ auslegbaren Charakters als Titel vermeiden möchte (vgl. an den Verlag Schottländer, 11. 9. 1881, IV.3.161), predigt Vergebung und erlaubt es Melanie, ehebrecherische Schuld schon vor der Tat zu relativieren und zu individualisieren (»Es ist so viel Unschuld in ihrer Schuld«, I.2.13). Mit dem für viele von Fontanes Zeitgenossen sicher skandalösen Satz, »unsere Scham ist unsere Schuld« (I.2.76), geht sie darin später noch weiter. Als strukturierendes und beziehungsreiches Zentralsymbol erfüllt das Bild seine integrierende Funktion: die moderierte Renaissance-Kunst van der Straatens gegen den erotisch überhitzten Wagner-Kult Melanies, »self-fulfilling prophecy« des Zusammenbruchs der Ehe, Relativierung der Schuldfrage, Venedig als Wiedergeburtsstadt Melanies, »rundere Rundung« (an den Verlag Schottländer, 11. 9. 1881, IV.3.161) durch den Bezug des Schlusses auf den Anfang, das schließliche Schrumpfen des Bildes der Sünderin zum Miniaturformat. Das Gemälde führt auch das Motiv ein, das MÜLLER-SEIDEL (S. 172) als bestimmend für die Thematik von Melanies selbstbefreiender Lebensänderung erkannt hat: den »Gegensatz von Typus und Individuum, von Kopie und Original« und damit Echtheit und Unechtheit, der vielfältig deutbar ist (vgl. vor allem M. DOEBELING, 1993). Melanies erste, van der Straaten in Verlegenheit bringende Frage zum TINTORETTO-Bild heißt »Kopie?« (I.2.13). Obwohl ihr Ehebruch sich inkonsistenterweise in GOETHES Spuren vollzieht, wehrt sie die Versuche ab, ihren Fall zu schematisieren (z.B. der scheinbare Parallelfall der Vernezobres), weil sie die Unvergleichlichkeit ihrer Erfahrung empfindet (»Ich bin doch anders«, I.2.95). Dagegen bestehen van der Straatens Gesprächsbeiträge bei aller geistreichen rednerischen

Brillianz weitgehend aus einem Potpourri von Zitaten, die nach BÜCHMANNS Manier, wenn auch oft verfremdend, parodierend und ironisierend, als bloße Bildungspartikel Unverbindlichkeit suggerieren. Im Abschiedsgespräch mit seiner Frau ist er bereit, auf jedes unverwechselbar persönliche und intime Verhältnis mit ihr zu verzichten. Ohnehin verdeckt das eheliche Geplauder schon im Eröffnungsdialog über das Gemälde die entfremdete Partnerschaft nur unvollkommen. Wie immer bei Fontane dient das Gespräch auch in *L'Adultera* als Barometer menschlich geglückter, aber auch gefährdeter oder gar zerbrochener Beziehungen.

Mit Melanies neuem Selbstverständnis deckt Fontane auch eine für die Zeit empörende (vgl. W. JENSCHS Kritik in der *Magdeburgischen Zeitung*, 11.1.1882, AR 3.559) Spannung zweier antagonistischer Treuebegriffe auf, die das bloße Einhalten tradierter gesellschaftlicher Übereinkünfte in Frage stellt: »Man kann auch treu sein, wenn man untreu ist« (I.2.96) – ein thematischer Aspekt, der schon in *Vor dem Sturm* erwähnt wird. Fontane integriert dieses Thema in ein relativierendes Deutungsschema anderer Art, das zum Motivkomplex von Original und Kopie gehört und für das Verständnis der zweiten Hälfte des 19. Jahrhunderts konstitutiv ist. Diese interpretiert jedes Individuum nicht nur nach seiner sozialen Zugehörigkeit, sondern unweigerlich und stärker auch als Exponenten einer nationalen Identität, deren Verständnis von Stereotypen nicht frei ist. Die Ansiedlung Melanies, deren reales Vorbild dem brandenburgischen Adel entstammt, in der französischen Schweiz relativiert das Klischee von deutscher Treue und »welscher« Treulosigkeit. In Melanie, wie auf menschlich oberflächlichere und problematischere Weise auch in ihrer Schwester, vereinigen sich auf vexierhafte Weise positive und negative deutsche und französische Züge. Nicht zufällig bildet zu Anfang der piratenhafte »Eigennützling« (I.2.29) BISMARCK eine Parallele zu ihr (vgl. G. FRIEDRICH, 1968, S. 369–374), wird sie gerade nach ihrem Ehebruch wiederholt auf das Französische ihres Wesens festgelegt (I.2.89, 91). Erst ihre »bewährte Treue« (I.2.133) bedeutet ihre Eindeutschung: In Italien erkennt sie Berlin als ihre »Herzensheimat« – nicht das Genf Jean Jacques ROUSSEAUS, sondern die »Rousseau-Insel« (I.2.111) im Berliner Tiergarten. Ähnlich läßt der blasse Rubehn seine Amerikanisierung hinter sich und wird borussiiert (»Frankfurt ist ja jetzt preußisch«, I.2.117). Nach der Eindeutschung und Einpreußung versetzt Fontane das ehebrecherische Paar nicht entsprechend den tatsächlichen Ereignissen an die preußische Peripherie Ostpreußen, sondern in die preußisch-deutsche Hauptstadt. Der Handlungsort von Fontanes erstem Berliner Roman fungiert auch als Deutungselement. Da die Entstehungszeit des Romans gerade in die Jahre des Berliner Antisemitismusstreits (vgl. W. BOEHLICH, 1965) fällt, mag auch die Tatsache, daß Melanie einen getauften Juden nur verläßt, um einen anderen zu heiraten, eine mäßigende, ethnisch relativierende Stellungnahme enthalten. *L'Adultera* ist der einzige Roman Fontanes, in dem jüdische Deutsche tragende Rollen spielen.

In dem Dankbrief an einen Rezensenten von *L'Adultera* präzisiert Fontane seine moderate sozialkritische Position zwischen Konservatismus und Revolutionismus:

> Wenige haben den Muth und die Kraft, sich, behufs Zeugnißablegung, die Dinge des Lebens so anzusehn, wie sie liegen; die Mehrheit kann aus dem Conventionalismus nicht heraus und hält an elenden, längst Lüge gewordenenen Phrasen fest. Die Minorität anderseits gefällt sich darin, zu *sehr* damit zu brechen, zu gründlich damit aufzuräumen und dadurch ich will nicht sagen das Recht ihrer Tendenz und der Äußerung derselben, aber doch die Fähigkeit das einfach Thatsächliche zu sehen und zu schildern, einzubüßen. (An O. BRAHM, 23. 6. 1882, IV.3.193 f.)

Die später noch vehementere eigene Einschätzung von *L'Adultera* »als Stück Leben, ohne jede Nebenabsicht oder Tendenz« (an MARTHA, 5. 5. 1883, IV.3.243) widerspricht keineswegs dem Provokanten, das der Roman enthält, denn wo das Leben, wie es ist, mit den Normen der Gesellschaft, und allemal im zweiten deutschen Kaiserreich, nicht konform geht, wird es zum Skandal. Diesen nicht zu verurteilen, sondern zu rechtfertigen, ist unweigerlich, jedenfalls implizit, Tendenz. *L'Adultera* ist kein schlackenlos gelungener, aber ein mutiger Roman.

Das hier entworfene zwiespältige Bild prägt die Rezeptionsgeschichte des Romans von Anfang an. Fontanes Urteil über die zeitgenössische Kritik, »Meine L'Adultera-Geschichte hat mir [...] viel Anerkennung, aber auch viel Ärger und Angriffe eingetragen« (an J. V. WIDMANN, 27. 4. 1894, IV.4.347), gilt bis heute, obwohl sich die Akzente verschoben haben. Während die Kritik »im Namen der öffentlichen Moral« (W. JENSCH, *Magdeburgische Zeitung*, 11. 1. 1882, AR 3.559) irrelevant geworden ist, werden die ästhetischen Mängel von *L'Adultera* bei allem Fontaneschen darin und trotz des Stellenwerts gerade dieses Romans für die weitere Entwicklung des Berliner Romanciers Fontane weiterhin betont.

CHRISTIAN GRAWE

Literatur

Der Berliner Antisemitismusstreit, hg. von W. BOEHLICH, Frankfurt am Main 1965. – G. FRIEDRICH, Das Glück der Melanie van der Straaten. Zur Interpretation von Theodor Fontanes »L'Adultera«, in: Jb DSG 12 (1968), S. 359–382. – P. WESSELS, Konvention und Konversation. Zu Fontanes »L'Adultera««, in: Dichter und Leser, hg. von F. VAN INGEN, Groningen 1973, S. 163–176. – G. R. KAISER, »Das Leben wie es liegt«. Fontanes »L'Adultera«. Realismuspostulate, Aufklärung und Publikumserwartung, in: Text – Leser – Bedeutung. Untersuchungen zur Interaktion von Text und Leser, hg. von H. GRABES, Grossen-Linden 1977. – G. ZEITZ, Die poetologische Bedeutung des Romans »L'Adultera« für die Epik Fontanes, Frankfurt am Main 1977. – H. EILERT, Im Treibhaus. Motive der europäischen Décadence in Theodor Fontanes Roman »L'Adultera«, in: Jb DSG 22 (1978), S. 494–517. – D. MENDE, Frauenleben. Bemerkungen zu Fontanes »L'Adultera« nebst Exkursen zu »Cécile« und »Effi Briest«, in: AUST, Fontane, 1980, S.183–213. – H. CAVIOLA, Zur Ästhetik des Glücks: Theodor Fontanes Roman »L'Adultera«, in: Seminar 26 (1990), S. 309–326. – W. JUNG, Bildergespräche: Zur Funktion von Kunst und Kultur in Theodor Fontanes »L'Adultera«, Stuttgart 1991. – S. KONRAD, Die Unerreichbarkeit von Erfüllung in Theodor Fontanes »Irrungen, Wirrungen« und »L'Adultera«. Strukturwandel in der Darstellung und Deutung intersubjektiver Muster, 1991. – B. PLETT, »L'Adultera«. »...kunstgemäß (Pardon) ...« – Typisierung und Individualität, in: Interpretationen, 1991, S. 65–91. – T. WAGNER-SIMON, Das Urbild von Theodor Fontanes »L'Adultera«, Berlin 1992. – M. DOEBELING, Eine Gemäldekopie in Theodor Fontanes »L'Adultera«: Zur Destabilisierung traditioneller Erwartungs- und Sinngebungsraster, in: GR 68 (1993), S. 2–10. – I. von der LÜHE, »Wer liebt, hat recht«. Fontanes Berliner Gesellschaftsroman »L'Adultera«, in: FBl H. 61 (1996), S. 116–133. – J. OSBORNE, Vision, Supervision and Resistance. Power Relationships in Theodor Fontanes »L'Adultera«, in: DVjs 70 (1996), S. 67–79.

3.1.6 Schach von Wuthenow. Erzählung aus der Zeit des Regiments Gensdarmes.

Entstehung, Quellen und Anregungen, Veröffentlichung

Wie bei *Vor dem Sturm* reichen die Anfänge von Fontanes zweiter historischer Erzählung weit in seine »preußischste« Zeit zurück. Schon Anfang 1860 erfährt er von Mathilde von ROHR den Stoff, von dem er 1862 ein Precis anfertigt:

> Fräulein v. C.s Mutter [...] war eine schöne, stolze Frau, die unglücklich darüber war, daß ihre jüngste Tochter eine ziemlich extravagante Häßlichkeit zeigte. [...]:
> Schon 1802 kam Leutnant v. Schack, ein bildschöner Kerl vom Regiment Gensdarmes, eine Art Prinz Louis Ferdinand, wenn auch von

geringeren Geistesgaben, ins Haus der Mutter. Die jüngste Tochter war damals 15 Jahre alt, häßlich, aber vielleicht anziehend, geistvoll, oder Schack schon so weit, daß er sagte: »le laid c'est le beau«. Ein Verhältnis entspann sich, inwieweit unter Zutun der Mutter, ist nicht ersichtlich – wahrscheinlich aber *hinter dem Rücken* der Mutter. […] 1810 machte plötzlich, nachdem das Verhältnis jahrelang bestanden hatte, Aschenputtel der Mutter Geständnisse. Nur Vermählung konnte retten. Aber der schöne Schack – er dachte nicht daran. Die Tochter beschwor die Mutter, vorm König einen Fußfall zu tun und die Ehe als einen »Befehl vom Kriegsherrn« (wie dergleichen unter Friedrich dem Großen vorgekommen war) zu erbitten. Dies geschah. Der König willigte ein und sagte zu Schack auf der Parade oder sonstwo: »Leutnant v. Schack, morgen, hoff ich Ihre Verlobung mit Frl. v. C..yn in der Zeitung zu sehn.« Und die Verlobung erfolgte und stand in der Zeitung. Der Hohn war grenzenlos; Karikaturen erschienen in den Schaufenstern, Spottgedichte etc. Schack konnte es nicht ertragen, und 8 Tage nach der Verlobung erschoß er sich auf der Hintertreppe […]. (Zit. nach AR 3.599f.)

Die Wiedergabe der Ereignisse ist historisch ungenau, denn der 53jährige, hochverschuldete Major von SCHACK erschießt sich 1815 noch vor seiner Verlobung mit der über 30jährigen, aber reichen Victoire von CRAYEN, die ihm als Tochter eines neu geadelten Bankiers und einer bürgerlichen Hugenottennachfahrin sozial nicht ebenbürtig ist. Das Precis beschreibt nichts als einen Gesellschaftsskandal, dem die psychologische, geistige und vor allem politische Durchdringung fehlt, durch die *Schach von Wuthenow* zum bis dahin beziehungsreichsten und künstlerisch makellosesten Werk, zur komplexesten seelischen Studie Fontanes und paradoxerweise zu seinem preußischsten und antipreußischsten Roman zugleich wird. Nie läßt Fontane den Mythos Preußen mit so viel detaillierter und intimer Kenntnis aufleben, aber nie durchschaut und decouvriert er ihn gleichzeitig so.

Fontane verwandelt Schachs tatsächliches Verhältnis zu Fräulein von Crayen in eine Doppelbeziehung mit Mutter und Tochter, mit der reifen Schönheit und vollendeten Gesellschaftsdame einerseits und dem häßlichen, aber rührend-menschlichen Mädchen andererseits, denen beiden er sich in zölibatärer Selbstbewahrung und Verantwortungsscheu entzieht. Sowohl Witwenstand als auch Häßlichkeit kollidieren mit seinen nicht moralisch, sondern ästhetisch bestimmten Wertvorstellungen. Da die Damen aus mütterlicher bzw. kindlicher Liebe zum Verzicht neigen und Schach, hier wie auch sonst, den Rückzug dem Engagement vorzieht, ergibt sich ein unterspielt erotisches Dreiecksverhältnis, das seine

Spannung aus der Zurückhaltung aller bezieht. Erst in der Mitte des Romans ergreifen beide Damen die Initiative und setzen damit die Handlung in Bewegung. Auf diese prekäre Konstellation wirkt tiefenpsychologisch die Bindung Schachs an seine schöne, verstorbene Mutter ein, deren unsichtbare Anwesenheit in Wuthenow seinen Rückzug in die Kindheit und seine Entscheidungen beeinflußt (vgl. J. MANTHEY, 1989, der insgesamt die psychoanalytischen Komponenten der Erzählung herausarbeitet). Schachs Wesen, Verhalten und Lebensstil werden so das Zentrum einer psychologischen Studie, die paradigmatisch über sich hinausweist, denn der Selbstmord des Helden symbolisiert zugleich die Selbstvernichtung eines Staates und einer morbiden Gesellschaft. Um das für Fontane Entscheidende und Zeichenhaft-Alarmierende des Falles Schach für Preußens Zustand zu betonen, bettet er die Handlung in ein personenreiches, intensives und extensives, auf die krankhaften Züge angelegtes Zeitbild der Berliner Adels- und Offiziersgesellschaft ein, das nicht Handlungs-, sondern nur Bedeutungsfunktion hat, denn »Schicksal« im literarischen Sinn haben nur die drei Protagonisten.

Aus welchen aktuellen Bezügen Fontane zu diesem Komplex Stoff zufließt, läßt sich an einigen Reflexionen Fontanes in *Der Krieg gegen Frankreich* erkennen, in denen er Frankreich 1870 und Preußen 1806 vergleicht:

> Die [preußische] Armee von Anno 13 war der von Anno 6 schwerlich überlegen, aber eine vertrat ein zum Leben, die andere ein zum Sterben Bestimmtes. (I.88)

Den französischen General Trochu läßt er beziehungsreich sagen: »Jede Armee, welche eine ›Legende‹ hat und kultiviert, geht an derselben unter.« (I.605) Wenige Jahre vor der Entstehung von *Schach von Wuthenow* hat Frankreich unter Berufung auf die Kriegskunst und Armee NAPOLEONS I. dessen imperiales und militärisches Erbe in einer Niederlage verspielt, die der Preußens von 1806 vergleichbar ist: Der Satz, »die Welt ruht nicht sicherer auf den Schultern des Atlas, als der preußische Staat auf den Schultern seiner Armee« (I.1.572, 583), charakterisiert den blinden Glauben Schachs an Preußens Größe. Er gesteht in Kapitel 4, er »halte zu dem fridericianischen Satze«, ohne zu ahnen, daß Bülow diesen schon in Kapitel 3 als einen der »drei Glaubensartikel« »preußische[r] Beschränktheit« (I.1.572) entlarvt hat, an denen der Staat zugrundegehen werde. Die Militärparade in Kapitel 8 wird denn auch als die »Abschiedsrevue der fridericianischen Armee« (I.1.612) gedeutet, die nach Bülow »statt der Ehre nur noch den Dünkel und statt der Seele nur noch ein Uhrwerk hat« (I.1.678). In bezeichnender Weise verknüpft auch diese Szene das private und das politische Geschehen, denn bei der Parade erkältet sich Victoire, so daß sie Schachs schicksalhaften Besuch allein empfängt. Das Regiment Gensdarmes kapituliert nach Jena kampflos und wird nach seiner Demütigung durch NAPOLEON aufgelöst. Die durch den Untertitel schein-nostalgisch heraufbeschworene »Zeit des Regiment Gensdarmes« ist damit zu Ende. Schach, sein feudales Regiment und die Armee Friedrichs des Großen, alle drei gleich obsolet, sterben im selben Jahr.

Als Fontane sich dem Stoff im Mai 1878 wieder zuwendet, ist *Vor dem Sturm* abgeschlossen, und der Prozeß seiner Distanzierung vom konservativen Preußenbild und vom neuen Reich hat begonnen. Als die endgültige Wahl für die Handlungszeit auf das Jahr der vernichtenden Niederlage Preußens gefallen ist (vgl. an von ROHR, 11. 8. 1878, IV.2.612), kann die Erzählung sich zum Fanal des Untergangs des Friderizianischen Preußen und damit auch zum Menetekel gegenwärtiger politischer Zustände im deutschen Reich entwickeln.

Bis Mitte 1879 treibt Fontane intensive historische Studien, so daß das Zeitbild von einem akribischen Quellenstudium getragen wird. Zum einen dient es wie bei *Vor dem Sturm* der Stimmigkeit von Atmosphäre, Gesellschaft, Sitten und Menschentypen. Zum anderen stehen Fontane, da die zur Katastrophe von 1806 führende preußische Politik schon unmittelbar zur Zeit selbst hochkontrovers ist und eine Fülle von kritischen und polemischen Publikationen über den trostlosen Zustand Preußens und seiner Repräsentanten hervorbringt, aktuelle Quellen zur Verfügung. Am nächsten an die Handlung führen zwei Werke: In Karl von NOSTITZ' Memoiren *Leben und Briefwechsel. Auch ein Lebensbild aus den Befreiungskriegen* (1848) findet Fontane »vorzügliches Material« (an EMILIE, 28. 6. 1879, IV.3.33) über das Regiment Gensdarmes, die Schlittenfahrt, Prinz LOUIS FERDINAND, auch über die Schach nicht unähnliche Scheu NOSTITZ' vor einer moralisch unvermeidlichen, aber als öffentlicher Makel empfundenen Heirat. Die publizistische Teilnahme an den politischen Auseinandersetzungen der Katastrophenzeit gilt auch für die militärischen Werke einer wichtigen Romanfigur: Heinrich Dietrich von BÜLOWs *Der Feldzug von 1805, militärisch-politisch betrachtet* (1806) wird teilweise wörtlich in die Auseinandersetzungen um Preußen eingearbeitet (vgl. zu den Quellen insgesamt P.-P. SAGAVE, 1966, S. 113–172 und AR 3.603–607).

Laut *Tagebuch* schreibt Fontane dann in der zweiten Hälfte 1879 den Brouillon, der aber fast zwei Jahre liegenbleibt. Gerade in den Jahren 1878–1882 aber vollziehen sich Neuorientierungen in BISMARCKs Politik, die nach P. WRUCK dazu auffordern, die Erzählung nicht als »Vorgeschichte der Gegenwart, sondern deren Analogie« (1961, S. 58), nämlich als »umfassende Replik auf die politisch-soziale Schwenkung des Systems Bismarck« (1967, S. 399) zu deuten. Auch wenn der Erzählung diese präzise politische Intention fehlen sollte, wird sie in einem allgemeineren Sinn von Fontanes politischen Gegenwartserfahrungen gespeist. Er beobachtet den militärischen Dünkel, die überkommenen hohlen und heuchlerischen Ehrvorstellungen der herrschenden Schichten, die Kriegsgefahr und den steigenden Nationalismus mit zunehmendem Unbehagen. Das absurde Ehrengerichtsverfahren gegen G. FRIEDLAENDER wegen seines Buches *Aus den Kriegstagen 1870* (vgl. FFr, S. 61–75) bestätigt schon wenige Jahre später seine Befürchtungen. Schon die Gespräche des ersten Kapitels bieten eine tour d'horizont des europäischen Mächtespiels und seiner Gefahrenpunkte, bei dem die Stichworte Hannover, England, Preußen, Frankreich, Polen und Österreich fallen. Der sich schnell herausbildende Mythos von der Unbesiegbarkeit Preußens nach den Siegen von 1864, 1866 und 1870/71 gibt Fontanes Warnung vor einem möglichen neuen Jena durch die Darstellung eines früheren verhängnisvollen Mythos gleicher Art, der unter Verkennung der wahren Zustände in den Abgrund führte, Aktualität. Die Niederlage von 1806 ist im neugegründeten Kaiserreich preußischer Provenienz als unliebsame »Nestbeschmutzung« nahezu tabuisiert. Fontane rückt daher ins öffentliche Bewußtsein, was zu kollektiver Verdrängung verurteilt ist.

Fast tägliche Tagebucheintragungen im Mai/Juni 1882 bezeugen die konzentrierte Arbeit am Manuskript, dessen »1. Correktur« am 7. Juli abgeschlossen ist. Während der Vorabdruck vom 29. 7. bis 20. 8. in der *Vossischen Zeitung* erscheint, hat Fontane mit der zweiten Korrektur »noch furchtbar viel Arbeit« (an EMILIE, 6. 8. 1882, BSJ, I.167). Am 4. 11. erfährt er, daß der Verleger Wilhelm FRIEDRICH in Leipzig die Buchausgabe übernimmt. Schon am 22. 11. »treffen Honorar und Exemplare ein« (*Tagebuch* II.185). Mit der Jahreszahl 1883 liegt *Schach von Wuthenow* zum Weihnachtsgeschäft 1882 vor.

Über den Titel wird erst zuletzt die endgültige Entscheidung getroffen. Es stehen zur Wahl: »1806; Vor Jena; Et dissipati sunt; Gezählt, gewogen und hinweg getan; Vor dem Untergang (Fall,

Sturz)« (an W. FRIEDRICH, 5. 11. 1882, IV.3.216) und »Vanitas Vanitatum« (an W. FRIEDRICH, 8. 11. 1882, IV.3.217). Obwohl es bei dem unverfänglichen personalen Titel des Vorabdrucks bleibt, bestätigen doch die plakativen Vorschläge Fontanes die kritische Intention seiner historischen Analyse.

Der größte Teil des Manuskripts von *Schach von Wuthenow* ist seit 1945 verschwunden. Erhalten sind neben wenigen Kapiteln aber allerlei Notizen und Entwürfe, aus denen u. a. die Verschiebung der ursprünglichen Handlungszeit von »Ende Februar« bis »etwa Ende Mai oder Juni« (AR 3.608) 1806 hervorgeht. Die Vorgänge bis zum Selbstmord Schachs spielen sich nun zwischen »Ende April« (Kap. 3) und Mitte August ab. Die Erstaufführung von *Die Weihe der Kraft* (Kap. 9) findet am 11. 6., die Schlittenfahrt (Kap. 11) am 23. 7. 1806 statt. So rückt die Handlung näher an den verhängnisvollen Oktober heran und kann auch die jahreszeitliche Hitze als Motiv der bedrückenden Atmosphäre nutzen.

Struktur, Thematik, Rezeption

Schach von Wuthenow ist eine psychologische Novelle und ein politischer Gesellschaftsroman im historischen Gewand. Das Novellistische des unerhörten Ereignisses – der Bräutigam erschießt sich am Hochzeittag – verschmilzt mit einer breitangelegten Milieustudie, die in Episode, Situation und Personal als »eine Art Zerfallssoziologie des alten Preußen« (M. DUTSCHKE, 1989, S. 103) streng auf das Symptomatisch-Krankhafte des Falls Schach bezogen ist. Der Autor bietet ein Zeit- und Gesellschaftsdestillat, das männlich bestimmt ist – außer den Carayonschen Damen tauchen Frauen nicht auf – und von relevanter Geschichte durchtränkt ist, aber auch den Geschlechterdiskurs thematisiert, denn gerade die beiden weiblichen Protagonisten treten als die aktiven Gestalten auf, deren Entscheidungen Schachs Leben und Sterben bestimmen, wobei sich die jugendliche Victoire, jedenfalls vorübergehend, der traditionellen Frauenrolle entzieht. Aber sie bezahlt ihre Selbstbestimmung mit dem Verlust des Mannes.

Fontanes neuer kritischer Sicht entspricht es, daß er den Ablauf der preußischen Geschichte gewissermaßen umdreht, denn er behandelt in *Schach von Wuthenow* die historisch frühere Vernichtung Preußens von 1806 nach der staatlichen Auferstehung Preußens von 1812/13 in *Vor dem Sturm*. Dementsprechend nimmt *Schach von Wuthenow* eine Aufwertung NAPOLEONS auf Kosten Preußens vor, auch wenn oder gerade weil Schach diesen als »Thron- und

Kronenräuber« und »Engel der Finsternis« (I.1.600) tituliert. In Bülow, der dem einzigen Verteidiger des Franzosenkaisers in *Vor dem Sturm*, dem karikaturhaften Feldwebel Klemm, unendlich überlegen ist, entsteht dem Empereur ein beredter Advokat. Durch die Zugehörigkeit der Carayons zur französischen Kolonie (Tante Marguerite!) wird der Gegensatz Frankreich-Preußen auch hier in den persönlichen Konflikt hineingetragen. Wie in *Vor dem Sturm* die »Konvention von Tauroggen« den Wiederaufstieg Preußens ankündigt, so hier die Haugwitzsche Mission seinen Untergang. Ihre Erörterung bildet das erste Gespräch des Buches, und mit dem Bericht ihrer Folgen (»Emeute, Krawall«, I.1.559) betritt Schach in Kapitel 1 den Carayonschen Salon. Dieser Auftritt geschieht bei dem Stichwort »Serail- oder Haremswirtschaft« (I.1.558) und führt damit früh das Motiv sexueller Affären ein, an denen die moralische Zweifelhaftigkeit der Gesellschaft abzulesen ist. Dazu gehört die für Schach folgenreiche medisante Kategorisierung der weiblichen Schönheit durch Louis Ferdinand, den er zwar als Libertin und Oppositionellen ablehnt, dessen Magie er aber verfällt. Als Pseudo-Louis-Ferdinand (vgl. das Precis), mit dessen Augen er sieht, verführt er Victoire in einer ungemein diskret gestalteten Szene.

Die Fiktionalisierung der Historie ist in *Vor dem Sturm* größer, denn während dort der weitaus größte Teil der Figuren erfunden ist, agieren in *Schach von Wuthenow* ohne eingreifende Erzählerstimme außer Tante Marguerite, einigen Offizieren und Schachs Dienerschaft nur historische Gestalten. Sogar die abgehackte Sprechweise König FRIEDRICH WILHELMS III., aus der sich dann das typische preußische Offiziersidiom entwickelt, wird wiedergegeben. Historisch sind auch die Berliner Schauplätze, ein wesentlicher Teil der stattfindenden und diskutierten Ereignisse und viele den Gesprächsstoff bildende Personen. Obwohl in *Schach von Wuthenow* die schlackenlose Auflösung des Historischen in die Erzählung gelingt, werden darin im Gegensatz zu *Vor dem Sturm* nun auch Auffassungen von Historie problematisiert. Diese wird nach B. von WIESE (1962, S. 240) »zur einschränkenden Bedingung des menschlichen Existierens, damit auch in fragwürdigen Zeiten zum Weg in das Zerstörerische der Lüge«. B. KIEFFER (1986) konstatiert eine Koinzidenz zwischen Friedrich NIETZSCHES drei Konzepten der Historie in *Vom Nutzen und Nachteil der Historie für das Leben* (1874) und *Schach von Wuthenow*, wo Schach das monumentalische, Victoire das antiquarische und Bülow das kritische Geschichtsverständnis repräsentiere.

Der russenfreundliche Schach und sein eloquenter Gegenspieler, der französisch gesinnte Bülow, sind die Protagonisten eines politischen Diskurses, in dessen Mittelpunkt Mythos, Selbstverständnis, Existenzberechtigung, staatliche Substanz, Armee, Provinzialismus, aktuelle Lage und Zukunft Preußens stehen, das beide gleichermaßen in seinem Bann hält. Aber beide vertreten defiziente Formen des Preußentums. Bülow diagnostiziert die Gegenwart und die ferne Zukunft, Schach die nahe Zukunft richtig. Wichtiger als die anhaltende Debatte der Forschung, inwieweit Bülow als Mundstück Fontanes und als Sprecher der historischen Wahrheit zu gelten habe, ist daher der Sympathie und Antipathie zugleich weckende Vexiercharakter der Figuren. Aus den Persönlichkeiten, Urteilen und Vorurteilen beider, aus Bülows vernichtender Prognose von Preußens berechtigtem baldigen Untergang und aus Schachs Glauben an »ein starkes und selbständiges Preußen« (I.1.560) sowie aus den Wesenszügen und Beiträgen anderer Figuren – z.B. innerhalb des Herrscherhauses dem Gegensatz zwischen König und Prinz – setzt sich das komplexe Preußenbild des Romans zusammen. Auch die Person Victoires integriert solche politischen Bezüge. Wie Preußen in Schachs Person die äußerlich schöne, aber innerlich verdorbene, so repräsentiert Victoire die äußerlich beschädigte, aber innerlich schöne Frucht. Wie das von ihr verteidigte »unglücklich[e]« (I.1557) Polen ist sie als verschmähte Verführte eines Offiziers ein Opfer Preußens; wie ihr Leidensgenosse, der blatternarbige Graf MIRABEAU, der mit seiner *Histoire sécrète de la cour de Berlin* (1789) Preußens Fäulnis vor der Reife prognostiziert, bestätigt das ihr angetane Schicksal diese Dekadenz des Staates. Daß Schach den Namen des Franzosen als Mirabelle auf sie bezieht, ist auch Element der Märchenmotivik, durch die Schach Victoire wiederholt aus der Realität, in die er sie nicht zu integrieren vermag, ohne sein Bild von sich selbst und sein feudales und ästhetisches Selbstverständnis zu verraten, ins Unwirkliche entfernt.

Noch ausgeprägter als in *L'Adultera* entsteht das Profil der Gestalten und des Zeitbildes durch eine Fülle von subtilen Beziehungen, Anspielungen und sich wechselseitig deutenden Kommentaren in der verbalen Kommunikation, an der die Nebenfiguren kaum weniger partizipieren als die Protagonisten, so daß die Menschen als Produkte gesellschaftlicher Formung und Verformung erscheinen. Ein breites Spektrum die Wahrheit verbergender und bloßlegender Äußerungen wird dargeboten: gesellschaftliches Geplauder, intimes Gespräch, Brief, Streitgespräch, monologische

Selbstreflektion und peinlich berührtes oder gar retizentes Schweigen, in das Schach zunehmend verfällt, während sich das endgültige Verstummen in ihm vorbereitet. Der geistreiche Konversationston, zu dem eine gehörige Portion Sottise gehört, ist dem sozialen Ambiente besonders angemessen, in dem sich das Geschehen vorwiegend abspielt: »In dem Salon« – dies die ersten Worte des Romans –, der am Anfang des 19. Jahrhunderts in Berlin, nicht zuletzt unter dem Einfluß des gebildeten jüdischen Bürgertum, ein neues soziales Phänomen darstellt.

Die Erzählung rankt sich zunächst ganz im Sinn des »Romans der guten Gesellschaft« um gesellschaftliche Ereignisse und ihre Vor- und Nachbereitung: Kap. 1–3 Jour fixe bei den Carayons, Kap. 4–5 Ausflug nach Tempelhof, Kap. 6–7 Diner beim Prinzen. In der Mitte verwandelt sich durch die Verführung Victoires und die zu ihrer Beichte führende Schlittenfahrt der romanhaft-gelassene Rhythmus des gesellschaftlichen Lebens in das novellistische Stakkato von Flucht und Verfolgung, das in deutlicher Parallelisierung von Frau von Carayons Entschlossenheit, Schach zur Ehe zu zwingen, und dessen Wunsch, sich ihr zu widersetzen, in den Umkreis Berlins (Potsdam-Paretz und Wuthenow) führt und in Kap. 19 mit Hochzeit und Selbstmord endet. Die beiden Schlußkapitel spielen einen Monat bzw. ein Jahr später, also unmittelbar vor den verhängnisvollen Kriegshandlungen (Bülow: »Der Krieg ist erklärt. [...] Wir werden an derselben Welt des Scheins zugrunde gehen, an der Schach zugrunde gegangen ist«, I.1.680) und unmittelbar nach dem demütigenden Tilsiter Frieden vom Juli 1807. Sie unterziehen ganz Fontanisch das dramatische Handlungsende im Medium des Briefes einer Reflexion aus der Distanz und aus doppelter Perspektive: der männlich-politisch-kritischen Bülows und der weiblich-privat-einfühlenden Victoires. Für sie bleibt in Schachs Verhalten ein Rest von Geheimnis; Bülow glaubt alles rational erklären zu können. Ob dem einen oder dem anderen dieser »schriftlichen Grabsteine« (P. PFEIFFER, 1994, S. 275) für Schach größeres Gewicht für Fontanes Bewertung der Vorgänge zukommt, wird in der Forschung intensiv und kontrovers diskutiert (vgl. DEMETZ, S. 142f.; AUST, 1974, S. 152; WRUCK, 1967, S. 318; G. KAISER, 1978, S. 487; J. OSBORNE, 1991, S. 110f.). Betont werden muß aber vor allem das sich Ergänzende, das der doppelten Optik der Erzählung Entsprechende. Gemäß Fontanes Überzeugung, »Wer 1806 sagt, sagt damit unausgesprochen und notfalls sogar gegen den Wortlaut seines Sprechens auch 1813«, avisiert der Schluß, der wohl u.a. Reflexion auf den von Fontane kritisch beobachteten Kulturkampf, den Aufstieg Preußens an. Mit der von Victoire als wunderbar empfundenen Heilung von Schachs Sohn in Rom weckt dieses Ende Hoffnung auf eine staatliche Verjüngung. Aber das bleibt nach einzelnen Anspielungen (vgl. E. SAGARRA, 1995, S. 51 f.) der letzten Seite vorbehalten, die zudem in das sentimental-religiöse Argumentieren zurückfällt, für das das aus *Grete Minde* und *Ellernklipp* einschlägige »sieh« verräterisch wirkt. Die bevorstehenden Steinschen Reformen liegen außerhalb des Romanhorizonts; keiner ihrer Repräsentanten taucht in der Erzählung auf.

Im Aufbau stellt das zentrale 11. der 21 Kapitel die dramatische Engführung des privaten und des politischen Themas dar. Die das Carayonsche Haus umkreisende Schlittenfahrt, deren »schwarze, phantastische Gestalten in dem glutroten Scheine« sich als »Schattenspiel an der Decke« des Zimmers spiegeln und Victoire zu dem Kommentar »Ist es nicht die Hölle?« herausfordern, bestätigt Zacharias WERNERS LUTHER-Stück *Die Weihe der Kraft*, das als Indikator für die die Zeit beherrschende romantische Sentimentalität die Berliner Gesellschaft in »mystisch-romantische« Befürworter und »freisinnig[e] Gegner« (I.1.621) spaltet, als »Knotenpunkt des metaphorischen Systems« (G. KAISER, 1978, S. 488) der Erzählung: Armee und Luthertum, die Stützen des Preußentums, verbinden sich in gespenstischer Perversion ihres eigentlichen Wesens. Das Regiment Gensdarmes verlegt das Schauspiel, indem es Louis Ferdinands Bemerkung »Die Stadt ist das Theater« (I.1.602) auf groteske Weise verwirklicht, von der Bühne auf die Straße. In der Inszenierung der Parodie des Stückes, dessen katholisierende Tendenz im protestantischen Berlin kontrovers ist, erniedrigt sich das Regiment zur Parodie seiner selbst. Daß es sich dabei als »Instanz oberster Sittlichkeit« (I.1.626) aufspielt, ist Selbstbetrug und militärische Dekadenz. Victoire wird durch den nächtlichen Spuk zur Abwendung von der verkommenen Gesellschaft, zu Ohnmacht und Beichte getrieben, so daß das Wernersche Drama, dessen romantisches Blütenlied Schach und Victoire in Kapitel 1 musikalisch vereint, nun ihre Trennung und die Katastrophe auslöst. Ohnehin fungieren WERNERS Bühnenfiguren als Deutungsfolie beider. Anhand von Katharina von BORA erläutert Tante Marguerite »den Hauptpunkt unsrer gereinigten Kürche«, nämlich die »chrüstliche Ehe«; und Schach beschämt Victoire auf noch peinlichere Weise durch den Hinweis auf die »Nonne, die schließlich keine war« (I.1.620f.). Dabei ist er selbst mit der mönchischen Scheu, seine menschliche Lebensverantwortung zu übernehmen, die er beim

Ausflug nach Tempelhof enthüllt, das negative Gegenbild Luthers.

Schach ist außer Graf Petöfy und Lehnert Menz Fontanes einzige männliche Titelfigur und seine am intensivsten und perspektivenreichsten entworfene Romangestalt. Sein Persönlichkeitsbild und seine soziale Persona bauen sich ebenso aus den subjektiven Wahrnehmungen, Reaktionen und Urteilen seiner Mitmenschen wie aus seiner Selbstanalyse und unbewußten Selbstenthüllung und seinen eigenen Äußerungen und Handlungen auf. Dabei auftretende Widersprüche sind notwendiges Ingredienz einer Psychologie, die auf die erzählerische Allwissenheit oberhalb der bedingten Sicht der Romanfiguren weitgehend verzichtet. Schach exemplifiziert das Auseinanderfallen von Ästhetik und Moral, Schönheit und Gesinnung, Form und Substanz, Erscheinung und Wesen, äußerlicher Ritterlichkeit und Pflichtbewußtsein, feudaler Traditionsgebundenheit und Menschlichkeit, Selbstliebe und Zuneigung, Sensibilität und Innerlichkeit. Er ist als gesellschaftlich bestimmter, auf Würde, Tradition und Erscheinung bedachter Mensch vom öffentlichen Urteil abhängig, und doch bekennt er sich als »nachgeborener Templer« (I.1.588) zu einer radikalen Selbstbestimmung, die sich aber nur durch den Tod verwirklichen läßt. In dialektischem Rückbezug zwingt ihn das erste zum zweiten. Die Karikaturen enthüllen ihm sein öffentliches Image als bestimmenden Faktor seines Lebens. Die Flucht vor der Gesellschaft auf den ländlichen Familiensitz bestätigt nur deren Macht über ihn. Indem er der Pflichterfüllung auf herrscherlichen Befehl zum Schein nachkommt und sich doch der mißachteten Autorität des königlichen Herrn und dem persönlichen Wunsch der Königin entzieht, demonstriert er den Verfall der preußischen Werte und die Lebensschwäche eines décadent. Haltung ist nicht Bewährung im Leben, sondern eine hohle Form.

Wenn Preußen, wie Schach behauptet, sicher auf den Schultern seiner Armee ruht, dann ist es wie dieser Repräsentant eines Eliteregiments verloren. Wie Schach, »der unter seinen Liebhabereien auch die Genealogie zählte« (I.1.585), die überlebte Vergangenheit für lebendig hält, ist auch der Staat im Glauben an sein großes 18. Jahrhundert erstarrt. Wie Schach im Privaten ganz auf den Schein gestellt ist und unmoralisch handelt, wie seine Degradierung der standesgemäßen Werte zur Pose seinem Bekenntnis zum »Staat Friedrichs des Großen« (I.1.560) und zur Unüberwindbarkeit von dessen Armee widerspricht, so ist auch dieser Staat insgesamt mit seinem Kult der falschen Ehre, des schönen Scheins, des

Libertinismus und des Klammerns an überalterte Traditionen der Dekadenz verfallen. Die Lüge, die Schach und Preußen leben, ist dieselbe.

Mit den Stichworten »Lebenslüge« (WRUCK, 1967, S. 376), »ästhetische Existenz« (KAISER, 1978, S. 479) und »Schönheitskult« (von WIESE, 1962, S. 251) ist im Zeitkontext Fontanes die Modernität der Figur Schachs angedeutet. Aber man muß dem die Thematik der Verfallenheit an den Tod hinzufügen. *Schach von Wuthenow* ist, was man bisher zu wenig betont hat, eine hellsichtige Studie über die Zersetzung einer Persönlichkeit durch den selbstverschuldeten Verlust ihres Lebenssinns, über einen langsam reifenden Todeswunsch und einen unbeirrt durchgeführten Selbstmord, kurz, über den Ästhetizismus als Lebensverneinung. Sie rückt dadurch der Literatur der Jahrhundertwende näher, als die historische Thematik es suggeriert, denn von Arthur SCHNITZLERS *Sterben* (1892) bis zu Thomas MANNS *Der Tod in Venedig* (1912) durchzieht das Thema von Lebensentfremdung und -überdruß, Hingezogensein zum oder Ausgeliefertsein an den Tod die deutsche wie die europäische Literatur. Schon in Kap. 5 ist Schach symbolisch über den ihm gleichenden Templer ein toter Mann. Im symbolisch intensiv durchgearbeiteten Kapitel 14 in Wuthenow, einer szenischen Ausfaltung von Schachs seelischen Vorgängen, drängt sich Schach angesichts der familiären Ahnenbilder und des »sonnenbeschienenen Storchenpaar[s]« (I.1.650) in den wohl konzentriertesten und qualvollsten zwölf Stunden seines Lebens halb unbewußt und halb luzide die Verlockung des Todes als einziger Ausweg aus der Unwahrhaftigkeit seines Lebens auf (vgl. H. R. VAGET, 1969). Auch die für den schweigsamen Schach ungewohnt eloquente Ausmalung der Hochzeitsreise gerät ihm zur Todesfantasie (vgl. C. GRAWE, 1980). Sich-selbst-Entfliehen und Zu-sich-Kommen werden nur im Tod eins. Dieser selbstvollzogene Tod wird als ein Akt völliger Vereinsamung dargestellt. Die Leser erleben den Selbstmord nur durch den Pistolenschuß und das von komischen Zügen nicht freie, sprachlich ins Englisch-Plattdeutsche entfremdete Gespräch zwischen Kutscher und Groom.

Die zeitgenössischen Kritiken (vgl. die Sammlungen in EuD, S.73–87, AR 3.623–29 und P.-P. SAGAVE, 1966, S. 181–188) nehmen durchweg eine Verharmlosung von *Schach von Wuthenow* vor, indem sie nur das genrehaft Altberlinische, die historische Treue und die Anschaulichkeit des Werkes betonen, das Tragische des Stoffes, die politische Explosivität und die subtilen Kunstreize aber nicht bemerken. Noch WANDREY (S. 162) sucht wie die zeitgenössische Kritik Anknüpfungen an die balladesken Novellen und versteht *Schach von Wuthenow* fast ausschließlich als psychologische Studie, bei der die menschliche Unmittelbarkeit und die dichterische Synthese fehlen. Das Werk sei Dokument »künstlerischen Unvermögens«. Der dauerhafte Ruhm der Novelle beginnt mit Georg LUKÁCS' *Der historische Roman* (1937, dt. 1954) und *Der alte Fontane*: »*Schach von Wuthenow* ist […] ein noch lange nicht in seiner vollen Bedeutung erkannter einsamer Gipfel der deutschen historischen Erzählungskunst«. LUKÁCS erkennt als erster, wie konsequent darin »die gesellschaftlich-moralischen Gründe der Vernichtung des friderizianischen Preußen […] durch das Auf und Ab einer Liebesgeschichte« (1950, S. 151) exponiert werden. Die spätere Forschung hat LUKÁCS' Charakterisierung der Beziehung zwischen Schach und Victoire revidiert und Detailkritik geäußert, sein Urteil qualifiziert, variiert und, u. a. durch die genauere Untersuchung der Quellen, auf eine breitere Basis gestellt; dahinter zurückgegangen ist sie nicht. In der Fruchtbarkeit des geschilderten Einzelfalls für die Analyse von Preußens Zustand in seiner schwersten historischen Krise und der darin enthaltenen unterspielten Zeitkritik sieht man noch heute die herausragende erzählerische Leistung von *Schach von Wuthenow*. CHRISTIAN GRAWE

Literatur

E. BEHRENS, Die historische Grundlage von Theodor Fontanes Erzählung »Schach von Wuthenow«, in: DR 50 (1924), S. 168–182. – B. von WIESE, Theodor Fontane »Schach von Wuthenow«, in: B. v. W., Die deutsche Novelle von Goethe bis Kafka, Bd. 2, Düsseldorf 1962, S. 236–260. – P.-P. SAGAVE, Theodor Fontane »Schach von Wuthenow«, Vollständiger Text, Dokumentation, Berlin 1966. – P. WRUCK, 1967, s. u. 3.1.2. – H.-H. REUTER, »Die Weihe der Kraft«. Ein Dialog zwischen Goethe und Zelter und seine Wiederaufnahme bei Fontane, in: Studien zur Goethezeit. Fs L. Blumenthal, Weimar 1968. – H. R. VAGET, »Schach in Wuthenow«: »Psychographie« und »Spiegelung« im 14. Kapitel von Fontanes »Schach von Wuthenow«, in: Mh 61 (1969), S. 1–14. – P.-P. SAGAVE, »Schach von Wuthenow« als politischer Roman, in: Realismus, 1972, S. 87–94. – H. AUST, 1974, s. u. 3.1.1. – G. KAISER, »Schach von Wuthenow« oder die Weihe der Kraft: Variationen über ein Thema von Walter Müller-Seidel, zu seinem 60. Geburtstag, in: Jb DSG 22 (1978), S. 474–495. – C. GRAWE, Wuthenow oder Venedig. Analyse von Schachs Reisefantasie im Fontaneschen Kontext, in: WW 30 (1980), S. 258–267. – R. SCHMIDT, Theodor Fontane »Schach von Wuthenow«, in: Deutsche Novellen von Goethe bis Walser, Hg. J. LEHMANN, 1980, Bd. 2, S. 11–28. – Theodor Fontane »Schach von

Wuthenow«, EuD, hg. von W. WAGNER, Stuttgart 1980. – W. P. GUEN-
THER, Preußischer Gehorsam: Theodor Fontanes Novelle »Schach von
Wuthenow«. Text und Deutung, München 1981. – B. KIEFFER, Fontane
und Nietzsche: the use and abuse of history in »Schach von Wuthenow«, in:
GR 61 (1986), S. 29–35. – M. DUTSCHKE, Geselliger Spießrutenlauf. Die
Tragödie des lächerlichen Junkers Schach von Wuthenow, in: TuK, Fontane, 1989, S. 103–116. – J. MANTHEY, Die zwei Geschichten in einer. Über
eine andere Lesart der Erzählung »Schach von Wuthenow«, in: ebd., S. 117–
130. – J. OSBORNE, »Schach von Wuthenow«. »das rein Äußerliche bedeutet
immer viel ...«, in: Interpretationen, 1991, S. 92–112. – S. GUARDA, »Schach
von Wuthenow«: ein »Passionsspiel« in Fontanescher Manier, in: GR 67
(1992), S. 59–68. – P. PFEIFFER, Tod, Entstellung, Häßlichkeit. Fontanes
»Schach von Wuthenow«, in: ZfdPh 113 (1994), S. 264–176. – E. SAGARRA,
(1995), s. u. 3.1.1. – G. BRANDSTETTER/G. NEUMANN, »Le laid c'est le beau«.
Liebesdiskurs und Geschlechterrolle in Fontanes Roman »Schach von Wuthenow«, in: DVjs 72 (1998), S. 245–267.

3.1.7 Graf Petöfy. Roman

Entstehung, Quellen, Veröffentlichung

Graf Petöfy wird von einem gesellschaftlichen Ereignis in Wien angeregt, das am 21. 5. 1880 in der Berliner *National-Zeitung* berichtet
wird: Die 32jährige Burgschauspielerin Johanna BUSKA, von 1865–
71 am Berliner königlichen Schauspiel engagiert und daher Fontane bekannt, heiratet den angesehenen 68jährigen ungarischen
Grafen und Generalmajor Nikolaus Casimir TÖRÖK von SZENDRÖ.
Den delikaten Hintergrund der Verbindung kennt der Autor vermutlich nicht: Die Ehe beendet auf kaiserlichen Befehl eine Affäre
zwischen Kronprinz RUDOLF und der BUSKA; das Kind aus ihrer
Ehe mit dem Grafen gilt als Sohn RUDOLFs (vgl. H. NÜRNBERGER,
1981). Als am 4. 6. 1884 auch der Tod des Grafen in der *National-
Zeitung* angezeigt wird, schickt Fontane den Ausschnitt aus dem
Harz an seine Frau mit dem Kommentar:

> Török ist Petöfy und die Buska ist Franzisca –, sie wird aber wohl
> weniger geistreich sein und gewiß irgendeinen Egon heirathen. (An
> Emilie, 11. 6. 1884, DuD II.330)

(Tatsächlich heiratet die BUSKA dann den Direktor des Deutschen
Landestheaters in Prag.) Fontane erkennt das erzählerische Potential der Konstellation: Zwei Repräsentanten von Adel und Schau-
spielertum, also von denjenigen Ständen, deren Wesen auf dem
Schein beruht, verbinden sich in einer Schein-Ehe: »nach der Gräfin (kommt) gleich die Schauspielerin.« (I.1.758) Das Theater wird
daher konsequenterweise zur zentralen Metapher des Romans.

Schon der Handlungsbeginn im Palast Petöfy nimmt durch den kommentierenden »Chorus des Hauses Petöfy« in Gestalt der vier arbeitenden »Demoiselles« (I.1.693) einen bühnenhaften Charakter an. In den beiden Flügeln des Schlosses herrscht ein unterschiedlicher, ja konträrer Geist. Im einen lebt die fromme Gräfin Gundolskirchen, im anderen ihr Bruder, der Theaternarr Graf Petöfy; aber beide altern kinderlos und scheinen in der sterilen Einseitigkeit ihres Daseins dem vollen Leben entfremdet.

Zufällig entspricht die Dauer der tatsächlichen Ehe zwischen TÖRÖK und der BUSKA genau der Entstehungszeit des Werkes, das ähnlich wie schon *L'Adultera* den realen Ereignissen erstaunlich bald folgt. Laut *Tagebuch* (II.74) beginnt Fontane im August 1880 mit den »Vorarbeiten« zu *Graf Petöfy*, zu denen das Vertrautwerden mit den Wiener Schauplätzen gehört, die Fontane von einem dreitägigen Aufenthalt im September 1875 nur flüchtig kennt. Die eigentliche Entstehung des Manuskripts zieht sich nach einer ersten intensiveren Arbeitsphase Anfang 1881 mit längeren Unterbrechungen bis August 1883 hin:

> Die Arbeit ist nun ganz was sie sein soll und liest sich wie geschmiert. Alles flink, knapp, unterhaltlich, so weit espritvolles Geplauder unterhaltlich sein kann; wer auf plot's und große Geschehnisse wartet, ist verloren. Für solche Leute schreib' ich nicht. Ich fühle, daß nur ein feines, vielleicht nur ein *ganz* feines Publikum […] der Sache gerecht werden kann, […].« (An EMILIE, 30. 8. 1883, IV.3.283)

Wie immer geht diesem erfolgreichen Abschluß eine mühselige Detailarbeit an der endgültigen Textversion voraus. Das *Tagebuch* bezeugt dann für März/April 1884 die Korrektur für den Vorabdruck in der »Deutschen Romanbibliothek« der Wochenzeitschrift *Über Land und Meer*, wo *Graf Petöfy* in sieben Fortsetzungen im Juli/August (12. Jg., Bd. 2) erscheint. Die zu Fontanes Ärger in zwei Bände mit eigener Kapitelzählung und Paginierung aufgeteilte Erstausgabe liegt Mitte Oktober im »Winkelverlag« (WANDREY, S. 214) Friedrich Wilhelm STEFFENS in Dresden vor, der dann auch *Irrungen, Wirrungen* übernimmt. Obwohl der Vorabdruck sorgfältiger gesetzt ist, bietet die Buchausgabe einen im Sommer 1884 noch einmal überarbeiteten Text. Der größere Teil des Romanmanuskripts ist seit 1945 verschollen; erhalten sind nur wenige Skizzen aus einer ersten Fassung.

Fontane verlegt die Handlung, die gesellschaftliches Leben und Geplauder transparent macht für seelische, geistige, politische und religiöse Bedürfnisse und Spannungen, einige Jahre zurück. Wie der historische Selbstmord Generals Ludwig Freiherr von GABLENZ am 28. 1. 1874 (vgl. 3. Kap.) belegt, der zusammen mit Petöfys abschließendem Suizid dem Roman in Fontanes Sinn die Rundung gibt, beginnt das Romangeschehen Ende Januar und dauert bis November dieses Jahres.

Struktur, Rezeption, Thematik

Graf Petöfy besteht als Gesellschaftsroman auf typisch Fontanesche Weise aus viel Gespräch und einer Folge gesellschaftlicher und häuslicher Szenen. Aber er folgt nicht dem typisch Fontaneschen Schema einer räumlichen und zeitlichen Zweiteilung, sondern entwickelt sich, mit Anfang und Ende in Wien und der Mitte in Ungarn, kontinuierlich um eine Mittelachse, die Zustandekommen und Scheitern der Ehe trennt: 1.–4. Kap.: Wien, Ende Januar, Ball im Palais Petöfy mit Vor- und Nachszenen; 5.–9. Kap.: Öslau, Mai, Wiederanknüpfung der Beziehung; 10.–12. Kap.: Öslau/Wien, Heiratsdiskussionen und -antrag; 13.–18. Kap.: Arpa, erster Tag; 19.–24. Kap.: Arpa, Herbst, Warnungen und Krisenzeichen; 25.–31. Kap.: Arpa, Ehebruch und Folgen; 32.–35. Kap.: Wien, Denouement.

In einem Widmungsgedicht weist Fontane selbst 1891 launisch auf den Potpourri-Charakter von *Graf Petöfy* hin:

> Etwas politisch, etwas kirchlich,
> Etwas Dichtung, etwas wirklich,
> Etwas Ungarn, etwas Prater,
> Und vor allem viel Theater. (DuD II.335)

Wegen des bloß Angeflogenen und Unverbindlichen dieser Schauplätze und thematischen Aspekte hat die Forschung *Graf Petöfy* lange als »Nebenwerk« (WANDREY, S. 312) und als Absinken in die »gängige Belletristik« (DEMETZ, S. 145) gewertet: sentimental, sozial irrelevant und in der Zeichnung des österreich-ungarischen Milieus leblos und unerlebt. Erst in den letzten Jahrzehnten werden die künstlerische Durchdringung, das Zeitdiagnostische und das für Fontane Repräsentative des Werkes gewürdigt: Es enthalte

> nahezu alle Strukturelemente seines Erzählens in nuce: den Ehekonflikt, die Sehnsucht nach Einfachheit und Natürlichkeit [...], die Thematisierung der Sprache, die Bewußtwerdung der Sentimentalität und schließlich die Lebensformen des Adels und den Wandel der Dinge, der sie als überholt erscheinen läßt. (MÜLLER-SEIDEL, S. 413)

Am radikalsten wertet K. MOMMSEN (1978) *Graf Petöfy* auf. Der Roman habe nachhaltige Spuren in Hugo von HOFMANNSTHALS Werk hinterlassen. Er gehöre wegen der Lebensechtheit, auch des Österreichischen »zu Fontanes besten Leistungen« (S. 55); Franziska sei die »modernste« (S. 70) und »intelligenteste aller Fontaneschen Frauengestalten überhaupt« (S. 55): »reif, wissend, gescheit, souverän, selbstverantwortlich und selbstbewußt, immer Herrin der Situation« (S. 69). Diesem Urteil zu folgen fällt schwer, denn der Roman ist nicht nur die Studie von Petöfys Tod sondern auch von Franziskas Selbstverkennung. Diese ist bis nach Petöfys Tod symbolisch eine zerbrochene, nicht-klingende Glocke (vgl. I.1.732, 764, 777, 844, 863 f.). Das zentrale Handlungselement ist ihr Ehebruch, der aus der Selbsttäuschung über ihre wesensbedingte Sinnlichkeit resultiert. Franziska ist Fontanes einzige Heldin, deren Persönlichkeit durch ausgedehnte, von eigenen frühen Erlebnissen Fontanes gespeiste Erzählungen aus ihrer Kindheit (vgl. 9. und 22. Kap.) bereichert, ja symbolisch gedeutet wird. Diese von Franziska selbst vorgetragenen Episoden haben eine doppelte Funktion: Die charmante Plauderin bezaubert damit Petöfy so, daß in ihm der Wunsch nach der Ehe mit ihr erwacht, und sie enthüllen ihre Ängste und ihre sexuelle Gefährdung, die von Anfang an, worauf Fontane Wert legt, in ihrer Befangenheit gegenüber Asperg spürbar sein soll (vgl. an EMILIE, 15. 6. 1883, DuD II.321 f.). Solche Züge einer falschen Selbsteinschätzung sind deutlich auch ablesbar an Franziskas anbiederndem und unterwürfigem Brief an Gräfin Gundolskirchen (21. Kap.), der gegen den Strich gelesen zu werden verdient. Statt in Jean-Jacques ROUSSEAUS *Confessions* lediglich zu blättern, sollte sie das hochproblematische Selbstenthüllungswerk gründlich lesen. Das »zweilebige Leben« (I.1.806), vor dem ihr graut, überwältigt sie; die Unterhaltung über den »Glasmenschen« (vgl. 31. Kap.) macht es ihr selber peinlich bewußt. Aber nichts in ihrer Persönlichkeit als ein schlechtes Gewissen erklärt nach dem Tod ihres Mannes ihren frommen Lebens- und Liebesverzicht; und so enthält noch der Romanschluß entgegen Fontanes Absicht ein Element der Selbsttäuschung Franziskas. Mit ihrer Selbstfindung als Ungarin und ihrer Konversion zum Katholizismus – am Ende der Kulturkampfzeit durchaus eine politische Aussage –, mit dem peinlichen Kult der jungfräulichen Ehefrau Maria und dem Bedürfnis, ausschließlich »Pflichten zu leben« (I.1.865), drängt Fontane der Gestalt innere Widersprüchlichkeiten auf. Charakterzeichnung und Ethos Franziskas geraten in einen Widerspruch. So läuft die Handlung auf eine durch Schuld und religiöse

Bedürfnisse begründete Entsagung und ein Abstinenzideal hinaus. Beide sind psychologisch unglaubwürdig, entsprechen aber dem Zeitgeschmack und, entscheidender, den Vorstellungen der viktorianischen Epoche von der Beherrschbarkeit der menschlichen Triebe durch den moralischen Appell – eine Illusion, die Sigmund Freud noch vor der Jahrhundertwende zertrümmert. Wäre Franziska nicht überzeugender, wenn sie, wie ihr Vorbild Buska, »irgendeinen Egon« heiratete? Die den Roman durchziehende Wassersymbolik jedenfalls, die sie etwa mit Effi Briest verbindet, betont immer wieder ihre Triebhaftigkeit. Eine zweite Gräfin Gundolskirchen zu werden – ist das ein Schicksal, das die charmante Franziska verdient, und die Erfüllung des in ihr Angelegten, durch die sie auf Dauer ihren Frieden findet? Wechselt sie gewissermaßen nur aus dem einen Flügel des Palastes in den anderen hinüber? In der Schlußpartie fällt Fontane dem sentimentalisierenden Zeitgeschmack zum Opfer, wofür wie in *Grete Minde* und *Ellernklipp* das häufige »sieh« im Dialog ein Indiz ist.

Das Handlungsgerüst von *Graf Petöfy* ähnelt dem von *L'Adultera*: Eine junge Frau flieht aus der Ehe mit dem unzureichenden älteren Partner (wie später auch in den weiteren Eheromanen *Cécile* und *Effi Briest*) – Melanie offen, Franziska versteckt; in beiden Fällen (anders als bei *Cécile* und *Effi Briest*) nimmt der Ehemann diese Entscheidung hin – van der Straaten ohne Folgen für seine Persönlichkeit und Petöfy durch die Flucht in den Selbstmord. Obwohl es wie in *L'Adultera* auch hier die lebenshungrige Frau ist, der nach dem Vergehen gegen das gesellschaftliche Diktat die Selbstverwirklichung gelingt, ist der ungarische Graf als Titelgestalt eine zentralere Figur als der Berliner Bankier in *L'Adultera*. An Entschluß und Vollzug seiner Selbstauslöschung nehmen die Leser intensiv teil. Sie bleibt in ihrem Bewußtsein mit einem vieldeutigen, quälenden, die gesellschaftliche Oberfläche seines Daseins unterhöhlenden und sehr Fontaneschen Bild Darwinistischer Lebensdeutung verbunden: Petöfy

> ritt an Plätzen vorbei, daran sich hundert Erinnerungen für ihn knüpften, bis er zuletzt auf eine künstlich aufgeworfene Höhe gekommen war, von der aus man einen Wiesengrund übersah, eine Niederung mit Tümpeln und Wasserlachen und ein paar schmalen Sandstreifen dazwischen. Eine der Lachen hatte Zufluß aus einem Graben, und das Wasser stieg infolge davon so rasch, daß es nicht bloß die Sandstreifen, sondern zugleich auch eine hier eingenistete zahlreiche Kolonie von Feldmäusen mit Überschwemmung und Untergang bedrohte. Zu hundert und aber hundert kamen sie von

> links und rechts her aus ihren Löchern hervor, um sich auf eine höhergelegene Stelle hin zu retten. Aber kaum daß sie sich hier gesammelt hatten, so schoß auch schon von einer danebenstehenden und in ihrer ganzen oberen Hälfte mit Nestern überdeckten Pappel allerlei Krähenvolk auf die geflüchteten Mäuse nieder und fuhr mit ihnen als gute Beute davon. (I.1.860)

Petöfys Selbstmord ist der konsequente Abschluß einer zur Erkenntnis seiner selbst gezwungenen unverbindlichen, obsoleten aristokratischen Existenz, und das in psychologischer und politischer Hinsicht.

Die einzige Leidenschaft in Petöfys Leben ist das Theater, ein bloßer Lebensersatz. Seine Charakterisierung der Franzosen ist unbewußt ein Selbstbild:

> Es ist ein Phantasievolk, dem der Schein der Dinge vollständig das Wesen der Dinge bedeutet, ein Vorstellungs- und Schaustellungsvolk, mit einem Wort, ein Theatervolk. (I.1.733)

In dieses bloß vorgespiegelte und vorgespielte Leben zieht der 70jährige Graf die 24jährige Franziska in einer theaterhaften Ehe des Als-ob, die schon wegen der Diskrepanzen zwischen den Partnern prekär genug ist: ungarisch-wienerisch gegen preußisch-pommerisch, alt gegen jung, katholisch gegen protestantisch, aristokratisch gegen bürgerlich. Über der Ehe sollen »ein paar heidnische Gottheiten dritten Ranges« wachen: »Zerstreuung«, »Beschwichtigung[..]«, »Einlullung«, »Plauderei« (I.1.750); sie soll durch »Diskretion [...], Dekorum, Dehors« (I.1.752) bestimmt sein. Aber durch seine Altersimpotenz, die im prüden bürgerlichen Zeitkontext ein hochriskantes Thema ist und wie alles Sexuelle nur indirekt und symbolisch dargestellt werden kann, beraubt Petöfy seine Frau ihres eigentlichen Lebens. Bei der Ankunft in Arpa macht der Ehemann vor der Schwelle von Franziskas Zimmer kehrt, statt sie hinüberzutragen. Er erfährt den Zusammenbruch seiner privaten und auch gesellschaftlichen Selbsttäuschungen, denn die ungarische Aristokratie, die »Mesalliance« (I.1.817) ablehnend, weigert sich, Petöfys Schloß durch ihre Huldigung Franziskas »zum Minnehof à la Wartburg« (I.1.752) zu erheben – eine bezeichnende Verwechslung von Theater und adliger Existenz und im Kontext von Richard WAGNERs *Tannhäuser* eine Vereinseitigung, denn darin wird der Minnehof durch den Venusberg komplementiert. Weder läßt sich die Sexualität einer Mitzwanzigerin leugnen, noch erscheint dieser – ähnlich wie ihrer Leidensgenossin Melanie van der Straaten in *L'Adultera* – das märchenhafte Luxusdasein ohne Verpflichtung und Ziel lebenswert: »ein Märchenleben ist kein Leben.« (I.1.787); »[...] die bloße Causerie reicht nicht aus für unser Leben [...]; es muß noch etwas Ernsthaftes hinzukommen, [...].« (I.1.791) So holt die unabweisbare Wirklichkeit sowohl Petöfy als auch Franziska in ihrem scheinhaften Dasein und der bloßen Gesellschaftlichkeit ihrer sprachlichen Kommunikation ein, in der sich Gesellschaftskritik als Sprachkritik äußert (vgl. MITTENZWEI, 1970, S. 64–77). Sie werden zu Konsequenzen gezwungen: Franziska zum Neubeginn und Petöfy zur Anerkennung seiner eigenen Überlebtheit. Daß diese Erkenntnis während einer Theateraufführung geschieht, ist erzählerisch konsequent. Das gespielte Stück enthält peinliche Parallelen zu seinem tatsächlichen Leben.

Eigenartigerweise haben sich auch die marxistischen Interpreten, als erster G. LUKÁCS, als blind für die soziale und politische Dimension von *Graf Petöfy* erwiesen. Aber entgegen REUTERS Urteil (S. 666), die gescheiterte Ehe sei nicht »Paradigma eines Gesellschaftszustandes«, sind Petöfys Überaltern und die Widerlegung seiner privaten Fehleinschätzungen doch Symptom einer generellen Blindheit gegenüber dem epochalen Wandel. Das Schlüsselereignis für Petöfys auch politisches Obsoletwerden ist der ungarische Aufstand von 1848/49, dem er sich durch Demission und Auslandsaufenthalt entzieht: »[...] ich wählte nicht links und nicht rechts.« (I.1.790) Diese Vergegenwärtigung seiner Vergangenheit nimmt das zahlenmäßig zentrale 18. von 35 Kapiteln ein; es verdient schon daher Aufmerksamkeit. Entgegen seinem politisch und national-ungarisch bedeutsamen Namen – der ungarische Lyriker Sandor PETÖFY (1823–49) fiel in den Revolutionskämpfen – möchte Petöfy »gut kaiserlich und gut wienerisch, aber freilich auch gut ungrisch« (I.1.791) bleiben – anders als sein leidenschaftlich nationalistisches Schloßfaktotum Toldy (vgl. 17. Kap.), der 1849 als Honvedfähnrich einen Säbelhieb davonträgt und dessen zahlreiche Familie den Lesern die Kinderlosigkeit der Aristokratie und Franziska ihre eigene schmerzlich bewußt macht. Petöfy repräsentiert damit im Zeitalter des virulenten Nationalismus den zum Untergang verurteilten Vielvölkerstaat: »Unser altes Österreich war so bunt, wie's heute noch ist, aber die Farben vertrugen sich untereinander.« (I.1.789). An »unser altes Wien«, in dem »noch vieles verziehen (wurde), was jetzt unverzeihlich dünkt« (I.1.703), denkt er mit Nostalgie. Österreich mit dem deutschen Wien und dem ungarischen Arpa ist keineswegs äußerlich-zufälliger Schauplatz des Romans, sondern thematisch unabdingbar. Die Suche nach der richtigen Szenerie für *Unwiederbringlich* etwa dokumentiert Fontanes Bewußtsein für Stimmigkeit und politische Aussagekraft des Handlungsraums. Petöfys kosmopolitische und im Zeitalter des Nationalismus obsolete Bindungslosigkeit, die die nationale Verpflichtung scheut und nach der es »ihm überall gut (geht), wo sich eine große Oper und eine Opéra comique vorfindet« (I.1.717), kontrastiert mit Gräfin Gundolskirchens ehelich bedingtem, aber resolut vollzogenem Identitätswechsel vom Ungarischen zum Steirischen-Deutschen – Fontane sucht sogar nach einem »steirischen Spezial-Heiligen« (vgl. an Emilie, 18. 7. 1883, DuD II.324) für sie –, mit Franziskas nachehelicher Identifikation mit Ungarn und auch mit Hannahs Verwurzelung in ihrer pommerisch-protestantischen Welt. Franziskas Verdikt über Asperg trifft die junge männliche Generation des Romans insgesamt, auf die der k. u. k. Staat keine Zukunft bauen kann und die im Gegensatz zu den Frauen vagabundierend-egoistisch wirkt. Mehrmals wird Asperg symbolisch von schmutzigem Wasser befleckt, während Franziska bei ihrer Ankunft in Arpa als erstes ein Glas klares Wasser verlangt. Es gehört aber zu den Schwächen des Buches, daß Petöfys ambivalente Kennzeichnung der jungen Generation im Roman nicht eigentlich gestaltet ist, Graf Asperg also ähnlich leblos wie Rubehn in *L'Adultera* erscheint: »O diese moderne Jugend! Etwas unselig Geschäftliches ist in Sprache, Bilder und Anschauungen eingedrungen. Ein Unglück, daß sich unsere Jugend dem Theater so sehr entfremdet.« (I.1.699) Dem Urteil entspricht außer in dem sehr untheatralisch realen Eindringen Aspergs in die Ehe seines Onkels keine Wirklichkeit. Franziskas und Pater Feßlers Gespräch dagegen (vgl 3. Kap.) ist auf versöhnliche und engagierte Weise bezogen auf die nationale Identität Österreichs und Preußens (vgl. zu Politik und Kirche C. Walker, 1995).

Dem österreich-ungarischen Schauplatz liegt also weniger ein topographischer als ein ideeller, politischer und symbolischer Impetus zu Grunde. Er ist ein fiktiver Kunstraum. Die Anregungen, besonders zur ungarischen Szenerie, entstammen daher auch nicht persönlicher Anschauung, denn Fontane ist nie in Ungarn gewesen; sie sind vielmehr späte Reflexionen früher Sympathie für die ungarische Revolution von 1848/49 und eines vagen frühen Interesses an der ungarischen Gegenwartsdichtung. Die jüngste Publikation über Fontanes Verhältnis zu Ungarn weist jede engere Beziehung des Autors zur ungarischen Literatur als Mythos zurück, der auf R. Graggers fehlerreichen, aber »folgenschwere[n] Artikel ›Ungarische Einflüsse auf Theodor Fontane‹« (G. Kerekes, 1992, S. 85) zurückgehe. Die unheilvolle, Franziskas Ehebruch symbolisch beleuchtende Barcsai-Ballade, die in ihrer Grausamkeit dem Romanende widerspricht, lernt Fontane vermutlich erst während der Arbeit an *Graf Petöfy* kennen (vgl. AR 4.507). Der poetische Charakter Ungarns, inkarniert in Nikolaus LENAU, ist selbst ein thematischer Aspekt des Romans. Franziska und Petöfys englische Mutter, deren »enfant gaté« (I.1.703) der deutsch-ungarische Dichter war, nähern sich dem Land durch seine Poesie. Petöfys letztes Wort bei seinem Heiratsantrag ist der Wunsch, »das Ungarn der Wirklichkeit soll Sie das Ungarn Ihrer Kindheitsphantasien [...] für immer vergessen lassen« (I.1.757), aber Franziskas von Spukängsten überschattetes Dasein in Arpa ist nur die Verwirklichung von LENAUS Gedicht *Nach Süden*. Als eins der zentralen Symbole drückt es ihren unerfüllten seelischen Zustand im Land ihrer Ehe so beziehungsreich aus, daß L. VOSS (1985, S. 129) den »ganze[n] Roman« geradezu als »auf die in dem Lenau-Gedicht enthaltenen Motive hin geschrieben« interpretiert. CHRISTIAN GRAWE

Literatur

R. GRAGGER, Ungarische Einflüsse auf Theodor Fontane, in: Ungarische Rundschau für historische und soziale Wissenschaften 1 (1912), H. 1, S. 220–224. – I. Mittenzwei, 1970, s.u. 3.1.1. – C. CHAPA, Theodor Fontane's »Graf Petöfy«. A Reevaluation, Diss. Chicago 1974, – K. MOMMSEN, Hofmannsthal und Fontane, Bern u.a. 1978. – H. NÜRNBERGER, Zur Stoffgeschichte von Theodor Fontanes Roman »Graf Petöfy«, in: FBl H. 32 (1981), S. 728–732. – G. KEREKES, Gragger, Fontane und die Fakten, in: FBl H. 52 (1991), S. 91–107. – L. VOSS, 1985, s.u. 3.1.1. – G. KEREKES, Ein Kuddelmuddel, ein vollständiges Gequatsche – Theodor Fontanes Verhältnis zur ungarischen Literatur, in: Neohelicon 19 (1992) H. 1, S. 85–94. – C. WALKER, Inheritance, Allegiance and Conversion in »Graf Petöfy«, in: London Symposium, 1985, S. 209–234. – K. KAUFMANN, Plaudern oder Verstehen? T. Fontanes Roman Graf Petöfy, in: GRM 48 (1998), 1, S. 61–88.

3.1.8 Unterm Birnbaum

Entstehung, Veröffentlichung, Quellen, Genre

Fontanes Kriminalgeschichte *Unterm Birnbaum* wird im August und September 1885 in neun Nummern der populärsten deutschen Familienzeitschrift der Zeit, *Die Gartenlaube*, abgedruckt. *Unterm Birnbaum*, das ursprünglich in Anspielung auf den spruchhaften letzten Satz der Erzählung den Titel »Fein Gespinnst, kein Gewinnst« bzw. »Es ist nichts so fein gesponnen« tragen soll, entsteht zwischen Februar 1883 und April 1885, zuletzt, so Fontane am 24. 4. 1885 an G. FRIEDLAENDER (FFr, S. 329), »in 6monatlicher unausgesetzter Novellenarbeit«. Die Buchausgabe erscheint im November 1885 als Band 23 der Groteschen Sammlung von Werken zeitgenössischer Schriftsteller, in der auch angesehene zeitgenössische Autoren wie Wilhelm RAABE publizieren.

Wie oft in den Arbeiten dieser Jahre wendet sich Fontane sozusagen an ein doppeltes Publikum. Auf der einen Seite zielt er auf die Massenleserschaft der populären, damals vom Stuttgarter Verleger Adolf KRÖNER herausgebrachten Familienzeitschrift, welche Gefallen finden soll an der grausigen Tat seines ›gemütlichen‹ Mörders mit der ›weißen, fleischigen Hand‹ und dessen Frau mit ›Vergangenheit‹ und an manch melodramatischem Effekt und skurriler Charakterdarstellung seiner Erzählung. Gleichzeitig aber schreibt er für sein intendiertes Idealpublikum von ästhetisch gebildeten und feinfühligen Lesern, die seine kunstbewußte, hintergründige Erzählart zu schätzen wissen müßten. Leider ist aber *Unterm Birnbaum* wieder für seinen Autor eine herbe Enttäuschung. Nur einige hundert Exemplare werden abgesetzt: »Absatz womöglich noch schlechter als bei HERTZ« vermerkt Fontane in seinem *Tagebuch* (*Tagebuch* I.230). Heute wird das Werk – als Novelle, nicht Roman – in der Literaturgeschichte generell neben Friedrich SCHILLERS *Verbrecher aus verlorener Ehre* und Annette von DROSTE-HÜLSHOFFS *Die Judenbuche* als klassisches Beispiel der deutschen Kriminalgeschichte des 19. Jahrhunderts zitiert, gehört es doch gewissermaßen zum ›Kanon‹ der Schullektüre. Der Stoff ist auch mehrmals als Hör- und Fernsehspiel und für den Film bearbeitet worden (vgl. 4.3); eine Bühnenbearbeitung des österreichischen Dramatikers F. PÜHRINGER unter dem Titel *Abel Hradscheck und sein Weib. Schauspiel in drei Akten (sechs Bildern). Frei nach Fontane* wird 1953 im Hamburger Deutschen Schauspielhaus uraufgeführt. Und dennoch wird *Unterm Birnbaum* bis heute von der Forschung relativ wenig beachtet. Mit wenigen Ausnahmen wiegen hier topographische, biographische und gar moralische Aspekte des Werkes vor, wohingegen poetologischen und erzähltechnischen Aspekten relativ wenig Aufmerksamkeit geschenkt wird. Fontanes eigene Aussagen zum Werk (an G. FRIEDLAENDER, 16. 11. 1885, IV.3.436) scheinen den Nachdruck auf die Wirkungen der Gerechtigkeit zu legen, auf »das gepredigte Evangelium von der Gerechtigkeit Gottes, von der Ordnung in seiner Welt«. Aber der Autor ist bekanntlich kein unbedingt zuverlässiger Selbstinterpret. Die oft beanstandete moralische Ambivalenz des Werkes – nach W. MÜLLER-SEI-

DEL (S. 223) »eine der trostlosesten Erzählungen Fontanes« – ist nicht dem Autor anzulasten, sondern dem Erzähler. Das spruchhafte Ende: »Es ist nichts so fein gesponnen, 's kommt doch alles an die Sonnen«, wird immer wieder fälschlich als auktorialer Kommentar und als Schlüssel zur Deutung der Autorintention gelesen. Die Aussage in Form eines Eintrags im Kirchenbuch stammt von Pfarrer Eccelius. Sie ist damit als Stimme jener borniertenen oder schadenfreudigen dörflichen Öffentlichkeit zu deuten, die schon H.-H. REUTER (S. 633) mit Recht als den Schwerpunkt der Erzählung sieht.

Wie in der »klassischen« Kriminalgeschichte wird topographisch mit größter Genauigkeit erzählt. Der Autor ist seit seinem frühen Mannesalter mit Stoff und Schauplatz der Handlung, nämlich dem Oderbruchdorf Letschin (Tschechin im Text) bestens vertraut. Fontane lebt und arbeitet in den frühen vierziger Jahren vorübergehend in Letschin, wo sein Vater 1838 die dortige Apotheke übernommen hat. Er ist auch später bis Anfang der sechziger Jahre oft dort bei seiner Schwester Jenny SOMMERFELDT zu Gast, nachdem ihr Mann 1850 die Apotheke von LOUIS HENRI FONTANE gekauft hat. Dort wird 1842 ein Mordfall aufgedeckt, dessen wesentliche Merkmale leicht variiert von Fontane übernommen und ausgeschmückt werden. Den eigentlichen Keim der Erzählung, die Anekdote vom toten Franzosen, der zum Angelpunkt seiner Mordgeschichte wird, verdankt er einem Bericht seiner jüngeren Schwester ELISE aus dem Brandenburger Dorf Dreetz. »Finden, nicht Erfinden«, dieser gern von Fontane in seiner Erzählpraxis beherzigte Spruch gilt also auch für diese Novelle. Aber dieses »Finden« müsse etwas sein, was durch seine historische und lokale Verwurzelung ›stimme‹; erst dann könne es seine schöpferische Fantasie beleben. Der Schwester gegenüber moniert Fontane, »die einfache Thatsache ist doch zu mager«. So bedrängt er ELISE im selben Brief (13. 10. 1873, IV.2.441 f.) irgendeinen Dreetzer Dorfbewohner ausfindig zu machen,

> einen Schäferknecht [...] ›eine weise Frau‹, einen wahrsagenden Imbecile, einer davon wird doch wohl zum Donnerwetter so viel Erfindungskraft haben, um 'rauszukriegen, warum dieser arme Franzose eigentlich totgeschlagen worden ist. *Ich selbst kann und darf nichts erfinden, einmal weil es gegen das »historische Gewissen« ist, dann weil es in meinem Gemüthe feststeht, daß der biedre Dreetzer von 1806 den Franzosen so todt schlug, wie man einen Pfahl in die Erde schlägt* [...].

Der Zusatz zu diesen Ausführungen, »da rafften sich Mut und Vaterlandsliebe auf und baff, da lag er! Ich kenne meine Dreetzer; einer ist wie der andre«, ist aufschlußreich nicht nur als Hinweis auf Fontanes Mißtrauen gegen das ›Nationalheldenhafte‹, sondern auch für die Gestaltung seiner späteren Kriminalerzählung als einer Art ›Antidorfgeschichte‹. Das Wort kehrt leicht verändert zum Schluß der Erzählung im Gespräch zwischen zwei Vertretern der Dorfobrigkeit wieder, dem Pastor Eccelius und dem Schulzen Woytasch, wo beide die Zukunft des einst von der Dorfwelt so bewunderten Prunkkreuzes diskutieren, das der Mörder Hradscheck seiner toten Frau, einst seiner Komplizin, im Kirchhof errichtet hat: »›Und das Grab der Frau?‹ fragte Eccelius. ›Was wird aus dem? Und aus dem Kreuz?‹ ›Das werden sie wohl umreißen, da kenn' ich meine Tschechiner. [...]‹ ›Brav, Schulze Woytasch!‹, sagte Eccelius und gab ihm die Hand. ›Immer 's Herz auf dem rechten Fleck!‹« (I.1.552f.) Nicht in der Tat, wohl aber in der Gesinnung erweist sich die Letschiner Dorfwelt in *Unterm Birnbaum* als moralisch fast so anfechtbar wie der auf dem Schindanger verscharrte Abel Hradscheck.

Die äußeren Begebenheiten des historischen Mordes unterscheiden sich unwesentlich von der Fabel der Fontaneschen Novelle. Der Letschiner Mord wird 1836 tatsächlich an einem Handelsreisenden im Dorfkrug verübt (vgl. dazu H. SPREMBERG, 1928). Allerdings verlegt Fontane das Datum auf das Jahr 1831, um das Ganze in den zeitpolitischen Kontext des Revolutionsjahrs 1830/31 einzubinden. Der vermeintliche Mörder ist auch der Dorfwirt, der von der Justiz nicht gefaßt wird, aber trotzdem zugrunde geht. Der böhmische Familienname in Fontanes Erzählung deutet auf die geschichtliche Tatsache, daß Letschin, wie überhaupt die Oderlanddörfer im südöstlichen Brandenburg, nach dem Siebenjährigen Krieg (1756–63) durch FRIEDRICH DEN GROSSEN mit böhmischen Familien besiedelt worden ist. Wie in der traditionellen Dorfgeschichte spielt also das Außenseitermotiv eine Rolle in der Handlung. Der Wunsch nach Integration läßt Frau Hradscheck, ehemalige Katholikin, ›zur reinen Lehre‹ übertreten; damit gewinnt sie für sich und ihren Mann das Wohlwollen des Pastors, dem die Seelenzahl wichtiger als das Seelenheil seiner Gemeinde zu sein scheint. Fontane übernimmt leicht variiert auch topographische Details des Oderbruchdorfes in seine Tschechiner Welt – mit der wichtigen Änderung, daß das fiktive Dorf Tschechin nicht mehr sieben Kilometer vom Fluß, sondern direkt daranliegt. Denn nach dem Mord an Szulski muß Frau Hradscheck als das Mordopfer verkleidet im knapp bemessenen Zeitraum die Kutsche des Toten bei Nacht und Nebel in die Oder fahren, um den Verdacht vom Ehepaar abzulenken. Manches Mitglied der Letschiner Dorfhonoratiorenschaft findet sich in der Erzählung wieder ein; mancher, wie der Geistliche Eccius (Eccelius), ist auch namentlich wiederzuerkennen.

Mit Hilfe seiner Frau also erschlägt der Krugwirt den Weinhandlungsreisenden Szulski, weil ihn dessen Aufforderung, die lange schon bei seiner Krakauer Firma ausstehenden Schulden des Spielers und Trinkers Hradschecks zu begleichen, mit Bankrott bedroht. Gleich als Szulski im Krug erscheint, wird er in auffälliger Weise (eigentlich durch Feuerversicherungsgelder und einen Wechsel) vor der Dorföffentlichkeit ausbezahlt. Um das Mißtrauen der Dorfbewohner von vornherein zu ersticken, läßt Hradscheck schon vorher das Gerücht von der Erbschaft seiner Frau verbreiten; seine psychologisch geschickte Beteuerung, daß es sich nur um eine geringe Summe handele, imponiert der Dorfwelt, die sofort an eine große Erbschaft glaubt. Nach der Verhandlung wird lange gezecht, denn Hradscheck ist ein Wirt, der seine Kundschaft durch Witze und Anekdoten zu halten weiß. In der Nacht, als alle heimgegangen sind und das Hauspersonal längst schläft, wird Szulski von ›seinem Bruder‹ Abel Hradscheck ermordet. Die Spuren des Mordes werden dadurch getilgt, daß er den Leichnam im eigenen Keller verscharrt – wo er am Ende der Geschichte vom Schlag gerührt wird, als er den Leichnam noch ›sicherer‹ verbergen will. Des Mordes sofort verdächtigt, weiß Hradscheck sich immer wieder gewieft aus der Schlinge zu ziehen, nicht zuletzt geschützt durch die Dummheit, den Egoismus und die Besserwisserei seiner Ankläger, der Dorföffentlichkeit.

Unterm Birnbaum ist poetologisch betrachtet ein exemplarisches Beispiel für die Vermischung von Gattungsspezifika im Spätrealismus. Nach seiner Grundstruktur offensichtlich eine Novelle, mit den typischen Merkmalen wie unerhörtem Ereignis, kunstvoller Erzählweise, Aussparungstechnik, ›objektiver‹ Figurendarstellung erinnern die mit Bedacht aneinandergereihten Szenen bis hin zum lakonisch berichteten schauerlichen Ende Hradschecks am dunklen Schauplatz seiner Mordtat an die strophische Folge der Ballade. Die Novelle ist jedoch gleichzeitig auch ein Sittenstück, in dem es um moralisches Fehlverhalten einer ganzen Gemeinschaft geht. Sie vereinigt in ihrem Text Elemente der Sittenkomödie, wie etwa die Darstellung des leichtlebigen, betrügerischen Wirts voller Neugier und stets hellhörig für Anzüglichkeiten. An spezifische

Vorlagen wie Heinrich von KLEISTS *Der zerbrochene Krug* erinnert vieles: die Hauptfigur als betrogener Betrüger, die Unzulänglichkeiten der dörflichen Justiz, die Beschränktheit der untergeordneten Instanzen wie Gendarm Geelhaar, den auch so manches mit dem frivolen Polizisten in BÜCHNERS *Woyzeck* verbindet. Wie der August von Kotzebueschen Nachahmung der Typenkomödie etwa in *Die deutschen Kleinstädter* (1801) entnommen wirken Gestalten wie der Nachtwächter Mewissen, der als gemeiner Mann den Mörder fast durchschaut hätte, aber in der Dorfhierarchie auf so niedrigem Rang steht, daß seinem Verdacht kein Gehör geschenkt wird. Ähnliches gilt für die Dienstboten, deren instinktsichere Menschenkenntnis die Justiz in Person des Amtsrats und des Advokaten Vowinkel auf die richtige Spur gebracht hätte, wüßten diese selbstgefälligen Menschen nicht schon alles besser. Die langsam aufdämmernde Einsicht seines eigenen Knechts Jakob und des beschränkten Ladendieners Ede in den tatsächlichen Ablauf der Ereignisse der Mordnacht weiß Hradscheck ständig mit Geschick auf andere Fährten abzulenken. Dem Rollenfach zuzuordnen sind die ›junge Liebhaberin‹, Jeschkes ›Nichte‹ Line, die ›komische Alte‹, Mutter Jeschke selber, Hradschecks Nachbarin und eine Art ›Dorfhexe‹, ebenfalls die schlaue Dienerin Male, sowie »Kätzchen«, die ›mannstolle‹ junge Frau eines alten Mannes, des reichen Ölmüllers Quaas', die skurrile Figur des gemütlichen Totengräbers und nicht zuletzt das einfältige Bauernvolk. Schließlich könnte der verlotterte Student und verkrachte Freiheitssänger, Sohn des Kantors, der vormärzlichen Komödie entstammen; seine anzüglichen Chansons speisen Neid und Mißtrauen in der Dorfwelt und setzen Gerüchte in Umlauf. Beliebte Requisiten der Komödie sind weiterhin die sprechenden Namen, deren sich Fontane häufig bedient, so heißt der lüsterne Gendarm und Saufaus Geelhaar, der Winkeladvokat Vowinkel, Logenbruder des Pfarrers; der Totengräber in einem Dorf, wo Tod schließlich bloß zur kurzweiligen Anekdote wird, trägt den antithetischen Namen Wonnekamp.

Struktur, Thematik

Das Theater ist eine zentrale Metapher in diesem Werk, das von Anfang an szenisch erzählt wird und eindrucksvolle Volksszenen enthält, so bei der Heimkunft des angeklagten Mörders aus der Kreisstadt im offenem Wagen, der daraufolgenden Ausgrabung des toten Franzosen und der Beschreibung der Beerdigung Ursel Hradschecks. Alle spielen ihre Rollen, am durchtriebensten die Hauptperson Abel Hradscheck. Schon im ersten Absatz werden die

Leser als Publikum vor den Dorfkrug geführt, wo sie die Szene als eine Art Vorspiel erleben. Hradschecks unterernährte Gäule, sein klappriger Wagen, die schlecht zugebundenen, löcherigen Säcke, die von schlampiger Hand aufgeladen werden, deuten auf eine verlotterte Wirtschaft. Mit dem Auftreten der Hauptfigur im zweiten Absatz geht gleichsam der Vorhang auf, um das Innere des Dorfkrugs als eine Art Theaterkulisse zu enthüllen. Man sieht in den Hausflur hinein: »Dieser war breit und tief und teilte sich in zwei Hälften, die durch ein paar Holzsäulen und zwei dazwischen ausgespannte Hängematten voneinander getrennt waren« (I.1.453) etc. Die »trotz seines Verbotes mal wieder offen stehende Falltür« (I.1.454) gewährt den Zuschauern einen Blick bis in den Schauplatz des Mordes, daran vorbei noch weiter bis in den Kruggarten, wo der Birnbaum steht. Unter diesem Baum wird nun bald der über zwanzig Jahre lang verscharrte Franzosenleichnam aus den napoleonischen Kriegen aufgefunden, der Hradscheck auf den Mordgedanken bringt und der ihn retten soll. Der tote Franzose hat eine Doppelfunktion in der Geschichte: die feierliche Ausgrabung des fälschlich für das Mordopfer Szulski gehaltenen Franzosen durch die Gerichtspersonen stellt später Hradschecks ›Unschuld‹ vor der ganzen Dorfwelt unter Beweis. Und schließlich gehören zur Theatralik des Werkes nicht nur die szenische Durchkomponiertheit von *Unterm Birnbaum*, das Spiel mit helldunklen Effekten, sondern auch die genauen Zeitangaben, wie »um Michaeli«, »Mitte Oktober«, »Es war Ende November« etc, die den Text durchbrechen und den ›Szenenwechsel‹ markieren. Doch abgesehen von der Ausgrabung des Franzosen werden alle eigentlich dramatischen Begebenheiten der Novelle wie der Mord, das Verbergen und (später) die Wiederausgrabung der Leiche, das Fahren der Kutsche in die Oder und Abels Tod nur indirekt berichtet. Im Mittelpunkt stehen Empfinden, Denken und Verhalten der Menschen.

Als eine Art Gegenspielerin fungiert die alte Nachbarin, Mutter Jeschke, deren plattdeutscher Dialekt den realistischen Effekt und die komische Wirkung steigern. Die ›Dorfhexe‹ durchschaut Hradschecks labilen Charakter, erahnt den wahren Sachverhalt und genießt es als soziale Außenseiterin, ihn mit dunklen Andeutungen zu erpressen und den ständig »zwischen Aber- und Unglauben hin und her schwankenden Hradscheck« in Angst zu versetzen. Mit Wonne nährt sie bei Hradschecks Hausdiener das Gerücht, daß es im Keller »spukt« und bringt Hradscheck schließlich soweit, daß er die verhängnisvolle Torheit begeht, den Toten umzubetten.

Die Frage nach Schuld und Sühne ist für Abel Hradscheck im Gegensatz zu seiner Frau belanglos. Ihm geht es wie KLEISTs Dorfrichter Adam lediglich darum, seinen Kopf immer wieder aus der Schlinge zu ziehen, was ihm bis ganz zuletzt gelingt, als eine Art Gerechtigkeit, ob Zufall oder Gottesgericht, ihn, den betrogenen Betrüger, wie er einst den Leichnam seines Opfers, schließlich aus dem Weg räumt. Er wird auf dem Schindacker verscharrt. Nicht die Psychologie seiner Hauptfigur ist für den Novellenautor Fontane interessant, sondern das Ereignis in seiner Umwelt.

Fontane verleiht seiner Mordgeschichte eine weitere Dimension durch die vielen Anspielungen auf historische Ereignisse und die Mentalitätsgeschichte seiner Zeit. So verlegt er die Handlungszeit von 1836 auf 1831 (bis 1833) vor, in die Zeit der Niederschlagung des Polenaufstands, welcher für Fontane und seine Zeitgenossen Nikolaus LENAU, August von PLATEN und andere zum Schlüsselereignis ihrer politischen Sozialisation wurde. Das Mordopfer Hradschecks, Szulski, trägt einen polnischen Namen (in Wahrheit ein geborener Schulz aus Beuthen!), kommt aus dem benachbarten Krakau nach Tschechin und unterhält die Stammtischgäste mit polnischen Heldenballaden. Der Bezug auf Polen und den Polenaufstand hat eine zentrale erzähltechnische Funktion und verweist zugleich auf die Gegenwart, nämlich auf BISMARCKs Polenpolitik, speziell seine Zwangsevakuierung der polnischen Bevölkerung aus Posen und Westpreußen, der Fontane selber durchaus kritisch gegenübersteht. Die Anspielungen auf den Verrat des polnischen Aufstands durch den einheimischen Adel im fünften Kapitel dienen dazu, Parallelen zum leichtfertigen Verhalten der Autoritätspersonen in der Erzählung herzustellen – Kirche, Justiz, öffentliche Ordnung. Diese Instanzen spielen mit Menschenschicksalen und bagatellisieren den Fall nachher in der Anekdote. So wird die Suche der Dorfhonoratiorenschaft – Woytasch, Kunicke, Mietzel und Quaas etc. – nach dem vermeintlich ertrunkenen Szulski als lustige Unterhaltung gefeiert, »ganz wie bei Dachsgraben und Hühnerjagd« (I.1.490). Darüber hinaus können die aufmerksamen Leser zu Fontanes Zeiten Parallelen ziehen zwischen dem polnischen Standesegoismus und dem in der Öffentlichkeit viel diskutierten Egoismus des ostelbischen Adels im Kaiserreich der achtziger Jahre, dessen unzeitgemäße politische Privilegien soeben von BISMARCK durch Gesetzesmaßnahmen wirtschaftlich untermauert worden sind. Das Aufzeigen der negativen Wirkung solch wenig verantwortungsbewußter Ausübung von gesellschaftlich-politischer Autorität ist ein wichtiges Anliegen des

Moralisten Fontane. Auch das ›Denken in Geldwerten‹ der Tschechiner Bauern ist nach W. Freund (1980) von Fontane als Parallelerscheinung zur gründerzeitlichen Mentalität des Deutschen Kaiserreichs gedacht.

Die in *Schach von Wuthenow* so kunstvoll geführte perspektivische Erzählweise ist, wenn auch in anderer, theatralischerer Form, auch kennzeichnend für dieses Werk. Dies führt auch zur eigentlichen, verschlüsselten Autorenperspektive im Werk. Wie Reuter (S. 678) darlegt, konzentriert sich Fontanes Blick am Ende vieler Romane auf die Frau, nicht auf den Mann. *Unterm Birnbaum* gilt neben *Quitt* als eines der wenigen Erzählwerke Fontanes, in denen die Geschichte von Anfang bis zum Schluß aus der Perspektive des Mannes erzählt wird.

Ist das hier tatsächlich der Fall? Alle Gestalten des Werkes scheinen, wie schon ausgeführt, der Sittenkomödie zu entstammen – mit einer einzigen Ausnahme: Ursel Hradscheck. Nur bei ihr kann von einer psychologischen Vertiefung des Charakters im Lauf der Handlung die Rede sein. Sie ist, noch mehr als ihr Mann, von vornherein eine Außenseiterin im Dorf, aber auch deshalb, weil sie es sein will. Denn sie ist eine Frau ›mit Vergangenheit‹, eine Magdalenengestalt also und dazu, wie nach Vermutung der Tschechiner der Franzose und Szulski auch, ›kathol'sch‹. Ursel ist nicht nur Mitwisserin der Mordtat ihres Mannes, sie wird durch ihn – aus existentieller Angst vor der Armut – zur Mittäterschaft geradezu erpreßt. Nach dem Mord findet sie keinen Schlaf mehr und grämt sich darüber bis in den Tod. L. Voss (1985, S. 193–213) macht in der Forschung zuerst auf Ursel Hradscheck als eine »dörfliche Lady Macbeth« und damit auf die intertextuellen Elemente im Werk aufmerksam. Die Parallelen sind, wie Voss bis ins Detail nachweisen kann, in der Tat auffallend. Ursel wächst nach dem Mord zu einer tragischen Gestalt. Das einst ungeliebte Kind, das von ihrem Vater wohl wegen ›eines sittlichen Delikts‹ verstoßen und durch ihren späteren Ehemann ›gerettet‹ wird, muß zusehen, wie ihr alle Kinder wegsterben. Den Verlust versucht sie durch materiellen Besitz aufzuwiegen. Ihr für eine Dorfwirtsfrau viel zu reiches Mobiliar und ihre modische Kleidung werden von der Dorfbevölkerung (mit Recht) als Hochnäsigkeit gesehen und durch Neid und Bosheit bestraft. Wie Cécile im gleichnamigen Werk, mit der sie auch manches gemeinsam hat, leidet Ursel unter ihrer Schuld. Sie kommt nicht von dem Mord los und sucht wie Cécile vergebens Gnade bei ihrer alten Religion. Sie, die ihren Mann vor dem Einzug der ›sieben Teufel‹ ins Haus gewarnt hat, erkrankt am Johannis-Tag schwer und stirbt am Vorabend des Festes des Erzengels Michael, am 30. 9. Die Wertung der Tat und der moralischen Ambivalenz in den Gesinnungen der Dorfbewohner geschieht also doch: durch die einzige reflektierte Gestalt im Werk, Ursel Hradscheck.   EDA SAGARRA

Literatur

H. SPREMBERG, Fontanes »Unterm Birnbaum«. Nach mündlicher Überlieferung und schriftlichen Aufzeichnungen, in: Brandenburgische Z für Heimatkunde und Heimatpflege 6 (1928), H. 2, S. 6–xxx. – H. AUST, Die Bedeutung der Substitute für die Interpretation. Zu Theodor Fontanes »Unterm Birnbaum«, in: DU 29 (1977), S. 44–51. – M. GILL, Letschin in Fontanes Kriminalnovelle »Unterm Birnbaum«, in: FBl H. 29 (1979), S. 414–427. – W. FREUND, Theodor Fontanes »Unterm Birnbaum«, in: W. F., Die deutsche Kriminalnovelle von Schiller bis Hauptmann, Paderborn ²1980, S. 85–94. – E. SAGARRA, Die unerhörte Wirklichkeit. Theodor Fontanes »Unterm Birnbaum« (1885), in: Deutsche Novellen, München 1993, hg. von W. FREUND, S. 175–186. – G. FRIEDRICH, »Unterm Birnbaum«. Der Mord des Abel Hradscheck, in: Interpretationen, 1991, S. 113–135. – E. SAGARRA, 1995, s. u. 3.1.1.

3.1.9 Cécile. Roman

Entstehung, Veröffentlichung, Quellen

An der verfänglichen Frage Gordons im 9. Kapitel von *Cécile*: »wer ist Cécile?« (I.2.187) ließen sich nicht nur die Entstehungsgeschichte des Romans, sondern auch Fontanes Schaffensprozeß exemplarisch erhellen. Fontane hält sich in den Jahren 1884/85, also vor und während der Niederschrift von *Cécile*, im Sommer in Thale im Harz auf und macht dabei seine literarisch fruchtbaren Beobachtungen – nicht zuletzt an der Table d'hôte des Hotels Zehnpfund oder bei Tagespartien. Davon ist reichlich im Briefwechsel und im *Tagebuch II* (so im Juni 1884, S. 217) die Rede. Die Handlung des Romans geht auf eine am Dinertisch des Grafen Philipp EULENBURG erzählte, St. Arnauds Duell und Verlobung mit Cécile stark ähnelnde Episode aus dem Leben des zweiten Eulenburgschen Sohns zurück, die sich Fontane am 21. 1. 1882 (*Tagebuch* II.151–153) notiert. Aufschlußreich für das spätere erste Kapitel des Romans ist die anschließende Anekdote von einem »militairisch aussehende[n] alte[n] Herr[n]« »in einem Coupé erster Klasse« (ebd. S. 153). Diese Ursprünge bilden dann die Vorgeschichte und den Anfang des Romans. Dessen eigentliche Handlung resümiert Fontane während der Entstehungsphase in einem Brief an A. GLASER (25. 4. 1885, DuD II.349):

> Ein forscher Kerl, 25, Mann von Welt, liebt und verehrt – nein, verehrt ist zuviel – liebt und umkurt eine schöne junge Frau, kränklich, pikant. Eines schönen Tages entpuppt sie sich als reponierte Fürstengeliebte. Sofort veränderter Ton, Zudringlichkeit mit den Allüren des guten Rechts. Conflikte; tragischer Ausgang.

Die Gestalt der Cécile allerdings hat schon wichtige Vorbilder im früheren Werk, so in dem Fragment *Allerlei Glück*. Einzelne Züge werden auch historischen Quellen über Julie von Voss, die Mätresse des preußischen Königs FRIEDRICH WILHELMS II., entlehnt (vgl. *Spreeland*, II.2.617–626). Schließlich ist für die Figurenzeichnung dieser so zeitgemäß nervösen, ja nervenkranken Frauenschönheit – »eine[s] Charakter[s] [...], der, soweit meine Novellenkenntnis reicht [...] noch nicht gezeichnet ist« (an P. SCHLENTHER, 2. 6. 1887, IV.3.539) – und mancher Nebenfigur der weite Kreis der Bekanntschaften und Begegnungen Fontanes während der Genesis des Werks, die sich bis ins Einzelne verfolgen lassen (vgl. dazu REUTER, S. 656–664; AR 4.568–571), von Bedeutung.

Obwohl die Geschichte selber nur im Harz und in Berlin spielt (1.–16. Kapitel: Thale und Umgebung, im Juli; 17.–29. Kapitel, Berlin, Anfang August bis 7. Dezember), entsteht ein Teil der Arbeit während Fontanes Sommeraufenthalt in Krümmhübel in Schlesien, der Heimat Céciles, woher Gordon Cécils für ihn und sie selbst verhängnisvolle Geschichte durch seine Schwester erfährt. So wirkt, wie auch sonst bei Fontane, ein wichtiger Schauplatz über Briefe in das Werk hinein. Daß der Harz und Schlesien durch preußische Expansion erworbene Gebiete sind, fordert zum Vergleich mit den in *Cécile* erörterten Eroberungen Rußlands in der zweiten Hälfte des 19. Jahrhunderts heraus. Vor allem der Harz ist zur Entstehungszeit des Romans durch das Ende der welfischen Erbfolge in Braunschweig – die schwer in die preußische Gesellschaft integrierbare Cécile hat immerhin am Hof des (fiktiven) Fürsten von Welfen-Echingen gelebt – prekärer politischer Boden (vgl. zu diesem Aspekt D. STORCH, 1981, S. 162–173; zum Preußisch-Politischen auch C. GRAWE, 1982, S. 161–163).

Der Vorabdruck des Werkes erscheint nach vergeblichen Bemühungen Fontanes um *Westermanns Monatshefte* und die *Gartenlaube* von April bis September 1886 in der neu gegründeten Zeitschrift *Universum*. Die Buchausgabe folgt, ebenfalls nach anfänglichen Schwierigkeiten, 1887 bei Emil DOMINIK, Berlin. Die Handschrift von *Cécile* ist bis auf wenige Kapitel verschollen, aber der Verlust wird durch den Erhalt der Druckvorlage von EMILIE FONTANES Hand ausgeglichen. Die Rezeption von *Cécile* ist, wie die Titelfigur selber, schillernd – vielleicht bis heute. Die frühe Kritik äußert sich im allgemeinen anerkennend (vgl. AR 4.577–581), trotzdem beginnt das Werk, das entgegen P. DEMETZ' Urteil (S. 145) keineswegs »in die Niederungen der gängigen Belletristik« sinkt und »kühne Einsicht oder artistische Energie« vermissen läßt, erst seit den letzten Jahrzehnten, einsetzend mit I. MITTENZWEIS (1970) Analyse, den ihm gebührenden Platz im Kanon des Fontaneschen Œuvre zu erobern (vgl. zum literarischen Einfluß *Céciles* auf Hugo von HOFMANNSTHALS *Andreas*-Fragment K. MOMMSEN, 1978, S. 115–180).

Als typischer Fontanescher Gesellschaftsroman kreist *Cécile* um

> Rituale der »guten Gesellschaft« – Dinners, Ausflüge, Besichtigungen, Konversationen [...]; die ›Szenerie‹ wird bestimmt von gesellschaftlichem Leben – hier dem Kurmilieu mit touristischem Naturerlebnis und historischen Sehenswürdigkeiten, dort der Stadtgesellschaft mit Salon und Theater. In jedem der beiden Teile ist der handlungs- und konfliktbezogene Frauen- und Eheroman verbunden mit Vorführung eines (begrenzten) gesellschaftlichen Panoramas mittels der Konfiguration (und den Gesprächen) der Nebenfiguren. Diese Konfiguration wird im Thale-Teil (durch Figuren wie den Privatgelehrten, [...], die füllige Malerin Rosa Hexel, zwei laute Berliner u.a.m.) eher humoristisch, im Berliner Teil (mit einem reaktionären General, einem Geheimrat, der mehr Libertin als Liberaler ist, u.a. m.) eher kritisch-ironisch behandelt (H. Kreuzer, 1993, S. 176f.).

Aber der Gesellschaftsroman ist hier in doppelter Hinsicht ›überfremdet‹, denn er hat zum einen Züge des analytischen Dramas, insofern das zentrale, die Gegenwart überschattende Geschehen in der Vergangenheit stattgefunden hat und nur enthüllt wird (vgl. dazu M. HEUSER, 1973), und zum anderen Züge des detektivischen Erzählens, das auf die Aufklärung eines Geheimnisses zielt, dessen »Enträtselung« hier »den Auftakt bilden wird zu Tod und ›tragischem Ausgang‹« (H. KORTE, 1989, S. 103).

Bei der Eisenbahnszene im Eingangskapitel kommentiert der Erzähler einen merkwürdig bitteren Blick, den St. Arnaud auf seine (nur scheinbar) schlafende Frau wirft: »Täuschte nicht alles, so lag eine ›Geschichte‹ zurück, und die schöne Frau (worauf auch der

Unterschied der Jahre hindeutete) war unter allerlei Kämpfen und Opfern errungen.« (I.2.143) Wird die erste Lektüre des Romans vornehmlich von einer durch derartige Mutmaßungen entfachten Neugier über die Details dieser verborgenen ›Geschichte‹ bestimmt, so wird bei wiederholter Lektüre das Augenmerk von dieser an sich wenig beeindruckenden Fabel einer »reponierte[n] Fürstengeliebte[n]« abgelenkt, um sich entsprechend Fontanes Credo, »die Sensation – und nun gar die sensationelle Liebesgeschichte« sei »etwas Gemeines« (an Martha, 16. 2. 1894, IV.4.335), auf weitere Aspekte des Romans zu konzentrieren, die denn auch in der Sekundärliteratur größere Aufmerksamkeit finden, so vor allem die narrative Perspektivierung durch den ›Roman hinter dem Roman‹. Gerade insofern Fontanes Text die Leser zu solch wiederholter Lektüre herausfordert und sich unter dem Druck anhaltender Aufmerksamkeit eher anreichert als erschöpft, unterscheidet er sich kategorisch von dem »inhaltreichen Roman«, den »in Deutschland sehr viele schreiben (können)« (an J. Rodenberg, 9. 7. 1891, IV.4.134f.).

Struktur, Erzählperspektive

Im Gegensatz zu den Lesern des Romans aber hat die Figur Robert von Gordon-Leslies nur eine Gelegenheit, Cécile zu ›lesen‹. Daß er sich der Titelheldin gegenüber vorrangig als ›Leser‹ verhält, dokumentiert sich in seiner Reaktion auf das merkwürdige Ehepaar, das er gerade auf dem Balkon des Hôtel Zehnpfund gesehen hat: »Dahinter steckt ein Roman.« (I.2.149)

Der detektivische Forscherblick, mit dem der anonyme Erzähler im 1. Kapitel dem rätselhaften Ehepaar gefolgt ist, wird im 2. Kapitel beginnend mit dem Satz

> Nur einer der Gäste, der über seine Zeitung fort, von der andern Seite des Balkons her das distinguierte Paar schon seit lange beobachtet hatte, stand auf, legte die Zeitung aus der Hand und grüßte mit besondrer Devotion, was seines Eindrucks auf die schöne Frau nicht verfehlte (I.2.147)

allmählich auf die Gordon-Figur übertragen. Dabei bietet Fontane den Lesern zwei mögliche Standorte. Nimmt man die versteckte Geschichte der »schönen Frau« als Schwerpunkt der Aufmerksamkeit, so kommen die Haltung Gordons und die der Leser in beträchtliche Übereinstimmung. Rückt man dagegen – was eher bei wiederholter Lektüre der Fall sein mag – die Lesehaltung Gordons ins Zentrum, so gewinnt man zu dessen Standpunkt die entscheidende Distanz, die ein vertieftes Verständnis der Textdynamik erfordert. »Dahinter steckt ein Roman.« Gordons Worte enthalten ungewollt ein Element des Selbstbezugs: Hinter dem Roman namens *Cécile* liegt der Stoff eines anderen, ›inhaltreichen‹ Romans. Nicht diesen versteckten Roman aber lesen die Leser, sondern den davorliegenden – eine Trennung der hermeneutischen Ebenen, die Fontane im *Cécile*-Roman aufs ingeniöseste thematisiert, indem er Gordon, der Cécile anhaltend unter die Lupe nimmt, seinerseits unter die Lupe nimmt.

Etwa bis hin zum letzten Fünftel steht die Handlung im Zeichen von Gordons steigender Neugier in bezug auf Cécile – die schillernde, geheimnisvolle Persönlichkeit, die, wie I. STEPHAN ausführlich analysiert (1989, S. 134, 139; vgl. auch H. KREUZER, 1993, S. 181–183), durch symbolische Gegenbilder zwischen »Sexualisierung« und »Entsexualisierung«, »femme fatale« und »femme fragile«, »Hure« und »Heiliger«, »Hexe« und »Hysterikerin« oszilliert und intertextuell durch Gestalten aus der klassischen Literatur (Maria Stuart, Emilia Galotti, Donna Elvira, Lady Macbeth) vieldeutig gespiegelt wird. Sie fesselt Gordon, weil er eine Diskrepanz zwischen ihrer sozialen Rolle als Gesellschaftsdame und ihrer eigentlichen Charakteranlage wahrzunehmen glaubt. Nach dem Besuch beim Präzeptor Rodenstein fragt sich Gordon: »Was ist es mit dieser Frau? So gesellschaftlich geschult und so naiv!« (I.2.241) Céciles ›Nichtwissen‹, ihr Mangel an ›kulturellem Kapital‹, wird wiederholt hervorgehoben (vgl. u. a. I.2.160, 169, 175 zum Klopstock-Haus, 265 zu ihrer »mangelhaften Orthographie«). Im Brief an seine Schwester Klothilde erwähnt Gordon »das naive Minimalmaß ihrer Bildung« (I.2187) und nennt sie eine »Dame von Welt und dann wieder voll Kindersinn« (I.2.188). Ähnlich wie das Quedlinburger Schloß, das das Paar Arnaud zusammen mit Gordon und Rosa Hexel im 8., wegen seiner dichten symbolischen Durchdringung viel beachteten Kapitel besichtigt, ist Céciles gesellschaftliche Rollenexistenz von der entleerten Form geprägt, der kein angemessener Inhalt mehr entspricht.

Diese erste, von Gordons Neugierde getragene Phase des Verhältnisses zu Cécile endet, als Klothilde das Rätsel von der »Fürstengeliebte[n], Favoritin in duplo« (I.2.148) aufklärt, worauf die Beziehung bisher beruht hat. Bezeichnenderweise schließt Klothildes Brief mit einem eindringlichen Appell, den Fall Cécile nicht zu kritisch anzusehen, sondern »von Deiner durchgängerischen Gewohnheit ausnahmsweise mal ablassen und das Kind nicht gleich mit dem Bade verschütten zu wollen« (I.2.281).

Der Hinweis auf Gordons Draufgängertum überrascht, denn dieser schien bisher der Inbegriff des modernen »vorurteilslos-aufgeschlossene[n] Weltmann[es]« (REUTER, S. 680), dessen technisch-fortschrittliches, kosmopolitisches Leben – ironischerweise ist er mit dem Kabellegen auf Kommunikationsverbesserung aus, obwohl er gerade darin versagt – Fontane 1884 in seinen Aufzeichnungen zu Arthur SCHOPENHAUERS *Parerga und Paralipomena* indirekt billigt, wenn er gegen dessen Plädoyer für die lateinische Sprache als unentbehrlichen Bestandteil eines kultivierten Lebens argumentiert: »Reisen, das Leben in den alten westeuropäischen Kulturländern und das regelmäßige Lesen der *Times* geben einem einen ganz andern Horizont als die Beschäftigung mit Cicero.« (AzL, S. 55) Das Gegenbild zu dem alle drei Kriterien erfüllenden Gordon (vgl. I.2.190) bildet der Privatgelehrte Eginhard aus dem Grunde: Nicht von ungefähr ist Gordon derjenige, der dessen anspruchsvolles »griechisch-lateinische[s] Kauderwelsch« (I.2.205) parodiert.

Mit der Enthüllung von Céciles Vergangenheit kommt Gordons frühere Sozialisierung als Preuße wieder zur Geltung. Nach Rosas vordeutender Bemerkung im Quedlinburger Schloß – »je mehr Don Juan, je mehr Torquemada« (I.2.182) –, scheint es sich hier um die Herauskristallisierung des latenten ›Torquemadaschen‹ in Gordons Charakter zu handeln. Unbewußt bevorzugt Gordon die ihm durch Klothilde und Eva Lewinski vermittelte ›Cécile‹ gegenüber der lebenden Cécile seiner Bekanntschaft. Die Erzählung von Cécile von Zacha steigert aber auch das Interesse an Gordon, dem sich plötzlich als problematisch erweisenden ›Leser‹ dieser Informationen. Ist der erste Teil des Romans »Gordons Suche nach Céciles Vergangenheit«, so der letzte »das Cécile-Gordon-Geschehen« (M. HEUSER, 1973, S. 44f.).

Cécile ist bezeichnenderweise ein Roman, der sich konsequent mit dem Thema der Optik befaßt. Zwei paradigmatische Momente im Text seien dafür als Beispiele genannt. Während der Zugfahrt nach Thale im 1. Kapitel wird »unseren Reisenden ein Einblick in die Rückfronten der Häuser und ihre meist offenstehenden Schlafstubenfenster« (I.2.142; vgl. 158 zum Fenster der verwunschenen Villa) gegönnt. Diesen privilegierten Einblick in die Intimsphäre Fremder gewinnt ausgerechnet ein den Lesern noch fremdes Paar, dessen eigene Intimsphäre bald durchsichtiger wird. So wendet sich das Interesse vom Beobachteten zu den Beobachtern. Im Hôtel zur Roßtreppe (6. Kapitel) gehen die beiden satirisch dargestellten Berliner (vgl. zu ihrer Funktion auch M. HEU-

SER, 1973, S. 39–41) auf ein »für das schaulustige Publikum« (I.2.159) aufgestelltes Teleskop zu:

>»Nu? hast du 'n?«
>»Ja. Haben hab' ich ihn. Und er kommt auch immer näher. Aber er wackelt so.«
>»Denk nicht dran. Weißt du, wer wackelt? Du.«
>»Noch nich.«
>»Aber bald.« I.2.163)

Die Problematisierung der Perspektive des Beobachters wird hier geradezu thematisiert.

Thematik

Mit auffälligem Scharfsinn konstatiert Cécile den veränderten Ton Gordons nach der gespannten Begegnung in der Oper im Beisein des süffisanten Geheimrats: »Sie [...] sind eifersüchtig aus Überheblichkeit und Sittenrichterei. Da liegt es. Sie haben eines schönen Tages die Lebensgeschichte des armen Fräuleins von Zacha gehört, und diese Lebensgeschichte können Sie nicht mehr vergessen.« (I.2.305) Im 24. Kapitel legt der nach einem Gespräch mit Cécile tief erschütterte, auf einer Bank ausruhende Gordon Ekel vor der Sinnlichkeit an den Tag:

> In diesem Augenblick kam eine Spreewaldsamme mit einem Kinderwagen und nahm neben ihm Platz. Er sah nach ihr hin, aber die gewulsteten Hüften samt dem Ausdruck von Stupidität und Sinnlichkeit waren ihm in der Stimmung, in der er sich befand, geradezu widerwärtig, und so stand er – übrigens zu sichtlicher Verwunderung seiner Bankgenossin – rasch auf, um weiter in die Parkanlagen hinein zu gehen. (I.2.294)

Dieser Überreaktion scheint eine bedenkliche Spannung von Über-Ich und Es – nach Theodor ADORNO ein Hauptmerkmal der »autoritären Persönlichkeit« (1982, S. 363, 355) – zugrunde zu liegen. Gordons Haltung und Verhalten nach der Entdeckung straft die preisenden Worte von Hofprediger Dörffel Lügen: »Man erkennt unschwer den Mann, der die Welt gesehen und die kleinen Vorurteile hinter sich geworfen hat.« (I.2.258) Interessanterweise deutet Gordon rückblickend den Inhalt von Klothildes Brief nicht als Aufklärung, sondern als »Trübung« (I.2.313): Die Auflösung des Rätsels ihrer Identität problematisiert seine eigene angeblich kosmopolitische. Doch sofort nach Erhalt von Klothildes Brief hat Gordon gesagt: »Nun klärt sich alles.« (I.2.285) Denkt Gordon jetzt an einige bisher erklärungsbedürftige Reaktionen Céciles – zum Beispiel an die verwunschene Villa oder die Schönheitsgalerie im Schloß Quedlinburg –, so gewinnt plötzlich alles nachträgliche Folgerichtigkeit. Doch Ähnliches ließe sich von Gordon selbst sagen: Angesichts seiner merkwürdigen Rezeption der Geschichte Céciles erhalten einige frühere Textstellen jetzt Signifikanz, so Gordons Einsamkeit (vgl. DEMETZ, S. 130 zu Gordons »höchst problematischer Melancholie«), die kurz gestreifte »Verstimmung [...], die mich, ohne rechten Grund, seit lange quälte« (Brief an Klothilde, I.2.185), das (Schach von Wuthenow ähnliche?) Verhältnis zur gestorbenen Mutter (vgl I.2.215; vgl. zum Motiv des verlorenen Sohns I.2.291), die unmäßigen Bemerkungen im Quedlinburger Schloß über die Fürstäbtissinnenportraits (I.2.181 f.) und nicht zuletzt die erstaunliche, schwer verständliche »Philippika« über den »ewigen Molochdienst« (I.2.218 f., dazu wohlgemerkt: »Cécile musterte den Sprecher.«). Zurecht beschreibt daher H. KORTE (1989, S. 117–120) die Veränderung Gordons als »Destruktion der Gordon-Figur«: »Der in der Pose des Causeurs ebenso wie in der des Detektivs und Kavaliers so erprobte kühle Rationalismus bricht in sich zusammen.«

»Gordon kann in Cécile nicht mehr den Menschen sehen, als den er sie gekannt hat, sondern er sieht nur noch das Genrehafte, den Typ der Mätresse.« (H. MITTELMANN, 1980, S. 42, s.u. 3.1.1) Die »Entlarvung« vollzieht sich »nicht nur als eine biographische, sondern als eine wesenmäßige.« (I. STEPHAN, 1981, S. 140) Wie rein, wie unkontaminiert aber war die ursprüngliche Beziehung in Thale und dann in Berlin? Hat Gordon Cécile je *gekannt*? Drehte sich nicht alles im Gegenteil darum, daß sie ihm von Anfang an ein reizendes Rätsel war? MITTENZWEI (1970, S. 78) nennt *Cécile* einen »Roman über den Roman dahinter« und folgert: »Fontane hätte ihn *Mutmaßungen über Cécile* nennen können.«

Gordons neue Haltung zu Cécile – »Was kümmert mich Serenissimus und sein Teefräulein? Oder Serenissimus II.?« (I.2.285) – signalisiert keineswegs einen tragischen Bruch mit seiner früheren Haltung, sondern vielmehr – und gerade hierin liegt die Tragik des Verhältnisses – eine Potenzierung dieser Haltung. In beiden Fällen kommt ihm Cécile als jemand vor, deren Lebenslauf dringend ergänzungs-, erklärungs- und deutungsbedürftig ist. Die Beziehung dreht sich von vornherein um die hermeneutischen Strategien Gordons. Unter Gordons Versuch, die »Leerstellen« in Céciles Charakter und Geschichte zu füllen, wird Cécile zu einer Projektionsfläche reduziert. So erklärt sich zum Beispiel Gordons Desorientierung nach seinem seit Thale ersten Vis-à-Vis mit Cécile in ihrem Berliner Hause: »die Cécile von heut' [war] eine heitre, lichtvolle Frau [...], vor der der Roman seiner Phantasie ziemlich schnell zu verblassen begann.« (I.2.262) Die verinnerlichte ›Cécile‹ seiner romanhaften Phantasie wird vorläufig von der empirisch vorhandenen Cécile bedroht, so daß Gordon diese aufs neue ›lesen‹, in einen neuen ›Roman‹ setzen muß.

Klothildes Brief samt der von Eva Lewinski skizzierten Charakteristik der jungen Cécile und ihrer verschrobenen Mutter (I.2.282–284) öffnet dem preußisch-sittlichen Repertoire Gordons den Weg, Cécile zu einem bloßen Typ zu reduzieren. Es kommt dabei eine böse »Dialektik von Typik und Individualität« (MÜLLER-SEIDEL, S. 191) ins Spiel. Gordons typisierende ›Lektüre‹ des ›Romans dahinter‹ entspringt einem ausgeprägten Hang zu Stereotypie und Rigidität (vgl. ADORNO, 1982, S. 351). An dem Punkt also, wo sich Céciles peinliche Sozialisierung rächt, rächt sich nicht minder die preußische Sozialisierung Gordons, der letzten Endes nicht imstande ist, den Prägungen durch die autoritäre Gesellschaft zu entwachsen.

In ihrem früheren Leben als Mätresse steht die junge Cécile in ausschließlich erotischem Verhältnis mit ausbeutenden Männern, wobei sie nicht ihrer Persönlichkeit, sondern ihrer Schönheit halber geschätzt wird: Die Privilegierung der Form über den Inhalt entgeht auch dem sie später umwerbenden Gordon nicht. »Céciles Kapital ist ihre Schönheit [...] weil sie nichts gelernt hat, bleibt ihr nur die Möglichkeit, abgerichtet zum erotischen Tauschwert mit ihrem Körper zu verdienen.« (D. MENDE, 1980, S.196f.) Indem Gordon Cécile seinem hermeneutischen Regime unterzieht, setzt auch er ein solches erotisches Verhältnis in transponierter Form fort. Er erweist sich als Mann, der – als voyeurisch-antizipierender Auftakt zu einer erwünschten körperlichen Enthüllung, versteht sich – auf das Weiblich-Versteckte, ihre ›Nacktheit‹ schlechthin neugierig ist. Insofern lassen sich die frühe Dynamik des hermeneutischen Verhältnisses Gordons zu Cécile und die frühere Dynamik des erotischen Reizes bei den Duodezfürsten als verwandt erkennen. In beiden Fällen ist der Topos einer der Frau auferlegten Rolle der passiven Verführung zu bemerken (vgl. C. GRAWE, 1982, S. 274, zur enterotisierten Gegenfigur der emanzipierten Künstlerin Rosa Hexel und somit zur Zwangslage der Frau in der wilhelminischen Gesellschaft). Das Tragische der Cécile-Figur besteht nicht zuletzt darin, daß dies die einzige Art männlicher Anerkennung ist, die sie je gekannt hat. Von St. Arnaud empfängt sie weder erotische noch emotionale Teilnahme; daher die »Welt von Verneinung« in ihrem »Ja« (I.2.238). Nie wird sie, um mit Franziska aus *Graf Petöfy* zu sprechen (11. Kap.), um ihres Ichs willen adoriert. Indem Gordon Cécile einer hermeneutischen Vergewaltigung unterzieht, erweist er sich als unfähig, dieses Schema zu durchbrechen. Hierin liegt sein ethisches Versagen. Daß er nach der Enthüllung Besitzansprüche an Cécile stellt, vertieft auch in deren Augen nur seine Schuld. »Nun, diese Lebensgeschichte, so wenigstens glauben Sie, gibt Ihnen ein Anrecht auf einen freieren Ton, ein Anrecht auf Forderungen und Rücksichtslosigkeiten.« (I.2.305)

In einem Brief an M. von ROHR (19. 4. 1887, IV.3.535; vgl. an P. SCHLENTHER, 2. 6. 1887, IV.3.539) erläutert Fontane die Moral der *Cécile*-Geschichte: »sie predigt den Satz: ›sitzt man erst mal drin, gleichviel ob durch eigne Schuld oder unglückliche Constellation, so kommt man nicht mehr heraus. Es wird nichts vergessen‹.« Céciles Tragödie wurzelt vor allem darin, daß sie sich toujours déjà in einem Gewebe von Narrativität befangen findet, aus dem sich zu befreien sie nie imstande ist. Nicht in erster Linie ihre erlebte Vergangenheit als Fürstengeliebte quält sie, denn sie hat sich damals irgendwie geliebt, befreundet und geachtet gefühlt (I.2.316), wenn auch auf sehr beschränkte Weise. Vielmehr ist sie auf der Flucht vor der erzählerisch gestalteten Wiedergabe ihrer Vergangenheit und deren Rezeption. Dieser Unterschied zwischen subjektivem Erlebnis und dessen Objektivierung in den Augen anderer findet symbolischen Ausdruck in dem wiederum optischen Spiegelmotiv. Im Quedlinburger Schloß (vgl. zu dem Kapitel auch MITTENZWEI, 1970, S. 83–86, C. GRAWE, 1982, S. 270–273) versucht der Kastellan »durch Erzählungskunst den absoluten Mangel an Sehenswürdigkeiten auszugleichen« (I.2.178), indem er die Touristen auf einen verschwundenen Spiegel aus Bergkristall aufmerksam macht und das Verschwinden selbst thematisiert. Das veranlaßt St. Arnaud zu einer süffisanten Bemerkung – »Im ganzen genommen ist mir die Geschichte lieber als der Spiegel« –, der Cécile keineswegs zustimmt: »Diese hätte sich gern in dem Kristallspiegel gesehen.« (I.2.179) Als Gordon anschließend eine verächtliche Bemerkung über »Barockprinzessinnen« macht, klopft Cécile »an die Wandstelle […], wo der Kristallspiegel seinen Platz gehabt hatte« (I.2.180). Wie hat man diese pathetische Geste zu deuten? Als Mitglied der verschollenen Welt des kleinfürstlichen Absolutismus verfügt Cécile über ein soziales Ich, das jetzt veraltet und anachronistisch ist. Fontane stellt die ironische Dialektik von alter duodezfürstlicher und neuer preußischer Zeit als Gegensatz von unmoralischer Menschlichkeit und moralischer Unmenschlichkeit dar.

Daß Cécile nach dem Sommeraufenthalt auf ihrem Gut eine Gordon überraschende Vitalität zeigt, erklärt sich wohl daraus, daß das Gut Cécile einen vorläufigen Rückzug von der Berliner Gesellschaft und ein partielles Wiederfinden ihrer sozialen Zugehörigkeit erlaubt. Auch im Spiegel, wo das Ich sich unmittelbar reflektiert wahrnimmt, sucht Cécile eine Entsprechung ihrer Person und ihrer Welt; lieber deshalb der Spiegel als die ihr so nahegehende Geschichte seines Verschwindens (vgl. zum Spiegelmotiv auch I.2.284). Meisterhaft koordiniert Fontane in der Quedlinburger Episode das Motiv des Spiegelbildes als Gegensatz des Portraitbildes. Die Schönheitsgalerie ruft eine lange, Cécile aufs peinlichste berührende Tirade Gordons hervor: »es (gibt) nichts Toteres [...] als solche Galerie beturbanter alter Prinzessinnen [...]. Schon in ihrer Entstehungsgeschichte sind sie meistens beleidigend und ein Verstoß gegen Geschmack und gute Sitte.« (I.2.181f.) Die bildlich dargestellte Frau – hier: die Gräfin Aurora von Königsmark – ist dem männlich-stereotypisierenden regard de l'autre ausgesetzt (vgl. zur Rolle der Bilder überhaupt MITTENZWEI, 1970, S. 92f.; I. STEPHAN, 1981, S. 140; W. JUNG, 1990). Zwischen Subjekt und Objekt klafft wiederum ein Abgrund. Im Brief an Klothilde bemerkt Gordon selbst diese Orientierungslosigkeit von Céciles Ich in der Außenwelt, ohne daß er seine eigene verschlimmernde Rolle im geringsten begreift: »Ihre Augen stehen scharf nach innen, wie wenn sie sich suchten und lieber sich selbst als die Außenwelt sähen.« (I.2.186; vgl. zur Etymologie des Namens ›Cécile‹ als *caecus* blind R. BÖSCHENSTEIN, 1996, S. 45; und sonst zu ihrem Namen G. FRIEDRICH, 1970, S. 540f.; I. STEPHAN, 1981, S. 131f.; H. KREUZER, 1993, S. 177) Zu Céciles Selbstmord trägt diese tragische Unfähigkeit, sich in der Außenwelt und in zwischenmenschlichen Verhältnissen zu finden, entscheidend bei, wobei sie vorher auf typisch Fontanesche Manier – vgl. Grete in *Grete Minde*, Victoire in *Schach von Wuthenow*, Franziska in *Graf Petöfy* und Frau Hradscheck in *Unterm Birnbaum* – in der katholischen Religion Zuflucht sucht – ein Motiv, das man als indirekte Aussage des Autors zum Kulturkampf gedeutet hat.

Von der Sommerfrische erhofft sich Cécile, daß sie nicht ständig von der skandalösen Fabel ihrer Vergangenheit überschattet wird. Stellt etwa der See in *Irrungen, Wirrungen*, wo sich Lene und Botho kennenlernen, eine utopische Räumlichkeit dar, worin die sonst wirksame Klassenschichtung vorläufig aufgehoben wird, so scheint die Harzer Gegend Cécile eine ähnliche Befreiung von den Gesetzen sozialen Umgangs zu verheißen (vgl. das spätere veränderte Verhalten der beiden Berliner, I.2.253).

> le bonheur est ici frappé d'irréalité [...il faut] quitter la ville, espace social, espace réel par excellence...A cela s'ajoute la suspension artificielle de la mémoire sociale, qui rend seule possible l'amour de Gordon et le bonheur de Cécile: il s'agit d'une condition péremptoire d'irréalité. (P. Bange, 1974, S. 128, s.u. 3.1.1)

Nichts Geringeres als eine kollektive Amnestie wäre also erforderlich, um Céciles Sozialexistenz zu normalisieren (vgl. *Effi Briest*, I.4.282, wo Dr. Wiesike das Idealrezept für die sterbende Effi – wie Cécile das Opfer einer weit zurückliegenden Geschichte – verschreibt: die Wässer von Lethe). Trotz der – aus Céciles Perspektive wohlgemerkt, denn von Gordons geheimer ›Lektüre‹ erfährt sie nichts – ermutigenden Anfänge einer Liebe Gordons zu ihr besteht letztlich keine Möglichkeit, sich von ihrer Vergangenheit und damit ihrem Erzählungsgewebe zu befreien. Nicht zu Unrecht bemerkt WANDREY (S. 199): »Cécile bleibt trotz der Ansiedlung im Harz ›Berliner Roman‹.« Die kommende Entladung von Céciles Geschichte in der Reichshauptstadt – »die Gewitterschwüle des Hauptthemas« (an FRIEDRICH, 29. 3. 1886, DuD II.353) – herrscht in den Harzer Kapiteln ebenso wie in den späteren: »Les menaces de la convention sociale sur l'idylle [s'accumulent].« (P. BANGE, 1974, S. 129).

Das Thema der frischen Luft gehört zu den durchgängigen Motiven des Romans (vgl. MITTENZWEI, S. 88–91, 93), aber die Luft, die Cécile atmen muß, ist auch in unerträglich hohem Grad von Narrativität gesättigt. An der giftigen Emission einer zusätzlichen Geschichte – der von dem für Gordon tödlichen Duell mit ihrem Mann – erstickt sie und stirbt gewissermaßen als moderne Märtyrerin – das deuten die SCHILLERS aufs Schafott gehender Maria Stuart entlehnten großmütigen Gesten an.

DARAGH DOWNES

Literatur

HOHENDAHL, Theodor Fontane: »Cécile«. Zum Problem der Mehrdeutigkeit, in: GRM NF 18 (1968), S. 381–405. – G. FRIEDRICH, Die Schuldfrage in Fontanes »Cécile«. Zum Problem der Mehrdeutigkeit, in: Jb DSG 14 (1970), S. 520–545. – I. MITTENZWEI, 1968, s.u. 3.1.1. – M. HEUSER, Fontanes »Cécile«: zum Problem des ausgesparten Anfangs, in: ZfdPh 92 (1973) SH, S. 36–58. – C. UEDING, Utopie auf Umwegen. Zwei Szenen in Fontanes Roman »Cécile«, in: Literatur ist Utopie, hg. von G. UEDING, Frankfurt am Main, S. 220–253. – K. MOMMSEN 1978, S. 115-180, s.u. 3.1.7. – U. SCHMALBRUCH, Zum Melusine-Motiv in Fontanes »Cécile«, in: Teko 8 (1978), H. 1, S. 127–144. –D. MENDE, 1980, S. 183–213, s.u. 3.1.5.–I. STEPHAN, »Das Natürliche hat es mir seit langem angetan.« Zum Verhältnis von Frau und Natur in Fontanes »Cécile«, in: Natur und Natürlichkeit. Stationen des Grünen in der dt Literatur, hg. von G. G. GRIMM/ J. HERMAND, Königstein 1981, S. 118–149. – D. STORCH, 1981, S. 162–173, s.u. 1.2. – C. GRAWE, Nachwort zur Reclamausgabe von »Cécile«, Stuttgart 1982, S. 253–276. – H. KORTE, Der Diskurs der Masken. Fontanes Zeitroman »Cécile«, in: H. K., Ordnung & Tabu. Studien zum poetischen Realismus, Bonn 1989, S. 101–125. – W. JUNG, »Bilder und immer wieder Bilder ...«. Bilder als Merkmal kritischen Erzählens in Theodor Fontanes »Cécile«, in: WW 40 (1990), S. 197–208. – H. KREUZER, Zur Erzähltechnik in Fontanes »Cécile«, in: Im Dialog mit der interkulturellen Germanistik, hg. von H.-C. GRAF VON NAYHAUSS/K. A. KUCZYNSKI, Wroclaw 1993, S. 175–185. – R. BÖSCHENSTEIN, Caecilia Hexel und Adam Krippenstapel. Beobachtungen zu Fontanes Namengebung, in: FBl H. 62 (1996), S. 31–55. – H. NÜRNBERGER, »Die hast den Sänger Rizzio beglückt ...« Mortimer und Maria Stuart, Robert von Gordon-Leslie und Cécile von St. Arnaud, in: FBl H. 63 (1997), S. 91–101. – H. FISCHER, Gordon oder die Liebe zur Telegraphie, in FBl H. 67, 1999, S. 36–58. – E. SAGARRA, Vorurteil im Fontaneschen Erzählwerk. Zur Frage der falschen Optik in »Cécile«, in: Theodorus victor, 1999, S. 121–136.

3.1.10 Irrungen, Wirrungen. Roman

Entstehung, Veröffentlichung, Rezeption

Mit dem beziehungsreichen Romantitel – soll man ihn auch auf die Entwicklungen nach Bothos und Lenes Trennung beziehen? – spricht Fontane das Thema sozialer Verfehlungen an. Mit dem Untertitel des Vorabdrucks »Eine Berliner Alltagsgeschichte« bekennt er sich zum lokalen »flavour« seines Erzählens, auf den »ich mich schließlich doch wohl am besten verstehe«, auch wenn er den Terminus »Berliner Roman« als »schrecklich und schon halb in Mißkredit« (an F. STEPHANY, 13. 7. 1887, IV.3.550) empfindet und für die Berliner Schauplätze eher den idyllischen Ausflugsort als die eigentliche alltägliche, womöglich moderne und industrielle Stadtszene favorisiert. »Zugespitzt läßt sich« daher, so K.-G. Kribben (1979, S. 232), »die ›Berliner Alltagsgeschichte‹ auch als eine ›Sonntagsgeschichte‹ interpretieren«. Die nur drei Monate währende Liebesgeschichte zwischen dem adligen preußischen Offizier und der Näherin, die beide in ihr angestammtes soziales Milieu zurückkehren und standesgemäß heiraten, aber »einen Knacks fürs Leben weg« (an F. Stephany, 16. 7. 1887, IV.3.553) haben, wird häufig als Fontanes typischster, vollendetster und liebenswertester Berliner Zeitroman angesehen. Die Echtheit der Figuren und Schauplätze läßt nicht vermuten, daß Fontane die Handlung, die er auf Juni bis Oktober 1875 (Kap. 1–16) und April bis Spätsommer 1878 (Kap. 17–26) verlegt, entgegen seiner Gepflogenheit anscheinend frei erfunden hat; jedenfalls hat sich eine Stoffvorlage dafür bisher nicht gefunden. Möglicherweise ist diese Tatsache für die lange »Inkubationszeit« des Roman mitverantwortlich.

Für Fontane selbst wird *Irrungen, Wirrungen* zum Vehikel klärender literarischer Reflexionen, etwa über die fruchtbare Spannung von Intuition und Rationalität beim Schaffensprozeß (»Psychographie und Kritik, Dunkelschöpfung im Lichte zurechtgerückt«, vgl. an Emilie, 14. 5. 1884, IV.3.319), über die illusionären Elemente auch des lebenstreuesten Realismus (vgl. an E. Schiff, 15. 2. 1888, IV.3.585f.), über die dichte Symbolik seines Erzählens (»tausend Finessen«, vgl. an E. Dominik, 14. 7. 1888, DuD II.363) und auch über das sozial Provokante des Themas (vgl. an Theodor, 8. 9. 1887, IV.3.559). Obwohl *Stine* früher konzipiert ist, tritt Fontane in *Irrungen, Wirrungen* zum erstenmal mit einer Heldin aus dem vierten Stand und als »Schilderer der Demimondeschaft« (an F. Stephany, 16. 7. 1887, IV.3.553) an die Öffentlichkeit. Das Prekäre einer außerehelichen sexuellen Beziehung ist zwar in *L'Adultera*, *Schach von Wuthenow* und *Graf Petöfy* schon thematisiert, aber doch so, daß sie sich innerhalb derselben höheren Gesellschaftsschicht abspielt. Jetzt wird sie für einen Teil der Zeitgenossen durch das soziale Skandalon einer »anmuthend, herzgewinnend« (an G. Friedlaender, 1. 8. 1894, IV.4.377) geschilderten Affäre zwischen Baron und Heimwerkerin zur moralischen Unerträglichkeit. »Zum ersten Male«, so Reuter (S. 669), »war die Lebenslüge der herrschenden Gesellschaft bis ins Mark getroffen und durchschaut, entlarvt mit einer poetischen Eindringlichkeit und Überzeugungskraft, wie sie der deutsche Roman zuvor nicht gekannt hatte.« Die Darstellung menschlicher Erfüllung gerade über die sozialen und moralischen Schranken hinweg trägt dem Roman trotz größter Diskretion in der Schilderung des Sexuellen das Etikett einer »gräßlichen Hurengeschichte« (vgl. WANDREY, S. 213) ein und bringt Fontane auf Jahre in den Ruf, »kein Schriftsteller für den Familientisch mit eben eingesegneten Töchtern« (an J. KÜRSCHNER, 20. 1. 1888, IV.3.580) zu sein. Die Titulierung als »Alltagsgeschichte« erweckt für das angeblich bedenkliche Geschehen zudem den Eindruck, als handle es sich dabei nicht um einen Ausnahmefall, sondern um etwas durchaus Übliches. Fontane reagiert auf den Vorwurf der Sittenlosigkeit und auf das Bedürfnis der Rezensenten und Leser, die gesellschaftlichen Tabus zu wahren, mit der vehementen Klage über die »konventionelle Lüge [...] Heuchelei [...] und das falsche Spiel« (an THEODOR, 24. 8. 1887, DuD II.368) der Wilhelminischen Gesellschaft.

Andererseits solidarisiert sich nun zum erstenmal die junge progressive Kritik nahezu geschlossen mit dem Berliner Romancier und Gesellschaftskritiker Fontane (vgl. dazu F. BETZ, 1979, S. 86–120; 1980): »Die Jugend hat mich auf ihren Schild erhoben, ein Ereignis, das zu erleben ich nicht mehr erwartet hatte.« (An THEODOR, 9. 5. 1888, IV.3.603) In diesem Sinn ist *Irrungen, Wirrungen* Fontanes Durchbruch als »moderner« Romancier. Mehrmals wird er in den Rezensionen als »Naturalist« apostrophiert. Tatsächlich nähert sich Fontane in *Irrungen, Wirrungen*, *Stine* und *Mathilde Möhring* in der sympathischen Darstellung des kleinbürgerlichen und proletarischen Milieus und seiner Repräsentanten, die die oberen Gesellschaftsschichten an menschlichem Potential, an Selbst- und Sozialbewußtsein oder an realistischer Lebenstapferkeit übertreffen, der neuen naturalistischen Literatur, ohne allerdings deren Doktrinen und deren sozialreformerischen Impetus zu übernehmen. Daß in allen drei Werken die Protagonisten Frauen sind, verstärkt das gesellschaftskritische Potential dieser Romane in der maskulin dominierten Gesellschaft der Zeit. Aber wegen dieser Zuwendung zu den Unterschichten von einer ideologischen Wende Fontanes zu sprechen, träfe die Tatsachen nicht, denn die Entstehung von *Schach von Wuthenow*, *Graf Petöfy*, *Cécile*, *Irrungen, Wirrungen*, *Quitt* und *Stine* und damit die Darstellung verschiedener gesellschaftlicher Schichten und Milieus überlagert sich vielfach. Es empfiehlt sich, das breite soziale Spektrum von Fontanes Romanwerk insgesamt im Blick zu behalten.

Der Entwurf von *Irrungen, Wirrungen* wird nach einer ersten Erwähnung im Juli 1882 im Dezember desselben Jahres zwar »aufgeschrieben« (*Tagebuch* II.189), bleibt dann aber fast anderthalb Jahre liegen, während deren das Buch über *Christian Friedrich Scherenberg und das literarische Berlin von 1840 bis 1860* und *Graf Petöfy* gefördert werden. Erst im April 1884 nimmt Fontane das Projekt wieder vor. Die Tagebucheinträge zeugen von einer intensiven Arbeitsphase in diesem Monat, nach der die Beschäftigung mit dem Roman »wegen Unwohlsein« (*Tagebuch* II.215) am 2. 5. vorläufig wieder eingestellt wird. In den folgenden drei Wochen besucht Fontane Schauplätze des Romans (Jungfernheide, neuer Jacobi-Friedhof) und hält sich vierzehn Tage in Hankels Ablage auf, wo er am 24. 5. den »ersten Entwurf zum Abschluß brachte« (*Tagebuch* II.216). Aus diesen Tagen stammen nach AR 5.530 auch Fontanes Skizze der Dörrschen Gärtnerei und die erhaltenen Bruchstücke zum 9., 12. und 20. Kapitel (vgl. AR 5.532 f.), aus denen hervorgeht, daß viele Details samt ihren symbolischen Implikationen schon früh festliegen. Wieder entsteht eine Pause, die mit der Arbeit an *Cécile*, *Unterm Birnbaum*, *Quitt* und *Stine* ausgefüllt ist. Von Ende April bis 24. 5., von Mitte September bis Ende 1886 und von März bis Anfang Juli 1887 wird das Manuskript, das heute verschollen ist, überarbeitet. Schon drei Wochen später beginnt der sich über genau einen Monat hinziehende Vorabdruck in der *Vossischen Zeitung* (24. 7.–23. 8. 1887).

Struktur, Thematik

Die Präzision der sozialen und die Vertiefung der menschlichen Konflikte, die Lebenswahrheit der Gestalten, die Echtheit des Ambiente, die Bedeutungsfülle, Leichtigkeit und kritische Bewußtheit des realitätskonstituierenden Dialogs, die Transparenz des Privaten für das Soziale und die symbolische Durchdringung des gesamten Textes machen ein makelloses Ganzes aus Fontanes – nach *Schach von Wuthenow* – zweitem Meisterwerk, das in der Forschung eingehend und facettenreich diskutiert worden ist. In der für Fontanes Romanwerk typischen Tiefenschichtung wird die realistische Handlung vielfältig gespiegelt, projiziert und perspektiviert, so als moderne Variante von Friedrich SCHILLERS »bürgerlichem Trauerspiel« *Kabale und Liebe* (vgl. VOSS, 1985, S. 164–171) und im Hinblick auf die slawischen Elemente von Lenes Person (vgl. E. FAUCHER, 1969; und darauf eingehend D. GERHARDT, 1969). Sogar die Farbsymbolik hat, was bei Fontane nur selten geschehen ist, eine eigene, wenn auch in ihrer Fixierung auf Goethes *Farbenlehre* nicht durchweg überzeugende Analyse gefunden (vgl. E. FAUCHER, 1973). Mit Lene Nimptsch, deren Nachname meist als Huldigung an den Lyriker und Freiheitshelden Nikolaus LENAU (eigentlich Franz NIEMBSCH, Edler von Strehlenau) verstanden wird (vgl. aber relativierend dazu W. PAULSEN, 1987), schafft Fontane eine Frauengestalt, auf die Marie Kniehases Charakterisierung in *Vor dem Sturm* zutrifft: »Innerhalb einer Welt des Scheins war ein Menschenherz erblüht, über das die Lüge nie Macht gewonnen hatte. Noch weniger das Unlautere.« (I.3.82) Lenes Sprache enthält daher auch anders als die von Konventionalität und gesellschaftlicher Floskelhaftigkeit bestimmte der anderen Figuren »von Redensarten keine Spur« (I.2.442). Sie bleibt im Reden und auch im Schweigen wahrhaftig. Gegen die von Frau Dörr heraufbeschworene Gefahr ist sie gefeit. Aber anders als Marie Kniehases Träume erfüllen sich Lenes nicht. Die beiden gemeinsame metaphorische Standeserhöhung zur »Prinzessin« durch eine märchenhafte Herkunft aus einem Raum außerhalb der bürgerlichen Gesellschaft darf die Unterschiede nicht verdecken. Marie symbolisiert sozialen Aufbruch, Lene ist ein Opfer sozialer Verhärtungen. Man darf nicht überlesen, daß Lenes Pflegemutter bei der Vermutung, sie sei »eine Prinzessin oder so was« (I.2.322), den Kopf schüttelt und Botho ihr gerade keinen »goldene[n] Pantoffel« (I.2.336) mitbringt.

Das Zentralmotiv des »grünen Ortes« für Bothos und Lenes Liebe exponiert die soziale Unhaltbarkeit dieser Beziehung. Das Ideal eines einfachen, aber wahren Lebens bleibt für Botho eine nicht zu verwirklichende Sehnsucht. Nach W. PREISENDANZ (1986, S. 84) ist der idyllische Schauplatz in *Irrungen, Wirrungen* gerade nicht Gegenwelt zur Zivilisation, sondern ein »hybrider Raum«. Es gehört zum Fortgang des Romans und zur Desillusionierung der Liebe, daß sowohl die Dörrsche Gärtnerei als auch Hankels Ablage den Charakter des Märchenhaften verlieren, das symbolisch ohnehin von Anfang an mit warnenden Zeichen durchsetzt ist. Fontane umgibt die arme Arbeiterin Lene in den Eingangskapiteln mit einem »Paradiesgarten« (H. SCHMIDT-BRÜMMER, 1971, S. 51) und dessen exotischer Tierwelt im angrenzenden Zoo und schafft damit eine idyllische, soziale Diskrepanzen entwertende Atmosphäre von Zeitlosigkeit, Natur und Natürlichkeit abendlicher Ge- und Verborgenheit. In dieser halb irrealen Welt, die schon durch das fünffache diminuierende »chen« im ersten Absatz des Romans signalisiert wird, verwirklicht sich ihre Liebe mit Freiherr von Rienäcker zwischen Pfingsten und Ende Juni 1875. Während er in ihre Welt eintritt, wo Frau Nimptsch das Herdfeuer der Liebe und Häuslichkeit hütet, bleibt seine Welt für sie fern, undurchschaubar und bedrohlich. Botho ist seinem Spitznamen entsprechend »der mit der Maske« (I.2.371), und zwar Lene und auch seiner späteren Frau Käthe gegenüber. Das bedrohte »verschwiegene Glück« (Botho, I.2.404) zerbricht endgültig in den zentralen Kapiteln, denen Fontane unproportional viel erzählende Zeit zubilligt. Das zugleich Intimität und Distanz schaffende und trübselig endende Wochenende in Hankels Ablage (12., 13. Kap.), durch Bothos Freunde und ihre »Damen« in ein bedenkliches soziales Licht gerückt, wird zur »Vertreibung aus dem Paradiese« (I.2.388). Der nächste Tag bringt Botho die Aufforderung seiner Mutter zu der aus finanziellen Gründen unumgänglichen reichen Heirat. Botho beugt sich nicht nur den Notwendigkeiten, sondern bekennt sich im Gespräch mit dem Offizierskollegen Bogislaw von Rexin, der seine unstandesgemäße Liebesbeziehung sanktioniert sehen möchte, zur gesellschaftskonformen Ehe:

> Bei dem, was Sie vorhaben, ist immer nur zweierlei möglich, und das eine ist geradeso schlimm wie das andre. Spielen Sie den Treuen und Ausharrenden, oder was dasselbe sagen will, brechen Sie von Grund aus mit Stand und Herkommen und Sitte, so werden Sie, wenn Sie nicht versumpfen, über kurz oder lang sich selbst ein Greuel und eine Last sein, verläuft es aber anders und schließen Sie, wie's die Regel ist, nach Jahr und Tag Ihren Frieden mit Gesellschaft und Familie, dann ist der Jammer da, dann muß beklagt werden, was durch glückliche Stunden und ach, was mehr bedeutet, durch unglückliche Not und Ängste, verwebt und verwachsen ist. (I.2.462)

Lene stirbt nach einer kathartischen Begegnung mit Botho und seiner Frau einen symbolischen Tod, bevor sie ihr neues Leben beginnt (Kap. 16); der tatsächliche Tod ihrer Pflegemutter beendet ihre frühere Existenz.

So ist das Thema des Romans – in der Tradition von GOETHES *Die Wahlverwandtschaften* – Entsagung. Die bestehende soziale Ordnung und der Glücksanspruch des einzelnen divergieren. Die freie Liebeswahl kann nur auf kurze Zeit die Illusion eines wahren und freiheitlichen Menschseins erzeugen. »Ordnung ist Ehe« (I.2.406), überredet Botho sich selbst. Aber Ehe ist nicht automatisch Glück. Dieses ist trotz der Überzeugung zweier Partner von ihrer menschlichen Zusammengehörigkeit nicht von der Gesellschaft, die anderen Kriterien als der Liebe unterworfen ist, einzuklagen und für Botho und Lene wegen des Standesunterschieds weder in der Gesellschaft noch gegen diese zu verwirklichen. Das Gespräch des erzkonservativen, frondierenden Bismarckgegners Baron von Osten mit Wedell macht klar, daß Macht vor Recht geht und der Satz, »der Reine darf alles« (I.2.356), zum Scherzen einlädt. Lenes Standesgenossinnen hüten sich vor der Liebe; und in Bothos junkerlicher Adelswelt ist bei seiner Heirat nur von Geld die Rede.

Bothos persönlicher Bindung an Lene (»Nun bist du gebunden«, I.2.379) steht die von seiner Familie beschlossene, standesgemäße Ehe entgegen (Onkel Osten: »Du bist doch so gut wie gebunden«, I.2.356). Mit solcher Desillusionierung widerspricht Fontane den Klischees der Trivialliteratur seiner Zeit.

Der emotionale Fluchtpunkt des Romans liegt in der Mitte. Die erste Hälfte ist überschattet vom unvermeidlichen Ende der Liebe, das Lene, deren zukünftiges Schicksal trivialisierend in Frau Dörrs gegenwärtigem gespiegelt ist, voraussieht und innerlich illusionslos vorwegnimmt; die zweite von der wehmütigen Erinnerung an sie, die Botho plagt. Daher ist die erste Hälfte vor allem Lenes Welt, die zweite vor allem Bothos, denn er muß sozial re-integriert werden. Beide haben die sozialen Gebote so verinnerlicht, daß sie sie auf Kosten ihrer eigenen Selbstverwirklichung bejahen. Mit dem Ende der Liebesbeziehung (Kap. 15.) weicht auch der harmonische Fluß des Textes einer größeren, auch zeitlichen Fragmentierung der Kapitel und einem disparaten Nebeneinander. G. H. HERTLINGS (1985) Versuch, den Roman von der ersten Seite her interpretatorisch in den Griff zu bekommen, ist daher schon im Ansatz verfehlt. Der Lösungsprozeß Lenes vollzieht sich über ihren symbolischen Tod (Kap. 16) und ihre Vertreibung aus dem Dörrschen »Schloß« (Kap. 16), derjenige Bothos über den symbolisch dicht gestalteten Besuch von Frau Nimptschs Grab (21. Kap.; vgl. C. GRAWE, 1982, S. 95–98; G. FREI, 1995) und das Verbrennen von Lenes Briefen (22. Kap.). Lene nimmt die Wahrheit ihres Liebesverhältnisses mit in die neue Ehe, Botho hält sie vor Käthe geheim. Das charakteristische Ungleichgewicht zwischen beiden färbt auch das Bild ihrer neuen Partner: Lenes unkonventioneller, aufrechter Ehemann erscheint trotz seiner Humorlosigkeit und seinen komischen Zügen als positiv, als unabhängiger, über gesellschaftliche Vorurteile erhabener Kopf, der mit seiner alttestamentarischen Prophetenattitüde Botho unverständlich bleibt: »Gideon Franke […]. Kenn ich nicht.« (I.2.440). Aber er gelangt schließlich zu dem Eingeständnis, das den epigrammatischen, tiefgründigen letzten Satz des Romans, Fontanes »vollkommenste[n] Schluß« (C. JOLLES, 1967, S. 82), bildet: »Gideon ist besser als Botho« (I.2.475) – der letztere nach Frau Dörr »gar kein christlicher Name« (I.2.332). W. WITTKOWSKI (1978, S. 366f.) erhebt den sektiererischen Fabrikmeister als »Richtergestalt« geradezu zur »Schlüsselfigur« des Romans. Bothos Frau geht bei allem Charme, aller Heiterkeit mit ihrem »Ton der großen Welt« (I.2.402) ganz im Gesellschaftlichen auf. Aber die traditionelle pauschale Abwertung Käthes als eines oberflächlichen Gesellschaftswesens ist in den letzten Jahrzehnten einer sorgfältigeren Analyse des Textes gewichen, die zu einer menschlichen Aufwertung dieser Figur geführt hat (vgl. G. W. FIELD, 1979; C. GRAWE, 1982). Nach dem zeitlichen Einschnitt des Romans zwischen Kapitel 16 und 17 (»Drittehalb Jahre waren [...] vergangen [...]«, I.2.418) nehmen Käthes »Irrungen, Wirrungen« den größten Raum ein: Kurerlebnisse, sexuelle Versuchungen, Projektionen ihrer inneren Vorgänge auf andere Figuren, Beurteilungen durch andere, Ängste, Gelöbnisse, ja politische Kommentare. Dabei enthüllen die Subtexte, daß auch sie sexuellen Versuchungen ausgesetzt ist und ihr Inneres vor ihrem Mann, jedenfalls teilweise, verbirgt. Über Lenes und Gideons Beziehung und Ehe dagegen erfahren die Leser nahezu nichts.

Über Käthes Reise vermittelt Fontane zugleich aktuelle politische (die Welfenfrage) und soziale Momente (die Begegnung des märkischen Adels mit dem jüdischen Kapital, das internationale Kurleben, Beispiel einer privaten Niederlage Preußens mit Implikationen für Käthes Seelenzustand [die Generalin Wedell]). Der zentrale soziale Konflikt zwischen Standesbewußtsein und Selbstbewahrungsideologie des preußischen Junkertums einerseits und gesellschaftlichem Anspruch des vierten Standes andererseits wird nicht ausgetragen. Bothos Liebe führt ihn als »Durchschnittsmensch[en] aus der sogenannten Obersphäre der Gesellschaft« (I.2.403) – so seine Selbsteinschätzung – in einer Reihe von Eindrücken und Reflexionen, die seine familiäre Bindung betonen und den märkischen Edelmann in ihm herausfordern, zur Selbsterkenntnis und zur Aufgabe seiner Liebe: »Es liegt nicht in mir, die Welt herauszufordern und ihr und ihren Vorurteilen öffentlich den Krieg zu erklären. [...] Ordnung ist viel und mitunter alles.« (I.2.404, 406) Durchweg trägt der Adel Züge einer stagnierenden, sozial obsoleten Gesellschaftsschicht: Onkel von Osten beharrt in blindem Abscheu vor BISMARCK in reaktionärem preußischem Regionalismus, Bothos Offizierskollegen führen ein müßiggängerisches Dasein und unterhalten unverbindliche Affären mit sozial niedrigstehenden Amateur-Prostituierten. Lene begreift die Arbeit ihres Standes als Zeichen von Bestimmung. Botho und Lene kehren in ihre eigentliche-uneigentliche Welt zurück und integrieren sich durch eine ebenbürtige Heirat. Aber sie bezahlen die soziale Integration mit menschlichem Verlust. Wie versöhnlich oder tragisch diese Entwicklung gemeint ist, wird in der Forschung unterschiedlich bewertet. Indessen hat schon W. KILLY (1963, S. 206) überzeugend dargelegt, wie wenig diese Opposition und der klassische Tragödienbegriff die Intentionen von Fontanes Realismus erfassen, wenn »an die Stelle einer heroischen Vernichtung de[r] Untergang durch die alltägliche Nichtigkeit« tritt: »Das Leben als Summe der sozialen, historischen und auch psychologischen Konditionen hat die Rolle des Verhängnisses übernommen« (ebd., S. 207). Zugleich bedeutet dies eine Relativierung des Schuldbegriffs.

Fontanes Gesellschaftskritik äußert sich auch in *Irrungen, Wirrungen* nicht als vehementer Protest und eindeutige »Tendenz«, als Durchsetzung individueller Ansprüche und Bedürfnisse gegen die soziale Wirklichkeit oder als demokratische Vision einer ständischen Freiheit und Gleichberechtigung (in Lenes Namen Nimptsch, in ihrer ironischen Charakterisierung durch Botho als »kleine Demokratin« (I.2.344) und in dem Bild »Washington crossing the Delaware« aus der amerikanischen Revolutionsgeschichte in Hankels Ablage mag sie als Forderung immerhin sehr versteckt anklingen), sondern in der illusionslosen Porträtierung menschlichen Verzichts unter dem Diktat der sozialen Gegebenheiten und im Namen der gesellschaftlichen Ordnung, zu der sich Botho bekennt und die Lene nie in Frage stellt. Die Konsequenzen sind nicht menschlich beglückend, aber erträglich; der Roman endet nicht in Katastrophe und Tod, sondern im Arrangement mit den Gegebenheiten. Dem Leben in der Gesellschaft aber wohnt so ein Element des Unverbindlichen, ja Unehrlichen inne; der Mensch erfüllt ihre Gebote unter dem Verlust individueller Erfüllung. Ob man dies mit MARTINI (S. 779) als Überdeckung des Konflikts »im Sentimentalen« oder als Wirklichkeitsnähe unter Verzicht auf dramatische Pose begreifen will, stehe dahin.   CHRISTIAN GRAWE

Literatur

G. FRIEDRICH, Die Frage nach dem Glück in Fontanes »Irrungen, Wirrungen«, in: DU 11 (1959), S. 25–34. – W. KILLY, Abschied vom Jahrhundert. Fontane: »Irrungen, Wirrungen«, in: W. K., Wirklichkeit und Kunstcharakter, München 1963, S. 193–211. – E. FAUCHER, La language chiffré dans »Irrungen, Wirrungen«, in: EG 24 (1969), S. 210–222. – D. GERHARDT, Slavische Irrungen, Wirrungen, in: Die Welt der Slaven. Vierteljahrsschrift für Slavistik 15 (1970), S. 321–334 [Auseinandersetzung mit E. FAUCHER, 1969]. – H. SCHMIDT-BRÜMMER, Formen des perspektivistischen Erzählens: Fontanes »Irrungen, Wirrungen«, München 1971. – H. ESTER, Über Redensart und Herzenssprache in Theodor Fontanes »Irrungen, Wirrungen«, in: AGer 7 (1972), S. 101–116. – E. FAUCHER, Farbsymbolik in Fontanes »Irrungen,

Wirrungen«, in: ZfdPh 92 (1973), S. 59–73. – W. WITTKOWSKI, Handeln, Reden und Erkennen im Zusammenhang der Dinge: Raabes »Horn von Wanza« und Fontanes »Irrungen, Wirrungen« – ethisch betrachtet, in: Wege der Worte, Fs W. Fleischhauer, 1978, S. 347–376. – EuD. Theodor Fontane »Irrungen, Wirrungen«, hg. von F. BETZ, Stuttgart 1979. – G. W. FIELD, The case for Käthe in Fontanes »Irrungen, Wirrungen«, in: Analecta Helvetica et Germanica. Fs H.Boeschenstein, 1979, S. 266–275. – K.-G. KRIBBEN, Großstadt- und Vorstadtschauplätze in Theodor Fontanes Roman »Irrungen, Wirrungen«, in: Studien zur deutschen Literatur, Fs A. BECK, Heidelberg 1979, S. 225–245. – W. MORGENTHALER, »Irrungen, Wirrungen«, in: W. M., Bedrängte Positivität, 1979, S. 59–147. – F. BETZ, Fontanes »Irrungen, Wirrungen«, Eine Analyse der zeitgenössischen Rezeption des Romans, in: AUST Fontane, 1980, S. 258–281. – C. GRAWE, Käthe von Sellenthins »Irrungen, Wirrungen«. Anmerkungen zu einer Gestalt in Fontanes gleichnamigem Roman, in: FBl H. 33 (1982), S. 84–100. – D. MALCOLM, A new view of Gideon Franke in Fontanes »Irrungen, Wirrungen«, in: NGS 10 (1982), S. 43–53. – D. BOWMAN, »Unser Herz hat Platz für allerlei Widersprüche.« Aspekte von Liebe und Gier in Fontanes Roman »Irrungen, Wirrungen«, in: FBl H. 37 (1984), S.443–456. – P. HOWE, Reality and imagination in Fontanes »Irrungen, Wirrungen«, in: GGL 38 (1984/85), S. 346–356. – E. DOWNING, Tragödie/Spiel: An essay on Fontanes Glücksbegriff in »Irrungen, Wirrungen«, in: DVjs 59 (1985). S. 290–312. – G. H. HERTLING, Theodor Fontanes »Irrungen, Wirrungen«: die erste Seite als Schlüssel zum Werk, New York u.a. 1985. – R. SPEIRS, »Un schlimm is eigentlich man bloß das Einbilden«: Zur Rolle der Phantasie in »Irrungen, Wirrungen«, in: FBl H. 39 (1985), S.67–78. – P. WRUCK, Viel Freud, viel Leid. Irrungen, Wirrungen. Das alte Lied, in: FBl H. 39 (1985), S. 79–97. – W. PAULSEN, Warum ausgerechnet »Nimptsch«?, in: FBl H. 43 (1987), S. 561–566. – R. FINLAY/ H. DUNN, The pictures in Fontanes »Irrungen, Wirrungen«, in: Seminar 24 (1988), S. 221–238. – D. BARRY, Threads of Threeness in Fontanes »Irrungen, Wirrungen«, in: GR 64 (1989), S. 99–104. – K. SOLLMANN, Theodor Fontane. Irrungen, Wirrungen, Frankfurt am Main 1990. – W. HETTCHE, »Irrungen, Wirrungen«. Sprachbewußtsein und Menschlichkeit. Die Sehnsucht nach den einfachen Formen, in: Interpretationen, 1991, S. 136–156. – S. KONRAD, 1991, s.u. 3.1.5. – G. FREY, Der Passionsweg des Botho von Rienäcker, in: FBl H. 59 (1995), S. 85–89.

3.1.11 Quitt. Roman

Entstehung, Quellen, Veröffentlichung, Rezeption
Daß *Quitt* – der einzige Roman Fontanes, dem F. MARTINI in *Deutsche Literatur im bürgerlichen Realismus 1848–1898* (Stuttgart 1962) keine einzige interpretierende Zeile widmet – nicht »a simple tale of guilt and retribution« (A. DAVIS, 1952/53, S. 28) und kein »Nebenwerk« (WANDREY, S. 312; MÜLLER-SEIDEL, S. 215) ist, wird von der Forschung weitgehend anerkannt, seit DEMETZ (S.

92) darin bei allen künstlerischen Vorbehalten »die mächtigen politischen Instinkte« von Fontanes »Spätzeit« aufgedeckt hat. Man ist berechtigt vorauszusetzen, daß der zwischen 1885 und 1890 in unmittelbarer Nachbarschaft zu *Irrungen, Wirrungen*, *Stine*, *Unwiederbringlich* und *Frau Jenny Treibel* entstandene Roman tief in die Gedankenwelt und die poetischen Intentionen des Autors hineinreicht. H. AUST (1974, S. 195) bezeichnet *Quitt* daher zurecht »als eine *weitere* und *andersartige* Möglichkeit, Themen und Probleme der Berliner Gesellschaftsromane zu gestalten«. Die radikalste Aufwertung des Romans nimmt H.-H. REUTER vor. Er hält *Quitt* »in vieler Hinsicht« für »Fontanes merkwürdigsten und interessantesten, aber auch kompliziertesten Roman« (1971, S. 1372) und rückt »das exemplarische [...] Experiment des Wilderer- und Exilromans« (Fontanes Werk, 1966, S. 28) als »Schlüsselwerk« und »Konfession« (1976, S. 44) in den »Zenit von Fontanes Schaffen« (1971, S. 1373): »Wir sind in einer epischen Tragödie: das einzige Mal bei Fontane.« (1976, S. 45)

Die traditionelle Zuordnung unter die Kriminalgeschichten Fontanes jedenfalls wird dem Roman nicht gerecht. Er ist zum einen doppelt so lang wie die anderen drei diesem Genre zugeordneten Werke (*Grete Minde*, *Ellernklipp*, *Unterm Birnbaum*) und damit einer der umfangreichsten Romane Fontanes überhaupt; und zum anderen, anders als sie, ein Zeitroman von großer Aktualität: Das preußische Militärwesen und der deutsch-französische Krieg von 1870/71 sind in keinem anderen Roman Fontanes so gegenwärtig; und mit dem thematischen Einbezug der französischen Kommune steht Fontane in der zeitgenössischen deutschen Literatur einzig da. Was *Quitt* mit den Kriminalnovellen verbindet, ist die – in diesem Fall bezeichnenderweise von keinerlei Geheimnis umgebene – verbrecherische Tat als Handlungszentrum und die Durchdringung einer Gewissensentwicklung mit einer deterministischen Abfolge von Vergehen und Sühne. Daß diese Steigerung psychologischer und sozialer Vorgänge ins Fatalistische, die in *Quitt* von christlichen Motiven durchkreuzt wird, einen Rückfall in überwundene Positionen darstellt (vgl. dazu H. SCHLAFFER, 1966, vor allem S. 395 f.), weiß Fontane selbst: »Das Aufgehen der [...] Geschichte wie ein Rechenexempel, ganz ohne Bruch, ist gewiß ein Fehler.« (An S. SAMOSCH, 18. 9. 1891, IV.4.157) *Quitt* teilt Züge auch mit zwei damals beliebten erzählerischen Genres: dem Amerikaroman (vgl. A. GRAF, 1991) und dem Bergroman, der elementare menschliche Konflikte in eine urtümliche, naturdämonische Landschaft versetzt (prominentester Vertreter: Ludwig

GANGHOFER). Für die populären und schicksalhaften Momente ist auch zu berücksichtigen, daß der Roman als Auftragsarbeit für die *Gartenlaube* – und zwar ausdrücklich als »Pendant zu der [Novelle] von 85 [*Unterm Birnbaum*]« (*Tagebuch* II.226), also als Mordgeschichte mit Sühne – geschrieben ist. Fontane paßt sich der familienkonformen Risikolosigkeit der Zeitschrift und dem populären Bedürfnis der Zeit nach metaphysischem Ausgleich irdischer Ungerechtigkeit geschmacklich an. Die für die *Gartenlaube* unabdingbare und nach *Irrungen, Wirrungen* und *Stine* für das Publikum beruhigende sexuelle Unverfänglichkeit der Geschichte betont Fontane – nicht ganz zu Recht – selbst (vgl. an M. von BREDOW und Frau, 21. 10. 1890, DuD II.407). Fontanes von Krieg-Frieden-Metaphorik durchzogene Deutung der Konfrontation zwischen Opitz und Menz nicht als Mord, sondern als naturgegebene Gegnerschaft rückt die Personenkonstellation seines Romans selbst in die Nähe eines menschlichen Urkonflikts:

> Förster und Wilddieb leben in einem Kampf und stehen sich bewaffnet, Mann gegen Mann, gegenüber; der ganze Unterschied ist, daß der eine auf d. Boden des Gesetzes steht, der andre nicht, aber dafür wird der eine bestraft, der andre belohnt, von »Mord« kann in einem ebenbürtigen Kampf keine Rede sein. (An MARTHA, 17. 6. 1885, IV.3.398)

Aber der Kampf ist mehr. Indem Fontane die Verweigerung des Jagdrechts als *ein* Element staatlicher Unterdrückung unter vielen (»Polizeistaat«, I.1.261; »Sklavenland«, I.1.278) darstellt, dem die Freiheit des Jagens in Amerika – hat Tobys Jagd auf den Adler, das preußische Wappentier, symbolische Bedeutung? – gegenübergestellt wird, erhält die Auseinandersetzung eine politische und sozialkritische Dimension. Menz' Tat ist zugleich persönliche Feindschaft und politischer Protest, Aufwieglertum und Selbsthilfe zur Wahrung seiner menschlichen Würde. Zu fragen ist bei *Quitt* weniger, wo Fontane unbestritten Sentimentalitäten und triviale Weltdeutungsmuster verwendet, sondern wie er sie differenziert, anders motiviert, umformt, verfremdet und wie viel gedankliche und politische Kontrabande er in die Familienzeitschrift einschmuggelt. Wie die Reduktion des Textes beim Vorabdruck auf 27 Kapitel und weniger als Dreiviertel bestätigt, bringt die *Gartenlaube* der Eigenart und Brisanz des Fontaneschen Werkes kein Verständnis entgegen. Etwa die sexuell prekären und sozialkritischen Episoden der Familie Espe werden ganz gestrichen, die politisch kühne Gestalt des Kommunarden L'Hermite weitgehend.

Wenn *Quitt* bis heute unter Fontanes Erzählwerken als das künstlerisch mißlungenste gilt und trotz seiner symbolischen Dichte, Subtilität und ironischen Brechungen extrem kontroverse Interpretationen provoziert hat, dann wegen seiner nur durch die Hauptfigur zusammengehaltenen Zweiteiligkeit. Der erste Teil spielt im Sommer 1877 an der Nordseite des Riesengebirges, der zweite von Sommer 1884 bis Juni 1885 in den Vereinigten Staaten. Diese größere Hälfte vergegenwärtigt ein weitgehend Fontanes Fantasie entsprungenes Amerika. Ihre verklärende Tendenz, ja Sentimentalität steht in irritierendem Gegensatz zu dem fast naturalistischen ersten Teil. Diesem liegt ein tatsächlicher Mordfall im Riesengebirge zu Grunde, von dem Fontane bei seinem schlesischen Sommeraufenthalt 1884 hört und der sein literarisches Interesse bald geweckt haben muß: Am 21. 7. 1877 wird im Riesengebirge ein reichsgräflicher Förster von einem Wilderer angeschossen und verblutet qualvoll, wie seine letzten Aufzeichnungen auf Kalenderblättern bezeugen. Nach zwei Verhören flieht der Hauptverdächtige nach Amerika, wo sich seine Spur verliert (vgl. dazu H. REITZIG, 1970). Am 2. 6. 1885, dem Sterbetag seines Helden Menz, wieder während eines Urlaubs im Riesengebirge, entwirft Fontane die »Novelle, soweit man etwas entwerfen kann, zu dem noch überall das Material fehlt. Von der ersten Hälfte gilt dies halb, von der zweiten – die bei den Mennoniten in Amerika spielt – ganz« (an EMILIE, 3. 6. 1885, IV.3.389 f.). *Quitt* ist also von Anfang an nicht lediglich als Roman einer mörderischen Tat, sondern eines Mörders, seiner Motive und seiner langfristigen menschlichen Entwicklung angelegt, so daß der Hinweis auf Fedor DOSTOEVSKIJS *Schuld und Sühne*, den mehrere zeitgenössische Rezensionen enthalten (vgl. *Freie Bühne für modernes Leben* II, 1891, S. 142; *Die Gesellschaft*, April 1891, S. 547; *Deutsche Rundschau*, 1891, S. 151 f.), durchaus zu Recht besteht. Diese Grundkonzeption liegt fest, bevor sich Fontane am 3. 6. 1885 die Einzelheiten der Geschichte von dem Krummhübler Lehrer erzählen läßt. Am 17. 6. glaubt Fontane das Material für den ersten Teil zusammenzuhaben (vgl. an MARTHA, 17. 6. 1885, IV.3.399); das für den Amerika-Teil bereitet größere Schwierigkeiten. Der Romantext bezeugt, daß Fontane sich mit allerlei Mennonitenliteratur beschäftigt (vgl. dazu und zu den amerikanischen Schauplätzen und Gestalten E. CORRELL, 1942). Kurze Informationen über die Mennoniten in Amerika, u. a. über ihren Antimilitarismus, ihre Missionstätigkeit und ihre »treue Liebe zur alten Heimath«, entnimmt er P. LINDAUS *Aus der neuen Welt. Briefe aus dem Osten und Westen der Vereinigten Staaten*,

1885 (Kap. XXIV. Mennonitensiedlungen in Kansas, vor allem S. 356–360).

Der Rohentwurf des ersten Teils wird im Juli 1885 abgeschlossen; dann bleibt das Projekt liegen. Von Juni bis September 1886 hält sich Fontane wieder im Riesengebirge auf: »Das Beste war, daß ich [...] 10 Wochen lang unausgesetzt arbeiten und meine neue [...] Arbeit im ersten Entwurf beendigen konnte.« (*Tagebuch* II.234) Die beiden erhaltenen Bruchstücke dieser Version (vgl. AR 5.614f.) artikulieren die Auseinandersetzung zwischen Opitz und Menz und die enthüllende Charakterisierung des letzteren durch L'Hermite schärfer als die endgültige Fassung. Nach einer erneuten, diesmal zweijährigen Pause nimmt Fontane, wiederum in Schlesien, das Manuskript erneut vor. Erst gegen Ende März kann er den Text an die *Gartenlaube* schicken (vgl. an G. FRIEDLAENDER, 28. 3. 1889, DuD II.401). Den Kürzungen der Redaktion setzt er nur geringen Widerstand entgegen (vgl. an Redaktion der *Gartenlaube*, 15. 11. 1889, IV.3.736f.). Der Vorabdruck findet von Januar bis März 1890 in elf Folgen statt. Im November erscheint die Erstausgabe bei Wilhelm HERTZ, Berlin, mit der Jahreszahl 1891.

Struktur, Thematik

Quitt ist Fontanes einziger Roman, dessen Protagonist ein politischer Rebell ist, ein junger, vitaler, selbstbewußter Handwerker, der sich nicht wie die jungen Aristokraten in anderen Fontaneschen Romanen (Schach in *Schach von Wuthenow*, von Leslie-Gordon in *Cécile*, Baron Rienäcker in *Irrungen, Wirrungen*, Graf Haldern in *Stine*, Leo von Poggenpuhl in *Die Poggenpuhls* und auch der bürgerliche Hugo Großmann in *Mathilde Möhring*) in ohnmächtigem Protest, Selbstmord oder stiller Ergebung den gesellschaftlichen Zuständen und Zwängen fügt, ohne eine Alternative zum beklagten gegenwärtigen Leben zu sehen oder ergreifen zu können, sondern in dessen politischem Horizont mit »Freiheit und Republik« (I.1.218) und »Amerika, wo's anders aussieht« (I.1.261) eine durch negative menschliche und politische Erfahrungen gespeiste, positiv besetzte Gegenwelt existiert. Scheitern allerdings tut auch er. Die Liebes- und Ehethematik tritt daher in *Quitt* vergleichsweise zurück. Diese gegenüber dem Vorbild »stark idealisierte« (an Hauptmann LEHNERT, 18. 3. 1890, IV.4.34) Figur erlaubt es Fontane, die in andere Romane verwobene Preußenkritik direkter auszusprechen und zum Konfliktzentrum zu machen. Da Lehnert auch der einzige Fontanesche Held ist, der seine Heimat verläßt, kann diese Gegenwelt nur in *Quitt* als preußisch geprägtes

Anti-Preußen auf amerikanischem Boden Gestalt annehmen. Den zweiten Teil als getreue Schilderung der Vereinigten Staaten von Amerika zu begreifen, ist daher ein Mißverständnis der Interpreten, die darin den Mangel an Lebensfülle und Anschauung und die Situierung am Rande der Welt der Weißen kritisieren. Nogat-Ehre, das sich in Menz' schuldbeladener Fantasie in das Abbild seiner schlesischen Heimat verwandelt, ist bei allem Bemühen um den Wirklichkeitscharakter der Szenerie im stärkerem Maß als die Schauplätze anderer Fontanescher Romane ein künstlerisches Konstrukt, da es im Sinn der Romanstruktur weitgehend auf den Helden und den ersten Teil hin entworfen ist. Der Projektions- und Symbolcharakter dieses Modells – das aber durchaus nicht im Sinn von L. Voss' unhaltbarer These (1985, S. 225) als bloßer Traum Lehnerts zu deuten ist – erklärt dessen Parabelcharakter als »pädagogische Provinz« und die bewußten Parallelen und Gegensätze zum ersten Teil – etwa die sich Lehnert aufdrängenden landschaftlichen Ähnlichkeiten und die seines Todes; das Heirats- und das Jagdmotiv (vgl. C. Grawe, 1991, S. 167f., 181f.); die Wiederholung der personalen Dreierkonstellation Lehnert-Opitz-Siebenhaar in L'Hermite-Kaulbars-Obadja (vgl. Demetz, S. 94); und die dichte Intertextualität und kulturelle Spiegelung gerade dieses Teils (Obadjas Stilisierung zum alttestamentarischen Propheten, ja sogar zum Heiland und die Lehnerts zu Kain und dem biblischen Jakob; die Spannung zwischen Altem und Neuem Testament als die Spannung zwischen Gerechtigkeit und Gnade; die Schlange im »Paradies«; der Götze Rübezahl und die Götzen des eroberten Mittelamerika; Johann Pestalozzis »Buch fürs Volk« *Lienhard und Gertrud* als Reflexion der schlesischen Verhältnisse; E. Zolas Romane [vgl. M. Lowsky, 1990, S. 107]; Valerius Herbergers Lieder; und Bret Hartes Erzählungen).

Die Forschung akzentuiert den politischen Anteil am Konflikt zwischen Menz und Opitz unterschiedlich stark, wobei auch hier Reuter die radikalste Position vertritt. Er beschwört Georg Büchners Woyzeck als Parallelgestalt zu dem »durch seine Umwelt in die Verzweiflung getrieben[en]« (1971, S. 1373) Menz herauf und sieht diesen in »ein preußisch-deutsches Pandämonium von Borniertheit und Enge, von Heuchelei und Lebensgier, vor allem von Untertanenseligkeit, Karrierestreben und staatspatenter Willkür« (ebd., S. 1372) gesetzt. Diese Überakzentuierung verkennt, daß die schlesische Dorfwelt durchaus anheimelnde Züge menschlicher Solidarität hat und Menz an seiner Heimat hängt. Der Wilhelminische Autoritätsstaat mit seinen menschenverachtenden und -zerstörenden Elementen wird nicht als System angegriffen, sondern durch die von ihm hervorgebrachten Menschentypen und deren Gedankenwelt desavouiert. Dabei handelt es sich um die verbogenen und verlogenen Touristen, die gerade von außen in die schlesische Bergwelt eindringen (vor allem der engstirnige, schwächliche Beamte Espe, der durch die Ehe mit der ehemaligen Maitresse eines hohen Herrn mit zwei Töchtern Karriere macht, und die beiden Verehrer seiner Frau) und vor allem durch den Förster Opitz, die ins Teuflische gesteigerte Inkarnation (vgl. C. GRAWE, 1991, S. 161f.) der Obrigkeitsgesinnung. Der zwanzigjährige Heinrich MANN, der *Quitt* »so schön« findet, »daß ich kein Urteil herausbringe vor Entzücken« (an L. EWERS, 24. 1. 1891, in: U. DIETZEL/R. EGGERS 1980, S. 207) mag hier erste Anregungen zur Gestalt des klassischen Untertanen Diederich Heßling aus *Der Untertan* erhalten haben. Beider Ähnlichkeit ist unverkennbar. Als innerlich unsicherer, seelisch verkrüppelter und unfreier Charakter, bei dem Brutalität plötzlich in eine von Alkohol induzierte Sentimentalität umschlägt, ist Opitz unfähig, in seinen Mitmenschen gleichberechtigte Lebewesen, etwas anderes als Vorgesetzte oder Untergebene zu erkennen: »nach oben hin kriecht er und nach unten hin tritt er und schuhriegelt er […].« (I.1.228) Die menschliche Gesellschaft stellt sich ihm als darwinistischer Konkurrenzkampf und gottgegebene Hierarchie dar, in der man – im Hegelschen Sinn – seine Würde dem Dienst an der Staatsautorität verdankt (»ich sorge dafür, daß die Fundamente bleiben und bin eine Stütze von Land und Thron«, I.1.277) und einem militärischen System von Befehl und Gehorsam eingeordnet ist. An seiner Frau, die in der Ehe mit ihm zu einem verängstigten, hageren Wesen »mit tiefliegenden, dunklen Augen« (I.1.232) verkümmert ist, und an Lehnerts heuchlerischer, kriecherischer Mutter lassen sich die Folgen solcher gnadenlosen staatlichen und männlichen Dominanz ablesen. Mißgunst, Ehrpußlichkeit, Angst vor Respektlosigkeit und Machtverlust halten das ständige Mißtrauen dieses sadistischen Feldwebeltyps gegen seine Umwelt wach. Treue zum Buchstaben, nicht zum Geist des Gesetzes, Pflicht und Ordnung predigt er ständig allen anderen, ohne sie doch, wenn es ihm so beliebt, selbst einzuhalten. In keiner anderen Figur Fontanes vereinigen sich die abstoßenden Charakterzüge zu einem solchen Gesamtbild menschlicher Widerwärtigkeit. Nur eins, so stellt sich heraus, versteht dieser unreife »Superpreuße«: mit Würde sterben.

Ihm steht in Menz als Zielscheibe seiner herrscherlichen Obsessionen durchaus kein blindwütiger Revoluzzer oder unmännlicher Feigling gegenüber, sondern die Verkörperung des »positiven« Preußen, dessen menschliche Entfaltung unterdrückt wird. Lehnert ist ein nachdenklicher, selbstbewußter und aufrechter Mensch und ein einsatzfreudiger Soldat, der Autorität keineswegs aus Prinzip ablehnt und Opitz bei ihrer Konfrontation aus Gerechtigkeitssinn den ersten Schuß überläßt. Auf die Unterschiede und Parallelen der Figur zu Friedrich SCHILLERS *Der Verbrecher aus verlorener Ehre* geht DEMETZ ein (S. 87f.). Menz' menschliches Potential kann sich erst in einer anderen Umwelt entfalten. In Amerika hätte er nicht zum Mörder zu werden brauchen. Vielmehr wird er hier umgekehrt zweimal zum Lebensretter. Hier wird sein Heldentum nicht wie in Schlesien lächerlich gemacht, sondern mit der Aussicht auf Ruths Hand belohnt, und zwar in einer Gesellschaft, in der friedliches Zusammenleben verwirklicht ist, obwohl auch hier durch die ordnungsbesessenen, besserwisserischen Kaulbars das negative Preußentum anwesend ist. Fontane versteht das Konzept der »happy family« (vgl. an G. FRIEDLAENDER, 2. 5. 1890, IV.4.44; an Frau von BREDOW-LANDIN, 6. 12. 1890, IV.4.75), in der »Feindliches, diametral Entgegengesetztes *friedlich*« (G. FRIEDLAENDER, 2. 5. 1890, IV.4.44) zusammenlebt, zweifellos als ernsthaftes soziales Modell und positives Spiegelbild europäischer Verhältnisse, auch wenn ihm bei seinem kaleidoskopischen, bewußt irritierenden und mit Vorbehalten durchsetzten Charakter die revolutionäre Umgestaltung der sozialen Strukturen fehlt: Vorwiegend Gescheiterte verschiedener sozialer Ideologien, religiöser Überzeugungen, einschließlich des Atheismus, und traditionell verfeindeter Nationen formen unter Führung des Patriarchen Obadja und seiner beiden verheißungsvollen Kinder eine nicht spannungslose, aber duldsame Lebensgemeinschaft. Das Dienen ist nicht entbehrlich, aber es geschieht anders als in Preußen freiwillig.

Dieses Modell hat extrem gegensätzliche Deutungen erfahren. REUTER (1971, S. 1373) sieht in *Quitt* »das Generalthema ständiger Höherentwicklung der Menschheit [..] zur Debatte« gestellt. Fontanes »humanistische Grundüberzeugung« finde »Ausdruck in einer auf freiwilligen Zusammenschluß beruhenden, von Standes- und Rassenprivilegien freien Menschengemeinschaft. Wesentliche Moral-, Rechts- und Gesetzesnormen der Klassengesellschaft sind in ihr beseitigt« (ebd., S. 1375). Dagegen setzt M. LOWSKY, sich noch weiter und bis zum Widerspruch vom Romantext entfernend, die »Horrorvision von den qualvoll zusammengepferchten und dadurch zur Friedlichkeit dressierten Tieren [...] im Käfig«

(1982, S. 85), dem Vorbild für die Gemeinschaft in Nogat-Ehre. Für ihn ist Menz' Tod die Folge »psychischer Repression« in Nogat-Ehre, die »in physische Zerstörung« (ebd., S. 86) umschlägt. Indessen könnte es sich höchstens um selbstzerstörerische Neigungen handeln, aber auch diese widersprechen dem Text, denn Lehnert hofft intensiv auf Rettung, bevor ihn die Einsicht in seine Todesverfallenheit resignieren läßt.

Diese selbst ist zweifellos zentral für Fontanes Konzeption des Werkes, wird aber durch ihre unterschiedlichen, ja widersprüchlichen Begründungen ihres eindeutigen Sinns beraubt (vgl. in Menz' letzter, mit eigenem Blut geschriebener Aufzeichnung das Nebeneinander von christlichem Versöhnungsgedanken und Schicksalsglaube). L'Hermite, bei der Beerdigung von Verzweiflung überwältigt, deutet Menz' Tod im Rahmen seines »Fatum«-Glaubens: »Es ist da so was Merkwürdiges in der Weltordnung, und Leute wie wir [...] nimmt das Schicksal, der große Jaggernaut, unter die Räder seines Wagens und zermalmt sie, wenn sie glücklicher sein wollen, als sie noch dürfen.« (I.1.430) Obadja und der von Schuldbewußtsein verfolgte und von Ahnungen geplagte Lehnert selbst begreifen den Tod als Sühne für den begangenen Mord. L'Hermites Pessimismus umfaßt eine weitere, und zwar soziale Deutungsvariante von Lehnerts Tod: »[...] wenn man erst mal *heraus* ist, kommt man nicht wieder *hinein*.« (I.1.430) Die Heirat, der sich Menz in Schlesien entzog und die er hier sucht, wäre symbolisch seine volle Re-Integration in die menschliche Gesellschaft. Diese aber, das gehört zu Fontanes Grundüberzeugungen, kann nur auf Gerechtigkeit aufgebaut sein; Liebe und und das Bewußtsein der Gnade sind private Empfindungen, auf die sich soziales Zusammenleben nicht gründen läßt. Die Gesellschaft muß auf der Buße eines Vergehens bestehen. Auf dieser Ebene teilt Menz das Schicksal Effi Briests. Aber die sozial nicht zu gewährende Vergebung steht im Widerspruch zur zentralen Botschaft des Christentums: der Sündenvergebung. Sie bezieht auch Lehnert ein, und daher durchzieht den Roman auf der symbolischen Ebene eine auf ihn bezogene christliche Vergebungs- und Auferstehungsmetaphorik, die bis zu Christus-Anklängen geht. Sie klingt schon in den ersten Zeilen des Buches an, wo Menz vor einer »Marmorplatte mit einer Himmelfahrt Christi« (I.1.213) gezeigt wird, bezieht (Schein)-Tod und Auferstehung vor der Beichte ein und endet – am Himmelfahrtstag geschieht bezeichnenderweise das Unglück, das zu seinem Tod führt – erst mit der Sterbeszene, in der Lehnert mit Jakob assoziiert wird, dem verbrecherischen Gnadenträger, der im Kampf mit Gott dessen Segen erzwingt, sich aber dabei »das Gelenk der Hüfte [...] verrenkt (1. Mos. 32, 26). Die Widersprüche zwischen den Begründungen von Menz' Tod entstehen also aus sich widersprechenden Erklärungsmustern, wie sie Obadjas Predigt über das Nebeneinander von »Wer das Schwert nimmt, soll durch das Schwert umkommen« und »Die Rache ist mein, spricht der Herr« (I.1.377) beleuchtet.

Das bisweilen geradezu groteske Neben- und Gegeneinander kultureller, politischer, weltanschaulicher und religiöser Welten gehört zu den Konstituentien von *Quitt* wie zu keinem anderen Roman Fontanes: Christentum-Schicksalsglaube-Heidentum; Europa-Mennonitenkolonie-Indianerwelt; Dorfmilieu-Zirkusintermezzo-Touristen; Kommunismus-Republikanergeist-Obrigkeitsstaat; Heimat und Exil; alttestamentarische Patriarchenwelt und L'Hermites technische Utopien. Mit diesen Oppositionen hängt es zusammen, daß in keinem anderen Roman Fontanes das Christentum zugleich so zentral ist und so widersprüchlich, ja grotesk erscheint. In den Protagonisten des zweiten Teils – Obadja, L'Hermite, Gunpowder-Face und Menz – ist das Grenzgängertum zwischen den disparaten Lebenswelten personalisiert und problematisiert.

Die mehrfach vertretene These, daß in *Quitt* »die fatalistische Thematik die dynamisch politische erstickt« (H. AUST, 1974, S. 23), läßt sich bezweifeln. Der Roman endet zum einen nicht mit Lehnerts Tod, sondern mit Espes juristischem Einklagen seiner Leiche, ein Vorgang, der die rigorose preußische Staatsautorität verherrlicht: »Der Staat [...] ist in diesem Fall in seinem Recht leer ausgegangen, und die Justiz hat das Nachsehen. Und das *soll* nicht sein und *darf* nicht sein. Ordnung, Anstand, Manier.« (I.1.452) Wie entscheidend zum anderen für Fontane auch am amerikanischen Schauplatz trotz Menz' Wendung nach innen – als Glück erscheint ihm nun der uneinholbare Zustand der Unschuld – das Politische bleibt, geht aus der Gegenwart der Kaulbars, aus den dezidiert antipreußischen Kommentaren Obadjas (vgl. I.1.387f.) und vor allem aus der Gestalt des an der Erschießung des Pariser Erzbischofs beteiligten L'Hermite hervor, der weltanschaulich die modernste und psychologisch die komplexeste Figur des Romans ist: der politische Idealist mit dem unrealistischen Verhältnis zur gegenwärtigen Wirklichkeit, der von Angstvisionen Verfolgte mit dem Traum von der angstfreien Zukunft der Menschheit, der die Mennonitenwelt mit seiner spottenden Christentumskritik, seinem Glauben an die »Idee« und seinen fantastischen technischen Projekten (eins davon, die »Tunneleisenbahn unter dem Kanal« (I.1.357) ist unterdessen verwirklicht worden) Herausfordernde. Sein Lebenslauf enthält eine indirekte Anklage gegen die politische Intoleranz und das exklusive Nationsverständnis Deutschlands, denn im Gegensatz zu dem unterdrückten Menz kann er in Frankreich trotz seiner staatsgefährdenden kommunistischen Tätigkeit General werden und das Kreuz der Ehrenlegion erhalten. In welchem Maß gerade er eine Bekenntnisfigur Fontanes ist, verdient intensiver diskutiert zu werden. CHRISTIAN GRAWE

Literatur

A. ZIEGLSCHMID, Truth and fiction and Mennonites in the second part of Theodor Fontanes novel »Quitt«, in: Mennonite Quarterly Review 16 (1942), S. 223–246. – A. DAVIS, Theodor Fontanes interest in America as revealed by his novel »Quitt«, in: American German Review 19 (1952/53), H. 3, S. 28–29. – H. H. REUTER, Grundpositionen der »historischen« Autobiographie Theodor Fontanes, in: Fontanes Werk, 1966, S. 28. – H. REITZIG, Theodor Fontanes »Quitt««, in: Schlesien 15 (1970), S. 214–222. – H.-H. REUTER, Kriminalgeschichte, Humanistische Utopie und Lehrstück. Theodor Fontanes »Quitt«, in: SuF 23 (1971), S. 1371–1376. – H. AUST, 1974, s.u. 3.1.1. – H.-H. REUTER, Theodor Fontane. Grundzüge und Materialien einer historischen Biographie, Leipzig 1976. – F. K. RICHTER, Theodor Fontanes schlesischer Roman »Quitt«, in: Jb der Schlesischen Friedrich-Wilhelm-Universität zu Breslau 19 (1978), S. 188–197. – H. MANN, Briefe an Ludwig Ewers, hg. von U. DIETZEL/R. EGGERS, Berlin/Weimar 1980, S. 207. – M. LOWSKY, »Aus dem Phantasie-Brunnen. Die Flucht nach Amerika in Theodor Fontanes »Quitt« und Karl Mays »Scout«, in: Jb der Karl-May-Ges 1982, S. 77–96. – L. VOSS, 1985, s.u. 3.1.1. – M. LOWSKY, »Quitt« und die Kommunarden. Über Fontanes Vorbild für seine Figur Camille L'Hermite, in: FBl H. 50 (1990), S. 102–112. – A. GRAF, Fontane, Möllhausen und Friedrich Karl in Dreilinden. Zu Entstehungshintergrund und Struktur des Romans »Quitt«, in: FBl H. 51 (1991), S. 156–175. – C. GRAWE, »Quitt«. Lehnert Menz zwischen Todesverfallenheit und Auferstehung. Zur Bildwelt des Romans, in: Interpretationen, 1991, S. 157–184.

3.1.12 Stine

Entstehung, Veröffentlichung

Die Entstehungsgeschichte von *Stine* ist weniger widersprüchlich, als gelegentlich behauptet wird, wenn man Fontanes Brief an Theodor WOLFF vom 28. 4. 1890 (IV.4.37f.) mit seinen offensichtlich ungenauen Erinnerungen und der vermutlichen Verwechslung der ersten Konzipierung von *Stine* und *Irrungen, Wirrungen* unberücksichtigt läßt. Die anscheinende Verwechslung ist umso verständlicher, als schon Fontane selbst das eine als »das richtige Pendant« (an E. DOMINIK, 3. 1. 1888, IV.3.578) des anderen empfindet. Beide teilen das thematische Zentrum einer zum Scheitern verurteilten, in doppelter Hinsicht, nämlich sozial und sexuell provozierenden Beziehung zwischen Aristokrat und Arbeiterin und motivische Gemeinsamkeiten, z.B. die »Ulkereien mit Namensgebungen« (an T. WOLFF, 28. 4. 1890, IV.4.38) nach klassischem Modell, die die kulturellen Abgründe zwischen den gesellschaftlichen Schichten anzeigt. Mit der Darstellung des proletarischen Milieus in beiden Romanen und in der fast ein Jahrzehnt später konzipierten *Mathilde Möhring* kommt Fontane der naturalistischen Gedankenwelt am nächsten. Nicht überraschenderweise finden denn auch *Irrungen, Wirrungen* und *Stine* – obwohl der letztere Roman früher begonnen wird, erscheint er später und steht seitdem im Schatten des ersteren – die Zustimmung der jungen, dem Naturalismus nahestehenden Kritik. Bei *Stine* steuert Fontane die Rezeption sogar dadurch, daß er bevorzugt solche »modernen« Presseorgane mit Rezensionsexemplaren bedient.

Obwohl Vorabdruck und Erstausgabe erst 1890 erscheinen, entsteht der Roman im Brouillon nach der *Tagebuch*-Notiz vom 23. 11. 1881 (*Tagebuch* II.137) »Gearbeitet: neue Novelle (›*Stine*‹)« und den beinahe täglichen Eintragungen »Gearbeitet: *Stine*« im Dezember desselben Jahres (S. 140–144) gegen Ende 1881. Schon im März 1882 (vgl. FRICKE, S. 64) schließt Fontane mit dem Herausgeber der Zeitschrift Vom Fels zum Meer, Josef KÜRSCHNER, einen Vertrag über die Veröffentlichung ab, auf den er sich 1885 bezieht (vgl. an G. KARPELES, 2. 7. 1885 und an J. KÜRSCHNER, 26. 9. 1885, IV.3.402 und 427f.). Dabei ist der Roman zu dieser Zeit noch immer im »Rohzustand« (an KÜRSCHNER, ebd.), und sofern sich der Brief an F. BRUCKMANN vom 5. 6. 1886 auf *Stine* bezieht, »eilt es nicht, darüber etwas abzumachen, da ich vor Herbst 87 nicht daran denken kann, sie niederzuschreiben« (DuD II.380). Wenn es am 1. 8. 1887 in dem Brief an F. STEPHANY (IV.3.556) heißt, daß *Stine* »bereits fertig im Kasten liegt«, bezieht sich das entgegen WANDREYs Annahme (S. 235f.) offenbar immer noch auf eine vorläufige Fassung, denn das *Tagebuch* (II.236, 241) spricht Anfang 1887 und auch 1888 von Korrekturarbeit. Am 3. 1. 1888 ist das Manuskript »noch nicht abgeschrieben« (an E. DOMINIK, IV.3.578). Erst am 20. 1. kann Fontane KÜRSCHNER melden, »›*Stine*‹ […] ist nun endlich fertig« (IV.3.580). Zwischen März und Juli 1888 allerdings wird der Roman »nochmals durchkorrigiert« (*Ta-*

gebuch II.243). Eine Rolle spielt dabei offenbar »die schwache Stelle« (an P. SCHLENTHER, 26. 4. 1888, DuD II.383). Es handelt sich um die Motivierung von »Stines« sexueller Standhaftigkeit, die auf den »guten [?, C. G.] Rat« (an P. SCHLENTHER, 17. 6. 1888, IV.3.617) von Fontanes Frau nun in bester Trivialroman-Manier – EMILIE FONTANE gehört nicht zu den einfühlsamsten Lesern der Werke ihres Mannes – mit einem Schwur »auf dem Sterbebett« der Mutter begründet wird.

KÜRSCHNER ist ursprünglich offenbar für seine erst 1881 gegründete Zeitschrift an einem Roman Fontanes interessiert. Aber obwohl dieser auf das Angebot eingeht (s.o.), bietet er *Stine* der Zeitschrift *Zur guten Stunde* an, deren Herausgeber Emil DOMINIK sie als »zu brenzig« ablehnt (vgl. *Tagebuch* II.241) – ein Zeichen dafür, daß *Stine* in den Schlagschatten von *Irrungen, Wirrungen* geraten ist, denn da dieser Roman, Mitte 1887 in der *Vossischen Zeitung* vorabgedruckt, auf sexuelle Bedenken stößt und Fontane in den Ruf eines riskanten Autors bringt, kann *Stine* mit ihrer »gemütlich frivolen Welt«, wo »viel gezötelt« (M. HARDEN, Rezension von *Stine* , in: Die Nation, Nr. 45, 1890, zit. nach AR 5.592) wird, nur auf größere Vorbehalte stoßen. Auf DOMINIKs Ablehnung schreibt Fontane an KÜRSCHNER seinen doppeldeutigen Brief vom 20. 1. 1888 (IV.3.480f.). Einerseits kündigt er, »bevor ich einem Refus begegne«, den »Quasi-Kontrakt«; andererseits bietet er KÜRSCHNER das Manuskript unter der Bedingung erneut an, daß es »coûte que coûte« auch gedruckt wird – ohne Erfolg. Daß Fontane den Text durch SCHLENTHERS Vermittlung nun ausgerechnet in die *Vossische Zeitung* einzuschleusen hofft, die ihn prompt ablehnt, zeugt von seinem mangelnden Verständnis der Publikationsbedingungen der Zeit und veranlaßt ihn zu aufschlußreichen, aber widersprüchlichen Äußerungen über seinen Ruf als leicht anrüchiger Romancier (vgl. die Briefe an SCHLENTHER, 4. und 22. 6. 1888, IV.3.609f. und 618; an FRIEDRICH , 16. 8. 1888, DuD II.386). Einerseits gesteht er »wenigstens mit Arbeiten wie ›*Stine*‹ – kein Schriftsteller für den Familienkreis mit eben eingesegneten Töchtern« (an KÜRSCHNER, 20. 1. 1888, IV.3.580) zu sein. Die nüchterne Betrachtung aus heutiger Sicht wird bei den zahlreichen gewagten Anspielungen und Witzen im 4. und 5. Kap. von *Stine* Fontanes Angriffe auf die Prüderie der Zeit mit Vorsicht betrachten (vgl. C. GRAWE, 1998, S. 154f.). Aber die Verbindung, die der Kommentar von A (R 5.587) zwischen der Ablehnung von *Stine* und Fontanes Bedürfnis herstellt, in *Frau Jenny Treibel* die Heuchelei der Bourgeoisie zu geißeln, ist bedenkenswert. Erst die neu gegründete, kurzlebige, dem Naturalismus nahestehende Wochenschrift *Deutschland* von Fritz MAUTHNER wagt es zwischen dem 25. 1. und 15. 3. 1890 in acht Folgen *Stine* zu drucken. Die Erstausgabe, um die sich FRIEDRICH FONTANE, den Widerstand des Vaters schließlich überwindend, intensiv bemüht, erscheint schon im April. Ein einziger, zeitlich nicht festlegbarer Entwurf von wenigen Seiten, der gewisse Ähnlichkeiten mit dem Anfang von *Stine* aufweist, ohne daß es sicher wäre, daß er tatsächlich zu dem Roman gehört, ist erhalten (vgl. AR 5.579–582). Der größte Teil des Manuskripts ist seit 1945 verschollen.

Eine unmittelbare Anregung für die Handlung von *Stine* scheint nicht vorzuliegen. Es ist auffällig, daß die drei Romane mit kleinbürgerlichen oder proletarischen Heldinnen – *Irrungen, Wirrungen*, *Stine* und *Mathilde Möhring* – offenbar keine reale Grundlage haben. Ob man daraus schließen kann, daß gerade diese Werke ihn innerlich intensiver beschäftigen, ist diskutierenswert; eigene Aussagen Fontanes darüber gibt es nicht.

Struktur, Thematik

Stine ist einer der kürzesten Romane Fontanes. Er nimmt auch an erzählter Zeit nur wenige Wochen ein, von denen im wesentlichen zwei einzelne Tage die Erzählung ausmachen: 1.–6. Kapitel: Abendunterhaltung bei der Pittelkow mit der ersten Begegnung von Waldemar und Stine in dem ihnen widerstrebenden Milieu; und 11.–15. Kapitel mit der glänzenden Folge echt Fontanescher Gespräche (11. Kap.: Waldemar-Baron, 12. Kap.: Waldemar-Graf, 13. Kap.: Graf-Pittelkow, 14. Kap.: Waldemar-Stine), denen sich im 15. Kapitel – wie nicht anders zu erwarten bei Sonnenuntergang – Waldemars Selbstmord anschließt. Dem ersten geschilderten Tag folgen zunächst zwei Gespräche zwischen Waldemar und Stine in deren Zimmer (7. und 8. Kap.), in denen sie sich wechselseitig mit ihrem Leben und ihrer Geschichte vertraut machen – bei Stine schließt das ihre Schwester ein – und die sich in ihrer menschlichen Ehrlichkeit und Offenheit von dem spielerischen Dialog der ersten Kapitel abheben, und dann ein Gespräch zwischen den Schwestern (9. Kap.), in dem Pauline Stine von der Heirat mit Waldemar abrät. Dem zweiten ausführlich geschilderten Tag folgt »den dritten Tag danach« (89) nur noch Waldemars Beerdigung (16. Kap.). Es ist typisch für Fontanes Erzählstrategie, daß das Buch nicht mit Stines Tränen endet, sondern mit einer kurzen, perspektivierenden Szene zwischen den unerträglichen Polzins, die das Ereignis, echt Berlinisch, dem gnadenlosen Klatsch ausliefert.

Nach dem Pittelkowschen Abend ändert sich die Atmosphäre des Buches von theaterhafter Uneigentlichkeit, die sich schon in der zusammengewürfelten, kulissenhaften, im Gegensatz zum Zimmer ihrer Schwester stehenden Wohnungseinrichtung der Witwe ausdrückt, zu menschlicher Wahrheit und persönlichen Bekenntnissen und damit vom Komödiantischen zum Melancholischen. Das erste Drittel des Buches mit der vergnüglichen Unterhaltung in der Invaliden(!)-Straße ist beherrscht von Rollenspiel (vgl. dazu insgesamt VOSS, 1985, S. 177–192): Das Spiel zwischen Theater und Wirklichkeit mit den Bühnenrollen Wandas, deren Kartoffelkomödie, durch die die spätere Tragödie vorweggespiegelt wird, und die Lieder, die auf die tatsächliche Situation appliziert werden, »verklären« die Wirklichkeit ironisierend ins Scheinhafte. Vor allem die Namen der Figuren aus MOZARTS *Zauberflöte*, die, wie Fontane selbst weiß (vgl. an T. WOLFF, 28. 4. 1890, IV.4.38), das Namensspiel nach Friedrich SCHILLERS *Die Jungfrau von Orleans* in *Irrungen, Wirrungen* nur variieren, unterlegen einigen Beteiligten eine »persona«, die ihre tatsächliche Person enthüllt, und erlauben Rückschlüsse auf den Verlust des humanen Konzepts der Oper, die ähnlich wie Fontanes Roman vom Heiteren ins Ernste wächst (vgl. die allerdings streckenweise überzogene und banalisierende Studie von G. H. HERTLING, 1982; und K. K. POLHEIMS tiefere, aber wohl ebenfalls überdeutende Analyse, 1993).

Was Fontane als »Lebensbild aus der Berliner Gesellschaft« (an J. KÜRSCHNER, 26. 9. 1885, III.3.418) bezeichnet, ist mit starken kritischen Akzenten durchsetzt, die sich aber – wie immer bei Fontane, der auf dem Unterschied zwischen balancierender Literatur und einseitiger Tendenz besteht – einer eindeutig politischen Auslegung widersetzen, weil sie künstlerischen Intentionen unterliegen. Stines Arbeitgeber ist ein rührend menschlicher Kapitalist, der seinen Angestellten eine menschliche Arbeitswelt zu schaffen bemüht ist, wie überhaupt Stines Arbeit idyllisiert wird. Dagegen sind der Kapitalist en miniature Polzin und seine Frau die Inkarnation der verlogenen, herzlosen Spießbürgerlichkeit. Insgesamt stehen sich in keinem anderen Roman Fontanes die marode Welt der Aristokratie und die vitale, auf Überlebensstrategien gegründete der kleinen Leute so kompromißlos gegenüber. Und hier hat auch das für viele Zeitgenossen bedenkliche Frivole seine motivische Funktion, denn wie es in *Frau Jenny Treibel* das stigmatisierende Kennzeichen der Großbourgeoisie ist, ist es auch in *Stine* Indiz einer sittlich defizienten, aber sozial privilegierten Gesellschaftsschicht, nämlich der der adligen Lebemänner.

Es gibt in Fontanes Werk – außer bei Lehnert Menz in *Quitt* – nichts, was sich an selbstbewußtem Anspruch einer Figur aus »den unteren Volksklassen« (I.2.478) auf gesellschaftliche Anerkennung vergleichen ließe mit dem schon von Fontane so getauften »Untätchen‹-Gespräch« (an T. WOLFF, 28. 4. 1890, IV.4.38) im 13. Kapitel von *Stine* mit dem vehementen Angriff der Pittelkow auf den Hochmut des alten Grafen. Aber weder Menz noch ihr geht es um eine radikal andere Gesellschaft, sondern um den Anspruch der unterprivilegierten Schichten auf soziale Integration und Anerkennung. Menz hat das Zeug zu einem echten Preußen, ist »nicht gegen Gehorsam und Disziplin« und »gegen das Gesetz«, sondern nur gegen den »Menschenschinder« Opitz und besteht auf seinem Recht, »Person und Sache« (I. 1.220 f.), persönlichen Haß und staatliche Loyalität zu trennen. Die Pittelkow ist »fürs Vaterland und für [Kaiser, C. G.] Wilhelm« (I.2.545), nur möchte sie in der Auseinandersetzung mit ihrem herablassenden adligen »Gönner« die staatstragende, ja – durch deren militärischen Einsatz – staatsgründende Rolle der kleinen Leute anerkannt sehen und verwahrt sich gegen die Unterstellung, Stine wolle die soziale Hierarchie in Frage stellen und durch die Heirat mit Waldemar erreichen, »daß die Häuser Haldern und Pittelkow Arm in Arm ihr Jahrhundert in die Schranken fordern« (I.2.543), während sie doch in Wirklichkeit eine solche Heirat als Unglück empfände und einen Handwerker entschieden vorzöge.

Die abschätzend gesehenen Vertreter der Aristokratie haben wenig menschliche Substanz. Graf Haldern, der »sich aus lauter Widersprüchen zusammensetzt« (I.2.526), ist eine Mischung aus hypertrophem Standesdünkel und Scheinbiederkeit – immerhin hat er mit der Pittelkow ein Kind –, äußerlicher Galanterie und Frauenverachtung, Grobheit und Ästhetizismus. Der Baron ist in jeder Hinsicht eine insipide Natur, der sich die preußische Tradition beim Blick aus dem Fenster in Fragmente auflöst. Beide sind Junggesellen, parasitenhaft nutzlos und anachronistisch. Waldemars eigentliche Familie, in deren Charakterisierung sich (z. B. mit der stolzen, bösen Stiefmutter und der falschen Trauer) Elemente des Trivialromans einschleichen, ist gewissenlos und dünkelhaft bis zur Sterilität. Und Waldemars Selbstmord schließlich, bezeichnenderweise nicht mit einer Schußwaffe, sondern auf die nach den Vorstellungen der Epoche unmännliche Art mit Gift vollzogen, wirkt wie die Folge seiner sozialen Einsicht in die eigene Überflüssigkeit. Jedenfalls stößt seine Hoffnung, den sozialen Verkrustungen der Wilhelmischen Gesellschaft durch die Verbindung mit einer Näherin und den Neuanfang in Amerika mit rousseauistischen Zügen von »Adam-und-Eva-Zeiten« (I.2.532; vgl. MÜLLER-SEIDEL, S. 274) zu entfliehen, auf Stines illusionslose Einsicht in die Unmöglichkeit, soziale Abgründe durch Gefühle zu überwinden. Waldemars und Stines Versuch, in Unschuld und Wahrhaftigkeit in der Welt des Utilitarismus eine menschliche Beziehung zu gründen, steht von Anfang an – in paradoxem Gegensatz zu ihrer Jugend – im Zeichen des Sonnenuntergangs und kann nur als Märchen existieren. Als Waldemar »das Wort gesprochen« (I.2.550) hat, muß der Zauber enden.

Obwohl kein so schlackenloses Kunstwerk, ist *Stine* radikaler als *Irrungen, Wirrungen*. Über der Begegnung von Lenes und Rienäkkers sozial disparaten Welten liegt ein versöhnlicher Schimmer. In *Stine* dagegen hat die Beziehung zwischen Haldern und der Pittelkow ausbeuterischen Charakter, und das liebende Verhältnis zwischen Stine und Waldemar hat Züge tragischen Scheiterns. Daß Stine als Gestalt den natürlichen Charme Lenes entbehrt, entgeht Fontane nicht. Er nennt die tugendhafte Stine eine »sentimentale und weisheitsvolle Lise«, die durch Waldemars »angekränkelte Sentimentalitätswelt« affiziert wird: »Und so wird die Sentimentalitätssprache zur Natürlichkeitssprache, weil das Stück Natur, das hier gegeben wird, eben eine kränkliche Natur ist.« (an SCHLENTHER, 13. 6. 1888, IV.3.611) Dagegen argumentiert P. WESSELS (1979, S. 503), für den »die bürgerlichen Tugenden der Stine die Quelle der Infektion mit Sentimentalität sind«. Die Zeichen scheinen für Stines Überleben nicht gut zu stehen, denn die pessimistischen Prognosen ihrer Schwester (»Dir sitzt ja der Tod um die Nase«, I.2.564) und der Polzins (»Die wird nich wieder«, I.2.565) verheißen nichts Gutes. Und doch läßt die Teppich-Symbolik, nach der die einfachen Polzinschen Läufer im Gegensatz zu den Smyrnaer Edelteppichen reparierbar sind (I.2.480f.), auch den Schluß zu, daß die seelisch Angegriffene sich wieder erholt und schließlich das mildere Schicksal Lenes teilen wird. Schon vorher trifft die Pittelkow eine Unterscheidung, die den Unterschied zwischen Stine und Waldemar zu treffen scheint: »Glaube mir, Kind, von 'ne unglückliche Liebe kann sich einer noch wieder erholen un ganz gut rausmausern, aber von's unglückliche Leben nich.« (I.2.521)

Stine ist nur eine von drei Frauen, die den obsoleten Aristokraten gegenüberstehen. Während sie in kindhafter Selbstbewahrung verharren möchte, in der die wirkliche Welt, durch den »Spion« am Fenster gesehen, verkleinert und verschönt erscheint, zwingt die anderen beiden ihre niedrige soziale Stellung dazu, sich mit dem »Kapitalismus« zu akkomodieren. Die Vorstadt-Schauspielerin Wanda akzeptiert die moralisch dubiosen Implikationen ihres Berufs und verwandelt sie in ein Zubrot. Und die robuste, resolute Witwe Pittelkow benutzt ohne viel persönliches Engagement oder gar liebende Zuwendung den reichen Grafen als Einnahmequelle.

Der Unterschied zwischen der Lebenseinstellung Stines einerseits und der ihrer Schwester und deren Freundin andererseits, der dem zwischen Waldemar und den beiden älteren Aristokraten entspricht, stellt eine Konfiguration her, die die klaren sozialen Fronten überlagert. J. THUNECKE (1979) interpretiert diesen Gegensatz von lebensstarken und lebensschwachen Charakteren in NIETZSCHES Kategorien aus *Vom Nutzen und Nachteil der Historie für das Leben*, das Fontane wahrscheinlich kennt, und plaziert den Roman damit in den Kontext von literarischer Dekadenz und Jahrhundertwende.

Fontanes Sympathie für die vitalen, akklimatisierten Charaktere drückt sich darin aus, daß für ihn »die Pittelkow und der alte Graf die Hauptpersonen sind, und ihre Porträtierung« ihm »wichtiger« ist »als die Geschichte« (an WOLFF, 25. 5. 1890, IV.4.46); er zählt beide »zu den besten Figuren meiner Gesamtproduktion« (an SCHLENTHER, 13. 6. 1888, IV.3.610). Die Forschung folgt ihm vor allem in dieser Einschätzung der Pittelkow, ohne sich im Urteil einig zu sein. Für REUTER (S. 680) und MÜLLER-SEIDEL (S. 282) gelingt es ihr, »ihre geistige Unabhängigkeit gegenüber ihrem gräflichen Käufer«, bzw. sich angesichts der Verhältnisse »dennoch als Person zu bewahren«. Für G. FRIEDRICH (1974, S. 123) gar ist die Witwe Fontanes sozial avancierteste Gestalt: Er hebt »sie empor zu einer Unabhängigkeit und einem Selbstwertgefühl, die er keiner anderen Gestalt in den folgenden Werken wieder einräumt«. Dagegen betont N. MECKLENBURG (1989, S. 149) gerade »die Beschädigungen«, die die »Lebensumstände« ihrer »Persönlichkeitsstruktur« zugefügt haben: »emotionale Verhärtung und Verarmung [...], die sich auch auf ihren Umgang mit ihren Kindern auswirkt. [...] Gefangensein in konservativen Wertvorstellungen« und »ein Arbeitseifer, der weniger aus Not als aus Verdrängung von Glücksmangel geboren scheint«.

CHRISTIAN GRAWE

Literatur

G. Friedrich, »Die Witwe Pittelkow«, in: FBl H. 18 (1974), S. 109–124. – P. Wessels, Schein und Anstand. Zu Fontanes Roman »Stine«, in: Fs Jolles, 1979, S. 490–504. – J. Thunecke, Lebensphilosophische Anklänge in Fontanes »Stine«, in: Fs Jolles, 1979, S. 505–525. – G. H. Hertling, Theodor Fontanes »Stine«: eine entzauberte »Zauberflöte«? Zum Humanitätsgedanken am Ausklang zweier Jahrhunderte, 1982. – N. Mecklenburg, »Einsichten und Blindheiten. Fragmente einer nichtkanonischen Fontane-Lektüre«, in: TuK Fontane, 1989, S. 148f. – K. K. Polheim, Fontanes »Stine«. Eine »Zauberflöte« ohne Zauberflöte, in: Im Dialog mit der interkulturellen Germanistik, hg. von H.-C. Graf von Nayhaus/K. A. Kuczynski, Wrocław 1993, S. 163–174. – C. Grawe, 1998, s.u. 3.1.1.

3.1.13 Unwiederbringlich. Roman

Entstehung, Quellen, Veröffentlichung

Die stoffliche Quelle von *Unwiederbringlich* läßt sich zeitlich und inhaltlich genau fixieren. »Angeregt durch eine Novelle von mir« (an J. Rodenberg, 21. 11. 1888, IV.3.656), schickt eine sonst nicht bekannte Geheimrätin Brunnemann Fontane einen nicht erhaltenen, aber laut dessen *Tagebuch* (II.224) am 6. 2. 1885 angekommenen Brief mit dem folgenden »brillanten« (an A. Kröner, 12. 5. 1886, IV.3.471) Novellenstoff, den Fontane in dem oben zitierten Brief an Rodenberg rekapituliert. Da zu dieser Zeit eine erste Fassung des Romans schon existiert, trägt das Exposé zweifellos schon deutliche Fontanesche Spuren:

> Baron Plessen-Ivenack, auf Schloß Ivenack in Strelitz, Kavalier comme il faut, Ehrenmann, lebte seit 18 Jahren in einer glücklichen Ehe. Die Frau 37, noch schön, etwas fromm [...]. Er Kammerherr. Als solcher wird er zu vorübergehender Dienstleistung an den Strelitzer Hof berufen. Hier macht er die Bekanntschaft eines jungen pommerschen Fräuleins, v. Dewitz, eines Ausbundes nicht von Schönheit, aber von Piquanterie. [...] Er ist behext, kehrt nach Ivenack zurück und sagt seiner Frau: sie müßten sich trennen, so und so. Die Frau, tödlich getroffen, willigt in alles und geht. Die Scheidung wird gerichtlich ausgesprochen. Und nun kehrt der Baron nach Strelitz zurück und wirbt in in aller Form um die Dewitz. Die lacht ihn aus. [...]. Er geht ins Ausland, ist ein unglücklicher, blamierter und halb dem Ridikül verfallener Mann. Inzwischen aber ist die älteste Tochter, die beide Eltern gleich schwärmerisch liebt, herangewachsen, [...], Versöhnungsversuche drängen sich, [...]: es soll alles vergessen sein. Zwei Jahre sind vergangen. Die Frau willigt ein, und unter nie dagewesener Pracht, [...], wird das geschiedne Paar *zum zweiten Male*

getraut. [...] Plötzlich aber ist die wieder Getraute, die wieder Strahlende, die wieder scheinbar Glückliche von der Seite ihres Mannes verschwunden, und als man nach ihr sucht, findet man sie tot am Teich. Und auf ihrem Zimmer einen Brief, der nichts enthält als das Wort: *Unwiederbringlich.*

Die historischen Personen hinter diesen Ereignissen hat die Forschung identifiziert (vgl. ROSENFELD, 1926, S. 25–27; AR 6.463–466; G. PISTOR, 1982).

Fontane erarbeitet den Brouillon zwischen Juli und 23. 12. 1887, »in den Wochen und Monaten, die dem Tode meines Sohnes folgten« (an RODENBERG, 21. 11. 1888, IV.3.656). Das familiäre Unglück trägt vermutlich zur pessimistischen Stimmung des Buches bei; in keinem anderen Werk Fontanes spielen funktional eingesetzte Krankheiten eine solche Rolle. Der Entwurf besteht aus 14 Kapiteln, von denen die ersten beiden den späteren Kapiteln 1–11 entsprechen; der Roman beginnt ursprünglich mit Graf Holks Ankunft in Kopenhagen. Voraus geht der Plan einer bald aufgegebenen Rahmenerzählung, deren Kern die Darstellung der zurückliegenden Ereignisse in Briefform bilden soll. Durch die Korrektur von *Quitt* verzögert, zieht sich die Ausarbeitung hin. Als Fontane das Projekt im November 1888 der *Deutschen Rundschau* anbietet, rechnet er noch mit einer viermonatigen Arbeit daran, aber erst am 2. 12. 1890 kann er die letzten Kapitel an den Herausgeber RODENBERG schicken. Der Vorabdruck erscheint von Januar bis Juni 1891 in sechs Fortsetzungen in der *Deutschen Rundschau* und ist Fontanes Debut in der angesehenen Zeitschrift, die dann auch *Frau Jenny Treibel* und *Effi Briest* vorveröffentlicht. Mitte November folgt die leicht überarbeitete Buchausgabe (vgl. zu den Unterschieden AR 6.482–485) bei Wilhelm HERTZ, Berlin, mit dem Datum 1892. Fast das ganze Manuskript ist verschollen, aber der Verlust wird durch den Erhalt der Druckvorlage von Kapitel 1–11 und 16–20, einer noch stark überarbeiteten Abschrift von EMILIE FONTANEs Hand, annähernd ausgeglichen.

Wie *L'Adultera* und *Effi Briest* stellt *Unwiederbringlich* den Zerfallsprozeß einer Ehe dar, deren endgültiges Scheitern durch eine außereheliche Affäre ausgelöst wird. Aber die Konstellation der Partner ist in Fontanes Romanwerk einmalig, denn einerseits ist Holk neben dem viel weniger zentralen Crampas in *Effi Briest* dessen einziger männlicher Ehebrecher, doch andererseits trägt seine Frau die tragischen Folgen seiner Untreue. Der Roman verfolgt also eine »doppelte Irrtumsthematik« (R.-C. ZIMMERMANN, 1991, S. 305). Die Frage nach Schuld und Strafe, sozialer Verursachung und Verantwortung stellt sich dadurch anders, und die anhaltende Diskussion, ob Holk oder Christine Fontanes eigentlicher Fokus sei, verdient bei dieser Symmetrie weniger Gewicht, als ihr die Forschung zugestanden hat. Auch der Titel favorisiert – anders als der größere Teil von Fontanes Romanen – keinen der Partner. Christines stilles Leiden prägt die Holkenäs-Kapitel am Anfang und am Ende, und auch im dänischen Mittelteil ist ihre nur brieflich Präsenz ständiger Bezugspunkt Holks (vgl. F. SUBIOTTO, 1969; G. HONNEFELDER, 1973, S. 1–36). Christines Brief im 18. Kapitel ist geradezu als »die Mittelachse des Romans« bezeichnet worden, »von de[r] aus die Handlung unausweichlich ihrem Ende zurollt« (U. PETERSEN, 1979, S. 254). Andererseits verwickeln in Kopenhagen und Frederiksborg die männliche Erzählperspektive und die Emotions- und Erlebnisnähe zu Holk die Leser in dessen Orientierungslosigkeit und Unfähigkeit, das Rätsel Frau zu lösen, das ihn herausfordert, quält und narrt. Mit ihrer sinnlichen Präsenz bedrängen den sexuell frustrierten Ehemann (»Ich bin noch nicht alt genug, um auf Fleisch und Blut zu verzichten«, I.2.772) die statuarisch-schöne Brigitte Hansen, deren Leben, Abenteuer und Liebesverhältnisse zu durchschauen ihm nicht gelingt, und die geistreich-provozierende, »am Tag der Julirevolution« (I.2.660) in Paris geborene Ebba Rosenberg, die so prickelnd Unorthodoxes über Liebe und menschliches Verhalten, Geschichte und Gesellschaft zu sagen weiß und ihn in Verbotenes lockt. Jeder Versuch, Holks vexatorische Erlebnisse in Kopenhagen zu vereindeutigen, verfehlt schon im Ansatz den Roman. Nirgendwo in Fontanes Romanwerk ist so viel aufgelöste Suggestivität im Spiel wie in *Unwiederbringlich*.

Nicht nur wegen der erzählerischen Balance zwischen den Partnern ist *Unwiederbringlich* Fontanes reinster Eheroman. Wie *Effi Briest* verlagert auch der schleswig-dänische Roman die Eheproblematik insofern ins Psychologische, als für das Scheitern der liebenden Beziehung – anders als in *L'Adultera*, *Graf Petöfy*, *Irrungen, Wirrungen* und *Stine* – soziale Inkompatibilität als Motiv ausscheidet, ohne daß darunter das gesellschaftlich Paradigmatische leidet. Im Unterschied zu *Effi Briest* beseitigt *Unwiederbringlich* auch den Altersunterschied als ehelichen Entfremdungsfaktor und beginnt am Krisenpunkt der Ehe nach 17 gemeinsamen, zum größeren Teil ausdrücklich als glücklich erlebten Jahren. Der stattliche Graf Holk und die schöne Baronesse Arne, über deren beseligendes Gefühl über seine Werbung die Geschichte von Kapitän Brödstedt Auskunft gibt (9. Kap.), sind scheinbar in jeder Beziehung ebenbürtig;

ihrem Glück stehen keinerlei äußere Gründe entgegen. Das Element des Standesvorurteils wird ironischerweise erst durch das begehrte Objekt des »krasse[n] Aristokrat[en]« Holk eingeführt: Ebba Rosenberg ist die »Enkeltochter des [...] Lieblings- und Leibjuden König Gustavs III.« (I.2.660) von Schweden. Warum die Holksche Ehe trotz der Ebenbürtigkeit der Partner in einer Tragödie endet, ist das Thema des Romans. Die für Fontane insgesamt zentrale Thematik des menschlichen Glücks und seiner Verfehlung beherrscht auch *Unwiederbringlich*, so daß ZIMMERMANN (1989, 1990) das Buch geradezu als »Roman des schuldhaft verlorenen Glücks konzipiert« (1989, S. 306) sieht: »Der ganze Fortgang des Romans will [...] nichts anderes zeigen, als wie dies eheliche Glück verloren geht.« (Ebd, S. 290) Im Hinblick auf diese Thematik wollen die in den ersten beiden Kapiteln rekapitulierte Vorgeschichte und der zunehmende, selbstverschuldete Glücksverlust der Ehepartner bis zur Unerreichbarkeit Christines jenseits von Glück und Unglück (vgl. I.2.805) gelesen werden: »Wenn man glücklich ist, soll man nicht noch glücklicher sein wollen.« (I.2.569) Es ist Holk, der sich dieser Einsicht verschließt, indem er auf seinem neuen, auf Sand gebauten Schloß am Meer besteht, womit er selbst die zur Schwermut neigende Christine an den Rand des verderbenbringenden Wassers lockt. Daß Christine »einige Wochen« (I.2.571) nach dem Bezug des Neubaus eine Jugendfreundin als ständige Gesellschafterin aufnimmt, signalisiert das Ende der Intimität mit ihrem Mann; die Zweisamkeit wird zur Dreisamkeit neutralisiert.

Die historisch-politische Dimension

Die These indessen, *Unwiederbringlich* sei wegen der Konzentration auf die balancierte Ehegeschichte als »Roman ohne historischen Ballast und politische Bürde« Fontanes »makellosestes Kunstwerk« (DEMETZ, 145 f.); der Autor habe »bei der Wahl der neuen Schauplätze sich nicht von seinen historischen Interessen« leiten lassen (H. EILERT, 1982, S. 529), verkürzt das Bedeutungspotential des Werks und widerspricht Fontanes Anspruch, Zeitromane zu schaffen, in denen »das ›Milieu‹ [...] den Menschen und Dingen erst ihre Physiognomie giebt« (an M. NECKER, 29. 10. 1895, IV.4.495), und in den »Liebesgeschichten in ihrer schauderösen Ähnlichkeit« den »Gesellschaftszustand, das Sittenbildliche, das versteckt und gefährlich Politische« (an F. STEPHANY, 2. 7. 1894, IV.4.370) sichtbar zu machen. Überlegungen zur politischen Gewichtung des Stoffes beeinflussen schon die früheste Planung, denn Fontane opfert bewußt das Element »des politisch Satirischen« (an RODENBERG, 21.

11. 1888, IV.3.656) beim Originalschauplatz, dem winzigen Duodezherzogtum Strelitz. Auch die im Fontane-Archiv erhaltenen »Notizen und Vorarbeiten« (vgl. AR 6.466–474) beschäftigen sich durchweg mit der dynastischen und politischen Situation Dänemarks bis 1863. Sie bezeugen Fontanes Lektüre dänischer Zeitungen von 1859 und enthalten den für die politische Determinierung der Handlungszeit bezeichnenden Satz: »Meine Geschichte muß [...] unter Friedrich VII. etwa 1858 bis 1860 spielen«, also zur Zeit einer dynastischen Krise und gegen Ende der prekären, die staatliche Katastrophe vorbereitenden Jahre dänischer Selbstbesinnung und Kursbestimmung zwischen den beiden Kriegen mit den deutschen Staaten von 1848–50 und 1864. Tatsächlich umfaßt die Handlung unter Einbezug früherer Ereignisse der Holkschen Ehegeschichte die zwei Jahre von »Ende September 1859« (I.2.572) bis Mitte Oktober 1861, überspringt aber am Anfang des 31. Kapitels nach Holks abgewiesenem Heiratantrag die »anderthalb Jahre« (I.2.790) von Ende 1859 bis Frühsommer 1861 weitgehend. In täuschender Wiederholung der ersten Hochzeit findet neunzehn Jahre später und wieder am Johannistag, dem hellsten des Jahres und daher bei Fontane ein Tag der Wahrheit und Enthüllung und im Aberglauben ein Todestag (vgl. M. MASANETZ, 1993, S. 80) die zweite Eheschließung der Holks statt, die die menschliche Katastrophe nicht, wie erhofft, rückgängig macht, sondern vollendet. Die labile politische Situation zwischen Tradition und Neuorientierung entspricht also der spannungsreichen ehelichen Lage der Holks.

Die Transposition des Geschehens aus der deutschen Provinz an einen zur Handlungszeit neuralgischen Punkt europäischer Politik mit Parallelen zur deutschen Lage während der Entstehungszeit des Romans (vgl. dazu V. GÜNTHER, 1967, S. 77f.; M. MASANETZ, 1991, S. 71f.) ist eo ipso auch eine politische Wahl. Das nördliche Land lebt im deutschen, zumal im preußischen Bewußtsein der Zeit als militärisch geschlagener Gegner, dessen Niederlage die deutsche Einheit vorbereiten hilft – ähnlich wie Österreich-Ungarn in *Graf Petöfy*. Nur kommen *Unwiederbringlich* Fontanes bessere Kenntnis der Schauplätze und seine größere Vorliebe für Dänemark – Kopenhagen ist eine der »drei Zauberstädte« seiner »Jugendträume« (III/3.I.677) – und das »nordisch Romantische« (an RODENBERG, 21. 11. 1888, IV.3.656) zugute, das er, wie die Gedichte innerhalb des Romans selbst bezeugen, mehrfach besungen hat. Die leitmotivische Funktion von deutschen und nordischen Balladen hat dazu verführt, *Unwiederbringlich* als »nach den Gesetzen der Ballade« (L. Voss, 1985, S. 48) konstruierten Roman zu deuten, was ZIMMERMANN (1989, S. 290) zurecht zurückweist. Fontane interessiert sich schon 1848–50 leidenschaftlich für die kriegerische Auseinandersetzung zwischen dem deutschen Bund und Dänemark; 1864 bereist er zweimal das nördliche Land im Zusammenhang mit seiner Darstellung über den deutsch-dänischen Krieg. Das *Tagebuch* dieser Reisen bereichert einen Teil der dänischen Korrespondenzen, die Fontane zwischen 1863–1865 in verschiedenen deutschen Zeitungen veröffentlicht und die Material für *Unwiederbringlich* liefern – so die Parade der Hirsche.

Die politische Dimension durchdringt Romangeschehen und -dialog (vgl. insgesamt zur politischen Substanz des Romans vor allem S.-A. JØRGENSEN, 1971, 1974; G. LOHMEIER, 1972; S. BLESSIN, 1974; dort auch eine Diskussion der möglicherweise mangelnden symbolischen Integration von privater und politischer Thematik). Mit Schleswig ist der neuralgische Punkt dänischer Politik in die Handlung einbezogen; Holks Kammerherrenrolle plaziert ihn zwischen beide Welten – auch im Politischen ein »Halber« (I.2.786). In der Hauptstadt entfaltet sich vor ihm der aktuelle politische Diskurs mit Anzeichen eines fanatischen Nationalismus; aber schon im Holkschen Familienkreis werden die drei Grundeinstellungen zu Schleswig-Holstein – (1) dänisch, (2) preußisch oder (3) deutsch, aber nicht preußisch – so diskutiert, daß die vertretenen Positionen das Weltbild der Sprecher reflektieren und die Spannungen des Hauses aufdecken. Dieser Diskurs vertieft sich während Holks dänischem Aufenthalt *historisch* durch die Vergegenwärtigung der archäologischen Vergangenheit und der früheren übernationalen Großmachtstellung Dänemarks in Mythos und Geschichte und *personell* durch die Repräsentanten des geschichtlichen und geographischen Großraums (die geistig aus dem 18. Jahrhundert stammende, national dänisch gesinnte Prinzessin, Ebba Rosenberg aus Schweden, Dr. Bie aus Island und Grönland, die Hansens aus Husum). Dabei entsteht durch die gewählten Episoden und Gestalten ein Assoziationsgefüge, das den dänischen Nationalismus ideologisch untermauert und Holks Ehe mit den Themen Glück, Treue und Ehebruch durch eine Fülle von Spiegelfiguren (Schleppegrells, die kinderlos eine glückliche Ehe führen, Hansens, Ebba mit ihrem Melusinencharakter, Brigitte Goja, Christine Munk und Christian IV., Duveke, Heinrich VIII. und Anne Boleyn, Paris und Ägist, Maria Stuart, französische Königsmätressen) positiv und negativ, lockend und warnend perspektiviert. Holks aus Selbstverkennung mißkalkulierter privater Besitzanspruch auf das unerreichbare Liebesobjekt entspricht dem von Dänemark angestrebten politischen Objekt Schleswig; und in einer trügerischen Einbildung, die ihn mit dem obsoleten dänischen Großmachtideal verbindet, imaginiert er, wie durch seine Heirat mit Ebba »mit Hilfe einer schönen Schwedin ein schleswig-holsteinisches Herz für Dänemark erobert« (I.2.722) wird.

Mit dem historischen Brand von Schloß Frederiksborg (17. 12. 1859), bei dem sich Holks Ehebruch vollzieht, wählt Fontane einen Handlungshöhepunkt, der zugleich die Entschlossenheit des Helden, seine Ehe zu beenden, die Vergeblichkeit einer dauerhaften Beziehung mit Ebba, »die zerstörte Sitte« (DEMETZ, S. 151), das Ende des dänischen Großmachtsstrebens und das der königlichen Dynastie symbolisiert. Genau in diesem Augenblick begegnet denn auch Holk zum einzigen Mal dem kinderlosen König. Das Politische und das Private konvergieren auch in den Hamlet- und Babylon-Assoziationen Kopenhagens als der sündigen Stadt im morbiden Vergnügungstaumel (vgl. Voss, 1985, S. 67–81), dem Holk fasziniert und geblendet, aber orientierungslos – verfällt. Insgesamt bietet Dänemark das Erscheinungsbild eines dekadenten, in Illusionen befangenen Staates ohne Zukunftsperspektive: »Wenn Zukunft im Roman überhaupt Gestalt annimmt, dann als Bedrohung der dänischen Welt durch Preußen.« (G. LOHMEIER, 1992, S. 36) MARTINI (S. 783) betrachtet gerade dieses Morbid-Spätzeitliche« als etwas »in der deutschen Literatur erzählerisch Neues«. Es wirkt privat auf Holk in seiner krisenhaften Beeindruckbarkeit verführerisch und wird von Fontane subtil mit Zügen von Unterwelt, Paradies und Sündenfall (vgl. ZIMMERMANN, 1989) und gauklerischen Vorspiegelungen des Südens kodiert, nach dessen klassischer Heiterkeit – sichtbar in dem Palladianischen Charakter seines Schlosses (vgl. U. PETERSEN, 1979) – Holk von einer konstitutionellen Sehnsucht erfüllt ist, die immer unerfüllt bleibt: Nur als Einsamer, Gedemütigter, nicht als glücklich Liebender besucht er Rom und Sorrent. Privat und politisch mißdeutet er alle Zeichen und fällt Fehlurteile – aus der Sicht der zeitgenössischen Leser staatlich vor allem über die Zukunft Preußens –, die seine Persönlichkeit und Situation kennzeichnen. Fontane »schützt« durch den politischen Kontext »das Thema Verstehen und Mißverstehen, Einssein und Trennung, Identität und Differenz vor der Beschränkung auf das Private, gibt ihm eine größere Resonanz« (E. KOBEL, 1992, S. 275); »gleichnishaft ist in der verfehlten Restitution im Privaten die Unmöglichkeit der Restitution im Staatlichen vorweggespiegelt« (V. GÜNTHER, 1967, S. 83 f.).

Struktur, Thematik

Aber weder motiviert noch erklärt die politische Dimension des Romans die persönliche Tragödie der Holks, obwohl beide zeittypische Tendenzen verkörpern (vgl. MÜLLER-SEIDEL, S. 385 f., 392 f.), wie sie Fontane ähnlich in dem Storchschen Ehepaar in dem Fragment *Storch v. Adebar* (vgl. G. SAKRAWA 1969, 18 f.; H. EILERT, 1982, S. 533 f.) und, ins Katholische gewendet, in den Geschwistern Adam Petöfy und Judith Gundolskirchen in *Graf Petöfy* antithetisch thematisiert, und zwar in beiden Werken mit kritischen Akzenten gegenüber der hypertrophen Religiosität, die vor allem in den späteren Regierungsjahren FRIEDRICH WILHELMS IV., aber noch zur Entstehungszeit des Romans in Verbindung mit der politischen Reaktion eine öffentliche Rolle spielt. Wenn die Holksche Ehe nach glücklichen Jahren zerbricht, was beiden vorahnend ein Traum mitteilt (Christine, I.2.624, Holk I.2.716), dann wegen der entfremdenden Persönlichkeitsentwicklungen, durch die die in den Partnern schon angelegten Wesenszüge, mit denen Wertsysteme, Weltanschauungen und mit Kopenhagen und Holkenäs auch Lebensstile korrespondieren, sich destruktiv verabsolutieren, vereinseitigen und sich wechselseitig ins Extrem treiben. In einem jahrelangen Prozeß driften Graf und Gräfin Holk aus der Gemeinsamkeit in einander ausschließende Gegenwelten. Daß das, was MARTINI (S. 783) in dem Roman als Auseinanderbrechen des »Ganzheitsgefüges« bemängelt, Spiegel einer disintegrierenden Ehe und Welt darstellt, hat die Forschung begründet (vgl. I. MITTENZWEI, 1970, S. 132; D. LORENZ, 1978). Den weitestgehend ins Gespräch verlagerten Entwurf der gegensätzlichen Befindlichkeiten und Welten Holks und Christines – »seine leichtlebige Natur und ihre melancholische« (I.2591) – exponieren Fontanes brillantester Romananfang und das erste, Holkenäser Drittel von *Unwiederbringlich*: Weltlichkeit oder Frömmigkeit; »schöne Gotteswelt« (I.2.778) oder Ewigkeit; das Relative oder das Absolute; leicht bestimmbarer »Augenblicksmensch« (I.2.595) oder Prinzipien und Ideale; »Vergnügen und Freude« (I.2.615) oder »Pflicht« (I.2.597); sinnliche Ansprechbarkeit oder Askese; »Federball« und »Schlittschuhlaufen« oder »sein Haus bestellen« (I.2.575); lebendige Wirklichkeit oder Doktrin; Abwechslung oder Monotonie; Glück als Lebensfreude oder als Ruhe und Frieden; Spiel oder Ernst; Landwirtschaft oder ewiges Wohl; Verdrängung des Todes oder Todeskult und -sehnsucht; antiker Tempel oder gotische Familiengruft; marmorne Futtertröge oder Taufbecken; Homöopathie oder Gottvertrauen; jüdischer Veterinärarzt oder streng christlicher Seminardirektor; Anfang oder Ende von L. UHLANDS Ballade *Das Schloß am Meer*; Aberglaube oder Glaube; Belsazar oder der fromme »unglückliche König« (I.2.583) FRIEDRICH WILHELM IV.; laissez faire oder »Zuchtrute« (I.2.606); der Sohn Axel als »richtiger Holkscher Jäger« (I.2.621) oder als pietistischer Zögling (vgl. zur Interpretation der Partnerkonstellation in Kierkegaardschen Kategorien, möglicherweise auf Grund von dessen Einfluß E. KOBEL, 1992,). Als autobiographischen Einfluß für die Wesensverschiedenheit der selbstbefangenen Partner weist die Forschung traditionell auf Fontanes Erfahrungen mit seinen lange Jahre getrennt lebenden Eltern und seiner eigenen spannungsreichen Ehe und neuerdings auch auf die zweite Ehe des Freundes Bernhard von LEPEL hin (vgl. PAULSEN, S. 287–298). Wie keine andere Ehe in Fontanes Werk wird die prekäre Beziehung der Holks durch Selbstreflexionen und häufig abgebrochene, Spannungen nicht lösende Gespräche, schweigendes Sich-Verweigern, enthüllende Gesten und ausgesprochene oder unausgesprochene »Schraubereien« (I.2.617) und Vorhaltungen der Ehepartner, – später auch in ihren Briefen – bis hin zur direkten Auseinandersetzung vor der Scheidung (29. Kap.) charakterisiert. Ihre Beziehung wird zudem durch ihre jeweilige Zuwendung zu einer vertrauten Person und durch die ratsuchenden oder analysierenden Gespräche anderer innerhalb des engsten Zirkels perspektiven- und aspektenreich umkreist. Das schließt bei Holk und Christine Vorwürfe über Ton und Sprache ein, die als Gradmesser der gestörten Kommunikation dienen. Beide verfehlen »das ›Maß der Dinge‹ im Maß der Worte« (vgl. zur Zentralität der Sprache insgesamt MITTENZWEI, 1970, S. 119–133, Zitat S. 125). Christines Rückzug ins Schweigen bildet das entgegengesetzte Extrem zu der exzessiven sprachlichen Unverbindlichkeit und Pikanterie, die Holk in Kopenhagen überfordert. Trotzdem versagt sich, wie bei Fontane kaum anders zu erwarten, bei allem Erklärungsbemühen das Imponderabile des ehelichen Verhältnisses der eindeutigen Erklärung. Zeichenhaft gegenwärtig sind die Diskrepanzen im traumatischen Tod des dritten Kindes vor neun Jahren, dessen Grab Holk nie besucht hat (vgl. zu den Spekulationen über den mignonhaften Omencharakter des Kindes R. BÖSCHENSTEIN, 1986, S. 27; M. MASANETZ, 1991, S. 83 f.), und in der Uneinigkeit über den Neubau des Schlosses vor sieben Jahren, der bei Holk möglicherweise Ausdruck von Verdrängungen ist. In ihrer inneren Dialektik beschleunigen die extremen Positionen durch ihr selbstzerstörerisches Potential das Auseinanderleben. Christine und Holk werden Opfer der »Maßlosigkeit ihrer je eigenen individuellen Sehnsüchte« (ZIMMERMANN, 1990, S. 473) und verfallen »les défauts de ses vertues« (I.2.595), wie der vermittelnde Arne erkennt, der beiden in Verkennung der Tiefe ihrer Selbstbefangenheit vergebens »das Maß der Dinge« und damit die Voraussetzung des Glücks predigt: »Der Standpunkt macht es nicht, die *Art* macht es, wie man ihn vertritt. [...] Jedes Zuviel ist vom Übel.« (I.2.619)

Holks ritterliche, liebenswürdige Weltlichkeit erweist sich in der Krise als Charakterschwäche und Lebensunsicherheit. Er ist ein Durchschnittsmensch und »Halber«, der keine Maßstäbe in sich selbst findet: »was stand denn aber fest? Nichts gar nichts [...]. Alles war Abkommen auf Zeit, alles jeweiliger Majoritätsbeschluß; Moral, Dogma, Geschmack, alles schwankte.« (I.2.699) Als Weltmann, der die Welt nicht versteht, und als »Don Quixote« (I.2.788) der Liebe fällt er Mißkalkulationen, Selbstverkennungen, Fehleinschätzungen anderer und ohne Widerstand dem Elementaren in Gestalt Ebbas zum Opfer. So reiht er sich in die Gruppe der lebensschwachen männlichen Helden Fontanes ein. Die Symbolik erzählt seine Tragödie: Bei seiner ironischerweise Weihnachten stattfindenden Rückkehr nach Holkenäs liegt die klassizistische, ihrer grünen Umgebung beraubte Säulenhalle, Ausdruck seiner Weltsicht, »öd und einsam« und »mit Brettern verkleidet« (I.2.773) da; das Christentum in Gestalt der hölzernen Jesuspuppe wirft er weg. Verständlicherweise können ihn die Leser nur begleiten, wie er »im Strome falscher Beweisführungen dahin(schwamm)« (I.2.766). J. von Dobschütz hat mit ihrem von Christine besitzergreifenden Abschlußbrief, der Holk nur sporadisch erwähnt, das letzte Wort; Holks Reaktion auf den Tod seiner Frau bleibt ausgespart. Sicher ist: Ein Gnadenfrei, in das er sich flüchten könnte, hat er nicht. Aber wird er es benötigen?

Das größere Rätsel stellt, wie die Zahl der divergierenden Deutungen belegt, die komplexe Psyche der »scheueste[n] und bedeutendste[n] aller Frauengestalten« (P. DEMETZ, 1994, S. 155) des Psychologen und Psychographen Fontane dar, der christlichen Christine, die lebenslang auf das pietistische Gnadenfrei, den Ort ihrer Mädchenjahre, fixiert bleibt. Wenn überhaupt, rückt dabei nicht »das religiöse Problem in den Mittelpunkt« (K. RADBRUCH, 1948, S. 32), sondern das Problem der Religion, denn Christines Selbstmord widerspricht ihrer Strenggläubigkeit, so daß sich die angeblich Schutz und Frieden verheißende Ideologie als ohnmächtig gegenüber elementareren psychischen Befindlichkeiten und Forderungen oder gar als Derivat, Kompensation oder Produkt von Verdrängungen erweist. Man vergleiche diese reife, realistische Darstellung der weiblichen Psyche mit dem glatten, religiösen, illusionistischen Schluß von *Graf Petöfy*, um zu ermessen, welchen Weg zur Meisterschaft der Romancier Fontane zurückgelegt hat. R. SPEIRS (1987, S. 145 f.) zieht bei Christine zur Erklärung dessen, was ihr Mann als »Schrecknis ihrer Vorzüglichkeit« (I.2.698) empfindet, Friedrich NIETZSCHES *Zur Genealogie der Moral* heran und betont das schon von Arne vermutete »Herrschergelüste, das sich hinter [Christines] Kirchlichkeit verbirgt«, wie es ähnlich M. MASANETZ (1992, S. 73–78) für den inneren Bezug von unterdrückter Erotik und Askese tut. In seiner gelehrten, aber hochproblematischen, weil die menschliche Dimension des Fontaneschen Textes überspringenden Studie beschuldigt er Christine des Inzests mit ihrem Bruder Arne. Nach anderen Interpreten stirbt Christine an der »Inkompatibilität der endlichen Alltäglichkeit und des unendlichen Gefühls« (DEMETZ, S. 156), an der Unfähigkeit, »in der Verhärtung ihrer Tugendbegriffe zu einem Kompromiß ihrer religiösen Fluchtwelt mit der Wirklichkeit« (H. LÜBBE, 1973, S. 381) zu kommen oder an der »Übersteigerung ihrer Friedenssehnsucht zur geistlich-überirdischen Utopie von Ruhe jenseits aller irdischen Dinge«, die Holk nach seiner Untreue in der »gespenstische[n] Welt« (ZIMMERMANN, 1989, S. 303 f.) der zweiten Ehe nicht aufzuhalten vermag. F. SUBIOTTO (1970, S. 316) sieht den Grund für den Suizid in dem auf Dauer unerträglich verletzenden Bewußtsein, nach Holks Ebba-Erlebnis dessen zweite Wahl zu sein. Auf soziale Ursachen führt H. EILERT (1982, S. 541 f.) Christines Depressionen und verzweifelte Tat zurück: Gräfin Holk sei das Opfer der viktorianischen Sexualmoral, ihre »outrierte Religiosität« die Kehrseite einer Frigidität, einer »ihr durch religiöse Moral und gesellschaftliche Normen auferlegte[n] Verkümmerung und Deformation ihrer weiblichen Natur«. Der Roman sei »die Krankheitsgeschichte der Christine Holk« (ebd. S. 530). Die vor- und rückdeutende textliche Integration von Fontanes Romanen und Struktur und Thematik von *Unwiederbringlich* lassen den Roman – wie vorher schon *Schach von Wuthenow* – auch als Studie einer unüberwindlichen Todessehnsucht erscheinen. Zurecht vermutet die Dobschütz in ihrem Schlußbrief, daß Christine den Todeswunsch schon »lange mit sich herumtragen mochte« (I.2.809). Die Zielgerichtetheit des Romans auf Christines Tod, die Tatsache, daß in ihrem »Paradies des Seelenfriedens […] von Anfang an der Tod (lauerte)« (ZIMMERMANN, 1989, S. 303), sind unübersehbar. So reagiert sie auf das WAIBLINGER-Gedicht, das nicht umsonst *Der Kirch-*

hof heißt, mit süchtiger Ergriffenheit und wünscht, als erste in der neuen Familiengruft zu liegen, deren dringlicher Bau durch das fallende Gestein der alten Gruft spukhaft angemahnt wird.

CHRISTIAN GRAWE

Literatur

K. RADBRUCH, ²1948, s.u. 2.1.5. – V. GÜNTHER, 1967, s.u. 3.1.1. – G. M. SAKRAWA, Charmanter Egoismus. Theodor Fontanes »Unwiederbringlich«, in: Mh 61 (1969), S. 15–29. – I. MITTENZWEI, 1970, s.u. 3.1.1. – F. M. SUBIOTTO, The function of letters in Fontanes »Unwiederbringlich«, in: MLR 65 (1970), S. 306–318. – D. LOHMEIER, Vor dem Niedergang: Dänemark in Fontanes Roman »Unwiederbringlich««, in: Skandinavistik 2 (1972), H. 2, S. 27–53. – G. HONNEFELDER, 1973, s.u. 3.1.1. – H. LÜBBE, Fontane und die Gesellschaft, in: PREISENDANZ, 1973, S. 381. – S. BLESSIN, »Unwiederbringlich« – ein historisch-politischer Roman? Bemerkungen zu Fontanes Symbolkunst, in: DVjs 48 (1974), S. 672–703. – S.-A. JØRGENSEN, Dekadenz oder Fortschritt? Zum Dänemarkbild in Fontanes Roman »Unwiederbringlich«, in: Teko 2 (1974), Nr. 2, S. 28–49. – D. LORENZ, Fragmentierung und Unterbrechung als Struktur- und Gehaltsprinzipien in Fontanes Roman »Unwiederbringlich«, in: GQ 51 (1978), S. 493–510. – U. PETERSEN, Poesie der Architektur – Architektur der Poesie. Zur Gestaltung und Funktion eines palladianischen Schauplatzes in Fontanes Roman »Unwiederbringlich«, in: Studien zur dt Literatur, Fs A. Beck, hg. von U. FÜLLEBORN/J. KROGOLL, Heidelberg 1979, S. 246–254. – H. EILERT, »… und mehr noch fast, wer liebt: Theodor Fontanes Roman »Unwiederbringlich« und die viktorianische Sexualmoral, in: ZfdPh 101 (1982), S. 527–545. – G. PISTOR, Auf den Spuren von Holk und Ebba: »… die Geschichte nach Schleswig-Holstein und Kopenhagen hin transponiert …«, in: FBl H. 32 (1982), S. 54–58. – L. VOSS, 1985, s.u. 3.1.1. – R. BÖSCHENSTEIN, Idyllischer Todesraum und agrarische Utopie: zwei Gestaltungsformen des Idyllischen in der erzählenden Literatur des 19. Jahrhunderts, in: Idylle und Modernisierung in der europäischen Literatur des 19. Jahrhunderts, hg. von H. SEEBER/P. KLUSSMANN, 1986, S. 27. – R. SPEIRS, Fontane und die Dekadenz, in: Literarisches Leben, 1987, S. 145f. – W. SEIBT, Kruses Grab. Die versteckten Nicht-Ehen in Fontanes Gesellschaftsroman »Unwiederbringlich«, in: FBl H. 45 (1988), S. 45–70. – R.-C. ZIMMERMANN, Paradies und Verführung in Fontanes »Unwiederbringlich«: Zur Glücksthematik und Schuldproblematik des Romans, in: In Search of the Poetic Real. Fs C. A. Bernd, hg. von J. F. FETZER u.a., Stuttgart 1989, S. 289–309. – R.-C. ZIMMERMANN, »Unwiederbringlich« – Nichtehen und Scheintriumphe neuer Fontane-Philologie, in: Architectura Poetica, Fs J. Rathofer, hg. von U. ERNST/B. SOWINSKI, Köln/Wien 1990, S. 471–490 [überzeugend begründete Zurückweisung von SEIBTS Aufsatz]. – M. MASANETZ, »Awer de Floth, de is dull!« Fontanes »Unwiederbringlich« – das Weltuntergangsspiel eines postmodernen Realisten, Teil I in: FBl H. 52 (1991), S. 68–90; Teil II, in: FBl H. 56 (1993), S. 80–101. – E. KOBEL, Theodor Fontane – ein Kierkegaard-Leser, in: Jb DSG 36 (1992), S. 255–287. – S.-A. JØRGENSEN, Nachwort zur Reclam-Ausgabe von »Unwiederbringlich«, Stuttgart, ²1994 [1971], S. 289–311. – H. OHL, Zwischen Tradition und Moderne: Der Künstler Theodor Fontane am Beispiel von »Unwiederbringlich«, in: London Symposium 1995, S. 232–252.

3.1.14 Frau Jenny Treibel oder »Wo sich Herz zum Herzen find't«. Roman

Entstehung, Veröffentlichung, Anregungen

Die Entstehungsgeschichte von *Frau Jenny Treibel* ist nicht gut belegt, denn das erste Zeugnis darüber stellt schon die Fertigstellung des Entwurfs in 14 Tagen in Aussicht (vgl. an P. SCHLENTHER, 26. 4. 1888, AR 6.517). Der Termin wird durch den Brief an THEODOR vom 9. 5. 1888 (IV.3.600) bestätigt: »Nun ist [der Roman], im Brouillon fertig, vorläufig beiseite geschoben.« Erst drei Jahre später macht Fontane sich an die Ausarbeitung (vgl. *Tagebuch* II.253). Das Manuskript, das EMILIE schon im Juli 1891 abzuschreiben beginnt, wird Ende Oktober abgeschlossen, als der Autor von der *Deutschen Rundschau* schon die Zusicherung des Vorabdrucks hat; am 31. 10. schickt er es an den Herausgeber Julius RODENBERG, der Änderungswünsche anmeldet. Wie sich aus Fontanes Antworten vom 19. und 23. 11. 1891 (IV.4.163, 164) ergibt, handelt es sich dabei u.a. um die Milderung erotischer Gewagtheiten. Auf Wunsch von Frau, Tochter und Herausgeber ändert Fontane bei gleichbleibendem Untertitel den ursprünglichen Titel von »Die Frau Bourgeoise« oder »Frau Kommerzienrätin« zu *Frau Jenny Treibel*. In vier Fortsetzungen erscheint das Buch von Januar bis April 1892 in der *Deutschen Rundschau*. Mit offenbar nach dem Vorabdruck neugesetztem Text, der wegen der von Fontane nicht selbst vorgenommenen Korrektur zahlreiche Fehler enthält, folgt die Buchausgabe im Verlag von FRIEDRICH FONTANE & Co, Berlin, am 20. 10. mit dem Erscheinungsjahr 1893 und dem Untertitel auf dem Schutzumschlag: »Roman aus der Berliner Gesellschaft«. Sie verkauft sich gut: Schon im Dezember 1893 kann eine zweite Auflage ausgeliefert werden; bis 1899 folgen drei weitere. Das Manuskript des Romans ist seit 1945 nur noch zum Teil erhalten. Hinzu kommen mehrere Entwürfe, vor allem des Personenensembles, davon einer möglicherweise schon von 1882. Sie belegen die Konsistenz der Konzeption.

Der Roman Fontanes, auf den sich am ehesten der inflationistisch und oft irreführend auf den Autor bezogene Ausdruck vom

»heiteren Darüberstehen« anwenden läßt, entsteht nahezu gleichzeitig mit seinem melancholischsten, *Unwiederbringlich*. Aber *Frau Jenny Treibel* greift in Milieu, Figuren, Motiven und literarischer Behandlung eher auf den Entwurf *Allerlei Glück* von 1877/78 zurück, dessen Vollendung, wenn sie gelungen wäre, Fontane schon früher zum kritisch-heiteren Zeitroman und zum direkteren Zugriff auf soziale Zustände und Entwicklungen innerhalb des Berliner Bürgertums geführt hätte, und kontrastiert in Ton, Atmosphäre, Schauplatz, Milieu und Thematik auffällig mit *Unwiederbringlich*. Die Aura des Tragischen, mit der im schleswig-dänischen Roman der Zerfallsprozeß einer aristokratischen Ehe umgeben wird, enthält Fontane der komisch porträtierten Bourgeoisie mit ihren Heiratsproblemen vor. Adlige tauchen in *Frau Jenny Treibel* nur noch als gesellschaftlicher Zierat und Vehikel politischer Ziele auf und wirken komisch. Fontane porträtiert darin die repräsentative Aufsteigerklasse der industriellen Gesellschaft in der zweiten Hälfte des 19. Jahrhunderts, die zu Reichtum und Einfluß gelangte Großbourgeoisie, welche die auf Repräsentation gegründete Lebensweise der Aristokratie nachahmt: Kommerzienrat Treibel und auch sein älterer Sohn sind Fabrikbesitzer. Nirgendwo in Deutschland ließen sich diese sozialgeschichtlichen Umschichtungen besser beobachten als im Berlin der Gründerjahre mit seinem rasanten Wachstum.

Als typischster Berliner Roman des Autors spielt *Frau Jenny Treibel* ausschließlich in bürgerlichem Milieu und in der neuen, topographisch und sozial präzise erfaßten Reichshauptstadt, die durch eine Fülle von Details (Straßen, Gebäude, Firmen usw.) vergegenwärtigt wird. Im Berliner Ambiente, in Milieu und Ton weist *Frau Jenny Treibel* bei entschieden größerer thematischer Vertiefung und künstlerischer Kompetenz Ähnlichkeit mit anderen Berliner Romanen der Zeit auf, vor allem mit Julius STINDES *Die Familie Buchholz. Aus dem Leben der Hauptstadt* (3 Teile, 1884–1886; vgl. dazu H. GRIEVE, 1979 und zu dem Komplex insgesamt v.a. M. OSSOWSKI, 1989).

Frau Jenny Treibel ist Fontanes einzige Komödie in Romanform (vgl. MARTINI, S. 788; A. POLTERMANN, 1989, S. 142) – ein Genre, das in der deutschen Literatur kaum gepflegt wird, und auch ein »Lustspiel über die Sprache« (I. MITTENZWEI, 1970, S. 147). Bei der Interpretation – vor allem des Schlusses – muß man den souverän augenzwinkernden Charakter dieses relativistischsten Erzählwerks Fontanes im Auge behalten. Es ist sein einziger Roman mit einem happy ending: Eine Hochzeit wird gefeiert, eine zweite steht bevor. Bezeichnenderweise werden die Begriffe »Komödie« (I.4.343, 366), »dramatische Szene« (I.4.366), »Gastspiel« (I.4.439), »Tragikomödie« (I.4.464) und »Lustspiel« (I.4.469) denn auch von einzelnen Romangestalten auf Teile der Handlung bezogen. Wegen seines theaterhaft-komödiantischen Charakters ist *Frau Jenny Treibel* bei aller Prominenz der oft schalkhaft kommentierenden Erzählerstimme mit etwa 70% des Textes »unter Fontanes Romanen am meisten dialogisiert« (P. WRUCK, 1991, S. 189) und von der Figurenpsychologie her der am wenigsten enigmatische. Mehrdeutigkeit schaffen hier vor allem die ironischen Brechungen. Das Unbeschwerte und Versöhnliche des Werkes erstaunt umso mehr, als (1) die realen Vorbilder der Gestalten und Konstellationen nicht wie meist bei Fontane schriftlichen Quellen, sondern der unmittelbaren Berliner Umwelt des Autors entstammen; und (2) in ihm ein lebenslanges Haßobjekt Fontanes thematisiert wird, die Bourgeoisie.

Zu (1): Die kommerzienrätliche Fabrikantensippe mit ihren familiären Konstellationen (Ehefrau aus niedrigem Milieu, hochgestochene Schwiegertochter, die ihre Schwester mit dem jüngeren Schwager verheiraten möchte) und einigen Personen ihres Kreises (Krola, die Felgentreus) »kopiert« Fontane aus seinem eigenen Bekanntenkreis. Dabei nimmt Jenny Treibel deutlich Züge seiner eigenen Schwester Jenny SOMMERFELDT an, der wohlhabenden Apothekersgattin, die ihr Bruder als Prototyp der Bourgeoise betrachtet. Auch Jenny Treibels »Heiratskarriere« hat ihr Vorbild in der Berliner Wirklichkeit:

> In der Köpenicker Straße, in der die Treibelsche Villa liegt, besaß eine Frau Päplen einen kleinen Gemüseladen, unter ihrer Obhut wuchs eine hübsche Enkelin auf, die sie »immer hübsch herauszuputzen wußte«, [...]; da auch das Mädchen selbst das Ihrige dazu tat, so blieb der Erfolg nicht aus: einer der reichen Fabrikantensöhne der Nachbarschaft machte sie zu seiner Frau. (ROSENFELD, 1926, S. 35)

Der bourgeoisen Luxuswelt verfällt mit Corinna Schmidt gewissermaßen Fontanes eigene Tochter MARTHA, der er gelegentlich denselben exotischen Vornamen gibt. Corinnas Spannung zwischen geistreicher Emanzipation und dem Bedürfnis nach einem großbürgerlichen Lebensstil samt finanzieller Sicherheit empfand auch Fontanes intelligente, sensible und krankhaft nervöse, vom Vater mit liebender Sorge beobachtete Tochter. Die handlungsmäßige Anknüpfung des Familiär-Biographischen ergibt sich aus dem von Fontane als unwürdig und schwächlich empfundenen

Rückzug eines Bewerbers um MARTHA, die sich mit ihm als verlobt betrachtet, aber enttäuscht wird (vgl. an A. WITTE, [Juni/Juli 1882], IV.3.188–190; MARTHA an Fontane, 11. 7. 1882, in: E. ROSEN, 1974, S. 250–252). Das auffällige Fehlen von Corinnas Mutter in *Frau Jenny Treibel* verstärkt auch den Eindruck der engen Beziehung zwischen Fontane und MARTHA, die ebenso sehr »ihres Vaters Tochter« (I.4.368) ist wie Corinna die Schmidts nach dessen eigenem Eingeständnis. Fontane mag empfunden haben, daß seine eigene Frau in der Schmidtschen Gegenwelt zur Bourgeoisie eine problematische Gestalt gewesen wäre, aber Corinnas Mutterlosigkeit ist auch ein Element der stärker männlich bestimmten *Bildungs*sphäre des Gymnasialprofessors gegenüber der eher weiblich dominierten *Gesellschafts*sphäre des Industriellen. Zugleich ist damit auf die autobiographischen Züge hingewiesen, die der Autor dem Gymnasialprofessor als verbindlichem, tolerantem, aber selbstbezogenem Causeur wie auch in seiner sicheren und distanzierten Einschätzung der Bourgeoisie, seinem Ohnmachtsgefühl ihr gegenüber, seiner Vorliebe fürs Historisch-Anekdotische und seinem prekären Verhältnis zur eigenen Lyrik verleiht: »Wilibald Schmidt spricht nicht anders als Fontane selbst.« (H. REINHARDT, 1979, S. 321)

Der Name Corinnas mit seinen antiken und modern-romantischen Assoziationen reflektiert das geistige Profil ihres Vaters, »denn er war Klassiker und Romantiker zugleich« (I.4.304). Wie Corinnas Bemerkung, sollte ihre Heirat mit Leopold gelingen, werde sie sich als »Corinne au Capitol« (I.4.344) fühlen, verrät, ist die auf dem römischen Kapitol als Dichterin gekrönte Titelheldin von Madame de STAËLS Roman *Corinne ou L'Italie* (1807), die sich nach der legendären antik-griechischen Dichterin Korinna nennt, die intertextuelle Folie der bürgerlichen Berlinerin. R. BÖSCHENSTEIN, die die Beziehungen zwischen Corinne und Corinna untersucht hat (1995), sieht in der Kunststopfepisode beim Treibelschen Diner sogar eine Parodie der de Staëlschen Szene. Corinna und Corinne verbindet das Emanzipatorische und der Versuch, gegensätzliche Welten durch ihre Heirat zu versöhnen, was in beiden Romanen nicht gelingt. Corinnes Tod aus Liebeskummer am Ende des Romans, so scheint mir im Gegensatz zu BÖSCHENSTEINS Deutung, kontrastiert ironisch mit Corinnas happy ending: Noch gelassener als bei der Trennung des Liebespaares in *Irrungen, Wirrungen* verzichtet Fontane in *Frau Jenny Treibel* zugunsten des realistischeren Sich-Akommodierens auf die große tragische Geste, die, als Corinna sie probiert (»Aber meine Gefühle, gnädigste Frau

...«, I.4.449), von Jenny Treibel mit einem »Bah« erledigt wird. Von einer wirklichen Liebe des sich trennenden Paares allerdings kann hier im Gegensatz zu de Staëls Roman keine Rede sein.

Zu (2): Ins Karikaturistische gesteigerte Repräsentanten der Bourgeoisie gibt es auch in anderen Romanen Fontanes, aber nur in *Frau Jenny Treibel* verdichtet sich das Thema zu einem Generalangriff, der aus lebenslangen Beobachtungen und Abneigungen Fontanes gespeist wird. Dieser betrachtet »das Bourgeoisgefühl« als »das zur Zeit bei uns maßgebende« und haßt »das Bourgeoishafte mit einer Leidenschaft, als ob ich ein eingeschworener Socialdemokrat wäre« (an Martha, 25. 8. 1891, IV.4.148). Schon sein erstes eigenständiges, allerdings bis 1924 unveröffentlichtes Werk, das Kurzepos *Burg* (1840), ist eine Satire auf die Kleinstadtphilister; noch das letzte Werk, *Der Stechlin*, enthält mit Geringschätzung gezeichnete Repräsentanten der Bourgeoisie (die vulgären Gundermanns) und böse Worte über sie (Wrschowitz: »Oberklasse gutt, Unterklasse serr gutt, Mittelklasse *nicht* serr gutt«, I.5.233). Ausdrücke wie »Bourgeois-Egoismus« (an E. Zöllner, 7. 10. 1875, IV.2.512), »wohlhabendgewordene[s] Speckhökerthum« (an Martha, 18. 4. 1884, IV.3.314) und »der Bourgeois ist furchtbar« (an J. Morris, 22. 2. 1896, IV.4.539), und Charakterisierungen der Gegenwart als Zeit »des Scheins und der Phrase« (an M. Ludwig, 21. 1. 1890, IV.4.16), »falscher Rücksichtnahme und gesellschaftlicher Heuchelei« (an H. Wichmann, 21. 11. 1990, IV.4.71) dürfen in Fontanes Briefen nicht überraschen. Es ist, wie oben ersichtlich, nicht so sehr ein genuines Interesse am Sozialismus oder der Arbeiterklasse, das Fontane schließlich den vierten Stand sympathisch macht, sondern vielmehr sein Abscheu gegen das moralisch bankrotte Bürgertum. Dementsprechend ist es auch Jennys Heuchelei, die Schmidt zu dem viel zitierten Bekenntnis veranlaßt: »[...], wenn ich nicht Professor wäre, so würd' ich am Ende Sozialdemokrat.« (I.4.450) Dabei ist das Phänomen des Bourgeoisen für Fontane nicht durch den Geldbesitz allein gekennzeichnet, vielmehr sieht der Autor in dem Widerspruch zwischen dem gesellschaftlichen, geistigen und religiösen Anspruch dieser Schicht und ihren tatsächlichen Lebensantrieben, zwischen Fassade und Wirklichkeit ein Grundübel seiner von Heuchelei durchdrungenen Zeit:

> der Bourgeois, wie ich ihn auffasse, wurzelt nicht eigentlich oder wenigstens nicht ausschließlich im Geldsack; viele Leute, darunter Geheimräte, Professoren und Geistliche, Leute, die gar keinen Geldsack haben, oder einen sehr kleinen, haben trotzdem eine *Geldsack-*

gesinnung und sehen sich dadurch in der beneidenswerten oder auch nicht beneidenswerten Lage, mit dem schönsten Bourgeois jederzeit wetteifern zu können. Alle geben sie vor, Ideale zu haben; in einem fort quasseln sie vom »Schönen, Guten, Wahren« und knicksen doch nur vor dem goldnen Kalb, entweder indem sie tatsächlich alles, was Geld und Besitz heißt, umcouren oder sich doch heimlich in Sehnsucht danach verzehren. Diese Geheimbourgeois, diese Bourgeois ohne Arnheim, sind die weitaus schrecklicheren, weil ihr Leben als eine einzige große Lüge verläuft. [...]; alle sind durchaus »zweifelsohne«, jeder erscheint sich als ein Ausbund von Güte, während in Wahrheit ihr Tun nur durch ihren Vorteil bestimmt wird, was auch alle Welt einsieht, nur sie selber nicht. Sie selber legen sich vielmehr alles aufs Edle hin zurecht und beweisen sich und andern in einem fort ihre gänzliche Selbstsuchtslosigkeit. (III.4.186f.)

Struktur, Thematik

Die Handlung von *Frau Jenny Treibel* findet zwischen »einem der letzten Maitage« (I.4.297) und dem »letzte[n] Sonnabend im Juli« (I.4.473) des Jahres 1886 statt, also in der unmittelbaren Gegenwart. Trotz dem nicht-aristokratischen Milieu ist *Frau Jenny Treibel* wie die meisten Prosawerke Fontanes ein Gesellschaftsroman, der aus einer Reihe von gesellschaftlichen Ereignissen mit ihren Vorbereitungen und nachträglichen Reflexionen und Folgen besteht. Diese gesellschaftlichen Rituale werden vorwiegend zum Zweck ihrer Entzauberung pseudo-zelebriert: 1.–8. Kapitel: die Parallelaktion von Treibelschem Diner und Schmidtschem »Abend«; nach einwöchiger Pause 9.–15. Kapitel: der Ausflug nach Halensee mit Corinnas Verlobung und den fatalen Konsequenzen bis hin zur Entlobung nach »anderthalb Wochen« (I.4.457); und 16. Kapitel: erneute Verlobung und Hochzeit Corinnas. Die Szenenfolge ist so angeordnet, daß sie wechselnd das Mit- und Gegeneinander, Verbindung und Trennung der Häuser Schmidt und Treibel vorführt.

Nach Fontanes eigenem Urteil ist es der

Zweck der Geschichte: das Hohle, Phrasenhafte, Lügnerische, Hochmütige, Hartherzige des Bourgeoisstandpunkts zu zeigen, der von Schiller spricht und [das Berliner Kaufhaus, C. G.] Gerson meint (an Theodor, 9. 5. 1888, IV.3.601).

Es handle sich um

eine humoristische Verhöhnung unsrer Bourgeoisie mit ihrer Redensartlichkeit auf jedem Gebiet, besonders auf dem der Kunst und der Liebe, während sie doch nur einen Gott und ein Interesse kennen: das Goldene Kalb (an Schlenther, AR 6.517).

Fontane entfaltet dieses Thema durch die thematisch und strukturell bis ins Einzelne durchgeführte kontrastierende und parallelisierende Gegenüberstellung (Werte, Haltungen, Kunstverständnis, Wohnverhältnisse, Geselligkeitsformen, Lebens-, Eß- und Trinkgewohnheiten usw.) des sozialen Ambiente zweier befreundeter Familien: des neumodischen, selbständigen *Besitz*bürgertums der Treibels mit ihrem protzigen Lebensstil und des altmodischen, erzieherisch tätigen *Bildungs*bürgertums des Schmidtschen Kreises. Die moderne, ausschließlich von ökonomischen Interessen geleitete Handelsmentalität (»[...] unsereins rechnet und rechnet und kommt aus der Regula-de-tri gar nicht mehr heraus, [...]: ›wenn das und das soviel bringt, wieviel bringt das und das‹«, I.4.322) mit ausgeprägtem hierarchischen Gesellschaftsempfinden scheint friedlich neben einem anderen Gegenwartsbewußtsein herzuleben: dem der humanistischen Traditionsverpflichtung gegenüber den idealen Werten der Antike, gegenüber dem Reich des Herzens, des Geistes und des Poetischen. Der kritische Fokus Fontanes ist die scheinheilige Jenny Treibel als Inkarnation der bourgeoisen Gesinnung der Zeit. Sie ist einerseits als »ganz ausschließlich auf Äußerlichkeiten gestellte« (I.4.445) Person die vollkommene Repräsentantin des Geldbürgertums und handelt gnadenlos egoistisch und kalt kalkulierend. Aber andererseits unterhält sie ein durch und durch sentimentales, trivial-romantisches Verhältnis zur Welt Schmidts, denn sie bildet sich in wohltuendem Selbstbetrug ein, »kleine Verhältnisse« (I.4.302), das »Eheglück« (I.4.316), das »Poetische« (I.4.319) und die »Welt der Ideen und vor allem auch des Idealen« (I.4.410) inständig zu lieben und von der völligen Nichtigkeit von »äußerliche[m] Besitz, Vermögen, Gold« (I.4.320) zutiefst durchdrungen zu sein:

> »Wissen und Klugheit und überhaupt das Höhere – darauf kommt es an. Alles andere wiegt keinen Pfifferling. Es ist ein Elend mit den Äußerlichkeiten. Glück, Glück! [...] das Glück, es ruht *hier* allein.«
> Und dabei legte sie die Hand aufs Herz. (I.4.413)

Aus der pathetischen und gefühligen Beschwörung des tatsächlich nicht vorhandenen »Idealen« und »Höheren« durch »das Musterstück von einer Bourgeoise« (I.4.305) zieht Fontane seine ironischen und satirischen Wirkungen.

Die statische Juxtaposition der beiden sozialen Welten wird handlungsmäßig dadurch aufgebrochen, daß die gewissermaßen in die Rolle der jungen Jenny schlüpfende Corinna Schmidt, vom »Hang nach Wohleben« (I.4.344) affiziert, durch das Angeln des jüngeren Treibelschen Sohnes in deren Welt überwechseln möchte und daß Jenny daraufhin vorübergehend das gewohnte prätentiöse Jonglieren beider Welten aufgeben muß, um diesen Frevel resolut zu verhindern, der doch in Wirklichkeit nur den Schachzug zu wiederholen versucht, der ihr selbst vor Jahrzehnten die Karriere als Fabrikantengattin ermöglicht hat. Daß Corinna dies selbst als Verrat an ihrem eigenen Wesen und geistigen Niveau, an ihrem Vaterhaus und ihrem emanzipierten Bewußtsein erkennt, setzt Jenny in das richtige, nämlich schlechte Licht. So stehen sich in *Frau Jenny Treibel* zwei Frauentypen und zwei weibliche Standardbilder des späteren 19. Jahrhunderts gegenüber.

Corinna ist also die eigentlich handlungstreibende Figur des Romans, wird aber in der zweiten Hälfte von Jennys Konteraktion in die Defensive gedrängt. Es darf allerdings nicht übersehen werden, daß der zielbewußt auf die Geldheirat gerichteten Aktivität der emanzipierten Professorentochter Treibels politische Aktion, Reichtstagsmitglied zu werden, hinter den Kulissen genau parallel läuft. *Frau Jenny Treibel* ist also eigentlich ein Roman mit zwei Handlungen, einer privaten und einer politischen, die beide egoistisch auf gesellschaftliches Avancement gerichtet sind und beide fehlschlagen. Ihre enttäuschten Initiatoren müssen sich genau zur selben Zeit (15. Kap.) widerwillig ihre Niederlage eingestehen.

Frau Jenny Treibel ist daher ein Roman nicht der Entsagung, sondern des Scheiterns. Aber dieses darf begrüßt und belächelt werden, weil es die notwendige und wünschenswerte Korrektur menschlicher »Irrungen, Wirrungen« ist, deren Ende zwar einerseits die Macht der sozialen Verhältnisse und die Überlegenheit der lebensklugen Rücksichtslosigkeit bestätigt, aber andererseits Corinna und Treibel menschlich rettet. Treibel gesteht sich ein, daß sein opportunistisches Kokettieren mit einer abstrusen Art konservativer Politik, die schon durch seinen geldgierigen, grotesken Wahlagenten Vogelsang – die Karikatur eines repräsentativen Typs der Zeit: des preußischen Leutnants (vgl. zu der Figur C. GRAWE, 1984; J. SCHNEIDER, 1992) – desavouiert wird, ein Irrweg ist, weil er entsprechend Treibels eigenem Credo nicht zu dem beabsichtigten Ziel führt (ein höherer Orden, ein angesehener Titel, eine politisch-öffentliche Rolle). Zwar leidet Treibel im Gegensatz zu Jenny nicht unter Illusionen über sich selbst, aber »der Bourgois steckte ihm wie seiner sentimentalen Frau tief im Geblüt« (I.4.439). Corinna kehrt reumütig und empört, daß für manche Menschen »Geld alles ist und Herz und Sinn verengt und zum Überfluß Hand in Hand geht mit Sentimentalität und Tränen« (I.4.471), in ihre bildungsbürgerliche Welt zurück, wo sie einen einsichtigen, aufrichtigen Lebenspartner aus ihrem eigenen Milieu und sogar ihrer eigenen Familie findet – bezeichnender- und vielleicht bedenklicherweise ein »Archäologe« (I.4.462). BÖSCHENSTEIN, die den Hinweis auf Corinnas Hochzeitsreise »bis an das Grab der Julia« (I.4.475) als Anspielung auf ihr »innere[s] Absterben« (1995, S. 286) wertet, sieht in dieser Ehe Corinnas Verzicht auf Leidenschaft – ob sie diese allerdings in der Ehe mit der »Suse« (I.4.375) Leopold gefunden hätte, darf bezweifelt werden.

Frau Jenny Treibel ist also nicht – wie *L'Adultera*, *Graf Petöfy*, *Cécile* und *Effi Briest* – der Roman einer unglücklichen Ehe, sondern der richtigen Partnerwahl. Das gilt zweifellos für Corinna, aber, insofern es zum Besitzbürgertum gehört, das persönliche Glück der gesellschaftlich angemessenen Konventionsehe zu opfern, auch für Leopold. Was ihm in seiner Ehe mit der hochvornehmen Hamburger Konsulstochter – auch sie mit ihm schon, wie Marcell mit Corinna, familiär verbunden, was die Abkapselung beider sozialer Kreise nach außen betont – bevorsteht, lassen die Ehen seines Vaters und seines Bruders ahnen. An ihm muß man die »von Grund aus ethische Natur« (I.4.303) Marcells messen, bei dem – anders als bei Van der Straaten in *L'Adultera* und bei Innstetten in *Effi Briest* – am Schluß des Romans berufliches Avancement und persönliches Glück zusammenfallen.

In der Unvereinbarkeit (»In eine Herzogsfamilie kann man allenfalls hineinkommen, in eine Bourgeoisfamilie nicht«, I.4.465) von Besitz- und Bildungsbürgertum und ihren konträren Wertsystemen, die den Verlust einer die Gesellschaft umfassenden Sinntotalität anzeigen, exponiert Fontane ein Phänomen, das ein Jahrzehnt später T. MANN in *Buddenbrooks* als konstitutiv für die bürgerliche Gesellschaft des 19. Jahrhunderts darstellt: das Auseinanderdriften von Kapital und Kultur, das die letztere um die Jahrhundertwende in die Gefahr bringt, zu bloßer Dekoration, zu sozialer Irrelevanz und l'art pour l'art marginalisiert zu werden.

Daß Jenny »das Ideal im Liede« zu haben glaubt, »denn die Musik hebt es noch in eine höhere Sphäre« (I.4.320), bestätigt den gesellschaftlichen Funktionsverlust der Kunst. Passenderweise ist daher auch die zentrale leitmotivische Funktion für Jennys ›schizophrenes‹ Selbst- und Weltverständnis einem Lied übertragen. Seine letzte Zeile bildet den Untertitel des Buches, und es wird in dessen Verlauf zweimal gesungen und dabei beide Male vollständig zitiert (I.4.338, 477). Seine ursprüngliche Funktion als erlebnislyrisches Siegel einer »stillen Verlobung« (I.4.369) zwischen Schmidt und Jenny und deren Verrat werden vom »Dichter« der Verse selbst seinem vorläufig abgeschlagenen, niedergeschlagenen Schwiegersohn Marcell erzählt, damit dieser die Lage richtig einschätzt. Zwar ist sich die Forschung über den poetischen Wert des Gedichts nicht einig, außer daß es wohl von Fontane selbst – erheblich früher oder während der Entstehung von *Frau Jenny Treibel* entstanden? – stammt. Aber unabhängig davon, ob es als poetischer Text zu retten, ob es sentimental – so auch Fontane selbst (an THEODOR, 9. 5. 1888, IV.3.600) – oder auf bewundernswerte Art bewußt sentimentalisierend ist, es bleibt ein ingeniöses Medium, um Jennys falsche Mentalität zu desavouieren (vgl. zu dem Lied MÜLLER-SEIDEL, S. 309–311; F. BETZ, 1976; PLETT, S. 260–265; L. GREVEL, 1989; N. MECKLENBURG, 1989, S. 150–152; R. SELBMANN, 1992). Nicht zufällig kontrastiert beim Singen des Liedes Jennys Körperfülle mit ihrer dünnen Stimme, hat sie das schlichte Heft mit Schmidts Gedichten »in grünen Maroquin« (I.4.300) binden lassen.

Schmidts ironisches Kapitulieren vor Jenny, seine Unfähigkeit und Unwilligkeit, die Zustände zu beeinflussen oder gar ändern zu wollen, ist im Horizont sozialer Entwicklungen repräsentativ für das mangelnde Engagement und Durchsetzungsvermögen des Bildungsbürgertums, das nach 1848 zunehmend den Treibels die Macht über und den Einfluß auf die Gestaltung der sozialen und politischen Wirklichkeit überläßt und sich im Bewußtsein seiner inneren Überlegenheit in den Elfenbeinturm zurückzieht oder aber sich in sozialer Blindheit mit dem sich zum ersten Weltkrieg hin immer chauvinistischer gebärdenden Nationalismus identifiziert: »Durch den Rückzug Schmidts ins Refugium des klassischen Altertums bleibt die Gegenwart den Treibels.« (D. KAFITZ, 1973, S. 89, der den Komplex ausführlich behandelt) Auch Schmidts schon zitiertes Bekenntnis zur Sozialdemokratie ist ja ein im Konditional formuliertes, wirklichkeitsenthobenes Gedankenspiel (vgl. zu dem Satz W. JENS' reizvollen fiktionalen Mahnbrief des preußischen »Ministers der geistlichen, Unterrichts- und Medicinal-Angelegenheiten« an Schmidt wegen dessen sozialdemokratischer Neigungen, 1971). Der in seine pädagogische Welt versponnene Zirkel von Lehrern illustriert, aus welchen Haltungen und Ressentiments im 20. Jahrhundert nicht zuletzt das Versagen der deutschen Intellektuellen gegenüber dem Mißbrauch der staatlichen Macht hervorgeht.

Und doch wird man KAFITZ' Urteil (1973, S. 99) nicht zustimmen können, Fontane zeichne in *Frau Jenny Treibel* »ein Bild beider Zweige des zeitgenössischen Bürgertums in ihrer stillschweigenden Komplizenschaft«. Entsprechend Fontanes eigenen Äußerungen über die kritische Intention seines Buches (s. o.) »(erscheint) das Gegenüber von Besitz und Bildung in der Perspektive der Bildung« (H. REINHARDT, 1979, S. 320). Zwar wird in *Frau Jenny Treibel* nicht nur das vom eigenen Vorteil beherrschte Erwerbsdenken der wilhelminischen Zeit Zielscheibe von Fontanes Spott; auch das Kränzchen der »sieben Waisen Griechenlands« mit seiner traditionellen Gesinnung und Denkweise entgeht, wie vor allem die jüngere Forschung betont, der Skepsis und Ironie des Autors nicht. Auch im Schmidtschen Kreis hat das geistige Erbe z. T. unverbindlichen Büchmannschen Zitatcharakter angenommen: Laut PLETTS Nachweis (S. 318) enthält von allen Erzählwerken Fontanes *Frau Jenny Treibel* relativ die größte und absolut die zweitgrößte Zahl von Zitaten. Auch unter den Pädagogen gibt es Egoismus und hierarchisches Denken, Selbstbetrug und Illusionen, kurz, Menschliches, Allzumenschliches; von Corinnas vorübergehendem »Überlaufen zum Feind« ganz zu schweigen. Aber in Fontanes Bewußtsein existiert zweifellos eine ethische Rangordnung zwischen beiden Welten. Die redliche Schmidtsche Welt ist geistig und emotional echter und profunder und mit ungleich größerer Sympathie gezeichnet – schließlich ist sie zum Gutteil Fontanes eigene. Schmidt entwirft seiner Tochter mit dem »Spruch: ›Werde, der du bist‹« des »große[n] Pindar« (I.4.469) ein traditionsbewußtes, persönliches Ideal klassischer menschlicher Selbstbildung, das dem banalen Treibelschen Lebensgrundsatz der Regel-de-tri weit überlegen ist. Zwar erscheint das Bildungsbürgertum mit seiner individualistischen Selbstbeschränkung aus geschichtlicher Perspektive sozial und historisch blind, aber vielleicht gerade dadurch umso realistischer. Schon daß der Treibelsche Kreis im Gegensatz zum Schmidtschen, wo selbst der verstorbene Sittenpolizist Schmolke durch den ständigen Umgang mit den Prostituierten nicht korrumpiert werden kann (vgl. I.4.423–425) und Marcell es mit der Leidenschaft so schwierig findet (vgl. I.4.365), mit einer Patina des erotisch Anrüchigen überzogen ist, etabliert eine moralische Differenz (vgl. C. GRAWE, 1984, S. 601–604). Zudem enthält das »Schmidtsche« – das magische Familienelixier, das der Gymnasialprofessor immer wieder beschwört – ein Ingredienz, das ihn allein schon in Fontanes Urteil auf eine höhere Stufe menschlichen Wertens stellt und ihm das Wohlwollen seines Schöpfers einträgt: »den denkbar höchsten Standpunkt, den der Selbstironie« (I.4.347).

Im Zeichen der Selbstironie Schmidts, im Zeichen der ironischen und bewußt profanierenden Zelebrierung von Jennys Lied und im Zeichen der relativierenden Ironie des Autors steht der Schluß des Romans, der in seiner irritierenden Mehrdeutigkeit die verschiedensten Auslegungen erfahren hat. Siegt Jenny letzten Endes über das hilflose Bildungsbürgertum (REUTER, S. 695)? Ist das Versöhnliche angesichts der tatsächlichen deutschen Zustände »bloße Belletristik« (G. LUKÁCS, 1967, S. 144)? Gelingt »die Verbindung des Poetischen mit dem Historischen [...] im Humor«, die in der Realität als Utopie bestehen bleiben muß (MÜLLER-SEIDEL, S. 319)? Leuchtet gerade im profanierten Lied etwas auf, was den Schmidts, nicht aber den Treibels gelingt: »ein Zusammenleben in herzlicher Weise« (AUST, 1974, S. 118)? Deutet Schmidt auf eine moderne »Welt des absolut kontingenten Sinns« hin, »die von keiner ›tieferen‹ (moralischen oder geschichtsphilosophischen) Bedeutungsschicht getragen wird« (A. POLTERMANN, 1989, S. 140)? Setzt der Schluß »durch pointierte Sentimentalisierung einen kompositorischen Akzent«, indem er die einseitige Perspektive Schmidts auf Jennys Sentimentalität durch dessen eigene alkoholinduzierte »ein wenig zurechtrück[t]« (H. REINHARDT, 1979, S. 320f.)? Wird Krola durch sein Singen des Liedes zur Zeichenfigur für »Heinrich Schliemanns [...] Synthese von Besitz und Bildung«, aber so, daß seine klare Unterscheidung von Vergnügen und Kunst die letztere durch ihre Abwesenheit schützt (R. SELBMANN, 1992, S. 107f.)? Ist die »Trunkenheit« Schmidts »nur das Vehikel, das die Radikalität seiner verdeckten Verzweiflung auszusprechen erlaubt« (R. BÖSCHENSTEIN, 1995, S. 286)?

Dreierlei gilt es bei solcher Disparität des Urteils im Auge zu behalten: Erstens rückt mit Jennys Lied und Schmidts Kommentaren über das den Alltag nicht lügnerisch mißdeutende, sondern ihn transzendierende Poetische, wie es der Professor (und Fontane) im Unterschied zu Jenny verstehen (vgl. AUST, 1974, S. 120–124; R. SELBMANN, 1992, S. 106f.), das Phänomen der Kunst noch einmal in den Blick. Unter den Dingen, die sich nach Schmidt in »Unsinn« auflösen, erscheint das Poetische nicht. Zweitens ist es Schmidt, der das letzte Wort über Jenny behält, deren »Lieblingslied« er sich gewissermaßen wieder aneignet. Während sich das enge, statische seelische Profil der Kommerzienrätin im Lauf des Buches nicht ändert, rundet sich das des Professors durch das Ende zum menschlicheren Bild. Hinter seiner selbstzufriedenen Fassade verbergen sich unbewältigte Jugendträume und Sehnsüchte, Verbrüderungs- und Aussteigebedürfnisse. Drittens darf die spielerische Mehrdeutigkeit der Schlußszene, die mit Hochzeitsfeier und Betrunkenheit in doppelter Hinsicht eine Ausnahmesituation bildet, nicht zugunsten einer definitiven oder einseitigen Interpretation verengt werden: »Dem Leser [...] ist vor einer Auslegung der Einzelheiten die Kohärenz der Textpartie nahezulegen, von der sie Teile sind.« (WRUCK, 1991, S. 213) Die konkrete Lebenssituation absorbiert momentan alle Widersprüche, aber bei der (im wahrsten Sinne des Wortes) nüchternen Analyse bleibt unausweichlich ein unauflösbarer bitterer Rest.   CHRISTIAN GRAWE

Literatur

H.-F. ROSENFELD, 1926, s.u. 3.1.1. – I. MITTENZWEI, 1970, s.u. 3.1.1. – W. JENS, Womöglich ein Socialist, in: Leporello fällt aus der Rolle. Zeitgenössische Autoren erzählen das Leben von Figuren der Weltliteratur weiter, hg. von P. HÄRTLING, Frankfurt am Main 1971, S. 181–184. – D. TURNER, Fontanes »Frau Jenny Treibel«: A Study in Ironic Discrepancy, in: FMLS 8 (1972), 2, S. 132–147. – H. AUST, Anstößige Versöhnung? Zum Begriff der Versöhnung in Fontanes »Frau Jenny Treibel«, in: ZfdPh 92 (1973), SH, S. 101–126. – D. KAFITZ, Die Kritik am Bildungsbürgertum in »Frau Jenny Treibel«, in: ZfdPh 92 (1973), SH, S. 74–101. – H. AUST, 1974, s.u. 3.1.1. – E. ROSEN, Mete Fontane. Briefe an die Eltern 1880 bis 1882, Frankfurt am Main 1974, S. 250–252. – W. H. BRUFORD, »Frau Jenny Treibel« (1892), in: W. H. B., The German tradition of self-education. »Bildung« from Humboldt to Thomas Mann, Cambridge 1975, S. 190–205. – F. BETZ, »Wo sich Herz zum Herzen find't«: The question of authorship and source of the song and sub-title in Fontanes »Frau Jenny Treibel«, in: GQ 49 (1976), S. 312–317. – H. GRIEVE, Frau Jenny Treibel und Wilhelmine Buchholz: Fontanes Roman und die Berliner Populärliteratur, in: Fs JOLLES, 1979, S. 535–543. – H. REINHARDT, Die Wahrheit des Sentimentalen. Bemerkungen zu zwei Romanschlüssen bei Theodor Fontane: »Frau Jenny Treibel« und »Effi Briest«, in: WW 29 (1979), S. 318–326. – M. OSSOWSKI, 1989, s.u. 3.1.1. – C. GRAWE, Lieutenant Vogelsang a. D. und Mr. Nelson aus Liverpool: Treibels politische und Corinnas private Verirrungen in »Frau Jenny Treibel«, in: FBl H. 38 (1984), S. 588–606. – L. GREVEL, Frau Jenny Treibel«. Zum Dilemma des Bürgertums in der Wilhelminischen Ära, in: ZfdPh 108 (1989), S. 179–198. – G. A. GUIDRY, Fontanes »Frau Jenny Treibel« and »Having« a Conversation, in: GR 64 (1989), S. 2–9. – N. MECKLENBURG, Einsichten und Blindheiten. Fragmente einer nichtkanonischen Fontane-Lektüre, in: TuK Fontane, 1989, S.150–152. – A. POLTERMANN, »Frau Jenny Treibel« oder die Profanierung der hohen Poesie, in: Ebd., S. 131–147. – G. FRIEDRICH, Die Witwe Schmolke. Ein Beitrag zur Interpretation von Fontanes Roman »Frau Jenny Treibel«, in: FBl 52 (1991), S. 29–46. – P. WRUCK, »Frau Jenny Treibel«. »Drum prüfe, wer sich ewig bindet«, in: Interpretationen, 1991, S. 185–216. – J. SCHNEIDER, »Plateau mit Pic«. Fontanes Kritik an der Royaldemokratie in »Frau Jenny Treibel«, Ideengeschichtliche Voraussetzungen zur Figur des Leutnants Vogelsang, in: FBl 53

(1992), S. 57–73. – R. SELBMANN, »Das Poetische hat immer recht. Zur Bedeutung der Poesie in Fontanes Roman »Frau Jenny Treibel«. Zu Jenny Treibels 100. Geburtstag, in: FBl 54 (1992), S. 101–109. – O. KEILER, Fontanes »Frau Jenny Treibel« – Bildung und Weiblichkeit. Diskursive Betrachtung mit Hinweisen zur Unterrichtsgestaltung und Anmerkungen zum Weiterlesen, in: DU (Berlin) 47 (1994), S. 573–582. – R. BÖSCHENSTEIN, Das Rätsel der Corinna: Beobachtungen zur Physiognomie einer »realistischen« Figur aus komparatistischer Sicht, in: London Symposium, 1995, S. 273–296. – R. SELBMANN, Alles »reine Menufragen«? Über das Essen und Trinken in Theodor Fontanes Roman »Frau Jenny Treibel«, in: FBl H. 60 (1995), S. 103–116. – S. NEUHAUS, Warum sich Herz zum Herzen find't. Die Bedeutung eines Schiller-Zitats für die Interpretation von Fontanes Frau Jenny Treibel, in: LWU 31 (1998), S. 189–195. – R. DIETERLE, Die sieben Waisen und die Mädchenbildung. Zur pädagogischen Diskussion in Fontanes »Frau Jenny Treibel«, in FBl H. 68 (1999), S. 130–143.

3.1.15 Von, vor und nach der Reise. Plaudereien und kleine Geschichten

Das beliebte Reisemotiv aus Fontanes Jugendzeit, das erst im beginnenden Eisenbahnzeitalter für ein breites Publikum literarisiert wird, wird hier vom Autor in der auch damals favorisierten Form des Reisefeuilletons wieder aufgenommen. Das Buch erscheint 1894 als Sammelband im Verlag des Sohnes FRIEDRICH FONTANE & Co und enthält dreizehn Beiträge. Diese entstehen über eine Zeitspanne von zwei Jahrzehnten, der erste, »Modernes Reisen«, im Jahr 1873, als schon ein dichtes Eisenbahnnetz das neue Deutsche Kaiserreich umspannt und in der neuen Hauptstadt Berlin seinen wichtigsten Knotenpunkt hat, die letzten 1893, als der Sommerurlaub auch in bürgerlichen Kreisen zum festen Bestandteil des Jahresprogramms geworden ist. Die einzelnen Feuilletons – einige tragen den Untertitel »Novelette«, »Plauderei« oder »Spaziergang« – sind von verschiedener Länge; die meisten zählen zwischen sechs und zwölf Druckseiten. Eine Ausnahme bildet das etwa 20-seitige, behäbig erzählte Porträt eines aktuellen Zeitphänomens, des Gesundheitsfanatikers, in Gestalt des »Onkel Dodo«; dies ist der einzige Text (1889), der in adligen Kreisen spielt. Anders als die meisten realistischen Erzähler beschreibt Fontane selten das Aussehen seiner Figuren. Doch die einführende Beschreibung Onkel Dodos durch den Erzähler – einen durch diesen verdrängten Hausfreund und Hypochonder – verbindet in geradezu Thomas Mannscher Manier, Aussehen und Charakter in witzig-humorvoller Prosa. Die Mehrzahl der Beiträge erscheint in den Medien, entweder in der *Vossischen Zeitung,* in der wenig bekannten Familienzeitschrift

Zur guten Stunde, die vom Herausgeber der ersten Ausgabe von Fontanes *Gesammelten Romanen und Novellen,* Emil DOMINIK, geleitet wird, oder in der *Deutschen Rundschau* von Julius RODENBERG, der sich früher als sehr produktiver Autor von Reisefeuilletons und -erinnerungen ausgewiesen hat. Die letzten fünf Texte im Band sind Anekdoten oder Skizzen aus dem oberschlesischen Krummhübel und Umgebung gewidmet. Hier hat sich Fontane in den achtziger Jahren und Anfang der Neunziger gern zur Sommerfrische aufgehalten; den Stoff manchen Textes verdankt er z. T. dem dort lebenden G. FRIEDLAENDER, den er immer wieder darum bedrängt.

In *Von, vor und nach der Reise* werden in Form von Gesprächen oder Erinnerungen beliebte Reiseziele der mittleren Beamten und Privatiers evoziert wie der Thüringer Wald, der Harz, das schlesische Burgland, Kissingen, die ostfriesischen Inseln und die Ostseebäder, wie Norderney, – und sogar auch Berlin. Heute exotisch erscheinende Reisesitten und -requisiten von damals wie das Damencoupé oder der dienstbeflissene Eisenbahnschaffner werden angesprochen und unterschwellig satirisiert, ebenso Rollenmodelle in der bildungsbürgerlichen Ehe. Alle Texte haben einen profilierten Erzähler. Die Reiseerfahrungen werden durch den Erzähler selber verarbeitet oder mit seiner Hilfe in ihren Auswirkungen auf das Bewußtsein der Reisenden bzw. ihrer Angehörigen. Manchmal aber wird es dem Leser überlassen, den Bewußtwerdungsprozeß nachzuvollziehen, so beispielsweise in »Der Karrenschieber von Grisselsbrunn. Novellette« (*Die Gesellschaft,* 1889), die Fontane einer Erzählung des Freunds Moritz LAZARUS verdankt. Dem bürgerlichen Erzähler im Text bleibt offensichtlich die eigene Aufdringlichkeit verborgen; dafür fällt dem einsichtigen Leser die Unangemessenheit von dessen Anspruch um so unangenehmer auf, als der Erzähler den Arbeiter zum Objekt seines karitativen Impulses oder viel eher seiner Neugier machen will.

Viele der in der *Vossischen Zeitung* und bei DOMINIK erschienenen Texte lesen sich wie eine Bürgerschelte der milderen Observanz, vor allem was die Geschlechterrollen angeht. So hört sich »Nach der Sommerfrische« (*Vossische Zeitung,* 1880) wie eine Replik auf Fontanes witzige Eheklage von 1876 an: »Wie meine Frau sich einen Beamten denkt«. Der Beamte, Hofrat Gottgetreu, verhält sich zu Hause als ein inkompetenter Haustyrann, dessen Berufskrankheit als Amtsmensch, die Neigung zu Obsessionen, hier in Form von Versessenheit auf ›echte Naturerfahrung‹ und Diätleben auftritt. Natürlich muß die Ehefrau mithalten, ob sie will oder nicht. Sie spielt die von ihr erwartete Rolle der Fügsamen, der Dulderin, mit obligater Begeisterung für die Faxen ihres Eheherrn, – wartet ihre Zeit ab, bis mit Hilfe der Natur und des Hausarztes der Mann darob krank wird und schließlich klein beigibt. Der professorale Egoismus des Botanikers Professor Lezius im letzten Text des Bandes, »Professor Lezius oder Wieder daheim« (*Deutsche Rundschau*, 1893), ist weniger liebenswürdig als beim Hofrat oder gar Jenny Treibels altem Verehrer Wilibald Schmidt. Lezius verlangt von Frau und Tochter, daß sie ihm zu jeder Stunde förmlich zu Diensten stehen. Der Beitrag enthält jedoch eine kleine Spitze: In der patriarchalischen Familie, in der das Rücksichtnehmen einzig und allein Sache der Frau ist, während der Hausherr seinen Gewohnheiten fröhnen darf, wird dieser für Frau und Tochter bloß zur ›lästigen Aufgabe, die zu erledigen‹ ist. Der Hausherr wird dabei – selbstverschuldet – im Bewußtsein seiner ›Lieben‹ zum Objekt. Nur wenn die Frauen unter sich sind, erwacht wieder das Gefühlsleben und kann ihr bescheidenes Glück genossen werden.

Auf den 1884 erörterten Plan von Fontanes Tochter MARTHA, sich endlich neue Horizonte zu schaffen und als Gouvernante nach Amerika zu gehen, wird im hintersinnigen Text »Im Coupé« (*Zur guten Stunde*, 1887/88) angespielt. Wie bei der gleichfalls dort in der Weihnachtsnummer 1887/8 erscheinenden »Eine Frau in meinen Jahren« (1886) handelt es sich vordergründig um unwahrscheinliche und zum Teil recht pikante Liebesgeschichten mit glücklichem Ausgang. Beide spielen vergnüglich mit den Klischeevorstellungen ihrer vermeintlichen Leser und Leserinnen – mit deren Vorurteilen gegen England etwa, die in der drastischen sprachspielerischen Beschreibung englischer Sitten durch den mitreisenden Herrn im Coupé Ausdruck finden, und vor allem in ihren vorgefaßten Meinungen über Geschlechterrollen und -tabus. Im ersten Text erlaubt sich eine alleinreisende Dame, eine Gouvernante, die nach England geht, mit einem fremden Herrn zu reisen und sich gar in ein Gespräch mit ihm zu verwickeln. Sie erreichen nach mehrstündigem, für damalige Verhältnisse recht intimem Gespräch in der Morgendämmerung Köln – und reichen sich gleich darauf vor dem Lochner Marienbild am Hochaltar des Kölner Doms die Hände, um gemeinsam – über Brüssel – weiter nach Amerika in ein neues Leben zu reisen. Köln und Brüssel haben im Fontaneschen Werk chiffreartigen Charakter, wie besonders *Cécile* nahelegt. Denn diese Namen sind es, die im Roman bei Céciles Verehrer Gordon jene Vorurteile erst hervorrufen, die ihm erlauben, Cécile als ›katholisch‹, ergo sittlich locker, abzustempeln, und darum als eine ›erlaubte Beute‹ anzusehen. Noch pikanter ist »Eine Frau in meinen Jahren«, ein humorvolles Gespräch zwischen einer Dame ›in den mittleren Jahren‹ und ihrem ›Kurschatten‹, das um die diffizile Frage geht, wie dauerhaft das Geschlechtsleben des Mannes sei – und sich zum Teil in einem Kirchhof abspielt. Klischeevorstellungen über Schauspielerinnen und ihren angeblich unersättlichen geschlechtlichen Appetit führen zur unerwarteten witzigen Wendung und Tabubrechung: Frauen seien in jener Hinsicht so anders nicht als Männer. Damit wird der glückliche Ausgang erreicht: die beiden reichen sich ebenfalls die Hände zum Lebensbund.

Besonders kunstvoll, wie fast immer, wenn er dieses Thema behandelt, ist Fontanes Anspielung auf den Antisemitismus im Kaiserreich in »Wohin? Eine Plauderei« (*Vossische Zeitung*, 1888). Im Text geht es zunächst darum, wo ›James‹ und seine Frau Leontine ihren Sommerurlaub verbringen sollten; das Gespräch endet nach Erzählung einer exemplarischen Begegnung durch ihren Hausfreund Justizrat Markauer damit, daß sie sich entschließen, als Touristen die eigene Stadt Berlin zu ›besuchen‹. Es sind offensichtlich etablierte Vertreter der *haute Bourgeoisie*, mit denen die Leser hier zu tun haben. Kommt der Hausfreund, wird ihm zum Frühstück »Port oder Sherry [...] Liebfrauenmilch oder Bocksbeutel« angeboten (I.7.74). Der Text ist ganz Dialog, fast ohne Erzählerbericht, der Erzählerkommentar beinahe gänzlich getilgt. Um so wirkungsvoller ist dessen spärlicher Gebrauch. Im Lauf des Gesprächs werden Namen genannt oder auf sie angespielt, die sozusagen den Subtext konstituieren, den man erst erkennt, wenn der Erzählerkommentar gefallen ist: »Beide [James und Justizrat Markauer, E. S.] lachten, und nur Leontine, die nach dieser Seite hin sehr empfindlich und im letzten Winkel ihres Herzens eigentlich Antisemitin war, trat an den offenen Flügel und strich mit dem kleinen Finger auf die Tasten.« (I.7.74) Später ist die Rede von Richard Wagner, von »Lohengrin und Tannhäuser« (I.7.76). Die sentimentale Nichtjüdin Leontine mit ihrem zarten Teint hat »poetische Erinnerungen« (I.7.72) an Norderney. (Aber ein Jude, Heinrich Heine, war es ja, der Norderney erst für die Literatur gewann.) Die Gedankenassoziationen, die bei Leontine bei der Erinnerung an und Erwähnung von Juden erweckt werden, sind gängigen, manchmal sogar absurden oder gar grotesken Klischeevorstellungen verpflichtet. So erzählt sie bei der Erwähnung eines Kegelspiels von den »Breslauer Ephraims«, von denen einer – »ich glaube der Lotterieinspektor« – durch den Splitter einer Kegelbahn ums Leben kam. Eine alte Liebschaft, mit der sie den Ehemann reizen will, ein gewisser Alfred Meyer, »kaum siebzehn und doch schon mit einem kleinen Schnurrbart«, wodurch die Juden als frühreif und vorwitzig charakterisiert werden, zeigt sich als Meister im Hasardspiel, indem er »dreimal hintereinander alle neune« warf, worauf ihr Mann ironisch erwidert, der habe ja »Konkurs gemacht und sei nach Amerika gegangen« (I.7.73).

Die Leser herausfordernde Selbstironie hingegen zeichnet die beiden jüdischen Figuren aus. Das Angebot an den Freund – »Port oder Sherry« – deutet auf die Internationalität der Juden, der Nachsatz »Liebfraumilch oder Bocksbeutel oder sonst was Urgermanisches« spielt auf das Bestreben, ›Assimilierte‹ sein zu wollen. Das Gelingen wird aber sogleich witzig in Frage gestellt durch den unmittelbar darauf folgenden hintersinnigen Satz: »Wir brauchen uns bloß im Spiegel zu sehen, um unsere Spezialberechtigung vor uns selber nachgewiesen zu haben.« (I.7.74) Worauf sie lachten, die christliche Frau aber nicht.

Der nächste Text »Auf der Suche. Spaziergang am Berliner Kanal« (1890) wird als einziger Text des Bandes im Vorabdruck in der Zeitschrift *Verein für die Freie Bühne* veröffentlicht; hier, wie im folgenden, »Der alte Wilhelm«, der vom Dorfarmen mit ererbtem Zylinderhut und blauem Rock erzählt, verspottet der Erzähler am Ende die eigenen anthropologischen Allüren und beschränkt sich auf die schlichte Beobachterrolle. Bei »Gerettet«, thematisch verwandt mit »Der letzte Laborant« (1891), wird die Vorliebe der Bergleute für die alten Methoden (»Medizinalfuscherei«, I.7.101) ins Szenische übersetzt. Hier sind die Rollen konservativ – progressiv nicht etwa zwischen Frau und Mann verteilt, sondern zwischen der Ortsmatriarchin, der Mutter des verwundeten Waldarbeiters, und den die moderne ärztliche Praxis vertretenden Klosterschwestern. Wie der ironische Titel nahelegt, ›siegt‹ die Mutter.

Die letzten vier der fünf ›schlesischen‹ Texte erscheinen (mit Ausnahme des »Letzten Laboranten« (*Vossische Zeitung*, 1888) 1893 als Vorabdruck im Septemberheft der *Deutschen Rundschau* unter dem Titel »Aus dem Riesengebirge. Kleine Geschichten«. Der kunstvollste ist die gleich auf mehreren Ebenen spielende »Eine Nacht auf der Koppe«. Hier dienen die intertextuellen Bezüge nicht, wie etwa in »Nach der Sommerfrische« oder »Auf der Suche« zur Verspottung bildungsbürgerlicher Allüren, sondern sprechen den anspruchsvollen Leser an. »Eine Nacht auf der Koppe« beginnt mit einer Szene aus dem Arbeitsleben Krummhübler Sesselträger, die sich dem Auge des Künstlers wie in einem Liebermannschen Arbeiterbild der neunziger Jahre präsentieren. Pohl, der Wirt des Ortskrugs auf der Schneekoppe, liegt im Sterben. Er will nicht, daß dem Treiben der Touristen Einhalt geboten werden soll, nicht aus Gewinnsucht, denn was soll ihm das?, sondern weil die gute Sitte des Hauses es verlangt. Sein Wille wird respektiert; am Abend stirbt er. Wie soll ihm nun von der Gemeinde der gehörige Respekt erwiesen werden, ohne daß die Gäste es merken? Heimlich zu Nacht im Fackelzug durch den Wald, wie einst der tote Sachsenkaiser OTTO III. aus Italien nächtlich nach Hause gebracht wurde, auf den im Platenschen Gedicht *Klagelied Kaiser Otto des Dritten* angespielt wird. Die kleine Geschichte endet, wie sie begonnen hatte, mit dem Blick durch das Teleskop, Sinnbild des Dichters im Spätrealismus, auf das später zu Ehren des Verstorbenen errichtete Pohlsche Denkmal.

»Der Zauber steckt immer im Detail« (FFr, S. 221), schreibt Fontane am 30. 5. 1893 an G. FRIEDLAENDER über seine Arbeit an »Die Nacht auf der Koppe« und im übertragenen Sinn vom Band als Ganzem. Die Texte von *Von vor und nach der Reise* sollen vom unterhaltungsfreudigen und auch vom kunstbewußten Publikum gelesen werden. Sie zeichnen sich durch ihren umgangssprachlichen, hier und da dialektgefärbten Ton und ihre lockere, aber durchkomponierte Form aus. Sie entstehen in einer Zeit, in der gerade in der Wiener Presse bei Autoren wie Friedrich KÜRNBERGER und Daniel SPITZER das leicht lesbare Feuilleton sich als anspruchsvolle Gattung zu etablieren beginnt im Sinn einer Zeit- und Kulturkritik, bei den Wienern allerdings viel mehr als dies bei Fontane der Fall ist. Doch den Wienern wie dem Berliner gemeinsam ist der Kunstanspruch: Obwohl es sich an ein größeres Publikum richtet, versteht sich das Feuilleton als kunstvoller Text. Erst die neuere, vor allem österreichische Forschung (K. ROSSBACHER, *Literatur und Liberalismus. Zur Kultur der Ringstraßenzeit in Wien*, Wien 1993), wird dem Kunstcharakter der Gattung gerecht, was der Vernachlässigung des Fontaneschen Werkes nach Meinung C. JOLLES' (S. 104f.) eventuell wird abhelfen können: »Auch die Forschung ging im allgemeinen an ihnen vorüber, wohl weil das Feuilleton literarisch lange nicht ernst genommen wurde.« Was die zeitgenössische Aufnahme anbelangt, so gibt sie ihrem Autor Anlaß zur ganz besonders erbitterten Aussage: »Aber – eine sehr liebenswürdige Plauderei meines Freunds Schlenther abgerechnet – habe ich nur das fürchterliche Blech, das sich ›Kritik‹ nennt, zu sehen gekriegt.« (*Tagebuch* II.261).   EDA SAGARRA

3.1.16 Effi Briest. Roman

Entstehung und Veröffentlichung

»Zugleich frage ich an«, schreibt Fontane am 28. 7. 1890 an Adolf KRÖNER (IV.4.55), den Inhaber der *Gartenlaube*, »ob ich Ihnen im Winter oder um nächste Ostern herum einen neuen Roman schikken darf? [...] Titel: Effi Briest. Es handelt sich, ganz im Gegensatz zu ›Quitt‹ und ›Unterm Birnbaum ‹, nur um Liebe, also stofflich eine Art Ideal.« Die Ablieferung erfolgt jedoch nicht in Jahresfrist, sondern fast volle vier Jahre später, nämlich im Mai 1894, und bei einer literarisch angeseheneren Zeitschrift: der *Deutschen Rundschau*, wo *Effi Briest* von Oktober 1894 bis März 1895 vorabgedruckt wird (vgl. zur Entstehungsgeschichte H. W. SEIFFERT, 1964; AR 7.545–548). Die Buchfassung erscheint im Herbst 1895 mit dem Impressum 1896 bei FRIEDRICH FONTANE & Co, Berlin. Das Manuskript von *Effi Briest* hat den zweiten Weltkrieg als eins der wenigen von Fontanes Romanen fast unbeschadet überstanden. Fontane läßt sich durch die positive Aufnahme seines Romans aufs Angenehmste überraschen (vgl. zur zeitgenössischen Rezeption AR 7.551–556; W. SCHAFARSCHIK 1972, S. 115–131; C. GRAWE, ⁷1998, S. 115–117). Er notiert 1896 im *Tagebuch* (II.263) mit Genugtuung: »Im Herbst erscheint ›Effi Briest‹ und bringt es in weniger als Jahresfrist zu 5 Auflagen«; 1896 erfolgt eine 6., 1905 schon die 16. Auflage.

Zu den profilierten positiven Kritikern gehört Friedrich SPIELHAGEN (1898), dessen Ehebruchsroman *Zum Zeitvertreib* (1897) auf demselben Stoff wie *Effi Briest* beruht (vgl. dazu G. ERLER, 1969; C. GRAWE, 1996, S. 29–32) und der *Effi Briest* durch den Vergleich mit GOETHES *Die Wahlverwandtschaften* exemplarischen Wert zuschreibt. Die spät einsetzende intensive, noch keineswegs abgeschlossene Auseinandersetzung der Forschung mit dem Kunstcharakter von Fontanes beliebtestem Roman macht diesen auch zum meist untersuchten Werk seines Autors (vgl. zur Rezeptionsgeschichte F. R. KEMPF, 1991, der vor allem die Spannung von Politisierung und Entpolitisierung des Romans hervorhebt). Zu *Effi Briests* profiliertesten Verehrern zählen schon früh die Dichter, so Thomas MANN, der in seinem Aufsatz *Zum 100. Geburtstag Theodor Fontanes* im Berliner Tageblatt (25. 12. 1919, S. 4; ab 1922 in *Rede und Antwort*) schreibt, »eine Romanbibliothek der rigorosesten Auswahl, und beschränkte man sie auf ein Dutzend Bände, auf zehn, auf sechs, – sie dürfte *Effi Briest* nicht vermissen lassen«, und der Ire Samuel BECKETT, der mit einer Nebenbemerkung des Titelhelden in *Krapp's Last Tape* Effi seinen Tribut zollt:

> Scalded the eyes out of me reading *Effie* again, a page a day, with tears again. Effie...(Pause.) Could have been happy with her, up there on the Baltic, and the pines, and the dunes. (Pause.) Could I? (Pause.) And she? (Pause.) Pah! (Pause.) (London 1959, S.18)

Nur für den ersten Entwurf gilt Fontanes oft zitiertes Wort, er habe »das Buch wie mit dem Psychographen geschrieben« (an P. SCHLENTHER, 11. 11. 1895, IV.4.502; vgl. an H. HERTZ, 2. 3. 1895, IV.4.430), denn auch dieser Roman wird mehrfach akribisch überarbeitet und ändert dabei seine Gestalt erheblich (vgl. dazu F. BEHREND, 1924, der sieben Fassungen unterscheidet; AR 7.536–545). Beide Protagonisten des Romans nehmen im Lauf des Entstehungsprozesses charakterlich und sozial adligere – im doppelten Sinn des Wortes – Züge an, was schon die nach Fontane »feinen Vokale« (an J. RODENBERG, 9. 11. 1893, IV.4.307) ›i‹ und ›e‹ in ihren endgültigen Namen (Effi Briest und Geert Innstetten) andeuten. Schon die »Vornehmheit« der Charaktere relativiert die private Schuld und lenkt den Blick auf die sozialen und psychologischen Bedingungen der Ehe, die das Glück – ein eminent Fontanesches Stichwort – zweier Menschen zerstört. Zwischen Anfang und Abschluß dieses »erste[n] wirkliche[n] Erfolg[s], den ich mit einem Roman habe« (*Tagebuch* II.263) liegen Fontanes lebensbedrohende psychosomatische Erkrankung von 1892 und die Entstehung von *Meine Kinderjahre*, mit dem der Autor die therapeutisch wirkende Reise in seine Swinemünder Kindheit unternimmt, die die Kessiner Szenen des Romans prägt und die Gestalt Effis durch seelische Züge des jungen Autors bereichert (vgl. dazu P. I. ANDERSON, 1980; P. UTZ, 1984, S. 213f.; C. GRAWE, 1986, S. 247–252).

Sind auch »konzeptuelle Überlegungen und vorläufige Niederschriften [...] vermutlich auf 1888/89 zu datieren« (G. ERLER, Anmerkung zum *Tagebuch* 1894, II.428), so ist doch *Effi Briest* ein Roman der neunziger Jahre. »Politische Fragen drängen sich vor«, schreibt Fontane (*Tagebuch* II.247) zur Zeit der Vorarbeiten. *Effi Briest* ist ohne den »Gesellschaftszustand, das Sittenbildliche, das versteckt und gefährlich Politische, das diese [Liebes- und Skandalgeschichten] haben« (an F. STEPHANY, 2. 7. 1894, IV.4.370) nicht angemessen zu verstehen. Die neunziger Jahre, an die die von 1876 bis 1889 ganz im Preußischen (Havelland, Hinterpommern, Berlin) spielende Handlung unmittelbar heranführt, stehen im Zeichen einer äußerst kontroversen Diskussion um die Frauenfrage. Als Fontane sich dem schwierigen Korrekturwerk des Romans unterzieht, ist die deutsche Frauenbewegung dabei, sich über das Vereinswesen zu organisieren und an die Öffentlichkeit zu treten. Die wichtigsten Träger der öffentlichen Diskussion, die Zeitschriften jeglicher ideologischen Richtung, werben immer heftiger um die Leser(innen)gunst. 1892 erscheint unter der Redaktion der Sozialistin Clara ZETKIN *Die Gleichheit*; 1893 folgen ihre bürgerlichen Gegenstücke, Minna CAUERS *Frauenwohl* und *Die Frau*, die unter Leitung von Helene LANGE den gemäßigten Flügel der Bewegung repräsentiert und in deren 19. Nummer Helene HERMANN 1912 die erste Studie über das Fontanesche Werk vorstellt, und dann ab Anfang 1895 die als radikales Massenblatt gedachte *Frauenbewegung*. Auch die Probleme Ehe, Ehebruch sowie rechtliche und soziale Abhängigkeit der Frau vom Ehemann, im europäischen Roman des 19. Jahrhunderts zentrale Themen (mit den prominentesten Beispielen des Genres, Gustave FLAUBERTS *Madame Bovary* (1856) und Leo TOLSTOJS *Anna Karenina* (1878) wird *Effi Briest* immer wieder verglichen, vgl. etwa J. P. M. STERN, 1957, H. A. GLASER, 1992 und zuletzt, sehr Fontane-kritisch, C. MIETHING, 1994), erfahren dadurch eine erhöhte öffentliche und kritische Aufmerksamkeit. Zwischen Entstehung und Erscheinen des Romans liegt zudem der Abschluß der langjährigen Diskussion um das *Bürgerliche Gesetzbuch*. Diese großangelegte deutsche Rechtskodifizierung, 1896 vom Reichstag verabschiedet, tritt zu Beginn des neuen Jahrhunderts in Kraft. Gerade seine familien- und eherechtlichen Bestimmungen (vgl. M. WEBER, 1907) bedeuten gegenüber dem älteren preußischen Recht, dem in der Mitte des 19. Jahrhunderts revidierten *Allgemeinen Landrecht für die preußischen Staaten* von 1794, eher eine Festigung tradierter patriarchalischer Vorstellungen als einen Fortschritt in der modernen Auffassung der Ehe als Partnerschaft.

Struktur, Motivik

In diesem Kontext ist Fontanes Geschichte der lebenslustigen jungen Frau, die als 17jährige an einen über doppelt so alten Mann verheiratet wird, der sie nach einem leichtsinnig begangenen Ehebruch verstößt, und die dann mit 29 Jahren an den psychischen und sozialen Folgen ihres Fehltritts stirbt, von besonderer Aktualität. Das junge Mädchen, das von Natur, wie die Fülle des von Fontane über den Roman verbreiteten symbolischen Materials indirekt ausspricht, zu Fantastik, Leichtsinn und Freiheit neigt, aber die bürgerlichen Werte und ihre Rolle als Frau durchaus verinnerlicht hat, tritt mit ihrer Ehe in eine rigorose, provinzielle, konservativ-preußische Gesellschaft ein, die ihrem Wesen widerspricht, wie das verfremdete Ambiente im hinterpommerschen Kessin andeutet (Kälte, Exotik, Spuk, die umnachtete Frau des Kutschers, die ständige Gefahr des Wassers, die parodoxe, ahnungslose Menschlichkeit des buckligen Gieshübler (vgl. C. HEHLE, 1999), Innstettens Assoziationen mit Exotischem). Ihr Liebhaber, noch etwas älter als ihr Mann und eigentlich ungeliebt, eröffnet der Gelangweilten und sexuell Unausgefüllten, die sich dann »in ein verstecktes Komödienspiel mehr und mehr hineinlebte« (I.4.169), mit Theaterspielen und Heinrich HEINES Poesie (vgl. zum 17., dem »Verführungs«-Kapitel, H. H. REMAK, 1982; C. GRAWE, 1982) eine anziehendere, ihr gemäßere Welt, in der sie den sozialen Rollenklischees und dem preußischen Syndrom, wie es vor allem der moralisch-enge, preußisch-patriotische Landadel repräsentiert (Militarismus, Staatsvergottung, Friedrich-der-Große-Kult, Disziplin, Junkertum, rigoros-Lutherscher Protestantismus), entgehen kann. Wie sehr das Politische (vgl. dazu MÜLLER-SEIDEL, S. 357–360; C. GRAWE, [7]1998, S. 8–15, 105–108) als zerstörerischer Faktor in Effis Ehe hineinwirkt, erschließt sich schon über die Gestalt BISMARCKS. Innstettens Besuche auf dem pommerschen Landsitz des preußischen Ministerpräsidenten und deutschen Kanzlers trennen ihn von seiner Frau und rufen deren Spukangst hervor. Da »gegen Ende des 19. Jahrhunderts [...] ›der Chinese‹ durch [...] das Deutsche Kaiserreich (spukt)« (P. UTZ, 1984, S. 214), wird sogar der spukende Chinese in den »imperialen« Kontext des Romans eingefügt. Als kritische politische Reflexion über den Zustand Deutschlands ist wohl auch die Lebensleere der hohen preußischen Staatsbeamten Innstetten und Wüllersdorf am Ende des Romans zu werten, die sich mit »Hülfskonstruktionen« durchs ziellose Dasein helfen.

Den Kern der Handlung von *Effi Briest* bildet eine tatsächliche Berliner Skandalgeschichte, die nur wenige Jahre vorher Stadtgespräch ist (vgl. dazu H. W. SEIFFERT, 1964; R.-C. ZIMMERMANN, 1997; zu möglichen, anderen stofflichen Quellen H. PATSCH, 1997; C. GRAWE, [7]1998, S. 29.) und Fontane von Emma LESSING, der Frau des Eigentümers der *Vossischen Zeitung*, vermittelt wird: Armand von ARDENNE, erfolgreicher preußischer Offizier und Militärschriftsteller, läßt sich im März 1887 von seiner fünf Jahre jüngeren Frau und Mutter seiner beiden Kinder, Elisabeth von PLOTHO, scheiden, nachdem er im November 1886 ihren Liebhaber, einen Amtsrichter, im Duell getötet hat. ARDENNE setzt nach kurzer Festungshaft seine Karriere fort; seine Frau stirbt erst 1952 im Alter von 99 Jahren.

In dem Roman ist »alles Licht [...] auf Effi konzentriert, die denn auch kaum einmal, und immer nur auf kurze Zeit von der Bühne entschwindet« (F. SPIELHAGEN, 1898, S. 104). Auch wo dies geschieht, bleibt sie unsichtbarer Mittelpunkt des Geschehens und der Gespräche. Die Titelfigur von Fontanes Meisterwerk wird als eine der liebenswürdigsten und rührendsten Frauengestalten der deutschen Literatur empfunden; nicht zufällig ist *Effi Briest* schon viermal verfilmt worden (vgl. 4.3). Der Roman folgt ihrem Leben mit Unterbrechungen über zwölf Jahre und entwirft ihr Psychogramm, das sich wie gewohnt bei Fontane mehr über die symbol- und bedeutungsgeladene Außenwelt als in direkter Annäherung an ihr Seelenleben erschließt (vgl. dazu beziehungsreich H. AUST, 1997). Das führt zu Facettenreichtum, aber auch zu der Vieldeutigkeit, die die Forschung immer wieder herausfordert. So wird in jüngster Zeit auf Effis existentielle Angst als bestimmenden Faktor hingewiesen (vgl. E. KOBEL, 1994). Fast alle Personen sind handelnd, deutend und reflektierend Effi zugeordnet. Schon das erste Kapitel entwirft durch Handlung und Ambiente, Konfiguration und Allusion, Spiegelung und Symbolik das facettenreiche Bild eines charmanten, aber gefährdeten Charakters; das letzte endet mit dem elterlichen Gespräch über sie und der Wache ihres Hundes Rollo an ihrem Grab. Durchgehend ist vor allem Effis prekäre Beziehung zum trügerischen Element des Wassers, weshalb sie den für Fontane und die Künste seiner Zeit so typischen Melusinengestalten zugerechnet wird, die sozial schwer integrierbar sind und denen die liebende Erfüllung versagt bleibt (vgl. dazu vor allem R. SCHÄFER, 1962; H. OHL, 1986; PAULSEN, 1988; I. ROEBLING, 1992 [für diese Angaben s.u. 3.1.1]).

Dabei gilt es aber dem Stereotyp der Fontaneforschung (vgl. dagegen G. LUKÁCS' frühe Einsicht in Effis Charakter, 1967, S.158) von dem »kindlich-gutgläubigen« (REUTER, S.680) Mädchen, dessen Leben in Hohen-Cremmen »ungezwungen und unbelastet, frei von gesellschaftlichen Verpflichtungen und Rücksichten« (E. HAMANN, 1988, S.47) ist, und damit auch der kritischen Versuchung zu entgehen, Innstetten allein zu verurteilen, weil er sich dem »tyrannisierende[n] Gesellschafts-Etwas« (I.4.236) unterwirft (vgl. zur Frage seines »kantischen« Pflichtbewußtseins vor allem J. ANNAS, 1984; M. BARON, 1988), denn derselbe Maßstab muß auch auf Effi angewendet werden. Mit der Bemerkung, »eigentlich ist er doch in jedem Anbetracht ein ganz ausgezeichnetes Menschenexemplar, dem es an dem, was man lieben muß, durchaus nicht fehlt« (an C. KÜHNAST, 27.10.1895, IV.4.494), warnt Fontane selbst vor einer Verteufelung Innstettens. Beide sind letzten Endes sozialisierte Wesen, doch ist Innstettens selbstanalytisches und gesellschaftskritisches Urteilsvermögen verständlicherweise stärker entwickelt als Effis. In luziden Konversationen mit Wüllersdorf und im Selbstgespräch kann er seine Lage rationalisieren, was Effi nie gelingt. Nur die unerträgliche seelische Erregung nach der Begegnung mit Annie, die auch zum Ausbruch ihrer Krankheit führt, verhilft ihr zu momentanen Einsichten. Es ist eine prekäre Fehldeutung, die vieldiskutierte (mit ›Kreatürlichkeit‹ gleichzusetzende?) ›Natürlichkeit‹ Effis auf Kosten ihrer ›Gesellschaftlichkeit‹ zu betonen – oder gar beide Kategorien ohne weiteres als binäre, nicht-dekonstruierbare Gegensätze zu betrachten. Vielmehr gilt es, das subtile Zusammenspiel von Disposition und sozialer Rolle zu beobachten, das in der gleichzeitigen naturalistischen Literatur so viel pauschaler und deterministischer vorgeführt wird. Wenn Effi z. B. ihrer Mutter klagt, Innstetten »will mir ja schon Schmuck schenken in Venedig. Er hat keine Ahnung davon, daß ich mir nichts aus Schmuck mache« (I.4.34), so sollte man dieser Selbststilisierung die gegenteilige Aussage bei ihren Einkäufen in Berlin entgegenhalten: »wenn es aber ausnahmsweise mal wirklich etwas zu besitzen galt, so mußte dies immer was ganz Apartes sein. Und *darin* war sie anspruchsvoll.« (I.4.24; vgl. dem verinnerlichten Briestschen Standesbewußtsein I.4.64, 80; vgl. auch MÜLLER-SEIDEL, S. 369) Die Apostrophierung der jungen Frau auf der Schaukel zu Beginn des Romans als ›Tochter der Luft‹ evoziert nicht nur die spontane Sensibilität eines naturnahen Elementarwesens, sondern ebenso eine Ausgelassenheit, die ihren Ausdruck nicht zuletzt im sozialen Bereich findet. Effis Entzücken in Berlin (3. Kap.) hat als Kehrseite die rücksichtslose Behandlung der unstandesgemäßen Tante Therese (Anfang 4. Kap.). Die menschlichen Bemühungen der treuen Dienerin Roswitha und des alten Rummschüttel erlösen sie nicht von ihrer sozialen Isolierung nach der Ehescheidung (32.–34. Kap.).

Vor allem Effis familiäre Beziehungen konfrontieren sie mit sozial bedingten psychischen Konstellationen, in denen sie gefangen bleibt, so daß sie Züge eines Opfers bekommt, die symbolisch immer wieder angedeutet werden und die an der Sympathie der Leser für Effi stark mitbeteiligt sind. »Der Anfang ist immer das schwerste«, meint Innstetten in *Effi Briest*, »auch bei Geschichten« (I.4.84). Effis Geschichte fängt mit ihrer Erzählung von einer verunglückten Liebe an:

»Also Baron Innstetten! Als er noch keine Zwanzig war, stand er drüben bei den Rathenowern und verkehrte viel auf den Gütern hier herum, und am liebsten war er in Schwantikow drüben bei meinem Großvater Belling. Natürlich war es nicht des Großvaters wegen, daß er so oft drüben war, und wenn die Mama davon erzählt, so kann jeder leicht sehen, um wen es eigentlich war. Und ich glaube, es war auch gegenseitig.«

[Hertha:] »Und wie kam es nachher?«

»Nun, es kam, wie's kommen mußte, wie's immer kommt. Er war ja noch viel zu jung, und als mein Papa sich einfand, der schon Ritterschaftsrat war und Hohen-Cremmen hatte, da war kein langes Besinnen mehr, und sie nahm ihn und wurde Frau von Briest ... Und das andere, was sonst noch kam, nun, das wißt ihr ... das andere bin ich.« (I.4.12f.)

Diese scheinbar weit zurückliegende mütterliche *Vor*geschichte, der Fontane schon durch das Goethesche Stichwort der »Entsagung« (I.4.10) Gewicht verleiht, spielt auch in Effis Leben entscheidend hinein: Nicht irgendein Bewerber um ihre Hand kommt nach Hohen-Cremmen, sondern gerade der, der vor fast zwanzig Jahren als Husaren-Offizier der Mutter den Hof gemacht hat, sich aber wegen seiner vermeintlich noch fehlenden Reife zugunsten eines schon standesgemäß etablierten Grundbesitzers und Ritterschaftsrats abgelehnt fand. Beim Fall ARDENNE fehlt diese Vorgeschichte bezeichnenderweise:

> Elisabeth Freiin von Plotho [...] war das jüngste von fünf Kindern und hatte schon früh den Rufnamen Else erhalten. [...] Else wuchs wild und ungezwungen auf und tollte besonders gern mit ihrer Leibgarde von fünf Jungen umher. Als Störenfried bei den ausgelassenen Spielen galt der um fünf Jahre ältere Armand Léon von Ardenne, der häufig mit seinen Kameraden von den Zieten-Husaren aus Rathenow herübergeritten kam. Ardenne [..] hatte musische Neigungen und gab in Zerben kleine Konzerte. Else, die sich bei solchen Gelegenheiten hinter einer Hecke zu verbergen pflegte, wurde gewöhnlcih mit dem Befehl: »Else, komm, der junge Ardenne spielt Klavier!« herbeizitiert. Sie verhehlte ihren Unwillen nicht und wies die Werbungen Ardennes zurück. Erst nach dem Deutsch-Französischen Krieg – Ardenne war verwundet worden – kam es, offenbar durch Vermittlung der Mutter, zu einer Annäherung. Im Februar 1871 verlobte sich die siebzehnjährige Else mit dem zweiundzwanzigjährigen Ardenne, und am 1. Januar 1873 fand in Zerben die Hochzeit statt. (AR 7.527)

Gegenüber dieser Vorlage erstreckt sich bei Fontane das Interesse des nun doppelt so alten Bewerbers auf zwei Frauen, was möglicherweise auch in der Phonetik Ausdruck findet: Zwischen ›Luise‹

und ›Effi‹ scheint ›Else‹ ungefähr in der Mitte zu liegen. Durch strategisches Verschleiern kann Fontane die beiden noch lebenden Protagonisten der ARDENNE-Affäre schützen, aber durch die Einfügung der die Mutter betreffenden Vorgeschichte und die Teilung der Vorbildfigur eröffnet er seinem Roman eine vertiefte zeitliche und psychologische Dimension. In einem Brief an SPIELHAGEN (21. 2. 1896, DuD II.2.460) betont Fontane die Bedeutung des »Effi, komm«-Zurufs für die Entstehung des Romans:

> Die ganze Geschichte ist eine Ehebruchsgeschichte wie hundert andre mehr und hätte, als mir Frau L[essing] davon erzählte, weiter keinen großen Eindruck auf mich gemacht, wenn nicht (vergl. das kurze 2. Kapitel) die Szene bez. die Worte: »Effi komm« darin vorgekommen wären. Das Auftauchen der Mädchen an den mit Wein überwachsenen Fenstern, die Rotköpfe, der Zuruf und das Niederducken und Verschwinden machten *solchen* Eindruck auf mich, daß aus *dieser* Szene die ganze lange Geschichte entstanden ist.

In Fontanes Roman kommt aber dem sich gegen Ende im väterlichen Telegramm refrainartig wiederholenden (I.4.277) Appell eine diametral entgegengesetzte Bedeutung zu: Nicht *zu* dem sich Effi nähernden Innstetten hin, sondern *von* ihm weg ruft Hertha ihre Freundin. Trotz dieser indirekten Warnung wird Effi in das noch nicht abgeschlossene Drama ihrer Mutter und deren ehemaligen Bewerbers hineingezogen (vgl. das Dreiecksverhältnis zwischen Schach, Frau von Carayon und Victoire in *Schach von Wuthenow*). Da Innstetten Effi kaum kennt, was bei einer damaligen Konventionsehe nicht untypisch wäre, hat die wenig verheißungsvoll anmutende Verbindung eine kompensatorische Funktion, bei der weder Neigung noch Erotik eine wesentliche Rolle spielt: Innstetten selbst stellt beim buckligen Apotheker die Verbindung zwischen emotionaler Kontrolle und Verkrüpplung her, die im Seelischen auch auf ihn zutrifft: »Ja, Gieshübler, der beste Kerl von der Welt und, […], noch bessere Grundsätze. Aber am Ende woher? warum? Weil er einen ›Verdruß‹ hat.« (I.4.134f.) Daß Innstetten nach seiner Niederlage den Dienst quittiert hat, um eine Karriere im Staatsdienst einzuschlagen (I.4.13), und jetzt seinen ursprünglichen Traum verwirklicht, sich mit Luise familiär zu verbinden, ist tiefenpsychologisch offenbar das Resultat einer traumatischen Verletzung. Effi zu heiraten, bedeutet ihm nicht zuletzt, ihr anstelle des Namens Briest seinen eigenen zu verleihen.

Die Forschung hat darauf hingewiesen (vgl. H. GARLAND, 1980, S. 174; R. BÖSCHENSTEIN, 1996, S.47f.; und vor allem ausführlich B. HOLBECHE, 1987), daß die Psychostruktur Innstettens durch sein traumatisches Erlebnis mitgeprägt wird. Zwischen dem schneidigen Husar, von dem Effis Onkel sagt, er sei »ein Zärtlichkeitsmensch und unterm Liebesstern geboren« (I.4.122), und dem frigiden Landrat, den Effi heiratet und als »frostig wie ein Schneemann« (I.4.67) beschreibt (vgl. zu Innstettens »lack of sexual vitality« A. BANCE, 1982, S. 38), zwischen dem jungen Offizier mit »mystischen« (I.4.130) Neigungen und dem »Zucht und Ordnung« (I. 4.129) vertretenden Landrat scheint ein Widerspruch zu bestehen. Eine verräterische Nervosität markiert die Brüchigkeit seines Ichs: »Was ihn zu [Richard WAGNER] hinübergeführt hatte, war ungewiß; einige sagten seine, Nerven, denn so nüchtern er schien, eigentlich war er nervös.« (I.4.103)

Schon vor dem Auftreten des »Damenmann[es]« (I.4.105) Crampas ist also in dem jungen Geert ein Eindringling in Effis Ehe vorhanden. Innstetten kann Effi heiraten, weil er sich verändert hat; aber weil er sich verändert hat, kann er als Ehemann seine Frau nicht befriedigen. Unter anderem an dieser Aporie muß die Ehe scheitern. Innstetten wird wie Briest aus Gründen gewählt, die mit ihm persönlich nichts zu tun haben. So beginnt eine entpersonalisierte, enterotisierte, ideologische, kurz eine Vernunftehe. Daß die Verbindung eigentlich ein Mißgriff ist, wird mehrfach in den lebendigen und halb scherzhaften, doch gespannten Gesprächen der Briests über ihre Tochter angedeutet (vgl. I.4. 37f., 215f.).

Was gewesen ist, ist nicht ›gewesen‹ – daraus erklärt sich Luises irritierende Bereitwilligkeit, ihre eigene Tochter gerade in diese Konventions- und Standesehe zu entlassen, obwohl ihre eigene Ehe nicht unproblematisch ist. Beim Verlobungsmahl bringt Briest einen Trinkspruch auf »das junge [!] Paar« aus,

was auf Frau von Briest, die dabei der nun um kaum achtzehn Jahre zurückliegenden Zeit gedenken mochte, nicht ohne herzbeweglichen Eindruck geblieben war. Aber nicht auf lange; *sie* hatte es nicht sein können, nun war es statt ihrer die Tochter – alles in allem ebensogut oder vielleicht noch besser. Denn mit Briest ließ sich leben, trotzdem er ein wenig prosaisch war und dann und wann einen kleinen frivolen Zug hatte (I.4.19).

Luises wenig überzeugender Versuch, sich pragmatisch mit ihrem unromantisch-prosaischen Eheleben zufrieden zu geben, signalisiert ihren bedrückend verengten Lebenshorizont, hinter dem nur gelegentlich die junge Luise aufleuchtet. »Man ändert sich in der Ehe« (I.4.192), bemerkt Effi gegenüber ihrer Mutter. Kantor Jahnke führt denn auch die Ausgelassenheit der jungen Effi auf die mütterliche Seite zurück (I.4.15), und der Erzähler konstatiert ausgerechnet, als Frau von Briest ihrer Tochter die Werbung Innstettens mitteilt, in Luise einen nicht ganz verschwundenen Hang zum Unkonventionellen (I.4.17). Briests berühmter Satz, »Das ist ein weites Feld«, der seinen Unwillen verrät, sich zu engagieren, mag auch Ausdruck einer Innstettens Verhältnis zu Effi entsprechenden seelischen Distanz zu eigenen seiner Frau sein.

Diese Koordinaten der Handlungssituation erschließen sich beinahe ohne Berücksichtigung der Psychostruktur der Titelfigur, denn nicht in erster Linie Effi selbst, sondern das brisante zwischenmenschliche Spannungsfeld, das schon von ihrer Geburt her den Hintergrund ihres Daseins bildet, problematisiert die zentrale Ehe dieses Ehebruchsromans (vgl. J. P. M. STERN, 1957) und verleiht ihr im Zeitkontext das psychologisch und sozial Paradigmatische, ohne daß dies das Eigenartige dieser Ehe entwertete. Schon Effis Briefe von der Hochzeitsreise enthüllen die Inkompatibilität der Ehepartner. Dem Los der »Adultera« legt Fontane eine ihrer Ehe nicht immanente Problematik zugrunde, welche Effis eigene Schuld am Ehebruch dezentriert, wenn nicht neutralisiert (vgl. das von Fontanes Zeitgenossen so kontrovers aufgenommene glückliche Schicksal Melanie van der Straatens am Ende von *L'Adultera*). Die Ehen Luise-Briest und Effi-Innstetten haben ihren Ursprung in einer gewissen Entindividualisierung der Partner ins Kategoriale:

[Hertha:] »Ist es denn auch der Richtige?«
[Effi:] »Gewiß ist es der Richtige. Das verstehst du nicht, Hertha. Jeder ist der Richtige. Natürlich muß er von Adel sein und eine Stellung haben und gut aussehen.« (I.4.20)

Wird Innstetten ursprünglich aus rein gesellschaftlichen Gründen abgelehnt, so wird er jetzt von Effi aus rein gesellschaftlichen Gründen akzeptiert; sein Erfolg stellt seine menschliche Niederlage dar: »Du glaubst gar nicht, wie ehrgeizig ich bin. Ich habe dich eigentlich bloß aus Ehrgeiz geheiratet. Aber du mußt nicht solch ernstes Gesicht dabei machen. Ich liebe dich ja…« (I.4.82)

Schon ein zeitgenössischer Rezensent des Romans macht darauf aufmerksam, daß Effis ehebrecherische Affäre mit Crampas keine Erlösung von der Lieblosigkeit ihrer Existenz bietet: »Effi fällt, ohne zu lieben. Daß sie ihren Gatten nicht liebt, mag hingehen. Aber sie liebt ihren Liebhaber nicht, ich glaube sogar, noch weniger als den Gatten. Und das finde ich furchtbar.« (F. SERVAES,

Die Zeit [Wien], 14. December 1895, S.170–172, zit. nach C. GRAWE, ⁷1998, 116f.) Im Gegensatz etwa zu Wronsky in TOLSTOJS *Anna Karenina* betrachtet Effis Liebhaber seine Liebesaffäre lediglich als einen weiteren Seitensprung in einer langen Serie. Potenziert die romantische Liebe die Individualität des Partners, so wird Crampas' Donjuanismus von einem erotisch entindividualisierenden Wiederholungsprinzip getragen (vgl. dazu R. SCRUTON, 1994, S. 346, 167–9 und 172f. und A. BANCE, 1982, S. 53). Im 23. Kapitel erzählt Effis Vetter Dagobert einen umlaufenden ›Bibelwitz‹: »Wer war der erste Kutscher?‹ [...] Der erste Kutscher war ›Leid‹. Denn schon im Buche Hiob heißt es: ›Leid soll mir nicht widerfahren‹, oder auch ›wieder fahren‹ in zwei Wörtern und mit einem e.« (I.4.194f.) Das Wortspiel erstreckt sich auf Effis Los, denn was *wider* Effi ist, ist das Prinzip *Wieder* schlechthin. Als Effi von der von Crampas geplanten Aufführung von *Ein Schritt vom Wege* erfährt (vgl. dazu P. PÜTZ, 1989, S. 182f.), ist sie »wie elektrisiert«: »Effi war nicht für Aufgewärmtheiten; Frisches war es, wonach sie sich sehnte, Wechsel der Dinge.« (I.4.144) – im Gegensatz zu ihrem Mann, der die Hochzeitsreise »an der Hand seiner Aufzeichnungen, noch einmal durchmachen« (I.4.143) will. Die traurige Ironie ihres ehebrecherischen ›Schrittes vom Wege‹ besteht darin, daß sie auch hier nur ›Réchauffés‹ findet. Mag der Schauplatz Hohen-Cremmen (1.–5., 34.–36. Kap.), Kessin (6.–22. Kap.) oder Berlin (23.–25. Kap.) sein, in Effis Leben ist »nichts ursprünglich« (E. HAMANN, 1988, S. 49).

Als Innstetten die belastenden Liebesbriefe Crampas' an Effi entdeckt (27. Kap.), liegt der Ehebruch schon sechseinhalb Jahre zurück. Ähnlich wie seine Frau, die sich wegen des Ehebruchs irgendwie nicht recht beschämt fühlt (vgl. I.4.219), fühlt sich Innstetten wegen des Ehebruchs irgendwie nicht recht rachedurstig – beiden fehlt »das richtige Gefühl« (ebd.), wie es Effi in ihrer letzten Kessiner Nacht nennt. Daß es groteskerweise zu einem Zweikampf zwischen Innstetten und Crampas kommt, unterstreicht nur die Entkopplung des Gefühls von »dem ›Mythologem‹ der Ehre« (MÜLLER-SEIDEL, S. 365; vgl. zur Praxis des Duells W. SCHAFARSCHICK, 1972, S. 155–164; U. FREVERT, 1991, S. 214–232; R. KÖHNE, 1997; W. SCHOLTE, 1998). »Verjährung« wird zur Herausforderung Innstettens, aber bei einem gefühlsverkrüppelnden Trauma kann es keine seelische Verjährung geben.

Unter den künstlerischen Erfindungen Fontanes gegenüber der ARDENNE-Affäre ist die ›Gegenwart‹ des Spukchinesen auffällig, der Effi im Kessiner Haus heimsucht und den Fontane selbst als

»Drehpunkt für die ganze Geschichte« (An J. V. WIDMANN, 19. 11. 1895, IV.4.506) erklärt. Die Wertung der Forschung, die sich mit dem Chinesen intensiv, kontrovers und perspektivenreich beschäftigt (vgl. etwa G. WARNKE, 1978; U. RAINER, 1982; I. SCHUSTER, 1983; P. UTZ, 1984; F. SUBIOTTO, 1985; zusammenfassend C. GRAWE, ⁷1998, S. 111–114; M. TODTENHAUPT, 1998), reicht von J. P. STERNS (1964, S. 319) abfälligem Verdikt, »a piece of bric-à-brac left over by ›poetic Realism‹« bis zu DEMETZ' (S. 205) hohem Lob, der Spuk gehöre zu den dichterischen Gestaltungen Fontanes, »die mit mechanischer Begriffsumgrenzung allein keineswegs zu deuten sind. Sie eröffnen eine dichterische Anschauung und Auslegung der Wirklichkeit, deren adäquate Interpretation ins Unendliche strebt«. Prägnant charakterisiert GRAWE (⁷1998, S. 112) »die ingeniöse Vieldeutigkeit dieses Symbols«: »In ihm spiegelt sich *zugleich* Effis psychische Disposition, ihr Befinden in der Ehe und in Kessin, das Dreiecksverhältnis zwischen ihr, ihrem Mann und ihrem Liebhaber, dieser als Eindringling in ihre Ehe, und später ihre Schuld.« Zurecht warnt er davor, den Chinesen einer eindimensionalen Deutung zu unterziehen; je nach Handlungsmoment werde der Spuk »aus einer statisch-eindeutigen zu einer dynamisch-schillernden Chiffre«. Als solche hat sie eine weitere Spiegelfunktion. Die Geschichte vom Chinesen wird in zwei Versionen vorgestellt, in Innstettens Erzählung gegenüber Effi (I.4.85) und in deren Brief an die Mutter (I.4.100). Aber vieles bleibt dabei offen: Ist die Braut *wegen* des Chinesen verschwunden? Ist dieser wegen ihres Verschwindens gestorben? Wenn ja, warum? Wenn sie Liebende waren, warum ist der Chinese nicht zugleich mit der Braut verschwunden? Hat der Chinese vielleicht die Braut aus Eifersucht ermordet und anschließend Selbstmord begangen? Relativ sicher feststellbar ist nur, daß es hier um die Fabel einer frustrierten, wohl eifersüchtigen Liebe geht, die sich am Hochzeitstage an den Frischvermählten rächt.

In *Von Zwanzig bis Dreißig* erinnert sich Fontane an Theodor STORMS Kunst, Spukgeschichten zu erzählen:

> Die Geschichten an und für sich waren meist unbedeutend und unfertig, und wenn wir ihm das sagten, so wurde sein Gesicht nur spitzer, und mit schlauem Lächeln erwiderte er: »Ja, das ist das Wahre; daran können Sie die Echtheit erkennen; solche Geschichte muß immer ganz wenig sein und unbefriedigt lassen; aus dem Unbefriedigten ergibt sich zuletzt die höchste künstlerische Befriedigung.« (III.4.369)

Gerade wegen ihrer Vagheit bietet sich die Spukgeschichte in *Effi Briest* als suggestive Schablone an: Ein Mann verliebt sich in die Enkelin bzw. Tochter bzw. Nichte eines Bekannten, die ihn jedoch anscheinend aus Standesgründen nicht heiraten kann bzw. will. Statt dessen geht diese unter elterlichem Druck (vgl. im Kontext der Spukthematik die Anspielungen auf Julia Capulet, S. I.4.75, 93) eine Standesehe ein, woraufhin sie verschwindet und der Mann stirbt. Die identische Tiefenstruktur zwischen dieser Fabel und einer anderen läßt sich nicht verkennen: In dieser anderen verliebt sich erstens der junge Geert in die etwa zwanzig Jahre alte Tochter eines Bekannten (»am liebsten war er in Schwantikow drüben bei meinem Großvater Belling«, I.4.12), muß eine ihn demütigende Standesehe mitansehen und begeht »quasi suicide« (HOLBECHE, 1987, S. 24, dort insgesamt zur Beziehung zwischen dem Chinesen und Innstettens Vergangenheit):

> [Bertha:] »Und nun sage, was tat Innstetten, was wurde aus ihm? Das Leben hat er sich nicht genommen, sonst könntet ihr ihn heute nicht erwarten.«
> [Effi:] »Nein, das Leben hat er sich nicht genommen. Aber ein bißchen war es doch so was.«
> »Hat er einen Versuch gemacht?«
> »Auch das nicht. Aber er mochte doch nicht länger hier in der Nähe bleiben, und das ganze Soldatenleben überhaupt muß ihm damals wie verleidet gewesen sein. Es war ja auch Friedenszeit. Kurz und gut, er nahm den Abschied und fing an, Juristerei zu studieren, wie Papa sagt, mit einem ›wahren Biereifer‹.« (I.4.13)

Zweitens taucht der junge Innstetten »als sein eigener Revenant« (E. HAMANN, 1988, S. 49) am Schauplatz seiner ursprünglichen Demütigung wieder auf, diesmal um sich um die Hand der nichts ahnenden Enkelin zu bewerben. So kann man den unheimlichen Eindruck gewinnen, als werde Effi vom Spuk des leidenden jungen Innstetten, des toten Ich seiner Vergangenheit heimgesucht. Gerade dieses weder ganz gegenwärtige noch ganz abwesende frühe Ich evoziert die Figur des Spuks. Der Chinese ist nach dem Hochzeitsunheil zwar gestorben, aber nicht ganz – er spukt; auch Innstetten ist an seiner Niederlage ›gestorben‹, und seine Ehe hat nun spukhafte Züge.

Daß Effis Status als Frucht der Briestschen Standesehe ambivalente Gefühle Innstettens gegenüber seiner Frau hervorruft, ist verständlich: Er hätte der Vater von Luises Kind sein wollen und bekommt nun Gelegenheit, sie in loco parentis zu erziehen, was seinem berechnenden, hellhörigen Rivalen Crampas nicht entgeht (vgl. I.4.133; zur sich überlappenden Vater- und Ehemannrolle I.4.16, 42). In dieser Konstellation kann die Situation der Tochter Annie, die, am Jahrestag von Königsgrätz geboren, Effi so ›preußisch‹ gegenübertritt, nur prekär sein (vgl. dazu HOLBECHE, 1987, S. 25, 28): Während ihre Geburt zunächst auf Innstettens Beziehung zu seiner Frau einen starken therapeutischen Effekt hat, der ironischer Weise gerade, als Crampas Effi näher kommt, zu einer völligen Änderung seines Verhaltens führt, wird Annie später zum Katalysator der endgültigen Trennung der Eheleute, denn Innstetten möchte nicht auch noch die Zuneigung der dritten Generation verlieren. Auch Innstettens Instrumentalisierung ausgerechnet des Spuks als »Erziehungsmittel« (I.4.134) ist zutiefst ironisch. Sein Ambivalenz der Spukfrage gegenüber,

> Es ist eine Sache, die man glauben und noch besser nicht glauben kann. Aber angenommen, es gäbe dergleichen, was schadet es? [...] Und dann bin ich überrascht, solcher Furcht und Abneigung gerade bei *dir* zu begegnen, bei einer Briest. Das ist ja, wie wenn du aus einem kleinen Bürgerhause stammtest. Spuk ist ein Vorzug, wie Stammbaum und dergleichen (I.4.80),

scheint mit seiner Anspielung auf Effis Mädchennamen einen Minderwertigkeitskomplex in Sachen Familie zu signalisieren.

Fontane verwandelt den Husaren-Offizier ARDENNE in den ehemaligen Husaren-Offizier Innstetten, der ständig an sein früheres, nicht fortgesetztes Soldatenleben erinnert wird, und hält die Husaren demonstrativ von Kessin fern (vgl. I.4.168, 171, 193). Mit einem Major begeht seine Frau Ehebruch; von seiner (in ihn verliebten? – vgl. Roswithas Bemerkung, I.4.248) Dienerin Johanna heißt es, sie sei die illegitime Tochter »eine[r] längst pensionierte[n] Größe der Garnison Pasewalk« (206); verliebt in seine Frau ist deren Vetter Dagobert, ein Alexander-Offizier. Im Fall ARDENNE ist der Liebhaber Amtsrichter, also im Staatsdienst. In *Effi Briest* – rekonfiguriert Fontane chiastisch die jeweiligen beruflichen Rollen und betont dadurch den Kontrast zwischen dem frühen und dem späten Lebenswandel Innstettens.

In Effis Ehe gibt es, wie ihr Mann ihr berichtet, noch einen weiteren Eindringling:

> »Lassen wir Effi leben«, sagte er, »meine schöne Cousine ... Wissen Sie, Innstetten, daß ich Sie am liebsten fordern und totschießen [!] möchte? Denn Effi ist ein Engel, und Sie haben mich um diesen Engel gebracht.« Und dabei sah er so ernst und wehmütig aus, daß man's beinah hätte glauben können. (I.4.180)

Das Gespräch zwischen Effi und ihrer Mutter über Dagobert kurz vor der Eheschließung,

> [Luise:] »Und liebst du vielleicht auch deinen Vetter Briest?«
> »Ja, sehr. Der erheitert mich immer.«
> »Und hättest du Vetter Briest heiraten mögen?«
> »Heiraten? Um Gottes willen nicht. Er ist ja noch ein halber Junge. Geert ist ein Mann, ein schöner Mann, ein Mann, mit dem ich Staat machen kann und aus dem was wird in der Welt.« (I.4.34),

erinnert an die Ablehnung Innstettens, so daß die Rollen Luises und Geerts sich in der Konstellation Effi-Dagobert wiederholen. Insofern aber der Chinese am Hochzeitsabend kurz vor dem Verschwinden der Braut mit ihr tanzt, läßt sich Dagobert auch mit ihm vergleichen. Effis Abschiedsworte an ihn vor ihrer Hochzeit – »Dagobert, [...] du kommst also zu meinem Polterabend, und natürlich mit Cortege. [...] Und du mußt bedenken, mein erster Ball ist vielleicht auch mein letzter« (I.4.24 f.) – und ihre merkwürdige Anspielung aufs Tanzen in einem Gespräch mit Luise stellen diese Verbindung her:

> »Übrigens haben die Kessiner [...] ein ziemlich großes Dampfschiff [...] Und auf dem Schiffe ist dann Ball (sie haben da natürlich auch Musik) und er tanzt sehr gut.«
> »Wer?«
> »Nun, Dagobert.«
> »Ich dachte, du meintest Innstetten.« (I.4.31)

Es ist ein fast unbestrittener Befund des feministischen Denkens, daß die Unterdrückung der Frau viel mit der Selbstentfremdung des Mannes zu tun habe. In dieser Sicht wird die Spuk-Figur in *Effi Briest* zum Symbol unbefriedigter männlicher Sehnsucht. Aber darüber hinaus verdichtet sich im Spukchinesen die Gegenwart der Vergangenheit überhaupt. Das gegebene hic et nunc bildet im Roman nur eine Dimension der vieldimensionalen Realität, die Fontane durch das Ineinandergreifen verschiedener Elemente in der dialektischen Totalität, die Präsenz des Abwesenden und die mangelhafte Eigenpräsenz des Gegenwärtigen zu evozieren versucht. Dieser Funktion dient die Spukgestalt, da ihre Geschichte vieles mit vielem verknüpft (vgl. das allerdings schwächere Bedeutungspotential des Spukmotivs in *Graf Petöfy*). Daß dies eine erhebliche Erweiterung, wenn nicht Unterhöhlung des Fontane überlieferten Realismusbegriffs mit sich bringt, ist deutlich. P.-K. SCHUSTER, (1978, S. 88) arbeitet für *Effi Briest* das im Bereich der bildenden Kunst entwickelte Phänomen des »disguised symbolism« heraus, »die Kaschierung des Bedeutenden im Beiläufigen zur Wahrung des realistischen Kontextes«. Durch genaues Lesen des Textes zeigt er auf, wie Fontanes Erzähltechnik die gesellschaftliche »Reproduktion christlicher Mythologeme« (ebd., S. VII) thematisiert. Indem Fontane durch die akribische künstlerische Handhabung des Stoffes seine Figuren gleichsam in ein ›weites Feld‹ kontextualisiert, läßt er die innere Welt des Romans ans ›Unendliche‹ grenzen. Im *Stechlin* wird dieses Phänomen der Bezogenheit in der eröffnenden Symbolik des Wasserstrahls und des roten Hahns selbst thematisiert und belegt Fontanes durchgehendes Interesse, die Wirklichkeit und die Gegenwart, durch das phantastische Element zu transzendieren. Unter diesem Zeichen erschließt sich die Signifikanz des Spukchinesen.

»Ach, Luise, laß ... das ist ein *zu* weites Feld.« (I.4.296) Mit der »agrarisch geprägten Redensart« schiebt der alte Briest im Schlußgespräch des Romans »Problematisches [...] von sich« (WANDREY, S.275) und behält doch das letzte Wort. Seine Frau ist dabei, ihre Bedenken über eigene Schuld am Tod der Tochter zu äußern, aber Briest hält das Thema für unzulässig. Wohl ahnt er die Gefahr, das weite Feld zu untersuchen, Ursprünge, Ursachen, Querverbindungen aufzudecken. Die infolge eines ›Schrittes vom Wege‹ verletzte Annie (ein Stolpern auf der Treppe, I.4.228) legt indirekt das Versagen der elterlichen Ehe bloß (der Fund der Liebesbriefe); die infolge eines andersartigen ›Schrittes vom Wege‹ verletzte und dann gestorbene Effi droht gleichfalls, das Versagen der Ehe ihrer Eltern bloßzulegen. Hohen-Cremmen ist – trotz A. BANCE (1982, S. 46) – kein Garten Eden.   DARAGH DOWNES

Literatur

F. SPIELHAGEN, »Die Wahlverwandschaften« und »Effi Briest«, in: Neue Beiträge zur Theorie und Technik der Epik und Dramatik, Leipzig 1898, S. 91–122. – M. WEBER, Ehefrau und Mutter in der Rechtsentwicklung: eine Einführung, Tübingen 1907. – H. HERMANN, Theodor Fontanes »Effi Briest«. Die Geschichte eines Romans, in: Die Frau 19 (1912), S. 543–553, 610–625, 677–695. – F. BEHREND, Aus Fontanes Werkstatt (zu Effi Briest), Berlin 1924. – J. P. M. STERN, »Effi Briest«: »Madame Bovary«: »Anna Karenina«, in: MLR 52 (1957), S.363–375. – F. TRAUTMANN, Von dem Arzt und der Krankheit der Effi Briest, in: Zs für Psychosomatische Medizin 7 (1960/61), S. 65–68. – H. W. SEIFFERT (unter Mitarbeit von C. LAUFER), »Effi Briest« und Spielhagens »Zum Zeitvertreib«. Zeugnisse und Materialien, in: H. W. S., Studien zur neueren dt Literatur, Berlin 1964, S. 255–300. – J. P. STERN, Re-Interpretations. Seven Studies on Nineteenth Century German Literature, London 1964, S. 301–347. – D. WEBER, »Effi Briest« – »Auch wie ein Schicksal«. Über den Andeutungsstil bei Fontane, in: Jb FDH 1966, S. 457–474. – G. ERLER, »Effi Briest«. Die Ardenne-Affaire bei Fontane und Spielhagen, in: FBl SH 2 (1969), S. 64–68. – P. BANGE, Humor und Ironie in »Effi Briest«, in: Fontanes Realismus, 1972, S. 75–105. – EuD, Theodor Fontane »Effi Briest«, hg. von W. SCHARFASCHIK, Stuttgart 1972. – D. C. RIECHEL, »Effi Briest« and the Calendar of Fate, in: GR 48 (1973), S. 189–211. – G. AVERY, The Chinese Wall. Fontane's Psychograph of Effi Briest, in: Views and Reviews of Modern German Literature. Fs for A. D. Klarmann. München 1974, S. 18–38. – P.-P. SCHWARZ, »Tragische Analyse« und Schicksalsvorausdeutungen in Fontanes Roman »Effi Briest«, in: Sprachkunst 7 (1976), S. 247–260. – G. TAX-SHULTZ, Andeutung und Leitmotiv in Fontanes »Effi Briest«, in: FBl H. 23 (1976), S. 507–522. – J. ROTHENBERG, Realismus als »Interessenvertretung«. Fontanes »Effi Briest« im Spannungsfeld zwischen Dichtungstheorie und Schreibpraxis, in: Euph 71 (1977), S. 154–168. – P.-K. SCHUSTER, Theodor Fontane: »Effi Briest« – Ein Leben nach christlichen Bildern, Tübingen 1978. – G. WARNKE, Der Spuk als »Drehpunkt« in Fontanes »Effi Briest«. Ein Beitrag zur Strukturanalyse des Romans, in: LfL 1978, S. 214–242. – M. C. DEVINE, Erzähldistanz in Fontanes »Effi Briest«, in: Fs JOLLES, 1979, S. 544–549. – A. M. GILBERT, A New Look at »Effi Briest«: Genesis and Interpretation, in: DVjs 53 (1979), S. 97–114. – H. H. REMAK, Politik und Gesellschaft als Kunst: Güldenklees Toast in Fontanes »Effi Briest«, in: Fs JOLLES, S. 550–562. – J. M. RITCHIE, Embarrassment, Ambiguity ans Ambivalence in Fontane's »Effi Briest«, in: Ebd., 1979, S. 563–569. – R. THUM, Symbol, Motiv and Leitmotiv in Fontane's »Effi Briest«, in: GR 54 (1979), S. 115–124. – P. I. ANDERSON, 1980, s.u. 3.1.1. – H. GARLAND, The Berlin Novels of Theodor Fontane, Oxford 1980, S. 174. – E. SWALES, Private Mythologies and Public Unease: On Fontane's »Effi Briest«, in: MLR 75 (1980), S. 114–123. – L. M. MILLER, Fontane's »Effi Briest«. Innstetten's Decision: In Defense of the Gentleman, in: Germanic Studies Review 5 (1981), S. 383–402. – M. MINDEN, »Effi Briest« und die »historische Stunde des Takts«, in: MLR 76 (1981), S. 869–879. – R. S. STRUC, Zu einigen Gestalten in »Effi Briest« und »Buddenbrooks«, in: Seminar 17 (1981), S. 35–49. – A. BANCE, 1982, s.u. 3.1.1. – C. GRAWE, Crampas' Lieblingsdichter Heine und einige damit verbundene Motive in Fontanes »Effi Briest«, in: Jb der Raabe-Ges 1982, S. 148–170. – U. RAINER, »Effi Briest« und das Motiv des Chinesen. Rolle und Darstellung in Fontanes Roman, in: ZfdPh 101 (1982), S. 545–561. – H. H. REMAK, Der Strandritt. Zwei Textanalysen aus dem 17. Kapitel von »Effi Briest«, in: Revue d'Allemagne 14 (1982), S. 277–288. – I. SCHUSTER, Exotik als Chiffre: Zum Chinesen in »Effi Briest«, in: WW 33 (1983), S. 115–125. – J. ANNAS, Personal Love and Kantian Ethics in »Effi Briest«, in: Philosophy and Literature 8 (1984), S. 15–31 [vgl. M. BARON, 1988]. – P. UTZ, Effi Briest, der Chinese und der Imperialismus. Eine »Geschichte« im geschichtlichen Kontext, in: ZfdPh 103 (1984), S.212–224. – F. SUBIOTTO, The Ghost in »Effi Briest«, in:

Modern Language Studies 21 (1985), S. 137–150. – C. GRAWE, Nachwort zur Reclam-Ausgabe von »Meine Kinderjahre«, Stuttgart 1986, S. 247–252. – K. HABERKAMM, »Links und rechts umlauert«. Zu einem symbolischen Schema in Fontanes »Effi Briest«, in: MLN 101 (1986), S. 553–591. – S. RADCLIFFE, Effi Briest and the Crampas Letters, in: GLL 39 (1986), S. 148–160. – B. HOLBECHE, Innstetten's »Geschichte mit Entsagung« and its Significance in Fontane's »Effi Briest«, in: GLL 41 (1987), S. 21–32. – K. P. POST, »Das eigentümliche Parfüm des Wortes«. Zum Doppelbild des Heliotrop in Theodor Fontanes Roman »Effi Briest«, in: Literatur und Medien in Wissenschaft und Unterricht. Fs für A. Weber, hg. von W. SEIFERT u. a. Köln, Wien 1987, S. 47–54. – J.-W. SHIEH, Liebe, Ehe, Hausstand. Die sprachliche und bildliche Darstellung des »Frauenzimmers im Herrenhaus« in Fontanes Gesellschaftsroman »Effi Briest«, Frankfurt am Main 1987. – M. BARON, Was Effi Briest a Victim of Kantian Morality, in: Philosophy and Literature 12 (1988), S. 95–113 [Auseinandersetzung mit J. ANNAS, 1984]. – E. HAMANN, Theodor Fontane »Effi Briest«, München ²1988. – B. SEILER, »Effi, du bist verloren!« Vom fragwürdigen Liebreiz der Fontaneschen Effi Briest, in: DD, H. 104 (1988), S. 586–605. – C. GRAWE, Über die Sinnentleerung der Literatur. Polemische Anmerkungen zu B. W. Seilers »Effi-Briest«-Aufsatz in DD H. 104, in: DD, H. 106 (1989), S. 208–211. – P. PÜTZ, Wenn Effi läse, was Crampas empfiehlt... Offene und verdeckte Zitate im Roman, in: TuK Fontane, 1989, S.174–184. – O. DRUDE, Wo liegt Hohen-Cremmen und wann wurde Effi geboren? Ort und Zeit bei Theodor Fontane, in: Mitteilungen der TU Braunschweig 25, H. 3 (1990), S. 28–34. – U. FREVERT, Das Duell in der bürgerlichen Gesellschaft, München 1991, S. 214–232. – C. GRAWE, »Effi Briest« – Geducktes Vögelchen in Schneelandschaft: Effi von Innstetten, geborene von Briest, in: Interpretationen, 1991, S. 217–242. – F. R. KEMPF, »Versteckt und gefährlich politisch«. Hundert Jahre »Effi Briest«-Kritik, in: Michigan Germanic Studies 17 (1991), S. 99–118. – H. A. GLASER, Theodor Fontane: Effi Briest – im Hinblick auf Emma Bovary and andere, in: Interpretationen. Romane des 19. Jahrhunderts, Stuttgart 1992, S. 362–377 (zuerst 1980). – H.-P. REISNER/ R. SIEGLE, Lektürehilfen Theodor Fontane »Effi Briest«. Stuttgart/Dresden 1993. – H. ESTER, Effi, Rollo und die Ordnung, in: Zäsur. Zum Abschied von G. Pompen am 1. Sept. 1993. Katholieke Universiteit Nijmegen 1994, S. 115–121. – E. KOBEL, Die Angst der Effi Briest. Zur möglichen Kierkegaard-Rezeption Fontanes, in: Jb FDH 1994, S. 254–288. – C. MIETHING, Drei Frauen, drei Romane, dreimaliger Tod, in: SuF 46 (1994), S. 341–366. – R. SCRUTON, Sexual Desire. A Philosophical Investigation, London 1994, S. 346, 167–9 und 172f. – C. A. BERND, Die Politik als tragendes Strukturelement in Fontanes »Effi Briest«, in: Wahrheit und Wort. Fs für R. Tarot, Bern 1996, S. 61–71. – R. BÖSCHENSTEIN, 1996, s.u. 3.1.2. – H. AUST, Effi Briest oder: Suchbilder eines fremden Mädchens aus dem Garten, in: FBl 26 (1997), S. 66–88. – R. KÖHNE, »Effi Briest« und die Duellfrage. Zu einem Brief Fontanes an Maximilian Harden, in: Ebd., S. 110–115. – H. PATSCH, Aischa auf der Schaukel. Zu einer möglichen literarischen Anregung für Fontanes »Effi Briest« in: Ebd., S. 116–123. – R. C. ZIMMERMANN, Was hat

Fontanes »Effi Briest« noch mit dem Ardenne-Skandal zu tun? Zur Konkurrenz zweier Gestaltungsvorgaben bei Entstehung des Romans, in: Ebd., S. 89–109. – C. GRAWE, Theodor Fontane: »Effi Briest«, Frankfurt am Main ⁷1998 (1985). – D. KROHN, Die Dialoge in »Effi Briest« als Problem der Erzähltheorie, in: Germanistische Schlaglichter. Eine Reihe der Institute für deutsche Sprache der Universitäten Göteborg u. Uppsala, H. 1, S. 7–22. – W. SCHOLTER, Von Instettens Duell aus Zivilisationsgeschichtlicher Sicht, in: Ebd., S. 49–57. – M. TODTENHAUPT, Der erste Dialog über den Chinesen in »Effi Briest«, in Ebd., S. 59–78. – C. HEHLE, »Ich steh und falle mit Gieshübler«. Die Verführung der Effi Briest, in: Theodorus victor, S. 137–162.

3.1.17 Die Poggenpuhls. Roman

Entstehung, Veröffentlichung, Zeitkontext, Rezeption

»Es hat zwei Tugenden«, schreibt Fontane am 4. 11. 1896 von seinem vorletzten Roman an Paul SCHLENTHER: »Erstens ist es kurz und zweitens wird nicht drin geschossen.« (IV.4.607) Vier Tage später erscheint von SCHLENTHER in derselben Zeitung eine einsichtige Kritik des handlungsarmen, aber beziehungsreichen Werkes. Wie viele spätere Kritiker lobt er anhand der brillanten Milieuschilderung der ersten zwei Kapitel Fontanes naturalistische Kunst und weiß wie jene auch die impressionistischen Elemente in diesem Roman zu würdigen.

Die Poggenpuhls entstehen ungefähr gleichzeitig mit *Effi Briest* und *Mathilde Möhring* in zwei Arbeitsphasen, zunächst zwischen Anfang 1891 und Januar 1892, dann nach zweijähriger Unterbrechung im Herbst 1894; nach G. ERLER (AR 7.592) ist Fontanes *Tagebuch* hier wohl irreführend. *Die Poggenpuhls* unterscheiden sich jedoch von den beiden anderen genannten Romanen nicht nur thematisch, sondern vor allem durch den bewußt experimentellen Kunstcharakter. Zu Fontanes Befriedigung wird dieser auch von anderen jüngeren Kritikern erkannt und gewürdigt, die sich wie SCHLENTHER oder Fritz MAUTHNER (im *Berliner Tageblatt*, 29. 4. 1897) in den Modernismusdebatten der Zeit engagiert haben. Siegmund SCHOTT ist es, der sozusagen das entscheidende Wort über den Roman ausspricht, als er in Anlehnung an den naturalistischen Romanschriftsteller Heinrich HART meint, daß bei diesem Werk »noch mehr als bei anderen Büchern Fontanes, nicht das Was entscheidend für den Wert ist« (vgl. H. AUST, 1980, S. 216, 233 f.). Fontane formuliert in seinem Dankesbrief vom 14. 2. 1897 an SCHOTT den Satz noch einmal um: »Das Buch ist kein Roman und hat keinen Inhalt, das ›Wie‹ muß für das ›Was‹ eintreten – mir kann nichts Lieberes gesagt werden.« (IV.4.635) Später wird Fontanes

Wort gleichsam zum Ausgangspunkt der modernen Analyse dieses Werkes – und wegen der schon von einigen Zeitgenossen erkannten Verwandtschaft der *Poggenpuhls* mit seinem letzten Roman – auch des *Stechlin*.

Anders als bei den meisten seiner Romane scheint es im Fall der *Poggenpuhls* keinen äußeren Anlaß gegeben zu haben, der Fontane als Anregung dient (vgl. aber R. REUTER, 1985, die auf ein mögliches Vorbild zu den Schwägerinnen Poggenpuhls aufmerksam macht). Allerdings gibt es nach AR 7.581–358 in diesem Berliner Roman eine ganze Reihe von autobiographischen Beziehungen. Darunter wären etwa zu nennen: die Großgörschenstraße, wo nach Berlin gezogene verwitwete Frau Majorin mit ihren Töchtern und der treuen Dienerin Frederike wohnt, liegt sozusagen um die Ecke von Fontanes langjähriger Wohnung in der Potsdamerstraße; Arnsdorf bei Krummhübel im schlesischen Riesengebirge, wo Fontane ein Jahrzehnt wiederholt in Urlaub ist, erscheint im Roman als Adamsdorf in Schlesien; dort lernt er 1884 Georg FRIEDLAENDER kennen und gewinnt im Gespräch und Briefwechsel mit ihm eine immer kritischere Perspektive auf den preußischen Militarismus; Züge seiner eigenen Söhne verleiht er den Poggenpuhlschen Brüdern Wendelin und Leo. Und schließlich erscheint gar sein junger Kollege und Freund, der spätere Burgtheaterdirektor SCHLENTHER namentlich im Roman, zusammen mit seiner späteren Frau, der Schauspielerin Paula CONRAD, deren Gesellschaft Fontane trotz leichter Eifersüchteleien seitens seiner Tochter MARTHA so goutiert. Einen autobiographischen und zugleich auch doppelten intertextuellen Charakter hat Ernst von WILDENBRUCHS Drama *Die Quitzows*, dessen Besuch durch die Poggenpuhls den Mittelteil des Romans einnimmt, und zwar einmal als Anspielung auf den großen Theatererfolg, den Fontane selbst rezensiert und der es zwischen dem 9. 11. 1888 und dem 2. 12. 1890 auf mehr als 100 Aufführungen am Königlichen Schauspielhaus bringt (vgl. B. MÜLLER-KAMPEL, 1989, S. 84); zum anderen auf den 100–seitigen Essay, den er 1887 schreibt und unter dem Titel *Quitzöwel* nach dem Vorabdruck in der Zeitschrift *Zur guten Stunde* 1888 in *Fünf Schlösser* veröffentlicht (vgl. zu Fontanes Interesse an den historischen Quitzows den Brief an F. STEPHANY, 6. 6. 1893, IV.4.259 und REUTER, S. 470f.). *Die Poggenpuhls* sind – ganz im ironischen Geist des STEPHANY-Briefs – als Dekonstruktion jener preußisch-märkisch-idealpatriotischen Allüren zu lesen, die in den Theateraufführungen des Wildenbruchschen Stück seinerzeit beim wilhelminischen Publikum so gut ankommt. Ist die an sich absurde, von der Familie so pietätvoll gepflegte Darstellung des »großen Ahnen« Balthasar von Poggenpuhl, »im Unterkleid und Weste, von Stiefeln keine Rede«, »ohne Rock« (I.4.487, 514), der 1758 bei Hochkirch fällt, ein markantes Beispiel für ein solches ironisches Hinterfragen, so ist es ganz besonders Leo, der im Roman das Heldenhafte und auch den Kulturanspruch Preußens mit seinen inadäquaten Vergleichen ständig dekonstruiert. So antwortet er im 6. Kapitel Therese, als sie ihn im damaligen Modewort des Imperialismus über die seinwollenden »moralischen« Eroberungen der Deutschen bei den Polen ausfragt: »›Gewinnt ihr Terrain?‹ ›Terrain? Ich bitte dich, Therese, wir sind froh, wenn wir im Skat gewinnen.‹« (I.4.509) Seine eigene rhetorische Frage: »Wer hat heute *nicht* einen Namen? Und was *macht* nicht alles einen Namen! Pears Soap, Blookers Cacao, Malzextrakt von Johann Hoff« (I.4.528), droht, dem ganzen mühsam verteidigten Poggenpuhlschen Ethos den Boden zu entziehen.

»Ein Titel auf den ich stolz bin«, schreibt der Dichter am Ende der ersten Arbeitsphase an den Verleger W. HERTZ (14. 1. 1892, IV.4.177). Der Gebrauch des Artikels: ›*Die*‹ *Poggenpuhls* – im Gegensatz zu Thomas MANNS wenige Jahre später erschienenem Roman *Buddenbrooks* – macht gleich auf den ironischen Ansatz des Werkes aufmerksam, auf das Mißverhältnis zwischen dem Adelsstolz auf die ruhmreiche militärische Vergangenheit der Familie Poggenpuhl und der stagnierenden Gegenwart eines »Froschtümpels« (A. BANCE, 1982, S. 183). Auch hat der Leser bei Erwähnung der Heimat der Familie in Pommern den leicht stereotypisierenden Humor des Erzählers herauszuhören, gilt doch die Poggenpuhlsche Heimat Hinterpommern auf der Ostseite der Oder als sprichwörtlich für ›Hinterwäldliches‹. Das gilt in ganz besonderem Maß für den dort tonangebenden Adel. Abgesehen von den Juden, die doch nicht als Bürger wahrgenommen werden, gibt es in Hinterpommern kaum Bürgerliche, es sei denn als Pfarrer. Und dort, im Gegensatz zum übrigen Deutschland, sind seit der Zeit FRIEDRICH WILHELMS III. (1797–1840) brave Pfarrerstöchter, in der Art von Albertine Pütter, späterer von Poggenpuhl, als Adelsbräute durchaus akzeptabel. Möglich, daß der Titel eine weitere konkrete Anspielung auf das Unzeitgemäße dieser Adelswelt enthält, so z.B. an das Werk des ehemaligen Offiziers Detlev von LILIENCRON, *Die Rantzows und die Pogwisch*(1885, sein *Poggfred* erscheint erst 1896). Der in den neunziger Jahren zur neusten Richtung der Lyrik gehörende LILIENCRON ist nämlich der Sohn einer verarmten Adelsfamilie, der einst wegen Spielschulden den Dienst quittieren mußte – man denkt an das ständige »Gespenst der Entlassung« (I.4.485), das Leo auch wegen Spielschulden plagt. Kein Wunder also, daß die christlich-konservative Familienzeitschrift *Daheim*, die Fontanes *Vor dem Sturm* gebracht hat und auf die dieser anfangs Hoffnungen setzt, den Roman nach längeren Verhandlungen ablehnt, wegen der vermeintlichen »kleinen Verspottung'« des Adels. Das sei, schreibt der verärgerte Autor im *Tagebuch*: ›Totaler Unsinn. Es ist eine Verherrlichung des Adels, der aber, soviel kann ich zugeben, klein und dumm genug empfindet, um das Schmeichelhafte darin nicht herauszufühlen. Gott besser's. Aber er wird sich die Mühe kaum geben. Unter Umständen ›kämpfen Götter selbst vergebens‹.« (*Tagebuch* II.263). Erst von Oktober 1895 bis März 1896 erscheinen *Die Poggenpuhls* im Vorabdruck im Stuttgarter Familienblatt *Vom Fels zum Meer* mit vielen redaktionellen Eingriffen in den Text. »Überhaupt haben die Stuttgarter in dem M. S. grausam herum gewirtschaftet«, kommentiert Fontane an E. FLEISCHEL (3. 6. 1896, IV.4.561), den Geschäftsteilhaber FRIEDRICH FONTANES, der den Roman im November 1896 als Buch veröffentlicht. Und dennoch kann Fontane gegenüber G. FRIEDLAENDER am 4. 1. 1897 befriedigt feststellen: »An den *Poggenpuhls* habe ich, über Erwarten, viel Freude.« (FFr, S. 307) Der Verkaufserfolg erlaubt es dem Verlag bis zum Jahresende die 4. Auflage zu drucken.

Fördert vielleicht die aktuelle Tagesdiskussion um die Zukunft der Armee, die immer mehr Geld verschlingt, den Verkauf – jene Armee mit ihrem bei Bürgerlichen immer anachronistischer empfundenen Anspruch, ›Herr im Staat‹ zu sein, und ihrem Offizierkorps, wo das Adelspatent noch bis 1914 entscheidender ist als das Können? Noch ein weiteres Ereignis jener Jahre bildet vielleicht den Zeitkontext für die Aufnahme des Werkes: Im Erscheinungsjahr der *Poggenpuhls* läßt sich der Kaiser mit seinen sechs Söhnen in der damals beliebten Matrosenuniform porträtieren: das Flottenprogramm, in dem gutsituierte bürgerliche Offiziere ganz im Gegensatz zur Armee eine Schlüsselrolle spielen werden, wird zu seiner und bald seines Volkes Obsession. Daß Fontane selber auch ein wenig von den neuen Dingen angetan ist, wenn auch mit gemischten Gefühlen, geht aus der oft zitierten Adelskritik an FRIEDLAENDER (5. 4. 1897, IV.4.642f.) hervor, geschrieben zwei Monate, bevor Admiral TIRPITZ seine geschichtsträchtige erste Flottenvorlage im Reichstag zur Debatte bringt:

> die Rüstung muß fort und ganz andre Kräfte müssen an die Stelle treten: Geld, Klugheit, Begeisterung. Kann sich der Kaiser dieser Dreiheit versichern, so kann er mit seinen 50 Millionen Deutschen

jeden Kampf aufnehmen; durch Grenadierblechmützen, Medaillen, Fahnenbänder und armen Landadel der »seinem Markgrafen« durch Dick und Dünn folgt, wird er es aber *nicht* erreichen.

Der alte General Onkel Eberhard spricht also nicht nur von den Poggenpuhls, sondern auch von der ganzen Militärkaste, die sich womöglich nicht mehr lange würde behaupten können, als er meint: »Wir sind nicht mehr dran. Was jetzt so aussieht, ist bloß noch Auflackern.« (I.4.514). Wie seltsam berührt den historisch versierten Leser der nächste Satz des Generals: »Aber nun zum Schlachtplan«, denn 1897 wird der Schlieffen-Plan formuliert, der 1914 den Einfall deutscher Truppen im neutralen Belgien legitimieren wird. Auch die utopischen Hoffnungen der armen Schwestern Poggenpuhls auf eine ›Zukunft‹ des älteren Bruders Wendelin im Generalstab sind mehr als zeitgemäß im Kontext der neunziger Jahre, als der Generalstab – wie Eliten, die ihre Position gefährdet sehen, fast immer – sich immer mehr zum Machtinstrument, zum ›Staat in Staate‹ ausbildet. Kein Wunder also, daß die Poggenpuhlschen Schwestern in dem ehrgeizigen, nüchternen Bruder Wendelin einen Kandidaten für jenen Generalstab sehen (I.4.485, 501), wie es einst dem ähnlich unbemittelten und gleich Wendelin für seine Bedürfnislosigkeit bekannten Moltke beschieden war. Zeitgemäßer wäre allerdings Leos utopischer Sinnentwurf, denn die erzählte Zeit des Romans fällt in die ersten Regierungsmonate Kaiser WILHELMS II., der in der Erzählzeit die Schneidigkeit (I.4.485) junger Leutnants so sehr favorisiert – so sehr, daß er bereit ist, diese ohne jegliches Talent bzw. ohne die erforderliche Ausbildung sogar auf diplomatische Vertrauensposten zu schicken.

Der Erfolg der *Poggenpuhls* bei den Lesern und den Kritikern – abgesehen von PAUL HEYSES nur privat in einem Brief an SCHOTT vom 16. 2. 1897 geäußerten Veriß (zit. in: AUST, Fontane, S. 234) – verhindert jedoch nicht, daß das Werk nach Fontanes Tod fast in Vergessenheit gerät. Die formale und thematische Verwandtschaft mit dem letzten Roman Fontanes ist Grund genug für diejenigen Kritiker, die wie WANDREY (S. 299) hierin nur ein »schmerzliches Versagen der Gestaltungskraft« zu sehen meinen, Fontanes kürzesten Roman mit dem »halb abschätzigen, halb wohlwollenden Etikett ›Nebenwerk‹« (R. BRINKMANN, 1969, S. 119) zu belegen. Erst als man Verständnis für Fontanes dichterisches Anliegen im *Stechlin* zu gewinnen beginnt, werden solche Urteile revidiert (H. PREISENDANZ, in: PREISENDANZ, Fontane, S. 310f., ursprünglich 1963). »Auch die Wirkungsgeschichte der *Poggenpuhls* steht weitgehend im Dienst der *Stechlin*–Interpretation«, konstatiert H. AUST (AUST, Fontane, S. 215). Der heutige Status der *Poggenpuhls* in der Fontane-Forschung, die Anerkennung »diese[s] Nichts, das es ist, um seiner Form willen« (an FRIEDLAENDER, 4. 1. 97, DuD II.468), verdankt der intensiven Erörterung poetologischer Aspekte des *Stechlin* seit den siebziger Jahren unseres Jahrhunderts ohne Zweifel viel. Überhaupt hat *Die Poggenpuhls*-Rezeption keinen geringen Einfluß auf die allmähliche Einordnung Fontanes in die ›kanonische‹ deutsche Literaturwissenschaft seit den siebziger Jahren. Als Einschnitt in der Forschungsgeschichte zum Roman ist E. LÄMMERTS Analyse in *Bauformen des Erzählens* (1955) zu bezeichnen. Er schreibt dem damals kaum noch bekannten Roman exemplarischen Status zu, namentlich im Kapitel über »Gespräch als Strukturelement im Erzählvorgang« (S. 226–234). Als besondere Leistung des Romans streicht er heraus, wie bei Fontane das Gespräch – das er auf 60% des Gesamttextes hochrechnet mit weiteren 18% für die Briefeinlagen – die Funktion des Erzählerberichts weitgehend übernehme (vgl. zum Erzählerbericht jedoch H. AUST, in: AUST, Fontane, S. 227). Das Erzählte gewinne dabei an Plastizität, weil die Leser sich wie in einem echten Gespräch Fehlendes ›dazudenken‹. Als LÄMMERT und seine Generation auf Lehrstühle berufen werden, werden allmählich die Dissertationen vergeben, die in den siebziger Jahren in Westdeutschland Fontane endlich den ihm gebührenden Platz in der germanistischen Literaturwissenschaft zuweisen. Dieser Prozeß ist damals in der DDR schon lange im Gang. In seiner 1968 erschienenen Fontane-Monographie widmet H.-H. REUTER den *Poggenpuhls* eine eingehende Würdigung. Er verbindet das gesellschaftssatirische Moment mit der zentralen Theatermetapher: die Poggenpuhls »sind nicht mehr, sie spielen nur noch ihre Rollen« (S. 830). Hier profiliere sich Fontane als Gesellschaftschriftsteller par excellence. Ein Jahr später liegen neben der Hanser Ausgabe schon zwei weitere Editionen des Werkes vor, die eine in der DDR beim Aufbauverlag (als 7. Band der *Romane und Erzählungen* mit dem für die anschließende Forschung unerläßlichen kritischen Kommentar von G. ERLER, AR 7.581–599), die andere im Taschenbuchformat – und entsprechend hoher Auflage – beim Stuttgarter Reclamverlag. Im Nachwort (S. 120) wirbt BRINKMANN energisch für ein Werk, das er formal »in Sinn und Funktion [...] als Vorausdeutung auf Phänomene der Erzählkunst im 20. Jahrhundert« einschätzt. Jüngere Forscher arbeiten in den folgenden Jahren poetologische Aspekte systematisch und einfühlsam auf, so I. MITTENZWEI (1970) und D. C. RIECHEL (1976), vornehmlich aber H. Aust (1980), der neben seiner feinsinnigen Interpretation auch auf knappem Raum viel Material zur Rezeption bringt. Bei H. Garland (1980) und anderen englischen Kritikern des Romans herrscht zunächst der sozialhistorische Ansatz vor. In seiner kurzen, aber prägnanten Behandlung des Werkes betont W. Müller-Seidel (S. 420f.) im Anschluß an die von Brinkmann initiierte Realismusdiskussion das Neuartige an Fontanes sozialkritischer Perspektive: hier sei es dem Autor gelungen, »einen sozialen Prozeß in eine literarische Formensprache« zu übersetzen (vgl. auch A. Bance, 1979).

Struktur, Thematik

»Das Buch ist kein Roman und hat keinen Inhalt«, schreibt Fontane – und hält trotzdem an der Gattungsbezeichnung im Untertitel fest. Auf alle Fälle wird der hohe Grad an künstlerischer Erzählkunst auf eine sehr einfache Fabel angewendet: Die pommersche Adelsfamilie Poggenpuhls besteht aus der Mutter Albertine (geb. Pütter), zwei Söhnen, Wendelin (der nicht auftritt) und Leo, drei Töchtern, Therese, Sophie und Manon, verarmt nach dem ›Heldentod‹ des Vaters bei Gravelotte am 18. 8. 1870, 18 Jahre vor Beginn der Handlung. Ein Jahrzehnt später, in der Hochblüte des deutschen Eisenbahnausbaus nach Osten zieht die Familie mit der treuen Dienerin Friederike nach dem gründerzeitlichen Berlin, wo letztere im berüchtigten Hängeboden schlafen muß, aber »vollkommene Redefreiheit« (I.4.482, 489) genießt. Desgleichen tun in diesen Jahrzehnten Millionen von Ostdeutschen. In der aufstrebenden Metropole erhoffen sich wirtschaftlich gefährdete bzw. ehrgeizige Existenzen, unter denen die Juden besonders zahlreich sind, ein wirtschaftlich besseres Fortkommen – und finden es. So wie August Nottebohm etwa, Poggenpuhls Hausherr, der einstige schlichte Handwerkermeister und nunmehrige Rentier – wie Rechnungsrat Schulze in *Mathilde Möhring* , mit der es viele äußerliche Vergleiche gibt. Unter Nottebohms ›Protektion‹ wohnen nun Poggenpuhls seit Jahren mit Aussicht auf die »Grabdenkmäler und Erbbegräbnisse des Matthäikirchhofs« auf der einen Seite und auf der anderen auf eine Riesenreklame, für »Schulzes Bonbonfabrik« (I.4.479), sozusagen schwebend zwischen zwei unvereinbaren Welten. Inzwischen sind beide Söhne aus dem Haus, bei der Armee; die Töchter, ganz unversorgt und ohne die Aussteuer, die eventuell einen passenden Bräutigam heranlocken könnte, versuchen selbstgenügsam und jede auf ihre Art, das Beste aus der Situation zu machen und sich kollektiv über Wasser zu halten. In dieser Situation ist die Bekanntschaft der beiden jüngeren Schwestern mit der reichen jüdischen Bankiersfamilie Bartensteins für alle Familienmitglieder von Interesse, trotz des geradezu vehement geäußerten Vorurteils der ›christlichen‹ Therese. Dort bei Bartenstein kann sich nämlich die talentierte Sophie hier und da etwas verdienen und die untalentierte, aber sehr liebenswürdige Manon als eine Art ›Maklerin‹ ihr immer wieder kleine Aufträge zuspielen. Die einzigen ›Ereignisse‹ des Romans sind der Geburtstag der Mutter, die den Besuch des Onkels aus Schlesien und des jüngsten Sohns Leo aus der Garnison in Thorn anregt, der Theaterbesuch auf Onkels Kosten, darauf der Umzug Sophies als einer Art Gesellschaftsdame zu Onkel und Tante, Tod und Begräbnis Onkel Eberhards und als Folge davon eine kleine finanzielle Aufbesserung der Poggenpuhlschen Verhältnisse. Erzählzeit ist das ›Dreikaiserjahr‹ 1888, in dem der alte WILHELM I. und sein Sohn FRIEDRICH III., Kaiser für 100 Tage, sterben, und WILHELM II. Kaiser wird. Aber die neun Monate, in denen die ›Handlung‹ abläuft, bringen nichts Neues, trotz angeblichen ›happy-ends«. Prinzipiell ändert sich in dieser Gesellschaft nichts.

Eine jener von Onkel Eberhard erwähnten »Finessen, auf die man warten muß, bis man sie zufällig mal aufpickt« (I.4.517), ist Fontanes Entschluß, die zahlreichen Judenfiguren nicht im Roman erscheinen zu lassen. Und doch spielen diese im Alltagsleben der jüngeren Poggenpuhls eine kleine, aber gar nicht undeutende Rolle und in ihrer Fantasiewelt eine fast unbeschränkte – die sich bis zur Heirat und Sanierung der Familienfinanzen steigert. In der Darstellung der abwesenden Juden ergänzen sich, wie sonst im Roman, reichlicher Dialog und knapper Erzählerbericht gegenseitig. Hat man es hier vielleicht mit einer kleinen Selbstpersiflage Fontanes zu tun, einem selbstironischen Hinweis des Autors auf die Rolle jüdischer Zeitgenossen in seinem Leben, die er sonst in den autobiographischen Schriften meist verschweigt? Nach der *Poggenpuhls*-Lektüre liest man die elliptischen Stellen im Tagebuch für die Jahre 1882–1885 doch ein wenig anders, dort, wo vom Besuch seiner Frau EMILIE »bei ihrem alten Spielgenossen Gerson Bleichroeder, jetzt geadelt« (*Tagebuch* II.59) die Rede ist, bzw. von den öfter zugeschickten Opernbilletts für die Bleichrödersche Loge (ebd., S. 186 und bes. 230). Wie dem auch sei, die fast assimilierten großbürgerlichen Bartensteins und die orthodoxen Ostjuden Blumenthals sind wichtige Figuren im Roman, wichtig für des Lesers Einsicht in die Ansichten und die Gefühlswelt der Poggenpuhls, wichtig auch für den realistischen Gehalt des Werkes. Der Zeitkontext der ersten Arbeitsphase am Roman fällt mit der Diskussion um das sogenannte *Tivoliprogramm* (1892) der preußischen Konservativen zusammen. Der Antisemitismus wird zur offiziellen Parteipolitik und erzeugt eine wahre Flut von extrem rassistischen Karikaturen; im folgenden Jahr gewinnt eine neue, weiter rechts stehende Partei, die Antisemitische Partei, in den 1893er Reichstagswahlen sogar achtzehn Mandate. Vater und Mutter Bartenstein haben gütige oder humorvolle Züge, die emanzipierte Juden oft in der Dichtung wohlwollender christlicher Autoren auszeichneten; ihre Tochter Flora, eine hübsche Rotblonde, die gern modische englische Wörter in den Mund nimmt, behandelt die blutarmen Poggenpuhlschen Schwestern Sophie und Manon wie Freundinnen, lädt ein zum ›lunch‹ und geht mit Manon ›shopping‹. In ihrem gastfreundlichen Haus, wo die Stände vorübergehend überbrückt sind, verkehren Menschen aus aller Welt. Und wenn der Kronprinz »noch nicht bei Bartensteins war, so war er doch woanders. Aber ebenso« (I.4.492). Bei allem Familiensinn, der die Juden genau wie den Adel auszeichnet, bietet doch die Internationalität der jüdischen Verwandtschaft einen Kontrast zur Provinzialität der Poggenpuhlschen, auch der des gut verheirateten Generals. Die Juden im Roman sind nur in der Vorstellungswelt der Poggenpuhls existent, trotz der Gegenwart von Bartensteins in der nicht so fernen Voßstraße, der Mitwirkung Frau Melanies am Wohltätigkeitsverein und der Hoffnungen auf eine eventuelle Nobilitierung und trotz Blumenthals Unentbehrlichkeit im Geschäfts- und Handelsleben des ostdeutschen Nests, wo Wendelin und Leo in Garnison sind. Und so auch in der wilhelminischen Gesellschaft. Die Assimilation Bartensteins ist eben nicht vollzogen, eine Gemeinschaft der Blumenthals mit den Christen, die von ihnen abhängig sind, ist im eigentlichen Sinn nicht zustandegekommen. *Der Stechlin* wird die Reaktion jüngerer Juden auf diese Wirklichkeit der verfehlten Emanzipation und Assimilation im Zweiten Kaiserreich in den Personen von Isidor Hirschfeld und Dr. Moscheles thematisieren. In den *Poggenpuhls* reagieren die Familienmitglieder unterschiedlich auf das Thema. Alle, sogar die warmherzige Sophie und die fröhliche Manon, neben dem bei aller Berechnung selbstironischen Leo und der gehässigen Therese, die »schließlich froh war, daß sie existierten« (I.4.492), sehen in ihnen das, was die antisemitische Propaganda den Juden so gern ankreidet, immer den Nutzwert.

Wenn die Juden für die Poggenpuhls eine Rolle spielen, so, wie Sophie ganz zu Beginn meint, dann für sie alle. Der Erzähler spricht schon am Ende seiner souveränen Charakterisierung der einzelnen Familienmitglieder im ersten Kapitel von der »Rollenverteilung im Hause Poggenpuhl« (I.4.484). Und ebenso meint Sophie im 9. Kapitel, als die Mutter nach dem Theaterbesuch die Vorstellung eines Schauspielers beanstandet, der als Adliger einen Offiziersberuf aufgegeben hat: »Sowie wir aus unserer Stube heraus sind, sind wir in der Öffentlichkeit und spielen unsre Rolle.« (I.4.533) Auch in den erzähltechnisch so fein durchkomponierten Briefen, die Leo und Manon wechseln und die Sophie aus Schlesien schreibt, werden Rollen geübt und gespielt. (vgl. A. SCHMIDT-SUPPRIAN, 1993). Die Bereitschaft der jüngeren Poggenpuhls, sich mit den ›neuen Verhältnissen‹ abzufinden, sie womöglich in ihren dürftigen Lebensplan einzubauen, hat ihr Gegenstück in der Figur des jungen Manfred von Klessentin, ehemaligen Mitschülers von Leo in der Kadettenanstalt. Wie Leo sinnt er über eine reiche Heirat, die sein Glück machen wird, übrigens in komischer Umkehr der Geschlechterverhältnisse im Romanmotiv der ungleichen Ehe zwischen Schauspielerin und Graf (wie bei Fontane auch in *Graf Petöfy*). Auch Manfred symbolisiert das Parisitäre am Adel als Institution, nicht bloß in dessen peripheren Erscheinungen, wie Leo oder ihm selber. Auch der differenziert und positiv dargestellte Onkel spricht genauso standesegoistisch von den pommerschen Bürgern von ehemals: »Die Bürger brauten das Bernauer und das Cottbusser Bier, und wir tranken es aus.« (I.4.514) Aber Existenz und Öffentlichkeit des Adels sind längst keine Einheit mehr (MÜLLER-SEIDEL, S. 426). Im Kontext der zentralen Theatermetapher steht die Figur Klessentins für »die vollzogene Umwälzung gesellschaftlicher Machtsphären, an deren Endpunkt der blaublütigen Welt Staffage, Dekor und vorgegebenes Spielverhalten zugewiesen werden« (B. MÜLLER-KAMPEL, 1989, S. 119; vgl. auch M. SCHEFFEL, 1996, S. 214–216, 225f.) Nur Sophie, mit Wendelin die einzig Talentierte, befleißigt sich bürgerlicher Werte wie Fleiß, Initiative und Verdienst, was die ›bürgerliche‹ Tante in Adamsdorf sofort erkennt und in Zukunft belohnen will.

Die feine Ironie, die den Roman schon früh bei englischen Lesern beliebt macht (D. BARLOWS kleine Studienausgabe, schon 1957, wird besonders von britischen Germanistikstudenten gelesen), läßt sich sehr schön an jenen historischen Ereignissen nachvollziehen, die ›Ehre und Ruhm‹ der Familie so fest zu begründen scheinen: Hochkirch im Siebenjährigen Krieg unter FRIEDRICH II. von Preußen, Großgörschen (1813) im Krieg gegen NAPOLEON, und Gravelotte im Deutsch-Französischen ›Einheits-Krieg‹ von

1870. Es sind alles Kriege, an denen die preußische Geschichtsschreibung den Mythos von Preußen als ›Nation‹ legitimiert. Sie sind aber alle – Niederlagen (H. AUST, in: AUST, Fontane, S. 220). Und die Poggenpuhlschen ›Erbbilder‹, die zu Ikonen der Familie und der Kaste gemacht werden, sind bloß Bilder, Selbstbespiegelungen ohne Wirklichkeit, wenn auch »Kunstfiguren, deren literarische Individualität und Typik durch eine bemerkenswerte Darstellungstechnik zustande kommten« (ebd., S. 218 f.). In einer weiteren ›Finesse‹ des Romans hält Fontane die beiden Pole seines kleinen Romans fest: die hohlen Ansprüche der preußischen Armee auf bestimmenden Einfluß im Staat und gleichzeitig die persönliche Anspruchslosigkeit mancher Mitglieder des preußischen Adels. Das wird im Bild des Edamer Käses festgehalten, den Friederike dem hungrigen Leo vorsetzt, »der eigentlich nur noch eine rote Schale war«, aus dem aber Leo mit zufriedener Miene »die guten Stellen mit vieler Geschicklichkeit« herausschabt. Zum Schluß spielt er die Fortuna (oder nur halb!) und »setzte den ausgehöhlten Edamer auf seinen linken Zeigefinger und drehte ihn erst langsam und dann immer rascher herum, wie einen kleinen Halbglobus« (I.4.507; vgl. auch BANCE, 1979, S. 171). C. GRAWE (1991, S. 142) bemerkt einmal, daß *Die Poggenpuhls* Fontanes einziger Roman sei, in denen keine Uhren und Glocken schlagen. Die Zeit wird die Poggenpuhls allerdings doch überholen. Und der Roman endet mit einer besonders hintersinnigen Anspielung auf Überholtheit, sowohl im zeitkritischen Sinn wie auch im Sinn von Fontanes poetologischem Anspruch, in diesem Roman nicht mehr nach früher geltenden Erzählregeln zu arbeiten. Manons Beobachtung über die Tendenz, »Väter« zu vergessen, lasse sich unschwer als Ungenügen an bloß seinwollender Tradition deuten: »Sonderbar, Väter werden fast immer vergessen. Ich werde mit Flora darüber sprechen. Die sagte auch mal so was.« (S. 576)   EDA SAGARRA

Literatur

E. LÄMMERT, Bauformen des Erzählens, Stuttgart 1955, S. 226–233. – D. BARLOW, Theodor Fontane: Die Poggenpuhls, Oxford 1957, S. IX-XXXII. – H.-H. REUTER, Die Poggenpuhls. Zu Gehalt und Struktur des Gesellschaftsromans bei Theodor Fontane, in: EG 20 (1965), S. 346–359; – R. BRINKMANN, 1969, s.u. 3.1.1. – I. MITTENZWEI, 1970, S. 156–164, s.u. 3.1.1. – R. BRINKMANN Nachwort zur Reclam-Ausgabe von »Die Poggenpuhls«, Stuttgart 1969, S. 119–126; – H. PREISENDANZ, Die verklärende Macht des Humors, in PREISENDANZ, S. 293–310. – D. C. RIECHEL, »Thou com'st in such a questionable shape«: Theodor Fontanes »Die Poggenpuhls«, in: Herkommen und Erneuerung. Essays für O. Seidlin, hg. von G. Gillespie/E. Lohner, Tübingen 1976, S. 241–255. – A. Bance, 1979, s.u. 3.1.1. – H. Aust, Theodor Fontane: Die Poggenpuhls. Zu Gehalt und Funktion einer Romanform, in: Aust Fontane, 1980, S. 214–238. – A. Bance, 1982, S. 163–185, s.u. 3.1.1. – H. Garland, 1980, s.u. 3.1.1. – R. Reuter, Eine Quelle zu den »Poggenpuhls« in: FBl 40 (1985), S. 229–232. – B. Müller-Kampel, Theater und Schauspiel in der Erzählprosa Theodor Fontanes, Frankfurt am Main 1989, S. 77–84 und 118–122. – C. Grawe, 1991, s.u. 3.1.1. – A. Schmidt-Supprian, Briefe im erzählten Text. Untersuchungen zum Werk Theodor Fontanes, Frankfurt am Main 1993, S. 189–204. – M. Scheffel, Drama und Theater im Erzählwerk Theodor Fontanes, in: Aspekte des politischen Theaters und Dramas von Calderón bis Georg Seidel. Dt-französische Perspektiven, in: Jb f. Internat. Germanistik Reihe A (20), Frankfurt am Main 1996, S. 201–227, bes. 214–216 und 225–227. – Ders., Formen selbstreflexiven Erzählens. Eine Typologie und sechs exemplarische Analysen, Tübingen 1997, S. 154–174. – H. Tanzer, Theodor Fontanes Berliner Doppelroman: »Die Poggenpuhls« und »Mathilde Möhring«. Ein Erzählwerk zwischen Tradition und Moderne, Paderborn, 1997. – M. Scheffel, Auto(r)reflexionen in Theodor Fontanes »Die Poggenpuhls«, in: FBl 65–66 (1998), S. 346–363.

3.1.18 Der Stechlin. Roman

Entstehung, Veröffentlichung, Rezeption
Der Stechlin, Fontanes letzter Roman, ist zwischen Spätherbst 1895 und Sommer 1897 ohne irgendwelche Vorankündigung entstanden. Im Juli 1897 schickt Fontane das wie üblich von seiner Frau Emilie sorgfältig abgeschriebene Manuskript zum Vorabdruck an die Stuttgarter Familienzeitschrift *Über Land und Meer*, wo der Roman von Oktober bis Dezember erscheint. Die Buchausgabe, die einige Änderungen gegenüber der Vorabdruckfassung enthält, kommt wenige Wochen nach seinem Tod am 20. 9. 1898 im Verlag seines Sohnes Friedrich Fontane & Co mit dem Impressum 1899 heraus. Die Entstehungszeit, über die wenig bekannt ist, ist auf den ersten Blick erstaunlich knapp. Der fast 76jährige schreibt am zweiten Weihnachtstag 1895 (IV.4.514 f.) an den Sohn Theodor, wie er »seit vier oder fünf Wochen wie toll gearbeitet und in dieser verhältnismäßig kurzen Zeit einen ganzen Roman niedergeschrieben habe«. An den jungen Freund seiner alten Tage, Paul Schlenther, hat er vier Tage zuvor von »großer Aufregung und knausriger Zeitausnützung« gesprochen und daß er nun bei den letzten zwei Kapiteln seines »kleinen *politischen*(!) Romans« angelangt sei (IV.4.512). Die Korrektur des Brouillons, die die näch-

sten anderthalb Jahre in Anspruch nimmt, bringt neues Material und, soweit ersichtlich, z. T. ganz neue Akzentsetzungen. Aus der Analyse des seit dem zweiten Weltkrieg nur noch lückenhaft erhaltenen Manuskripts geht hervor, wie genau Fontane auf das Zeitgeschehen reagiert und dieses im Sinn von Ereignissen und Bewußtseinsinhalten in den poetischen Text nuanciert zu integrieren versteht. Besonders jene Stellen, wie etwa das Gespräch über die Maler Peter CORNELIUS und Arnold BÖCKLIN im 21. Kapitel oder zwischen Dubslav und Sponholz im 37. Kapitel, wo es um Visionäres geht, erweisen eine sehr intensive Korrektur durch den Dichter.

Die zeitgenössische Rezeption (vgl. F. BETZ, 1973) legt sich gleich auf eine Deutung des Romans als ›letzte Worte‹ des nun toten Dichters fest. Mit wenigen Ausnahmen, unter diesen die wichtige Rezension Fritz MAUTHNERS im *Berliner Tageblatt* vom 18. 11. 1898 (vgl. H. AUST, 1978, S. 118–122), liest man das Werk als Fontanes autobiographisches ›Vermächtnis‹ an die Nachwelt. Die Forschung ist, wiederum mit wichtigen Ausnahmen, zunächst den gleichen Weg gegangen. *Der Stechlin* gewinnt keineswegs die Anerkennung als europäischer Roman, wie es schon zur Lebzeiten des Dichters bei *Effi Briest* der Fall gewesen ist. Erst relativ spät beginnt die Forschung, anknüpfend an Thomas MANNS Wort von der »Verflüchtigung des Stofflichen« im Essay *Der alte Fontane* (1910), die Modernität des Romans zur Kenntnis zu nehmen. Dieser Essay wird zu einem Markstein in der Rezeptionsgeschichte und »beeinflußt die Forschungsgeschichte bis in die Gegenwart nachdrücklich« (H. AUST, in: AUST, Fontane, S. 13). MANN wirbt auch in seiner »Anzeige eines Fontane-Buches« (1919), geschrieben während der eigenen Arbeit am *Zauberberg*, insistierend für eine gebührende Einschätzung des *Stechlin* im Gesamtwerk des Dichters und übt dabei scharfe Kritik am abfälligen Urteil WANDREYS über den Roman in dessen im gleichen Jahr erschienener Fontane-Monographie. Wichtige Stufen in der jüngeren Forschung sind E. LÄMMERTS *Poggenpuhls* –Interpretation (1955, s.u. 3.1.17), R. SCHÄFERS Melusine-Studie (1962), REUTERS Einsicht in die Dialektik von Form und Inhalt in seiner Fontane-Biographie (1968), und der Fokus auf die Sprache als Thema bei H. MEYER (1961), I. MITTENZWEI (1970) und C. GRAWE (²1987 [zuerst 1974]). Hundert Jahre nach Fontanes Tod genießt *Der Stechlin* den Rang eines der wichtigsten Romane deutscher Sprache seit GOETHES *Die Wahlverwandtschaften*, ohne daß über seine poetologische Gattungsbezeichnung (Zeitroman, politischer Roman, Vielheitsroman, offener Roman etc.) oder auch über die ›gebotene‹ Interpretation Einigkeit erzielt worden wäre.

Die breite Meinungsvielfalt und das seit den siebziger Jahren anhaltende Interesse der heutigen Fontaneforschung an diesem Werk bestätigen die These, daß sein Autor hier, im Anschluß an sein auf *Die Poggenpuhls* bezogenes Wort: »das ›Wie‹ muß für das ›Was‹ eintreten« (an S. SCHOTT, 14. 2. 1897, IV.4.635), tatsächlich etwas Neues versucht hat. Seit MANN in *Der alte Fontane* den Satz geprägt hat: »Damals ist er siebzig, und er wird immer jünger«, staunt man über die künstlerische Vitalität eines an der Schwelle des Greisenalters Stehenden, der in seinen letzten Lebensjahren neben den zwei bedeutenden autobiographischen Werken Romane wie *Effi Briest*, *Die Poggenpuhls* und *Der Stechlin* produzieren kann, von der umfang- und bezugsreichen Korrespondenz des letzten Lebensjahrzehnts ganz zu schweigen. Vergessen sollte man, Fontanescher Selbststilisierung als sich in die Sofaecke zurückziehender Dichter zum Trotz, nicht, wie rege seine Anteilnahme an den Kunstdebatten der Zeit bleibt und wie diese ihn beeinflussen. Zu nennen wäre hier etwa die Überwindung seiner ursprünglichen Vorurteile gegen den Naturalismus über sein Interesse an Henrik IBSEN, seine Freundschaft mit Otto BRAHM, die Kontakte zur »Freien Bühne« und die seiner Kinder zur literarischen Gesellschaft »Die Zwanglosen«. Im selben Jahr, in dem *Effi Briest* erscheint und er die Arbeit am *Stechlin* aufnimmt, wird er auf kurze Zeit Mitglied der Redaktionskommission der von Richard DEHMEL geleiteten Kunstzeitschrift *Pan*. Und bei einem Dichter, dessen Kreativität nach der Notiz *Zur Technik des künstlerischen Schaffens* (1893) oft durch rein zufällige Gedankenassoziation angeregt wird, sollte man auch den weithin unerforschten Einfluß der die Arbeit dieser Jahre ständig begleitenden Lektüre des *Magazin für Litteratur* ebenfalls nicht übersehen:

> Ich gehe im Tiergarten spazieren und denke an Bismarck oder an eine Berliner Schrippe oder an einen Spritzfleck auf meinem Stiefel und da fällt mir was ein, was sich ebenso gut auf den Kaiser von China [man vergleiche Dubslavs Hinweis auf das gleichnamige Gedicht H. Heines im 3. Kapitel des Romans] wie auf die Lucca oder den Ekkensteher Nante beziehen kann. Kommt es mir aus einem traumhaften Zustand heraus zum Bewußtsein, daß das, was mir einfiel, einen passablen Anspruch darauf haben dürfte, der Welt mitgeteilt zu werden, so beginne ich mich mit der Form dafür zu beschäftigen, die heute so und morgen so ist. (Zitiert nach: *Marbacher Magazin* 74, 1996, S. 108)

Anregungen

Als Anregung für diesen »kleinen politischen Roman« dürfte Fontane vieles gedient haben. Zeitpolitisch sind die Assoziationen wichtig, die BISMARCKS 80. Geburtstag am 1. 4. 1895 und die damit verbundenen Feierlichkeiten und Reden bei seinem um vier Jahre jüngeren ›Bruder‹ wohl ausgelöst haben. Sie sind im Fontaneschen Briefwerk der Zeit und kunstvoll verschlüsselt im Roman reichlich belegt (vgl. MÜLLER-SEIDEL, 1967, G. LOSTER-SCHNEIDER, 1986, bes. S. 236–257, E. SAGARRA, 1992a, H. STREITER-BUSCHER, 1996). Denn so grundverschieden beider Charakter, Werdegang und Lebensweg sind, so verbindet die Zeitgenossenschaft den Preußen Fontane mit seinem Landsmann BISMARCK, was für den autobiographischen Subtext des *Stechlin*-Romans von Bedeutung ist. Ein zweiter wichtiger Impuls für die politische Substanz des Romans, welcher die apokalyptisch-visionären Elemente vielleicht mitanregte, die im Roman in den Gesprächen über BÖCKLIN Gestalt gewinnen, ist die 1895/6 vollzogene Kursänderung in der wilhelminischen Politik und der Einsatz des sogenannten ›persönlichen Regiments‹ durch den Kaiser WILHELM II. nach der 1894 erfolgten Entlassung des moderaten Reichskanzlers CAPRIVI. Dieser war seit 1890 gemäß dem oft zitierten Wort Fontanes an C. R. LESSING, in seinem Roman gehe es um eine »Gegenüberstellung von Adel, wie er bei uns sein *sollte* und wie er *ist*« (8. 6. 1896, IV.4.562), ein mutiger und darum unbequemer Kritiker des ostelbischen Adels. CAPRIVIS Nachfolger, dem gefügigen Süddeutschen Fürst zu HOHENLOHE-SCHILLINGSFÜRST, verdankt das Ehepaar Berchtesgaden im Roman so manchen Charakterzug. Im ersten Entstehungsjahr des Romans wird Kaiser WILHELM II. (1859–1941) gerade 36 Jahre alt. Damit hat er nach DANTES bekannter erster Zeile der *Divina Commedia* (»Nel mezzo del cammin di nostra vita [...]«) die Lebensmitte erreicht: Es drängt ihn nun zur Tat, und zwar in der Innenpolitik, worauf etwa im Dinergespräch über den Scheiterhaufen im 3. Kapitel insistierend Bezug genommen wird (vgl. E. SAGARRA, in: Fs JOLLES, S. 577–586), und in der Außenpolitik, was im Roman verschlüsselt in den politischen Gesprächen über England, Rußland, China etc. präsent ist. Geradezu ein Paradebeispiel für die subtile Intertextualität des Romans ist Dubslavs Evozierung des Kaisers von China im Dinergespräch (I.5.27) mit der Anspielung einmal auf die fernöstlichen Allüren des deutschen Kaisers und zum anderen auf die ›Botschaft‹ der satirischen Kunst, diese in ihrer ganzen Fragwürdigkeit darzustellen. Die allusive Funktion der zahlreichen Werke Heinrich HEINES, der ja für Fontanes vormärzliche Generation der satirische Dichter par excellence ist, im *Stechlin*, z.B. der Gedichte *Die Wanderratten, Schlachtfeld bei Hastings, Prinzessin Sabbat, Der Asra* und – für den roten Hahn – *Kahldorf über den Adel* ist trotz mehrerer Ansätze noch nicht systematisch gewürdigt worden.

Die ›Kursänderung‹ des kaiserlichen Regiments interessiert den alten Fontane so brennend, daß er 1895 das Protestschreiben gegen die sogenannte Umsturzvorlage mitunterschreibt. Es ist gerichtet gegen jene Initiative des Kaisers, die, auf die Verschwörungstheorie aufbauend, die ›Wiederherstellung‹ der ›inneren Ordnung‹ anstrebt und im Roman in den Worten einzelner Vertreter der kaiserlichen Position wie Rex oder Adelheid von den »durch Gott gegebenen Ordnungen« (so I.5.53). WILHELMS Instrument soll die Außerkraftsetzung der Verfassung sein. Willkür und Geltungsbedürfnis seitens des Kaisers ernten der mit dem Jahr 1895/6 einsetzenden Epoche den späteren Namen: Byzantinismus. Damals bedenken kritische Zeitgenossen ihren Kaiser mit dem Spottnamen ›Nero‹ – Dubslav erwähnt ja wie zufällig den Namen des römischen Kaisers am Ende des Katakombengesprächs mit Czako und Frau Gundermann (I.5.36). Und die Vorliebe des redegewaltigen Kaisers und die seiner näheren Umgebung für alles erklärende Schlagwörter findet im Roman ihr Gegenstück in der stehenden Redewendung des Parvenü-Adligen, Gundermann vom »Wasser auf die Mühlen der Sozialdemokratie«.

Für Historiker der wilhelminischen Epoche bietet der Roman eine geradzu faszinierende Lektüre: Es läßt sich aus den so kunstvoll anspielungsreichen Gesprächen sowohl in synchroner wie in diachroner Hinsicht ein ganzes politisches und gesellschaftliches System erschließen: Krone, Land- und Dienstadel und Militär, Reichstag, politische Parteien, insbesonders die Sozialdemokraten, Wahlsystem sowie Formen des sozialen Konsensus (LOSTER-SCHNEIDER, 1986; SAGARRA, 1986, 1992b). Aber mit den zunächst vordergründigen Bezeichnungen »politisch« oder »zeitpolitisch« sind Charakter oder Entstehungskontext dieses Vielheitsromans kaum erschöpft. Wesentlich sind die Beziehungen zur gleichzeitig entstandenen Jugendautobiographie *Von Zwanzig bis Dreißig*. Julius PETERSEN (1928, S. 3) legt in seiner oft angefochtenen, aber nach wie vor grundlegenden Studie den autobiographischen Charakter des Romans nahe und faßt ihn in dem Wort von Fontane »als sein[em] eigene[n] Eckermann« zusammen. STREITER-BUSCHER (1998) integriert die kritische Diskussion um den Charakter des Romans als »fiktionale Autobiographik« in die fast ein Jahrhundert währende Gattungsdiskussion und führt diese in ihrer Begründung der »gattungsgeschichtlichen Sonderstellung« des »auf die Selbstenthüllungsliteratur der Moderne hinweisenden Romans« entschieden weiter. Und schließlich gehört zur Entstehungs- und Gattungsgeschichte des *Stechlin* der ehrgeizige Wunsch seines Autors, wie ihn wohl einst der 1713 im gesprächigen Irland geborene *Tristram Shandy*-Autor Laurence STERNE gehegt haben mag, eine ganz neue Art von Roman zu schreiben. Denn *Der Stechlin* ist ein moderner Roman, in dem Kategorien wie Selbstreflexivität und Intertextualität kein bloßer Zusatz sind, sondern zur Grundstruktur gehören. Hier sollte das Medium, die Sprache, selbst zum Thema werden.

Der Stechlin ist ein Roman der Sprache, in dem nicht bloß Dubslav mit seiner Umgebung Gespräche führt, sondern der Autor mit seinen Lesern. REUTER (S. 859) nennt das Buch schon lange bevor es zum beliebten Gegenstand der neueren Fontane-Forschung wird, einen »Roman über die Sprache[, der] fast zu einem Roman der Sprache gedeiht«. In ihrer 1970 erschienenen Studie, die in den dazwischenliegenden drei Dezennien nichts von ihrer Gültigkeit verloren hat, begründet MITTENZWEI dieses Urteil: Für den *Stechlin* treffe die Einsicht des Aufklärers Johann Jakob ENGEL zu, »daß [...] in einem Gespräche weit mehr Handlung möglich sey, als in einer Erzehlung« (S. 185). Sie zieht daraus das Fazit, »die Rede ist das einzige Geschehen« (S. 187), ein Wort, das der neueren *Stechlin*-Forschung die Richtung gewiesen hat. Das hohe Sprachbewußtsein des Romans ist gepaart mit Sprachskepsis – hier Dubslavs oft artikulierter »Zweifel am richtigen Wort«. Aber die Freude am Wort wird nicht angefochten: Sprachskepsis bedeutet hier keine Sprachkrise.

Was jedoch in seinem letzten Roman den Dichter Fontane vom Historiker, der er auch ist, unterscheidet, ist sein ästhetisches Gefühl für das, was man das Pathos der Obsoleszenz nennen könnte, versinnbildlicht in der Gestalt Dubslavs. Die märkischen Gutsbesitzer als Symbol einer anachronistisch gewordenen Gesellschaftsstruktur sind nicht mehr lebensfähig – man denke an Friedrich NAUMANNS Bild des Kaiserreichs als eines großen Stalls, aus dem eine dort untergebrachte, ständig wachsende Fabrik geradezu herausbirst. Der Dichter, der anders sieht als der Historiker, bringt dennoch im Wissen, daß man kreativ mit Traditionen aller Art umgehen muß, ein Sympathiegefühl dafür auf, so im Wort Lorenzens zu seinem ehemaligen Zögling Woldemar: »mit dem Alten, soweit es geht, und mit dem Neuen nur, soweit es muß.« (I.5.31)

Wer, wenn nicht der Dichter, richtet das Augenmerk auf dieses ›nicht mehr Notwendige‹? Die beziehungsreiche Passage im 1. Kapitel, die Dubslav einführt (I.5.9f.), betont seinen Humor, seine Selbstironie und Vorliebe für Paradoxe, zusammengefaßt im oft zitierten Passus: »Unanfechtbare Wahrheiten gibt es überhaupt nicht, und wenn es welche gibt, so sind sie langweilig.« (I.5.10) Er selber ist zwar am Rand der preußisch-deutschen Geschichte ›dabei‹ gewesen, aber nicht zur Aktion gekommen. Ist sein Vergnügen am eigenen ›geschichtlichen‹ Versagen, dem er durchaus ästhetische Entzückung abzugewinnen weiß, nicht vielleicht eine Flucht vor der Brutalität der Zeitgeschichte? Dubslavs Flucht in den ironischen Diskurs – Sören KIERKEGAARDS »ästhetischer Modus« – und seine Abneigung gegen die Gepflogenheit der modernen ›telegraphischen‹ zwischenmenschlichen Kommunikationsformen lassen ihn im Umgang großen Wert auf Stil legen, so unter zahlreichen Beispielen in seiner Vorliebe für das altmodische Wort »Mantelsäcke« im 2. Kapitel (I.5.19). Die postmoderne Affirmation von Relativismus, Widersprüchlichem und Sprachgefühl dürfte sich bei Dubslavs defensiver Sensibilität wohlfühlen. Jedenfalls ist Fontanes Fokus auf die Gestalt des Dubslav wie sein ganzer Roman im Gegensatz zur offiziellen Kunst und zum Geschichtsdenken der wilhelminischen Epoche zutiefst antiteleologisch.

Im Alter rückt die Jugend wieder nah, wie Fontanes autobiographische Schriften der neunziger Jahre belegen: der Roman beginnt im Herbst; er endet mit dem Tod Dubslavs nicht im Herbst, sondern im Vorfrühling, Zeit der Hoffnung auf Neubeginn. Und es ließe sich auch behaupten, daß der ›eigentliche‹ Beginn der Entstehungszeit dieses wohl komplexesten und subtilsten Fontaneschen Werkes, auf das Hugo von HOFMANNSTHALS Wort geprägt zu sein scheint, daß alles Tiefe an der Oberfläche liege, auch in Fontanes ›Frühlingszeit‹, in den vierziger und fünfziger Jahren liegt. Der prägende Einfluß der Englandjahre (C. JOLLES, 1967; 1970, H. NÜRNBERGER, 1967; H.-H. REUTER, 1979 etc.) für seinen Werdegang als Künstler wird im Roman in der Fabel wie in der Figurenzeichnung thematisch und symbolisch belegt. Als Beispiele wären etwa zu nennen: London als eigentliche Heimat der Barbys, Erinnerungen Armgards und Melusines an die englischen Jahre, die Assoziationen der Figur Armgards mit dem angelsächsischen England (JOLLES, 1983), Woldemars ›Mission‹ nach England, das Londoner Hauptpostamt als ›Kommunikationszentrum‹, dazu noch der Tunnel unter der Themse (s. u.), die englische Kunst der Präraffaeliten, über die Fontane in den fünfziger Jahren Zeitungskritiken schreibt und die u.a. für die Figur der Armgard wichtig wird. Die englische Dimension ist auf vielen Ebenen konstitutiv. *Der Stechlin* löst bekanntlich ein anderes, unvollendetes Werk der neunziger Jahre ab, *Die Likedeeler* (vgl. an H. HERTZ, 16. 3. 1895, IV.4.433), das die mittelalterlichen ›demokratischen‹ Seepiraten der Nord- und Ostsee zum Thema hat. Nicht übersehen sollte man, daß diese den Namen der Wortführer jener Schlüsselepoche der britischen Geschichte führen, G. CROMWELLS ›Levellers‹, welche am Anfang des modernen englischen Parlamentarismus stehen. Wie er im *Tagebuch* berichtet, liest Fontane zu Beginn der neunziger Jahre die vierbändige *Geschichte Englands im 18. Jahrhundert* (1878–90) des namhaften liberalen britischen Historikers William LECKY und notiert, er »habe viel daraus gelernt« (*Tagebuch* II.253). Die politische Aussage des Romans, ein utopischer Sinnentwurf, in dem Deutschland im 19. und am Vorabend des 20. Jahrhunderts als Verbindung (und Vermittlung?) zwischen den beiden Polen, England und Rußland steht, ist von Fontane schon Jahrzehnte zuvor im Bild von den Adlerschwingen festgehalten worden, die gleichzeitig West- und Osteuropa berühren (vgl. H. NÜRNBERGER, 1968, S. 53). *Der Stechlin* präsentiert die Mark Brandenburg als ›Herz‹ des deutschen Kaiserreichs, das wiederum zwischen den beiden Großmächten liegt, das dennoch im Vergleich zu diesen beiden noch immer ganz ›Provinz‹ ist. Man wird hier an die aufschlußreiche These J. P. STERNS in *Re-interpretations* (1964) vom zugleich provinziellen, aber prophetischen Charakter der deutschen Literatur des 19. Jahrhunderts erinnert. Als weitere Anregung für dieses historisch trächtige Bild von Preußen-Deutschlands Stellung könnte Friedrich de la MOTTE FOUQUÉS Erzählung *Der Zauberring* gedient haben mit ihrer dem Sänger der Freiheitskriege, Ernst Moritz ARNDT, entlehnten, aber ins Kulturelle übersetzten Vision von Deutschland als einem Reich »in Europens Mitte«. Am 12. 5. 1897 schreibt Fontane Folgendes an E. HEILBORN: »Ich stecke so drin im Abschluß eines großen, noch dazu politischen (!!) und natürlich märkischen Romans« (IV.4.649). Ein den Roman durchziehendes Motiv, die Polarität zwischen Provinz und Weltreich, zwischen Rand und Mitte, Heimat und Welt, verkörpert auch in den beiden alten Herrn, Dubslav und Barby, gibt nach Fontane den besonderen Charakter der deutschen, und besonders der preußisch-deutschen Geschichte seines Jahrhunderts wieder. In seiner gehaltvollen Interpretation des Werks als »Poetik des Wassers« macht A. AMBERG (1995, S. 543) ebenfalls auf die Polarität (die er nicht ganz richtig »Dialektik« nennt) von Jugenderlebnis und Alterswerk aufmerksam: die typisierende Evozierung des Stechlinsees zu Beginn des Romans enthält jene »See-Topoi des klaren Wassers, des Schilfgürtels und der Stille«, die bei Fontane 1858 nach seinem Besuch des schottischen Leven-Sees so mächtig gewirkt hat, daß er 30 Jahre später an Mathilde v. ROHR schreiben kann, die Reise sei »eine der schönsten in meinem Leben, jedenfalls die poetischste« gewesen (16. 5. 1888, IV.3.605). Das poetische Erlebnis wird übertragen auf den heimatlichen Stechliner See zu Beginn der *Wanderungen* (II.1.10) und nun im *Stechlin* zum eigentlichen Träger des gedanklichen Inhalts des Romans ausgestaltet.

Die gleiche Polarität gilt für den autobiographischen Subtext. Die moderne Autobiographik tendiert dazu, die Zeit zu verräumlichen; so auch hier. Die Landschaft des Romans ist die gleiche, in der sich die Lebenschronologie seines Autors abspielt. Der Stechliner See liegt wenige Meilen entfernt von Fontanes Geburtsort Ruppin; was an Handlung im Roman ist, spielt dort und in Berlin, seiner Heimat während sechzig Jahre. Weitere Parallelen zwischen früher und später Heimat sind die märkische Seenkette und das Berliner Gewässer (AMBERG, 1995, S. 554). Die engen Verbindungen zwischen Roman und *Wanderungen*, besonders zur »Grafschaft Ruppin« fallen immer wieder auf (H. NÜRNBERGER, 1993). Allerdings fehlt in diesen das mythische Element, das dem Roman vorbehalten ist. Das Phänomen des geheimnisvollen Wasserstrahls ist im Werk der siebziger Jahre kein elementares und darum von den Menschen als ambivalent empfundenes, sondern wird naturwissenschaftlich erklärt.

Struktur, Thematik

Die Handlungsarmut des *Stechlin* –Romans ist schon seit Fontanes Wort im Briefentwurf an den Direktor des Kröner Verlags, A. HOFFMANN (Mai/Juni? 1897, IV.4.650), zur Genüge bekannt:

> blos eine Idee, die sich einkleidet […]. Zum Schluß stirbt ein Alter und zwei Junge heiraten sich; – das ist so ziemlich alles, was auf 500 Seiten geschieht. Von Verwicklungen und Lösungen, von Herzenskonflikten oder Konflikten überhaupt, von Spannungen und Überraschungen findet sich nichts.

Titelfigur ist der märkische Gutsbesitzer und ehemalige Offizier Dubslav von Stechlin, der, auf seine Güter sich zurückziehend, um die Lebensmitte seinen Abschied nimmt, heiratet und dem ein Sohn, Woldemar, geboren wird. Nach früher Verwitwung lebt er vor sich hin, mit seinem ehemaligen Burschen und nunmehrigen

Diener Engelke alt geworden, und hat zum Gesprächspartner nur gelegentlich seinen die Botschaft des Romans ins Politische übersetzenden, ›sozialdemokratisch angehauchten‹ Dorfpfarrer und Lehrer seines Sohnes, Pastor Lorenzen, den weit über seinen Stand mit der Prinzessin Ermyntrud von Ippe-Büchsenstein verheirateten Oberförster Katzler und einige unbedeutende Adlige aus der Nachbarschaft. Zum Romanbeginn wird telegraphisch Besuch aus Berlin von seinem Sohn und nunmehrigen Gardeoffizier Woldemar und dessen zwei Gefährten, Rex und Czako, angesagt – die erste Erwähnung im Roman der Technik als moderne Verkörperung der einst ›magischen‹ Naturverbindungen des Elementaren mit der Welt der Menschen. Es folgt ein Diner im ›Schloß‹ Stechlin mit den benachbarten neureichen Gundermanns, Katzler und Lorenzen als zusätzlichen Gästen, bei dem die Hauptthemen des Romans in beziehungsreicher Vielfalt erschlossen werden. Auf dem Rückweg in die Berliner Kaserne macht Woldemar einen Pflichtbesuch bei der Erbtante, der älteren Schwester des Vaters, die als Domina in einem nahen Kloster lebt. Domina Adelheid verkörpert zusammen mit den anderen mehr oder weniger skurril gezeichneten Altadligen den »Adel wie er ist«, d.i. eine dekadente, aber noch immer mächtige und machtbewußte Institution des preußischen Staates, höchst reformbedürftig, aber offenbar unreformierbar. Die »gebotene Art«, diese Sachlage dichterisch zu gestalten, geschieht, wie der Erzähler an den Konventualinnen des Klosters und den benachbarten Adligen in den Wahlkapiteln (19. und 20. Kapitel) darstellt, mit Hilfe der Groteske. Der Tante wie dem Vater teilt Woldemar seine Hoffnungen auf eine eventuelle Heirat in naher Zukunft mit. Nach Vorführung der befreundeten Barbyschen Familie – Graf Barby mit seiner geschiedenen Tochter Gräfin Melusine Ghiberti und der um zehn Jahre jüngeren Armgard – kommt es zu einer jener Landpartien, die in der Literatur des 19. Jahrhunderts seit Jane AUSTEN dem Vorantreiben der Handlung dienen. Woldemar wählt Armgard, Typus der deutschen Romanheldin früherer Zeiten, und nicht die verführerische Melusine, die damit der symbolischen Ebene des Romans zugeordnet wird. Vielleicht liegt ihre Macht gerade darin, daß sie *nicht* zu einem Gegenstand der Liebe eines Einzelnen wird (übrigens ein zentrales Motiv der Dichtung Rainer Maria RILKES seit seiner Freundschaft mit Lou ANDREAS-SALOMÉ, s.u.). In einer Unterredung mit Lorenzen gelegentlich des ersten Besuchs der Schwestern nach dem Schloß Stechlin artikuliert Melusine die humane ›Botschaft‹ des Romans, die von ihr nach dem wenige Wochen nach der Hochzeit erfolgten

Tod Dublavs am Schluß des Romans präsiziert wird: Daß nicht die alten Dynastien für die Zukunft Preußen-Deutschlands bzw. der Gesellschaft des kommenden Jahrhunderts konstitutiv sein werden, sondern dessen Zugehörigkeit zu einer weitumfassenden Ordnung, die als Ergebnis neuer geschichtlicher Erfahrungen, wie Revolutionierung der Kommunikationen, ganz andere Bewußtseinsinhalte hervorbringen wird: »Es ist nicht nötig, daß die Stechline weiter leben. Aber es lebe *der Stechlin*.«

Thematisch enthält *Der Stechlin* Parallelen, die noch differenzierter herauszuarbeiten wären, mit Iwan Turgenevs 1862 erschienenen Roman *Väter und Söhne*. Auch sonst sind Verbindungslinien zu anderen führenden Romandichtern der Zeit zu konstatieren, so von der Erzählfigur des *Stechlin* – ohne daß von direkter oder indirekter Einflußnahme die Rede sein kann – zu Henry James' Beobachter aus dem politischen Mittelgrund. Bei der ersten Lektüre des Werkes scheint es sich lediglich um fünf oder sechs Hauptpersonen und eine unübersichtliche Anzahl Nebenfiguren zu handeln. Blickt man näher, so entdeckt man eine Fülle von Figuren, jede in ihrer Art ihren sozialen Stand und einen menschlichen Typus exemplarisch darstellend, die das Werk in die Nähe eines Dickensschen oder Tolstojschen Romans rückt. Wie figurenreich ist dieses Buch! Es treten hier auf, oder es wird Bezug genommen auf mehr als hundert Personen, davon etwa dreißig Adlige und knapp zwei Dutzend Dienerfiguren, die namentlich genannt werden oder die eine Funktion in der Handlung erfüllen. Am schwächsten vertreten, wie es tatsächlich auf der Ebene der politischen Einflußnahme für das deutsche Kaiserreich der Zeit im Gegensatz zur englischen Monarchie charakteristisch war, ist der bürgerliche Stand, vor allem die sogenannten Freiberuflichen: Ärzte, Pfarrer, Juristen, Lehrer und Handeltreibende. Sehr profiliert sind hingegen die ›kleinen Leute‹, – wie richtig in diesem Zeitalter der beginnenden Massendemokratie in Deutschland! – etwa Schickedanz, dessen exemplarischen Charakter für die Darstellung der wilhelminischen Gesellschaft im Roman R. Minder (1966) so treffend nachweist (vgl. auch H. Buscher, 1969). Die Vertreter des ›geringen Volkes‹ fehlen hier nicht, wie die alte Buschen, Agnes, Tüffel oder gar der als Zeittypus gezeichnete Torgelow, der sozialdemokratische Gegner Dubslavs in der Reichstagswahl, zu dem der Führer der Sozialdemokratischen Partei, August Bebel, in etwa Modell stand. Diese werden vom Autor bewußt sowohl als Individuen wie auch als Typen profiliert – im Kontrast zu den charakter- und gesichtslosen kleinen Würdenträgern auf Lokalebene, die »staatlich etikettierten« Beamten und Angestellten wie jene »Förster und Waldhüter und Vormänner von den verschiedenen Glas- und Teeröfen, [...] ein Torfinspektor, ein Vermessungsbeamter, ein Steueroffiziant und schließlich ein gescheiterter Kaufmann, der jetzt Agent war und die Post besorgte« (I.5.166) etc. Nur Schuldirektor Thormeyer, der den gleichen Namen trägt wie Fontanes gefürchteter Schultyrann in seiner Ruppiner Jugend, und Superintendent Koseleger, ein Vertreter – wie oft bei Fontane – der ambivalenten Stellung der Landeskirche im preußischen Staat, bilden hierzu eine Ausnahme. Aus der Sittenkomödie scheinen neben dem Landbriefträger Brose die Vertreter der Dorfobrigkeit zu stammen, viele mit redenden Namen: Schulze Kluckhuhn, Wachtmeister Pyterke von der reitenden Gendarmerie, Fußgendarm Uncke und der merkwürdige Dorflehrer Krippenstapel, welcher über die allusiven Parallelen zwischen seiner Mähtätigkeit im 6. Kapitel und dem »Zeitgott mit Hippe« auf der Stechlinschen Rokokouhr bzw. dem sichelnden apokalyptischen Reiter im 21. Kapitel mit dem mythologischen Subtext des Romans assoziiert wird (R. BÖSCHENSTEIN, 1996, S. 52). Jedoch versinnbildlichen diese vielen Nebenfiguren im Bewußtsein der erzählten Zeit, wie Fontane genau weiß, die Vorstellung der Autorität im Kaiserreich als ›Schutz‹ und ›Geborgenheit‹, zumindest bei den meisten Untertanen des Staates. Und schließlich spielen eine nicht unwichtige Rolle jene Figuren, die – wie die Bartensteins in *Die Poggenpuhls* – gar nicht auftreten, wie etwa der scheinbar von Friedrich NIETZSCHE angehauchte Rentmeister Fix oder der alte jüdische Onkel Manasses.

Im schon genannten Briefentwurf an A. HOFFMANN (IV.4.650) weist Fontane Handlung und Charaktere überhaupt auf eine sekundäre Ebene, dafür den Dialog und am Schluß des Briefs auch den See in den Vordergrund rückend:

> Dieser See, klein und unbedeutend, hat die Besonderheit, mit der zweiten Welt draußen in einer halb rätselhaften Verbindung zu stehen und wenn in der Welt draußen »was los ist«, wenn auf Island oder auf Java ein Berg Feuer speit und die Erde bebt, so macht der »Stechlin«, klein und unbedeutend wie er ist, die große Weltbewegung mit und sprudelt und wirft Strahlen und bildet Trichter. Um dies – so ungefähr fängt der Roman an – und um *das* Thema dreht sich die ganze Geschichte.

Neben den weiterführenden Arbeiten zur Symbolik des *Stechlin* von R. SCHÄFER (1962), V. GÜNTHER (1967, s. u. 3.1.1), H. OHL

(1986, s. u. 3.1.1) und anderen ist es C. JOLLES, die 1980 (S. 54) die Bewandtnis des Sees systematisch und einfühlsam herausarbeitet: »Dieser magische See bildet in der Tat den Schlüssel zum Verständnis des Romans. [...] Er steht in jeder Beziehung im Brennpunkt.« Lorenzen, meint Dubslav, »erklärt ihn außerdem für einen richtigen Revolutionär«. Als Naturerscheinung ›erklärbar‹ steht er in geheimer Verbindung mit den Naturkräften der Welt, mit den feuerspeienden Bergen von Java, Island und Vesuv in der Gegenwart, mit den Kräften, die einst das Lissaboner Erdbeben verursachten, jenes Ereignis, das Dichter und Denker der Aufklärung und der Romantik, von VOLTAIRE und Immanuel KANT bis Heinrich von KLEIST, wie kaum ein zweites Naturereignis überwältigt. In die Moderne übertragen ist seine Analogie die Elektrizität, die Kontinente verbindet und Politik und Umgang der Menschen ›revolutionieren‹ wird. Der See ist Fluß und Stillstand zugleich; auf seiner Oberfläche, wie auf der Geschichte, lassen die Menschen ihre Spuren, die die Zeit wieder tilgt. Die Tiefendimension des Sees – der Stechliner See ist tatsächlich einer der tiefsten der ganzen Region – und die Sage vom aufsteigenden Wasserstrahl und krähenden Hahn versinnbildlichen die Verräumlichung der Zeit im Werk. Man beachte die Fülle von Hinweisen im Mund der ›Deuter‹ des Sees, Melusine und Lorenzen, auf Hohes und Tiefes in ihrer Polarität – die Stechliner Wasserfrau, eine ›Schwesterfigur‹ steigt ja aus den Tiefen in die Höhe, Melusine liebt »Tunnel unter dem Meer, Luftballons [...]«. »Aufsteigemenschen« wie Lorenzen, der beim Dinergespräch eine zeitgemäße Deutung des Lutherwortes vom Brunnengraben gibt (I.5.31), finden ihre Approbation (I.5.156); im »revolutionären Diskurs« des 29. Kapitels zwischen Melusine und Lorenzen verweist dieser auf Figuren wie James WATT oder Werner von SIEMENS statt auf die Politiker und Militärs (I.5.273) als in ihrer Wirkung kultur- und bewußtseinsändernd..

Die Polyvalenz der Elemente im Roman – die Doppeldeutigkeit der Bilder, die handelnden Personen als Figuren und als Ziffern, der Roman als ästhetisches Gebilde und kaschierte Autobiographie – gilt im besonderen Maß für die weibliche Hauptfigur, Melusine. Auf autobiographischer Ebene dient sie der Mythisierung von Fontanes französischem Erbe, ist sie doch in ihrem Ursprung eine Gestalt aus der französischen Sagenwelt, die viele Vorlagen in seinem Werk hat (grundlegend hierzu R. SCHÄFER, 1962). In ihrer Verwandtschaft mit der Wassernixe des Stechliner Sees verkörpert die schillernde Gestalt der Melusine die Tiefendimension in der Natur wie im Menschen (vgl. F. PAULSEN, 1988, s.u.

3.1.1, vor allem H. Ohl, 1986, besonders 437f., R. Böschenstein, 1996, S. 51f.). Sie verweist gleichzeitig auch auf die bis an den Anfang von Fontanes Leben und seinem Jahrhundert zurückreichende Zeit. Die Melusinegestalt ist besonders reich an intertextuellen Bezügen, von de la Motte Fouqués *Undine*, dieser Lieblingsdichtung Hohenzollernscher Prinzen und deutscher Bürger, über E. T. A. Hoffmanns und Albert Lortzings Opern und Alfred Tennysons *Lady of the Shalott* bis Matthew Arnolds Gedicht von der kleinen Wassernixe, das jedes englische Schulkind zu kennen hatte. Und schließlich ist ihre Selbstassoziation mit Böcklins »Meerfrau mit dem Fischleib« (I.5.205) und damit mit den anderen Böcklin-Bildern im ›apokalyptischen Gespräch‹ im 21. und 37. Kapitel ein bisher vielleicht zu wenig beachteter Hinweis auf die Ernsthaftigkeit der Botschaft, mit der Melusine, die Wasserfrau, im Roman assoziiert wird. Es geht hier um die Zukunftsängste der Menschen jener Zeit am Ende des Jahrhunderts, das gerade den Deutschen umwälzende Änderungen gebracht hat. Fontanes Einsatz der emblematischen Aussage der bildenden Kunst, und zwar mit Allegorien des Schreckens, ist durchaus originell und antizipiert in manchem sogar die Dichter des Expressionismus. Denn die Bilder, um die es hier im Gespräch zwischen Cujacius und Melusine geht, wie man aber erst durch Melusines spielerische Aussage ganz am Ende der Stelle nachvollziehen kann, sind in der Tat schreckengebietende Repräsentationen. Es handelt sich eventuell um zwei verschiedene Böcklin-Bilder, obwohl nur auf eines angespielt wird, nämlich auf die »Apokalyptischen Reiter«, das heute im Dresdner Johanneum – ganz in der Nähe von Otto Dix' grausamem Triptychon vom Ersten Weltkrieg, 1931 – hängt, aber 1896 in Berlin ausgestellt ist. Melusines Gesprächspartner, der Malerprofessor Cujacius, legt besonderen Nachdruck auf den einen Reiter bei Böcklin: »Und dieser vierte sichelt am stärksten« (I.5.205). Es gibt aber im genannten Bild nur drei Reiter: Krieg, Tod und Hunger; es fehlt der vierte, die Pest. Böcklin hat jedoch ein weiteres Bild gemalt, heute im Basler Kunstmuseum, das die Pest, eine grünliche Riesenschlange mit Sichel – Anklänge an Krippenstapel und an den »Zeitgott mit Hippe«? – darstellt, wie sie wütend durch eine menschenleere Straße fegt. Es gibt tatsächlich Stellen in diesem Roman, wo man mit Czako, allerdings mit einer anderen Intention als er, sagen könnte: »Melusine, das läßt tief blikken«. Übrigens spricht Dubslav auf ähnliche Weise und gerade an dem Punkt, als er vom Tod gezeichnet wird, mit seinem Arzt Sponholz (I.5.320) im Zusammenhang mit einer Italienreise über die Via Mala von einem weiteren ›Endzeit‹-Bild BÖCKLINS: »Drachenschlucht« mit einem »richtige[n] Lindwurm« (heute in der Graf-Schack-Galerie München, früher Berlin).

Ein weiterer Aspekt der Melusinegestalt darf nicht bei der Diskussion mythischer Anspielungen zu kurz kommen: Melusine als Inbegriff eines neuen Frauentypus, als moderne Frau (C. JOLLES, 1980, S. 253). Die scharfsinnigen Beobachtungen P. ANDERSONS (1991, besonders S. 267–71) erlauben uns in Lou ANDREAS-SALOMÉ (1861–1937) auch ein Modell zur Melusinefigur zu vermuten. Lou ist eine außerordentlich intelligente und anziehende Russin, frei und sich selber stets treu, von der ein erotischer Zauber ausgegangen sein muß, welcher auch NIETZSCHE, dessen erste Biographin sie ist, zeitweilig in ihren Bann schlägt. Auch Lou ist, wie gewissermaßen Melusine – wie jene fast immer nur mit Vornamen genannt –, ›jenseits der Moral‹. Erinnert ihre jüngere Schwester Armgard an die schönen Frauen der Historienmalerei oder auch zuweilen mit ihrer irischen Kinderfrau Susan an die Mädchenfiguren viktorianischer Kinderbücher, so evoziert Melusine die fließenden Konturen der Frauen in der Graphik des *fin de siècle* (im maliziösen Wort der Domina ihr »ewige[s] Sichbiegen und -wiegen in den Hüften«, I.5.285). Als Divorcée, die den eigenen Namen selbstbewußt wieder aufnimmt, aber im väterlichen Haus lebt, steht sie eher für das Potential der Frau an der Schwelle des neuen Jahrhunderts als für deren Realisierung – Melusine ist überhaupt Schwellenfigur. Als Sprecherin der ›Botschaft‹ des Romans steht sie implizit am Beginn und explizit an seinem Ende. Sie begegnet Dubslav, als er am Rand des Sees sitzt, am Strand, der in der Literatur der Wasserfrau die Randzone zwischen Gesellschaft und Natur darstellt, dem Bereich zwischen Vernunft und Elementarem.

Melusine sitzt, wie die Frau oft in der deutschen Kunst seit Caspar David FRIEDRICH, am Fenster, scheinbar wie diese in den Innenraum gebannt, an der ›Welt‹ nur als Zuschauerin beteiligt. Aber Melusines Fenster ist offen, es ist ein Balkonfenster (I.5.110f.), dessen Symbolik Annette von DROSTE-HÜLSHOFFs Gedicht *Am Balkon* erschließt. Melusines Blick geht auf die Brücke (das Verbindende), ihre Wohnung steht am Flußufer, am fließenden Wasser. Der Verkehr »flutet« (I.5.110) an ihr vorbei, dieser Verkehr, der mit zunehmender Raschheit die Menschen einander näherbringen kann, der vor allem die geistige Mobilität der Menschen im Bewußtsein und im Denken fördert. Ebenfalls hält Melusine im Roman symbolisch die Fäden in der Hand. Sie versinnbildlicht und weist auf die thematische Mitte des Romans: die Kommunikation in Zeit und Raum.

Grundlegend für den Roman als Auseinandersetzung Fontanes mit seinem Jahrhundert ist seine Einsicht, daß die Revolution der Kommunikationsmittel das Bewußtsein der Menschen ändert. Die Faszination seiner Generation mit diesem Thema reicht weit zurück, nämlich in die nachnapoleonischen Jahre, als Adelbert von CHAMISSO in seinem Gedicht *Das Dampfroß* (1830) ähnliche Gedanken äußert wie Dubslav zu Beginn des Romans. Die Leichtigkeit in der Form der Allusionen auf dieses Grundthema des Romans läßt oft übersehen, welches Gewicht ihm beigemessen wird, so etwa in Dublavs gemütlicher Beobachtung beim Dinergespräch über »diese merkwürdigen Verschiebungen in Zeit und Stunde« (I.5.27) oder »seit wir die Eisenbahnen haben, laufen die Pferde schlechter« (I.5.250), als ahne er Albert EINSTEINS Relativismusgedanken und Ernst BLOCHS Gleichzeitigkeit der Ungleichzeitigkeit voraus. Solche Sätze machen die Achtung moderner Kritiker vor diesem Roman verständlich (A. KLUGE, 1979). ›Kommunikation‹ umfaßt die technischen Neuerungen des Jahrhunderts, vor allem die Eisenbahn, die für das Bewußtsein und die Fantasiewelt der Menschen in Fontanes Jugendzeit so wortwörtlich bahnbrechend ist. Aber auch das Postwesen (I.5.218, 246), das dieses Wunder in die gesellschaftliche Infrastruktur einbindet, genau wie die elektrischen Kabel, die die Neue Welt mit der Alten verbinden, die transatlantische Schiffahrt desgleichen, ebenfalls die Kanalisation, diese nützliche Herrschaft über die Unterwelt, in der sich so vieles abspielt (vgl. das Katakombengespräch im 3. Kapitel). Der Roman enthält auch eine Fülle von Hinweisen auf konkrete Leistungen der modernen Technik, die zugleich zur symbolischen Struktur des Romans gehören, wie Charing Cross (I.5.234) als »eines der wichtigsten Eisenbahn- und Straßenverkehrsknotenpunkte in London wie in Großbritannien« (S. NEUHAUS, 1993, S. 57, aber mit irreführendem Urteil über Melusine). BRUNELS Themsetunnel (1843), der erste neuzeitliche Tunnel unter einem Gewässer, wird fast gleichzeitig mit Fontanes erstem London-Besuch (ebd., S. 56f.) eröffnet, was aber den Dichter nicht davon abhält, dem Bildgedanken »Tunnel« ganz andere Assoziationen abzugewinnen, nämlich Melusines Vergewaltigung durch den Ehemann (I.5.296). Hinweise auf zukünftige Leistungen der Technik im Roman – Eroberung des Luftraums – werden durch Melusine und Lorenzen auf die zentralen Themen des Romans bezogen.

Die klugen Einsichten der hermeneutischen Forschung des ausgehenden 20. Jahrhunderts haben die Subtilität des letzten Fontaneschen Romans mit großer Einfühlsamkeit erschlossen und unser Verständnis für dessen künstlerische Leistung um vieles bereichert; Arbeiten aus der jüngsten Zeit, wie die von AMBERG (1995) und STREITER-BUSCHER (1998), bringen aus der internationalen literaturwissenschaftlichen Diskussion der Gegenwart gewonnene wichtige Einsichten. Was allerdings in letzter Zeit von der Forschung zu wenig beachtet wird und wichtig ist, wenn *Der Stechlin* die ihm gebührende Einschätzung nicht bloß in Deutschland sondern als Roman der Weltliteratur finden soll, ist sein Humor (hierzu schon 1936 W. PREISENDANZ, in: PREISENDANZ, S. 310ff.). Wie der Autor von *Tristram Shandy* führt auch Fontane über die unterschiedlichsten Gestalten seines letzten Romans einen ergötzlich-hintergründigen Dialog mit seinen Lesern. Wie hätte es ihn, der so Kluges in seinem letzten Roman über menschliche Kommunikation sagt, gefreut, wenn er gewußt hätte, daß hundert Jahre nach seinem Tod *Der Stechlin* vorgelesen auf Tonband in der wohllautenden Stimme des Schauspielers G. WESTPHAL als Beruhigungsmittel gegen den Autostreß eingesetzt werden soll! EDA SAGARRA

Literatur

T. MANN, Der alte Fontane, s.u. 3.1.1. – Ders., Anzeige eines Fontane-Buches (1920), in: Rede und Antwort, Berlin 1922, S. 99–112. – J. PETERSEN, Fontanes Altersroman, in: Euph 29 (1928), S. 1–74. – R. SCHÄFER (= BÖSCHENSTEIN), 1962, s.u. 3.1.1. – R. MINDER, Über eine Randfigur bei Fontane, in: NR 77 (1966), S. 402–413. – V. GÜNTHER, 1967, s.u. 3.1.1. – C. JOLLES, »Und an der Themse wächst man sich anders aus als am Stechlin«. Zum Englandmotiv in Fontanes Erzählwerk, in: FBl Bd. 1, H. 5 (1967), S. 173–191. – W. MÜLLER-SEIDEL, Fontane und Bismarck, in: Nationalismus in Germanistik und Dichtung, Berlin 1967, S. 170–201. – H. NÜRNBERGER, Theodor Fontane, der preußische Adler und die Wetterhähne. Zwei Quellenhinweise, in: Neue Zürcher Zeitung Nr. 75, 4. 2. 1968. – H. BUSCHER, 1969, s.u. 3.1.1. – I. MITTENZWEI, 1970, s.u. 3.1.1. – F. BETZ, The contemporary critical reception of Theodor Fontanes novels »Vor dem Sturm« and »Der Stechlin«: 1878–1899, Diss. Indiana 1973. – H. MEYER, Theodor Fontane »L'Adultera« und »Der Stechlin«, in: PREISENDANZ, S. 201–232. – A. KLUGE, »Die politische Intensität alltäglicher Gefühle. Rede zur Verleihung des Fontane-Preises«, in: Freibeuter H. 1 (1979), S. 56–62. – H.-H. REUTER, 1979, s.u. 3.4.2. – E. SAGARRA, »Eingepökeltes Rindfleisch und junges Gemüse?« The Christian Social background to Fontane's »Stechlin«, in: Ebd., 1979, S. 577–586. – C. JOLLES, »Der Stechlin«: Fontanes Zaubersee, in: AUST, Fontane, 1980, S. 239–257. – K. SCHERPE, Die Rettung der Kunst im Widerspruch von bürgerlicher Humanität und bourgeoiser Wirklichkeit. Fontanes vierfacher Roman »Der Stechlin«, in: Poesie der Demokratie 1980, S. 227–267. – G. WUNBERG, Rondell und Poetensteig. Topographie und implizite Poetik in Fontanes »Stechlin«, in: Literaturwissenschaft und Geistesgeschichte. Fs für R. Brinkmann, Tübingen 1981, S. 458–473. – A. BANCE, 1982, s.u. 3.1.1. – C. JOLLES, »Waltham-Abbey«, in FBl H. 35 (1983), S. 297–303. – G. BRUDE-FIRNAU, Beredtes Schweigen: Nichtverbalisierte Obrigkeitskritik in Theodor Fontanes »Stechlin«, in: Mh 77 (1985), S. 460–468. – G. LOSTER-SCHNEIDER, 1986, s.u. 3.1.1. – H. OHL, 1986, s.u. 3.1.1. – E. SAGARRA, Der Stechlin, München 1986. – C. GRAWE, Fontanes neues Sprachbewußtsein in »Der Stechlin«, in: C. G., Sprache im Prosawerk. Beispiele von Goethe, Fontane, Thomas Mann, Bergengruen, Kleist und Johnson, Bonn ²1987 [1974], S. 38–62. – E. SAGARRA, Revolutionäre Symbolik in Fontanes Der Stechlin«, in: FBl H. 43 (1987), S. 534–543. – P. I. ANDERSON, »Der Stechlin«. Eine Quellenanalyse, in: Interpretationen, 1991, S. 243–274. – W. PAULSEN, 1988, s.u. 3.1.1. – E. SAGARRA, Noch einmal: Fontane und Bismarck, in: FBl 53 (1992a), S. 229–42 – Dies., »Der Stechlin«. History and Contemporary History in Fontane's last novel, in: MLR 87 (1992b), S. 122–133. – S. NEUHAUS, Fontane und der Tunnel unter der Themse. Anmerkungen zu einem Motiv aus dem Stechlin, seiner Geschichte und Bedeutung, in: FBl H. 56 (1993), S. 63–79. – H. NÜRNBERGER, »Der große Zusammenhang der Dinge«. »Region« und »Welt« in Fontanes Romanen […]«, in: FBl H. 55, (1993), S. 33–68. – A. AMBERG, Poetik des Wassers. Theodor Fontanes »Stechlin«. Zur protagonistischen Funktion des See-Symbols, in: ZfdPh 115 (1996), S. 541–559. – R. BÖSCHENSTEIN, Caecilia Hexel und Adam Krippenstapel. Beobachtungen zu Fontanes Namensgebung, in: FBl H. 62 (1996), S. 31–57. – P. HASUBECK, »… wer am meisten red't, ist der reinste Mensch«. Das Gespräch in Theodor Fontanes Roman »Der Stechlin«, Bielefeld 1998. – E. MILLER, Die roten Fäden des roten Hahns. Zu einem Motivkomplex im Stechlin, in: FBl H. 67 (1998), S. 91–105. – H. STREITER-BUSCHER, Das letzte Wort: Autobiographische Spiegelungen im »Stechlin«, in: FBl H. 65–66 (1998), S. 318–345.

3.1.19 Mathilde Möhring

Mathilde Möhring hat eine Sonderstellung im Fontaneschen Erzählwerk. Das Werk erscheint posthum, zunächst im November/Dezember 1906 im Vorabdruck in der *Gartenlaube*, im darauffolgenden Jahr in Buchform, beides unter der Herausgeberschaft des Journalisten Josef ETTLINGER. ETTLINGER, der von »behutsamen Eingriffen« in den Nachlaßtext spricht, erlaubt sich damit allerdings eine willkürliche Bearbeitung (G. ERLER, 1973, S. 624) des bei Fontanes Tod unvollendeten Manuskripts, die lange Zeit die Rezeption des Werks belastet. ERLER macht dankenswerterweise auf diese Sachlage aufmerksam und legt 1969 einen nach modernen

Editionsprinzipien herausgegebenen Text vor. Unter anderem vermag er zu zeigen, daß entgegen bisheriger Annahme Fontane das ihm wichtige künstlerische Anliegen einer Kapiteleinteilung schon vorgenommen hat. ERLERS Pionierarbeit führt bald zu einer Auseinandersetzung über den Kunstcharakter des Werkes und löst eine Diskussion aus, die sich bis heute mit der Frage beschäftigt, warum eigentlich Fontane dieses Werk nicht vollendet habe (vgl. H. AUST, Interpretationen, bes. 276–278). Denn *Mathilde Möhring* weist viele Ähnlichkeiten mit Fontanes zwei Gesellschaftsromanen aus der gleichen Epoche auf: mit *Frau Jenny Treibel*, den der Autor kurz vor Beginn der Arbeit an *Mathilde Möhring* abschließt, und vor allem mit dem gleichzeitig entstandenen Werk *Die Poggenpuhls* (vgl. H. TANZER, 1998). Alle drei sind Berliner Romane; *Mathilde Möhring* spielt allerdings in einem niedrigeren gesellschaftlichen Milieu. Die Parallelen zu *Die Poggenpuhls* lassen sich nicht verkennen: Überlebenskünste verwaister Familien bei kargen Mitteln, Figurenkonstellationen bei den für die Fontanesche Erzählkunst charakteristischen Nebenfiguren (Hauswirte, Dienstboten, Portiers), die Zeittendenzen repräsentieren, Genauigkeit der Milieudarstellung und Topographie, die nicht um ihrer selber willen da sind, sondern wie das erborgte oder ersteigerte, klapprige, aber gleichwohl anspruchsvolle Mobiliar der beiden Haushalte der Darstellung von Charakter und Schichtenspezifität, von Sein und Bewußtsein der Menschen in der Gesellschaft dienen. Daß Fontane diesem Nachlaßwerk den letzten Schliff nicht gibt, macht sich jedoch an manchem bemerkbar, so in dem – im Gegensatz zu *Die Poggenpuhls* – geringem Anteil an Dialog und zum Teil auch an der nicht immer überzeugenden Figurenzeichnung, vor allem der männlichen Hauptgestalt, Hugo Großmann.

Fontane beginnt die Arbeit an *Mathilde Möhring* schon 1891. Laut *Tagebuch* (II.256) erfolgt die Niederschrift in den mittleren Augustwochen; »Ende September« sei das Werk »im Brouillon fertig«. Die weitere Arbeit an diesem Werk wird, wie auch die an anderen Werken, durch die Krankheitskrise des folgenden Jahres unterbrochen. ERLER (AR 7.617f.) macht auf den damals noch ungedruckten Brief EMILIE FONTANES vom 28. 6. 1892 an den Sohn FRIEDRICH aufmerksam, in dem sie von den »vier Novellen« spricht, an denen Fontane vorher gearbeitet habe und an denen er kein Interesse mehr zeige, darunter vermutlich *Mathilde Möhring*. Er scheint im Februar 1896 eine Korrektur vorzunehmen, später aber nie mehr daran zu arbeiten. *Mathilde Möhring*, das wenig mehr als 100 Seiten zählt, gehört zu Fontanes kürzeren Erzähltexten.

Gattungstheoretisch ist er dem Roman zuzuordnen. Nach H. AUST (Interpretationen, S. 277) »bleibt die Frage nach dem Verhältnis von Studie, Bild, Roman und Novelle, von Satire, Humoreske und Tragikomödie in der Schwebe«.

Auf alle Fälle ist Fontanes Mathilde eine von Fontanes originellsten Gestalten. Sonst favorisierte der Autor Frauentypen, die zur deutschen ›Heldinnentradition‹ des 19. Jahrhunderts gehören, die Griseldis und vor allem die Magdalenen, ›Opfer der Männerwelt‹, oder, wie GOETHES Klärchen in *Egmont,* ›Mädchen aus dem Volk‹ wie Lene in *Irrungen, Wirrungen*, natürlich, selbstbewußt, integer. Oder er nimmt Bezug auf die zeitgenössische Diskussion um die ›moderne Frau‹ in Gestalt der ›femme fatale‹, wie etwa Cécile als ›femme fragile‹, als zeittypische Hysterikerin, oder in Gestalt der ihn wie andere Zeitgenossen faszinierenden Figur der ›Wasserfrau‹ Melusine. Mathilde paßt in keine dieser Kategorien hinein. Sie findet bei den meisten Kritikern wenig Gnade, und nicht nur, weil man beim bloßen Namen, so Fontane, den Schlüsselbund rasseln höre. Nach dem älteren Lesekanon hat jede Frau auf ihre Weise attraktiv zu sein. Ist eine ›Heldin‹ nicht schön, so sollten wenigstens liebende Augen an ihr verborgene Schönheiten zu entdecken vermögen. Oder sie sollten sich, wie Isabeau in *Irrungen, Wirrungen* oder die Schmolke oder Jenny in *Frau Jenny Treibel* dem tradierten Typus der ›komischen Alten‹ zuordnen lassen. Mathilde ist nicht einmal das, was die Franzosen galanterweise eine »jolie laide« (eine ›hübsche Häßliche‹) nennen, wie Victoire in *Schach von Wuthenow*. Trotz des ihr einmal von Unbekannten nachgesagten »Gemmengesichts«, auf das sie den größten Wert legt und das in seiner Redensartlichkeit für sie lebensbestimmend sein soll, ist Mathilde leider ganz ohne Reiz. Gegen Fontanes sonstige Gewohnheit beschreibt der überaus ungalante Erzähler in großer Detailfreude die äußere Erscheinung seiner Titelfigur, dazu fast die Hälfte des ersten Kapitels in Anspruch nehmend. Von ihrem »grisen Teint«, den »dünnen Lippen«, ihrem »spärlich angeklebte[n] aschgraue[n] Haar« ist die Rede, ebenfalls von ihren »wasserblauen Augen« (I.4.578f.). Und das in einem Jahrhundert, wo (Frauen)augen nach dem bekannten Kellerschen Vers ein Spiegel ihrer Seele sein sollen, aber ein Spiegel, der an der Bespiegelung des Geliebten Genüge hat, und nicht, wie bei Mathildes rissigem Stehspiegel in der Wohnung nur das reflektiert, was für ihr eigenes Fortkommen vom Belang ist. Mangel an ›Herzensbildung‹ lasten auch namhafte Fontaneforscher der Gestalt der Mathilde gern an. Als ob sich hier Fontane als europäischer Realist nicht in sehr guter Gesellschaft befände! Denn wie Gustave FLAUBERT, der in *Madame Bovary* die fesselnde Geschichte einer langweiligen Frau schreibt, präsentiert Fontane hier eine Frau ganz ohne ›sex appeal‹. »Küssen« wird später Hugo von seiner flachbusigen Braut berichten, dabei gleichsam in die Haut des verschmitzten Erzählers schlüpfend, sei »nicht ihre Force« (I.4.640). Darüber hinaus verkörpert Mathilde in kleinbürgerlicher Gestalt den Mythos der Frau als Spinne, die den Mann ins Garn lockt und aussaugt; sie scheint ja geradezu der Beleg für jenes Klischee zu sein, nach dem jedes männliche Wesen gegen die Entschlossenheit einer Frau schließlich wehrlos sein muß. So beobachten die Leser den ewigen Studenten aus gutem Hause, Hugo Großmann, wie er schon im zweiten Kapitel das Haus in der Georgenstraße inspiziert; sie registrieren den zögernden Blick des bequemlichen Mannes und sehen, wie er dennoch insektengleich ins Netz geht. Das gleiche Spiel, nur raffinierter hinausgezogen und unter ungleich größerem Einsatz seitens Mathilde, wiederholt sich in den folgenden Monaten unter dem Möhringschen Dach.

Mathilde ist nämlich Berliner Zimmervermieterin, d.h. dem Namen nach ist es die Mutter, Witwe Möhring, der Sache nach und schon von Anfang an das damals siebzehnjährige, erst gerade eingesegnete (konfirmierte) Mädchen. Sie ist die Tochter eines kleinen Angestellten bei einer Kleiderexportfirma – Berlin war seit den fünfziger Jahren in der Konfektionsbranche weltführend – und seiner Frau, die nach Schätzung des Hausbesitzers, Rechnungsrat Schultze, »höchstens eine Müllertochter« (I.4.578) gewesen sein dürfte. Anders als ihre Eltern hat Mathilde nicht nur die gängige Ausbildung einer voremanzipierten Bürgerstochter erhalten – »ich habe Putzmachen gelernt und Blumenmachen auch und Klöppeln auch« (I.4.599) – sondern hat von dem erheblich verbesserten Ausbildungsangebot für Mädchen profitiert, das zu den vielen positiven Neuerungen des Deutschen Kaiserreichs gehört. Das Gewicht, das Fontane auf diesen Aspekt legt, bezeugt eine Manuskriptnotiz (AR 7.626): »Thilde muß noch bei Lebzeiten des Vaters in gute *Schulen* gekommen sein und schon damals die Absicht gehabt haben, Erzieherin [darüber: *Lehrerin*] zu werden.« Für sie ist Bildung kein ideeller Wert, sondern, so J. SCHÖLL (1979, S. 588–590), die Fontanes Sprachspiel mit der Bildungsvorstellung genau nachvollzieht, der Erwerb instrumenteller Fähigkeiten, die sie ›einsetzen‹ kann. Und Mathilde legitimiert des Vaters kleine Investition in ihre Zukunft, sie ist es, die die Initiative ergreifen muß und kann, als der Vater stirbt, womit sie sich und ihrer lebensuntüchtigen Mutter durch zusätzliches Geld den kleinbürgerlichen

Status – just noch – zu sichern vermag. Die Kleinbürgerin Mathilde definiert sich, genau wie ihre Standesgenossen und -genossinnen von damals, durchweg durch ihr Statusdenken; ihre Lebensenergie schöpft sie aus der Notwendigkeit, sich vom ›Proletariat‹ abzusondern. Für Mathilde ist nicht das Sein, wie für K. MARX in etwas anderer Form, sondern das Bewußtsein primär. Im Äußerlichen unterscheiden sich Möhrings kaum von der Arbeiterklasse, wie Mathilde wohl weiß: Wirtschaftlich nicht, weder in ihrer Abhängigkeit, noch in ihrem Mobiliar, noch in ihren Ernährungsmöglichkeiten; auch darin nicht, daß Mathilde, wie eine gewöhnliche Zugehfrau, selber mit Blecheimer und Schürze im Zimmer ihres Untermieters hantieren muß. Daß sie einmal zu ihrem größten Leidwesen in solcher Stellung von ihm überrascht wird und sich selber mit seinen Augen als das sieht, was sie ihrer gesellschaftlichen Position nach ist, nämlich Bedienstete, wirkt in ihrem Bewußtsein nach. Keine Ideologin, sondern in allem zielgerichtete Pragmatikerin, zieht sie die Konsequenzen für sich im Praktischen gemäß des provozierenden Wortes der radikalen Feministin H. DOHM (zitiert nach G. KÜBLER, 1989, S. 100) über »die geistige Arbeit und die einträgliche für den Mann, die mechanische und die schlecht bezahlte für die Frau«. Nun soll es anders werden.

Hat Mathilde, wie in der biblischen Parabel, (mindestens) zwei Talente, mit denen sie wuchert, so hat ihre Mutter nur eins, und dies begräbt sie. Frau Möhring definiert sich rein materiell. Sie ist nur solange eine Kleinbürgerliche, wie sie ihr jetziges Leben noch führen darf. Ihr sitzt die Angst vor einem Abrutschen in das Proletariat förmlich im Nacken, einfach wegen der praktischen Konsequenzen für sie selber. Was diese bedeuten könnten, sieht sie an der Person der eigenen Zugehfrau, die sich Mathilde im Rahmen ihres ›Plans‹ engagiert, nämlich Putzfrau in fremden Häusern zu werden, solange es ihre schwachen Kräfte zulassen würden, und danach die Schrecken des Armenhauses. Daß das Statusproblem für Mathilde mit der kargen wirtschaftlichen Aufbesserung durch das Zimmervermieten nicht gelöst ist, darauf wird sie durch zwei andere Witwen, Mitbewohnerinnen des Hauses in der Georgenstraße, aufmerksam gemacht, die Leutnantswitwe Petersen, die zwar Rente und Titel hat, aber keinen Respekt ›unter den Leuten‹ genießt, und der ungebildeten, neidischen und geizigen Schmädicke mit ihren Anzüglichkeiten (vgl. G. SCHÖLL, 1979, S. 589). Neben der wichtigen erzähltechnischen und künstlerischen Funktion der sozialen Milieudarstellung weist Fontane durch die Charakterisierung der Nebenfiguren wie der Runtschen und ihrer

Tochter Ulrike oder des Portiers Krieghoff mit seiner Tochter Ida vor allem auf die zeitgenössische Spannung zwischen Kleinbürgertum und Proletariat hin, die im Zeitalter der Massendemokratie in den Großstädten, so vornehmlich Berlin und Wien seit den neunziger Jahren, zu einem politischen Störfaktor ersten Ranges werden soll.

Ehrgeizige und statusbewußte Arme entwickeln gute Menschenkenntnisse. Es sind die Waffen der sozial Schwachen. Hat Mathilde erst ihren rechten Zimmerherrn, so geht sie von der Taktik zur Strategie über. Die erste viel versprechende Annäherung seinerseits, die Einladung ins Theater, entpuppt sich als herbe Enttäuschung. Möhrings sind nicht eingeladen, sie haben bloß Theaterbilletts im zweiten Rang, wie es ihnen allerdings zukommt, während der Zimmerherr seinem Freund auf der Bühne, dem gewesenen Studenten, vom bürgerlichen Parkett aus zusieht und nur einmal und dann »sehr steif und förmlich« (I.4.601) hinaufblickt. Die Einsicht in Charakter und Bewußtsein Hugos schärft den »Blechblick« (I.4.578) der ewig Rechnenden (hierzu sehr aufschlußreich auch für formale Aspekte des Werkes H. AUST in: Interpretationen, bes. S. 286–288). Die Natur kommt ihr zu Hilfe. Hugo erkrankt. Mit Einsatz ihres ›besten Stückes‹, der Chaiselongue, bringt sie ihn, sehr gegen den angstvollen Protest ihrer Mutter, soweit wieder hoch, daß dem kaum Genesenen, in ihrer Obhut sich Wohlfühlenden, ein Heiratsantrag entlockt wird. Mehr Gouvernante und Mutter als Braut trainiert Mathilde ihren Zukünftigen für Examen und Beruf. Dank der Findigkeit von Mathilde, die tagelang in der nun auch Frauen offenstehenden Lesehalle nach einer passenden Stelle sucht, wird er Bürgermeister in einem westpreußischen Nest. Hier steht das Paar, wiederum dank Mathildes Menschenkenntnissen und ihrer dynamischen Initiative, die sie sehr gut geheimzuhalten weiß, bald gut bei allen, die zählen. Doch stirbt plötzlich Hugo. Mathilde, die eine wirtschaftlich vorteilhafte Position als ›Hausdame‹ bei einem polnischen Adligen ausschlägt, kehrt wieder heim zur elterlichen Wohnung – diesmal aber selber den Platz ›in der guten Stube‹ für sich in Anspruch nehmend. Sie bildet sich als Lehrerin aus und landet dort, wo sie ohne den Tod des Vaters wohl hingekommen wäre, diesmal aber durch eigene Leistung.

Die erzählte Zeit erstreckt sich über knapp zwei Jahre, vom Oktober 1888 – dem Dreikaiserjahr, also ein Vierteljahr nach dem Tod des, wie Hugo, großen, schönen mit Vollbart versehenen, aber schon schwächlichen Kaisers FRIEDRICH III. – bis Oktober

1890. Hugo zieht Oktober 1888 in die Georgenstraße, erkrankt wenige Wochen später und verlobt sich mit Mathilde, von ihr gepflegt, aber noch nicht ganz erholt, am Heiligen Abend. Er heiratet sie ein halbes Jahr später nach erfolgtem Examen, am Johannistag, dem 24. 6. 1889, stirbt aber schon an Ostern 1890, zu Beginn der ›Alleinherrschaft‹ des jungen Kaisers WILHELM II. Mit dem Jahr 1890, in dem die nun verwitwete ehemalige Frau Bürgermeisterin Mathilde im Oktober ihr Lehrerinnenexamen macht und die erste Stelle antritt, datiert man den Beginn jenes Jahrzehnts, das nicht nur mit dem Naturalismus in Deutschland zu assoziieren ist, sondern das vor allem als das Jahrzehnt der ›Frauenfrage‹ gilt. Die neue Zeit hat es der charakterstarken Frau Mathilde möglich gemacht, ›ihren Mann zu stehen‹ und sich und ihre Mutter standesgemäß zu ernähren.

Das Verhältnis des Erzählers zu seiner Titelheldin ist in diesem Roman ein anderes als im Fall der sonstigen jungen Frauengestalten im Fontaneschen Erzählwerk, wie etwa Grete, Victoire, Franziska, oder gar Lene. Man hat mit Recht von Distanziertheit und Sprödigkeit des Stils (D. SOMMER, 1983, S. 337) gesprochen. Aber wie Hugo selber, der mehr sieht, als die Besserwisserin, die alles berechnende Mathilde, meint, hat auch der Erzähler ein ausgesprochenes ästhetisches Vergnügen an seiner Figur. Ob Fontane, der selber in seinen Briefen so unaufhörlich rechnete, nicht auch eine gewisse Behaglichkeit am Werk empfunden hat? Auf alle Fälle ist der Erzähler auffälliger in diesem Werk als sonst, und nicht nur, weil der letzte Schliff fehlt. Ist der innere Monolog im Fall Hugos und zuweilen auch Mathildes wenig überzeugend, so wird er oft wiederum gerade im Fall der Mathilde äußerst geschickt gehandhabt. Hier scheint der Erzähler die kleinbürgerlichen Werte Mathildes zu internalisieren, vor allem in der nivellierenden Gleichsetzung von ›Bildung‹ mit klugem, weil ergiebigem Einsatz von Talent oder Geld. Mit Hilfe der R. Pascalschen ›dual voice‹ (*The dual voice*, 1977) kommt man sowohl der Person der Mathilde Möhring wie auch dem Kunstcharakter des Werkes bei.

In der deutschen Erzählliteratur des 19. Jahrhunderts, der Trivialliteratur wie der anspruchsvolleren, fehlt oft in auffallender Weise der Vater, ob durch vorzeitigen Tod oder eigenes Versagen. Die wirtschaftliche Schwäche der Zurückgebliebenen wird in der Literatur der Biedermeierzeit und des poetischen Realismus oft psychologisch in bestimmte charakterliche Eigenschaften der Kinder umgesetzt, in Passivität und Resignation oder gar in seelische Verkümmerung wie etwa in Theodor STORMS *Immensee*. Bei Mathilde, Kind weniger ihrer furchtsamen, lebensunklugen Eltern als ihrer gründerzeitlichen Epoche, geschieht das Unerhörte, weil für eine Frau ›Unpassende‹. Die junge Frau nimmt, dank ihrer guten Schulung und im Schutz des eigenen Egoismus, die Sache selbst in die Hand. *Mathilde Möhring* potenziert damit einen in der Forschung relativ wenig kommentierten Aspekt der Fontaneschen Erzählkunst, die Spezifik der wirtschaftlichen Situation der Frau in der Epoche des Hochkapitalismus und Fontanes Einsicht in den relativen Freiraum, den Arbeit den sozial tieferstehenden Frauen – so etwa Lene, Witwe Pittelkow, Frau Dörr, Isabeau – gewährt, welcher aber den großbürgerlichen und adligen Töchtern, wie etwa Effi Briest oder Cécile, verwehrt ist. Mathilde ist aber vielleicht nicht so sehr an erster Stelle interessant als Frauenporträt, sondern als Vertreterin kleinbürgerlicher Werte. Interessant ist, wie Fontane, nicht anders als G. HAUPTMANN durch seine proletarischen Frauenfiguren im *Biberpelz* und später in den *Ratten*, den sozialen Charakter und die wirtschaftliche Potenz einer Gesellschaftsschicht repräsentieren will.

Das Kleinbürgertum wird, wie nicht nur Karl MARX zum Ausdruck bringt, allgemein als sozial unattraktiv empfunden. Die Engländer nennen es jene Klasse, zu der niemand sich bekennen will. Seine typischen Eigenschaften wie Fleiß, Entbehrungsfähigkeit, Ehrgeiz, Strebsamkeit, Zuverlässigkeit, Pflichttreue, Sinn für das Wohl der engeren Familie mögen nützlich für die Gesellschaft sein; wie Mathilde entbehren sie aber des Charmes, während seine Untugenden – Egoismus, Neid, Härte, Neugier, Engstirnigkeit – auch den Gutmütigsten abstoßen. Das krampfhafte, unter Einsatz aller Energien verfolgte Geltungsbedürfnis der Kleinbürgerin zeichnet Mathilde aus. Sehr ausgeprägt ist in diesem Roman Fontanes Kunst der Parallelsetzung: das schichtenspezifische Statusdenken verbindet Mathilde mit ihrem Hauswirt, dem äußerlich so erfolgreichen Rechnungsrat, der einst seine 300 Reichstaler, wie Mathilde ihre Chaiselongue, mit so beachtlichem Erfolg eingesetzt hat. Sein Vorzeigeschild mit Titel an der Haustür sichert ihm nicht nur die Achtung der (kleinen) Gesellschaft, in der er sich bewegt, sondern vor allem das für den einstigen Kleinbürger so lebensnotwendige Selbstwertgefühl. Und genau wie bei Schultze, den die Selbstachtung zum loyalen Staatsbürger macht, weil er sich selber als unersetzlichen Teil von ›Staat und Gesellschaft‹ sieht, so braucht Mathilde ihr ›Aushängeschild‹, Mann und Titel, aber vor allem den Titel, der eine wirtschaftliche Lebensbasis garantieren hilft. Wenn die wirtschaftlich noch niedriger stehenden Figuren im Roman als

Schreck- und Mahnbilder für Mathilde und ihre Mutter fungieren, wenn sie ihr Leben nicht meistern, so stellt der Hauswirt Schultze für Mathilde eine Art Rollenmodell dar.

Das Theater ist hier wie in *Die Poggenpuhls* auch zugleich Sinnbild für die wachsende Durchlässigkeit der tradierten Hierarchie. Denn nicht nur ist Hugos Freund Rybinski jetzt ständig beim Theater, das er genau wie Mathilde als bürgerlichen Beruf behandelt, jetzt ist sogar des Pförtners Tochter Ida wie selbstverständlich im Publikum. »Ida war immer da. Sie kennt welche von's Theater« (I.4.602), wie der selbstzufriedene Vater der darüber leicht unangenehm überraschten Mathilde berichtet. Mit ihrer gewohnten Klugheit behält sie aber ihre Meinung für sich.

Sinnbildlich repräsentiert im Theaterbesuch ist am anderen Ende der gesellschaftlichen Hierarchie die Figur der Runtschen. Die Runtschen ist geradezu eine mythische Verkörperung der Angstgefühle des Kleinbürgertums vor dem Absinken in die Armut und in das Proletariat (W. Hoffmeister, 1973, S. 134). Dies läßt sich auch daran erkennen, daß sie, wie keine andere Gestalt des Romans, bildhaft, fast holzschnittartig vor uns steht in all ihrer imponierenden Ekligkeit mit dem drastischen »Kieperhut«, den »Mannesstiefeln« (I.4.614) und – ein proletarischer Zyklop – der schwarzen Klappe über dem *linken* Auge. Daß Fontane hier ein zur Zeit der Niederschrift des Werkes zeittypisches Anliegen von dringlicher Aktualität thematisiert, liegt auf der Hand; man denke einerseits an den rapiden Aufstieg der Sozialdemokraten nach Aufhebung der Sozialistengesetzgebung im Jahr 1890 und andererseits an die Radikalisierung der kleinbürgerlichen Wähler im Deutschen Kaiserreich zu Beginn der neunziger Jahre. Daß die Angst eine existenzielle ist, sieht man daran, daß der Erzähler die Runtschen der Kategorie der Groteske zuordnet. In dieser häßlichen Gestalt sieht Mutter Möhring ständig eine Präfiguration des eigenen Schicksals. Die Runtschen ist nämlich einäugig – im Text wird sie als ›Pirat‹, als ›Bandit‹ gekennzeichnet. Und wie brutal ist die Sprache der sonst sentimentalen alten Frau, wenn Frau Möhring von ihrem Schreckbild spricht, als gelte es einem gefährlichen Tier: »sie [›die Proletarier‹] sind immer so sehr nach Fleisch.« (I.4.663) Und Mathilde erweist sich erst recht als eine Bürgerliche, wenn sie sich ›karitativ‹ gegen die Runtschen zeigt, wie Mutter Möhring mit dem Schinkenknochen. Aber nun können beide es sich leisten: die wirtschaftliche Basis erweist sich als fest. Daß Hugo sich vor der Runtschen grault, hat ganz andere Gründe: sie verletzt seinen ästhetischen Sinn, wie überhaupt Hugo nicht in der ›realen‹

Welt lebt, sondern in der Welt des schönen Scheins, der Literatur, des Theaters. W. HOFFMEISTER (1974, S. 142–144) sieht in ihm ein profiliertes Beispiel des dekadenten Menschen bei Fontane. Für Mathilde hingegen ist die Runtschen nicht mehr als eine praktische (weil trotz schmalem Einsatz gerade zu leistende) Antwort auf ein Problem und jemand, an dem sie ihren eigenen Status in der gesellschaftlichen Hierarchie und ihr Selbstwertgefühl bestätigen kann.

Mathilde Möhring beginnt ihre Ausbildung im Lehrerinnenseminar in Berlin zu der Zeit, als »Bismarck ins Schwanken kam« (I.4.664). Nicht daß Mathilde in ihrem Urteil zu BISMARCK schwankt, im Gegenteil, sie beteuert gegenüber dem preußischen Landrat von Schmückern zu Woldenstein im Westpreußischen, wo dank ihrer Bestrebungen ihr Mann Hugo Bürgermeister wird und sie »Frau Burgemeister«, BISMARCKs Eisen und Blut bedeuten ihr »Eisenquelle, Stahlbad. Ich fühle mich immer wie erfrischt« (I.4.656f.). Und anpassungsfähig wie sie ist, weiß sie immer wieder geschickt das Beste aus dem ›System‹ zu ziehen, das BISMARCK und das Preußen-Deutschland der Gründerzeit den loyalen Staatsbürgern und Staatsbürgerinnen bieten. BISMARCK ist der große Rechner, der sich zum Schluß arg verrechnet; Mathilde hingegen, zwar die ewige Rechnerin im Kleinen (vgl. H. AUST, 1991), ist sich doch als energische und reell denkende Frau in kleinen Verhältnissen ihrer Grenzen bewußt. So bleibt ihr das bescheidene Glück hold.

Von allen Erzählwerken Fontanes ist dieses Nachlaßwerk dem englischen Roman wohl am nächsten, und zwar sowohl in der Genauigkeit der Milieuschilderung und in deren Funktion für die Charakterdarstellung und die Vermittlung sozialer Wertvorstellungen als auch in seinem Sinn dafür, wie Redensartlichkeit beschränkte, selbstgefällige Menschen definiert, und vor allem im Humor. Auf seine Verbundenheit mit William Makepeace THACKERAY, dessen *Vanity Fair* Fontane 1852 in England mit großem Genuß liest, verweist, wie A. BANCE (1974) nahelegt, die ironische Beziehung von Erzähler, Hauptfigur und Leser im Werk. Mathilde selber hat einiges gemeinsam mit dem von Charles DICKENS mit Vorliebe beschriebenen Typus des sozialen Aufsteigers, verkörpert im viktorianischen Denken in der Figur des Samuel Smiles (»selbst ist der Mensch!«). Wie bei DICKENS ist Fontanes Handhabung der jüdischen Gestalten im Roman als Typus des Aufsteigers witzig und etwas ambivalent. »Sie hat was von unsre Leut« (I.4.655), schmunzelt mit Anerkennung der Ladenbesitzer Isenthal im westpreußischen Woldenstein. Aber vielleicht lesen nur die Nachgeborenen solche Figuren als ambivalent, denn Fontane zeichnet hier, wie sonst auch DICKENS mit detailfreudiger Genauigkeit einen charakteristischen gesellschaftlichen Prozeß präzise nach. Wie bei den Stechlinschen Juden repräsentiert die Firma Silberstein und Isenthal als Ladenbesitzer ein Zwischenstadium in der gesellschaftlichen Dynamik ostdeutscher Juden vom Hausierer und Marktverkäufer zum festen Ladenbesitzer in der Provinz, darauf zum Ladenbesitzer und schließlich Warenhausinhaber in der Hauptstadt.

In *Mathilde Möhring* zeigt Fontane mit Hilfe einer unattraktiven Hauptgestalt, was er sonst durch seine Nebenfiguren künstlerisch gestaltete, nämlich das ›Sosein‹ der Gesellschaft seiner Zeit. Zehn oder zwanzig Jahre zuvor, ohne Zugang zur höheren Tochterschule bzw. zum Lehrerinnenseminar in Preußen, hätte Mathilde keine Berufschancen gehabt, genau wie Rechnungsrat Schultze für seinen Aufstieg auf die glücklichen Konstellationen der gründerzeitlichen Bautätigkeit in der neuen Reichshauptstadt Berlin angewiesen war. Viele Kritiker sehen in Mathildes Ende ein Scheitern, was falsch ist. Ihre Rechnung geht in einer anderen Weise auf, als sie sich erhofft. Statt den Aufsteig in die »oberen Zehntausend« (I.4.656) voll durchzusetzen, muß sie sich am Ende scheinbar mit der Zugehörigkeit zum Kleinbürgertum begnügen, genau wie ihr Vater, der gewesene Buchhalter. Aber ihr Vater hat seinen Status nicht aufrechterhalten können, und seine Familie hat die schlimmen Folgen zu tragen. Am Ende kann sie, was er nicht vermocht hat, ihr kleines Schicksal selbst in die Hand nehmen. Die letzte Szene sieht sie als Vertreterin der neuen Frauenwelt so selbstverständlich in dem Arbeitsalltag, der sie als Durchschnittsbürgerin kennzeichnet; darin allerdings durch ihren Witwenstand geschützt vom Berufsneid der überwiegend männlichen Kollegen: Sie besitzt ein hohes Selbstwertgefühl – am unteren Rand der bürgerlichen ›Berufswelt‹ zwar, ist aber eben doch dieser zugehörig.

EDA SAGARRA

Literatur

W. HOFFMEISTER Theodor Fontanes »Mathilde Möhring«: Milieustudie oder Gesellschaftsroman?, in: ZfdPh 92 (1973), S. 126–149. – A. BANCE Fontanes »Mathilde Möhring«, in: MLR 69 (1974), S. 121–133. – I. SCHÖLL Mathilde Möhring. Ein anderer Fontane?, in: Fs JOLLES, 1979, S. 587–597. – D. SOMMER Kritisch-realistische Problem- und Charakteranalyse in Fontanes »Mathilde Möhring«, in: FBl H. 35 (1983), S. 330–338 – G. KÜBLER Theodor Fontanes »Mathilde Möhring«. Ein Beispiel frauenperspektivischer Literaturbetrachtung, in: FBl H. 47 (1989), S. 111–113. – H. AUST »Mathilde Möhring.« Die Kunst des Rechnens. in: Interpretationen, 1991, S. 275–295. – H. TANZER, 1997, s. u. 3.1.17. – S. GREIF, »Neid macht glücklich.« Fontanes »Mathilde Möhring« als wilhelminische Satire, in DD 50 (1998), S. 46–57.

3.1.20 Frühe Erzählungen

Leser und Forschung haben sich – sieht man von Edition und Kommentar ab – bislang nur sehr spärlich mit Fontanes frühen Erzählungen beschäftigt. Möglicherweise hat des Autors selbstkritischer Rückblick hier beglaubigend gewirkt, daß man von den ›Jugendsünden‹ im Vergleich zu anderen Werken nicht sehr viel zu erwarten habe:

> In *poetischen* Dingen hab ich die Erkenntniß 30 Jahre früher gehabt als wie in der Prosa; daher les ich meine Gedichte mit Vergnügen oder doch ohne Verlegenheit, während meine Prosa aus derselben Zeit mich beständig genirt und erröthen macht. (An EMILIE, 17. 8. 1882, IV.3.201).

In der Tat scheinen diese frühen Erzählungen, betrachtet man sie aus der Perspektive der großen Romane wie *Unwiederbringlich*, *Effi Briest* oder *Der Stechlin*, eine quantité négligeable darzustellen, sie bieten aber doch einige interessante Einblicke in die Entwicklung eines schriftstellerischen Selbstverständnisses und geben Anhaltspunkte für das bessere Verständnis des reifen Erzählers.

Fontanes Erstling, die Erzählung *Geschwisterliebe*, wird 1839 im *Berliner Figaro* gedruckt, ein Ereignis, an das sich sein Verfasser noch im Alter gerne erinnert (*Von Zwanzig bis Dreißig*, III.4.183 f.), wobei offenkundig weniger das literarische Produkt an sich als die Tatsache des Gedrucktwerdens eine Rolle spielt. In der Erzählung – die Geschichte eines blinden Harfenspielers, der seine Schwester innig liebt und mit rasender Eifersucht auf einen Nebenbuhler in ihrer Gunst reagiert – geht es leidenschaftlich, tränenreich, sentimental und schließlich tragisch zu. Solche Gefühlsäußerungen, die der junge Erzähler noch berichtend, kommentierend, räsonierend begleitet und mit Liedeinlagen untermalt, behandelt der alte Fontane später mit höchster Diskretion, oder er vermeidet sie ganz. Hier sind sie vor allem als Zeugnisse eines modisch-populären Literaturgeschmacks zu lesen, der sich an Klischees einer schon trivialisierten Romantik anlehnt. Einige aufschlußreiche Aspekte kann man der »peinlich berührende[n] Erstlingsgeschichte« allerdings nicht nur abgewinnen, wenn man sie im Kontext »von handfesten autobiographischen Zügen« liest, sondern auch die »paternalistische Konstellation« (P. I. ANDERSON, 1990, S. 127) aus psychologischer Sicht berücksichtigt.

Einen erfrischend anderen Ton schlägt dagegen die Erzählung *Zwei Poststationen* aus den vierziger Jahren an, die zu Fontanes Zeit nie veröffentlicht und erst vor wenigen Jahren im Archiv des Verlages Cotta gefunden wurde. Hier begegnet man einem ironischen und selbstironischen Erzähler, der sich humorvoll-satirisch der kecken Unverblümtheit in der Diktion und der bevorzugten Motive des Vormärz und des Jungen Deutschland bedient. Eine Reiseepisode, in welcher der Weg und das Unterwegssein im Mittelpunkt stehen und damit vor allem die Unbequemlichkeiten und Widerspenstigkeiten, denen der geplagte Reisende hilflos ausgeliefert ist, kann unter dem Deckmantel des individuellen Erlebnisberichts die zeitgenössischen Zustände respektive Mißstände kritisch in den Blick nehmen. So hat der junge Fontane nicht nur die Gebrauchsanweisung des Karl Gutzkowschen ›Ideenschmuggels‹ teilweise beherzigt; auch Gestus und Stil des Erzählers zeigen, daß er von Ludwig BÖRNE und besonders von Heinrich HEINE manches gelernt hat. Thematisch kann diese Erzählung gelesen werden als ein erleichterter, jedenfalls kaum wehmütiger Abschied vom Postkutschenzeitalter; zugleich betreibt Fontane hier eine satirische Abrechnung mit der unzeitgemäßen Pose der Romantisierung im doppelten Wortsinn und bekennt sich zur Prosa des Alltags im Zeitalter des ›Eisenbahnrealismus‹.

Erst gut zehn Jahre später meldet sich neben dem Lyriker auch noch einmal der Novellist Fontane zu Wort. 1853 erscheinen anonym in der *Rostocker Zeitung* die *Jagdgeschichten am Cap*, offensichtlich eine frei umgestaltende Übersetzung der Erlebnisberichte eines schottischen Offiziers (NÜRNBERGER, FrF, S. 194f.). Später im selben Jahr erscheint *Argo. Belletristisches Jahrbuch für 1854*, das ausschließlich Beiträge von Mitgliedern des »Rütli« (W. von MERCKEL, B. von LEPEL, F. KUGLER, T. STORM, P. HEYSE) enthält. Den Hauptanteil bestreitet Fontane selbst; neben drei Balladen und neun freien Übertragungen englischer Balladen steuert er drei Erzählungen bei: *James Monmouth*, *Tuch und Locke* und *Goldene Hochzeit*.

Die Erzählungen »belegen, daß der *Erzähler* Fontane die ihm gemäße Form noch nicht gefunden hatte«; es seien »Balladen in Prosa, teilweise stark mit Versen untermischt« (REUTER, S. 1285).

Während man der ersten Aussage cum grano salis zustimmen kann, ist der zweiten mit Nachdruck zu widersprechen. Am ehesten ließe sie sich noch auf *James Monmouth* anwenden, einen Strang aus der Geschichte der Stuart-Revolte, die im Kontext des geplanten Karl-Stuart-Dramas zu sehen ist und in der die Ballade als unmittelbare Selbstaussage der Protagonisten in der Tat ein Rolle spielt (und noch im gleichen Jahr einer launigen Selbstparodie zum Opfer fällt). Die Erzählweise der drei Texte – ein historischer Stoff aus dem England des 17. Jahrhunderts, eine in der Gegenwart spielende Novelle und eine idyllische Skizze mit Zügen der Dorfgeschichte – macht vielmehr deutlich, daß das balladeske Element von untergeordneter Bedeutung bleibt und der Autor sich mit spezifisch narrativen Stil- und Ausdrucksformen auseinandersetzt. Dabei lehnt er sich an die eine gewisse strukturelle Geborgenheit verheißenden Traditionen novellistischen Erzählens an, teils weil er seine Darstellungsabsichten am besten in ihnen aufgehoben glaubt, teils weil er die Freiheit der Distanzierung von ihnen noch nicht ungezwungen nutzen kann. *Tuch und Locke* etwa führt den Leser in eine geradezu klassische Novellen-Situation: die besondere Lage einer zufälligen Gruppe – hier Offiziere am Vorabend einer Schlacht – bietet Anlaß und Thema zum Erzählen zweier Geschichten, die exemplarisch unterschiedliche Überzeugungen und Lebenshaltungen illustrieren. Dieser Rückgriff auf die traditionell novellistische Erzählweise, der in einigen Attributen auch eine gewisse Nähe zur theoretischen Position (weniger zur Praxis) Paul HEYSES erkennen läßt, verweist auf eine inhaltliche und stilistische Zeitabhängigkeit, zeigt aber doch erste, wenn auch noch unsichere Ansätze zum später für Fontane charakteristischen Erzählstil. Zumindest indirekt räumt dies auch Fontane selbst ein, als der fast 60jährige seinen ersten Roman veröffentlicht und in dieser Gattung sein eigentliches Gebiet wie die spannungsvollsten Herausforderungen seiner Gestaltungsinteressen erkennt: »Ganz ohne geht es nicht mehr, zumal wenn man mit ›Tuch und Wolle‹, wie Frau Geh. R. Flender meine 54er Argo-Novelle zu nennen pflegte, so hoffnungsvoll vorgespukt hat.« (an HEYSE, 4. 11. 1878, DuD II.184)

BETTINA PLETT

Literatur

C. JOLLES, Zu Fontanes literarischer Entwicklung im Vormärz. Ein Nachtrag, in: Jb DSG 13 (1969), S. 419–425. – M. MASANETZ, Theodor Fontanes Frühwerk in den liberalen Rezensionsorganen des Nachmärz. Eine rezeptionsgeschichtliche Studie zur Bestimmung der poetologischen Position des Autors in den fünfziger Jahren, in: Literarisches Leben, 1987, S. 166–186. – P. I. ANDERSON, 1990, s. u. 1.1. – T. FONTANE, Zwei Post-Stationen. Faksimile der Handschrift, hg. v. J. MAYER, Marbach 1991, Rezension: H. NÜRNBERGER in: FBl H. 53 (1992), S. 121–123. – M. LOWSKY, Erinnerung an Wriezen. Zur Lokalisierung von Theodor Fontanes Erzählung »Zwei Poststationen«, in: FBl H. 60 (1995), S. 189–191.

3.1.21 Fragmente und Entwürfe

Zur Arbeitsweise

> Ich sammle jetzt Novellenstoffe […]. Es liegt für mich etwas ungemein Beruhigendes darin, über eine Fülle von Stoff disponieren zu können, etwa wie wenn man mit einer Extra-Summe auf der Brust leichter auf Reisen geht, wie wenn man schon zwischen Berlin und Jüterbog an zu rechnen fängt und von der Frage gequält wird: wird es auch reichen?

Als Theodor Fontane Mathilde von ROHR am 15. 5. 1878 (IV.2.569) diesen Einblick in seine schriftstellerische Reisekasse gibt, hat kurz zuvor der Vorabdruck seines ersten Romans *Vor dem Sturm* begonnen. Bereits aus früheren Jahrzehnten sind vereinzelte, teils auch ausführlichere Entwürfe zu geplanten literarischen Arbeiten überliefert, doch spätestens seit Mitte der siebziger Jahre beginnt Fontane systematisch zu sammeln und skizzenhaft aufzuzeichnen, was sich für eine spätere Bearbeitung eignen könnte. Dies können in ein oder zwei Sätzen hingeworfene Beobachtungen und Ideen sein; gelegentlich sind es Anekdoten oder Gesellschaftsskandale, die Fontane von Freunden und Bekannten erzählt werden und die den motivischen Kern für einen Roman in sich zu bergen versprechen. Schließlich gibt es ein knappes Dutzend Entwürfe, die im Laufe der Jahre oder gar Jahrzehnte zu einem umfangreichen Konvolut anwachsen, weil Fontane sie immer wieder überarbeitet und ergänzt. Während die kurzen Skizzen und Ideennotate zunächst unsystematisch gesammelt werden, da sie niedergeschrieben werden, wo es gerade paßt – auf einzelnen Zetteln, in einem Notizbuch, auf den Rückseiten von Briefentwürfen und Romanmanuskripten – erhalten jene Manuskripte, die Fontane vordringlich zur Ausgestaltung reizen, einen eigenen Umschlag und werden offenbar in Reichweite auf dem Schreibtisch aufbewahrt.

Fontane behauptet gelegentlich von sich, er schreibe alles, zumindest in der ersten Entstehungsphase eines Werkes, »wie mit dem Psychographen«; dann aber folgt »die grenzenlose Düftelei« (an P. Schlenther, 13. 6. 1888, IV.3.611), die den aufwendigsten und wesentlichen Teil der Arbeit ausmache: sehr viel Zeit und Sorgfalt verwandte Fontane auf die ›Feile‹, die sprachlich und stilistisch differenzierte Überarbeitung, die strukturelle und psychologische ›Feinabstimmung‹ der in den ersten Niederschriften festgehaltenen Grundzüge. So könnte man zunächst vermuten, daß dieses Rohmaterial, das die Entwürfe angesichts einer solch akribischen Arbeitsweise für Fontane nur darstellen können, lediglich bruchstückhaft über spätere Schwerpunkte und Feinheiten der Ausführung Auskunft zu geben in der Lage sind. In der Tat lassen manche Aufzeichnungen viele Fragen offen; hier und da ist es schwierig zu entscheiden, ob es sich bei einem Fragment um eine Figuren- oder Situationsskizze handelt, die als ein Element in einen längeren Erzähltext integriert werden soll, oder ob es der stoffliche Kern, vielleicht gar das tragende Motiv gewesen sein könnte, das einen ganzen Roman übergreift (*Onkel Geheimrat , Berlin 19. Februar , Zwischen zwei und drei , Berliner Umzug*). In anderen Fällen stellt sich die Frage, wie der Autor den andeutungsweise geschürzten Grundkonflikt hätte weiterführen wollen (*Rr-Novelle*) oder welche Gestaltungsschwerpunkte überhaupt den Entwurf als vollendete Erzählung hätten prägen können (*Thusnelda Lehmann , The Poppies Queen*). Dennoch zeigen auch die knappsten Skizzen den spezifisch ästhetischen Duktus des Erzählers, der sich nur selten mit einem lakonisch nüchternen Abriß des Stoffes oder der Handlung begnügt, sondern dem Reiz des sich Entfaltenden nachgibt, so daß ein pointiert ausgeführtes Detail, das abwägende Ausprobieren verschiedener Formulierungen, der scheinbar entlegene, aber um so genauer erkundete Gegenstand eines Gesprächs bereits in den ersten Entwurfsstufen etwas von dem aufleuchten läßt, was in den abgeschlossenen Texten das Charakteristische Fontanescher Erzählkunst ausmacht.

Die ›Keime‹ des Ganzen

So unterschiedlich die Themen, die Schwerpunkte und die Stufen der Ausarbeitung in den einzelnen Entwürfen auch sind, so läßt sich doch eine prinzipielle Gemeinsamkeit festhalten: Was für

Fontane bei den ersten Niederschriften neben der Grundidee des Ganzen am wichtigsten erscheint, ist wohl nicht so sehr die Sicherheit eines festen Handlungsgerüsts oder das vorgangige Festlegen eines verbindlichen erzählerischen Rahmens; er widmet sich vielmehr vor allem jenen Situationen, Motiven und Charakteren, in denen ihm der »Keim des Ganzen« (an G. KARPELES, 18. 8. 1880, IV.3.101) angelegt erscheint. So konzipiert er auch in den knappsten Skizzen schon deutlich erkennbar jene Situationen und Charakteristiken in nuce, deren erzählerische Entfaltung später die strukturelle, motivische und psychologische Substanz des Erzähltextes ausmachen soll.

Läßt man die Vielzahl der Fragmente und Entwürfe Revue passieren, dann werden einige Grundmuster sichtbar, die Fontanes Verfahren anschaulich machen. Bereits in frühen Stufen der Entwürfe verwendet der Autor in der Regel viel Aufmerksamkeit auf Situationen und Anlässe von Gesprächen; des Romanautors Vorliebe für Tischgespräche, Landpartien, Fahrten überhaupt wird auch hier deutlich (zum Beispiel *Storch v. Adebar*, *Rr* oder *Gefährdet Glück*). Diese Gespräche werden in ihrem Verlauf, in Themen, Ton und Temperament der Gesprächspartner oft schon recht detailliert ausgeführt (*Allerlei Glück*, *Oceane von Parceval*). Einen erheblichen Raum nehmen auch Charakterporträts von geplanten Haupt- und Nebenfiguren ein, auf deren sprachlichen Gepflogenheiten, Lieblingsthemen, Vorlieben, Schwächen und Besonderheiten der Schwerpunkt liegt (*Wir halten zusammen*, *Sidonie von Borcke*, *[Berliner Novelle]*). Nicht selten sind hier bereits zentrale Schlüsselszenen angedeutet oder bedeutende Momente, symbolische Motive festgehalten (*Unverändert der Deine*, *Die preußische Idee*). Solche Aufzeichnungen, die sich auf Form und Struktur des konzipierten Erzähltextes beziehen, disponieren abrißhaft über die künftige Verteilung von Situationen auf Kapitel und Abschnitte, lassen aber nicht selten über ihre im engeren Sinne strukturierende Funktion hinaus auch ihre motivische und verweisende Bedeutung deutlich werden. Dies ist zum Beispiel der Fall, wenn Briefe und Briefwechsel offenkundig als Gelenkstellen der Erzählung bereits recht detailliert ausgeführt werden (*Wolsey*, *Die Geschichte der Frau von M.*) oder Gedichte, Lieder, Gemälde und literarische Zitate notiert werden, die, wie den Lesern dies aus den Romanen vertraut ist, eine wichtige Aufgabe in der Figurencharakterisierung oder der Andeutung und Spiegelung zentraler Themen des Textes übernehmen sollen (*Die goldene Hochzeitsreise*, *So oder so?*, *L. P.-Novelle*). Auch die kontroverse oder relativierende Gruppierung der Lebenskreise wie die Figurenkonstellation im engeren Sinne plant Fontane zumindest in den Grundzügen im ersten Brouillon, wobei die Hauptfiguren gelegentlich mit ganzen Merkmals- und Zitatenlisten ausgestattet werden.

Interessant für das Verständnis der Arbeitsweise des Autors sind auch die hier und da zu findenden Regieanweisungen an sich selbst für den Fortgang der Arbeit, die davon zeugen, wie stark die ersten Entwürfe vom Prozeß des Schreibens gekennzeichnet sind, vom Sog der sich entwickelnden und manchmal sich verselbständigenden Idee. So kann es geschehen, daß die offenkundig in einem Guß niedergeschriebene Entfaltung der unterschiedlichen Charaktere zweier Frauen abrupt unterbrochen wird von einem rigorosen »*Nein*! Sie muß ganz anders schreiben« (I.7.502). Nicht ganz unwichtig scheinen auch Ambiente und Wetterlage für die Fortführung einer geplanten Arbeit zu sein; für *Hans und Grete* merkt sich Fontane etwa vor: »Eine Sommer-Arbeit bei Stimmung und Muße!« (I.7.444). Selten dagegen sind theoretische Reflexionen und Versuche der sich selbst versichernden Standortbestimmung, die mit dem Gegenstand des Erzählens nur in einem mittelbaren Verhältnis stehen. Ein vermutlich 1884 geschriebenes Einzelblatt, dem Entwurf *Hans und Grete* beigelegt, gibt einen weiteren Einblick in Fontanes realistisches Credo und beleuchtet anschaulich die ästhetischen Gründe für sein Interesse am scheinbar nebensächlichen Detail:

> Es gelten für die erzählende Kunst dieselben Gesetze wie für die bildende Kunst und zwischen der Darstellung in Worten und in Farben ist kein Unterschied. [...] Die Kunst der Darstellung, ihre Wahrheit und Lebendigkeit ist das allein Entscheidende. Kann man seinem Werke den Zauber des stofflich Neuen mit auf den Weg geben, so wird freilich das Anziehende des Kunstwerks noch wachsen, namentlich den Kreis erweitern der sich hingezogen fühlt, aber für den eigentlichen Kenner wird dies nur einen geringen Unterschied abgeben, so gering, daß er neben der *geringsten* Überlegenheit an darstellender Kraft, an Kunst, immer verschwindet. Es gibt nichts so Kleines und Alltägliches, das nicht, durch künstlerische Behandlung geadelt, dem größten aber ungenügend behandelten Stoff überlegen wäre. (I.7.442)

Stoffe

Die Stoffe und Gegenstände, die Fontane in den Entwürfen und Fragmenten für eine spätere Ausformung festhält, lassen sich im wesentlichen drei Gruppen zuordnen.

1. Historische Stoffe: *Wolsey* (nach 1857), *Sidonie von Borcke* (1879/82), *Korfiz Uhlefeld* (1887/88?), *Die Likedeeler* (1878–1895), *Quade Foelke* (1895?).

2. Stoffe für Zeit- und Gesellschaftsromane: *Die goldene Hochzeitsreise* (1875/76), *Allerlei Glück* (1865, 1877/79), *Die Bekehrten* (nach 1878), *So oder so?* (1877/78), *Der Flötenspieler* (1878/79?), *Koegels Hof Nummer drei* (1879/82), *Storch v. Adebar* (1881/82), *Unverändert der Deine* (1884/85?), *In unsren Kindern!* (1884/85), *Thusnelda Lehmann* (1884/85?), *The Poppies Queen* (1890er Jahre), *Die preußische Idee* (1894?), *Johann der muntre Seifensieder* (um 1895), *Melusine von Cadoudal* (1895);

2.1 darunter zeit- und gesellschaftspezifische Studien zu einem besonderen Charakter oder einer besonderen Fragestellung: *Maier von den gelben Husaren* (1872?), *Onkel Ehm* (1873/74?), *Onkel Geheimrat* (Ende 1877?), *Wir halten zusammen* (um 1878?), *Obristleutnant von Esens* (1886), *[Berliner Novelle]* (um 1886?), *Rudolf von Jagorski* (1896);

2.2 darunter besonders die Thematik Frau, Frau und Ehe, Frau und Gesellschaft: *Großmutter Schack* (nach 1873), *Immer gleich* (um 1878?), *Die Geschichte der Frau von M.* (um 1878?), *Wiedergefunden* (um 1880?), *Der Erzieher* (um 1880?), *Eleonore* (1880?), *L. P.-Novelle* (1884?), *Mit der Zeit* (1884/85?), *Rr-Novelle* (1890/92), *Ehen werden im Himmel geschlossen* (1894?).

2.3 Melusine-Stoffe: *Melusine* (1877), *Oceane von Parceval* (1882).

3. Entwürfe zu Essays oder Genreskizzen, »Plaudereien«: *Ein Idyll* (1878?), *Berlin 19. Februar* (1886?), *Zwischen zwei und drei* (um 1886?), *Die Drei-Treppen-hoch-Leute* (1890er Jahre), *Berliner Umzug* (1890er Jahre), *Du selbst!* (1890er Jahre).

Nicht ganz eindeutig abzugrenzen oder zuzuordnen sind die beiden Entwürfe *Der Schmied von Lipinka* (1880) und *Hans und Grete* (1884). Die knappe, auf einer Zeitungsmeldung basierende Notiz zur Geschichte des Schmiedes, der seinen eigenen Sohn erschlug, zeigt Anklänge an die kurz zuvor abgeschlossene Novelle *Ellernklipp*. In der einige Züge des Romeo-und-Julia-Stoffs aufgreifenden Erzählung *Hans und Grete* wollte Fontane die Entfaltung einer Jugendliebe vor dem Hintergrund der »*Klein-Schilderungen* des Swinemünder Lebens« (I.7.444) darstellen.

Während sich Fontane in seinen vollendeten historischen Erzählungen *Grete Minde* und *Ellernklipp* gewissermaßen an Walter Scotts Prinzip des *'tis sixty years since*« hält und sich zudem ausschließlich mit preußischen oder, noch spezieller, märkischen Stoffen beschäftigt, fällt bei den Fragment gebliebenen historischen Romanen oder Erzählungen auf, daß sie, im zeitlichen wie im geographischen Sinne, ›entlegenere‹ Themen behandeln sollten. *Sidonie von Borcke* und *Die Likedeeler* schienen den Autor in besonderer Weise zu Ausführung herauszufordern, nicht nur wegen des in den überlieferten Stoffen angelegten erzählerischen Potentials, sondern vor allem wohl wegen der in ihnen erkannten Chance, ›ganz anders‹ mit ihnen umzugehen, also im Sinne eines komplexen und differenzierten Realismus, der ein vielschichtiges, die Präsenz der Vermittlungsinstanz zurücknehmendes Erzählen auch an zeitlich weit zurückliegenden und psychologisch diffizilen Stoffen erprobt. Bezeichnend für Fontanes Auffassung des *Sidonie von Borcke*-Stoffes ist sein Interesse für die Psychologie dieser Frauenfigur sowie die Spielarten ›nicht idealer‹ Weiblichkeit mit ihren individuellen und sozialen Konsequenzen, die sich hier aufzeigen lassen. Möglicherweise ist es gerade diese Tendenz zur sensiblen Psychologisierung aus der Perspektive des 19. Jahrhunderts an einem Stoff, der sich im Kontext von religiösem und ethischem Dogmatismus, Aberglaube und Hexenprozessen des frühen 17. Jahrhunderts entfaltet, die zu einem Problem wurde, das einer weiteren Ausarbeitung im Wege stand. Bei der Beschäftigung mit den *Likedeelern* wird für ihn noch nicht einmal die Frage nach der poetisch-ästhetisch adäquaten Möglichkeit des Erzählens von Geschichte und Geschichtlichkeit akut, wobei deutlich wird, daß in Fontanes romanpoetologischen Vorstellungen den historischen und den Gesellschaftsroman das Interesse an den Voraussetzungen und individuellen Beweggründen menschlichen Verhaltens verbindet. An traditionellen historiographischen Darstellungen, die er zur Materialrecherche für seine Romane heranzuziehen pflegt, stört ihn vor allem, daß sie »immer mehr Kraut als Rüben« enthalten, was er sich »aus der Abwesenheit jedes Gefühls für Poesie« (an F. W. HOLTZE, 22. 3. 1895, IV.4.438) erklärt. So gelangt er, je intensiver er sich mit diesem Stoff beschäftigt, zu der Überzeugung, daß es ein »ganz balladeske[r] historische[r] Roman« (an THEODOR FONTANE, 9. 5. 1888, IV.3.601) werden müsse.

Die Entwürfe zu Essays oder Genreskizzen sind sehr unterschiedlicher Natur. Zum Teil handelt es sich um eine Art von Handskizzen, deren Ausführung und spätere Verwendung in einem Roman beabsichtigt ist, zum Teil sind es Ausführungen eher eigenständigen Charakters, die für einen Essay oder eine kritisch-humoristische Betrachtung geeignet wären, die der Autor aber möglicherweise auch als Vorstudien für Gesprächsthemen und Figurencharakterisierungen in einem Erzähltext ansieht.

Themen und Motive

Die Zeit- und Gesellschaftsromane nehmen in Fontanes Schaffen den breitesten Raum ein, und auch die Gruppierung der Entwürfe deutet diesen Schwerpunkt an. Charakteristisch für seine Auffassung und Vermittlung der erzählerisch gestalteten Problematik ist die Rolle, die Fontane den Frauen, der Eheproblematik und der Spannnung zwischen Subjektivität und gesellschaftlichen Normen insgesamt in seinen Romanen einräumt (vgl. 3.1.1)

Ein wiederholtes Leitmotiv, das die sehr differenten Ansätze anschaulich zusammenführt, ist zu erkennen in der vom Erzähler und seinen Figuren reflektierten Lokalisierung des Platzes, an den man gestellt ist: Sie plädieren für die Toleranz der Gleichberechtigung des Ungleichen, denn es gibt »allerlei Glück, allerlei Moral« (*Allerlei Glück*), mithin sehr verschiedene Lebensentwürfe, die alle ihre Berechtigung haben, wenn »jeder an seinem Platz steht« (*So oder so?*); oder sie suchen eine harmonische Lösung für die Herausforderung, die »goldene Mitte« zu finden und zu leben (*Die Bekehrten*).

Von Wolsey bis zu den Likedeelern: Die umfangreichsten Entwürfe

Eine beiläufige Bemerkung in einem Brief an Theodor STORM (12. 9. 1854, IV.1.391) ist die einzige bekannte Äußerung über die geplante Arbeit an *Wolsey*; auch andere Aufzeichnungen zur Stoffdisposition oder zur Fortführung des Handlungsverlaufs sind nicht erhalten. Das wahrscheinlich nach 1857 entstandene Fragment entwickelt die Exposition des historischen Romans (zu Stoff, Quellen und Datierung vgl. H. NÜRNBERGER, FrF, S. 256–277.), der in der Regierungszeit HEINRICHS VIII. spielen und den Konflikt von Verrat und Treue, ethischer und öffentlicher Verpflichtung angesichts der politischen und ethisch-moralischen Umbrüche gestalten soll. Daß Fontane diese Konstellation lebhafter interessiert als ein biographisch und ereignisgeschichtlich orientiertes Porträt des Kardinals WOLSEY, zeigt bereits die kompositorische Anlage des Fragments. Der erste Abschnitt stellt Lord Shrewsbury, den positiven Protagonisten und Fontanes »erste[n] konservative[n] Charakter« (ebd., S. 277), vor und skizziert die Grundlagen des bestimmenden Konflikts; erst der zweite Abschnitt führt die Titelfigur Wolsey ein, den machtbewußten und politisch taktierenden Kardinal, in dem Shrewsbury den Emporkömmling und eine »Verräternatur« sieht. Das Problem der rechten Gesinnung und der Möglichkeit loyaler Treue, in das Shrewsbury sich verwickelt sieht, als er vor der Entscheidung steht, ob er sich auf die Seite des Königs oder zur Partei des Kardinals stellt, läßt die thematische und motivische Verwandtschaft zu *Vor dem Sturm* (1878) erkennen. Vor dem Hintergrund des Auftakts zu den Befreiungskriegen diskutiert auch Fontanes erster vollendeter Roman die vielschichtigen Implikationen eines Loyalitätskonflikts auf verschiedenen Ebenen, so daß hin von diesem ersten Fragment bis zu den späteren Romanen »eine wandlungsreiche Kontinuität des politisch-historischen Problembewußtseins« (H. AUST, 1994, S. 105) feststellbar ist.

Auf den ersten Blick mag es verwundern, daß Fontane sich einem Stoff wie *Sidonie von Borcke* mit lebhafter Anteilnahme als einem Romanstoff zuwendet und ihn nicht etwa als Gegenstand einer Ballade in Erwägung zieht. Nachvollziehbar wird dies jedoch unmittelbar, wenn man beachtet, wo der Erzähler die besonderen Akzente seiner Geschichte zu setzen beabsichtigt. Neben der Auswahl der Quellenexzerpte sprechen vor allem die verschiedenen Gliederungsentwürfe und Szenenskizzen mit ihrem Gewicht auf Charakterisierung und Motivierung dafür: An *Sidonie von Borcke* faszinierten ihn offenkundig die Zwiespältigkeit dieser Frauenfigur und die psychologischen wie gesellschaftlichen Bedingungen ihres Schicksals in ihrem mentalitätsgeschichtlichen Kontext. Selbstbewußt kann er deshalb an die Hypothek des bereits Geschriebenen erinnern: Es ist die Bernsteinhexe, »die vor gerade 40 Jahren von dem famösen Meinhold sonderbar zugerichtet wird. Etwas Aehnliches beabsichtige ich nun auch, aber doch anders« (an F. W. HOLTZE, 19. 6. 1879, IV.3.29). Sidonie von Borcke erscheint in diesem Entwurf als ein boshafter, lasterhafter und dennoch kühner und freier Charakter, der in all seiner Widersprüchlichkeit nicht allein auf die Außenwahrnehmung anderer Figuren festgelegt ist, sondern immer wieder in den für Fontanes Romane so bezeichnenden ›symbolischen Motiven‹ und ›bedeutenden Momenten‹ gezeigt wird (man beachte zum Beispiel die Implikationen der Gewitterszene, zu der Fontane mehrfach ansetzt), die in so besonderer Weise geeignet sind, eine differenzierte Innensicht der Figuren zu ermöglichen, ohne die Zurückhaltung des Erzählers aufzugeben. Auch das verschiedentlich variierte Motiv des Verfalls figuriert als Indiz für die Auflösung althergebrachter Ordnungen, die mit Sidonies Wesen und Wirken droht.

Selbst wenn er nie abgeschlossen wird, darf der Entwurf unter dem Titel *Allerlei Glück* mit einigem Recht als Fontanes erster Berliner Roman bezeichnet werden, denn er führt geographisch und sozial, aber auch erzähltechnisch in das Milieu, das die meisten seiner Gesellschaftsromane gemeinsam haben. Nicht nur mit seinen

Themen und Motiven, sondern auch mit einigen Episoden und Details hinterläßt er vielfache Spuren in den großen Romanen der achtziger und neunziger Jahre (besonders in *Frau Jenny Treibel*). Verschiedene Gesellschaftskreise und Lebensweisen sollen in ihm in wechselnden Konstellationen vergegenwärtigt werden; das sie alle miteinander verknüpfende Band bildet die Frage, in welcher Weise und in welchem Maße die Verwirklichung des subjektiven Lebensentwurfs mit oder gegen gesellschaftlich gültige Begriffe möglich ist. In gewisser Weise lassen sich die Figurenkonstellation und die auf verschiedenen inhaltlichen Ebenen durchgeführten Variationen des Hauptmotivs als eine experimentelle Anordnung verstehen, die Recht und Berechtigung der sehr divergenten, individuell gebundenen Glücksbegriffe überprüfen und erweisen soll.

> Mitte der 70er Jahre, Berlin und seine Gesellschaft, besonders die Mittelklassen, aber nicht satirisch, sondern wohlwollend behandelt. Das Heitre vorherrschend, alles Genrebild. Tendenz: es führen viele Wege nach Rom, oder noch bestimmter: es giebt *vielerlei Glück* […]. Das Glück besteht darin, daß man *da* steht, wo man seiner Natur nach hingehört; selbst die Tugend- und Moralfrage verblaßt daneben (An KARPELES, 3. 4. 1879, IV.3.19),

so faßt Fontane die zugrunde liegenden Ideen zusammen.

Mit dem Entwurf *Storch v. Adebar*, der mit der Gattungsbezeichnung »märkische Novelle« versehen ist, hat sich Fontane in einem relativ kurzen Zeitraum (1881/82) offenbar sehr eingehend beschäftigt, wie nicht nur der Umfang von etwa fünfzig Druckseiten zeigt, sondern auch der Grad, in dem mehrere Kapitel durchgearbeitet, sowie die unterschiedlichen Varianten, die für einige Schlüsselstellen entwickelt sind. Es ist dies einer der wenigen ›Männerromane‹ Fontanes; trotz der unübersehbar maßgebenden, teils dominanten Funktion der »Störchin« ist es die Titelfigur, der märkische Adlige, der im Mittelpunkt des Interesses steht. In einem Vermerk nimmt Fontane sich vor, »Situationen um seinen Charakter zu zeichnen« (I.7.394), in denen die kritische Betrachtung des politischen und weltanschaulichen Status quo gespiegelt wird:

> Es handelt sich um eine *politische* Novelle, etwas ganz Neues und Eigenartiges […] die Tendenz geht dahin, den *pietistischen* Conservatismus, den Friedrich Wilhelm IV. aufbrachte und der sich bis 1866 hielt, in Einzelexemplaren (Potsdam) auch noch vorhanden ist, in seiner Unechtheit, Unbrauchbarkeit und Schädlichkeit zu zeichnen.

Die Hauptträgerin dieses Konservatismus ist die »Störchin« und ihr eigentliches Opfer ihr Gatte, [...] ein guter, kreuzbraver Kerl, der [...] nun an dem Widerstreit seiner Natur und des ihm Eingeimpften tragikomisch zu Grunde geht. (An KARPELES, 24. 6. 1881, IV. 3.146f.)

Nicht zuletzt dieses tragikomische Element und die ausgewogene Beleuchtung des Konservatismus-Problems aus verschiedenen Perspektiven führen dazu, daß Ton und Grundzüge des Entwurfs »Uebrigens von liberalerer Richtung [sind] als man mir zuzutrauen geneigt sein möchte« (an S. SCHOTTLÄNDER, 7. 11. 1881, DuD II.523); eine Bemerkung, die, liest man den Text genau, sich wohl nicht nur auf die Einführung einer geistreichen und vornehmen jüdischen Schwiegertochter im Hause Storch bezieht. Denn Fontane verlegt die Handlung dieses zu Beginn der achtziger Jahre entstandenen Romanentwurfs in die Zeit ab »etwa 1862«, und dies ist die Zeit des preußischen Verfassungskonflikts, der im September 1862 zur Berufung BISMARCKS zum preußischen Ministerpräsidenten führt und erst 1866 mit der Indemnitätserklärung beigelegt wird. Fontane will Ausprägungen und Auswirkungen des Konservatismus als einer geistigen, politischen und gesellschaftlichen Haltung am Beispiel einer exemplarischen Adelsfamilie vorführen, doch die Folie, vor der dieser Fall zu betrachten ist, bilden die Strömungen und Tendenzen preußischer Machtpolitik im Zeichen BISMARCKS sowie die Entwicklung des Verhältnisses zu Konservativen und Liberalen im Vorfeld der Reichseinigung ›von oben‹. Auch hier also der Plan zu einem Roman, in dem »das Schwefelgelbe« im Hintergrund präsent ist, ein Beispiel für die Doppelstrategie des indirekten, andeutenden Erzählens. Dies wird zudem unterstützt durch die literarischen Folien, die Fontane dem Text unterlegen will; so tragen mehrere Figuren die Namen von literarischen Vorgängern (Graf Attinghaus und Rittmeister von Rudenz verweisen zum Beispiel auf Friedrich SCHILLERS *Wilhelm Tell*), und in der Beziehung Storchs zu seinen Töchtern ist deutlich SHAKESPEARES *King-Lear*-Konstellation nachgezeichnet. Fontane greift mehrere Aspekte der Thematik in späteren Romanen wieder auf. So werden in den politischen Gesprächen im *Stechlin*, die vielfach um die Grundfragen alt oder neu, konservativ oder liberal (oder gar ›revolutionär‹) kreisen, Gedanken ausgeführt, wie sie in den Grundlagen schon in *Storch v. Adebar* entwickelt sind, und einige Züge der dominanten Figur der Störchin mit ihrer stark pietistischen Orientierung sind in Christine Holk in *Unwiederbringlich* wiederzufinden.

Fontanes besonderes Interesse unter den Frauenfiguren gilt den Nervösen, den Magdalenen und den Melusinen. »Chiffren des Melusinenhaften« (H. OHL, 1986, S. 432) finden sich bei vielen Frauengestalten Fontanes. *Oceane von Parceval*, vorbereitet in der Stoff- und Motivskizze *Melusine* von 1877, ist eine solche, mit einem sprechenden Namen ausgestattete moderne Melusine, die kein Gefühl, sondern nur die »*Sehnsucht* nach dem Gefühl« (I.7.427) verspürt. Die in neun Kapiteln entfaltete Grundkonzeption kreist um ihre Unfähigkeit zur Bindung und zum ›erdbezogenen‹ Leben. Das Thema der Affinität zum Elementaren wird in hintergründigen Situationen und in Gesprächen über Literatur entfaltet. Diese Affinität Oceanes, die sich in ihrer Passivität und Kühle wie in ihrem Versagen gegenüber menschlichen Regungen und aufrichtiger Liebe zeigt, bestätigt sie noch im Tod: sie stirbt durch Selbstmord im Wasser. Fontanes Thema im Zusammenhang mit den Melusine-Figuren ist die »Dialektik von Form und Unmittelbarkeit, Spontaneität und Konventionalität im Leben des einzelnen wie der Gesellschaft« (OHL, 1986, S. 438).

Der geplante politisch-gesellschaftskritische Roman *Die preußische Idee* erscheint in Fontanes Werk insofern außergewöhnlich, als er eine exemplarische Staatsdiener-Biographie nachzeichnen soll, die sich ausschließlich auf den Entwicklungsgang des Protagonisten konzentriert. Dieser wird charakterisiert durch die scheinbare Stabilität, realiter aber die Notwendigkeit der Aktualisierung der Überzeugungen und der geschmeidigen Anpassung an die jeweiligen politischen Verhältnisse, wobei mit der »Metamorphose ihres Protagonisten« (D. STORCH, 1985, S. 171) sowohl die Substanz des alten Preußentums als auch seine Modernisierbarkeit zur Diskussion steht. Indem Adolph Schulze sein Leben »einem traditionsbeladenen staatspolitischen Leitgedanken [widmet], den er unter allen Umständen konserviert sehen will« (P. WRUCK, 1982, S. 169), überprüft Fontane die Tragfähigkeit der »preußischen Idee« und ihre Eignung als Vorbild- und Leitgedanken für politisch und menschlich verantwortungsvolles Handeln im modernen Staat, der sich auf seine preußischen Fundamente beruft, so daß dieser Text »nicht zuletzt ein Dokument der Betroffenheit des Autors« wird, »der selber in dem großen Veränderungsprozeß zwischen Restauration, Revolution und Reichsgründung bis hin zum wilhelminischen Deutschland so manches schmerzliche Zugeständnis hatte machen müssen« (D. STORCH, 1985, S. 172).

Mit einem seiner Lieblingspläne, der Arbeit an *Die Likedeeler*, hat sich Fontane über einen Zeitraum von fast zwanzig Jahren beschäftigt. Noch 1895 berichtet er voller Begeisterung über sein Projekt:

> Ich will einen neuen Roman schreiben (ob er fertig wird, ist gleichgültig), einen ganz famosen Roman, der von allem abweicht, was ich bisher geschrieben habe, und der überhaupt von allem Dagewesenen abweicht [...] Er heißt »Die Likedeeler« (Likedealer, Gleichteiler, damalige – denn es spielt Anno 1400 – Kommunisten), eine Gruppe von an Karl Moor und die Seinen erinnernden Seeräubern, die unter Klaus Störtebeker fochten und 1402 auf dem Hamburger Grasbroock *en masse* hingerichtet wurden. (An H. HERTZ, 16. 3. 1895, IV.4. 433)

Die Verbindung von »mittelalterliche[r] Seeromantik« und »sozialdemokratische[r] Modernität« (an F. W. HOLTZE, 16. 3. 1895, IV.4.434), durch die sich Fontane in so besonderer Weise herausgefordert fühlt, mag als Leitidee für einen historischen Roman bedenklich klingen, und möglicherweise ist es tatsächlich eben diese nicht unproblematische »Disproportionierung« (REUTER, S. 103), die den alten Fontane dazu veranlaßte, den Entwurf schließlich doch beiseite zu legen. Wer allerdings klischeehafte Piratenromantik und einen Beitrag zur Heroisierung einer legendären Figur erwartet, sieht sich getäuscht; mit den modernen erzähltechnischen Mitteln der psychologischen Perspektivierung, mit einer kritischen poetischen Überprüfung der Methoden und Möglichkeiten von Geschichts-Schreibung sowie mit reflektierten gegenwartsbezogenen Implikationen sucht Fontane die selbstgestellte Aufgabe zu bewältigen. Auf diese Weise kristallisiert sich das »Thema der konstitutiven Rolle des gesellschaftlichen Außenseiters in der nationalen Bewegung« heraus, das »in einer gewaltigen, gegenwartskritischen Parabel entfaltet werden« soll (H. AUST, 1994, S. 108).

BETTINA PLETT

Literatur

J. PETERSEN, Fontanes erster Berliner Gesellschaftsroman [*Allerlei Glück*], in: Sitzungsberichte der Preußischen Akademie der Wissenschaften 1929, Philosophisch-Historische Klasse, Berlin 1929, S. 480–562. – R. SCHÄFER, 1962, s.u. 3.1.1. – H.-C. SASSE, The Unknown Fontane. Sketches, Fragments, Plans, in: GLL 20 (1966/67), S. 25–33. – H. W. SEIFFERT, Zwei handschriftliche Entwürfe Theodor Fontanes, in: Fontanes Realismus, 1972, S. 65–86. – W. MÜLLER-SEIDEL, »Allerlei Glück«. Über einen Schlüsselbegriff im Romanwerk Theodor Fontanes, in: Zeitwende 48 (1977), S. 1–17. – P. WRUCK, Fontanes Entwurf »Die preußische Idee«, in: FBl H. 34 (1982),

S. 169–190. – H.-H. REUTER, Theodor Fontane, »Koegels Hof Nummer drei«. Fragment einer ungedruckten Erzählung, in: H.-H. R., Dichters Lande im Reich der Geschichte. Aufsätze zur dt Literatur des 18. und 19. Jahrhunderts, Berlin/Weimar 1983, S. 289–307. – D. STORCH, »Ich bin das Gegentheil von einem Schwarzseher, ich sehe nur.« Notizen zu Fontanes »Die preußische Idee«, in: FBl H. 40 (1985), S. 157–175. – H. OHL, 1986, s.u. 3.1.1. C. GRAWE, Warum Fontane kein Barbarossa-Epos schrieb und andere Vermutungen über den mittleren Fontane, in: FBl H. 58 (1994), S. 270–296. – H. AUST, Zur Modernität des vaterländischen Romans bei Theodor Fontane, in: FBl H. 60 (1995), S. 83–102. – N. MECKLENBURG, 1998, s.u. 3.1.1.

3.2 Das Gedichtwerk

3.2.1 Das frühere Gedichtwerk

Überblick

Die Lyrik ist insofern ein zentraler Bereich von Fontanes Œuvre, als der Autor von frühester Jugend bis in seine letzten Tage Gedichte schreibt. Die ersten handschriftlichen Sammlungen, das erste und zweite *Grüne Buch* und die *Gedichte eines Berliner Taugenichts*, deren Beiträge bis ins Jahr 1837, also bis in Fontanes 18. Lebensjahr zurückdatieren, sind erhalten und neuerdings publiziert (AG II.588–600). Auch Fontanes erster, 1849 nur kurzfristig zu verwirklichender Versuch, sich als freier Schriftsteller zu etablieren, basiert auf seinem Anspruch als Lyriker: Ende 1849 erschienen mit zwei schmalen Gedichtbänden seine ersten selbständigen Publikationen: *Von der schönen Rosamunde. Romanzenzyklus* und *Männer und Helden. Acht Preußen-Lieder*. Erst in den fünfziger Jahren tritt die Lyrik, unter anderem aus finanziellen Gründen – immer wieder klagt Fontane während seiner journalistischen Arbeit in England, daß der Poet in ihm ersterbe –, bei Fontanes Schaffen in den Hintergrund. Umfangreiche Prosaprojekte, die *Wanderungen* und die Kriegsbücher, absorbieren weitestgehend seine Produktivität; nur noch seltener dichtet er. Aber als er danach zum Romanschriftsteller geworden ist, lebt auch das Poetische in ihm wieder auf. Nun schreibt er auch wieder vermehrt Gedichte – nicht zahlreich, aber doch fast regelmäßig, auch wenn er sie nur zum Teil veröffentlicht. Dieses Wiederaufleben seines poetischen Impulses feiert Fontane beim Schlesischen Sommeraufenthalt 1885 geradezu als Rückkehr zu den ›alten Göttern‹:

> in den ersten 6 Wochen habe ich nur Verse geschrieben, Lieder und Balladen, so daß ich mit 65 wieder bei 25 und beinah bei 15 angelangt bin. Die Schlange die sich in den Schwanz beißt, der Ring, der sich schließt. (An Emilie ZÖLLNER, 18. 8. 1885, IV.3.413)

Bei dieser späten Lyrik, die erst in den letzten Jahrzehnten besonders gewürdigt wird, handelt es sich vorwiegend um kunstvoll lapidare Spruchdichtung, die ihm einen herausragenden Platz nicht nur in der Literatur seiner Zeit gibt (K. RICHTER, 1980). Zurecht gründet sich Fontanes Nachruhm aber weitgehend auf sein Romanwerk, nur ein geringer Prozentsatz seines lyrischen Œuvre hat sich entgegen seiner eigenen Einschätzung von 1889 als dauerhaft erwiesen:

> Alles, was ich geschrieben, auch die »Wanderungen« mit einbegriffen, wird sich nicht weit ins nächste Jahrhundert hineinretten, aber von den »Gedichten« wird manches bleiben [..]. (FHe, S. 320)

Daß die Lyrik für Fontane immer wieder eine therapeutische Funktion hatte, war ihm selbst bewußt. Seiner Tochter rät er im Alter, »eine Passion zu kultivieren«: Er habe Tütchenkleben und -drehen in jungen Jahren nur ertragen können, weil er leidenschaftlich schwierige Gedichte geschrieben habe: »Denn mit dem Schwersten muß man immer anfangen, dadurch kriegt die Geschichte einen Glorienschein.« (25. 7. 1891, IV.4.136)

1851 erscheint Fontanes Sammlung *Gedichte*, die dann mit zahlreichen Veränderungen bis zu seinem Tod noch viermal aufgelegt wird. Daneben werden 1861 die *Balladen* als selbständiger Band veröffentlicht, aber 1875 in die *Gedichte* integriert. Mit deren 3. Auflage von 1889 veröffentlicht der »alte« Fontane neue Gedichte und präsentiert eine veränderte Sammlung, die 1892 und 1898 noch zweimal mit nur kleinen Veränderungen erscheint (AG I.413–440). Einige Gedichte werden aus inhaltlichen Gründen nicht in die Sammelbände aufgenommen.

Im Nachlaß finden sich neben den frühen bedeutende Gedichte aus den letzten Jahren (AG II.601–603). Während seines gesamten Erwachsenenlebens ist Fontane auch als Verfasser von Versen zu vielen Gelegenheiten des Alltags tätig; es handelt sich um Huldigungs- und Gratulationsgedichte oder »Toaste« im Bekannten- und Freundeskreis, die als eigene Kunstform gelten können. Auch sie sind unterdessen vollständig veröffentlicht (AG III.7–297).

Obwohl es recht zahlreiche Studien über Teilaspekte der Lyrik Fontanes oder einzelne seiner Gedichte gibt, muß das Gesamtbild des Poeten Fontane noch erarbeitet werden.

Frühste Lyrik

Frühe Veröffentlichungen erfolgen in den Zeitschriften *Berliner Figaro* von Dezember 1839 bis Anfang 1840 (»mein Leib- und Magenblatt«, III.4.183) und *Die Eisenbahn* (Leipzig) 1841–1843. Dem jungen Autor öffnen sich dann die *Zeitschrift für die elegante Welt* (Leipzig), deren Redakteur lange der jungdeutsche Schriftsteller Heinrich LAUBE ist, und das *Morgenblatt für gebildete Leser* (Stuttgart), für das dem Cotta-Verlag Beiträge über Gustav Schwab vermittelt werden. Es zeigt die Spannweite der Beziehungen Fontanes, daß das liberale *Deutsche Museum* von Robert Prutz und Wilhelm Wolfsohn und *Der Soldatenfreund* von Louis Schneider, dem Vorleser des preußischen Königs Friedrich Wilhelm IV., Gedichte von ihm veröffentlichen (AG II.525–528). Keine Reaktion erfolgt im Schweizer Verlag der politischen Gedichte Georg Herweghs, als Fontane dort seine *Gedichte eines Berliner Taugenichts* anbietet.

Die ersten veröffentlichten Gedichte des späteren Romanciers befinden sich in seiner ersten gedruckten Erzählung. Es sind Rollengedichte der Figuren von *Geschwisterliebe* (1839). Poesie aus der Figurenperspektive paßt zur epischen Darstellung, die auch die Gedichte Fontanes oft bestimmt (vgl. an T. Storm, 14. 2. 1854, IV.1.374–377).

Der größte Teil der frühen Gedichte bis 1840, von denen nur ein Teil veröffentlicht wird und die von wenigen kurzen Strophen bis zu seitenlangen Texten reichen, genügt den Konventionen der Zeit. Der junge Mann, dem der bürgerliche Beruf nicht ausreicht und der in die Tradition der damals angesehenen und modernen Dichter eintreten will, verfertigt in sorgfältiger Arbeit gereimte und rhythmisierte Bearbeitungen üblicher Themen in üblichen Formen, die man der Biedermeiertradition zuordnen kann: Landschafts-, Jahreszeiten-, Liebes-, Weltschmerz-, Todes- und Empfindungslyrik, auch erste Balladen – all das mit wenig differenziertem Wortschatz, und nicht frei von Sentimentalität. Als eigenständiges poetisches Gebilde hat keins dieser Gedichte lyrisches Ansehen behalten.

Ab 1840 schließt sich Fontane dann literarischen Gruppen an, die auch der Entwicklung seines dichterischen Geschmacks entsprechen: dem »Lenau«-, »Platen«- und dann »Herwegh«-Verein. Es ist der Weg in Richtung auf die Revolution von 1848, vom Adel zum Bürgertum, vom Klassizismus zum Jungen Deutschland, von der feierlichen Ode zum kritischen politischen Gedicht. Entsprechend der allgemeinen Entwicklung in Deutschland bestimmt dann aber der Berliner Dichterverein »Tunnel über der Spree« den älter werdenden Autor, der schon vor der Revolution beginnt, sich auch speziellen preußischen Themen zuzuwenden.

Politisches

Auch die politische Lyrik Fontanes aus den vierziger Jahren, gelegentlich durch satirische Töne aufgelockert, ist meist nur als Zeit- und biographisches Dokument, nicht als lyrische Leistung interessant. Fontanes eigenes späteres Urteil, dies sei die Zeit der »Freiheitsphrasendichtung« (III.4.266) gewesen, ist trotz der subjektiven Ehrlichkeit seiner damaligen Überzeugungen durchaus angemessen:

> Es kam die Herweghzeit-. Ich machte den Schwindel gründlich mit,
> und das Historische schlug in das Politische um. (IV.1.)

Fontane befindet sich bewußt in der politisch-poetischen Nachfolge HERWEGHS, der ihn in einer Phase der Stagnation mit unerwarteter Erfrischung labt. Aber bezeichnenderweise wird diese politische Erweckung zurückgebogen in eine metaphorische Wanderung durch die Wüste (I.6.679f.):

> Da plötzlich zwang es mich empor, –
> Es schlug, wonach ich längst geschmachtet,
> Wie Wellenrauschen an mein Ohr.
> [...]
> Ich habe nicht genippt, getrunken
> Und seinen Wogenschlag belauscht,
> Ich bin in seine Flut gesunken
> Und habe drinnen mich berauscht.

Fontanes eindeutig liberal-revolutionäre politische Dichtung umfaßt zwischen 1840 und 1850 ungefähr 100 Titel, von denen manche über das hinausgehen, was man aus dieser Zeit an Kritik gewohnt ist. In immer neuen Variationen fordert Fontane Freiheit und geißelt Unterdrückung. Wie bereits in dem kleinen Epos *Burg* (s. u.) kommen die deutschen Bürger schlecht weg, werden eines Mangels an Ernst, Energie, Mut bezichtigt, der Veränderungen unmöglich macht (vgl. etwa *John oder Harry*, 1845, I.6.757f.). Das Fazit ist: Es wäre sehr schön, wenn es nach den politischen Ideologen ginge, bloß gehe es leider so nicht, so daß die politische Poesie sich in Redensarten erschöpfen werde.

Die politische Phase ist zunächst bestimmt von einer großen Begeisterung für den englischen Arbeiterdichter John C. PRINCE, von dem Fontane eine Reihe langer Gedichte übersetzt (vgl. NÜRNBERGER, FrF, S. 95–100, 301–324). Im zweiten Teil seiner vormärzlich politischen Phase verfaßt er dann selbst aggressive Gedichte gegen die ungerechten und fortschritthindernden heimischen Zustände, hinter denen der Eindruck des ganz anderen England als Erlebnisgrundlage auftaucht. Prince ist heute vergessen, spiegelt aber – sozialliberal – von einer ungewohnten Seite den Kampf der Manchester-Liberalen, zu denen Fontane mit Julius Faucher und später mit dem Berliner J. Prince-Smith, Kontakt behalten wird, für die neue Industrie und zeigt in Fontanes Übersetzungen einen idealistisch um die friedliche Verbesserung der Welt bemühten Biedermeierdichter (I.6.688–702).

Fontane bleibt entschieden für Freiheit, für Demokratie, gegen starre Herrschaftsschemata, für Ordnung und Vernunft, gegen Tyrannei, gegen Unzulänglichkeit, Herrschaftsunfähigkeit. Die poetischen Aussagen und Vorschläge werden aber nach 1850 wieder bescheiden und vorsichtig, beziehen sich auf überschaubare Verhältnisse in der unmittelbar bekannten Umgebung oder im verstehbaren historischen Umfeld.

Balladen

Über viele Jahre ist Fontane vor allem als Balladendichter bekannt, der sich in die Geschichte einer bis in ferne Vorzeiten zurückreichenden Form des knappen dramatischen Heldenliedes einordnet, von dem seine Dichtungen unter Umformung ins Anekdotische bestimmt bleiben, während die Naturballade Goethes für ihn kaum Bedeutung hat (W. Kayser, 1936, S. 226–230; W. Hinck, 1978, S. 90–97). Auf einem Bild des »Tunnels über der Spree« wird er bezeichnenderweise auf dem Balladenfeld im Turnier mit einem Konkurrenten dargestellt. Das Kostüm paßt zu seinen altenglischen Stoffen (vgl. an Martha Fontane, 25. 1. 1894, IV.4.322).

Die große Zeit der *Ballade* reicht bei Fontane bis etwa zur Gründung des Deutschen Reiches; mit diesem Genre feiert er im »Tunnel« seine Triumphe. Englandbegeisterung und Englandaufenthalte beeinflussen dabei lange die Stoffwahl, aber auch preußische Geschichte, Sage und Politik liefert ihm reichen Stoff. Später wendet sich Fontane der Balladenform nur noch sporadisch zu, so im Zusammenhang mit *Unwiederbringlich* der skandinavischen Sagenwelt und beim Tod Kaiser Friedrichs III. Als Musterbeispiel früher Fontanescher Balladenkunst gilt bis in die Gegenwart *Archibald Douglas* (1854). Zusammen mit den berühmtesten späten Balladen, *Die Brück' am Tay* (1880) und *Herr von Ribbeck auf Ribbeck im Havelland* (1889), zeigt sich chronologisch und thematisch die Spannweite seines Balladenschaffens.

Schon Fontanes erste selbständige Publikationen sind Balladen-Bändchen (s. o.), thematisieren bezeichnenderweise (1) Englisches und (2) Preußisches, die beiden zentralen Bereiche von Fontanes Balladenschaffen.

(1) Der »Romanzenzyklus« *Von der Schönen Rosamunde* kreist um die Liebe des englischen Königs HEINRICH II. und der schönen Tochter des Grafen CLIFFORD. Sie tritt in Konkurrenz zur ältlich und herrschsüchtig Freiheit und Leben hemmenden Königin ELEONORE. Diese wird in älteren Darstellungen des häufig behandelten Stoffs als Ehebrecherin und Mörderin dargestellt, die zu verlassen ein Gebot der Selbsterhaltung für den König ist (vgl. E. FRENZEL, 1963, S. 557–560 und Fontanes Übersetzung *Königin Eleonorens Beichte* nach Thomas PERCYS *Reliques of Ancient English Poetry*, AG I.300–302). In Fontanes Zyklus wird statt moralischer Begründung des Treubruchs der ästhetische Aspekt hervorgehoben. Das Werk entsteht im Umkreis der politischen Vormärzdichtung des jungen Dichters und wird von dem Freund Wilhelm WOLFSOHN zum Druck befördert (vgl. 10. 11., 15. 11. 1849, 9. 1. 1850, IV.1.94–98, 102–104). Eine allegorische Deutung der beiden Frauengestalten liegt nahe. Naturglaube und politische Aufbruchstimmung der europäischen Spätromantik sind geistiger Hintergrund, denen in Fontanes Leipziger Welt die Vorbilder HERWEGH und Anastasius GRÜN zugeordnet werden können. WOLFSOHN ist Vermittler europäischer Romantik über russische Autoren wie Alexander PUŠKIN und Michael LERMONTOV, die von französischer und englischer Poesie inspiriert sind. Der zu dieser Zeit verlobte Fontane bezeichnet *Rosamunde* als Spiegel seiner Seele (AG I.525). Ein Zusammenhang der Geschichte von der schönen Mätresse und ihrer hinterhältigen Vernichtung mit Erlebnissen des Autors ist aber kaum erkennbar, wenn die Verse von Liebe und Schönheit im Erzählkontext gelesen werden. Der Selbstmord der Rosa mundi paßt zur pessimistischen Stimmung im Umkreis der 48er Revolution. Das z.B. bei Theodor KÖRNER (1812) zu beobachtende romantische Interesse am Thema läßt ein mindestens im Bereich des Unbewußt-Poetischen wirksames sinnbildliches Verständnis der weiblichen Hauptfiguren vermuten, der alten, listigen und moralisch verwerflichen Königin und der unbefangenen jungen und edlen Geliebten.

Archibald Douglas, der weitgehend dialogisierte dramatische Moment der gerührten Wiederaufnahme des seinem Land und Herrscher treu ergebenen, obwohl verbannten alten Waffenmeisters nach dessen vom Heimweh bestimmter Rückkehr, wird 1854 Höhepunkt der Poesie des jüngeren Fontane und 150 Jahre lang in fast alle deutschen Balladensammlungen und Lesebücher aufgenommen. Er folgt einer Vorlage von Walter Scott, die den Gegenspieler des Douglas, König Jakob V., allerdings anders entscheiden läßt: zugunsten des einst getanen Schwurs und gegen das sich in ihm regende Gefühl (vgl. an C. Credner, 3. 2. 1898, IV.4.693 f.; I.6.865 f.). Mit seiner straff konstruierten Darstellung tut Fontane den Freunden der traditionellen Balladendramatik und – durch Betonung unerschütterlicher Heimatliebe – den preußischen Patrioten ebenso Genüge wie den gegen lebensfeindliche alte Formen revoltierenden Bürgern. Der altmodische Schwur, den der König sich selber halten muß, wird durch seine als Triumph der Gerechtigkeit empfundene Aufhebung als zu rigoros entlarvt. Biographisch ist die Tendenz zur »Heimkehr« auffällig. Angesprochen werden Probleme der Zeit: die Möglichkeit der Auswanderung, mit der auch Fontane sich beschäftigt hat (vgl. F. Schüppen, 1993, S. 39–52), und die Frage nach Amnestierung und Rückkehr der 48er Emigranten, von denen eine Reihe in Fontanes Umkreis in London lebt (vgl. *Tagebuch* I.9, 21 f., 278). Die gelungene historische Ballade von Heimatliebe, Treue und wahrer Pflicht der Regenten muß man also aus ihrer Zeitbezogenheit und aus Fontanes Biographie verstehen. Heimat wird in dem auf gesellschaftliche Orientierung des Lebens angelegten bürgerlichen Realismus wichtige soziale Gegebenheit.

Psychologisch dürften auch die Maria-Stuart-Balladen und die Jakobiten-Lieder (I.6.12–20) der erfolglosen Anhänger des Stuart-Königs eine ähnliche Funktion haben. Der Gegensatz zum (siegreichen) Puritanismus wird benutzt, um in den Unterlegenen lebensvolle Menschen vorzustellen, in deren Weltauffassung nicht nur Kritik am Viktorianismus, sondern auch an der Enge heimischer Lebensformen zum Ausdruck kommt (Nürnberger, FrF., S.181). Unübersehbar ist in den von tödlichen Kämpfen und Hinrichtungen bestimmten Balladen aus der Tradition von Thomas Percys *Reliques of Ancient English Poetry* (1765) und Scotts *Minstrelsy of the Scottish Border* (ab 1802) die Darstellung erbarmungsloser Machtkämpfe. Schwert und Schafott regieren die in dieser Tradition übernommenen Werke. Man kann in ihr antibiedermeierlichen Realismus sehen, Haltungen, die schließlich die Option für »Blut und Eisen« und die preußischen Einigungskriege möglich machen. Während die Dichter Gefühl und Poesie verteidigen, betont die Gesellschaft der zweiten Hälfte des 19. Jahrhunderts die Notwendigkeit von Macht und Rang und akzeptiert zu deren Klärung Gewalt. Fontanes Puritaner-Lied *Die Stuarts* – (I.6.155), dem das *Lied des James Monmouth* (I.6.99), eines Stuart-

Prinzen, aus einer frühen Erzählung entgegensteht, endet mit den herausgehobenen Versen: »Die Stuarts stehen all zu Rom/Und müssen alle sterben.«

In *Cromwells letzte Nacht* (I.6.143 f.) meditiert der Protagonist: »Erfüllt ist, was ich mußte; Gott, ich wollte/des Mannes Blut wär nicht an meinen Händen!« Die Tödlichkeit nicht durchsetzbarer Ansprüche wird an der enthaupteten Königin *Johanna Gray* (I.6.93–95) vorgeführt, vergeblicher Zynismus an einem zum Tode Verurteilten in *Sir Walter Raleighs letzte Nacht* (I.6.144–148). Im Blankvers des klassischen Dramas

> Erfaßt ihn jener Spottgeist, der es liebt,
> In Widerspruch uns mit uns selbst zu bringen,
> Der neben unsre Demut, unsren Glauben
> Als immer fert'ges Fragezeichen tritt.

Wie Schillers Maria Stuart erkennt Raleigh, daß sein Schicksal Strafe ist, in seinem Fall für das Todesurteil am Konkurrenten Leicester.

Beschwichtigung enthalten die Lieder der Unterlegenen (*Die Hamiltons*, I.6.20–23): »Die Stuarts sind gestorben,/Doch die Treue kennt kein Grab.« Die Locke Maria Stuarts wird bewahrt, ein Hauch von Schönheit und Edelsinn, mit dem der »Realismus« »poetisch« bleibt.

(2) Einer anderen Welt zuzugehören scheinen die preußischen Balladen. Im literaturwissenschaftlichen Diskurs spielen sie heute eine geringe Rolle, in der Entstehungszeit publiziert sie der Klassiker-Verlag Cotta. Sie werden manchmal als Ausdruck einer militaristischen preußischen Gesinnung in problematischem Traditionszusammenhang betrachtet, aber die Lektüre der im »Tunnel« vorgetragenen Texte bestätigt dieses Urteil nicht: Acht Balladen (sechs Feldherrnbilder, ein Widmungs- und ein Guerillastück) enden sechsmal mit dem Tod des Helden, dreimal in der Schlacht, dreimal im heimischen Bett. Zwar wird siebenmal die Erstklassigkeit friderizianischer Heerführer gerühmt und im übrigbleibenden Fall der gegen Napoleon in den Tod reitende Major Schill, aber im Präsens wird nur dreimal von Kämpfen berichtet. Die märkisch-preußischen und deutschen Balladen Fontanes sind weniger blutrünstig als ihre englisch-schottischen Pendants, deren friderizianischer Marschall Jakob Keith einen direkten Übergang zur deutschen Gruppe bildet (I.6.216 f.):

> Es sang die Hochlandsamme
> Mit Schlachten dich in Ruh,
> Aus ihrem Clan und Stamme
> Pries sie die Helden dazu [...]
> Du standest bei den Schwachen,
> Die Stuarts mußten fliehn,
> Es trug dich ein Nachen
> Gen Frankreichs Küste hin; [...]
> Es gab nur eine Truppe
> Damals von gutem Ruf,
> Das war die glänzende Gruppe,
> Die Friedrich um sich schuf;
> Es suchte sein Theater
> Talente weit und breit,
> Und sieh, gewinnen tat er
> Auch dich auf Lebenszeit.

Diese Lebenszeit war kurz, der Verlust auch an Feldmarschällen war in FRIEDRICHS Kriegen erheblich. Besonders feierlich hört sich der Schluß der dreihebigen Verse – einer Art verkürzter »Nibelungenstrophe«, wie sie der Autor einmal nennt, – bei Fontane nicht an: »Laß auf das Grab mich legen/Dies Lied zum Feldherrnstab.«

Der Autor hat mit dem von der englischen Chevy-Chase-Strophe abweichenden dreihebigen jambischen Vierzeiler einen vieldeutig leichtgewichtigen »mittelalterlichen« Vers zur Hand, der stark an HEINE erinnert, zumal mit pointierten Reimen wie »Theater/tat er«. Er hat im halb aristokratischen, halb bürgerlichen Vereinsmilieu des »Tunnels« ein differenziertes Nachmärzpublikum vor Augen, mit dem er sich mehrdeutig und lustvoll einzulassen scheint; denn weder fehlt für das Bürgertum die diskursive Ironie noch für die Verehrer des Preußentums das plakative Lob.

Die aus dem Anekdotischen dargestellte Welt steht nicht unter politischen Darstellungsprinzipien. Die preußischen Balladen sind eine Kunstwelt. Sie geben Lebensbilder ihrer Helden aus pittoresker Perspektive, zeigen eine Mischung von Vitalität aufsteigender Familien und aristokratischer Desinvolture, sind nicht panegyrisch auf die Kriege um die preußische Großmachtstellung fixiert. Sie enden mit einer theatralischen Adresse an den »Märzminister« Graf SCHWERIN-PUTZAR, einen Nachfahren friderizianischer Helden (I.6.229–231). Entsprechend der neuen Stimmung in Preußen und Fontanes Beziehungen zum Protestantismus in diesen Jahren (vgl. III.4.518–531) wird der »alte« Zieten als gläubiger Christ präsentiert, den der freisinnige König tolerant gelten läßt. Tertium comparationis ist eine wichtige alte moralische Eigenschaft:

> So war's und ist's geblieben
> Durch ein Jahrhundert fort:
> Die Hohenzollern lieben
> Ein freies Manneswort.
> Auch du, für heil'ge Rechte
> Ficht weiter, sonder Scheu:
> Treulos sind alle Knechte,
> Der Freie nur ist treu.

Die Verherrlichung Preußens und des Hauses Hohenzollern ist gebunden an moralische Ansprüche, die regierende Familie hat ihr Gottesgnadentum zu verdienen.

Die Versuche, mehr solche Verse unterzubringen, waren wenig erfolgreich. Nur wenige Gedichte wurden dem nach Fontanes Meinung erweiterungsfähigen Panorama hinzugefügt. Dem jung verstorbenen General Friedrich Wilhelm von SEYDLITZ wurde 1877 und 1888/89 je ein Gedicht gewidmet. In den fünfziger Jahren ist es vor allem Prinz LOUIS FERDINAND, der als Rokoko-Pendant zu SCHILLERS Max Piccolomini aus *Wallenstein* eine nicht standesgemäße Liebe musikalisch-künstlerisch als Untergang spielt, in den er dann mit der zusammenbrechenden Gesellschaft gerät. Der trotz seines Zopfes sich als volkstümlicher Held vorstellende *alte Dessauer* (vgl. P. WRUCK, 1983), der beim Hofkonzert schlafende ZIETEN und der Schneider DERFFLINGER, der es zum Feldmarschall bringt, sind eigenwillige Exponenten erfolgreicher Schlachten: Ihre Entwicklung steht bei dem jungen Realisten im Vordergrund, wenn er ihre geprägte Form vom Ende her zeichnet. Die zum endgültigen Aufstieg entschlossenen preußischen Politiker überzeugte Fontanes Sicht kaum. Schon die Lebens- und Sterbenslehre des ersten der *Preußenlieder* war mehr für zivile Leser als für ehrgeizige Politiker und Offiziere geschrieben:

> Krank lag in seinem Schlosse
> Der greise Feldmarschall,
> Keins seiner Lieblingsrosse
> Kam wiehernd aus dem Stall;
> Er sprach: »Als alter Schneider
> Weiß ich seit langer Zeit,
> Man wechselt seine Kleider, –
> Auch hab' ich des nicht Leid.
> Es fehlt der alten Hülle
> In Breite schon und Läng',
> Der Geist tritt in die Fülle,
> Der Leib wird ihm zu eng;

> Gesegnet sei dein Wille,
> Herr Gott, in letzter Not!«
> Er sprach's und wurde stille –
> Der alte Held war tot. (I.6.206f.)

Das paßt in die Nachmärzwelt, die weniger der unbefangenen Veränderung der Lebensverhältnisse als befangen den damit verbundenen Kosten ihre Aufmerksamkeit schenkt. So verschwindet aus den späteren Auflagen der *Gedichte* sehr bald die im Geiste des Vormärz als sechshebiger Langvers präsentierte illegale Kriegführung, von der es heißt (I.6.226–228): »Das war ein Mann, trotz einem, der Ferdinand von Schill,/Der lieber ehrlich sterben als feig verderben will.« Sein Weg entfernt ihn von der nachrevolutionären Gesellschaft:

> *Sein Haupt ward abgeschlagen, in Weingeist drauf gesetzt,*
> *Wie das, bei Frühgeburten, die Sitte noch anjetzt: –*
> *Auch ihn, ans Licht der Freiheit, trieb's vor der Zeit heran;*
> *Doch ob zu früh gekommen, 's war doch ein ganzer Mann.*

Im friedlichen Nachmärz verharmlost Fontane den saloppen Text nicht durch Änderungen, sondern streicht ihn ganz. Der realistische Schriftsteller weiß um die Notwendigkeit der Anpassung. Sie erfolgt, ohne künstlerische Einheit oder Überzeugungskraft des einzelnen Gedichts anzutasten. Das Guerillero-Thema bleibt seinen Verächtern aber nicht erspart, sondern wird als breites Romanbild in *Vor dem Sturm* behandelt.

Eine realistische Auffassung zeigt sich in der zweiten besonders populären Ballade des mittleren Fontane, *Gorm Grymme*, die zur kleinen Zahl von Fontanes »nordischen« Balladen gehört (1864, I.6.169–171), denn darin werden gegenüber den Triumphe feiernden Siegesballaden nach den preußischen Kriegen poetisch deren Kosten vorweggenommen. Im söhne- und erfolgreichen Haus der Hohenzollern kann die Frage, wer den Mut aufbringen werde, dem Balladen-König die Nachricht vom Tod des einzigen Sohnes und vom Ende seines Hauses zu überbringen, kaum Anstoß erregen, zumal sie an den dänischen Königshof verlegt ist. Literarhistorisch und mentalitätsgeschichtlich zeigt sich der Realismus auf seinem Höhepunkt: Illusionen mögen sich gewaltsam behaupten, sie verfälschen aber das Dasein so sehr, daß sich auch die nächste Umgebung der Betroffenen aufgerufen fühlt, sie zu zerstören: eine in Bild und Sinnbild verpackte abstrakte Lehre. Die in ihrer besonderen musikalischen und semantischen Qualität oft beschriebene Ballade zeigt mit »Grau-Herbstestag« und Trauerkulissen nach Frühlings- und Jugendbildern Unfähigkeit zur Weltgestaltung: »Die Lichter loschen aus.«

Religiös Bewahrendes in *Schleswigs Ostertag 1848* (1868, I.6.232–234) und germanisch Sagenhaftes in dem Polterabend-Gedicht für H. von OELSEN (1866, I.6.491–493) kommen so recht nicht gegen den realistischen Pessimismus auf, der sogar in dem Huldigungsgedicht für Kaiser WILHELM I. *Kaiser Blanchebart* (1871, I.6.243f.) fühlbar bleibt:

> Gott mit dir, Herr, und kommt der Tag,
> Der noch keinem wurde gespart,
> Dann wie aus Märchentagen
> Werden wir singen und sagen
> Vom Kaiser Blanchebart.

Unter vielen Gesichtern tritt in Fontanes Balladenwelt die Nähe zum Tod hervor. Die Poesie, in der der Glaube an die Zukunft geschwunden scheint, transportiert Pessimismus in geschickter poetischer Form, was Fontane in seinen besten Balladen so gelingt, daß sich ihr literarischer Ruhm trotz politischer und ästhetischer Umbrüche erhalten hat. In traditioneller Form, die sich selbst als herbstliche Ernte verstehen müßte, werden Bilder eines tragisch verfaßten Daseins aus vergangenen Tagen vorgetragen. Alexis de TOCQUEVILLE hat 1840 in *De la Démocratie en Amérique* (2. Bd., 1. Teil, 13. Kapitel) solche Poesie zum Ausdruck der vergehenden europäischen Aristokratie erklärt. Anders als Fontanes späte Lyrik hat sich seine Balladenkunst nicht als zukunftsträchtig erwiesen, auch wenn er ihr weitgehend seinen zeitgenössischen Ruhm verdankte. Sie ist alles in allem Teil einer historistischen Epoche. Kunstfertigkeit, nicht bleibende Substanz ist Kennzeichnen.

Erlebnis- und Gesellschaftsbilder

Neben die manchmal ein wenig gewaltsam konstruierten und sich oft erst am Modell entfaltenden epischen Bilder aus der Vergangenheit tritt die Gegenwart als eine aus Anteilnahme am Zeitalter und seiner Gesellschaft erlebte Welt. *Schön-Anne* und *Graf Hohenstein* nennt Fontane »ins Balladische transponierte lyrische Gedichte« (an. T. STORM, 14. 2. 1854, IV.1.376). Die verlassenen Frauen geben in Erlebnissen erfundener Gestalten zeitgenössischen Alltag wieder. Empfinden wird dargestellt als Außenwelt, die bewußt rezipiert wird. Subjektives wird objektiviert. Im »Tunnel« erfolgreich ist die phantastische Schilderung *Der Tower-Brand* (1844, I.6.157f.), der die großartige und schreckliche Geschichte des weltbeherrschenden England als Traum(!)-Erlebnis enthält. Unter den späteren Balladen findet sich die eindrucksvolle Beschreibung *Goodwin-Sand* (1857, I.6.289), die Sandbank und Schiffskatastrophe aus der Sicht des Frau und Kinder in London erwartenden Dichters schildert. Im Scheitern angesichts des Ufers werden weitergehende Erfahrungen allegorisierend transformiert (vgl. H. CHAMBERS, 1992).

In dem Brief an die Tochter vom 11. 11. 1880 (IV.3.110–112) kann man die Entstehung eines poetischen Bildes verfolgen, das Fontane »Ballade« nennt. Es poetisiert Alltag, die Heirat eines vergleichsweise mittellosen jungen Mannes mit einer Tochter des reichen Freundes Friedrich WITTE. Der gesellschaftlich nicht ebenbürtige Bräutigam habe nach dem uralten Gesetz des Natürlichen alle überzeugt, was einen typisch lyrisch-balladenhaften Stoff ergebe. Es gelte vorsichtig zu reagieren, kommentiert zudem der von der Prosa des Lebens überzeugte Autor, der selbst im Brief und angesichts des »poetischen« Stoffs die Unsicherheit der Zukunft hervorhebt. Voraussetzung für ein Gedicht wäre, daß das alles durcherlebt wäre. *Vision* (I.6.638–641) ist ein Doppelbild aus dem Eheleben, das im Schlafzimmer zu Entsagung und Treue veranlaßt, weil jeder der beiden Betroffenen plötzlich seine jeweils andere Liebe entdeckt. Viktorianisch-bürgerliche Moral ermöglicht dauerhafte Freundschaft.

Das Ende des 20. Jahrhunderts schätzt bei Fontane weniger die historische, als die Alltags-Ballade, etwa die Antiheldin in *Die arme Else* (1846), einer »soziale[n] Refrain-Ballade, die sich [im »Tunnel«] des Beifalls der Anwesenden zu schmeicheln hatte« (*Und alles ohne Liebe* I.6.283 f.; Kommentar: AG I.557). Hier sieht man »in dem kräftig gezeichneten Milieu« den Anspruch der »sozialen Ballade« erfüllt, die einen Text gebe zur »Banalität einer Ehe, in der die Frau die Treue hält, ohne Liebe erfahren und geben zu können«: »So schwelt die Frage ‹Treue um jeden Preis›?« »unausgesprochen zwischen den Zeilen« (F. HASSENSTEIN, 1986, S. 104).

Die realistische Thematik ist vielfältig. Die nachdenkliche Konzentration der Gefühle und ihrer Folgen verdichtet sich in *Glück* (I.6.304) im Bild des ungestörten Sonntagnachmittags auf dem Dorf. Mit einem Blick aufs Schlachtfeld von Fehrbellin wird in *Havelland* (I.6.253–255) – Poesie statt eines Vorworts zum *Wanderungs*band! – resümiert:

> Grüß' Gott dich Tag, du Preußen-Wiege,
> Geburtstag und Ahnherr unserer Siege,

> Und Gruß dir, wo die Wiege stand,
> Geliebte Heimat, Havelland!

Mag das Schicksal nach dem von Fontane mehrfach eingebundenen *Hobellied* aus Ferdinand RAIMUNDS *Der Verschwender* »den Hobel angesetzt haben« (I.6.459f.), so hat der Autor die dabei anfallenden »Späne«, wie Gedichte im »Tunnel«-Jargon heißen, geschliffen und seine Ergebnisse als Weisheiten für eine bessere Zukunft überliefert.

Die Option für die Heimat wird so präsentiert, daß die ihnen gegenüberstehende Welt problematisch aussehen kann (*Unterwegs und wieder Daheim*, Nr. 4; I.6.302f.):

> Die Welt, die fremde, lohnt mit Kränkung,
> Was sich, umwerbend, ihr gesellt;
> Das Haus, die Heimat, die Beschränkung,
> Die sind das Glück und sind die Welt.

Mit Blick auf Berliner Umweltsünden kann es auch heißen (I.6.389):

> Hier oder da, nah oder fern,
> Macht keinen Unterschied, meine Herrn,
> Und ob Sie's lassen oder tun,
> Ich gehe morgen nach Kamerun.

Der entschlossene »Afrikareisende« dokumentiert, wie ambivalent Lehrsprüche, Lebensweisheiten (gesammelt I.6.353–393) für und bei Fontane bleiben. Sie antworten auf gelebtes Leben, und das ist selten in eine einfache Formel zu fassen. Wahrheiten müssen situativ ihren Zielen angemessen werden. So wird vieles auf seine Begründung geprüft, nachdenklich vorgelegt wie das *Lied eines Ausgewanderten* (I.6.731f.):

> Und wie mein Herz von dannen trachtet,
> Und nach der Heimat süßem Glück,
> Nach Freundschaft und nach Liebe schmachtet; –
> Die Freiheit hält mich doch zurück.

Den öffentlich vorgetragenen Streitgedichten in altem Stil (den drei *Tenzonen*) liegen alltägliche, ja, banale Themen zugrunde: Ist Schweigen wirklich Gold? Sind Rosen mit oder ohne Dorn vorzuziehen? Ist Stadt besser oder Land? (1854; 1860; 1862, I.6.552–561) Es handelt sich um poetische Kunststückchen, die mit Kompromissen enden, in denen sich die Kontrahenten auf »gelegentliches« Schweigen, »kleine« Dornen und »kleine« Städte einigen.

Ähnlich entstehen in Gelegenheitsgedichten zu sozialen Zusammenhängen Plädoyers für ein »silbernes«, mittleres Zeitalter, für Maßhalten in allen Dingen. (um 1845, 1866, AG III.10f., 188f.) Kinderreime für die Enkelin werden der Publikation in der Gedichtsammlung gewürdigt, weisen in eine friedliche Zukunft, kontrastieren – auf dem Weg zu den späten Gedichten – mit dem Martialischen, Weltgeschichtlichen, »Hochgepufften«, dem Individuell-Leidenschaftlichen, das die Dichtung dominiert (*Zum Namenstag meiner Enkelin* , I.6.327).

Die Wegweisung der elf meist dreistrophigen »Sprüche«, die als besondere Lebenslehre geboten werden, bietet eine defensive Moral, die auch erwägt, was erreichbar und unerreichbar ist (I.6.315–319). Lenze, Unkraut, Jagd erscheinen als Bilder, die zeigen, daß die Sonne über jedem scheint, daß Ackerpflege und umsichtiges Waidwerk Voraussetzungen sind für zufriedenstellende Ergebnisse. Statt Verbesserung der Gesellschaft zu reklamieren, wird die der eignen Person angeraten. »Ehre« wird individualisiert, »Glück« in das natürliche Aufblühen der Familie verlegt, Arbeit und Mühe werden als Positiva gekennzeichnet. Die Dominanz des Gesellschaftlichen ist zeitgemäß betont. In gleichmäßigen, alternierend männlich und weiblich reimenden vierfüßigen Jamben, im Rückgriff auf einen volkstümlichen aufsteigenden Vers wird angeraten, was Haltung des Individuums sein soll: »Du darfst mißmutig nicht verzagen.« Fröhlichkeit, Sonnenlicht sind für gute Ernte erforderlich, alternierend ist Leben ohnehin:

> Vorüber ziehn die trüben Wetter,
> Es lacht aufs neu der Sonne Glanz,
> Und ob verwehn die welken Blätter,
> Die frischen schlingen sich zum Kranz.

Das Reimgedicht spiegelt seinen generalisierbaren Gehalt, wobei es nie bei der einen Weisheit der einzelnen Strophe bleibt. Sie wird mehrstrophig ergänzt, hier und da kontrapunktiert. Es sind die Schlechtwettertage, für die solche Lehre gedacht ist; sie ist Herbstwanderung mit Blick auf andere Jahreszeiten.

Realistische Dichter hatten in Fortsetzung biedermeierlicher Weisheitslehren in ihren Sammlungen Spruchabteilungen über die angemessene Bewältigung des Lebens zu liefern. Von den elementaren Grundsätzen von Kultur, Religion und Weltauffassung hat man nicht abzuweichen, sondern zu erweisen, warum und wie sich ihre Weltdeutungen im Dichterleben bewährt haben. Der mittlere Fontane hat damit keine Schwierigkeiten:

Trag es, wenn seinen Schnee der Winter
In unser Hoffen niederstiebt,
Ein ganzer Frühling lacht dahinter:
Gott züchtigt immer, wen er liebt. (Nr.3)

Das klingt nach Versen für EMILIE, nach Erklärungen eines Hausvaters für die liebevoll zu schützende Ehefrau oder für die der Weltkenntnis ermangelnden Kinder. Der Inhalt richtet sich aufs Innere.

Aufs Äußere geht: »Das Publikum ist eine einfache Frau,/bourgeoisehaft, eitel und wichtig« (I.6.380). Das Verhältnis des Autors zu solchen »Bourgeois« freilich ist anders, als in Augenblicken des Zorns verkündet, wie das Gesamtwerk zeigt. Der Theoretiker gesteht im Blick auf die Welt der Intellektuellen vom bürgerlichen Publikum als ihrer Dame realistisch: »Und sie lacht und führt einen guten Tisch/Und es möchte sie jeder besitzen.«

Man schreibt also »Literatur für Leser« nach einer Grundthese der bürgerlich realistischen Literatur. Man weiß um die im mittleren und westlichen Europa soeben erreichte Möglichkeit des guten Lebens. Und man weiß, daß Poesie in dunklen Stunden vorgenommen wird, daß in Gedichtsammlungen Tröstung vermittelt werden sollte. Ohne Prätention findet sie sich auch bei Fontane als das letzte (poetische) Wort für den ersten (prosaischen) Roman *Vor dem Sturm* (1876; I.6.314 und I.3.368f.) aus der Situation des endgültig zum bürgerlichen Schriftstellerleben entschiedenen selbständigen Autors:

In dem ew'gen Kommen, Schwinden,
Wie der Schmerz liegt auch das Glück,
Und auch heitre Bilder finden
Ihren Weg zu dir zurück.

Auch die Gegenwartssatire pflegte Fontane früh. Den funkelnden Anfang bildet die Beschreibung der Philister des Kleinstädtchens *Burg* (1840, I.6.662–676). In der Kritik des Schmierentheaters und der politisierenden Bürger enthält das zu Lebzeiten zurückgehaltene kleine Epos Momente überzeugender Treffsicherheit, die Späteres vorwegnehmen, so einige der zahlreichen Verse im ersten Roman, wenn etwa Baron Pehlemann schmerzbekämpfend zum Dichter wird, weil Dichten Podagra vergessen läßt (*Cedo majori*). Trotz gelungener Kabinettstückchen – wie *Shakespeares Strumpf* (1841, I.6.638f.) oder der Bildbeschreibung für Richard LUCAE »Sieh, zwei oberschlesische Dirnen!« (1855, I.6.450) – wurde dieser Anfang nicht fortgesetzt.

Poesieauffassung

Stilistisch lebt Fontane lange von der Ballade. Noch am. 3. 2. 1882 schreibt er einem Rezensenten seiner Erzählung *Ellernklipp*:

> Ich war, von meinem 16. Lebensjahr an, Balladenschreiber, habe mich später daraufhin einexerziert und kann deshalb, meiner Natur und meiner Angewöhnung nach, von der Ballade nicht los. [...] Lükken und Unbestimmtheiten [...] sind immer noch besser als Plattheiten und Alltäglichkeiten, die viel mehr als Nacht und Dunkel der Tod der Poesie sind. (An T. ZOLLING, IV.3.183)

1878 erklärt er seine frühen Balladen inhaltlich jedoch für überholt. Der Toast auf Klaus GROTH (I.6.325) veranlaßt ihn, eine neue Literaturauffassung gegen seine alte »Ritterdichtung« zu setzen. So »rümmer um fortig« (um die vierzig) sei ihm »all dat Tüg to spektakulös«, »Puppenspeel« geworden.

Zunächst war das anders:

> Percy und Douglas un noch manch een
> (All mit Is'n uppn Kopp un mit Is'n an de Been).
> Doa währd mi da Bost so wied, so wied,
> Un ick schreew denn wull sülwst en Percy-Lied.

Diese Begeisterung sei nun vorbei, er sage sich:

> Ick bin mehr för allens, wat lütt un still,
> En beten Beschriewung, en beten Idyll,
> Wat läuschig is, dat wihr so min Oart,
> Dat Best bliewt doch ümmer dat Menschenhart.
> [...]
> Dat richtige Lewen dat fung nu ihrst an,
> Un ick hürte nu blot noch, wat sünsten ick mied:
> Dat »Mignon-« und dat »Harfnerlied«.

Das Plattdeutsche intensiviert die Aussage, die 1878 die neue Orientierung des alten Fontane zu bezeichnen scheint: ein innerer Wandel, der sich seit seinem 40. Lebensjahr vollzieht, als er sich von der massenhaften Balladenproduktion für »Tunnel« und *Argo* abwendet und sich weitgehend auf die prosaische Beschreibung der Mark Brandenburg zu konzentrieren beginnt. Paul HEYSE teilt er am 23. 12. 1860 mit: »Was meine eigne werthe Person angeht, so schreib ich nur noch Toaste [...].« (IV.2.18)

Aber die Spannung zwischen Poesie und Prosa taucht schon zu Beginn seiner »poetischen« Versuche auf. 1838 schreibt er in dem Sonett *Einem Freunde ins Stammbuch* (I.6.437):

> Als […] Poesie mein ganzes Sein durchwebte;
> Da fand ich dich, der nur nach Prosa strebte.
> […]
> Mein Sentiment erkrankte und verschwand,
> Ich lernte ihm ein Schwanenlied zu singen,
> Und mit der Zeit beglückt mich noch – Verstand.

In *Meine Braut* (I.6.656) spricht er 1841 von Wonnen des Umgangs mit »der Dichtung Seligkeit«. Poesie ist offenbar Form, »Prosa« ihr der Zeit angemessener Inhalt, Verstand, Rationalität. Den Genuß vermittelt die Form.

Für Fontane tritt der Adressatenbezug hinzu. Der Publikumserfolg entscheidet; erfolglose Gedichte werden verbrannt. *Der Dilettant* (1839, I.6.633 f.), der die erste handschriftliche Sammlung einleitet, besinnt sich und folgert, daß es falsch war, auf alles zu schießen, was ihm vor die Flinte kam, nachdem er gelernt hatte, das Gewehr effektiv zu verwenden. Die frühen Gedichte bleiben unveröffentlicht, so lange es geht:

> Und jedem fremden Jägersmann
> Verschweig ich meine Jagd,
> Solang ich sie verschweigen kann,
> Sonst werd' ich ausgelacht.

Der Zwanzigjährige will mehr als reimen. Er ist sich bewußt, daß nach Klassik und Romantik ein hohes poetisches Niveau gefordert ist. So entwickelt sich der Kritiker, der die zeitgenössische Literatur um der eigenen literarischen Ambitionen willen beobachtet. Auch der Beitrag zu den verschiedenen Dichtervereinen dient diesem Ziel. SCHILLERs Strophenformen finden sich überall. Aber wie Medium und Botschaft werden um des Erfolgs willen die Empfänger ins Auge gefaßt. Er ist wichtiger als subjektive und politische Echtheit. Korrektheit ist wichtig wie Individualität; Perfektion Voraussetzung der Kunst; Lehrjahre gehören zum Handwerk. Der Freund WITTE wird am 4. 12. 1852 von dem selbstbewußten »Tunnel«-Meister belehrt:

> Du hast nun *Form* genug, und mußt nun Dein Augenmerk wieder auf die Sache selbst richten. Ich […] schrieb: laß die Gefühle […] und lerne […] das Technische, was in der Poesie nahezu ebensolche Rolle spielt wie in den andern Künsten. Du […] verstehst jetzt Deinen Lehm zu kneten. Aber nun ist es auch Zeit, daß Du Dich an den Marmor machst. (IV.1.328)

Zum Berufsschriftsteller gehören die Rezipienten:

> Ich sagte mir: »[...] Prosa darfst du nur schreiben, wenn sie von durchaus zahlungskräftigen Leuten von dir *gefordert* wird.« [...] und die Verse, von denen ich glücklicherweise manches auf Lager hatte, trugen mir mehr ein. (III.4.533)

Worin sieht ein solch nüchterner Rechner seine poetische Sendung? Dem Generationsgenossen Theodor STORM teilt er es in einem frühen Rechenschaftsbericht mit:

> Meine Neigung und – wenn es erlaubt ist so zu sprechen – meine Force ist die Schilderung. Am Innerlichen mag es gelegentlich fehlen, das Äußerliche hab' ich in der Gewalt. [...] Das Lyrische ist sicherlich meine schwächste Seite, besonders dann, wenn ich aus mir selber, und nicht aus einer von mir geschaffenen Person heraus, dies und das zu sagen versuche. (14. 2. 1854, IV.1.376)

Fontane tritt nicht in Konkurrenz zum Lyriker STORM, beansprucht aber die Position des schreibenden Beobachters. Leidenschaftlicher Anteilnahme korrespondiert Überblick, der die Erscheinungen aus der Distanz zu kunstvoller, die Konventionen berücksichtigender neuer Poesie werden läßt. Vom Weltbild des Autors enthält diese nur das, was ihm publikumsverträglich erscheint.

Daher spiegelt Fontanes frühe Poesie auch Neigungen und Wandlungen seines Publikums.

*

In der über dreißigjährigen ersten Phase seiner literarischen Arbeit schafft der Poet Fontane Bilder in verschwenderischer und vielfältiger Fülle. In dramatischen Erzählungen versucht er die Vergangenheit, in poetischen Gemälden die Gegenwart lyrisch zu fassen, in manchmal hintergründigen moralischen Erwägungen die Zukunft zu gestalten. Seine frühe Dichtung ist gegenüber der späteren bemerkenswerteren Leistung nicht zu vernachlässigen. Angesichts ihres geringen Bekanntheitsgrades stellt sie eine Literaturreserve dar, aus der für die Kenntnis des Autors, des Jahrhunderts und der Welt noch mancher Gewinn für Theorie und Paxis gezogen werden kann.

FRANZ SCHÜPPEN

Literatur

H. MAYNC, Fontane als Lyriker, in: Westermanns Monatshefte 1900, H. 10. S. 126–134. – R. M. MEYER, Theodor Fontanes Balladen, in: Velhagen & Klasings Monatshefte 25 (1910/11), H. 9, S. 65–72. – C. WEGMANN, Theodor Fontane als Übersetzer englischer und schottischer Balladen, Diss. Münster 1910. – H. RHYN, Die Balladendichtung Theodor Fontanes mit besonderer Berücksichtigung seiner Bearbeitungen altenglischer und altschottischer Balladen aus den Sammlungen von Percy und Scott, Bern 1914 (Neudruck 1970). – P. WISSMANN, Theodor Fontane. Seine episch-lyrischen Dichtungen, Essen 1916. – K. MEYER/H. RHYN, Die Balladendichtung Theodor Fontanes, in: ZfdPh 47 (1918), S. 414–418. – K. REUSCHEL, Theodor Fontanes nordische Balladen und Bilder, in: Fs E. Monk zum 70. Geburtstag, Halle 1924, S. 335–349. – W. KAYSER, Geschichte der deutschen Ballade, Berlin 1936. – E. KOHLER, Die Balladendichtung im Berliner »Tunnel über der Spree«, Berlin 1940. – P. NENTWIG, »Gorm Grymme«. Eine Ballade von Theodor Fontane, in: DU 8 (1956), H. 4, S. 52–60. – G. RODGER, Fontane's conception of the folkballad, in: MLR 53 (1958), H. 1. S. 44–58. – E. FRENZEL, Stoffe der Weltliteratur, Stuttgart 1963. – M. P. FLEISCHER. John Maynard – Dichtung und Wahrheit, in: Zs für Religions- und Geistesgeschichte 16 (1964), S. 168–173. – R. HIRSCHENAUER/A. WEBER (Hg.), Wege zum Gedicht, Bd. 2: Interpretationen von Balladen, München 1968. – G. SALOMON, Wer ist John Maynard? Fontanes tapferer Steuermann und das amerikanische Vorbild, in: FBl Bd. 1, H. 2 (1965), S. 25–40. – H. G. RICHERT, Zu Fontanes »Gorm Grymme«, in: Euph 60 (1966), S. 125–135. – H. NÜRNBERGER, Nachwort zu Theodor Fontane. Mir ist die Freiheit Nachtigall. Politische Gelegenheitsgedichte. Späte Spruchdichtung, Ausgewählt von H. NÜRNBERGER/O. DRUDE, 1969, S. 93–110. – K. MORITZ, Deutsche Balladen, Analysen für den Deutschunterricht, Paderborn 1972. – H. FRICKE, Zur Entwicklung der Fontaneschen Jugendlyrik, in: Jb f Br Lg 25 (1974), S. 125–145. – G. M. van ROSSUM, Fontane und der Balinesische Krieg, in: FBl H. 19 (1974), S. 205–213. – W. HINCK, Die deutsche Ballade von Bürger bis Brecht, Kritik und Interpretation einer Neuorientierung, Göttingen ³1978. – P. WRUCK, Der Zopf des Alten Dessauers. Bemerkungen zum Fontane der Preußenlieder, in: FBl H. 35 (1983), S. 347–360. – J. BUDER, Der Reitergeneral von Seydlitz im Schaffen Theodor Fontanes, in: Jb f Br Lg 37 (1986), S. 169–175. – F. HASSENSTEIN, Die deutsche Ballade, Grundlagen und Beispiele, Hannover 1986. – K. RICHTER, Rezension zu: Theodor Fontane, Gedichte, hg. von J. KRUEGER/A. GOLZ, in: FBl H. 50 (1990), S. 143–148. – H. NÜRNBERGER, »Sie kennen ja unseren berühmten Sänger«. Künstler und ihre Welt als Thema Fontanescher Gedichte in: FBl H. 51 (1991), S. 115–140. – B. PLETT, Tintensklaven und Kronenorden, Travestie und Kritik in Fontanes »Dichtergedichten«, in FBl H. 52 (1991), S. 15–29. – F. SCHÜPPEN, Theodor Fontanes plattdeutsches Bekenntnis, »Toast auf Klaus Groth« (1878), in: Quickborn 1991, H. 1, S. 6–17. – F. SCHÜPPEN, Ein Hauch vom ganzen Fontane: »Was ich wollte, was ich wurde ...«, in: Jb der Raabe-Ges 1991, S. 129–131. – H. CHAMBERS,

Fontanes Gedicht »Goodwin-Sand«. Das Schlangen-Motiv: Symbol für die Bedrohung menschlichen Lebens in: FBl H. 53 (1992), S. 73–78. – F. Schüppen, Paradigmawechsel im Werk T. Fontanes, Von Goethes Italien- und Sealsfields Amerika-Idee zum preußischen Alltag, Stuttgart/Freiburg 1993. – H. O. Horch, Arabesken zur Prosa. Über zwei politische Gedichte T. Fontanes, in: DU 50 (1998), 4, S. 16–24.

3.2.2 Das spätere Gedichtwerk

Im Herbst 1888 vereinbart Fontane mit seinem Verleger Wilhelm Hertz eine neue – die dritte – Auflage seiner Gedichte. Er kündigt Hertz dafür einen »Neu-Inhalt« an, der »das Buch ungefähr verdoppeln und dasselbe wenn nicht besser, so doch jedenfalls *ganz anders* machen wird« (26. 12. 1888, IV.3.668). Vergleicht man die 1889 erschienene neue Auflage der Gedichte mit der vorangegangenen von 1875, so erweist sich die Rede von einer ›Verdoppelung‹ als übertrieben. Dennoch ist die Umfangerweiterung beträchtlich. Sie betrifft in besonderer Weise die Abteilung »Lieder und Sprüche«; aber auch viele Gelegenheitsgedichte und Balladen sind neu hinzugekommen. Zeitgenössische Rezensionen heben diesen Gedichtzuwachs mit Nachdruck hervor, aber sie beobachten auch die Veränderungen des Tons. Fontane sei im Vergleich der »Altersgedichte mit den Jugendgedichten […] etwas bequemer, scheinbar lässiger geworden«, habe es »je länger, je weniger mit der Feierlichkeit gehalten«, stellt 1890 ein anonymer Rezensent in den *Grenzboten* fest (49, 1890, S. 144, zit. nach AG 1.454). Er vermeide die »klingelnden Rhythmen«, »die musikalischen Wortwirkungen in der Weise der Romantiker und Nachromantiker«, die »prunkenden Versformen«; der »scheinbar trivialste Knittelvers« stehe ihm näher, Lyrik und Epik begännen sich zu mischen, beobachtet W. Bölsche (1890 zit. nach AG 1.455–459), schließt aber gerade in solchen Zügen auf eine neue Kunstbewußtheit wie Originalität. Die zwischen der Gedichtausgabe von 1875 und der von 1889 entstandenen Gedichte stellen, parallel zum Durchbruch im Roman, den Beginn der Altersgedichte Fontanes dar. Sie werden im letzten Lebensjahrzehnt und den Ausgaben von 1892 und 1898 abermals vermehrt. Daß sich diese Gedichtproduktion insgesamt »himmelweit« von dem entfernt, »was unter Lyrik gemeinhin verstanden zu werden pflegt«, urteilt schon bald nach Fontanes Tod auch T. von Sosnosky (1911). Er erkennt aber auch, daß sie an Überzeugungskraft gewinnt, indem sie sich in anderer Weise von der Konvention entfernt, als das in der frühen Lyrik Fontanes der Fall ist.

Die Integration des Alltags

Fontane war sich des Wandels, den er mit seinen späten Gedichten vollzogen hatte, bewußt. In *Auch ein Stoffwechsel* wird er thematisch:

> Auch ein Stoffwechsel
>
> Im Legendenland, am Ritterbronnen,
> Mit Percy und Douglas hab' ich begonnen;
> Dann hab' ich in seiner Schwadronen Mitten
> Unter Seydlitz die großen Attacken geritten
> Und dann bei Sedan die Fahne geschwenkt
> Und vor zwei Kaisern sie wieder gesenkt.
> In der Jugend ist man eben dreister,
> Mag nicht die Zunft der Handwerkermeister;
> Jetzt ist mir der Alltag ans Herz gewachsen,
> Und ich halt' es mit Rosenplüt und Hans Sachsen. (I.6.344)

Nicht zufällig und in bewußter Ambivalenz wird dabei der Wechsel literarischer Stoffe schon mit dem Titel des Gedichts im prosaisch-lebensnahen Bild des Stoffwechsels angesprochen. Der Autor signalisiert damit bereits die Verlagerung der Interessen, die er in den folgenden Versen als besonders charakteristisch sieht: die Hinwendung zum Alltäglichen, weg vor allem von der großen Geschichte, der sich zumal die Balladen immer wieder verpflichtet haben. Es ist nicht schwer, Gedichte zu finden, die diese Öffnung der Lyrik für den Alltag bestätigen – in *Fritz Katzfuß* (I.6.364–366) beispielsweise mit der Welt des Kramladens, in *Wurzels* (I.6.359f.) im Symptomatischen eines Eheallltags, in *Würd' es mir fehlen, würd' ich's vermissen?* in Gestalt einer Alltäglichkeit, die mit dem Aufwachen und am Frühstückstisch beginnt:

> Würd' es mir fehlen, würd' ich's vermissen?
>
> Heute früh, nach gut durchschlafener Nacht,
> Bin ich wieder aufgewacht.
> Ich setzte mich an den Frühstückstisch,
> Der Kaffee war warm, die Semmel war frisch,
> Ich habe die Morgenzeitung gelesen
> (Es sind wieder Avancements gewesen).
> Ich trat ans Fenster, ich sah hinunter,
> Es trabte wieder, es klingelte munter,
> Eine Schürze (beim Schlächter) hing über dem Stuhle,
> Kleine Mädchen gingen nach der Schule –
> Alles war freundlich, alles war nett,
> Aber wenn ich weiter geschlafen hätt'

> Und tät' von alledem nichts wissen,
> Würd' es mir fehlen, würd' ich's vermissen? (I.6.340)

Um Alltag geht es hier in seiner ganz wörtlichen Bedeutung: das, was so oder ähnlich alle Tage geschieht; das Stereotype, dem gerade die tägliche Wiederkehr die Würde des Besonderen oder gar Poetischen nimmt. Das Befremdliche liegt in der Selbstverständlichkeit, mit der sich hier Verse des zunächst doch Banalen und poetisch scheinbar Belanglosen annehmen: im Rekurs auf die gut durchschlafene Nacht, die Stereotypie der Frühstückssituation mit Kaffee, Semmeln, Morgenzeitung etc., im Blick aus dem Fenster, der abermals nur die Bilder des so oder ähnlich beliebig wiederholbaren täglichen Lebens wahrnimmt.

Eine solche Integration des Alltäglichen in die Lyrik ist nicht in jeder Weise neu. Man beobachtet sie schon in der späten Lyrik Goethes, z.B. in manchen Spruchgedichten des *West-östlichen Divans* oder der *Zahmen Xenien*, dann wieder in Gedichten Heinrich Heines oder Wilhelm Buschs. Aber es gehört zu den bedeutsamen Leistungen Fontanes, daß er sie entschieden vorantreibt, jüngeren Lyrikern wie Kurt Tucholsky, Erich Kästner oder Bertolt Brecht darin im Grunde näher als der zeitgenössischen Lyrik von Theodor Storm bis Conrad Ferdinand Meyer oder gar Emanuel Geibel bis Paul Heyse. Doch ist im Fall des zitierten Gedichts damit nicht ein Rückzug aus Zeit und Gesellschaft verbunden, der Weg in eine nur etwas prosaischer eingerichtete biedermeierliche Idylle? Dagegen spricht schon der skeptisch relativierende Blick, der die Eindrücke reiht und fragt, ob man nicht getrost auch alles verschlafen könnte. Und vor allem sprechen dagegen zwei Motive, die wache Beobachtung und mit ihr die Verbindung zur Welt des Draußen signalisieren: das Zeitunglesen und der Blick aus dem Fenster. Sie sprechen eher für eine Lyrik, die die private Welt mit Zeit und Gesellschaft verbindet, eine bislang respektierte Trennung zwischen dem Privaten und dem Gesellschaftlich-Politischen bewußt aufhebt. So beobachtet man es noch deutlicher in anderen Gedichten. In *Was mir gefällt* (I.6.343) beispielsweise steht das Gefallen am ersten Tiergartengrün und den in Werder blühenden Kirschen neben Helmuth von Moltke und dem alten Kaiser, Läster-Allee und Backfisch neben dem Fritz Schaperschen Goethe-Kopf. So unauffällig, wie Alter und Jugend, ›Hohes‹ und ›Niederes‹ hier nebeneinandertreten, wird den Impressionen, die für den Jahresalltag stehen, das Zeitbewußtsein eingelagert, vermittelt das Gedicht den Eindruck einer raum-zeit-gebundenen Welt. Ähnlich in dem Gedicht *Ja, das möcht' ich noch erleben* (I.6.349f.). Es rekapituliert kleine Freuden des Alltags, die dem Gealterten geblieben sind. Geradezu provozierend stellt es dabei neben das Familiäre, den vorschulpflichtigen Enkel, den Gedanken an BISMARCK, den Repräsentanten einer Epoche.

Das Schriftsteller-Ich

Die Verschränkung des Persönlichen und des Gesellschaftlichen, die hier in die Perspektivierung der lyrischen Aussage eingeht, findet noch an anderer Stelle einen sprechenden Ausdruck. Das Ich, das sich in zahlreichen Gedichten äußert, wird nicht selten zum Ich des Schriftstellers konkretisiert, damit um so deutlicher einem gesellschaftlichen Kontext zugeordnet.

Das gilt naturgemäß vor allem dort, wo sich ein autobiographisches Element der Gedichte bemächtigt, die Neigung des Alters zu reflektierender Rück- und Überschau dem eigenen Leben gilt, z.B. in *Lebenswege*:

> Lebenswege
>
> Fünfzig Jahre werden es ehstens sein,
> Da trat ich in meinen ersten »Verein«.
> Natürlich Dichter. Blutjunge Ware:
> Studenten, Leutnants, Refrendare.
> Rang gab's nicht, *den* verlieh das »Gedicht«,
> Und *ich* war ein kleines Kirchenlicht.
>
> So stand es, als Anno 40 wir schrieben;
> Aber ach, wo bist du Sonne geblieben?
> Ich bin noch immer, was damals ich war,
> Ein Lichtlein auf demselben Altar.
> Aus den Leutnants aber und Studenten
> Wurden Genräle und Chefpräsidenten.
>
> Und mitunter, auf stillem Tiergartenpfade,
> Bei »Kön'gin Luise« trifft man sich grade.
>
> »Nun, lieber F., noch immer bei Wege?«
> »Gott sei Dank, Exzellenz ... Trotz Nackenschläge ...«
>
> »Kenn' ich, kenn' ich. Das Leben ist flau ...
> Grüßen Sie Ihre liebe Frau.« (I.6.330)

Lebenswege werden in dem Gedicht verglichen. Sie werden zurückverfolgt auf den gemeinsamen Ausgangspunkt eines literarischen »Vereins«: ein Rückblick auf die literarischen Anfänge des Autors. Poesie vermittelt damals den Kontakt und verleiht den Rang – mehr als die gesellschaftlichen Chargen (»Studenten, Leutnants, Refrendare«). Doch auf die Gegenwart hin gesehen hat sich die Gewichtung im Verhältnis von literarischer und gesellschaftlicher Hierarchie genau umgekehrt. Der literarische Ausweis ist gegenstandslos geworden, und die gesellschaftliche Karriere, die aus »Leutnants« und »Studenten« »Genräle« und »Chefpräsidenten« gemacht hat, ist ausschlaggebend für die öffentliche Geltung. Die Absage an die Poesie erscheint hier geradezu als Bedingung gesellschaftlichen Aufstiegs und Erfolgs. Es ist der konsequente Ausdruck der veränderten Rangbestimmung, wenn der Schluß des Gedichts in ironischer Pointierung eben nicht dem Dichter das letzte Wort gibt, sondern es »Exzellenz« überläßt, in gesellschaftlich vorgefertigten Sprachschablonen den angemessenen Abstand gegenüber dem Dichter herzustellen.

Immer wieder beziehen sich die Gedichte auf diese unbefriedigende Situation des Schriftstellers. Auf die geringen Honorare und die dürftige materielle Situation wird angespielt, so in *Arm oder reich* (I.6.337f.). In *Auf der Treppe von Sanssouci* (I.6.262–264) versichert der alte Fritz auch der Gegenwart seine königliche Geringschätzung des »Poëte allemand«. Die allgemeine gesellschaftliche Geringschätzung verrät sich bei offiziellen Anlässen, wie der Zyklus *Aus der Gesellschaft* in mehreren Gedichten anschaulich macht (I.6.371–377). »Feierlichkeiten« (I.6.373) zumal werden zur Motivation, die gesellschaftliche Kluft zwischen dem Schriftsteller und dem »Offiziellen« hervorzukehren:

> Man ist nicht Null, nicht geradezu Luft,
> Aber es gähnt doch eine Kluft,
> Und das ist die Kunst, die Meisterschaft eben,
> Dieser Kluft das rechte Maß zu geben.
> Nicht zu breit und nicht zu schmal,
> Sich flüchtig begegnen, ein-, zwei-, dreimal,
> Und verbietet sich solch Vorüberschieben,
> Dann ist der Gesprächsgang vorgeschrieben:
> »Anheimelnder Kirchhof ... beinah ein Garten ...
> Der Prediger läßt heute lange warten ...«
> Oder: »Der Tote, hat er Erben?
> Es ist erstaunlich, wieviele jetzt sterben.« (I.6.373f.)

Der Dichter erkennt in der Skepsis, mit der ihn die Gesellschaft betrachtet, freilich auch die Reaktion auf die eigene kritische Haltung. Der unterschwellige Konflikt wird gerade an dem Aspekt der ›Feierlichkeit‹ gut faßbar. Die vom Dichter erwartete ›Feierlichkeit‹ würde auch ein Ernstnehmen, eine Bestätigung gesellschaftlicher Rollen und Rituale bedeuten. Doch genau solchen »Sinn für Feierlichkeit« spricht sich Fontane in *Was mir fehlte* ab:

> Ich blicke zurück. Gott sei gesegnet,
> Wem bin ich nicht alles im Leben begegnet!
> Machthabern aller Arten und Grade,
> Vom Hof, von der Börse, von der Parade,
> »Damens« mit und ohne Schnitzer,
> Portiers, Hauswirte, Hausbesitzer,
> Ich konnte mich allen bequem bequemen,
> Aber feierlich konnt' ich sie nicht nehmen.
> [...] (I.6.332)

Während der Feierlichkeit hier ganz deutlich affirmative Funktionen nachgesagt werden, impliziert die Unfeierlichkeit eine kritische Distanz. In Gedichten dieser Art wird sich das Dichten zum Thema. Das Bewußtsein des Abstands und die Gebärde des Beiseitestehens erscheinen als Folge einer vorgegebenen gesellschaftlichen Kluft. Aber sie sind auch Ausdruck einer Selbstbesinnung und gesellschaftskritischen Standortbestimmung des Schriftstellers.

»Die Stellung eines Schriftstellers ist miserabel«, schreibt Fontane in dem späten Aufsatz *Die gesellschaftliche Stellung der Schriftsteller* (III.1.573–577); gesellschaftliches Ansehen und wirtschaftliche Situation seien – von wenigen Ausnahmen abgesehen – in jeder Weise unbefriedigend. Geringschätzung und mangelndes ästhetisches Interesse, aber auch Mißtrauen gegenüber dem Subversiven dieser vermeintlich ›Catilinarischen Existenzen‹ sieht er als Ursache. Als zweifelhafter Weg einer Abhilfe werden vorübergehend »Verstaatlichung« und »Approbation« erwogen, als besserer Weg freilich: »Größere Achtung vor uns selber«. Die späten Gedichte handeln von der unbefriedigenden Stellung des Schriftstellers, aber auch von diesem Selbstbewußtsein. Die selbstironischen Schuldzuweisungen in *Was mir fehlte* (I.6.331 f.) oder *Verzeiht* (I.6.326), die sich für die Abweichung von etablierten Normen zu entschuldigen scheinen, sind in Wahrheit ein subtiles Bekenntnis zur eigenen Art, zu sich selbst. Oder um es an dem Spannungsbogen zu erläutern, den das Gedicht *Brunnenpromenade* durchläuft: Da scheint das gesellschaftliche Leben eines mondänen Badeorts den Dichter mit der Erfahrung seiner Nichtigkeit, ja dem Selbstverlust zu bedrohen. Doch der Schluß des Gedichts stellt in der kritischen Desillusion des gesellschaftlichen Treibens das Bewußtsein des eigenen Wertes wieder her:

> Zu Schemen ist plötzlich alles verschwommen,
> Ich bin wieder zu mir selbst gekommen,
> Und während mir Scheuheit und Demut entschlummern,
> Zähl' ich mich zu den »besseren Nummern«. (I.6.378)

Lyrik und Gesellschaft

Man hat sich daran gewöhnt, Fontanes Weg zum Gesellschafts- und Zeitroman als Weg zum ›eigentlichen‹ Fontane zu sehen. In der Öffnung für die Darstellung und Kritik des gesellschaftlichen Lebens erlangt das Erzählen seine eigene Modernität. Doch für erhebliche Teile der späten Lyrik gilt das ganz analog. Das Neue erwächst ihr in hohem Maße aus der Aufnahme gesellschaftlicher Erfahrung.

Das Gedicht *Brunnenpromenade* umschließt diesbezüglich geradezu eine Spiegelung des Weges, den die späte Lyrik Fontanes zurücklegt. Der Durchbruch zum Selbstbewußtsein des Schriftstellers, der hier als Erfahrung eines Kuraufenthaltes ausgegeben wird, läßt sich im übertragenen Sinn auch auf den Weg des Schriftstellers insgesamt beziehen. Bezeichnend für beide Geltungsebenen bleibt dabei: dem Erwachen des Schriftstellers zu sich selbst liegt die Konfrontation mit dem Leben der Gesellschaft voraus.

> Als ich ankam, Johannistag war grade,
> Gleich ging ich auf die Brunnenpromnade.
> Kaum wollt' ich meinen Augen traun,
> So viel des Herrlichen war da zu schaun,
> Eine lange Reihe der schönsten Damen,
> Wer zählt die Völker, wer nennt die Namen!
>
> Eine ganz Teint und Taille war,
> Aschblond das schlicht gescheitelte Haar,
> Blendende Zähne, feines Kinn,
> Typus einer Engländerin,
> Aber solcher, die palankin-überdacht
> Weit draußen ihre Tage verbracht,
> In Hongkong oder Singapor
> (Ihr Diener halb Malaie, halb Mohr),
> Und neben ihr plaudert ein junger Lord,
> Von Lachsfang im Stavanger-Fjord,
> Alles albionmäßig abgestempelt,
> Die Beinkleider unten umgekrempelt.
> [...] (I.6.377)

Die kritische Distanz verrät sich in diesen Versen schon in der Art und Weise, wie der Autor das Leben der guten Gesellschaft auf seine typischen Konturen zurückführt. Decouvrierend sind auch die Attribute, in denen dieses Typische gefaßt wird. Denn wenn z.B. im »Typus einer Engländerin« das Äußere wie Teint und Taille, Haar und Zähne besonders betont erscheint oder bei der

»Schönheit der Saison« wenig später das ›rote‹ Zubehör wie Kleid, Hut und Schleier in den Vordergrund gerückt wird, so ist dieses Vorwalten des Äußeren, modisch ›Abgestempelten‹ auch als Ausdruck einer Lebensform gemeint. Desillusionierende Funktionen übernimmt schließlich auch der Humor, der sich u. a. an der Kontrastierung von Anspruch und bewußt gemachter Belanglosigkeit und Trivialität artikuliert und alles als »Mummenschanz« (I.6.378) durchschaut. Aber gerade diese gesellschaftskritische Desillusionierung und der Weg des Schriftstellers zu sich selbst, von dem die letzten Verse handeln, sind nur zwei Seiten derselben Sache.

Das alles bestätigt die Nähe zum Roman. Gewiß gibt es gattungsbedingte Unterschiede. Der Lyrik eignet ein anderer Lakonismus des Sagens, wo sich die epische Darstellung eher verweilend ausbreitet. Aus der Bindung der Aussage an die Perspektive eines Gedicht-Ich resultiert eine Durchdringung von Subjektivität und objektivierender Aussage, die das Erzählen Fontanes nur in der Brechung zur Figurenperspektive kennt. Aber auch die Gemeinsamkeit der gesellschaftskritischen Einstellung ist nicht zu übersehen. Sie macht nicht nur eine wesentliche Dimension des Romans, sondern auch der Lyrik aus.

Am Beispiel des Zyklus *Aus der Gesellschaft* (I.6.371–377) kann man sich das noch eingehender vergegenwärtigen. Die Kritik darin ist teilweise noch wesentlich deutlicher und schärfer akzentuiert. Den Gedichten 1, 3 und 4 ist gemeinsam, daß sie das Gegeneinander von Persönlichem und Gesellschaftlichem thematisieren. Bei *Hoffest* hat Freundschaft hinter der Darstellung der gesellschaftlichen Rollen zurückzustehen (I.6.371f.). Ähnlich sind Urlaubsbekanntschaften, die sich über das soziale Gefälle hinweggesetzt hatten, bei offiziellem Anlaß rasch vergessen (*Der Sommer- und Winter-Geheimrat*, I.6.372f.). Der vertrautere Alltagsumgang mit »Offiziellen« weicht bei Beerdigungen einer steifen Repräsentation, die das soziale Gefälle hervorkehrt (*Auf dem Matthäikirchhof*, I.6.373f.). Das alles sind nur Varianten jenes Spannungsverhältnisses von Gesellschaft und Menschlichkeit, das W. MÜLLER-SEIDEL am Beispiel der Romane Fontanes aufgewiesen hat. In anderen Gedichten dieses Zyklus äußert es sich als Unvereinbarkeit von opportunistischem Karrieredenken und Gesinnung, so in *Der Subalterne* (I.6.372), *Wie man's machen muß* (I.6.375) und *Erfolganbeter* (I.6.375f.). Das sieht zunächst nach einer ›Moralkritik‹ an Haltungen aus, die es zu allen Zeiten gegeben hat. Und doch zeigt allein schon etwa der Vergleich mit dem Karrieredenken Innstettens in *Effi Briest* oder mit dem gesellschaftlichen Aufstieg der Frau Jenny

Treibel, daß es Fontane genauer betrachtet um die Kritik von Verhaltensnormen zu tun ist, die er in besonderer Weise mit der Gründerzeit und der Gesellschaft des zweiten Kaiserreichs verbunden sieht. Im Gedicht *Neueste Väterweisheit* (I.6.388) unterstreicht schon der Titel den Zeitbezug. Kritisiert wird darin ein Verhalten, in dem sich Ellbogenmentalität, Großspurigkeit und Streben nach Reichtum die Hand reichen. Die Verse nähern sich dabei der Schärfe der Satire. Sie imitieren den Gestus väterlicher Gebote, demaskieren gerade in der ironischen Identifikation mit dem Kritisierten. Unter dem Schein der Bestätigung wird in Wahrheit eine radikale Abwertung betrieben.

Es sind in ausgeprägter Weise Umwertungen, die hier und an anderer Stelle in der Lyrik faßbar werden. In *Arm oder reich* (I.6.337f.) scheint der Schriftsteller an einer verbreiteten Herrschaft des Kapitals teilhaben zu wollen, wenn er sein Faible für größte Reichtümer bekennt. Das schließliche Bekenntnis zur Armut scheint sich als resignative Hinnahme des real Möglichen zu verstehen. In Wahrheit hat das Gedicht die Fragwürdigkeit der Geldherrschaft längst bewußt gemacht. Das schließliche Bekenntnis zur Armut basiert auf einer Entscheidung, die die Dinge auf ihren wahren Wert hin befragt hat. Es ist das Ergebnis einer skeptischen Ausbalancierung des ›Für‹ und ›Wider‹, das den Dingen zukommt (vgl. auch S. 737f.). Ganz ähnlich beobachtet man dies in *Die Alten und die Jungen* (I.6.350). Das Ich dieses Gedichts ist gegenüber den Schwächen und Fragwürdigkeiten im Tun der »Jungen« nicht blind. Noch weniger vermag es sich mit dem »am Ruderbleibenwollen« der Alten zu identifizieren. Ein bemerkenswertes Zeugnis, das in Briefen und Romanen Fontanes seine deutliche Parallele hat: der altgewordene Dichter bekennt sich zu dem geschichtlichen Recht der Jugend. Die skeptische Konfrontation von Alter und Jugend, von Altem und Neuem, die schon der Titel ankündigt, trägt in dieses Gedicht etwas von jenem Bewußtsein der Zeitenwende, das in unmittelbarer zeitlicher Nachbarschaft auch zum zentralen Thema des *Stechlin*-Romans wird.

Die zeitkritische Intention äußert sich im Fall der beiden letztgenannten Gedichte schon in den titelgebenden Antithesen, die auf epochale Spannungsfelder verweisen. Sie setzt sich in die bewußt betriebenen Umwertungen hinein fort. Aber sie lebt dabei immer zugleich auch in dem ›unfeierlich‹-desillusionierenden Ton der Gedichte.

Der neue Ton

Überblickt man Fontanes Alterslyrik, so gewahrt man mancherlei Unterschiede, und dies schon den Modalitäten der lyrischen Aussage nach. Auf weiten Strecken herrscht die Ich-Aussage vor. Aber es gibt daneben auch den Duktus erzählender Gedichte wie *Fritz Katzfuß* (I.6.364–366) und *Hubert in Hof* (I.6.367–370), neben diesen wiederum ausgeprägte Rollengedichte wie *Wurzels* (I.6.359f.). In Gedichten wie *Mein Leben* (I.6.346) oder *Leben* (I.6.392) beobachtet man den monologischen Ton einer sich selbst zugewandten Reflexion; in *Wurzels*, aber auch in den fingierten Anreden, die mitunter die Replik des Ich motivieren (vgl. z.B. *Was mir gefällt*: »Du fragst: ob mir in dieser Welt/Überhaupt noch was gefällt?«, I.6.343), ausgeprägte Elemente eines dialogischen Sprechens. Häufig prägt Humor die Gedichte, aber zuweilen kennen sie auch die Schärfe der Satire (vgl. *Neueste Väterweisheit*, I.6.388). Es gibt also vielfältige Spielarten von Fontanes Alterslyrik. Aber durch alle hindurch beobachtet man das Vordringen eines eigentümlich lässigen, unpathetischen Tons, der schon den zitierten zeitgenössischen Rezensenten auffiel.

Nach G. MAHAL tragen in seiner Anthologie *Lyrik der Gründerzeit* (Tübingen 1973, S. 19) nicht wenige Gedichte dem Charakter der Epoche durch ausgeprägtes Pathos und einen »Kult des Formalen« Rechnung. Die Gedichte Fontanes sind dem genau entgegengesetzt. In den Aufzeichnungen *Die gesellschaftliche Stellung des Schriftstellers in Deutschland* (N XXI/2, S. 452–464, Zitat S. 460) konstatiert Fontane Anfang der achtziger Jahre, etwas »Theaterhaftes« sei über viele Autoren seiner Zeit gekommen, und wendet sich gegen das »Prinzip der Hochbindigkeit und der verschluckten Elle«; es sei »angenehmer, kluger, feiner, sich der Hochbindigkeit und aller Feierlichkeitsallüren zu enthalten«. In Gedichten wird der Verzicht auf Feierlichkeit thematisch, so vor allem in *Was mir fehlte*:

> Was mir fehlte
>
> Wenn andre Fortunens Schiff gekapert,
> Mit *meinen* Versuchen hat's immer gehapert,
> Auf halbem Weg', auf der Enterbrücke,
> Glitt immer ich aus. War's Schicksalstücke?
> War's irgendein großes Unterlassen?
> Ein falsches die Sach'-am-Schopfe-Fassen?
> War's Schwachsein in den vier Elementen,
> In Wissen, Ordnung, Fleiß und Talenten?
> Oder war's – ach, suche nicht zu weit,
> Was mir fehlte, war: Sinn für *Feierlichkeit*.

> Ich blicke zurück. Gott sei gesegnet,
> Wem bin ich nicht alles im Leben begegnet!
> Machthabern aller Arten und Grade,
> Vom Hof, von der Börse, von der Parade,
> »Damens« mit und ohne Schnitzer,
> Portiers, Hauswirte, Hausbesitzer,
> Ich konnte mich allen bequem bequemen,
> Aber feierlich konnt' ich sie nicht nehmen.
>
> Das rächt sich schließlich bei den Leuten,
> Ein jeder möchte was Rechts bedeuten,
> Und steht mal was in Sicht oder Frage,
> So sagt ein Reskript am nächsten Tage:
> »Nach bestem Wissen und Gewissen,
> Er läßt doch den rechten Ernst vermissen,
> Alle Dinge sind ihm immer nur Schein,
> Er ist ein Fremdling, er paßt nicht hinein,
> Und ob das Feierlichste gescheh',
> Er sagt von jedem nur: Fa il Re.«
>
> Suche nicht weiter. Man bringt es nicht weit
> Bei fehlendem Sinn für Feierlichkeit. (I.6.331f.)

Aber was hier nicht ohne Selbstironie als Unvermögen ausgegeben wird, erweist sich genauer besehen als Begründung der eigenen Haltung, auch als Bekenntnis dazu. Geradezu provozierend trägt der lässige Ton des Gedichts dem Ruf der Unfeierlichkeit Rechnung, akzeptiert der Autor die Rolle des »Fremdlings« in einer Gesellschaft, die ernst und feierlich genommen werden will. Feierlichkeit erscheint als das gesellschaftlich Geforderte, Unfeierlichkeit als Haltung der Distanz, der Skepsis und Kritik: eine der wichtigsten Stellen, an denen sich die zeitkritische Einstellung in den Ton der Gedichte umsetzt.

Der unfeierliche, betont unpathetische Ton der späten Lyrik Fontanes ist auffällig. Der Integration des Alltags entspricht ein der Umgangssprache angenähertes Sprechen. Warmer Kaffee, frische Semmeln, die Morgenzeitung in *Würd' es mir fehlen, würd' ich's vermissen?*: das ist Alltag auch in der Sprache, und mit der Schürze des Schlächters überschreitet das Gedicht vollends die Grenze des in ›hoher‹ Lyrik sprachlich-bildlichen Salonfähigen. Die Eindrücke, die den Alltag ausmachen, werden in eine lakonische Parataxe umgesetzt, die in gewollt einfacher und wie selbstverständlicher Folge die Aussagen aneinanderreiht. Mit der Zeile »Und tät' von alledem nichts wissen« gestattet sich der Autor Fügungen, die allenfalls umgangssprachlich legitim sind. Ähnlich im Titel und Anfang des Gedichts *Tu ich einen Spaziergang machen* (I.6.335f.).

Doch die vorgegebene Lässigkeit darf über die den Gedichten eigene Sprachbewußtheit nicht täuschen. Diese verrät sich u. a. in der bewußten Konfrontation und Integration gegensätzlicher Stilelemente und Stillagen oder auch dort, wo Umgangssprachlich-Beiläufiges ein Gewicht erlangt, das ihm normalerweise nicht gebührt. Man vergleiche z. B. die Eingangszeilen von *Was mir fehlte*:

> Wenn andre Fortunens Schiff gekapert,
> Mit *meinen* Versuchen hat's immer gehapert,
> Auf halbem Weg', auf der Enterbrücke,
> Glitt immer ich aus. War's Schicksalstücke?
> [...]

Da steht nun also für Glück und Erfolg in metaphorischer Überhöhung »Fortunens Schiff«. Das könnte, isoliert betrachtet, zunächst für einen Stil sprechen, der mit dem bildlichen Schmuck das Hohe und Gewählte sucht. Aber schon die Tatsache, daß mit Fortunens Schiff dann umgegangen werden kann wie mit jedem ganz normalen Schiff, bedeutet einen Vorgang bewußter Trivialisierung. Und wenn neben die Glücksmetapher Verben wie ›kapern‹ und ›hapern‹ treten, so ist damit vollends ein Stilbruch intendiert, der das vermeintlich Hohe auf die Ebene des Banalen und Alltäglichen und damit in eine Stillage herunterholt, die das Mißtrauen gegen alles Aufgesteifte und Feierliche ebenso zur Geltung bringt wie das nüchterne Urteil über die eigenen Chancen. An anderer Stelle scheint Fontane dem Postulat der Feierlichkeit schon eher zu entsprechen. »Und sind auch verschieden der Menschheit Lose [...]«: ein solcher Vers – er ist dem Zyklus *Aus der Gesellschaft* entnommen – könnte auch in einem Gedicht stehen, das in einer gehobenen Bildungs- und Literatursprache abgefaßt ist. Aber das Entgegenkommen bleibt Episode, und die Desillusion läßt nicht auf sich warten:

> Und sind auch verschieden der Menschheit Lose,
> Gleichmacherisch wirkt die Badehose,
> [...] (I.6.372)

Der Kontrast der Stillagen ist beabsichtigt. Aber bezeichnend ist auch das gesellschaftsbezogene Verhalten, das den Stillagen zugeordnet wird. Die Äußerung, die sich dem Feierlichkeitsbedürfnis zu bequemen scheint, bestätigt in der Verschiedenheit menschlicher Lose gesellschaftliche Rangordnungen. Der weniger respektvolle burschikose Ton der nächsten Zeile verkürzt sie auf das natürlich-menschliche Maß.

Wie schließlich Worte, die die Umgangssprache eher beiläufig gebraucht, zur aussagekräftigen und beziehungsreichen Sprachgebärde werden, macht beispielsweise das Gedicht *Ja, das möcht' ich noch erleben* (I.6.349f.) deutlich. »Eigentlich ist mir alles gleich«, »Eigentlich ist alles soso«, »Eigentlich ist alles nichts«: so beginnen drei der vier Versgruppen. Auch die wiederholte antithetische Gegenführung von »Eigentlich« und »Aber« gibt dem »Eigentlich« schon rein äußerlich ein auffälliges Gewicht, das freilich erst aus dem Gedichtkontext voll verständlich wird. »Eigentlich« und »soso«: das sind zunächst sprachliche Gesten einer Distanz zum Leben, die in einem Teil der Verse dann weiter begründet und veranschaulicht wird. Aber gerade die Betonung integriert dem »Eigentlich« um so nachdrücklicher die Frage, ob es sich wirklich so verhält. Schon vom Gedichteinsatz an bereitet sich so der Umschlag vor, mit dem sich das lyrische Ich die noch immer wachen Wünsche an das Leben eingesteht. Bereits das eine Wort beinhaltet in nuce die gesamte Gedichtaussage und trägt ganz wesentlich dazu bei, ihre Ambivalenz zu profilieren. Die Wendungen verraten ihre Nähe zur Umgangssprache, aber allein schon in den Stilfiguren der bewußten Reihung, der Antithese, der zum Ausdruck gebrachten Ambivalenz auch die hochgradige Bewußtheit der Komposition.

Fontanes späte Lyrik spielt den poetischen Aufwand und Anspruch eher herunter, als ihn hervorzukehren. Ob man sie z. B. mit Gedichten C. F. MEYERs oder den epigonalen Formkunst im Gefolge des Münchener Dichterkreises vergleicht: beiden gegenüber und in spürbarer Distanz dazu zeigt Fontane eine Lyrikskepsis eigener Art. Bereits das Verhältnis zum Spektrum lyrischer Gattungen ist bezeichnend – soweit sich die Gedichte nicht überhaupt einer eindeutigen gattungsmäßigen Zuordnung entziehen. Bevorzugt werden Formen, die im Lichte der Tradition einem spezifisch ›lyrischen‹ Ton keine günstigen Voraussetzungen bieten. Auffällig ist vor allem die Neigung zum Spruch, der freilich nicht selten eine neue Öffnung ins Persönliche erfährt, zum anderen die Tendenz zu Gedichten, in die ein ausgeprägteres erzählendes Moment eindringt. Aufschlußreich ist vor allem auch der Umgang mit den Gegebenheiten der Metrik. Die scheinbare Lässigkeit in der Handhabung der Sprache hat auf dieser Ebene eine bezeichnende Parallele. In einer Zeit, in der gerade die virtuose Verfügung über ein ausgedehntes Arsenal metrischer Möglichkeiten ein verbreitetes Ansehen genießt, entsteht mit Fontanes späten Gedichten eine Lyrik, die sich diesbezüglich mit einem Minimum zufriedengibt und eigentümlich anspruchslos verhält: eine Lyrik, die in ihrer Vorliebe für Knittelvers und Paarreim spürbar das Einfachste bevorzugt, ein strophisches Reglement weitgehend abweist. Kein Zweifel: Der Abstand von allem metrischen Prunk ist gewollt und versteht sich nicht als Ausdruck eines Unvermögens. Wie die Füllungsfreiheit des Knittel das prosanahe Sprechen begünstigt, so erweist sich die gewisse Schmucklosigkeit insgesamt einer Lyrik angemessen, die auf Alltags- und Zeitnähe bedacht ist, der Natürlichkeit, Wahrheit und Ehrlichkeit wichtiger sind als der schöne poetische Schein. Reim und Versmaß als metrische Konstanten sagen uns – verbunden mit der Kürze der Texte – unzweideutig, daß man es mit Gedichten zu tun hat. Aber die ästhetische Sensibilität zeigt sich erst dort, wo die Gedichte im Widerspiel von metrischer Bindung und in Anspruch genommener Freiheit ihren eigenen Ton gewinnen, wo sich noch in der Befolgung metrischer Normen die Distanz dazu verrät. Zum Kunstcharakter der späten Lyrik Fontanes gehört dieses Zugleich von hochbewußter Formung und vorgegebener Kunstlosigkeit. Dem entspricht auch die Selbstdeutung des Dichtens, wie sie in die Gedichte eingeht. In *Auch ein Stoffwechsel* (I.6.344) bekennt sich der Autor zu Hans SACHS und dem handwerklichen Mittelmaß. In *Verzeiht* (I.6.326) entschuldigt er den »Anekdotenkram« und sein Verweilen bei den »näheren Dingen« mit dem Hinweis, daß ihm der »Weitsprung« nicht liege. In *Fritz Katzfuß* wird der Kramladenlehrling zum eigenen »Vorbild« und »Ideal« (I.6.366). Doch das selbstironische Understatement ist allenthalben unüberhörbar. Hier reflektiert ein Autor auf sein Tun, der die Ferne zu allem Hohen, Großen, Pathetischen immer wieder eingesteht, der aber sehr wohl weiß, daß er sich – so in *Brunnenpromenade* – zu den »besseren Nummern« (I.6.378) zählen darf; ein Autor, der mit einer bekannten Äußerung gegenüber G. FRIEDLAENDER (28. 2. 1892, FFr, S. 173) feststellt: »Ohne einen gewissen Zauber der Form geht es nicht, nur kann dieser Zauber sehr verschieden sein, hie Platen, hie Bummelton, das eine, je nachdem, so schön und so berechtigt wie das andre.«

F. MARTINI (1959, S. 272–296, bes. S. 277–279) vor allem hat mit Nachdruck darauf hingewiesen, daß sich die Theorie des Romans im deutschen Realismus auf einen Grundwiderspruch zurückführen läßt, den bereits Georg Wilhelm Friedrich HEGELS Ästhetik als Konflikt zwischen der Poesie und der Wirklichkeit prosaisch gewordener Verhältnisse vorwegnimmt. Schon HEGEL sieht den Roman damit zugleich vor die Aufgabe gestellt, der Wirklichkeit das Element des Poetischen abzugewinnen. Und schon hier wird der Humor als eine bevorzugte Form gedeutet, die »Entzweiung von Poesie und Wirklichkeit« bewußt zu machen und zugleich aufzuheben (vgl. dazu neben MARTINI, 1959, vor allem W. PREISENDANZ, 1963 in dem HEGEL gewidmeten Kap. S. 118–142, Zitat S. 129). HEGEL sieht die Lyrik vor keiner prinzipiell anderen geschichtlichen Situation, wenn er ihr die Möglichkeit zuspricht, daß sich in ihr »das Subjekt [...] in einer schon prosaisch ausgeprägteren Welt seines poetischen Innern bewußt wird« (*Sämtliche Werke*, hg. von H. GLOCKNER, Bd. 14, Stuttgart 1954, S. 435). Dennoch wird sie damit eindeutiger auf die Autonomie einer poetischen Gegenwelt festgelegt. Das muß andererseits aber auch zu einem radikaleren Bruch mit ihrem traditionellen Selbstverständnis führen, wo sie sich ›prosaischer‹ Verhältnisse annimmt. Hier liegt das Wagnis, das die späte Lyrik Fontanes eingeht. Ihr Autor weiß: »Es ist das Schwierigste, was es gibt (und vielleicht auch das Höchste), das Alltagsdasein in eine Beleuchtung zu rücken, daß das, was eben noch Gleichgültigkeit und Prosa war, uns plötzlich mit dem bestrickendsten Zauber der Poesie berührt.« (N XXII/2.696, Besprechung von H. IBSENS *Wildente*) Alltag als Gegenstand von Gedichten, die Annäherungen der Verse an die Umgangssprache, der distanzierte Umgang mit den Elementen des Gedichts u.a.m.: das alles sind nur unterschiedliche Erscheinungsformen, in denen der Grundwiderspruch von ›Prosa‹ und ›Poesie‹ – mehr oder minder offen – faßbar wird. Es sind zugleich Punkte, in denen der Humor günstige Ansatzflächen findet.

Das zeigt sich z.B. in *Fritz Katzfuß*. Das Gedicht bringt die Prosa des Kramladens mit GOETHES Gedichten, gar mit der Poesie der »Mignonlieder« zusammen. »Hering, Schlackwurst, Datteln, Schweizerkäse/Samt Pumpernickel, Lachs und Apfelsinen« (I.6.364) verfremden den mit Klassik-Assoziationen befrachteten Blankvers. Der Humor vermittelt das Auseinanderliegende und gewinnt daran seine Gestalt. Er trägt wesentlich dazu bei, das scheinbare Chaos der aufgenommenen Alltagsprosa zum literarischen Bild von Leben und Wirklichkeit zu formen.

Der Humor hat für Fontanes Lyrik keine geringere Bedeutung als für den Roman. Auffälliger ist er in den Gedichten noch dadurch, daß er in der Geschichte der Lyrik nicht gleichermaßen beheimatet ist. Wie wenig er aber auch hier auf ›heiteres Darüberstehen‹ (so der Titel der 1937 erschienenen *Familienbriefe. Neue Folge*, der dann zum Signum einer harmonisierenden Richtung der Fontane-Deutung wird) und unkritische Aussöhnung festzulegen ist, zeigt seine latente Bereitschaft, gesellschafts- und zeitkritische Funktionen zu übernehmen. In *Arm oder reich* z.B. trägt er wesentlich dazu bei, das wenig lyrische Thema des Geldes poesiefähig zu machen, doch dies zugleich mit unverkennbar kritischer Intention. Das lyrische Ich begründet den mangelnden »Respekt vor dem Geld«, den man ihm vorwirft, zunächst mit dem Argument, daß ihm der Reichtum, den es in seiner Nähe demonstriert bekomme, einfach zu klein sei:

> Was, um mich herum hier, mit Golde sich ziert,
> Ist meistens derartig, daß mich's geniert;
> Der Grünkramhändler, der Weißbierbudiker,
> Der Tantenbecourer, der Erbschaftsschlieker,
> Der Züchter von Southdownhammelherden,
> Hoppegartenbarone mit Rennstallpferden,
> Wuchrer, hochfahrend und untertänig –
> Sie haben mir alle viel, viel zu wenig.
> [...] (I.6.338)

Die Respektlosigkeit geht in den respektlosen Ton ein. Die Überführung etwa des Barons mit Rennstall in den »Hoppegartenbaron« ist eine literarische Degradierung. Hier sind es die nach Besitz Strebenden und auf ihren Besitz Stolzen, die der Autor nicht nimmt, wie sie genommen sein wollen, ihnen vielmehr in den ungenierten Wortungetümen etwas von der Komik aufgeplusterter Existenzen mitteilt. Der Untertreibung – »sie haben mir alle viel, viel zu wenig« – folgen Verse, die in ihren Übertreibungen den Größenwahnsinn zu streifen scheinen:

> *Mein* Intresse für Gold und derlei Stoff
> Beginnt erst beim Fürsten Demidoff,
> Bei Yussupoff und bei Dolgorucky,
> Bei Sklavenhaltern aus Süd-Kentucky,
> Bei Mackay und Gould, bei Bennet und Astor –
> Hierlandes schmeckt alles nach Hungerpastor –
> Erst in der Höhe von Van der Bilt
> Seh' ich *mein* Ideal gestillt:
> Der Nil müßte durch ein Nil-Reich laufen,
> China würd' ich meistbietend verkaufen,
> Einen Groß-Admiral würd' ich morgen ernennen,
> Der müßte die englische Flotte verbrennen,
> Auf daß, Gott segne seine Hände,
> Das Kattun-Christentum aus der Welt verschwände.
> *So* reich sein, *das* könnte mich verlocken –
> Sonst bin ich für Brot in die Suppe brocken. (I.6.338)

Doch gerade die bewußte Übertreibung, das klangfreudige Schwelgen im Überdimensionalen, Exotischen und schließlich

Surrealen, wird zum Ausdruck der Distanzierung, noch bevor die Schlußpointe des Gedichts solchen Höhenflug jäh abbricht. Die Kritik wird deutlicher, wenn in paradoxer Zuspitzung und in Anspielung auf einen christlich verbrämten Imperialismus der Zeit Geld am Ende als Machtmittel gedacht wird, um die Ausübung von Macht zu verhindern. Das humoristische Spiel überraschender Wertungen und Umwertungen, mit denen uns das Gedicht konfrontiert, wird eingesetzt, um die Herrschaft des Geldes ad absurdum zu führen.

In der Äußerungsweise des Gedicht-Ichs wird dabei eine Subjektivität greifbar, die zu den Bedingungen des Humors wie auch der Lyrik insgesamt gehört, wie sie hier in Erscheinung treten. In den unterschiedlichsten Abtönungen gibt sie sich zu erkennen: als selbstironisches Raisonnement, als schalkhafte Übertreibung oder doppelbödige Argumentation, im Spiel der Wertungen und Umwertungen, als Bereitschaft zu lachen, ohne die kritische Haltung aufzugeben. Sie trägt entscheidend dazu bei, die Disparatheit der aufgerufenen Zeit- und Weltbezüge zu einem Ganzen zu vermitteln. Von einer epigonal und erbaulich gewordenen Erscheinungsweise von Lyrik im Sinne einer Darstellung von Gefühlen hält sie sich gleich weit entfernt wie von der scheinbar objektiven Vergegenwärtigung des Dinglichen. In dem hohen Anteil der Reflexivität versteht sie sich eher in einem bereits recht modernen Sinn als literarische Äußerungsweise von Bewußtseinszuständen und -prozessen.

Fontanes späte Lyrik ist gegen die Konventionen zeitgenössischer Lyrik geschrieben. Aber gerade die Distanz dazu und die kritische Auseinandersetzung mit der geschichtlichen Entwicklung seit der Gründerzeit geben ihr ihre eigene Überzeugungskraft. Der Realismus, dem man sonst kein besonders freundliches Verhältnis zur Lyrik nachsagt, hat hier eine höchst eigenwillige und reizvolle Spielart der Lyrik seiner Epoche hervorgebracht.

Wandel der Ballade

Seine Balladen vor allem machen den jungen Schriftsteller Theodor Fontane bekannt. Im »Tunnel über der Spree«, dem er beitritt, pflegt man diese Gattung wie keine andere; die Wiederbelebung der Ballade ist das erklärte Ziel. Wie wenig neu die geschaffene Balladendichtung aus heutiger Sicht indessen ist, hat die Forschung inzwischen nachdrücklich betont: Die vermeintliche Erneuerung steht im Zeichen bloßer Restauration, eines literarischen Bewußtseins, das die Gegenwart verfehlt (vgl. zur Situation der Ballade um die Mitte des 19. Jahrhunderts und zum Urteil über die »Tunnel«-Dichtung eingehender W. Hinck, *Die deutsche Ballade von Bürger bis Brecht. Kritik und Versuch einer Neuorientierung*, Göttingen 1968, S. 87–93). Moritz von STRACHWITZ gibt den Ton an – mit Balladen, in denen ritterliches Heldentum und ein entsprechend pathetischer Stil späte Triumphe feiern. Fontane hat in seinen Gedichten so konservativ nicht begonnen, gerät aber zunehmend in den Sog des restaurativen Programms. Vergleicht man seinen *Archibald Douglas* mit STRACHWITZ' *Das Herz von Douglas*, so schneidet das Fontane-Gedicht mit seinem stilleren Heldentum und seinem milderen Pathos zwar noch immer vorteilhaft ab. Doch insgesamt sind auch die Balladen des jungen Fontane vom Verdikt einer unzeitgemäß aristokratischen und pathetischen Kunstübung nicht ganz auszunehmen. Sie bestätigen das Retrospektive einer ›musealen‹ gewordenen Gattung.

Fontane ist sich der Erneuerungsbedürftigkeit der Ballade in späteren Jahren vollauf bewußt. Das zeigen vor allem die Briefe aus seinem letzten Lebensjahrzehnt an Pol de MONT, einen belgischen Gymnasiallehrer, Kunstkritiker und Schriftsteller, die erst 1972 veröffentlicht werden (J. GOMEZ, 1972). De MONT rezensiert die dritte Auflage der Fontane-Gedichte und übersendet dem Autor gelegentlich eigene Balladen. Doch obwohl Fontane ihn schätzt, bisweilen sogar seinen »Freund« (an MARTHA, 17. 2. 1891, IV.4.96) nennt, fällt die grundsätzlich gemeinte Kritik anläßlich dieser Balladen deutlich genug aus: Versuche, die Ballade aus einer bloßen Wiederbelebung der Überlieferung – hier der Anschließung an die ›germanische Volksballade‹ – zu erneuern, seien zum Scheitern verurteilt. Entweder müsse man »dem alten Balladenton eine neue Stoffwelt, oder der alten Stoffwelt eine neue oder wenigstens einen sehr veränderten Balladenton zuführen. Am Besten ist es, wenn wir *Beides* auffrischen« (an P. de MONT, 24. 5. 1887, GOMEZ, 1972, S. 468f.). In einem späteren Brief (17. 12. 1889, ebd., S. 470f.) bezieht sich Fontane auf eine Gruppe eigener Altersballaden, in denen er versucht habe, »mehr oder weniger moderne Stoffe, zum Theil allermodernste, in die Balladenbehandlung hineinzuziehen« – und zwar »in der *Brück' am Tay*, *John Maynard*, auch in den zwei Walter-Scott-Gedichten, in *Alte Fritz-Grenadiere*, *Märkische Reime*, den vier Gedichten auf Kaiser FRIEDRICH und endlich in *Herr von Ribbeck auf Ribbeck im Havelland*«. Die »Hauptsache« bleibe ihm freilich immer der »Balladenstil und Balladenton«. Auch bezüglich der eigenen Balladen der späteren Zeit bekennt er sich also zu neuen Stoffen und einem neuen Ton: in Gedichten, die an die zurückliegenden literarischen Anfänge anzuknüpfen scheinen und sich doch zugleich weit davon entfernen.

Die genannten Gedichte lassen sich durchaus in mancher Hinsicht zu Konventionen der Ballade in Beziehung setzen. In ihrer Mehrzahl begeben sie sich in die Welt der Geschichte. Sie kennen noch, wie verwandelt auch immer, ein gewisses Heldentum, z.B. in *John Maynard* (I.6.287–289). Das Gespenstische, das in *Brück' am Tay* (I.6.285–287) begegnet, ist aus der Tradition der Ballade ebenso vertraut wie das ›dramatische‹ Element in den beiden letztgenannten Gedichten. Aber auf Schritt und Tritt wird auch deutlich, wie subversiv Fontane mit den Elementen der Konvention umgeht. Der Titelheld in *Walter Scotts Einzug in Abbotsfort* (I.6.159–161) handelt nicht, sondern überschaut in träumerisch-distanzierter Kontemplation den mit historischen Requisiten beladenen Wagenzug. Der humpelnde Alte in *Alte-Fritz-Grenadiere* (I.6.220–222) taugt nur sehr bedingt zum ›Helden‹, der vertraulich als »Fritze« angesprochene Herrscher ebenso. In *Märkische Reime* (I.6.250–252) wird eine »Siegesbotschaft« dadurch gebrochen, daß sie jemand überbringt, dessen Gang als ›Laatschen‹ qualifiziert wird; und bei der Inszenierung des »Fehrbelliner Schlachtfeld[s]« gilt das Interesse weniger dem Schlachtgetümmel von einst als dem Hafer der Gegenwart, der alles überwuchert.

Wie sehr die Umbildungen die Ballade verändern, sei an Beispielen gezeigt. *John Maynard* (I.6.287–289; vgl. dazu K. RICHTER, 1988) zählt zu den bekanntesten Balladen Fontanes. Handelt *Die Brück' am Tay* (I.6.285–287) von einer Eisenbahnkatastrophe, so geht es hier um eine Schiffskatastrophe. Die Bezugnahme auf den technischen Fortschritt, im Licht der Katastrophen skeptisch akzentuiert, stellt ein neues Thema der Ballade dar. Überhaupt ist die Nähe zur Gegenwart gesucht, nicht die Entrückung in ferne geschichtliche Welten. Solche Gegenwartsnähe wird noch durch die amerikanische Topographie (Eriesee, Detroit, Buffalo) unterstrichen; war die Entfernung der Ballade in Räume der neuen Welt doch auch eine Entscheidung gegen die Vergegenwärtigung aristokratischer Lebensbilder. Der Text spiegelt die verjüngte Lebenswelt einer modernen demokratischen Gesellschaft. John Maynard ist auf seine Weise ein Held, wenn er sich selbstlos für die anderen opfert. Und doch wird sein Heldentum in vielfältiger Weise relativiert. Sein Handeln hat wenig von den spektakulären Taten geschichtlicher Helden, deren sich die Dichter im »Tunnel über der Spree« so oft annehmen. Es bleibt eingebettet in ein Arbeitsverhältnis, das in der selbstverständlichen Ausrichtung auf die

Befehle des Kapitäns, das Wohl der Passagiere und die einmal übernommene Funktion des Steuermanns Bedingungen einer modernen Dienstleistungsgesellschaft reflektiert. Fontane hebt John Maynard aus der Allgemeinheit heraus, beläßt ihm aber die gewisse Selbstverständlichkeit eines Pflichtbewußtseins, das auch in Grenzsituationen das Rechte tut. Das Heldentum des Steuermanns ist also im Kontext eines Berufsalltags zu sehen, vor dem es seinen Glanz gewinnt, der die heldische Pose aber auch zurücknimmt. Gleichzeitig werden durch den Text hindurch die sozialen Bezüge in der wechselseitigen Verpflichtung des Einzelnen und der Gemeinschaft in neuer Weise akzentuiert.

Den Änderungen des Tons, wie man sie an der Lyrik beobachtet, scheinen hier allein schon durch die gewisse ›Dramatik‹ des Geschehens andere Grenzen gesetzt. Aber sie fehlen auch nicht. »Noch da?«, »ich halt's!«: in solchen elliptischen Verkürzungen nähert sich der Ton des Gedichts der Umgangssprache. Der Eindruck des Einfachen, Lässigen, bestätigt sich im Ganzen des Gedichts auch hier in der Tendenz zu zwanglos reihender Parataxe, die durch häufigen anaphorischen Versbeginn noch unterstrichen wird. Und er bestätigt sich vor allem auch in metrischer Hinsicht. Die Ballade erweist sich diesbezüglich nicht als sehr wählerisch: Im Regelfall hat man es mit vierhebigen, paarweise gereimten Versen zu tun, die sechszeilige Strophen bevorzugen. Doch fällt auf, wie frei mit solchen ›Normen‹ umgegangen wird. Die strophische Gruppierung variiert von zwei bis zehn Versen; die Abfolge von Hebungen und Senkungen nimmt immer wieder eine Füllungsfreiheit in Anspruch, die das jambische Grundmaß in den Knittel zu überführen beginnt; häufiger Gegenlauf von metrischem Akzent und natürlichem Wortakzent zwingt zu schwebender Betonung. Freilich wird nicht zuletzt an ihr ersichtlich, wie kunstvoll in Wahrheit vorgegangen wird, wenn z. B. in der ersten Strophe die rhythmische Verspannung von metrischer und Wortbetonung den Namen und das sinnbetonte »Aus hielt er« besonders heraushebt. Allgemeiner formuliert: Der Autor des Gedichts spielt den Kunstaufwand herab, was aber nichts daran ändert, daß höchst kunstbewußt verfahren wird. Die Lässigkeit im Umgang mit den Elementen des Gedichts, ja selbst die gelegentliche ›Rauheit‹ im Widerspiel von Norm und Normüberschreitung erweisen sich als kompositionelle Strategie. Sie nähert das ›Bild der Kunst‹ dem ›Bild des Lebens‹ an, was Fontane schon früh vom ›Realismus‹ verlangt (vgl. seinen Aufsatz *Unsere lyrische und epische Poesie seit 1848* von 1853, III.1.236–260). Und sie entfernt von der formalen ›Glätte‹ eines verbrauchten Balladentons.

Nirgends hat sich Fontane weiter von allen Konventionen der Ballade entfernt als in *Herr von Ribbeck auf Ribbeck im Havelland* – (I.6.255 f.). Ein Landadliger, der sich seine Taschen mit Birnen vollstopft, ein Junge »in Pantinen« und auch die »Lütt Dirn«: sie bieten kein Personal für eine herkömmliche Ballade. Und die gütige List des Alten, der die Kinder über seinen Tod hinaus an den Früchten seines Gartens teilhaben läßt, wäre auch keine ihr gemäße Handlung. Vor allem aber hat sich Fontane hier dem Ton nach wohl am radikalsten von allen traditionellen Mustern entfernt. Die Nähe zu Alltag und Umgangssprache wird durch die dialektalen Einsprengsel noch unterstrichen. Eine entspannte humoristische Erzählhaltung hat jedem noch so geringen ›dramatischen‹ Rest den Boden entzogen.

Schon in dem Gedicht *An Klaus Groth* (1878) distanziert sich Fontane von seinem frühen »Balladenkroam« und bekennt seinen veränderten Geschmack:

[...] »Fründ, si mi nich bös,
Awers all dat Tüg is to spektakulös;
Wat süll all de Lärm? Woto? Upp min Seel,
Dat allens bumst un klappert to veel;
Ick bin mihr för allens, wat lütt un still,
En beten Beschriewung, en beten Idill,
Wat läuschig ist, *dat* wihr so mine Oart,
Dat Best' bliewt doch ümmer dat Menschenhart.«
[...] (I.6.325)

Kein Gedicht macht die danach geschehene Wende besser anschaulich als *Herr von Ribbeck auf Ribbeck im Havelland*.

Ein wenig erstaunt hat Fontane seinen »zweiten Balladenfrühling« (REUTER, S. 776, vgl. an THEODOR, 4. 6. 1885, IV.3.391 f.) registriert. Überschätzen wird man ihn nicht, geht es doch um kaum mehr als ein rundes Dutzend von Texten. Aber insgesamt kann man sagen, daß Fontane die in den Briefen an de MONT erhobene Forderung inhaltlicher und stilistischer Erneuerung darin sehr bewußt einlöst. Die Altersballaden repräsentieren eine verjüngte Position in Fontanes eigenem Balladenschaffen, aber auch in der Balladengeschichte des 19. Jahrhunderts.   KARL RICHTER

Literatur

W. BÖLSCHE, Theodor Fontane als Lyriker. Zu des Dichters 70. Geburtstag, in: Die Gegenwart 37 (1890), S. 5–7. – T. VON SOSNOSKY, Theodor Fontane als Lyriker, in: Vossische Zeitung. Sonntagsbeilage Nr. 39, 24. 9. 1911, S. 307–309. – F. MARTINI, Zur Theorie des Romans im deutschen ›Realismus‹, in: Festgabe für E. Behrend, Weimar 1959, S. 272–296, bes. S. 277–279. – W. MÜLLER-SEIDEL, Gesellschaft und Menschlichkeit im Roman Theodor Fontanes, in: *Heidelberger Jahrbücher* 4, 1960, S. 108–127. – Wege zum Gedicht. Bd. 2: Interpretation von Balladen, hg. von R. HIRSCHENAUER/A. WEBER, München 1964. – W. WEBER: Fontane: »Es kribbelt und wibbelt weiter«, in: W. W., Tagebuch eines Lesers, Olten und Freiburg i. Br. 1965, S. 65–69. – M. FUJITA, Ein umstrittener Spruch des alten Fontane, in: FBl Bd. 1, H. 8 (1969), S. 410–422. – H.-H. REUTER, Noch einmal: Ein umstrittener Spruch des alten Fontane, Ein unbekanntes Thomas-Mann-Zeugnis, zugleich ein notwendiger Schlußstrich, in: FBl Bd. 2, H. 1 (1969), S. 60–62. – Unveröffentlichte Briefe an Pol de Mont. Ein Beitrag zu Fontanes Theorie der Ballade mitgeteilt von J. GOMEZ, in: FBl H. 15 (1972), S. 465–474. – G. M. von ROSSUM, Fontane und der Balinesische Krieg, in: FBl H. 19 (1974), S. 205–213. – K. RICHTER, Die späte Lyrik Theodor Fontanes, in: AUST, Fontane, 1980, S. 118–142. – Ders., »Sonst bin ich für Brot in die Suppe brocken …« Theodor Fontanes Gedicht »Arm oder reich«. In: FBl H. 35 (1983), S. 339–347 (leicht abgewandelt in: Gedichte und Interpretationen Bd. 4: Vom Biedermeier zum Bürgerlichen Realismus, hg. von G. HÄNTZSCHEL, Stuttgart 1983, S. 435–446). – W. PREISENDANZ, Humor als dichterische Einbildungskraft, München ³1985. – K. RICHTER, Lyrik und geschichtliche Erfahrung in Fontanes späten Gedichten, in: FBl H. 39 (1985), S. 54–67. – F. FABIAN, Die Geschichte vom alten Birnbaum. In: FBl H. 43 (1987), S. 505–510. – K. RICHTER, Stilles Heldentum. Kritik und Utopie gesellschaftlicher Wirklichkeit im Zweiten Kaiserreich. Zu Theodor Fontanes »John Maynard«, in: Gedichte und Interpretationen. Deutsche Balladen, hg. von G. E. GRIMM, Stuttgart 1988, S. 339–365. – C. BICKMANN, »So banne dein Ich in dich zurück«. Zum gedanklichen Gehalt der Spätlyrik Fontanes, in: TuK Fontane. München 1989, S. 203–217. – G. KUNERT/G. GACKENHOLZ, Kontroverse über ein Fontane-Gedicht, in: FBl H. 49 (1990), S. 40–44 (zu: Es kribbelt und wibbelt weiter). – H. BLUMENBERG, Lebensgedichte. Einiges aus Theodor Fontanes Vielem, in: Akzente 38 (1991), S. 7–28. – H. NÜRNBERGER, 1991, s.u. 3.2.1. – B. PLETT, 1991, s.u. 3.2.1. – F. SCHÜPPEN, Ein Hauch vom ganzen Fontane: »Was ich wollte, was ich wurde …«, in: Jb der Raabe-Ges 1991, S. 129–131. – R. BERBIG: »In Lockenfülle das blonde Haar«/»Allzeit im Sattel und neunzehn Jahr«. Die Bismarck-Gedichte in Paul Lindaus Zeitschrift »Nord und Süd« 1885, in: FBl H. 53 (1992), S. 42–57. – F. WIPPICH, Fontanes Balladen im Literaturunterricht: »Die Brück' am Tay«, »John Maynard« und »Die Balinesenfrauen auf Lombok«, in: DU 47 (1994), H. 12, S. 583–597. – E. KAISER, »Butterstullen statt Kanonen«: zur Entstehung eines Fontane-Gedichts, in: WW 48 (1998), 2, S. 173–182. – T. KÜPPER, »… leuchtet's wieder weit und breit«. Zur Popularität der Ribbeck-Ballade, in FBl H. 67 (1998), S. 106–121.

3.3 Autobiographische Schriften und Zeugnisse

3.3.1 Das autobiographische Werk

Als Erzähler persönlicher Erlebnisse ist Fontane in Reisebüchern und berichtähnlichen *Tagebuch*aufzeichnungen lange vor den im engeren Sinn autobiographischen Werken hervorgetreten. Bereits die seinerzeit ungedruckt gebliebene Darstellung seiner ersten Reise nach England 1844 bildet in diesem Sinne einen frühen Bestandteil seiner Biographie, die, wenn auch nicht ohne narrative Ausschmückung, eine prägende Erfahrung seiner Jugend vergegenwärtigt. Dies gilt cum grano salis auch für einige der in *Ein Sommer in London* gesammelten Korrespondenzen, ebenso für Feuilletons aus der Zeit des dritten Aufenthalts in England 1855–1859, vor allem für den durchgehend in der Ich-, beziehungsweise Wir-Form erzählten Band *Jenseit des Tweed* über die Schottlandreise im Herbst 1858. In den sechziger und siebziger Jahren erfolgen solche kleinere und größere Darstellungen, die eine im besonderen Maße persönliche Färbung zeigen, noch von anderen europäischen Schauplätzen: Im Jahre 1864 sind es die Reportagen *Aus dem Sundewitt* und *Reisebriefe aus Jütland*, 1865 *Roeskilde und Kopenhagen*, 1866 die *Reisebriefe vom Kriegsschauplatz* in Böhmen, 1870 der Erlebnisbericht *Kriegsgefangen*, 1871 *Aus den Tagen der Okkupation, Eine Osterreise durch Nordfrankreich und Elsaß-Lothringen*. Einige Kapitel im Band *Die Grafschaft Ruppin* der *Wanderungen durch die Mark Brandenburg* (vgl. »Michel Protzen« und »Civibus aevi futuri«) sind deutlich autobiographisch geprägt (Reuter, 1969, 18 ff.). Auch Zusammenhänge zwischen Romanwerk und Autobiographie sind zu bemerken und wiederholt Gegenstand der Forschung gewesen (W. Müller-Seidel, 1969; B. Doust, 1970; M. Scheffel, 1998; H. Streiter-Buscher, 1998). Nicht wenige Gedichte Fontanes sind von autobiographischem Aussagewert, besonders seine Alterslyrik, geprägt von geistvoller Resignation und teils bitterer, teils schalkhaft-lapidarer Behandlung der Künstlerproblematik (K. Richter, 1966; H. Nürnberger, 1991; B. Plett, 1991). Aber noch manche andere mehr periphere Publikation Fontanes wäre in solchem Zusammenhang zu nennen, etwa *Ein letzter Tag in Italien* (1874), *Briefe aus Mecklenburg* (1875, im Anschluß an einen bereits fünf Jahre zurückliegenden Aufenthalt in Warnemünde und Doberan verspätet publiziert). Tagebücher und Notizen über Reisen in Deutschland, der Schweiz und Italien, die zu Fontanes Lebzeiten unveröffentlicht blieben, sind inzwischen im Druck erschienen und referieren ebenso wie die erhalten gebliebenen *Tagebücher* Stationen der Biographie in subjektiver Sicht. Beiträge für das Feuilleton und Antworten auf die Rundfragen von Redaktionen erweisen sich ebenfalls als unvermutet persönlich aussagekräftig. Schließlich eignet der umfangreichen Korrespondenz über weite Strecken autobiographische Qualität.

Die genannten Darstellungen sind in vorliegendem Handbuch aus gattungsgeschichtlichen oder auch nur pragmatischen Überlegungen Werkgruppen zugeordnet, denen sie in erster Linie nahestehen. Im vorliegenden Zusammenhang finden sie lediglich bibliographisch, und auch dies nur ausnahmsweise, Berücksichtigung. Vielmehr geht es um die autobiographischen Darstellungen im engeren Sinn, die ihren Stoff aus großem, oft Jahrzehnte währendem Abstand rekapitulieren und ihn zugleich einer auswählenden Ordnung und Interpretation unterwerfen. Dabei ist es für Fontanes Darstellungsweise charakteristisch, daß er oft nur als Miterlebender, nicht so sehr als Hauptfigur des Erzählten in Erscheinung tritt. So finden wir ihn in den achtziger Jahren seines Jahrhunderts mit biographischen Arbeiten und Plänen über Personen seines engeren Lebensumkreises beschäftigt, denen erkennbar ein autobiographisches Element innewohnt. Ausgeführt wurde damals nur die 1884 erschienene Biographie über Christian Friedrich SCHERENBERG. Während diese noch im Vorabdruck erschien, trug Fontane sich mit dem Gedanken einer Biographie über George HESEKIEL, auf die er sich im Vergleich noch mehr freute, »weil das Hesekielsche Leben bunter und mannigfacher und namentlich reicher an humoristischen Zwischenfällen« als das SCHERENBERGS war. Daß in dieser Biographie auch sehr viel eigenes Leben zur Erörterung gestanden hätte, zeigt das HESEKIEL-Kapitel in *Von Zwanzig bis Dreißig*. Fontane kam von diesem Vorhaben jedoch wieder ab, weil ihn die Reaktion der Witwe und der Tochter seines einstigen Freundes auf das Wenige, was er in dem SCHERENBERG-Buch von dessen Lebenswandel erzählt hatte, enttäuschte. Henriette von MERCKEL berichtet, daß Fontane sich nach dem Tod seines Sohnes GEORGE mit dem Plan einer Biographie seines Ältesten trug. Auch dieses Vorhaben blieb unverwirklicht.

Ein enger Schaffenszusammenhang ist zu beachten: Die beiden als Buchpublikationen geplanten und ausgeführten autobiographischen Werke sind in Verbindung mit annähernd gleichzeitig verfaßten Romanen entstanden. *Meine Kinderjahre* korrespondiert mit *Effi Briest*, *Von Zwanzig bis Dreißig* mit *Der Stechlin* (MÜLLER-SEIDEL, 1969, S. 399).

Noch weiter reichende autobiographische Pläne (*Schuljahre*, nur einmal in einem Brief an Julius RODENBERG erwähnt, *Kritische Jahre – Kritiker-Jahre*) blieben unausgeführt, beziehungsweise unabgeschlossen. Fontane hat jedoch mit dem Ziel seiner literarischen Profilierung schon früh auch den einen oder anderen kleinen zweckbestimmten autobiographischen Überblick verfaßt: etwa in dem Brief an Ignaz HUB vom 31. 12. 1851 (IV.1.198f.) oder das für Theodor STORM bestimmte »Curriculum vitae« vom 14. 2. 1854 (IV.1.374–377). Ebenso verfertigte er aufforderungsgemäß kleine biographische Selbstdarstellungen für Nachschlagewerke, von denen die für den *Brockhaus* von 1874 nicht nur in der vom Verlag redigierten Druckfassung, sondern im Manuskript erhalten ist (P. GOLDAMMER, 1996). Wie nicht anders zu erwarten, lassen alle diese Texte ein mehr oder minder ausgedehntes Maß von Selbststilisierung erkennen (P. WRUCK, 1998, 61 ff.), wofür die unterschiedlichen Angaben über den ungeliebten Apothekerberuf das bezeichnendste Beispiel bieten.

Der Kernbestand von Fontanes autobiographischen Schriften liegt seit 1982 in der dreibändigen Ausgabe des Aufbau-Verlags (AA.I-III) – erweitert um die erstmals vollständig publizierten »Tunnel«-Protokolle Fontanes – in sorgfältiger und schlüssiger Kommentierung vor.

Christian Friedrich Scherenberg und das literarische Berlin von 1840 bis 1860

Fontanes Biographie über SCHERENBERG (1798–1881) im Zusammenhang seines autobiographischen Werkes zu lesen, ist mittlerweile Gemeingut der Forschung (REUTER, S. 100; WRUCK, 1987, 2–9). Zweifellos verdankt sie diesem Zusammenhang ihr Interesse. Fontanes einstiger Kollege im literarischen Sonntagsverein »Der Tunnel über der Spree«, der um die Jahrhundertmitte vor allem durch seine Epen über Schlachten der friderizianischen und napoleonischen Epoche bekannt gewordene Autor, war bereits bei seinem Tode weitgehend vergessen. Fontane hat sich zu verschiedenen Zeiten recht unterschiedlich über die künstlerische Qualität von SCHERENBERGS Werken geäußert, wobei auch der Unterschied zwischen namentlich gezeichneten Stellungnahmen, die sich wiederholt sehr anerkennend aussprechen, und anonymen Kritiken ins

Auge fällt. Zu dem Zeitpunkt, als er mit der Niederschrift seines Buches begann, war er sich mit seinen Zeitgenossen darüber einig, daß die einst gefeierten Poesien alle Lebenskraft eingebüßt hatten. Dies ging so weit, daß er es zunächst bewußt vermied, sie erneut zu lesen. »Ich habe mein kleines Buch über ihn mit großer Liebe und aufrichtiger Verehrung geschrieben«, teilte er Moritz LAZARUS mit, »aber *alles aus der Erinnerung* von 1846 bis 1849 heraus, wo die Sachen entstanden und im Tunnel zum Vortrag kamen. Eine innere Stimme sagte mir: ›Liest du das alles noch mal durch, so bist du verloren und er erst recht.‹ Als das Buch fertig war, habe ich dann noch mal scheu in seine Dichtungen hineingeguckt. Nicht zu lesen.« (3. 8. 1889, III.1.926)

Neben der »Erinnerung« nutzte Fontane Briefe und Dokumente, die von der Familie sowie von einstigen Gönnern und Verehrern des toten Dichters zur Verfügung gestellt worden waren Auch sah er Sitzungsprotokolle des »Tunnels« ein und wandte sich noch während der Arbeit an verschiedene Persönlichkeiten um Auskunft, so an Lina DUNCKER, die erste Frau des Verlegers Franz DUNCKER, und auf Empfehlung LEPELS an den Berliner Amtsgerichtsrat Felix POSSART. Seine wenigen überlieferten Briefe an POSSART enthalten einige für Fontanes Arbeitsweise bezeichnende Auslassungen, die nicht nur für die SCHERENBERG-Biographie Geltung haben dürften. Da Fontane in den ihm übermittelten Heinrich von ORELLI-Materialien »zum Licht der Schatten« fehlt und er dem »Orellischen Urteil ein zweifelvolleres, ja selbst ein *hartes* gegenüberstellen« möchte, legt er POSSART die Abfassung eines solchen Urteils nahe, delegiert also Äußerungen, die der Erzähler nicht in eigener Verantwortung vorbringen will an eine vorgeschobene Instanz – »weil ich dann so recht den Versöhnlichen, den Ausgleichenden spielen könnte« (28. 1. 1884, NÜRNBERGER, 1992, S. 10).

Anfang November 1883 hatte Fontane mit der Niederschrift begonnen, im April 1884 schloß er die im *Tagebuch* wiederholt belegte Arbeit ab. In 21 Folgen brachte die *Vossische Zeitung* von Ende Juni bis Mitte Juli den Vorabdruck, dessen Text von Fontane für die Buchausgabe bei HERTZ erneut durchgesehen und etwas erweitert wurde. Im März 1885 erhielt Fontane Exemplare der Erstauflage, eine zweite Auflage ist zu seinen Lebzeiten nicht erschienen.

Ob die Idee zu der Biographie vom Autor selbst stammte oder an ihn herangetragen wurde, ist nicht sicher bekannt, doch scheint die zuerst genannte Vermutung zutreffend. Fontanes Bekanntschaft mit der Familie SCHERENBERG, die wie die seine der französischen Kolonie entstammte, reicht bis in die Swinemünder Kinderjahre zurück. In der glücklosen Biographie des patriotischen Ependichters fand er zu seiner eigenen manche Vergleichspunkte. Beide Autoren waren von Haus aus mittellos, beide hatten zunächst einen ungeliebten Beruf ergriffen, beide hatten im »Tunnel« Erfolge gesammelt und verkehrten in dem durch die Mitgliedschaft im Sonntagsverein bezeichneten Literatenkreis. Beide hatten sie jahrelang – SCHERENBERG noch wesentlich länger als Fontane – in subalternen Stellungen im Staatsdienst ein Auskommen gefunden. Zweifellos beruhte ihre nicht eben auskömmliche Regulierung durch die Behörden auf der preußisch-konservativen Richtung ihres Schaffens, die von Freunden und interessierten Kollegen höheren Orts ins Licht gesetzt wurde, mit der unvermeidlichen Folge, daß sie sich in ihren poetischen Bestrebungen auch benutzt sahen. Der künstlerisch ungleich begabtere, in seinen Anschauungen beweglichere und umgänglichere Fontane hatte in SCHERENBERG gleichsam ein mahnendes Bild dessen vor Augen, was auch sein Schicksal als Schriftsteller hätte sein können. So schrieb er an seine Frau:

> Das Geheimnis ist: man muß in Preußen etwas äußerlich *sein* oder *haben*. Nun weißt Du leider so gut wie ich, daß ich weder etwas bin, noch etwas habe. [...] Mein Leben hat in dieser Beziehung viele Vergleichspunkte mit dem *Scherenbergs*. In die Bewunderung oder doch mindestens Anerkennung seines Talents mischte sich immer Mitleid und Achselzucken, weil er ein armer Teufel war und blieb. Er war nur glücklicher und schlauer organisiert als ich und trug es mehr comme philosophe. Vielleicht liegt es auch daran, daß ich ein starkes Gefühl habe, mehr Ansprüche machen zu dürfen als er. Ob als *Poet*, mag zweifelhaft sein, denn er hat Einzelnes geschrieben, das sich neben das Beste stellen darf; aber aufs ganze hin angesehn, bin ich ihm sehr über. Er war einseitig und verrannt und stand ganz außerhalb des Lebens und seiner Ansprüche. (25. 3. 1880, III.1.927f.)

Fontane war auch der Meinung, daß er und SCHERENBERG als »zwei ›Säulen‹ der ganzen alten Pastete angesehn« würden (an W. HERTZ, 16. 9. 1885, III.1.926).

Der von ihm für seine Biographie gewählte Nebentitel (»das literarische Berlin von 1840 bis 1860«), der mit dem für den Abschnitt über den »Tunnel« in *Von Zwanzig bis Dreißig* nahezu übereinstimmt (»Aus dem Berliner literarischen Leben der vierziger und fünfziger Jahre«), läßt die Nähe zum Stoffgebiet der Autobiographie besonders deutlich erkennen. Darauf hat Fontane auch insofern Rücksicht genommen, als er »Scherenberg, Friedberg, Widmann, Orelli, Schramm« (III.4.328) bei der späteren Darstellung des Sonntagsvereins aussparte. Was in dem ausdrücklich als Autobiographie deklarierten Werk als akzeptabel gelten konnte – ein Erfahrungsbericht *aus* dem vor- und nachmärzlichen literarischen Berlin –, mußte im SCHERENBERG-Buch jedoch als unzulässige Verkürzung erscheinen: Wenn *das* literarische Berlin dieser Zeit vorgestellt werden sollte und von Joseph von EICHENDORFF, Bettine von ARNIM, Wilhelm RAABE, Ludwig TIECK, Friedrich RÜCKERT und Willibald ALEXIS nicht die Rede war, sondern nur von zweit- und drittrangigen Größen, die noch vergessener waren als die Titelfigur der Biographie selbst, mußte das unvermeidlich Protest hervorrufen. In dieser Kritik ist Paul HEYSE mit einem erst 1976 veröffentlichten Brief vom 8. 4. 1885 vorangegangen (AA III/2.31 f.), deren Berechtigung Fontane in einem Antwortbrief vom 24. 4. anerkannt hat. Auch die dem Dichter nahestehenden Rezensenten haben unmißverständlich, wenngleich schonend, darauf hingewiesen: Das Buch sei »mehr eine Summe gelegentlicher Einfälle als das Resultat einer zielbewußten Forschung«, urteilte Paul SCHLENTHER in der Zeitschrift *Die Nation*, »von einem Schriftsteller der alten Schule höchst schätzbar, aber für die Jüngeren nicht zur Nachahmung zu empfehlen«. Er warnte die Kritiker vor akademischem Dünkel, aber auch er beklagte das Fehlen einer schlüssigen Methode. Darum sei in bezug auf SCHERENBERG »für dessen literarhistorische Charakteristik sein jetziger Biograph eigentlich alles schuldig geblieben« (AA III/2.33).

Meine Kinderjahre

Autobiographien und Memoiren hatten von jeher eine Lieblingslektüre Fontanes gebildet, und seit seinem 70. Geburtstag war er wiederholt aufgefordert worden, Erinnerungen zu schreiben. Im Herbst 1884 hatte er sich im Anschluß an eine Reise nach Rügen mit der Idee getragen, *Bilder und Erinnerungen* zusammenzustellen, die seinen verschiedenen Seeaufenthalten gelten sollten. Der letzte Abschnitt dieser unvollendet gebliebenen Aufzeichnungen trug den Titel *Swinemünde. Knaben-Erinnerungen*. Auch der Roman *Graf Petöfy*, der damals erschienen war, rekapitulierte in den Erzählungen von Franziska Franz eigene Erfahrungen. Der mit Zügen des Romeo-und-Julia-Stoffs ausgestattete Erzählentwurf *Hans und Grete* (um 1884?) vergegenwärtigt als Schauplatz eine »kl[eine] Ostsee-Stadt«. Fontane vermerkt dazu: »Ich habe bei Niederschreibung dieser Novelle das ganze Gewicht auf die *Klein-Schilderungen* des Swinemünder Lebens zu legen, die alle mit größter

Liebe durchgeführt werden müssen.« (I.7.443 f.) Schließlich hatte er sich während der Arbeit an *Effi Briest* zu einer Umdisposition entschlossen und das landrätliche Haus von Krotoschin im damaligen preußischen Regierungsbezirk Posen in einen fiktiven pommerschen Badeort Kessin an der Ostseeküste verlegt.

Als Fontane mit der Niederschrift begann, sorgte er sich noch, »die Kräfte sind hin, und ob sie mir wiederkehren, ist mindestens zweifelhaft« (an RODENBERG, 22. 10. 1892, IV.4.226), aber im Anschluß an eine einladende Zuschrift RODENBERGS kündigte er diesem schon eine Woche später an, er würde sich möglicherweise »am Schluß des Jahres, oder doch nicht viel später, mit etwas Autobiographischem« bei ihm einstellen: »›*Aus meinem Leben.* I. Abschnitt Meine Kinderjahre‹. Es werden 12 Kapitel werden.« (30. 10. 1892, ebd.) FRIEDLAENDER meldete er,

> daß ich seit 8 oder 10 Tagen ins Schreiben gekommen bin, etwas, das ich von mir total gebrochenen Mann nicht mehr erwartet hätte. Und zwar habe ich schon 4 Kapitel meiner *Biographie* (Abschnitt Kinderjahre) geschrieben. Da mich dies Unterfangen sehr glücklich macht, so ist alle Correspondenz ins Stocken gerathen (1. 11. 1892, IV.4.227).

Obwohl er Anfang Dezember wieder einen gesundheitlichen Rückschlag erlitt, der zu einer kurzzeitigen Unterbrechung der Arbeit führte, konnte er das Buch »kurz vor Weihnachten« im Brouillon abschließen, nunmehr allerdings im Zweifel, ob er es – in Rücksicht auf den erzählten »Kleinkram« und das Publikumsinteresse – »im Maß richtig getroffen habe« (an FRIEDLAENDER, 26. 12. 1892, IV.4.243). Der Sammeleintragung des *Tagebuchs* zufolge, meinte er, sich an »diesem Buch wieder gesund geschrieben zu haben. Ob es den Leuten gefallen wird, muß ich abwarten, mir selbst habe ich damit einen großen Dienst getan.« (*Tagebuch* II.258) Es war seine Absicht, »das *Ganze* in der Rundschau drucken zu lassen« (an Unbekannt, 1. 2. 1893, IV.4.247), am 9. 4. schloß er die Überarbeitung ab, so daß EMILIE und MARTHA mit der Abschrift beginnen konnten, und am 22. 6. schickte er RODENBERG das Manuskript. Die umfangreichen Kürzungen, die dieser verlangte, führten zum Scheitern der Verhandlungen und trugen später zum Bruch mit RODENBERG bei:

> Denn es ist mir ganz unmöglich, auf Ihre Vorschläge einzugehn. [...] Ich weiß, daß die Schilderungen breit und in ihrer Breite vielleicht anfechtbar, möglicherweise *sehr* anfechtbar sind, trotzdem ist diese

unbarmherzige Kleinmalerei gerade das, worauf es mir ankam. (24. 7. 1893, IV.4.270)

Vermutlich hat Fontane versucht, »das Ganze« anderswo unterzubringen, es erschienen im Vorabdruck aber nur die Kapitel 13 und 16. Die Buchausgabe kam zu Weihnachten 1893 im Verlag des Sohnes heraus, »mit dem bekannten Erfolg meiner Bücher: tüchtig gelobt und mäßig gekauft« (*Tagebuch* II.260).

Tatsächlich war das Werk auf einmütige Zustimmung gestoßen. Bei unterschiedlicher Akzentuierung letztlich übereinstimmend hoben die Kritiker Wahrheit und Treue der Schilderung, glücklichen Humor und feinen Takt in Rücksicht der Lebensverhältnisse und der Charaktere hervor, wobei das Bild des Vaters besondere Aufmerksamkeit fand. SCHLENTHER (*Vossische Zeitung*) fühlte sich an seine eigene Kindheit erinnert, Siegfried SAMOSCH (*National-Zeitung*) lobte in Anspielung auf GOETHE die Frohnatur »unseres« Theodor Fontane, Joseph Viktor WIDMANN (*Berner Bund*) empfahl das Werk als bestgeeignete Lektüre für einen Gelehrten, der infolge Überarbeitung an Schlaflosigkeit und Verstimmung litt, Moritz NECKER *(Neue Freie Presse)* würdigte insbesondere den Stilisten und Künstler. In einer zweiten Besprechung bemerkte er, der sprechend eingeführte Vater sei »streng genommen, allerdings nicht mehr Geschichte sondern Dichtung« (AA I.221). Schlechthin als ein Idyll haben die zeitgenössischen Kritiker das Buch jedoch nicht wahrgenommen. Die in der neueren Forschung wiederholt und zu Recht monierte Verharmlosung der Kindheitsgeschichte, in deren Verlauf unter Aussparung der kritischen Untertöne allein die immer gleichen, erzählerisch dankbaren, heiteren Episoden rezipiert würden (B. A. JENSEN, 1998), ist hauptsächlich das Werk einer späteren populären Biographik.

Von Zwanzig bis Dreißig

Im Gegensatz zu seiner vorgeblichen Absicht, sich bei der Abfassung seiner Autobiographie »auf einen bestimmten Abschnitt« (III.4.9) seines Lebens, nämlich die Kindheit (und mithin auf einen Band) zu beschränken, entschloß sich Fontane nach der freundlichen Aufnahme, die *Meine Kinderjahre* bei Kritik und Publikum gefunden hatte, schon bald zur Fortsetzung. Im Winter 1894/95 begann er mit der Niederschrift, und schon im April 1895 erfolgte in der Zeitschrift *Pan* unter dem Titel *Aus meinem Leben* der Vorabdruck einzelner Kapitel, der bis zum November dieses Jahres fortgesetzt wurde und die Zeit von 1840 bis 1844 zur Darstellung brachte. An RODENBERG schrieb Fontane:

> Ich habe seit etwa einem Jahr, aber glücklicherweise mit Unterbrechungen, an einer Fortsetzung meiner Lebenserinnerungen gearbeitet, und dieser 2. Teil ist im Entwurfe nahezu fertig. Ihnen denselben in seiner Totalität anzubieten, so grausam bin ich nicht und auch nicht so töricht. Aber die das Mittelstück des Buches bildende Abteilung, die den Titel führt; »Der Tunnel über der Spree« wäre vielleicht etwas für die »Rundschau«. (25. 6. 1895, IV.4.456)

RODENBERG äußerte sich – insbesondere zum »Hesekiel«-Kapitel – fast enthusiastisch zustimmend, wies aber doch schon bald auf den Mangel an Platz hin, in den er sich durch einen ebenfalls autobiographischen Beitrag eines Königsberger Professors versetzt sah und brachte im Frühjahr 1896 nur etwa die Hälfte des Abschnitts über den »Tunnel«. Fontane, der seine Enttäuschung hinter höflichen Worten verbarg, nahm die Ablehnung zum Anlaß, mit der *Rundschau* zu brechen. Im gleichen Jahr gelang es ihm, in der internationalen Revue *Cosmopolis* den Abschnitt »Der achtzehnte März« unterzubringen, dem er 1898 noch das Kapitel »Bernhard von Lepel« folgen ließ. Die *Vossische Zeitung* brachte im Herbst 1897 vier Kapitel aus dem Abschnitt »Mein Leipzig lob' ich mir«.

Für die Buchausgabe, die im Juni 1898 im Verlag des Sohnes erschien, nahm Fontane an den Vorabdrucken in den drei Zeitschriften noch Änderungen vor (Variantenverzeichnis in AA. II.418–429).

Charakteristisch erscheint Fontanes Reaktion auf die seitens seiner Familie geäußerte Kritik an dem HEYSE gewidmeten Kapitel:

> Theo […] findet, daß Heyse zu kurz gekommen ist, und Mama und Martha stimmten gleich mit ein. Sie alle (auch Theo) betrachten solche Schreiberei wie Sache der Freundschaft der Courteoisie etc. Das geht aber nicht. Von Courteoisie ist in dem ganzen Buche nicht die Rede; *das*, überlasse ich denen, denen dergleichen Spaß macht. Natürlich hat man auch in bestimmten Fällen Rücksicht zu nehmen, so ich, wie nicht bestritten werden soll, Heyse gegenüber. Aber solche Rücksichten *habe* ich auch genommen; ich habe nur Anerkennendes, Schmeichelndes, Huldigendes über ihn gesagt; noch weiter gehen konnte ich nicht, denn so klug, so fein, so geistvoll, so äußerlich abgerundet bis zur Meisterschaft er ist, so ist doch die Kluft zwischen ihm und mir *zu* groß, um meinerseits mit Ruhmesdithyramben über ihn losgehen zu können. Er hat seinen Platz in der Literatur, was schon sehr viel ist; aber ein Eroberer ist er nicht. (An FRIEDRICH FONTANE, 21. 6. 1898, IV.4.729f.)

In vergleichbarer Weise hat Fontane sich, was seine Darstellungsart anbetrifft, in der Korrespondenz mit RODENBERG, der allerdings nicht Kritik, sondern Lob gespendet hatte, über das STORM-Kapitel geäußert: »Mein Interesse für Menschendarstellung ist von der Wahrheit [...] ganz unzertrennlich. [...] Das Zeitalter des Schönrednerischen ist vorüber, und die rosafarbene Behandlung schädigt nur den, dem sie zuteil wird. Freiweg!« (2. 3. 1896, IV.4.540) Allerdings hat gerade das STORM-Kapitel mit seinen nicht unproblematischen Polarisierungen (»*Er* war für den Husumer Deich, ich war für die London-Brücke«, III.4.372) für fortdauernde Irritationen gesorgt (GOLDAMMER, 1987; NÜRNBERGER, 1993).

Die Rezensenten würdigten Fontanes Selbstironie und Schilderungsgabe (in Verbindung mit der Abneigung, »regelrecht und glatt fortlaufend den Faden einer autobiographischen Erzählung [...] zu spinnen« – so L. PIETSCH in *Vossische Zeitung*), seine Fähigkeit, sich durch künstlerische Behandlung über eine mittelmäßige Stoffwelt zu erheben, seine Menschen- und Weltkenntnis, die es erlaube, das neue Buch neben MONTAIGNE und CHAMFORD zu stellen (P. LINSEMANN in der Wiener Wochenschrift *Die Zeit*), seinen Realismus und Humor (A. STERN, in *Dresdner Journal*), seine »Wahrheitsliebe [...] mit Gemütstiefe gepaart« und seine Kunst der Menschenschilderung (K. T. SCHULTZ in *Königsberger Hartungsche Zeitung*) – um nur eine Auswahl aus den überwiegend sehr positiven Besprechungen zu nennen (eine ausführliche Dokumentation der zeitgenössischen Resonanz in AA II.435–450). Wo Kritik sich in die Anerkennung mischt, wird auf das »liebenswürdige Durcheinander interessanter Szenen« hingewiesen, das »im tieferen Sinne nicht eigentlich Inhalt zu nennen« sei (W. PASTOR in *Deutsche Rundschau*) und auf das im Vergleich zu den *Kinderjahren* geringere Maß an Komposition (M. NECKER in *Blätter für literarische Unterhaltung*). Die wenigen gänzlich ablehnenden Stellungnahmen kritisieren neben der weitgehenden Bedeutungslosigkeit des Erzählten die »laxe Prosa«, die »in strenger Schriftsprache« nicht einreißen dürfe (J. R[IFFERT] in *Leipziger Zeitung*). Das von Fontane gezeichnete Bild der politischen Zeitgeschichte wird eher beiläufig zur Kenntnis genommen, gelegentlich als »psychologisch ungemein interessant, und zwar als Beitrag zur Seelengeschichte nicht nur des Erzählers sondern der Menschen jener Zeit überhaupt« bezeichnet (H. PANTENIUS in *Daheim*), gelegentlich auch als nicht überzeugend in Frage gestellt (S. SCHOTT in *Allgemeine Zeitung*). Das besondere Interesse, das vielerorts dem STORM-Kapitel entgegengebracht wird, gipfelt in der *Neuen Zürcher Zeitung* in einem

Vorgang von bemerkenswerter ›Ambivalenz‹. Nachdem SCHOTT auch in dieser renommierten Zeitung in einer insgesamt sehr anerkennenden Rezension dieses Kapitel hervorgehoben hatte, sah sich das Blatt, vermutlich unter dem Eindruck von Leserbriefen, zu einem Rückzugsmanöver gezwungen. Ein anonymer Artikel, der nach GOLDAMMERS Vermutung auf den damaligen Leiter des Feuilletons, Jakob Christoph HEER, zurückgeht, führt aus, der »verehrte Rezensent« habe die Meinung vertreten, daß Fontane »Menschen und Dinge *wohlwollend*« beurteile, und dies sei nach Meinung der Redaktion auch »in einem gewissen Sinne richtig«, ebenso sei man aber überzeugt »daß manche Personen nach der Lektüre des Werkes einen gegenteiligen Eindruck haben könnten, ohne sich geradezu im Unrecht zu befinden«. Eine »gewisse Kälte« in Fontanes Darstellungsweise wird konstatiert, sodann wieder halbherzig gerechtfertigt: »Die Wahrheit erscheint oft grausam.« Die solcherart durchgeführte Argumentation gibt einen frühen Hinweis auf die unterschiedlichen Möglichkeiten, Fontane zu lesen, die auch die wissenschaftlich orientierten Benutzer der Autobiographie noch viel beschäftigen sollten.

Die neuere Forschung hat das Bild des jungen Fontane von den gelegentlichen Übermalungen zu befreien unternommen, die der alte Dichter ihm angedeihen ließ. Stilisierungen, oftmals auch sachlich eindeutige Unrichtigkeiten treten in *Zwanzig bis Dreißig* gehäuft in Erscheinung, handelt es sich dabei doch um eine für die »›wunden Punkte‹ in Fontanes Biographie und ihre autobiographische Euphemisierung« (WRUCK, 1998) besonders virulente Berichtszeit. »Mythisierende Strukturen in Fontanes Narrationen« (W. WÜLFING, 1998) lassen das nicht minder deutlich erkennen als die insgesamt verharmlosenden Darstellungen der Revolution von 1848 und der *Kreuzzeitungs*-Zeit, zu denen noch immer »Neues zu einem alten Thema« (H. FISCHER, 1998) zu Tage tritt.

Kritische Jahre – Kritiker-Jahre

Der geplante dritte Band der Autobiographie sollte, wie Fontane im Vorwort erläutert, seinen »letzten Lebensabschnitt, die Jahre von 50 bis 70« umfassen:

> Was sich seitdem noch anschloß und vielleicht weiter anschließt, ist Nachspiel. Ich habe die erste Titelhälfte gewählt, weil die Jahre zwischen 50 und 70, wo das Zünglein beständig schwankt, »kritische Jahre« sind. Aber wenn dieser Teil des Titels auch anfechtbar sein sollte, die zweite Hälfte tritt desto berechtigter auf: meine Lebensjahre von 50 bis 70 waren meine Kritikerjahre. (III.4.1032)

Wie in den beiden ersten Büchern der Autobiographie, und zwar besonders in *Von Zwanzig bis Dreißig,* hat Fontane sich an den vorgegebenen Zeitrahmen nicht gebunden erachtet. Die als zwölftes Kapitel des auf insgesamt 17 Kapitel berechneten Werkes vorgesehenen Ausführungen über die Familie von WANGENHEIM und über Pastor Karl Friedrich Adam WINDEL reichen bis in die fünfziger Jahre zurück, also erheblich über den ins Auge gefaßten Berichtszeitraum hinaus. Da *Von Zwanzig bis Dreißig* seinerseits mit dem Kapitel über HESEKIEL noch Vorgänge aus den Sechzigern behandelt, besteht im chronologischen Sinn keine Lücke zwischen den beiden Büchern, der Erzähler verfährt nur, soweit es sich um die Zwischenzeiten handelt, in der Wahl seiner Erzählstoffe besonders selektiv.

Fontanes Aufzeichnungen für den geplanten Band sind nicht vor Ende seiner Kritikertätigkeit für die *Vossische Zeitung*, mithin in den neunziger Jahren entstanden. H. FRICKES *Chronik* (1960, S. 88) meldet unter dem 20. 6. 1898: »Verzicht auf Abfassung von Band 3 der Autobiographie«, was durch andere Quellenangaben nicht belegt ist, aber in Rücksicht auf Fontanes Alter und gesundheitliches Befinden plausibel erscheint. Auszüge sind zuerst 1924 in der Zeitschrift *Die Neue Rundschau* veröffentlicht worden, 1926 publizierten THEODOR und FRIEDRICH FONTANE den größten Teil der Entwürfe in dem von ihnen besorgten Band *Plaudereien über Theater,* schließlich legte C. HÖFER (1938, 1939) zwei Editionen vor. Da die Handschriften inzwischen größtenteils in Verlust geraten sind, war AA überwiegend auf die vorangegangenen, untereinander differierenden Drucke angewiesen.

HÖFERS Edition der Aufzeichnungen über die Familie von WANGENHEIM ist von besonderem Interesse, weil Fontanes Briefe an die in Berlin lebende Familie, mit der ihn eine jahrzehntelange Freundschaft verband, nahezu restlos verloren gegangen sind. Überliefert ist lediglich der Entwurf eines Briefes an die ältere der beiden einst von Fontane unterrichteten Töchter und ein kürzlich aufgefundener Brief an die jüngere der beiden (NÜRNBERGER, 1997, S. 242). Einige Briefe von Mitgliedern der Familie an Fontane und an EMILIE sind von HÖFER seiner Edition beigefügt worden, doch bleibt das Kapitel in der Autobiographie die wichtigste und im wesentlichen auch nicht weiter überprüfbare Quelle.

Kleinere autobiographische Texte

Cafés von heut und Konditoreien von ehmals.

Der Anfang Januar 1886 beendete, im selben Jahr in PAUL LINDAUS kurzlebiger Wochenschrift *Das neue Berlin* erschienene Feuilletonbeitrag verbindet autobiographische mit fiktiven Elementen. In einer mehr oder weniger erfundenen Szene wird zunächst der nächtliche Glanz des gründerzeitlichen Café Bauer beschrieben. Kontrastierend dazu schildert die zweite Episode, die im Vormärz spielt, den Besuch zweier »Dichterfreunde«, beide »Platen-Schwärmer« (N XV.409), in der (im Berliner Wohnungsanzeiger zwischen 1842 und 1848 andernorts angezeigten) vorgeblich am Berliner Mühlendamm gelegenen Konditorei Fiocati, eigentlich »nur ein Loch, vollgestopft mit furchtbarem Gerümpel, wie man's nur bei einem italienischen Konditor alten Stils und dritten Ranges vorfinden konnte« (N XV.410). Der eine der beiden jungen Männer, ein »Italianissimus« und daher im folgenden »Landolfo« genannt, ist »frisch von Sizilien« zurück – das Vorbild ist offensichtlich LEPEL –, der andere, mit bewährter Selbstironie beschrieben, genießt den Vorzug, »die Venetianischen Sonette pomphaft und mit paukenschlagartiger Reimbetonung rezitieren zu können«. An dieser Stelle gibt der Erzähler die Fiktion auf: »Dieser letztre war ich; der andre mag ungenannt bleiben.« (N XV.409) Nach Verlassen der Konditorei geht es mit HERWEGH, den man bedenkenlos gegen PLATEN getauscht hat, weiter in Richtung Charlottenburg, wobei Landolfo besonders kirchenpolitische Verse HERWEGHS pflegt (»Fluch über Dich, o Petri Sohn,/Fluch über Deine Klerisei« etc.), während der junge Fontane mehr den sentimentalen, Jenny Treibels Lieblingsversen, zuneigt (»Ich möchte hingehn wie das Abendrot«). Nach einem Ausblick auf einen drei Jahre später erfolgten letzten Besuch bei Fiocati, bei dem Landolfo von seiner Verlobung berichtet, schließt das Feuilleton mit einem herben Resümee über dessen fernere Entwicklung: »[...] es kam nicht viel dabei heraus. Er war zu lang und zu oft bei Fiocati über den Zaun geklettert, hatte zuviel Platen gelesen und zuviel Herweghsche Flüche herbeigeschleppt. Das sind keine Vorbereitungen für die Ehe; und es gibt nur wenige, die sich schließlich wenigstens soweit erholen, um sich in der Alltagsspille des Lebens noch zurechtfinden zu können. Von Glücklichsein gar nicht zu sprechen.« (N XV.413)

Mein Erstling: »Das Schlachtfeld von Groß-Beeren«.

Fontanes Beitrag zu dem von Karl Emil FRANZOS 1894 veranstalteten Sammelband *Die Geschichte des Erstlingswerks* beruht eigentlich auf einem Mißverständnis, denn der Herausgeber wünschte von seinen Autoren Äußerungen über ihr erstes größeres, auch zuerst veröffentlichtes Werk. Fontane und Hermann SUDERMANN aber legten die Einladung zur Mitarbeit dahingehend aus, daß ein Bericht über den ersten Versuch gemeint sei. G. FRIEDRICH (1988, S. 31) erkennt in Fontanes Rückgriff auf einen Schulaufsatz, den niemand kannte, »welches Interesse sich am spontansten und entschiedensten in ihm meldete, als er seinen literarischen Erstling benennen sollte. Primär war er Preuße.« Stärker als Fontanes »preußische Geschichtsseligkeit« (ebd.), die, wie der greise Autor selbstironisch einräumt, in dem nicht überlieferten Original erhebliche Anleihen bei der Schauerballade *Nächtliche Heerschau* von Joseph Christian von ZEDLITZ unternahm, berührt den späteren Leser allerdings eine auf das hugenottische Erbe des Dichters verweisende Episode. Die junge EMILIE LABRY, Fontanes Mutter, »noch halb ein Kind«, war auf das vor den Toren Berlins gelegene Schlachtfeld mit hinausgefahren, um Verwundeten zu helfen. Der erste, dem sie sich zuwandte, war »ein blutjunger Franzose [...], der – kaum noch einen Atemzug in der Brust – sich, als er sich plötzlich in seiner Sprache angeredet hörte, wie verklärt aufgerichtet hatte. Dann mit der einen Hand den Becher Wein, mit der andern die Hand meiner Mutter haltend, war er, eh er trinken konnte, gestorben.« (III.4.1031f.)   HELMUTH NÜRNBERGER

Literatur

Aus dem Nachlaß von Theodor Fontane, in: NR 35 (1924), Bd. 2, S. 939–952. – F. FONTANE, »Von Zwanzig bis Dreißig«. Entstehungsgeschichte und Ergänzungen nach ungedruckten Quellen, in: Ruppiner Kreiskalender 20 (1930), S. 81–89. – C HÖFER (Hg.), Theodor Fontane, Autobiographisches aus dem Nachlaß. I. Kritische Jahre – Kritiker-Jahre. Autobiographische Bruchstücke aus den Handschriften, Eisenach 1938. – Ders., 1939 s.u. 1.1. – R. FURST, The autobiography of an extrovert: Fontane's »Von Zwanzig bis Dreißig«, in: GLL NS 12 (1958/59), S. 287–294. – H. FRICKE, 1960, s.u. 1.1. – R. PASCAL, Autobiographie. Gehalt und Gestalt, Stuttgart u.a. 1965 (von K. WÖLFEL überarbeitete Fassung, in der englischen Originalausgabe »Design and truth in autobiography«, London 1960, fehlt der Abschnitt über Fontane). – H.-H. REUTER, Das Bild des Vaters, in: FBl Bd. 1, H. 3 (1966), S. 61–74 [Vorabdruck aus REUTER]. – Ders., Grundpositionen der »historischen« Autobiographie Theodor Fontanes, in: Fontanes Werk, 1966, S. 13–36. – K. RICHTER, Resignation. Eine Studie zum Werk Theodor Fontanes. Stuttgart u.a. 1966. – W. MÜLLER-SEIDEL, Fontanes Autobiographik, in: Jb DSG 13 (1969), S. 397–418. – H.-H. REUTER, 1969, s. 3.1.11. – B. DOUST, An examination of Theodor Fontane's autobiographical writings and their relation to his prose fiction with special reference to »Meine Kinderjahre«. M. A. Thesis, London 1970. – G. NIGGL, Fontanes »Meine Kinderjahre« und die Gattungstradition, in: Sprache und Bekenntnis. Sonderband des Literaturwissenschaftlichen Jbs. H. Kunisch zum 70. Geburtstag, Berlin 1971, S. 257–279. – C. SCHULTZE, 1970, s.u. 1.1. – A. R. ROBINSON, An author in uniform. Reflections on Theodor Fontanes military service, 1844–5, and its influence upon his later works and personal philosophy, in: NGS 1 (1973), S. 67–84. – Ders., Recollections in tranquility: an examination of Fontane's autobiographical novel, in: Erfahrung und Überlieferung: Fs MAGILL, Cardiff 1974, S. 113–125. – P. I. ANDERSON, 1980, s.u. 1.1. – M. HESEKIEL, Anmerkungen zu Theodor Fontanes Äußerungen über George Hesekiel in »Von Zwanzig bis Dreißig«, in: FBl H. 32 (1981), S. 671–674. – P. GOLDAMMER, Fontanes Autobiographien, in FBl H. 32 (1981), S. 674–691. – Ders., »Er war für den Husumer Deich, ich war für die Londonbrücke. Fontanes Storm-Essay und die Folgen, in: Literarisches Leben, 1987, S. 379–396. – P. WRUCK, 1987, s.u. 1.1. – M. WALTER-SCHNEIDER, Im Hause der Venus. Zu einer Episode aus Fontanes »Meine Kinderjahre«. Mit einer Vorbemerkung über die Interpretierbarkeit dieses ›autobiographischen Romans‹, in: Jb DSG 31 (1987), S. 227–247. – H. ESTER, Theodor Fontanes Kinderjaren in Swinemunde aan de Oostzee, in: Maatstaf (Amsterdam) 36, Nr. 9/10, Sept./Okt. 1988, S. 88–97. – G. FRIEDRICH, 1988, s.u. 1.1. – P. I. ANDERSON, 1990, s.u. 1.1. – H. NÜRNBERGER, »Sie kennen ja unsren berühmten Sänger«. Künstler und ihre Welt als Thema Fontanescher Gedichte, in: FBl H. 51 (1991), S. 115–140. [Auch in: Deutsche Dichtung um 1890. Beiträge zu einer Literatur im Umbruch, hg. von K. LEROY/E. PASTOR, Bern 1991, S. 175–201]. – B. PLETT, Tintensklaven und Kronenorden. Diagnose, Travestie und Kritik in Fontanes »Dichtergedichten«, in: FBl H. 52 (1991), S. 15–29. – H. NÜRNBERGER (Hg.), »... weil ich dann so recht den Versöhnlichen, den Ausgleichenden spielen könnte«. Vier Briefe Theodor Fontanes an Felix Possart, in: FBl H. 54 (1992), S.8–17. – Ders., »Der große Zusammenhang der Dinge.« ›Region‹ und ›Welt‹ in Fontanes Romanen – Mit einem Exkurs: Fontane und Storm sowie einem unbekannten Brief Fontanes an Ada Eckermann, in: FBl H. 55 (1993), S. 33–68. – C. LIEBRAND, Tod und Autobiographie. Fontanes »Meine Kinderjahre« und Canettis »Die gerettete Zunge«, in: Hofmannsthal Jb zur europäischen Moderne 2 (1994), S. 287–307. – G. DE BRUYN, Das erzählte Ich. Über Wahrheit und Dichtung in der Autobiographie. Frankfurt am Main 1995. – P. I. ANDERSON, Wie der Vater so nicht der Sohn. Louis Henri und Theodor Fontane, in: Mitteilungen der Theodor Fontane Ges H. 11 (1996), S. 37–43. – P. GOLDAMMER, Fontane-Autographe aus dem Archiv des Verlages F. A. Brockhaus, in: FBl H. 61 (1996), S. 27–39. – M. STERN Autobiographik als Akt der Selbstheilung bei Theodor Fontane, in: Jahrbuch der Raabe-Gesellschaft 1996, S. 119–133. – H. NÜRNBERGER, 1997, s. u. 1.1. – P. I. ANDERSON, 1998, s. u. 3.1.1. – R. BERBIG, Kein Ort für ein Ich? Zum autobiographischen Exkurs in Fontanes England-Tagebüchern 1852 bis 1858, in: FBl H. 65–66 (1998), S. 336–417. – B. A. JENSEN, Auf der morschen Gartenschaukel. Kindheit als Problem bei Theodor Fontane, Amsterdam/Atlanta 1998. – M. MASANETZ, Vom Ur-Sprung des Pegasus. Meine Kinderjahre oder die schwere Geburt des Genies, in: FBl H. 65–66 (1998), S. 87–124. – J. OSBORNE, Autobiographisches als Nebenprodukt zu Fontanes Kriegsbüchern, in: ebd., S. 234–245. – M. SCHEFFEL, 1998, s.u. 3.1.17. – H. STREITER-BUSCHER, 1998, s.u. 3.1.18. – P. WRUCK, Die »wunden Punkte« in Fontanes Biographie und ihre autobiographische Euphemisierung, in: ebd., S. 61–71. – W. WÜLFING, 1998, s.u. 3.1.1.

3.3.2 Die Tagebücher

In Fontanes Nachlaß befanden sich acht Tagebuchbände von 1852 bis 1898; das erste Tagebuch der Englandreise 1852 in Oktavformat, die übrigen in Quarto. Die Überlieferung läßt es nicht zu, in jedem Falle genaue Angaben über die zeitliche Abgrenzung der einzelnen Bände zu geben.

Das Schicksal dieser Tagebücher und die verspätete Veröffentlichung der noch erhaltenen hängt aufs engste mit der deutschen Geschichte des 20. Jahrhunderts zusammen. Die wirtschaftliche Krise nach 1929 nötigt FRIEDRICH FONTANE, den jüngsten Sohn und Nachlaßverwalter Fontanes, den Nachlaß zu verkaufen. Der Versuch, ihn in öffentlichen Institutionen wie z.B. der Preußischen Staatsbibliothek, unterzubringen, scheitert. Am 8. 10. 1933 findet schließlich in Berlin bei Meyer und Ernst die große Versteigerung des Nachlasses statt. Auf dieser Auktion werden die acht Tagebuchbände von dem Potsdamer Bankier, Sammler und Kunstförderer Paul WALLICH für 2500 Reichsmark erworben. Die auf derselben Auktion angebotenen Notiz- und Reisetagebücher gelangen in den Besitz der Preußischen Staatsbibliothek.

Die Bewahrung der Tagebuchmanuskripte im Besitz von WALLICH wird jedoch bald wieder gefährdet. Die nationalsozialistische Verfolgung der Juden treibt ihn in den Freitod, und seine Familie wandert aus Deutschland aus. Die Tagebücher bleiben in einem Safe der Deutschen Bank in Berlin deponiert. »Und hier nun breitet sich eine überlieferungsgeschichtliche Grauzone aus, die wohl nie mehr aufzuhellen sein wird.« (*Tagebuch* , »Einleitung«, II.VIII) Das Bankgebäude überdauert den Krieg, aber was später bei der Öffnung der Tresore geschieht, bleibt unklar. Nur drei Tagebuchbände sind seither wieder aufgetaucht: das Tagebuch von 1855/56 (mit fehlendem Anfang), das von 1857/58 (mit fehlendem Ende) und das Tagebuch von 1866 bis 1882, alle teilweise sehr beschädigt. Sie werden im Fontane-Archiv Potsdam unter Wahrung der Eigentumsrechte der Wallichschen Erben aufbewahrt und sind mit gewissen Einschränkungen der Forschung zugänglich.

Zum dritten Mal greift die politische Entwicklung 1989 in das Schicksal der erhaltenen Tagebücher ein, diesmal positiv. Nach der Wiedervereinigung Deutschlands gelingt es dem Fontane-Archiv, die Tagebücher von den Erben WALLICHS zu erwerben. 1994 werden sie im Aufbau-Verlag in zwei Bänden als Abteilung der Großen Brandenburger Fontane-Ausgabe veröffentlicht.

Der erste Band der Edition enthält Fontanes England-Tagebücher; die von 1855/56 und 1857/58 sind besonders beschädigt, zum Teil durch Feuchtigkeitseinwirkung; viele Partien sind verblaßt oder sogar verloschen. Die Entzifferung ist oft äußerst schwierig, »ein faszinierendes, ins kalte Violett einer Speziallupe getauchtes Abenteuer« (*Tagebuch*, »Einleitung«, II.X). Da dem weiteren Verblassen der Tagebücher nicht abzuhelfen ist, ist die Veröffentlichung dringend.

Das erste der England-Tagebücher ist das von Fontanes zweiter, im April 1852 angetretener England-Reise, das er dem Vater am 1. 7. zusendet. Die Aufzeichnungen seiner Fahrt nach London 1844 (Erstdruck: N XVII, S. 455–503), die Fontane selber als Tagebuch bezeichnet, sind jedoch als Vorläufer seiner späteren Reisefeuilletons anzusehen, weswegen sie nicht in die Edition der Tagebücher aufgenommen sind. Das Manuskript befindet sich in der Staatsbibliothek Preussischer Kulturbesitz. Das Tagebuchmanuskript der zweiten England-Reise von 1852 ist seit Ende des zweiten Weltkriegs verschollen, es gehörte zu dem Besitz WALLICHS. Der Text wird zuerst mit leichten Kürzungen in der *Neuen Rundschau* (1914) abgedruckt und ist der Edition der Tagebücher 1994 zugrunde gelegt worden.

Im Herbst 1855 tritt Fontane seine dritte Reise nach London an, wohin er von der »Centralstelle für Preßangelegenheiten« zur Gründung einer Deutsch-Englischen Korrespondenz geschickt wird. Sein Aufenthalt, mit veränderter Aufgabe, – er wird als Presseagent dem preußischen Gesandten zugeteilt – dauert bis Mitte Januar 1859, also drei Jahre und vier Monate. Leider sind die Tagebuchseiten vom 7. 9. bis zur Mitte des 14. 12 1855 verschollen, ebenso die vom 18. 10. 1858 bis zur Fontanes Rückkehr nach Berlin (zu genauen Überlieferungsangaben vgl. *Tagebuch*, »Zu dieser Ausgabe«, I.365–368). Aber ein Tagebuchbrief an seinen Vorgesetzten

Ludwig METZEL vom 11. bis 19. 9. füllt wenigstens eine Lücke und ist ebenso wie früher veröffentlichte Auszüge in die Edition der Tagebücher mit aufgenommen.

Die Überlieferung der späteren Jahrgänge ist ebenfalls nicht zufriedenstellend. Die Jahrgänge 1859 bis einschließlich 1865 sind verschollen und sind auch früher nie im Druck erschienen. Dies ist besonders bedauerlich, weil diese Jahre einen Neubeginn im Leben Fontanes bedeuten: Rückkehr aus London, Arbeit an den *Wanderungen durch die Mark Brandenburg*, Eintritt in die *Kreuzzeitung* als Redakteur des englischen Artikels und die Arbeit am ersten Kriegsbuch. Obwohl seine Eintragungen im allgemeinen karg an direkten Äußerungen sind, wäre doch manches aufschlußreich für seine weitere Entwicklung gerade in diesen Jahren der Umstellung gewesen.

Die Tagebücher der Jahre 1866 bis 1882 sind im Original erhalten geblieben und in der Edition von 1994 zum ersten Mal veröffentlicht, während die Jahre 1884 bis 1898, jetzt verschollen, in der Edition von 1994 nach einer früheren Veröffentlichung (E. HEILBORN, 1921) abgedruckt sind. Der Jahrgang 1883, verschollen, ist nie gedruckt worden.

Die Tagebücher aus England weisen die exakte Tagebuchform einer täglichen Eintragung auf, während die späteren Jahre nur zum Teil noch tägliche Notate bringen, daneben Übersichten über kürzere Perioden und in den letzten Jahrzehnten Jahresübersichten.

Man kann den Englandtagebüchern einen besonderen Wert zuschreiben, weil das tägliche Leben Fontanes für über drei Jahre festgehalten wird und trotz oft stichwortartiger Notate einen guten Einblick in seine Lebenshaltung gewährt: Gearbeitet, Briefe erhalten von ..., Briefe geschrieben an ..., in die Gesandtschaft, nach Fleet-Street zu den Redaktionen, getroffen ..., flaniert, geplaudert, nach Hause, gelesen usw. Dieser Rhythmus bleibt sein Leben lang derselbe: Arbeit und Briefe schreiben, Begegnungen auf Spaziergängen, Gesellschaften in London wie später in Berlin. Die Englandtagebücher verraten auch kleinere Züge von Fontanes Persönlichkeit: es wird ein Zug, eine Verabredung verschlafen, Freunde holen ihn aus dem Bett usw. Allein in der Fremde ist man auf Auswärtsessen angewiesen, die verschiedenen Austern- und Hummerbars und beliebten Restaurants werden fast täglich erwähnt; Fontane zeigt sich geneigt zum Mäkeln; Klagen über das ewige Roastbeef und Hammelfleisch, wie überhaupt über die englische Küche, sind häufig. Sehnsucht nach heimatlicher Speise sind ein Aspekt seines unterschwelligen Heimwehs. Vor allem aber erhält man einen Blick in Fontanes Arbeitsweise: an den Feuilletons, den Studien über Theater, Kunst und die englische Presse, sowie an gelegentlichen Gedichten. Selbst diese kleinen Prosaarbeiten werden in ihrer Entstehung genau festgehalten: Entwurf, Korrektur, und spätere Überarbeitung sowie genaues Datum, wann zur Post gegeben, werden registriert. Schon in diesen frühen Jahren nimmt das Korrigieren und Feilen viel Zeit in Anspruch, wie später bei den Romanen. Es besteht da kaum ein Unterschied, nur daß die minuziöse Registrierung der Entstehung seiner Romane von größerer Bedeutung ist.

Fontanes Tagebuchstil variiert. Die lapidare Niederschrift von Fakten überwiegt. Dazwischen aber gibt es recht ausführliche Passagen, vor allem, was das Theater oder den Besuch von Kunstausstellungen betrifft. Das gilt für die frühen Englandjahre wie für die Eintragungen der späteren Zeit. Diese späteren Übersichten haben ebenfalls einen besonderen Reiz, weil neben sachlichen Feststellungen auch ein persönlicher Ton durchdringt, wenn auch gedämpft. Tiefere Emotionen kommen nicht aufs Papier. Krankheit, Tod und Begräbnis seines Sohnes GEORGE werden sachlich berichtet, die Passage endet mit den Worten: »Er starb am 24., begraben am 27.« (*Tagebuch*, II.239f.) Ein Jahr später, 1888, registriert er den Tod dreier Freunde, Hermann SCHERZ, Theodor STORM, Alexander GENTZ: »Mit allen dreien bin ich ein gut Stück Wegs gewandert und jeder war in seiner Art hervorragend: Scherz ein landwirtschaftliches, Storm ein dichterisches, A. Gentz ein finanzielles Genie.« (*Tagebuch* II. 244) Die schmerzliche Empfindung dringt verhalten durch; Fontane geht über zum Sachlichen, bei GEORGE zum Begräbnis mit allen militärischen Ehren, die ihm zuteil werden, bei den Freunden zur Bedeutung ihrer Persönlichkeit. Nicht er selber und seine Gefühle sind Gegenstand der Niederschrift, sondern die Freunde selbst, so wie in Von *Zwanzig bis Dreißig* nicht er, sondern die Menschen, die ihm begegneten, im Mittelpunkt der Betrachtung stehen.

Von den frühesten Eintragungen aus der Englandzeit bis zum Schluß spielen Begegnungen mit Menschen eine wesentliche Rolle. Fontane betrachtet sich immer als »Singleton«, und in gewissem Sinne ist er es auch, ein Paradox, denn sein ganzes Wesen ist auf Menschen und Plaudern eingestellt. Sein Tagebuch ist ihm kein Erzählpartner. Er braucht als sein Gegenüber Menschen; an sie wendet er sich in seinen Briefen. Aber im Tagebuch hält er die Namen der Menschen fest, die er trifft, beim »Flanieren« auf Londoner Straßen, den Soirees auf der preußischen Gesandtschaft und den vielen Gesellschaften, denen er in Berlin beiwohnt. Er klagt dann gelegentlich über die »Gesellschaftsrennerei« oder »Gesellschafts-Majonaise«, aber gesellschaftliches Leben ist ihm durchaus Notwendigkeit. Wie hätte er sonst ein so glänzender Schilderer der Berliner Gesellschaft werden können, ohne Teil an ihr zu haben. Die unendlich vielen Namen, die im *Tagebuch* auftauchen, verkörpern die verschiedensten Schichten der »Gesellschafts-Majonaise«. Da sind die häufig erwähnten Festlichkeiten im bürgerlichen Kreis der Familie, sowie die regelmäßigen Zusammenkünfte der Freunde des »Tunnel«-Kreises, des »Rütli« und der »Ellora«; der Maler August von HEYDEN gehört zu den häufigen Gastgebern der Familie Fontane, wie auch Carl Robert LESSING, der Eigentümer der *Vossischen Zeitung*, deren Theaterkritiker Fontane zwei Jahrzehnte lang ist. Aus den Verlegerkreisen sind es vor allem Wilhelm HERTZ und Gustav MÜLLER-GROTE, mit denen Fontane verkehrt, auch bei Friedrich SPIELHAGEN ist er zu Gast. Zu den Regelmäßigkeiten gehört die Tafelrunde der WANGENHEIMS, und gelegentlich gibt es auch eine »kleine Abendgesellschaft« im Hause Fontane. Durch seine Arbeit an den *Wanderungen* kommt Fontane schließlich auch mit Adelskreisen in Verbindung, und stets werden alle Gäste aufgezählt, die er dort trifft, mit vollem Titel: »Um 5 zum Diner zu Graf u. Gräfin Eulenburg, Leipziger Platz 15. Zugegen, Baron Korff und Frau, geb. Meyerbeer, Baron Botho Korff, Major v. Kessel und ich.« (21. 1. 1882, *Tagebuch*, II.151) Dem folgt diesmal ein sehr ausführlicher Bericht der Tischunterhaltung. In Gesellschaften anderer sozialer Struktur schwirrt es vor allem von Kommerzienräten und Geheimen Kommerzienräten. Als Höhepunkt kann wohl Fontanes Einladung zur Tafelrunde des Prinzen FRIEDRICH KARL von Preußen in Dreilinden gelten, was er dann in seinem Essay Dreilinden im 5. Kapitel von *Fünf Schlösser* auswertet: »Wie Prinz Friedrich Karl in Dreilinden Gastlichkeit übte«. Daß Fontane die Erfahrungen seines gesellschaftlichen Lebens auch anderweitig in seinem späteren Erzählwerk auswertet, mag eine kleine Tagebuchbemerkung über einen Besuch mit Hofprediger Karl WINDEL bei Herrn von SCHIERSTEDT in Dahlen bezeugen: »Das Ganze sehr intressant. Romankapitel comme-il-faut.« (*Tagebuch* II.181).

Daß dem gesundheitlich labilen Fontane die »Gesellschaftsrennerei« oft zuviel wird, wird verständlich, wenn man folgendes Notat vom 11. 3. 1882 (*Tagebuch* II.161) liest:

Um 5 zu einem kl. Diner bei Frau v Münchhausen; zugegen: Graf Dohna (ein Bruder vom General), Graf Günther Hardenberg, Geh. Rath v. Kroecher, [...] ein Baron Fircks, früher Militair, jetzt Statistiker, und ein Oberst a. D. dessen Namen ich vergessen [...] Wieder sehr angenehm. Um 10 mit Emilie zu Heydens: große Ballgesellschaft; bei Tische zwischen Frau Professor Thumann geb. Swinburne und Frau Direktor Liepmann, auch eine Engländerin. Nach Tische mit dem Julius Wolff'schen Ehepaare geplaudert. Spät nach Haus.

Der erstaunlich schnelle soziale Aufstieg Fontanes ist durch die Tagebücher bezeugt. Man braucht nur an den etwas scheuen, unsicheren, mit Minderwertigkeitsgefühlen belasteten Fontane der Englandjahre zu denken, der sich bei seiner ersten Vorstellung in der preußischen Gesandtschaft wie »der schönste Bediente« vorkam. Acht Jahre nach seiner Rückkehr nach Berlin erhält er den Kronenorden, und beim Kronenfest im Schloß sitzt er, wie er Anfang 1867 notiert, »Bei Tisch neben Präsid: Hegel und Geh. R. Wehrmann«. (*Tagebuch* II.19) Immanuel HEGEL war sein ehemaliger oberster Vorgesetzter in der »Centralstelle für Preßangelegenheiten«.

So ganz aber verliert Fontane nie ein leichtes Gefühl der Minderwertigkeit, selbst als er in der Berliner Gesellschaft schon einen Ehrenplatz einnimmt. Im April 1886 gibt Adolph MENZEL nach seinem 70. Geburtstag »sein großes Dankdiner im Kaiserhof, etwa 80 Gäste, darunter der Minister von Goßler, die Räte des Kultusministeriums und die Pour le-Merite-Ritter usw. Als letzter Ausläufer auch unsereins.« (*Tagebuch* II.232)

Bedeutungsvoll sind die Eintragungen seiner Sommerfrischen. Ob ihm der Ort zusagt oder nicht, hängt ganz von den Menschen ab, die er dort trifft. Kissigen findet er reizend, »ohne die richtigen Menschen ist es aber doch nur ein halbes Vergnügen«. Später, als er die neuen Freunde FRIEDLAENDER in Wyck auf der Insel Föhr trifft, heißt es: »Der Unterschied zwischen dem Aufenthalt in Kissingen und dem in Wyck machte mir aufs neue klar, daß es ohne passende Gesellschaft nicht geht.« So wird Krummhübel, wo er die Familie FRIEDLAENDER zuerst trifft, jahrelang sein Ferienaufenthalt. Der Amtsrichter Georg FRIEDLAENDER aus Schmiedeberg macht Fontane mit zahlreichen Menschen seiner Umgebung bekannt, die in dem nun einsetzenden Briefwechsel zwischen beiden eine so große Rolle spielen. In dem Tagebuchabschnitt von Anfang Juni bis 8. 10. 1885 (*Tagebuch* II.228) zählt er sie alle auf und schreibt:

Dieser ganze reiche Verkehr interessierte mich lebhaft und würde mich 20 Jahre früher beglückt haben; so aber empfand ich doch beständig ein »zu spät« und fühlte neben dem Freundlichen und Angenehmen etwas Störendes heraus. Immer unterwegs und am Ende »Wozu der Lärm?« Aber gesundheitlich tat es mir wohl; und ich traf in leidlich guter Verfassung wieder in Berlin ein.

Dies die Worte des jetzt 66jährigen, so charakteristisch für das Verständnis von Fontanes Natur. Zu dem Empfinden von Verpaßtem kommt die Altersstimmung »Wozu der Lärm?«, »Was soll der Unsinn?«

Das Kapitel »Gesundheit« spiegelt sich in den Tagebüchern von den ersten bis zu den letzten Jahrzehnten deutlich wieder. Von Erkältungen, Unwohlsein bis zu totalen Nervenpleiten ist im Hause Fontane fast täglich die Rede. Man flüchtet sich dann zu Freunden, EMILIE zur Familie TREUTLER nach Neuhof bei Liegnitz, die Tochter METE zu den Freunden WITTE in Rostock, wo sie fast ein zweites Zuhause findet. Fontane selber drängt es immer wieder aus Berlin heraus in die Mark, in den Harz oder zu anderen »Sommerfrischen«. Seine schwere Krankheit 1892 unterbricht auch das Tagebuchschreiben.

Die letzten Blätter registrieren vielfach den Tod von Freunden: »Am 17. Mai [1885] stirbt mein alter Lepel.« (*Tagebuch* II.227) Am 19. 1. 1891 stirbt Frau von WANGENHEIM, im Juni ihr Mann, im September Pastor WINDEL: »So ist in einem halben Jahre die kleine Wangenheimsche Tafelrunde [...] bis auf den halben Bestand weggestorben [...]. Dies sind schwere Verluste für uns, die unser gesellschaftliches Leben verändern.« (*Tagebuch* II.252f.) 1897 wird der Tod von HEYDEN und Karl ZÖLLNER registriert (vgl. *Tagebuch* II.266).

Der Ton der Eintragungen wird wärmer und elegischer mit den Jahren. Man verliert seine Freunde und wird einsamer. Der letzte Satz des Tagebuchs von 1897 lautet: »Weihnachten verging ruhig, auch Silvester; punschlos, einen einzigen Pfannkuchen in der Hand, traten wir ins neue Jahr.« (*Tagebuch* II.268) Es soll sein letztes werden. In typisch Fontanescher Weise drückt dieser Satz mit der Aussparung aller direkten Gefühle die Stimmung der letzten Lebensjahre aus: »Punschlos, einen einzigen Pfannkuchen in der Hand.«

Die erste vollständige Edition von Fontanes Tagebüchern hat wegen der Kürze und Sachlichkeit der Notate manche Enttäuschung hervorgerufen. Man ist an Fontanes Briefstil und die sich darin enthüllende Plauderlust gewohnt und erwartet Ähnliches.

Sicherlich hat auch die Edition von Thomas MANNs Tagebüchern, in denen die intimsten und persönlichsten Emotionen offen dargelegt werden, zu dieser Enttäuschung beigetragen. »es kenne mich die Welt, aber erst wenn alles tot ist. Heitere Entdeckungen dann«, trägt MANN am 13. 10. 1950 in sein Tagebuch ein. Es gibt keine Überraschungen in Fontanes Tagebuch, auf die mancher vielleicht gewartet hat. Seine innersten Empfindungen legt er nicht bloß, er spart sie im Tagebuch aus, wie er tiefere Gefühle in seinen Romanen ausspart. Maximilian HARDEN hat ihn wohl einmal um biographische Mitteilungen gebeten, worauf Fontane antwortet: »wenn ich todt bin und es findet sich wer, der mich der Nachwelt überliefern will, so geben ihm die Vorreden zu meinen verschiedenen Büchern, zum Theil die Bücher selbst [...] das beste Material an die Hand.« (7. 11. 1889, IV.3.733) Dazu kommen dann aber doch die nach seiner schweren Krankheit geschriebenen autobiographischen Werke *Meine Kinderjahre* und *Von Zwanzig bis Dreißig*. In dem kurzen Vorwort zum letzteren Werk verteidigt er dessen Strukturen und entschuldigt gleichzeitig den »unstatthaften Umfang«: »Ich sehe darin einen Übelstand und empfinde denselben umso stärker, als ich wohl weiß, wie mißlich es ist, mit seinem Ich zu dauernd und zugleich zu weit und breit vor sein Publikum hinzutreten.« Er endet mit dem Versprechen, von der Weiterführung seiner Erinnerungen Abstand zu nehmen. Aber hat man nicht eigentlich in diesen Tagebüchern von 1852 bis zu seinem Tod die Fortsetzung von *Von Zwanzig bis Dreißig*? Durchaus – eine Chronik, die sich ausfüllen läßt durch Hunderte von Briefen und, wie Fontane selber geraten hat, seine pseudo-autobiographischen Reisebücher und manch andere Berichte. Sie enthalten nicht nur einen Spiegel seines Lebens, sondern auch ein Panorama fast des ganzen 19. Jahrhunderts.

CHARLOTTE JOLLES

Literatur

Ein englisches Tagebuch von Theodor Fontane, in: NR 25 (1914), H. 10, S. 1385–1408. – Fontanes Tagebuch (aus seinen letzten Lebensjahren), in: Das Fontane-Buch, hg. von E. HEILBORN, Berlin 1921, S. 121–197. – R. BERBIG, 1998, s.u. 3.1.1.

3.3.3 Die Reisetagebücher

Die Reisetagebücher, die Fontane in dem Jahrzehnt von 1864 bis 1875 bei dienstlichen und privaten Reisen geführt hat, belegen ein weiteres Mal die Bedeutung des Genres ›Tagebuch‹ für den Autor. Es handelt sich dabei um folgende Reiseaufzeichnungen: aus Schleswig-Holstein und Dänemark (Mai und September 1864), von der Rheinreise (August/September 1865), von den böhmischen Schlachtfeldern (Sommer 1866), aus Thüringen (August 1867 und Juli/August 1873), aus Schlesien (Herbst 1869 und Sommer 1872), aus Frankreich (Herbst 1870 und Frühjahr 1871) und aus Italien (Herbst 1874 und August 1875). Alle diese Texte befinden sich derzeit als Depositum der Staatsbibliothek zu Berlin, Preußischer Kulturbesitz im Theodor-Fontane-Archiv in Potsdam

Sie unterscheiden sich von den »eigentlichen« Tagebüchern schon äußerlich durch das Oktavformat und vor allem durch die Art der Entstehung. Im Gegensatz zu den sorgsamen Tintenreinschriften der großformatigen Tagebücher sind sie durchweg mit Bleistift geschrieben – unterwegs, auf Bahnhöfen und an Hoteltischen, und daher oft flüchtig, zuweilen unter sparsamstem Papierverbrauch, mitunter in unsystematischer Anordnung. Sie folgen im wesentlichen dem Ordnungsprinzip von Orts- und Datumsangabe, registrieren stichwortartig Stationen und Beobachtungen (vielfach durch Umriß- und Lageskizzen verdeutlicht), halten aber Ereignisse und Begegnungen gelegentlich auch schon in ausformulierten Passagen fest. Die Reisetagebücher Fontanes sind Materialspeicher, die er, anders als die übrigen Tagebücher, zur späteren Verwendung anlegte: für die Bücher über die Kriege von 1864, 1866 und 1870/71 und die autobiographischen Berichte *Kriegsgefangen* und *Aus den Tagen der Okkupation* sowie für offensichtlich intendierte, aber nicht ausgeführte Land- und Leute-Schilderungen (Thüringen, Schlesien, Italien). Besonders für die Fahrten zu den europäischen Kriegsschauplätzen enthalten sie eine Fülle militärischer, architekturhistorischer und landeskundlicher Fakten und spontan formulierter Eindrücke, wobei die Urteile über die »Besiegten« häufig noch freundlicher und die Bemerkungen über die Sieger vielfach kritischer ausfallen als in den gedruckten Darstellungen.

An verstreuten Stellen zugänglich (Fontane-Blätter, N und H) sind derzeit nur die Reisetagebücher aus Schleswig-Holstein und Dänemark, von der Rheinreise, aus Thüringen und Italien. Die bisher unveröffentlichten und erstaunlicherweise von der Forschung unbeachtet gebliebenen Aufzeichnungen von der Fahrt zu den böhmischen Schlachtfeldern, von den beiden Reisen nach Frankreich und den Aufenthalten in Schlesien, werden zeichen- und buchstabengetreu und in ausführlicher Kommentierung, voraussichtlich 2002 erscheinen. GOTTHARD ERLER

3.3.4 Das Briefwerk

Der Fontane-Brief
Der Tatbestand, daß seit den 1905 von Fontanes Schwiegersohn K. E. O. FRITSCH herausgegebenen *Familienbriefen* bislang über 30 Fontane-Briefausgaben erschienen sind, bezeugt sowohl den Mißstand einer noch immer unvollständig vorliegenden Korrespondenz als auch die anhaltende Bedeutung, die die Forschung dem Briefverkehr des Autors als wesentlichem Bestandteil seines Gesamtwerks zunehmend beimißt. Mit 2478 Briefen ist die 1994 abgeschlossene Hanser-Ausgabe die bislang bei weitem umfangreichste und verläßlichste, alle zentralen Themen und kennzeichnenden Stilmerkmale repräsentierende Dokumentation; sie umfaßt knapp die Hälfte sämtlicher erhaltener Fontane-Briefe. Es muß allerdings damit gerechnet werden, daß mindestens die gleiche Anzahl verloren gegangen ist. Während C. JOLLES (1988, Einführung, S. XV) es für »verfrüht« hält, »an eine Schätzung aller von Fontane geschriebenen Briefe zu denken«, wagt G. ERLER (*Tagebücher* Einleitung, II.XIV) jedenfalls die Prognose, »daß offenbar nicht einmal die Hälfte der Fontane-Briefe überliefert, bzw. bisher bekannt ist«. Das brächte die vermutete Gesamtzahl auf etwa 11000. Das *Verzeichnis und Register* der Briefe Fontanes (1988) verzeichnet 5842, von denen 4286 im Original erhalten und 1100 als unveröffentlicht ausgewiesen sind. Etwa 20% der unpublizierten Briefe sind allerdings unterdessen erschienen. Einige Verluste sind schon früh zu beklagen. So vernichtet Fontanes Frau bei dem Tod ihres Mannes alle seine Brautbriefe an sie. Fontanes ironische briefliche Aufforderung an BERNHARD VON LEPEL, »schreibe lange u. gute Briefe, auf daß sie gesammelt werden« (23. 7. 1851, IV.1.174), erfüllt sich in seinem eigenen Fall also nur partiell.

Andererseits haben wichtige Korrespondenzen ganz oder weitestgehend überlebt, etwa die für den späten Fontane so enthüllenden Briefe an Georg FRIEDLAENDER (1954) und die Briefwechsel mit so zentralen Briefpartnern wie LEPEL (1940) und PAUL HEYSE (1929, 1972). Auch die menschlich bewegendsten Briefe Fontanes, die an seine Frau und seine einzige Tochter, sind zum Gutteil vorhanden. Der Ehebriefwechsel ist zum erstenmal 1998 vollständig erschienen.

Allerdings ist die frühe Druckgeschichte der Briefe nicht glücklich. Alle Publikationen vor 1945 sind unzuverlässig. Trotzdem ist die Forschung auf sie angewiesen, da in vielen Fällen die Originale unterdessen verloren gegangen sind oder jedenfalls vermißt werden.

Fontanes geschäftliche Ausbildung und geselliges Temperament fördern die Gewohnheit schriftlicher Rechenschaftsberichte. So besitzt sein Briefwechsel von Anfang an den Charakter einer inventarisch rollenhaften Selbstdarstellung. Gleichsam als Personalbilanz sucht seine intensive und ausführliche Korrespondenz eine Bestandsaufnahme, die zunächst vor allem Klarheit über sich selbst zu erlangen sucht. Zugleich belegt sie eine Vielzahl gesellschaftlicher Kontakte, die sich für diesen mitteilungsfreudigen Autor von lebenswichtiger Bedeutung erweisen. Doch schon früh begreift Fontane darüber hinaus die literarischen Dimensionen brieflicher Ausdrucksform. »Jeder Brief ist ja immer eine Stilübung und somit ein Schritt auf dem Wege zur – Vollendung«, schreibt er am 8. 9. 1851 selbstbewußt an den Freund LEPEL. (IV.1.191) Seine Korrespondenz gerät so sehr bald nicht nur zur »eingehende[n] Beurtheilung« (ebd.) dichterischer Texte – eine für den späteren Feuilletonkritiker äußerst nützliche Gewohnheit. Sie selbst soll als Einübung in literarisch sprachschöpferische Gestaltung gelten. Fontanes jugendliche Erklärung, einen »Brief mit ›künstlerischer Abrundung‹ schreiben zu wollen, muß somit ernstgenommen werden. Sie präzisiert seine poetologische Vorstellung des Künstlerischen als »etwas Ganzes«. Der Brief soll »*ein* entscheidendes Erlebnis statt der vielen einzelnen« bringen, als literarisch gestalteter Bericht inhaltlich und formal ein »Resultat« (an LEPEL, 10.–15. 5. 1852, IV.1.235) ergeben. Der erzählerische Briefautor bekundet seinen Hunger auf umfassende, zusammenhängende und zufriedenstellende Geschichten: »Briefe sind gemeinhin bloße Kosthäppchen«, klagt er, »die den Appetit anregen statt ihn zu befriedigen.« (an W. von MERCKEL, 18. 2. 1858, IV.1.604) Ihre Mitteilungen sollen laut Nachwort der Hanser-Briefausgabe »keine Abhandlung, sondern der Aus- und Abdruck einer Stimmung sein« (IV.5/2.1025). Für Fontane zielt auch die Kunst des »Briefschreibens« auf Erwartungen eines »applaudirende[n] Publikum[s]« (an MARTHA, 4. 8. 1885, IV.3.409). Kein Zweifel: in seinem Verständnis zählt der Brief als untrennbarer Bestandteil ganz wesentlich zur literarischen »Produktion« (ebd.).

Dennoch gilt es, der Vorstellung eines »Idealtypus des Fontaneschen Briefs« (IV.5/2.1032) entgegenzuwirken. In jedem Einzelfall erweisen sich die entstehungsgeschichtlichen Umstände von ungleich größerer Bedeutung als der Mustercharakter ästhetischer Konstanten. Gleichwohl lassen sich aus einer anhaltenden Kontextualisierung inhaltliche und stilistische Kennzeichen des Fontaneschen Briefwerks ableiten. Von einer poetologisch »künstlerischen Eigenständigkeit« (ebd.) zu sprechen, scheint dagegen problematisch.

Der Briefautor Fontane verwendet einen rollenhaften Ausdruck sozialer Selbstbeherrschung. Sein Ton einzelner Briefe richtet sich erwartungsgemäß nach den Empfängern; er reicht von kontrollierten Gemütsausdrücken zum formalen Sprachstil amtlicher Gesuche. Fontane weiß heikle Themen empfindsam zu behandeln und (als Autor und Redakteur) geschäftliche Korrespondenz zu führen. Er verfaßt feinfühlige Freundschaftsbriefe und pflegt herzliche Briefbekanntschaften – leidenschaftlich intime Liebesbriefe dagegen gibt es von ihm nicht. Auch hier bezeugt sich die Verbindung zwischen literarischem Werk und privater Sensibilität. Aus Norderney schreibt er seiner Frau am 19. 7. 1883, »daß Liebe nicht meine Force war« (IV.3.267). Statt spontaner Gefühlsmitteilungen bedient er sich in Brief und Werk eines Sprachstils unterkühlt zurückhaltender, zuweilen ironisch gebrochener Beschreibung. Seine Zuneigung äußert sich in zarten Anspielungen, versteckten Appellen, vertraulichen Anreden und spielerischen Gelegenheitsversen.

Empfängergruppen

Die wichtigsten Empfänger der Fontaneschen Briefe lassen sich in vier deutliche Gruppen aufteilen. Da ist zunächst die Familienkorrespondenz, vor allem der lebenslange, ausführliche Briefwechsel mit seiner Frau EMILIE (1998) und die Korrespondenz mit der Tochter MARTHA (»Mete«). Beide werden jedenfalls zum Teil durch die erhaltenen Gegenbriefe ergänzt. Der Ton seiner ehelichen Briefe zeugt von ausgeglichener Herzlichkeit, gelassener Ironie und vereinzelt feinfühliger Kritik und Ungehaltenheit. Der Stil reflektiert ein gespanntes Verhältnis, das über viele Jahre hinweg unter der materiell prekären Existenz eines freien Schriftstellerdaseins leidet. Dagegen ist der Briefverkehr vor allem des älteren Fontane mit seiner hypersensiblen Tochter von der Intimität eines bekenntnishaften Gedankenaustauschs persönlicher und gesellschaftlicher Auseinandersetzungen getragen.

Eine umfangreiche zweite Gruppe bildet Fontanes Briefwechsel mit seinen Freunden. Die Korrespondenz schließt eine Anzahl zeitgenössischer Autoren und Verleger ein. Fontanes Briefe an HEYSE etwa sind nicht nur die Dokumentation einer privaten Freundschaft; sie belegen darüber hinaus das Spannungsverhältnis zutiefst unterschiedlicher Künstlertemperamente. Umfassende Zeugnisse der Freundschaft sind dagegen die Briefe an LEPEL, Friedrich PAULSEN, Karl und Emilie ZÖLLNER, Mathilde von ROHR, Henriette und Wilhelm von MERCKEL und Wilhelm WOLFSOHN. Der intensive Briefaustausch mit dem schlesischen Amtsrichter FRIEDLAENDER (ab 1884) kennzeichnet sich durch eine erstaunlich offene, ja zuweilen aggressiv formulierte Gesellschafts- und Kulturkritik aus, die hauptsächlich auf Fontanes gebrochenes Verhältnis zum preußischen Adel zurückzuführen ist.

Eine dritte Empfängergruppe setzt sich aus der Korrespondenz mit zeitgenössischen Autoren zusammen. Meist handelt es sich um relativ kurze Höflichkeitszeilen, die kritische Zustimmung, Glückwünsche oder Dankesgrüße übermitteln wollen. Allein der Briefwechsel mit Theodor STORM und HEYSE ist zeitlich ausgedehnter und inhaltlich umfassender als die übrige Gelegenheitskorrespondenz mit Schriftstellern wie Gerhart HAUPTMANN, Wilhelm RAABE, Detlev von LILIENCRON, Friedrich SPIELHAGEN, Richard DEHMEL, Otto ERNST, Klaus GROTH oder Conrad Ferdinand MEYER. Inhalt und Ton der Fontaneschen Künstlerbriefe unterscheiden sich deutlich von seinem sonstigen Briefverkehr. In kritischen und ästhetischen Auseinandersetzungen geben sich literarische Affinitäten und kulturpolitische Gegensätze deutlich zu erkennen.

Fontanes Briefe an Verleger, Redakteure und Rezensenten seiner Werke bilden die vierte Gruppe. Im beruflichen Interessenaustausch erläutert der Autor viele seiner literarischen Einfälle und Konzepte und reflektiert seine erschienenen Werke und die Äußerungen der Kritiker darüber. Die Briefe erteilen Auskunft über Vorlage, Entstehung (vgl. z.B. an Wilhelm HERTZ, 17. 6. 1866, IV.2.163), Moral und Gesinnung (vgl. z.B. an W. HERTZ, 8. und 9. 12. 1865, IV.2.111f.) einzelner Fontanescher Werke. In dem überwiegend geschäftlich motivierten Schriftverkehr macht es sich Fontane zur Gewohnheit, ausgiebig und anhaltend kontroverse Aspekte preußischer Kulturpolitik zu kommentieren. Autor und Verleger gelangen zu ihren vertraglichen Vereinbarungen im Kontext gesellschaftskritischer und selbstdarstellerischer Reflexionen. Menschlich, sozialpolitisch und künstlerisch erweist sich Fontanes

Korrespondenz mit dem Verleger HERTZ als besonders vertrauensvoller und lang anhaltender Briefdialog.

Themenbereiche

Fontanes Briefe aus 66 Jahren befassen sich mit einer Vielzahl von Themen, die sich meist aus konkreten Ereignissen seines Lebens ableiten. Seine Biographie bestimmt einen breiten Interessenbereich, doch kristallisiert sich eine Anzahl anhaltend bedeutender Briefstoffe, die der Fontaneschen Korrespondenz charakteristische Schwerpunkte verleiht.

Obwohl Fontane schon früh zumindest auszugsweise Reiseberichte in seine brieflichen Mitteilungen integriert (darunter etwa 1864 die Eindrücke seiner Tour durch Schleswig-Holstein), bilden die umfassenderen Reisebriefe (aus England, Schottland, Frankreich, Italien und der Schweiz) inhaltlich und formal einen eigenständigen Themenbereich. Sie reflektieren zugleich die zwanglose Affinität des privaten Briefautors mit dem journalistischen Korrespondenten und Reiseschriftsteller. Fontanes berufliche Tätigkeit als »Londoner Berichterstatter« (an R. QUEHL, 18. 6. 1852, IV.1.203) erweist sich, wie seine späteren *Wanderungen durch die Mark Brandenburg*, als kennzeichnende Symbiose brieflicher, publizistischer und literarischer Gestaltungsformen. In natürlicher Entwicklung gerät der Verfasser vom Reisebrief zur feuilletonistischen Auslandskorrespondenz und zur kulturhistorischen Landschaftsschilderung.

In den Freundschaftsbriefen (insbesondere an LEPEL) überwiegt der Austausch privater Vertraulichkeiten und das Bekenntnis künstlerischer Ambitionen. Fontane selbst nennt seine frühe Korrespondenz »die Beichte eines Freundes« (an WOLFSOHN, 10. 11. 1847, IV.1.39). Unter dem Einfluß jugendlichen Zusammenfalls von Liebeskonflikten und Problemen der »Poeterei« (ebd. S. 37) prägt der schriftliche Gedankenaustausch einen wesenseigenen Stil ironischer Vertraulichkeit. Ein weiterer Bestandteil dieses Briefverkehrs sind *politische Erörterungen*, die sich insbesondere mit dem Charakter und den Aufgaben des »preußischen Volks« befassen. Bezeichnenderweise hegt Fontane die Hoffnung, daß im Rahmen einer Männerfreundschaft die Kunst politische Differenzen überwinden helfen kann (vgl. an LEPEL, 24. 9. 1848, IV.1.44). Sein eigenes (durchaus schillerndes) Republikanertum erweist sich in nicht geringem Maße literarisch motiviert. So teilt er LEPEL 1848 seine Absicht mit, »die englische Revolution dramatisch [zu] behandeln« (17. 11. 1848, IV.1.51), als literarpolitischen Stoff, in dem

Volkswille und Volksfreiheit über die »Unverschämtheit eines absoluten Herrschers« (ebd.) triumphieren. Eine programmatische Bemerkung der frühen Korrespondenz lautet: »Es ist etwas Schönes, der Kunst und der Geschichte gleichzeitig gerecht werden zu können.« (An LEPEL, 22. 11. 1848, IV.1.61) Fontanes historisch-politische Auseinandersetzung wird von Anfang an untrennbarer Bestandteil seines Dichtungskonzepts.

Die häufige Bezugnahme auf zeitgenössische Autoren, die sich zu einer den gesamten Briefwechsel durchlaufenden Intimform kultur- und sozialhistorischer Literaturkritik erweitert, gewinnt in solchem Kontext ihre aktuell politische Bedeutung. Fontanes Aufnahme in den literarischen Sonntagsverein »Tunnel über der Spree« 1844 trägt ferner dazu bei, die politisierten künstlerischen Werkstattgespräche protokollhaft festzuhalten. Wie bei seinen Reiseschilderungen erweitern sich die literarischen Briefreflexionen gelegentlich zu journalistischen Buchkritiken und Aufsätzen. Die briefliche Diskussion zeitgenössischer Literatur erweist sich so als fruchtbare Einübung in das Rezensententum, das als wichtige Einkommensquelle für Fontanes literarische Laufbahn große Bedeutung gewinnt. Seine literaturkritischen Ausführungen stehen jahrzehntelang im Zwangsverhältnis zu den »verdeubelten Geldgeschichte[n]« (an WOLFSOHN, 10. 11. 1849, IV.1.95), an denen sich mehr und mehr die eigene marktbezogene Wertschätzung orientiert. Die Spannungen zwischen bürgerlicher Absicherung und künstlerischer Ambition – zwischen »Rezept- und Versemachen« (an G. SCHWAB, 18. 4. 1850, VI.1.116) bestimmen auch die Bezugspunkte des Fontaneschen Briefwerks.

Ein wesentlicher Bestandteil seiner Briefkritik ist der Rezeption englischer Literatur gewidmet. Der Einfluß dieser liberal komparatistischen Kulturvermittlung wird in den kennzeichnend sozialpolitischen Perspektiven seiner kritischen Autor- und Werkanalysen deutlich. Der Briefeschreiber und Rezensent Fontane begegnet allen künstlerischen und gesellschaftlichen Entwicklungen mit programmatischer Offenheit. Feinsinnig spürt seine historische Sensibilität Anzeichen geschichtlichen Wandels. Im Bereich der Literatur ist seine enthusiastische Aufnahme des jungen HAUPTMANN hierfür ein besonders anschauliches Beispiel.

Als Berufsschriftsteller verfügt Fontane über ein durchaus modernes, marktorientiertes Selbstverständnis. Bewußt sucht er seine literarische Kunst als »Waare« (an WOLFSOHN, 3. 1. 1851, IV.1.139) zu verkaufen. Seine Geschäftsbriefe sind u.a. dem vertraglichen Aushandeln von Publikationsbedingungen zwischen Autor und

Verleger gewidmet. Dabei weiß der marktorientierte Autor auch im Bereich der Literaturkritik kommerziell und künstlerisch zwischen »Zeitungs-Raisonnement« (an LEPEL, 7. 1. 1857, IV.1.143) und literarischem Urteil deutlich zu unterscheiden. In seinem Briefwechsel läßt sich die analoge Entwicklung (unter zeitlich verlagerten Schwerpunkten) zur professionellen Symbiose des Journalisten, Literaturkritikers, Kulturhistorikers und Schriftstellers paradigmatisch verfolgen. Selbstbewußt vollzieht sich Fontanes Vermarktung der eigenen »Waare« stets im Kontext kritischer Vorstellungen einer preußischen Kulturpolitik.

Damit ist ein weiterer Themenkreis von zentraler Bedeutung erfaßt: Fontanes vielschichtiges Verhältnis zu Preußen, insbesondere dem Junkertum, der Bourgeoisie, dem Kaiser, BISMARCK und, vor allem in den späteren Jahren, den Juden (vgl. zu diesem Thema 1.4).

Seine Aufenthalte in England überzeugen den Schriftsteller von der künstlerischen und gesellschaftlichen Notwendigkeit, in einer Kultur beheimatet zu sein. »Ach, man ist nichts,« klagt er am 16. 11. 1852 (IV.1.324f.) Wilhelm »Wolfsohn aus Odessa«, »wenn man aus seinem eigentlichen Boden gerissen ist«. Dieser »eigentliche Boden« sind für ihn zweifellos Preußen und Berlin; nur hier meint er, die »Meisterschaft über die Sprache« (an F. WITTE, 18. 10. 1852, IV.1.320) erringen zu können, die er künstlerisch zu verwirklichen sucht.

Dennoch bleiben die zum Manierismus geratenen Anglizismen ein Kennzeichen des Fontaneschen Briefstils (der sich gelegentlich auch in die Romane einschleicht). Im Tonfall entspannter Gespräche verwenden die Briefe spielerisch bekenntnishaft englische Wörter, Sätze, Zitate und Redensarten. Sie belegen eine kulturelle Wahlverwandtschaft, die Fontanes Temperament entscheidend mitbestimmt.

Diese Affinität reflektiert zugleich das Konzept einer gelebten Literatur. Alle Dichtung gilt Fontane vorrangig als Ausdruck gesellschaftlichen Verhaltens. Der Versuch, seiner Frau die Beteiligung einer Dame am Verlauf einer Abendunterhaltung zu schildern, gerät ihm zur Analogie einer SHAKESPEARE-Szene: Sie spricht »wie Lady Macbeth im 3. Akt, wenn sie die Gäste beruhigt« (an EMILIE, 1. 12. 1869, IV.2.278).

Die umfassende Korrespondenz des Berufsschriftstellers erweist sich wie sein Sprachkunstwerk als authentische Dokumentation literarischen Lebens und gelebter Literatur.

Preußen: Die Junker, Bismarck und der Kaiser

Ein anhaltendes, zusammenhängendes Briefthema bilden die lebenslange kritische Auseinandersetzung mit dem preußischen Adel und Fontanes Faszination mit der überwältigenden Erscheinung Otto von BISMARCKs. Seine zunächst positive Haltung dem Junkertum gegenüber wandelt sich bald in eine zunehmend scharfe Ablehnung. Anfang 1878 gelangt er zu der schmerzlichen Überzeugung, daß das aristokratische Preußen sich »seinen Pflichten zu entziehn« sucht. Im Vergleich zu den Engländern fehle es den Preußen allgemein »an schöner, edler Gesinnung« (an von ROHR, 29. 1. 1878, IV.2.563). Das grundlegende Konzept des *Gentleman* etwa gäbe es nicht. BISMARCK spricht er die Gesinnungsgröße des älteren PITT oder George WASHINGTONs kategorisch ab. Er kritisiert des Kanzlers Mangel an »Edelmut«, der bis zur »kleinlichsten Gehässigkeit« (an FRIEDLAENDER, 1. 5. 1890, IV.4.41) reichen kann. Im April 1897 distanziert sich Fontane endgültig von dem einstmals Verehrten. Über den »genialen Kraftmeier im Sachsenwald« heißt es nunmehr entschieden: »das Letzte und Beste in mir wendet sich von ihm ab, er ist keine edle Natur; [...]«. (An FRIEDLAENDER, 6. 4. 1897, IV.4.644) Eineinhalb Jahre später ist BISMARCK nur noch »langweilig, also das denkbar schlimmste« (an E. HEILBORN, 1. 8. 1898, IV.4.737). Der einstmals große Mann ist für Fontane nun auch in seinen Briefen fortan kein »Stoff« (ebd.) mehr. Freilich, als Teil des umfassenderen Themenbereichs Preußen und Berlin bleiben »der Kaiser und Bismarck« (an HEYSE, 5. 12. 1890, IV.4.75) kulturhistorische und sozialpolitische Koordinaten seines Lebens und seiner Kunst. WILHELM I. gewinnt in der Korrespondenz der letzten zwei Jahrzehnte ein zunehmend positives Profil. Fontanes spät erneuertes Interesse an der Gestaltung »großstädtischen Lebens« führt er selber darauf zurück, daß »das Leben unter dem jungen Kaiser doch viel bunter, inhaltsreicher, interessanter geworden ist« (an FRIEDLAENDER, 9. 12. 1890, IV.4.79).

»Das Judenthum« (vgl. 1.4)

Zu Fontanes kritischer Analyse der preußischen Gesellschaft zählt die intensive briefliche Auseinandersetzung vor allem in den letzten zwanzig Jahren seines Lebens mit dem »Judenthum« (an J. GROSSER, 16. 6. 1879, IV.3.27). Eine Vielfalt ambivalenter Äußerungen zu diesem Thema findet sich insbesondere in den Briefen an MARTHA, eine Anzahl ausgesuchter Verleger sowie einen kleinen Kreis vertrauter Bekanntschaften, darunter den jüdischen

Amtsrichter FRIEDLAENDER. Als Berliner Autor will er seine Meinungen speziell im Kontext preußischer Gesellschaftspolitik verstanden wissen. Extrem kritische Bemerkungen (die gelegentlich antisemitischen Charakter annehmen) kontrastieren mit positiven Bewertungen jüdischer Beiträge zur »Berliner Gesellschaft« (ebd.). Nach eigener Angabe kann Fontane »ziemlich anti-adlig und sehr judenfreundlich« (ebd.) argumentieren. Es geht dem Autor, der sich »mehr und mehr zum Preußen- und Berlinerthum« bekennt (an EMILIE, 18. 7. 1880, IV.3.90), um die soziale Kohärenz preußischer Kultur. Am 21. 11. 1880 (IV.3.112) schreibt er aus solcher Perspektive an den Grafen Philipp von EULENBURG: »Ich liebe die Juden, ziehe sie dem Wendo-Germanischen eigentlich vor [...], aber *regiert* will ich nicht von den Juden sein.« Direkt oder indirekt bleibt seine sozialpolitische Einschätzung der Juden – eine der »kitzlichsten Fragen« (an EULENBURG, 25. 2. 1881, IV.3.119) – stets auf den preußischen Staat, BISMARCK und den Adel bezogen.

Auch Fontanes Reisebriefe (aus Norderney an E. ZÖLLNER, 18. 8. 1882, IV.3.202; aus Thale an EMILIE, 25. 6. 1884, IV.3.336; aus Krummhübel an EMILIE, 21. 7. 1884, IV.3.343; aus Kissingen an ROHR, 7. 8. 1889, IV.3.703) enthalten wiederholt kritische Bezugnahmen auf das Judentum.

Für Fontane hat das »alte Preußen«, das er nach eigener Aussage »verherrlicht« hat, »alles [...] den Juden überlassen« (an H. JACOBI, 23. 1. 1890, IV.4.18). In formelhafter Polemik stimmt er der Bemerkung eines Bekannten über das soziale Abhängigkeitsverhältnis der Preußen und Juden als böser Korrelation zu: die Juden leisten »deutsche Kulturarbeit«, die Preußen entwickeln dafür »als Gegengabe den Antisemitismus« (an FRIEDLAENDER, 4. 10. 1891, IV.4.159). Gleichwohl deutet er selber ein halbes Jahrhundert preußischer Geschichte (1820–1870) als beherrscht von der »niedrige[n] Form« eines »kolossal überschätzt[en]« »Judengeist[es]« (an FRIEDLAENDER, 8. 7. 1895, IV.4.460). Kulturell bezeichnet Fontane sein heimatliches Berlin als eine »Judenstadt« (an MARTHA, 22. 8. 1893, IV.4.282). Als Künstler fühlt er sich somit paradoxerweise zu Dank verpflichtet, daß er diesem »Berliner Judenthum in die Hände gefallen« (an MARTHA, 30. 8. 1895, IV.4.476) ist.

Die prekäre Ambivalenz seiner Haltung reflektiert sich besonders deutlich in einem Brief vom 20. 3. 1898 an MARTHA (IV.4.706), in dem Fontane vor »der totalen ›Verjüdelung‹ der sogenannten ›heiligsten Güter der Nation‹« erschrickt, »um dann im selben Augenblick ein Dankgebet zu sprechen, daß die Juden überhaupt da sind«. Auch der Brieffreund FRIEDLAENDER bleibt für ihn ein

»Stockjude« (an PAULSEN, 12. 5. 1898, IV.4.714). Das fragwürdige Verhältnis zu den Juden bleibt bis zuletzt unaufgelöst. Vier Monate vor seinem Tod nennt Fontane die Juden insgesamt »trotz aller Begabungen ein schreckliches Volk [...], dem von Uranfang an etwas dünkelhaft Niedriges anhaftet, mit dem sich die arische Welt nun mal nicht vertragen kann« (ebd.). Seine widersprüchliche, kritisch distanzierte Haltung zum Judentum hat sich – nicht nur im Bereich deutscher Literatur – kulturgeschichtlich und sozialpolitisch von tragisch musterhafter Bedeutung erwiesen. »Und das alles sage *ich* (*muß* es sagen)«, fügt Fontane hinzu, »der ich persönlich von den Juden bis diesen Tag nur Gutes erfahren habe« (ebd.).

Selbstdarstellung

Erwartungsgemäß stellt Fontane in seinen Briefen auch wiederholt grundsätzliche Überlegungen zum eigenen Künstlertum und zur gesellschaftlichen Stellung des Schriftstellers an. Dabei kommt es zu charakteristischen Bekenntnissen. Es mutet wie eine Vorwegnahme Thomas MANNs an, wenn Fontane über das Unordentliche der Spannungen zwischen sozialer und künstlerischer Existenz klagt (vgl. an ROHR, 29. 1. 1862, IV.2.58). Seine briefliche Darlegung kulturpolitischer Beziehungen von Kunst, Adel und Bürgertum reicht in ihrer gesellschaftshistorischen Bedeutung weit über die Besonderheit des eigenen Falls hinaus. Als professioneller Autor ist sich Fontane der *sozialpolitischen Dimensionen* seines Werks und Schaffens durchaus bewußt. »Die Sache ist [...] nicht bloß von künstlerischer, sondern auch von *politischer* Bedeutung« (an H. von MERCKEL, 7. 5. 1866, IV.2.160), erklärt er einmal paradigmatisch.

Das literarische Selbstvertrauen Fontanes ist schon früh gefestigt, wobei sich die Einschätzung des eigenen künstlerischen Temperaments an Vorbildern, insbesondere aus der englischen Literatur orientiert. In seinen Briefen dient vor allem Walter SCOTT als literarische Bezugsperson, die damit zugleich den eigenen poetischen Stil legitimieren soll. Trotz Fontanes Vorliebe für das Balladeske schließt auch seine Bewunderung des »lyrischen Dichter[s]« (an STORM, 22. 5. 1868, IV.2.207) STORM Dimensionen bekenntnishafter Eigenreflexion ein. Doch nicht alles leitet sich aus Vorbildern ab. Er weiß, daß er mit seinen *Wanderungen durch die Mark Brandenburg*, den Kriegsberichten und einigen Erzählwerken literarisch »eine Behandlungsart erfunden« hat, »die vorher einfach nicht da war« (an H. KLETKE, 29. 8. 1870, IV.2.331). Wie LESSING nimmt er indes nur »Fleiß« und »Sorglichkeit« für sich in Anspruch; »von meinem Talent, meinem Können«, erklärt er 1870 dem

Chefredakteur der *Vossischen Zeitung*, »will ich nicht sprechen [...]« (an KLETKE, 20. 12. 1870, IV.2.367). Zwar sind ihm »Zeilenmacherei und literarische Geldspekulation gleich verhaßt« (an O. BAUMANN, 23. 2. 1871, IV.2.374), doch eine marktgerechte Werteinschätzung seiner Arbeit gehört ganz wesentlich mit zu seinem künstlerischen Selbstvertrauen. Kaufmännisch korrekt bestimmt er: »Geschäft ist Geschäft.« (An KLETKE, 20. 1. 1871, IV.2.370) Auch in seinem Verständnis bedingt die Qualität der Werke ihren Verkaufswert; Fontane schreibt bewußt für einen Markt. Es ermutigt ihn, daß er »über eine Fülle von Stoff disponiren« (an ROHR, 15. 5. 1878, IV.2.569) kann. Den künstlerischen Rohstoff vergleicht er kommerziell »mit einer Extra-Summe« (ebd.), die ihn beruhigt. Musterhaft belegt Fontanes Korrespondenz auf solche Weise sowohl das professionelle Selbstbewußtsein als auch die materiellen Demütigungen des freischaffenden Künstlers im Industriezeitalter. Mit herausforderndem Berufsstolz schreibt er 1872: »Ich bin kein Bettler, war es auch nicht [...].« (An ROHR, 15. 5. 1872, IV.2.410)

Fontanes Korrespondenz enthält zahlreiche Werkbesprechungen, die sich meist zu grundsätzlichen *poetologischen Bestimmungen* erweitern. Sein Novellen-Konzept etwa läßt sich in einem Schreiben an ROHR (15. 5. 1878, IV.2.570) nachlesen. Dem Herausgeber E. HALLBERGER sucht er die »Art und Richtung [s]einer Schriftstellerei« (19. 11. 1878, IV.2.633) darzulegen. Stets vermitteln die Briefe mehr als das Anliegen einzelner Werke. Nicht selten dienen sie dem Autor der Erörterung umfassender literarischer Themen. Seinen Verlegern erläutert er die Schwerpunkte des eigenen Schaffens (vgl. etwa an HERTZ, 24. 11. und 1. 12. 1878, IV.2.637f.). Unter erneutem Bezug auf das Vorbild englischer Literatur diskutiert Fontane mit dem Dichterfreund HEYSE die Besonderheiten seines Romankonzepts (9. 12. 1878, IV.2.639). Die brieflichen Äußerungen zur Ästhetik des Erzählens weisen indes weit über den Bereich künstlerischer Eigenreflexion hinaus. Fontane erörtert sein Werk im Kontext eines kulturhistorischen Bewußtseins der aufkommenden Moderne. Aus solcher Perspektive meint er zu wissen: »[...] eine bessere, wahrere Zeit bricht auch in literarischen Dingen an.« (An J. RODENBERG, 29. 1. 1879, IV.3.10) Seiner Frau (17. 8. 1888, IV.3.201) erklärt er, »daß ich eigentlich erst bei dem '70er Kriegsbuche und dann bei dem Schreiben meines Romans ein *Schriftsteller* geworden bin«. Durch diese Werke glaubt er zugleich, »die Kritik, das Maaß der Erkenntnis« (ebd.) für seine künstlerische Aufgabe gefunden zu haben. 1889 bezeugt ein Schreiben an LILIENCRON (11. 5. 1889, IV.3.688f.) Fontanes Unbefangenheit im kritischen Rollenverständnis literarischer Selbstdarstellung: »Man bleibt im Bann seiner Art und Persönlichkeit, kann aber kritisch doch drüber stehn und hinter sein Eigenstes und in manchen Stücken Bestes und Talentvollstes doch ein ernstes Fragezeichen machen.« Seine Korrespondenz enthält eine große Anzahl individuell künstlerischer Bekenntnisse (vgl. z.B. an T. WOLFF, 24. 5. 1890, IV.4.46 und an HERTZ, 15. 4. 1891, IV.4.113), in denen sich kritische Einsichten sozial und ästhetisch gegenseitig reflektieren.

Den entspannten Ton seiner anhaltenden Bezugnahme auf zeitgenössische Autoren – darunter August von PLATEN, STORM, FREILIGRATH, KELLER, GROTH, SPIELHAGEN, MEYER, HAUPTMANN, Emanuel GEIBEL, HEYSE, IBSEN, ZOLA und TOLSTOJ – beschreibt Fontane selber als »literarische[n] Schnack« (an LEPEL, 29. 8. 1851, IV.1.187). Die Legitimität seiner Urteilskraft leitet er aus einer angeborenen »Feinfühligkeit künstlerischen Dingen gegenüber« (an M. LUDWIG, 2. 5. 1873, IV.2.431) ab. In den Briefen tritt diese kritische Sensibilität überwiegend in sorgsam ausgewogenen Charakteristiken und Werturteilen zutage. Dabei scheut Fontane keineswegs vor radikaler Ablehnung zurück: Karl GUTZKOW und Carl Rudolf von GOTTSCHALL etwa nennt er kompromißlos »die beiden großen Phraseure unsrer Zeit« (an LUDWIG, 29. 4. 1873, IV.2.430).

Nicht zuletzt läßt sich aus Fontanes Briefwechsel eine Zitatsammlung praktischer Lebensweisheiten, moralischer Maximen und Reflexionen zusammenstellen. Ratschläge, Trost oder Anleitungen vor allem in der Familienkorrespondenz geraten zu allgemeinen »Regeln der Lebensklugheit« (an MARTHA, 8. 8. 1880, IV.3.96). Entsprechende Kommentare finden sich auch in Briefen an vertraute Freunde und Bekannte. In dem Bemühen, diese Einsichten wahrheitsgetreu und glaubwürdig zu gestalten, teilt Fontane sie häufig in der Form ironischer Selbstbezüge mit. Genüßlich kann so die Paradoxie eigener Erfahrungen zu vollem Ausdruck gelangen: »je mehr man liest, desto dümmer wird man.« (An H. WICHMANN, 7. 7. 1894, IV.4.372).

Die Briefe werfen eine Reihe moralischer Grundfragen auf, die Fontanes Leben und Kunst gleichermaßen bestimmen. In persönlicher Betroffenheit sucht der Dichter 1870 in einem Schreiben an A. von MEDING (19.7.1870, IV.2.289) »die Grenzlinie zwischen einem (menschlich gesprochen) tolerablen und intolerablen Sündenmaß« zu bestimmen. Nicht erst seit *Effi Briest* weiß er, »wie wenig den Menschen an der sogenannten ›Moral‹ liegt« (an C. KÜHNAST, 27. 10. 1895, IV.4.493f.). Fontanes Prosa beobachtet und kommentiert gesellschaftliches Verhalten. »Sehr viel gilt mir auch die Ehrlichkeit, der man bei den Magdalenen mehr begegnet, als bei den Genoveven«, bemerkt er am 10. 10. 1895 an C. GRÜNHAGEN (IV.4.488). »Dies alles, um Cécile und Effi ein wenig zu erklären.« Fontanes Ästhetik impliziert ihre eigene Ethik. Theodor WOLFF (24. 5. 1890, IV.4.46) erklärt er 1890 sein programmatisches Interesse an einer genauen Darstellung der »Nebensachen«: »das Kleinste« sei ihm »das Liebste«. Im Detail, in der Individualität vollzieht sich die Besonderheit einer musterhaften Existenz. Hier liegt für ihn auch der Bereich persönlicher Verantwortung.

Nicht zuletzt erweist sich Fontanes künstlerische Selbsteinschätzung entsprechend moralisch motiviert. »Nur wer jeden Augenblick tief seine Unvollkommenheit empfindet«, schreibt er FRIEDLAENDER (1. 12. 1894, IV.4.329), »kann sich fortentwickeln.« Dem jungen HAUPTMANN (16. 1. 1890, IV.4.14) gibt er die Einsicht mit auf den Weg: »Das Glücken [...] hat man nicht in der Hand, nur für seinen Willen und seinen Fleiß ist man verantwortlich.« In charakteristischer Untertreibung vermittelt er den moralischen Anspruch seiner Kunst: »[...] ich bin weiter nichts als Schriftsteller [...].« (An H. FECHNER, November 1894, IV.4.401) Es ist die ästhetisch-ethische Genauigkeit seiner erzählerischen Perspektive, die den sozial verantwortlichen Berichterstatter selbstbewußt verkünden läßt: »[...] ich *sehe* nur.« (An FRIEDLAENDER, 10. 4. 1890, IV.4.250)

Die *Verbindung von Kunst und Leben* ergibt sich für Fontane aus der Verpflichtung individueller und gesellschaftlicher Redlichkeit. In seinen Briefen spricht er nicht zufällig von einer »Kunst der Lebensführung« (an ZÖLLNER, 12. 12. 1891, IV.4.168). Er weiß, »wie schwach es mit den Moralitäten steht« (an J. V. WIDMANN, 19. 11. 1895, IV.4.506). Seinem Sohn THEODOR schreibt er am 25. 12. 1895 (IV.4.516): »Das Wichtigste für den Menschen ist der Mensch, da liegt nicht bloß sein Glück, da liegt auch seine Gesundheit. Ich theoretisiere hier nicht, ich bin Praktiker.« Die eigenen literarischen Werke begreift er als Veranschaulichungen einer sozialen Moral. Fontanes nüchternes *Gottvertrauen* ist eine Grundlage seiner ausgewogenen Zuversicht. Als er sich im Herbst 1870 in akuter Lebensgefahr befindet, versichert er seiner Frau, wobei das Bedürfnis, sie zu trösten sicher mitspricht, aus französischer Kriegsgefangenschaft mutig-gelassen, sein Werk und Leben seien eine einzige »Gnade Gottes« (27. 10. 1870, IV.2.347). Einen Monat später »liest sich« das eigene Schicksal für den Autor »wie ein Roman, der es ja auch eigentlich ist« (an EMILIE, 13. 11. 1870, IV.2.357). In einem Brief an die Freundin von ROHR bekräftigt er am 17. 3. 1872 (IV.2.401) die »beiden alten Hauptfaktoren unseres Daseins«: Er weiß sich so bedingungslos wie selbstverständlich »auf Gott und das eigene Thun« angewiesen. Solchem Vertrauen ausgeglichenen Temperaments verleiht Fontanes Korrespondenz nachhaltig Ausdruck. »Persönlich bin ich ganz unchristlich«, versichert er FRIEDLAENDER am 13. 3. 1896 (IV.4.542). Doch sogleich fügt er hinzu, »dies herrnhuthische Christenthum [...] in neuer Form« ist »das Einzige, was mich noch interessirt, das Einzige, dem ich eine Berechtigung und eine Zukunft zuspreche«. Am eindringlichsten bezeugt Fontane seinen nüchternen Schicksalsglauben in einem Brief an den Sohn THEODOR am 12. 8. 1895 (IV.4.469): »Alles, wie auch im Leben des einzelnen hängt immer an einem Faden, und daß ein hoher Rätselwille alles Irdische leitet, jedenfalls aber, daß sich alles unserer menschlichen Weisheit entzieht, das muß auch dem Ungläubigsten klar werden.« In Kunst und Leben fällt sein Urteil in letzter Instanz stets »freundlich und versöhnlich« (an P. LINDAU, 14. 1. 1880, IV.3.57) aus. Mit der Zuversicht ausgewogener Erfahrung sucht er wiederholt, vor allem der Tochter MARTHA brieflich Lebenshilfe zu leisten. Auch der zuweilen schwierige Briefwechsel mit seiner Frau kennzeichnet sich durch einen versöhnlichen Ton gereifter Ausgeglichenheit aus.

Doch zugleich bestimmt ein anderer, historischer Grund Fontanes sozial und literarisch aufgeschlossene Lebenshaltung und kritische Toleranz, vor allem im Verlauf der letzten Jahre seines Briefverkehrs. Der epische Historiker ist von dem *Anbruch einer neuen Kultur* gewandelter Werte überzeugt. Die sich daraus ergebenden moralischen, ästhetischen und sozialen Konsequenzen scheinen ihm offenkundig. Gegenwartsbezogen faßt er sie am 8. 8. 1880 (IV.3.97) in einem Brief an MARTHA programmatisch zusammen: »wir arbeiten immer noch mit *falschen Werthen* [...].« Nirgends finden Fontanes Zukunftsglaube und Selbstvertrauen so bekenntnishaft Ausdruck wie in seiner nahezu sieben Jahrzehnte umfassenden Korrespondenz.

Rückblick und Ausblick

Die letzten zwei Briefe des Dichters (»die letzten Zeilen«, an EMILIE, 20. 9. 1898, IV.4.758) sind an seine Frau gerichtet. Am 18. 9. 1898 (IV.4.757) spricht er von einem »tiefen Verlangen nach Ruhe«. Dankbar blickt er auf »ein so glückliches und bevorzugtes Leben« zurück, um in charakteristischer Ironie zu enden »und doch: ›Was soll der Unsinn?‹« (ebd.).

Noch in seinen letzten Briefzeilen berichtet Fontane über das gesellschaftliche Leben. Der in Blasewitz bei Dresden weilenden EMILIE beschreibt er Besuche in der häuslichen Wohnung. Er schließt seine Darstellung mit einer erzählerischen Geste, die die Lebens- und Kunstgestaltung – wie auch die sie komplementär begleitende, vermittelnd kommentierende Korrespondenz – dieses paradigmatisch beobachtenden, kritisch sozialanalytischen Autors mustergültig zusammenfaßt: »So geht es.« (20. 9. 1898, IV.4.759)

MANFRED JURGENSEN

Literatur

a. Briefverzeichnis

Die Briefe Theodor Fontanes. Verzeichnis und Register hg. von C. JOLLES und W. MÜLLER-SEIDEL, bearbeitet von R. BACHMANN, W. HETCHE und J. NEUENDORF-FÜRSTENAU, München 1988. Mit ausführlicher chronologischer Bibliographie der Publikationen der Briefe Fontanes (Buchausgaben, Zeitschriften- und Zeitungspublikationen sowie Einzelpublikationen in Zeitschriften, Zeitungen und Büchern) S. 928–943 (Redaktionsschluß März 1987).

b. Briefausgaben (vgl. auch das Siglenverzeichnis auf S. XIX–XX)

Theodor Fontanes Briefe an seine Familie, hg. von K. E. O. FRITSCH, 2. Bde., Berlin 1905. – Briefe Theodor Fontanes. Zweite Sammlung. (An seine Freunde.) hg. von O. PNIOWER/P. SCHLENTHER. 2 Bde., Berlin 1909. – R. von KEHLER, Theodor Fontane, 89 bisher ungedruckte Briefe und Handschriften, Berlin 1936. – Theodor Fontane. Heiteres Darüberstehen. Familienbriefe/Neue Folge, hg. von F. FONTANE, mit einer Einführung von H. M. ELSTER, Berlin 1937. – Theodor Fontane und Bernhard von LEPEL. Ein Freundschafts-Briefwechsel, 2 Bde, hg. von J. PETERSEN, München 1940. – Briefe an die Freunde. Letzte Auslese, hg. von F. FONTANE/H. FRICKE, 2 Bde, Berlin 1943 (Nachdruck mit einem Nachwort von W. HETTCHE, Hildesheim u. a. 1995). – Theodor Fontane: Briefe an Georg Friedlaender, hg. und erl. von K. SCHREINERT, Heidelberg 1954 (Neuausgabe ohne Anmerkungen der Edition von 1954: Frankfurt am Main/Leipzig 1994). – Theodor Fontane: Briefe, 4 Bde. 1: An den Vater, die Mutter und die Frau, Berlin 1968; 2: An die Tochter und an die Schwester, Berlin 1969; 3: An Mathilde von Rohr, Berlin 1971; 4: An Karl und Emilie ZÖLLNER und andere Freunde, Berlin 1971, hg. von K. SCHREINERT. Zu Ende geführt und mit einem Nachwort versehen von C. JOLLES. – Theodor Fontane, Briefe an Hermann Kletke. In Verbindung mit dem Deutschen Literaturarchiv Marbach a. N. hg. von H. NÜRNBERGER, München 1969. – Theodor Fontane. Briefe an Julius Rodenberg. Eine Dokumentation, hg. von H.-H. REUTER, Berlin/Weimar 1969. – Der Briefwechsel zwischen Theodor Fontane und Paul HEYSE, hg. von G. ERLER, Berlin/Weimar 1972. – Theodor Fontane,

Briefe an Wilhelm und Hans Hertz 1859–1898, hg. von K. SCHREINERT, vollendet und mit einer Einführung versehen von G. HAY, Stuttgart 1972. – Mete Fontane, Briefe an die Eltern 1880–1882, hg. und erl. von E. R. ROSEN, Frankfurt am Main, 1975. – Theodor Storm – Theodor Fontane: Briefwechsel. Kritische Ausgabe. In Verbindung mit der Theodor-Storm-Gesellschaft, hg. von J. STEINER, Berlin 1981. – Die Fontanes und die Merckels. Ein Familienbriefwechsel 1850–1870, hg. von G. ERLER, 2 Bde., Berlin/Weimar 1987. – Theodor Fontanes Briefwechsel mit Wilhelm Wolfsohn, hg. von C. SCHULTZE, Berlin/Weimar 1988. – Theodor Fontane, Briefe an den Verleger Rudolf von Decker. Mit sämtlichen Briefen an den Illustrator Ludwig Burger und zahlreichen weiteren Dokumenten, hg. von W. HETTCHE, Heidelberg 1988. – Fontanes Briefe in zwei Bänden, ausgewählt und erläutert von G. ERLER, 2 Bde, Berlin/Weimar ³1989 (1968). – Theodor Fontane, Jenseits von Havel und Spree. Reisebriefe, hg. von G. ERLER, Berlin 1991. – Der Briefwechsel zwischen Theodor Fontane und Friedrich EGGERS, hg. von R. BERBIG, Berlin 1997. – Emilie und Theodor Fontane, Der Ehebriefwechsel, hg. von G. ERLER unter Mitarb. von T. ERLER, 3 Bde., Berlin 1998.

c. Sekundärliteratur

E. SCHROEDER, Der letzte Briefschreiber. Ein Kapitel Fontane zum 50. Todestag des Dichters, in: Heute und Morgen, Jg. 1948, S. 587–590. – W. POSER, Gesellschaftskritik im Briefwerk Fontanes, Frankfurt am Main 1958. – H.-H. REUTER, Zu Aufzeichnungen und Briefen Theodor Fontanes, in: SuF 13 (1961), S. 750–756. – E. BERTRAM, Theodor Fontanes Briefe, in: E. B., Dichtung als Zeugnis, Bonn 1967, S. 43–67. – G. ERLER, »Ich bin der Mann der langen Briefe«. Bekanntes und Unbekanntes über Fontanes Brief, in: FBl Bd. 1, H. 7 (1968), S. 314–330. – H. NÜRNBERGER, Fontanes Briefstil, in: Probleme der Brief-Edition, Bonn-Bad Godesberg 1977, S. 163–166 [auch als Nachwort in: Theodor Fontane, Werke, Schriften und Briefe, IV.5/II, München 1994, S. 1021–1033]. – M. REICH-RANICKI, Fontane, der unsichere Kantonist. Bruchstücke einer großen Konversation. (Zu den Briefen Theodor Fontanes), in: M. R-R, Nachprüfung, München 1977, S. 9–15. – H. NÜRNBERGER, Theodor Fontanes Briefstil, in: AUST, FONTANE, 1980, S. 56–80. – B. BIRNBAUM, Fontanes Briefe, in: FBl H. 48 (1989), S. 102–103. – C. JOLLES, Fontanes brieflicher Nachlaß. Bestand und Edition. Einführung, in: FBl H. 47 (1989), S. 53–62 [auch als Einführung, in: Die Briefe Theodor Fontanes. Verzeichnis und Register, s.o., S. XI-XX]. – B. S. FOERSTER-HABRICH, Die Briefe Theodor Fontanes. Romane und Erzählungen im Spiegel seiner Briefe, Gießen 1992. – H.-F. ROSENFELD, Vom Schicksal Fontanescher Briefentwürfe, in: Euph 86 (1992), S. 90–106. – Ders., Erfahrungen mit Fontanebriefen. Ein kleiner Beitrag zur Geschichte unseres Faches, Weiden 1992. – I. MITTENZWEI, Spielraum für Nuancen. Zu Fontanes Altersbriefen, in: Jb DSG 37 (1993), S. 313–327. – C. JOLLES, Briefe und Tagebücher, in: JOLLES, S. 138–147. – C. von KROGH, Theodor Fontanes Briefwechsel mit Georg FRIEDLAENDER 1884–1898. Randbemerkungen und Analysen zur Zeitgeschichte, Düsseldorf 1994.

3.4 Das journalistische Werk

3.4.1 Die politische Journalistik

Die Anfänge in der Leipziger Eisenbahn (1842)

Theodor Fontanes politische Journalistik steht naturgemäß außerhalb seines literarischen Œuvres. In den entscheidenden Mannesjahren zwischen Zwanzig und Fünfzig entstanden, reflektiert sie die Ideen der Zeit zwischen Vormärz und Beginn des deutschen Kaiserreichs. Sie zeigt den Reifungsprozeß des Menschen Fontane, die geistigen Einflüsse, denen er sich ausgesetzt, die politischen Abhängigkeiten, in die er sich begeben, und die ideologischen Häutungen, die er durchgemacht hat. Keimhaft sind in ihr zugleich thematische Bezüge zum späteren Erzählwerk enthalten.

Noch sind nicht alle politisch-journalistischen Texte Fontanes erfaßt. Wegen der Anonymität ihres Erscheinens ist die Identifizierung schwierig. Die frühesten Artikel, die wir kennen, sind sieben Korrespondenzen des Zweiundzwanzigjährigen in dem progressiven Leipziger Journal *Die Eisenbahn. Unterhaltungsblatt für die gebildete Welt* von 1842. Nicht alle Nummern dieses mehrmals konfiszierten Blattes konnten bislang aufgespürt werden (W. WÜLFING, 1987, S. 64ff.); es ist möglich, daß noch weitere Berichte Fontanes darin erschienen sind.

Fontane fand den Weg zur Journalistik über seine Dichtung. Er hatte in der *Eisenbahn* bereits eine Anzahl politischer Zeitgedichte veröffentlicht. Diese von Georg HERWEGH (*Gedichte eines Lebendigen*) beeinflußte Vormärz-Lyrik war Teil der Journalistik der Zeit. Es lag nahe, den dichtenden Apothekergehilfen bei seinem Weggang aus Leipzig im Frühjahr 1842 zur freien Korrespondentenmitarbeit zu werben. Dem Beispiel der Cottaschen *Allgemeinen Zeitung* folgend, nutzten gerade damals viele Zeitungsverleger die vorübergehend weniger strengen Zensurbestimmungen zum Aufbau eines eigenen Korrespondentennetzes, um das sanktionierte Einerlei des offiziösen Blättern entnommenen politischen Nachrichtenteils mit authentischen Augenzeugenberichten zu beleben.

Das von Enthusiasmus getragene Sendungsbewußtsein der Vormärz-Bewegung – Freiheit und Einheit war die Forderung – hatte auch Fontane erfaßt (C. SCHULTZE, 1970, 1971). Im unprofessionellen Duktus des allerersten Journalisteneifers spricht sich die freiheitbegehrende Gesinnung des jungen Fontane unumwunden aus. Polemisch-satirisch geißelt der ungestüme Jünger HERWEGHS die politischen und gesellschaftlichen Mißstände seiner Umwelt, zunächst die seiner »speziellen Heimat« (N XIX.7), dem Oderbruch, »wo üppig die Saaten, aber noch keine ›Rosen jugendlicher Freiheit‹ blühn« (N XIX.9), dann die Dresdens, wo ihm der »Samen der Freiheit auf felsigen Grund gestreut« scheint (N XIX.14). Das Tagespolitische spielt nur am Rande eine Rolle. Sprunghaft, phrasenreich und zumeist der eigenen, mehr ästhetizistischen politischen Standortbestimmung und Rechtfertigung dienend, läßt er sich von den ihn überflutenden Gedanken forttragen, mit allen Folgen thematischer Heterogenität und stilistischer Inhomogenität. Anders als die meisten seiner späteren journalistischen Erzeugnisse spiegeln diese frühen Artikel den jungen Fontane unverfälscht, ohne das »Versteckspiel« hinter Worten und zwischen den Zeilen.

Seine politischen Aussagen zeigen die noch unklaren Vorstellungen und Ideale der Vormärzbewegung. Er neigt eher zu den progressiv-liberalen als zu den damals sich gerade abspaltenden demokratisch-radikalen Kräften. Die Begegnung mit der gesellschaftlichen Realität hatte ihm den Sinn geschärft für die Diskrepanz zwischen den realitätsfremden Zukunftsvisionen seiner Leipziger Gesinnungsgenossen und den politikfernen Überlebensstrategien des Volkes. Das nach der Rheinkrise im Herbst 1840 und nach FRIEDRICH WILHELMS IV. Thronbesteigung stimulierte Nationalgefühl nennt er »erdichtet«, »erlogen«, »erkünstelt« (N XIX.22f.):

> Wie kann man in einer Zeit, wo politisches Bewußtsein auch in Deutschland aus langem Schlafe erwacht ist, wo Freiheit in Religion und Politik Parole und Losung geworden ist, wie kann man da von Vereinigung sprechen, bevor kein geistigeres Band als ein – Zollverband Aufklärung und Unwissenheit, Freiheit und Druck, Gleichgültigkeit und Begeisterung zusammenkoppelt! Deutsche Einigkeit! Mit blutendem Herzen schreib' ich es nieder, sie ist ein Traum [...] Außer der Sprache und der – Geduld haben die einzelnen deutschen Staaten nichts miteinander gemein. (N XIX.19)

An ein revolutionäres Aufbegehren glaubte Fontane nicht: Revolutionen seien hierzulande »Naturerscheinungen wie der Herschelsche Komet, der alle hundert Jahre Krieg verkündigt« (N XIX.41). Seine Freiheitsvorstellungen waren bei aller Hingabe an den Geist des Vormärz sehr persönlich gefärbt. Sich mit Haut und Haaren einer politischen Richtung zu verschreiben, wollte und konnte er nicht. Auf seine Unabhängigkeit und Individualität hat er schon früh gepocht und sich gegen kollektives Eingebundensein gewendet:

> Es ist gewagt, gegen den Strom zu schwimmen und unter Wölfen nicht zu heulen; ich kenne so manche, denen diese Lebensregel heilig gilt, ich sehe sie vom Glücke wie verfolgt und bin doch zu stolz, mich ihnen anzuschließen. Ketten bleiben Ketten allerorten. Die Hände des Zaren schmieden sie nicht fester wie die Schergen der Republik, und wer Mut genug besitzt, selbständig zu denken und zu handeln, wird leider ein Opfer überzeugungstreuer, *verkannter* Neutralität. Es ist nicht klug, keiner Partei anzugehören, aber brav ist es, wenn das eigne Herz sich frei von niederer Selbstsucht weiß. [...] Man kann ein freiheitglühend Herz im Busen tragen und vermag es dennoch nicht, unter einer Fahne zu kämpfen, die *Uniformen* verlangt. Ich aber lasse mir meine Gedanken vielleicht noch weniger gern zustutzen und verschneiden wie meine Haare und kleide meine Überzeugungen nicht lieber nach vorschriftsmäßiger Form, als ich in die zu engen oder zu weiten Beinkleider der preußischen Landwehr kriechen würde. (N XIX.10f.)

Dieses Dresdner Bekenntnis des Zweiundzwanzigjährigen deutet auf eine Meinungsverschiedenheit hin, die er der Redaktion erläutern zu müssen glaubte. Man hat es mit dem ihm angebotenen, von ihm aber abgelehnten Redakteursposten an der *Eisenbahn* in Verbindung gebracht (C. JOLLES, 1969, S. 425; C. SCHULTZE, 1970, S. 788).

Vier Artikel in der Berliner Zeitungs-Halle (1848)

Die *Berliner Zeitungs-Halle*, 1846 aus dem gleichnamigen Lesekabinett als dessen Organ hervorgegangen, war zunächst eine Handels- und Verkehrszeitung, die wegen ihrer ausführlichen Börsen-, Markt- und Warenberichte auch vom Besitzbürgertum gelesen wurde. Ihr Motto war: »Alles für das Volk. Alles durch das Volk!« Ab 1848, nach Aufhebung der Vorzensur, entwickelte sie unter der kämpferischen Leitung ihres demokratischen Herausgebers Gustav JULIUS eine entschieden radikale Tendenz. Sie wurde zum Organ des »Zentralausschusses der Deutschen Demokraten« und damit zu einem der wichtigsten Blätter der Revolutionsanhänger. Ende März 1849 mußte sie ihr Erscheinen einstellen. Auf welche Weise Fontane Zugang zu diesem Blatt gewann, ist nicht bekannt. Vermutet werden sein radikaler Leipziger Freund Hermann KRIEGE, ferner Michael BAKUNIN, der Herausgeber Gustav JULIUS selbst sowie Hermann MARON und Julius FAUCHER (C. SCHULTZE, 1967, S. 140; C. JOLLES, 1988, S. 51; H. FISCHER, 1998, S. 173f.).

Fontanes vier Texte – erschienen zwischen dem 31. 8. und 7. 11. 1848 – zeigen seine radikaldemokratische Politisierung im Herbst des Revolutionsjahres. Seine Briefe an Bernhard von LEPEL bestätigen diese emotionsgesteuerte Haltung. *Preußens Zukunft* – der Konfliktstoff der Zeit ist bereits in diesem Titel seines ersten Artikels enthalten. Reichsverweser Erzherzog JOHANN hatte die Huldigung aller deutschen Armeen gefordert und damit eine hitzige Debatte um Preußens Stellung in einem mit Österreich vereinigten Deutschland entfacht. Der achtundzwanzigjährige Fontane steht auf der Seite derer, die sich als Voraussetzung für eine geeinte Nation nur die Auflösung Preußens vorstellen konnten – ob mit oder ohne Österreich, das bleibt offen. FRIEDRICH WILHELMS IV. berühmt gewordener Satz aus seiner Proklamation vom 21. 3. 1848: »Preußen geht fortan in Deutschland auf«, wendet Fontane ins Negative: Preußen wird »untergehen«, »es stirbt«, »eine preußische Republik ist eine Unmöglichkeit«, »Preußen muß zerfallen«, »Preußen war eine Lüge«, »das jetzige Preußen hört auf zu sein« (III.1.9f.). Pathetisch heißt es zum Schluß:

> Preußen hat nur die Wahl zwischen einem Untergehen in Deutschland oder einem Zusammenschrumpfen auf das Ländergebiet von 1740. Es kann nicht zweifelhaft sein, was schöner wäre: ein solcher Tod oder ein solches Leben. Preußen spricht so gern von seinen Opfern, die es der deutschen Sache gebracht habe; nun denn, so steh' es nicht an, auch das letzte, größte zu bringen. Betrachte es sich als *ein* Mann und drücke es sich todesmutig die Speere ins Herz um der Größe des Vaterlandes willen. Ein Tod kann unsterblicher sein als ein ganzes Leben. (III.1.10)

Die Entschiedenheit der Überzeugung, von der Fontanes Artikel lebt, zeitigte unmittelbare Wirkung (C. SCHULTZE, 1967, S. 143f.). Karl August VARNHAGEN VON ENSE schrieb am 31. 8. 1848 in sein Tagebuch:

> Ein kleiner, trefflich geschriebener Aufsatz in der *Zeitungshalle* hier, von Th. Fontane unterschrieben, sagt geradezu, Preußen stirbt und muß sterben, es soll seinen Tod sogar eigenhändig vollziehen! Dies hat mich sehr ergriffen. Es ist viel Wahres darin. Und ich schreibe für einen Verurteilten, Sterbenden, Todten! Es ist entsetzlich!

Auch Fontanes zweiter Artikel, *Das preußische Volk und seine Vertreter*, vom 13. 9. 1848 enthält bereits im Titel den Konfliktstoff dieser Septemberwochen. Durch die Zustimmung der Nationalversammlung zum Waffenstillstand von Malmö am 5. 9. 1848 sah die radikale Linke in Preußen ihre Hoffnung auf eine Republik durchkreuzt und witterte Gegenrevolution. Die »halbe« Revolution zur »ganzen« zu machen, war das Ziel der sich allenthalben ausbreitenden, explosiv gestimmten Bewegung. Sie erfaßte auch Fontane und ließ ihn seinen revolutionsschürenden Artikel schreiben. Darin schüttet er seinen geballten Spott über die Frankfurter Parlamentarier aus und ruft – unter Anspielung auf Horace VERNETS berühmtes Gemälde von 1826 – das »Volk der Intelligenz« zur revolutionären Tat auf:

> Kennt Ihr die Brücke von Arcole? Drüben die Stillstandsmänner und ihre Kanonen, hier der Fortschritt und seine Begeisterung. Gleich jenem volksentstammten Korsen ergreift das *Volk* die Fahne der neuen Zeit, und über Leichen und Trümmer hin stürmt es unaufhaltsam zum Siege. (III.1.11)

In *Die Teilung Preußens* greift er die Frage der Staatsspitze in einem vereinten Deutschland auf. Der Text zeigt das Dilemma, das die preußischen Republikaner mit dem »doppelten Gelüst« der Paulskirchen-Versammlung hatten: »Sie will einen Kaiser und will einen Hohenzoller.« (III.1.12). Fontanes Haltung in dieser Frage ist eindeutig: Er wollte eine republikanische Reichsspitze. Die Zeit dazu sei »erfüllet«. Mit indirekter Bezugnahme auf FRIEDRICH WILHELM IV. heißt es:

> Das Volk vertraut in gleichem Maße seiner eigenen Kraft, als es angefangen hat, an seinen Fürsten zu verzweifeln. Keine Partei hat unsere Herrscher gestürzt, die haben sich selbst gerichtet. Falsches Spiel, Blödsinn und Ungeschick haben den Stab über sie gebrochen. Sie sind tot in der öffentlichen Meinung. (III.1.12)

In *Einheit oder Freiheit*, am 7. 11., wenige Tage vor dem Verbot der *Berliner Zeitungshalle* erschienen, hat die hochemotionale Septemberstimmtheit resignativeren Tönen Platz gemacht. Der schnelle Wechsel der Kabinette in Preußen und die bereits einsetzende Reaktion ließen Fontane noch einmal die Problematik der Durchsetzbarkeit von Freiheit und Einheit thematisieren. Wiederum ist das »einheitslüsterne« »Gleichmacher-Parlament« in Frankfurt Zielscheibe seines Angriffs.

Seine idealistische Grundhaltung kommt im Schlußabsatz zu Wort:

Unsere Einheit ohne das *ganze Maß* der Freiheit ist ein Unding; sie bleibt ein unlösliches Problem. Ohne Freiheit gibt es wohl eine Einheit der Kabinette, eine Einheit der Polizei, eine Einheit von allem möglichen, nur nicht eine Einheit des deutschen Volks. Nein, keine Einheit um jeden Preis, überhaupt kein *Streben* nach Einheit; sie muß sich geben wie die Liebe, – aller Zwang ist ihr Tod. Nur »Freiheit um jeden Preis!«. *Ihr* nachgestrebt, *ihr* jedes Opfer gebracht, – das sei unverändert die Losung des Tages. Dann ist die Zeit nahe, wo kein Schwanken mehr ist: »ob einig, ob frei?« Dann werden wir einig sein durch die Freiheit und frei sein durch die Einigkeit. (III.1.15f.)

Berliner Korrespondent der Dresdner Zeitung (1849/1850)

Mit den dreißig Berliner Korrespondenzen für die *Dresdner Zeitung*, geschrieben zwischen 15. 11. 1849 und 11. 4. 1850, begann für Fontane seine eigentliche journalistische Profession. Der Wahlspruch »Des Volkes Wille ist Gesetz!« signalisiert die radikaldemokratische Tendenz des 1845 gegründeten, aber schon 1850 unter Zensurdruck eingestellten Blattes.

Das »Machen in Politik« sei zwar nicht sein Fall, wenn aber die Sache ihn erwärme, glaube er, mitunter einen guten Artikel schreiben zu können, meinte Fontane zu Wilhelm WOLFSOHN, der den Kontakt zur *Dresdner Zeitung* vermittelt hatte. Er begleitete seine erste Korrespondenz mit dem Hinweis, daß er sie »absichtlich so ganz leichthin« abgefaßt habe; eine Zeitung werde ja auch »leichthin« (15. 11. 1849, IV.1.96) gelesen. Diese Auffassung kennzeichnet seine Einstellung zum Journalismus als Beruf. »Dinge, die der Augenblick geboren und die kaum länger als einen Tag gefallen wollen, haben nicht Anspruch auf ein tieferes kritisches Eingehen« (III.1.69), ist seine Überzeugung. Daraus erklärt sich sowohl das Ausschweifende als auch das Widersprüchliche seiner Tagesproduktionen. Die Neigung, die Spontaneität des Urteils mit verallgemeinerndem, aus dem Augenblick fließenden Inhalt zu füllen, macht seine journalistischen Äußerungen oftmals vieldeutig. Konstanten seiner politischen Überzeugungen lassen sich dort finden, wo das leichthin Niedergeschriebene eine tiefere Schicht subjektiver, auch ironisch formulierter Betroffenheit und prinzipieller Überlegungen erkennen läßt. Dies ist der Fall, wenn ihm die Geschichte, insbesondere die Preußens, zur Argumentationsbasis und das Historisch-Politische zum Gegenbild der Gegenwart werden.

Nach dem Radikalismus im Revolutionsjahr offenbart sich Fontanes staatsbürgerliches Denken eher gemäßigt demokratisch. Dominierendes Thema ist nun die Rechtsstaatlichkeit der neuen

Machtverhältnisse in Preußen. Die Machtmittel der Reaktion sind ihm moralisch verwerflich und Preußens unwürdig. »Der blinde Gehorsam der Armee ist alles, die freie Liebe des Volkes ist nichts. Nach diesen Anschauungen wird regiert.« (III.1.37) Nicht Recht sei die Grundlage der neuen Regierung, sondern die Recht und Gesetz verhöhnende »Polizei-Wirtschaft« (III.1.32). Unter dem Eindruck der Hochverratsprozesse, insbesondere dem gegen Benedikt WALDECK, werden die fragwürdigen Methoden der preußischen Justiz beklagt, die antisemitische Grundströmung der Zeit erkannt, die Wirkmächtigkeit der hochkonservativen Meinungspresse in Gestalt der *Kreuzzeitung* und deren Exponenten schonungslos kritisiert und die verschärften Zensurbestimmungen in Österreich und Preußen ironisiert, »wo man so ängstlich um sich schaut, als schwankten die Throne vor jedem Luftzuge einer roten Feder wie vor mächtigen Orkanen« (III.1.57).

Dem negativen Bild einer drückenden, aber uneinigen Reaktion setzt Fontane die Demokratie als geschlossene »Partei« entgegen. Das Narrenschiff der Reaktion werde – in Umkehrung einer Sentenz Otto von BISMARCKs – an dem beleidigten Rechtsgefühl des Volkes scheitern. Die Begriffe »das Volk« und »die Demokratie« werden nicht näher definiert, aber eindeutig als positivpolitische Einheit und als geschlossenes Gegengewicht zur feudaljunkerlichen Oberschicht gesehen. Fontanes Antagonismus zum Preußen der Reaktion zeigt sich auch im Zuge der Verfassungsauseinandersetzung. »Alle Preußen sind vor dem Gesetz gleich. Standes-Vorrechte finden nicht statt«, hatte es in der oktroyierten preußischen Verfassung vom März 1849 geheißen. Er tut dies als reaktionäres Blendwerk ab: Die »wahre Aristokratie« sei, so heißt es lapidar, »eine mehr körperlich wie geistig bevorzugte Kaste, mit einem ›von‹ vor dem Namen, einem guterhaltenen Stammbaume und mehr Rechten als Pflichten« (III.1.39). In seiner Beobachtung durchwaltet das Gegensätzliche die gesamte Gesellschaft:

> Im Schoße der Kunst herrscht genau dasselbe Leben und Streben, wie draußen im Getriebe der Welt: überall machen sich zwei völlig auseinandergehende Richtungen bemerkbar – die nationale und die weltbürgerliche. Die eine zehrt von der Vergangenheit, die andere lebt in der Zukunft; jene dient der Geschichte, diese einer Idee. So sehen wir zu gleicher Zeit und an gleichem Ort politische Dramen entstehen, von denen die einen für das allgemein Menschliche, für das Recht auf Freiheit und das Recht der Revolution in die Schranken treten, während die anderen in Verherrlichung des Nationalen ihre Aufgabe erkennen und ohne einer höheren Wahrheit die Ehre

zu geben, das Heimische preisen, weil es heimisch ist, und das Fremde – als Fremdes, und um nichts anderes, verwerfen. (III.1.26)
Die Desillusionierung nach der gescheiterten Revolution und die Resignation gegenüber den neuen Mächten in Preußen entziehen Fontanes republikanischer Politisierung die Basis und führen zum Rückzug ins Imaginative. Er wendet seine Gedanken zugleich in die Vergangenheit und in eine ferne Zukunft, eingefangen in magische Worte wie »schöne, fast vergessene Zeit« (III.1.37) und »die neue Zeit« (III.1.47). Er offenbart sich hier – der Einfluß des »Tunnels über die Spree« zeitigt Wirkung – als Anhänger des alten Preußen, seiner Monarchen und Machtstrukturen, im Blick auf die Zukunft aber als Republikaner. Eine vertiefte politisch-theoretische Auseinandersetzung ist nicht erkennbar. Die idealistische Grundhaltung macht ihn empfänglich für alle Einflüsse, die im Historisch-Politischen wurzeln. Das Denken in Polaritäten hindert ihn nicht nur an einer eindeutigen politischen Linie dem aktuellen Preußen gegenüber, sondern führt zwangsläufig zu dauernder Ambivalenz seines politischen Denkens überhaupt.

Ministerieller Zeitungsschreiber (1850–1855)

Im August 1850 tat Fontane etwas für uns heute Unverständliches: Er trat als Mitarbeiter in die zentrale amtliche Presseabteilung, das sogenannte »Literarische Cabinet«, der reaktionären Regierung BRANDENBURG/MANTEUFFEL ein. Mit einigen Unterbrechungen war er dort bis Sommer 1855 tätig. Er tat diesen Schritt aus freien Stücken und begab sich damit in den Dienst einer Macht, die er soeben noch öffentlich journalistisch bekämpft hatte. Daran gedacht hatte er wohl schon im Oktober 1849 (an B. von LEPEL, 5. 10. 1849, IV.1.85). Welche Erklärung kann es dafür geben? Offenbar spielte bei dem Wechsel die Persönlichkeit seiner »Tunnel«-Bekanntschaft Wilhelm von MERCKEL eine Rolle. MERCKEL, ein typischer Vertreter altpreußischen Geistes, war seit Frühjahr 1850 Leiter des Literarischen Kabinetts. Durch ein geregeltes Einkommen jungen, heiratswilligen Mann etwas Verführerisches haben. War es Opportunismus, wenn sich Fontane dabei als »Reactionair vom reinsten Wasser« (an dens., 8. 4. 1850, IV.1.113) anpries? Oder zeigt dies nur, wie schwankend seine politischen Ansichten in einer unruhigen, resignativ geprägten Zeit waren?

Fontane begab sich mit der Kehrtwendung von 1850 in eine Subaltern-Stellung, die seinem Naturell eigentlich hätte zuwider sein müssen. Die im Apparat der Regierungspresse arbeitenden Literaten, spöttisch Zeitungsschreiber genannt und von Andersgesinnten weitgehend gemieden, hatten ein umfangreiches Arbeitspensum zu absolvieren, das in einer detaillierten Geschäftsordnung geregelt war. (C. JOLLES, 1988, S. 75 ff.) Von Interesse können hier nur die sogenannten Berliner Privatkorrespondenzen sein, die die Mitarbeiter an bestimmte Redaktionen kleinerer lokaler Blätter zu senden hatten, um damit als Gegengewicht zur dominierenden liberalen Presse in konservativem Sinne meinungsbildend zu wirken. Das mußte verdeckt geschehen, der offiziöse Charakter durfte nicht erkennbar werden. Den Kontakt zu den Zeitungen unterhielten die Literaten daher selbst. Die Tendenz der Artikel war vorgegeben. Monatlich mußte darüber Rechenschaft abgelegt werden.

Die von Fontane in dieser Eigenschaft verfaßten Korrespondenzen sind noch nicht erschlossen. Wie hat er sich dieser Aufgabe entledigt? Ist eine Gratwanderung erkennbar? Hat er eigene Meinungen eingebracht? Es scheint lohnend, diesen Texten nachzuspüren, nicht nur mit Blick auf seine journalistische Entwicklung; nach seinem Bekenntnis über diese allererste Zeit im Literarischen Kabinett (»Das höchste Maaß meiner Reaktion hab' ich hinter mir«, an LEPEL, 7. 1. 1851, IV.1.146) dürfte sein Engagement herauslesbar sein. Durch die Forschungsergebnisse von JOLLES (1988, S. 82) bekannt geworden ist Fontanes Mitarbeit am *Frankfurter Journal* und an der *Saar- und Mosel-Zeitung*. JOLLES (1988, S. 169) vermutet aufgrund ihrer Durchsicht des *Frankfurter Journals*, daß Fontanes »Mitteilungen von der Redaktion gar nicht gebracht worden« sind. Bei der *Saar- und Mosel-Zeitung*, Organ der konstitutionellen Partei, sieht das etwas anders aus. Gleich die vermutlich erste für dieses Blatt verfaßte, bisher ungedruckte Korrespondenz Fontanes vom 9. 8. 1850 mag als Beispiel gelten für die Beflissenheit, mit der er seine Feder in den Dienst der Vor-Olmütz-Politik des damaligen Ministers des Innern, Otto von MANTEUFFEL, gestellt hat.

TF Berlin, den 9. August. Gestern Abend ist Herr v. Manteuffel von seinem kurzen Ausfluge auf's Land zurückgekehrt. Man erwartet jetzt einen abermaligen Ministerrath und zwar endlich mit *maßgebenden Beschlüssen*. Wenn wir recht unterrichtet sind, so wird Herr v. Manteuffel, dieses Wirrsal's herzlich müde, mehr auf *Klarheit* und *Entschiedenheit*, als auf *kriegerische Entscheidung* dringen. Der Minister des Innern ist überhaupt ein bei weitem größerer Anhänger der Friedenspolitik, als es unsere Tagespresse wahr haben will. Weil er, am klarsten vielleicht, die Gefahren eines Krieges erkennt, glückt es ihm am ehsten seiner preußischen Kriegsneigung den Zügel anzulegen. Noch einmal: er will Entscheidung, aber nur im höchsten Nothfall eine Entscheidung durch Gewalt der Waffen. Von allen Seiten werden Stimmen laut, den von Oesterreich in Hochmuth und Ueberschätzung hingeworfenen Handschuh aufzunehmen: »Krieg«! fordern die preußischen Herzen am Niemen wie am Rhein. Wir sind keinen Augenblick in Zweifel darüber, wofür das Herz des Minister v. Manteuffel sich seit lange entschieden hat, aber wir wissen auch, daß die letzten Jahre aller *Gefühlspolitik* das Urtheil gesprochen haben. Unsere *Neigung* mag den Krieg fordern, unsere *Erkenntniß* verbietet ihn. Es ist ein königliches Wort: »dem Muthigen gehört die Welt«; aber Preußen *jetzt* in einen Krieg verwickelt, dürfte schwerlich die Illustration zu jenem Ausspruch liefern. Vergessen wir nicht, daß wir *allein* stehen; selbst zur Zeit des siebenjährigen Krieges befand sich Preußen in keiner so isolirten Lage wie eben jetzt: es hatte *England* zur Seite, dessen Freundschaft in diesem Augenblicke mehr als zweifelhaft ist. Und wenn wir einen Bundesgenossen fänden, glaubt man wirklich, daß es zum zweiten Male gelingen würde, gegen mehr als halb Europa siegreich im Felde zu stehen? Wir lassen die Gestalt des großen Friedrich, der ein *Heer* neben seinem Heere war, aus dem Spiel, – wir verweisen nur auf eins: *es giebt keine schlechten Armee'en mehr.* Auf die Ungeschicklichkeit eines Marschall Soubise, auf die Feigheit einer Reichsarmee, auf die Stumpfheit russischer Horden ist hinfort nicht mehr zu rechnen, – *ebenbürtig* stehen sich heutzutage die europäischen Heere gegenüber, selbst Napoleon mußte schließlich fühlen, daß die *Masse* entscheidet. Wir überlassen es hiernach einem Jeden, im Fall eines Krieges unsere Aussichten auf Erfolg zu berechnen, und geben nur den Leuten noch, die nicht müde werden, das Wort von »preußischer Ehre« wie einen Schlachtruf laut werden zu lassen, das Eine zu bedenken, daß es, trotz ihnen, *preußische* Männer sind, in deren Hand die Entscheidung gelegt ist, aber Männer freilich, die in einer *äußersten* Lage sich heilig verpflichtet glauben, das *Aeußerste* abzuwarten. Das ernste Kriegsspiel ist in diesem Augenblicke ernster denn je, nur die unzweifelhafte Herausforderung, die plumpste Verhöhnung würde es rechtfertigen – und *wird es vielleicht.* Das Zusammenziehen des österreichisch-baierisch-württembergischen Armeecorps unterliegt keiner Frage mehr; »sie sollen in Schleswig-Holstein dem Blutvergießen ein Ende machen« – so verkünden offizielle Blätter, – wer aber glaubt daran?! Und wenn sie einen anderen Zweck hätten, und ihre Bestimmung sich unmittelbarer auf Preußen beziehen sollte – gut denn! sie werden uns bereit finden.

Es bleibt also noch zu prüfen, ob Fontane nur »Zeuge der Saucen-Bereitung« gewesen ist, mit der »das lit: Cabinet das ausgekochte Rindfleisch Manteuffelscher Politik tagtäglich zu übergießen hatte«, und ob er zu recht sagen durfte: »Gott sei Dank kann ich mir nachträglich das Zeugniß ausstellen, daß von meiner Seite kein Salz-Senf oder Pfefferkorn jemals zu der Schandbrühe beigesteuert worden ist.« (an LEPEL, 7. 1. 1851, IV.1.144 f.)

Mit der Auflösung des Literarischen Kabinetts Ende Dezember 1850 schied Fontane aus der Regierungspresse aus. Am 1. 11. 1851 trat er jedoch in die nun »Centralstelle für Preßangelegenheiten« genannte Presseabteilung der Regierung MANTEUFFEL wieder ein. Seinen tagelangen Ekel vor sich selbst über diesen Schritt vertraute er Briefen an LEPEL an (3. und 6. 11. 1851, IV.1.194–198).

Fontane korrespondierte in dieser zweiten Phase seines regierungsamtlichen Dienstes wiederum für kleinere Blätter, die von der Zentralstelle unterstützt wurden: »namentlich« (an Immanuel HEGEL, 28. 10. 1853, IV.1.366) *Danziger Dampfboot, Erfurter Zeitung, Heidelberger Journal* und *Mittelrheinische Zeitung*. Die nähere Betrachtung der Korrespondenzen in den gouvernementalen Blättern *Danziger Dampfboot* und *Erfurter Zeitung* gilt wegen ihrer regierungsamtlichen Instrumentalisierung als »zwecklos« (C. Jolles, 1988, S. 92). Die auszugsweise veröffentlichten, für das *Heidelberger Journal* verfaßten Berliner Korrespondenzen Fontanes bestätigen die regierungsamtlich-einseitige Tendenz, die wenig Spielraum für eigene Meinungsäußerungen bot (S. BUCK/W. KÜHLMANN, 1992). Man wird diese ministeriellen »Korrespondentenschmadderein« (an Friedrich WITTE, 16. 2. 1853, IV.1.331) nicht als Grunderkenntnisse Fontanes verabsolutieren dürfen, sie aber gleichwohl ineins sehen müssen mit seinem gleichzeitigen Bekenntnis in seinem Aufsatz *Unsere lyrische und epische Poesie seit 1848*, in dem er sich als »eingefleischten Royalisten vom Wirbel bis zur Zeh« (III.1.246) zu erkennen gibt.

Durch seine Tätigkeit in der zentralen Presseabteilung der Regierung MANTEUFFEL hatte Fontane in der »Blütezeit der deutschen Pressekorrumption« (O. GROTH) Einblicke in das Funktionieren staatlichen Einflusses auf die Presse in Deutschland gewonnen. Er selbst war Werkzeug in dieser Preßmaschinerie, seine »Brauchbarkeit vielseitig anerkannt« (MERCKEL an MANTEUFFEL, 26. 10. 1853, FM II.267). Diese Jahre waren für Fontane ein politisch-journalistisches Training, weil sie ihn allmählich in ein politisches Denken hineinwachsen ließen, das seiner eher unpolitischen Natur anfangs fernlag. Seine Aufgaben hat er – mit und ohne Skrupel – erfüllt. Ab Ende 1854 konnte er seine Stellung in der Manteuffelschen Presseabteilung als Lektor englischer Zeitungen immer mehr festigen (C. JOLLES, 1988, S. 98).

Preußischer Presseagent und England-Korrespondent (1856–1858)

Im preußischen Staatsministerium hielt man Fontane für politisch nicht »durchgebildet« (ebd., S. 102). Gleichwohl beauftragte man ihn im September 1855 mit dem Aufbau einer *Deutsch-Englischen Correspondenz* in London. Das Unternehmen scheiterte. Dann, als Londoner Presseagent der preußischen Regierung eingesetzt, sollte er Kontakte zu englischen Zeitungen aufnehmen und mit selbstverfaßten Artikeln Einfluß auf den englischen Zeitungsleser und dessen Kenntnisse über Preußen gewinnen. Solche Artikel entstanden thematisch und tendentiell in enger Abstimmung mit dem preußischen Gesandten Albrecht Graf von BERNSTORFF in London und mit Ludwig METZEL, dem Leiter der Berliner Zentralstelle für Preßangelegenheiten in Berlin. Es fehlt bisher eine Übersicht über dieses Tätigkeitsfeld Fontanes. Von den regelmäßigen politischen Berichten, die er außerdem an die Zentralstelle in Berlin zu liefern hatte, ist kaum etwas bekannt; die archivierte Quellenlage ist ungünstig (ebd., S. 120). Was heute aus jener Zeit, wenn auch nicht lückenlos, gedruckt vorliegt, sind die Londoner Korrespondenzen, die Fontane zwischen Mai 1856 und Juni 1858 in der altliberalen *Vossischen Zeitung*, der gouvernementalen *Die Zeit* und der hochkonservativen *Kreuzzeitung* veröffentlicht hat. Eine differenzierte Analyse dieser Korrespondenzen fehlt aber ebenfalls noch.

Fontane mußte sich mit seinen Korrespondenzen auf die Tendenz der Zeitungen einstellen und deren Leserschaft mitberücksichtigen. Wenn er dem Chefredakteur der *Kreuzzeitung*, Tuisco BEUTNER, versichert (3. 6. 1857, IV.1.574), er habe sich »möglichst rar als Politiker« gemacht und »unter den politischen Fragen solche Auswahl« getroffen, daß sein »Raisonnement« darüber den »Ansichten und Intentionen der Zeitung nahe kommen mußte«, so läßt das erkennen, wie bewußt er sich auf die politische Linie des Blattes eingestellt und nur das gebracht hat, worin er sich mit dessen Tendenz einig wußte.

Maßgebend war für Fontane vor allem die *Times*: »Die ›respektablen Leute‹ denken und fühlen fast immer wie die Times oder umgekehrt, so daß man in den Urteilen der letzteren ein gutes, selten trügendes Barometer hat« (N XVIIIa.701), meinte er. Gleichwohl haderte er – wie fast die gesamte preußische Presse – mit der changierenden Informationspolitik des proösterreichischen Weltblattes.

Die Themen der Korrespondenzen behandeln die außenpolitischen Ereignisse jener Jahre, die Folgen des Krimkriegs, die Neuenburger Frage, den Sepoy-Aufstand in Indien, und konzentrieren sich innenpolitisch auf Lord PALMERSTON, die englische Presse und auf die »kleinen Züge aus Londoner Leben und Verwaltung« (N XVIIIa.773), die dem Unterhaltungsbedürfnis der Leserschaft entgegenkamen.

Fontanes Auffassung von Politik war in diesen Jahren von seiner Kenntnis preußischer Geschichte bestimmt und von den idealisierenden Vorstellungen, die er damit verband. Hierbei scheint er von dem christlich-romantischen Konservatismus eines Ludwig von GERLACH beeinflußt gewesen zu sein, dessen *Kreuzzeitungs*-Rundschauen er in London »mit Begeisterung« (an BEUTNER, 11.6.1857, IV.1.576) las. Aus diesem Denken heraus das Wesen der englischen Politik, deren ganz andere geschichtliche und gesellschaftliche Situation zu verstehen, mußte fehlschlagen. Diese Politik erschien ihm verwirrend und widerspruchsvoll, blieb ihm verschlossen bis zuletzt. Politisches Handeln, das sich nicht nach »Prinzipien« richtete, sondern »Nützlichkeitspolitik« war, lehnte er ab. Ein Politiker vom Schlage PALMERSTONS und dessen auf Interessenausgleich zielender Regierungsstil mußte Fontanes an altpreußischen Prinzipien orientierter Grundhaltung zuwiderlaufen. Bei ihm spielte das Patriotische als Wertmaßstab eine große Rolle; es wird mit Kategorien wie Wahrheit, Recht, Ehre, Gesetz, Sittlichkeit gleichgesetzt. GERLACHS Auffassung von England als dem »Land der respektablen Mittelklasse« ist ihm »aus der Seele« (III.1.146) gesprochen. Die Kategorie des Demokratischen bleibt klischeehaft, wird in einem Atemzug genannt mit »destruktiv« (III.1.134). Eine tiefergehende Auseinandersetzung mit den politischen Parteien oder dem englischen Parlamentarismus ist nicht erkennbar. Negativ beurteilt er das britische Selfgovernment. Er spricht sich gegen eine Wahlrechtsreform aus. Von Gottfried KINKELS Einsatz für die Emanzipation der Frau glaubt er, »daß Natur und Bibel diesen Kinkelismus überleben werden« (N XVIIIa.765). Ethisch negativ verwendet er den Begriff des »Materiellen«, womit er die »Hast des Erwerbens« und den »modischen Kultus des ›Kredits‹« meint. Sein seit seinem England-Aufenthalt 1852 gewachsener Protest dagegen ist letztlich romantischer Art. Er enthält zwar ein Wahrheitselement, offenbart aber auch, mit der Vision von einer dagegen aufkeimenden Reaktion vermengt, die Rückwärtsorientierung seines politischen Denkens.

Wie groß inzwischen sein ideologischer Abstand zu den eigenen Anfängen in Leipzig geworden war, zeigt seine Korrespondenz *Thackeray und die schönwissenschaftlichen Politiker*. Sein Urteil dürfte unter dem Einfluß von Lothar BUCHERS Kritik in der *Nationalzeitung* über Charles DICKENS' *Little Dorrit* entstanden sein, jenen düsteren Kindheitserinnerungen, die scharfe Attacken auf Regierung und Adel enthalten.

> Deutschland hat schwer darunter zu leiden gehabt, daß es Heine und Herwegh als politische Lehrmeister hinnahm. Eine gesunde Reaktion kam, aber sie kam spät, und England mag sich gratulieren, daß es *Geist gegen Geist* [Dickens gegen Thackeray] einzuschreiten versteht, ehe der böse Samen aufgegangen ist. Thackeray geißelt auch, aber er geißelt mehr die Gesellschaft *überhaupt* als eine bestimmte Klasse daraus; er stopft nicht beständig eine Schreckenspuppe aus unter der Überschrift »Aristokratie« und führt sie nicht durch die Straßen, damit das Volk sähe, wie häßlich sie sei und mit Steinen danach werfe. Er weiß mehr, ist ernster und tiefer, und hat als Politiker unzweifelhaft eine Reihe von Bedingungen vor Dickens voraus. Eines freilich fehlt auch ihm: Er sucht nach Wahrheit, aber seinem Suchen und seinem Finden fehlt die Liebe. So fehlt seinen Wahrheiten zuletzt doch die höchste Wahrheit und seine getroffensten Porträts frappieren überwiegend durch die *häßliche* Hälfte des Originals. (III.1.157)

Intermezzo: Vertrauenskorrespondent der Neuen Ära (1859)

England war Fontane insbesondere publizistisch »eine gute Schule« (an Henriette von Merckel, 5. 10. 1858, FM II.132) gewesen. Er verstand sich jetzt eindeutig als politischer Journalist und suchte nach dem Regierungswechsel in Berlin eine Chance für seine Verwendung »innerhalb der politischen Sphäre« (an EMILIE FONTANE, Mutter, 3. 3. 1859, IV.1.656). Und wieder vollzog er einen Wechsel, der auch ein politischer war: Mitte August 1859 wurde er einer der drei sogenannten Vertrauenskorrespondenten der Regierungspresse des gemäßigt-liberalen Ministeriums der sogenannten Neuen Ära. In dieser Funktion hatte er politische Korrespondenzen für regierungsnahe Zeitungen zu schreiben, über deren Tendenz er regelmäßig zuvor »in vertraulichen Absprachen« (F. BEHREND, 1924, S. 491) instruiert wurde. Schon Anfang September 1859 aber unterlief ihm ein journalistischer faux pas, jene in *Von Zwanzig bis Dreißig* (III.4.417f.) nur verschlüsselt angedeutete Verletzung des Amtsgeheimnisses durch eine vorzeitige Veröffentlichung in den *Hamburger Nachrichten*. Er hatte unbefugt vor der Zeit die Tendenz einer noch nicht sanktionierten Antwort des Prinzregenten auf eine Adresse von Stettiner Bürgern zur deutschen Frage mitgeteilt. Das brachte ihm einen ernsten Verweis ein und führte zu seinem Ausschluß aus dem Kreis der Vertrauenskorrespondenten. Bis zum

Jahresende stand er nur noch in lockerer Verbindung zur Regierungspresse. Der Umfang seiner Tätigkeit in dieser Zeit ist noch nicht untersucht.

Der Vorgang offenbart, wie schwer es Fontanes weniger politischem als ästhetischem Naturell fiel, sich die Brisanz, die dem politischen Journalismus innewohnt, bewußt zu machen. Er hatte seine Journalistenkarriere auf ein neues politisches Bein gestellt, war mit Engagement bei der Sache gewesen und hatte sich bei seinem Übereifer nichts gedacht. So schlidderte er arglos in diese Affäre hinein und war betroffen, als seine Indiskretion Konsequenzen hatte. Seine Londoner Vision, über den Journalismus den Weg in die Politik zu finden, war damit erloschen.

Redakteur der Kreuzzeitung (1860–1870)

Von 1860 bis 1870 war Fontane Redakteur der *Kreuzzeitung (Neuen Preußischen Zeitung),* des Presseorgans der staatstragenden Kreise in Preußen. Ihr Motto »Vorwärts mit Gott für König und Vaterland!«, das zur Zeit der Befreiungskriege ein ganzes Volk mobilisiert hatte, kennzeichnet ihren protestantisch-monarchischen Konservatismus. Sie stand nach dem Regierungsantritt Bismarcks, der das Blatt 1848 zur Sammlung der konservativen Kräfte in Preußen mitgegründet hatte, unter dem Einfluß der staatlichen Macht und deren Exponenten. Fontanes Mitarbeit war das Ergebnis einer letzten Kehrtwende seiner politischen Journalistenlaufbahn, kein biographischer Zufall, sondern eine bewußte, wenn auch anfangs nur zögernd getroffene persönliche Entscheidung, gemischt aus Motiven des Broterwerbs und einer immer noch frischen politisch-journalistischen Bereitschaft. Was ihn dann bei der *Kreuzzeitung* hielt, war die Akzeptanz, die man ihm innerhalb der kleinen »Redaktionskrapüle«, aber auch sonst entgegenbrachte. Politisch umkreiste sein Denken ganz wesentlich die Gestalt Bismarcks und den Traum vom alten Preußen, dessen positive Werte er gegen die staatlich-gesellschaftlichen Veränderungen seiner eigenen Zeit setzte.

Als Redakteur war er an die politische Generallinie des Blattes gebunden, verfügte aber in seinen tagespolitischen Berichterstattungen über eine gewisse Gestaltungsfreiheit. Sein Aufgabengebiet war der englische Artikel, d.h. er hatte die aktuellen Meldungen aus und über den englischsprachigen Raum zu redigieren, in erster Linie die über Großbritannien, aber auch über das britische Empire, über Nordamerika und alle Länder, die im Einfluß- und Konfliktbereich der englischen Politik lagen.

Zu den Quellen, die er dafür auswerten konnte, gehörten Depeschen von Nachrichtenagenturen (Reuter, Wolff), lithographierte Nachrichten speziell dafür eingerichteter Nachrichtenbüros (SCHLESINGERS *Englische Correspondenz* aus London), Originalzeitungen, vorrangig die *Times*, aber auch die überregionale deutsche Zeitungskonkurrenz sowie – im Zuge der wirkmächtigen Bismarckschen Pressepolitik – offiziöses Informationsmaterial, mit dem namentlich regierungsnahe Zeitungen beeinflußt wurden.

Neben der täglichen Zusammenstellung der aktuellen Nachrichten und deren Glossierung bestand eine wichtige Aufgabe auch darin, sogenannte unechte Korrespondenzen zu schreiben. »Unecht« meint die im damaligen Pressewesen übliche Methode, am Redaktionsort (z.B. Berlin) geschriebene Artikel mit einer fiktiven Ortsangabe (z.B. London) zu versehen, um den Eindruck einer Auslandskorrespondenz zu erwecken. Fontane hat in seinem *Kreuzzeitungs*-Jahrzehnt eine nicht zu beziffernde Zahl an aktuellen Nachrichten, Glossen und »unechten« Korrespondenzen verfaßt. Der ganze Umfang seiner Tätigkeit ist noch nicht hinreichend erschlossen. Die gelegentlich wechselnde Chiffrierung der Beiträge, das Fehlen von Quellen wie z.B. zeitlich einschlägiger Tagebücher, die fingierten redaktionellen Daten und die Scherenarbeit professionell verwendeter »Halbfabrikate« (O. GROTH) erschweren zuweilen die sichere Zuschreibung.

Fontanes unechte Korrespondenzen »aus« London sind seit 1996 erstmals in überschaubarer Form zugänglich. Über die Interpretationsfähigkeit eines Teils der Quellenlage gibt es zur Zeit unterschiedliche Auffassungen (vgl. R. MUHS, 1997; P. GOLDAMMER, 1997, 1998; C. GRAWE, 1998; H. STREITER-BUSCHER, 1997, 1998). Fontanes politisch-journalistische Texte sind nicht mit literarischen Maßstäben (»Fontane-Ton«) zu messen, noch die dabei verwendeten Daten als real zu bewerten. Der Grad der Fiktionalität im damaligen Zeitungskorrespondenzwesen war insgesamt so hoch, daß man sich hier nur auf Wahrscheinlichkeiten stützen kann. Die Anhaltspunkte, die eine Zuschreibung Fontanes erlauben, überwiegen.

Bei Fontanes Unechten Korrespondenzen »aus« London lassen sich grob drei Kategorien unterscheiden. Einige Texte wirken wie Erzählungen mit fast literarischem Anspruch; es sind fiktive Augenzeugenberichte »aus« England, zumeist der *Times* entnommen, in die Fontane Selbsterlebtes aus seinem Englandaufenthalt der fünfziger Jahre hat einfließen lassen. Andere Texte schildern charakteristische und aktuelle Ereignisse und »Sittenbilder« aus dem britischen Alltagsleben und schließen fast immer Bemerkungen zu politischen, auch für Preußen relevanten, Fragen ein; erzählende Elemente fehlen hier. Schließlich gibt es in großer Zahl sachlich abgefaßte, mit reichlichen Zitatmengen aus den Originalquellen versetzte Artikel, die wie Pflichtübungen eines persönlich unbeteiligten Redakteurs wirken. Mit der damals anschwellenden Informationsflut und infolge der fortschreitenden Technisierung des Zeitungswesens entwickelte sich in dieser Zeit ganz allgemein aus dem »literarischen« der spezifisch »journalistische« Zeitungsschreiber. Die zunehmenden Konfrontationen innerhalb des entstehenden Parteienwesens, die nach BISMARCKS Regierungsantritt verschärften Zensurbedingungen und die Infiltrierung durch BISMARCKS Pressestellen prägten das neue Berufsbild. Der Druck der Pressezensur führte bei diesem Schreiben zu einer Art Kryptographie, die der Journalist Fontane im Laufe der Jahre beherrschen lernte. Da konnte dann eine Kritik an britischen Zuständen auch schon mal auf preußische Verhältnisse gemünzt sein und vom zeitgenössischen Leser auch so verstanden werden.

Fontanes Beschreibungskategorien und -kriterien englischer Politik und Gesellschaft stellen ein Kontinuum seiner Englanderfahrung der 1850er Jahre dar. Stärker als zuvor übt er Kritik am englischen Parlamentarismus, auch wenn er sich als in der »Kunst« der parlamentarischen Interpretation nicht »besonders Geübter und Erfahrener« (*Unechte Korrespondenzen*, S. 290) bezeichnet. Er spricht sich weiterhin gegen Wahlreform aus, berichtet über Negativerscheinungen des englischen Selfgovernment, prangert Schattenseiten der englischen Pressefreiheit an. Der verstärkte Einfluß des sozialkonservativen Hermann WAGENER auf die *Kreuzzeitung* rückte auch die soziale Frage, zumal in Verbindung mit dem Pauperismus infolge des amerikanischen Sezessionskriegs und der Vorgänge in Irland, stärker in die Spalten des Blattes ein. Hier erreichen Fontanes Artikel die Schärfe seiner sozialen Kritik aus *Ein Sommer in London*.

Insgesamt sind Fontanes Beiträge in der *Kreuzzeitung* von einer sehr konservativen Haltung geprägt. Allerdings löst er sich mehr und mehr von fixen parteipolitisch besetzten Positionen und kultiviert stattdessen im Spiegel seiner Großbritannienspalte eine politische Linie, bei der durchscheint, daß er sich von Bewunderung für BISMARCK und dessen pragmatischer Machtpolitik leiten läßt. Kritiklos war er aber auch darin nicht.

Die fast drei Jahrzehnte des politischen Journalisten Fontane nehmen im Leben des Schriftstellers Fontane eine Schlüsselstellung ein: Sie wirkten in der ästhetischen Sublimierung der im späteren Erzählwerk vermittelten menschlichen Erfahrungen und politischen Positionen fort, beeinflußten sein Schreiben in zeitkritischen Allusionen, prägten den recherchierenden Arbeitsstil (C. KLUG, 1999). Die Wurzeln der allmählichen Wandlung zum liberalen Konservatismus, zu dem Fontane nach demokratischen, zeitweise radikal-republikanischen Anfängen fand, liegen im Historischen; biographisch lassen sie sich sowohl in seinem protestantischen Erbe finden als auch in seinem von Jugend an geprägten preußischen Patriotismus. Im Jahre 1870 waren die Romane noch ungeschrieben. Ihrem Stoff aber gab das Salz der Journalistenjahre jenes Fluidum, das zum »Fontane-Ton« wurde.

HEIDE STREITER-BUSCHER

Literatur

(Anonym), Theodor Fontane und die Kreuzzeitung, in: Kreuzzeitung Nr. 377 (14. 8. 1902), Nr. 379 (15. 8. 1902) und Nr. 381 (16. 8. 1902). – H. von PETERSDORFF, Fontane und die »Kreuzzeitung«, in: Kreuzzeitung, Beilage zu Nr. 279 (18. 6. 1922). – P. A. MERBACH, Theodor Fontanes Mitarbeit an der »Kreuzzeitung«, in: Kreuzzeitung, Beilage zu Nr. 579 (24. 12. 1922) und Nr. 587 (31. 12. 1922). – F. BEHREND, Theodor Fontane und die »Neue Ära«, in: Archiv für Politik und Geschichte (1924), S. 475–497. – W. HEYNEN, Vom Literaten Theodor Fontane in London, in: Preußische Jbb 42 (1935), S. 286–302. – C. JOLLES, Fontanes Mitarbeit an der Dresdner Zeitung, in: Jb DSG 5 (1961), S. 345–375. – C. SCHULTZE, Theodor Fontane und K. A. Varnhagen von Ense im Jahre 1848, in: FBl Bd. 1, H. 4 (1967), S. 139–153. – C. JOLLES, 1969, s. u. 3.1.20. – C. SCHULTZE, Fontane und Wolfsohn. Unbekannte Materialien, in: FBl Bd. 2, H. 3 (1970), S. 151–171. – Dies., Rezension zu Der junge Fontane. Dichtung, Briefe, Publizistik, hg. von H. RICHTER, Berlin/Weimar 1969, in: Zs für Slawistik XV (1970), S. 784–788. – Dies., Fontanes »Herwegh-Klub« und die studentische Progreßbewegung 1841/42 in Leipzig, in: FBl Bd. 2, H. 5 (1971), S. 327–339. – G. KRAUSE, Über Ryno Quehl und Ludwig Metzel, die Vorgesetzten Theodor Fontanes als Mitarbeiter der Manteuffelpresse, in: Jb f Br Lg 24 (1973), S. 40–62. – H. CHAMBERS, Theodor Fontane, Albert Smith und Gordon Cumming, in: Literarisches Leben, 1987, S. 268–302. – F. GEBAUER, Fontane und Bucher, in: ebd., S. 442–465. – W. WÜLFING, Fontane und die »Eisenbahn«. Zu Fontanes »literarischen Beziehungen« im vormärzlichen Leipzig, in: ebd., S. 40–66. – C. JOLLES, Fontane und die Politik. Ein Beitrag zur Wesensbestimmung Theodor Fontanes, Berlin, Weimar ²1988 (1936). – S. BUCK/W. KÜHLMANN, Brotarbeit – Theodor Fontanes Korrespondenzartikel für das Heidelberger Journal, in: Euph 86 (1992), S. 107–117. – H. STREITER-BUSCHER, »... und dann wieder jahrelang unechter Korrespondent«. Der

Kreuzzeitungsredakteur Theodor Fontane, in: FBl H. 58 (1994), S. 89–105.
– H. FISCHER, »Mit Gott für König und Vaterland!« Zum politischen Fontane der Jahre 1861–1863, in: FBl H. 58 (1994), S. 62–88 und FBl H. 59 (1995), S. 59–84. – C. JOLLES, A Foreigner who Subscribes Himself »Th. F.«, in: London Symposion, 1995, S. 195–208. – H. STREITER-BUSCHER, Randbemerkungen eines »harmlosen« Korrespondenten. Zum Thema Fontane und Bismarck, in: FBl H. 60 (1995), S. 63–82. – R. MUHS, Max Schlesinger und Jakob Kaufmann. Gegenspieler und Freunde Fontanes, in: Exilanten und andere Deutsche in Fontanes London, hg. von P. ALTER/R. MUHS, Stuttgart 1996, S. 292–326. – J. THUNECKE, »Von dem, was er sozialpolitisch war, habe ich keinen Schimmer.« Londoner »Kulturbilder« in den Schriften Theodor Fontanes und Julius Fauchers, in: ebd., S. 340–369. – S. NEUHAUS, 1996, s.u. 3.4.2. – H. STREITER-BUSCHER, Zur Einführung, in: »Unechte Korrespondenzen« 1996, Bd. 1, S. 1–66. – P. GOLDAMMER, Theodor Fontane: »Unechte Korrespondenzen« (Rez.), in: Schriften der Theodor Storm Ges 46 (1997), S. 133–136. – R. MUHS, Fontanes »Englische Berichte« 1854/55, in: FBl H. 63 (1997), S. 121–123. – Ders., »Unechte Korrespondenzen«, aber alles echter Fontane? Zur Edition von H. Streiter-Buscher, in: FBl H. 64 (1997), S. 200–220. – H. STREITER-BUSCHER, Gebundener Journalismus oder freies Dichterleben? Erwiderung auf ein Mißverständnis, in: FBl H. 64 (1997), S. 221–244. – H. FISCHER, Theodor Fontanes »Achtzehnter März«. Neues zu einem alten Thema, in: FBl H. 65–66 (1998), S. 163–187. – P. GOLDAMMER, Fontanes Feder oder »Scherenarbeit«?, in: Schriften der Theodor Storm Ges 47 (1998), S. 107. – C. GRAWE, Theodor Fontane: »Unechte Korrespondenzen« (Rez.), in: Jb der Raabe-Ges 39 (1998), S. 175–183. – H. STREITER-BUSCHER, Notwendige Erwiderung auf Peter Goldammers Rezension der »Unechten Korrespondenzen« Theodor Fontanes, in: Schriften der Theodor Storm Ges 47 (1998), S. 105–107. – C. KLUG, Die Poesie der Zeitung. Fontanes poetische Rezeption der Tagespresse und die Entdeckung der neuen Wirklichkeiten, in: FBl 68 (1999), S. 74–117.

3.4.2 Bücher über Großbritannien

Fontane und die Briten

Fontanes Sympathie für Großbritannien begleitet sein Leben, auch wenn er sich oft genug kritisch über das Land und seine Bevölkerung äußert. Schon im Tagebuch der ersten Reise von 1844 heißt es: »Seit Jahren blickt' ich auf England wie die Juden in Ägypten auf Kanaan« (N XVII.466); und noch im letzten Roman, *Der Stechlin*, spielt das England-Thema eine psychologisch und politisch integrale Rolle. Fontane kennt das Inselreich von drei Aufenthalten, die insgesamt ungefähr vier Jahre dauern. Vom 25. 5. bis 10. 6. 1844 besucht er, dessen »Faible für England« schon damals bekannt ist, auf Einladung seines Freundes Hermann SCHERZ für zwei Wochen London (vgl. H. NÜRNBERGER, FrF, 1975, S. 106f.). Von April bis

September 1852 kehrt er auf eigenes Betreiben für ein halbes Jahr in die Weltmetropole zurück, und von September 1855 bis Januar 1859 läßt er sich dort mit seiner Familie nieder (vgl. C. JOLLES, 1983, S. 93–95, 100–140; NÜRNBERGER, FrF, S. 284). Früchte dieser Zeit sind die drei Prosabände *Ein Sommer in London* (1854), *Jenseit des Tweed* (1860), *Aus England* (1860) sowie zahlreiche Zeitschriftenbeiträge und Zeitungsartikel. Berücksichtigt man auch die zu Lebzeiten unveröffentlichten Texte – das *Tagebuch* von 1844 (N XVII.455–503), das *John-Prince*-Manuskript (III.1.207–235), die Briefe und Tagebuchnotizen (*Tagebuch I*) –, dann erweist das Gesamtbild, daß die Zeit in England für Fontane schwierig, bereichernd und für seine weitere literarische Entwicklung richtungsweisend ist.

Fontanes Büchern über Großbritannien, seinen ersten größeren Prosaarbeiten, ist bisher vergleichsweise wenig Aufmerksamkeit zuteil geworden. Ein Grund ist allgemeiner Natur: Reiseliteratur gilt, von wenigen Ausnahmen abgesehen, immer noch nicht als Literatur im engeren Sinne. Ausgaben dieser Werke Fontanes sind folglich, anders als die Romane, nicht immer erhältlich außerhalb der Gesamtausgaben. In der Forschung gelten die Englandbücher zwar als Vorstufe zu den *Wanderungen durch die Mark Brandenburg* (C. JOLLES, 1993, S. 25), aber sie können durchaus auch für sich bestehen, denn:

1. Sie entwerfen ein facettenreiches, farbiges Bild Großbritanniens, des damals industriell fortgeschrittensten und mächtigsten Landes der Erde.

2. Trotz des Zeit- und Ortsbezugs sind sie zum größten Teil auch heute noch aktualisierbar, weil sie das Allgemeine, auch das Allgemeingültige im Besonderen suchen, dabei aber – das gilt für *Ein Sommer in London* nur mit Einschränkungen – auf eine ideologische Brille verzichten. Darin unterscheiden sie sich von anderen Reisetexten über England und Schottland, die damals viel populärer sind; z.B. von Werken Lothar BUCHERS, Julius RODENBERGS und Max SCHLESINGERS (vgl. zu diesen und anderen Autoren P. ALTER/R. MUHS, 1996).

3. Die Bücher enthalten, eingebunden in einen Gesamtzusammenhang, zahlreiche kleinere Geschichten und Anekdoten, die wegen ihres zwanglosen »Fontane-Tons« auch nach eineinhalb Jahrhunderten nichts von ihrer ansprechenden Unmittelbarkeit verloren haben.

4. Sie geben zugleich Auskunft über die poetologischen und politischen Positionen des frühen und mittleren Fontane.

Fontanes Bücher über Großbritannien sollten also, ähnlich wie die *Wanderungen durch die Mark Brandenburg*, *Meine Kinderjahre* und *Von Zwanzig bis Dreißig*, nicht als Reise- oder Tatsachenberichte, sondern als literarische und autobiographische Texte gelesen werden.

Ein Sommer in London

Reiseliteratur ist in der Mitte des 19. Jahrhunderts äußerst populär; so ist es nicht verwunderlich, daß Fontane – ohnehin meist in finanziellen Schwierigkeiten – seinen Londonaufenthalt im Sommer 1952 nicht nur für die journalistischen Auftragsarbeiten nutzt. Die Berliner »Centralstelle für Preßangelegenheiten«, die preußische Zensurbehörde, hat ihn auf eigenen Wunsch (vgl. an R. QUEHL, 18. 2. 1852, IV.1.203) mit der Aufgabe betraut, aus London Artikel zu liefern, die der zeitgenössischen Instrumentalisierung Englands als »Land der Freiheit« etwas entgegensetzen. Damals wird Preußen von dem reaktionären Ministerium MANTEUFFEL regiert. Nach der gescheiterten Revolution von 1848 gilt Großbritanniens System der konstitutionellen Monarchie vielfach als Vorbild. Obwohl manche von Fontanes Korrespondenzen erkennbar mit der Absicht politischer Propaganda geformt sind (vgl. S. NEUHAUS, 1996, S.113–138), versucht er sich der politischen Aufgabe, nun das Monarchische im britischen System stärker zu betonen und auch die Schattenseiten des idealisierten Landes näher zu beleuchten, weitgehend zu entziehen.

Politik ist in dem 1854 bei KATZ in Dessau erschienenen *Ein Sommer in London* zwar präsent, bleibt aber doch im Hintergrund, obwohl die meisten der 35 Kapitel auf den im Auftrag der Regierung verfaßten Londoner Korrespondenzen beruhen, das Buch also nicht einer Gesamtkonzeption entspringt. Der Reisende bewegt sich auf Londons Straßen, macht Ausflüge in die Umgegend, schildert Sehenswürdigkeiten und Unbekanntes. Die Geschlossenheit ergibt sich zunächst durch den Rahmen der Reise. Das erste Kapitel (»Von Gravesend bis London«) beschreibt die Ankunft, das letzte Kapitel (»Hastingsfeld«) endet mit der Abfahrt von Dover. Bereits der Rahmen deutet auf die Fiktionalisierung des Stoffes, denn in Wirklichkeit ist Fontane 1852 in Dover angekommen und über den Landweg nach London gereist. Die Fahrt über die Themse wie auch die Kapitel »Die Dockskeller« und »The hospitable English house« basieren auf Erlebnissen des ersten, kürzeren Englandaufenthalts von 1844 (C. JOLLES, 1983, S. 241). Das den britischen Patriotismus illustrierende Kapitel »Not a drum was heard«

referiert die Erfahrungen eines anderen: Der Besucher der Matrosenkneipe ist nicht Fontane, sondern der Sohn des preußischen Gesandten, Dr. Georg BUNSEN (N XVII.527).

»Smithfield« und »Das goldne Kalb« sind zum überwiegenden Teil Übersetzungen aus der *Times*, die allerdings von Fontane in ihrer Aussage verändert werden (NEUHAUS, 1992). Der englandkritische Akzent ist in den Zeitungsartikeln so noch nicht vorhanden; man kann die veränderte Bewertung als Konzession an Fontanes Abhängigkeit von der preußischen Regierung betrachten. Dadurch wird das Buch aber nicht einseitig, denn es finden sich auch viele enthusiastische Schilderungen britischen Lebens und Treibens. Schon die ersten Eindrücke reizen zu einer allerdings nicht eigenen touristischen Erfahrungen entstammenden Bilanz:

> Der Zauber Londons ist – seine *Massenhaftigkeit*. Wenn Neapel durch seinen Golf und Himmel, Moskau durch seine funkelnden Kuppeln, Rom durch seine Erinnerungen, Venedig durch den Zauber seiner meerentstiegenen Schönheit wirkt, so ist es beim Anblick Londons das Gefühl des Unendlichen, was uns überwältigt – dasselbe Gefühl, was uns beim ersten Anschauen des Meeres durchschauert. (III.3.10)

Die enthusiastische Schilderung endet mit dem die letzten Worte des Helden in SHAKESPEARES *Hamlet* abwandelnden Eingeständnis, das Gesehene mit Worten nur unzureichend erfassen zu können: »Der Rest ist – Staunen.« (III.3.11) Auch sonst bewertet Fontane die Londoner Massenhaftigkeit anders als beispielsweise Heinrich HEINE in seinem *Reisebilder*-Teil »Englische Fragmente«, der Gefühlskälte und Unmenschlichkeit damit assoziiert (NEUHAUS, 1997, S. 33). »So sind Hunderttausende von Häusern. Ihre Einförmigkeit würde unerträglich sein, wenn nicht die Vollständigkeit dieser Uniformität wieder zum Mittel gegen dieselbe würde« (III.3.29), heißt es bei Fontane. Das Kapitel »Die Docks-Keller« zeigt die Größe der Hafenanlagen auch unter Tage:

> Wir fahren ein, wie in den Schacht eines Berges. Zwei rußige Bursche mit kleinen blakenden Lichtern schreiten uns vorauf. Nun denn: Glück auf! und lustige Bergmannsfahrt. Was sollten wir nicht? *Unser* Gewinn ist sicher: der Port, wie flüssiger Rubin, wird bald in unsern Gläsern blinken. (III.3.40)

Der abgeschlossene Charakter der einzelnen Kapitel wird bereits deutlich beim Übergang vom ersten zum zweiten, »Ein Gang durch den leeren Glaspalast« betitelten. Der riesige »Kristallpalast« mit seiner zukunftsweisenden Architektur aus Glas und Stahl, für die erste Weltausstellung von 1851 gebaut, steht, als Fontane England wieder besucht, leer, beginnt zu verfallen – Anlaß genug, eine Stimmung der Melancholie, der Vergänglichkeit zu evozieren, doch die grünenden Bäume sind bereits ein Zeichen »von Verjüngung« (III.3.13).

In der Forschung ist das dritte Kapitel des Buches mit besonderer Kritik aufgenommen worden, weil es Fontanes menschliche Integrität in Frage zu stellen scheint und als bedenkliches Zeugnis seiner Annäherung an die Reaktion gelesen werden kann: »Long Acre 27« (vgl. H. NÜRNBERGER, FrF, S. 187). Der Reisende befindet sich in jenem Hotel, das viele ehemalige 1848er beherbergt, die nach dem Scheitern der Revolution aus den deutschen Ländern fliehen mußten. Die satirische Zeichnung der Flüchtlinge ist aber nicht ohne Witz und könnte ein Hinweis sein, daß Fontane den Flüchtlingen vielleicht sogar helfen will, indem er der preußischen Regierung deren Harmlosigkeit vor Augen führt (vgl. NEUHAUS, 1996, S. 93–96).

Am deutlichsten an den späteren Erzähler Fontane erinnern jene Kapitel, die sich nicht mit Gegenwart und Politik, sondern mit der faszinierenden Vergangenheit der Briten beschäftigen, so beim Besuch in Hampton Court (»Ein Picknick in Hampton-Court«). Wenn Fontane die Wahl zwischen prosaischer Gegenwart und poetischer Vergangenheit hat, braucht er nicht lange zu überlegen: »Vermutlich gilt dieser Neubau als der schönere Teil des Schlosses; mir gibt der alte mehr.« (III.3.122) Der Gang durch die Bildergalerie wird zum Gang durch die Geschichte, wobei er sogar »ein Lied vom Grafen Murray, der zur Unzeit seiner Königin gefiel und sterben mußte« (III.3.125), in den Text einrückt. Das Kapitel schließt mit dem Toast »Old-England for ever!« (III.3.128)

Es ist daher nicht verwunderlich, wenn die Schönheit des Küstenorts Brighton Fontane zwar beeindruckt (III.3.163), er aber lieber die Atmosphäre des alten Schlachtfeldes von Hastings (1066) auf sich wirken läßt. Balladen Ludwig UHLANDS, H. HEINES und »alt-englische« Balladen haben das blutige Ereignis poetisiert und Fontanes Interesse geweckt (III.3.172–177). »Hastingsfeld« ist zugleich wehmütiger Schluß- und Höhepunkt des Buches:

> Wenige Stunden später trug mich der rasselnde Zug nach Dover. Es schlug Mitternacht als der Dampfer vom Ufer stieß. Ich stand am Steuerruder und sah rückwärts. Klippen rechts und links; Dover selbst, von tausend Lichtern funkelnd, wuchs amphitheatralisch in die Nacht hinein; der weiße Kalkstein schimmerte dahinter wie verschleiertes Mondlicht. Rascher schaufelten jetzt die Räder, höher

spritzte der Schaum, eisiger ging der Wind – das letzte Licht erlosch. Nacht und Meer ringsum; hinter mir lagen Alt-England und – dieser Tag. (III.3.178)

Jenseit des Tweed. Bilder und Briefe aus Schottland

Fontane unternimmt vom 9. bis 25. 8. 1858 mit Bernhard von LEPEL seine langersehnte Schottlandreise. *Jenseit des Tweed*, »dem lieben Freunde und Reisegefährten« gewidmet, wird 1860 bei Springer in Berlin publiziert. Gegliedert ist das Buch in 28 Kapitel, von denen »Lochleven-Castle« irrtümlich nicht in der Erstausgabe enthalten ist. Wieder bildet die Reise mit Ankunft und Abfahrt den Rahmen. Noch stärker als bei *Ein Sommer in London* bezieht Fontane die Geschichte mit ein. Ein bemerkenswertes Kunststück ist die Beschreibung von Sehenswürdigkeiten, die gar nicht mehr existieren, um die sich aber abenteuerliche und romantische Geschichten ranken, etwa beim alten Gefängnis »Tolbooth« in Edinburgh. Obwohl es 1817 abgebrochen wurde, beschreibt Fontane sein Erscheinungsbild, läßt es vor dem inneren Auge des Lesers erneut aufragen (III.3.210, 220–226). Dabei schwingt Bedauern mit:

> Es war eine Verwachsenheit da, die jetzt fehlt. Kalt, sauber, sonntäglich, erheben sich unsere Kirchen neben uns und wir sehen uns in ein festtägliches Verhältnis zu jenen Plätzen gebracht, wo sonst der Umgang, die Liebe, die Vertraulichkeit, auch wohl die Ungeniertheit des alltäglichen Lebens war. (III.3.210)

Um die poetische Wiedererweckung der guten alten Zeit – und zwar vorwiegend anhand der Lektüre Walter SCOTTS – geht es im ganzen Buch. Nicht nur SCOTTS Romane, die diesen in den zwanziger Jahren des 19. Jahrhunderts zu einer europäischen Berühmtheit werden lassen, sondern auch seine vorher entstandenen Epen kennt Fontane in- und auswendig. Sie benutzt er als Steinbruch. Zahlreiche historische Anekdoten und Geschichtchen, die er erzählt, finden sich inhaltlich bis wörtlich genauso bei SCOTT, häufig in den dortigen Anmerkungen versteckt. An manchen Stellen legt Fontane seine Quelle offen, an anderen nicht (NEUHAUS, 1996, S. 205–227).

Andererseits prägen auch andere literarische Texte Fontanes Erwartungen und bestimmen seine Reiseroute mit: SHAKESPEARES *Macbeth* (III.3.309, 322–324, 361) und Dichtungen von Robert BURNS (III.3.324–327), James MACPHERSON alias »Ossian«

(III.3.343), Thomas MOORE (III.3.370) sowie Michael BRUCE (III.3.373). Besonders wichtig für Fontanes England- und Schottlandbild sind auch die Gedichtsammlungen *Reliques of Ancient English Poetry* von Thomas PERCY (III.3.385) und SCOTTs *Minstrelsy of the Scottish Border* (III.3.272). (Vgl. zur englischen Literatur auch 2.1.2)

Die »freudig und dankbar« (III.3.184) begonnene Reise geht von London aus nach Edinburgh. Der schottischen Hauptstadt sind die ersten zehn Kapitel gewidmet. Das Sightseeing beginnt bezeichnenderweise am »Monument Walter Scotts« (III.3.189). Von diesem Standpunkt aus wird der »Zauber dieser nordischen Schönheitsstadt« (III.3.190) beschrieben. Der Nebel sorgt für romantische Transzendierung:

> Wenn dann vom Schloß herab durch die stillgewordene Nacht die Hornsignale in langen Tönen ziehn, beschleicht es uns, als ob das ganze eine Zauberschöpfung sei, die ein Klang ins Dasein rief und die verschwinden muß, sobald der letzte Ton erstirbt. (III.3.191)

Mit dem Spaziergang nach Holyrood Palace beginnt die Wanderung auf Maria STUARTs Spuren. Um die Ermordung David RIZZIOS am Ort der Tat zu dramatisieren, wird sogar wörtliche Rede eingesetzt – Auslöser für die Vergegenwärtigung dessen, was man nicht sieht. Die spannende Schilderung der Mordgeschichte endet mit dem Satz: »All das stand vor unserer Seele, als wir uns in den elenden Zimmerchen umsahen.« (III.3.200) Der nächste Ort des Gedenkens an die Schottenkönigin ist die Ruine von Linlithgow, in der sich noch die Wände des Zimmers, »in dem Maria Stuart geboren wurde« (III.3.259), erkennen lassen.

Nach Edinburgh fährt man über Linlithgow und das Schlachtfeld Floddenfield nach Stirling. SCOTTs Epos *The Lady of the Lake* motiviert einen kleinen Abstecher an den See Loch Katrine. Die nächsten Stationen sind Perth und Inverness. Das besondere Interesse Fontanes findet das nahegelegene Schlachtfeld Culloden, auf dem die Schotten 1746 neben vielen Kriegern auch ihren Traum staatlicher Unabhängigkeit von England begraben müssen. An Loch Ness vorbei geht die Reise nach Oban an der Westküste. Von dort aus werden die kleinen Inseln Iona und Staffa besucht; erstere bekannt als früher Friedhof schottischer Könige und als Stützpunkt, von dem aus sich das Christentum über die britischen Inseln verbreitet; letztere berühmt für ihre schöne Fingalshöhle.

Höhepunkt und Abschluß bildet die Kapitel-Trias »Lochleven-Castle«, »Melrose-Abbey« und »Abbotsford«. Das verfallene kleine

Schloß auf der Insel im See Lochleven hat es Fontane angetan, wird doch Maria STUART hier ein Jahr gefangengehalten. Die Abtei von Melrose spielt in einem Epos SCOTTS und in anderen Dichtungen eine wichtige Rolle; dort liegt auch das Herz des schottischen Heldenkönigs ROBERT THE BRUCE (1274–1329) begraben (III.3.387). Alle Verehrung für SCOTT hindert Fontane nicht, dessen Haus Abbotsford als ein unschönes Sammelsurium verschiedener Stile, alter und neuer Gebäudeteile zu kritisieren. Dabei bezieht er sich aber auf SCOTT selbst, der sein Haus als »Romanze in Stein und Mörtel« (III.3.389) bezeichnet habe.

Jenseit des Tweed ist – und das gibt es nicht oft in der Reiseliteratur – gleichermaßen Reiseführer und poetischer Text. Mit dem Buch in der Hand kann man noch heute durch Schottland fahren, auch wenn man vieles verändert findet und den Angaben Fontanes ohnehin nicht zu trauen ist (vgl. N XVII.648). Doch sorgt die Vielfalt von belustigenden, spannenden, traurigen, gespenstischen, abenteuerlichen Geschichten, die Fontane mit einwebt, für Unterhaltung. Die Bildhaftigkeit des Stils gibt dem Buch einen weiteren Reiz, ebenso der typisch Fontanesche Humor: Mit komischer Verzweiflung denkt der Reisende etwa an die überstürzte Abfahrt von Oban zurück. Er vermutet, daß die Wirtin ihn und seinen Freund mit Absicht so spät geweckt hat, damit sie kein Kleingeld herausgeben muß und das eine oder andere an Gegenständen zurückbleibt:

> An Morgenschuhen, Haarbürsten und Nachttüchern, die zurückgelassen waren, übte die Alte nun triumphierend ihr Strandrecht, und ein eben ausgepackter Lackstiefel, der ohne Halt und Gegenlehne auf dem Tische stand, schien die Frage an mich zu richten: ›wo ist der andere?‹ (III.3.364)

Auch schwarzer Humor ist Fontane nicht fremd, wenn die gelesene oder gehörte Anekdote nur skurril genug ist: Als die Union zwischen England und Schottland besiegelt werden soll, läßt man fatalerweise im herzoglichen Haus den wahnsinnigen Sohn unbewacht zurück.

> Die Eisenstäbe der Zelle waren zerbrochen; in der Küche stand der Wahnsinnige und drehte den Spieß; an dem Spieß steckte der Küchenjunge. Das Grausige dieser Geschichte wächst noch durch den leisen Beisatz von Komischem, der unser Gefühl in einen gewissen Zwiespalt und uns vor uns selber fast unter die Anklage der Frivolität bringt. (III.3.202)

Der Humor hat Methode und liefert weitere Belege für die These, daß Fontane das fremde Land nicht nur mit freudiger Erwartung und viel Wohlwollen wahrnimmt, sondern von vornherein so wahrnehmen will. Der poetisch-historischen Konzeption gemäß wird das fortschrittliche, industrialisierte Schottland vollständig ausgeblendet; auch von sozialen Problemen wird keine Notiz genommen. Nur das alte, das poetische Schottland ist das Reiseziel.

An manchen Stellen wird die absichtsvoll selektive Wahrnehmung besonders deutlich. In die schmutzigen Hinterhöfe (»closes«) von Edinburgh wagen sich die Reisenden nicht hinein. Es lohne sich aber, einen Blick zu riskieren: »Neben manchem bloß Pikanten bietet sich auch Malerisches und durch Reiz und Schönheit Fesselndes dar.« (III.3.207) Der Vergleich mit einem »Camera obscura-Bild« unterstreicht die distanzierte Sehweise. Beim Vergleich des Ausblicks von Edinburgh Castle und Stirling Castle gibt der Reisende Stirling den Vorzug: »Die Neustadt von Edinburgh [...], die Omnibus[se] [...], die Eisenbahnzüge, die landeinwärts, die Dampfboote, die stromaufwärts ziehen, alles das trägt einen fremden Klang in das alte Lied [...]«, denn »das Gefühl, um dessen Erweckung es sich beim Besuche solcher und ähnlichen Plätze handelt, ist das *romantische* [...]« (III.3.283). Das Verhalten der Reisenden auf dem Glasgower Bahnhof ist daher nur konsequent. Der Anblick der hohen Fabrikschornsteine genügt, um die unmittelbare Weiterfahrt nach Edinburgh zu beschließen (III.3.372).

Gipfelpunkt der Romantik, wie Fontane sie versteht, ist SCOTT. Deshalb endet *Jenseit des Tweed* mit dem Besuch in Abbotsford und den Zeilen:

> Eine volle und reine Befriedigung gewährt es mir jetzt, das Zinnen- und Giebelhaus durchwandert zu haben, das *auch* eine Schöpfung seines dichterischen Genius war und das – wie weit es gegen andere Schöpfungen seines Geistes zurückstehen mag – doch immer die Stätte bleibt, wo *der Wunderbaum der Romantik* seine schönsten und vor allem seine *gesundesten* Blüten trieb. (III.3.399)

Aus England. Studien und Briefe über Londoner Theater, Kunst und Presse.

Der 1860, diesmal bei Ebner & Seubert in Stuttgart erschienene Band beruht auf Zeitungs- und Zeitschriftenbeiträgen, die für den Buchdruck überarbeitet werden. Wohl aus diesem Grund wird das Werk von den Herausgebern von H und N – in Auswahlausgaben hat es ohnehin keine Aufnahme gefunden – nicht als Einheit betrachtet, nach unterschiedlichen Gesichtspunkten auseinandergerissen und dann, fragmentiert, teilweise nach dem Zeitungs-Erstdruck zitiert. Dabei läßt sich aus der ursprünglichen Anordnung ersehen, daß Fontane hier eine wohlgeordnete Bestandsaufnahme seiner Londoner Studien von 1855–59 vorlegt. Der Band gliedert sich in vier Großkapitel: »Die Londoner Theater. (Insonderheit mit Rücksicht auf Shakespeare.)«, »Aus Manchester«, »Die Londoner Wochenblätter« und »Die Londoner Tagespresse«.

Aus England ist das journalistische Gegenstück zu dem poetischen *Jenseit des Tweed*. Fontane gibt nicht nur einen guten Einblick in die Kunstszene, die Medien- und Theaterlandschaft Großbritanniens. Seine Darstellung ist intentional durchformt. Indem er die teilweise Überlegenheit der Londoner Bühnen gegenüber den deutschen am Beispiel der SHAKESPEARE-Aufführungen exemplifiziert, will er seine Landsleute zu vergleichbaren Leistungen anregen. Ähnlich verhält es sich mit den Schilderungen von der Kunstausstellung in Manchester. Beide Großkapitel offenbaren zudem viel von Fontanes damaligem Kunst- und Literaturverständnis, das konstituiert wird durch die Ästhetik der Darstellung, die natürliche Schönheit des Gegenstandes (im Zweifelsfall, wie sie sein soll, nicht, wie sie ist: Kunstauffassung des poetischen bzw. bürgerlichen Realismus) und den Anspruch, durch Kunstgenuß zu bilden. Die letzten beiden Abschnitte zielen auf Veränderungen in Politik und Gesellschaft. Fontane entpuppt sich hier als Anhänger der Pressefreiheit nach britischem Muster.

Weitere Arbeiten über Großbritannien

Fontane schreibt als Korrespondent der »Centralstelle für Preßangelegenheiten« und Vertrauter des preußischen Gesandten bzw. späteren Botschafters in London zahlreiche Zeitungs- und Zeitschriftenartikel, die zu seinen Lebzeiten nicht in Buchform veröffentlicht werden. Erst FRIEDRICH FONTANE macht 1938 im Berliner Grote-Verlag unter dem Titel *Bilderbuch aus England* eine Auswahl zugänglich. Der größte Teil der politisch motivierten Korrespondenzen Fontanes ist bisher aber nur in N XVIIIa abgedruckt. Die komplizierte Quellenlage läßt sich durch die Anmerkungen der entsprechenden Bände III.1 und N XVII, XVIIIa, XIX und XXII/2 und 3 erschließen.

Einer der umfangreicheren Kurztexte ist *Oxford*, vom 3.–12. 1. 1861 in der Wiener Zeitschrift *Das Vaterland* erschienen. Grundlage ist einer von Fontanes zehn Berliner Vorträgen über britische Themen; diesen hielt er am 7. 3. 1860 (H. CHAMBERS, 1989, S. 45). Fontane beschreibt den Aufbau der Oxforder Universität, um die

Frage zu beantworten, ob die englischen Hochschulen besser sind als die deutschen und ob letztere von ersteren etwas lernen können. Obwohl Fontane zum Schluß die Überlegenheit des deutschen Hochschulwesens feststellt, formuliert er ein Lob Großbritanniens, das viel über seine ganze, am britischen Vorbild geschulte politische Einstellung in dieser Zeit aussagt.

> Wenn das englische Leben dennoch so viel mehr ›Charaktere‹ zeigt, wenn wir drüben, jenseits des Kanals, so viel öfter auf Männer stoßen, die etwas ›können‹, *so ist diese Erscheinung ein Resultat des gesamten englischen Lebens überhaupt.* Das gesamte englische Leben hat einen entschieden aristokratischen Zuschnitt und zu den allerersten Eigenschaften eines Edelmannes gehört auch die, daß er sich fühlt, daß er die Überlegenheit seiner Stellung begreift und – zu befehlen versteht. In einem Lande, das seit sechshundert Jahren den großen Freibrief und seit zweihundert Jahren die Habeas Corpus-Akte hat, in einem Lande, das durch seine Macht und seinen Reichtum in allen Erdteilen herrscht und überall das Recht jedes einzelnen, auch des kleinsten seiner Söhne schützt, in einem Lande, wo das Wort ›Ich‹ das einzige ist, das groß geschrieben wird, in einem Lande, wo die Domestiken das Kind in der Wiege schon mit ›Herr‹ anreden und jede Bürgersfrau, wenn sie ausgeht, nach dem Dienstmädchen klingelt, damit das Mädchen die Haustüre öffne und wieder schließe, in einem solchen Lande ist der ganze Lebenszuschnitt so grundverschieden von dem unserigen, daß wir uns nicht wundern dürfen, wenn der stärkere Baum auch die stärkeren Früchte trägt. Wir haben viel zu ändern und verkümmerte Wurzeln unserer Kraft neu zu pflegen und zu beleben [...]. (III.3.601)

Die Bewunderung des »aristokratischen Zuschnitts« läßt verstehen, weshalb Fontane sich mit der ultrakonservativen *Kreuz-Zeitung* arrangieren kann. Das Lob der Verantwortlichkeit des britischen Adels, die er in Deutschland nur in Ausnahmefällen findet (und in den *Wanderungen* und Balladen bedichtet), die Bewunderung der britischen Freiheit und der Möglichkeit des Individuums zur Selbstachtung deuten aber bereits auf den »späten« Fontane voraus.

Die komplizierte, zwischen den verschiedenen »Ismen« der Zeit von 1840 bis 1860 schwankende politische Einstellung Fontanes (Sozialismus, Demokratismus, Liberalismus und Konservatismus) bereitet den Biographen viel Kopfzerbrechen. Des Dichters Überlegungen zum britischen Modell können dazu beitragen, seine politische Position zu erklären. Eine weitere dafür zentrale Stelle findet sich im ersten der Berliner Vorträge, betitelt »Whigs und Tories«, gehalten am 11. 1. 1860 (CHAMBERS, 1989, S. 45). Fontane erläutert die Vorstellungen der beiden großen britischen Parteien der Liberalen (Whigs) und Konservativen (Tories) und schließt mit den Worten:

> Akzeptieren wir den Satz Macaulays, des eben hingeschiednen, größten Geschichtsschreibers und Verherrlichers des Whiggismus, daß die Gesellschaft in ihrem Wissen unaufhörliche Fortschritte macht und daß der Schweif des Kometen jetzt da ist, wo vor wenig Menschenaltern noch der Kopf des Sternes war, aber hüten wir uns zu gleicher Zeit um dieser wachsenden Kenntnis, um der bloßen Erweiterung und Verbreiterung unseres Wissens willen, die alten großen Dogmen überheblich zu ignorieren, an die selten eines Menschen Weisheit reicht. Sei jeder von uns ein Whig auf dem Wege zu fortschreitender Erkenntnis, aber in des Herzens Liebe und Treue ein Tory. (III.1.787)

Hier wirft bereits die Fontanes große Romane *Vor dem Sturm* und vor allem *Der Stechlin* beherrschende, auch in anderen Werken im Hintergrund präsente Diskussion des Verhältnisses von Alt und Neu ihren Schatten voraus.

STEFAN NEUHAUS

Literatur

L. A. SHEARS, The Influence of Walter Scott on the Novels of Theodor Fontane, New York 1966 [Reprint der Ausgabe v. 1922]. – F. BEHREND, Theodor Fontane und die »Neue Aera«, in: Archiv für Politik und Geschichte 2 (1924), S. 475–497. – A. PAUL, Der Einfluß Walter Scotts auf die epische Technik Theodor Fontanes, Breslau 1934. – S. D. STIRK, England an the English in the Letters of Theodor Fontane, in: Prodeedings of the Leeds Philosophical and Historical Society 4 (1936), S. 145–154. – C. JOLLES, Fontane and England. A Critical Study in Anglo-German Literary Relations in the 19th. Century, London 1947 (M.A. Thesis, Masch.). – D. BARLOW, Fontane's English Journeys, in: German Life and Letters 6 (1952–1953), S. 169–177. – H. KNORR, Theodor Fontane und England, 2 Bde, Diss. Masch. Göttingen 1961. – C. JOLLES, »Und an der Themse wächst man sich anders aus als am ›Stechlin‹«. Zum Englandmotiv in Fontanes Erzählwerk, in: FBl Bd. 1, H. 5 (1967), S. 173–191. – C. JOLLES, Fontanes Studien über England, in: Realismus, 1972, S. 95–104. – W. EBERHARDT, Fontane und Thackeray, Heidelberg 1975. – H. NÜRNBERGER, Der frühe Fontane. Politik – Poesie – Geschichte 1840 bis 1860, Frankfurt am Main 1975. – W. T. HADI, Die England-Reisen Theodor Fontanes. Zu den Anschauungen deutscher Schriftsteller über England in der Mitte des 19. Jahrhunderts, Leipzig 1976 (Diss. Masch.). – H.-H. REUTER, Die Englische Lehre. Zur Bedeutung und Funktion Englands für Fontanes Schaffen, in: Fs JOLLES, 1979, S. 282–299. – C. JOLLES, Waltham-Abbey, in: FBl 35 (1983), S. 297–303. – H. CHAMBERS, 1987, s.u. 3.4.1. – C. JOLLES, ²1988, s.u. 3.4.1. – H. NÜRNBERGER, Fontane und London, in: Rom – Paris – London. Erfahrung und Selbsterfahrung deutscher Schriftsteller und Künstler in den fremden Metropolen. Ein Symposion, hg. von C. WIEDEMANN, Stuttgart 1988, S. 648–661. – H. CHAMBERS, Theodor Fontanes Longfellow-Vortrag am 29. 2. 1860 in Berlin, in: FBl H. 47 (1989), S. 27–47. – F. WEFELMEYER, Bei den money-makern am Themsefluß. Theodor Fontanes Reise in die moderne Kultur im Jahre 1852, in: H. L. ARNOLD (Hg.), Theodor Fontane, München 1989. – C. JOLLES, Konfidentenberichte Edgar Bauers über den »Preußischen Agenten Fontane«. Eine überraschende Entdeckung, in: FBl H. 50 (1990), S. 112–120. – C. A. Bernd, Fontane's Discovery of Britain, in: MLR 87 (1992), S. 112–121. – S. BUCK/W. KÜHLMANN, Brotarbeit – Theodor Fontanes Korrespondenzartikel für das »Heidelberger Journal« (1852/53), in: Euph 86 (1992), S. 107–117. – S. NEUHAUS, Zwischen Beruf und Berufung. Untersuchungen zu Theodor Fontanes journalistischen Arbeiten über Großbritannien, in: FBl H. 54 (1992), S. 74–87. – C. JOLLES, Theodor Fontane, Stuttgart/Weimar ⁴1993. – U. ZEMKE, Lehrjahre in England. Georg Weerth und Theodor Fontane. Zwei deutsche Englandreisende in der Mitte des 19. Jahrhunderts, in: Georg Weerth (1822–1856), hg. von M. VOGT u.a., Bielefeld 1993, S. 109–128. – H. NÜRNBERGER, Die England-Erfahrung Fontanes, in: FBl 58 (1994), S. 12–28. – W. WÜLFING, »Das Gefühl des Unendlichen«: Zu Fontanes Versuchen, seinen deutschen Leserinnen und Lesern die fremde Semiotik der »Riesenstadt« London zu vermitteln, in: FBl 58 (1994), S. 29–42. – E. u. H. NÜRNBERGER, »Ein Schloß stieg auf ...« Kinross-House – eine visuelle Anregung für Fontanes Rheinsberg-Erlebnis am Leven-See? in: FBl 59 (1995), S. 90–101. – Theodor Fontane. The London Symposium, hg. von A. BANCE u.a. Stuttgart 1995. – R. MUHS, Massentourismus und Individualerlebnis. Fontane als Teilnehmer der ersten Pauschalreise von Deutschland nach London, in: London Symposium, 1995, S. 159–193. – S. NEUHAUS, Freiheit, Ungleichheit, Selbstsucht? Fontane und Großbritannien, Frankfurt am Main 1996. – Exilanten und andere Deutsche in Fontanes London, hg. von P. ALTER/ H. MUHS, Stuttgart 1996. – S. NEUHAUS, Warum sollen keine Poeten nach London fahren? Zur Intention literarischer Reiseberichte am Beispiel von Heinrich Heines »Englischen Fragmenten«, in: Heine-Jb 36 (1997), S. 22–39. – S. NEUHAUS, Und nichts als die Wahrheit? Wie der Journalist Fontane Erlebtes wiedergab, in: FBl 65–66 (1998), S. 188–213. – W. SIEBERT, Die romantische Hälfte Schottlands. T. Fontanes Reisebuch Jenseit des Tweed, in: Deutsche Schottlandbilder. Beiträge zur Kulturgeschichte hg. von W. S./U. ZAGRATZKI, Osnabrück, 1998, S. 59–66.

3.4.3 Die Wanderungen durch die Mark Brandenburg

Lebenswerk und Vermächtnis

Es ließe sich argumentieren, daß die *Wanderungen durch die Mark Brandenburg* nicht nur aufgrund ihres Umfangs, sondern hinsichtlich der jahrzehntelangen Arbeitszeit und des Aufwandes, mit dem Fontane sich diesem Lebenswerk widmet, sein Hauptwerk sind.

Bereits 1859 unternimmt Fontane die ersten Reisen in die Grafschaft Ruppin; im selben Jahr werden unter dem Titel *In den Spreewald* die ersten Reisefeuilletons in der *Preußischen Zeitung* abgedruckt; 1862 erscheint der erste Band der *Wanderungen durch die Mark Brandenburg* (später als *Die Grafschaft Ruppin* der zunächst vierbändigen Gesamtausgabe eingefügt). Bis 1882 folgen *Das Oderland. Barnim-Lebus* (1863), *Osthavelland* (1873, später *Havelland. Die Landschaft um Spandau, Potsdam, Brandenburg*), *Spreeland. Beskow-Storkow und Barnim Teltow* (1882). Zeit seines Lebens setzt Fontane die Wanderungen durch die märkische Region fort. Bis 1892 – dreiunddreißig Jahre lang – publiziert er seine Reisekapitel regelmäßig in verschiedenen Zeitschriften. 1892 sind die ersten vier Bände der *Wanderungen* erstmals in einer Gesamtausgabe vereint, 1889 erscheint das letzte thematisch zu den *Wanderungen* zugehörige Werk, das heute meist als ihr fünfter Band betrachtet wird: *Fünf Schlösser. Altes und Neues aus der Mark Brandenburg*. Schon im selben Jahr aber nimmt Fontane seine Arbeit an den *Wanderungen* wieder auf und teilt seinem Verleger Wilhelm HERTZ mit (26. 5. 1889, FHe, S. 312f.), er plane nach längeren Vorarbeiten die »letzte märkische Aufgabe, zugleich die ›märkischste‹« – eine Darstellung der »Ländchen Friesacks« und der Bredows, einer dort ansässigen Adelsfamilie. In den neunziger Jahren sammelt Fontane Stoff für diese neuen *Wanderungen*, noch drei Tage vor seinem Tod erkundigt er sich bei Ferdinand MEYER nach Informationen über die betreffende Region und bekräftigt seinen Plan: »Ich will ein Buch schreiben, das etwa den Titel führen soll: ›Das Ländchen Friesack und die Bredows‹« (17. 9. 1898, IV.4.754). Der Band erscheint nicht mehr. Erst im Jahre 1991 werden die übriggebliebenen und unveröffentlichten Fragmente aus dem Nachlaß veröffentlicht; in zwei Bänden werden sie mit weiteren Archivalien aus Fontanes Arbeit an den *Wanderungen*, mit Notizen, Fragmenten, Entwürfen und Plänen, sowie mit einer Reihe der seit ihrer Erstausgabe nicht wiederveröffentlichten Zeitungsaufsätze neu publiziert (Bd. 6 und 7 von AW unter dem Titel *Unbekannte und vergessene Geschichten aus der Mark Brandenburg, I. Dörfer und Flecken im Lande Ruppin, II. Das Ländchen Friesack und die Bredows*).

Fontanes letzte literarische Beschäftigung kurz vor seinem Tod schlägt zugleich den Bogen zu seinen ersten schriftstellerischen Versuchen in der Kindheit. Zumindest stilisiert Fontane selbst die Anfänge der *Wanderungen* auf diese Weise selbstironisch. In einer Artikelserie der Zeitschrift *Deutsche Dichtung* mit dem Titel *Die Geschichte des Erstlingswerks* veröffentlicht er im Jahre 1894 die kleine Skizze *Das Schlachtfeld von Groß-Beeren* (III.4.1029–1031) und berichtet, wie er als Kind einst eine »Fußpartie« nach dem Dorf Löwenbruch unternimmt. Dort nämlich, auf dem ehemaligen preußischen Schlachtfeld, findet der Junge endlich den historischen Stoff zu einem längst fälligen Schulaufsatz: »meine erste Wanderung durch die Mark Brandenburg« (III.4.1031).

Der Romancier Fontane klagt später sehr bald und sehr lange darüber, daß er beim Publikum nur als dieser Dichter der *Wanderungen* wahrgenommen werde: »*Mein* Metier besteht darin, bis in alle Ewigkeit hinein, ›märkische Wanderungen‹ zu schreiben« (an W. FRIEDRICH, 19. 1. 1883, IV.3.230). Theodor Fontane – das ist bis weit in die zweite Hälfte des 19. Jahrhunderts hinein in erster Linie ein bekannter Reiseschriftsteller, der unaufhörlich die Mark Brandenburg bereist und diese Region für ein großes Lesepublikum historisch und literarisch erschließt. Erst spät kehrt sich dieses Verhältnis um, dann aber gründlich: Bis in die jüngste Zeit hinein gelten Fontanes *Wanderungen* eher als interessante Stoffsammlung für seine Romane denn als eigenständiges Werk (vgl. A. HAHN, 1936; J. FÜRSTENAU, 1941; REUTER, S. 340–385). Erst die wachsende Beachtung und Aufwertung der Reiseliteratur als einer literarischen Gattung schärft die Aufmerksamkeit für Fontanes Wanderungen wieder (vgl. P. J. BRENNER, 1990), und am Ende des 20. Jahrhunderts, zumal nach der deutschen Wiedervereinigung 1989, haben die *Wanderungen* durch den freien Zugang zur Mark Brandenburg den Reiz eines fast neu zu entdeckenden Hauptwerkes des aus Neuruppin stammenden Schriftstellers gewonnen.

Der Plan: Wanderungen in die Geschichte

»Einen Plan gemacht« – so beginnt eine *Tagebuch*-Notiz des Englandkorrespondenten Fontane am 19. 8. 1856 in London: »*Die Marken*, ihre Männer u. ihre Geschichte. Um Vaterlands- u. künftiger Dichtung willen gesammelt u. herausgegeben von T. Fontane.« (*Tagebuch* I.161) Fontane plant hier wohl noch eine Art Reiseführer und eine historische Dokumentation, mit allerdings hohem literarischen Anspruch: »Die Dinge selbst geb' ich alphabetisch. Wenn ich noch dazu komme *das* Buch zu schreiben, so hab' ich nicht umsonst gelebt u. kann meine Gebeine ruhig schlafen legen.« (Ebd.) Das diesem Buch vorgegebene Ziel aber ist von Beginn an eine gleichmäßige Behandlung sowohl des geographischen Raumes als auch der Geschichte der Mark Brandenburg. Im Vorwort zur ersten Ausgabe zur *Grafschaft Ruppin*, »Berlin, im November 1861« (II.1.11), gibt Fontane eine genauere, wenn auch leicht stilisierte Auskunft über die »ersten Anregungen« zu seinen *Wanderungen*. Es seien Bilder der Fremde gewesen, die ihn zunächst an die märkische »Heimat« erinnert hätten – während einer schottischen Kahnpartie auf einem See der Grafschaft Kinroß, als beim Anblick eines Inselschlosses plötzlich schottische Gegenwart und märkische Erinnerung ineinander übergehen.

> So war das Bild des Rheinsberger Schlosses, das, wie eine Fata Morgana, über den Levensee hinzog, und ehe noch unser Boot auf den Sand des Ufers lief, trat die Frage an mich heran: so schön dies Bild war, das der Levensee mit seiner Insel und seinem Douglasschloß vor dir entrollte, war jener Tag minder schön, als du im Flachboot über den Rheinsberger See fuhrst, die Schöpfungen und die Erinnerungen einer großen Zeit um dich her? Und ich antwortete: nein. (II.1.9f.)

Die eigene private Erinnerung aber gemahnt hier zugleich an einen noch weitaus höheren Zweck, der sich mit dem Blick auf das Schloß verbindet: Reminiszenzen an die »große Zeit« der preußischen Geschichte, die den Reisenden und den sich Erinnernden plötzlich umgeben. Schon in seinem schottischen Reisebericht *Jenseit des Tweed* (1860) beschreibt Fontane eine Dampfschiffahrt auf dem Fluß Forth zwischen Edinburgh und Stirling, während der er sich lebhaft eines heimatlichen Flusses entsinnt, der wie der schottische von geschichtlicher Aura umgeben ist: die Havel.

> Jedes Land und jede Provinz hat ihre *Männer*, aber manchem Fleck Erde wollen die Götter besonders wohl […]. Ein solcher Fleck ist das beinah inselförmige Stück Land, um das die Havel ihr blaues Band zieht. Es ist der gesunde Kern, daraus Preußen erwuchs […]. Und welch historischer Boden diese Insel überhaupt! Entlang an den Ufern des Flusses, der sie bildet, hatten (und haben noch) jene alten Familien ihre Sitze […]. Auf dieser Havelinsel und jenem schmalen Streifen Land, der nach außen hin sie umgürtet, liegen die Städte und Schlösser, darin der Stamm der Hohenzollern immer neue Zweige trieb […]. (III.3.274)

In England und in Schottland also entstehen Fontanes Ideen zu den *Wanderungen*: im Vergleich der historischen Kulturen und im Bestreben, die Geschichte auch der preußischen »Heimat« sichtbar werden zu lassen. Bekannt sei diese Geschichte schon längst, sie müsse nur endlich anschaulich gemacht und zu diesem Zweck in die ihr zugehörige Landschaft versetzt werden – so Fontane in einem Brief an HERTZ über den ersten Plan seiner *Wanderungen*:

> Die letzten 150 Jahre haben dafür gesorgt, daß man von den Brandenburgern (oder Märkern, oder Preußen) mit Respekt spricht; die Thaten die geschehn und die Männer die diese Thaten geschehen ließen haben sich Gehör zu verschaffen gewußt, aber man kümmerte sich um sie mehr *historisch* als *menschlich*. Schlachten und immer wieder Schlachten, Staatsaktionen, Gesandschaften – man kam nicht recht dazu Einblicke in das private Leben zu thun und die Wenigen denen solch Einblick vergönnt war, versäumten es darüber Aufzeichnungen zu machen. (31. 10. 1861, FHe, S. 51)

Weniger die offiziellen Daten der militärischen und politischen Geschichte als vielmehr die Geschichte einer geographisch bedingten Tradition und Mentalität sollen also im Zentrum dieser neuen Geschichtsschreibung stehen: »Einblicke in das private Leben«, wie es sich zunächst nur im Blick auf die zugehörigen Landschaften offenbart. Da eine solche Perspektive von der offiziellen Geschichtsschreibung eher vernachlässigt wird, muß sie vom Autor der *Wanderungen* erst wieder hervorgeholt oder auch neu geschaffen werden.

> Der Zweck meines Buches ist nach dieser Seite hin anregend und belebend zu wirken und die ›Lokalität‹ wie das [!] Prinzessin im Mährchen zu erlösen. Abwechselnd bestand meine Aufgabe darin zu der Unbekannten, völlig im Wald versteckten vorzudringen, oder die vor aller Augen Daliegende aus ihrem Bann, ihren Zauberschlaf, nach Möglichkeit zu befrein. [...] Detailschilderung behufs bessrer Erkenntniß und größer Liebgewinnung historischer Personen, Belebung des Lokalen und schließlich Charaktisirung märkischer Landschaft und Natur, – das sind Dinge, denen ich vorzugsweise nachgestrebt habe. (Ebd., S. 52)..

»Landschaft und Natur« der Mark Brandenburg stehen in Fontanes Absichten demnach zunächst eher am Rande. »Zweck« der *Wanderungen* soll vielmehr sein, die dort verborgene Geschichte zum Sprechen und zur Anschauung zu bringen. So wie nämlich die preußische Geschichte erst ihrer »Lokalitäten« bedarf, um »menschlich« und »privat« zu werden, so gewinnt umgekehrt die märkische Landschaft nur dann an Wert, wenn sie mit ihrer eigenen Geschichte gleichsam aufgeladen wird. Schon im Vorwort zur zweiten Auflage der *Grafschaft Ruppin* (1864) macht der Autor deutlich, daß die Natur der Mark Brandenburg keineswegs um ihrer selbst willen beschrieben und erfahren werden kann: »Wenn du reisen willst, mußt du die Geschichte dieses Landes *kennen* und *lieben*. Dies ist ganz unerläßlich« (II.1.12). Wer nämlich die ärmliche Landschaft einfach betrachtend durchfahre, »rechts das Luch, links ein paar Sandhügel«, werde die Augen sehr schnell abwenden; »wer aber weiß, hier fiel *Froben*, hier wurde das Regiment Dalwigk in Stücke gehauen, dies ist das Schlachtfeld von *Fehrbellin*, der wird sich aufrichten im Wagen und Luch und Heide plötzlich wie in wunderbarer Beleuchtung sehn« (II.1.12f.).

Fontane wird gerade in der Anfangsphase der Arbeit an den *Wanderungen* nicht müde, auf seine ›patriotischen‹ Absichten hinzuweisen: den »gesunden Kern« Preußens zu enthüllen, die preußische Geschichte ins rechte Licht zu rücken. Ebenso oft aber erwähnt er das literarische Verfahren, das diese Absichten ins Werk setzt, nämlich die geradezu poetische Verwandlung, die dem Objekt der *Mark Brandenburg* durch Fontanes *Wanderungen* widerfahren soll:

> Es ist alles auf ein *Ganzes* hin angelegt, auf die Beweisführung: auch im märkischen Sande flossen und fließen überall die Quellen des Lebens, und jeder Fuß breit Erde hat seine Geschichte und erzählt sie auch – man muß nur willig sein, auf die oft leisen Stimmen zu lauschen. Die zwei Bände, die bis jetzt erschienen sind, lassen das, worauf es mir ankommt, erst erraten: die Belebung des Lokalen, die Poetisierung des Geschehenen, so daß [...] in Zukunft jeder Märker, wenn er einen märkischen Orts- und Geschlechtsnamen hört, sofort ein *bestimmtes Bild* mit diesem Namen verknüpft. (An E. von Pfuel, 18. 1. 1864, IV.2.115)

Statt einer bloßen Reisebeschreibung liegt den *Wanderungen* demnach ein poetischer Akt zugrunde, den Fontane immer wieder mit prägnanten Metaphern umschreibt: Verwandlung, Erlösung, Wiedererweckung, Belebung, Poetisierung, Erlauschen von Stimmen, wunderbare Beleuchtung. Die Mark Brandenburg soll also keineswegs bloß abgeschildert, sondern vielmehr als zunächst gar nicht sichtbares historisches Terrain entdeckt, ja durch Einbildungskraft erst hervorgebracht werden. Die Hauptaufgabe dieser Entdeckungsarbeit aber übernimmt allein der Dichter, der das Topographische als historisches »Bild« gleichsam ins Leben ruft. Auf diese Weise soll die Mark Brandenburg auf Seiten der Leser gänzlich neu entstehen: als Phantasieland, welches die geographischen »lokalen« Punkte, die »Orts- und Geschlechtsnamen«, zu einem von geschichtlichen Zusammenhängen erfüllten »Ganzen« verbindet. Im neu renovierten Schloß zu Paretz im *Havelland* hat Fontane die geforderte Verwandlung am exemplarischen Fall vorgeführt: »Erst die Phantasie, die geschichtskundig das Schloß mit Leben und Gestalten füllt, macht es uns lieb und wert, hebt über den ersten Eindruck der Nüchternheit hinweg.« (II.2.233)

Auch wenn die Mark Brandenburg ein zu Fontanes Zeit selten durchwandertes Gebiet sein mag und Fontanes Intention auf eine neue Art der Geschichtsschreibung zielt: Dem Namen nach sind »Wanderungen« nichts Neues. Konjunktur und Verbreitung der Reiseliteratur im ausgehenden 18. Jahrhundert haben die solcherart betitelten Reisebeschreibungen populär gemacht, und ganz Deutschland wird auf diesem Weg erwandert: Ulrich Freyherr von SCHLIPPENBACH und Karl NERNST unternehmen – um nur Beispiele herauszugreifen – *Malerische Wanderungen durch Kurland* (1809) und *Wanderungen durch Rügen* (1800). Ernst Moritz ARNDT veröffentlicht 1844 seine *Wanderungen in und um Godesberg*, Kaspar Friedrich GOTTSCHALK noch im alten Jahrhundert die *Wanderungen in einige Gegenden um Göttingen im Sommer 1792*. Gustav SCHWAB schildert 1840 seine *Wanderungen durch Schwaben*, Karl SEIFERT, Adolf BACHMEISTER und Christian STRUCK melden sich, bereits nach Fontanes ersten Bänden über die Mark Brandenburg, mit *Wanderungen und Skizzen* (1863), *Alemannischen Wanderungen* (1867) sowie mit *Wanderungen durch das Stromgebiet der Weser* (1877).

Als Gattungsbeschreibung einer bestimmten Form von Reiseliteratur freilich taugt der Begriff der »Wanderungen« kaum – zu unterschiedlich sind deren Formen, Funktionen und Verfahrensweisen. Höchst romantische Stimmungsbilder wechseln ab mit trockenen Beschreibungen von geologischen Gesteinsformationen, gelehrte Anmerkungen zur Geschichte finden sich dort ebenso wie amüsant und ausführlich erzählte Erlebnisse in Gasthäusern – novellenartig aneinandergereihte Episoden wie in Franz von DINGELSTEDTS *Wanderbuch* (1839/40), die sich kaum noch ausführlich auf Landschaft und Geschichte beziehen. Fontane selbst jedoch versucht eine für ihn selbst höchst bedeutsame theoretische Bestimmung der Reiseliteratur, als er in einer literaturkritischen Besprechung von Anton von ETZELS *Die Ostsee und ihre Küstenländer* (1859) sogleich für eine bestimmte Art der Reisebeschreibung Partei ergreift:

> Das Etzelsche Buch repräsentiert, wenn auch nur annähernd, eine Gattung von Büchern, die wir mit dem Namen einer historisch-romantischen Reiseliteratur bezeichnen möchten. Solche Bücher gibt es in Deutschland aber immer noch zuwenig; unserer spezielleren Heimat fehlen sie fast ganz. Nicht bloß der Rhein, so meinen wir, oder andere bevorzugte Flußufer haben Anspruch darauf, sondern jeder Fleck deutscher Erde, denn jeder Fleck Erde ist eine Heimat vieler Tausende, und jede Quadratmeile märkischen Sandes hat ebensogut ihre Geschichte wie das Main- und Neckarland, nur er-

zählt, nur gefunden muß sie werden. Es fehlt östlich von der Elbe noch durchaus die Wünschelrute, die den Boden berührt und die Gestalten erstehen macht. (AW 7.312)

Wieder erinnert Fontane an die Aufgabe, eine erst noch zu entdeckende Geschichte der »Heimat« als die Erfahrung einer ›gefundenen‹ Landschaft vorzuführen, und wieder betont er die Verwandlungsfähigkeit geschichtsträchtiger Regionen, die in poetischer Gestalt neu entstehen und von »Wünschelruten« zum Leben erweckt werden. Fontane weist darauf hin, daß eine solche Betrachtung von Geschichte und Natur in der ›Rheinromantik‹ längst ihr Modell und ihre Mode gefunden hat. Karl SIMROCKS üppige Darstellung *Das malerische und romantische Rheinland* (1838–1840) ist nur eines von vielen Beispielen. »Romantisch« aber sind diese Reisebeschreibungen für Fontane zunächst deshalb, weil sie neben den konkreten Örtlichkeiten eben auch die fast authentisch nachzuerlebende Geschichte selbst vor Augen stellen: in poetisch stilisierten Bildern, die zugleich immer schon mehr darbieten als Natur und Gegenwart. Deshalb sind die *Wanderungen* keine bloße Stoffsammlung, kein bloß journalistisches Werk und auch keine ›realistische‹ Literatur, mit der Fontane die Mark Brandenburg und seine eigenen Fahrten beschreibt. Die *Wanderungen* sind ebenso das Produkt einer poetischen Verwandlung wie der Versuch einer Entdeckung preußischer Geschichte, wo vorher noch kaum etwas zu sehen war: eine historische Erzählung und ein literarisches Werk, Wanderungen sowohl in die Geschichte als auch in die Phantasie.

Der »Plauderton des Touristen« und die Gattung der Reiseliteratur: Fontanes Wege in die Mark Brandenburg

Am vorläufigen Ende seiner *Wanderungen*, im *Schlußwort* des vierten Bandes (1881), gibt Fontane Auskunft über sein literarisches Verfahren und bezeichnet sich zugleich als Grenzgänger zwischen Geschichtsschreibung und Reisejournalismus: einen, der zunächst »aus dem ursprünglichen Plauderton des Touristen in eine historische Vortragsweise hineingeriet«, am Ende jedoch – in den beiden letzten der vier Bände – wieder versucht, »in die frühere Weise zurückzufinden« (II.2.870). Als »Reisefeuilletons« (II.2.870) sind die *Wanderungen* von vornherein geplant; in unterschiedlicher Reihenfolge und unregelmäßigen Abständen erscheinen sie als solche auch in Zeitschriften. Ebenso unterschiedlich aber sind die literarischen Formen und die Traditionen der Reiseliteratur, derer Fontane sich in seinen *Wanderungen* bedient. »Touristischer« und »historischer« Ton sind nur die beiden wich-

tigsten Merkmale, denn Fontanes *Wanderungen* präsentieren eine
für die Reiseliteratur des 19. Jahrhunderts zunächst höchst charakteristische Mischform der Gattung ›Reiseliteratur‹. Die literarischen Reiseberichte des 19. Jahrhunderts sind vielfältig, weil die
Gattung bereits auf eine längere Tradition zurückblickt, deren
Elemente nach 1800 zumeist nur noch variiert werden (P. J.
BRENNER, 1989, 1990).

In Fontanes Absichtserklärung verrät bereits der »Plauderton«
des Touristen die durchaus gewollte Heterogenität der literarischen Formen und reisebezogenen Themen, die je nach gewähltem Schwerpunkt andere Darstellungsweisen erfordern: Beschreibungen von Anfahrtswegen und »Sehenswürdigkeiten« (II.1.55) –
zumeist märkische Kirchen und Schlösser sowie die dazugehörigen
Parkanlagen, Pfarr- und Herrenhäuser – wechseln ab mit der Aufzählung von historischen Daten, Adelsgeschlechtern, Regimentern und Kriegsereignissen; Ortsbeschreibungen leiten über zu
biographischen Darstellungen ihrer historischen und zur Schilderung ihrer gegenwärtigen Bewohner; großflächige und »touristische« Landschaftsbeschreibungen stehen neben »romantischen«
Stimmungsbildern und plötzlich wieder abschweifenden Erinnerungen an die preußische Geschichte. Eine weitgehend ›trockene‹
Chronik über die Lebensdaten des Kronprinzen FRIEDRICH etwa
kann in ein träumerisches Gedenken an die »alte Zeit« (II.1.92)
übergehen, dann aber wieder mit Anklängen an Heinrich HEINE
und die Reiseprosa des »Jungen Deutschland« ironisch gebrochen
werden: »Aber draußen schlugen die Nachtigallen, und ihr Schlagen klang wie ein Protest gegen die ›alte Zeit‹ und wie ein Loblied
auf Leben und Liebe.« (II.1.92) Bildungsreminiszenzen fehlen
ebensowenig wie die humoristische Anknüpfung an andere zeitgenössische Formen der Reiseliteratur. Der Name des Molchowsees etwa erinnert »mit seinem finster anklingenden Namen an alle
Schrecken des Schillerschen Tauchers« (II.1.333); eine von einem
Gewitter begleitete Bootsfahrt durch das Wustrauer Luch wird mit
einer Pointe über amerikanische Reiseabenteuer abgeschlossen:
»Alles Frösteln war vorüber, und die Tasse mitsamt dem Herdfeuer
vor uns, auf einem alten Binsenstuhl uns wiegend, plauderten wir
vom *Luch*, als wären wir über den Kansas-River oder eine Prairie
›far in the West‹ gefahren.« (II.1.353) Die »lieblichen Ruinen«
(II.2.98) der märkischen Klöster haben ebenso ihren Platz wie eine
Art Industriereportage über die Ziegelbrennerei in Glindow, mit
ihrer industriellen Ziegelproduktion und den Arbeitsbedingungen
proletarischer Fremdarbeiter (II.2.441–449).

So vielfältig die Anspielungen und Anklänge an alle möglichen »Töne« und Stile der Reiseliteratur aber auch sind – Fontanes *Wanderungen* verlieren sich dennoch nicht in einer Ansammlung verschiedenartigster Texte, sondern sind von einem einheitlichen Verfahren geprägt, das die preußische Landschaft in der von Fontane angekündigten Weise zum ›Sprechen‹ bringen soll. Der »touristische Plauderton« ist dabei kein Hindernis, führt er doch den Leser in genau jene Landschaften ein, die vom poetischen Geist des Wanderers mit historischem Leben erfüllt werden sollen. Zu diesem Zweck beginnt fast jede Wanderung zunächst mit der Beschreibung einer Wegstrecke: einer Reise etwa, die mit der »Nachtpost« zwischen Berlin und Lübbenau beginnt, mit einer Fahrt »am Rande des hier beginnenden Spreewaldes« fortgesetzt wird und schließlich »nach kurzem Gang durch Stadt und Park« (II.2.456–459) mit einer Bootsfahrt endet. In der *Grafschaft Ruppin* dagegen werden die Dörfer des Ruppiner Sees einzeln erwandert oder direkt mit einem Kahn angesteuert:

> Unser Weg führt uns heute nach Karwe. Es liegt am Ostufer des Ruppiner Sees, und ein Wustrauer Fischer fährt uns in einer halben Stunde hinüber. Ein besonderer Schmuck des Sees an dieser Stelle ist sein dichter Schilfgürtel, der namentlich in Front des Karwer Parkes wie ein Wasserwald sich hinzieht und wohl mehrfach eine Breite von hundert Fuß und darüber haben mag. (II.2.456–459)

Beiläufig »plaudernd« wird so der Gang des Touristen nachgestellt, hat aber dennoch ein immer genau bezeichnetes und erwandertes Ziel. »An dieses *Schilfufer* knüpft sich eine Geschichte, die uns am besten in das starke und frische Leben einführt, das hier ein halb Jahrhundert lang zu Hause war, und von dem ich Gelegenheit haben werde, manchen hübschen Zug zu erzählen.« (II.1.29)

Der en detail beschriebene »Weg« also lenkt die Schritte des Wanderers direkt zu den historischen ›Geschichten‹ und ›Erzählungen‹, die sich mit der Landschaft und der Natur verbinden und daraufhin ausführlich ausgebreitet werden. Sogar die Wahrnehmung der Landschaft konzentriert sich stets auf einen von vornherein festgelegten historischen Blickwinkel. In Wustrau etwa gilt die Aufmerksamkeit sofort dem Herrenhaus des Generals Hans Joachim von ZIETEN. Noch bevor der Erzähler »in einem Boot über den See gefahren« kommt und dann »die eichene, altmodische Treppe hinauf« steigt, wird die Lage des Herrenhauses beschrieben, und zwar nicht von außen, sondern bereits von der vorab entworfenen Aussicht, die sich von den Fenstern aus eröffnet. Der

Blick des Generals aus seinem Domizil wird also bereits imaginiert, ehe die Wanderung den Leser dorthin führt. »So ist auch das alte Herrenhaus der Zieten, das freilich seinerseits eine reizende Lage voraus hat. Vorder- und Hinterfront geben gleich anziehende Bilder. Jene gestattet landeinwärts einen Blick auf Dorf, Kirche und Kirchhof, diese hat die Aussicht auf den See.« (II.1.20 f.)

Umgekehrt bildet auch die Natur selbst nur ein Fenster auf die Geschichte, wenn Fontane im Oderland etwa den Schloßberg bei Freienwalde »mit der Nachmittagspost erreicht« und die Stimmung der Ankunftszeit beschreibt: »Der Abend ist schön, und Duft und Nebel steigen aus den Wiesengründen auf. [...] Es ist just die Stunde, um den *Schloßberg* und die Burg Uchtenhagen zu besuchen, denn die Landschaft selbst erscheint wie ein weitaufgetanes Tor, um uns rot und golden in das Land der Sage einzuführen.« (II.1.627) Auf diese Weise also soll das preußische Kernland »belebt« und »poetisirt« werden: Landschaft und Natur haben dabei bloßen Zeichen- und Verweisungscharakter, um einen stets neu variierten Weg von der Gegenwart zur Geschichte zu bahnen.

»Von Uetz bis Paretz ist noch eine gute Meile.« (II.2.321) So beginnt »ein entzückender Spaziergang« im Havelland, der ganz beiläufig und scheinbar unabsichtlich »durch Wiesen rechts und links« führt, bis »ein aufgeschütteter Damm« den Weg verändert, »an die Stelle der Obstbäume« zunächst »hohe Pappeln« treten, eine »Brücke« schließlich den Beginn der »Dorfstraße« markiert. »Diese führt mitten durch den Park, macht eine Biegung, verbreitert sich, und – wir sind am Ziel: links das Schloß, ein langgestreckter, schmuckloser Parterrebau mit aufgesetztem niedrigen Stock, rechts eine Gruppe alter Eichen, und ihnen zur Seite die gotische Kirche des Dorfs.« (II.2.321)

Der »Spaziergang« ist nicht nur zielorientiert, sondern in einer typischen und genauen, in den *Wanderungen* vielfach wiederholten Bewegung begriffen: Der Weg beginnt in breit einladender Manier, auf weitem Feld, verengt sich dann zu einer festgelegten Richtung und endet mit einem unbeweglichen Bild, das in seinem Zentrum ein historisches Objekt vor Augen stellt. Die darauffolgende Kapitelüberschrift lautet »Paretz von 1796 bis 1806«, in dessen Geschichte der Leser zunächst buchstäblich »eingeführt« worden ist, sich dann gleichsam darin aufhalten soll, und zwar oft länger als in der zuvor geschilderten »Wanderung«. Auch in Paretz kommt dem Erzähler eine bildhafte Ansicht zuhilfe, mit dem die erzählte Geschichte dem Betrachter und Leser anschaulich gemacht wird. Die »Wünsche« des Schloßherrn, des späteren Königs

FRIEDRICH WILHELM III., »gingen vor allem auf Stille, Abgeschiedenheit«, und die Realisierung dieser »Wünsche« wird – ähnlich wie im Herrenhaus der ZIETENS – durch den Ausblick aus ebendiesem Schloß nachgestellt: »Wohl angebrachte Durchblicke ließen die landschaftliche Fernsicht über die üppigen Havelwiesen und Seen nach den bewaldeten Höhen von Phöben und Töplitz hin frei. An einer anderen Stelle schweifte der Blick nach dem romantisch gelegenen Ütz, bis weiter hinaus zu den Höhen von Potsdam.« (II.2.323)

Während der Wanderer seinen »Spaziergang« als gegenwärtig schildert, sind die rekonstruierten »Blicke« bereits im Präteritum vorgeführt: Hier vermischen sich Wanderungen und Geschichte, die Bewegung des Touristen und der ehemalige Blick des Schloßbesitzers, die gegenwärtige Ansicht und die von innen her »belebte« Vergangenheit. Das wichtigste Mittel dieser »Belebung« jedoch ist die vom Erzähler arrangierte Ordnung der Szenerie, zu der sich die Wege und die Bilder regelmäßig verdichten. Das Schloß in Paretz etwa ist zwar weitgehend unverändert geblieben, aus nächster Nähe zeigen sich jedoch die deutlichen Spuren von Zerfall und Vergänglichkeit, die den authentischen Anblick des Vergangenen wieder trüben. Erst der abschließend letzte Blick des Erzählers gewinnt – wie zuvor die Ansicht aus dem Fenster – wieder jene Qualität, nach der die poetische Verwandlung des touristischen Objekts verlangt: »Wir treten zurück in den Park. Alles Leben und Licht. Das Einzelne fällt, das Ganze bleibt.« (II.2.333)

Dieses »Ganze« einer zuletzt geordneten geschichtsträchtigen Welt bildet das Ziel und den Fluchtpunkt aller Wanderungen, auch in jenen *Spreewald*-Kapiteln, wo sich Fontane laut eigener Aussage von der Geschichte eher wieder abwenden und der mannigfaltigen Natur ihre touristische Aufmerksamkeit zukommen lassen will. Dem Blick auf die Geschichte entspricht hier der touristische »Rundblick«, in dem sich Landschaft und Natur ordnen und zusammenfügen:

> Der Wagenplatz, auf dem ich saß, war höher als das Steinmobiliar und gönnte mir einen freieren Umblick. Alles in der Welt aber hat sein Gesetz, und wer auf der »Schönen Aussicht« ist, hat nun mal die Pflicht, sich auf den Steintisch zu stellen, um von *ihm* aus und *nur* von ihm aus die Landschaft zu mustern. Und so tat ich denn wie mir geboten und genoß auch von diesem niedrigen Standpunkt aus, eines immer noch entzückenden Rundblicks, ein weitgespanntes Panorama. Die Dürftigkeiten verschwanden, alles Hübsche drängte sich zusammen und nach Westen hin traten die Türme Berlins aus einem Nebelschleier hervor. (IV.2.476)

Wie in der Geschichte, so sucht der Wanderer Fontane in der Natur das abgeschlossene Bild, die »schöne Aussicht«, wie sie hier schon in einer massentouristisch aufbereiteten »Sehenswürdigkeit« präsentiert und ironisch verfremdet wird. Der ironische Wanderer freilich sucht dasselbe, was der zu diesem Zweck errichtete Aussichtspunkt verspricht: das »Panorama« und die »zusammengedrängte« Schönheit einer fast künstlichen Bilderwelt, in der das »Malerische« und das »Pittoreske« hervortreten.

Panorama-Bilder und »Erinnerungsplätze«: Die normative Ästhetik der Wanderungen

Immer wieder werden in den *Wanderungen* solch panoramatische Sichtweisen vorgeführt, und der »plaudernde« Reisefeuilletonist Fontane ordnet sich damit nur in ein höchst zeitgenössisches Darstellungsmuster ein, das vielen anderen *Wanderungen* des 19. Jahrhunderts gleichermaßen zugrundeliegt (F. PAUL, 1993, S. 81–103). Im Begriff und im Phänomen des »Panoramas« hat sich dieses Jahrhundert sogar ein öffentliches Medium geschaffen, das Landschaften und Geschichte einer solch gemeinsamen Perspektive unterwirft. Es finden öffentliche Panorama-Vorführungen statt, in denen Städteansichten und Geschichtsereignisse inszeniert werden, Reisebeschreibungen füllen sich mit panoramatischen Bildern, die Landschaft selbst wird im 19. Jahrhundert touristisch erschlossen, indem eine Reihe von panoramatischen ›Aussichten‹ den Wanderern und Spaziergängern Ziele vorgibt und Wahrnehmungsweisen steuert (vgl. D. STERNBERGER, 1974; G. HESS, 1977, S. 130–206).

Die so hervorgebrachten Bilder sind auch bei Fontane oft »Erinnerungsplätze« (II.2.325), die an Geschichtsereignisse geknüpft sind. Sie werden jedoch auch in der Natur aufgesucht, wo sie der Betrachter sogleich seinem eigenen Gedächtnis einverleiben soll. So erblickt der Erzähler von den Müggelbergen des Spreelandes herab, von einer wiederum erhöhten »Plattform« aus, »an den Stamm« eines »schönen Baumes« gelehnt, die »Bilder modernen Lebens und lachender Gegenwart« – Dörfer und Kulturlandschaften, die sich als gleichsam private »Erinnerungsplätze« einprägen sollen: »Wir haben das heitre Bild in Aug und Seele aufgenommen und wenden uns jetzt, um, nach der entgegengesetzten Seite hin, in die halb im Dämmer liegende *östliche* Landschaft hineinzublicken.« (II.2.557) Die *Wanderungen* also verwandeln die Mark Brandenburg in eine Galerie von »Bildern«, die einerseits das Gesehene sogleich ordnen und aufbewahren, andererseits aber auch vor der

Reise oft schon bereitliegen: als vorgeprägte Wahrnehmungsmodelle, die nur noch zur Anwendung kommen. »Zwei Meilen nördlich von Berlin liegt das Dorf Buch, reich an Landschaftsbildern aller Art, aber noch reicher an historischen Erinnerungen.« (II.2.606) Sowohl Landschaft als auch Geschichte sind vorher bereits bekannt und steuern die Erwartung, jene »Bilder« nun auch persönlich in Augenschein nehmen zu können: »Wir haben die Feldsteinbrücke passiert und die Mitte des Dorfes erreicht. Hier begegnen wir endlich einem seit einer halben Stunde herangesehnten Bilde.« (II.2.606)

Die ›Begegnung‹ mit den Bildern also entsteht im Kopf, und der Reisende trachtet oftmals nur danach, Vorstellungswelt und Anschauungsobjekte in Übereinstimmung zu bringen. Die *Wanderungen* aber steuern den Leser ganz bewußt, um ihm die geeigneten Objekte, Blicke und Bilder vor Augen zu führen. Im Reisebericht über seine Schottlandreise, *Jenseit des Tweed*, hat Fontane bereits an vielen Stellen vorgeführt, wie er gleichsam eigenmächtig vorgefertigte Bilder im Dienste des Lesers entwirft:

> Ich habe diese Queen's Apartments gewissenhaft in Augenschein genommen, führe aber meine Leser absichtlich nicht treppauf in den Flügeln des Gebäudes umher, sondern halte sie, um ihnen das Bild des Ganzen so wenig wie möglich zu verwirren, unter dem frischgeweißten Torweg fest und erzähl' ihnen lieber, was von jenen Apartments [...] zu wissen not tut. (III.3.195)

Die hier noch pädagogisch motivierte Rücksichtnahme auf den Leser prägt gleichwohl auch die Wahrnehmungsweise des Wanderers selbst, der oft nur finden will, was dem poetischen Plan der Reise entspricht. Ob historische Stätten oder ›wilde‹ Landschaften, stets geht der Blick auf ein einheitliches, ganzes und abgeschlossenes Bild, auf eine Qualität, die Fontane bei einem Vergleich zweier Ausblicke aus zwei schottischen Schlössern wiederum als »romantisch« klassifiziert:

> Das schöne Bild, das sich einem vom Edinburger Schlosse aus bietet, zersplittert unsere Empfindung, statt sie auf einen Punkt, nach einer Richtung hin zu konzentrieren. Das Gefühl, um dessen Erweckung es sich beim Besuche solcher und ähnlicher Plätze handelt, ist das *romantische* [...]. Ein feinerer Sinn [...] wird, wenn er auf der Halbmond-Batterie von Edinburg-Castle Posto faßt, zu keinem ungeteilten Genusse kommen. Das Bild, das sich vor seinem Auge entrollt, an *malerischer* Schönheit dem Bild, das Stirling-Castle bietet, vielleicht überlegen, wird ihm gleichzeitig eine Fülle von Dingen zeigen, die

den romantischen Traum [...] unterbrechen. Sein Empfinden wird zu keiner Einheit kommen. Die Neustadt von Edinburg, die zu seinen Füßen liegt [...], stimmt nicht völlig harmonisch in die alte Weise ein, die wir am liebsten in aller Reinheit und Simplizität vernehmen. (III.3.282f.)

Auch in Schottland ist Fontane auf der Suche nach Landschafts- und Geschichtsbildern, entwickelt zugleich bereits in aller Deutlichkeit jene normative Ästhetik, die noch den *Wanderungen* zugrunde liegt. Das historische Bild soll ebenso einheitlich »romantisch« sein wie das »Empfinden« des Betrachters und Lesers. Aus diesem Grund hat Fontane dem Kloster Chorin im *Havelland* »das eigentlich *Malerische*« (II.2.98) gänzlich abgesprochen. Statt einer »schönen Ruine«, die sich zugleich als »ein Landschafts- oder auch ein Genrebild« präsentieren sollte, sind hier jedoch moderne und historische Elemente derart gemischt, daß sich der gesuchte Eindruck nicht einstellen mag: »Alles fehlt.« (II.2.98) Der »romantische« Blick auf Natur und Geschichtsdenkmäler ist demnach keineswegs so objektiv, so natürlich und unschuldig, wie er sich selbst immer auszugeben pflegt. Gerade die Reiseliteratur zu Fontanes Zeit kann zeigen, wie dieser Blick erst hervorgebracht wird, welche Bedürfnisse ihm zugrundeliegen und welche Landschaftsbilder ihm ihre Entstehung verdanken (vgl. S. SCHAMA, 1995; J. CRARY, 1996).

Die »Bilder«, nach denen Fontane auf seinen *Wanderungen* sucht, sind darüber hinaus auch nicht unabhängig von der Art und Weise der Fortbewegung, wie sie im 19. Jahrhundert das Erlebnis des Reisenden prägt. Der Spaziergänger wählt zwar den vorgeschriebenen Weg zu den Sehenswürdigkeiten und Aussichtsplätzen; die dabei ebenso unabdingbare Fahrt mit der Kutsche jedoch ergibt zugleich eine Reihe wechselnder, buchstäblich ›vorbeiziehender‹ und sich ›entrollender‹ Landschaftsaufnahmen, wie sie Fontane in einem Brief an seine Frau sogar als die Quintessenz des Reisens beschreibt: »Das beste ist fahren. Mit offenen Augen vom Coupé, vom Wagen, vom Boot, vom Fiaker aus die Dinge an sich vorüberziehen zu lassen, das ist das A und O des Reisens.« (An EMILIE, 9. 8. 1875, BE I.412)

Diese Wahrnehmung aber ist selbst schon geprägt von einer Wahrnehmungstradition, die schon längst in künstlerischer Form, in Gemälden festgehalten ist. Fontanes Landschaftsbilder entsprechen deshalb »einer ikonischen Apperzeption der Landschaft« (H. FISCHER, 1995, S. 133), die ihren Stil den französischen und englischen Landschaftsgemälden verdankt, wie sie im 19. Jahrhundert die Kunstausstellungen und die vornehmen Interieurs zieren: den Bildern von Claude LORRAIN, Nicolas POUSSIN, Thomas GAINSBOROUGH oder William TURNER. Auf diese Weise kann Fontane die sagenumwobene »historische« Landschaft der Müggelberge bereits nach der Vorlage eines märkischen Landschaftsmalers vorab ›ausmalen‹ und braucht sie demzufolge nur noch wiederzufinden: »Carl Blechen [...] hat in einem seiner bedeutendsten Bilder die Müggelsberge zu malen versucht. Und sein Versuch ist glänzend geglückt. [...] er gab dieser Landschaft *die* Staffage, die ihr einzig gebührt.« (II.2.553)

Die längst bestehenden Wahrnehmungskategorien und die im voraus entworfenen Bilder allerdings sind keineswegs ein Ersatz für das Reisen selbst. Landschaftswahrnehmung und Bilderästhetik bilden ohnehin nur den Rahmen für die Erfahrung der Geschichte, die so deutlich im Vordergrund der *Wanderungen* steht. Für diese Geschichte aber ist die in Bewegung begriffene Anschauung des historischen Raumes ebenso zentral wie die Erlebnisse des Reisenden, der mit Zeitzeugen und der Atmosphäre von Land und Leuten konfrontiert sein will.

> In den Wanderungen wird wirklich gewandert, und wie häufig ich das Ränzel abtun und den Wanderstab aus der Hand legen mag, um die Geschichte von Ort und Person erst zu hören und dann weiterzuerzählen, immer bin ich unterwegs, immer in Bewegung und am liebsten ohne vorgeschriebene Marschroute, ganz nach Lust und Laune. (II.3.9)

Auch Reisen und Schreibprozeß sind über die Jahrzehnte hinweg eng aufeinander bezogen, wie ein Brief an HERTZ dokumentiert:

> Ich kann nicht, wie ich jetzt seit November gethan, an dem *neuen* Bande arbeiten, das Havelland mit Interesse bereisen und zugleich Gegenden im Geiste vornehmen, die ich schon abgemacht habe. Hab ich Ruppin, Barnim, Teltow umzuarbeiten, so muß ich mich so zu sagen *aufs Neue in Ruppin, Barnim und Teltow verlieben*, muß die alten Plätze wiedersehn und derweilen das *Havelland* völlig bei Seite schieben. (16. 5. 1864, FHe, S. 112f.)

Die Vergangenheit, in deren Zeichen Fontane die märkische Geschichtslandschaft entdecken will, bedarf der stets erneuerten Anschauung; die Mark Brandenburg selbst aber nimmt erst in dem Maße Gestalt an, wie sie durch eine bestimmte Wahrnehmung des Reisens und durch die Tätigkeit des Schreibens entsteht.

»Alles wie erzählt« – »Aber diese Tage sind hin«: Die Wiederentdeckung der preußischen Geschichte

Statt Natur und einer Reihe von Landschaftsbildern gilt Fontanes Interesse zunächst einem historisch gewordenen Preußen, wie es sich in der märkischen Region als eine nur dort sichtbar gewordene Idee verkörpert hat. Die *Wanderungen* stehen so ganz offensichtlich im Banne einer politischen und »conservativen« Botschaft: »Ich schreibe diese Bücher aus reiner Liebe zur Scholle, aus dem Gefühl, und dem Bewußtsein (die mir beide in der Fremde gekommen sind) daß in dieser Liebe unsere allerbesten Kräfte wurzeln, Keime eines ächten Conservatismus. Daß uns der Conservatismus, den ich im Sinne habe, noth thut, ist meine feste Ueberzeugung.« (An E. L. Kossack, 16. 2. 1864, DuD I.574)

Dieser »Conservatismus« ist freilich seinerseits immer schon an die längst vergangene Geschichte eines vormaligen Preußen gebunden. Politische Stellungnahmen zur Gegenwart und aktuelle tagespolitische Äußerungen finden sich in den *Wanderungen* deshalb kaum. Gerade weil die von Fontane selbst angeführte »Liebe zur Scholle« hier ganz auf die Geschichte projiziert wird, fällt Fontanes Preußenbild (K. Attwood, 1970; G. Friedrich, 1988; H. Nürnberger, 1989) in den *Wanderungen* dementsprechend zwiespältig aus: Unverkennbar etwa ist das »conservative« Bemühen, die große Zeit der preußischen Geschichte – das 18. Jahrhundert, die Zeit Friedrichs des Großen und des Generals von Ziethen – als einen fast mythischen Ort in Erinnerung zu rufen (vgl. P. Bange, 1980, S. 17–55.); ebenso unverkennbar aber ist die Tendenz, den modernen preußischen Staat des 19. Jahrhunderts und die deutsche Gegenwart kritisch an dieser Vergangenheit zu messen – wenn auch eher implizit und zwischen den Zeilen (G. Erler, 1975; B. Plachta, 1994). Die Aufmerksamkeit des Reiseschriftstellers Fontane verschiebt sich im Laufe der Jahre ohnehin von der militärisch ›großen‹ Zeit des preußischen 18. Jahrhunderts, die in der *Grafschaft Ruppin* noch ganz im Mittelpunkt steht, zu einer Geschichtsschreibung des gesamten märkischen Raumes. Das *Havelland* etwa beginnt mit der Früh- und Vorgeschichte der Wenden und der »Kolonisation der Mark durch die Zisterzienser« und endet mit dem »allermodernsten frondiensthaften Industrialismus« (II.2.449) der Ziegelbrennerei in Glindow.

Im Mittelpunkt der Geschichtsschreibung stehen freilich immer diejenigen »Sehenswürdigkeiten«, die an den touristisch bedeutsamen Orten der Mark Brandenburg an die aristokratische

Vergangenheit des preußischen »Kernlandes« erinnern. Zumeist sind es Städte, Schlösser und Kirchen, deren äußeres Erscheinungsbild zu der mit ihnen verbundenen Geschichte überlcitet. Dem in Neuruppin zuerst geschilderten »Gang durch die Stadt« folgt so ein historischer Abriß, der mit den »Grafen von Ruppin« beginnt und bis in die Zeit des Kronprinzen FRIEDRICHS II. reicht (1732–1736). Der historiographischen Datensammlung folgt eine neue historische Spurensuche: »Die Frage bleibt uns zum Schlusse, was wurd' aus diesen Schöpfungen, großen und kleinen, die die Anwesenheit des Kronprinzen ins Dasein rief? Was haben die einhundertfünfzig Jahre zerstört, was ist geblieben?« (II.1.89)

Geblieben aber ist hier und anderswo nicht allzu viel, und fast in dem Maße, wie die *Wanderungen* immer wieder die vielen preußischen »Schöpfungen« ins Gedächtnis zurückrufen, kommt auch das Zerstörungswerk zum Vorschein, mit dem die Geschichte das Preußische seither wieder in eine ferne und oft gar nicht mehr sichtbare Vergangenheit zurückverwandelt hat. Die »Öde und Stille« (II.1.55) der Stadt Ruppin scheint nur noch der Anlaß für historische Erzählungen zu sein, und deshalb folgt den von Fontane ausführlich präsentierten Lebensläufen berühmter Ruppiner Bürger – Karl Friedrich SCHINKEL, Gustav KÜHN, Wilhelm GENTZ – eine etwas dürre statistische Aufstellung der ehemals dort stationierten Regimenter, mit dem Verzeichnis ihrer Schlachten.

Auch wenn das dazugehörige historische Anschauungsmaterial zuweilen noch reichlich vor Augen liegt: Die *Wanderungen* selbst stehen fast gänzlich im Zeichen des ›Nicht mehr‹. Das Rheinsberger Schloß in der *Grafschaft Ruppin* wird zwar detailliert beschrieben, mit geeigneten Anfahrtswegen, ›malerischen‹ Ansichten und einer ›Schloßführung‹ von Saal zu Saal; im Zentrum aber steht die Geschichtsschreibung des Rheinsberger Hofes – als nämlich Prinz HEINRICH, der Bruder des großen FRIEDRICH, in den Jahren 1786 bis 1802 hier wohnte. Auch die anschließend aufgesuchte Ruppiner Schweiz scheint eigenartig verlassen, lebte doch auch die Natur von den Geschichten über die heimliche Liebe des Kronprinzen zu einer Försterstochter: »Aber diese Tage sind hin, und wie tiefe Sonntagsruhe liegt es in den Lüften, wenn, wie zu dieser Mittagsstunde, die nachbarliche Mühle schweigt.« (II.1.331)

Erst die historische Erzählung macht die Landschaft wertvoll, und die Wanderung richtet sich stets nach den Wegweisern der Geschichte: »Das Tramnitzer Haus umschließt manche alte Erzählung, manche anekdotische Überlieferung.« (II.1.453) Der Erzähler scheint es in der *Grafschaft Ruppin* ausschließlich zu diesem

Zweck aufgesucht zu haben. In der Kirche interessiert ihn einzig und allein eine Anekdote, wonach eine in der Schlacht zu Fehrbellin (1675) oder Hohenfriedeberg (1745) erbeutete feindliche Fahne dort aufbewahrt sein soll: »Und wirklich da war sie, hinterm Altar, alles wie erzählt.« (II.1.455)

Aber nicht nur die vor Ort benutzten Chroniken und die mündlich tradierten Ortssagen (vgl. L. SCHMIDT, 1979) erzählen dem Wanderer, wohin er zu gehen und wonach er zu suchen hat; die Mark Brandenburg selbst wird zu einem Text, der seine Geschichten von Fall zu Fall preisgibt: Der Menzer Forst ist »still [...], und doch erzählt er auf Schritt und Tritt« (II.1.340); Kirche und Kirchhof in Fahrland sind in ihrem gegenwärtigen Zustand kaum einer Beschreibung wert, wären dort nicht »Grabsteine«, die etwas zu »erzählen« (II.2.214) haben, sowie das Tagebuch der bisherigen Pastoren, jene »Fahrländer Chronik«, aus der Fontane sogleich »einzelnes [...] auszuziehen und zu einem Ganzen zusammenzustellen« (II.2.219) beginnt. Desgleichen etwa empfiehlt Fontane in der Ruppiner Klosterkirche, eine klerikale Praxis der Bildbeschreibung bis in die Gegenwart hinein fortzuführen und so die Anschauung durch einen jeweils schriftlich mitgelieferten Kommentar zu ergänzen: »Dies Verfahren, durch Inschriften zu beleben und anzuregen, sollte überhaupt überall da nachgeahmt werden, wo man zur Restaurierung alter Baudenkmäler schreitet.« (II.1.56)

Die Kehrseite dieser nur noch in Texten, Inschriften und Erzählungen ›belebten‹ Mark Brandenburg bildet freilich die Klage darüber, daß ausgerechnet die Gegenwart reichlich ›unbelebt‹ geworden ist. In Lebus, einer Stadt am Oderufer, »erinnert [...] nichts mehr an die Tage früheren Glanzes und Ruhmes« (II.1.557), und dieses Schicksal wiederholt sich auf der von Fontane unternommenen Oderfahrt nur allzu oft. Die alten Ortsnamen müssen den früheren »Glanz« ins Gedächtnis zurückrufen: »Namen voll poetischem Klang und Schimmer.« (II.1.560) Nicht nur die preußische Geschichte allerdings ist von diesem Schicksal bedroht. Auch die ersten Bewohner des Landes, die Wenden haben von ihrer Kultur nichts mehr überliefert: »Alles geistig Lebendige ist hinüber.« (II.2.36) Von den Zisterziensern wiederum zeugen zwar noch deren Klöster Lehnin und Chorin, aber auch hier ist die lebendige Überlieferung zerstört: »Die Klöster selber sind hin. [...] Das Gedächtnis an sie [die Zisterzienser – W. E.] und an das Schöne, Gute, Dauerbare, das sie geschaffen, ist geschwunden.« (II.2.43) Schloß Oranienburg, wo »jede Spur« der Vergangenheit bereits »verlorengegangen ist« (II.2.142), wurde schon um 1800 zu einer »Kattunmanufaktur« umgebaut, wenig später jedoch als »Schwefelsäurenfabrik« gänzlich zweckentfremdet: »Die Schwefeldämpfe ätzten und beizten den letzten Rest alter Herrlichkeit hinweg.« (II.2.152)

Den hier wie dort zuletzt übriggebliebenen Gebäuden entspricht zumeist das Schicksal derjenigen Familien und Geschlechter, die das daraus entschwundene Leben einst geprägt haben: »Die Bischofswerders sind hinüber.« (II.2.289) Durch die *Wanderungen* zieht sich ein elegischer Ton, der dem Enthusiasmus des Reisenden angesichts der bisher unentdeckten Mark Brandenburg die melancholische Begleitmelodie der Vergänglichkeit unterlegt. Selbst die Natur bleibt nicht verschont von den Zeichen einer Zeit, die der Mark Brandenburg die Möglichkeit des Erzählens zu nehmen droht. »Eine der ältesten Waldpartien des Havellandes« etwa, der »Brieselang«, hat sich von einem wild-romantischen Wald-, Wiesen- und Sumpfgebiet in ein nach Parzellen geordnetes Wiesenstück verwandelt, in eine schon zu Fontanes Zeiten domestizierte und ausgebeutete Natur: »Der Brieselang ist nicht mehr, was er war. [...] Der Brieselang ist eine schwindende Macht, an Terrain verlierend wie an Charakter, aber auch noch im Schwinden ehrwürdig, voll Zeichen alter Berühmtheit und alten Glanzes.« (II.2.109)

Wovon die in ihrer realen, aber vor allem auch inneren geistigen Existenz bedrohten Klöster, Schlösser und Naturlandschaften allerdings noch erzählen können, welchen »Reichtum« und welche »Macht« der Wanderschriftsteller Fontane mit seinen Büchern über die Mark Brandenburg wiederherstellen möchte – dies alles läßt sich mit den Schlagworten des »Conservatismus«, der Preußenliebe oder auch der Nostalgie kaum angemessen erklären und auf Begriffe bringen. Das poetische Verfahren der *Wanderungen* will vielmehr eine dem modernen 19. Jahrhundert gänzlich entgegengesetzte Welt und Welterfahrung zur Anschauung bringen. Während Fontane nämlich die Einheit der preußischen Welt beschwört, die sich auf den Zusammenhang von Landschaft, Natur, Mensch und Geschichte stützt, erfährt der Reisende in der Gegenwart des 19. Jahrhunderts das genaue Gegenteil: Individualisierung und Industrialisierung, Entdifferenzierung und Zersplitterung der Erfahrungsweisen, tiefgreifende Funktionalisierung aller Lebensbereiche (vgl. A. HAHN, 1986, S. 214–231; R. MÜNCH, 1992). Die *Wanderungen* aber führen in eine der Moderne geradewegs entgegengesetzte Sphäre. Die auf den Reisen jeweils im einzelnen präsentierten Bilder sind nur Teile eines großen Gemäldes, das die gänzlich verlorene Totalität eines einst geschlossenen Lebenszusammenhanges wieder auferstehen lassen soll. Der panoramatische Blick auf die Natur dient der idealen Einführung in dieses Programm: Schon hier zeigt sich eine Tendenz zum »Ganzen« und zur Totalität, die jede Erfahrung und jede Anschauung auf ein allgemeines Ziel hin einstimmt und ordnet. Diese Blickrichtung wiederholt sich an den historischen Objekten – bis in die Interieurs der Schlösser hinein, so wenn Fontane im Schloß zu Freienwalde im Oderland die im alten Zustand belassenen Zimmer beschreibt: »Was unsere modernen Zimmereinrichtungen so langweilig macht, das ist das *Schablonenhafte* und das *Beziehungslose*. Hier hat alles eine Beziehung, eine Geschichte, wäre diese Beziehung oft auch keine andere, als innerhalb der Kleinwelt eine mühevolle Eroberungsgeschichte.« (II.1.618)

Im Blick auf die bereits bedrohte und nur noch erinnerte ehemalige Totalität der Lebensbereiche kommt die Beziehungslosigkeit und die Entzweiung, das Fragmentarische und Zusammenhanglose der modernen Welt deutlich zum Ausdruck – wenn auch nur indirekt, ex negativo. Statt deutlicher Zivilisationskritik nämlich geht es Fontane in den *Wanderungen* nur um die möglichst ›reine‹ Anschauung und damit um die literarisch-poetische Hervorbringung der verlorenen Totalität der »Beziehungen«, die sich in der Mark und in den märkischen »Geschichten« noch einmal beschwören läßt. Das Bild Preußens tritt in diesen *Wanderungen* also nur deshalb in den Mittelpunkt, weil sich hier diese Beziehungen und Geschichten zu einer einzigen poetischen Idee verdichtet haben, weil poetische Totalität und vormoderne Einheit zu jener Zeit auf ihrem glanzvollen Höhepunkt gewesen sind. Fontane verschweigt die Schattenseiten dieser preußischen Geschichte – z.B. die Katte-Tragödie in Küstrin – keineswegs, und statt poetischer Preußenverherrlichung geht es ihm vorrangig um die historische Sinnstiftung einer vormodernen Welt, die im preußischen Ideal ihren sichtbarsten Ausdruck findet, »jene *moralische* Kraft, aus der dieses Land, dieses gleich sehr zu hassende und zu liebende Preußen, erwuchs« (II.1.831).

In einem zuerst 1860 im *Morgenblatt für gebildete Leser* erschienenen Aufsatz über das Schlachtfeld zu Fehrbellin hat Fontane den auf diesem Platz jährlich stattfindenden Gedenktag als in diesem Sinne religiöses und sinnstiftendes Ereignis interpretiert:

> Man wirft unserem norddeutschen Leben vor, daß es nüchtern sei und des poetischen Schwunges entbehre. Das ist in gewissem Sinne

wahr. Es fehlt uns das Bunte der Kostüme und das Coulissenwerk einer Wald- und Bergnatur, und weil wir dieser Requisiten entbehren, mag bis zu einem gewissen Grade die Lust und die Fähigkeit in uns verkümmert sein, ein Schauspiel im großen Stile aufzuführen. Es fehlt uns außerdem die katholische Kirche, die große Lehrmeisterin der Festzüge und der Prozessionen. Zugegeben das. Aber ein neues Volk, wie wir sind, dessen Traditionen über den Tag von Fehrbellin kaum hinausreichen, hat sich hierzulande eben alles abweichend von dem sonst üblichen gestaltet, und mit einem ganz neuen Lebensinhalt ist eine neue Art von Volkspoesie, mit dieser Poesie aber eine neue Art von Volksfesten geschaffen worden. *Das Soldatische hat sich zum poetischen Inhalt unseres Volkslebens ausgebildet.* (II.3.411)

Während Fontane hier den preußischen Volksfesten noch zutraut, die Funktionen einer in der Moderne längst verschwundenen »Volkspoesie« wieder zu besetzen, scheint später seine Hoffnung auf die preußische oder (nach der Reichsgründung 1871) gar deutschnationale Gegenwart beträchtlich gesunken zu sein. Nun sind es die *Wanderungen durch die Mark Brandenburg* selbst, die mit ihren »pittoresken« und »malerischen«, vom Erzähler jeweils kunstvoll arrangierten Bildern die Rolle der »Volkspoesie« übernehmen. Statt der bloßen Aufzeichnung der ohnehin vom Verfall bedrohten historischen Anschauungsobjekte sucht der Reiseschriftsteller die zur alten Welt gehörige Atmosphäre nachzubilden. Auf der Wanderung zu Schloß Friedersdorf im Oderland sind »Landschaft« und »Dorf« gleichermaßen »reizlos« – solange bis der Erzähler gefunden hat, was er sucht: »Erst in der Mitte desselben, wo wir die Parkbäume, die bis dahin den Untergrund des Bildes bildeten, in einem flachen, weit gedehnten Teiche sich spiegeln und die weißgrauen Wände des Schlosses durch das ziemlich dichte Laubwerk hindurch schimmern sehen, wird es uns leichter ums Herz. [...] alles ist charaktervoll und pittoresk, und das genügt.« (II.1.752) In seltener Deutlichkeit wird hier zugleich sichtbar, wie die *Wanderungen* auf jene Bilder angewiesen sind, die das gewünschte Geschichtsbild regelrecht inszenieren. Wichtiger als das genaue Studium der historischen Details ist das jeweilige Bild und die jeweilige Stimmung, die den Wanderer zur Rückkehr in die historische Zeit einstimmen. In genau dem Maße nämlich, wie es ihm »leichter ums Herz« wird, hat er die Ansichten der Gegenwart schon hinter sich gelassen und ist in die von ihm ersehnte Vergangenheit eingetaucht, ist gleichsam selbst ein Teil des von ihm entworfenen historischen Gemäldes geworden.

Der touristische Blick: Land und Leute, Männer und Frauen

Damit aber haben Fontanes *Wanderungen* teil an einer im 19. Jahrhundert durchaus verbreiteten Form der Reiseliteratur, in der sich der Widerstand gegen die Modernisierungstendenzen des 19. Jahrhunderts in einer nach rückwärts gewandten Fluchtbewegung in Raum und Zeit manifestiert. (vgl. P. J. BRENNER, 1990, S. 491–574)

Auch wenn Fontane und zur selben Zeit ähnlich Annette von DROSTE-HÜLSHOFF in *Bilder aus Westfalen* (1846) und Wilhelm Heinrich RIEHL in seinem *Wanderbuch* (1869) eine damals bereits fast verschwundene Welt in den Blick nehmen, so steht ihr Verfahren umgekehrt doch auch wieder am Ursprung des zur gleichen Zeit fast epidemisch einsetzenden Tourismus. Dort sollen ebenfalls ›versunkene‹ Welten – mit freilich wiederum modernen, bald auch industriellen Mitteln – zur Anschauung gebracht werden, und auch dort dient das touristische Verhalten der groß organisierten Flucht aus der Gegenwart (vgl. H. M. ENZENSBERGER, 1964, S. 179–205). Zudem sind auch die von Fontane arrangierten malerischen und panoramatischen Stimmungsbilder und Naturlandschaften genau jenen semiotischen Strukturen und Merkmalen vergleichbar, die den touristischen Blick steuern, strukturieren und hervorbringen (vgl. A. FUCHS, 1995, S. 71–76).

Fontane selbst nimmt den Tourismus in der Mark Brandenburg bereits vorweg (G. ERLER, 1975, S. 356). Seine auf einem Passagierschiff unternommene Oder-Fahrt von Frankfurt bis Schwedt, mit dem *Das Oderland* beginnt, ordnet sich durchaus bewußt in die Entstehungsgeschichte des Tourismus ein. Noch ist der touristisch Reisende hier in ungewohnter Gesellschaft: nur »Tagelöhner, die auf die Güter, Handwerker, die zu Markte ziehen, dazu Kaufleute und Gutsbesitzer« (II.1.553). Mit dem Erzähler selbst jedoch kommt bereits das Neue an Bord: »Nur *eine* Klasse fehlt, der man sonst wohl auf den Flußdampfern unserer Heimat, besonders im Westen und Süden, zu begegnen pflegt: der *Tourist von Fach*, der eigentliche Reisende, der keinen andern Zweck verfolgt, als Land und Leute kennenzulernen.« (II.1.553f.)

Auch wenn Fontane – ähnlich übrigens wie RIEHL – statt des flüchtigen touristischen Blicks das jeweils genaue historische Studium vor, während und nach der Reise empfiehlt und vorexerziert, übernimmt er doch auch die Rolle des ›klassischen‹ Touristen, der einer Route von »Sehenswürdigkeiten« folgt und sich die jeweils ›reizvollen‹ Ausblicke und Ansichten zurechtlegt. Dies gilt in ganz besonderem Maße für das »Land«, aber auch für die »Leute«, die in Fontanes *Wanderungen* je nach Region durchaus unterschiedlich in den Blick rücken. Oft läßt sich Fontane von den Ortskundigen jene Geschichten erzählen, die er seinen Reisebüchern dann hinzufügt. Zumeist aber sind die Personen – wie die Natur selbst – nur eine weitere Staffage für den ›eigentlichen‹ historischen Zweck der *Wanderungen* – so wie die beiden »Mädchengestalten«, denen Fontane am Baasee bei Freienwalde begegnet: »Ein Bild wie aus den Fleurs animées!« (II.1.615) Das gefährliche Leben der Floßschiffer auf der Oder nimmt sich zeitweilig »ebenso komisch wie malerisch« (II.1.552) aus. In Glindow ist »das alt-dörfliche Leben« (II.2.449) durch die frühindustrielle Ziegelbrennerei bedroht; dementsprechend kritisch ist Fontanes Kommentar (H.-H. REUTER, 1976). Die »pittoresken Armutsbilder« um Teupitz hingegen, von denen Fontane gehört hat, sind »Reiseantrieb« genug, lassen sogar eine Art »Sehnsucht« (II.2.696) nach diesen archaischen Gegenden des *Spreewaldes* entstehen. Das Ergebnis der Reise freilich ist in diesem Fall enttäuschend: Die Teupitzer sind weniger arm als erwartet, und die alten Erzählungen über »das Ideal der Armut« (II.2.696) beruhen auf jenem Mythos, dem der Reisende so gerne noch begegnet wäre.

Das hart arbeitende Volk spielt in den *Wanderungen* allenfalls eine Statistenrolle, und hier unterscheidet sich Fontanes Reisen sehr deutlich von den politisch-republikanischen Traditionen der Reiseliteratur, wie sie von Johann Georg FORSTERS *Ansichten vom Niederrhein* (1791–94) und von Johann Gottfried SEUMES *Spaziergang nach Syrakus im Jahre 1802* (1803) im Gefolge der französischen Revolution geprägt und von den Autoren des »Jungen Deutschland« fortgesetzt worden sind.

Anders aber steht es mit den zahlreichen historischen und längst gestorbenen Personen, die Fontane des öfteren – zumeist im biographischen Aufriß – in den Mittelpunkt seiner *Wanderungen* stellt: Generäle und Feldherren, legendäre Figuren aus dem einfachen Volk, Frauen und Männer aus den alten aristokratischen Familien, deren zumeist verlassene Schlösser der Wanderer besucht. Auch hier kommen Totalität und Einheit des vergangenen Lebenszusammenhanges deutlich zur Geltung, wird doch bei allen sozialen, historischen und biographischen Unterschieden das Gemeinsame dieser Figuren betont, der unverwechselbare »Charakter« einer märkischen Person, die sich auf idealtypische Weise in die sie umgebende Sozialform des alten Preußen einfügt. Die von Fontane gewählten und manchmal auch aus Büchern und Biographien übernommenen und zitierten Bezeichnungen sind ebenso allgemein wie variabel: Andreas FROMM – »eine auf Freiheit, Maß und Schönheit gestellte Natur« (II.1.76); SCHINKEL – »seine hohe sittliche Würde, seine seltene moralische Kraft, seine noch seltenere Selbstverleugnung und außerordentliche Herzensgüte« (II.1.124f.). Immer jedoch steht am Ende dieser ›Lebensbilder‹ das Lob eines »Charakters«, dessen bewunderte Ganzheit zumeist die ihm zugeschriebenen sozialen Grenzen – ob General oder einfacher Mann aus dem Volk – übersteigt. Der Neuruppiner Gastwirt Michael PROTZEN stellt gewiß keinen preußischen Helden dar, aber: »Nichts von Idee und Prinzip, desto mehr von Charakter.« (II.1.131) Die preußische Heldenfigur Friedrich August Ludwig von MARWITZ wiederum mag gerade umgekehrt ein Muster an »Idee«, »Prinzip« und »Grundsätzen« gewesen sein, seine Einzigartigkeit aber geht auf genau dieselbe Qualität zurück: »An Wissen, an Talent, mochten ihm viele überlegen sein, nicht an Charakter.« (II.1.780)

Mit dem Schlüsselwort »Charakter« umschreibt Fontane auch an den Personen jene Bildhaftigkeit und Geschlossenheit, die er zuvor schon in der märkischen Natur und in der preußischen Geschichte aufgesucht hatte (W. ERHART, 1992, S. 246–248). Ein »Charakter« also repräsentiert in gewisser Weise den ›Mikrokosmos‹, den der rückwärtsgewandte Wanderer auch im ›Makrokosmos‹ der gesamten Mark Brandenburg gefunden zu haben glaubt. Dabei können sich nicht nur die sozialen, sondern auch die geschlechtsspezifischen Unterschiede dieser Figuren in der Einheit eines »Charakters« auflösen. Frau von WREECH, »die Liebenswürdigkeit ihres Charakters« (II.1.897), oder Frau von FRIEDLAND, »eine seltene und ganz eminente Frau; ein Charakter durch und durch« (II.1.711), werden auf genau die gleiche Weise gewürdigt wie der ruhmreiche Georg Freiherr von DERFFLINGER: »Durch und durch ein ›Charakter‹« (II.1.741). Die Einheit dieser »Charaktere« entspricht ihrer Zugehörigkeit zu den märkischen Räumen und den preußischen Lebensformen. Die männlichen Helden verkörpern preußische, zumeist militärische Ideen, aber auch die Frauen wie die Gräfin LA ROCHE-AYMON erfüllen das Prinzip jener beziehungsreichen Verbundenheit von Leben, Person und Lebenswelt, die Fontane immer wieder betont: »Ihr Tod war wie ihr Leben und hatte denselben Rokokocharakter, wie das Sofa, auf dem sie starb, oder die Tabatière, die vor ihr stand.« (II.1.319)

In der von Fontane imaginierten und inszenierten Welt sind demnach auch die Geschlechter in einer gemeinsamen Lebensführung und in gemeinsamen Wertvorstellungen verbunden. Während die moderne Trennung von Familie und Erwerbswelt im 19. Jahrhundert recht schnell zur Polarisierung der Geschlechtscharaktere führt, rühmt Fontane in einem Nachruf auf Mathilde von ROHR, der er selbst über Jahre hinweg zahlreiche in die *Wanderungen* eingefügte Anekdoten und Familiengeschichten verdankt, ausdrücklich die »Patriarchalität und Gastlichkeit« (II.3.449) ihres Hauses. Ebenso hat Fontane in der *Grafschaft Ruppin* den Bericht einer Gräfin von Dönhoff über das aristokratische Familienleben der Frau von Jürgaß, geb. von Zieten, zustimmend zitiert: »So einfach waren die Zeiten und die Sitten des patriarchalischen Hauses!« (II.1.471) Auch die Einheit des patriarchalischen ›ganzen Hauses‹ also gehört zu der einst ›lebendigen‹ Welt der Mark Brandenburg, und gerade deshalb sind dort die geschlechtlichen »Charaktere« noch weit weniger durch ihre ›Natur‹ und die ›getrennten Sphären‹ des modernen Bürgertums differenziert. Auch hier dienen die aristokratischen und geschlechtsspezifischen Verhältnisse nur dazu, jene Vision einer verlorenen Ganzheit und Totalität zu unterstützen, der Fontane als wandernder und erzählender Reiseschriftsteller so unermüdlich auf der Spur ist. Der touristische Blick wie der touristische »Plauderton« formen Landschaft und Natur demnach ebenso zu einem abgeschlossenen, stimmungsvollen Ganzen, wie die »historische Vortragsweise« die noch vorhandenen Spuren der Geschichte zu einem Panorama einheitlicher und einst ›lebender‹ Lebensformen zusammenfügt. In beiden Fällen aber wird mit der preußischen Geschichte auch die Ordnung einer der Moderne entgegengesetzten Welt entdeckt, die in der Mark Brandenburg buchstäblich zu Hause gewesen war. Wer nach dieser Welt sucht – so lautet die Botschaft dieser *Wanderungen* –, wird dort auch fündig werden. Der sich ihm erschließende Raum freilich ist ebenso imaginär wie die historische Phantasie: Jedes ›realistisch‹ beschriebene Detail soll beitragen zur Perspektive dessen, was eigentlich fehlt; alles, was »hinüber« ist, soll in der Poesie der *Wanderungen* aufs Neue entstehen.

Die Mark Brandenburg: ein »musée imaginaire«

Als Fontane 1882 die Arbeit an dem Band über das *Spreeland* abgeschlossen hat, faßt er einen neuen Plan zu einer märkischen Geschichtsschreibung, die offensichtlich wieder an die bereits zitierte *Tagebuch*-Notiz von 1856 – »*Die Marken*, ihre Männer u. ihre Geschichte« – anknüpfen soll: Unter dem Titel *Geschichten aus Mark Brandenburg* sind Gliederungsvorschläge, Notizen, Exzerpte und

Entwürfe überliefert, die Fontane zu einer Sammlung von Anekdoten und Erzählungen über märkische Figuren ausarbeiten wollte (AW 7.38–139). In einer Art Absichtserklärung stellt er dieses Unternehmen den bereits vorliegenden *Wanderungen* gegenüber: »In all diesen Kapiteln hat das Historische an die Stelle des Topographischen zu treten, nicht von *Dörfern* ist mehr die Rede, sondern von Personen u. Ereignissen.« (Ebd., S. 38) Die hier vorgenommene und für das geplante Vorwort noch einmal skizzierte Akzentverschiebung – »Selbstverständlich eine Ähnlichkeit ist da, aber es sind keine ›Wanderungen‹ mehr. Das landschaftliche Deskriptive fehlt […].« (Ebd., S. 39) – verweist zuletzt wieder auf die große Bedeutung, die Fontane in den *Wanderungen* gerade der Topographie zugemessen hatte – trotz aller historischen Bezüge, die doch den Kern dieser *Wanderungen* ausmachten. Je mehr sich aber der Raum der Geschichte vom preußischen »Kern« auf eine Art Universalgeschichte der Mark Brandenburg auszuweiten beginnt, desto mehr wird die Topographie dieser Region auch zu einem eigenständigen Terrain, das sich als dauerhafter erweist als jede sich dort ereignende Geschichte.

In dem Kapitel »Die Wenden und die Kolonisation der Mark durch die Zisterzienser« entwirft Fontane an einer Stelle ein bestimmtes Geschichtsmodell, das die Abfolge der Völker als eine zielgerichtete Evolution begreift. So seien die Wenden ohne Frage »tapfer und gastfrei« gewesen, »um kein Haar falscher und untreuer als ihre Besieger, die Deutschen; […] an Ritterlichkeit ihren Gegnern mindestens gleich, an Leidenschaft, an Opfermut ihnen vielleicht überlegen« (II.2.26). Dennoch waren sie den Germanen und den Deutschen »unebenbürtig« in einem einzigen Fall, »in jener gestaltenden, große Ziele von Generation zu Generation unerschütterlich im Auge behaltenden Kraft«, und sie gingen »zugrunde, weil sie jener gestaltenden Kraft entbehrten« (II.2.26). Was auch immer dieses Geschichtsmodell über den im 19. Jahrhundert fast immer völkerpsychologisch begründeten Gegensatz zwischen Slaven und Germanen aussagen mag: Die Geschichte wird hier, wie in der gesamten Geschichtsschreibung des 19. Jahrhunderts, als ein wesentlich ziel- und sinnorientiertes Geschehen vorgestellt. Der notwendige Ablauf dieser Geschichte aber setzt zugleich jenes Zerstörungswerk in Gang, das zuletzt auch über die preußische Geschichte ungerührt hinweggeht und dessen Folgen der Wanderer Fontane stets wortreich beklagt. Die Topographie der Mark Brandenburg versammelt demnach die Zeugnisse einer stets fortschreitenden, immer wieder zu Ende gebrachten und zuletzt gar nur noch ruinenhaft übriggebliebenen Geschichte. Oftmals ungeordnet erschließen sich, je nach räumlicher Orientierung des Wanderers, die historischen Dokumente; die Wegstrecke setzt sich über die chronologisch genaue Reihenfolge der historischen Ereignisse hinweg.

Der Gegensatz zwischen Topographie und Geschichte aber, zwischen Raum und Zeit, gehört zu den verborgenen Tiefenstrukturen der *Wanderungen*. Je mehr nämlich der Wanderer die Geschichte entdeckt und anschaulich zu machen versucht, desto mehr verwandelt sich diese Geschichte in einen geographischen Raum, der die zerstreuten historischen Überreste bloß noch einmal versammelt – ein »musée imaginaire« (André MALRAUX), das die Geschichte als eine Art Kunstkammer inventarisiert. Auf diese Weise findet die von Fontane anschaulich gemachte Totalität und Ganzheit preußischer Lebensformen auch keine Entsprechung in der literarischen Form seiner *Wanderungen*. Im Gegenteil: Je mehr sich der Wanderer auf die Suche nach den verbliebenen Spuren dieser imaginierten Geschlossenheit macht, desto mehr zersplittert die Darstellung dieser Spurensuche. Und je mehr Fontane die verstreuten Objekte seiner historischen Erkundung aneinanderreiht, desto schneller droht sich jede vorab behauptete geschichtliche Kontinuität in eine nur noch ästhetisch oder museal wahrgenommene Diskontinuität der vorgefundenen topographischen Elemente aufzulösen. Heterogenität und literarische Vielfalt der *Wanderungen* erzählen deshalb zugleich von den Schwierigkeiten und inneren Widersprüchen, die sich aus dem Wunsch nach einer poetischen Verwandlung des topographischen Raumes ergeben.

Vielleicht erklärt sich hieraus auch die Intensität mancher Stimmungsbilder in den *Wanderungen*, die eine ganz andere Geschichte erzählen – eine Geschichte, in der die historische Zeit sich gleichsam im Raum aufzulösen scheint. Der Rundgang durch die Stadt Neuruppin etwa endet mit der höchst melancholischen Betrachtung eines verborgenen alten Friedhofs: »Am Wall« (II.1.200f.). Abendliche Septembersonne – ein Zeichen des Abschieds – umgibt die Szene. Ein »Überrest mittelalterlicher Befestigungen« umgrenzt das Terrain, ist jedoch wie alle anderen historischen Zeugnisse von der immer neu entstehenden Natur bereits überwuchert, von »alten Eichen und jungem Nachwuchs«. Spielende Kinder sind ebenfalls ein Zeichen dieser stets jungen Natur, zugleich führt der Blick des Erzählers auch hier noch einmal auf das entgegengesetzte Sinnbild, des Todes nämlich: einen unter Wildwuchs verborgenen Grabstein, »hier und da eine Zypresse, halb verwildert, halb eingegangen, und daneben ein Stein«, schließlich die »seitab gelegene« Parkanlage, mit den »Wahrzeichen solcher Stätten: Urnen und Aschenkrüge, Gitter und Grüfte, zerbrochene Säulen und rostige Kreuze.« Die Vergänglichkeit der menschlichen Geschichte und die sich wie in einem Kreislauf stets erneuernde und vergehende, zuletzt jedoch siegreiche Natur verbinden sich hier zu einer kunstvoll arrangierten Szene; zugleich jedoch bildet dieser Abschlußpunkt für den Erzähler einen Ort der Ruhe und auch der Erlösung: »Du ›*Park am Wall*‹, welche beneidenswerte Stätte darauf zu ruhen!« (II.1.201)

An solchen wenigen Stellen kommt in den *Wanderungen* eine Resignation und eine Melancholie zum Vorschein, die weitaus mehr beinhaltet als die Klage um die verlorene Einheit der preußischen Welt. Die Geschichte selbst scheint hier zu einer Bürde zu werden, der sich der Wanderer zuweilen auch zu entledigen sucht; die Reise durch den Raum bringt angesichts der stets zerstörerischen und stets zerstörten Geschichte zugleich die Sehnsucht hervor, die Zeit einmal stillstehen zu lassen, sich der Natur anheimzugeben oder sich gänzlich im unbeweglichen »musée imaginaire« einzurichten. Oftmals ist das von Fontane beschriebene Ende eines Spazierganges von einem solchen Eindruck bestimmt, so im Park des Schlosses Cunersdorf im *Havelland*, wo die »Morgenstunde« am schönsten sei und deshalb im Text sogleich ausführlich beschrieben wird. »Vereinzelte Vogelstimmen singen in den Morgen hinein; sonst alles still; nur das Wasser, nun fast ein Jahrhundert schon, fällt an derselben Stelle melodisch-einförmig über das Wehr, wie ein Ewiges, das die Bilder der Zeitlichkeit umschließt.« (II.1.730)

Die »Bilder der Zeitlichkeit« aber bleiben der hauptsächliche, wenngleich oft melancholisch begleitete Zweck der *Wanderungen*. An vielen Stellen spricht Fontane von der »Staffage« (II.2.553), von der »Szenerie« (II.2.399), dem »Schauspiel« (II.2.439) der ihn umgebenden Genrebilder oder den »Requisiten märkischer Landschaft« (II.2.44). Der märkische Raum präsentiert sich als Bühne, auf der die längst Vergangenheit gewordene Geschichte vom Erzähler der *Wanderungen* noch einmal inszeniert wird. Fiktionalität und Künstlichkeit einer solchen Geschichtsschreibung werden dadurch fraglos verstärkt; die Topographie aber gewinnt eine über ihren theatralischen Kulissencharakter weit hinausgehende Bedeutung, bildet sie doch den einzig überdauernden Grund, auf dem sich die wechselnden historischen Ereignisse vollzogen haben und immer noch vollziehen. Diese in den *Wanderungen* stattfindende Verlagerung der Perspektive von der Geschichte auf den sie ermöglichenden Raum eröffnet eine moderne Form der Kulturraumforschung, erinnert zugleich jedoch an den ethnographischen und kolonialistischen Blick des 19. Jahrhunderts, der die europäischen und außereuropäischen Kulturräume stets nur als Bühne einer vergangenen oder erst noch bevorstehenden Geschichte zu imaginieren versteht (vgl. P. CARTER, 1987). Geschichte wird in dem Maße verräumlicht, wie sie sich immer neue Räume unterwirft. Der Abschied von dieser gleichsam imperialen Geschichtsvorstellung aber fällt schwer – so daß Fontanes geschichtsmüder Erzähler erst auf dem Friedhof des alten Stadtwalls seine Ruhe zu finden scheint.

Verweisen die Geschichtsbilder in Fontanes *Wanderungen* einerseits auf die Geschichtsphilosophie und den Historismus des 19. Jahrhunderts, so sind Fontanes Erfahrungsreisen in die Geschichte andererseits durchaus vergleichbar mit der modernen Tätigkeit eines Archäologen oder Ethnologen. Dessen Spurensuche in einem topographisch eingegrenzten Raum gilt der Entzifferung von Zeichen, die zuletzt eine verschwundene oder im Verschwinden begriffene Kultur freilegen sollen. Das auf diese Weise imaginierte Bild einer (wieder-)entdeckten Kultur ist freilich immer schon aus zusammengesetzten Scherben, verstreuten Fundstücken und vereinzelten Trümmern oder aus dem Blickwinkel des nicht dazugehörigen Fremden rekonstruiert, und jede so gewonnene Gesamtansicht ist immer schon mit der Unwiederbringlichkeit ihres Gegenstandes erkauft. Die *Wanderungen* beschreiben eine gegenwärtige Kulturlandschaft und entdecken eine verborgene ›andere‹ Welt, wie sie so wohl nur dem 19. Jahrhundert erscheinen kann. Fontanes Trauer um die Vergänglichkeit und die Uneinholbarkeit einer längst unzeitgemäß gewordenen märkischen Kultur aber kann in manchem schon den melancholischen Blick des Ethnologen vorwegnehmen, wie er sehr viel später in den *Traurigen Tropen* (1955) von Claude LÉVI-STRAUSS zum Vorschein kommt.

Nach den Wanderungen durch die Mark Brandenburg

Während und nach der Arbeit an den *Wanderungen* erscheinen Fontanes Romane. Dort zerbricht das preußische Ideal und die in der Mark Brandenburg noch zur Anschauung gebrachte Totalität einer ›alten‹ Welt, und übrig bleibt allein jene zerbrechliche und in sich brüchige Gesellschaft des späten 19. Jahrhunderts, die in fast allen Punkten dem Entwurf der *Wanderungen* widerspricht (ERHART, 1992, S. 249–254). Fontanes *Wanderungen* aber sind keine harmonistisch übertönte Stoffsammlung, deren Landschaftsbilder sich vereinzelt auch in den Romanen wiederfinden lassen (H. OHL, 1967; D. LAMPING, 1984). Sie repräsentieren auch nicht die rückständigen Elemente einer »falschen Idylle« (P. BANGE, a.a.O., S. 46), die durch Fontanes Romane gleichsam widerlegt wäre und heute allenfalls noch ideologiekritische *Gegen-Wanderungen* (FISCHER, 1986) auf den Plan rufen könnte. Romane wie *Schach von Wuthenow* oder *Effi Briest* bilden zwar die negative Kehrseite der in den *Wanderungen* ›ausgemalten‹ Mark Brandenburg – eine zumeist städtische Welt, in der sich die zerstörerischen Kräfte der modernen Gesellschaft bereits tief in das Innere der Figuren eingegraben haben und in der gerade die Abwesenheit der traditionalen Lebenszusammenhänge das Schicksal der Helden und Heldinnen bestimmt (vgl. etwa R. KOLK, 1986, s.u. 3.1.1). Die Bilder und Geschichten der *Wanderungen* aber sind nicht weniger fiktiv und nicht weniger brüchig als die von Fontane gleichzeitig und später entworfenen Szenen seiner Gesellschafts- und Familienromane. Zwar lassen die in der Mark Brandenburg vorgestellten historischen Räume, die Landschaftsaufnahmen und die ›romantischen‹ Stimmungsbilder oftmals den Eindruck fast intakter Welten entstehen; gleichzeitig jedoch erinnert alles auch an die Zerstörungskraft, die den historischen Zeitläuften immer schon innezuwohnen scheint. Fontanes Fahrten und Spaziergänge zu den historischen Orten der Mark Brandenburg schreiben eine Art Idealgeschichte der preußischen Vergangenheit; zugleich aber kommt die Diskontinuität dieser Geschichte ebenso zum Ausdruck wie die Vergeblichkeit, aus dieser historischen Spurensuche irgendwelche heldenhaften Lehren für die Nachwelt zu ziehen.

Über ein Jahrhundert hinweg mögen die *Wanderungen* jene Funktion ausgeübt haben, die ihnen als »Reisefeuilletons« von vornherein eingeschrieben ist: Als Reiseführer lenken sie die Schritte des Wanderers zu den »Sehenswürdigkeiten« einer Region, deren Zusammenspiel von Geschichte und Natur erst entdeckt werden mußte und in dem Maße wieder in Vergessenheit geriet, wie Fontanes *Wanderungen* in den Schatten seiner Romane gestellt wurden – und die noch bestehende Welt der Mark Brandenburg weiter dem Verfall und der Vergessenheit überantwortet wurde. Seither aber beginnt die Wirkungsgeschichte der *Wanderungen* aufs neue: Moderne Reiseführer bedienen sich aus ihrem Zitatenschatz; melancholische Geschichtsbücher über das preußische Kernland wiederholen ihre Klage um eine untergegangene Welt (vgl. W. J. SIEDLER, 1991), neue *Fahrten durch die Mark Brandenburg* entziffern ihre noch sichtbaren Spuren und setzen Fontanes historische Entdeckungsreisen bis zu den Zerstörungswerken der jüngsten Vergangenheit fort (C. von KROCKOW, 1991). Fontanes *Wanderungen* aber sind nicht allein seinen Romanen ebenbürtig: Sie bleiben die bis heute bedeutendste Kulturgeschichte der Mark Brandenburg und gehören zweifellos zu den wichtigsten Werken, die das an kunstvollen »Wanderungen« gewiß nicht arme 19. Jahrhundert auf dem Gebiet der Reiseliteratur hervorgebracht hat.

WALTER ERHART

Literatur

A. HAHN, Fontanes »Wanderungen durch die Mark Brandenburg« und ihre Bedeutung für das Romanwerk des Dichters, Breslau 1935. – J. FÜRSTENAU, Fontane und die märkische Heimat, Diss. Berlin 1941. – H. M. ENZENSBERGER, Eine Theorie des Tourismus, in: H. M. E., Einzelheiten I. Bewußtseins-Industrie, Frankfurt am Main 1964, S. 179–205. – H. OHL, 1967, s.u. 3.1.1. – D. STERNBERGER, Panorama oder Ansichten vom 19. Jahrhundert, Frankfurt am Main, 1974 – G. ERLER: Fontanes »Wanderungen« heute, in: FBl H. 21 (1975), S. 353–386. – H.-H. REUTER, Fontane, Glindow. Zugleich Anmerkungen zu besserem Verständnis einiger Aspekte der »Wanderungen durch die Mark Brandenburg«, in: Wissen aus Erfahrungen. Werkbegriff und Interpretation heute. Fs für H. Meyer, hg. von A. VON BORMANN, Tübingen 1976, S. 512–540. – G. HESS, Panorama und Denkmal. Erinnerung als Denkform zwischen Vormärz und Gründerzeit, in: Literatur in der sozialen Bewegung [...], hg. von A. MARTINO, Tübingen 1977, S. 130–206. – L. SCHMIDT, Theodor Fontane und die Sagen der Mark Brandenburg, in: Fabula 20 (1979), S. 217–230. – P. BANGE, Zwischen Mythos und Kritik. Eine Skizze über Fontanes Entwicklung bis zu den Romanen, in: AUST, Fontane, 1980, S. 17–55. – D. LAMPING, 1984, s.u. 3.1.1. – H. FISCHER, Gegen-Wanderungen. Streifzüge durch die Landschaft Fontanes, Frankfurt am Main/Berlin 1986. – A. HAHN, Differenzierung, Zivilisationsprozeß, Religion. Aspekte einer Theorie der Moderne, in: Kölner Zs für Soziologie und Sozialpsychologie. Sh Kultur und Gesellschaft, Köln 1986, S. 214–231. – P. CARTER, The Road to Botany Bay. An Essay in Spatial History, London 1987. – Der Reisebericht, hg. von P. J. BRENNER, Frankfurt am Main 1989. – P. J. BRENNER, Der Reisebericht in der deutschen Literatur. Ein Forschungsüberblick als Vorstudie zu einer Gattungsgeschichte, Tübingen 1990. – C. Graf von KROCKOW, Fahrten durch die Mark Brandenburg. Wege in unsere Geschichte, Stuttgart 1991. – W. J. SIEDLER, Abschied von Preußen, Berlin 1991. – W. ERHART, »Alles wie erzählt«. Fontanes »Wanderungen durch die Mark Brandenburg«, in: Jb DSG 36 (1992), S. 229–254. – R. MÜNCH, Die Struktur der Moderne. Grundmuster und differentielle Gestaltung des institutionellen Aufbaus der modernen Gesellschaften, Frankfurt am Main 1992. – F. PAUL, Akromanie. Zur Tradition und Innovation eines literarischen Motivs bei Baggesen,

Goethe, Heine, Andersen und Ibsen, in: Das Wagnis der Moderne, Fs für M. Kesting, hg. von P. G. KLUSSMANN u. a., Frankfurt am Main u. a., 1993, S. 81–103. – B. PLACHTA, Preußens »gesunder Kern«. Zu Theodor Fontanes »Wanderungen durch die Mark Brandenburg«, in: GRM 44 (1994), S. 177–190. – H. FISCHER: Märkische Bilder. Ein Versuch über Fontanes »Wanderungen durch die Mark Brandenburg«, ihre Bilder und ihre Bildlichkeit, in: FBl H. 60 (1995), S. 117–142. – A. FUCHS, Der touristische Blick: Elias Canetti in Marrakesch. Ansätze zu einer Semiotik, in: Reisen im Diskurs, hg. von A. F./T. HARDEN, Heidelberg 1995. – S. SCHAMA, Landscape and Memory, London 1995. – J. CRARY, Techniken des Betrachters. Sehen und Moderne im 19. Jahrhundert, Berlin 1996. – H. KARGE, Theodor Fontane und Karl Schnaase. Ein neugefundenes Gutachten beleuchtet die Anfänge d. Wanderungen durch die Mark Brandenburg, in FBl H. 67 (1998), S. 10–34. – G. LOSTER-SCHNEIDER, Theodor Fontanes »Wanderungen durch die Mark Brandenburg«: interkulturelle Identitätsentwürfe eines »in der Wolle gefärbten Preußen«, in: Korrespondenzen. Fs J. Storck aus Anlaß seines 75. Geburtstages, hg. von R. SCHWEIKERT u. a., St. Ingbert 1999, S. 233–255.

3.4.4 Die Kriegsbücher

Ein nationales Epos
Fontanes eigene Überzeugung, »Auch die Darstellung des Kriegshistorischen ist, zu sehr wesentlichem Teile, Sache literarischer und nicht bloß militärischer Kritik« (*Meine Kinderjahre*, III.4.115), verpflichtet dazu, das umfangreiche Korpus seiner Kriegsbücher im Rahmen seines Œuvre ernst zu nehmen:

> Zwölf Jahre habe ich an diesen Kriegsbüchern Tag und Nacht gearbeitet; sie feiern, nicht in großen aber in empfundenen Worten, unser Volk, unser Heer, unsren König und Kaiser; ich bereiste 1864 das gegen uns fanatisirte Dänemark, war 1866 in dem von Banden und Cholera überzogenen Böhmen, und entging in Frankreich, nur wie durch ein Wunder, dem Tode. Unabgeschreckt, weil meine Arbeit das Wagniß erheischte, kehrte ich an die bedrohlichen Punkte zurück. Dann begann meine Arbeit. Da steht sie, wenn auch weiter nichts, das Produkt großen Fleißes, ihrem *Gegenstande* nach aber das Einzige repräsentirend dem gegenüber man eine Art *Recht* hat das Interesse des Kaisers, als des persönlichen Mittelpunktes, des Helden dieser großen Epopöe (ich spreche nur vom Stoff) zu erwarten. (IV.2. 549f.)

Unmittelbar nach Abschluß seines letzten Kriegsbuches und noch zwei Jahre vor der Veröffentlichung seines ersten Romans schreibt Fontane im oben zitierten Brief an MATHILDE von ROHR von dem großen persönlichen Einsatz, den diese umfangreiche, zeitraubende und gefährliche Arbeit verlangt habe, und von seiner Enttäuschung über deren Unterschätzung an allerhöchster Stelle. Mit vielen längstvergessenen Zeitgenossen teilt Fontane nämlich ganz bewußt das Gefühl, es handle sich um das Material zu einem nationalen Epos; so zum Beispiel mit FRIEDRICH THEODOR VISCHER:

> Viele Völker in alter und neuer Zeit haben ruhmvoll um ihre Freiheit gestritten, in keinem dieser Kämpfe war Alles so rund und ganz, [...] so geschlossen und fertig. Diese Einfachheit gibt unserem Krieg etwas Antikes, er gleicht keinem andern so sehr, als den Perser Kriegen des alten Griechenlands. (*Der Krieg und die Künste*, Stuttgart 1872, S. 48 f.)

Darauf kommt Fontane in seinem Altersroman *Der Stechlin* zurück, in dem die Ansichten des Schulzen Kluckhuhn auf einer ähnlichen Interpretation der »Einheitskriege« beruhen: »Ja, vierundsechzig, Kinder, da fing es an. Und aller Anfang ist schwer. Anfangen ist immer die Hauptsache; das andre kommt dann schon wie von selbst.« (I.5.167) Übertragen auf das Geschäft des nationalen Chronisten wäre das ein Plädoyer für die emotionale Kohärenz und die Kausalität des sich steigernden Geschehens. Dieses teleologische Verständnis der neuesten Geschichte wird dann in einer Episode unterstrichen, die zwei der bekanntesten Heldentaten der drei Kriege nebeneinander stellt: die Erstürmung der Düppeler Schanzen und die Erstürmung von St. Privat. Der alte Fontane urteilt jedoch etwas skeptischer, als ob dies nicht der einzig vertretbare Standpunkt wäre:

> Kluckhuhn [erhob] sich von seinem Stuhl, um Katzler erst militärisch und dann unter gewöhnlicher Verbeugung zu begrüßen, wobei seine Düppelmedaille dem Katzlerschen [bei St. Privat erworbenen, J. O.] Eisernen Kreuz entgegenpendelte. Nur Koseleger und Lorenzen blieben ruhig. Um des Superintendenten Mund war ein leiser ironischer Zug. (I.5.169)

Entstehung

Die drei Kriegsbücher Fontanes werden im Auftrag der Königlichen Geheimen Ober-Hofbuchdruckerei RUDOLF VON DECKER geschrieben: *Der Schleswig-Holsteinsche Krieg im Jahre 1864* (1866); *Der deutsche Krieg von 1866*, 1. Band, *Der Feldzug in Böhmen und Mähren* (1. Halbband: *Bis Königgrätz* und 2. Halbband: *Königgrätz. Bis vor Wien*), (1870); 2. Band, *Der Feldzug in West- und Mitteldeutschland*, (1871); *Der Krieg gegen Frankreich , 1870–1871*, 1. Band, *Der Krieg gegen das Kaiserreich* (1. Halbband: *Bis Gravelotte, 18. August 1870* und 2. Halbband: *Von Gravelotte bis zur Kapitulation von*

Metz, 19. August bis 27. October 1870) (1873); der wesentlich umfangreichere 2. Band, *Der Krieg gegen die Republik* (1. Halbband: *In und vor Paris bis zum 24. December* und 2. Halbband: *Orléans bis zum Einzuge in Berlin*) (1875–76).

Der *deutsche Krieg von 1866* erscheint 1871 in einer zweiten Auflage, aber 1894 findet Fontane eine eventuelle Neuherausgabe seiner Darstellung des Schleswig-Holsteinschen Krieges »einfach schrecklich« und verweigert seine Einwilligung (an den Verlag R. VON DECKER, 17. 9. 1894, IV.4.385).

Die insgesamt acht Bände bzw. Halbbände umfassen ca. 4000 Seiten und werden in einer aufwendigen Weise gedruckt; die zwei ersten Bücher mit zahlreichen Illustrationen (Porträts, Gefechts- und Genrebildern und buchkünstlerischem Schmuck von Ludwig BURGER) und Plänen; *Der Krieg gegen Frankreich* auf Bestehen des Autors ohne Porträts und sonstigen Schmuck.

Neben den Kriegsbüchern im engeren Sinn schreibt Fontane auch Berichte feuilletonistischer Art, die seine Reisen an die Kriegsschauplätze dokumentieren. Trotz mancher Wiederholungen und bei aller Ähnlichkeit der Grundeinstellung sind diese durchaus anderen Charakters: Hier stehen die persönlichen Erlebnisse und Probleme des Berichterstatters und seine Beziehung zur feindlich gestimmten Bevölkerung im Vordergrund; es wird das Anekdotische bevorzugt und der Plauderton gepflegt. Ihre Struktur wird durch die Reiseroute, d.h. geographisch, nicht historisch bestimmt.

Die *Reisebriefe vom Kriegsschauplatz*, nach Fontanes Besuch der böhmischen Schlachtfelder entstanden, erscheinen September/Oktober 1866 in elf Folgen im *Berliner Fremden- und Anzeigenblatt*. Ein aus Zeitungsausschnitten zusammengestelltes Exemplar überreicht Fontane seiner Frau EMILIE zu ihrem zweiundvierzigsten Geburtstag am 14. 11. 1866; als Buch hat er sie nicht veröffentlicht.

Kriegsgefangen: Erlebtes 1870 erscheint zuerst in 13 Folgen in der *Vossischen Zeitung* (25. 12. 1870 – 26. 2. 1871) und dann 1871 als Buchveröffentlichung bei DECKER. Darin erzählt Fontane von seiner Oktoberreise nach Frankreich, die durch seine Gefangennahme unter Verdacht der Spionage und seine zweimonatige Gefangenschaft auf der Insel Oléron unterbrochen wird, was dem Bericht einen stark autobiographischen Charakter verleiht. Am damals herrschenden Chauvinismus fehlt es in diesen Aufzeichnungen, was die Kritik des Sohnes George und seiner Offizierskollegen hervorruft, die zur Zeit ihrer Veröffentlichung mit ihrem

Regiment an der Belagerung von Paris beteiligt sind (vgl. IV.5/2.350f.).

Da der Zweck seiner Herbstreise nicht erreicht worden ist, führen die Ostertage 1871 Fontane »trotz alledem« wieder gen Frankreich«, denn es sei »Metier« gewesen, das ihn zuerst dorthin geführt habe (III.4.694). Daraus geht ein echtes »Wanderbuch« hervor, im Verlaufe dessen Fontane die Leser »eben so sehr auf *Kathedralen-* wie Schlachtengrund« (III.4.707) führt: *Aus den Tagen der Okkupation: Eine Osterreise durch Nordfrankreich und Elsaß-Lothringen 1871*, das ebenfalls 1871, vordatiert auf 1872, bei DECKER erscheint.

Fontanes Zeitungsartikel über seine Reisen von 1864 nach Schleswig und Dänemark beschreiben mitunter bestimmte Kriegsschauplätze (DÜPPEL und BROACKER), aber sie behalten durchgehend den Charakter von Reiseberichten, deren Aufgabe darin besteht, ein Bild von Land und Leuten zu vermitteln. Für die Herausgeber von H zählen sie anders als die Nachkriegsberichte aus Böhmen und Frankreich weder zu den historischen noch zu den autobiographischen Schriften (III.3/1.602–727).

1864, als Fontane während des sechswöchigen Waffenstillstandes im Mai-Juni nach Schleswig-Holstein reist, arbeitet er schon seit längerer Zeit an seinem ersten Roman, *Vor dem Sturm*, und an den *Wanderungen durch die Mark Brandenburg*. Diese Unterbrechung macht er zunächst freiwillig und aus alter persönlicher Anteilnahme an der Sache des 1850 von den Dänen erfolgreich verteidigten Schleswig-Holstein; zugleich fühlt er sich durch den Auftrag geehrt, »eine populäre [...] Darstellung des Krieges zu schreiben« (an A. VON PFUEL, 12 2. 1865, IV.2.137). Freilich weiß er damals nicht, wie lange es noch dauern würde, ehe er die Arbeit an seinem Roman wieder aufnehmen kann, und im November desselben Jahres beklagt er sich darüber, sich nicht »ungestört einer andern größern Arbeit widmen zu können.« (an den Verlag R. VON DECKER, DuD II.16).

Dazwischen kommt der zweite Krieg und damit ein neuer Auftrag. In einem Brief an WILHELM HERTZ (11. 8. 1866, IV.2. 169) nennt Fontane verschiedene Gründe – darunter den »pekuniären Vorteil« – für die fortgeführte Vernachlässigung des Romans. Bezeichnenderweise läßt er aber zugleich erkennen, daß er ein gewisses Talent für solche Arbeiten zu besitzen meine und daß dabei auch ästhetische Maßstäbe für ihn eine Rolle spielen, denn er erklärt, er »wünsche das Kriegsbuch zu schreiben, [...] weil ich das Schleswigholstein Buch dadurch erst zu einem rechten Abschluß bringe«.

An Fontanes Reaktion auf die Aufforderung Deckers, noch ein drittes Kriegsbuch zu schreiben, hat man noch entschiedenere Müdigkeitserscheinungen festgestellt. Am 8. 8. 1871 schreibt er: »[...] ich hatte das Gefühl: nun ist es auf Lebenszeit an Siegen und Siegesbeschreibung genug. Es hat anders kommen sollen. Alles steht ein drittes Mal im Felde, so denn auch wir.« (An Decker, DuD II.91) Es dauert aber nicht lange, bis sich der Erzähler in ihm behauptet, und zwar noch selbstbewußter als zuvor:

> Noch Ende September [...] blickte ich auf das neue Buch wie auf eine *schwere Arbeit*. Jetzt blicke ich darauf wie auf eine *freudige*, den Schreiber selbst erhebende Aufgabe. Die Dinge haben sich so gestaltet, der Stoff ist so *überreich*, daß wie von selber ein Werk entstehen wird, das mit den beiden vorhergehenden wenig Ähnlichkeit haben wird. Es muß sich lesen wie ein *Roman*. [...], es muß fesseln, Interesse wecken wie eine Räubergeschichte. Etwas davon ist es ja auch leider. (An Decker, 23. 12. 1870, DuD II.96)

Diesmal ist es jedoch nicht das Problem des Abschlusses, das den Erzähler reizt, sondern das des »Incipit«:

> Man kann natürlich à la Winterfeld etwas zusammenschmieren, aber ein ordentliches Buch zu schreiben, ist noch geradezu unmöglich; es braut noch alles chaotisch durcheinander, und beispielsweise bin ich in diesem Augenblick noch unfähig, die *wichtigste erste Zeile* des Buches, die das Ganze wie ein Tragbalken tragen muß, zu schreiben. (An Decker, 1. 1. 1871, DuD II.96f.)

Die Mühe, die sich Fontane mit der Eröffnung dieses siebziger Kriegsbuchs gibt, deutet schon auf seine erzählerische Praxis voraus, wie sie in folgender Bemerkung dargelegt wird: »Man kann nicht Fleiß und Kritik genug auf das erste Kapitel verwenden, um der Leser willen, aber vor allem auch um der Sache willen; an den ersten drei Seiten hängt immer die ganze Geschichte.« (An G. Friedlaender, FFr, S. 260).

Zur Rezeption

Wie dem oben zitierten Brief an Rohr zu entnehmen ist, sind die Kriegsbücher zu Lebzeiten Fontanes kein Erfolg. Einerseits sind sie für die Laien zu speziell, und andererseits ist Fontane trotz seines Interesses für die militärischen Vorgänge als Kriegshistoriker nicht vorgebildet (H. Nürnberger, in: III.5.695). Von der regionalhistorischen Forschung werden sie zwar zur Kenntnis genommen (vgl. H. Fricke, 1954, 1966), aber von der Literaturkritik werden sie jahrelang kaum berücksichtigt oder als »kompilatorisch« (WANDREY, S. 332, 334) abgetan. Erst REUTER (S. 456) weist auf die Lücke und namentlich auf die Funktion des siebziger Kriegsbuchs als »Ankündigung« hin, aber auch er wendet sich mit offensichtlicher Vorliebe den viel eher als »fontanesch« erkennbaren französischen »Wanderbüchern« zu.

Mit dem Wiederabdruck der Kriegsbücher in den siebziger Jahren befindet sich die Forschung also vor einer noch immer ungelösten und höchst problematischen Aufgabe. Die deutschen »Einheitskriege« sind die letzten europäischen Kriege, in welchen eine entscheidende Schlacht noch zwischen Sonnenauf- und Sonnenuntergang ablaufen kann, und noch ist es dem Fürsten, dem General, dem Journalisten oder dem Künstler möglich, aus der sicheren Entfernung des Feldherrnhügels einen Überblick über den Gesamtverlauf einer Schlacht zu bekommen, wie man beispielsweise am 30. 10. 1870 erwartet: »Von der Anhöhe aus, auf welcher der Commandirende des Gardecorps, Prinz August von Württemberg, mit seinem Stabe Halt gemacht hatte, konnte der ganze Kampfplatz übersehen werden.« (*Der Krieg gegen Frankreich* II. 288) Solche Gegebenheiten werden sowohl auf der Seite der Sieger als auch der Besiegten, sowohl im Sedan-Kapitel Fontanes (*Der Krieg gegen Frankreich*) als auch EMILE ZOLAS (*La Debacle*, 1892) in traditioneller Weise literarisch verwertet. Andererseits ist es aber schon möglich, große Truppenmassen mit der Eisenbahn einzusetzen und zu versorgen; man kämpft schon mit gezogenen Hinterladegeschützen, mit dem Chassepot und dem Zündnadelgewehr. Es handelt sich nämlich um die Anfänge der modernen Kriegführung im industriellen Zeitalter, und auf diesem Gebiet registriert Fontane zwar die preußische Überlegenheit wiederholt mit Stolz (*Der deutsche Krieg von 1866* I.1.64f., 110, 128f., 163, 180, 221, 338), aber nicht immer ohne Vorbehalt:

> Der Krieg ist längst zu einer »*Wissenschaft* des Tödtens« geworden und die Erfolge, beispielsweise der verbesserten Schußwaffe, müssen dementsprechend mit nüchtern-wissenschaftlicher Genauigkeit festgestellt werden, wie wenig diese Art Wissenschaftlichkeit unserer Empfindung entsprechen mag. (*Der Schleswig-Holsteinsche Krieg*, S. 348)

Die Schwierigkeit besteht gerade in dieser Ambivalenz (C. GRAWE, 1987, S. 71); um den Kriegsbüchern Fontanes gerecht zu werden, gilt es aber, sie anzuerkennen.

Die Modernisierungsthese

Betrachtet man die drei Kriegsbücher und die feuilletonistischen Nebenprodukte als zusammenhängendes Ganzes, so verfechten sie gemeinsam die These, es gehe um die Modernisierung; von einer »unparteiischen Haltung« (G. CRAIG, 1985, S. xxix) kann nicht die Rede sein. In *Der deutsche Krieg von 1866* heißt es: »Man wollte wissen, wer unabänderlich für das Alte und wer für das Neue, wer für Oestreich und wer für Preußen war« (*Der deutsche Krieg von 1866* I.1.27); oder dem weniger direkten feuilletonistischen Ton der *Reisebriefe vom Kriegsschauplatz* entsprechend:

> Man begegnet – nicht in einzelnen Exemplaren, sondern gruppenweise – völlig aztekenhaften Erscheinungen und es drängt sich einem mehr und mehr auf, daß diese stagnierenden Verhältnisse durchaus eines starken Luftstroms von außen her, einer Regeneration bedürfen. (III.5.331)

Hinzu kommt die feste und wiederholte Überzeugung der Notwendigkeit eines Ausgangs, welcher den Verlauf der Geschichte wieder zurechtrückt. Manchmal wird dies direkt ausgesprochen: »Der endliche Ausgang ist bekannt, er kam weil er kommen *sollte*, nicht weil er kommen *mußte*. Die Demüthigung des alten Hochmuthsvolkes war beschlossen« (*Der Krieg gegen Frankreich* II.434); manchmal nur leise angedeutet, indem der neutrale Beobachter kurz aus der Rolle tritt: »[...] hier liegen Bornhöved und die Lohhaide, hier endlich Idstedt, wo sich 1850, auf unheilvolle 14 Jahre [!] hin, die Geschicke des Landes entschieden« (*Der Schleswig-Holsteinsche Krieg*, S. 4); und manchmal scheinbar nur durch Zufall ausgelöst, etwa bei der Betrachtung eines Gebäudes in der Landschaft:

> Der Hammer neben uns begann eben zu schlagen. Es war gerade Mittag, und wir hatten zwölf Schläge auszuhalten. Das Gespräch stockte, aber wir sahen nach dem Waldsteinschen Schloß hinüber, über dessen Dach ein Volk Tauben schwebte. Ein Bild tiefen Friedens. Unter diesem Dach hatte der *Kongreß* getagt, zu dem die Träger der »heiligen Allianz« sich vor dreiunddreißig Jahren zusammengefunden hatten. Was war noch übrig davon? Österreich todwund; Rußland unversöhnt [...]; Preußen über das Gängelband Metternichs und über die Erniedrigung von Olmütz hinaus und – Herr in Deutschland. (III.5.366)

Struktur

Diese Tendenz schlägt sich in der Vorliebe für Übersicht und Klarheit und in der Gruppierung des Stoffs nieder, sowohl bei Aufbau des Buches überhaupt wie bei der Schilderung der einzelnen Schlachten (vgl. IV.2.413). Sie wird durch zahlreiche Hinweise auf den jeweiligen Stand des dramatischen Fortgangs vom Vorspiel bis zum Schlußakt unterstrichen (*Der deutsche Krieg von 1866* I.1.331, 335), so daß die Spannung auf den Ausgang eine streng kausale, wenn nicht sogar schicksalhafte Notwendigkeit suggeriert.

Ganz deutlich läßt sich dies am ersten und unkompliziertesten der drei Kriegsbücher, *Der Schleswig-Holsteinsche Krieg im Jahre 1864*, erkennen. Die entscheidende militärische Aktion, die Erstürmung der Düppeler Schanzen durch preußische Truppen, steht im Mittelpunkt, und alles andere wird lediglich als Vorspiel bzw. Nachspiel symmetrisch darum angeordnet, wie aus einem Brief Fontanes an seinen Illustrator BURGER (4. Oktober 1865, DuD II.15) deutlich wird:

Bogen I   Alles bis Düppel.
Bogen II   Düppel.
Bogen III den Rest.

In der Endfassung wurde diese dreiteilige Gliederung zu der fünfteiligen, die Fontane in seinen Schlachtenbeschreibungen, wie zum Beispiel Le Bourget (*Der Krieg gegen Frankreich* II. 274–308), gewöhnlich bevorzugt. Der ausführlichen Düppel-Abteilung geht die kürzere Dannewerk-Abteilung voraus, die den Vormarsch und die ersten Aktionen der alliierten Armee beschreibt; und es folgen eine dem Krieg in Jütland gewidmete Abteilung, welche von den mit Düppel gleichzeitigen Kämpfen des II. und III. Corps (der Österreicher und der Garden) berichtet, und etwa zehn weitere Seiten über die weniger bedeutende Episode des Kriegs zur See. Das zentrale Ereignis des Krieges wird schließlich durch eine Einleitung und einen Abschluß umrahmt: einerseits durch die geographischen und historischen Einführungen (Szenenbeschreibung und Exposition) und die Vorstellung der Truppen und deren kommandierender Offiziere (Personen), andererseits durch eine Abteilung über die Erneuerung der Feindseligkeiten zwischen dem Ablauf des Waffenstillstands vom 8. 5. und der endgültigen Einstellung der Kämpfe am 20. 7. Bei der Vorbereitung auf das Schlußkapitel, »Der letzte Akt des Krieges«, wird das literarische Modell, das die Struktur des Werks bestimmt, beim Namen genannt: das »Kriegsdrama von 1864« *Der Schleswig-Holsteinsche Krieg*, S. 266).

Ebenso unproblematisch läßt sich der Krieg von 1866 als symmetrische Ganzheit um den »Königs-Abschnitt [...] (Königgrätz)« (an DECKER, 15. 8. 1869, DuD II.57) anordnen (M. SCHEFFEL, 1995, S. 250, 253). Dementsprechend wird der mittlere Band mit den Worten eröffnet: »In das Bistritz-Thal hinab sah der König.« (*Der deutsche Krieg von 1866* I.2.469)

So tritt Fontane im September 1870 mit bestimmten Erwartungen seine Reise zum neuesten Kriegsschauplatz an:

> Soweit sich die Sache bis jetzt überblicken läßt, wird sich der Stoff in drei Abteilungen gruppieren:
> 1. Einleitung. Saarbrücken. Weißenburg. Wörth. Spichern.
> 2. Metz. Sedan.
> 3. Straßburg. Paris. (An DECKER, 11. 9. 1870, IV.2.332)

Die siegreiche Schlacht von Sedan, die bestimmt ist, den dramatischen Höhepunkt zu bilden, erweist sich jedoch als gar nicht so entscheidend, wie nach diesem Schema hätte sein sollen. NAPOLEON III. hat nämlich dem preußischen König lediglich den »Degen des Kaisers« und nicht den »Degen Frankreichs« überreicht (*Der Krieg gegen Frankreich* I.570). Daraufhin wird sechs Monate lang, einen harten Winter hindurch, ohne strategisch entscheidende Schlachten, gegen eine Volksarmee gekämpft; das heißt, der Charakter des Krieges hat sich geändert. Dies wird in der anscheinend lockereren Struktur des zweiten Buches, *Der Krieg gegen die Republik*, unmittelbar widergespiegelt, denn daran kann der gewissenhafte Berichterstatter nicht mehr vorbei. Nicht zufällig behauptet Fontane vom siebziger Kriegsbuch, dessen Struktur ihm nicht einfach gegeben wird, er sei erst dabei ein »*Schriftsteller* geworden [...], d.h. ein Mann, der sein Metier als eine *Kunst* betreibt« (an EMILIE, 17. 8. 1882, IV.3.201). Dies ist der Forschung zwar fraglich erschienen (JOLLES, S. 29), aber das liegt wohl an deren vorwiegend inhaltlicher Orientierung, die am Wesen dieser Werke vorbeigeht.

Mythisierung und Entmythisierung

Die populäre Darstellung eines nationalen Krieges, wie sie Fontane in *Der Schleswig-Holsteinsche Krieg* anvisiert, bedarf neben ihrer durchgehenden These auch gewisser unmißverständlicher Motive oder Episoden, die den binären Gegensatz von Freund und Feind verdeutlichen. Auch das wird Gegenstand des Rückblicks im

Stechlin, denn eine Folge der oben angeführten Anschauung war es,

> daß in den Augen Kluckhuhns der Pionier Klinke [...] der eigentliche Held aller drei Kriege war und alles in allem nur einen Rivalen hatte. Dieser *eine* Rivale stand aber drüben auf Seite der Dänen und war überhaupt kein Mensch, sondern ein Schiff und hieß »Rolf Krake« (I.5.167).

1864 erweisen sich diese beiden »Rivalen« als etwas problematische Helden, die den Kriegsberichterstatter vor eine harte Probe stellen; daran muß er seine Technik entwickeln. Pionier Klinke, der dank seines sprechenden Namens zum Volkshelden wird, ist es, dessen Einsatz den Weg für den entscheidenden Angriff auf die Düppeler Schanzen freimacht. In Fontanes Bericht ist seine Aktion zwar improvisiert, aber sie ist die Handlung eines Technikers, der die Funktion ausübt, für die er ausgebildet ist, und zwar nach rationaler Erwägung der wahrscheinlichen Folgen: »Da trat Pionier Klinke vor und sagte: ›ich werde Luft schaffen, Herr Lieutenant: *besser einer als zehn.*‹ Damit warf er den Pulversack unter die Pallisaden und stieß die Lunte hinein.« (*Der Schleswig-Holsteinsche Krieg*, S. 204) Im Gegensatz dazu steht das Benehmen des gemeinen Dänen, wie es zwei Seiten später bei der Erstürmung von Schanze 3 beschrieben wird: Dieses besteht darin, daß er sich scheinbar ergibt und in Deckung rennt, um erneut zu den Waffen zu greifen, sobald er sich wieder sicher fühlt. Darin sieht Fontane nicht Tücke, sondern Mangel an Bildung und Verstand: »Der gemeine Mann in Dänemark, wie er langsam und unanstellig ist, ist vor allem auch *beschränkt*. Er ist unfähig, eine Situation rasch zu begreifen.« (*Der Schleswig-Holsteinsche Krieg*, S. 206 f.)

Das Phänomen »Rolf Krake« wird so behandelt, daß es die gleiche These dänischer Rückständigkeit unterstützt, was viel Geschick verlangt, denn objektiv betrachtet, hätte das Panzerschiff für ein dänisches Gegenstück zum preußischen Zündnadelgewehr gehalten werden müssen: d. h. für eine technische Innovation, welche den militärischen Traditionen einer Nation von Seeleuten durchaus gemäß ist. So wird das Schiff zwar zunächst vorgestellt, aber beinahe sofort ändert sich der Ton: Er »nahm [...] vollen Dampf und glitt, unheimlich durch die Leblosigkeit auf seinem Deck, wie ein großer schwimmender Sarg auf die Batterieen von Alnoer zu« (*Der Schleswig-Holsteinsche Krieg*, S. 120). Die technische Innovation wird somit zu einer schicksalhaften Präsenz, auf die Fontane schon durch die Beschwörung nordischer Mythen, und namentlich die »finstere Gestalt« Herzog ABELS (*Der Schleswig-Holsteinsche Krieg*, S. 59) vorausgewiesen hat. Angesichts der überlegenen Technologie der preußischen Armee verwirklicht sich die drohende Gefahr jedoch nicht, denn »das schwarze Ungethüm [...] wagte sich [...] nicht in die Nähe unserer Batterieen (*Der Schleswig-Holsteinsche Krieg*, S. 244f.).

Auf diesen steilen Abstieg der grauenerregenden Geheimwaffe in die Wirkungslosigkeit wird kurz vor ihrem ersten Erscheinen in einer Zwischenbemerkung über ein scheinbar zufällig wahrgenommenes Gebäude vorausgedeutet. Es ist von Schloß Gravenstein die Rede, und Fontane notiert sowohl dessen märchenhafte Schönheit als auch eine gewisse Leere:

> selbst um die Sommerzeit fehlt diesem Schlosse – wie fast allen Schlössern des Landes – ein Etwas, es fehlt ihm das Leben. Sie sind öde; etwas unheimlich Mährchenhaftes ist um diese weißen sonnenbeschienenen Wände her, daß man denken möchte, hier sehen Gespenster zu Mittag aus allen Fenstern heraus. Und doch wiederum fehlte ihnen dieser Spuk, so fehlte ihnen das Beste, das sie haben. (*Der Schleswig-Holsteinsche Krieg*, S. 114)

Und so ist es mit »Rolf Krake«. Mehr noch als diese Leere drückt das Gebäude durch seinen jetzigen Zustand die aktuelle Haltung der sich zurückziehenden dänischen Armee aus, genau wie der Schmutz der französischen Lager im Jahre 1870 jene der besiegten Franzosen (*Der Krieg gegen Frankreich* I.435). Hier wie dort spricht der Kontrast mit den siegreichen preußischen Truppen für sich. Es geht also nicht nur darum, daß das Gespenst durch die preußischen Geschütze zum Schweigen gebracht worden ist; die alten Sagen haben auch an Macht eingebüßt, da die gesamte nordische Kultur im Vergleich zur Kultur des tatkräftigen und entschlossenen Nachbarn – *unwiederbringlich* – im Verfall begriffen ist: »Ueberall Reste alten Glanzes, aber ein Trauerflor liegt über dem Ganzen.« (»Reise nach Schleswig-Holstein und Düppel vom 19. Mai bis 27. Mai 1864«, III.5.789)

Das Problematische an der Klinkeschen Heldentat ist anderer Art und läßt sich nicht durch die Herstellung von inner- bzw. zwischentextlichen Bezügen überwinden. Es geht nämlich um das Verhältnis von Text und Welt, denn

> über den Opfertod Klinkes [gingen] die Ansichten auseinander. [...] Nach [einer] Schilderung wäre Klinke gefallen wie jeder andere; ein braver Soldat, aber nicht mehr. Andere Berichte heben jedoch eigens

hervor, daß die That Klinkes eine freiwillige und vorbedachte war und Generalmajor v. Canstein, [...] sagt wörtlich: »Die 4. Pionier-Compagnie unter Hauptmann Daun sprengte einen Durchgang durch die Pallisaden des Grabens, wobei der Pionier Klinke, *der seine Aufopferung vorher ausgesprochen*, den Heldentod fand (*Der Schleswig-Holsteinsche Krieg*, S. 203 f.).

Hier tritt der Historiker zurück, und zwar mit einer Erklärung, die die Einstellung des Professors Wilibald Schmidt (vgl. *Frau Jenny Treibel*, I.4.360) schon vorwegnimmt:

> Welche Lesart aber auch immer die richtige sein mag, das Volk wird sich seinen »Klinke« ebenso wenig nehmen lassen wie seinen »Froben«. Mit der historischen Aufhellung – die ohnehin höchst mißlich ist und oft noch mehr vorbeischießt als die Dichtung – ist dem Bedürfniß des Volks nicht immer am meisten gedient. (*Der Schleswig-Holsteinsche Krieg*, S. 204)

Es kommen mehrere solche Stellen vor, an denen Fontane über die mythenbildende Tendenz der Kriegsberichterstattung reflektiert, wie etwa in den *Reisebriefen vom Kriegsschauplatz*, wo es vom Tod des Oberstlieutenants von DRYGALSKI heißt: »So die Erzählung. Ob sie die Wahrheit trifft, stehe dahin, denn die sagenbildende Kraft ist noch immer groß und nirgends größer als auf den Schlachtfeldern« (III.5.360); oder vom Sturm auf die Höhe von Brada:

> Die Erzählung, daß der [...] Truppenteil schließlich die Stiefel ausgezogen habe, um die Felsenwand bequemer erklettern zu können, gehört in die Reihe jener Sagen und Märchen, die unmittelbar nach jedem Gefecht beim Bivouakfeuer geboren zu werden pflegen. [...] Die 24er [...] machten die Affäre von Gitschin gar nicht mit und es war vielmehr das 18. Regiment [...] das (mit oder ohne Stiefel) die Felsenhöhe von Brada nahm und dadurch den Tag entschied. (III.5.375)

In den Kriegsbüchern kommt diese Skepsis selten direkt zum Vorschein; sie wird unterdrückt, und stattdessen spricht der »Balladendichter« (G. FRIEDRICH, 1988, S. 186 f.). Das kann sehr fragwürdige Folgen haben. Ein Beispiel dafür ist eine umstrittene Passage im *Krieg gegen Frankreich*, wo es um die vorzeitige Wiederaufnahme des abgebrochenen Sturms auf St. Privat geht, die zu Verlusten in den Reihen der preußischen Garde führt, die an den Ersten Weltkrieg denken lassen. Hier wäre ein Kommentar durchaus angebracht gewesen, aber Fontane verzichtet darauf und läßt wieder einmal eine »poetische« Rechtfertigung gelten:

> Nichts mißlicher, als die Beweggründe für etwas Geschehenes nachträglich da suchen zu wollen, wo sie nicht liegen. Unter allen Motivirungen […] hat uns ein einfaches Citat aus der »Iphigenie«, das nicht taktisch, sondern nur *poetisch* das Unternommene zu rechfertigen strebt, immer am besten gefallen. (*Der Krieg gegen Frankreich* I.320)

Der Grund ist der gleiche wie im Fall Klinke: Es wäre »höchst mißlich« für den Geschichtsschreiber, einen Mythos zu widerlegen, der einem populären Bedürfnis dient.

Fontane ist sich durchaus bewußt, daß es in der Geschichtsschreibung nicht so sehr um den Wahrheitsgehalt, als um den Nutzen geht. Und wenn er aus dieser Erkenntnis auch nicht die radikalen Konsequenzen seines jüngeren Zeitgenossen FRIEDRICH NIETZSCHE zieht, so hat sie doch bedeutende Folgen für seine Praxis. Darunter ist in erster Linie die Hinwendung zum Subjektiven und damit der kompilatorische Charakter der Kriegsbücher erklärt, denn, wie Fontane zugibt: »Der Stoff ist aus 100 Schriftstücken entlehnt, aus tausend Notizen zusammengetragen« (an L. PIETSCH, 21. 2. 1874, IV.2.455). Dies gibt ihm auch den Zugang zum »Nebensächlichen«, und zwar nicht nur im Sinne des herkömmlich »Balladesken«. Durch dessen diskrete Verwertung zu interpretatorischen Zwecken wird die vordergründige Tendenz der Auftragsarbeit durch den Text selbst in Frage gestellt.

Zwei Beispiele müssen genügen. Auf das *Iphigenie*-Zitat, das den Verlust von 8000 Mann innerhalb von zwanzig Minuten vor St. Privat zu rechtfertigen [!] strebt, folgt gegen Ende des Kapitels die scheinbar beiläufige Schlußbemerkung:

> Ein anekdotischer Zug sagt […] mehr als alles Andere. Hinter der Front unserer vorgehenden Bataillone, zwischen diesen und St. Marie, weidete eine 100 Haupt starke Schafheerde. Als der Abend hereinbrach, lag auch *diese* todt auf dem Felde. (*Der Krieg gegen Frankreich* I.329)

Darauf wird der Romancier mindestens zweimal zurückkommen; einmal in *Stine*, als die Witwe Pittelkow St. Privat aus der Perspektive des gehorsamen gemeinen Infanteristen beschreibt (I.2.545); und ein zweites Mal in der Auseinandersetzung über das Heldentum im *Stechlin*, wo der subversive Wert der angedeuteten Gleichstellung (Schafherde – Garderegiment) ganz deutlich wird: »Der Bataillonsmut, der Mut in der Masse (bei allem Respekt davor), ist nur ein Herdenmut« (I.5.344).

Ähnlich verfährt Fontane im Le Bourget-Kapitel, das als Parallele zum St. Privat Kapitel gestaltet wird (vgl. J. OSBORNE, 1994). Zuerst kommt der »Balladendichter« mit einer Zelebrierung jugendlichen Übermuts zu Wort:

> Es wird erzählt, verbürgt oder nicht, daß Haugwitz, während des Vorgehens gegen eine Barrikade, seinem Kameraden zugerufen habe: ›Reclam, haben Sie Feuer?‹ und daß sie, die Cigarren anzündend, von derselben Kugel getroffen worden seien. (*Der Krieg gegen Frankreich* II. 292)

Am Schluß des Kapitels folgen jedoch die nüchternen Ausführungen eines auf Vorposten stehenden, dekorierten Offiziers:

> Frage mal alle die Grenadiere, die diesen Abend auf Feldwache waren oder in den Kellern saßen, wie ihnen zu Muthe gewesen ist? dann werden dir neunundneunzig Prozent antworten, daß sie das Fieber gehabt hätten, und das ist keine Schande, wenn man die Wahrheit sagt. Aber der letzte von den Hundert – ein Held wie er im Buche steht, der nur durch die Niederträchtigkeit seines Feldwebels [...] das eiserne Kreuz nicht gekriegt hat – dieser Hundertste, sag' ich, wird dir klar machen, wie er mit der Cigarre im Munde immer so vor dem Bombenloch auf und ab gegangen ist und welches Glück er gehabt, als ihm die große Schiffsgranate blos die Asche von der Cigarre abgestrichen habe. (*Der Krieg gegen Frankreich* II.308)

Schlußbetrachtung

Fontanes Kriegsbücher werden während einer Zeit des Übergangs verfaßt und sind aus eben diesem Grund von besonderer Bedeutung. Für die später Geborenen wirft der Erste Weltkrieg seinen Schatten über diese Werke, die zum großen Teil den typischen Charakter einer Auftragsarbeit, und zwar die eines engagiert preußischen Berichterstatters aufweisen. Es wäre aber ebenso verfehlt, den Balladen-«Dichter« gegen den kritischen »Schriftsteller«, der Krieg und Tod verabscheut, auszuspielen (vgl. FRIEDRICH, 1988, S. 186f.), wie die unstreitbar vorhandene »Konservierung von Kriegsarchaik« (D. BÄNSCH, 1989, S. 42) über Gebühr hervorzuheben. Vor allem angesichts des Deutsch-Französischen Krieges beginnt sich Fontane als einer der ersten deutschen Schriftsteller mit den Problemen der literarischen Darstellung des Krieges in der Moderne auseinanderzusetzen. Zu den oben angeführten Gründen dafür, der Wahrnehmung des sich verändernden Charakters des Krieges und der Einsicht in den mythenbildenden Charakter der Geschichtsschreibung, kommt auch die französische Gefangenschaft, die Fontane die Gelegenheit gibt, intensiver als bisher die Aufgabe des Kriegshistorikers zu reflektieren. Die Selbststilisierung im autobiographischen *Kriegsgefangen* darf nicht übersehen werden; trotzdem entspricht Fontanes Entwicklung jenen Überlegungen, die er sich in Moulins beim Lesen der französischen Kriegslegenden gemacht haben will: »›Solche Bücher‹, sagt' ich mir, ›schreibst du selbst. Sind sie eben so, so taugen sie nichts‹.« (III.4.603)

JOHN OSBORNE

Literatur

H. FRICKE, Fontanes Historik, in: Jb f Br Lg. 5 (1954), S. 13–22. – Ders., Theodor Fontanes »Der deutsche Krieg 1866« und seine militärgeschichtlichen Helfer, in: Jb für die Geschichte Mittel- und Ostdeutschlands 15 (1966), S. 203–24. – G. JÄCKEL, Fontane und der Deutsch-Französische Krieg 1870/71, in: FBl Bd. 2, H. 2 (1970), S. 93–115 – P. P. SAGAVE, Theodor Fontane et la France de 1870–71, in: Internationales Archiv für die Sozialgeschichte der dt Literatur 1 (1976), S. 160–177. – J. OSBORNE, Meyer or Fontane? German Literature after the Franco-Prussian War, 1870–1871, Bonn 1983 – G. A. CRAIG, Fontane als Historiker, Vorwort zu: Theodor Fontane, Der Krieg gegen Frankreich 1870–1871. 4 Bde., Zürich 1985, S. XIII–XXXII. – H. NÜRNBERGER, Einführung in Fontanes Kriegsbücher, 1986, III.5.693–711. – C. ANDREE, Einführung in Fontanes Reisebriefe vom Kriegsschauplatz, ebd., S. 800–805. – G. LOSTER-SCHNEIDER, Zur Neuauflage eines Kriegs- und Antikriegsbuches. Theodor Fontanes »Der Krieg gegen Frankreich 1870–71«, in: Francia 14 (1986), S. 610–617. – C. GRAWE, Von Krieg und Kriegsgeschrei. Fontanes Kriegsdarstellungen im Kontext, in: Literarisches Leben, 1987, S. 67–106. – G. FRIEDRICH, 1988, s.u. 1.2. – FD, 1988. – D. BÄNSCH, Preußens und Dreysens Gloria. Zu Fontanes Kriegsbüchern, in: TuK Fontane, 1989, S. 30–54. – H. DITTBERGER, Reimen und Richten. Der lange Anfang des Romandichters Fontane, ebd., S. 88–102. – D. STORCH, 1989, s.u. 1.1.1. – H. AUST, Das »wir« und das »töten«. Anmerkungen zur sprachlichen Gestaltung des Krieges in Theodor Fontanes Kriegsbüchern, in: WW 41 (1991), S. 199–211. – L. KÖHN, Zwei Zivilisten im Krieg. Bismarck und Fontane 1870/71, in: Literatur und politische Aktualität. Amsterdamer Beiträge zur neueren Germanistik 36, hg. von E. IBSCH/F. VAN INGEN, Amsterdam 1993, S. 409–423. – E. SANDER, Theodor Fontane als Kriegshistoriker, Diss. Erlangen-Nürnberg, [Mikrof.] 1992. – J. S. CORNELL, »Dann weg ›mit's Milletär‹ und wieder ein civiler Civilist«. Theodor Fontane and the Wars of German Unification, in: 1870/71–1989/90: German Unifications and the Change of Literary Discourse, hg. von W. PAPE, Berlin 1993, S. 79–103. – E. SANDER, Theodor Fontane als Kriegshistoriker zwischen Droysen und Delbrück, in: FBl H. 58 (1994), S.

125–36. – M. THURET, Napoleon III. in Fontanes Urteil, in: FBl 58 (1994), S. 55–76. – M. SCHIFFEL, Theodor Fontane und »Der Deutsche Krieg von 1866« – ein Beitrag aus germanistischer Sicht, in: Hannovers Übergang vom Königreich zur preußischen Provinz: 1866, hg. von R. SABELLECK, Hannover 1995, S. 245–64. – H. T. SIEPE, »Wohl wieder zu franzosenfreundlich« und »ohne alle Voreingenommenheit« T. Fontanes Berichte aus Frankreich von 1870/71, in: Visions allemandes de la France (1871–1914); Frankreich aus dt Sicht (1871–1914), hg. von H. ARBRET u.a., Bern u.a. 1995, S. 297–316. – L. KÖHN, Die Schrecken des Modernen. Fontanes Begründung realistischer Erzählprosa: Aus den Tagen der Okkupation (1871), in: DVjs 96 (1996), S. 610–643. – G. A. CRAIG, 1998, s.u. 1.2. – J. OSBORNE, Theodor Fontane: Vor den Romanen. Krieg und Kunst, Göttingen 1999.

3.4.5 Theaterkritiken

Theodor Fontanes zwanzigjährige Tätigkeit als Theaterkritiker der *Vossischen Zeitung* dauert von August 1870 bis Ende Dezember 1889 und wird eingerahmt von seinen theaterkritischen Arbeiten in den 1850er Jahren in England und seinen Kritiken für die *Vossische Zeitung* nach Beendigung seines festen Anstellungsverhältnisses. Fontanes Haupttätigkeit als Theaterrezensent wird also einerseits begrenzt durch seine kontrastierende Be- und Verurteilung der sogenannten ›Neuen Ära‹ am Ende der 1850er Jahre, einer Epoche verflachenden kulturellen Niveaus in Preußen, andererseits durch seine Befürwortung der jungen revolutionären geistigen Bewegung im Deutschen Reich zu Beginn der 1890er Jahre, die unter der Bezeichnung Naturalismus in die Literaturgeschichte eingegangen ist.

Während seines dritten England-Aufenthaltes von September 1855 bis Januar 1859 schreibt Fontane zunächst (von November 1855 bis Juni 1957) theaterkritische Rezensionen für das *Literaturblatt*, eine Beilage des *Deutschen Kunstblattes*, die unter dem Titel *Briefe über Shakespeare auf der englischen Bühne* veröffentlicht werden und sich an das liberale preußische Bildungsbürgertum richten; daran anschließend verfaßt er unter dem Titel *Die Londoner Theater (Insonderheit mit Rücksicht auf Shakespeare)* (N XXII/3.7–117) für das Regierungsorgan *Die Zeit* eine umfassende kritische Artikelfolge über das englische Theater – zwischen 8. 1. und 26. 2. 1858 erscheinen 15 Beiträge –, die sich an einen gemischten, großteils konservativen Leserkreis richten und in denen nicht – wie im *Literaturblatt* – einzelne Aufführungen rezensiert werden, sondern die mehr den Charakter einer kulturpolitischen Serie haben. Letztere erscheinen dann 1860 – anläßlich seiner Rückkehr nach Berlin –

zusammen mit anderen Beiträgen aus England auch in Buchform unter dem Titel *Aus England. Studien und Briefe über Londoner Theater, Kunst und Presse* (vgl. 3.4.2).

Bereits in seinen frühen theaterkritischen Beiträgen aus England läßt sich der persönlich-reflektierende Stil Fontanes erkennen, der die späteren Arbeiten in diesem Metier auszeichnen soll. D. h. bereits in den 1850er Jahren lassen sich *die* kritischen Grundtendenzen Fontanes im Bereich der Theaterrezension erkennen, die den tagesüberdauernden Bestandswert dieser Tätigkeit – Subjektivität sowie kulturpolitisches Verantwortungsbewußtsein – ausmachen, obwohl dieser subjektive Stil erst in seinen Besprechungen für die *Vossische Zeitung* von Aufführungen auf der Königlichen Bühne voll zur Entfaltung kommt. Fontane übernimmt diese Tätigkeit, in der Nachfolge von Friedrich Wilhelm GUBITZ (seit 1823), im August 1870 (sein Stammplatz für die nächsten 20 Jahre wird Parkettplatz 23), bespricht allerdings (bis gegen Ende 1889) lediglich Aufführungen der ersten Bühne Berlins (Inszenierungen anderer Berliner Bühnen werden von Max REMY, und, ab 1886, von Paul SCHLENTHER besorgt), wobei während eines Zeitraumes von zwanzig Jahren lediglich zwei größere Pausen eintreten: zum einen aufgrund seiner Gefangenschaft als Kriegsberichterstatter während der Anfangsphase des Frankreichfeldzuges (Oktober bis Anfang Dezember 1870) sowie während eines kurzen Zwischenspiels als Sekretär der Preußischen Akademie (Anfang März bis Anfang Oktober 1876).

Normalerweise werden Fontanes Kritiken von Inszenierungen des Königlichen Schauspielhauses zwei Tage nach Aufführung in der *Vossischen Zeitung* veröffentlicht; nach Einführung einer Morgenausgabe am 1. 10. 1875 ergibt sich allerdings die Notwendigkeit einer Vorausnotiz von 20 bis 30 Zeilen, die Fontane in der Regel noch am gleichen Abend persönlich auf der Redaktion abliefert. Im Schnitt sind seine druckfertigen Kritiken – insgesamt über 500 – eine dreiviertel Spalte, oft jedoch auch anderthalb bis zwei Spalten lang, was für damalige Verhältnisse viel Raum bedeutet, bis Ende September 1871 im traditionellen kleinen Quartformat, ab 1. 10. desselben Jahres dann im Folio-Großformat. Fontane macht sich während der von ihm besuchten Aufführungen meist Aufzeichnungen, die in 13 kleinen Oktavheften erhalten geblieben sind (die frühesten stammen aus der Spielzeit 1877/78), wobei diese Theaternotizen, zwei bis 25 Seiten lang, die Grundlage für die später in der *Vossischen Zeitung* erschienenen Rezensionen bilden (R. KNUDSEN, 1942, S. 232–55), denen allerdings anscheinend grundsätzlich nie vorbereitende Lektüre der zu besprechenden Stücke vorausgegangen ist. Fontane sammelt diese Rezensionen persönlich in verschiedenen Mappen, eine Sammlung, die allerdings nicht ganz vollständig ist.

Auf dem Höhepunkt der Popularität der *Vossischen Zeitung* gegen Ende der 1870er und Anfang der 1880er Jahre, bevor das *Berliner Tageblatt* beginnt, die Gunst der Leserschaft zu erobern, werden Fontanes Theaterrezensionen im Schnitt täglich von ca. 30,000 Personen gelesen und sind aus diesem Grunde in hohem Maße meinungsbildend, obwohl Fontane keine hohe Meinung vom Berliner Theaterpublikum hat. Im Zusammenhang einer Kritik des von ihm verachteten Dramatikers Hugo BÜRGER (LUBLINER) verurteilt er z. B. gegen Ende der 1870er Jahre die kulturelle Dekadenz der Gründerzeit und deren Vorliebe für alles Sensationelle (N XXII/1.653), nachdem er bereits 1873 »[d]ie künstlerische Unbildung einer starken Majorität des Publikums« (N XXII/1.279) scharf kritisiert hat. Allerdings scheint er sich stets darüber im klaren zu sein, daß »das ganz Alltägliche immer das größte Publikum haben« wird und daß »es eben nicht möglich (ist), Millionen auf eine ästhetische Kunsthöhe zu heben« (N XXII/2.99). Nichtsdestoweniger verwindet Fontane es im Verlauf seiner Rezensententätigkeit nie ganz, für ein Publikum schreiben zu müssen, das kulturell unter seinem Niveau steht; denn wie er zu Beginn der 1880er Jahre einmal sehr treffend anmerkt: »Kritiken schreiben erfordert einen Reifezustand, aber Kritiken lesen *auch*.« (N XXII/2.116) Allerdings sei diese Misere – so noch 1886 – nur sehr schwer zu beweisen, »weil das Publikum an der Zeitkrankheit teilnimmt und im Kultus falscher Gefühle die dramatischen Dichter womöglich noch überbietet.« (N XXII/2.423, vgl. auch 438)

Derartige Kommentare, verteilt über einen Zeitraum von zwei Jahrzehnten, sind jedoch auch aus anderem Grunde von literarhistorischem Interesse, legen sie doch Zeugnis davon ab, daß Fontane sich bereits 1870, zu Beginn seiner Tätigkeit als Theaterrezensent für die *Vossischen Zeitung,* selbst bezichtigt, ein »Nörgler« und »Querulant in aestheticis« zu sein (N XXII/1.20), eine kritische Selbsteinschätzung, die wenig später von boshaften Kollegen übernommen wird, als sie ihn 1871 als »Theater-Fremdling« brandmarken (vgl. KNUDSEN, 1942, S. 263–65; J. THUNECKE, 1994), wobei sie allerdings – wie auch spätere Kritiker – seinen sicheren dramaturgischen Blick verkennen, der alles andere als ein Ausdruck von Naivität ist, sondern ein lebendiges Gefühl für die wirklich zentralen Aufgaben des Theaters vermittelt. Insbesondere ist Fontanes Urteilsbegründung, die Forderung nach Wahrheit und Konsequenz einer literarischen Gattung, Fundament seiner kritischen Haltung, die nicht allein von ästhetischen Gesichtspunkten getragen wird, sondern deren Maßstab gesunder Menschenverstand ist. Schon 1871, ganz am Anfang seiner Rezensententätigkeit für die *Vossische Zeitung,* betont er deshalb auch, daß statt »einer Mischung von Sentimentalität, Modernität und Sensationsromantik vor allem *Wahrheit* des Ganzen, Wahrheit der Charaktere und Situationen verlangt« (N XXII/1.43) werden müsse. Laut Fontane sind Theaterrezensenten nämlich »nicht dazu da, öffentliche Billets doux zu schreiben, sondern die Wahrheit zu sagen oder doch *das,* was uns als Wahrheit *erscheint*« (N XXII/1.66). Aus diesem Grunde fühlt sich der Rezensent auch – trotz der Tatsache, daß er gelegentlich sogar selbst den Eindruck hat, seine Besprechungen kämen »schulmeisterlichen Exkurs[en]« (N XXII/1.129) gleich – mehr als einmal in die Rolle eines »Quälgeistes« und »Störenfriedes« (N XXII/2.446) gedrängt, obwohl er sich durchaus *nicht* »als eine letzte, unfehlbare Instanz« sieht, »von der aus kein Appell an Höheres denkbar« (XXII/1.66) sei. Auch ist er sich durchaus bewußt, daß erfahrungsgemäß »weder seine Wahrnehmungen noch seine Begründungen« (N XXII/1.251) irgendwelche Änderungen am Königlichen Schauspielhaus bewirken; aber trotz dieser realistischen Einschätzung des zeitgenössischen Theaterbetriebes setzt sich Fontane noch gegen Ende seiner Rezensententätigkeit rigoros gegen pauschalisierende Angriffe derjenigen zur Wehr, »die nicht müde werden, von der gewohnheitsmäßigen Tadelsucht und der Neidhammelei der Kritik zu sprechen, als ob Kritiküben eine ruchlose Beschäftigung [...] sei« (N XXII/2.461). Er zögert daher auch nicht, den Berufsstand gegen Krittler in Schutz zu nehmen, denn für ihn ist die Kritik zwar »keine Tadelinstitution, aber freilich auch keine Beifallsstatistik; sie soll nicht durch Applaus und nicht einmal durch dauernd erscheinende Triumphe bestimmt werden, sie soll ihr Gesetz, am besten ins eigene Herz geschrieben, haben und danach verfahren; wenn sie das nicht kann, so ist sie ›gut für nichts‹« (N XXII/2.462). In diesem Sinne wehrt sich Fontane vor allem auch gegen das sogenannte ›car tel est nostre plaisir‹-Prinzip absoluter dramatischer Machthaber und lehnt äußerliche Effekte auf Kosten innerer Wahrheit entschieden ab, wie er dies, anläßlich einer Besprechung von SOPHOKLES' *König Ödipus* aus dem Jahre 1873, sehr treffend formuliert:

> In ihm waltet einfach das *Verhängnis,* und so gewiß jene *Willk*ürstragödie verwerflich und unerträglich ist, in der sich nichts aus dem

Rätselwillen der Götter, sondern alles nur aus dem car tel est notre plaisir eines krausen Dichterkopfs entwickelt, so gewiß ist es andererseits für unsere Empfindung, daß die *große*, die echte Schicksalstragödie unsere Schuldtragödie an erschütternder Gewalt überragt. (N XXII/1.293)

Aus diesem Grunde stellt er auch unmißverständliche Ansprüche an die Schauspieler und Schauspielerinnen, insbesondere die Mitglieder des Ensembles der ersten deutschsprachigen Bühne bzw. diejenigen, die im Rahmen von Gastvorstellungen auf ein Engagement hoffen, Forderungen, die unter anderem echtes Einfühlen in die jeweilige Rolle, innerliches Entsprechen der äußerlichen Mittel, innerliche Wahrheit der Darstellung, Ablehnung des Sich-Selbst-Spielens (vgl. dazu seine wiederholte Kritik an Clara ZIEGLER während ihrer verschiedenen Gastspiele in Berlin, wie z. B. N XXII/1.793) sowie Zurückweisung übertriebener Sicherheit und Selbstgefälligkeit beinhalten. Laut Fontane müsse die Persönlichkeit eines Schauspielers unter allen Umständen im Charakter seiner Rolle aufgehen (N XXII/1.174), ein Sachverhalt, den er 1880 zusammenfassend folgendermaßen ausdrückt: »Ich will nichts gegen das ästhetische Gesetz sagen, aber wichtiger ist *das* in unserer Brust. Es ist die höhere Instanz, Quell alles andern, und gibt den Ausschlag.« (N XXII/1.931 f.)

Obwohl Fontane keinerlei akademische Ausbildung hat und ihm fachliche Vorbildung im Theaterbereich fehlt, zeichnen sich zahlreiche seiner Rezensionen durch kleine fachliche Exkurse aus, die reich an regietechnischen Einzelheiten sind, den Besprechungen seiner ›professoralen‹ Kollegen, wie etwa Friedrich ADAMI (*Kreuzzeitung*) und Karl FRENZEL (*Nationalzeitung*), jedoch fehlen, deren Stellung zum Theater mehr durch ihr Bildungsbedürfnis bestimmt ist (vgl. THUNECKE, 1987, S. 309). Im Gegensatz zu ADAMI und FRENZEL, aber auch zu Oskar BLUMENTHAL und Fritz MAUTHNER (*Berliner Tageblatt*) bzw. Paul LINDAU (*Die Gegenwart*) hat Fontanes Nicht-Akademikertum, sein Nicht-Belastetsein mit literarhistorischen Voreingenommenheiten – trotz zeitgenössischer Klagen – man schilt ihn z.B. einen »theaterkritischen Sonntagsjäger« (E. VOLLMER, 1884, S. 30) – entscheidende Vorteile, da es die natürliche Sicherheit seines Urteils bestärkt.

Im großen und ganzen hat Fontane sehr klare Vorstellungen davon, was seiner Meinung nach ein gutes Theaterstück ausmache, und bringt dies mehr als einmal auf eine genaue Formel. So schreibt er etwa 1881, daß dazu »ein glücklicher Stoff, ein geschickter Aufbau, Konzentration, gute Charakterzeichnung und zu dem allen ein durchaus liebenswürdiger, ebenso deutsch-patriotischer wie vorurteilsfreier und nach allen Seiten hin Gerechtigkeit übender Grundton« (N XXII/2.27) gehöre, und 1884 drückt er diesen Sachverhalt noch präziser aus:

> Wenn ein Stück sich eine mir sympathische Aufgabe stellt und diese Aufgabe klar und verständlich löst, wenn die Menschen und Situationen, mit deren Hilfe diese Lösung erfolgt, sich ebensosehr innerhalb des gesunden Menschenverstandes wie der Wahrscheinlichkeitsgesetze halten, mit anderen Worten, wenn Unsinnigkeiten und Willkürlichkeiten gleichmäßig vermieden und alle diese Dinge zum letzten und besten auch noch so in die Erscheinung gebracht werden, daß mich's unterhält und abwechselnd rührt und erheitert, so nenn' ich ein solches Stück ein gutes Stück, auch dann noch, wenn es nebenher von schwachen und anfechtbaren Stellen ein gerüttelt und geschüttelt Maß hat. (N XXII/2.301)

Fontanes Besprechungen zeichnen sich allerdings nicht nur inhaltlich durch schablonenlose Unvoreingenommenheit aus, sondern auch durch die erfrischende Wirkung ihres Stil, der wesentlich dazu beiträgt, daß seine Leser kaum je ermüden, wie dies bei den Rezensionen vieler Berliner Feuilleton-Kollegen häufig der Fall zu sein scheint. Kennzeichen dieses typisch Fontaneschen Stils sind unter anderem ein lockerer Plauderton, zahlreiche, oft dem täglichen Leben entnommene Vergleiche, Witz und Humor, sowie Unbefangenheit und Natürlichkeit des Ausdrucks.

Der Plauderton von Fontanes Rezensionen in der *Vossichen Zeitung,* die für ihn charakteristische Ausdrucksform, vermittelt oft die Atmosphäre eines »vertrauliche[n] Zwiegespräch[s] mit dem Leser« (THUNECKE, 1987, S. 311), wofür folgendes Zitat aus seiner Besprechung von Ulrich BAUDISSINs Stück *Fünfundzwanzigtausend Taler* aus dem Jahre 1879 als eines von vielen stehen möge:

> Wer entsänne sich nicht aus seinen Kindertagen her, der Enttäuschung, die der Weihnachtstisch auch *dann* noch zu bringen pflegt, wenn er uns unsere Wünsche erfüllt. Auf unserem Wunschzettel, und zwar obenan, hatte ein Band Cooper gestanden, und da ist er nun auch: Delawaren, Irokesen, Mokassin und Tomahawk, alles da; aber die Geschichte, *der* Band, auf den wir gerade gerechnet hatten, fehlt doch. Wir hatten auf Unkas gehofft und auf Alice und Kora, und nun kriegen wir Lederstrumpf. Nun ja, Lederstrumpf ist gut, sehr gut; aber wir können das fehlenden Unkas nicht verschmerzen. So ähnlich erging es mir gestern mit dem kleinen Baudissinschen Lustspiel. (N XXII/1.768 f.)

Typisch für Fontanes Stil sind auch die Schilderungen zahlreicher kleiner Alltagsdinge zum Zwecke der Veranschaulichung der von ihm beabsichtigten Kritik an der Aufführung eines Stückes, wie dies auf besonders illustrative Weise in seiner ablehnenden Rezension einer Inszenierung von GOETHES *Iphigenie auf Tauris* aus dem Jahre 1874 Ausdruck findet, in welcher es unter anderem heißt:

> Das am Sonnabend Erlebte steht erheblich unter einer Nachmittagspredigt; auch nach der Seite des *Unterhaltlichen* hin. Ich habe die Angewohnheit, dann und wann, um 6 Uhr abends, in eine der alten gotischen Kirchen unserer Stadt zu gehen; der Name tut nichts zur Sache. Die versammelte Gemeinde besteht gemeinhin aus zehn Spittelfrauen und zwanzig Waisenmädchen, hinter deren blauschürziger Front sechs, sieben Verschlagene sitzen, die wohl auch aus Liebhaberei kommen, wie ich. Einmal habe ich, hinter einem Pfeiler versteckt, einen weinen sehen, was mich mehr erschütterte als drei Akte Trauerspiel. Erst wird, wie üblich, gesungen, wenn man es singen nennen kann; dann tritt ein Kandidat auf und spricht, was er vorher auswendig gelernt hat. Die Gaslichter brennen nur in engem Kreis um die Kanzel her, alles andre liegt im Halbdunkel; die grünen Vorhänge vor den hohen gotischen Fenstern bewegen sich leise im Zugwind, und die Pfeiler wachsen immer höher und höher und verlieren sich, nach oben zu, wie in grauem Gewölk. Derweilen fließt das Wort ruhig weiter; die Frauen schlafen, die Kinder kichern; mitunter kommt ein Bibelspruch oder ein Zitat aus Luther und fällt weckend in mein Herz. Das sind Nachmittagspredigten. Wie weit, weit ab davon war der Iphigenien-Kultus am letzten Sonnabend. (N XXII/1.353 f.)

In diesem Zusammenhang sei hier auch auf Fontanes ganz spezielles Talent hingewiesen, mittels farbenreicher Vergleiche – oft ebenfalls dem täglichen Leben entnommen – auf gänzlich unakademische, unliterarische und meist gar nicht zimperliche Weise Einsprüche zu erheben gegen – bzw. Lob zu spenden an – Texten, Inszenierungen oder schauspielerischer Darbietungen, wie etwa in der Rezension einer Aufführung von Ernst WICHERTS Lustspiel *Der Freund des Fürsten* aus dem Jahr 1883, wo unter Rückgriff auf rustikales Vokabular ein äußerst farbenfreudiger Kontrast zwischen schauspielerischer Leistung und landwirtschaftlichem Milieu herstellt wird:

> Denn es ist mit unfruchtbaren oder doch wenig ergiebigen Rollen wie mit siebenjährigem Roggenland: bringt es nicht Korn, so bringt es doch Buchweizen, und bringt es nicht Buchweizen, so bringt es Lupinen. Will aber auch *die* nicht kommen, so muß nur einfach etwas tiefer gegraben werden, um Mergel, und wenn nicht Mergel, so

Braunkohle, und wenn nicht Braunkohle, so vielleicht gar Salz zu finden. *Etwas* gibt es immer, etwas gibt jeder Boden heraus, und wenn es der sterilste wäre. (N XXII/2.249)

Hauptmerkmal von Fontanes Theaterrezensionen sind der häufige Gebrauch von Witz und Humor, insbesondere seiner Kritik an der Inhaltsangabe eines Stückes, der Schilderung einer Szene oder der Darstellung eines Schauspielers, ein stilistisches Mittel, das – obwohl meist an ein kritisches Urteil gekoppelt – nie gesucht oder arrogant wirkt und wesentlich dazu beiträgt, die oft sehr trockenen inhaltlichen Aspekte eines Schauspiels aufzulockern. Aus zahlreichen möglichen Beispielen gerade dieses Stilmittels sei an dieser Stelle ein Abschnitt aus einer Rezension von Adolf WILBRANDTS Komödie *Die Maler* aus dem Jahr 1882 zitiert, da hier besonders humorvoll die Arbeitsweise des Dramatikers verspottet wird; denn »Fontane scheute [...] nicht davor zurück, die ihm zur Verfügung stehenden stilistischen Mittel gelegentlich zum Lächerlichmachen eines Stückes – bis hin zum totalen Verriß – einzusetzen« (THUNECKE, 1987, S. 332):

> Es erinnert dieses Lustspiel an die Diners, wo der kulinarische Witz unausgesetzt darauf hinausläuft, zehn Gänge von ein und demselben Stoffe herzurichten: erst Kalbfleischsuppe, dann Tête de veau, dann Vealpie, dann Aspik von Kalbsfüßen, dann Schnitzel, dann Leber, aber immer Kalb. Solche Diner kann man bewundern, aber im ganzen genommen werden einem andre doch lieber sein. Die zehn Gänge, die *hier* in den »Malern« aufgetragen werden, sind sämtlich aus Atelieranekdoten präpariert. (N XXII/2.176)

Besonders charakteristisch für Fontanes Besprechungen in der *Vossischen Zeitung* ist endlich auch der Einsatz von Wortspielen, die – in Abwesenheit jedweder akademisch-ästhetischer Steifheit – ebenfalls recht wirkungsvoll zur Auflockerung der Rezensionen beitragen und statt durch professorale Gelehrtheit zu ermüden – »[s]pekulative Ästhetik und schöngeistige Doktrinen waren ihm als Klugschmuserei zuwider« (THUNECKE, 1987, S. 315) – das Interesse des Lesers an dem jeweiligen Stück weckt und damit wohl auch häufig die Rezipienten zum Theaterbesuch bewegt haben dürfte. Ein besonders anschauliches Beispiel hierfür ist eine Besprechung von Frans HEDBERGS Schauspiel *Strohhalm* aus dem Jahr 1882, dessen Titel Anlaß für ein höchst gekonntes Wortspiel bietet:

> Ähnlich verführerisch liegt es mit »Strohhalm«. Es ist auch ein Wort, an das so herrlich bequem sich anklammern läßt, und schon indem

ich »anklammern« gebrauche, bin ich eigentlich mitten drin. Ja, man klammert sich an einen Strohhalm, man sieht an einem Strohhalm, woher der Wind weht, man kitzelt sich mit einem Strohhalm und man balanciert einen Strohhalm auf der Nasenspitze, man ist durch eines Strohhalms Breite vom Abgrund und Verderben getrennt, und ein Strohhalm ist eben ein Strohhalm, d.h. das Korn ist weg. Auf jedem dieser Strohhalme läßt sich spielen; ich aber verzichte darauf. (N XXII/2.140)

Wie bereits eingangs erwähnt, findet Fontanes eigentlicher Rezensionsstil in den Theaterspalten der *Vossischen Zeitung* seine erste Ausbildung in der zweiten Hälfte der 1850er Jahre anläßlich seines dritten London-Aufenthalts. Wesentlicher jedoch als diese stilistische Eigenart ist seine Auseinandersetzung während dieses Zeitabschnitts mit den SHAKESPEARE-Aufführungen zahlreicher Londoner Theater-Direktoren, insbesondere denen von Charles KEAN (Princess Theatre) sowie Samuel PHELPS (Sadler-Wells Theatre), da diese besonders an einer volksnahen Breitenwirkung (»Shakespeare Revival«) interessiert sind. Die Bemühungen dieser Theatermacher, den elisabethanischen Dramatiker möglichst wirklichkeitsnah und lebensecht auf die Bühne zu bringen mittels zahlreicher bekannter und weniger bekannter Inszenierungen von Schauspielen des englischen Dramatikers prägten Fontanes Einstellung zum Theater für den Rest seines Lebens, was man auch daran erkennen kann, daß er bereits zu diesem Zeitpunkt den für ihn typischen Unterschied zwischen »geschichtlich wahre[m] Bild« und »lebenswahre[m]« (N XXII/3.93) macht und die Forderung, »wieder *Menschen* auf [der] Bühne heimisch zu machen« (N XXII/3.113), zum Hauptkriterium einer jeden Theater-Aufführung erhebt. Diese Einstellung gibt Fontane dann allerdings im Laufe seiner Tätigkeit als Rezensent auch immer wieder Veranlassung, Vergleiche, meist negativer Art, mit SHAKESPEARE-Inszenierungen auf der Königlichen Bühne zu Berlin zu ziehen (vgl. unter anderem N XXII/1.549, 939 sowie N XXII/2.417, 468, 511). Stellvertretend dafür sei an dieser Stelle die Rezension einer Aufführung von *Was ihr wollt* aus dem Jahre 1884 angeführt, da sie ganz besonders drastisch auf Mängel deutscher SHAKESPEARE-Aufführungen aufmerksam macht – obwohl Fontane sich stets dagegen verwahrt »zu denen zu gehöre[n], *die in die Fremde gehen, um in der Heimat hinterher alles schlecht zu finden*« (N XXII/3.109):

In England wird diese Rolle [Malvolios] von einem *Heldenspieler* gespielt, und das ist richtig, wie denn überhaupt die englische Bühnentradition […] noch viele Feinheiten in bezug auf Shakespeare-Darstellung aufweist, über die man in Deutschland nicht so leicht, so vornehm und besserwissend hinweggehen sollte. Das gehört dann meist in die Kategorie der »überwundenen Standpunkte«, die sich, aller Überwundenheit unerachtet, schließlich immer mächtiger erweisen als das kümmerliche Neue. (N XXII/2.277f.)

Am anderen Ende der zeitlichen Skala erlangt Fontane – der bereits früh die Größe von Dramatikern wie Franz GRILLPARZER und Heinrich von KLEIST erkennt (vgl. N XXII/1.328, 392, 508f.), dem jedoch, wie im Falle Ernst von WILDENBRUCH (vgl. N XXII/2.578f.), gelegentlich auch krasse Fehlurteile unterlaufen – beträchtliches Ansehen durch seinen selbstlosen Einsatz für das Programm der »Freien Bühne« von Herbst 1889 bis Anfang 1891 (vgl. C. GRAWE, Jahrhundert III, 2000). Er rezensiert während dieses Zeitraumes kenntnisreich und voller Bewunderung – im Gegensatz zu fast allen anderen Berliner Theaterkritikern – eine Reihe naturalistischer Dramen, worin er die Richtigkeit und künstlerische Notwendigkeit der neuen Bewegung rigoros verteidigt, beginnend mit Aufführungen am Residenztheater von Henrik IBSENS *Gespenster* (N XXII/2.705–710) und *Wildente*, Stücke, die er bereits Anfang 1887 bzw. im Herbst 1888 besprochen hat (N XXII/2.690f. bzw. 695f.), gefolgt von Gerhart HAUPTMANNS Dramen *Vor Sonnenaufgang*, *Friedensfest* sowie *Einsame Menschen* zwischen Herbst 1889 und Anfang 1891 (N XXII/2.710f., 739f., 744f.), ferner eine Aufführung am Deutschen Theater aus dem Jahre 1893 von *Die Weber* (N XXII/2.681f.), sowie abschließend im Frühjahr 1890 die erste Inszenierung von Arno HOLZ/Johannes SCHLAFS Drama *Die Familie Selicke* (N XXII/2.731f.).

Die eben erwähnten Rezensionen gehören bei weitem zu den längsten, die Fontane während seiner Karriere als Theaterkritiker verfaßt und die ihn – trotz einiger Abstriche – als Verfechter der neuen naturalistischen Bewegung auszeichnen, wobei ihn insbesondere die »Wahrheit« und »Ungeschminktheit in der Wiedergabe des Lebens« (N XXII/2.695) in den Stücken IBSENS beeindrucken. Er erkennt dabei nämlich sofort – im Gegensatz zu vielen zeitgenössischen Kritikern –, daß »[d]as Gebäude der überkommenen Ästhetik in allen Fugen [krachte]« (N XXII/2.696), eine Tatsache, die Fontane – trotz des Ernstes der Situation – in einer Besprechung der *Gespenster* in der ihm eigenen humorvollen Art illustriert:

Die klassischen Aufführungen schaffen seit geraumer Zeit das Seitenstück zu den leeren Kirchen. Der Aufführungspomp ist ein trauriger Notbehelf. Und in dieser Not sprang der Realismus ins Dasein, der das Kunstheil auf dem entgegengesetzten Wege suchte. Wenn es das Paradies nicht mehr sein konnte, so sollt' es dafür ein Garten des Lebens sein. Auf dem nach diesem Ziel hin eingeschlagenen Wege hat es für manchen ein Verweilen an Stellen gegeben, daran vorüberzugehen vielleicht besser gewesen wäre. Zuletzt aber, nach mancher Irrfahrt, wird auch auf diesem Wege [...] das Schöne gefunden werden, und wenn es gefunden ist, so wird es eine schärfere Darstellung finden als vordem, weil das Auge mittlerweile schärfer sehen lernte. Nenne man meinetwegen den jetzigen Weg den Weg durch die Wüste. Nach der Wüste kam gutes Land. Das Scheinwesen wird dann fallen und das Auge für die Schönheit geblieben sein. (N XXII/2.708)

Seit Ende des 19. Jahrhunderts gilt Fontane daher, neben Otto BRAHM, als Mitentdecker HAUPTMANNS, dessen Erstlingswerk *Vor Sonnenaufgang* – die Uraufführung findet am 20. 10. 1889 auf der »Freien Bühne« statt und führt zum größten Skandal der deutschen Theatergeschichte (KNUDSEN, 1942, S. 177) – er tatkräftig fördert (ebd., S. 174–177). Die Besprechung dieser Aufführung ist die längste Kritik überhaupt seiner über 20jährigen Laufbahn als Theaterrezensent (in N umfaßt sie nicht weniger als neun Seiten, XXII/2.710–18), eine Rezension, die sowohl für die naturalistische Bewegung als auch für das damalige Rezensionswesen richtungsweisend werden soll. Fontane verleiht darin unter anderem seiner Bewunderung Ausdruck für die »Kühnheit der Probleme« dieses Stückes, »die kunstvolle Schlichtheit der Sprache, die Gabe der Charakterisierung«, »die konsequenteste Durchführung der Handlung und Ausscheidung alles nicht zur Sache Gehörigen« (N XXII/2.713), bei gleichzeitiger Hervorhebung all derjenigen Fehler, die er – trotz vieler positiver Aspekte – bei IBSEN bemängelt und deren Aussparung er HAUPTMANN hoch anrechnet: »das Spintisierige, das Mückenseigen, das Bestreben, das Zugespitzte noch immer spitzer zu machen, [...] dazu das Verlaufen ins Unbestimmte, das Orakeln und Rätselstellen.« (N XXII/2.713 f.)

Seine Einstellung zur naturalistischen Bewegung hebt Fontane besonders deutlich in seiner Rezension der Uraufführung von HOLZ/SCHLAFS Stück *Die Familie Selicke* auf der »Freien Bühne« im April 1890 hervor, in der er sowohl positive als auch negative Aspekte der neuen literarischen Richtung thematisiert:

Die gestrige Vorstellung der »Freien Bühne« brachte das dreiaktige Drama der Herren Arno Holz und Johannes Schlaf: »Die Familie Selicke«. Diese Vorstellung wuchs insoweit über alle vorhergegangenen an Interesse hinaus, als wir *hier* eigentlichstes Neuland haben. Hier scheiden sich die Wege, hier trennt sich alt und neu. Die beiden am härtesten angefochtenen Stücke, die die »Freie Bühne« bisher brachte: Gerhart Hauptmanns »Vor Sonnenaufgang« und Leo Tolstois »Die Macht der Finsternis«, sind, auf ihre Kunstart, Richtung und Technik hin angesehn, keine neuen Stücke, die Stücke bzw. ihre Verfasser haben nur den Mut gehabt, in diesem und jenem über die bis dahin traditionell innegehaltene Grenzlinie hinauszugehen, sie haben eine Fehde mit Anstands- und Zulässigkeitsanschauungen aufgenommen und haben auf dem Gebiete dieser kunstbezüglichen, im Publikum gäng und gäben Anschauungen zu reformieren getrachtet, aber nicht auf dem Gebiete der Kunst selbst. Ein bißchen mehr, ein bißchen weniger, das war alles. Die Frage: »Wie soll ein Stück sein?« oder: »Sind nicht Stücke denkbar, die von dem bisher Üblichen vollkommen abweichen?«, diese Frage wurde durch die Schnapskomödie des einen und die Knackkomödie des anderen kaum berührt. (N XXII/2.731 f.)

Die Unterschiede verschiedener naturalistischer Kunstwerke und ihre literarische Bedeutung noch im hohen Alter, am Ende einer illustren Karriere als Verfasser zahlreicher realistischer Romane und vieler hunderte von Theaterrezensionen zu erkennen und zu fördern, gereicht Fontane zu hoher Ehre. Er beweist damit, wie sehr er – auch im dramatischen Bereich – den Finger am Puls hat und daß er – ohne Furcht vor eventuellen Fehlurteilen – bereit ist, unbeirrbar für seine Meinung einzutreten – was fürwahr *nicht* der Haltung eines angeblichen ›Theater-Fremdlings‹ entspricht, wie sich ja auch bereits in der Weimarer Zeit die Einsicht verbreitet, daß es »die theaterkritischen Arbeiten des vermeintlichen ›Theaterfremdlings‹ Fontane gewesen« sind, »die sich durchgesetzt und erhalten haben« (THUNECKE, 1987, S. 333). Bezeichnend für diese Einsicht ist eine Passage aus Fontanes Besprechung von Wilhelmine von HILLERNs berühmt-berüchtigtem Stück *Die Geier-Wally* (1881), die hier abschließend zitiert sei, weil darin sämtliche positiven Aspekte der Fontaneschen Theaterkritik feuerwerkskörpergleich gezündet werden:

> Vom ersten Augenblick an glüht es und sprüht es und knattert's und prasselt's, und wenn die Rakete mit den fünf Leuchtkugeln eben als Sanspareil in die Luft gestiegen ist, so folgt auch schon eine zweite, die mit ihren zwölf niederknatternden Schwärmern die Fünf-Leuchtkugel-Rakete wieder aus dem Felde schlägt. Effekt über Effekt, zugestanden, und doch nichts von eigentlicher Effekthascherei;

die grellen Farben geben sich als das natürliche Kleid, und mehr Braun oder Grau darin zu verlangen, hieße den Goldfasan vom Sperlingsstandpunkt aus rektifizieren zu wollen. Alles im Leben hat entweder sein besonderes Licht oder verlangt es, und für den, der nächtens ein Turmseil ansteigen will, sind vielleicht Sonnen und Pot à feu's die natürliche Beleuchtung. (N XXII/2.81)

JÖRG THUNECKE

Literatur

E. VOLLMER, Berliner Theater-Kritiker. Eine Kritik der Kritik, Berlin 1884. – P. LEGRAND, Theodor Fontane als Theaterkritiker, in: Bühne und Welt. Zs für Theaterwesen 7 (1905), 1, S. 599. – P. SCHLENTHER, Vorwort zu Theodor Fontane, Causerien über Theater, Berlin 1905, S. III–XX. – J. SPRENGLER, Theodor Fontane als Kritiker, in: Die Warte 7 (1906), 5, S. 264. – B. TREBEIN, Theodor Fontane as a Critic of the Drama, New York 1916; Nachruck 1966. – P. LANDAU, Der Kritiker Fontane. Zum 25. Todestag, in: Börsen-Courier (Berlin), 18. 9. 1923. – Anon, Aus dem Nachlass von Theodor Fontane, in: NR 9 (September 1924), S. 939–52. – F. ENGEL, Theodor Fontane, der Kritiker, in: Die Dt Bühne, 18 (1926), S. 58–61. – O. PNIOWER, Fontane als Theaterkritiker der Vossischen Zeitung, in: Vossische Zeitung, Nr. 134, 11. 6. 1926 (Unterhaltungsbeilage). – H. KNUDSEN, Theodor Fontane: Kritische Jahre – Kritiker-Jahre, in: Börsen-Zeitung (Berlin), Nr. 288, 11. 12. 1934. – F. PRUSKIL, Der Theaterkritiker Wilhelm Gubitz, Berlin 1938. – R. KNUDSEN, Der Theaterkritiker Theodor Fontane, Berlin 1942. – Ders., Profil eines Kritikers, in: Berliner Hefte für geistiges Leben 2 (1947), S. 599. – W. WELK, Parkettplatz 23. Theodor Fontane. Über Theater, Dichtung und Wahrheit, Berlin 1948. – W. WELK, Fontane als Theaterkritiker, in: Heute und Morgen (Berlin) 1948, S. 591–93. – M. T. KÖRNER, Zwei Formen des Wertens. Die Theaterkritiken Theodor Fontanes und Alfred Kerrs. Ein Beitrag zur Theaterkritik, Diss. Bonn 1952. – C. KLINGER, Das Königliche Schauspielhaus in Berlin unter Botho Graf von Hülsen (1869–1886), Diss. Berlin-West 1954. – J. BIENEK, Fontane als Literaturkritiker, Rudolstadt 1956. – E. NEISE, Das Königliche Schauspielhaus in Berlin unter Botho von Hülsen (1851–1869) unter besonderer Berücksichtigung der zeitgenössischen Theaterkritik, Diss. Berlin-West 1956. – M. KOCH, Das Königliche Schauspielhaus in Berlin unter Bolko Graf von Hochberg (1886–1902), Diss. Berlin-West 1957. – G. F. HERING, Der Kritiker Theodor Fontane, in: G. F. H.., Der Ruf zur Leidenschaft. Improvisation über das Theater, Köln/Berlin 1959, S. 281–92. – O. M. FONTANA, Gestaltwandel der deutschen Theaterkritik 1889–1936, in: Neue Zürcher Zeitung, 9. 12. 1961. – H. ROCH, Fontane und das 19. Jahrhundert, Berlin-West 1962. – R. TROUWBORST, Geblättert beim Theater-Fremdling, in: Volksbühnenspiegel 9 (1963), 6, S. 4. – H. RISCHBIETER, Der Vorreiter des Realismus. Der Kritiker und sein Theater (1): Theodor Fontane, in: Theater Heute 6 (1965),

9, S. 28–32. – W. LINCKE, Theodor Fontane als Theaterkritiker, in: FBl Bd. 1, H. 1 (1967), S. 204–15. – H. SCHANZE, Drama im Bürgerlichen Realismus (1850–1890). Theorie und Praxis, Frankfurt am Main 1973. – R. LEPPLA, Theodor Fontanes Besprechungen der Theaterstücke Gustav Freytags, in: Gustav-Freytag-Blätter 20 (1976), S. 50. – R. BERBIG, Zwischen Bühnenwirksamkeit und Wahrheitsdarstellung. Aspekte zu zwei Theaterkritikern Berlins nach 1871 – Paul Lindau und Theodor Fontane, in: FBl H. 38 (1984), S. 570–80. – L. GREVEL, Fontane e la critica teatrale, Pisa 1984. – B. KAMPEL, Theater-Leben. Studien zur historischen Relevanz von Theater und Schauspiel in der Erzählprosa Theodor Fontanes, Diss. Graz 1984. – L. Grevel, Fontane und die Theaterkritik, in: FBl H. 40 (1985), S. 175–99. – J. THUNECKE, »Das Geistreiche geht mir am leichtesten aus der Feder.« Fontanes Theaterkritiken (1870–1899) im Kontext zeitgenössischer Rezensionen von Friedrich Adami und Karl Frenzel, in: Literarisches Leben, 1987, S. 303–36. – Ders., Der »Theater-Fremdling« Theodor Fontane: Anmerkungen zum Ursprung eines Ausdrucks, in: FBl H. 58 (1994), S. 254–69. – C. GRAWE, »Eine frischen Trunk Schiller zu tun«. Theodor Fontanes Schillerkritiken 1870–1889. 1. Teil: FBl H. 62 (1996), S. 76–87, 2. Teil: FBl H. 63 (1997), S. 66–90. – H. SCHEUR, Der Realist und die Naturalisten. T. Fontane als Theaterkritiker, in DU 50 (1998), 4, S. 25–33. – L. SCHIRMER, Theodor Fontane und das Theater seiner Zeit, in: Fontane und sein Jahrhundert, hg. von der Stiftung Stadtmuseum Berlin, Berlin 1998, S. 101–114. – Theodor Fontane: Die Saison hat glänzend begonnen. Hg. mit einem Nachwort von P. GOLDAMMER, Berlin 1998. – C. GRAWE, »Une saison en enfer«: Die »Freie Bühne« und Fontanes Kritiken, in: Jahrhundert, III, 2000, S. 256–271.

3.4.6 Literatur- und Kunstkritik

Fontanes Beiträge zur Literatur und Kunst bilden keine geschlossene, einheitliche Abteilung im journalistischen Werk. Zur Tätigkeit des Kritikers gehören natürlich insbesondere auch die Theaterrezensionen sowie der autobiographisch getönte Bericht über *Christian Friedrich Scherenberg und das literarische Berlin von 1840 bis 1860*. Unbedingt stellt das Briefwerk ein zwar halböffentliches, aber entscheidendes Forum für Fontanes ›Verhandlungen‹ über die Gegenstände der Literatur und Kunst dar, und schließlich gilt es nicht zu vergessen, daß auch die Schublade des Unfertigen bis vor kurzem manches barg, was man seit seiner Entdeckung im Konvolut der Essayistik nicht missen möchte, wie skizzenhaft, vorläufig und unvollständig es auch geblieben sein mag. So zeichnet sich schon auf den ersten Blick ein ›mediengeschichtlich‹ diffuses Werk ab; und doch verliert es sich nicht im Markttreiben der alltäglichen Journalistik, sondern setzt als gewichtiger und bedeutender Werkteil sichtbare Wegmarken in der weitgespannten Laufbahn eines vielseitigen Schriftstellers, hinterläßt Spuren einer produktiven Auseinandersetzung mit den kulturellen Tagesereignissen und trägt mit dieser Arbeit von Tag zu Tag entscheidend zur bleibenden Profilierung einer Kulturepoche bei. Was entstehungsgeschichtlich oft nur als zusammengewürfeltes Stückwerk erscheinen mag, fügt sich im Blick aus dem Abstand zur mosaikartigen Werkfigur zusammen, die zur verweilenden Lektüre einlädt.

An eine Bündelung seiner literatur- und kunstkritischen Schriften hat Fontane in dieser Form kaum gedacht, obwohl er die feuilletonistischen Arbeiten seiner England-Jahre durchaus »in Achtung gebietender Korpulenz vor das Publikum treten« lassen wollte bzw. auch treten ließ (FM, II.48; vgl. *Aus England. Studien und Briefe über Londoner Theater, Kunst und Presse*, 1860); aber das meiste blieb seinen Nachlaßverwaltern vorbehalten. Am Anfang steht eine den »Wortlaut! Keineswegs den Sinn!« (SCHLENTHER, S. XXI) redigierende ›Ernte‹ der »nahezu zwei Jahrzehnte« währenden Referententätigkeit am Berliner Königlichen Schauspielhaus, die sein Freund und Nachfolger im Amt, Paul SCHLENTHER – unterstützt von Otto PNIOWER – im Jahr der *Familienbriefe* 1905 besorgte. Hinter dem gewählten Titel *Causerien über Theater* stand durchaus der Anspruch, den kompetenten, versierten Kritiker vorzustellen, das »geistige Band« (ebd., S. VII) seines Schreibens von Abend zu Abend zu entwickeln, das »ästhetische Gesetzbuch« (ebd., S. X) seines Urteilens zu ergründen und damit sein »künstlerisches Glaubensbekenntnis« (so PNIOWERS briefliche Formulierung, die SCHLENTHER in sein Vorwort, S. XXII, aufnahm) zu enthüllen. »Literarische Studien und Eindrücke« überschrieb Josef ETTLINGER den Abschnitt seiner *Nachlaß*-Edition aus dem Jahr 1907, der den bedeutenden ALEXIS-Essay, sodann »GOETHE-Eindrücke«, »Roman-Reflexe« (Joseph V. von SCHEFFEL, Gustav FREYTAG, Gottfried KELLER, Friedrich SPIELHAGEN, Paul LINDAU, Ivan TURGENEV, Alexander KIELLAND) und den Bericht über den Besuch bei Rudolf LINDAU enthält und somit zum ersten Mal einen Überblick über Fontanes spätere literaturkritische Tätigkeit vermittelt. Schon diese Auswahl läßt charakteristische Eigenschaften des kritischen Werkes erkennen. Es sind Reflexe auf die engere wie weitere Literaturszene, auf die vergangene wie gegenwärtige, klassische wie moderne, regionale wie europäische Kulturwelt. Das Kritisch-Objektive macht sich ebenso geltend wie das Persönlich-Erlebnishafte, der unmittelbare Kontakt. Bei der Wahl der Gegenstände dominiert das Epische oder allgemeiner gefaßt die Prosa. Vielleicht begegnen hier auch ›gestellte‹ Bilder, die der Nachlaßverwalter nur

»um ihres Gegenstandes willen« oder wegen der »besondere[n] Art der Urteilsfällung« (ETTLINGER, S. XVII) an den Tag bringt. Doch was an charakteristischen Zügen sichtbar wird, bewahrt auch auf breiterer Textgrundlage seine Gültigkeit:

> Die kritische Methode oder Unmethode ist dieselbe, die man aus den *Causerien über Theater* schon kennt: absolut unbefangenes und unabhängiges Herantreten an die Dinge, vorurteilsfreie Empfänglichkeit, unbedingte Nichtbeachtung aller Schulmeinungen, Respekt vor dem Wollen, Bewunderung für das Können, ein scharfes Auge für »wunde Punkte«, für Schiefheiten und technische oder psychologische Entgleisungen. (ETTLINGER, S. XVII)

Heute stellt sich Fontanes literatur- und kunstkritische Essayistik in vereinter Form und mit bändefüllendem Gewicht dar; die Nymphenburger Werkausgabe bietet den ganzen Fontane (N XXI/1.2 bzw. XXIII/1.2), die Hanser-Ausgabe liefert eine Auswahl des Wichtigen (III.1 bzw. III.3 und III.5), wobei sie die Textselektion auf dem kunstkritischen Feld durch die Beigabe von Bildmaterial mehr als wettmacht und dem literaturkritischen Teil auf dem Wege der Taschenbuchveröffentlichung (Ullstein) eine für das essayistische Genre ungewöhnlich hohe Verbreitung ermöglichte. Wegbereitend für die akademische Forschung wirkten schon vor den Initiativen der Gesamtausgaben (zu denen die Große Brandenburger Ausgabe noch weiteres beitragen wird) die beiden Bände, die H.-H. REUTER 1960 und 1969 herausgegeben hat. Die *Schriften zur Literatur* stellen so etwas wie ein Modell dar, die Konstruktion eines belesenen, vielseitigen, im Okkasionellen doch zielstrebig arbeitenden und bei aller analytischen Rationalität durchaus auch temperamentvoll schreibenden Literaturkritikers (der in diesem Fall auch den Theaterkritiker einschließt); was zum Zeitpunkt dieser ›Ernte‹ als »Ungedrucktes« oder »Unbekanntes« beiseite bleiben mußte und trotzdem zum kritischen Werk gehört – sei es als Stoff- und Exzerptensammlung, sei es als Entwurf, Skizze oder Fragment –, holte der Folgeband *Aufzeichnungen zur Literatur* ein knappes Jahrzehnt später nach. Gewiß verdienen auch Fontanes kunstkritische Schriften eine sich der breiteren Öffentlichkeit zuwendende Editionspraxis, die sich freilich noch nicht abzeichnet. Für die literaturkritische Journalistik gilt dagegen zweifelsohne, daß sie seit geraumer Zeit, wenn nicht schon von Anfang an, einen beachtlichen und viel beachteten Werkanteil darstellt. Die neuerliche Entdeckung der vielsagenden Rollen von Bildern, Skulpturen, Monumenten und Gebäuden im Erzählwerk wird auch der allgemeinen Wahrnehmung der kunstkritischen Schriften zugute kommen, zumal die hier an den Tag tretende wechselseitige Beeinflussung der Künste zu populäreren Editionsprojekten verlocken könnte.

Was für ein Literatur- und Kunstkritiker ist Fontane, wie arbeitet und urteilt er? Fontane übt das Kritikeramt als angestellter Sachverständiger, interessierter Laie und praktizierender Autor aus; das heißt, er kritisiert von Amts wegen und um der Sache willen, er bedenkt Kunstfragen aus reiner Neigung, und er studiert Prinzipien, Verfahren und Machart von Kunstobjekten zur Vorbereitung, Steigerung oder Legitimation der eigenen Schöpfungen. Selbstverständlich mischen sich in jede noch so objektiv kritische Äußerung über ihre reine Sachdarstellung hinaus expressive und appellative Obertöne; aber in Fontanes Fall kommt hinzu, daß der lange, umständliche und mühevolle Weg der Schriftsteller-Genese diese Mehrspurigkeit bzw. Vielstimmigkeit der praktizierten Kritik und der kritischen Praxis beförderte oder vielleicht sogar notwendig machte. Davon zeugt insbesondere die Freundschaft mit Paul HEYSE (FRIEDRICH, 1980), die – um es verkürzt auszudrücken – schon früh den sachverständigen (Dramen- bzw. Bühnen-)Theoretiker Fontane im Streit mit dem erfolgreichen Praktiker zeigt, um dann vom Ende her das Recht des neuen, gleichsam theoriegeprüften Praktikers gegenüber dem ›Naturgenie‹ zu offenbaren. Fontane durchlebt im wahrsten Sinne des Wortes eine Kritiker-Biographie; darauf deutet schon der Arbeitstitel für die dritte Phase der Autobiographie *Kritische Jahre – Kritiker-Jahre* hin. In diesen biographischen Zusammenhang gehören unbedingt die »Tunnel«-Erlebnisse, die den unmittelbaren Zusammenhang von Theorie und Praxis, Kritik und Produktion ermöglichten und über Jahre hinweg regelmäßig lehrten. Ob privat oder öffentlich, im Gespräch, im Brief oder im Feuilleton, ob angesichts des Freundes im Sessel gegenüber oder vor dem Rezensionsexemplar auf dem Schreibtisch – immer bleibt die Spannung zwischen ästhetischer Rechtssprechung und den besonderen Absichten der eigenen ›Justizanstalt‹ erhalten.

Fontanes literaturkritisches Werk hat viele Seiten: Es gibt den brillanten Essay, der sich schon längst einen Platz unter den Lehrbeispielen der Muster-Kritiken erobert hat (*Unsere lyrische und epische Poesie seit 1848*), den unerbittlichen Schiedsspruch, der trotz der gewahrten Konzilianz des ›Causeurs‹ das vernichtende Urteil verhängt (z.B. über Gustav FREYTAGS *Die Ahnen*), und den taktischen Beitrag, der mangels Stoffs oder aus Rücksicht auf nahestehende

Personen anderes oder nur das Harmlose verhandelt (über George HESEKIEL). Es gibt die biographische Skizze, die ›Festschrift‹, die sich ganz dem Gegenstand hingibt, den Jubilar ehrt und kritisch würdigt und doch am eigenen Schriftstellerweg arbeitet (z.B. über Walter SCOTT oder Willibald ALEXIS). Es gibt aber auch die vielen Entwürfe und Fragmente, ja bloße Stoffsammlungen, die schon in den Anfängen stecken geblieben sind und doch zum Bild des Kritikers beitragen; hierzu gehören die Spuren einer Auseinandersetzung mit Arthur SCHOPENHAUER, die Entwürfe für ein Bret-HARTE-Projekt (vgl. FBl 1980, Sh 6), das literaturgeschichtliche Ausmaße annehmen sollte, und die Vorstudien für eine Emile ZOLA-Kritik. Fontanes Profil als Kritiker bliebe unvollständig ohne die kritische Arbeit, die sein Briefwerk enthält. Es sind dies keineswegs Meinungen eines hinter der Hand Raunzenden; vieles nimmt bereits essayistische Qualität an, so die erste Äußerung über HAUPTMANNS *Vor Sonnenaufgang* (IV.3.719 f.) und die in sich abgeschlossene, ›vollendete‹ Kritik an A. DOVES historischem Roman *Caracosa* (FFr, S. 255–267); Fontanes Auseinandersetzung mit der Dichtung Richard WAGNERS spielt sich fast ausschließlich in den Briefen ab.

Fontane hat zeit seines Lebens ›kritisiert‹; seine literatur- und, im geringeren Ausmaße, kunstkritischen Schriften verteilen sich – fast wie die Lyrik – über den gesamten Entwicklungsgang. Gewiß bildet der anonym veröffentlichte Essay *Unsere lyrische und epische Poesie seit 1848* (erschienen 1853) keinen allzu frühen Auftakt; aber er stellt nur die Spitze eines Eisberges dar, der unter der Oberfläche des Veröffentlichten eine weitere Ausdehnung hat (vgl. die Theaterberichterstattung in Dresden 1842 und die Arbeit am *John Prince*-Manuskript um 1844, sodann die Gespräche im Umkreis des »Tunnels« und der gedankliche Austausch in den Briefen aller Lebensphasen). Geht man von den zu Lebzeiten gedruckten Beiträgen aus, so markieren die sechziger und siebziger Jahre die Epoche der erhöhten literatur- und kunstkritischen Tätigkeit (letztere entfaltet sich freilich schon deutlich in den fünfziger Jahren). Das hat natürlich seinen Grund in Fontanes beruflicher Stellung als Redakteur und eifriger Buchkritiker. In den siebziger Jahren aber kommt das Motiv der forcierten Begründung und Einrichtung des eigenen »Romanschriftsteller-Ladens« hinzu. Die großen Essays über SCOTT und ALEXIS sind – ganz in realistischer Manier – objektivierte Darstellungen literarisch-biographischer Entwicklungsprobleme (O. KEILER, 1994), entfaltet mit den Mitteln einer komparatistischen Methode, die den eigenen Lebenslauf im Blick auf mehr oder minder verbindliche Modelle zu regulieren sucht. Sie zeigen den Meister der Kritik als Musterschüler der europäischen Literatur (Henry FIELDING, Tobias SMOLLETT, Laurence STERNE, Benito PEREZ GALDOS, TURGENEV, GOETHE, JEAN PAUL usw.) und lassen dennoch nicht vergessen, daß die Sternstunden der Abendschule und nächtlicher ›Unterhaltung‹ mit der Kärrnerarbeit des Tages (HESEKIEL, George HILTL, Heinrich KRUSE, Heinrich SEIDEL) finanziert werden mußten.

Fontane versteht das Loben so gut wie das Tadeln. Seine Stärke bleibt auch im kritischen Genre das Beobachten und Beschreiben, ein Verfahren, das es ihm ermöglichte, die Sache selbst zu Wort kommen zu lassen. Er ist ein entschiedener Kritiker, auch wenn er gelegentlich sein Urteil modifiziert, relativiert oder gar revidiert (z.B. gegenüber KLEIST oder Ernst von WILDENBRUCH). Er urteilt nie als Theoretiker einer systematischen Ästhetik, sondern immer als Praktiker, der weiß bzw. sich darum bemüht, zu erfahren, wie man etwas macht und »gestaltet« (BSJ I.129). Hier liegt der Grund für Toleranz wie Strenge seiner Urteile, die er sich nie gescheut hat, »offen auszusprechen« (FFr, S. 266). Fontane beruft sich mit Vorliebe auf seine »Feinfühligkeit künstlerischen Dingen gegenüber«: ›Ich habe ein unbedingtes Vertrauen zu der Richtigkeit meines Empfindens.« (IV.2.431) Diese ›ellenlose‹ persönliche Sicherheit (»Bei Romanen, Novellen, Gedichten, bin ich meines Urtheils in der Regel ganz sicher, *beneidenswerth sicher*.« BSJ II.114) verschafft ihm eine Flexibilität beim Kritisieren, die ihre Glaubwürdigkeit selbst im Widerspruch nicht verliert. »Es *kann* nicht gut sein« (IV.4.343), heißt es apodiktisch über A. DOVES historischen Roman und bewahrt sein Recht trotz der nachschriftlich gebotenen Korrektur, die dem Vorsatz zu widersprechen scheint: »Natürlich ist es gut« (IV.4.344); denn »gut« ist im Fall eines feinen und klugen Herrn, als den Fontane den Historiker achtet, »gar nichts, es muß *sehr* gut sein, wenn es gut sein soll«, ›gut‹ nämlich als Dichtung. Zu den Haupttugenden einer gelungenen Kritik zählt Fontane Klarheit, Anschaulichkeit, Treffsicherheit und Bestimmtheit; aber auch das Liebenswürdige und Geistreiche wollte er in einer anspruchsvollen Kritik nicht missen (IV.3.454). Das überschwengliche Lob einer schlechten Rezension hielt er allemal für minderwertiger als den kräftigen Tadel eines Sachverständigen; es geschah gerade im Kontext seiner (privaten) ZOLA-Studien, daß er sich für das eigene Werk jene Form der kritischen Reibung wünschte, die er dem Naturalisten im eigentlichen Sinne des Wortes zugute kommen ließ.

Grundlagen, Gegenstände, Themen, Umfang, Verfahren, Stil und Bedeutung der literatur- und kunstkritischen Arbeit wurden bereits in Teil II des vorliegenden Handbuchs dargestellt und brauchen hier nicht wiederholt zu werden. Sichtbar wird ein europäischer – ansatzweise sogar transatlantischer – Zugriff. Das kunstkritische Interesse lenkt den Blick auch auf Italien, das literaturkritisch für Fontane kaum eine Rolle spielt.

Seit den kunstkritischen *Briefen aus Manchester* kann Fontane als fachlich ausgewiesener, kundiger, dem Neuen gegenüber aufgeschlossener, gründlich arbeitender und mutig urteilender Kritiker auf der Höhe seiner Zeit bezeichnet werden (C. JOLLES, 1972, S. 99ff.). Dank seiner »*optischen* Veranlagung« erwies er sich in Beschreibung, Einordnung, Erklärung und Beurteilung künstlerischer Gegenstände (Malerei, Skulptur, Bauwerke) immer wieder als begünstigter »Augenmensch« (REUTER, S. 329). Er hat bei keinem geringeren als John RUSKIN ›gelernt‹, was es heißt, die Wahrheit in der Kunst zu suchen und zu schätzen (C. JOLLES 1972); er besaß die besten Kontakte (Franz KUGLER, Friedrich EGGERS, Wilhelm LÜBKE, Adolph von MENZEL, Gustav WAAGEN). Entgegen der älteren Verkennung seiner kunstkritischen Fähigkeit kann seit geraumer Zeit als gewiß gelten, daß er einen eigenen kunstkritischen und kunstgeschichtlichen Stil entwickelt hat, der den ästhetischen Gesichtspunkt mit dem ethischen, sozialen und nationalen zu verknüpfen wußte. Fontane ist ein durchaus origineller Kunstkritiker.

Statt weiterer Hinweise auf die zahllosen Inhalte der kritischen Tätigkeit mag hier exemplarisch Fontanes Auseinandersetzung mit FREYTAG aufgegriffen werden, weil sie – auf zwei Jahrzehnte verteilt – die Bemühungen um den Eigenweg auf kritischem wie praktischem Feld anschaulich illustriert und gleichsam die Rahmenbedingungen für Fontanes Kritikerpraxis vor Augen führt. FREYTAG mag in mehrfacher Hinsicht eine Bezugsfigur für Fontane darstellen, die in Anlehnung, Reibung und Abwendung den Hintergrund, vielleicht auch eine Art Sprungbrett für die eigene Entwicklung abgeben kann. Als Mitherausgeber der für den Nachmärz-Realismus tonangebenden *Grenzboten* vertritt FREYTAG (zusammen mit Julian SCHMIDT) die literaturkritische Norm, der sich Fontane nicht nur beugt, sondern an der er – nahezu zeitlebens – aktiv mitwirkt. Als Verfasser von *Soll und Haben* repräsentiert FREYTAG im epischen Fach den Klassiker der Gegenwart, die spezifisch nationale Form des modernen Romans, ausgeführt nach dem Vorbild der europäischen Erzählkunst. Deutlicher als Fontane engagiert sich FREYTAG als national-liberaler Abgeordneter in der Politik; auch verfolgt er vor Ort die Ereignisse des deutsch-französischen Krieges. Zu seinem Autorenprofil gehört zudem das Interesse an ebenso modernen wie historischen Stoffen.

Fontanes ungezeichnete Rezension von *Soll und Haben* (1855) begrüßte FREYTAG als den »Sieger« im Wettstreit jener Nationen um den Preis des Voll-Realismus, die bislang ihre Favoritenrolle nur im engeren Kreis dessen behaupten konnten, was sie gattungsgeschichtlich als ihre jeweilige Spezialität auszuweisen pflegten: So reklamierten die Engländer ihren Realismus-Vorsprung auf dem Gebiet der Dichtung, die Franzosen in der Malerei und die Deutschen im Skulpturen-Fach. FREYTAG habe vor diesem Erwartungshorizont eher unverhofft, wenn auch durchaus berechtigt die Krone des ideell durchdrungenen literarischen Realismus erworben. Dabei schätzt Fontane an dem neuen Roman weniger die Originalität der Figuren und Situationen als vielmehr die synthetische, anverwandelnde Kraft, die anzeigt, daß hier ein »Meister« (III.1.294) am Werk ist, der einen »Grundriß« nach »Maß und Gesetz« (III.1.295) zu entwerfen vermag. Wenn künstlerische Produktivität bei all ihrer Verwobenheit mit den Belangen des Alltags doch zugleich ein hochspezialisiertes Metier darstellt, für das man sich in mühevollen Studien qualifizieren muß, so bot FREYTAGS Roman den besten Anlaß dafür, sich und anderen das notwendige Kunst-Handwerk vor Augen zu führen. Diese Rezension ist demnach nicht nur eine Buchkritik unter vielen, sondern ein Programm, eine Art Studiengang für einen weitgespannten, noch unsicheren Lernweg innerhalb einer poetischen Fakultät, die soeben ihre Fächer, das des Romans zumal, im Namen des »Fortschritts« (III.1.296) revidiert.

Bau, Motivierung, Dialog sind die neuen Zentren der schriftstellerischen Arbeit im Zeichen der epischen Integration, an denen sich die Güte dieses und aller Werke von nun an ermißt. Selbst die »Idee«, die der Roman zum Ausdruck bringt, wird dem formalen Maßstab unterworfen bzw. offenbart im Lichte des kompositorischen Kriteriums die künstlerische Schwäche oder Stärke. Das bedeutet freilich nicht, daß Fontane spezifisch formalistisch urteilte, aber sein Richtspruch sucht die schriftstellerische Leistung eben nicht in der Grauzone der Anschauung und Tendenz, sondern auf dem voraussetzungsreichen Feld der Kunst. Nie galt ihm Dichtung und Kunst als Medium, immer beharrte er auf dem ästhetisch Gekonnten als jenem springenden Punkt, »*worauf es eigentlich ankommt*« (PB I.129).

Fontanes Maßstab bzw. ästhetisches Gefühl bleibt auffallend einfach. Vor dem Hintergrund der philosophischen Ästhetik oder akademischen Literaturtheorie wirkt seine Argumentation schlicht, banal, veraltet oder gar unangemessen. Er, der sich in Sachen Kunst ständig auf die Unbestechlichkeit seines Urteils beruft, enttäuscht angesichts der rapide zunehmenden Komplexität der ästhetischen Diskussion mit seiner einfältig wiederholten Forderung nach jenen Kunstgriffen, die echtes Leben, greifbare Menschen und ›virtuelle‹ Lebensbilder erzeugen sollen, in die sich ihre Betrachter hemmungslos hineinversetzen können. Die Frage, die sich hier aufdrängt, lautet nicht eigentlich, ob ein Kritiker mit dieser Minimalausrüstung überhaupt ernstzunehmen ist, sondern warum er gerade auf dieser Urteilsbasis recht behält. Schließlich tritt er doch mit dieser dürftigen Ausstattung gegen eine Erfolgs- und Bildungsgeschichte an, die weit ins 20. Jahrhundert hineinreicht, und ficht für ein Projekt der Zukunft, dessen Ausführung er zur Zeit der FREYTAG-Kritik wohl kaum klar vor Augen haben konnte. Diese geradezu antizipatorische Dimension zeigt sich insbesondere in seiner Kritik am *Ahnen*-Zyklus, jenem gewaltigen Epos über die Bürger-»Könige«, das Fontane – trotz seines Sondervotums für *Markus König* – als künstlerische Leistung gänzlich verurteilt.

Fontane ist sich bewußt, daß er Neuland betritt, nur aus der »Empfindung« heraus urteilen kann und dennoch »von Prinzip wegen« (III.1.316) das Problem bewältigen muß. Zur Sprache kommt – das überrascht zunächst im Kontext der Bemühungen um einen Zyklus historischer Romane – der Roman überhaupt und der moderne Roman insbesondere. Sein poetologisches und epochenspezifisches Profil wurde schon an anderer Stelle besprochen, hier interessiert die Argumentation des Literaturkritikers, der beweisen will, daß trotz der »reinen Luft wirklicher Kunst« das gesamte Unternehmen den »Todeskeim« (III.1.317) in sich trägt. Wie gelingt Fontane das? Die *Ahnen*-Rezension zeigt Fontane in der Rolle eines nahezu deduktiv argumentierenden Poetologen, der aus seinen Rubrizierungen normative Folgerungen zieht. Die entscheidende Gelenkstelle liegt in der Identifizierung der spezifischen »Aufgabe« des modernen Romans. Fontane gibt eine durchaus differenzierte Aufgabenbeschreibung, die zu gattungsgeschichtlichen Sonderregeln führt; in jedem Fall aber leitet er vom übergeordneten Gesichtspunkt der Zeitbildlichkeit und Widerspiegelungsfunktion die Beurteilungskriterien für die jeweilige Kunstleistung ab. Er wendet sich gegen alles Willkürliche, dem er bloßen, wenn auch ins Monumentale ausgreifenden Eklektizismus vorwirft, und plädiert für die Notwendigkeit einer künstlerischen Schöpfung, die das Siegel des »*Gemußte*[*n*]« trägt. Das heißt, daß gerade er, der sich von einer Berufung auf alles Regelwerk frei weiß, auf der ›Eigenlogik‹ einer Kunstschöpfung besteht, die klare Linie sucht und sich wie ein eingefleischter Klassizist gegen die »Mischgattung« ausspricht.

Noch mag er nicht vollends wissen, was es bedeutet, ein Familienleben ausschließlich auf den Erträgen eines »Romanschriftsteller-Ladens« zu begründen, aber er lebt ja lange genug als freier Schriftsteller, um ermessen zu können, wie weit er mit seiner Scheidung zwischen ›Gemußtem‹ und ›Gewolltem‹ kommen kann; und dennoch bildet gerade sie die ›theoretische‹ Grundlage einer Gutachtertätigkeit, die immer wieder darauf hinausläuft, es selbst besser zu machen als die vielen Anerkannten, Erfolgreichen und Hochdotierten. Hier artikuliert sich ein Anspruch, der sich gegenüber GOETHE ebenso zu behaupten sucht wie gegenüber STORM, HEYSE oder SPIELHAGEN, von Julius WOLFF ganz zu schweigen. Von der hohen Warte der Akademie mag man lächeln über die theoretisch dürftige Ausrüstung zu diesem Ritt über den literaturgeschichtlichen Bodensee, praktisch kam Fontane gut damit aus. Gegenüber FREYTAG gelingt es ihm, »Kunstfertigkeit«, die er sogar als »Magie« (III.1.322) qualifiziert, strikt von »Dichtung« zu unterscheiden. Ja selbst das sonst favorisierte »Form«-Kriterium gibt er jetzt auf, d.h. es führt ihn dazu, die Komposition als »ersten Ranges« (III.1.324) einzustufen und doch das Ganze als faulen Zauber zu verwerfen, und zwar im wesentlichen nur deshalb, weil die Figuren – die Frauen zumal – nicht so reden, wie sie es kraft ihrer Natur, richtiger ihres Zeitcharakters tun können bzw. müssen. Fast scheint sich Fontane dem Glaubensbekenntnis des Historismus zu verschreiben; und dennoch argumentiert er im Bann einer ›Logik‹, die sich eben nicht den Fakten, sondern der »Scheinwelt« (III.1.324) verschrieben hat. Diese »Scheinwelt« tut sowohl dem ›Herzen‹ als auch dem ›ästhetischen Gesetz‹ nur dann Genüge, wenn sie sich für die Dauer der Lektüre als Leben erweist.

Fontanes literaturkritische Betrachtungen – und das mag in gleichem Maße auch von den kunstkritischen gelten – müssen deshalb nicht ein für allemal dem Paradigma der Einfühlungspoetik verpflichtet bleiben. Denn über den Umgang mit einem solchen Leben in der »Welt des schönen Scheins« ist eigentlich noch nichts gesagt; Fontanes ›soziologische Betrachtungsweise‹ (JOLLES, 1972, S. 100) läßt einen breiteren Horizont erwarten. Nicht auszuschließen ist, daß sich gerade in der altfränkisch anmutenden Vorstellung von lebensechten Gestalten und vitalen Bildern leise, aber wirkungsvoll jene poetischen Modellversuche abzuzeichnen beginnen, deren Resultate trotz oder wegen des geweckten menschlichen »Interesses« an ihnen vor allem zu denken geben sollen.

HUGO AUST

Literatur (s. auch die Literaturhinweise zu Kap. 2.1)

P. SCHLENTHER, 1905, s.u. 3.4.2. – J. ETTLINGER, Vorwort, in: Theodor Fontane. Aus dem Nachlaß, hg. von J. E., Berlin 1907, S. VII-XVIII (Wiederabdr.: Gesammelte Werke von Theodor Fontane. Zweite Serie, Bd. IX). – H.-H. REUTER, Einleitung, in: SzL, 1960, S. V-LXX. – S.-A. JØRGENSEN, Der Literaturkritiker Theodor Fontane, in: Neophilologus 48 (1964), S. 220–230. – H.-H. REUTER, Vorbemerkung, in: AzL, 1969, S. V-XI. – C. JOLLES, 1972, s.u. 3.4.2. – FRIEDRICH, 1980, xxx. – G. W. FIELD, Professor Cujacius, Turner und die Präraffaeliten in Fontanes »Stechlin«, in: FBl H. 38 (1984), S. 580–587. – L. GREVEL, 1986, s.u. 2.1.7. – P. PARET, Kunst als Geschichte, Kultur und Politik von Menzel bis Fontane, München 1990. – C. KRETSCHMER, Der ästhetische Gegenstand und das ästhetische Urteil in den Romanen Theodor Fontanes, Frankfurt am Main 1997. – Fontane und die bildende Kunst, hg. von C. KEISCH u.a., Berlin 1998. – J.OSBORNE, 1999, S. 171–205, s.u. 3.4.4.

4
DIE WIRKUNG

4.1 Druck- und Editionsgeschichte, Nachlaß, Forschungsstätten

4.1.1 Druck- und Editionsgeschichte

Druck- und Verlagsgeschichte zu Lebzeiten

Sicher hat die relative Erfolglosigkeit Fontanescher Bücher zu seinen Lebzeiten auch mit einer gewissen verlegerischen Heimatlosigkeit zu tun. Seine Publikationsgeschichte gleicht einer Odyssee durch die deutsche Verlagslandschaft des 19. Jahrhunderts und berührt etwa achtzehn Buchverlage der unterschiedlichsten Observanz (vgl. auch 1.3.4).

Schon der frühe, noch unbekannte Fontane war nicht sonderlich glücklich bei der Wahl seiner Verlage, zumal die Vielgestaltigkeit seiner Produktion sich nicht in *ein* Verlagsprofil fügte. Das Poetische brachte er bei kleinen Regionalverlagen in Berlin unter: bei A. W. HAYN *Männer und Helden. Acht Preußenlieder* (1850), bei Carl REIMARUS die *Gedichte* (1851). In Dessau bei Gebrüder KATZ erschien der Romanzenzyklus *Von der schönen Rosamunde* (1850), der dort zwei Auflagen erreichte; 1863 tauchte eine dritte Auflage bei Louis EHLERMANN in Dresden auf. Sein *Deutsches Dichter-Album*, das ihn als vorzüglichen Kenner deutscher Lyrik seit 1800 ausweist, erlebte bei Otto JANKE in Berlin ab 1852 immerhin drei Auflagen, die vierte übernahm J. BACHMANN. Obwohl Gustav SCHWAB vermittelte, gelang Fontane der Einzug ins »gelobte Land der Poëten« (an Schwab, 19. 10. 1849, IV.1.90), zu Johann Georg COTTA in Stuttgart, nicht, so daß dem potenten Lyriker die überregionale Verbreitung von vornherein versagt blieb.

Die ersten Sammlungen reiseliterarischer und auf England bezogener journalistischer Texte publizierte Fontane in zwei weiteren Verlagen: den Schottland-Report *Jenseit des Tweed* bei Julius SPRINGER in Berlin (1860) und die Studien *Aus England* bei Ebner und Seubert in Stuttgart (ebenfalls 1860); Gebrüder KATZ in Dessau übernahmen *Ein Sommer in London* (1854) und legten im gleichen Jahr auch den ersten Jahrgang der *Argo* vor, den Fontane und Franz KUGLER redaktionell betreuten.

Anfang der sechziger Jahre kam, vorübergehend, etwas Ruhe in dieses Wanderleben, als Fontane, durch Vermittlung von Paul HEYSE, in Kontakt zu Wilhelm HERTZ trat, den Inhaber der Besserschen Buchhandlung in Berlin. HERTZ erklärte sich bereit, eine Sammlung der inzwischen recht bekannten Fontaneschen Balladen herauszugeben (*Balladen*, 1861). Damit begann eine Verlagsbeziehung, die, unterschiedlich intensiv, erst mit Fontanes Tod endete. HERTZ nahm 1861 die *Wanderungen durch die Mark Brandenburg* in Verlag und hielt dem Unternehmen die Treue, das sich allmählich zu vier Bänden entwickelte, erst 1882 abgeschlossen wurde und dem 1889 noch der Nachzügler *Fünf Schlösser* folgte. HERTZ begleitete Fontanes literarische Laufbahn auch bis in die Anfänge des erzählerischen Werkes: *Vor dem Sturm* (1878), *Grete Minde* (1880) und *Ellernklipp* (1881) kamen bei ihm heraus. Danach kühlte sich das Verhältnis merklich ab. Dennoch brachen die Beziehungen, auch die ganz persönlichen, nie ab. 1884 erschien bei HERTZ Fontanes *Scherenberg*-Buch, die *Gedichte* verlegte er bis zur fünften Auflage 1898, und die *Wanderungen*, inzwischen ein gut verkäufliches Standardwerk, blieben in relativ regelmäßigen Nachauflagen und in einer »Wohlfeilen Ausgabe« (1892) ständig im Programm.

Was dem Journalisten und Gedichteschreiber in den Fünfzigern geschah, wiederholte sich für den Romancier in den achtziger Jahren. Aus heutiger Sicht mutet es grotesk an, daß er mit seinen Manuskripten regelrecht hausieren gehen mußte und in keinem renommierten Hause unterkam. *L'Adultera* erschien bei Salo SCHOTTLÄNDER in Breslau (1882), *Schach von Wuthenow* bei Wilhelm FRIEDRICH in Leipzig (1882), *Graf Petöfy* bei F. W. STEFFENS in Dresden (1884), *Unterm Birnbaum* in der G. Grote'schen Verlagsbuchhandlung in Berlin (1885), *Cécile* bei Emil DOMINIK in Berlin (1887), und STEFFENS, inzwischen nach Leipzig übergesiedelt, nahm sich 1888 der »Hurengeschichte« (WANDREY, S. 213) *Irrungen, Wirrungen* an. Mit Ausnahme von Wilhelm FRIEDRICH, der nicht zuletzt durch das von Eduard ENGEL geleitete *Magazin für die Literatur des In- und Auslandes* bahnbrechend für moderne, frühnaturalistische Kunst wirkte, sind all diese Verleger Randerscheinungen.

Nach der neuerlichen Irrfahrt durch die Verlagshäuser trat noch einmal HERTZ auf den Plan und verlegte 1890 *Quitt* und 1891 *Un-*

wiederbringlich. Doch inzwischen hatte der jüngste Sohn des Dichters, FRIEDRICH FONTANE, nach einer gediegenen Ausbildung als Verlagsbuchhändler die Firma F. Fontane & Co. in Berlin gegründet (1888), und nachdem er die vielgeschmähte »Schweine-Novelle« (an FRIEDRICH, 30. 8. 1888, zit. nach AR 5.587) *Stine*, herausgebracht hatte (3 Auflagen im Jahre 1890), gab der zögernde Autor-Vater seine Zurückhaltung gegenüber dem Familienverlag auf, und bei F. Fontane & Co. erschien in dichter Folge und teilweise mit relativ beachtlichem Erfolg Fontanes Spätwerk: *Frau Jenny Treibel* (1892), *Meine Kinderjahre* (1893), *Von, vor und nach der Reise* (1894), *Effi Briest* (1895), *Die Poggenpuhls* (1896), *Von Zwanzig bis Dreißig* (1898) und *Der Stechlin* (1899). Durch systematische Bemühungen gelang es FRIEDRICH FONTANE nach und nach, auch die Rechte an früheren Romanen seines Vaters zu erwerben.

In dem Jahrzehnt, in dem Fontane mit der Darstellung der Kriege von 1864, 1866 und 1870/71 beschäftigt war, gab es überdies eine kontinuierliche Bindung an den Verlag der Königlichen Ober-Hofbuchdruckerei von Rudolf von DECKER. Fontane reiste in DECKERS Auftrag zu Recherchen auf die Schlachtfelder von Schleswig-Holstein und Dänemark, Böhmen, Nordfrankreich und Elsaß-Lothringen und veröffentlichte seine umfangreichen Bücher bei Decker: *Der Schleswig-Holsteinsche Krieg im Jahre 1864* (1865), *Der deutsche Krieg von 1866* (1869/70), *Der Krieg gegen Frankreich 1870–71* (1873–1876). Es lag nahe, daß er bei Decker auch die autobiographischen Berichte über seine Erlebnisse in Frankreich publizierte: *Kriegsgefangen. Erlebtes 1870* (1871) und *Aus den Tagen der Okkupation* (1872). Ein engeres Verhältnis zu Verleger DECKER stellte sich freilich nicht ein; es war eine reine Geschäftsverbindung, obendrein nicht frei von Unerquicklichkeiten und Querelen, und von Erfolg und Anerkennung konnte in allen drei Fällen nicht die Rede sein.

So individuell verschieden sich die Beziehungen Fontanes zu seinen Verlegern gestalteten (oft kannte er sie nur aus der Korrespondenz), so einheitlich hatten sie den Interessengegensatz von Verleger und Autor zur Grundlage. In einem Brief an HEYSE vom 26. 9. 1883 (IV.3.288) resümierte Fontane: »[...] was kümmert den Verleger der Ruhm seiner literarischen Commis. *Ihm genügt es*, dem ›deutschen Genius im Ganzen‹ (seinem Arnheim) einen Dienst geleistet zu haben.« Diesem Verdikt lag natürlich der Konflikt mit HERTZ zugrunde, von dem er sich, wie er am 2. 11. 1882 an ENGEL (IV.3.214) schrieb, »mit Kummer [...] losgerissen« habe. Wahrscheinlich erkannte der sonst so feinsinnige Hertz, der einen

HEYSE seit Mitte der fünfziger Jahre im Programm führte, die originäre erzählerische Potenz des *Wanderungen*-Autors nicht, und als er *L'Adultera* ablehnte und auch die Verhandlungen über *Schach von Wuthenow* scheiterten, erreichte Fontanes Reizbarkeit ihren Höhepunkt, und es fielen böse Worte über HERTZ, den Fontane schon ein Jahrzehnt früher als »Sicherheitskommissarius« (an M. von ROHR, 18. 12. 1872, IV.2.421) bezeichnet hatte. Er schätzte den Verleger, mit dem er manche Wanderung durch die Mark absolviert hatte (der seinerseits zauberhafte Skizzen dabei anfertigte), als klugen, urteilsfähigen Mann, war mit den Honoraren nicht unbedingt unzufrieden, und der jahrzehntelange Briefwechsel ist in der Tat mehr als nur ›Geschäftskorrespondenz‹. Aber mit dem gewachsenen Selbstbewußtsein des ›jungen‹ Romanciers, der seine erzählerische Zukunft noch vor sich sieht, konnte er sich nun mit der »Knauserei« der Firma Hertz nicht mehr abfinden. Gegenüber ENGEL (2. 4. 1882, IV.3.215) bekannte er, daß er sein Lager woanders aufschlagen möchte:

> Komm ich in die rechten Hände, so ist mit mir, trotz meiner hohen Semester, immer noch was zu machen, das weiß ich. Aber diese ›rechten Hände‹ müssen die Hände eines Gentleman sein, müssen Hände sein, die nicht jedes Fünfmarkstück wie ein Staatsvermögen ansehn, und müssen vor allem Hände sein, die mich *kajolieren*. Das hat Hertz früher getan; jetzt nicht mehr; laß er's bleiben.

In dem Satz über den »Arnheim«, das vermeintliche Zentrum verlegerischen Tuns, schwang sicher auch noch der Ärger über Georg WESTERMANN mit, in dessen *Illustrierten Monatsheften* 1881 *Ellernklipp* zuerst erschienen war. Die Redaktion hatte »kleinlich und dürftig« nur die Zeilen gezählt und die Leerräume bei Titel und Überschriften abgezogen, so daß Fontane 36 Mark weniger erhielt, als er sich ausgerechnet hatte. Im *Tagebuch* (II.123 f.) kommentierte er den Vorfall unter dem 8. 6.: »Es giebt nichts Ruppigeres als reiche Buchhändler. [...] Glücklicherweise giebt es so viele niederträchtige und grundgemeine Schriftsteller, daß für Rache einigermaßen gesorgt ist.«

In einem anderen Fall kam es nicht des Geldes wegen zu Eklat und Bruch, sondern wegen der eigenwilligen Eingriffe, die Julius RODENBERG, der einflußreiche Herausgeber der hoch angesehenen *Deutschen Rundschau* für den geplanten Vorabdruck von *Meine Kinderjahre* vornehmen wollte. Und Fontane gab die vorzüglich zahlende *Rundschau* schließlich auf, weil er nicht zulassen konnte, daß man seine Manuskripte beliebig veränderte. Der Entschluß fiel ihm nicht leicht, denn immerhin sind in der *Deutschen Rundschau* (im Berliner Verlag der Gebrüder PAETEL), von kleineren Arbeiten abgesehen, drei seiner Altersromane zuerst erschienen: *Frau Jenny Treibel*, *Effi Briest* und *Unwiederbringlich*.

Fontane hat, den Möglichkeiten seines Jahrhunderts entsprechend, von Anfang an in zahlreichen Journalen publiziert: vom hausbacken-biedermeierlichen *Berliner Figaro* (1839 *Geschwisterliebe*) bis zum international angesehenen *Cosmopolis* (Kapitel aus *Von Zwanzig bis Dreißig*), von den populären Familienblättern vom Typus der *Gartenlaube* (*Quitt*, *Unterm Birnbaum* und postum *Mathilde Möhring*) bis zur seriösen *Deutschen Rundschau*. Die journalistischen und reiseliterarischen Arbeiten erschienen unter anderem in der *Vossischen Zeitung* und in der *Kreuzzeitung*, in Cottas *Morgenblatt für gebildete Leser* und im *Wochenblatt der Johanniter-Ordens-Balley Brandenburg*. *Vor dem Sturm* wurde zuerst im christlich-konservativen *Daheim* in Leipzig veröffentlicht, *Grete Minde* und *L'Adultera* in Paul LINDAUs *Nord und Süd*, *Schach von Wuthenow*, *Scherenberg* und *Irrungen, Wirrungen* in der *Vossischen Zeitung*, *Graf Petöfy* in *Über Land und Meer* (wo später auch *Der Stechlin* erschien), *Die Poggenpuhls* in *Vom Fels zum Meer*, *Cécile* in der Dresdener Zeitschrift *Das Universum*, *Stine* in Fritz MAUTHNERS Wochenschrift *Deutschland*. Die Romanabdrucke in den zeitgenössischen Journalen waren nicht nur für die literarische Reputation von Belang, sondern vor allem für die finanzielle Situation des Autors; denn durchweg zahlten die Zeitschriftenredaktionen wesentlich höhere Honorare als die Buchverlage.

Fontane mußte sich bei den Zeitschriftenabdrucken mitunter eingreifenden Kürzungen unterwerfen. Er hat das häufig als unvermeidlich hingenommen (bei *Vor dem Sturm* im *Daheim*, bei *Quitt* in der *Gartenlaube*), sich gelegentlich aber auch heftig dagegen verwahrt (wie im Falle RODENBERGS). Was ihn aber stets aufregte und wogegen er nachdrücklich protestierte, das waren die Nachlässigkeiten der Setzer und die Druckfehler, die ihn regelrecht nervös machten (»Der Setzer hat unsren Freund Goritz ›mit Applaus‹ spielen lassen, statt ›mit Applomb‹«; an EMILIE, 29. 5. 1878, IV.2.573). Fontane war ein passionierter Stilist, und er feilte bis zur letzten Korrektur an seinen literarischen Texten. Die ersten Entwürfe für seine Romane schrieb er nach wiederholtem Geständnis »wie mit einem Psychographen« nieder (an Hans HERTZ, 2. 3. 1895, IV.4.430), in großer Hast, aber dann setzte die Mühsal des »Pusselns und Bastelns« ein, und seine fast manische »immer-besser Machungs wollen‹-Krankheit« (an HERTZ, 3. 9. 1863, FHe, S. 95) fesselte ihn meist wochenlang an sein Manuskript. Er bekannte sich, wie er am 11. 12. 1885 an HERTZ (IV.3.440) schrieb, zu dieser zeitraubenden, »vielleicht kindischen Peniblität in Drucksachen«:

> Dreiviertel meiner ganzen literarischen Thätigkeit ist überhaupt corrigiren und feilen gewesen. Und vielleicht ist 3/4 noch zu wenig gesagt. Hätte ich die Kunst des ›Festhinsetzens‹ zu üben verstanden, so hätte ich vielleicht auch eine Stube mit Atlas-Tapeten. Die ich übrigens nicht sehr entbehre.

Fontane verteidigte diese Akribie der Formulierung, diese stilistische Exaktheit »bis zum Peinlichen und meinetwegen Kleinlichen«, wie er schon am 3. 9. 1863 an HERTZ (FHE, S. 94) schrieb, gegenüber Redakteuren, Verlegern und Druckern jeweils mit Nachdruck, weil er das mühsam Gewonnene auch korrekt gedruckt sehen wollte.

Editionen bis 1945

Angesichts dieses Stilwillens, dieser sprichwörtlichen »Peniblität in Drucksachen« wirkt die Editionsgeschichte des Fontaneschen Werkes auf weiten Strecken wie Hohn. Das von REUTER (S. 874) aktivierte Wort von Richard SAMUEL: »considerable slackness« für den Umgang der Germanistik mit Fontanes Erbe gilt insbesondere auch für alle editorischen Aspekte.

Fontane hat spätestens zu Beginn der achtziger Jahre an eine Sammlung seines Werkes gedacht, und er legte für seine Romane auf eine vertragliche Regelung Wert, die die Rückgabe der Rechte an den Autor nach fünf Jahren vorsah. »Ich kann jedenfalls«, schrieb er am 2. 11. 1882 an ENGEL (IV.3.214), »von dieser Forderung nicht abgehen, da mir daran liegen muß, *das, was ich geleistet, mal zusammenzufassen.*«

1890/91 kam tatsächlich, zum 70. Geburtstag Fontanes, eine erste solche Edition zustande, aber sie endete sogleich in einem philologisch-verlegerischen Desaster. Unter dem Titel *Theodor Fontanes Gesammelte Romane und Novellen* erschienen zwölf Bände: Band 1–7 im Deutschen Verlagshaus [= DOMINIK], Band 8 und 9 bei Dominik vorm. Deutsches Verlagshaus, Band 10 und 11 bei F. Fontane, Band 12 bei F. Fontane & Co. Schon der rasche Verlagswechsel irritiert, und ein Blick in die Bände macht sogleich das Dilemma deutlich, in dem sich der rührige DOMINIK von vornherein befand: er durfte aus verlagsrechtlichen Gründen keine Einzelbände verkaufen und mußte die Romane, auch wenn sie vom Umfang her einen Band nicht gesprengt haben würden, auf zwei oder mehr Bände verteilen, so daß nur mit der kompletten Ausgabe etwas anzufangen war. Die Texte selbst wurden ohne Mitwirkung des Autors neu gesetzt und wimmelten von sinnentstellenden Fehlern (um nur ein Beispiel zu nennen: aus »dicken kurzbeinigen Vögeln« in *Vor dem Sturm* wurden »kurze dickbeinige Vögel«). Die sogenannte »Dominik-Ausgabe«, von der Fontane bezeichnenderweise so gut wie nicht spricht, ist unter editionsgeschichtlichen Aspekten praktisch ohne Belang, da auch die Übernahme durch FRIEDRICH FONTANE, der 1891 sogar eine zweite Auflage ankündigte, nichts am textlichen Dilemma änderte. Juristisch freilich war der Übergang bedeutsam, weil die Rechte an zahlreichen Büchern Fontanes im Verlag des Sohnes konzentriert werden konnten und sich FRIEDRICH nach dem Tod des Vaters in der Lage sah, eine »würdige Gesamtausgabe« herauszubringen. Als Herausgeber wurde Paul SCHLENTHER bestellt, und die *Gesammelten Werke* erschienen 1905–1910 in 21 Bänden und blieben über Jahrzehnte hin die allgemein verwendete Textgrundlage. Die »I. Serie« enthielt die *Romane und Novellen* in 10 Bänden, textlich völlig losgelöst von der Dominik-Ausgabe, teilweise mit wichtigen Angaben über die Zahl der Auflagen und im Falle des *Stechlin* sogar mit einem entstehungsgeschichtlichen Hinweis versehen. Relevant war die »II. Serie« in 11 Bänden, die neben *Gedichten* (Band 1) und *Autobiographischem* (Band 2–5: Autobiographien, *Scherenberg*-Buch und Reiseberichte aus England, Schottland und Frankreich) erstmals Briefe und Nachlaß-Texte und in bescheidenem Maße Informationen über Entstehung und Druck bot. Fontanes Schwiegersohn K. E. O. FRITSCH gab in zwei Bänden die *Briefe an die Familie* heraus (Band 6 und 7 der »II. Serie«, 1905), O. PNIOWER und SCHLENTHER edierten, ebenfalls in zwei Bänden, eine *Zweite Sammlung*, das heißt Briefe an die Freunde (Band 10 und 11 der »II. Serie«, 1910). Diese Editionen machten, schon bald nach dem Tode des Autors, auf den Schatz seiner epistolographischen Texte aufmerksam, sind aber durch zum Teil rabiate Kürzungen, Umdatierungen und bewußte Kompilationen verschiedener Briefe wissenschaftlich wertlos. Ähnliches gilt für den von Josef ETTLINGER betreuten Band *Aus dem Nachlaß von Theodor Fontane* (Band 9 der »II. Serie«, 1908), der neben einer Gedicht-Nachlese und mehreren Prosastudien vor allem *Mathilde Möhring* enthielt, und zwar in einer bearbeiteten und gekürzten und von Lesefehlern wimmelnden Version.

Seit 1908 übertrug FRIEDRICH FONTANE die Rechte an verschiedenen Romanen seines Vaters dem Verlag von Samuel FISCHER, der in seine »Bibliothek zeitgenössischer Romane« nach und nach *L'Adultera, Cécile, Irrungen, Wirrungen, Frau Jenny Treibel* und *Mathilde Möhring* aufnahm. 1914 verkaufte FRIEDRICH FONTANE dann den größten Teil seiner Fontane-Rechte an den S. Fischer Verlag, der 1915 eine fünfbändige Auswahl (mit einer Einleitung von SCHLENTHER) und 1919/20 (nach dem Erwerb sämtlicher Verlagsrechte) die zehnbändige »Jubiläumsausgabe« zum 100. Geburtstag Fontanes herausbrachte; die »Erste Reihe« enthielt in fünf Bänden die Romane, eingeleitet von SCHLENTHER, die »Zweite Reihe« Autobiographisches und Briefe, mit einem Essay über »Fontanes Persönlichkeit« von Ernst HEILBORN. Die Ausgaben bei S. FISCHER, zu denen sich 1925 noch eine neunbändige *Gesamtausgabe der erzählenden Schriften* gesellte (die aber auch Gedichte und *Meine Kinderjahre* sowie *Von Zwanzig bis Dreißig* aufnahm), haben den editorischen Fundus nicht mehr erweitert; als Sonderband gab HEILBORN 1921 allerdings *Das Fontane-Buch* heraus, das neben Aufsätzen über Fontane, Selbstbekenntnissen und Prosatexten vor allem das *Tagebuch* von 1884 bis 1898 enthielt.

Nach den damaligen urheberrechtlichen Regelungen wurde Fontanes Werk 1928, dreißig Jahre post mortem auctoris, frei, und es kam 1929 zu *Ausgewählten Werken* (6 Bände) in der Reihe der »Helios-Klassiker« des Leipziger Reclam-Verlages (nur interessant, weil Thomas MANN die Einleitung verfaßte) und zu einer fünfzehnbändigen Ausgabe, die Oskar WEITZMANN und andere 1936 bis 1940 im F. W. Hendel Verlag in Naunhof und Leipzig edierte (in thematischer Gruppierung, ohne Bandzählung: *Aus Wilhelminischer Zeit, Schicksale aus drei Jahrhunderten, Lebenszeugnisse aus siebzig Jahren, Das lyrische Werk, Wanderungen durch die Mark Brandenburg*); rezeptionsgeschichtlich ist diese Ausgabe allenfalls durch das Nachwort zu den *Wanderungen* aufschlußreich, die peinliche Bezüge zum Jahr 1940 herstellt.

All diese Ausgaben sind nur Vermarktungen, die durch mehr oder weniger prominente Einleitungsschreiber auf sich aufmerksam zu machen suchten. Zur Konstituierung zuverlässiger Texte und zur Kommentierung haben sie nichts beigesteuert.

»Fontane-Renaissance«: Editionen seit 1945

Die ersten Versuche, das Werk Fontanes auch als editorisches Objekt und editorische Verpflichtung ernst zu nehmen, wurden in den fünfziger Jahren in der damaligen DDR unternommen – obwohl der Autor der *Wanderungen* dort noch lange als Preußen-Verherrlicher beargwöhnt wurde (weshalb auf »absichernde« Kommentare besonderes Gewicht gelegt werden mußte).

Der Berliner Literaturwissenschaftler und Publizist I. M. LANGE gab bereits 1950 im kurzlebigen Leipziger Verlag »Volk und Buch« die wichtigsten Romane in vier Bänden heraus, denen 1952 *Der Stechlin* folgte, von A. M. UHLMANN betreut. Auffällig ist eine eigenwillige Anordnung der aufgenommenen Romane, die offensichtlich stofflich-thematische Zusammenhänge verdeutlichen sollte: *Schach von Wuthenow, Cécile, Die Poggenpuhls* (Band 1), *Effi Briest* (Band 2), *L'Adultera, Frau Jenny Treibel* (Band 3), *Stine, Irrungen, Wirrungen, Mathilde Möhring* (Band 4). Die jeweiligen Nachworte, nach dem seinerzeitigen, noch schmalen Kenntnisstand durchaus materialreich fundiert, suchen in der Nachfolge von Georg LUKÁCS recht forciert sozialkritisch-realistische Aspekte freizulegen. Verdienstvoll war aber vor allem, daß die Bände erstmals in der Geschichte der Fontane-Edition einen systematisch aufgebauten, knappen Zeilenkommentar enthielten.

1955 begann der Ostberliner Verlag »Das Neue Berlin« eine 16bändige Edition der *Werke in Einzelausgaben*, die 1963 abgeschlossen wurde. Herausgeber war Christfried COLER, und trotz aller Unzulänglichkeiten hat H.-H. REUTER diese Ausgabe mit einem gewissen Recht eine »Pioniertat« genannt. Sie präsentiert sämtliche Romane und Erzählungen in chronologischer Anordnung (Band 1–9) und bezieht in weiteren sieben Bänden eine ansehnliche Auswahl aus den *Wanderungen*, den autobiographischen Schriften, den Reiseberichten, den Gedichten, der »kleinen Prosa« (mit dem Romanentwurf *Allerlei Glück*) und den Briefen ein. Alle Bände sind mit einem hilfreichen Zeilenkommentar und jeweils mit Nachworten oder Einleitungen ausgerüstet, die erstmals auch wesentliche Fakten der Werk- und Stoffgeschichte bereitstellen. Die Wertschätzung des Autors bei Herausgeber und Verlag drückte sich auch in einer bemerkenswert gediegenen Ausstattung aus, wobei die durchgängig benutzte Frakturschrift den Zugang vor allem für jüngere Leser möglicherweise behinderte.

1959 startete dann die Nymphenburger Verlagshandlung in München, der Verlag von Bertold SPANGENBERG, eine Ausgabe der *Sämtlichen Werke*, die 1974 mit Band 24 abgeschlossen werden konnte. Erst mit dieser »Nymphenburger Ausgabe« setzt die wissenschaftlich-editorische Erfassung und Aufbereitung des Fontaneschen Gesamtwerks ein. Die ersten beiden Abteilungen (»Das gesamte erzählende Werk«, Band I-VIII, und *Wanderungen durch die Mark Brandenburg*, Band IX-XIII; vor allem herausgegeben von Edgar GROSS) kommen freilich im Textangebot und in den Anmerkungen nicht weit über Bekanntes hinaus; sie gelten als die von vornherein schwächste, am meisten überholte Werkgruppe. Wichtig, wenn auch keineswegs vollständig und zuverlässig, war allerdings Band XIIIa, der das Personen- und geographische Register zu den *Wanderungen*, vor allem aber die nach wie vor wichtigen »Nachweise der Entstehungszeiten, Vorabdrucke und ersten Buchveröffentlichungen« der *Wanderungen* sowie den »Kalender der märkischen Fahrten Fontanes« (beides von Jutta NEUENDORFF-FÜRSTENAU) enthält.

Die eigentliche Bedeutung der »Nymphenburger Ausgabe« beruht auf der dritten Abteilung: »Fontane als Autobiograph, Lyriker, Kritiker und Essayist« (Band XIV-XXIV). Die wissenschaftliche Leitung hatte neben Hermann KUNISCH vor allem Kurt SCHREINERT (gestorben 1967), der mit seiner Edition der Briefe Fontanes an Georg FRIEDLAENDER (1954) die sogenannte »Fontane-Renaissance« in Gang gesetzt hatte. Prominente Mitarbeiter waren u. a. Charlotte JOLLES, NEUENDORFF-FÜRSTENAU sowie Rainer BACHMANN und Peter BRAMBÖCK.

Das bisher nur partiell überholte Verdienst dieser dritten Abteilung besteht vor allem in der Erschließung der bis dahin weit verstreuten, oft noch gar nicht identifizierten Texte des Theater-, Literatur- und Kunstkritikers sowie des Reiseschriftstellers und politischen Korrespondenten; dazu ist auch die erste umfassende Sammlung der Gedichte und der Entwürfe und Fragmente zu erzählenden Werken zu rechnen. Vor allem die Bände mit *Literarischen Essays und Studien* (XXI/1.2), *Causerien über Theater* (XXII/1.3) und *Aufsätzen zur bildenden Kunst* (XXIII/1.2) sind bis heute für die entsprechenden Bereiche die wichtigste Quellenpublikation. Das gesamte Material ist erstmals in einer relativ befriedigenden Systematik angeordnet, wenn auch die zahlreichen Funde, die während der Editionszeit gemacht wurden, teils im Schlußband XXIV, teils in anderen Bänden untergebracht werden mußten. Einzelne Tagebücher wurden an verschiedenen Stellen abgedruckt, Briefe fehlen, und die »Kriegsbücher« wurden fotomechanisch nachgedruckt.

Grundlegendes leistet der Kommentar der dritten Abteilung. Die Forschungsergebnisse von SCHREINERT zu *Von Zwanzig bis Dreißig*, von JOLLES zu den England-Studien und den politischen Korrespondenzen (dank ihrer profunden bibliographischen Vorarbeiten) und von BACHMANN/BRAMBÖCK (zum Teil nach Materialien SCHREINERTS) sind auch heute nur punktuell zu verbessern.

Bald nach der Nymphenburger Verlagshandlung brachte auch der Münchener Carl Hanser Verlag im Rahmen seines Klassiker-

Programms die ersten Bände der zweiten großen Nachkriegsausgabe heraus (1961–1997). Nach mehrfachem Wechsel des Gesamttitels und der Herausgeberschaft präsentiert sie sich jetzt in 22 Dünndruckbänden mit dem Titel *Werke, Schriften und Briefe*, herausgegeben von Walter KEITEL und Helmuth NÜRNBERGER. Sie ist in vier Abteilungen gegliedert. Abteilung 1 bringt *Sämtliche Romane, Erzählungen, Gedichte, Nachgelassenes* und liegt wie Abteilung 2, *Wanderungen durch die Mark Brandenburg*, seit 1990 in dritter, durchgesehener und im Anhang erweiterter Auflage vor. Abteilung 3 enthält *Erinnerungen, Ausgewählte Schriften und Kritiken*, Abteilung 4 Briefe.

Damit ist die Hanser-Ausgabe die derzeit (noch) umfassendste Edition, die nicht zuletzt durch die vierbändige Briefauswahl samt Register- und eigenem Kommentarband eine wichtige Position einnimmt. Bei den erzählerischen, poetischen und autobiographischen Werken ist sie (einschließlich des Nachlasses) weitgehend vollständig, während sie bei den kritischen, kriegs- und reiseliterarischen Schriften sowie den *Tagebüchern* jeweils mit Bedacht ausgewählte Texte bietet und diese ambitioniert kommentiert. In den neuen Auflagen stellen die Anhänge aussagefähige Selbstzeugnisse zu Stoff und Entstehung bereit, geben detailliert Aufklärung zu einzelnen Stellen und regen durch vielfache Querverweise auf Parallelen im Werk Fontanes zur weiteren Lektüre an.

Bei aller Opulenz im Textangebot und bei allen Bemühungen um eine möglichst vielseitige Erhellung durch Kommentare haben sich die genannten Editionen nicht oder (wie bei Hanser erst allmählich) um die Textqualität vor allem des künstlerischen Werks gekümmert. Offenbar gab es zunächst gar kein Bewußtsein für dieses brisante Problem. Unter textgeschichtlichen Aspekten sind die ersten Abteilungen der Nymphenburger Ausgabe völlig wertlos, und selbst KEITEL stützte sich anfangs vertrauensselig auf die Dominik-Ausgabe. Erst die Herausgeber der *Romane und Erzählungen in acht Bänden*, die 1969 zum 150. Geburtstag Fontanes im Aufbau-Verlag erschien, verfolgten Textentstehung und Textauthentizität systematisch und konnten die teilweise verheerende Verwitterung der Romantexte nachweisen. So wurde die philologische Grundlegung für Fontanes Werk zum Markenzeichen der »Aufbau-Ausgabe«, die sich – im geteilten Deutschland – neben den beiden Münchener Editionen etablierte.

Der Vergleich der ersten Buchausgabe mit den Vorabdrucken in Zeitungen und Zeitschriften förderte eine Vielzahl von seit Jahrzehnten durchgeschleppten Fehlern und Irrtümern zutage (zum Beispiel waren in *Frau Jenny Treibel* die Worte »Nasses Temperament« in »Rasse, Temperament« zurückzuverwandeln), und die wenigstens partielle Dokumentation der Veränderungen zwischen Journalabdruck und Buch zeigte, wie Fontane unentwegt an der stilistischen Ausfeilung gearbeitet hatte. Der Nachlaßroman *Mathilde Möhring* konnte nach der Handschrift erstmals in der authentischen Fassung vorgelegt werden, und bei *Frau Jenny Treibel* zeigte sich, daß die erste Veröffentlichung in der *Deutschen Rundschau* den Absichten des Autors näher kam als die Buchversion, deren Korrektur er nicht überwacht hatte.

Die Nutzung des Potsdamer Fontane-Archivs und des Märkischen Museums ermöglichte überdies erstmals eine detaillierte Darstellung der Entstehungsgeschichte und den Abdruck von Entwürfen und Vorstufen zu jedem Roman. Für Stoff-, Motiv- und Wirkungsgeschichte konnten unbekannte Fakten vorgestellt werden. Daß auch der Zeilenkommentar zur Erweiterung des Forschungsstandes und zur Verbreiterung der biographisch-werkgeschichtlichen Kenntnisse beitrug, unterstreicht die Meriten dieser Ausgabe.

Im Rahmen eines groß angelegten Konzepts erschienen nach den »Romanen und Erzählungen« die *Wanderungen durch die Mark Brandenburg* (fünf Bände, 1976–1987), die *Autobiographischen Schriften* (1982), in denen erstmals Fontanes »Tunnel«-Protokolle veröffentlicht wurden, und in drei Bänden (herausgegeben von Joachim KRUEGER und Anita GOLZ) sämtliche Gedichte, mit weit über hundert Erstveröffentlichungen (1989).

Von den zahlreichen populären Ausgaben, die in verschiedenen Verlagen neben den besprochenen Editionen erschienen bzw. erscheinen, sollen die folgenden genannt werden. Hans-Heinrich REUTER gab in der »Bibliothek deutscher Klassiker« (Aufbau-Verlag) Fontanes *Werke in fünf Bänden* heraus, die es von 1964 bis 1991 auf acht Auflagen brachten. Dazu gehört in der gleichen Bibliothek die zweibändige Ausgabe von *Fontanes Briefen*, ediert von Gotthard ERLER (zuerst 1968) – die erste Auswahl, die konsequent auf Handschriften und Abschriften zurückging und sich dadurch eine feste Position in der Fontane-Literatur eroberte. Hinzuweisen ist ferner auf die Verwertung der Hanser-Ausgabe im Ullstein Verlag, vor allem wertvoll durch die Faksimile-Ausgaben der Kriegsbücher, und vor allem auf die Übernahme der Hanser-Ausgabe in den Deutschen Taschenbuch Verlag (dtv); das erzählerische Werk (1994–1998) liegt mit überarbeiteten Anhängen und neuen Nachworten des Herausgebers NÜRNBERGER vor, erschienen sind auch die *Wanderungen* und die Briefausgabe.

Als 1989 die Mauer fiel, zehntausende Besucher in die Mark Brandenburg kamen und Theodor Fontane einen ungeheuren Popularitätsschub erfuhr, drängte sich die Überlegung auf, den drei ambitionierten, aber letztlich unvollkommenen Editionen von Nymphenburger, Hanser und Aufbau eine neue Gesamtausgabe zur Seite zu stellen, die dem Autor unter allen Aspekten gerecht wird. Deshalb beschloß der Aufbau-Verlag in Berlin 1994 zum 175. Geburtstag des Autors eine »Große Brandenburger Ausgabe« (GBA), die in etwa 75 Bänden das gesamte Œuvre umfassen und um das Jahr 2005 abgeschlossen sein soll. Herausgeber ist ERLER.

Die GBA, die teilweise in enger Zusammenarbeit mit dem Theodor-Fontane-Archiv in Potsdam entsteht, ist auf Vollständigkeit und Übersichtlichkeit orientiert und schließt Tagebücher und Briefe ein, die, voraussichtlich in zehn Bänden, wohl erst am Ende erscheinen können, da ständig neue Texte auftauchen; als selbständige Abteilung erschien bereits 1998 der *Ehebriefwechsel* in drei Bänden. Die GBA wird auch traditionelle Randbereiche wie die »Kriegsbücher« und die Übersetzungen editorisch gleichwertig behandeln. Als Ergänzung und feste Bestandteile der Ausgabe sind zwei seit langem beklagte Desiderata vorgesehen: eine umfassende Fontane-Chronik und die Fontane-Bibliographie, die im Theodor-Fontane-Archiv erarbeitet wird.

Das Prinzip der Vollständigkeit gilt auch für das eigentliche Werk. Entwürfe, Vorstufen, an entlegener Stelle Gedrucktes und Unveröffentlichtes wird den jeweiligen Abteilungen zugeordnet und damit übersichtlich zugänglich. Auf diese Weise bietet die Werkgruppe *Wanderungen durch die Mark Brandenburg* zum Beispiel zwei zusätzliche Bände, die unter anderem die Dispositionen zu dem Projekt »Geschichten aus Mark Brandenburg« erstmals veröffentlichen, und einen eigenen Band mit Personen- und geographischem Register. Die Abteilung *Gedichte* bringt (als erweiterte Übernahme der Gedicht-Edition von 1989) außer der Sammlung letzter Hand alles verstreut Gedruckte und aus dem Nachlaß über 100 Erstveröffentlichungen. Ebenfalls mit Erstdrucken wartet Band 3 der Abteilung *Tage- und Reisetagebücher* auf (vgl. 3.3.2 und 3.3.3).

In der Tradition der bisherigen Fontane-Editionen im Aufbau-Verlag legt die GBA Wert auf zuverlässige Textqualität. Bei den ständig veränderten Bänden der *Wanderungen* liegt die letzte, von Fontane korrigierte Auflage zugrunde, bei den Romanen und Erzählungen bilden gewöhnlich die ersten Buchausgaben die Textgrundlage. Zeitschriftenveröffentlichungen und alle handschriftlichen Zeugen werden herangezogen. In der Abteilung »Das erzählerische Werk«, editorisch betreut von Christine HOHLE, werden die Texte zeichen- und buchstabengetreu nach den Erstausgaben wiedergegeben; bei Veröffentlichungen nach den Handschriften versteht sich dieses Verfahren von selbst.

Im Kommentar geht die GBA vom neuesten Forschungsstand aus und trägt vielfach neue Erkenntnisse zur Stoff-, Entstehungs- und Wirkungsgeschichte bei. Alle Vorstufen werden beschrieben, in relevanten Fällen auch abgedruckt. Für die Romane und Erzählungen steuert der jeweilige Bandbearbeiter ein Interpretationskapitel bei. Der Zeilenkommentar ist kontextbezogen und klärt bisher nicht beachtete Bezüge auf.

4.1.2 Der Nachlaß

Zerstreuung und Verluste

Als Fontane am 20. 9. 1898 starb, befanden sich in seiner Wohnung in der Potsdamer Straße 134c noch mindestens »40 prallgefüllte Handschriftenmappen«. Da Fontane, zeitlebens sparsam mit Papier umgehend, meist die Rückseiten früherer, inzwischen gedruckter Manuskripte zu benutzen pflegte, waren die hinterlassenen Papiere im doppelten Sinne wertvoll. Von Anfang an freilich war die geschlossene Erhaltung dieser einmaligen Hinterlassenschaft gefährdet, und subjektive wie objektive Faktoren bewirkten schließlich ihre weitgehende Auflösung.

Abgesehen davon, daß EMILIE FONTANE nach dem Tode ihres Mannes Handschriften verschenkte und Briefe verbrannte (darunter alle Korrespondenz aus der fünfjährigen Brautzeit), führte der Interessenkonflikt zwischen den Erben und der im Testament von 1892 verfügten »Nachlaßkommission« zu einer ersten Teilung: die Erben übergaben dem Märkischen Provinzialmuseum in Berlin unter anderem 19 Manuskripte von Fontanes Romanen und Teilen der *Wanderungen*, hingegen blieben die Konvolute mit unveröffentlichten Manuskripten, Entwürfen und Briefen bei der Familie (eine Auswahl der Briefe und der Roman *Mathilde Möhring* wurden in der »II. Serie« der 21bändigen Werkausgabe veröffentlicht; s. o.).

Dieser beträchtliche Rest-Nachlaß wurde nach EMILIE FONTANES Tod (1902) von FRIEDRICH FONTANE zunächst in der Elßholtzstraße 17 in Berlin, nach dem Ersten Weltkrieg in der Kurfürstenstraße in Neuruppin bewahrt, wohin er nach dem Verkauf seines Verlages umgezogen war. FRIEDRICH FONTANE hat in den zwanziger Jahren das Vorhandene katalogisiert, einen Auskunftsapparat angelegt, Briefe abschreiben lassen und die Sammlung systematisch erweitert. Von finanziellen Problemen bedrängt (die Krisenjahre hatten das Vermögen reduziert, und nach dem Ablauf der Schutzfrist entfielen die Tantiemen für das Werk des Vaters), mußten sich die Söhne THEODOR und FRIEDRICH zur Veräußerung des Nachlasses entschließen. Langjährige peinliche Verhandlungen mit der Preußischen Staatsbibliothek in Berlin scheiterten (dort bot man ganze 8000 Reichsmark für den Nachlaß), so daß es schließlich zur Versteigerung kam. Bei der Auktion der Berliner Autographenhandlung Hellmuth Meyer & Ernst am 9. 10. 1933 wurde lediglich ein Viertel der angebotenen Handschriften verkauft (darunter die acht *Tagebücher* an den Potsdamer Bankier Paul WALLICH). Der Vorgang, der das fatale Desinteresse am Erbe Fontanes dokumentiert, bildete den zweiten Akt bei der Zersplitterung des Nachlasses. Glücklicherweise erwarb 1935 die Brandenburgische Provinzialverwaltung den noch immer ansehnlichen Teilnachlaß und verfügte die Gründung eines Theodor-Fontane-Archivs. Unter Leitung von Hermann FRICKE wurde es als Abteilung des Brandenburgischen Schrifttumsarchivs in Potsdam auf- und ausgebaut.

Der Zweite Weltkrieg und seine Folgen dezimierten die Nachlaßteile ein drittes Mal. Luftangriffe vernichteten mehrere private Sammlungen; die vorsorglich ausgelagerten Bestände des Potsdamer Archivs gerieten nach dem Krieg zu 75% in Diebeshand, und Handschriften aus der Preußischen Staatsbibliothek und aus dem Märkischen Museum kamen nach Polen. Vieles ist zurückgegeben worden, einiges von dem Ausgelagerten liegt noch in der Universitätsbibliothek in Krakau.

Die Teilung Deutschlands wirkte sich für den Fontane-Nachlaß wiederum kurios aus. In der Bundesrepublik entstanden bedeutende Teilsammlungen, so im Deutschen Literaturarchiv in Marbach und in der Handschriftenabteilung der Staatsbibliothek Preußischer Kulturbesitz. In der DDR, wo aus Mangel an »harter« Währung kaum an größere Erwerbungen auf westdeutschen Auktionen zu denken war, kam es zu einer partiellen Zentralisierung, als 1965 die damalige Deutsche Staatsbibliothek, die Stadtbibliothek Berlin und die Bibliothek der Humboldt-Universität ihre Fontane-Autographen ins Potsdamer Archiv gaben. Zu einer vielfach versuchten ähnlichen Regelung mit dem Märkischen Museum kam es dagegen nicht. Die Position des Fontane-Archivs wurde 1988 erneut gestärkt, als Briefe und Manuskripte aus dem Vorkriegsbestand, die seit 1945 verschollen und von Archiven und

Bibliotheken in Westdeutschland erworben worden waren, nach Potsdam zurückgeführt werden konnten.

So ist der Nachlaß Theodor Fontanes auch gegenwärtig an vielen Sammelstätten verstreut. Wichtige Aufbewahrungsorte neben dem Potsdamer Fontane-Archiv sind:

Stadtmuseum Berlin, früher Märkisches Museum (vor allem Handschriften von Romanen und Teilen der *Wanderungen*)

Staatsbibliothek zu Berlin – Preußischer Kulturbesitz (vor allem Briefe)

Deutsches Literaturarchiv Marbach (vor allem Briefe und Manuskripte)

Goethe- und Schiller-Archiv Weimar (vor allem Briefe)

Stadtbibliothek München (Briefe von 1859)

Stadtbibliothek Wuppertal (Briefe von 1869).

Sammlung und Forschung: Das Theodor-Fontane-Archiv

Zur wichtigsten zentralen Sammel- und Forschungsstätte für den Autor hat sich das Theodor-Fontane-Archiv in Potsdam entwickelt. Das Archiv wurde nach dem Zweiten Weltkrieg in die Brandenburgische Landesbibliothek in Potsdam eingegliedert und seit 1950 unter der Leitung von Joachim SCHOBESS zu einem wissenschaftlichen Literaturarchiv ausgebaut. 1969 wurde es Teil der Deutschen Staatsbibliothek in Berlin. Am 1. 1. 1992 kehrte das Archiv in die Trägerschaft des Landes Brandenburg zurück und genießt seither, als rechtlich selbständige Einrichtung dem Ministerium für Wissenschaft, Forschung und Kultur zugeordnet, vielfache Förderungen.

Das Archiv verfügt gegenwärtig über folgende Bestände:

8800 Handschriften (darunter etwa ein Viertel Leihgaben aus der Staatsbibliothek zu Berlin, der Berliner Stadtbibliothek und der Bibliothek der Humboldt-Universität in Berlin),

5400 Abschriften und Kopien von zum Teil verschollenen Handschriften aus Fontanes Nachlaß,

5000 Bände Literatur von und über Fontane,

10000 Zeitungsartikel und Zeitschriftenaufsätze,

148 Bände aus der Handbibliothek Fontanes, z.T. mit Marginalien, außerdem eine umfangreiche Bildersammlung, familiäre Erinnerungsstücke, Noten von Vertonungen Fontanescher Dichtungen sowie zahlreiche Film- und Tondokumente.

In den letzten Jahren konnten durch private und öffentliche Förderung bedeutende Handschriftenbestände neu erworben werden, darunter: einige Tagebücher, Briefe an den Sohn FRIEDRICH und 1997 der größte noch existierende private Fundus, die Sammlung Christian ANDRÉE.

1965 gründete das Archiv die *Fontane Blätter*, eine Zeitschrift, die im Laufe der Jahre zum zentralen Publikationsorgan aller Fontane-Freunde und der internationalen Forschung wurde. Seit 1994 (ab Heft 58) werden sie vom Theodor-Fontane-Archiv und der Theodor Fontane Gesellschaft als Halbjahresschrift gemeinsam herausgegeben. GOTTHARD ERLER

4.2 Literaturkritik und Forschung

4.2.1 Fontane und die zeitgenössische Kritik

Schon kurz nach Fontanes Tod sagte ein Kritiker voraus, was das fortschreitende 20. Jahrhundert in immer erstaunlicherem Maß bestätigt hat:

> *Keller* und *Fontane* werden wir wohl als dauernden Besitz der Nation ansehen dürfen. (R. M. MEYER, 1900)

Aber über die geringen Auflagen seiner Werke bekümmert, gegenüber der meisten Literatur seiner Zeit kritisch und von der Kritik nicht übermäßig verwöhnt, war Fontane selbst im Hinblick auf seinen posthumen Ruhm nicht optimistisch:

> Es ist sehr selten, daß nach 50 Jahren erscheinende Schriften noch ein großes Interesse wecken. Jeder Tag hat andere Götter. […] Alles, was ich geschrieben, auch die »Wanderungen« mit einbegriffen, wird sich nicht weit ins nächste Jahrhundert hineinretten, aber von den »Gedichten« wird manches bleiben […]. (An W. HERTZ, 9. 11. 1889, FHe, S. 320)

Als der fast 70jährige dieses Urteil fällte, war fast die Hälfte seiner Romane, darunter die meisten der heute als seine Meisterwerke angesehenen, und die beiden autobiographischen Bände noch nicht erschienen. Fontanes späte Wendung zum Roman und die publizistische Verstreutheit seines gesamten journalistischen und literarischen Œuvre, das erst das 20. Jahrhundert systematisch zu sammeln, zu sichten und zusammenhängend zu publizieren begonnen hat, machte es den Zeitgenossen schwer, die lange, mehrfach gebrochene schriftstellerische Karriere des Mannes zu überblicken und einzuschätzen, der heute als eine Schlüsselfigur des gesamten 19. Jahrhunderts gilt.

Die Beschäftigung mit Fontane im 19. Jahrhundert geschah von Fall zu Fall, aus aktuellem Anlaß und entspricht in den meisten Fällen der Chronologie seiner Publikationen, auf die die Kritik in den meisten Fällen bald nach der Veröffentlichung reagierte. Aber Fontane wurde auch nicht erst nach Jahrzehnten als verkannter Dichter entdeckt. Nur hatte die Unmittelbarkeit der kritischen

Resonanz schwerwiegende Folgen für die Art und Weise, wie das dichterische Werk verstanden wurde. Da die Kritik dem Werk in vielen Fällen auf dem Fuß folgte und die Rezensenten die gleichen blieben oder Beurteilungskriterien direkt weitergaben, war die Distanz dazu so gering, daß das Werk selber gewissermaßen seine Erwartung schuf und die Kritik im Hinblick auf dieses Werk Kriterien anlegte, die geradezu dem Werk entsprangen. Auch andere Faktoren ästhetischer oder ›vaterländischer Art‹ können dabei eine Rolle gespielt haben. Aber auch für sie gilt, daß ihre Wirksamkeit für das Moment der Kritik nur zusammen mit dem unmittelbaren Charakter der Kritik gesehen werden kann.

Aus diesem Charakter der Unmittelbarkeit der kritischen Stimmen zu Fontanes Werk resultierte eine Gesetzmäßigkeit, die seine Wirkungsgeschichte im 19. Jahrhundert bestimmt hat: Fontane wurde beständig mit Beurteilungskriterien konfrontiert, die auf einer bestimmten Fontane-Erwartung beruhten. Die vorangehende Phase seines Schaffens hatte ein Bild des Dichters in Erscheinung treten lassen, von dem bei der kritischen Annäherung an das jeweils neue Werk ausgegangen wurde.

Der Lyriker, Balladier und Wanderer Fontane

Von Anfang an, und gewiß nicht ohne Zutun des Dichters selbst, wurde Fontanes literarische Produktion im Hinblick auf die Verbundenheit mit dem Herzland Preußens, der Mark Brandenburg, gesehen.

Es sind neben den Liedern und Balladen, die Fontane aus dem Englischen übertrug, besonders die mit preußischen Themen, an erster Stelle die preußischen Feldherrenlieder, die den Ruf Fontanes prägten. Im Artikel »Theodor Fontane als Balladendichter« von P. J. WILLATZEN (1860) klingt bereits ein Motiv an, das anläßlich der ab 1861 folgenden Veröffentlichung der *Wanderungen durch die Mark Brandenburg* an Bedeutung gewinnen sollte. Fontane war als Dichter berufen, den Wert der Mark Brandenburg, ihrer Natur, ihrer Geschichte und ihrer Menschen zu verkünden. Er kam in den Ruf, durch das Niveau seiner Werke erst wirklich die Qualität dieser Mark Brandenburg für Fremde, aber auch für die Bewohner selbst aufgedeckt zu haben, so daß die traditionelle Geringschätzung dieses Landes durch ein neues Sehen abgelöst werden konnte.

Theodor STORMS 1855 ausgesprochene Zukunftvision, nach der die besten Leistungen Fontanes noch kommen sollten, bewahrheitete sich. Als Fontane 1858 eine Reise durch Schottland unternahm, faßte er den Entschluß, die Reize der eigenen Heimat, der

Mark Brandenburg, zu beschreiben, um damit das traditionelle Vorurteil gegen die ›Streusandbüchse des Heiligen Römischen Reiches‹ abzubauen. Im November 1861 erschien der erste Band *Wanderungen durch die Mark Brandenburg* (ab 1864: *Die Grafschaft Ruppin*). *Die Grenzboten* (1861) brachten eine anonyme Kurzrezension davon, die ein gedämpftes Lob enthält:

> Außerdem [neben der Betonung landschaftlicher Schönheiten der Mark, H. E.] erhalten wir mancherlei interessante, auf guten Studien beruhenden Mitteilungen aus der Geschichte der einzelnen Ortschaften, Sittenschilderungen und Charakteristiken von bedeutenden Persönlichkeiten, die dort geboren wurden oder eine Rolle spielten.

Die Rezension schließt mit den Worten: »Der Verfasser hat ein sehr hübsches Talent, könnte aber ohne Schaden bisweilen etwas weniger gründlich sein.«

Der letzte Satz enthält einen Vorwurf, der Fontane auch während seines weiteren Schaffens nicht erspart blieb. Weit positiver ist die von George Hesekiel (1861) in der *Kreuz-Zeitung* veröffentlichte Besprechung unter dem vielsagenden Titel »Brandenburgisch Ehrengeschmeid«. Fontanes Buch wird darin als patriotische Leistung bejubelt und bekommt wegen dieser Eigenschaft, die Mark den eigenen Leuten lieb zu machen, den erwähnten Ehrentitel.

Albert Emil Brachvogel (1861) schlägt zwar andere Saiten an, seine Beurteilung des ersten Bandes der *Wanderungen* berührt sich aber mit derjenigen Hesekiels. In dieser Rezension taucht ein Begriff auf, der seine Wirksamkeit innerhalb der kritischen Stimmen zu Fontane lange behauptet hat, der Begriff des »historischen Landschafters«.

1863 erschien die erste Buchausgabe von *Das Oderland*, die dann in den zeitgenössischen Rezensionen unter ähnlichem Vorzeichen gesehen wurde wie *Die Grafschaft Ruppin*. A. Stahr (1863) bezeichnet Fontane in seiner Besprechung als »Besinger des brandenburgisch-preußischen Heldenruhms«.

Fontane sei »unser märkischer Wanderer«, der dem märkischen Adel seine Pietät zugewandt habe, dem aber in seiner schöpferischen Veranlagung die Nachfolge von Walter Scotts märkischem Nachfahren, Willibald Alexis, versagt geblieben sei.

Auf die Alexis-Nachfolge im Hinblick auf die Hebung des Ansehens der Mark wurde auch in einer anonymen Rezension in *Europa. Chronik der gebildeten Welt* (1863) hingewiesen:

Zwei preußische Dichter haben sich dieser armen Mark patriotisch angenommen. Willibald Alexis hat märkische Romane geschrieben, deren Landschaftsbilder mit dem Pinsel eines alten Niederländers gemalt sind. *Theodor Fontane* hat *Wanderungen durch die Mark Brandenburg* veröffentlicht. Der zweite Band beschäftigt sich mit dem Oderlande (Barnim und Lebus). Das Buch ist ein mit viel Geist angelegtes, mit Feinheit und Geschmack ausgeführtes Gewebe von Landschaftsbildern, Volksszenen, Geschichten und Sagen. Wie man auf einer Fußwanderung einen Steg überschreitend oder den Kamm eines Hügels ersteigend von einer Gegend in die andere sich versetzt, so wandert man, von Fontane geleitet, aus der Gegenwart in die Vergangenheit, aus der Natur in die Geschichte, und bemerkt an der Hand des liebenswürdigen Erzählers nicht, daß der Weg, den man mit ihm gemacht hat, ein ziemlich weiter gewesen ist.

Der weitere Inhalt der Rezension besteht in einem behaglichen Nacherzählen von Wanderungspartien anekdotischen Inhalts. Friedrich ZARNCKE (1864) schrieb in einer kurzen Besprechung von *Das Oderland* im *Literarischen Centralblatt für Deutschland* folgendes über den Nachfolger von ALEXIS und HESEKIEL:

Nachdem er schon in seinem Buche *Jenseit des Tweed* die Mark und insonderheit das Havelland gepriesen, hat er zwei Bände höchst interessanter Wanderungen durch die Mark Brandenburg erscheinen lassen, welche neben landschaftlichen Schilderungen der Localgeschichte besondere Aufmerksamkeit schenken. [...] Am frischesten und anziehendsten wird das Buch, wo der Verfasser aus sich selbst schöpft, Eigenerlebnisse und Resultate seiner Wanderungen mitteilt. Er versteht zu beobachten und Land und Leute in lebendigster Beziehung zu einander aufzufassen, mit dem Volke zu verkehren und sich von ihm unterrichten zu lassen.

Auch Friedrich CAMPE (1864) fand Worte der Anerkennung für den gebildeten und geistvollen Verfasser der *Wanderungen* und hält die beiden bis dahin erschienenen Bücher für geeignet, Interesse an der märkischen Vergangenheit zu wecken. CAMPE führt konsequenterweise die Grundstruktur des Werkes auf den Zufall des Wanderers zurück und macht die wichtige Beobachtung, daß das städtische Leben als Thema der Darstellung zurücktritt. Ein anerkennendes Urteil über die *Wanderungen* fällte auch Ernst KOSSAK (1864) in der *Berliner Montagspost*:

Der talentvolle Schriftsteller behandelt seinen, scheinbar wenig ergiebigen Stoff mit derselben Gewissenhaftigkeit und Liebe zur Sache, wie ein Forscher, der auf neue Ermittlungen in Sachen ägyptischer Dynasten oder brahmanischer Doktrinen ausgeht, und da werden denn seine Leser zu ihrer Beschämung inne, daß ihr Wissen von den meisten ihrer Tür zunächst gelegenen Dingen bis dahin nur eitel Stückwerk gewesen ist.

Auf beide Bände kommt Hans PRUTZ (1866) in seinem Aufsatz »Zu Fontane's *Wanderungen*« zu sprechen. Zum üblichen Lobspruch tritt hier die Bemerkung, es habe eine Vermischung der Grenzen zwischen Text und Anmerkungen stattgefunden. Als beide Bände in zweiter Auflage erschienen waren, schrieb H. PROEHLE (1868) eine Skizze zur dichterischen Erschließung der Mark, wobei F. W. A. SCHMIDT (von WERNEUCHEN) Ansatzpunkt, ALEXIS Zwischenstation und Fontane vorläufiges Endziel bildet. Zu Fontane heißt es:

> Die neuen Auflagen beider Bände von 1865 und 1868 lassen uns hoffen, daß der Autor sich durch diese Form seines Werkes am leichtesten sein Publikum wird heranbilden können. Ohne Zweifel eignet sich diese Form der literarischen Darstellung noch ungleich besser als die von Wilibald Alexis gewählte Romanform zu treuem Anschlusse an die Geschichte unserer Landschaft, selbst an die maßgebenden neueren kritischen Forschungen der Mark. Freilich müssen wir im Allgemeinen doch als die besten Stücke der uns vorliegenden zwei Bände von Fontane's Wanderungen diejenigen bezeichnen, in denen Poesie und Naturschilderung im Verhältnisse zu dem geschichtlichen Elemente wenigstens nicht vernachlässigt sind.

1866 erschien die erste Buchausgabe von Fontanes *Der Schleswig-Holsteinsche Krieg im Jahre 1864*. 1869 folgte der erste Halbband von *Der deutsche Krieg von 1866*, dessen zweiter Band 1870 auf den Markt kam. Das *Militair-Wochenblatt* (1870) brachte von beiden Halbbänden eine Besprechung, die die »patriotische Begeisterung« der Bücher betont. Im März 1873 erschien der erste Band von *Der Krieg gegen Frankreich 1870–71*. Die anderen drei Bände wurden im Dezember 1873, Anfang 1875 und im September 1876 veröffentlicht. Ludwig PIETSCH (1873) empfahl den ersten Band den Lesern der *Vossischen Zeitung* mit der Begründung:

> Der kurzen und prägnanten Ausführung der Schlacht werden die Mitteilungen von urteilsfähigen Augenzeugen und mithandelnden Teilnehmern beider Teile zur Seite gestellt, und bei der vortrefflichen hierbei beobachteten Auswahl sieht sich der Leser selbst für die ihm aus anderen Darstellungen längst bekannten Begebenheiten fortgesetzt in Spannung erhalten, und werden ihm in steter Folge neue Einblicke und Gesichtspunkte erschlossen. Es gilt dies indeß nicht nur von den Schlachtbeschreibungen, sondern in einem noch erhöhten Maße zugleich auch von der Vorgeschichte des Krieges.

PIETSCH betont die Teilnahme des Lesers an den dargestellten Ereignissen aus der stürmischen Zeit des Krieges gegen den »alten Erbfeind der deutschen Einheit und Freiheit«.

Von Bedeutung für das Gesamtbild Fontanes, das von der Kritik entworfen wurde, ist die das bisherige Werk einbeziehende synthetische Besprechung der zweiten, vermehrten Auflage der Gedichte Fontanes, die 1874 erschien. Wilhelm LÜBKE (1874) begrüßt Fontane darin als willkommene Erscheinung in einer Zeit der Zügellosigkeit, in einer Zeit der mangelnden nationalen Wiedergeburt. Das nationale Element in Fontanes Dichtung betonte auch Friedrich KREYSSIG (1874), als er in einer Kurzrezension dieser Ausgabe schrieb:

> Die Sammlung enthält Lieder und Sprüche, Balladen, vaterländische Gedichte (Männer und Helden) und Gelegenheitsgedichte, endlich freie Nachdichtungen englischer Lieder und Balladen. Man kennt Fontane's glühenden, speziell preußischen Patriotismus und die frische, volkstümliche Kraft, mit welcher er in guten Stunden dessen Ausdruck findet. Seine Lieder vom alten *Zieten*, vom *Dessauer*, das Gedicht an *Graf Schwerin-Putzar* haben namentlich viel Freude gemacht und werden bleiben.

Noch deutlicher ist diese Sprache in den Artikeln »Der Dichter der Mark« von Otto Franz GENSICHEN (1876) und »Theodor Fontane, der Sänger der Mark« von Robert KOENIG (1875) zu vernehmen. Daß auch die Grenzen von Fontanes patriotischer Gesinnung gesehen wurden, bewiesen der anonyme Rezensent im *Dresdner Journal* (1877) und PIETSCH (1875) mit seiner Besprechung des zweiten Bandes von *Der Krieg gegen Frankreich 1870–1871*. Von beiden wird Fontanes Streben nach Wahrheit, auch hinsichtlich des Feindes, anerkannt. PIETSCH' Rezensionen zeichnen sich dadurch aus, daß sie den Aufbau von Fontanes Werken charakterisieren wollen. In hohem Grade ist dies auch das Anliegen von Max JÄHNS (1877), der Fontanes *Der Krieg gegen Frankreich 1870–1871* besprach, nachdem alle vier Bände erschienen waren. Vielleicht zum Teil ungewollt wurden so Strukturmerkmale des Fontaneschen Werkes herausgearbeitet, die zeigten, daß der Schritt vom Wanderungs-, beziehungsweise Kriegsbuch zur epischen Fiktion kein allzu großer sein würde.

Der Romancier Fontane

Was JÄHNS vorwegnahm, wurde von den Rezensenten im nachhinein erkannt, als 1878 die Buchausgabe von *Vor dem Sturm . Roman aus dem Winter 1812 auf 13* erschien. Für die Entstehungsdaten des Romans ist der Artikel LÜBKES (1878/79) von Bedeutung, in dem die Entwicklung Fontanes dargestellt wird:

> Neben diesen umfassenden und anstrengenden Arbeiten entstand in den letzten Jahren ein großangelegter historischer Roman, der unter dem Titel *Vor dem Sturm* die Zeiten unmittelbar vor den Befreiungskriegen zum Gegenstande hat und eben ans Licht treten wird. Nach den bis jetzt vorliegenden Teilen dürfen wir auch hier Treffliches erwarten.

Abschließend sagt LÜBKE: »Von seiner noch in jugendlicher Frische sprudelnden Begabung dürfen wir noch manches Schöne erwarten.« Die Kriterien bei der Beurteilung von *Vor dem Sturm* wurden zum Teil den Erfahrungen mit früheren Werken des Dichters entnommen. Die starke Abhängigkeit Fontanes von der früheren Produktion wird dabei nicht in jeder Hinsicht als positiv erfahren. Kritisiert wird das Episodische, das Porträtgalerie-Element, das den Gang der Erzählung hindere. Julius RODENBERG (1879) und Friedrich Karl SCHUBERT (1879) urteilen auf diese Weise. In allen Besprechungen wird – mag der Grad der Betonung dieses Aspektes dabei auch wechseln – die Verbundenheit des Romans mit märkisch-preußischen Werten, die nationale, mit Religiosität verknüpfte Grundstimmung des Romans akzentuiert.

Konnte die Kritik die 1880 und 1881 erscheinenden Werke *Grete Minde* und *Ellernklipp* durch den Rückgriff auf das historische und landschaftliche Interesse ihres Verfassers noch in ihr traditionelles Bild integrieren, mit *L'Adultera* war dies nicht möglich. Eduard ENGEL (1881) erkennt die Bedeutung des Romans in seiner Wahrheit. Man atme in diesem Werk, so ENGEL, den »kräftigen Erdgeruch des heimatlichen Bodens«. Eine negative Beurteilung von *L'Adultera* sah ENGEL bereits voraus. Er wünschte sich den Roman in einer Buchveröffentlichung und hoffte, Fontane würde sich nicht durch ein »ungehöriges lokales Zartgefühl« bestimmen lassen. Wilhelm JENSCH (1882) führte die durch *L'Adultera* bewirkte Erschütterung der Fontane-Erwartung auf exemplarische Weise vor. Anläßlich der Buchausgabe von Band vier der *Wanderungen* und der Novelle *Ellernklipp*, den Vorabruck von *L'Adultera* als Fortsetzungsroman einbeziehend, formuliert JENSCH – nach Lob und Zuspruch für die zuerst genannten Werke – seinen Tadel und seine moralische Entrüstung anläßlich des letzten. In einem der ganzen dichterischen Produktion Fontanes bis 1883 gewidmeten Artikel in *Die Grenzboten* (1882) ist eine ähnliche Enttäuschung über den von *L'Adultera* verursachten Bruch bemerkbar. Komposition und Moral des Romans werden negativ beurteilt. Der Schlußakkord findet allerdings wieder zurück zu den bisher vertrauten und geschätzten Zügen des Dichters:

> So erweckt *Ellernklipp* besser als *L'Adultera* die Hoffnung, daß wir von einem begabten und, wie zu hoffen steht, im innersten Kern noch gesunden Dichter noch vorzügliche Schöpfungen zu erwarten haben, zu denen heimatliche Landschaft, Geschichte und Sitte den immer willkommenen Hintergrund geben werden, während die Phantasie des Dichters markige und liebenswürdige Menschengestalten durch Leid und Glück begleiten wird.

Die schließlich doch ungestörte Tradition kommt in den Besprechungen von *Ellernklipp* darin zum Ausdruck, daß Fontane bereits in der ersten Zeile als »der märkische Balladendichter« ins Gedächtnis des Lesers gerufen wird. Auch der Werbetext, den der Berliner Verlag W. Hertz & Co 1882 veröffentlichte, zeigt, daß Fontanes Ruf als vaterländischer Dichter den Wünschen des Verlegers der *Wanderungen* entgegenkam.

Die erneute Thematisierung eines preußisch-historischen Stoffes in *Schach von Wuthenow* (1882) wurde von der Kritik in *Die Grenzboten* (1883) als Bestätigung der Auffassung verstanden, *L'Adultera* sei nur ein vorübergehendes Abgleiten des Dichters gewesen, sei als Episode zu betrachten. Der anonyme Rezensent der *Grenzboten* setzte jedoch die ablehnende Haltung fort, indem er Fontane »frischere Stoffe und Freude an anderen Lebenserscheinungen« wünschte.

Konrad TELMANN (1885) faßte den Kern der bisherigen Wirkung Fontanes zusammen, als er in seiner Besprechung des 1884 erschienenen Werkes *Graf Petöfy* folgendes schrieb:

> Welche Überraschung – ja, in vielen Kreisen: Befremdung, sogar Enttäuschung und Entrüstung – erregte er vor zwei Jahren, als er in seiner *L'Adultera* plötzlich auf ganz neuem Gebiet auftauchte, das uralte Problem vom Ehebruch in modernster Gewandung meisterhaft behandelte und sich als einen berufenen Sittenschilderer zeitgenössischen Lebens legitimierte! Heute tut er auf dieser neuen Bahn den zweiten Schritt.

Eine ähnliche Auffassung vertrat Ernst SCHUBERT (1884), als er in seiner Besprechung des Romans in der *Vossischen Zeitung* schrieb: »Theodor Fontane liebt es, seine im modernen Leben spielenden Erzählungen auf wirklichen Vorkommnissen aufzubauen, wie das bekanntermaßen in der prächtigen Novelle *L'Adultera* der Fall ist.«

Das Interesse der sich als Realisten bezeichnenden Dichter war geweckt. Die Worte Carl BLEIBTREUS (1886) bildeten nur den Auftakt zur Begeisterung von seiten der jungen realistischen Dichtergeneration. Bezug nehmend auf die in der Kritik geäußerten Bedenken gegen Fontanes Stoffwahl im Zusammenhang mit den zuletzt veröffentlichten Werken, gelingt es etwa LÜBKE (1887), die besondere Qualität von Fontanes Erzählweise, das Wie gegenüber dem Was herauszuarbeiten. Sein Essay läßt sich als Vorwegnahme des gegenwärtigen Interesses an Fontane lesen. Damit war die bisher im Mittelpunkt stehende Frage nach der Tendenz, dem weltanschaulichen Gerüst eines doch zumindest anfangs im Zeichen der Glorie Preußens stehenden Werkes noch keineswegs der Vergangenheit anheimgefallen.

Erst das Erscheinen von *Irrungen, Wirrungen* im Jahre 1888 (Vorabdruck in der *Vossischen Zeitung* 1887) gab den Autoren der naturalistischen Generation eine umfassende Legitimation, in Fontane einen verwandten, voranschreitenden Geist zu sehen: die Psychologie seiner Gestalten, die Darstellung ihres Milieus, das widerspruchsvolle Leben der Stadt Berlin, kurz die ›Wahrheit‹ seiner Gestaltung hat die Naturalisten für Fontane eingenommen. Dabei ist auf die Vermittlerrolle der 1884 in Berlin gegründeten ›Zwanglosen Gesellschaft‹ hinzuweisen. Es ist diesem Kreis, dem unter anderen Hans HERTZ, Paul SCHLENTHER und Paul MEYER angehörten, zu verdanken, daß *Irrungen, Wirrungen* eine viel bessere Kritik zuteil wurde, als Fontane erwartete.

An Fontanes 70. Geburtstag, der Anlaß war zu einer Flut von Zeitungsartikeln über den Dichter, wurde von vielen Kritikern die Bilanz seiner dichterischen Produktion gezogen. Zwei Perspektiven auf den Dichter lassen sich dabei unterscheiden: Die erste ist an Fontanes vor der Romanproduktion liegendem Schaffen orientiert, die zweite erkennt in Fontanes Entwicklung eine aufsteigende Linie, die im ›Eigentlichen‹, den Gesellschaftsromanen, gipfelte. Innerhalb dieser zweiten Richtung fällt ein gewisser Vorbehalt auf, Fontane ohne Einschränkung zu den als Realisten bezeichneten Autoren in Beziehung zu setzen. Fontanes in seiner milden, gedämpften, das Häßliche aussparenden Erzählweise zum Ausdruck kommende Eigenständigkeit wird unterstrichen und den Realisten als nachahmenswert vorgehalten. Viele Texte betonen den epochalen Charakter von *Irrungen, Wirrungen*. Die Argumentation lautet, daß dasjenige, was in *L'Adultera* partiell sichtbar war, in *Irrungen, Wirrungen* völlig erkennbar wurde. *Irrungen, Wirrungen* wird nahezu als Typus des Berliner Gesellschaftsromans schlechthin aufgefaßt. Ein Kritiker wie T. Hermann PANTENIUS (1893/94) beschreibt diese Entwicklung sehr deutlich.

Die Berliner Schriftstellerwelt feierte den 70. Geburtstag Fontanes mit einem Festbankett. Die *Berliner Abendpost* berichtete in ihrer Ausgabe vom 7. 1. 1890 unter der Aufschrift »Der siebzigste Geburtstag Theodor Fontane's«:

> Welcher Beliebtheit Theodor Fontane sich allgemein erfreut, erhellt daraus, daß die Berliner Schriftsteller beinahe vollzählig versammelt waren, ebenso war Kultusminister *von Goßler* zugegen. Eröffnet wurde die Feier durch die herzliche Begrüßung der Anwesenden durch Friedrich Spielhagen.

In seiner Rede in Gedichtform gab Karl FRENZEL (1890) während dieser Feier folgende Charakteristik des Jubilars:

> Wer einmal nur aus seiner Lieder Born
> Gemüt und Ohr mit Wohllaut vollgesogen,
> Wer einmal nur durch brandenburgische Haide,
> Am See vorbei, die Kieferhöh' hinan,
> Auf seinem Weg, ihm sinnend nachgegangen –
> Der kennt und liebt ihn – Theodor Fontane.
> Da gibt es nichts zu raten und zu deuteln,
> Geheimnisvoll entzieht er sich uns nicht,
> Er lebt mit uns, er redet uns're Sprache,
> Was wir empfinden, klingt als schön'res Echo
> Aus seinem Mund in Schmerz und Lust zurück,
> Was wir gelitten, hat auch er erduldet,
> Was uns erhoben, hat auch ihn begeistert –
> Der alte Fritz, der greise Kaiser Wilhelm,
> Die großen Taten der Vergangenheit,
> Der Gegenwart hochherrliche Erfüllung
> Der tiefsten Sehnsucht, die wir Deutsche kannten –
> Ersteh'n lebendig, greifbar, glanzumflossen
> Vor unsern staunenden gerührten Augen
> In seinen Liedern, seinen Kriegsgeschichten.
> Ja – er ist unser! Nicht sein blaues Auge,
> Das Haar, das blond ihm in der Jugend wallte,
> Der forsche Schritt nur, sein Soldatenmaß –
> Nein – seines Wesens Sonderheit und Gradheit,

Die Königstreue mit dem Mannestrotz,
Die Unverblüfftheit und der Schalk im Nacken,
Bescheidenheit bei seines Wert's Bewußtsein
Sind uns'rer Art, sind märkischen Erdgeruchs.
Mit uns'rer Landschaft lebt in seiner Dichtung
Vom Höchsten bis zum Kleinsten unser Volk.

In anderer Form, aber mit vergleichbarer Akzentuierung feierte Carl Rudolf von GOTTSCHALL (1890) die dichterische Laufbahn Fontanes. Sein als Vorspann zum Feuilletonabdruck des Romans *Quitt* gedachter Text verweilt lange bei den Balladen, Wanderungen, Kriegsbüchern und bei Fontanes Romanen, als deren Hauptwerk *Vor dem Sturm* betrachtet wird. Das traditionelle Bild Fontanes, dessen Anhänglichkeit zur heimatlichen Scholle fast sprichwörtlich geworden war, bleibt gewahrt. Den Roman *Irrungen, Wirrungen* erwähnt von GOTTSCHALL nicht.

Es fehlte jedoch nicht an Versuchen, der Entwicklung des Dichters, einschließlich seines Romans *Irrungen, Wirrungen* gerecht zu werden. Kurt STEINFELDTs (1890) Studie ist dafür ein Beispiel. Fontanes wachsende Verwandtschaft mit der neuen Richtung des Realismus wird als Ausfluß der eigenen, das Wesen seines Künstlertums berührenden Entwicklung aufgefaßt. Attribute, die dem Dichter beigelegt werden – die übrigens seinen eigenen Geschöpfen wie Melanie van der Straaten, Lene Nimptsch und Stine keineswegs fremd sind – haben eine ethisch-ästhetische Färbung: Ehrlichkeit, Gewissenhaftigkeit, Wahrheit, psychologische Einsicht, Interesse für das Detail, ohne durch derbe Realistik zu verletzen. So konnte eine gewisse Einheitlichkeit des Fontane-Bildes von denjenigen, die sein gesamtes schriftstellerisches Schaffen als gleich unmittelbar zum Autor bewerteten, aufgebaut werden.

Unleugbar zeigt die Wirkung dieses epochemachenden, zunächst als Fortsetzungsroman publizierten Werks eine klare Trennung der Geister, das heißt der Rezipienten Fontanes. Wie jedoch bereits angedeutet wurde, blieb der Versuch nicht aus, aufgrund ›realistischer‹, erzähltechnischer Kriterien, die eine ethische Färbung bekamen, ein synthetisches Bild der dichterischen Entwicklung Fontanes zu entwerfen. Eine Stimme ist jedoch im genannten Schema der Gegner und Befürworter von *Irrungen, Wirrungen* nicht unterzubringen: Franz MEHRINGs Urteil. MEHRING (1891) gab in seiner Streitschrift *Kapital und Presse. Ein Nachspiel zum Fall Lindau*, eine ausführliche, allerdings subjektive Inhaltsübersicht des Romans. Über den Besuch Gideon Frankes bei Botho von Rienäcker lautet MEHRINGs Urteil:

Das ist denn der Kapitalismus in seinen Dichterträumen. Aber ach! es wird ihm nie so gut werden, wie seine Seher ihm voraus verkünden. Es kommt wohl vor, daß ein ehrlicher Proletarier eine brave Genossin heiratet, auch wenn sie vorher von einem Schlingel »aus den höheren Ständen« genasführt worden ist, aber wenn besagter Proletarier es für angezeigt findet, sich mit besagtem Schlingel noch persönlich zu befassen, so »geht es an ein Schädelspalten«, aber nimmermehr an einen religiös-moralischen Vortrag über die Nichtigkeit des sechsten und die Richtigkeit des siebenten Gebots, über die Unheiligkeit der Ehe und die Heiligkeit des Eigentums. Gegenüber dieser Utopie des Kapitalismus ist die verwegenste Utopie des Sozialismus noch die nüchternste Urkunde von der Welt.

Moritz NECKERS (1892) Aufsatz »Altes und Neues von Theodor Fontane« strebt keine Synthese der dichterischen Produktion vor und nach der Veröffentlichung von *L'Adultera* an. Die zweite Auflage des 1871 zum ersten Mal erschienenen Buches *Kriegsgefangen. Erlebtes* von 1891 bietet NECKER die Möglichkeit, Fontanes »Verherrlichung des Krieges und der darin bewiesenen Heldenhaftigkeit des deutschen Volkes« gegen den ebenfalls 1891 veröffentlichten, hier langweilig genannten Roman *Unwiederbringlich* ins Feld zu führen. Ein anderer Kritiker, Max HAESE (1892), verglich *Frau Jenny Treibel*, den im genannten Jahr erschienenen Roman, mit *Kriegsgefangen*. Statt eines Gegensatzes wird aber dabei eine Gemeinsamkeit herausgearbeitet. Hier wie dort stellt HAESE eine gewisse Unverbindlichkeit Fontanes fest. Der Dichter habe die Gestalten im Roman wie auch den Krieg nicht wirklich ernstgenommen. Das Fehlen der Feierlichkeit sei die Grundlage von Fontanes Erzählhaltung. Fontane gehe den großen Lebensfragen aus dem Wege oder behandle diese zumindest mit »unfeierlicher Leichtigkeit«. Bei HAESE treten Begriffe in Erscheinung, die von nun an zu Leitbegriffen bei vielen Kritikern werden: Fontane wird gekennzeichnet durch Vorurteilslosigkeit, Ehrlichkeit, Versöhnlichkeit, Humor, Liebe zur Welt und zum Menschen und durch Vorliebe für das Detail bei Vermeidung einer alles beherrschenden Weltanschauung. Robert LANGE (1892) bestätigte die hier vorgelegte Beobachtung, daß auch nach der Veröffentlichung der zweiten Auflage von *Kriegsgefangen*, *L'Adultera* (zweite Auflage 1891), *Unwiederbringlich* (1892) und der ersten Auflage von *Frau Jenny Treibel* (1892) ein lebhafter Kampf um den ›wahren‹ Fontane geführt wurde. Gerade das gleichzeitige Erscheinen von neuen Auflagen früherer Werke und von ersten Auflagen der später entstandenen Romane ließ erkennen, wo die Akzente gelegt wurden, unter welchem einheitlichen Gesichtspunkt die literarische Kritik an Fontanes Werk herantrat. Ist der Gesamtton LANGES in der Sammelbesprechung auch nicht sehr positiv, die Beurteilung von *Frau Jenny Treibel* fällt durch den Vergleich mit jenen Werken, die auch vielen anderen zum Stein des Anstoßes wurden, wiederum positiv aus:

> Es ist ein erfreulicheres Bild, als die in den frühern Romanen des Dichters entrollten; die schwüle Sumpfluft, die uns in *Stine, Irrungen und Wirrungen* [!] umwehte, ist gewichen und mit vollem Behagen können wir uns dem Genusse der meisterhaften Schilderungen Fontane's hingeben.

Von den vielen Besprechungen von *Frau Jenny Treibel* sei diejenige Adolf STERNS hervorgehoben, da er expressis verbis die zweifache Wirkungsmöglichkeit des genannten Romans erwähnt. Es handelt sich um Deutungsmöglichkeiten, die als Konsequenz einer so oder anders strukturierten Fontane-Erwartung zu sehen sind (STERN, 1893).

Im Jahre 1893 erschien der »autobiographische Roman« *Meine Kinderjahre*, der von Paul SCHLENTHER (1893), Siegmund SCHOTT (1894) und NECKER (1894) anerkennend besprochen wurde. Besonders Fontanes Bescheidenheit, Selbstironie und seine Abhängigkeit vom Duktus des in der Autobiographie bedeutsamen Vaters wurden hervorgehoben. Dabei springt der Ton intimer Vertrautheit in SCHLENTHERS Darstellung in die Augen. Weder *Meine Kinderjahre* noch *Von, vor und nach der Reise* mobilisierten aber die Argumente pro und contra, die das Echo von *Irrungen, Wirrungen* und *Stine* bildeten. Vermutlich hängt es mit dem Erscheinen von *Meine Kinderjahre* als einer Art Bilanz des Dichters Fontane zusammen, daß STERN (1895) eine seiner *Studien zur Litteratur der Gegenwart* Fontane widmete und dabei den Versuch unternahm, das Resümee von Fontanes dichterischer Entwicklung zu bestimmen, die seiner unausgesprochenen Meinung nach im hohen Alter des Dichters wohl ihren Abschluß erreicht habe.

Fontanes Versöhnlichkeit gegenüber menschlichen Irrtümern – der Titel *Irrungen, Wirrungen* bekommt einen fast programmatischen Klang – wird bei der Besprechung von *Effi Briest* (1895) im Zusammenhang mit seiner Einsicht in die komplexe Psyche des Menschen, vor allem der Frau, gesehen. Das hat der treue Freund und Kritiker SCHLENTHER (1895) erkannt: »Der Dichter vertheidigt sie nicht. Aber er erklärt, wie alles kam. Nein, er erklärt nicht einmal.« In den Rezensionen zu *Effi Briest* fallen die Fragen auf, die die Verlegenheit der Rezensenten, eine endgültige Antwort zu formulieren, an den Leser weiterleiten: Warum beging Effi den Ehebruch? Wer ist verantwortlich für den Gang der Handlung? Wen trifft das Urteil des Erzählers? NECKER (1895) arbeitete in seiner Besprechung in der Wiener *Neuen Freien Presse* deutlicher als die anderen Rezensenten folgende im Roman angelegte Gesellschaftskritik heraus: »Gegen dieses Unvermögen, über die anerzogenen Ansichten, über die Meinung der Anderen hinauszuwachsen, richtet sich Fontane's dichterische Tendenz.« Wenn auch vorsichtig, gelangt NECKER in seinen Schlußsätzen dennoch zu einem gewissen Urteil:

> Indeß er [Fontane] Innstetten freudlos im Dunkel läßt, häuft er auf die schöne Sünderin allen poetischen Glanz; er verteidigt sie nicht, aber er verklärt sie dichterisch. An ihrer Schuld haben ihre Eltern, ihre Erziehung, ihr Stand fast mehr Anteil als sie selbst. Der Roman erweitert sich zu einer Kritik der Gesellschaft. Fontane läßt eine höhere Sittlichkeit ahnen, als die in der Wirklichkeit besteht, und mit diesem starken Gefühle entläst [!] er die Leser seines Buches. Es ist das wärmste von allen, die er als Erzähler schrieb.

In einer kurzen Ankündigung der »wohlfeilen Volksausgabe« von *Vor dem Sturm* in der *Vossischen Zeitung* (1895) wird eine zweifache Entwicklung und Wirkung Fontanes konstatiert:

> Was ihn zum Doktor machte [Ehrendoktorwürde der Philosophischen Fakultät der Universität Berlin, 1894, H.E.] liegt hinter, was ihn zum Dichter machte, liegt noch »Vor dem Sturm«.

Zur Bewegung, die anläßlich der Berliner Romane Fontanes eine deutlich erkennbare Polarität der Fontane-Bilder zur Folge hatte, trat gegen Ende des 19. Jahrhunderts und besonders nach dem Tode des Dichters eine Tendenz zur Harmonisierung, zur Glättung der zehn Jahre zuvor noch sichtbaren Gegensätze. Diese Entwicklung kommt darin zum Ausdruck, daß den potentiell anstößigen Themen einiger Romane jeglicher Zug zur Frivolität abgesprochen wird. Andere Begriffe, die bei der Typisierung des Autors Fontane im Vordergrund stehen, sind: Wahrheit der Darstellung, die aber nicht verletzt, Versöhnlichkeit, Menschlichkeit, Humor, Liebenswürdigkeit. Damit war dem Werk der Stachel genommen, der wenigstens einigen Kritikern eine Zeitlang bedrohlich schien. Diesem Bild fügte sich die toposähnliche Vorstellung vom ›alten Fontane‹, zu der häufig die Bezeichnungen ›Vater‹ und ›Großvater‹ auftauchen.

Es ist deswegen keinesfalls nur dem Anlaß von Fontanes Tod zuzuschreiben, daß die Nekrologe alle dieselben Elemente aufweisen. Die konvergierende Tendenz der am Ende der achtziger Jahre entzweiten Beurteilungen des Fontaneschen Dichtertums, bildet auch und zwar an erster Stelle das Resultat einer immanenten Wirkung von Fontanes Werk. Daß dabei in den verschiedenen Artikeln bestimmte Akzente im Hinblick auf Fontanes Künstlertum zu unterscheiden sind, soll nicht vergessen werden. Es ist aber in allen Nekrologen eine auffallende Übereinstimmung angesichts der sittlichen Attribute, des ethischen Fundaments von Fontanes Schaffen zu verzeichnen.

In seinem zu Fontanes Gedächtnis veröffentlichten Aufsatz bringt Walter PAETOW (1898) ein Phänomen zur Sprache, das schwerwiegende Folgen für die Beschäftigung mit Fontane haben sollte: »Nur in seiner eigenen Sprache möchte man von seinem Leben und von seinem Schaffen reden, denn so von Grund aus eigenartig und individuell war seine Persönlichkeit, daß nur sein eigener Stil ihn selbst charakterisieren könnte.«

Die Rezensionen zu *Der Stechlin*, dessen Buchausgabe nach Fontanes Tod erschien, sind ausnahmslos Beispiele für dieses Verfahren. Der Roman wurde als Vermächtnis des Dichters aufgefaßt. *Der Stechlin* sei sein allerpersönlichstes Buch, in dem der Dichter unmittelbar spreche, am unmittelbarsten wohl durch sein Alterego Dubslav von Stechlin. Indem Fontanes Leben in einer so konstruierten Kreisform zur Abrundung, zu einem harmonischen Ganzen idealisiert worden war, bot *Der Stechlin* die Möglichkeit, den ganzen Fontane, die Grundlage seines Schaffens und seiner im Zusammenhang damit gesehenen Weltanschauung zu skizzieren. Eine anonyme, in *Deutsche Worte* (1898) abgedruckte, an Ernst HEILBORNS Duktus erinnernde Rezension steht für alle anderen:

> Nicht vielen Schriftstellern ist es vergönnt, an ihr letztes Werk die letzte feilende Hand zu legen und es der Nachwelt so vollkommen zu hinterlassen, wie sie es im Interesse ihres Nahruhms und einer gerechten Würdigung oft wünschen mögen. [...] Es ist ein Buch der Lebenserfahrung und Lebensweisheit, gewissermaßen der Extrakt alles dessen, was in seinen Mannes- und Greisenjahren auf ihn eingewirkt, ihn bewegt und erhoben, ihn gerührt und erfreut hat. Es ist der ganze Fontane, wie er in der Anschauung so vieler seiner Zeitgenossen gelebt hat und in der Erinnerung ungezählter Tausende weiterleben wird, der aus diesem Buch zu uns spricht.

Zukunftsträchtig sollte sich die Ansicht des naturalistischen Theoretikers Wilhelm BÖLSCHE (1898) erweisen. Alle Stadien seines und nicht nur seines Fontane-Verständnisses passieren Revue: zunächst die Bekanntschaft mit Fontanes Balladen durch das Lesebuch in der Schule. Dann in überspitzter Formulierung Fontane als Typus der nationalen Einseitigkeit, der Heldenverehrung aus den von Preußen geführten Kriegen. Letztlich Fontane als Kritiker, der während der Jahre 1889 und 1890 Partei für die »Freie Bühne« ergriff und im Zusammenhang damit als Romancier. Die Bewertung der »inneren Wahrhaftigkeit« von *Effi Briest* liest sich bei BÖLSCHE so:

> für den richtig Sehenden schildert er vernichtend geradezu den Fluch der Philisterenge, den inneren Zusammensturz oberflächlicher Moralweisheiten, die grauenhafte Leere gewisser Gesellschaftskreise, die Armseligkeit eines Mittelchens, wie es ein Duell darstellt, gegenüber Konflikten eines Menschenlebens [...]

Der auch von BÖLSCHE ausgesprochene Gedanke, daß dies gar nicht als bewußte, sondern als intuitive Leistung des Dichters anzuerkennen sei, kehrt später beim marxistischen Theoretiker Georg LUKÁCS fast wörtlich wieder. BÖLSCHES Bewertung ist aber nicht repräsentiv für den Ton, der in den Besprechungen der letzten Werke des Dichters und in den Nekrologen angeschlagen wurde. Als Beispiel für ein in der Kritik dominierendes, das Gegensätzliche überwindendes Fontane-Bild lassen sich die beiden Artikel anführen, die Ernst WITTE (1899) Ende des Jahres in der *Vossischen Zeitung* veröffentlichte:

> Fassen wir zum Schlusse unser Urteil kurz zusammen. Fontanes dichterische Fähigkeit stammt vor allem aus dem Plaudernkönnen, aus der Beanlagung für die Anekdote. Ein eigenartiger Stil ist es, nichts Hohes, Pathetisches, ohne Feierlichkeit und Redensarten, nicht olympisch, sondern schlicht, natürlich, aber immer anmutig. Dazu ist er ein Menschenkenner, der in das brausende Leben hineingreift. Aus reicher Erfahrung schöpft er, ein vorzügliches Gedächtnis unterstützt ihn dabei. Mit unerbittlicher Gerechtigkeit wägt er ab, mit unbefangenem Urteil tritt er an alle Verhältnisse heran. Aber zu dieser Gerechtigkeit kommt die milde, verstehende Gelassenheit, die verzeihende Liebe, und endlich gießt sich über das Ganze eine wunderbar harmonische Grundstimmung aus. Unser Leben ist auf dem Widerspruch aufgebaut. Die Zerrissenheit der Empfindung, die aus der Wahrnehmung des Widerspruchs hervorgeht, zu überwinden durch eine kräftige Lebensstimmung und harmonische Lebensauffassung, das ist eine der Aufgaben, deren Lösung erst uns zur geschlossenen Persönlichkeit macht. Aus dieser Überwindung des Empfindungskontrastes geht das tragische Gefühl, geht der Humor hervor. Ein wahrhaft goldener Humor liegt über allem, was Fontane

geschaffen hat, und im Gegensatz zu dem Humor eines WILHELM RAABE, der oft genug an Verbitterung, ja an grimmige Verzweiflung streift, ist der Fontanesche aus der wahren Gelassenheit einer heiteren Ruhe entstanden. Hierin liegt seine Größe. Wie er mit dieser Stimmung das Leben überwindet, darin kann er Vorbild sein für uns alle. Gewiß gibt es ernstere Probleme, es gibt tiefere Gründe im menschlichen Leben, und in die Nacht des Lebens wie im *Tristan* oder wie im *Schüdderump* tauchen wir nicht hinab. Fontane bleibt im Diesseits, aber im Diesseits hat er auch eine Stärke wie selten einer. […]

Diese ruhige irdische Lebensanschauung aber haben wir gerade in unserer Zeit so besonders nötig. Denn wir wollen nicht vergessen, daß wir in unseren Dichtungen meistens zwischen zwei Extremen schwanken, die einerseits durch den Namen Schopenhauer, Nietzsche, andererseits durch Zola, Ibsen, Hauptmann bezeichnet werden. Auf der einen Seite eine Abkehr, eine Furcht vor dem realen Leben, auf der anderen Seite der Wirklichkeitsfanatismus, der sich bis zu einem wahren Häßlichkeitskultus gesteigert hat. Theodor Fontane hat den Mut zum Leben und das lebendige Leben schön zu finden und dichterisch zu verwerten. Er »macht den großen Wirklichkeitszug der modernen Welt mit«, aber er bleibt nicht in der bloßen Wirklichkeit stehen, er gießt den warmen, goldenen Schimmer seiner Lebensstimmung über das reale Leben aus.

Lernen wir es, mit seinen Augen in die Wirklichkeit, in den heutigen Tag zu blicken, so werden wir die richtige Mitte zu halten wissen zwischen dem Idealismus, der das Tagesdasein am liebsten verneinen möchte, und einem öden Naturalismus. Und so kann uns der einfache, schlichte Erzähler das Höchste sein, was ein Mensch dem anderen zu sein vermag: Freund und Lehrer, indem er uns erzieht zum Verstehen des Daseins, zur Liebe des Lebens.

Welchen Fontane ließ man dominieren? Das war eine Frage, die angesichts der Neuveröffentlichung von *Ein Sommer in London* und *Jenseit des Tweed* (zusammengefaßt als *Aus England und Schottland*) aktuell wurde. In der Zeitung *Ostdeutsche Rundschau* (Wien) betonte Karl BIENENSTEIN (1900) in seinem Artikel »Ein deutscher Dichter über England« den Patriotismus Fontanes und dessen Kritik an England. Verwandtes drückte eine anonyme Rezension in *Westermanns Illustrierte Deutsche Monatshefte* (1900) aus:

Und noch eines darf uns mit Stolz erfüllen, wenn wir uns heute in die Blätter versenken: trotz aller Bewunderung für englische Vorzüge bleibt dem Verfasser doch stets und überall sein deutsches Selbstbewußtsein, seine innige Liebe zur Heimat treu. Auch aus den herrlichen Schilderungen englischer Geschichtsgrößen, auch aus den schönsten Kapiteln über die landschaftlichen Reize des schottischen

Hochlandes klingt schon deutlich der stolz-bescheidene Kehrreim: ›Ich bin ein Preuße‹, und nirgends begegnet man jener würde- und kritiklosen Fremdenbegeisterung, der der Deutsche auf Reisen auch heute noch so leicht verfällt.

Der Grund dafür, daß um die Jahrhundertwende eine gewisse Einstimmigkeit des kritischen Urteils über Fontane herrschte, liegt darin, daß jedem Versuch eines apodiktischen Urteils über den Dichter sofort eine Relativierung der absoluten Festlegung folgte. Das Wesen Fontanes wurde daher nicht in eindeutiger Parteinahme für diese oder jene Wahrheit, sondern in einem Verlangen nach Wahrheit und Versöhnlichkeit gesucht. Bei einer Gruppe, die Fontane persönlich gekannt hatte, verbindet sich die Vorstellung seiner künstlerischen Basisanschauung mit einem Bild seines Gesichtes und seiner Gestalt. Die Reichweite einiger Porträts, die in Fontanes Büchern abgedruckt wurden und vielen Artikeln über ihn als Illustration dienten, darf nicht unterschätzt werden. Sie bildeten Orientierungspunkte bei der Suche nach der Tragfläche von Fontanes Welt- und Kunstanschauung.

Um die Jahrhundertwende waren jene Stimmen am deutlichsten vernehmbar, die Fontane mit Hilfe ethischer Kategorien umschrieben. Die auf den ersten Blick sich anbietende Widersprüchlichkeit Fontanes wurde sowohl von den am Frühwerk Orientierten als auch von den sich als Kinder des Romanciers Fontane verstehenden jüngeren Autoren zugunsten einer alles Menschliche verstehenden und verzeihenden Haltung der Liebe harmonisiert. Daher finden sich gemeinsame Züge in der Wertung derer, die einen verschiedenen Ausgangspunkt hatten, und trifft man bei den Naturalisten auf Begriffe, die auch bei Otto FROMMEL (1902) und G. WITZMANN (1903) begegnen. Eine gemeinsame Mitte des Fontane-Verständnisses war möglich, da nur in seltenen Fällen eine extreme Position durchgehalten wurde. Als Beispiel für diese, die Extreme vermeidende Form des Fontane-Verständnisses sei auf die erste, von Josef ETTLINGER verfaßte Buchveröffentlichung zu Fontane aus dem Jahre 1904 verwiesen.

Die Tendenz, in Fontane letztlich doch die Züge hervorzuheben, die bei FROMMEL und WITZMANN – wenn auch wieder kritisch gemildert – Patriotismus und Gläubigkeit heißen, fand ihren sichtbaren Ausdruck in den Denkmälern, die zu Ehren des Dichters enthüllt wurden: 1907 in Neuruppin, 1910 in Berlin. Nicht nur der Festgruß des Jahres 1907, sondern auch die Rede Konrad BURDACHS (1910) ist bezeichnend für das Werturteil über den von der Nation offiziell anerkannten Dichter Fontane. Damit war eine

Entwicklung zur Abrundung gekommen, die durch eine zunehmende nationale Besitzergreifung des als Patrioten gehuldigten Autors geprägt war. Fontane stand nicht mehr zur Debatte. Das Für und Wider hatte sich zu einer zeitweiligen Versöhnung neutralisiert. Auch die akademische Beschäftigung mit Fontane fing in dieser Zeit an und konnte sich der Erforschung des nunmehr anerkannten Œuvres zuwenden.

Am Horizont wurden aber bereits die Konturen eines anderen Fontane-Verständnisses sichtbar. Im Jahre 1905 erschienen die Briefe des Dichters an seine Familie in zwei Bänden. Fritz MAUTHNER (1905) schrieb anläßlich der Briefausgabe:

> Und nun deckten die Briefe, in denen doch die grimmigsten Ausfälle getilgt worden waren, eine Seele auf, die wir so nicht gekannt hatten: allezeit schwerste Verbitterung, oft kränkende Lieblosigkeit. Diese Dinge mußten erst übergeschluckt werden. Das alte und das neue Bild mußten erst zusammenfließen. Ein leiser Schmerz mußte verwunden werden.

Die zweite Sammlung der Briefe Fontanes, die 1910 erschien, führte erneut zu einer Überprüfung der Standpunkte. HEILBORN (1910), gerade noch gerührt von der Enthüllungsfeierlichkeit des Denkmals im Berliner Tiergarten, fühlte sich genötigt, angesichts der Briefe folgendes zu schreiben:

> Je älter, um so temperamentvoller, um so skeptischer. In Theodor Fontane immer nur den liebevollen »Wanderer«, den brandenburgischen Chronisten, den epischen Menschenfreund sehen wollen, wird nachgerade abgeschmackt. In seinem Lächeln war viel mehr Skepsis als Milde.

Heilborns Sätze lassen erkennen, daß auch Thomas MANN mit seinem Essay aus dem gleichen Jahr, in dem der Skepsis eine überragende Bedeutung zukommt, keine singuläre Erscheinung war.

Mit dem Jahre 1910 war die Wirkungsgeschichte des Fontaneschen Werkes keineswegs abgeschlossen. In diesem Jahr die Abrundung einer Phase zu sehen, läßt sich aber dadurch rechtfertigen, daß nun zwei Gesamtauffassungen des Dichters aktuell geworden sind. Die dominante Auffassung kommt in den steinernen Fontane-Denkmälern zum Ausdruck. Die zweite, erst allmählich Grund gewinnende, orientiert sich an den Briefen, von denen her eine unter der Oberfläche des Erzählwerks gedachte Aussage hervorgeholt wird. Darin, daß es sozusagen des Anstoßes von außen bedurfte, das Bild des für die nationale Sache zumindest bedingt usurpierten Dichters zu korrigieren, liegt eine Vorwegnahme der Wirkung Fontanes nach 1945. T. Mann hat auch in dieser Phase eine wichtige Rolle gespielt. HANS ESTER

Literatur

T. Storm, Theodor Fontane in: Literatur-Blatt des deutschen Kunstblattes 21, 18. 10. 1855. – P. J. Willatzen, Theodor Fontane als Balladendichter, in: Bremer Sonntagsblatt, Beilage 49, 2. 12. 1860. – A. E. Brachvogel, Wanderungen durch die Mark Brandenburg, in: Wochenblatt des Johanniter-Ordens Balley Brandenburg, 11. 12. 1861. – Die Grafschaft Ruppin, in: Die Grenzboten 20 (1861), 2. Semester, Band IV, S. 476 f. – G. Hesekiel, Brandenburgisch Ehrengeschmeid, in: Neue Preussische (Kreuz-)Zeitung 282, 3. 12. 1861, Beilage. – Aus dem Oderland. in: Europa. Chronik der gebildeten Welt, 47 (1863), Sp. 1475–1482. – A. Stahr, T. Fontane's Märkische Wanderungen, in: National-Zeitung, Berlin, 8. 12. 1863. – F. Campe, Wanderungen durch die Mark, in: Zs für das Gymnasialwesen, 18 (1864), Bd. 1, S. 316–320. – E. Kossak, Einleitung zu Auszügen aus Das Oderland, in: Berliner Montags-Post. Zs für Politik, Ges, Literatur und Kunst, 15. 2. 1864. – F. Zarncke, Theodor Fontane, Das Oderland, in: Literarisches Centralblatt für Deutschland, 5. März 1864, Sp. 224 f. – H. Pröhle, Die Poesie der Mark, in: Vossische Zeitung, 20. 9. 1869, Sonntagsbeilage 38. – Der deutsche Krieg von 1866. Von T. Fontane. in: Militair-Wochenblatt, 13. 10. 1870, S. 881 f. – L. Pietsch, Der Krieg gegen Frankreich 1870–71 von T. Fontane, in: Vossische Zeitung, 20. 2. 1873. – F. Kreyssig, Besprechung der zweiten, vermehrten Auflage der Gedichte Fontane. in: DR, Bd. 1, Oktober-Dezember 1874, S. 460. – W. Lübke, Theodor Fontane's Gedichte, in: Beilage zur Allgemeinen Zeitung, 21. 11. 1874. – R. Koenig, Theodor Fontane, der Sänger der Mark, in: Daheim, 1875, S. 300–303. – L. Pietsch, Der Krieg gegen Frankreich 1870–71, 2. Band, in: Vossische Zeitung, 25. 12. 1875, Sonntagsbeilage 52. – O. F. Gensichen, Der Dichter der Mark, in: Salon für Literatur, Kunst und Ges 2 (1976) S. 937–940. – M. Jähns, Der Krieg gegen Frankreich 1870–71, in: Die Gegenwart, 16. 6. 1877, S. 384–385. – Der Krieg gegen Frankreich 1970 bis 1871, 2. Band, 2. Halbband, in: Dresdner Journal, 19. 6. 1877, S. 661 f. – W. Lübke, Theodor Fontane, in: Ueber Land und Meer, Bd. 41, 7, 1878–1879, S. 127–128. – J. Rodenberg, Vor dem Sturm. Roman aus dem Winter 1812 auf 13, in: DR, Bd. XVIII, 5, 2. 1879. -F. K. Schubert, Neue Romane. Vor dem Sturm, in: Blätter für literarische Unterhaltung, 27. 2. 1879, S. 132. – E. Engel, »Grete Minde« und »L'Adultera«, in: Das Magazin für die Literatur des In- und Auslandes, 50, 7, 12. 2. 1881, S. 97–100. – W. Jensch, Wanderungen durch die Mark, Bd. 4; Ellernklipp; L'Adultera, in: Magdeburgische Zeitung, 11. 1. 1882. – Theodor Fontane, in: Die Grenzboten. Zs für Politik, Litratur und Kunst, 41 (1882), 2. Quartal, S. 538–546. – Schach von Wuthenow. Erzählung aus der Zeit des Regiments Gensdarmes, in: Die

Grenzboten 42, 27, 28. 6. 1883, S. 318–320. – E. SCHUBERT, Graf Petöfy. in: Vossische Zeitung, Morgenausgabe, 13. 12. 1884. – K. TELMANN, Graf Petöfy, in: Das Magazin für die Litteratur des In- und Auslandes, 54, 11, 14. 3. 1885, S. 171 f. – C. BLEIBTREU, Der Realismus, in: C. B., Die Revolution der Literatur, Leipzig 1886. – W. LÜBKE, Theodor Fontane als Erzähler, in: Beilage zur Allgemeinen Zeitung, 165, 16. 6. 1887, S. 2418 f. und 166, 17. 6. 1887, S. 2434 f. – K. FRENZEL. in: Berliner Abendpost, 7. Januar 1890. – R. von GOTTSCHALL, Theodor Fontane, in: Die Gartenlaube 1890, S. 6–8. – K. STEINFELDT, Theodor Fontane. Eine litterarische Studie, in: Westermanns Illustrierte Dt Monatshefte, 34 (1890), Bd. 67, S. 456–468. – F. MEHRING, Kapital und Presse. Ein Nachspiel zum Fall Lindau, Berlin 1891; zu Fontane: S. 130. – M. HAESE, Noch einmal der alte Fontane, in: Das Magazin für die Litteratur des In- und Auslandes, 61 (1892), S. 809–811. – R. LANGE, Neue Romane, in: Blätter für literarische Unterhaltung, 22. 12. 1892, S. 808 f. – M. NECKER, Altes und neues von Theodor Fontane, in: Die Grenzboten 51 (1892), 1. Vierteljahr, S. 175–181. – P. SCHLENTHER, Meine Kinderjahre. Autobiographischer Roman von Theodor Fontane, in: Vossische Zeitung, 17. 12. 1893, Sonntagsbeilage 51. – A. STERN, Frau Jenny Treibel, in: Die Grenzboten 52 (1893), 1. Vierteljahr, S. 340–347. – T. H. PANTENIUS, Theodor Fontane, in: Velhagen und Klasings Neue Monatshefte, 1893–1894, S. 649–656. – M. NECKER, Selbstbiographien, in: Neue Freie Presse, 1. 2. 1894. – S. SCHOTT, Aus der Jugendzeit eines Dichters, in: National-Zeitung, 14. 1. 1894, Morgenausgabe. – M. NECKER, Neue Romane und Novellen, in: Neue Freie Presse, 26. 10. 1895. – P. SCHLENTHER, Effi Briest, in: Vossische Zeitung, 11. 11. 1895, 1. Beilage. – A. STERN, Theodor Fontane. in: A. S., Studien zur Litteratur der Gegenwart, Dresden 1895, S. 141–177. – Theodor Fontane. Vor dem Sturm. Roman aus dem Winter 1812 auf 13. Wohlfeile Ausgabe, in: Vossische Zeitung, 22. 12. 1895, Sonntagsbeilage 51. – W. BÖLSCHE, Theodor Fontane. Aphorismen, in: Sozialistische Monatshefte, 2, 10, Oktober 1898, S. 445–452. – W. PAETOW, Zu Theodor Fontanes Gedächtnis,. in: Das litterarische Echo, 1, 2, 15. 10. 1898, Sp. 73–77. – Der Stechlin, in: Dt Worte, 11. 11. 1898. – E. WITTE, Theodor Fontane, in: Vossische Zeitung, Sonntagsbeilagen zu 52 und 53, 24. 12. 1899 und 31. 12. 1899, S. 413–416 und S. 419–421. – Aus England und Schottland, in: Westermanns Illustrierte Dt Monatshefte, 16. 7. 1900, S. 557. – K. BIENENSTEIN, Ein deutscher Dichter über England, in: Ostdt Rundschau, IX, 86, 28. 3. 1900, S. 1–3. – R. M. MEYER, Die Weltliteratur und die Gegenwart, in: DR, Bd. CIV, Juli-September 1900, S. 269–291. – O. FROMMEL, Theodor Fontane, in: O. F., Neuere dt Dichter in ihrer religiösen Stellung. Berlin 1902, S. 147–167. – G. WITZMANN, Theodor Fontane, in: Dt-evangelische Blätter, XXVIII (1903), S. 624–645 und S. 696–715. – J. ETTLINGER, Theodor Fontane. Ein Essai, in: Reihe Die Literatur, hg. von G. BRANDES, Berlin 1904. – F. MAUTHNER, Theodor Fontane posthumus, in: Das literarische Echo, 8, 3, 1. 11. 1905, Sp. 157–161. – K. BURDACH, Theodor Fontane. Rede bei der Enthüllung seines Denkmals im Berliner Tiergarten am 7. Mai 1910, in: DR, Bd. CXXXXIV, Juli-September 1910, S. 64–72. – E. HEILBORN, Fontanedenkmal und Fontanelegende, in:

Das literarische Echo, 12, 18, 15. 6. 1910, Sp. 1298–1303. – T. MANN, Der alte Fontane, in: Die Zukunft, 1. 10. 1910, S. 1–22.

4.2.2 Die Literaturkritik im 20. Jahrhundert und der aktuelle Forschungsstand

Rund 100 Jahre nach Theodor Fontanes Tod umfaßt der Ertrag der Forschung zu seiner Person und seinem Werk bereits mehrere tausend Veröffentlichungen. Die Fontane-Forschung ist damit so umfänglich und facettenreich geworden, daß sie in all ihren Einzelheiten kaum noch zu überblicken, geschweige denn auf knappem Raum darzustellen ist. Der Bericht strebt denn auch kein vollständiges, sondern ein repräsentatives Bild vom historischen Verlauf der Fontane-Rezeption und der Vielfalt der Forschungsansätze an.

Bibliographien und Forschungsberichte

Eine umfassende Bibliographie sowohl der Werke Fontanes als auch der Studien über ihn bleibt ein Desiderat der Forschung. Das wichtigste bibliographische Hilfsmittel bietet gegenwärtig immer noch das ausführliche »Materialien«-Kapitel in der Fontane-Monographie von C. JOLLES (^{4}1993), das auch die weiterführenden, nach sachlichen oder zeitlichen Gesichtspunkten geordneten Teilbibliographien verzeichnet. Nützlich und bei JOLLES noch nicht genannt ist die dritte, überarbeitete und erweiterte Auflage des Quellenlexikons zur deutschen Literaturgeschichte von H. SCHMIDT (^{3}1996); im Gegensatz zu JOLLES beschränkt sich die hier enthaltene Fontane-Bibliographie auf den Zeitraum von 1945 bis 1990, berücksichtigt dafür aber auch unterrichtspraktische Studien und in breiterem Maße die internationale Forschungsliteratur. Nachzutragen sind außerdem die erste vollständige Bibliographie der Übersetzungen von Fontanes Werken von D. GLASS/P. SCHAEFER (1996) und eine »Filmographie« von P. SCHAEFER/D. STRAUCH (1999), die neben Filmen über Fontane und den Verfilmungen seiner Werke auch eine Auswahlbibliographie der entsprechenden Sekundärliteratur enthält. Die neueste Forschungsliteratur ist in den jeweils aktuellen Bänden der halbjährlich erscheinenden Fontane-Blätter verzeichnet (die seit ihrer Gründung 1965 auf neue Fontane-Literatur verweisen). Auf vergleichsweise aktuellem Stand sind auch die Auswahlbibliographien von H. AUST (1998) und N. RIEDEL (1999) sowie die schmale, aber mit hilfreichen Kurzkommentaren versehene Bibliographie von B. PLETT (1998).

Einen ersten Überblick über die Anfänge der Fontane-Forschung gibt C. Wandrey im Anhang seiner Fontane-Monographie (1919); die Fontane-Rezeption in Zeitungs- und Zeitschriftenartikeln bis 1943 ist in der materialreichen, im Hinblick auf ihren ideologischen Ansatz jedoch indiskutablen Dissertation von G. Herding (1945) rekonstruiert (wobei Herding auch schon detailliert den Wandel in der Bewertung einzelner Werke nachzeichnet). Nach Kriegsende bietet Herding ein knappes Resümee ihrer Arbeit in Form eines von allen nationalistischen und antisemitischen Elementen gereinigten Berichts, der die Veränderungen des »Fontanebildes« und seiner geistesgeschichtlichen Voraussetzungen von den letzten Lebensjahren des Autors bis in die Gegenwart verfolgt. Während Herding (1949) wohl schon aus Selbstschutz, nur die Zeit vor 1933 *en détail* betrachtet, konzentriert sich H. H. Remak (1950) in seiner »Rückschau« auf die Fontanerezeption unmittelbar vor und nach dem Zusammenbruch des »tausendjährigen Reiches«. Mit bemerkenswerter Fairness behandelt Remak die in der Zeit des Nationalsozialismus entstandenen Forschungsarbeiten und skizziert die sich abzeichnenden Unterschiede im Umgang mit Fontanes Erbe im nunmehr zweigeteilten Deutschland.

Über die weitere Entwicklung der west- und ostdeutschen Fontane-Forschung in den fünfziger Jahren berichtet F. Martini (1960) aus westdeutscher, »bürgerlicher« Sicht; den aktuellen Stand der sechziger Jahre stellt H.-H. Reuter (1966) aus dem Blickwinkel der DDR-Germanistik vor. Ebenfalls in den sechziger Jahren erscheinen die ersten ausführlichen und umfassenden Forschungsberichte in den Monographien von H. Nürnberger (1967), P. Wruck (1967) und Reuter (1968, ²1992). Dem besonderen Profil der Fontane-Rezeption in der DDR sind in den siebziger Jahren die Aufsätze von J. Gomez (1973), J. Rühle (1974) und H. Ester (1976) gewidmet; im gleichen Jahrzehnt untersucht Ester (1975) den Einfluß, den T. Manns Fontane-Bild auf die Fontaneforschung ausgeübt hat, und U. Tontsch (1977) zeichnet in einer Dissertation Fontanes Kanonisierung zu einem in Ost und West unumstrittenen »Klassiker« im Rahmen von rund siebzig Jahren Rezeptionsgeschichte nach.

Eine Orientierung über die in den sechziger und siebziger Jahren vielbeschworene und mit einem gewaltigen Zuwachs von Forschungsliteratur verbundene »Fontane-Renaissance« geben Z. Škreb (1979), G. Wunberg/R. Funke (1980) und – resümierend und mit einem erklärten Schwerpunkt auf der Forschung der siebziger Jahre – W. PAULSEN (1981). Forschungsliteratur, die dem seit den sechziger Jahren zunehmenden Interesse an sozialgeschichtlichen Fragen Rechnung trägt und Fontanes Verhältnis zum Literaturbetrieb seiner Zeit erkundet, wird von F. BETZ (1983) und O. KEILER (1985) diskutiert; G. LOSTER-SCHNEIDER (1986) referiert die Geschichte der Fontane-Forschung dagegen in erster Linie im Hinblick auf die Frage, in welcher Weise man den »politischen« Fontane wahrgenommen hat. NÜRNBERGER (1989) kommentiert die Forschung der achtziger Jahre mit einem Schwerpunkt auf Fontanes vieldiskutiertem Verhältnis zu Preußen. Dem etwa zur gleichen Zeit wachsenden Interesse an den Problemen des Kulturtransfers entspricht die Monographie von E. H. KRAUSE (1989), die sowohl die Rezeption als auch die Übersetzungen von Fontanes Werken im anglo-amerikanischen Raum untersucht.

In den neunziger Jahren gibt ESTER (1990) einen kritischen Überblick über nunmehr rund neunzig Jahre Fontane-Forschung, während sich F. R. KEMPF auf die Aufnahme von Fontanes erfolgreichstem Werk beschränkt und *Hundert Jahre ›Effi Briest‹-Kritik* (1991) Revue passieren läßt. Mit ihrer Studie *The Changing Image of Theodor Fontane* (1997) hat schließlich H. CHAMBERS die erste Monographie zur wissenschaftlichen Rezeption des Erzählers Fontane (mit einem Schwerpunkt auf der neueren und internationalen Forschung) und damit ein Standardwerk vorgelegt, das für jede Geschichte der Fontane-Forschung unentbehrlich ist.

Nachrufe, Denkmäler und Anfänge der Fontane-Forschung: 1898–1918

In den 20 Jahren nach Fontanes Tod und vor dem Ende des deutschen Kaiserreichs bleibt die Fontaneliteratur »zum größeren Teil eine Zeitschriften- und Zeitungsliteratur« (WANDREY, S. 407). Gleichwohl werden in dieser Zeit schon einige beachtliche Studien veröffentlicht und wichtige Weichen für die weitere Rezeption des Autors gestellt.

Daß Fontanes letzter Roman *Der Stechlin* in der Buchausgabe posthum erscheint, gibt seinen Kritikern Gelegenheit, Rezension und Nekrolog zu verbinden. Der Roman wird allgemein als das Vermächtnis eines Autors aufgefaßt, der mit der Wahl des Schauplatzes in einer Art Kreisbewegung zu seinen märkischen Ursprüngen zurückgekehrt ist und der sich in der Figur des Dubslav von Stechlin ein Alter ego geschaffen hat (vgl. S. 920). Im Sinne dieser verbreiteten Identifikation Fontanes mit dem alten Stechlin schließt z. B. Erich SCHMIDT (1898) seinen »Nachruf« auf Fontane mit der Grabrede des Pastor Lorenzen auf Dubslav. Dasselbe Schlußzitat wählt der Ordinarius, der für Fontane seinerzeit die Ehrendoktorwürde der Berliner Universität beantragt hatte, als er bei der Enthüllung des ersten Fontane-Denkmals in Neuruppin am 8. 6. 1907 die große Feierrede hält. Fontane erscheint hier erneut und auf immer noch zeittypische Weise als ein Autor, dem der »Lebensherbst« zur »vollen Erntezeit wurde«, der als ein Meister der »Causerie« den »Berliner Roman auf ungeahnte Höhen« führte und der mit dem *Stechlin* das »gesättigte, abgeklärte Vermächtnis seiner Weltanschauung« hinterlassen hat (1907, S. 190f.). Die Grundlagen dieser »Weltanschauung«, die in mancher Hinsicht »sehr konservativ«, in anderer »sehr liberal« gewesen sei, sieht Schmidt in der inneren Freiheit eines »politisch und kirchlich unbefangenen« Mannes (ebd.). Während Schmidt in seiner Rede die Unabhängigkeit Fontanes betont, nutzt drei Jahre später sein Kollege Konrad Burdach die Enthüllung des Fontane-Denkmals im Berliner Tiergarten am 7. 5. 1910, um Fontane als einen Patrioten zu präsentieren, dessen Entwicklung eng mit dem Aufstieg des Deutschen Kaiserreichs verbunden ist. Burdach stellt Fontane in eine Reihe mit Bismarck und Adolf Menzel und feiert ihn – ähnlich wie mehrere etwa zeitgleich erschienene Zeitungs- und Zeitschriftenartikel (vgl. Tontsch, 1977, S. 45 f.) und wenig später das Buch von Paul von Szczepanski (1914) – als einen vaterländischen Dichter, der »wie kein zweiter preußisches Heldentum, die Ruhmestitel preußischer Könige und ihrer Armee, der die Arbeit des preußischen Volkes verkörpert hat« (Burdach, 1926, S. 459).

Schon am Anfang des 20. Jahrhunderts wird Fontane von Richard M. Meyer als »der Begründer und Meister des realistischen Romans in Deutschland« bezeichnet (1904; ähnlich 1900, S. 438 f.), und spätestens mit der Monumentalisierung seiner Person in Neuruppin und Berlin ist sein Rang als ein bedeutender Autor des 19. Jahrhunderts und wertvoller Teil des kulturellen Erbes für die Zeitgenossen auch im nichtpreußischen Teil des Deutschen Reiches weitgehend unumstritten (Tontsch, 1977, S. 48 f.). Der allmählichen Kanonisierung des Autors entspricht, daß schon kurz nach seinem Tod in renommierten Reihen Monographien zu seinem Werk erscheinen.

In der von Paul Remler herausgegebenen und von Heinrich Vogeler illustrierten Reihe »Die Dichtung« des Verlags »Schuster & Loeffler« veröffentlicht Franz Servaes ein Porträt, das ganz aus der persönlichen Bekanntschaft mit dem Dichter lebt. Ähnlich wie bei Otto Brahm (1898) erscheint Fontane hier als der bewunderte väterliche Freund und Geistesverwandte der um die Jahrhundertwende jungen Generation. Er wird als Theaterkritiker, Balladendichter und Erzähler gepriesen, der in seinen so unterschiedlichen Figuren »das Menschliche« aufzeige (SERVAES, 1900, S. 68) und der mit dem *Stechlin* in hohem Alter sein »freiestes« und »jugendlichstes« Buch geschrieben habe (ebd., S. 71).

Mit einer etwas anderen Akzentuierung stellt Josef ETTLINGER (1904) den Autor in der von Georg BRANDES herausgegebenen Reihe »Die Literatur« vor. ETTLINGER betont Fontanes Stellung als »Einzelgänger«, der »keiner Schule« zuzurechnen ist und der sich auch von der »jungen Generation, die ihn gern ganz zu den ihrigen rechnet« (S. 56), unterscheidet. Fontane wird von ETTLINGER als Vertreter eines »künstlerisch gezügelten Realismus« (S. 39) porträtiert, der seine »Romantechnik aus dem Balladenstil entwickelt« (S. 49). Wie zahllose Interpreten nach ihm sieht ETTLINGER in Fontane in erster Linie den »Skeptiker« (S. 56), der seine Figuren weniger durch ihr Äußeres als durch ihre »individuelle Sprechweise« charakterisiert und dessen künstlerische Stärke in der ungewöhnlich nuancierten Darstellung von Gesprächsszenen liegt (S. 57f.). Was Fontanes politische Einstellungen betrifft, so spricht ETTLINGER – ähnlich wie schon SCHMIDT – von einer gewissen Ambivalenz zwischen liberalen und konservativen Zügen. Fontane ist für ETTLINGER ein Mann mit einer im Grunde »stark auf Ordnungssinn gestellten Natur«, der angesichts der »Entwicklung der tatsächlichen Verhältnisse« am Ende seines Lebens mehr und mehr nach links gerückt ist (S. 60).

Nicht lange nach diesen beiden essayistisch angelegten Porträts stellt Else CRONER (1906) den Erzähler Fontane als Meister in der Gestaltung weiblicher Figuren vor, und SZCZEPANSKI (1914) führt in erster Linie in den Lyriker Fontane ein. Etwa zeitgleich entstehen die ersten wissenschaftlichen Arbeiten zum Werk Fontanes. Seine Balladendichtung und Balladenübersetzungen (E. WEGMANN, 1910; H. RHYN, 1914; P. WISSMANN, 1916) sowie sein Sprach- und Erzählstil (G. KRICKER, 1912; A. SCHULTZ, 1912; E. WENGER, 1913) werden in Dissertationen untersucht. Aufsätze nehmen einzelne Erzählwerke in den Blick (O. PNIOWER, 1912; H. HERRMANN, 1912) und behandeln u.a. Fontanes Beziehungen zu England (F. SCHÖNEMANN, 1915), zu Frankreich (P. AMANN, 1914) und seine familiäre Herkunft (R. HUCH, 1917). Hervorzuheben ist hier neben der philologisch ambitionierten Arbeit von KRICKER, die auf breiter Materialbasis eine Fundgrube an Beobachtungen zur »epischen Technik« Fontanes bietet, vor allem der umfangreiche Aufsatz von HERRMANN (1912) in der von Helene LANGE herausgegebenen Zeitschrift *Die Frau*. Mit souveräner Hand skizziert HERRMANN die Entwicklung des Erzählers Fontane, die nach ihrer Auffassung in *Effi Briest* kulminiert, greift auf Nachlaßmaterial zurück und untersucht am Beispiel der Entstehungsgeschichte des Romans *Effi Briest* und seiner Figuren erstmals detailliert die Arbeitsweise Fontanes. In ihrem Ansatz von Stefan GEORGE und Friedrich GUNDOLF beinflußt, sieht HERRMANN in Fontane den Vertreter eines pragmatischen »Lebensgefühls«, der sich fern von »Rausch und Angst« an die Maxime »Streben nach Selbstbewahrung unter Anerkennung des Tatsächlichen« zu halten versucht (S. 546). Aus der neuen Sicht einer von dem elitären Kunstbegriff der Jahrhundertwende geprägten Generation erscheint *Effi Briest* nunmehr als »der geformteste deutsche Roman aus der zweiten Hälfte des 19. Jahrhunderts und als das stillste und feinste Wort vom Leben, das zu sprechen einer bestimmten Generation vergönnt war« (S. 694).

Gegen die bei HERRMANN zumindest anklingende Tendenz, Fontanes künstlerische Qualitäten an dem seit der Jahrhundertwende wieder populären Ideal des *Poeta vates* zu messen, hat sich Thomas MANN in seinem großen, in Maximilian HARDENS Zeitschrift *Die Zukunft* veröffentlichten Essay *Der alte Fontane* (1910, in: PREISENDANZ, S. 1–24) gewissermaßen schon im voraus verwahrt. »Nicht auf den Rausch, sondern auf Erkenntnis« sieht MANN die Kunst Fontanes gestellt (S. 11), und, so bilanziert der erklärte und lebenslange Bewunderer des alten Fontane (SCHEFFEL, S. 1005 ff.), »wenn unsere erzählende Literatur etwas mehr von diesem Geschmack eines ganz, ganz alten Herren beeinflußt worden wäre, so hätten wir heute im deutschen Roman mehr Kunst und weniger Philisterei« (S. 15). Wenn MANN bemerkt, daß Fontane »sehr alt werden mußte, um ganz er selbst zu werden« (S. 1), und vom »Schauspiel einer Vergreisung« spricht, »die künstlerisch, geistig, menschlich eine Verjüngung ist« (S. 23), dann verleiht er in pointierten Wendungen einer zeittypischen Sichtweise Ausdruck, die sich in vergleichbarer Form schon Jahre zuvor bei seinem Bruder Heinrich MANN (SCHEFFEL, S. 1003 ff.), bei BRAHM (1898), SERVAES (1900) u. a. findet. Dem Erkenntnisstand auch der zeitgenössischen akademischen Forschung weit voraus sind dagegen MANNs Ausführungen zur »nervös gequälten Konstitution« einer »von der Verpflichtung zur Produktion absorbierten Existenz« (S. 2f.), zu dem besonderen Verhältnis von »Kunstfleiß« und »Künstlerskepsis« (S. 10), von »Mythus und Psychologie« (S. 22) bei Fontane, sowie zum »artistischen Spiel von Ton und Geist« (S. 14) in den späten Romanen eines sich durch »tapfere Modernität« (S. 17) auszeichnenden Autors. Bedenkt man, wie vorbehaltslos Fontane zur selben Zeit von BURDACH (1910) und anderen Lobrednern zum national gesinnten Verherrlicher Preußens erklärt wird, dann gewinnt nicht nur MANNS später oft zitierte und bis zur Beliebigkeit entwertete Formulierung vom »unsicheren Kantonisten« Fontane und seiner »verantwortungsvollen Ungebundenheit« (S. 20) an Brisanz. Bemerkenswert ist vor diesem historischen Hintergrund erst recht, daß MANN ausdrücklich auf Fontanes scharfe Kritik am Borussismus, seine ambivalente Haltung zu BISMARCK und die »stark revolutionären«, »demokratischen« und »pazifistisch-antimilitaristischen Äußerungen« (S. 23) in seinen Briefen verweist. MANNS Aufsatz ist damit der wohl bedeutendste Beitrag, der durch die vielbeachteten, eine neue Perspektive eröffnenden Editionen von Fontane-Briefen von 1905 (*Briefe an seine Familie*) und 1910 (*An seine Freunde*) angeregt worden ist. Die hier deutlich herausgearbeiteten progressiven Züge des alten Fontane werden – wie auch andere wegweisende Beobachtungen in MANNS Essay – lange Zeit vernachlässigt und in vergleichbarer Schärfe erst im Anschluß an die 1954 von Kurt SCHREINERT edierten FRIEDLAENDER-Briefe (wieder)entdeckt.

Hundertster Geburtstag und Aufstieg zum »Klassiker des deutschen Romans«: 1919–1933

Nach dem verlorenen Weltkrieg, dem Rücktritt KAISER WILHELMS II. und der Gründung der Weimarer Republik läßt das Interesse an dem oft unmittelbar mit der Welt und der Entwicklung des Deutschen Kaiserreichs assoziierten Autor Fontane keineswegs nach. Im Gegenteil. Der Prozeß der Kanonisierung setzt sich fort, und 1928, nach dem Freiwerden der Rechte an Fontanes Schriften, werben sowohl der S. Fischer-Verlag als auch der Ullstein-Verlag für ihre Neuausgaben der Werke Fontanes mit dem Schlagwort »Der Klassiker des deutschen Romans« (TONTSCH, 1977, S. 84). Die Fontane-Forschung tritt in den Jahren nach 1918 insofern in eine neue Phase ein, als neben zahlreichen Zeitungs- und Zeitschriftenartikeln eine wachsende Zahl von wissenschaftlichen Monographien erscheint, die nunmehr auch einzelne Werke und ein zunehmend breites Spektrum von Themen behandeln.

In seinem 100. Geburtsjahr sind Fontane in ganz Deutschland mehr als 30 Zeitungs- und Zeitschriftenartikel gewidmet (TONTSCH, 1977, S. 61). Aus Anlaß des Geburtstags erscheinen

Sondernummern der *Mitteilungen des Vereins für die Geschichte Berlins* (HOFFMANN, 1919) und der satirischen Zeitschrift *Simplicissimus* (1. 1. 1920), umfassende Porträts u.a. von Harry MAYNC (1920), Gustav ROETHE (1920) und Gottfried KRICKER (1921) sowie ein von Ernst HEILBORN herausgegebenes *Fontane-Buch* (vgl. S. 896). Dabei trägt das Bild des vielfach geehrten Autors z. T. sehr unterschiedliche Züge. Der Berliner Ordinarius ROETHE (1920) etwa lobt Fontane als konservativen, vor demokratischen Anwandlungen gefeiten Freund des preußischen Adels, der Historiker Werner MICHEL (1919) würdigt ihn in der Reihe *Deutsche Revolution* des Leipziger Klinkhardt-Verlags als Revolutionär von 1848 und Prophet der Revolution von 1919. Zur selben Zeit werden erstmals auch kritische Stimmen von jungen Autoren laut. Ähnlich wie Alfred DÖBLIN (SCHEFFEL, S. 1011 ff.) sieht Kurt TUCHOLSKY (1919) in Fontane in erster Linie den Statthalter eines zweiten deutschen Biedermeier; die Kunst dieses »märkischen Goethe« (S. 51) schreibt er einem vergangenen »Weltalter« zu. In einer später vielzitierten Formulierung stellt TUCHOLSKY fest: »Der alte Fontane ist nicht am 20. September 1898 gestorben. Er starb am 1. 8. 1914. Er wäre heute etwas völlig Unmögliches.« (S. 54)

Das »langhin verschleppte«, von DÖBLIN und TUCHOLSKY polemisch zugespitzte »Urteil von Fontanes im Kleinen, Behaglichen, Läßlichen sich verlierender Bürgerlichkeit« möchte der junge Germanist Conrad WANDREY korrigieren (S. VI). WANDREY, der zuvor mit einer kurzen Darstellung über GEORGE hervorgetreten ist, legt mit seinem Buch *Theodor Fontane* (1919) zwar nicht – wie später oft behauptet wird – die erste Monographie, aber doch immerhin die erste wirklich umfangreiche, nicht an einer speziellen Fragestellung orientierte Darstellung zu Fontanes Lebensgeschichte und seinen Werken vor. Für WANDREY ist Fontane ein »geborener Epiker« und in dieser Eigenschaft »nach und neben Gottfried KELLER« (ebd.) in Deutschland der Größte seiner Zeit, mit *Effi Briest* ragt er sogar »in die Weltliteratur« hinein (S. 267). Es gehört zu den Verdiensten von WANDREYS Studie, daß sie – jedenfalls im Ansatz – Lebens- und Werkgeschichte trennt und erstmals auf einer gewissen Abstraktionsebene so etwas wie einer inneren Einheit in Fontanes »geistiger Persönlichkeit« und seiner künstlerischer Entwicklung nachzuspüren versucht. Das Bemühen, Fontanes vielgestaltiges Werk in eine überschaubare Ordnung zu bringen, führt allerdings auch zu bedeutenden Verkürzungen, die seinerzeit schon MANN und MAYNC monierten (MANN, 1919, in: ders., 1974, MAYNC, 1921). WANDREY versteht Fontane als einen Meister des deutschen Realismus und mißt sein Erzählwerk am überlieferten ästhetischen Ideal eines spannungsreichen, dramaturgisch durchkomponierten Romans. Vor diesem Hintergrund erscheinen *Irrungen, Wirrungen* und vor allem *Effi Briest* als einsamer Gipfel der Erzählkunst des alten Fontane, während WANDREY im eigentlichen Spätwerk nur einen »raschen Abstieg« und »schnellen Verfall« (S. 294) zu entdecken vermag. Mit der durch die Unbeweglichkeit seines Beurteilungssystems bedingten Bewertung der Romane *Die Poggenpuhls* und *Der Stechlin* als künstlerisch schwach, weil angeblich formlos, wird WANDREY zum Vater eines Vorurteils, dem man später noch wiederholt begegnet.

Methodologisch gesehen rückt WANDREY in seiner Monographie von der philologisch-historischen Methode der seinerzeit immer noch populären SCHERER-Schule ab. Erklärtermaßen versucht er, Fontanes Werk in erster Linie aus sich selbst zu verstehen und nicht aus einem literatur-, geistes- oder gar sozialgeschichtlichen Zusammenhang heraus zu erklären. Dieser historische Rahmen, den WANDREY bewußt vernachlässigt, um das von allem Staub befreite Bild eines höchst lebendigen Autors zu geben, gehört zu den wichtigen Gegenständen, mit denen sich die Forschung der folgenden Jahre in einer stetig wachsenden Zahl von Aufsätzen und vor allem Dissertationen befaßt.

Während weitere, an ein breiteres Publikum gerichtete Monographien in erster Linie der Entwicklung von Fontanes politischem Denken (M. KRAMMER, 1922) und seiner Lebensgeschichte (H. SPIERO, 1928) gelten, konzentriert sich die im engeren Sinne fachwissenschaftliche Forschung der zwanziger und frühen dreißiger Jahre auf den Erzähler Fontane, seine Arbeitsweise und seinen besonderen Ort in der Literaturgeschichte. Erstmals vergleicht man Fontane mit einem anderen Autor des deutschen Realismus (C. SIEPER, 1930, zu Fontane und Wilhelm RAABE) und untersucht sein Verhältnis zum Naturalismus in Deutschland und Frankreich (J. GEFFCKEN, 1920, 1921; E. AEGERTER, 1922) sowie seine Stellung zur Romantik (F. WALTER, 1924). Neu sind außerdem Arbeiten zu Fontanes Literaturkritik (E. KLETTE, 1923; H. ASCHAFFENBURG, 1930) und eine auf breiter Basis erstellte Typologie von Fontanes »Frauengestaltung« (L. GRAGES, 1931). Unter zunehmend spezielleren Fragestellungen analysiert man Fontanes Erzähltexte und ihre Erzählweise. Ohne erklärte Beschränkung auf einzelne Texte des Erzählwerks werden erstmals die Symbolik (H. WAFFENSCHMIDT, 1932), die Landschafts- und Ortsdarstellung (E. FIEKEL, 1923; M. TAU, 1928; W. E. ROST, 1931), der Dialekt der Figuren (mit einem alphabetischen Verzeichnis aller dialektalen Ausdrücke J. KRAUSE, 1932) und die Darstellung von Gesprächen als bedeutender Beitrag zum »deutschen Gesellschaftsroman« (M.-E. GILBERT, 1930) untersucht. Und ungeachtet seiner Mißachtung durch WANDREY wird als erstes Einzelwerk Fontanes der Roman *Der Stechlin* zum Gegenstand einer wissenschaftlichen Monographie. E. BEHREND (1929) liest den »Meister-Roman« (A. ROSENTHAL, 1928, 1932) – wie rund dreißig Jahre zuvor schon die Zeitgenossen Fontanes – als die Summe von Fontanes Schaffen und versucht, die strukturierende Funktion des als Symbol alles Werdenden verstandenen Stechlin-Sees nachzuweisen. BEHREND schließt damit unmittelbar an einen längeren Aufsatz des Berliner Ordinarius Julius PETERSEN (1928) an, der die herausragende Bedeutung des *Stechlin* als ein souverän komponiertes Alterswerk hervorhebt und erstmals detailliert die bewußt eingesetzte Symbol- und Leitmotivtechnik seines Autors betrachtet. PETERSEN untersucht minutiös den Prozeß der literarischen Verarbeitung der historischen, bereits in den *Wanderungen* dargestellten Stechlinsage, rekonstruiert die Entstehungsgeschichte des Romans und vergleicht die verschiedenen handschriftlichen Entwürfe einzelner Passagen. Nach der Arbeit von HERRMANN (1912), der Studie von BEHREND (1924) zu den verschiedenen Versionen des Gesprächs zwischen Wüllersdorf und Innstetten im 27. Kapitel von *Effi Briest*, und – mit einigen Abstrichen – H. F. ROSENFELDS Buch *Zur Entstehung Fontanescher Romane* (1926) dokumentiert PETERSENS weit ausgreifender Aufsatz das wachsende wissenschaftliche Interesse an Fontanes Nachlaß und präsentiert in dichter Form eine Fülle von neuem Material, auf dem die Forschung der folgenden Zeit aufbauen kann. Daß PETERSEN, der u.a. auch Fontanes umfangreiche Entwürfe zu *Allerlei Glück* edierte (1928), sich wenig später dem nationalsozialistischen Ungeist andient, wirft ein trübes Licht auf seine Person, mindert aber nicht den Verdienst seiner stellenweise brillanten philologischen Arbeit.

Fontane-Bilder im Spannungsfeld von Philologie und völkischer Ideologie: 1933–1945

In der Zeit des »Dritten Reichs« gerät der Erzähler Fontane etwas aus dem Blick der seit 1933 gleichgeschalteten Presse, und auch Fontanes 40. Todestag wird vergleichsweise wenig beachtet. Tendenziell unterstreicht man die nationale Gesinnung des in erster Linie als Heimatdichter verstandenen Autors. Im Rahmen der akademischen Forschung setzt sich das wachsende Interesse an Fontane fort, und erst in den vierziger Jahren werden aus in erster Linie kriegsbedingten Gründen kaum noch Bücher zu Fontane publiziert. Neben sachorientierten Arbeiten von »philologisch geschulter Trefflichkeit« (REMAK, 1950, S. 308) finden sich in dieser Zeit eine Reihe von Studien, die einen seriösen philologischen Ansatz mit mehr oder minder starken ideologischen Verbiegungen verbinden. Wiederholt arbeitet man nicht nur Fontanes Ordnungsdenken heraus, sondern präsentiert den Autor darüber hinaus als einen frühen Verkünder des Ideals von einer völkischen Gemeinschaft.

In den nach 1933 veröffentlichten Zeitungs- und Zeitschriftenartikeln wird Fontanes Preußentum weitgehend ausgeklammert. Fontane erscheint vorzugsweise als ein seiner regionalen Heimat eng verbundener Dichter, ein »Wanderer durch die Mark« und »Poet des märkischen Alltags« (TONTSCH, 1977, S. 53). Im Sinne der herrschenden Ideologie werden mehrfach anti-englische (ebd., S. 77f.) und anti-semitische Züge (M. FLEISCHER, 1998, S. 310–332) Fontanes betont. Der Erfolg einer von FRIEDRICH FONTANE besorgten Sammlung von Familienbriefen unter dem Titel *Heiteres Darüberstehen* (1937) und des von Ludwig REINERS herausgegebenen Breviers *Fontane oder Die Kunst zu leben* (1940) spricht dafür, daß der Autor angesichts einer umfassend politisierten Gegenwart von vielen Zeitgenossen auch als eine Art Rückzugs- und Lebenshilfe verstanden wird. Die Aufmerksamkeit einer breiten Öffentlichkeit erlangt Fontane schließlich auf eher indirektem Weg durch die mit Stars wie Marianne HOPPE und Elisabeth FLICKENSCHILD besetzte Verfilmung von *Effi Briest* durch Gustav GRÜNDGENS (*Der Schritt vom Wege*, 1938, vgl. 4.3).

Während die erste Verfilmung eines Romans von Fontane wohl eher zufällig Ende 1938 Premiere hat, wird Fontane durch einen Sonderband der *Brandenburgischen Jahrbücher* (1938) erklärtermaßen zu seinem 40. Todestag geehrt. Der von dem ersten Leiter des 1935 gegründeten Theodor-Fontane-Archivs Hermann FRIKKE bearbeitete Band versammelt die Aufsätze einer »Arbeitsgemeinschaft junger Fontaneforscher« (S. 3) und gibt Einblick in das Spannungsfeld, in dem sich die zeitgenössische Fontane-Forschung bewegt. Neben informativen und materialreichen Studien u.a. zum »jungen Fontane« (JOLLES), zu Fontanes Mitgliedschaft in dem literarischen Verein »Tunnel über der Spree« (E. KOHLER), seiner Wohnung in der »Potsdamer Str. 134c III.[1]« (FRIEDRICH FONTANE) sowie seiner Kompositionstechnik und Arbeitsweise (C. WANDEL), findet sich hier ein Aufsatz von Ursula WISKOTT, der dem »weltanschaulichen Umbruch unserer Zeit« (S. 7) ausdrücklich Rechnung trägt und im Sinne der rassischen »Stammes- und Volksforschung« Fontanes Stammbaum und seine deutschen und französischen »Blutströme« untersucht. Und der Herausgeber FRICKE, Mitglied der NSDAP seit 1933, entwirft im gleichen Band in einem Aufsatz über *Theodor Fontanes dichterische Sendung* das Bild eines Dichters, der »einsam durch seine Zeit« (S. 83) geschritten sei, der vom »Gleichklang der Arbeit und des Soldatentums sprach« (S. 78) und der »sein Dichterauge weit über (sic!) Notzeit des Volkes hingehen« ließ, »in eine neue Welt fester Ordnungen und völkischer Werte, die zu erleben ihm das Schicksal verwehrte« (S. 83).

Betrachtet man die übrigen wissenschaftlichen Veröffentlichungen in der Zeit des »Dritten Reichs«, ist der Eindruck ähnlich ambivalent. Von völkischer Ideologie weitgehend unbelastete und philologisch in mancher Hinsicht durchaus ergiebige Studien gelten etwa der *Geschichte des Tunnels über der Spree* (BEHREND, 1938), Form und Entstehungsgeschichte der *Wanderungen* (J. FÜRSTENAU, 1941), dem Theaterkritiker Fontane (R. R. KNUDSEN, 1942), Fontanes Geschichtsbild (I. SCHRADER, 1944), der Entwicklung des Epikers Fontane und seinen möglichen Vorbildern (A. PAUL, 1934; A. HAHN, 1935) sowie den Eigenheiten seines Erzählstils und seiner Figuren (A. K. SAUER, 1935; WANDEL, 1938; H.-G. WEGNER, 1938; E. KLOSTER, 1945). Daneben gibt es Arbeiten, die Fontane zwar nicht immer dem Vokabular, aber dem Sinne nach ähnlich wie FRICKE deuten. Fontane erscheint hier als der Chronist einer historischen Zeit des Untergangs und Künder einer besseren Zukunft, die in der völkischen Gemeinschaft der Gegenwart ihre Vollendung gefunden hat (H. F. K. KREMZOW, 1933/34; F. MARTINI, 1935; H. WOLTER, 1935; U. WISKOTT, 1938; W. SEIDEL, 1940; G. HERDING, 1945). Im Sinne dieser offenbar verbreiteten Denkfigur spricht Richard von KEHLER (1936) in der Einleitung einer sorgfältig edierten Sammlung bislang ungedruckter Fontane-Briefe vom »neuen Reich, das wir jetzt haben, und das Fontane uns durch den Mund des Pastor Lorenzen in seinem letzten Roman prophezeit hat« (S. 8). Den unrühmlichen Höhepunkt in dieser Reihe markiert HERDINGS in den letzten Kriegswochen eingereichte und noch nach Kriegsende mit dem Doktortitel ausgezeichnete Dissertation über *Theodor Fontane im Urteil der Presse* (1945). HERDING, die jüdischen Autoren im Literaturverzeichnis mit dem Zusatz »Jd.« kennzeichnet, stellt Fontane als einen Gegner Englands dar und verwahrt sich ausdrücklich dagegen, »Fontane zum Philosemiten zu stempeln« (vgl. S. 288–291).

Fontanes angeblich eindeutige Abneigung gegen alles Jüdische, die HERDING und andere Autoren in den Jahren des Nationalsozialismus so vehement betonen, wird zur selben Zeit von seinem jüdischen Bekannten und Testamentsvollstrecker Paul MEYER in seinen *Erinnerungen an Theodor Fontane 1819–1898* (1936) bestritten. MEYER berichtet auch, daß Fontane das mit der später viel diskutierten Zeile »Kommen Sie, Cohn« endende Gedicht *An meinem Fünfundsiebzigsten* nach einem Gespräch in geselliger Runde u.a. mit O. BRAHM und P. SCHLENTHER auf seine Einwände hin bewußt nicht veröffentlicht habe, um eine mögliche Kränkung seiner vielen jüdischen Freunde und Leser zu vermeiden (S. 13–15). MEYERS posthum von seinem später in Auschwitz ermordeten Neffen Hans STERNHEIM (ein Sohn der mit MARTHA FONTANE eng befreundeten Marie STERNHEIM und der Patensohn Fontanes) herausgegebene Erinnerungen durften erstaunlicherweise noch 1936 erscheinen. Aus politischen und »rassischen« Gründen nicht möglich war dagegen die Veröffentlichung von JOLLES' Studie *Fontane und die Politik* (1936). JOLLES' wertvolle Arbeit, die wie viele andere Fontane-Dissertationen der zwanziger und dreißiger Jahre von PETERSEN betreut worden war, ergänzt das bekannte Bild des alten Fontane um die unbekannte politische Biographie des Dichters und Journalisten Fontane bis zum Jahre 1860. Fontanes umfangreiche publizistische Tätigkeit zwischen 1839 und 1860 wird von JOLLES erstmals bibliographisch erfaßt und ausgewertet. In ihrer nach wie vor lesenswerten und einem breiteren Publikum erst seit 1983 zugänglichen Studie plädiert JOLLES wider den Geist der Zeit dafür, Fontane nicht auf eine bestimmte Position festzulegen, sondern in seinen Widersprüchen zu begreifen. Es spricht für sich, daß eine Arbeit, die zwischen 1933 und 1945 nicht erscheinen konnte (mit Ausnahme der gekürzten Fassung eines einzelnen Kapitels, JOLLES, 1936) und deren Autorin 1938 aus Deutschland emigrieren mußte, aus heutiger Sicht die wohl bedeutendste wissenschaftliche Leistung ihrer Zeit darstellt.

Fünfzigster Todestag und getrennte Wege der Fontane-Forschung im zweigeteilten Nachkriegsdeutschland: 1945–1961

Nach dem verlorenen Weltkrieg und dem Zusammenbruch des nationalsozialistischen Unrechtsstaats besinnt man sich auf ein anderes, von völkischen und nationalistischen Elementen gereinigtes Bild Fontanes. Dabei geht man im bald zweigeteilten Nachkriegsdeutschland tendenziell verschiedene Wege. In den Jahren vor dem Bau der Mauer sieht man den preußischen Autor auf der einen

Seite des Eisernen Vorhangs vorzugsweise als Demokraten (mit z. T. liberalen oder auch konservativen Zügen), während man auf der anderen Seite seine kritische Haltung gegenüber einer für »dekadent« befundenen bürgerlichen Gesellschaft hervorhebt. Bei aller Anerkennung wird Fontane in den Gründungsjahren der DDR allerdings auch die Befangenheit eines bürgerlichen Klassenstandpunkts unterstellt; später, nicht zuletzt unter dem Eindruck der 1954 publizierten FRIEDLAENDER-Briefe, betont man zunehmend seine Bedeutung als »Wegbahner des Neuen« (F. SCHECH, 1956, S. 7) und Freund der Arbeiterklasse.

Spätestens Mitte der fünfziger Jahre wächst Fontanes Ansehen in Ost und West, was sich – nach einer gewissen Stagnation in den vierziger Jahren – u. a. an den steigenden Auflagenzahlen einzelner Erzählwerke, an der Zunahme von Zeitungsartikeln (TONTSCH, 1977, S. 105 f.) und auch dem Beginn der ersten großen Editionen (vgl. S. 897 f.) festmachen läßt. Zur gleichen Zeit steigt schließlich auch die Zahl der wissenschaftlichen Arbeiten zu Fontane wieder stetig an.

Theodor Fontane oder Skepsis und Glaube (1945) lautet der Titel der ersten längeren Abhandlung, die nach Kriegsende im zerstörten Deutschland erscheint. Ihr Verfasser ist der ehemalige Reichsjustizminister Gustav RADBRUCH, der 1933 als erster deutscher Professor amtsenthoben worden war. Fontane wird von RADBRUCH als ein Skeptiker und insofern eine Herausforderung für die Frage nach der grundsätzlichen Religiosität des Menschen eingeführt. RADBRUCHs seinerzeit erfolgreiche, 1948 in überarbeiteter Fassung wiederaufgelegte Studie knüpft an Überlegungen Eduard SPRANGERs zur »Weltfrömmigkeit« an und entspricht dem Interesse der frühen Nachkriegszeit an Vorbildern für die Lösung existentieller Fragen. Im Ergebnis erscheint Fontane hier als eine Person, die »letztlich in der Spannung zwischen Glaube und Skepsis« verharrt, und die als »echten Glauben« nur den Glauben gelten läßt, »welcher der Skepsis immer von neuem abgewonnen wird« (^{2}1948, S. 62).

RADBRUCHs schmales Buch wurde, jedenfalls zum Teil, in Heidelberg geschrieben und in Leipzig publiziert. Der Fall des Eisernen Vorhangs hat vergleichbare Konstellationen bald verhindert. Bereits im Zuge der Gedenkfeiern zu Fontanes vielbeachtetem fünfzigsten Todestag (REMAK, 1950, S. 310 f.) zeigen sich in den beiden Teilen Deutschlands überdies auch ideologische Unterschiede im Umgang mit Fontanes Erbe.

Im Jahr 1948 findet im Städtischen Museum Potsdam eine Theodor-Fontane-Gedächtnisausstellung statt, deren Begleittext eins von vielen Beispielen dafür ist, daß man sich in der zu dieser Zeit noch sowjetisch besetzten Zone auf Fontane als den kritischen Betrachter seiner Epoche besinnt (weitere Belege bei TONTSCH, 1977, S. 93, und ESTER, 1976, S. 165–168). Unter dem sprechenden Titel *Theodor Fontane als Kritiker seiner Zeit* würdigt Joachim FÖRSTENAU (1948) Fontane hier als einen innerlich unabhängigen Geist und Feind der Weltanschauungen seines bürgerlichen Zeitalters, der in der Bewunderung »einzelner Gestalten Preußens« seine »einzige Schwäche« zeigte (S. 10f.). Im gleichen Jahr unterstreicht Paul RILLA erstmals wieder die besondere Bedeutung des alten Fontane. In Anlehnung an Friedrich ENGELS' berühmten Brief zum Realismus BALZACS spricht RILLA (1948) davon, daß Fontane in seinem Spätwerk sozusagen wider eigenen Willen die Notwendigkeit des Untergangs der preußischen Gesellschaft seiner Zeit gestalte, und resümiert: »Daß Fontane gezwungen wurde, gegen sein eigenes preußisch-konservatives Empfinden zu handeln, […] und daß er Tüchtigkeit, seelische Größe und Zukunft dort sah, wo der Hochmut der neudeutschen Gesellschaft sich entrüstet abwandte, das ist zu betrachten als einer der größten Triumphe des Realismus und als einer der großartigsten Züge des alten Fontane.« (S. 1016f.; zur Wiederaufnahme dieser Argumentationsfigur in den fünfziger Jahren bei ERLER, Josef STADLER u. a. vgl. ESTER, 1976, S. 171f.)

Als »amtierender Fachmann für sozialistische Theorie in der Literatur« (JOHNSON, 1983, S. 1706; SCHEFFEL, S. 1014) versucht Georg LUKÁCS, Fontanes Widersprüche in seinem Aufsatz *Der alte Fontane* (1951, in: PREISENDANZ, S. 25–79) zu erläutern. In bewußtem Gegensatz zu MANN und seiner Formel von der »verantwortungsvollen Ungebundenheit« erklärt LUKÁCS Fontanes Verhalten aus einer »Wechselwirkung« von persönlichen »Charakteranlagen« und der gesellschaftlichen Entwicklung Deutschlands und sieht in seiner Skepsis in erster Linie einen als »philiströs« (S. 47) bewerteten »Rettungsgürtel, (…) um in den Fluten einer ungünstigen Zeit nicht ganz zu versinken« (S. 44). Ein »bedeutender Schriftsteller« ist Fontane für LUKÁCS überall dort, wo es ihm gelingt, die »Halbheit seiner Gestalten aus der spezifischen Entwicklung Preußen-Deutschlands herauswachsen zu lassen« (S. 66f., ähnlich Hans LANGE, 1950). Fontanes u. a. von WANDREY und MANN hervorgehobener weltliterarischer Rang wird von LUKÁCS in Frage gestellt. »*Anna Karenina*«, so schließt LUKÁCS' großer Essay, »steht zu *Effi*

Briest wie der Große Oktober 1917 zum deutschen November 1918. Daß ein solcher Vergleich überhaupt gemacht werden darf und daß er so ausfällt, bestimmt – nach oben und nach unten – den literarischen Rang des alten Fontane« (S. 79). Bezeichnend für LUKÁCS' Einfluß in der ersten Hälfte der fünfziger Jahre ist, daß etwa Jürgen KUCZYNSKI (1954) die wegen ihrer deutlichen Borussismus-Kritik in der DDR vielfach bevorzugt behandelte Erzählung *Schach von Wuthenow* würdigt, ihren Autor jedoch einen »Stern zweiter Größe« nennt, »der nie zur ersten werden kann, da ihm die stärkende Kraft der Arbeiterklasse fehlt« (S. 102 f.).

Die von LUKÁCS u. a. geäußerten Vorbehalte gegenüber dem »unsicheren Kantonisten« Fontane versucht der in den Jahren nach 1945 eingesetzte neue Leiter des Theodor-Fontane-Archivs Joachim SCHOBESS in einer Reihe von Zeitungsartikeln und kleineren Zeitschriftenaufsätzen zu zerstreuen (u. a. 1954, 1958, 1959). Im akademischen Rahmen deuten Joachim BIENER (1956) und REUTER (1959) Fontanes Literaturkritik als »wesentlichen Bestandteil seines Lebenswerks« (BIENER, 1956, S. 106) und rekonstruieren auf ihrer Basis das im Hinblick auf die aktuelle Diskussion um einen sozialistischen Realismus »zukunftsweisende« poetologische Programm eines großen »Anwaltes des Realismus« (REUTER, 1959, S. 223). Diese grundlegenden Arbeiten sowie die philologisch akribische Studie von Ekkehart RUDOLPH (1957) zur »Darstellung des redenden Menschen« bei Fontane (mit Tonbandaufnahmen zur Illustration des Sprechrhythmus' in der Figurenrede) belegen, daß in der DDR in der zweiten Hälfte der fünfziger Jahre auch auf wissenschaftlicher Ebene eine zunehmend intensive Auseinandersetzung mit Fontanes Werk beginnt.

Anders als in der DDR wird die Frage nach Fontanes politischem Ort im westlichen Teil Nachkriegsdeutschlands nur am Rande diskutiert. Gleichwohl paßt man das Bild des Autors auch hier den Bedürfnissen einer neuen Zeit an. In ihrem Sinne wird Fontane vorzugsweise als ein von nationalistischen und chauvinistischen Zügen freier »Führer zur Demokratie« (M. KRAMMER, 1946, weitere Belege bei TONTSCH, 1977, S. 92) verstanden und seine »Humanität« herausgestrichen. 1947 setzt so z. B. der Berliner Magistrat einen dann nach verschiedenen Schwierigkeiten erstmals 1949 in West-Berlin vergebenen »Fontane-Preis von Groß-Berlin« für »den besten Roman des Jahres« aus, »der die demokratischen Ideale der Freiheit und der Humanität in künstlerisch besonders überzeugender Weise zur Geltung bringt« (REMAK, 1950, S. 311). Und das »Amtsblatt des hessischen Ministeriums für Unterricht und Kultus« vom 7. 11. 1948 verkündet, daß der »immer demokratische« Fontane es als »Mensch (...) wie als Künstler« verdiene, »der Jugend nahegebracht, von ihr begriffen und geliebt zu werden« (TONTSCH, 1977, S. 94f.).

Ohne Unterbrechung durch eine Diskussion grundlegender ideologischer Fragen wird die akademische Beschäftigung mit Fontane im Westen früher und auf breiterer Ebene als im östlichen Teil Deutschlands fortgesetzt (welch erstaunliche Kontinuität im Wandel sich hier im Einzelfall findet, zeigt ein Vergleich von HERDING 1945 und 1949). In den wenigen wissenschaftlichen Monographien, die Fontanes politische Position in den Vordergrund stellen, erscheint der preußische Autor als pessimistischer, der bestehenden Ordnung letztlich tief verhafteter Vertreter einer konservativen Weltanschauung (H. RITSCHER, 1953; W. POSER, 1958; im Gegensatz dazu die kurzen Aufsätze von M. von HAGEN, 1957, und W. JÜRGENSEN, 1958). Bezogen auf Fontanes Erzählwerk spricht Joachim ERNST (1951a, b) in einem vergleichbaren Sinn von einer »ganz dogmatischen Gesetzesauffassung« (1951b, S. 220) und einem immer wieder neu inszenierten »Triumph des Gesetzes über die Freiheit« (ebd., S. 225), während Walter MÜLLER-SEIDEL (1960) später ausdrücklich die Bedeutung des »Menschlichen« in Fontanes Gesellschaftsentwürfen hervorhebt. Die Mehrzahl der mit Beginn der fünfziger Jahre sprunghaft ansteigenden Studien klammert solche gesellschaftspolitischen Fragen allerdings weitgehend aus und rückt eher spezifisch philologische Themen in den Blick.

Neben einer »Chronik« zu Fontanes Leben (FRICKE, 1960, jetzt überholt durch C. GRAWE, 1998) finden sich u.a. vergleichende Untersuchungen zu Fontane und anderen Autoren des deutschen und europäischen Realismus (K. GARNERUS, 1952; R. OSIANDER, 1953), zu den Theaterkritikern Fontane und Alfred KERR (M. T. KÖRNER, 1952) sowie den besonderen Beziehungen zwischen Fontane und T. MANN (K. DIEDENHOFEN, 1951). Auch Fontanes *Weg zum Berliner Gesellschaftsroman* (H. OELSCHLÄGER, 1954) und sein Bild Berlins (mit interessanten kulturgeschichtlichen Details W. RICHTER, 1955), seine historischen Romane (C. PUTZENIUS, 1947; A. BOSSHART, 1957) und seine Erzähltechnik werden weiter analysiert (M. SCHMITZ, 1950; K. GARNERUS, 1952). In der Wahrnehmung der schon vielfach behandelten Erzählweise zeichnet sich dabei insofern eine gewisse Entwicklung ab, als man zunehmend den Konstruktcharakter der erzählten Wirklichkeit herausarbeitet und – angeregt z. T. durch die Problematisierung des Realismusbegriffs in einer vielbeachteten Studie von Richard BRINK-

MANN (1957) – den Abstand zwischen Fontanes Form von »Realismus« und einer schlichten Abbildungsästhetik unterstreicht (E. LÄMMERT, 1955, M.-E. GILBERT, 1959, H. MEYER, 1961, J. SCHILLEMEIT, 1961). Unter den wenigen westdeutschen wissenschaftlichen Arbeiten, die bereits in den fünfziger Jahren ausführlich die neu edierten FRIEDLAENDER-Briefe in ihr Fontane-Bild einbeziehen, ist schließlich ein Aufsatz von Paul BÖCKMANN zum *Zeitroman Fontanes* (1959, in: PREISENDANZ, S. 80–110) hervorzuheben. BÖCKMANN betont Fontanes Aufmerksamkeit für »die Macht der Zeit im Wandel der politisch-gesellschaftlichen Zustände und Ordnungen« und rekonstruiert das in vielen Briefen reflektierte Spannungsfeld zwischen dem Alten und Neuen, in dem der Zeitbeobachter Fontane auch für sich selbst ein immer wieder neues Gleichgewicht zu finden versucht. In Analogie zur persönlichen Situation des Autors sieht BÖCKMANN im »Wechselspiel von Zeit und Charakter« (S. 110) das wesentliche Thema der »Zeitromane« Fontanes. Mit seiner ausführlich begründeten These, daß Fontanes Erzählwerk einen eigenständigen Beitrag »zur Entfaltung des neuzeitlichen Wirklichkeitsbewußtseins« leiste, wendet sich BÖCKMANN erstmals entschieden gegen die im Anschluß an Erich AUERBACH (1946, CHAMBERS, 1997, S. 116–120) verbreitete Tendenz, die »wirklichkeitserschließende Kraft« (S. 110) von Fontanes Romanen zu übersehen und ihren Rang im vielgestaltigen System des europäischen Realismus zu unterschätzen.

Hundertfünfzigster Geburtstag, »Fontane-Renaissance« und Verbindungen zwischen Ost und West: 1962–1989.

In den Jahren nach dem Bau der Mauer wächst Fontanes Popularität in beiden Teilen des vorerst endgültig geteilten Landes weiter an. Dies- und jenseits der innerdeutschen Grenze wird vielfach von einer »Fontane-Renaissance« gesprochen (TONTSCH, 1977, S. 106), und der Autor, so heißt es in den sechziger Jahren, steigt »von einem heimlichen zu einem öffentlichen Klassiker« auf (NÜRNBERGER, 1968). Ab Anfang der sechziger Jahre finden sich mehrere Romane Fontanes erstmals in Zeitungen abgedruckt; einer Umfrage zufolge werden Fontanes Werke jetzt öfter als die von KELLER, RAABE oder STORM gelesen (TONTSCH, 1977, S. 110). Etwa zur selben Zeit wird Fontane zu einem der häufigsten literarischen Vorlagengeber für den deutschsprachigen Film (zwischen 1962 und 1989 gibt es im Schnitt jedes Jahr eine Fontane-Verfilmung in Ost- oder Westdeutschland, vgl. SCHAEFER/STRAUCH, 1999). Zum 150. Geburtstag ehrt man Fontane mit zahlreichen Reden, Aufsätzen und Zeitungsartikeln (Belege z.B. bei TONTSCH, 1977, S. 108, JOLLES, S. 156), mehreren Ausstellungen (die größte davon im Marbacher Schiller-Nationalmuseum, Katalog W. MIGGE, 1969) und mit einer international besetzten wissenschaftlichen Konferenz zu seinem Werk in Potsdam. Rückblickend betrachtet, scheint dem preußischen Autor Fontane gerade in der Zeit der Teilung Deutschlands eine besondere Bedeutung für die kollektive Selbstvergewisserung einer unteilbaren nationalen Identität zuzukommen.

Auch aus akademischer Sicht steigt Fontane in Deutschland zum meistbeachteten Autor des 19. Jahrhunderts auf (WUNBERG/FUNKE, 1980, S. 99). Die Zahl der wissenschaftlichen Arbeiten zu Fontane wächst mit Beginn der sechziger Jahre noch einmal sprunghaft an und beträgt seitdem in der Regel mehrere hundert Titel pro Jahrzehnt. Die Forschungsthemen werden vielfältiger, und mit dem Fortschritt der großen Werk- und Briefeditionen in Ost- und West (vgl. S. 898–901), ihren ausführlichen Kommentierungen sowie der von BRINKMANN und W. WIETHÖLTER erarbeiteten Textsammlung *Theodor Fontane: Der Dichter über seine Werke* (1973, ²1977, erweitert) steht der Forschung ein zunehmend grösseres Korpus von Materialien und – z. T. rektifizierten – Fontane-Texten zur Verfügung. Im Hinblick sowohl auf seine Person als auch sein Werk gewinnt das Bild des Autors Fontane in dieser Zeit an historischer Tiefe, an Komplexität und z. T. auch an erheblichen Widersprüchen.

Unmittelbar nach dem Bau der Mauer widmet Herbert ROCH seine populärwissenschaftlich geschriebene Monographie *Fontane, Berlin und das 19. Jahrhundert* (1962) ausdrücklich »der Stadt Berlin, der Stadt Fontanes (...) über die Mauer hinweg, ihrer Zukunft und ihrer noch nicht ausgespielten Rolle als pädagogische Provinz Deutschlands« (S. 5). Tatsächlich bietet Fontanes Werk vielen Deutschen, auch wenn das selten so deutlich ausgesprochen wird, in den Jahren der Teilung so etwas wie eine imaginäre Heimat ohne Eisernen Vorhang und damit eine Brücke zwischen Ost und West. Ein Beleg für die Bedeutung dieser Brücke sind nicht zuletzt zahlreiche Kooperationen zwischen den Fontane-Forschern auf beiden Seiten der Mauer.

Zum wichtigsten institutionellen Ort für den Austausch zwischen Ost und West werden das in den fünfziger Jahren unter der Leitung von SCHOBESS zu einem wissenschaftlichen Literaturarchiv ausgebaute Theodor-Fontane-Archiv in Potsdam und seine 1965 gegründeten *Fontane-Blätter*. Zur Feier des dreißigjährigen Bestehens dieses Archivs findet in Potsdam die erste wissenschaftliche Konferenz zu Fontane statt, an der sich prominente Forscher aus Ost und West beteiligen. Unter dem Titel *Fontanes Werk in unserer Zeit* werden hier – nach REUTERS »offizieller« Interpretation der Ergebnisse dieser Konferenz – die »‹Grundpositionen› im realistisch-humanistischen Gesamtwerk« Fontanes herausgearbeitet, wobei sowohl die »Geschlossenheit« seiner Entwicklung als auch die Fortschrittlichkeit des alten Fontane in den Vordergrund tritt (REUTER, 1966, S. 683). Die Verbindung von »Humanität« und »Realismus« im Werk eines im hohen Alter mit der Arbeiterklasse sympathisierenden Autors gehört bis in die siebziger Jahre hinein zu den Grundlagen des offiziellen Fontane-Bildes in der DDR. Die zweite Potsdamer Konferenz, die man 1969 zu Ehren von Fontanes 150. Geburtstag ausrichtet, ist denn auch *Fontanes Realismus* gewidmet. In der »Festansprache« von Bruno HAID wird Fontane als ein Autor gewürdigt, der als »demokratischer Humanist« zum »reichen Erbe unserer Nation« gehört (J. SCHOBESS, 1972, S. 15), und REUTER zieht im »Hauptreferat« der Tagung eine Parallele zwischen dem 150. Geburtstag Fontanes und dem 20. Geburtstages des »ersten sozialistischen Staates der deutschen Geschichte«. In diesem Sinne stellt er gegen Ende seines ausführlichen Beitrags zu »Fontanes Realismus« fest: »Die berühmten Postulate des ›revolutionären Diskurses‹ im 29. ›Stechlin‹-Kapitel sind in unserer Deutschen Demokratischen Republik aus einer visionären ›Idee‹ zur politisch-sozialen Realität geworden.« (S. 64) Daß REUTER damit geradezu wörtlich eine schon einmal zur Zeit des Nationalsozialismus verbreitete Argumentationsfigur verwendet, sei immerhin vermerkt. Spätestens in den achtziger Jahren treten solche Aktualisierungsversuche allerdings in den Hintergrund, und das Fontane-Bild gewinnt auch in der DDR an historischer Tiefe. Die dritte, 1986 in Potsdam abgehaltene große Fontane-Konferenz *Theodor Fontane im Literarischen Leben seiner Zeit* (O. KEILER, 1987) ist ein Beleg dafür, daß man Fontane jetzt nicht mehr mit aller Macht als einen Künder des Sozialismus zu vereinnahmen versucht, sondern wieder verstärkt in den historischen Kontext seiner Zeit einbindet, infolgedessen auch seine konservativen Züge wahrnimmt und eine Neubewertung älterer Werke wie der Wanderungsbücher, der Kriegsbücher und der Reiseberichte beginnt.

Sieht man von der starken Tendenz ab, Fontane zum erklärten Anwalt eines mit dem Aufstieg der Arbeiterklasse identifizierten sozialen Fortschritts zu machen, dann hat der ungeheuer produktive REUTER für die Fontane-Forschung Erhebliches geleistet. Seine rund elfhundert Seiten umfassende, den internationalen Forschungsstand auf breiter Basis reflektierende Fontane-Monographie (1968) wurde nahezu gleichzeitig in beiden Teilen Deutschlands publiziert und hier wie dort mit Beifall aufgenommen. In seiner »genetischen Monographie« zeichnet REUTER minutiös die Entfaltung des Menschen, Schriftstellers und Gesellschaftskritikers Fontane nach, wobei er u. a. auf die reichen Bestände des Fontane-Archivs zurückgreift und sich auf eine gewaltige Fülle von z. T. unveröffentlichtem Material stützt (darunter neben zahlreichen Briefen auch Fontanes *Tagebuch* aus den Jahren 1866 bis 1882). »Wie er ganz zuletzt war, so war er eigentlich« – dieses bereits in manchen Fontane-Nachrufen zu findende und durch MANN (1910) berühmt gewordene Fontane-Zitat stellt REUTER seinem Buch als Motto voran. Er interpretiert Fontanes Lebensweg als die konsequente, nur durch die historischen Umstände für lange Zeit unterdrückte Entwicklung zu einem scharfen Kritiker der preußisch-deutschen Gesellschaft. Fontanes vielfältige Bindung an Preußen und die bereits von JOLLES (1936) dargestellten Widersprüche in seinen frühen und mittleren Lebensabschnitten beschäftigen REUTER, wie sein ostdeutscher Kollege WRUCK (1987) bemerkt, »nur unter dem Gesichtspunkt ihrer Überwindung« (S. 16). Zusammen mit den Dissertationen von WRUCK (1967) und Kenneth ATTWOOD (1970) zu Fontanes Preußentum liefert NÜRNBERGERS ebenfalls in den sechziger Jahren veröffentlichte materialreiche Monographie *Der frühe Fontane* (1967) daher einen bedeutenden Beitrag zur Vervollständigung des Fontane-Bildes. Ein vergleichbares Interesse verfolgt etwa zur gleichen Zeit die kommentierte und mit einem ausführlichen Nachwort von Helmut RICHTER versehene Textsammlung *Der junge Fontane* (1969).

Neben NÜRNBERGERS und REUTERS voluminösen Studien entstehen in den sechziger und siebziger Jahren weitere Bücher, die zu den Grundpfeilern der kommenden Fontane-Forschung zählen. Außer den kleineren, aber bis heute erfolgreichen und wirkungsmächtigen Einführungen von NÜRNBERGER (1968, ^{23}1998) und JOLLES (1972) sowie den großen Fontane-Kapiteln in den Standardwerken von F. MARTINI (1962) und W. PREISENDANZ (1963) sind hier vor allem die Monographien von P. DEMETZ (1964), R. BRINKMANN (1967) und MÜLLER-SEIDEL (1976) sowie die von PREISENDANZ (1973), J. THUNECKE (1979) und AUST (1980) herausgegebenen Sammelbände zu nennen.

Mit seiner Studie *Über die Verbindlichkeit des Unverbindlichen* zielt BRINKMANN auf den »Kern des Fontaneschen ‹Realismus›« (^{2}1977,

S. 7). BRINKMANN rekonstruiert die »Ästhetik«, die sich aus Fontanes literaturtheoretischen Äußerungen ergibt, und hebt erstmals hervor, daß diese Ästhetik und ihr Konzept der »Verklärung« im wesentlichen dem durchschnittlichen Realismus-Verständnis ihrer Zeit entspricht und die Eigenheiten der Fontaneschen Erzählweise nicht wirklich erfaßt (spätere Forscher haben diese Kluft wiederholt vernachlässigt). Grundlegend für Fontanes Erzählweise ist nach BRINKMANN eine Kontamination von »‹veristischer› Wirklichkeitstreue« und Subjektivität in der Darstellung des Erzählten. BRINKMANN spricht von einem »Hauch von ironischer Distanz« (S. 183), mit dessen Hilfe der Autor in seinen Werken »ein urteilendes, die realistische Unmittelbarkeit vermittelndes Erzählersubjekt hervorzwinkern läßt« (ebd.). Diese Distanz, so BRINKMANN, verstärkt eine durch die Dominanz des Figurengesprächs bewirkte Tendenz zur Perspektivierung des Erzählten (die u. a. schon M. E. GILBERT, 1930, hervorgehoben hat und die auch in den sechziger und siebziger Jahren zahllose Forscher betonen) und demonstriert, daß »Welt und Wirklichkeit zu sehen, zu ›haben‹, darzustellen nur in der Form subjektiver Auslegung möglich ist« (S. 185).

Während BRINKMANNS schmale Studie auf einer hohen Abstraktionsebene das Ziel verfolgt, »Fontanes Ansicht und Darstellung der Wirklichkeit aus einem einheitlichen Grund zu verstehen« (S. 7), bietet MÜLLER-SEIDELS Buch *Theodor Fontane. Soziale Romankunst in Deutschland* (1976) eine breit angelegte Kulturgeschichte des 19. Jahrhunderts mit besonderem Blick auf das Erzählwerk Fontanes. Im Unterschied zu REUTER und vielen anderen Forschern interessiert sich MÜLLER-SEIDEL in erster Linie nicht für das Verhältnis von Werk und Autor. Statt dessen ordnet er Fontanes Erzähltexte in den ebenso anschaulich wie kenntnisreich präsentierten Kontext der Anschauungs- und Begriffswelt des 19. Jahrhunderts ein. Konsequenterweise gruppiert er die behandelten Texte nicht streng chronologisch, sondern nach bestimmten kulturhistorisch akzentuierten Themen wie z.B. »Verbrechen und Strafe«, »Besitz und Bildung« und »Die Säkularisierung der Ehe«. Gleichwohl arbeitet MÜLLER-SEIDEL, der in Fontanes Interesse für das jenseits allen historischen Wandels zu findende »Menschliche« einen ständigen Antrieb für sein Schaffen sieht, auch eine Entwicklung Fontanes heraus. Aus literaturgeschichtlicher Sicht betont MÜLLER-SEIDEL – wie seinerzeit schon MANN – die Zwischenstellung eines Autors, der den Roman einerseits immer dichter an die »Schwelle der Moderne« heranführt und der andererseits doch nicht den »Traditionsraum« verläßt, »in dem er zum Schriftsteller geworden war« (S. 463 ff.).

Welche Dichte die Fontane-Forschung in den sechziger Jahren auf hohem Niveau erreicht, das dokumentiert der von PREISENDANZ in der Reihe »Wege der Forschung« herausgegebene Sammelband *Theodor Fontane* (1973). Der Band stellt Fontanes Gesellschafts- und Zeitromane in den Mittelpunkt und präsentiert neben einigen wenigen älteren Aufsätzen allein zehn Studien aus den sechziger Jahren, die mehrheitlich Fontanes literarische Gestaltung der gesellschaftlichen Wirklichkeit seiner Zeit reflektieren. Die in diesem Zusammenhang – ähnlich wie etwa zur gleichen Zeit bei H. TURK (1965), BRINKMANN (1967), J. THANNER (1967) und den Beiträgern der Potsdamer Konferenz von 1969 – wiederholt zu findende Auseinandersetzung mit dem literarischen Realismus-Begriff bestimmt auf den ersten Blick auch die von THUNECKE herausgegebene Festschrift für JOLLES *Formen realistischer Erzählkunst* (1979). Tatsächlich bietet dieser Band mit knapp sechzig Beiträgen (mehr als die Hälfte davon nur zu Fontane) einen repräsentativen Einblick in den Stand der internationalen Forschung zu Fontane und dem deutschen Realismus, der zeigt, daß die Forschung auch in Deutschland spätestens seit Mitte der siebziger Jahre nicht mehr vorrangig Fontanes Form von »Realismus« und sein »Bild der bürgerlichen Gesellschaft« (E. ELLINGER, 1970) diskutiert. Zusammen mit dem von AUST herausgegebenen Band *Fontane aus heutiger Sicht* (1980) ist die Festschrift ein Beleg dafür, wie man nunmehr mit Hilfe zunehmend unterschiedlicher Methoden einer Vielfalt von Fragen zu dem Autor und seinem Werk nachgeht.

Im Rahmen der im weiteren Sinne philologisch ausgerichteten Forschung zum Erzähl- und Prosawerk Fontanes untersucht man mit einer z. T. zunehmend differenzierten Begrifflichkeit Fontanes Poetik (I. MITTENZWEI, 1968; H. E. GRETER 1973) und ihr Konzept der »Verklärung« (PREISENDANZ, 1963; AUST, 1974), Fontanes Erzählweise (E. HAMANN, 1984) und ihre Besonderheiten wie »Vorausdeutung« (W. WAGNER, 1966), Innensicht (H. R. VAGET, 1969; W. NEUSE, 1979) und Perspektivierung (H. SCHMIDT-BRÜMMER, 1971; G. HONNEFELDER, 1973), die Symbolik (V. GÜNTHER, 1967; D. BRÜGGEMANN, 1971; P.-K. SCHUSTER, 1978; K. HABERKAMM, 1986; I. SCHUSTER, 1988), die Landschafts- und Raumstruktur (H. OHL, 1968; K. MÜLLER, 1986; M. ANDERMATT, 1988), das Berlin-Bild (WRUCK, 1987; JOLLES, 1988), das »Schicksalsmodell« (H. SCHLAFFER, 1966), den Anfang (I. SCHUSTER, 1979; G. H. HERTLING, 1985) und den Schluß (JOLLES, 1967a; P. HASUBECK 1987) seiner Romane sowie die Bedeutung des Figurengesprächs (PREISENDANZ, 1984) und der »Sprache als Thema« in Erzähler- und Figurenrede (I. MITTENZWEI, 1970). Auch Fontanes Briefstil (NÜRNBERGER, 1980) und die Funktion der vielen Briefe in seinen Erzähltexten werden analysiert (G. HONNEFELDER, 1973). Erstmals widmet man sich ausführlich der Funktion und Bedeutung der Nebenfiguren (H. BUSCHER, 1969; H. WALTER-SCHNEIDER, 1983), der Idylle (C. KAHRMANN, 1973; R. BÖSCHEN-STEIN, 1986) sowie von Motiven wie z.B. dem »Melusine-Motiv« (R. SCHÄFER, 1962; H. OHL, 1979, 1986; U. SCHMALBRUCH, 1980), dem »England-Motiv« (JOLLES, 1967b) und typischen Dekadenz-Motiven (EILERT, 1978). Neben den in allen Forschungsphasen bevorzugten Texten *Irrungen,Wirrungen*, *Effi Briest* und *Der Stechlin* rücken unter den Erzählwerken insbesondere *Cécile* (P. U. HOHENDAHL, 1968; C. UEDING, 1978, U. SCHMALBRUCH 1980; I. STEPHAN, 1981), *Unwiederbringlich* (H. EILERT, 1982; K. MÜLLER, 1986; W. SEIBT, 1988 und gegen diesen R. C. ZIMMERMANN, 1990) und *Mathilde Möhring* (W. HOFFMEISTER, 1973; N. SCHÖLL, 1979) in den Blick. Neu sind außerdem Arbeiten zu Fontanes Verhältnis zu Skandinavien (F. PAUL; 1972, K. JESSEN, 1975), Russland (C. SCHULTZE, 1965) und Polen (MÜLLER-SEIDEL, 1979) sowie zu seiner Beziehung zu GOETHES *Wahlverwandtschaften* (J. KOLBE, 1968; H. ANTON, 1979; B. NEUMANN, 1982), zur klassischen Ästhetik (W. JUNG, 1985), zu KLEIST (J. BIENER, 1977), HEINE (H. O. HORCH, 1979; GRAWE, 1987), BISMARCK (MÜLLER-SEIDEL, 1967; K. IHLENFELD, 1973), WAGNER (D. RÜLAND, 1985; HORCH, 1986), zur Lebensphilosophie (THUNECKE, 1979) und zur Kulturkritik seiner Zeit (HORCH, 1978). Auch Fontanes Verhältnis zu historischen Denkmälern und zur bildenden Kunst wird erstmals *en détail* erkundet. (S. WÜSTEN, 1975; K.-P. SCHUSTER, 1978; W. SCHWAN, 1985). Hervorzuheben ist hier die vieldiskutierte Arbeit von K.-P. SCHUSTER, der darlegt, wie Fontane seine genaue Kenntnis insbesondere der Nazarener und Präraffaeliten nutzt, um seinen Texten eine symbolische Tiefenstruktur zu unterlegen. SCHUSTER analysiert diese Technik, die er im Anschluß an den Kunsthistoriker E. PANOFSKY als »disguised symbolism« bezeichnet, am Beispiel von *Effi Briest*. Effis Geschichte versteht er als eine Abfolge nachgestellter biblischer Bilder, die sich auf die Geschichte von Eva und Maria beziehen und die das Frauenbild der Epoche in all seiner Widersprüchlichkeit offenbaren.

In der Folge des ab Ende der sechziger Jahre anwachsenden Interesses an literatursoziologischen Fragestellungen beginnt man überdies, *Fontanes Erzählkunst unter den Marktbedingungen ihrer Zeit* (M. WINDFUHR, 1979) zu betrachten. Man bestimmt Fontanes

Verhältnis zur Unterhaltungs- und Trivialliteratur sowie zur Publikumserwartung seiner Epoche (DEMETZ, 1970; C. LIESENHOFF, 1976; G. R. KAISER, 1977; H. GRIEVE, 1979; F. BETZ, 1983; O. KEILER 1985), analysiert Fontanes komplizierte Beziehungen zu verschiedenen Verlegern (M. HELLGE, 1976; M. DAVIDIS, 1982), seine zeitgenössische Rezeption (F. BETZ, 1980; L. BERG-EHLERS, 1987 u. 1990) sowie den Einfluß bestimmter Zeitschriften und des Geschmacks ihres Lesepublikums auf die Gestaltung der in diesen Zeitschriften vorabgedruckten Romane (E. BECKER, 1969; H. J. KONIECZNY, 1978; B. KAMPEL, 1987).

Typisch für die achtziger Jahren ist eine Reihe von weiteren neuen Themenstellungen. Im Zuge des frisch erwachten Interesses am Phänomen der Intertextualität entstehen materialreiche Arbeiten zur komplexen Zitatstruktur und den zahlreichen literarischen Anspielungen in Fontanes Romanen (GRAWE, 1980, ²1996, erweitert, L. VOSS, 1985, B. PLETT, 1986, MÜLLER-KAMPEL, 1989). Mehr als 40 Jahre nach Kriegsende hat man auch die nötige Souveränität gewonnen, um sich mit den bis dahin aus dem Fontane-Bild der Nachkriegszeit nahezu vollkommen ausgeblendeten Kriegsbüchern auseinanderzusetzen (GRAWE, 198; G. FRIEDRICH, 1988; D. BÄNSCH, 1989). Mit einer gewissen Verspätung wirken sich etwa zur gleichen Zeit die Einflüsse einer psychoanalytisch geschulten Literaturbetrachtung auf die Fontane-Forschung aus (H. FLEIG, 1979; P. BANGE, 1980; G. GREVE, 1986; R. KOLK, 1986; R. BÖSCHENSTEIN, 1988; A. MANTHEY, 1989). Zunehmend kommen damit Fontanes Kindheit (verbunden mit einem wachsenden Interesse an *Meine Kinderjahre*), seine Persönlichkeitsstruktur, seine Krankheitsbilder und die vielfältigen, oft sorgfältig versteckten Bezüge zwischen persönlich Erlebtem und literarisch gestalteten Szenen und Figuren in den Blick (P. I. ANDERSON, 1980; MÜLLER-SEIDEL 1982; K. von FABER-CASTELL, 1983; B. KNICK u.a., 1986, M. WALTER-SCHNEIDER, 1987; PAULSEN, 1988; M. MASANETZ, 1989). Die Entwicklung von feministischer Literaturwissenschaft und »gender studies« schließlich hat zur Folge, daß man mit zunehmender Intensität und neuer Begrifflichkeit die Weiblichkeitsentwürfe eines Autors untersucht, der in seinen Romanen wie wohl kein zweiter deutscher Schriftsteller des 19. Jahrhunderts zeitgenössische Frauenschicksale und -bilder reflektiert (N. FREI, 1980; H. MITTELMANN, 1980; I. STEPHAN, 1981; G. KÜBLER, 1982; U. TREDER, 1984; D. RÜLAND, 1985; S. BOVENSCHEN, 1989; U. HANRATHS, 1989).

»Wiedervereinigung«, Hundertster Todestag und die neueste Forschung: 1990–1999

Nach der »Wiedervereinigung« Deutschlands erlebt Fontanes Bekanntheits- und Beliebtheitsgrad noch einmal einen gewaltigen Schub, dessen Wirkung bis in das »Fontane-Jahr« 1998 reicht. Mit dem Fall der Mauer rücken »Groß-Berlin« und die Mark Brandenburg in den Blickpunkt des öffentlichen Interesses und werden von vielen Deutschen auch als ein realer Lebens- und Reiseraum (wieder)entdeckt. Das Interesse an den *Wanderungen durch die Mark Brandenburg* steigt sprunghaft an, und neben zahlreichen mehr oder minder seriös präsentierten Sammlungen von Fontane-Texten und -Zitaten werden viele Romane Fontanes in populären Ausgaben neu verlegt. Welche besondere Bedeutung dem preußischen Autor im Prozeß des Zusammenwachsens der beiden Teile Deutschlands und ihrer Bewohner zukommt, haben nicht zuletzt Friedrich Christian DELIUS und Günter GRASS in ihren erfolgreichen »Wenderomanen« *Die Birnen von Ribbeck* (1993) und *Ein weites Feld* (1995) zu erfassen versucht (vgl. SCHEFFEL, S. 1015f.).

Für die Fontane-Forschung verbindet sich mit der politischen Zäsur des Jahres 1989 in erster Linie die Möglichkeit, den schon seit vielen Jahren gepflegten Austausch zwischen Ost und West weiter zu verstärken und damit endgültig zu normalisieren. Neben Fontane-Archiv und *Fontane-Blättern* bieten die Tagungen und Veranstaltungen der 1990 gegründeten »Theodor-Fontane-Gesellschaft« hier einen neuen institutionellen Rahmen. Ein wichtiges Vorhaben im Rahmen der nunmehr von keiner sichtbaren Grenze mehr behinderten wissenschaftlichen Zusammenarbeit ist die seit 1994 von Forscherinnen und Forschern aus den alten und neuen Bundesländern erarbeitete »Große Brandenburger Ausgabe« des Aufbau-Verlags (vgl. S. 901f.). Größere Projekte, die man ohne die »Wende« in dieser Form wohl kaum hätte verwirklichen können, sind die zwei Berliner Ausstellungen *Fontane und sein Jahrhundert* und *Fontane und die Bildende Kunst* (1998) im Märkischen Museum und in der Nationalgalerie sowie das wissenschaftliche Hauptereignis des »Fontane-Jahres«, ein international besetztes, vom Fontane-Archiv veranstaltetes Symposium *Theodor Fontane am Ende des Jahrhunderts*.

Im Hinblick auf die Fragestellungen und Methoden der in den neunziger Jahren nach wie vor wachsenden Zahl von Beiträgen zur Fontane-Forschung bringt die »Wende« keinen wirklich tiefen Schnitt. Sieht man von einigen neuen Interessenschwerpunkten und einer Erweiterung des Spektrums von behandelten Fontane-Texten ab – u. a. die Reisebücher, *Wanderungen*, Kriegsbücher und auch die Theaterkritiken werden jetzt in zunehmendem Ausmaß und z. T. eigenen Studien behandelt –, so wird in den neunziger Jahren vieles von dem unmittelbar fortgeführt und vertieft, was in den achtziger Jahren begonnen wurde.

Der Psychobiographie Fontanes und der komplexen Beziehung von »Lebensraum und Phantasiewelt« (ERLER/ZIEGLER, 1996) im besonderen Fall eines als typisches Kind einer Übergangszeit verstandenen Autors sind auch in den neunziger Jahren viele Studien gewidmet. Wiederholt werden hier – z. T. in erklärtem Anschluß an ANDERSON (1980) – die besondere Funktion und die doppelbödige Struktur des oft als idyllische »Kleinmalerei« unterschätzten »autobiographischen Romans« *Meine Kinderjahre* hervorgehoben. Immer deutlicher macht man die Strategien sichtbar, mit deren Hilfe der schwer erkrankte Fontane in hohem Alter die Entstehungsgeschichte seines Ichs als ein »heiles« Selbst imaginiert und sich damit erstmals von den in seiner familiären Sozialisation begründeten Zwängen freischreibt und der eigenen Identität vergewissert (C. LIEBRAND, 1990; S. MEYER, 1993; B. A. JENSEN, 1994; M. STERN, 1996; entschiedener als die anderen Interpreten stellt ANDERSON, 1990, hier das Verhältnis zum Vater in den Vordergrund, MASANETZ, 1998, arbeitet dagegen das »Drama der Mutterbeziehung« Fontanes überzeugend heraus). Während sich viele der mit einem explizit psychologischen Ansatz operierenden Arbeiten auf Fontanes Persönlichkeitsstruktur und insbesondere seine Kindheit und Jugend konzentrieren, untersucht Regina DIETERLE (1996) Fontanes Rolle als Vater am Beispiel des Verhältnisses zu seiner Tochter MARTHA. In einer sorgfältig ausgearbeiteten Studie erkundet DIETERLE die Voraussetzungen und Folgen einer »erotisierten Beziehung« und schildert die Tragödie einer treuen Tochter, die so sehr für ihren Vater und dessen Schreiben lebt, daß sie am Ende nur noch in dessen literarischem Schaffen Lebensraum findet. DIETERLE geht in diesem Zusammenhang ausführlich den Vater-Tochter-Konstellationen in Fontanes Werken nach (wobei auch die *Wanderungen* berücksichtigt werden) und wirft aus dieser Sicht ein z. T. überraschend neues Licht auf Texte wie *Ellernklipp*, *Grete Minde*, *Frau Jenny Treibel*, *Effi Briest* und sogar *Der Stechlin*. Die von der Forschung vergleichsweise wenig beachtete Erzählung *Ellernklipp* betrachtet ebenfalls ausführlicher Horst THOMÉ in seinen grundlegenden *Studien über Realismus, Tiefenpsychologie und Psychatrie in deutschen Erzähltexten*

(1848–1914) (1993). Thomé, der in seinem bedeutenden Buch erstmals die Beziehungen zwischen literarischer Praxis und psychologischer Forschung in den Jahrzehnten vor Freuds tiefenpsychologischen Arbeiten rekonstruiert, untersucht die weiblichen Hauptfiguren in *Ellernklipp* und *Cécile*. Er zeigt, daß Fontane insofern eine »originelle Kontamination zeitgenössischer medizinischer Konzepte« vornimmt, als er die Seelengeschichte einer »Nervösen« in diesen beiden Werken mit wachsender Deutlichkeit aus einer bestimmten Sozialisation heraus entwickelt.

Die weiblichen Protagonisten von *Frau Jenny Treibel* und *Cécile* werden von Böschenstein (1995) und Lilo Weber (1996) ebenfalls hinsichtlich ihrer psychologischen Konzeption untersucht, während Irmgard Roebling (1992) Fontanes als »Sohnphantasien« gedeutete Mutterbilder am Beispiel verschiedener Figuren in *Schach von Wuthenow* analysiert. Am Beispiel desselben Romans erkunden G. Brandstetter/G. Neumann (1998) den Zusammenhang von »Geschlechterrolle« und »Liebesdiskurs«, andere Beiträge sind Fontanes »Frauenbildern« im Vergleich zum zeitgenössischen Wissenschaftsdiskurs (U. Hanraths, 1997) und zu den entsprechenden »Männerbildern« gewidmet (wobei R. Rauch-Maibaum, 1991, im Gegensatz u.a. zu Stephan, 1981, zu belegen versucht, daß Fontane seine männlichen und weiblichen Figuren mit einer ähnlichen Psychologie ausstattet und insofern keine besondere »Ontologie des Weiblichen« kennt).

Ein bestimmtes, jeweils epochenspezifisches Bild von Weiblichkeit wird nicht zuletzt von der bildenden Kunst vermittelt. Am Beispiel von Fontanes erstem, oft als »trivial« verurteilten Berliner Gesellschaftsroman *L'Adultera* zeigt Gabriele Althoff (1991) wie vielfältig Fontane die soziale Funktion von gemalten Bildern von Frauen im historischen Rahmen der Gründerzeitgesellschaft reflektiert; ohne geschlechtsspezifische Perspektive untersucht Winfried Jung (1991) die zahlreichen »Bildergespräche« und den Zusammenhang von Ich-Bildung und Kunst in dem gleichen, Anfang der neunziger Jahre vielfach neu beachteten Roman (vgl. z.B. auch H. Caviola, 1990; B. Plett, 1991; S. Konrad, 1991). Zusammen mit den Beiträgen in dem Katalog der unter der Leitung von P.-K. Schuster organisierten großen Ausstellung in der Berliner Nationalgalerie im »Fontane-Jahr« sind die genannten Arbeiten ein Beleg dafür, daß das Thema *Fontane und die bildende Kunst* zu einem der neuen Schwerpunkte der Forschung in den neunziger Jahren gehört.

Die vielen Anspielungen in Fontanes Texten auf Bilder und Kunstwerke sind Teil der ungewöhnlich reichen »Zitierkultur« (J. ENCKE, 1998) in seinen Werken. Daß sich mit ihnen unterschiedliche Formen von Selbstreflexion und ein poetologisches Programm verbinden, wird in den neunziger Jahren zunehmend hervorgehoben (C. KRETSCHMER, 1997; A.-M. LOHMEIER, 1994; M. SCHEFFEL, 1996; C. RENZ, 1999), wobei M. SCHEFFEL (1997) Fontanes Form von »narrativer Poetik« am Beispiel der *Poggenpuhls* erstmals einen systematisch und historisch genau bestimmten Ort zuweist. In diesem Zusammenhang wird noch einmal deutlich, in welchem Ausmaß Fontane sich in seinem Spätwerk vom Objektivitäts-Ideal des programmatischen Realismus entfernt und – z. T. im Anschluß an Erzählverfahren der Romantik – der eingestandenermaßen subjektiven Gestaltung von Wirklichkeit in der Kunst neue Freiräume eröffnet. Fontanes besondere Stellung zwischen Tradition und Moderne, die sich aus diesem Befund ergibt, wird in zahlreichen neueren Studien mit einem vergleichbaren Ergebnis erörtert (MÜLLER-SEIDEL, 1993; OHL, 1995; G. PLUMPE, 1996; H. TANZER, 1997; N. MECKLENBURG, 1998; DELF-von WOLZOGEN, 2000). Neu im Hinblick auf die Bedeutung seines Werks für die Literatur des 20. Jahrhunderts ist eine Untersuchung zur »Zeitgenossenschaft« von Fontane und Arthur SCHNITZLER (OHL, 1991), zunehmend differenzierter wird Fontanes Bedeutung für T. MANN (HEFTRICH u.a., 1997) und U. JOHNSON (E. BRÜGGEMANN, 1992; B. PLACHTA, 1996) erfaßt.

Daß Fontanes Werke eine Art »Mikrokosmos des geistigen Lebens seiner Zeit« darstellen (GRAWE, 1991, S. 10), hat man mit entsprechenden Untersuchungen vor allem in den siebziger und achtziger Jahren auf breiter Basis anschaulich gemacht. Sieht man von den bereits genannten Studien ab, die Fontanes Romane zum zeitgenössischen Wissenschaftsdiskurs und den Bildern von Kindheit, Familie, Liebe, Weiblichkeit und Männlichkeit seiner Epoche ins Verhältnis setzen, dann wird dieser Rahmen in den neunziger Jahren auch in anderer Hinsicht erweitert. Hubertus FISCHER, der schon in seinen *Gegen-Wanderungen* (1986) den politisch-reaktionären Kontext von Fontanes *Wanderungen* akribisch rekonstruierte, gebührt das Verdienst, mit gründlichen, durch neues Dokumentenmaterial gestützten Studien die konservative Phase des mittleren Fontane wesentlich präzisiert zu haben (1994, 1995, 1998). Ähnlich wird auch Fontanes erster Roman *Vor dem Sturm* nun in die preußisch-vaterländische Literatur der Zeit eingeordnet (GRAWE, 1990). S. NEUHAUS (1996) widmet sich dem Großbritannienbild

Fontanes und untersucht detailliert Form und Funktion seiner Reisebücher, S. Greif (1992) analysiert den Zusammenhang von »Ehre« und »Bürgerlichkeit« im 19. Jahrhundert und seine Reflexion in den »Zeitromanen« Fontanes; R. Helmstetter (1998) betrachtet in einer methodologisch von den Erkenntnissen der Diskursanalyse beeinflußten Dissertation die »öffentlichkeitsgeschichtlichen Rahmenbedingungen« für das, was er im Hinblick auf die Zeitschriftenvorabdrucke von Fontanes Romanen die »Geburt des Realismus aus dem Dunst des Familienblattes« nennt.

Zum Panorama des zeitgenössischen Denkens gehört schließlich auch Fontanes Stellung zur sogenannten »Judenfrage« (vgl. 2.3). Diesem brisanten, aus der Forschung in Deutschland mit wenigen Ausnahmen ausgeklammerten und ausführlicher hier erstmals von J. Schillemeit (1988) behandelten Thema ist eine umfassende Studie von Fleischer (1998) gewidmet. Ihre Stärken liegen in der materialreichen Dokumentation der vielen einschlägigen Passagen aus Fontanes gesamtem Werk, ihre von Horch (1999) zu Recht monierten Schwächen in der allzu undifferenzierten Auswertung des präsentierten Materials und der mangelhaften Unterscheidung zwischen fiktionalen und nichtfiktionalen Texten. Anders als etwa im Fall Gustav Freytags lassen sich die Ausfälle eines zeittypischen bürgerlichen Antisemitismus wohl dem Privatmann und Briefschreiber, kaum aber dem Schriftsteller Fontane zuschreiben. (vgl. 1.4.).

Blickt man abschließend auf rund 100 Jahre Fontane-Rezeption zurück, dann ist das Bild sowohl der Persönlichkeit des Autors als auch seiner Texte immer vielfältiger geworden, wobei der »Realist« und Preuße Fontane zu allen Zeiten ganz unmittelbar auch in die Auseinandersetzung mit der Geschichte Deutschlands einbezogen wird. Ungeachtet der vielgebrauchten Formel vom »Tod des Autors« werden der historische Autor und sein Werk noch von der neuesten Fontane-Forschung in einem engen Verhältnis gesehen und offenbar sind beide vielseitig und widersprüchlich genug, daß man – angetrieben von einem von Epoche zu Epoche unterschiedlich geprägten Erkenntnisinteresse – immer wieder aufs neue den Anreiz verspürt, »seinen« Fontane (und mit ihm oft genug auch ein bestimmtes Bild von Preußen und der Gesellschaft im gründerzeitlichen Deutschland) zu finden. Daß das Wissen um die historischen und biographischen Voraussetzungen seines Schaffens und die »Finessen« seiner Texte dabei enorm an Umfang und Komplexität gewonnen hat, steht wohl ebenso außer Frage wie die Tatsache, daß man im Verständnis dieses Autors, seiner Zeit und seiner Wer-

ke zu keiner endgültigen Wahrheit finden wird. In einem seiner vielen Briefe an FRIEDLAENDER schreibt Fontane 1892, nur sechs Jahre vor seinem Tod: »Ein sonderbares Gefühl des totalen Überflüssigseins beherrscht mich, und wiewohl ich eigentlich nie ‹eine Zeit› gehabt habe, fühle ich doch, meine Zeit liegt zurück« (IV.4.194). Betrachtet man die Entwicklung der Fontane-Rezeption, so viel ist jedenfalls gewiß, dann gilt diese Bemerkung heute weniger denn je.
MICHAEL SCHEFFEL

Literatur

R. M. MEYER, Die deutsche Litteratur des 19. Jahrhunderts, Berlin 1900. – E. SCHMIDT, Theodor Fontane. Ein Nachruf, in: E. S. Charakteristiken, 2. Reihe. Berlin 1901, S. 233–250; auch in: DR, 25 (1898), S. 270–283. – F. SERVAES, Theodor Fontane. Berlin/Leipzig 1900. – J. ETTLINGER, Theodor Fontane. Ein Essai. Mit einer Heliogravüre, vierzehn Vollbildern und vier Faksimiles, Berlin 1904. – R. M. MEYER, Theodor Fontane, der Begründer und Meister des realistischen Romans in Deutschland, in: R. M., Gestalten und Probleme, Berlin 1905, S. 203–214; auch in: ADB, 48 (1904), S. 617–624. – E. SCHMIDT, Theodor Fontane. Rede gehalten bei der Enthüllung des Wieseschen Denkmals in Neuruppin am 8. Juni 1907, in: DR, 33 (1907), 132, S. 189–193. – K. BURDACH, Theodor Fontane. Rede bei der Enthüllung seines Denkmals im Berliner Tiergarten am 7. Mai 1910, in: K. B., Vorspiel. Gesammelte Schriften zur Geschichte des dt Geistes, Bd. 2, Halle 1926, S. 449–461.; auch in: DR, 36 (1910), S. 64–72. – C. WEGMANN, Theodor Fontane als Übersetzer englischer und schottischer Balladen, Diss. Münster 1910. – H. HERRMANN, 1912, s.u. 3.1.16. – G. KRICKER, 1912, s.u. 2.2. – O. PNIOWER, »Grete Minde«, in: O. P., Dichtungen und Dichter, Berlin 1912, S. 295–321. – A. SCHULTZ, Das Fremdwort bei Theodor Fontane, Diss. Greifswald 1912. – E. WENGER, Theodor Fontane. Sprache und Stil in seinen modernen Romanen, Diss. Greifswald 1913. – P. AMANN, Theodor Fontane und sein französisches Erbe, in: Euph 21 (1914), S. 270–287. – H. RHYN, 1914, s.u. Fontanes Lyrik. – P. von SZCZEPANSKI, Theodor Fontane. Ein deutscher Lyriker, Leipzig 1914. – F. SCHÖNEMANN, Theodor Fontane und England, in: PMLA, 30 (1915), S. 658–671. – P. WISSMANN, Theodor Fontane. Seine episch-lyrischen Dichtungen, Essen 1916. – R. HUCH, Fontane aus seinen Eltern, in: Westermanns Monatshefte, 62 (1917), Bd. 123, S. 589–596. – E. HEILBORN (Hg.), Das Fontane-Buch, Berlin 1919. – P. HOFFMANN (Hg.), Theodor Fontane. Beilage zu den Mitteilungen des Vereins für die Geschichte Berlins 1919, Nr. 12. – T. MANN, 1919, s.u. 3.1.18. – W. MICHEL, (Hg.), Theodor Fontane: Die Berliner Märztage 1848. Mit Einleitung, Nachwort und erläuterndem Register, Leipzig 1919. – K. TUCHOLSKY, Fontane, in: K. T., Ein Lesebuch für unsere Zeit, Erfurt 1952, S. 51–55. – H. GEFFCKEN, 1920, s.u. 2.14. – H. MAYNC, Theodor Fontane 1819–1919, Leipzig/Berlin 1920. – G. ROETHE, Zum

Gedächtnis Theodor Fontanes, in: DR, 46 (1920), S. 105–135. – H. GEFFK-
KEN, »Effi Briest« und »Madame Bovary«, in: Das literarische Echo 22, 1. 2.
1921, Sp. 523–527. – G. KRICKER, Theodor Fontane: Der Mensch, der
Dichter und sein Werk, Berlin-Halensee 1921. – H. MAYNC, Wandreys
Fontane-Biographie. Zugleich eine methodologische Auseinandersetzung,
in: Das Literarische Echo, 23, 9, 1.2. 1921, Sp. 519–523. – E. AEGERTER,
1922, s.u. 2.1.4. – M. KRAMMER, Theodor Fontane, Berlin 1922. – E. FIE-
KEL, Die Landschaft in den Prosawerken Theodor Fontanes, Rostock 1923.
– E. KLETTE, Theodor Fontane als Kritiker dt erzählender Werke des 18.
und 19. Jahrhunderts, Diss. Greifswald 1923. – F. BEHREND, 1924, s.u.
3.1.16. – F. WALTER, Theodor Fontanes »Vor dem Sturm« und seine Stellung zur Romantik, Diss. Münster 1924. – H. F. ROSENFELD, 1926, s.u.
3.1.1. – J. PETERSEN, 1928, s.u. 3.1.18. – H. SPIERO, Fontane, Wittenberg
1928. – M. TAU, 1928, s.u. 3.1.1. – E. BEHREND, Theodor Fontanes Roman
»Der Stechlin«, Diss. Marburg 1929. – H. ASCHAFFENBURG, Der Kritiker
Fontane. Ein Beitrag zur Frage des kritischen Wesens und Wirkens, Diss.
Köln 1930. – M.-E. GILBERT, 1930, s.u. 3.1.1. – C. SIEPER, Der historische
Roman und die historische Novelle bei Raabe und Fontane, Weimar 1930.
– L. GRAGES, Frauengestaltung bei Theodor Fontane, Heppenheim 1931. –
W. ROST, 1931, s.u. 3.1.1. – A. ROSENTHAL, Fontanes Meister-Roman
»Der Stechlin«. Ein kulturgeschichtliches Dokument.« In: A. R., Kultur-
geschichtliche Betrachtungen für Weltleute, Berlin 1932, S. 71–104. –
H. WAFFENSCHMIDT, Symbolische Kunst in den Romanen Theodor Fontanes, Gelnhausen 1932. – H. KREMZOW, Theodor Fontane und die zeitgenössische Gesellschaftsordnung im Spiegel seiner Romane., in: Ethik X
(1933/34), S. 349–357. – A. PAUL, 1934, s.u. 3.4.2. – A. HAHN, 1935, s.u.
3.4.2. – F. MARTINI, Theodor Fontanes Romane, in: Zs für Deutschkunde,
49 (1935), H. 8, S. 513–530. – A. K. SAUER, Das aphoristische Element bei
Theodor Fontane. Ein Beitrag zur Erkenntnis seiner geistigen und stilistischen Eigenart, Berlin 1935. – H. WOLTER, Probleme des Bürgertums in
Theodor Fontanes Zeitromanen, Diss. Marburg 1935. – C. JOLLES, Fontane
und die Politik. Ein Beitrag zur Wesensbestimmung Theodor Fontanes,
Berneburg 1936 (Teildruck). – R. von KEHLER, 1936, s. u 3.3.4. – P. MEYER,
Erinnerungen an Theodor Fontane 1819–1898. Aus dem Nachlaß seines
Freundes und Testamentsvollstreckers P. M., Berlin 1936. – F. BEHREND
1938, s.u. 1.3.5. – H. FRICKE, Theodor Fontanes dichterische Sendung, in:
Brandenburgische Jbb 9 (1938), S.78–83. – H. FRICKE (Hg.), Theodor Fon-
tane zum Gedächtnis, in: Brandenburgische Jbb 9 (1938). – C. WANDEL, Die
typische Menschendarstellung in Theodor Fontanes Erzählungen, Berlin
1938. – H.-G. WEGNER, Theodor Fontane und der Roman vom märkischen
Junker, Leipzig 1938. – U. WISKOTT, Französische Wesenszüge in Fontanes
Persönlichkeit und Werk, Gräfenhainichen 1938. – W. SEIDEL, Theodor
Fontane, Stuttgart 1940. – J. FÜRSTENAU, 1941, s.u. 3.4.3. – R. KNUDSEN,
1942, s.u. 3.4.5. – G. HERDING, Bibliographisches Verzeichnis der Zeitungs-
und Zeitschriften-Veröffentlichungen über Theodor Fontane (bis 1943), in:
G. H., Theodor Fontane im Urteil der Presse. Ein Beitrag zur Geschichte
der literarischen Kritik, Diss. München 1945, S. I–XXXII. – E. KLOSTER,

1945, s. u 2.2.5. – G. RADBRUCH, ²1948 (1945), s.u. 2.1.5. – C. PUTZENIUS, Theodor Fontanes erster Roman »Vor dem Sturm« als Spiegel der Welthaltung des Dichters, Diss. Masch. Hamburg 1947. – J. FÖRSTENAU, Theodor Fontane als Kritiker seiner Zeit. Aus Anlaß der Theodor-Fontane-Gedächtnisausstellung im städtischen Museum Potsdam. Aus den Beständen des Fontane-Archivs der Brandenburgischen Landes- und Hochschulbibliothek, Potsdam 1948, S. 1–12. – P. RILLA, Fontane und Balzac, in: Aufbau, Kulturpolitische Monatsschrift mit literarischen Beiträgen 4 (1948), S. 1016f. – G. HERDING, Die neuere Theodor Fontane-Literatur. Zu den geistesgeschichtlichen Grundlagen des Fontanebildes, in: Universitas, Zs für Wissenschaft Kunst und Literatur 4 (1949), S. 285–290. – H. LANGE, Die gesellschaftlichen Beziehungen in den Romanen Theodor Fontanes, Diss. Halle 1950. – H. H. REMAK, Theodor Fontane, eine Rückschau anläßlich seines 50. Todestages, in: Mh 42 (1950), S. 307–315. – M. SCHMITZ, Die Milieudarstellung in den Romanen aus Fontanes reifer Zeit: »Mathilde Möhring«, »Frau Jenny Treibel«, »Effi Briest« und »Die Poggenpuhls«, Diss. Masch. Bonn 1950. – K. DIEDENHOFEN, 1951, s.u. 4.4. – J. ERNST, Die religiöse Haltung Theodor Fontanes, Diss. Masch. Erlangen 1951a). – Ders., Gesetz und Schuld im Werk Fontanes, in: Zs für Religions- und Geistesgeschichte, 3 (1951b), S. 204–214. – K. GARNERUS, Bedeutung und Beschreibung des Binnenraumes bei Storm, Raabe und Fontane, Köln 1952. – M. Th. KÖRNER, 1952, s.u. 3.4.5. – G. LUKÁCS, 1951, s.u. 3.1.1. – R. OSIANDER, 1953, s.u. 2.2. – H. RITSCHER, Fontane, seine politische Gedankenwelt, Göttingen 1953. – J. KUCZYNSKI, »Schach von Wuthenow« und die Wandlung der deutschen Gesellschaft um die Wende der siebziger Jahre, in: Neue dt Literatur 2 (1954), H. 7, S. 99–110. – H. OELSCHLÄGER, Theodor Fontane. Sein Weg zum Berliner Gesellschaftsroman, Diss. Masch. Marburg 1954. – J. SCHOBESS, Alter, ewig junger Fontane: Zum 135. Geburtstag des märkischen Dichters, in: Märkische Volksstimme, 30. 12. 1954. – W. RICHTER, Das Bild Berlins nach 1870 in den Romanen Theodor Fontanes, Berlin 1955. – J. BIENER, Fontane als Literaturkritiker, Rudolstadt 1956. – A. BOSSHART, Theodor Fontanes Historische Romane, Winterthur 1957. – R. BRINKMANN, Wirklichkeit und Illusion: Studien über Gehalt und Grenzen des Begriffs Realismus für die erzählende Dichtung des neunzehnten Jahrhunderts, Tübingen 1957. – M. von HAGEN, Theodor Fontanes politische Wandlung, in: Die Welt als Geschichte, in: Eine Zs für Universalgeschichte 17 (1957), H. 2, S.106–112. – E. RUDOLPH, Die Darstellung des redenden Menschen in den epischen Prosadichtungen Theodor Fontanes, Diss. Jena 1957. – W. JÜRGENSEN, Theodor Fontane im Wandel seiner politischen Anschauungen«, in: DR (1958), S. 561–567. – W. POSER, 1958, s.u. 3.3.4. – J. SCHOBESS, Fontane und das politische Zeitgeschehen, in: Die Nation 8 (1958), H. 1, S. 47–66. – P. BÖCKMANN, 1959, s.u. 3.1.1. – H.-H. REUTER, 1959, s.u. 2.2. – J. SCHOBESS, Warum wir Theodor Fontanes Erbe pflegen, in: Märkische Heimat 3 (1959), H. 4, S. 214–221. – F. MARTINI, Deutsche Literatur in der Zeit des »bürgerlichen Realismus«, in: DVjs 34 (1960), H. 4, S. 581–666. – W. MÜLLER-SEIDEL, Gesellschaft und Menschlichkeit im Roman Theodor Fontanes, in: Heidelberger Jbb 4

(1960), S. 108–127. – H. MEYER, Das Zitat als Gesprächselement in Theodor Fontanes Romanen, in: H. M.: Das Zitat in der Erzählkunst, Stuttgart 1961, S. 155–184, 256–258. – P. MEYER, Die Struktur der dichterischen Wirklichkeit in Fontanes »Effi Briest«, Diss. München 1961. – J. SCHILLEMEIT, 1961, s. u. 3.1.1. – F. MARTINI, 1962, S. 731–800. – H. ROCH, 1962, s. u. 3.4.5. – R. SCHÄFER, Fontanes Melusine-Motiv, s. u. 3.1.1. – W. PREISENDANZ, 1963, s. u. 2.2. – C. SCHULTZE, 1965, s. u. 2.1.3. – H. TURK, 1965, s. u. 2.2. – H.-H. REUTER, Entwurf eines kritischen Überblicks über den Stand und die Perspektiven der gegenwärtigen Fontane-Forschung anläßlich des Fontane-Symposions in Potsdam, in: WB 12 (1966), S. 674–699. – H. SCHLAFFER, 1966, s. u. 3.1.1. – W. WAGNER, Die Technik der Vorausdeutung in Fontanes »Vor dem Sturm« und ihre Bedeutung im Zusammenhang des Werkes, Marburg 1966. – R. BRINKMANN, ²1977 (1967), s. u. 3.1.1. – V. J. GÜNTHER, 1967, s. u. 3.1.1. – C. JOLLES, 1967,a), s. u. 2.2. – Dies., 1967 b), s. u. 3.4.2. – W. MÜLLER-SEIDEL, Fontane und Bismarck, in: Nationalismus in Germanistik und Dichtung. Hg. v. B. von WIESE/R. HENSS, Berlin 1967, S. 170–201. – J. THANNER, 1967, s. u. 2.2. – P. WRUCK, 1967, s. u. 3.1.2. – P. HASUBECK, Der Zeitroman. Ein Romantypus des 19. Jahrhunderts, in: ZfdPh 87 (1968), S. 218–245. – P. U. HOHENDAHL, 1968, s. u. 3.1.9. – J. KOLBE, 1968, s. u. 2.1.1. – I. MITTENZWEI, Theorie und Roman bei Theodor Fontane, in: Deutsche Romantheorien. Hg. von R. GRIMM, Frankfurt am Main/Bonn 1968, S. 233–250. – H. NÜRNBERGER, Fontane und die Halbheit der Epoche, in: Echo der Zeit, 14.1. 1968. – Eva D. BECKER, »Zeitungen sind doch das Beste.« Bürgerliche Realisten und der Vorabdruck ihrer Werke in der periodischen Presse, in: Gestaltungsgeschichte und Gesellschaftsgeschichte. Fs für F. Martini. Hg. von H. KREUZER, Stuttgart 1969, S. 382–408. – H. BUSCHER, 1969, s. u. 3.1.2. – W. MIGGE, Theodor Fontane 1819–1969. Stationen seines Werkes. Eine Ausstellung des Deutschen Literaturarchivs Marbach a. N., Stuttgart 1969. – H. RICHTER (Hg.), Der junge Fontane. Dichtung Briefe Publizistik, Berlin/Weimar 1969. – K. ATTWOOD, 1970, s. u. 1.2. – P. DEMETZ, Kitsch, Belletristik, Kunst: Theodor Fontane, Berlin 1970. – E. ELLINGER, »Das Bild der bürgerlichen Gesellschaft« bei Theodor Fontane, Würzburg 1970. – I. MITTENZWEI, 1970, s. u. 3.1.1. – D. BRÜGGEMANN, Fontanes Allegorien., in: NR LXXXII (1971), S. 290–310, 486–462. – H. SCHMIDT-BRÜMMER, 1971, s. u. 3.1.10. – F. PAUL, 1972, s. u. 2.1.4. – J. GOMEZ, Eine Vaterschaft? – Fontane und die Literaturkritik in der DDR, in: RLV 39 (1973), S. 137–144. – W. HOFFMEISTER, 1973, s. u. 3.1.19. – G. HONNEFELDER, 1973, s. u. 3.1.1. – K. IHLENFELD, Fontanes Umgang mit Bismarck, in: Der Bär von Berlin 22 (1973), S. 44–78. – C. KAHRMANN, 1973, s. u. 3.1.1. – J. RÜHLE, Fontane in der DDR, in: Deutschland-Archiv 3 (1974), S. 244–253. – H. ESTER, Zwischen Skepsis und Glauben. Die Fontaneforschung im Zeichen der Nachwirkung Thomas Manns, in: Duitse Kroniek, 27. 12. 1975, S. 144–157. – K. JESSEN, Theodor Fontane und Skandinavien, Kiel 1975 (Diss.). – S. WÜSTEN, Theodor Fontanes Verhältnis zu den historischen Denkmälern, Diss. Masch. Halle 1975. – H. ESTER, Die Anfänge der Fontane-Forschung in der DDR, in: Acta Germanica 9 (1976), S. 161–175. – M. HELLGE, 1976, s. u. 1.3.4. – C. LIESEN-

HOFF, Fontane und das literarische Leben seiner Zeit. Eine literatursoziologische Studie, Bonn 1976. – J. BIENER, 1977, s.u. 2.2.1. – G. R. KAISER, 1977, s.u. 3.1.5. – U. TONTSCH, Der »Klassiker« Fontane. Ein Rezeptionsprozeß, Bonn 1977. – H. EILERT, 1978, s.u. 3.1.5. – H.-O. HORCH, 1978, s.u. 2.1.6. – H.-J. KONIECZNY, Theodor Fontanes Erzählwerke in Presseorganen des ausgehenden 19. Jahrhunderts. Eine Untersuchung zur Funktion des Vorabdruckes ausgewählter Erzählwerke Fontanes in den Zeitschriften »Nord und Süd«, »Westermanns illustrierte dt Monatshefte«, »Dt Romanbibliothek zu Über Land und Meer«, »Die Gartenlaube« und »Deutsche Rundschau«, Diss. Paderborn 1978. – K.-P. SCHUSTER, 1978, s.u. 3.1.16. – C. UEDING, 1978, s.u. 3.1.9. – H. ANTON, »Mythische Schönheit« in Goethes »Wahlverwandtschaften« und Fontanes »Effi Briest«, in: Mythos und Mythologie. Hg. von H. KOOPMANN, Frankfurt am Main 1979, S. 277–288. – H. FLEIG, 1979, s.u. 3.1.1. – H. GRIEVE, 1979, s.u. 3.1.14. – H. O. HORCH, 1979, s.u. 2.1.1. – W. MÜLLER-SEIDEL, Fontane und Polen. Eine Betrachtung zur deutschen Literatur im Zeitalter Bismarcks, in: Fs JOLLES, 1979, S. 433–447. – H. Ohl, 1979, s.u. 3.1.1. – N. SCHÖLL, 1979, s.u. 3.1.19. – I. SCHUSTER, 1979, s.u. 2.2. – Z. ŠKREB, Fragen zum dt Realismus: Fontane, in: Jb der Raabe-Ges 1979, S. 155–185. – J. THUNECKE, 1979, s.u. 3.1.12. – M. WINDFUHR, Fontanes Erzählkunst unter den Marktbedingungen ihrer Zeit, in: Fs JOLLES 1979, S. 335–346. – P. I. Anderson, 1980, s.u. 3.1.16. – P. BANGE, in: AUST, Fontane, 1980, S. 17–55. – F. BETZ, 1980, s.u. 3.1.10. – N. FREI, Theodor Fontane. Die Frau als Paradigma des Humanen. Literatur in der Geschichte; Geschichte der Literatur, Königstein i. Ts. 1980. – H. MITTELMANN, 1980, s.u. 3.1.1. – H. NÜRNBERGER, 1980, s.u. 3.3.4. – U. SCHMALBRUCH, 1980, s.u. 3.1.9. – G. WUNBERG/R. FUNKE, Dt Literatur des 19. Jahrhunderts (1830–95). (Forschungsbericht 1960–1975), Bern 1980. – W. PAULSEN, Zum Stand der heutigen Fontane-Forschung, in: Jb DSG 25 (1981), S. 474–508. – I. STEPHAN, 1981, s.u. 3.1.9. – M. DAVIDIS, 1982, s.u. 1.3.4. – H. EILERT, 1982, s.u. 3.1.13. – G. KÜBLER, Die soziale Aufsteigerin: Wandlungen einer geschlechtsspezifischen Rollenzuschreibung im deutschen Roman 1870–1900, Bonn 1982. – C. GRAWE, 1982, s.u. 3.1.16. – W. MÜLLER-SEIDEL, »Das Klassische nenne ich das Gesunde…«. Krankheitsbilder in Fontanes erzählter Welt., in: Schriften der Theodor-Storm-Ges 31 (1982), S. 9–27. – B. NEUMANN, Theodor Fontanes »Effi Briest« und die »Wahlverwandtschaften« von Goethe, in: Der Gingkobaum, Germanistisches Jb für Nordeuropa 1 (1982), S. 49–61. – F. BETZ, Fontanescholarship, literary sociology and Trivialliteraturforschung, in: IASL 8 (1983), S. 200–220. – K. von FABER-CASTELL, Arzt, Krankheit und Tod im erzählerischen Werk Theodor Fontanes. Zürich 1983 (Diss.). – C. JOLLES, 1983, s.u. 1.2. – M. WALTER-SCHNEIDER. Randfiguren im Roman Fontanes. Bemerkungen zu »Irrungen, Wirrungen« und »Effi Briest«, in: Jb DSG 27 (1983), S. 303–325. – E. HAMANN, Theodor Fontanes »Effi Briest« aus erzähltheoretischer Sicht unter besonderer Berücksichtigung der Interdependenzen zwischen Autor, Erzählwerk und Leser, Bonn 1984. – W. PREISENDANZ, 1984, s.u. 3.1.1. – U. TREDER, Von der Hexe zur Hysterikerin: Zur Verfestigungsgeschichte des »Ewig Weiblichen«, Bonn 1984. – G. H. HERTLING, 1985, s.u.

3.1.10. – W. JUNG, 1985, s.u. 2.1.1. – O. KEILER, Zum Begriff »Literarisches Leben«. Neue Materialien und Ansichten zur Fontane-Forschung, in: FBl H. 40 (1985), S. 201–229. – D. RÜLAND, 1985, s.u. 2.1.1. – W. SCHWAN, Die Zwiegespräche mit Bildern und Denkmalen bei Theodor Fontane, in: Literaturwissenschaftliches Jb, NF 26 (1985), S. 151–183. – R. BÖSCHENSTEIN, Idyllischer Todesraum und agrarische Utopie: zwei Gestaltungsformen des Idyllischen in der erzählenden Literatur des 19. Jahrhunderts, in: Idylle und Modernisierung in der europäischen Literatur des 19. Jahrhunderts. Hg. von H. U. SEEBER/ P. G. KLUSSMANN, Bonn 1986, S. 25–40. – H. FISCHER, 1986, s.u. 3.4.3. – G. GREVE, Theodor Fontanes »Effi Briest«. Die Entwicklung einer Depression, in: Jb der Psychoanalyse 18 (1986), S. 195–220. – K. HABERKAMM, 1986, s.u. 3.1.16. – H.-O. HORCH, 1986, s.u. 2.1.1. – B. KNICK u.a., Das grüne Cache-Nez – Psychophysische Empfindlichkeit und Krankheitsanfälligkeit. Beschreibungen und Selbstbeobachtungen im erzählerischen Werk und in den Briefen Theodor Fontanes, in: Medizinhistorisches Journal 21 (1986), H. 1–2, S. 113–146. – R. KOLK, 1986, s.u. 3.1.1. – K. MÜLLER, 1986, s.u. 3.1.1. – L. BERG-EHLERS, Fontane und der Konservatismus. Überlegungen zu Spezifika der Fontane-Rezeption der konservativen Presse am Beispiel der Neuen Preußischen (Kreuz-)Zeitung, in: Literarisches Leben, 1987, S. 187–215. – C. GRAWE, 1987, s.u. 3.4.4. – B. KAMPEL, 1987, s.u. 1.3.3. – M. WALTER-SCHNEIDER, 1987, s.u. 3.3.1. – P. WRUCK, Fontanes Berlin. Durchlebte, erfahrene und dargestellte Wirklichkeit, in: Literarisches Leben in Berlin. 1871–1933. Hg. von P. W., 2 Bde, Berlin 1987, Bd. 1, S. 79–125. – Ders., Theodor Fontane in der Rolle des vaterländischen Schriftstellers. Bemerkungen zum schriftstellerischen Sozialverhalten, in: Literarisches Leben, 1987, S. 1–40. – M. ANDERMATT, Haus und Zimmer im Roman. Die Genese des erzählten Raums bei Eugenie Marlitt, Theodor Fontane und Franz Kafka, Bern 1988. – R. BÖSCHENSTEIN, Die Ehre als Instrument des Masochismus in der deutschen Literatur des 18. und 19. Jahrhunderts (zu »Effi Briest«). In: Masochismus in der Literatur. Hg. von J. CREMERIUS u.a., Würzburg 1988, S. 34–55. – G. FRIEDRICH, 1988, s.u. 1.2. – C. JOLLES, 1988, s.u. 2.1.1. – W. PAULSEN, 1988, s.u. 3.1.1. – J. SCHILLEMEIT, Judentum und Gesellschaft als Thema Fontanes. Jahrbuch der Braunschweigischen Wissenschaftlichen Gesellschaft 1988 (Sonderdruck). – I. SCHUSTER, Exotik als Chiffre: Zum Chinesen in »Effi Briest«, in: WW 33 (1988), S. 115–124. – W. SEIBT, 1988, s.u. 3.1.13. – D. BÄNSCH, 1989, s.u. 3.4.4. – S. BOVENSCHEN, Theodor Fontanes Frauen aus dem Meer. Auch ein Mythos der Weiblichkeit, in: Macht des Mythos – Ohnmacht der Vernunft? Hg. von P. KEMPER, Frankfurt am Main 1989. – U. HANRATHS, Das andere bin ich. Zur Konstruktion weiblicher Subjektivität in Fontanes Romanen in: T+K Fontane, 1989, S. 163–173. – C. JOLLES, »Berlin wird Weltstadt«: Theodor Fontane und der Berliner Roman seiner Zeit, in: Berlin. Literary Images of a City. Eine Großstadt im Spiegel der Literatur. Hg. von D. GLASS u.a., Berlin 1989, S. 50–69. – E. H. KRAUSE, Theodor Fontane. Eine rezeptionsgeschichtliche und übersetzungskritische Untersuchung, Bern u.a. 1989. – J. MANTHEY, 1989, s.u. 3.1.6. – M. MASANETZ, Paulsen, Wolfgang: Im Banne der Melusine: Theodor Fontane und sein Werk, in: FBl H. 48 (1989), S. 121–128. – B. KAMPEL, 1989, s. u. 3.4.5. – H. NÜRNBERGER, Fontanes preußische Welt. Zu einigen neueren Untersuchungen und Editionen., in: LWU 1989, S. 340–359. – P. I. ANDERSON, 1990, s. u. 1.1. – L. BERG-EHLERS, Theodor Fontane und die Literaturkritik. Zur Rezeption eines Autors in der zeitgenössischen konservativen und liberalen Presse, Bochum 1990. – H. CAVIOLA, Zur Ästhetik des Glücks: Theodor Fontanes Roman «L'Adultera», in: Seminar 26 (1990), H. 4, S. 309–326. – H. ESTER, Die Fontaneforschung im Wandel der Zeiten, in: Duitse Kroniek 40 (1990), H. 3/4, S. 19–32. – C. GRAWE, 1990, s. u. 3.1.2. – W. JUNG, 1990, s. u. 3.1.9. – C. LIEBRAND, 1990, s. u. 3.1.1. – G. ALTHOFF, »Es ist soviel Unschuld in ihrer Schuld... « Kunst als Vergewisserungsinstanz in Fontanes »L'Adultera«, in: G. A., Weiblichkeit als Kunst. Die Geschichte eines kulturellen Deutungsmusters, Stuttgart 1991, S. 11–31. – C. GRAWE, Vorwort zu: Interpretationen, 1991, S. 7–12. – F. R. KEMPF, 1991, s. u. 3.1.16. – S. KONRAD, 1991, s. u. 3.1.5. – H. OHL, 1991, s. u. 4.4. – B. PLETT, 1991, s. u. 3.1.5. – R. RAUCH-MAIBAUM, Zum »Frauen-« und »Männerbild« in Romanen Theodor Fontanes, Diss. Köln 1991. – E. BRÜGGEMANN, Uwe Johnson liest mit einer Schulklasse Fontanes »Schach von Wuthenow«, in: FBl H. 54 (1992), S. 123–127. – S. GREIF, Ehre als Bürgerlichkeit in den Zeitromanen Theodor Fontanes, Paderborn u. a. 1992. – I. ROEBLING, Nixe als Sohnphantasie. Zum Wasserfrauenmotiv bei Heyse, Raabe, Fontane, in: Sehnsucht und Sirene. 14 Abhandlungen zu Wasserphantasien. Hg. von I. R., Pfaffenweiler 1992, S. 145–203. – S. MEYER, Literarische Schwestern. Ana Ozores – Effi Briest: Studien zur psychosozialen Genese fiktionaler Figuren, Aachen 1993. – W. MÜLLER-SEIDEL, 1993, s. u. 3.1.1. – H. THOMÉ, 1993, s. u. 3.1.4. – H. FISCHER, 1994, 1995, s. u. 1.2. – A.-M. LOHMEIER, »... es ist ein wirkliches Lied«. Theodor Fontanes Roman »Frau Jenny Treibel« als Selbstreflexion von Kunst und Kunstrezeption in der Gesellschaft der Gründerjahre, DVjs 1994, S. 238–250. – R. BÖSCHENSTEIN, 1995, s. u. 3.1.14. – H. OHL, 1995, s. u. 3.1.13. – R. DIETERLE, Vater und Tochter. Erkundung einer erotisierenden Beziehung in Leben und Werk Theodor Fontanes, Bern u. a. 1996. – D. GLASS/P. SCHAEFER, 1996, s. u. 4.2.3. – C. GRAWE, ²1996 (1980), s. u. 3.1.1. – B. PLACHTA, Geschichte und Gegenwart. Theodor Fontanes »Schach von Wuthenow« in Uwe Johnsons »Jahrestagen«, in: Euph 1996, S. 206–218. – G. PLUMPE, Theodor Fontane: Das Ende des Realismus und der Beginn moderner Literatur, in: Hansers Sozialgeschichte der dt Literatur vom 16. Jahrhundert bis zur Gegenwart. Bd. 6. Bürgerlicher Realismus und Gründerzeit. 1848–1890. Hg. von E. MACINNES und G.P., München/Wien 1996, S. 666–689. – M. SCHEFFEL, Drama und Theater im Erzählwerk Theodor Fontanes, in: Aspekte des politischen Theaters und Dramas von Calderón bis Georg Seidel: dt-französische Perspektiven. Hg. von H. TURK und J.-M. VALENTIN, Bern u. a. 1996, S. 201–227. – H. SCHMIDT, Quellenlexikon zur dt Literaturgeschichte. Bibliography of Studies on German Literary History. Personal- und Einzelwerkbibliographien der internationalen Sekundärliteratur 1945–1990 zur dt Literatur von den Anfängen bis zur Gegenwart. Bd. 7, Duisburg 1996. – M. STERN, Autobiographie als Akt der Selbstheilung bei Fontane, in: Jb der

Raabe-Ges 1996, S. 119–135. – L. WEBER, »Fliegen und Zittern«. Hysterie in Texten von Theodor Fontane, Hedwig Dohm, Gabriele Reuter und Minna Kautsky, Bielefeld 1996. – H. E. CHAMBERS, The Changing Image of Theodor Fontane, Columbia/SC 1997. – U. HANRATHS, Bilderfluchten. Weiblichkeitsbilder in Fontanes Romanen und im Wissenschaftsdiskurs seiner Zeit, Aachen 1997. – C. KRETSCHMER, Der ästhetische Gegenstand und das ästhetische Urteil in den Romanen Theodor Fontanes, Bern u.a. 1997. – M. SCHEFFEL, 1997, s.u. 3.1.17. – H. TANZER, 1997, s.u. 3.1.17. – G. BRANDSTETTER/G. NEUMANN, 1998, s.u. 3.1.6. – J. ENCKE, Kopierwerke. Bürgerliche Zitierkultur in den späten Romanen Fontanes und Flauberts, Frankfurt am Main 1998. – M. FLEISCHER, 1998, s.u. 2.1.8. – C. GRAWE, Fontane-Chronik, Ditzingen 1998. – E. HEFTRICH, u.a. (Hg.), Theodor Fontane und Thomas Mann. Die Vorträge des Internationalen Kolloquiums in Lübeck 1997, Frankfurt am Main 1998. – R. HELMSTETTER, Die Geburt des Realismus aus dem Dunst des Familienblattes. Fontane und die öffentlichkeitsgeschichtlichen Rahmenbedingungen des poetischen Realismus, München 1998. – B. A. JENSEN, Auf der morschen Gartenschaukel. Kindheit als Problem bei Theodor Fontane, Amsterdam, Atlanta 1998. – M. MASANETZ, 1998, s.u. 3.3.1. – B. PLETT, Kommentierte Auswahlbibliographie zu Theodor Fontane, in: DD 50 (1998), H. 4, S. 82–96. – H. O. HORCH, Michael Fleischer: »Kommen Sie, Cohn«. Fontane und die Judenfrage, in: FBl H. 67 (1999), S. 135–141. – C. RENZ, Geglückte Rede: Zu Erzählstrukturen in Theodor Fontanes »Effi Briest«, »Frau Jenny Treibel«, und »Der Stechlin«, München 1999. – N. RIEDEL, Auswahlbibliographie zur Fontane-Forschung (1989–1998), in: TuK Fontane, ²1999, S. 259–269. – P. SCHAEFER/D. STRAUCH, 1999, s.u. 4.3. – H. DELF-VON WOLZOGEN, Jahrhundert I–III, 2000.

4.2.3 Die Fontanerezeption im außerdeutschen Raum

Fontanerezeption im westeuropäischen Raum

Die Fontanerezeption im außerdeutschen Raum hat zwei Seiten: zum einen ist sie vom Enthusiasmus und der Hochschätzung der Germanisten, zum anderen von der Indifferenz, wenn nicht Geringschätzung der Komparatisten und der breiteren Leserschaft geprägt. Wo die Grenzen der Wirkung bei den außerdeutschen Germanisten zu ziehen sind, ist allerdings problematisch, weil Wissenschaftler allgemein – und insbesondere deutsche Wissenschaftler im 20. Jahrhundert – sich oft, wenn auch nicht immer gern oder freiwillig über Staatsgrenzen hinwegbegeben haben. Eine konsequente Trennung von deutscher und außerdeutscher Fontane-Forschung hat es nie gegeben, weil ein erheblicher Teil der Fontane-Literatur auch außerhalb des deutschsprachigen Raums auf Deutsch erschienen ist. Trotzdem hat die internationale Beschäftigung mit Fontane durchaus eigene Akzente gesetzt, zu denen etwa die Betrachtung Fontanes im europäischen Kontext und die Rezeption Fontanes gehören.

Zu den distinguierten Kommentatoren im westlichem Ausland zählen gebürtige Preußen oder Berliner wie Charlotte JOLLES, Pierre-Paul SAGAVE, Henry H. H. REMAK und Christian GRAWE; und vor allem in den Vereinigten Staaten werden Fontanes Werke von immigrierten Deutschen oder Wissenschaftlern deutscher Abstammung behandelt. Unter dem westlichen nichtdeutschen Raum sollen vor allem Frankreich, Großbritannien und Irland, USA und Australien und die anderen nicht deutschsprachigen europäischen Länder, vornehmlich Holland, Dänemark und Italien, die ihren Beitrag geleistet haben, verstanden werden. Es ist auch wesentlich für das Gesamtbild, daß in den achtziger Jahren in Japan, Indien und Korea über Fontane geschrieben wurde; ob diese Fontanerezeption, die oft schon der Sprache wegen in Europa nicht zur Kenntnis genommen wird, oder ein in dieser Zeit in Bochum studierender Forscher aus Taiwan der westlichen oder östlichen Welt zuzuordnen ist, ist jedoch nicht so leicht zu bestimmen. Im Rahmen der vorliegenden Ausführungen kann nur eine begrenzte Auswahl der einschlägigen Arbeiten erwähnt werden, wobei Rücksicht auf charakteristische Schwerpunkte und auf neue Richtungen in der Forschung genommen wird.

Nur die französische Rezeption fing schon zu Fontanes Lebzeiten an. 1891 erschien T. de WYZEWAS Artikel »Un romancier naturaliste allemand«. Dieser Aufsatz, in dem sich der Verfasser aus komparativer Sicht auf Fontanes Kunst konzentriert, ist die erste allgemeine Wertung von dessen Erzählwerk im Ausland. Der Autor warnt davor, Fontanes Werke im Vergleich zum englischen und französischen Roman zu unterschätzen, weil sie zu einer anderen, eben deutschen Romantradition gehören, in der Handlungsarmut und die Beschäftigung mit scheinbaren Nebensachen typisch sind. *Irrungen Wirrungen* als authentische »tranche de la vie« sei naturalistischer als jeder französische Roman (S. 755), und de WYZEWA bedauert, daß der feine Charme von Fontanes Büchern unübersetzbar sei (S. 757). Dieser Kommentar, der im Gegensatz zu den meisten deutschen Untersuchungen über Fontanes Verhältnis zum französischen Naturalismus seine Romane in enge Verbindung mit dem Naturalismus bringt, findet eine bedeutende späte Ergänzung bei dem Komparatisten Y. CHEVREL (1982, 1992), der Fontane in seine Diskussion des Naturalismus einbezieht, wobei er diesen als modernes Phänomen betrachtet und klar vom

Realismus abgrenzt. Bei ersterem wird die Transzendenz ausgeschaltet und die Tragödie im Alltag angesiedelt; es besteht fernerhin die Tendenz, traditionelle Gattungsunterschiede und -hierarchien zu unterminieren. J. Dresch (1913, S. 307, 330) betont auch die innovative Seite von Fontanes Romanen: Der Autor habe, ähnlich wie Henrik Ibsen für das Drama, neue Figuren und eine neue Sprache geschaffen und sei als antibourgeoiser Sittenschilderer hochzuschätzen, der nicht allzu weit hinter Honoré de Balzac und Gustave Flaubert zurückbleibe.

In der neueren Fontaneforschung tritt Frankreich vor allem in den sechziger und siebziger Jahren hervor. Sagave erläutert Fontanes Werk in historischem Kontext in den ersten detaillierten quellengeschichtlichen und interpretativen Untersuchungen zu *Schach von Wuthenow* (1960, 1964, 1972), um sich später Fontanes Stellung zu Frankreich 1870 und 1789 zuzuwenden (1979, 1980, 1983). P. Bange (1974, s.u. 3.1.1) geht in der ersten französischen Monographie zu Fontane strukturalistisch und psychoanalytisch vor. Durch die methodisch rigorose Analyse der Tiefenstruktur jedes Werks will Bange zeigen, daß das immer wiederkehrende Schema ödipal ist. Das Grundmuster verwandelt sich mit der Zeit, so daß die Rolle des Erzählers allmählich durch den Dialog ersetzt wird. Das Modell paßt nicht immer ganz, aber neue Perspektiven, die vor allem bei der *Stechlin* –Diskussion fruchtbar sind, werden eröffnet. R. Minder (1966) bringt gleichsam einen frischen Ansatz, indem er Fontane literarisch mit anderen hugenottischen »Mischlingen« wie Gottfried Benn einreiht. Er zeigt am Beispiel des *Stechlin*, wie Witz und Ansichten des Autors durch die subjektive Ausdrucksweise der Randfiguren objektiv verarbeitet werden. In den achtziger Jahren wird *Der Stechlin* wieder zum Mittelpunkt der Forschung bei R. Chevanne (1984, 1989, 1995 erschien ihre ausführliche Behandlung historischer Motive, *Fontane et L'Histoire: Presences et Survivances),* die Sagaves historischer Analyse folgt und die geschichtliche Basis der fiktiven Wahlkampfne sowie die Geschichte der christlich sozialen Bewegung ermittelt und analysiert. Artikel zu *Irrungen, Wirrungen* von E. Faucher (1973) und J.-L. Bandet (1983) bestätigen, daß Frankreich, wenn auch auf begrenztem Gebiet, meist Originelles zu Fontane beizutragen hat.

Holland brachte mit H. Meyers Untersuchung der Rolle des Zitats im europäischen Roman (1961) den ersten Beitrag zur Diskussion eines Themas, das in der Fontaneforschung der achtziger Jahre besonderes Interesse erregt hat (vgl. L. Voss, 1985, s.u. 3.1.1; Plett; A. Mhicfhionnbhairr, 1985). An den Beispielen von

L'Adultera und *Der Stechlin* demonstriert MEYER die Entwicklung in Fontanes oft bildungskritischer Zitatkunst von der leitmotivischen Funktion im Frühwerk zur innovativen mimetischen Rolle im Spätwerk, in dem raffiniert abgewandelte Zitate den Eindruck der Authentizität erzeugen und die Charaktere an dem erhöhten Sprachbewußtsein des Autors teilhaben, ohne die eigene Individualität einzubüßen. Seit dem Erscheinen seiner Monographie *Der selbstverständliche Geistliche* (Leiden 1975) hat in H. ESTERS Fontaneforschung Wirkungsgeschichtliches den Vorrang gehabt. Insbesondere hat er ausgewogene Beiträge zu Thomas MANN und Fontane (1975, 1979) und »Die Anfänge der Fontane-Forschung in der DDR« (s. 4.2.2) verfaßt.

Dänemark ist in der Fontaneforschung durch S.-A. JØRGENSEN vertreten, der unter anderem das Dänemarkbild in *Unwiederbringlich* kritisch erläutert hat (1971, 1974); und in Italien ist neben einem halben Dutzend Artikel von verschiedenen Autoren meist aus den achtziger Jahren die bedeutende Studie *Vorarbeiten zu einer kritischen Fontane-Ausgabe: zu Schach von Wuthenow , Cécile , Unwiederbringlich* (Berlin 1985) von D. MUGNOLO entstanden. Dieser weitgehend gelungene Versuch, Varianten eines Kapitels aus drei der Romane übersichtlich zu präsentieren und zu kommentieren, gab der Diskussion um die Möglichkeiten einer historisch-kritischen Ausgabe Fontanes einen neuen Impuls.

Großbritannien und Irland haben bisher elf Bücher über Fontane beigetragen, unter denen neun wissenschaftlich anspruchsvoll sind. Dazu kommen eine voluminöse Festschrift für die in London lebende Doyenne der Fontaneforschung, C. JOLLES (1979) – ein Band, der mit 35 Beiträgen eine Art Kompendium der Fontaneforschung darstellt – und der erste außerhalb Deutschlands erschienene Konferenzband *Theodor Fontane, The London Symposium* (Stuttgart 1995). Die erste nichtdeutsche Fontanemonographie von K. HAYENS (1920) erschien kurz nach der ersten deutschen (WANDREY). HAYENS bietet solide Interpretationen sämtlicher Romane und bewertet im Gegensatz zu WANDREY *Der Stechlin* relativ positiv. Dieses Urteil gewinnt in D. BARLOWS Artikel »Symbolism in Fontane's ›Der Stechlin‹« (GL 12, 1958/59, S. 282–286) weiter an Gewicht. Die fünfziger Jahre sahen in Großbritannien im Vergleich zu anderen außerdeutschen Ländern relativ zahlreiche Artikel. Die Mehrzahl davon befaßt sich mit Aspekten der Rezeption von Fontanes Werken außerhalb Deutschlands, und dieses Thema sowie die Beziehungen des Autors zu Großbritannien tauchen in der britischen Forschung immer wieder auf. Das fängt 1936 mit

D. STIRKS Aufsatz zur Rolle Englands in Fontanes Briefen an und wird in den folgenden fortgesetzt: G. RODGERS »Fontanes Conception of the Folkballad« (MR 53, 1958, S. 44–58), JOLLES' umfangreiche Herausgebertätigkeit sowohl bei den englischen Korrepondenzen und Aufsätzen in N als auch bei den *Tagebüchern* in der Großen Brandenburger Ausgabe (1994), J. A. PHILLIPS' Artikel über Fontanes britische Freunde (1969, 1971) und H. CHAMBERS' Beiträge zu englisch-deutschen Kulturbeziehungen und zur Nichtrezeption Fontanescher Romane im außerdeutschen Sprachraum (1987, 1989, 1992, 1997).

In den sechziger und siebziger Jahren, einer Blütezeit der deutschen Fontanekritik, floß der beständige, aber relativ bescheidene Strom der Artikel in England weiter. JOLLES wandte sich neben dem grundlegenden Realienband für Germanisten *Theodor Fontane* (Stuttgart ⁴1993) und der vierbändigen Briefausgabe des Propyläen Verlags (1968–71) Fontanes Journalistik zu (1961, 1975); und um diese Zeit erschienen in England die ersten Einzelbehandlungen von *Frau Jenny Treibel* (1967/68) und *Unterm Birnbaum* (1969/70). Die Verwandtschaft mit der englischen literarischen Tradition der Sittenkomödie und der Kriminalgeschichte mag bei dieser Textwahl eine Rolle gespielt haben. L. THOMAS hat Fontanes Erzählkunst in *Unterm Birnbaum* gegen C. WANDREYS und P. DEMETZ' Kritik verteidigt. In den achtziger Jahren hatte die Fontanerezeption in der britischen und irischen Germanistik Hochkonjunktur. In den etwa 35 Publikationen, darunter sieben Bücher, treten historische Aspekte und Fontanes Realismus im Spannungsfeld zwischen Phantasie und Wirklichkeit als Schwerpunkte hervor. JOLLES' aus in der Nazizeit wurzelnden politischen Gründen um fast vier Jahrzehnte verspätetes Buch *Fontane und die Politik. Ein Beitrag zur Wesensbestimmung Theodor Fontanes* (Berlin 1983), ein akribisch dokumentierter Bericht und eine scharfsinnige Analyse von Fontanes jungen Jahren, erwies sich als keineswegs überholt. In *Theodor Fontane »Der Stechlin«* (München 1986) untersucht E. SAGARRA aus Dublin den Altersroman als Quelle historischer und politischer Einblicke in die wilhelminische Zeit. Mit detaillierter Textanalyse, besonders der Symbolik der Revolution (Kap. 5), verbindet die Studie literarische, soziologische und historische Einsichten. R. HUMPHREYS *The Historical Novel as Philosophy of History. Three German Contributions: Alexis, Fontane, Döblin* (London 1986) stellt *Vor dem Sturm* in einen komparativen Kontext, der Autoren wie Walter SCOTT, Alessandro MANZONI und Leo TOLSTOJ berücksichtigt, um zu zeigen, daß Fontanes Werk in eine deutsche Romantradition des kritischen Patriotismus paßt. Ein weiterer englischer Forscher, J. OSBORNE, gilt als Autorität für Fontanes Schriften zur Kriegsgeschichte im Kontext der damaligen preußischen Historie (1983, 1984, 1994, 1999), wobei er sich neben Historischem und Biographischem auch für das Verhältnis zwischen dokumentarischem Faktenmaterial und Fontanes Erzählstrategien interessiert.

Die epische Integration scheinbar widersprüchlicher Elemente in Fontanes Werken wird um diese Zeit aus verschiedenen Perspektiven erforscht. Der Titel von P. HOWES Artikel »Reality and Imagination in Fontanes ›Irrungen Wirrungen‹« (GL 38/4, 1985, S. 346–356) ist charakteristisch für diese kritische Richtung. A. BANCE lotet die Begriffe Poesie und Prosa als Schlüssel zum Romanwerk aus (1982, s.u. 3.1.1). In seiner Studie, die viele feinfühlige interpretative Einzelbeobachtungen enthält, argumentiert BANCE, daß Fontane trotz Anerkennung der wachsenden prosaischen Seiten der Wirklichkeit au fond Romantiker bleibt, weil er das menschliche Bedürfnis nach einer ästhetischen Dimension, die die ›höheren‹ und humanen Werte im Leben bewahrt, geltend macht. Die geschlechtsspezifische, 1980 auch von N. FREI vertretene Argumentation, daß diese höheren, poetischen Werte vor allem in den Frauenfiguren verkörpert werden, ist kontrovers. M. MINDENS Aufsatz (1993) sieht im Zeichen des Strukturalismus die Poesie umgekehrt als den der Wirklichkeit feindlichen und daher negativen Pol. Die Ausdrucksfunktion von übernatürlichen und irrationalen Elementen, zum Beispiel Gespenster, Aberglaube, Märchen- und Schicksalsmotive und das Elementare im Erzählwerk sind Thema einer Monographie von H. CHAMBERS (1980), in der wie bei BANCE die zentrale Rolle dieser scheinbar unrealistischen Aspekte bestätigt wird. Die irische Germanistin A. MHICFHIONNBAIRR hat in einem Buch (1985), das die beiden oben erwähnten Forschungsstränge – das Historische und das Spannungsfeld Poesie-Prosa – verbindet, die vielfache Funktion der Anekdoten in Romanen und Autobiographie gründlich untersucht. Die Arbeit bildet zusammen mit PLETTS erwähnter Monographie gewissermaßen ein Nachschlagewerk zu intertextuellen Stellen bei Fontane. Von der reichen Ernte an Artikeln aus diesem Jahrzehnt sei nur einer erwähnt: E. SWALES' gehaltvoller Aufsatz »Private Mythologies and Public Unease; on Fontane's ›Effi Briest‹« (MR 75,1980, S. 114–123) in dem die Welt der Sexualität und des Todes, die die von den Charakteren verdrängten irrationalen Tiefen des Romans ausmacht und sich an der Oberfläche des Textes nur mittelbar, etwa in Augenblicken des individuellen Unbehagens oder in Arnold BÖCK-

LINS mythischen Landschaften manifestiert, subtil ausgeleuchtet wird. Das fehlende Bewußtsein des Selbst als psychisch Ganzen bei den Charakteren veranlaßt SWALES *Effi Briest* als »perhaps Fontanes darkest work« (S. 121) zu bezeichnen. In den neunziger Jahren fließt der Artikelstrom ununterbrochen weiter, wobei, wie in der Fontanekritik überhaupt, den nichtfiktionalen Werken neue Aufmerksamkeit gegönnt wird. Die Rolle des Katholizismus ist ein frisches Thema für die Erschließung des Romanwerks (C. WALKER, E. SAGARRA 1995). Fontane und die Religion war aber schon immer ein Gebiet, das im Ausland mehr Interesse erregte als in Deutschland. Zwei Monographien sind erschienen: die wissenschaftliche Rezeption von Fontanes Romanen mit besonderer Berücksichtigung der neueren Publikationen kommentiert CHAMBERS' *The Changing Image of Theodor Fontane* (1997). *Theodor Fontane: Vor den Romanen* (OSBORNE, 1999) untersucht die Fiktionalisierung des Faktischen in den Kriegsbüchern.

REUTERS Feststellung (S. 914), »Quantitativ an erster Stelle steht nach wie vor die amerikanische Wissenschaft«, trifft für die Wirkungsgeschichte im Ausland immer noch zu, mindestens was die Zahl der Publikationen angeht. Der Umfang der Monographien ist zum Teil wegen der Vorschriften für manche amerikanische Doktorarbeiten oft vergleichsweise bescheiden, und nur drei der zehn Bücher, die sich ausschließlich mit Fontane befassen (P. DEMETZ, W. PAULSEN, 1988; E. H. KRAUSE, 1989, s.u. 3.1.1), weisen ›europäische‹ Dimensionen auf. Dazu kommen aber zehn weitere Bücher, in denen Fontanes Werke einen wichtigen Teilaspekt des Forschungsgegenstands darstellen (K. MOMMSEN 1973, 1978; G. MICHIELSEN 1978, s.u. 3.1.1, M. S. FRIES 1980; R. A. KOC 1982; R. A. BERMAN 1983; G. A. WITTIG-DAVIS 1983; N. A. KAISER 1986; M. LEHRER 1991; K. ROPER 1991).

Die amerikanische Fontanerezeption fing in den zwanziger Jahren mit L. SHEARS' Überlegungen zum Einfluß von SCOTT und William Makepeace THACKERAY auf Fontanes Romane an (1922, 1925). Anders als in Großbritannien, wo in den dreißiger und vierziger Jahren der Krieg zu einer deutlichen Unterbrechung der Forschung führte, entwickelte sich in den USA die Fontaneforschung kontinuierlich weiter. Historisch bedingt ist vermutlich auch die größere Häufigkeit von Vergleichen mit Thomas MANNs Werk in der amerikanischen Fontaneliteratur. MANN übte durch die Vermittlung von Emigranten und wegen seiner eigenen amerikanischen Emigrationsjahre dort eine stärkere Wirkung aus (R. PARK 1939; K. MOMMSEN 1973; H. R. VAGET 1975; G. MICHIELSEN

1978; H. REMAK 1990). Das Aufblühen der Fontaneliteratur in der USA wurde durch Peter DEMETZ' einflußreiche Studie von 1964 (s. o.) bewirkt. DEMETZ, ein Deutscher an der Yale University, dem Zentrum des amerikanischen »New Criticism«, der die werkimmanente Interpretation vertrat, konzentrierte sich auf Formfragen, wobei er Fontane in komparativem Kontext vorstellt. Er beginnt mit dem historischen Roman und leitet durch Vergleiche u. a. mit SCOTT, Fenimore COOPER, Honoré de BALZAC, STENDHAL, Emile ZOLA und TOLSTOJ und dann mit der englischen und französischen Kriminalgeschichte die ernsthafte Diskussion von Fontanes Stellung in der Weltliteratur ein. Seine Strukturanalysen der Romane bringen Aufwertungen von *Vor dem Sturm*, dem »schönsten deutschen historischen Roman« (S. 66) und von dem bis dahin vernachlässigten *Unwiederbringlich*, dessen formale Finessen in Tempo und Komposition er hervorhebt. Seine Beobachtungen zu Fontanes »Kunst der Namen« und zur Symbolik des Flug- und Flockenmotivs vertiefen die Realismusdiskussion. Diese Monographie mit ihren feinen Beobachtungen und stellenweise recht abschätzigen Beurteilungen der Nebenwerke sowie ihren kontroversen Äußerungen zur Unterrepräsentation bestimmter gesellschaftlicher Klassen und zu Trivialstellen im Werk hat provozierend und befruchtend auf die Fontanekritik gewirkt. DEMETZ weist übrigens ein Bewußtsein der Gefahren der Schriftstellerhagiographie auf, das für die transatlantischen Kommentatoren deutscher Abstammung typisch ist. Bei REMAK, PAULSEN und K. S. GUTHKE läßt sich ebenfalls eine größere Bereitschaft feststellen, den durchgehend gleichbleibenden hohen literarischen Wert von Fontanes Werken zu bezweifeln. GUTHKES Aufsatz »Fontanes Finessen. ›Kunst‹ oder ›Künstelei‹?« (1982, s. u. 3.1.1) ist das Paradebespiel dafür und hat eine lebhafte Debatte ausgelöst.

Seit 1970 ist die Durchschnittszahl der in der USA produzierten Artikel pro Jahrzehnt von sechs auf dreißig gestiegen, wobei von einigen wichtige Anregungen für die Fontaneforschung insgesamt ausgingen. In den siebziger Jahren gibt F. BETZ mit seiner Dissertation *The Contemporary Critical Reception of Theodor Fontane's Novels »Vor dem Sturm« and »Der Stechlin« 1878–1899* (JIG, Reihe B 3, S. 150–158) der zeitgenössischen Rezeption von Fontanes Romanen bedeutende neue Impulse. D. C. RIECHELS »›Effi Briest‹ and the Calendar of Fate« (GR, 48, 1973, S. 189–211) ist wegweisend für die Erforschung der Rolle des »Schicksals« bei Fontane; und R. HARRIGAN interpretiert in »The Limits of Female Emancipation: A Study of Fontane's Lower Class Women« (Mh, 70/2, 1978,

S. 117–128) mit Ausnahme von M. ROTHE-BUDDENSIEG (1974) als erste die Romane aus feministischer Perspektive. Neu und von beispielhaft wohlinformierter Klarheit ist auch W. HOFFMEISTERS »Der realistische Gesellschaftsroman bei Theodor Fontane und William Dean Howells: Eine deutsch-amerikanische Parallele« (FBl H. 24, 1976, S. 600–607). Unter den Buchpublikationen der achtziger Jahre sind wegen ihrer originellen Ansätze folgende Werke erwähnenswert: H. MITTELMANNS *Utopie des weiblichen Glücks in den Romanen Theodor Fontanes* (Bern 1980) verbindet Ernst BLOCHS Utopiebegriff mit Methoden des »New Criticism«, um geschlechtsspezifische Aspekte der Romane im Kontext der historischen Lage der Frau im wilhelminischen Preußen zu analysieren. Neuartige psycho-biographische Einsichten, wie ihnen auch P. J. ANDERSON (1980, 1991) nachspürt, vermittelt PAULSENS *Im Banne der Melusine: Theodor Fontane und sein Werk* (Bern 1988), und E. KRAUSES Untersuchung (1989) enthält als Produkt des wachsenden Interesses an »Translation Studies« im angelsächsischen Sprachraum zugleich neue Einsichten zu Fontanes Sprachgebrauch.

Hervorragend unter den Artikeln ist M. LEHRERS »Theodor Fontane and the Nineteenth-Century Psychology of Exposure« (GQ 58, 1985, S. 500–518), ein Vorabdruck aus seiner Dissertation *Intellektuelle Aporie und literarische Originalität. Wissenschaftliche Studien zum deutschen Realismus: Keller, Raabe und Fontane* (New York 1991). Unter Betrachtung der intellektuellen und naturwissenschaftlichen Geschichte der Zeit mißt LEHRER Fontanes Charaktere an den Verhaltenstheorien des Philosophen Wilhelm DILTHEY, um zu zeigen, daß sie der sozialen und psychologischen Kausalität nicht restlos unterworfen sind und daß die meisten von ihnen sich dessen bewußt sind. Die Semiotik wird in zwei Neuinterpretationen von *Effi Briest* angewandt: V. GREENBERG schlägt in »The Resistance of ›Effi Briest‹: An (Un)told Tale« (PMLA 103/5, 1988, S. 770–782) eine erfrischend positive Lektüre des Romanschlusses vor, während P. C. PFEIFFER in »Fontanes ›Effi Briest‹: Zur Gestaltung epistemologischer Probleme des Realismus« (GQ 17/2, 1990, S. 75–82) eine eher negativ gefärbte Auslegung bietet.

Die angelsächsische Fontaneforschung beschäftigt sich hauptsächlich mit Fontanes Erzählwerk, aber zu den konstanten Themen gehört Fontane und die preußische Geschichte, was als Blick von aussen ein willkommenes Korrelat zu deutschen Darstellungen bildet. A. L. DAVIS weist auf Fontane »as a Prophet of German Political Life« (1933, S. 449, 1935) hin; J. REMAKS *The Gentle Critic. Theodor Fontane and German Politics, 1848–1898* (Syracuse 1964) versteht sich als Versuch, die negative Auffassung der deutschen Geschichte bei angelsächsischen Historikern zu widerlegen, wobei Fontane als Beweis dafür dient, daß sowohl die Dämonisierung der Junker als auch die Annahme, daß die deutsche Geschichte »one great rehearsal for Hitler« (S. 83) sei, auf Fehlurteilen beruhe. Auch die erste grossangelegte Studie zu dem Thema, K. ATWOOD (1970), zeichnet sich durch die unvorbelastete Sicht des Angelsachsen aus. 1992 beleuchtet W. L. ZWIEBEL in seiner Einführung in Fontanes Werke in der Reihe »Twayne's World Authors« erneut die preußische Dimension, allerdings mit Bezug auf die Romane. Wenn man sich über Preußisches bei Fontane informieren will, wendet man sich am besten an GRAWES Publikationen zu *Effi Briest* (1985, 1989, 1991) und seinen Aufsatz »Preußen 1803 bis 1813 im ›vaterländischen Roman‹: Willibald Alexis, Georg Hesekiel, Theodor Fontane« (1990, s.u. 3.1.2). Von Australien aus hat GRAWE auf die Fontaneforschung mit Einzelbeiträgen vorwiegend zu Fontanes Romanen, als Herausgeber von Interpretationssammlungen (1991, 1998) und auch mit seinem Nachschlagewerk *Führer durch Fontanes Romane* (Stuttgart ²1996, [1980]) stimulierend gewirkt. Seine Kunst, den Erwartungen von Experten und Nichtexperten gleichzeitig gerecht zu werden, kann man an seinem *Theodor Fontane: »Effi Briest«* (⁷1998) ausgiebig genießen.

Aus diesem Überblick der Hauptmomente in der Fontanerezeption im westlichen außerdeutschen Raum geht Fontanes hoher Stellenwert bei den Auslandsgermanisten klar hervor. Um kein verzerrtes Bild zu vermitteln, seien einige Bemerkungen zu seiner relativen Unsichtbarkeit in der europäischen Literaturlandschaft nachgeschickt. Daß Fontanes Werke in kritischen Diskussionen zum Roman im 19. Jahrhundert meist unerwähnt bleiben, ist auf ein wirres Knäuel von Faktoren zurückzuführen (vgl. CHAMBERS, 1997, Kap. 5). Die Mehrzahl von Fontanes Werken wurde im Gegensatz zu denen der großen französischen und russischen Realisten wenn überhaupt, dann erst in der zweiten Hälfte dieses Jahrhunderts ins Englische und Französische übersetzt. Die minimale und abfällige Berücksichtigung Fontanes in E. AUERBACHS bahnbrechendem Realismusbuch *Mimesis. Dargestellte Wirklichkeit in der abendländischen Literatur* (Bern 1946) wirkte tonangebend lange auch in den Urteilen von Germanisten wie R. PASCAL (1956). Dazu kommt, daß sich Fontanes Erzählwerke nicht ohne weiteres in voraussehbare, festgefügte Gattungskategorien einordnen lassen. In mancher Hinsicht sind sie nicht deutsch genug, weil sie anscheinend nicht zur klassischen Gattung des Bildungsromans gehören, andererseits sind sie mit ihrer oft novellenartigen Konzentration vielleicht »zu deutsch« und somit nicht ohne weiteres als Romane nach dem bekannten diskursiveren Modell der europäischen Zeitgenossen erkennbar. Ob Fontane selbst sich als Schriftsteller von europäischem Format gesehen hätte, bleibt ungeklärt. Sein mangelnder Sinn für theoretische Kategorien spricht dagegen. Es bleibt die Aufgabe der außerdeutschen Germanisten, Fontane einem breiteren Lesepublikum bekannt zu machen. Wenn sie ihn nicht propagieren, bleibt er eine Nebenfigur in der europäischen Literaturgeschichte. HELEN CHAMBERS

Literatur

T. DE WYZEWA, Un romancier naturaliste allemand, in: Revue politique et littéraire. Revue Bleue 48 (1891), S. 751–757. – J. DRESCH, Le Roman social en Allemagne, 1850–1890, Paris 1913. – K. Hayen, Theodor Fontane. A Critical Study, London 1920. – L. A. SHEARS, The influence of Walter Scott on the novels of Theodor Fontane, New York 1922. – Ders., Thackeray's »Pendennis« as a Source for Fontanes »Frau Jenny Treibel«, in: PMLA 40 (1925), S. 211–216. – A. L. DAVIS, Fontane as Prophet of German Political Life, in: MLN 48 (1933), S. 449–452. – A. L. DAVIS, Fontane and the German Revolution of 1848, in: MLN 50 (1935), S. 1–9. – S. D. STIRK, England and the English in the Letters of Theodor Fontane., in: Proceedings of the Leeds Philosophical Society (Lit./Hist. Section) 4 (1936), S. 145–154. – R. PARK, Theodor Fontane's Unheroic Heroes, in: GR 14 (1939), S. 32–44. – R. PASCAL, The German Novel, Manchester 1956, S. 178–214. – P.-P. SAGAVE, Un roman berlinois de Fontane: »Schach von Wuthenow«, in: Recherches sur le Roman Social en Allemagne. Publications des Annales de la Faculté des Lettres Aix-en-Provence, NS 28 (1960), S. 87–108. – H. MEYER, Das Zitat in der Erzählkunst, Stuttgart 1961, S.155–185. – R. MINDER, Über eine Randfigur bei Fontane, in: NR 77/3 (1966), S. 402–413. – P.-P. SAGAVE, 1966, s.u. 3.1.6. – D. TURNER, Coffee or Milk? – That is the Question. On an Incident from Fontane's »Frau Jenny Treibel«, in: GLL 21 (1967/68), S. 330–335. – J. A. S. PHILLIPS, James Morris, der unbekannte Freund Theodor Fontanes., in: FBl Bd. 1, H. 8 (1969), S. 427–449. – L. THOMAS, Fontane's »Unterm Birnbaum«, in: GLL 23 (1969/70) S. 193–205. – K. ATWOOD, 1970, s.u. 1.1. – S.-A. JØRGENSEN, ²1994 (1971) s.u. 3.1.13. – J. A. S. PHILLIPS, Die Familie Merington: Theodor Fontanes Freunde in der Not, in: FBl Bd 2, H. 4 (1971), S. 252–259. – P.-P. SAGAVE, »Schach von Wuthenow« als politischer Roman, in: Fontanes Realismus, 1972, S. 87–94. – E. FAUCHER, 1973, s.u. 3.1.10. – K. MOMMSEN, Gesellschaftskritik bei Fontane und Thomas Mann, Heidelberg 1973. – P. BANGE, 1974, s.u. 3.1.1. – S.-A. JØRGENSEN, 1974, s.u. 3.1.13. – M. ROTHE-BUDDENSIEG, Spuk im Bürgerhaus. Der Dachboden in der Prosaliteratur als Negation der gesellschaftlichen Realität, Kronberg 1974, S. 134–163. –

H. Ester, Zwischen Skepsis und Glauben. Die Fontaneforschung im Zeichen der Nachwirkung Thomas Manns, in: Duitse Kroniek 27/3–4 (1975), S. 144–157. – H. R. Vaget, Thomas Mann und Theodor Fontane. Eine rezeptionsästhetische Studie zu »Der kleine Herr Friedemann«, in: MLN 90 (1975), S. 448–471. – G. Michielsen, 1978, s.u. 3.1.1. – K. Mommsen, 1978, s.u. 3.1.7. – H. Ester, Theodor Fontane und Thomas Mann, in: Literatur als Dialog. Fs K. Tober, hg. von R. Nethersole, Johannesburg 1979, S. 307–316. – P. I. Anderson, 1980, s.u. 3.1.1. – H. E. Chambers, 1980, s.u. 3.1.1. – N. Frei, Theodor Fontane, Die Frau als Paradigma des Humanen, Königstein 1980. – M. S. Fries, The Changing Consciousness of Reality. The Image of Berlin in Selected German Novels from Raabe to Döblin, Bonn 1980. – A. Bance, 1982, s.u. 3.1.1. – Y. Chevrel, Le naturalisme, Paris 1982. – G. H. Hertling, 1982, s.u. 3.1.12. – R. A. Koc, The German Gesellschaftsroman at the Turn of the Century: A Comparison of the Works of Theodor Fontane and Eduard von Keyserling, Bern 1982 – J.-L. Bandet, Le secret et la caricature. Remarques sur Fontane, in: Mélanges offerts à Claude David pour son 70ième anniversaire, hg. von J.-L. Bandet, Bern 1983, S. 37–58. – R. A. Berman, Between Fontane and Tucholsky: Literary Criticism and the Public Sphere in Imperial Germany, New York 1983. – J. Osborne, 1983, s.u. 3.4.4. – G. A. Wittig-Davis, Novel Associations: Theodor Fontane and G. Eliot within the Context of Nineteenth Century Realism, New York 1983. – R. Chevanne, L'actualité sociale et politique dans »Le Stechlin« de Fontane, in: Actes du Colloque Internationale de Valenciennes 1983, Valenciennes 1984, S. 61–67. – J. Osborne, Theodor Fontane und die Mobilmachung der Kultur: Der Krieg gegen Frankreich 1870–1871, in: FBl H. 37 (1984), S. 421–435. – A. Mhicfhionnbhairr, Anekdoten aus allen fünf Weltteilen: The Anecdote in Fontane's Fiction and Autobiography, Bern 1985. – H. Chambers, 1987, s.u. 3.4.2. – N. A. Kaiser, Social Integration and Narrative Structure. Patterns of Realism in Auerbach, Freytag, Fontane and Raabe, New York 1986. – R. Sartini, La ricezione di Theodor Fontane in Italia, Testi, Universita degli studi de Macerata 1988/89. – H. Chambers, 1989, s.u. 3.4.2. – R. Chevanne, Le mouvement chrétien social à la fin du xix siècle et le Stechlin de Theodor Fontane, in: Le texte et l'idée 4 (1989) S. 107–128. – E. H. Krause, Theodor Fontane. Eine rezeptionsgeschichtliche und übersetzungskritische Untersuchung, Bern u.a. 1989. – C. Grawe, 1990, s.u. 3.1.2. – L. Lari, Theodor Fontane, Effi Briest, in: L. L., Esercizi sui tedeschi, Pisa 1990, S. 289–373. – H. Remak, Theodor Fontane und Thomas Mann. Vorbereitende Überlegungen zu einem Vergleich, in: Horizonte. Fs H. Lehnert, hg. von H. Mundt, Tübingen 1990, S. 126–141. – P. I. Anderson, 1991, s.u. 3.1.3, S. 47–78. – C. Grawe, 1991, s.u. 3.1.16. – K. Roper, German Encounters with Modernity: Novels of Imperial Berlin, New Jersey 1991. – H. Chambers, Fontane's Translation of »The Charge of the Light Brigade«, in: Anglo-German Studies (= Proceedings of the Leeds Philosophical and Literary Society, Lit. and Hist. Section 22/1), hg. von . R. F. M. Byrn/K. G. Knight, Leeds 1992, S. 83–104. – Y. Chevrel, Towards an Aesthetic of the Naturalist Novel, in: Naturalism in the European Novel.

New Critical Perspectives, hg. von B. NELSON, New York 1992, S. 46–65. – W. L. ZWIEBEL, Theodor Fontane, New York 1992. – M. MINDEN, Realism versus Poetry. Theodor Fontane, »Effi Briest«, in: The German Novel in the Twentieth Century, hg. von D. MIDGELEY, Edinburgh 1993, S. 18–29. – J. OSBORNE, Le Bourget, oder die Garde nach St. Privat: Zu Fontanes »Der Krieg gegen die Republik«, in: FBl. H. 58 (1994), S. 138–154. – E. SAGARRA, 1995, s.u. 3.1.1. – C. WALKER, 1995, s.u. 3.1.7. – C. GRAWE, [7]1998 (1985), s.u. 3.1.16. – J. Osborne, Theodor Fontane: Vor den Romanen, Göttingen, 1999.

Fontanerezeption im osteuropäischen Raum (1891–1995)

Der Romanschriftsteller Theodor Fontane ist im europäischen Osten kein Unbekannter mehr. Mit Ausnahme von Weißrußland, der Ukraine und Moldawien gibt es heute kein Land in Osteuropa, in dessen Sprache Fontanes Werke nicht übersetzt wurden. Nach D. GLASS/P. SCHAEFER gebührt Ungarn mit elf übersetzten Titeln und einer Briefauswahl Fontanes (1962) unangefochten die Vorreiterrolle, gefolgt von Polen (sieben), Rumänien (fünf) und Tschechien (fünf). Am Ende der Reihe stehen mit je einem bzw. zwei übersetzten Romanen Lettland, Litauen und Slowenien. Den eindeutigen Vorrang hat Fontanes Roman *Effi Briest*. Die nächsten in dieser Rangordnung sind *Frau Jenny Treibel*, *Irrungen, Wirrungen* und *Schach von Wuthenow*. Vier der 17 Fontaneschen Romane und Erzählungen erfuhren keine Übersetzung: *Vor dem Sturm*, *Ellernklipp*, *Graf Petöfy* und *Quitt*. Über die übersetzte Lyrik Fontanes liegen wenig Daten vor, aber diese spärliche Angaben – in Rußland etwa hat man binnen der letzten 100 Jahre vier Gedichte und in Bulgarien drei »rezipiert« – zeigen, wie sporadisch die Rezeption von Fontanes lyrischem Werk ist. Und doch stößt man gelegentlich auch auf eine persönliche Beziehung zu Fontanes Lyrik, so bei der Kroatin Slavica ZURA (1992), die an den Gedichten des »Freund[es]« (S. 109) Fontane weniger die ästhetische als die lebensbejahende Komponente betont: Aus den Versen lasse sich »neue Energie und Lebensfreude« (S. 108) schöpfen.

Fontanes Präsenz beschränkte sich bis ins 20. Jahrhundert, abgesehen von einigen wenigen, auf Veranlassung diverser Presseorgane vor 1900 erschienener Übersetzungen – und das war wohl in den anderen osteuropäischen Ländern nicht anders als in Polen – auf »die Eintragungen in den maßgeblichen Enzyklopädien« (L. ŻYLIŃSKI, 1999, S. 145). Ein allgemeines und steigendes Interesse der Verlage in Osteuropa an Fontanes Werk begann erst in den fünfziger Jahren zu erwachen. In Anbetracht des Gesagten verbietet es sich zwar, von einer »Fontane-Renaissance« zu sprechen, unübersehbar deckt sich aber diese Tendenz mit der parallelen Erscheinung in Deutschland (vgl. U. TONTSCH, 1977, S. 104–117, s. u. 4.2.2).

Das Interesse der Forschung in einigen osteuropäischen Ländern an nationalen Beziehungen zu Fontane bereichert die Fontanekenntnis insgesamt um genuin-eigene Aspekte. Ungarn gebührt auch das Verdienst, sich am frühesten mit den national relevanten Aspekten in Fontanes Werk auseinandergesetzt zu haben, was wegen des ungarischen Schauplatzes und der ungarischen Namen und Anspielungen in *Graf Petöfy* nahelag. Schon 1912 erschien Robert GRAGGERS Aufsatz, der starke »Ungarische Einflüsse auf Theodor Fontane« konstatierte – bis hin zu einer persönlichen Begegnung Fontanes mit dem Schriftsteller und Übersetzer Karl KERTBENY, der sich 1848 in Berlin aufhielt und 1851 Fontane seine deutsche Übersetzung eines Epos' von Johann ARANY widmete (vgl. an F. Witte, 1. 5. und 1. 7. 1851, IV.1.167,172). Aber neuerdings ist die Wirkung ungarischer Literatur auf Deutschland insgesamt und die Beziehung des früheren Fontane zu Ungarn in Frage gestellt worden. Gábor KEREKES (1991, S. 104, vgl. auch ders., 1992) kommt bei erneuter Analyse des Quellenmaterials zu dem Ergebnis: »Von einem ›ungarischen Einfluß auf Theodor Fontane‹ kann man [...] keinesfalls sprechen.«

Aus Ungarn stammt auch der zweifellos einflußreichste und herausforderndste osteuropäische Beitrag zur Fontane-Forschung, Georg LUKÁCS', dem durch seinen 1951 in der DDR erschienenen Essay *Der alte Fontane*, mit dem dem Verfasser »eine marxistische Ehrenrettung des Dichters als eines ›kritischen Realisten‹ gelang« (J. RÜHLE, 1974, S. 244) und der mit dem Beitrag zugleich einen herausfordernden Einfluß auf die Fontanerezeption insgesamt ausübte. Mit marxistischem Instrumentarium analysiert LUKÁCS Fontanes verspätete Karriere als Romancier, seine klassenmäßige Unzuverlässigkeit, seinen Skeptizismus und die Unterlegenheit seiner Gestalten gegenüber den gesellschaftlichen Zwängen als Reaktionen auf objektive kapitalistische Entwicklungen in Deutschland:

> Der alte Fontane ist überall da ein bedeutender Schriftsteller, wo es ihm gelingt, diese Halbheit seiner Gestalten aus der spezifischen Entwicklung Preußen-Deutschlands herauswachsen zu lassen, wo er imstande ist zu zeigen, daß der Sieg dieses gesellschaftlichen Seins über das Bewußtsein, über die Neigung, die Lebensbestrebungen seiner Gestalten in den eigenartigen Bedingungen dieser Existenzweise verankert ist. [...] Fontane gehört zu den bedeutenden Realisten der

zweiten Hälfte des 19. Jahrhunderts, weil er einerseits das Hassenswerte an seiner Gegenwart so darstellt, wie sie es verdient, weil er andererseits – bei aller Beschränktheit seines Weltbildes auf das Privat-Persönliche – hier nicht der Versuchung verfällt, solche notwendigen Kollisionen durch ihr Verschieben ins Pathologische scheinbar zu ›vertiefen‹ und in Wirklichkeit vom Wesentlichen abzulenken. (1951, S. 150, 158)

Kurz darauf erschien die polnische Ausgabe der Erzählung *Schach in Wuthenow* (1953), die den Auftakt zu einem größeren Interesse an Fontanes Werk bildet. Das Nachwort aus der Feder von Marcel (REICH-)RANICKI, der sich später in der Bundesrepublik große Verdienste um die Anerkennung Fontanes erworben hat, ist ein markantes Beispiel für den hochproblematischen Umgang des orthodoxen Marxismus mit der Literatur, wobei es mit ZYLIŃSKI (1999, S. 153) offen bleiben mag, in welchem Maß »solche Texte in der Zeit der sozialistischen Kulturpolitik als notwendige Tribute für die Herausgabe vieler Bücher zu betrachten sind«. Auch bei REICH-RANICKI finden sich das stereotype Vokabular des Kommunisten (»das letzte Stadium des Kapitalismus«, »werktätige Massen, die nichts zu verlieren haben als ihre Ketten«) und die obligatorischen MARX-, ENGELS- und STALIN-Zitate, aber das Bild Fontanes gewinnt für den Leser deutlichere Umrisse. Der Dichter wird als Mitläufer im Dienste der Reaktion und dann glücklich bekehrter Ankläger der preußisch-wilhelminischen Gesellschaft dargestellt. Als Zäsur wird Fontanes Austritt aus der Redaktion der *Kreuzzeitung* im Jahre 1870 festgesetzt – das sind Wertungen, wie sie in den Jahrzehnten nach 1945 auch in Deutschland vorgenommen wurden, und wie REICH-RANICKI schrieb auch die Forschung der DDR dem späten Fontane ein Vorgefühl »der historischen Rolle der Arbeiterklasse« zu. Ästhetisch würdigte REICH-RANICKI an *Schach in Wuthenow* vor allem den »Reichtum des Dialogs«.

Der sich ab 1960 abzeichnende allgemeine Durchbruch Fontanes im sozialistischen Ausland ist allerdings eher auf das etwa gleichzeitig neuerwachte Interesse an Fontane in der DDR zurückzuführen, welches durch die 16–bändige Werkauswahl im Verlag »Das neue Berlin« von 1955–1963 demonstriert wurde.

In Polen haben zur Fontanezeption vorwiegend zwei Autoren beigetragen: Mirosław OSSOWSKI, der unter anderem eine grundlegende Monographie über den »›Berliner Roman‹ zwischen 1880 und 1900« (Rzeszów 1989) publizierte und Wieńczysław A. NIEMIROWSKI, der sich mit Fontanes Verhältnis zu Polen auseinandersetzte (1990, 1996) und konstatierte:

Fontanes Erstlingsroman läßt eine positive Stellungnahme zu der polnischen Frage vermissen. [...] Grob gesagt: für den alten Theodor Fontane existiert eine »polnische Frage« nicht mehr. (1990, S. 100)

Neuerdings hat ŻYLIŃSKI in seiner Studie über *Fontanes Rezeption in Polen* (1999) diese Bemühungen relativiert. Er kommt zu dem Schluß, daß »die bescheidene Rezeption Fontanes« lediglich in einzelnen Beiträge bestehe: »Es gibt keine polnische Fontaneforschung, [...]. Fontane wartet noch darauf, auch für polnische Germanisten entdeckt zu werden« (S. 150f.) – eine These, die auch im Hinblick auf die anderen osteuropäischen Länder untersuchenswert ist. Die mangelnde Kenntnis Fontanes führt ŻYLIŃSKI auf die Vernachlässigung der deutschen Literatur des 19. Jahrhunderts insgesamt zugunsten der Klassik und der Romantik zurück und bringt wieder die schon 1980 von H. ORŁOWSKI vertretene Ansicht ins Spiel, mit Fontane hätten die Polen wegen der ihnen »fremden ethischen und philosophischen Tradition des protestantischen Verständnisses der verinnerlichten Kategorien von Pflicht und Schuldigkeit« (S. 147) Schwierigkeiten.

Entsprechend ORŁOWSKIS und ŻYLIŃSKIS These besteht denn auch die Rezeption Fontanes in der Sowjetunion aus nur wenigen Beiträgen: das Vorwort zur russischen Ausgabe von *Effi Briest* (1960), I. FRADKINS einschlägige Abhandlung in der *Geschichte der deutschen Literatur* (1968) und die Monographie zu *Effi Briest* (1979) von E. M. VOLKOV. Bezeichnend ist die große Einhelligkeit der Einschätzungen, wobei das Hauptaugenmerk dem alten, »kritischen« Fontane gilt. Ganz obenan betont man in Fontanes Werken die Geißelung der herrschenden Klassen und der überlebten Moral, von der sie regiert werden. Hervorgehoben wird auch die Sympathie des Autors für die moralisch überlegenen, plebejischen Schichten. Im Urteil über die ideologische Reife des alten Dichters wird die Einhelligkeit ein wenig durchbrochen: FRADKIN spricht von der Einsicht, »daß die Zukunft Deutschlands in den Händen einfacher Werktätiger ruht« – zurückhaltender argumentiert hingegen VOLKOV (1979, S. 85), für den Fontane »sich völlig im klaren war, daß die Gesellschaft in Klassen eingeteilt ist und daß es zwischen ihnen unüberwindliche Gegensätze gibt«. Unter diesen Gelehrten herrscht Einigkeit darüber, daß Fontane der größte deutsche Realist des ausgehenden 19. Jahrhunderts war und *Effi Briest* die Krönung der literarischen Epoche darstellte. Die eingehendste ästhetische Wertung des Romans liefert VOLKOV (1979, S. 45–77).

In beträchtlicher Diskrepanz zu der ziemlich großen Aufmerksamkeit, welche die russisch-sowjetische Literaturforschung Fontane widmete, steht seine editorische Präsenz – nach 1945 gab es nur drei Buchausgaben auf Russisch. In den anderen osteuropäischen Ländern wird der Dichter in gleichem Maße kaum beachtet, weder von den jeweiligen nationalen Philologien noch von der Literaturkritik. Einschlägige Fachmonographien und populäre Abhandlungen in Buchform fehlen ganz. Abgesehen vom pflichtgemäßen Rezensionssoll schwang sich etwa die polnische Publizistik binnen der letzten 50 Jahre lediglich zu einem einzigen Artikel auf, in dem auf mehr als zwei Seiten auf Fontane generell eingegangen wird (vgl. I. BAŁOWIECKA, 1970). In den Lehrbüchern für polnische Oberschulen wird der Name des Dichters nur kurz gestreift (vgl. E. ROSNER, 1988, S. 437). Kein Wunder also, daß die durchschnittlichen osteuropäischen Leser, die den Begriff des bürgerlichen Realismus schlechthin mit Gustave FLAUBERT, Fedor DOSTOEVSKIJ und Charles DICKENS assoziieren, mit dem Namen Fontane wenig anfangen können – und vergebens wäre wohl die Hoffnung, daß sich dieser Zustand in einer Zeit, in der die Buchhandlungsauslagen jährlich vielfach nur »Bestseller« und »Buchtitel des Jahres« anpreisen, schnell ändern ließe.

Eine »Verspätung« erlebte Fontane auch im englischen Sprachraum, wo eine breitere Rezeption erst in den 1960er Jahren einsetzte (vgl. den Beitrag von H. CHAMBERS), und da der Dichter in der europäischen Literaturtradition seiner Zeit fast nicht wahrgenommen wurde, kann kaum von seinem Beitrag zur Entwicklung des europäischen realistischen Romans gesprochen werden. Den Qualitäten seiner Prosa tut das jedoch kein Abbruch. Beim großen osteuropäischen Lesepublikum harrt der stille und humane Sänger der Mark noch immer auf seine Entdeckung.

WIEŃCZISŁAW A. NIEMIROWSKI

Literatur

R. GRAGGER, 1912, s.u. 3.1.7. – G. LUKÁCS, Der alte Fontane, in: Sinn und Form 3 (1951), H. 2, S. 44–93; zit. nach G. L., Die Grablegung des alten Deutschland. Essays zur deutschen Literatur des 19. Jahrhunderts. Ausgewählte Schriften I, Reinbek 1967, S. 120–159. – M. (REICH-)RANICKI, Nachwort zu Theodor Fontane, Schach z Wuthenow, Warszawa 1953, S. 175–191. – Theodor Fontane élete levelekben (Sein Leben in Briefen, ungar.), válogatta (ausgew. von) I. LÁSZLÓ, ford. (Übers.) K. PÁL, L. BÉLA, Budapest 1962. – С. ГИЖДЕУ, Vorwort zu Т. Фонтане, Эффи Брист, Москва 1960, S. 3–18. – И. ФРАДКИН, Фонтане (Fontane), in: История немецкой литературы (Geschichte der deutschen Literatur), Москва 1968,

Bd. 4, S. 187–230. – I. Bałowiecka, Renesans Fontanego, in: Twórczość, Jg. 26 (1970), Nr. 4, S. 122–125. – C. Schulze/E. M. Volkov, Materialien zu einer Bibliographie der ins Russische übersetzten Werke Theodor Fontanes und der über ihn in russischer Sprache erschienenen Literatur (1891–1973), in: FBl H. 19 (1974), S. 213–218. – J. Rühle, Fontane in der DDR, in: Deutschland-Archiv, 7 (1974), März, S. 244–253. – E. M. Volkov, Fontane in der russischen und sowjetischen Kritik, Übers. von C. Schulze, in: FBl H. 22 (1975), S. 416–429. – Е. М. Волков, Роман Т. Фонтане »Эффи Брист«: Учебное пособие для студентов-филологов. (T. Fontanes Roman »Effi Briest«. Ein Lehrbuch für Philologiestudenten.) Москва 1979. – E. Rosner, Bewußtseinsbildung von Generationen. Deutschsprachige Literatur in Lehrbüchern der polnischen Sprache für höhere Schulen, in: Die Rezeption der polnischen Literatur im deutschsprachigen Raum und die der deutschsprachigen in Polen 1945–1985, hg. von H. Kneip/H. Orłowski, Darmstadt 1988, S. 425–451. – E. H. Krause, 1989, s.u. 4.2.3 (westeuropäischer Raum). – Т. И. Аватян, Немецкий реалистический роман второй половний XIX века. Учебное пособие [Deutscher realistischer Roman der zweiten Hälfte des 19. Jahrhunderts. Ein Lehrbuch (enthält eine Bibliographie)], Уфа 1989. – W. A. Niemirowski, 1990, s.u. 3.1.2. – G. Kerekes, 1991, s.u. 3.1.7. – S. Zura, Mit Fontane sind wir um einen Freund reicher in dieser Welt..., in: FBl H. 53 (1992), S. 108f. – G. Kerekes, 1992, s.u. 3.1.7. – J. St. Buras, Bibliographie deutscher Literatur in polnischer Übersetzung. Vom 16. Jahrhundert bis 1994, Wiesbaden 1996 – W. A. Niemirowski (Hg.), Henryk Sienkiewicz über Bismarck. Mit einem Brief Fontanes an Theophil Zolling vom 3. April 1895, in: FBl H. 61 (1996), S. 55–65. – D. Glass/P. Schäfer, Fontane weltweit. Eine Bibliographie der Übersetzungen, in: FBl H. 62 (1996), S. 127–153. – E. M. Volkow, Der Begriff des Raumes in Fontanes später Prosa, in FBI, H. 63 (1997), S. 144–150. – L. Żyliński, Theodor Fontanes Rezeption in Polen, in FBI, H. 68 (1999), S. 144–155.

4.3 Fontane in den audiovisuellen Medien

Ästhetische Voraussetzungen

Fontanes ›filmnahe‹ Sprachgestaltung wurde schon in dem Essay angesprochen, in dem Friedrich SPIELHAGEN *Effi Briest* mit GOETHES *Wahlverwandtschaften* verglich:

> Zu den Errungenschaften der modernen Erzählungskunst gehört mit in erster Linie, daß man die Sprechweise der Personen möglichst der, welche sie im wirklichen Leben haben würden, anzunähern sucht. Ich kenne keinen modernen Erzähler, der es darin weiter gebracht hätte als Fontane. Nicht als ob er jedes Stammeln und Stottern der natürlichen Rede nachbildete, jeden lapsus linguae! Aber er gibt die Quintessenz der Alltagssprache, sie so unmerklich stilisierend, daß jeder Leser schwören möchte, so und nicht anders müssen diese Menschen bei der betreffenden Gelegenheit, in der betreffenden Stimmung gesprochen haben […]. (1889, S.118, s.u. 3.1.16)

Die unverwechselbare künstlerische Meisterschaft Fontanes bei der Sprachgestaltung in den Figurenreden sieht SPIELHAGEN also in der Fähigkeit, »die Quintessenz der Alltagssprache« zu vermitteln. Der Weg dazu ist die »unmerkliche Stilisierung«, die unauffällige, gleichsam organische künstlerische Verdichtung. Exemplarisch für diesen Vorgang der unmerklichen Anhebung des Alltäglichen ins Poetische sind die Worte Wüllersdorfs zu Innstetten anläßlich der brieflichen Bitte der Plebejerin Roswitha Gellenhagen um den Hund Rollo für die hinsterbende Effi: »Die ist uns über.« (I.4.287) Diese scheinbar lässigen und zugleich lakonischen Worte sind Prosa und Poesie, Alltagssprache und Rhythmik bzw. Melos und Musik in einem; in ihnen ist der Anschein, die Illusion der Realität gegeben und zugleich die höhere Kunstwirklichkeit.

Fontane selbst gebrauchte für den Prozeß der künstlerischen Transformation der Wirklichkeit ins künstlerische Bild den Begriff der »Modelung«, d.h. der behutsamen Umbildung und Anhebung der Realität. Das ästhetische Prinzip der maßvollen »Modelung« hat Fontane in seinen Romandefinitionen und in seinem Tagebuch über die Sprachgestaltung hinausgehend in umfassendem Sinne artikuliert:

Was soll ein Roman? Er soll uns, unter Vermeidung alles Übertriebenen und Häßlichen, eine Geschichte erzählen, an die wir glauben [...] er soll uns eine Welt der Fiktion auf Augenblicke als eine Welt der Wirklichkeit erscheinen [...] lassen [...]. (III.1.316f., Rezension über Gustav FREYTAGS *Ahnen*)

Noch prägnanter hat Fontane sein Romanverständnis 1886 in der Rezension über Paul LINDAUS *Der Zug nach dem Westen* formuliert:

Aufgabe des modernen Romans scheint mir die zu sein, ein Leben, eine Gesellschaft, einen Kreis von Menschen zu schildern, der ein unverzerrtes Widerspiel des Lebens ist, das wir führen. Das wird der beste Roman sein, dessen Gestalten sich in die Gestalten des wirklichen Lebens einreihen, so daß wir in Erinnerung an eine bestimmte Lebensepoche nicht mehr genau wissen, ob es gelebte oder gelesene Figuren waren [...]. (III.1.568)

Ein prägnantes Bekenntnis zu einer ›filmnahen‹ Ästhetik ist schließlich die Tagebucheintragung vom 23. 6. 1881 (*Tagebuch* II.119), in der sich Fontane nach Gottfried-KELLER-Lektüre selbstbewußt als Realist der Wirklichkeitsandacht von phantastischem Realismus und von aller »Künstelei« und Manier abgrenzt. »Unmerkliche Stilisierung« bestimmt und durchdringt bei Fontane den gesamten künstlerischen Schaffensvorgang. Maßvolle »Modelung« bedeutet also Darstellung des Lebens in den Formen und in den Proportionen des Lebens, Verdichtung der Realität ohne Verzerrung mit dem Anschein hoher Authentizität und Glaubwürdigkeit.

Nach dem mimetischen Prinzip verfährt nun auch die Filmkunst. An unmittelbares, gleichsam dokumentarisches Wirklichkeitsmaterial anknüpfend, handelt sie danach auf besonders direkte Weise. Sie kann z.B. das menschliche Antlitz auf der genauen Leinwand nicht wesentlich modifizieren, im Unterschied zu den größeren Verwandlungsmöglichkeiten auf der Bühne; sie kann aber durch die Aufnahmetechnik den Ausdruck steigern. So meinte der ungarische Filmtheoretiker B. BALÁSZ, der Film sei diejenige Kunst, die am wenigsten Stilisierung vertrage. Diese Wirklichkeitsandacht verbindet, ungeachtet aller Unterschiede zwischen Literatur mit ihren großen Auswahl-und Aussparmöglichkeiten bei den Details und dem Film mit seiner plastischen Detailgenauigkeit und -fülle, Fontane und die Filmkunst.

Die eindrucksvollsten und bewegendsten Filme haben jedenfalls Stoffe und Sujets entweder aus der Wirklichkeit oder vermittelt über realistische Literatur nach dem Prinzip maßvoller »Modelung« und »unmerklicher Stilisierung« mitreißend gestaltet, vor allem in sozialer und psychologischer Hinsicht. Fontanes Romane und gute realistische Filme lassen uns in ideell gesteigerter Form unser reales Leben fortsetzen. Wir werden realistisch illusioniert.

Die realistische Epik hat seit den sozialen Romanen Honoré de BALZACs durch umfassende Milieu-und Menschengestaltung der Filmkunst vorgearbeitet. Immer wieder haben Filmschaffende wie Sergej EISENSTEIN, W. PUDOWKIN oder M. ROMM hervorgehoben, was sie literarischen Werken Alexander PUŠKINS, Guy de MAUPASSANTS oder Leo TOLSTOJS an filmischen Anregungen verdanken. Hinzu kommen die präfilmischen Elemente in milieuhafter und psychologischer Hinsicht im naturalistischen Drama und auf der naturalistischen Bühne, im Theater der Wirklichkeitsandacht Otto BRAHMS und Konstantin STANISLAWSKIS.

Vorfilmisch ist Fontane nun aber nicht nur in der Darstellung, in der Wiedergabe des Psychischen und der Sprechweisen, sondern auch inhaltlich. René CLAIR, ein Altmeister des französischen Films, schrieb 1952 rückblickend:

> Vielleicht zog uns damals unbewußt noch etwas anderes an: der populäre Charakter des Films. Dichtung, Musik und die bildenden Künste schienen auf dem Wege, esoterische Bereiche zu werden [...]. Der Film hingegen war für die Masse, er brauchte sie, um zu bestehen, und es gab Streifen, die sowohl anspruchsvolle wie breite Kreise beeindruckten. Welches Literatur- oder Kunstwerk zwischen 1920 und 1930 konnte Derartiges für sich in Anspruch nehmen?
> (*Vom Stummfilm zum Tonfilm*, München 1952, S. 22)

CLAIR bekennt sich damit zum demokratischen Ursprung und Wesen der Filmkunst. In ihren besten Werken ist die Kinematographie volksverbunden und volkstümlich. Manipulierender oder totalitaristischer Mißbrauch war und ist im Film nicht ausgeschlossen, wie deutscher Faschismus und auch stalinistische Filme beweisen; aber im Grunde hat sich auf der Leinwand nur der nonkonformistische, nicht-apologetische Film behauptet.

Wenn Fontane bereits vor 1945 Weltruhm besessen hätte, dann hätte C. ZAVATTINI als Theoretiker des neorealistischen italienischen Films wahrscheinlich nicht nur an die Ästhetik Anton ČECHOVS angeknüpft, sondern auch an ästhetische Prinzipien Fontanes, an seine Vorliebe für überschaubare Fabeln, an die Darstellung einfacher Menschen in ihrer moralischen Überlegenheit und in ihrem Glücksverlangen oder an seinen Begriff des »kleinen Stils«.

Ist »unmerkliche Stilisierung« in gestalterisch-formaler Hinsicht eine zentrale Kategorie für Fontanes Schaffensweise und Handschrift, so ist »kleiner Stil« ein inhaltlicher Schlüsselbegriff. Die kritisch eingestellte Hofdame Ebba Rosenberg in *Unwiederbringlich* wendet sich gegen »großen Stil«: »Großer Stil heißt soviel wie vorbeigehen an allem, was die Menschen eigentlich interessiert.« (I.2.729) Wilibald Schmidt in *Frau Jenny Treibel*, in noch stärkerem Maße Sprecher des Dichters, liefert geradezu die positive Bestimmung des »kleinen Stils«:

> Das Nebensächliche, soviel ist richtig, gilt nichts, wenn es bloß nebensächlich ist, wenn nichts drin steckt. Steckt aber was drin, dann ist es die Hauptsache, denn es gibt einem dann immer das eigentlich Menschliche. (I.4.560)

»Kleiner Stil« bedeutet bei Fontane Absage an Haupt-und Staatsaktionen und an monumentalistische Geschichtsbetrachtung, Aufmerksamkeit für den Alltag, für die Lebensweise der Menschen (*Irrungen, Wirrungen* und *Frau Jenny Treibel* auch als Kontrastierung von Lebensweisen). Eingeschlossen in »kleinen Stil« sind die Absage an Verdinglichung und Fetischisierung in jeglicher Gestalt, Vorliebe für das Natürliche, Verständnis für die Sehnsucht nach menschengemäßen Verhältnissen, kurzum: »kleiner Stil« bezeichnet eine zutiefst zivile und demokratische Haltung, ist der wahrhaft menschliche und der eigentlich »große Stil«. »Kleiner Stil« ist auch die ursprüngliche und wesenhafte Haltung der Filmkunst. »Kleiner Stil« und »unmerkliche Stilisierung« sind wesentliche präfilmische Prämissen Fontanes, die in verwandter Gestalt auch beim ebenfalls häufig verfilmten Theodor STORM anzutreffen sind.

Es bleibt zu fragen, wie sich Fontanes Begriff des »kleinen Stils« zu den Kategorien des ›hohen‹ und des ›niederen‹ Stils in der klassizistischen Ästhetik verhält. Der »kleine Stil« steht dem ›niederen Stil‹ der Komödie nahe; aber Fontane hebt, indem er z. B. die Tragik der Lene Nimptsch in *Irrungen, Wirrungen* gestaltet, die klassizistische Stiltrennung auf, wonach nur die Vertreter höherer Stände im ›geschlossenen Drama‹ für tragisches Mitgefühl in Betracht kommen.

Erfolgreich verfilmt wurden die ideell und ästhetisch mehr oder minder reifen Romane von Fontanes um 1880 einsetzendem Spätwerk: *Effi Briest*, *Frau Jenny Treibel* und *Mathilde Möhring* je viermal, *Irrungen, Wirrungen* dreimal, *Schach von Wuthenow* und *Stine* je zweimal, *L' Adultera*, *Graf Petöfy*, *Die Poggenpuhls* und *Der Stechlin* je einmal. Die Verfilmung früher entstandener Werke konnte weniger befriedigen. Die Fernsehadaption des Buches *Kriegsgefangen. Erlebtes 1870* wirkte nach dem Urteil von Marcel REICH-RANICKI »wacker und langweilig« (FAZ, 5. 6. 1979).

Auch die in den Jahren 1982/83 entstandene sechsteilige Serie nach dem Roman *Vor dem Sturm* konnte Handlungsspannung nicht wecken; sie entbehrte, um mit Alfred KERR zu reden, des »Starkstroms«. Die mangelnde künstlerische Intensität könnte durch Besetzungsschwächen bedingt gewesen sein (kein angemessener Darsteller für Vitzewitz, der Regisseur als bloßer ›Regiehandwerker‹). Sie könnte aber auch im Auftragscharakter der Serie wurzeln, wobei möglicherweise national-politische Motive auch eine Rolle spielten.

Erste Verfilmungen: Der Schritt vom Wege – Corinna Schmidt – Rosen im Herbst

Es ist nicht bekannt, daß der frühe turbulente Stummfilm Werke Fontanes aufgriff. Das unerhebliche, nicht-sensationelle Geschehen in seinen Romanen, aber auch deren weltliterarische Unbekanntheit am Jahrhundertbeginn bewahrte sie davor, zu ausgewählten attraktiven stummfilmischen Episoden mißbraucht zu werden. So blieb *Effi Briest*, natürlich auch wegen der Verhaltenheit und Dezenz der Liebesdarstellung, das Schicksal von Leo TOLSTOJS Roman *Anna Karenina* im Jahre 1911 erspart, zu einem reisserischen Streifen von 17 Minuten Vorführdauer ausgeplündert zu werden. Fedor DOSTOEVSKIJS *Schuld und Sühne* wurde im gleichen Jahre gar auf 10 Minuten reduziert.

Aber auch der späte, ästhetisch reife Stummfilm mied Fontane. Die große Rolle der Gespräche und die nicht unmittelbare Aktualität der Fontaneschen Romane dürften die Gründe dafür gewesen sein. Erst der reife, in gewisser Hinsicht noch theaternahe Tonfilm und dann vor allem das Fernsehen mit Fernsehspiel und -film adaptierten Romane Fontanes. Die Verfilmung von Fontanes Romanen setzte also relativ spät ein, aber sie führte dann 1938/39 bei der ersten Adaption mit *Der Schritt vom Wege* gleich zu einem unvergänglichen Filmkunstwerk.

Gustav GRÜNDGENS als Regisseur und seine Drehbuchautoren Georg C. KLAREN und Eckart von NASO beabsichtigten einen künstlerisch anspruchsvollen Film, der sich vom Unterhaltungsfilm der Goebbels-Ära ideell-ästhetisch abheben und möglichst wenig Konzessionen an die NS-Zeit machen sollte. Angestrebt war bis zu einem gewissen Grad ein Film gegen die Zeit, gegen die Militarisierung des öffentlichen Lebens und gegen die nationalistische Hysterie im faschistischen Deutschland. Eine wesentliche Grundlage für das Gelingen dieses durchgeformten, poetischen Films der zivilen und leisen Töne in enthemmter, entfesselter Zeit waren GRÜNDGENS' Orientierung an klassischem und kritischem Realismus, an klassischem Maß und Formbewußtsein und an anderen literarischen Adels-und Bourgeoisiekritikern wie BALZAC , TOLSTOJ und Marcel PROUST. Ein privater Impuls war der Wunsch Marianne HOPPES, als Hochzeitsgeschenk von ihrem Mann GRÜNDGENS die Hauptrolle zu erhalten.

Es entstand eine Adaption in den Proportionen der Vorlage. Die Transformation ins andere Medium war mit Weglassungen und Hinzufügungen verbunden. So wurden kleine Rollen zusammengelegt. Doktor Rummschüttel und Buddenbrook als Sekundant von Crampas gingen in Apotheker Gieshübler auf, die Geheimrätin Zwicker wurde von der Darstellerin der Trippelli mit übernommen. Nicht nur dramaturgisch bedingt waren die Auslöschung des sozialen Aspektes in der Gestalt Roswithas und vor allem der Verzicht auf das Romanwort vom »tyrannisierenden Gesellschafts-Etwas«, das als direkte Anspielung auf die Hitler-Diktatur gewirkt hätte. Auch die Verwandlung des Majors Crampas in einen cowboyhaften Pferdezüchter war eine zeitbedingte Konzession – im militaristischen Dritten Reich durfte es keine ehebrecherischen Offiziere geben –, was sich aber mit den Koppeln in der märkischen Landschaft gut vertrug. Die dramaturgischen Eingriffe dienten der Straffung, die verbalen ideellen Defizite wurden zum Teil durch optische Einfälle aufgewogen (der zackige Leutnant von Zitzewitz, Innstetten in Uniform, der drohend wirkende Reichsadler auf dem Schreibtisch des neu ernannten Ministerialrats von Innstetten). Weitere originelle Zutaten sind zum Beispiel das sprachliche Leitmotiv der frühen, unbekümmerten Effi »Ach du meine Güte!« als Reaktion auf die ersten Desillusionierungen oder die Erfindung des symbolischen Veilchensträußchens, das Crampas auf der Anlegebrücke Effi zum Abschied überreicht und das sie bewußt ins Wasser fallen lässt. Der entstehende Strudel dient dann weiter zur Überbrückung der nachfolgenden Jahre, zur Vertiefung der »Verjährung«.

Fontanes verschleiernder und zugleich enthüllender Andeutungs- und Symbolstil wurde also gewahrt, bzw. noch gesteigert. Gelungen wirkt der eingebaute spontane Besuch Effis auf dem Landratsamt mit dem Fazit: »Komm, Rollo, wir stören hier«. Eindruckvoll antwortet die Trippelli auf die Frage einer Kessiner Landadligen nach den Gefährdungen einer Chansonnette bei öffentlichen Auftritten in Paris: »Mit der Stimme«. Die Antinomie Gesellschaft-Natur, die zur Polarität Gesellschaft-Individuum hinzutritt, wird vor allem visuell-filmisch vergegenwärtigt (Effi mit Rollo beim Anblick der wogenden See, die Ausritte mit Crampas, Effi und Crampas und das Fohlen, die Rolle der Landschaft überhaupt). Der Film ist vom Drehbuch, von der Darstellung und von der einfühlsamen Kamera E. DAUBS her wahrhaft durchkomponiert; er enthält gleichsam im Sinne Thomas MANNS »keine freie Note«.

A.-M. LOHMEIER hat den Symbolstil in *Der Schritt vom Wege* mit dem verklärenden ›poetischen Realismus‹ in der Literatur des deutschen Nachmärz verglichen. Zeitgemäßer wäre der Hinweis auf den ›poetischen Realismus‹ im antifaschistischen französischen Film der dreißiger Jahre, z.B. in Marcel CARNÉS Film *Hafen im Nebel* mit seiner weichen Kameraführung. Diese Bezugnahmemöglichkeit verweist auf die zeitgenössische europäische Urbanität und Modernität von GRÜNDGENS, auf ein Durchbrechen der faschistischen Filmautarkie:

> Zum ersten und auch zum letzten Male gelang es Gründgens, in einem Film die Schauspieler so zu führen, wie er sie auf der Bühne führte, sacht und behutsam, ihnen immer wieder ihre innere und äußere Situation erklärend. Er hatte eine Engelsgeduld, oft dauerte es Stunden, bis eine winzige Szene im Kasten war. (C. RIESS, *Gustav Gründgens. Eine Biographie*, Hamburg 1965, S. 173)

HOPPE gestaltet überzeugend die Entwicklung Effis von der naiven Natürlichkeit über die Verstellung zur beseelten, resignativen Natürlichkeit. Mit ihren reichen stimmlichen Mitteln vermag sie auch komplizierteren Satzgebilden wie den verzeihenden Schlußworten über Innstetten gegenüber ihrer Mutter den Anschein augenblicksgeborener Rede und verinnerlichter Natürlichkeit zu verleihen. DAUBS Kamera ist bei den Nahaufnahmen ganz auf der Höhe der hinreißend wirkenden verhaltenen mimischen Vielfalt der Hauptdarstellerin. Carl L. DIEHL porträtiert Innstetten als Mitvollzieher der Konvention und auch als deren Opfer. Max GÜLSTORFF stattet A. Gieshübler mit großer Liebenswürdigkeit und humaner Kauzigkeit als nach allen Seiten hin offene Figur aus, kann aber im Dialog den Eindruck von Literarizität nicht vermeiden, ebensowenig wie Paul BILDT als alter Briest beim Aufstellen der »Gemütlichkeitsrangliste« oder beim leitmotivischen Satz »Das ist ein weites Feld«. Insgesamt ist *Der Schritt vom Wege* ein »echtes filmisches Kammerspiel« (RIESS, a.a.O., S. 74), großes Gründgens-Theater, schöpferisch übertragen auf die tönende Leinwand.

Fontane als Anwalt menschlichen »kleinen Stils« konnte also noch kurz vor Ausbruch des Zweiten Weltkrieges verfilmt werden und dann erst wieder gegen Ende des Krieges. Die Verfilmung von Fontanes historischer Kriminalerzählung *Unterm Birnbaum* im Jahre 1944 unter dem Titel *Der stumme Gast* (mit Gisela UHLEN und René DELTGEN unter der Regie von Harald BRAUN) ist noch stark von der Ideologie des Dritten Reiches geprägt. Der Film handelt nicht wie Fontanes Erzählung in der Zeit um 1830 nach dem polnischen Aufstand, sondern im vorgerückten 19. Jahrhundert. Aus dem polnischen Kaufmann Szulski ist ein leichtlebiger deutscher Kaufmann geworden. Der »stumme Gast« verschwindet, aber ohne schuldhafte Verstrickung der verjüngten deutschen Wirtsleute. Fontane ist also enthistorisiert, entrealisiert und verfälscht.

In der Umbruchszeit entstand auch die erste Verfilmung von *Irrungen, Wirrungen* unter dem naheliegenden, von Fontane selbst vorgegebenen Titel *Das alte Lied* (mit Winnie MARKUS und Ernst von KLIPSTEIN, Regie: F. P. BUCH).

Einer der bekanntesten ›Überläuferfilme‹, die noch im Dritten Reich begonnen wurden und nach Kriegsende in die Endfertigung gelangten, ist die Verfilmung von *Mathilde Möhring* unter dem Titel *Ich glaube an dich* in der Regie von Rolf HANSEN. Auch dabei ergaben sich starke Abweichungen von der Romanvorlage. Die Handlung ist durch neue Motive dramatisch zugespitzt: Möhrings haben ein Geschäft, Mathilde bekommt ein Kind, ihr Artikel zugunsten des Landrats ist eine bewußte Fälschung, Erpressungsversuch des Landrats, Schuldbekenntnis Mathildes, noble Wendung von Dunajewskis. In der Darstellung Heidemarie HATHEYERS ist Mathilde durch weiche, liebevolle Züge dem Frauenideal der NS-Zeit angenähert, Hugo wirkt, auch durch Eliminierung der Künstlerproblematik, tatkräftig und männlich. Dennoch überrascht, daß das Filmschaffen der NS-Zeit in seiner Endphase, wenn auch manipulierend, auf den zivilen und leisen Fontane zurückgriff.

Im literarischen Traditionsverständnis der DDR stand zunächst die Klassik obenan, doch schon bald gewann der kritische Realismus zunehmend an Bedeutung. So kam es bereits Anfang der fünfziger Jahre zur ersten Fontane-Verfilmung der DEFA. Nach der großartigen Verfilmung des *Biberpelz* durch Erich ENGEL (1949) und fast gleichzeitig mit der glänzenden Verfilmung von Heinrich

MANNs Roman *Der Untertan* durch Wolfgang STAUDTE entstand 1951 die Adaption von *Frau Jenny Treibel* unter dem Titel *Corinna Schmidt*, der eine Akzentverschiebung bedeutete. Der Film A. POHLs ging über die moralische Kritik an der Bürgerlichkeit hinaus. Die sozialpolitische Umwelt wurde filmisch-räumlich erweitert. Die Kamera blickt auch in Arbeitsräume, in Kontors und Fabrikhallen, in Redaktionsstuben und politische Versammlungen. Die Widersprüche in den Figuren zwischen privater und öffentlicher Haltung und der Gang der Handlung wurden verschärft. Hier ist es Corinna, die auf die Verbindung mit Leopold bewußt verzichtet und sich für Marcell Wedderkopp entscheidet, der sich der Sozialdemokratie anschließt.

Fontanes zwar genau beobachtete und geschilderte, aber sozial begrenzte komödienhaft-epische Totalität ist aufgebrochen im Sinne einer historisch-soziologischen Dramaturgie. Das ist mit Verlusten an ästhetischen Valeurs verbunden. Insgesamt liegt eine inhaltlich originell weiterführende, sich aber von Fontane entfernende Transformation vor.

Der Erfolg von *Der Schritt vom Wege* veranlaßte das Remake in den fünfziger Jahren. Eine gesellschaftskritische Absicht lag der erneuten Verfilmung von *Effi Briest* durch Horst BUDJUHN als Autor und Rudolf JUGERT als Regisseur unter dem Titel *Rosen im Herbst* kaum zugrunde, obgleich sich z.B. die Literatur der Zeit (etwa Wolfgang KOEPPEN, Heinrich BÖLL) durch die restaurativen Tendenzen in der alten BRD in der »bleiernen Zeit« stark herausgefordert fühlte. Beispielhaft für die Entschärfung des Romans im Remake sind das Fehlen des Namens BISMARCK als des unsichtbaren Gegenspielers der Romanheldin, die Reduktion des Gesprächs über die Notwendigkeit des Duells bis zur Schattenhaftigkeit oder die unverbindliche Verallgemeinerung von Effis Protest nach dem Wiedersehen mit Annie (»Ich hasse euch alle«). Der Produktionsleiter ordnete gar an,«daß alle Politica zu verschwinden hätten« (E. HEINKEL, 1958, S. 55–56). Es entstand ein Streifen, dem es um die Veranschaulichung und Versichtbarung aller reizvollen Vorgänge und um Vermeidung sogenannter Langeweile ging. So sind der Spuk im Kessiner Landratshaus und der Ehebruch breit ausgespielt und vergegenständlicht (die Liebenden in der Fischerhütte zwischen Fischernetzen). Die Reitszenen am Strand (im Norden von Sylt) wirken opulent. Hinzugefügt ist eine Festivität in Innstettens Berliner Haus in der Neujahrsnacht des Jahres 1900 (!), mit der hymnischen Rede eines Gastes auf den technischen (!) Fortschritt.

BUDJUHN kam es allerdings nicht auf eine wörtliche Übernahme und Wiedergabe der Vorlage an. Er wollte den Roman mit eigenen Worten aufgelockert und bei gleichzeitiger Straffung und Komprimierung der Dialoge nacherzählen (nur Ruth LEUWERICK hielt sich bei den Schlußworten über Innstetten nicht daran). So hat er das Gespräch zwischen Crampas und Effi am Strande über Heinrich HEINE in origineller Weise neu gestaltet. Auch die Kontrastmontage am Schluß ist eindrucksvoll: Innstetten erhält gleichzeitig die Nachrichten von Effis Tod und von seiner Beförderung. Aber diese Sequenzen sind ästhetisch überzeugende Ausnahmen.

LEUWERICK interpretiert mehr, als daß sie spielt. Sie wirkt gleichbleibend emphatisch, also weitgehend monoton. Die einprägsamste darstellerische Leistung bietet Bernhard WICKI als Innstetten zwischen Lakonik und Noblesse. Überzeugend auch Günter LÜDERS als Gieshübler und Lola MÜTHEL als Trippelli. Die anderen Verkörperungen fallen ab. Die Abweichungen vom Wortlaut des Romans haben es offenbar der Regie erschwert, die Darsteller zu einem einheitlichen künstlerischen Ausdruck zu führen. Insgesamt tendiert die zweite Verfilmung von *Effi Briest* zu Enthistorisierung, Entproblematisierung und Veräußerlichung des Romans. HEINKEL (a.a.O., S. 137) spricht von »vollendeter Mediokrität« und »perfektionierter Glätte«.

Die Entdeckung Fontanes für das Hörspiel

Fontanes Epik kommt durch die große Rolle der Sprache, der Dialoge, der Sprechweisen, ja der Tonfälle, durch die balladesken Elemente (Sprunghaftigkeit und Stimmungshaftigkeit), durch die leicht überschaubare, halbprivate Handlung und den kleinen Personenkreis auch der Funkdichtung entgegen. Eine gewisse Innerlichkeit der Fontaneschen Prosa korrespondiert mit der relativ innerlichen Hörspielkunst, der inneren Hörbühne.

Für die Zeit vor 1945, von den Anfängen des Hörfunks bis zum Ende des Dritten Reiches, sind jedoch im Deutschen Rundfunkarchiv in Frankfurt am Main keine »Sendespiele« und auch keine Hörspiele nach Romanen Fontanes nachweisbar, obwohl nicht gänzlich auszuschließen. Belegbar sind nur Sendungen von Radio Breslau, der Berliner Funkstunde und des mitteldeutschen Rundfunks Leipzig mit Gedichten Fontanes. Auch die Aneignung Fontanes durch das deutsche Hörspiel scheint die Geschichte einer Verspätung zu sein. Hauptvoraussetzung war offensichtlich die volle Würdigung von Fontanes kritisch-realistischem erzählerischem Spätwerk nach dem Zusammenbruch Preußen-Deutschlands im Zweiten Weltkrieg. Daneben dürfte nach der Stagnation des Genres im Dritten Reich die Neugeburt des deutschen Hörspiels durch Wolfgang BORCHERT und dann ab 1950 durch Günter EICH als »Schrittmacher des deutschen Hörspiels der fünfziger Jahre« (M. GOSS, *Günther Eich und das Hörspiel der fünfziger Jahre*, Frankfurt am Main 1988, S. 17) eine wesentliche Grundlage gewesen sein.

Dennoch griff der Rundfunk zunächst nicht auf die großen gesellschaftskritischen Romane zurück. EICH bereicherte die Fontanerezeption durch das Hörspiel 1951 mit einer romangemäßen Bearbeitung von *Unterm Birnbaum*. Er straffte den Roman zu einem spannenden Hörwerk. Der Autor der etwa gleichzeitig entstandenen parabelhaft überhöhten *Träume* baute auch Angstträume von Ursula und Abel Hradscheck ein. Die erste Inszenierung erfolgte 1951 durch den HR mit E. HEERDEGEN. Weitere Inszenierungen folgten 1965 durch den WDR mit DELTGEN und 1962 als Gemeinschaftsproduktion von BR, NDR und SR mit H. KLEVENOW, Agnes FINK und Tilla DURIEUX. *Unwiederbringlich* wurde 1957 vom HR gesendet, 1965 vom WDR. Das erste politisch-historisch orientierte Hörspiel nach Fontane entstand, analog zur gleichzeitigen direkten Politisierung der westdeutschen Literatur, erst in den sechziger Jahren: *Schach von Wuthenow* in der Fassung von Dieter MEICHSNER (1963) mit Carl RADDATZ in der Titelrolle. 1965 inszenierte Rudolf NOELTE für den BR und den SWF *Mathilde Möhring* mit Gertrud KÜCKELMANN in der Titelpartie. NOELTE zeichnete auch für die *Effi-Briest*-Version verantwortlich, die SFB, BR und HR 1974 ausstrahlten. Einprägsam wirkten innerhalb der insgesamt großen Besetzung Cordulla TRANTOW als Effi, in der stimmlichen Sensibilität an Gisela von COLLANDE, die ›Traumstimme‹ der Hörspielautoren erinnernd, und Martin HELD als alter Briest.

1975 sendete der NDR *Cécile* mit LEUWERICK, DELTGEN als Arnaud, Klaus Maria BRANDAUER als Gordon und Hans LIETZAU als Erzähler. Walter JENS, bereits 1982 für die produktive Fernsehbearbeitung von *Frau Jenny Treibel* verantwortlich, richtete Fontanes Romankomödie 1985 für den NDR ein. Nachdem der Dramatiker Claus HAMMEL bereits in den sechziger Jahren Fontanes Roman über die Gründerbourgeoisie unter dem Titel *Frau Jenny Treibel oder wo sich Herz zum Herzen find't* erfolgreich für die Bühne bearbeitet hatte (Uraufführung 1963 am Berliner Maxim-Gorki-

Theater mit Friedel Nowack und Jutta Hoffmann), sendete der DDR-Rundfunk 1987 eine Funkfassung dieser Bearbeitung.

Die beginnende Erschließung von Fontanes Romanen durch das Fernsehen

Das *Lexikon Literaturverfilmungen* (Stuttgart 1955) unterscheidet nicht zwischen Adaptionen für Kino und für Fernsehen. Das ist zumindest im Falle Fontanes von Nachteil; denn ihre volle szenisch-optische Realisierung und Erfüllung erfuhren seine Romane insgesamt erst auf dem Bildschirm. Nicht die Dimensionen der großen Kinoleinwand sind Fontane wahrhaft angemessen, sondern die Intimität des kleineren Bildschirms, die Privatheit des »Hauskinos«. Fontane kommt dem Fernsehspiel bzw. dem Fernsehfilm grundsätzlich entgegen durch die verinnerlichte, symbolische gesellschaftliche Totalität seiner Werke, also durch die sparsame Milieubeschreibung, die begrenzte Personenzahl und die halbprivate Handlung. Im Unterschied zu Balzac war Fontane kein ›Doktor der sozialen Wissenschaften‹ und kein ›Sekretär der Geschichte‹, sondern vorwiegend am Psychologischen und am Moralischen interessiert. Das wichtigste Fundament für seine Rezeption durch das Fernsehen sind jedoch, ähnlich wie beim Hörspiel, die Gespräche, die Sprechweisen, die Tonfälle, die Individualisierung der figuralen Sprachporträts bei gleichzeitig übergreifendem auktorialen Fontane-Ton.

1963/64 verfilmte Robert Trösch *Irrungen, Wirrungen* (mit Jürgen Frohriep und der jungen Hoffmann) und *Mathilde Möhring* für das Fernsehen in Berlin-Adlershof. Die Kopien befanden sich bereits in den 70er Jahren in so schlechtem Zustand, daß eine Wiederaufführung, um die der Verfasser dieses Beitrages damals bat, nicht mehr möglich war. Für die Aneignung Fontanes durch die ARD waren jedoch neben den formalästhetischen Prämissen auch veränderte politische Voraussetzungen erforderlich. Es ist wohl kein Zufall, daß die Fontane-Rezeption durch die ARD erst nach dem Ende der Adenauer-Ära in der Vorbereitungszeit der sozialliberalen Koalition, also nach einem politischen Klimawechsel, einsetzte.

Ehe jedoch die Fontane-Adaption durch die ARD in den Jahren 1966/67 in der Verfilmung von *Irrungen, Wirrungen, Schach von Wuthenow* und *Mathilde Möhring* kulminierte, kam es 1963 zur ersten Fernseh-Bearbeitung von *Unterm Birnbaum*. H. Reinecker als ›reiner‹ Szenarist hatte Fontanes Roman aristotelisch-dramatisch zusammengerissen und in gewisser Weise verinnerlicht. Das soziale Element war reduziert, das vormärzlich-politische getilgt. Die Entepisierung des historischen Erzählwerkes führte zu einer gewissen Entprofilierung, zumal der Fontane-Ton darin vom Sujet her weniger ausgeprägt ist. G. KLINGENBERG inszenierte die Vorlage mit Horst REINCKE als Hradschek vor allem als Psychologie des Verbrechens, der Lüge und der Verstrickung.

An die Verfilmung von Fontanes gesellschaftlich breitem und zugleich tief poetischem Roman *Irrungen, Wirrungen* durch den sensiblen Theaterregisseur NOELTE hatte man große Erwartungen geknüpft, die jedoch nur zum Teil erfüllt wurden. Die Liebesgeschichte im ersten Teil verlief zu eilig, zu äußerlich (Betonung der Bootsfahrt) und weitgehend ohne bewegende Vertiefungen. Eine gelungene filmisch-visuelle Ausbuchtung ist in der Mitte des Films die Kontrastmontage zwischen Tanzsequenzen von der Adelshochzeit, die an Ballszenen in den Verfilmungen von *Anna Karenina* erinnern, und der über das entschwundene Glück einsam nachdenkenden Lene. Das bohrende Selbstverhör Bothos beim Ausritt im 14. Kapitel als ein weiterer Wendepunkt und als eine Möglichkeit zur seelischen Vertiefung der Gestalt wird in zwei kurzen Sequenzen nur knapp angedeutet. Der zweite Teil verläuft insgesamt weniger gerafft, ruhiger und dadurch bewegender. Emotionale Höhepunkte sind am Ende das abrundende Gespräch zwischen Gideon Franke und Botho, das zu einer Art von ideellem Zentrum wird, und Bothos Besuch am Grabe von Frau Nimptsch.

Botho wirkt in der Verkörperung durch Christoph BANTZER bisweilen zu kühl, vor allem strahlt er nicht die dem Rittmeister eigene Noblesse aus. TRANTOW dagegen überzeugt als Lene durch Innigkeit, Selbständigkeit und Illusionslosigkeit. Ihre Reflexionen nach dem mißglückten Ausflug wirken freilich zu wortreich; da erweist sich das Fontane-Wort auf dem Bildschirm doch als merkbar stilisiert. Es war eine gediegene Verfilmung von *Irrungen, Wirrungen* mit Respekt vor dem Text und der Symbolik des Romans, aber weder die erhoffte erschütternde sozialpsychologische Tragödie eines scheiternden Sezessionsversuches noch die hinreißende Anklage gegen die ›Verhältnisse‹ oder die Schlechtigkeit der Welt.

Die Umsetzung von *Schach von Wuthenow* unter dem Titel *Geschichte des Rittmeisters Schach von Wuthenow*, erzählt von MEICHSNER, läßt auf strukturelle Veränderungen schließen. Der Film, bei dem H. D. SCHWARZE Regie führte, beginnt mit der Beisetzung Schachs ohne militärische Ehren auf Wuthenow. Als Klammer für die folgende Erzählung bzw. als immer wieder einbezogener Rahmen fungiert die Rückfahrt von Bülows und von Alvenslebens von der Beerdigung. In das kommentierende und auch vorausdeutende Gespräch zwischen beiden, in dem sich am Schluß Alvensleben weitgehend der Meinung Bülows anschließt, sind die wesentlichen Stationen der Handlung eingelagert. Die Anlage als Rückblick dient sowohl der Deutung und Interpretation wie der dramatischen Straffung des Schach-Falles, der sich sonst nirgendwo in der Welt so habe zutragen können wie in Preußen.

Der dramatischen Zuspitzung dient eine eingefügte Verlobungsfeier im Hause Carayon, zu der Schach nicht erscheint. Die frivole LUTHER-Parodie ist durch das historisch belegte Säbelwetzen der Offiziere des Regimentes Gensdarmes vor der französischen Botschaft ersetzt. Auch aus dem Munde Bülows ist alle Kritik am Protestantismus entfernt. Die Eheangelegenheit ›regelt‹ nicht der ironisch-satirisch gezeichnete König FRIEDRICH WILHELM III., sondern Königin LUISE. Die Sprache Fontanes ist zum Teil entflochten und weiter vernatürlicht. Innerhalb der gelockerten Stilisierung treffen die Damen in der Verkörperung durch Monika PEITSCH und Dagmar ALTRICHTER den Causerie-Ton vorzüglich. PEITSCH entspricht darüber hinaus ganz dem witzig-elegischen Wesen Victoires. Klaus Michael VOGLER wird infolge seiner Tendenz zu Lässigkeit und Schnoddrigkeit der Figur Schachs nicht durchweg gerecht, obgleich vom Drehbuch her das Problem der Maske und der Rolle klar vorgegeben ist. Herausragend unter den männlichen Darstellern ist Michael DEGEN als Prinz LOUIS FERDINAND bei seinem feurig-frivolen Plädoyer für die innere Schönheit – auffällig das Schweigen in der Gesellschaft nach dem taktlosen Wort über die Pockenkrankheit Victoires. Insgesamt handelt es sich um eine durchkomponierte, werkgemäße, das Problem der falschen Ehre und der formalisierten Moral erfassende Umsetzung mit der Tendenz zur dramatisch-novellistischen Konzentration.

Ähnlich wie die Verfilmung der *Geschichte des Rittmeisters Schach von Wuthenow* durch die ARD war die Sendung von *Mathilde Möhring* durch die gleiche Anstalt (18. 2. 1967; Regie: C. P. WITT, Drehbuch: L. CREMER) ein künstlerisches Ereignis. Es war eine beglückende Begegnung mit Fontanes Roman, die in mehrfacher Hinsicht den Intentionen des Dichters entsprach. Zunächst waren die Proportionen der Vorlage voll gewahrt (das schloß das Weglassen von Nebenfiguren und die Zusammenlegung des Fabrikanten Silberstein mit dem polnischen Grafen Goschin nicht aus). Fontanes Sprachbewußtheit, seine dialogische Pointierungskraft kam voll zur Geltung. Und vor allem: Fontanes Humor, die Komik des Romans gelangte zum Vergnügen des Fernsehpublikums zu reicher Entfaltung. Dazu trug die großartige Besetzung der Hauptrollen entscheidend bei. Cornelia FROBOES, die profilierte Charaktere darzustellen liebt, traf als durchweg überzeugende Mathilde sowohl das Streberische und Berechnende als auch das Karge und zugleich Charmante der Gestalt, nicht zuletzt ihre Menschenkenntnis. Höchst treffend war der Gegensatz zwischen energischer, kalkulierender Tochter und ängstlicher und zugleich egoistischer Mutter gestaltet, besonders bei den Bettgesprächen. Edda SEIPPEL formte die Mutter vor allem impressionistisch von der umrißlosen, ausgefransten Stimme her zu hoher Einprägsamkeit als vollwertige Partnerin der präzis und lakonisch sprechenden Darstellerin der Tochter. Dank der Rolle der Sprache, des Leitmotivs, der Großaufnahme und der ruhigen Kameraführung war es eigentlich ein Fernsehspiel mit gewisser Nähe zum Theater, zur gesellschaftskritischen Komödie. Man fühlte sich an *Frau Jenny Treibel* erinnert, auch an die satirischen Romane Heinrich MANNS, der in Fontane mit Recht eines seiner wenigen deutschen Vorbilder sah.

Die Verfilmungen von Werken Fontanes durch die ARD in den 60er Jahren klangen aus mit einer Adaption von *Unwiederbringlich* (1968), die F. HARNAK inszenierte. Es entstand wie im Falle der Adaption von *Mathilde Möhring* durch WITT / CREMER wieder ein Film mit Nähe zum Fernsehspiel bzw. zum Theater. Die Causerie erhielt besonderes Gewicht. Die Gespräche sind mit so großer Sensibilität gestaltet, daß selbst das merklich stilisierte Fontane-Wort natürlich wirkt. Aber auch Filmisches kommt zu seinem Recht: Brand des Turmes, Rettung übers Dach, Szenen am Meer bei Christines Tod. Die Darstellung ist stilistisch einheitlich, psychologisch und mimisch-sprecherisch verhalten und zugleich präzis. Das gilt besonders für L. BLUMHAGEN als Holk. Fontanes psychologisch-sentimentalischer Roman, der beim Lesen weniger haftet als seine im preußischen Milieu angesiedelten Erzählwerke, erhielt einprägsame Gestalt.

Fontane-Verfilmungen in den 70er und 80er Jahren als gesamtdeutsche Kulturerscheinung

Der erste Impuls zur Fontane-Verfilmung kam nach dem Zweiten Weltkrieg von der DEFA (*Corinna Schmidt*, 1951). In den vorgerückten fünfziger und in den sechziger Jahren begannen die audiovisuellen Medien in Westdeutschland Fontane aufzugreifen. In den siebziger und achtziger Jahren wurden Fontane-Adaptionen vor allem durch das Fernsehen in beiden Teilen Deutschlands zur national-kulturellen Selbstverständlichkeit. Zunächst ist von den weiteren Verfilmungen von *Effi Briest* zu reden.

Die Berlin-Adlershofer *Effi* von 1970 nach dem Szenarium von Christian COLLIN und unter der Regie von Wolfgang LUDERER verläuft weitgehend in den Proportionen des Romans und unter Festhalten am Originalwort Fontanes. Das führt zur Berücksichtigung von Werkelementen, die in den anderen Verfilmungen reduziert oder gar ignoriert werden. So ist die Aufführung von Ernst WICHERTS *Schritt vom Wege* in vorausweisender Doppelbödigkeit gestaltet. BISMARCK wird zwar nicht in Varzin gezeigt, aber der Kanzler ist in den Worten Innstettens fast als kafkaeske drohende Übermacht spürbar.

Eine echt filmische Zutat ist der entfesselte Tanz Effis mit ihrem Vetter Dagobert bei ihrer Hochzeit. Der Landrat schreitet demgegenüber durch Kessin wie eine Verkörperung des preußisch-militärischen Prinzips, dem von allen Seiten devote Reverenz erwiesen wird. Gegen das Ende hin verläuft der Film etwas eilig. Effis Sterben ist nur knapp dargestellt.

Von allen Film-Effis ist die Angelika DOMRÖSEs die natürlichste und frischeste, die selbständigste und aktivste; sie hat fast einen schelmenhaften Zug. Sie erscheint geistig als sehr beweglich, ironisiert bisweilen »das weite Feld« ihres Vaters und protestiert eindringlich gegen den Spuk. Überzeugend bringt sie, auch in den Rückblenden zur Kindheit in Hohen-Cremmen, die Sehnsucht nach einem vollen Leben zum Ausdruck. Angesichts ihrer starken Lebenssehnsucht überrascht es nicht, daß Effis Sterben nur knapp dargestellt ist und die versöhnenden Worte gegenüber dem hier nicht charmanten und kaum noblen Innstetten entfallen. Trotz Einschränkung des Resignativen und Elegischen bleibt die Effi dieses Films im Rahmen Fontanes. Sie ist eine interessante Variante der Rollenmöglichkeiten. DOMRÖSE als bedeutende Bühnen- und Filmschauspielerin verkörpert die Rolle, im Unterschied zur permanent interpretierenden LEUWERICK und im Kontrast zur statuarischen Ausstellung der Figur durch Hanna SCHYGULLA.

Die anderen darstellerischen Leistungen sind weniger rund und einprägsam. Das gilt besonders für Gerhard BIENERT und Inge KELLER als alte Briests, die in diesem Falle, gegen ihre sonstige Eigenart, zum Deklamatorischen neigen. Durch die Vereinseitigung Innstettens zum Erzieher und Unterdrücker, durch die ungenügende Verinnerlichung der alten Briests und durch den eiligen Schlußteil erhält die Verfilmung einen illustrativen, didaktischen Zug, der sich aus tendenziösem Geschichtsverständnis, aber auch aus mangelnder künstlerischer Souveränität ergibt. Der Film bewegt sich also zwischen künstlerischer Vitalität und kulturpolitischer Regulierung.

Unter den Verfilmungen von *Effi Briest* nimmt die bewußt und betont subjektive Version von Rainer Werner FASSBINDER eine Sonderstellung ein. Es war an sich schon eine Überraschung, daß FASSBINDER, neben Martin SPERR und Franz Xaver KROETZ einer der geistigen ›Söhne‹ Marie-Luise FLEISSERS, einen älteren Roman aufgriff. Allerdings hatte sich FASSBINDER schon früher – wie E. GÜNTHER als sein Pendant in der DDR – für das Frauensujet interessiert. Auch Effi Briest war für ihn, der Angst als sein gesellschaftliches Grunderlebnis bezeichnete, ein Symbol für verhinderte weibliche Selbstentfaltung, ja für die Unmöglichkeit nichtentfremdeten Lebens unter bestimmten gesellschaftlichen Verhältnissen. Schon der lange und zudem lehrhafte Filmtitel ist ungewöhnlich und zugleich symptomatisch: *Theodor Fontane: Effi Briest – oder Viele, die eine Ahnung haben von ihren Möglichkeiten und ihren Bedürfnissen und trotzdem das herrschende System in ihrem Kopf akzeptieren durch ihre Taten und es somit festigen und durchaus bestätigen*. Diese Worte zielen auf Zeitlosigkeit und Parabelhaftigkeit, aber auch auf Resignation und Konformismus. Die paradoxe Widersprüchlichkeit, die letzthinnige »Gebundenheit des Lebens in der Einseitigkeit« (Friedrich HEBBEL über sein hoffnungsloses »bürgerliches Trauerspiel« *Maria Magdalene*) hat Folgen für den Ablauf der Handlung und für die Gestaltung der Figuren.

Die Fabel ist reduziert. Die ungebundene Jugend Effis in Hohen-Cremmen ist zurückgedrängt. Verlobung und Hochzeit sind ausgespart. Die gesellschaftlichen Ereignisse in Kessin sind eingeschränkt. So ist die Soirée bei Gieshübler nur angedeutet. Die BISMARCK-Beziehung fehlt. Dafür ist der unmittelbare »Angstapparat aus Kalkül« stark ausgebreitet, ohne freilich suggestiv zu wirken. Das Gespräch zwischen Innstetten und Wüllersdorf vor dem Duell ist relativ breit wiedergegeben – die eingeblendeten Eisenbahnzüge verleihen ihm indessen weitgehend determinierten Charakter. Effis Protest nach dem Wiedersehen mit der Tochter ist sehr verhalten, ja fast schon peinlich. Das zweite Gespräch mit Wüllersdorf ist gerafft, löst kaum emotionale Teilnahme aus. Die Worte, »Die ist uns über«, fallen beinahe tonlos. Von der Versöhnung Effis mit Innstetten und vom Tode geht dann doch Bewegung aus.

Die meisten Figuren wirken gebrochen, schattenhaft. Effi hat im Unterschied zum Titel nicht einmal eine Ahnung von ihren Möglichkeiten. Sie erscheint von Anfang an als Gebrochene. SCHYGULLA, die ursprünglich dem Vorbilde HOPPES folgen wollte, kann unter dem deterministischen Konzept fast nur elegische Töne vermitteln. Reduziert wirken auch Innstetten, Crampas und Gieshübler. Innstetten und Wüllersdorf sind zu Sprachrohren verkümmert. Crampas wirkt wie die Verneinung eines Verführers. Gieshübler entbehrt jeder Liebenswürdigkeit, jeden kauzigen Humors. Lediglich der alte Briest und Roswitha, die selbstbewußt über ihr Schicksal reflektiert, besitzen mehr Individualität – der alte Briest von der Darstellung, Roswitha vom alternativen Rollenkonzept her. Im Falle Effis hat die Regie die Vitalität der Darstellerin sicherlich bewußt gedämpft, bei den anderen reduzierten Gestalten könnte auch mangelndes vitales schauspielerisches Vermögen die Ursache sein.

Die inhaltliche Reduktion ermöglicht aber auch künstlerische Vorzüge, sie erleichtert die optische Stilisierung. Trotz seiner asketischen Kargheit ist der Film ein visuelles Erlebnis. Schwarz und Weiß sind für FASSBINDER »die schönsten Farben«. »Der Umgang mit dem Medium Film ist in Schwarz-weiß ernsthafter als in Farbe« (Westfälische Rundschau, Dortmund, 2.11.1974). Schwarz-weiß ist dem klagenden und ahistorischen Charakter dieser Verfilmung angemessener als Farbigkeit oder gar Buntheit.

Die Personen wirken in ihrer statuarischen Starrheit und Einsamkeit wie Figuren von Edvard MUNCH oder wie Gestalten aus den Filmen Michelangelo ANTONIONIS. Auch der Einfluß von Fontanes Künstlerkollegen, dem Maler Adolph MENZEL, ist spürbar, z.B. bei der wehenden Boa Effis am Strand als symbolischem Ausdruck der erotischen Lockung und Auflockerung. Fahrende Züge, Fensterkreuze, Gitter, wiederholte Spiegelungen als Ausdruck des Gegebenen unterstreichen die Determiniertheit des Schicksals.

Es ist optisch und auch akustisch durch die höchst sparsam eingesetzte, elegische leitmotivische Geigenmelodie ein wohltuend ruhiger Film, ein Stilfilm in Moll. Leider bleibt die sprachliche Verwesentlichung hinter der optischen Stilisierung zurück. Auf der einen Seite sucht FASSBINDER durch Weißblenden mit Fontane-Text gesprochener Literarizität zu entgehen, auf der anderen Seite tritt die Tendenz zu veräußerlichter Rhetorik, zu sprachlicher Überfüllung auf, besonders bei Innstetten. Die stilisierende sprachliche Mitte ist nicht gefunden. Fontane ist also zur melancholischen Klage reduziert, zur abstrakten Elegie über verkümmerte menschliche Möglichkeiten. Er ist in die Nähe Hebbels und August Strindbergs gerückt. Angesichts der Parabelhaftigkeit des Films, der Ausstellung typischer Verhaltensweisen, ist auch eine gewisse Nähe zu Bertolt Brecht gegeben, aber mit dem gravierenden Unterschied, daß dieser die vorgeführten Haltungen durch bewußte Verfremdung historisch-gesellschaftlich konkretisiert, relativiert und als überwindbar zu zeigen versucht. Fassbinder hingegen nimmt das Einmünden ins entfremdete, unidentische Sein, die Abwesenheit der Utopie als zeitlos hin. Er vereinseitigt damit Fontane, für den die Welt nicht ausdeterminiert und perspektivlos war.

Fassbinders Rückgriff auf Fontane ist im Grunde ein Mißverständnis, eine unangemessene Instrumentalisierung; verhalten sie sich doch zueinander wie einseitige Monooptik und vielseitige Urbanität. So wundert es nicht, daß Fontanes Humor und Ironie beim Künstler des 20. Jahrhunderts nicht nachwirken. Fassbinder und Fontane sind in ganz unterschiedlicher Weise vorgegangen. Fontane hatte sich schreibend erweitert, eigene Vorurteile überwindend; Fassbinder hat von vorgefaßter Prämisse her *Effi Briest* verengt.

Aus der Sicht der Fontane-Adaptionen liegt ein zwiespältiger Film vor, unter dem Gesichtspunkt einer Stellungnahme zum »psychosozialen Immobilismus« in der BRD (A. und M. Mitscherlich, *Die Unfähigkeit zu trauern*, Leipzig 1990, S. 91, 409) ein interessanter aktueller künstlerischer Beitrag. So sollte man Fassbinders *Effi* nicht nur aus dem Blickwinkel Fontanes sehen, sondern auch unter dem Aspekt der künstlerischen Antwort auf eine verdinglichte, utopielose gesellschaftliche Wirklichkeit nach dem Auslaufen der 68er Bewegung.

Der Film Luderers entstand für das Fernsehen, bewährte sich aber auch im Kino. Fassbinders primär für das Kino gedrehte Verfilmung überzeugte eher auf dem kleineren Bildschirm. Auf der großen Leinwand wirkten seine stilisierten statuarischen Bilder verloren. Gewisse Gemeinsamkeiten sind aber zwischen beiden Streifen nicht zu übersehen. Beide Filme reduzieren, freilich mit unterschiedlicher Stärke, Fontanes differenziertes, nuancenreiches Menschen- und Gesellschaftsbild, beide tendieren zum Didaktischen. Sie unterscheiden sich in den Motiven für die Abweichungen von der Vorlage. Bei Fassbinder resultieren sie aus weltanschaulich-gesellschaftlicher Perspektivlosigkeit, beim Adlershofer Fernsehen aus borniertem ideologischer Lehrhaftigkeit. Die Defizite beider Filme unterstreichen vom Mangel her GRÜNDGENS' künstlerische und auch weltanschauliche Überlegenheit und Souveränität in *Der Schritt vom Wege*.

Ostern 1975 sendete die ARD in drei Teilen eine Verfilmung des *Stechlin*, bei der Rolf HÄDRICH Regie führte. MEICHSNER als Autor des Drehbuches hatte sich diesmal, im Unterschied zur *Geschichte des Rittmeisters Schach von Wuthenow*, eng an die literarische Vorlage gehalten. Im Mittelpunkt von Einrichtung und Inszenierung stand Respekt vor den Gesprächen. Fontanes Dialogkunst entfaltete sich auf dem Bildschirm in schönster Weise, voller Aufmerksamkeit für individuelle Tonfälle und Wortmusik. *Der Stechlin* wurde als Roman auch über die Sprache nuancenreich ausgekostet. Der »geheimen Mündlichkeit« von Fontanes Romanen (G. WESTPHAL im Mittagsmagazin der ARD, 31. 7. 1995) wurde voll entsprochen. Man dachte an das Theater BRAHMS, das nach Ansicht KERRS ein Theater für »Hörer« war oder an die Sprachbewußtheit in den Komödien Hugo von HOFMANNSTHALS.

Voraussetzung für »die konsequenteste Verarbeitung eines Werkes der Weltliteratur [...] seit Jahren auf dem Bildschirm« (K. F. BOLL, 1976, S. 63), für die perfekte Inszenierung von Fontanes Gesprächskunst war wie beim *Schritt vom Wege* die Mitwirkung großer Schauspieler. Arno ASSMANN brachte die Wandlung Dubslavs vom Forschen und Schneidigen zum Verhaltenen und Innerlichen, seine innere Ausgliederung, überzeugend zum Ausdruck. Dabei setzte er seine differenzierten stimmlichen und mimischen Mittel souverän ein (er ist ja durch die Schule des großen lyrisierenden deutschen Nachkriegshörspiels gegangen). Franziska BRONNEN als Melusine wirkte durch die Vielfalt ihrer Causerietöne. Selbst Nebenfiguren wie der Superintendent Koseleger, verkörpert durch P. Walter JACOB, erhielten ein unverwechselbares sprachlich-geistiges Profil.

Ein zweiter starker Wirkungsfaktor war die kulinarische impressionistische Farbigkeit. Aber N. HOELTZ wandte im *Kürbiskern* gegen die Verfilmung ein, daß für das gesellschaftlich Neue im Roman nicht der angemessene visuelle Gegenwert gefunden sei. Dieser Einwand wird auch nicht durch die eingebauten fortschrittlichen Briefbekenntnisse Fontanes widerlegt, die Wilhelm BORCHERT als Erzähler zu Gehör brachte.

Das letzte große Fernseherlebnis mit Fontane durch die ARD war Weihnachten 1982 die Sendung von *Frau Jenny Treibel* in der Bearbeitung durch Walter JENS unter der Regie von F. J. WILD mit Maria SCHELL in der Titelrolle. JENS hatte die Romanvorlage an einigen historisch-gesellschaftlichen Stellen, auch aus den Erfahrungen mit *Buddenbrooks* heraus, präzisiert, ›weitergedichtet‹. So vertiefte er die Hamburger Munks zur traditionsreichen Überseehandelsfirma, die durch einen dem Gauner Grünlich verwandten Johann Christian ökonomisch wesentlich geschwächt wurde. Munks erscheinen damit Treibels gegenüber wirtschaftlich unterlegen. Jenny kann nun mit gesteigerter Arroganz erklären: »Die brauchen uns, nicht wir sie.«

Die Dialoge hatte JENS im Interesse dramatischer Spontaneität und Zuspitzung z. T. entflochten und vereinfacht. Dennoch war es ein Film der sprachlichen Feinheiten, der gesprochenen Töne und auch der farblichen, impressionistischen Nuancen (Exkursion nach Halensee). Die eigentliche Überraschung der dreiteiligen Sendung war die einst so gefühlige und sentimentale SCHELL als harte, kritische Gestalterin der neureichen Bourgeoisie. – Neujahr 1976 hatte Adlershof Fontanes Romankomödie in der deftigen Bearbeitung durch C. HAMMEL mit Gisela MAY in der Titelrolle gesendet, wobei Jenny unter dem Einfluß der Bearbeitung eine Tendenz zum Ordinären erhielt.

Die Adlershofer Verfilmung von *Schach von Wuthenow* war bereits im Herbst 1976 abgeschlossen, wurde aber erst im Juli 1977 gesendet. Wie Buchautor COLLIN in einem Interview mitteilte, befürchteten SED-Funktionäre nach der Wolf BIERMANN-Affäre Analogien zwischen dem Niedergang Preußens und dem einsetzenden Verfall der DDR. Der Film, bei dem Richard ENGEL Regie führte, unterscheidet sich in mehrfacher Hinsicht von der westdeutschen Version von 1966. Er verläuft weniger novellistisch, folgt mehr der Tendenz des literarischen Werkes zu romanhafter Ausweitung, z. B. durch Einbeziehung der Theateraufführung, der Schlittenpartie im Sommer oder der Landschaft um Berlin und Wuthenow. Die Gestalt des Schach ist innerlicher und nachdenklicher angelegt als der ziemlich äußerliche Hauptheld in der *Geschichte des Rittmeisters* .... Züge von Menschlichkeit offenbart Michael GWISDEK als Schach beim Aufenthalt in Wuthenow, als er mit entblößtem Oberkörper, entuniformiert, grübelnd im Grase liegt oder beim wiederholten Abschied von Victoire. Mit seinem Verhalten durchbricht er bisweilen die »Haltung«.

Der Film ist freilich nicht frei von Widersprüchen. Auf der einen Seite fesseln schöne, poetische Sequenzen von epischer Geduld und Gemächlichkeit (Spazierfahrt nach Tempelhof, die Gespräche mit Tante Marguerite), auf der anderen Seite wirken einige Dialoge und Szenen steif (Gespräche mit Prinz Louis Ferdinand, der Auftritt des Königs). Das Bemühen, am Text des Werkes zu bleiben, hat sich gelohnt (Wortspiel mit dem dunklen Ziel, Schachs Bekenntnis zur mönchischen Existenz). Zugleich wurden einzelne schöne ästhetische Lösungen gefunden, so etwa bei Schachs Reaktionen auf die Karikaturen oder bei der menschlichen Auflockerung Schachs auf Wuthenow.

Der Berliner Regisseur Thomas LANGHOFF, Spezialist für Dramatik der Jahrhundertwende und für das Frauensujet, nahm sich beim Fernsehen zweier Fontane-Werke mit großem künstlerischem Anspruch an, der nicht ganz eingelöst werden konnte. An der Verfilmung von *Stine* (1978) beeindruckte neben der Metaphorik und Symbolik die hinreißende vitale Dialogkunst Jutta WACHOWIAKs als Witwe Pittelkow und Albert HETTERLEs als alter Graf Haldern. Allein die Inszenierung konnte nicht verdecken, daß Waldemar und vor allem Stine nicht die gleiche ästhetische Naturhaftigkeit besitzen wie die Witwe und der alte Graf, daß vor allem Stine eine Kunstfigur ist, mit der Fontane selbst nicht recht zufrieden war. Die unterschiedliche ästhetische Qualität der Figuren wirkte sich auch auf deren Kontaktbeziehungen aus. So stand WACHOWIAK als Witwe Pittelkow bisweilen kontaktlos im Raum. Die Kamera in ihrer Sensibilität reagierte verstärkt auf ästhetische Ungleichmäßigkeit im literarischen Werk.

Während *Stine* insgesamt ein weiterer Fortschritt bei der werkgemäßen und differenzierten Aneignung Fontanes durch das Fernsehen der DDR war, blieb die Verfilmung von *L'Adultera* unter dem Titel *Melanie van der Straaten* (1982) durch den gleichen Regisseur wiederum nach dem Buch von A. HABECK insgesamt blaß und statisch. Selbst Kurt BÖWE, der vitale Darstellernachfolger des unvergessenen W. A. KLEINAU am Deutschen Theater, konnte die Produktion nicht entscheidend beleben und »herausreißen«. Die Erklärung für das Scheitern dieser Adaption könnte nachträglich und unbewußt S. KONRAD (1991) geliefert haben: in Fontanes erstem Berliner Roman bestehe ein Widerspruch zwischen behaupteter und wirklich gestalteter Liebe, ein Nebeneinander von Schicksalhaftigkeit und Eigenleben der Gestalten. Daraus resultierte im Film offenbar die Schattenhaftigkeit von Liebesdarstellung und Gestalten. Die Verfilmung deckte also erneut ästhetische Schwächen eines literarischen Werkes auf.

In den achtziger Jahren entstanden in Ost-Berlin noch weitere Verfilmungen von Romanen Fontanes: *Mathilde Möhring* (1983), *Die Poggenpuhls* (1984), *Franziska* (nach *Graf Petöfy* 1985). In den letzten beiden Fällen handelte es sich um Erstverfilmungen von

Fontane-Romanen. Alle Adaptionen waren um Werkgemäßheit bemüht. Die Filme K. HERCHERs mit Renate KRÖSSNER als Mathilde und Jenny GRÖLLMANN und Ulrich MÜHE als Poggenpuhls waren solide Aneignungen, die vom gewachsenen und gefestigten ästhetischen Niveau der Fontane-Rezeption im Osten Deutschlands zeugten. Die *Petöfy*-Adaption C. MÜHLs wirkte weniger eindringlich; sie neigte zu Operettenhaftigkeit.

In den siebziger Jahren waren noch zwei Kinofilme entstanden. 1973 erschien in den Kinos der DDR, 1976 auch im westdeutschen Fernsehen der Film *Unterm Birnbaum* des im Umgang mit Literatur erfahrenen R. KIRSTEN mit Erik S. KLEIN und Angelika DOMRÖSE. KIRSTEN beließ den Roman werkgemäß in der *Woyzeck*-Zeit, im frühen Vormärz. Den perfekten Mord, den Kriminalfall ließ er zurücktreten. Im Mittelpunkt standen Landschaft, soziales Milieu, die Differenzen zwischen den engstirnigen Dorfbewohnern und den zugewanderten Hradschecks, die sozialpsychologischen Motive für den Mord und die psychische Befindlichkeit des Ehepaars vor und besonders nach dem Mord. Diese Verfilmung war gleichsam eine sozialhistorische Ergänzung zur westdeutschen Version von 1963.

Auf der Berlinale 1977 war die BRD durch die Verfilmung von *Grete Minde* durch H. GENÉE vertreten. Nach dem Urteil der Kritik war es ein historisch genauer, perfekt hergestellter, aber leidenschaftsloser Film. FASSBINDER vermißte den Mut zum Risiko. Von besonderer Art war der 1982 entstandene Fontane-Film von H. SCHÜTZ. Unter dem Titel *Theodor Fontane – Potsdamer Straße 134c* werden im Dokumentarfilm aus dem Blickwinkel der Jahre 1889 – 1898 wesentliche Stationen im Leben Fontanes betrachtet. Eine besondere Rolle spielt die Entstehungsgeschichte von *Effi Briest* .

Die Fontane-Verfilmungen waren im geteilten Deutschland sicherlich eine unbewußt wirkende nationale Kulturklammer, zumindest bei DDR-Bürgern. Nun scheint, nach Herstellung der deutschen Einheit, dieses Band nicht mehr nötig zu sein. Doch das Ausbleiben weiterer Fontane-Verfilmungen könnte auch andere Gründe haben. Das Thema Fontane ist möglicherweise erschöpft, wenigstens vorerst. Ein weiteres Motiv könnte das verringerte Kulturbudget sein, das sich im gesunkenen Kulturniveau der Fernsehstationen äußert (auch sonst gibt es kaum noch Literaturverfilmungen auf dem Bildschirm). Schließlich hat die Genugtuung über die wiedergewonnene Einheit gesellschaftskritische Kunst zurückgedrängt, obgleich sie angesichts des Höchstmaßes von Verdinglichung und menschlicher Selbstentfremdung in der heutigen Welt nötiger wäre denn je. Für einen kleinen Kreis bleibt neben der Fontane-Lektüre, neben der Rezeption Fontanes durch andere Schriftsteller (Christine BRÜCKNER, Günter GRASS, Rolf HOCHHUTH) die Schallplatte bzw. das Tonband. Die Fontane-Rezitatoren, mit Gerhard WESTPHAL an der Spitze, haben vorerst die Mittlerrolle der audiovisuellen Medien allein übernommen.

Typologie und Probleme der Fontane-Verfilmungen

Im Rahmen des historisierenden Längsschnittes haben sich folgende Typen der Fontane-Verfilmung herausgebildet: 1. Die werkgerechte Verfilmung mit bald theaternahem Charakter (*Der Schritt vom Wege, Mathilde Möhring* , 1967), bald nacherzählendem epischen Gepräge (*Der Stechlin , Mathilde Möhring,* 1983). – 2. Die relativ freie Nachgestaltung, die verhältnismäßig selten vorkommt, aber 1955 mit *Rosen im Herbst* gegeben war. – 3. Die eigenständige Interpretation, die produktive Transformation. Dieser eigentlich schöpferisch fortschreitende Fall, eine von BRECHT besonders bevorzugte Verfahrensweise bei Bearbeitung von Werken des literarischen Erbes, ist zunächst mit *Corinna Schmidt* gegeben, im Falle der historisch-ideellen ›Vollendung‹ von *Frau Jenny Treibel* aus sozialdemokratischer Sicht. FASSBINDERS *Effi Briest* liegt in gewisser Weise auf der gleichen Ebene, nur daß hier nicht geschichtlich weiter geschritten, sondern verinnerlicht inne gehalten wird. Ansätze zur historischen Vertiefung enthält JENS' Bearbeitung von *Frau Jenny Treibel* (1982). – 4. Im Falle der Verfilmung unter NS-Einfluß nehmen die Eingriffe bei der ›Aneignung‹ ahistorisch-metaphysischen, verfälschenden Charakter an (*Der stumme Gast, Ich glaube an dich*).

Das Hauptproblem bei der Verfilmung bleibt die Behandlung der Sprache. Es war zu sehen, daß Fontanes ›filmnahe‹ »unmerklich stilisierte« Sprache bisweilen (zu) literarisch wirkt, z.B. beim alten Briest oder beim Apotheker Gieshübler. So ergibt sich die Frage: wörtliche Übernahme der Figurenreden, der Dialoge oder weitergehende Vernatürlichung und Entflechtung, auch im Interesse von Spontaneität der Rede und dramatischer Zuspitzung? Wenn entflochten wird, liegen rhetorische Hinzufügungen im Sinne aristotelischer Dramaturgie nahe. Wenn entsprechende große Darsteller verfügbar sind, die auch die merklich stilisierte Rede zu vernatürlichen, gestisch-rednerisch aufzulösen vermögen (wie HOPPE, Arno ASSMANN, FROBOES, Jutta WACHOWIAK), dann sollte das Originalwort beibehalten werden. Andernfalls empfehlen sich Vereinfachungen. Die Bewahrung des Originalwortes schließt natürlich dramatisierende Zusätze nicht aus.

Die Verfilmung von *Schach von Wuthenow* als Rückblick auf die *Geschichte des Rittmeisters* ... hat erneut die Frage nahegelegt, ob man bei der Umsetzung unbedingt dem Werkablauf folgen muß. Bereits *Der Schritt vom Wege* trug mit Erfolg vorausdeutenden Rahmencharakter (die alten Briests bereits am Eingange des Films am Grabe der Tochter). Im Interesse dramatisch-filmischer Straffung und Konzentration ist die Anknüpfung an die deutsche Tradition der Rahmennovelle bzw. -erzählung nicht auszuschließen. Voraussetzung ist, daß der romanhafte Fall nicht um seine gesellschaftliche Repräsentanz gebracht wird. Diese Gefahr war bei den beiden Filmen aus den Jahren 1939 und 1966 nicht vorhanden.

JOACHIM BIENER

Literatur

E. von Naso, Ich liebe das Leben. Erinnerungen aus fünf Jahrzehnten, Hamburg 1954, S. 690–693. – E. Heinkel, Epische Literatur im Film. Eine Untersuchung im besonderen Hinblick auf die doppelte Filmfassung von T. Fontanes »Effi Briest«, München 1958. – G. Eich, Unterm Birnbaum, in: Gesammelte Werke, Frankfurt am Main 1973, Bd. II, S. 431–468. – K. F. Boll, Über die Verfilmung von Werken Fontanes und Storms, in: Schriften der Theodor-Storm-Ges, 25 (1976), S. 61–74. – N. Hoeltz, Fontane – mediengerecht?, in: Kürbiskern 2 (1979), S. 91–103. – J. Biener, Zur Aneignung von Fontanes Epik durch Film und Fernsehen, in: FBl H. 32 (1981), S. 713–728. – W. Gast/B. Vollmers, Fontane, Plenzdorf, Goethe – sehen oder lesen? Literaturverfilmungen sind besser als ihr Ruf, in: DD 61 (1981), S. 432–457. – J. Wolff, Verfahren der Literaturrezeption im Film, dargestellt am Beispiel der »Effi-Briest«-Verfilmungen von Luderer und Faßbinder, in: DU 33 (1981), H. 4, S. 47–75. – F. Fabian, Noch einmal »Der Schritt vom Wege«, in: FBl H. 33 (1982), S. 82–84. – G. Schachtschabel, Der Ambivalenzcharakter der Literaturverfilmung. Mit einer Beispielanalyse von Theodor Fontanes Roman »Effi Briest« und dessen Verfilmung von R. W. Fassbinder, Frankfurt am Main u.a. 1984. – A.-M. Lohmeier, Symbolische und allegorische Rede im Film. Die »Effi-Briest«-Filme von G. Gründgens und R. W. Fassbinder, in: TuK Fontane, 1989, S. 229–241. – E. M. J. Schmidt, War Effi blond? Bildbeschreibungen und kritische Gedanken zu vier »Effi-Briest«-Verfilmungen, in: Literaturverfilmungen, hg. von F.-J. Albersmeier/ V. Roloff, Frankfurt am Main 1989, S. 122–134. – S. Konrad, Die Unerreichbarkeit von Erfüllung in Theodor Fontanes »Irrungen, Wirrungen« und »L'Adultera«, Frankfurt am Main 1991. – K. Kanzog, Viermal Effi, Grundsätzliches zum Vergleich der Verfilmungen von

Fontanes »Effi Briest«, in: TeKo 18 (1993), H. 1–2, S. 68–80. – C. HABERSACK, Die Figur der Roswitha in den vier Verfilmungen von »Effi Briest«, München 1995. – K. M/I. Schmidt, Lexikon Literaturverfilmungen, Deutschsprachige Filme 1945–1990, Stuttgart/Weimar 1995, S. 35–36. – C. GRAWE, Theodor Fontane: »Effi Briest«, Frankfurt am Main u. a. ⁷1998, S. 37–40. – M. GRISKO, Fontane im DDR-Fernsehen. Historische Lesart oder ideologische Adaption?, in: DU 50 (1998), 4, S. 58–68. – P. SCHÄFER/D. STRAUCH, Fontane in Film und Fernsehen. Zwischen »Werktreue« und Neuinterpretation, mit einer Filmographie, in: FBl 67 (1999), S. 172–200. – P. SCHAEFER/D. STRAUCH, Fontane in Film und Fernsehen. Zwischen »Werktreue« und Neuinterpretation. Mit einer Filmographie, in FBl, H. 67 (1999), S. 172–200.

4.4 Fontanes Einfluß auf die Literatur des 20. Jahrhunderts

Bei Erscheinen seines Romans *Die Poggenpuhls* erlebt der vom literarischen Urteil seiner Zeitgenossen bislang oft enttäuschte Theodor Fontane eine Überraschung, von der er Georg FRIEDLAENDER im Januar 1897 wie folgt berichtet: »An den ›Poggenpuhls‹ habe ich, über Erwarten, viel Freude. Daß man dies Nichts, das es ist, um seiner Form willen so liebenswürdig anerkennt, erfüllt mich mit großen Hoffnungen, nicht für mich, aber für unsere literarische Zukunft.« (I.4.825) Wie sieht sie aus, die »literarische Zukunft«, auf die der Autor der *Poggenpuhls* kurz vor seinem Tode »große Hoffnungen« setzt, und welche Bedeutung hat sein Schaffen für die deutschsprachigen Autoren des kommenden Jahrhunderts?

Noch zu Lebzeiten wird der alte Fontane von den jungen, bald berühmten Brüdern Heinrich und Thomas MANN bewundert. Fontane selbst kennt sie wohl nicht, hätte sie aber durchaus – z.B. dank ihrer Kontakte zu der im Verlag seines Sohnes FRIEDRICH erscheinenden Zeitschrift *Pan* – kennenlernen können. Beide Brüder beschäftigen sich ausführlich mit Fontanes Werken und betrachten sie auf jeweils eigene Weise als ein wichtiges Vorbild.

»Kennst Du Theodor Fontane?« fragt Anfang 1890 der 19jährige, soeben der ungeliebten Vaterstadt entkommene H. MANN seinen Schulfreund Ludwig EWERS und erläutert: »Er ist mein Leibpoet unter den Neuen.« Der Dresdner Buchhandlungsvolontair und angehende Schriftsteller schwärmt von einem Autor, »der neulich 70 Jahre alt geworden ist und dennoch die Welt mit so jungen Augen ansieht, daß es eine wahre Freude ist« (H. Mann, 1980, S. 48). Wiederholt kommt H. MANN in den folgenden Monaten auf sein »Lieblingsthema« (ebd., S. 208) Fontane zu sprechen, und im Januar 1891 schreibt er an EWERS, daß er neben dem soeben erschienenen Roman *Quitt* »fast alles gelesen« habe, »was uns Fontane geschenkt«, und bemerkt:

> Immer deutlicher übrigens macht mir jedes neue Werk: Dieser Siebziger gehört ja auch zu den jungen Décadents, eigentlich. Er versteht alles und verzeiht alles. Er vertieft sich teilnahmsvoll in die grund-

verschiedensten Seelenzustände (»Seelenstände« würde Hermann Bahr sagen), zeigt überall die Notwendigkeit der einzelnen Entwicklung. Wem er selbst recht gibt, wird man sich am Schluß seiner Werke vergeblich fragen. Nur zwei Beispiele: Der Kavalier, der das Mädchen in »Irrungen Wirrungen« verläßt, der Handwerker, der es heiratet – beide gewinnen uns die Überzeugung ab: Sie müssen so handeln, wie sie tun; allen inneren und äußeren Umständen gemäß. Es steht alles fest; es ist eigentlich von vornherein alles mehr Zustand als Handlung. (Ebd., S. 207f.)

Ungeachtet seines Geburtsjahrgangs rechnet der junge H. MANN den alten Fontane zu den Vertretern einer neuen literarischen Epoche, die sich selbst unterschiedliche Namen gibt und etwa als »Décadence« oder auch »Moderne« versteht. Nach einem ihrer Wortführer, dem von H. MANN wiederholt zitierten Hermann BAHR, will sie die »Objektivierung der äußeren Sachenstände« im »bisherigen Naturalismus« mit Hilfe der psychologisch subtilen Darstellung unterschiedlicher »Seelenstände« des Menschen überwinden (z. B. H. BAHR, Die Überwindung des Naturalismus, 1891, zit. nach 1968, S. 60). Auch wenn H. MANN (z.B. 1980, S. 62) zu den wenigen Autoren der Moderne gehört, die neben Fontanes Prosa erklärtermaßen seine Gedichte bewundern, macht seine Zuordnung Fontanes doch folgendes deutlich: In Fontane verehrt auch der junge H. MANN in erster Linie den Romancier und Erzähler, und zu dessen besonderen Qualitäten zählt er durchaus nicht das von dem Literaturkritiker Fontane wiederholt eingeklagte und für die eigenen Werke in Anspruch genommene poetologische Prinzip der »Verklärung« und der »Modelung« (z.B. III.1.319, 568f.) der alltäglichen Lebenswirklichkeit. Fontane ist für H. MANN gerade deshalb eine zukunftsweisende Ausnahmeerscheinung innerhalb der zeitgenössischen deutschsprachigen Literatur, weil er die Handlungen seiner Figuren psychologisch nachvollziehbar in »absolutem Realismus« entwickelt, weil er vorurteilsfrei und in »einfacher, alltäglicher Traurigkeit«, in »ruhiger, leidenschaftsloser Grau-in-grau-Malerei« die zeitgenössische »Lebensschweinerei« vor Augen führt und »das Leben ganz so gibt, wie es ist – so ganz!« (1980, S. 48, 176).

Nicht allein in der Tradition der in der Forschung oft als Vorbilder behandelten europäischen Erzähler des 19. Jahrhunderts (S. SCHRÖTER, 1965; H. DITTBERNER, 1974), sondern auch in erklärtem Anschluß an die »sozialen Romane« Fontanes versucht H. MANN die deutsche Gesellschaft im späten Kaiserreich und in der Weimarer Republik zu porträtieren (z.B. 1964, S. 47, 90). Sieht man davon ab, daß H. MANN in Einzelfällen wohl auch Namen und Charakterprofile Fontanescher Figuren aufgreift (J. SEYPPEL, 1971), so lassen sich viele seiner Romane zumindest im Hinblick auf ihre theaternahe, szenische Erzählform (H. DITTBERNER, 1972) und den Ansatz, am Beispiel einer überschaubaren Gesellschaft zeitspezifischer Typen ein anschauliches Bild umfassender sozialer Zusammenhänge zu entwerfen, als eine Fortschreibung von Fontanes Zeitromanen lesen. Seiner in den neunziger Jahren des 19. Jahrhunderts gewonnenen besonderen Wertschätzung Fontanes als Chronist des »bürgerlichen Zeitalters« und Vertreter eines vorbildlichen, »herben Realismus« bleibt H. MANN jedenfalls auch ein halbes Jahrhundert später im Rückblick treu. Am 50. Todestag Fontanes erinnert sich der nach den großen Katastrophen des 20. Jahrhunderts aus Deutschland emigrierte Schriftsteller in einem seiner letzten Essays:

> Der moderne Roman wurde für Deutschland erfunden, verwirklicht, auch gleich vollendet von einem Preußen, Mitglied der französischen Kolonie, [...]. Als erster hier hat er wahrgemacht, daß ein Roman das gültige, bleibende Dokument einer Gesellschaft, eines Zeitalters sein kann; daß er soziale Kenntnis gestalten und vermitteln, Leben und Gegenwart bewahren kann noch in einer sehr veränderten Zukunft, wo sagen wir, das Berlin von einst nicht mehr besteht. Alles vermöge richtig gesehener, stark gezeichneter Personen, einer Welt von Personen oder einzeln ausgesuchter, die dasselbe tun: standhalten, sich selbst unverletzt überbringen den weiten Weg von damals her. [...] Er war, in Skepsis wie in Festigkeit, der wahre Romancier, zu seinen Tagen der einzige seines Ranges. (Theodor Fontane, gestorben vor 50 Jahren, in: 1964, S. 175f.)

Angeregt vermutlich durch seinen Bruder nimmt auch Thomas MANN, anders als er selbst sich in hohem Alter erinnert (1981, S. 128), schon früh zahlreiche Werke Fontanes zur Kenntnis. Das belegen entsprechende Passagen in seinen Briefen. Im Februar 1896 schreibt er dem Jugendfreund Otto GRAUTOFF, daß er vor kurzem »Fontanes neuen Roman *Effi Briest* gelesen habe, der »ganz vortrefflich« sei (1975, S. 69), und im Oktober 1898 zitiert er den »wundervolle[n] alte[n] Fontane, dessen Romane wir uns jetzt abends immer im Familienkreise vorlesen« (ebd., S. 106). *Effi Briest* wird T. MANN später als »den besten deutschen Roman seit den ›Wahlverwandtschaften‹« (an M. HARDEN, 30. 8. 1910, in: 1961, S. 85) bezeichnen, ein »Meisterwerk« (an A. E. MEYER, 12. 5. 1942, in: 1963, S. 255), das in einer »Romanbibliothek der rigorosesten Auswahl, und beschränkte man sie auf ein Dutzend Bände, auf zehn, auf sechs« (Anzeige eines Fontane-Buches, 1919, in: 1974, Bd. X, S. 577), keinesfalls fehlen dürfe. Neben *Effi Briest* liest T. MANN noch andere Werke Fontanes mehrfach, und in einem ganz anderen Ausmaß als sein Bruder kommt er sein Leben lang immer wieder auf Fontane zu sprechen. Wiederholt erwähnt und zitiert er in seinen Briefen, Reden und Essays einen Autor, der ihm nach eigenem Bekunden mit »jedem Vers, jeder Briefzeile, jedem Dialogfetzchen« das Gefühl einer »unmittelbaren Erheiterung, Erwärmung, Befriedigung« (Der alte Fontane, 1910, in: ebd., Bd. IX, S. 23) verschafft. Und T. MANN beschränkt sich nicht auf viele einzelne, über sein gesamtes Werk verstreute Äußerungen zu Fontane. Die erste Studie, die er einem einzelnen Schriftsteller widmet, ist der Essay »Der alte Fontane«, und in der Auseinandersetzung mit dem als »verantwortungsvoll ungebunden« charakterisierten Bürger Fontane, diesem Vertreter eines ebenso »leidenschaftlichen« wie »redlich rationalen« Künstlertums (ebd., Bd. IX, S. 30, 18, 20), wird er sich erstmals auch der Bedingungen und Möglichkeiten des eigenen Schaffens bewußt (H. OHL, 1977, S. 333; H. ESTER, 1979). Neben dieser berühmten Studie, die ihr Autor noch im hohen Alter für »das Beste« hält, was er »kritisch zustande gebracht« (H. REMAK, 1995, S. 105), beschäftigt sich T. MANN in einem Vortrag an der Lessing-Hochschule in Berlin (1928) und in mehreren kleineren Arbeiten mit Fontane (H. OHL, 1977, S. 342–344; H. REMAK, 1995), und K. SCHREINERTS Edition der *Briefe an Georg Friedlaender* nimmt er am Ende seines Lebens zum Anlaß seiner letzten ausführlichen Rezension mit dem sprechenden Titel *Noch einmal der alte Fontane* (1954).

Der Literaturkritiker T. MANN schätzt an Fontane neben dem »skeptischen Psychologen« in erster Linie den »artistischen Zauber« (an A. E. MEYER, 12. 5. 1942, in: 1963, S. 255) und die »sehr starke stilistische Persönlichkeit«, die er wiederholt mit der von Richard WAGNER vergleicht (z.B. 1974, Bd. IX, S. 23; Bd. X, S. 582). Die großen Romane des alten Fontane hält T. MANN aus zwei Gründen für zukunftsweisend, die zugleich wichtige Voraussetzungen für sein Selbstverständnis als Romancier und Vertreter einer zeitgemäßen literarischen Moderne bilden: *Effi Briest* liest T. MANN in seiner 1919 erschienenen »Anzeige eines Fontane Buches« als Fontanes »ethisch modernstes Werk«, weil es »die volle Breite des Lebens und Glaubens seiner Zeit in Frage« stellt und damit die »Überwindung der vom Dichter verkörperten Ordnungswelt bedeutet«; den *Stechlin* und seine »hohe, heitere und wehe, das Menschliche auf eine nie vernommene, entzückende Art umspielende Lebensmusik« versteht er dagegen als einen in erster Linie in »artistischer Beziehung« vorbildhaften Roman, »der Wirkungen kennt, Kunstreize spielen läßt, die weit über allen bürgerlichen Realismus hinaus liegen« (ebd., Bd. X, S. 579, 582).

Angesichts einer in so vielen unterschiedlichen Zusammenhängen formulierten besonderen Wertschätzung Fontanes erscheint es nur konsequent, wenn sich T. MANN selbst einmal als einen deutschen Erzähler bezeichnet, »der beim alten Fontane in die Schule gegangen« (Antwort auf eine von O. J. BIERBAUM veranstaltete Rundfrage, 1904, in: ebd., Bd. X, S. 838f.) ist. Tatsächlich führt T. MANN die Gesellschaftsromane des alten Fontane unter den veränderten Bedingungen der Moderne fort (K. MOMMSEN, 1973), indem er dessen Technik der szenischen Erzählung und dialogischen Facettierung der erzählten gesellschaftlichen Wirklichkeit aufgreift und die schon mit Fontanes Perspektivismus verbundene Gefahr des Sinnverlusts und des Formzerfalls durch einen erklärten und im Vergleich zu Fontane deutlich forcierten »ästhetischen Konstruktivismus« (H. OHL, 1977, S. 341) zu meistern versucht. Zu dessen wesentlichen Stützen zählen die auch von Fontane bereits genutzten Stilmittel des Humors (K. DIEDENHOFEN, 1951; R. SCHWEIZER, 1971; M. SWALES, 1998) und der leitmotivischen Wiederkehr bestimmter Bilder, Redewendungen und Handlungssituationen (P. PÜTZ, 1998). T. MANNs Wort von der Schülerschaft ist allerdings nicht nur in diesem allgemeinen Sinne zu verstehen. Im besonderen Fall des Werks, mit dem T. MANN seinen »eigentlichen Durchbruch in die Literatur« (On Myself, 1940, in: 1974, Bd. XIII, S. 135) verbindet, zeigt ein Blick hinter die Kulissen des Schaffensprozesses, daß der junge MANN dem alten Fontane offenbar ganz unmittelbar verpflichtet ist.

In der noch zu Lebzeiten Fontanes erschienenen Novelle *Der kleine Herr Friedemann* (1897) gestaltet T. MANN erstmals in prägnanter Form die Dekadenz-Thematik, die zu den Grundmotiven seines Œuvres zählt, und findet, wie er GRAUTOFF (1975, S. 90) 1897 in einer vielzitierten Formulierung berichtet, »plötzlich die diskreten Formen und Masken [...], in denen ich mit meinen Erlebnissen unter die Leute gehen kann.« Zur Entstehungsgeschichte dieser vermutlich im Spätsommer 1896 fertiggestellten Erzählung gehört die Umarbeitung einer später vernichteten, etwa ein Jahr zuvor geschriebenen Novelle mit dem Titel *Der kleine Professor*, die unveröffentlicht bleiben muß, weil sie keinen Verleger findet. Nach H. R. VAGET (1975 u. 1998) darf man nun annehmen, daß sich der Schritt vom ersten zum zweiten Entwurf der für die Entwicklung T. MANNs so wichtigen Erzählung wesentlich mit der Anfang 1896 erfolgten Lektüre von Fontanes *Effi Briest* erklären läßt. So gesehen, kann MANNs Geschichte eines körperlich verwachsenen Ästheten, den nach einer im Zeichen der »Zuchthausarbeit des Wollens« (Friedrich NIETZSCHE, *Zur Genealogie der Moral*, in: 1980, Bd. 4, S. 847) verbrachten langjährigen Askese eine unerwiderte sexuelle Leidenschaft in den Selbstmord treibt, als die »Wiederverhandlung des Falles Gieshübler« (VAGET, 1975, S. 458) verstanden werden, eine an NIETZSCHES Dekadenz-Psychologie geschulte »pessimistische Kontrafaktur« (ebd., S. 460) auf eine in Fontanes Roman entdeckte Figur, die konsequent die mit Fontanes liebenswürdigem Apotheker vorgestellte Möglichkeit eines auf die »Hülfskonstruktionen« (I.4.289) der Kunst gestützten Glücks im Kleinen verneint. Schließlich scheint auch die für T. MANN wegweisende, in *Der kleine Herr Friedemann* erstmals versuchte Anwendung Wagnerscher Wirkungsmittel durch die Begegnung mit Fontane angeregt zu sein. Tatsächlich ist Fontane der erste bedeutende Schriftsteller, der das Phänomen WAGNER in seinen Werken berücksichtigt (D. BORCHMEYER, 1998; H. R. VAGET, 1998). Mehr oder minder ausgearbeitete Anspielungen finden sich bekanntlich schon in *L'Adultera*, *Cécile* und *Quitt*, und abgesehen davon, daß die in *Effi Briest* erzählte Geschichte versteckte Parallelen zu den im Roman erwähnten WAGNER-Opern *Lohengrin* und *Walküre* enthält (H. R. VAGET, 1975, S. 464f.), gehört zu einem wesentlichen Element der intellektuellen Physiognomie von Effis Gatten, daß er ein »Wagner-Schwärmer« (I.4.103) ist. Indem T. MANN eine Aufführung des *Lohengrin* als ein zentrales Handlungselement in seine Novelle szenisch integriert und die Erzählung nach dem Vorbild von WAGNERS Musik strukturiert, arbeitet er also aus, was er im Ansatz bereits bei Fontane finden konnte.

Mit der in *Der kleine Herr Friedemann* erfolgreich erprobten Verbindung von Elementen des Gesellschaftsromans, der Dekadenzpsychologie und einer im wesentlichen der Musik WAGNERS entlehnten Technik der Vernetzung von Motiven, schafft T. MANN die entscheidenden Voraussetzungen für die 1897 begonnene Arbeit an seinem ersten großen Roman. Auch die *Buddenbrooks* enthalten verschiedene, mehr oder minder offene Bezüge auf Fontane (H. R. VAGET, 1975, S. 470; W. PSAAR, 1976; H. OHL, 1977, S. 331f.; R. S. STRUC, 1981; W. SCHWAN, 1990; R. WIMMER, 1998), und schon der Titel dieser Chronik des »Verfalls einer Familie« verweist auf eine Figur in *Effi Briest*, nämlich den Sekundanten von Effis Liebhaber Crampas, den Wüllersdorf als einen »famosen

Mann, schneidig und doch zugleich wie ein Kind« (I.4.240) charakterisiert. So deutliche Verbindungen zu Fontane finden sich in späteren Werken T. MANNs nicht mehr. Gleichwohl lassen sich im Rahmen ihrer von vielen Forschern untersuchten »ungewöhnlich differenziert ausgebildeten Intertextualität« (H. R. VAGET, 1984, S. 39) noch einige Beziehungen verfolgen. So kann etwa die Figur des Joachim Ziemßen aus dem *Zauberberg* (1924) vor dem Hintergrund von Fontanes Gedicht *Der alte Zieten* gelesen werden (R. PUSCHMANN, 1983, S. 245f.), und zu den vielen Quellen für MANNs Romanzyklus *Joseph und seine Brüder* (1933–1943) darf man wohl Melanie van der Straatens kleine Erzählung von den Söhnen Jakobs in *L'Adultera* (I.2.71f.) zählen (O. SEIDLIN, 1967).

Nicht nur in Deutschland, sondern auch im benachbarten Österreich wird Fontane um die Jahrhundertwende von bedeutenden jungen Autoren gelesen. Im Fall Hugo von HOFMANNSTHALS lassen entsprechende Bezüge in dem Romanfragment *Andreas* und in verschiedenen Komödien auf die Lektüre Fontanes schließen (K. MOMMSEN, 1978), im Fall von Arthur SCHNITZLER läßt sich die Auseinandersetzung mit Fontanes Werken im einzelnen belegen (H. OHL, 1991). Folgt man den Aufzeichnungen in seinen umfangreichen, inzwischen vollständig veröffentlichten Tagebüchern, so liest SCHNITZLER, der Fontane z.B. dank der gemeinsamen Freundschaft mit dem Berliner Theaterdirektor Otto BRAHM leicht hätte persönlich kennenlernen können, im Mai 1892 mit *Stine* erstmals eine Erzählung Fontanes und ist enttäuscht. Erst acht Jahre nach Fontanes Tod, im August 1906, macht er einen zweiten Versuch und wendet sich *Frau Jenny Treibel* und den *Poggenpuhls* zu. Ab jetzt verzeichnet das Tagebuch bis 1920 alle zwei bis drei Jahre die erneute, bisweilen wiederholte Beschäftigung mit Fontanes Werken, wobei SCHNITZLER neben den Erzählungen, Romanen und »entzückenden Fontanebriefe[n]« (1985, S. 124) an die Familie auch die autobiographischen Schriften liest. Mit den Brüdern MANN verbindet SCHNITZLER eine Vorliebe für die späten Werke Fontanes. SCHNITZLER liest *Unwiederbringlich* und *Die Poggenpuhls* mehrfach und gehört, wie eine Tagebucheintragung vom Januar 1916 bezeugt, zu den wenigen frühen Verehrern des scheinbar handlungslosen *Stechlin*: »Las Abends Stechlin (Fontane) zu Ende, mit größtem Vergnügen. Welche innre Vornehmheit, welche – Geduld! Um die verehr – und beneid ich ihn.« (1983, S. 255)

Sieht man von *Meine Kinderjahre* ab, die SCHNITZLER im Frühjahr 1917 während der Arbeit an seiner Fragment gebliebenen, postum veröffentlichten Autobiographie *Jugend in Wien* wiederliest, so kann im Fall der Fontane-Rezeption des Schriftstellers SCHNITZLER wohl nicht von einem unmittelbaren Einfluß oder gar einer »Schülerschaft« die Rede sein. Als SCHNITZLER Fontanes Werke liest, ist er ein längst anerkannter Autor, der sich in der Auseinandersetzung mit dem mehr als vierzig Jahre älteren Kollegen noch einmal der eigenen Position vergewissert. Dabei gibt es zwischen dem preußischen Apothekerssohn Fontane und dem aus dem jüdischen Großbürgertum Wiens stammenden SCHNITZLER eine bislang kaum beachtete Wahlverwandtschaft, vor deren Hintergrund auch die Eigenheiten beider Autoren ein schärferes Profil gewinnen (H. OHL, 1991; M. SCHEFFEL, 2000).

In der geistigen Grundeinstellung und in der Arbeits- und Erzählweise, in den Themen und in der Konzeption einzelner Werke und Figuren lassen sich zum Teil erstaunliche Gemeinsamkeiten zwischen Fontane und SCHNITZLER beobachten. Fest verankert im spezifischen Milieu der Wiener Gesellschaft um die Jahrhundertwende setzt in gewisser Hinsicht auch der »Realist« SCHNITZLER (vgl. M. SWALES, 1982) den Schreibansatz des alten Fontane unter den veränderten Bedingungen eines historischen Wertewandels fort, der die überlieferten Ordnungen der bürgerlichen Gesellschaft radikal in Frage stellt und das Subjekt aus seinen Bindungen an tradierte Formen des Selbstverständnisses löst.

Wie Fontane ist SCHNITZLER ein genauer, in erster Linie psychologisch interessierter Beobachter des Menschen und ein skeptischer Moralist, der einfache »Wahrheiten« für »immer zweifelhaft« (1967, S. 243) hält und davon ausgeht, »daß das Gute nicht einfach gut, das Schlechte nicht einfach schlecht sei« (ebd., S. 454f.). In seiner Prosa folgt SCHNITZLER wie Fontane dem Prinzip des scheinbar selbst- und fiktionsvergessenen, »realistischen« Erzählens, und wie dieser bedient er sich einer theaternahen Erzählform. Wichtige Orte des die Erzählung dominierenden, zumeist im Plauderton gehaltenen Figurengesprächs sind auch bei SCHNITZLER der Salon, das Musikzimmer und die von der »guten Gesellschaft« frequentierten öffentlichen Räume. Zu den wiederkehrenden Handlungselementen zählen ebenfalls das Duell und die Mesaillance, wobei *Liebelei* (1895) und z. T. auch *Der Weg ins Freie* (1908) nicht zuletzt als eine Fortsetzung und Wiener Variation des zentralen Themas von *Irrungen, Wirrungen* und *Stine* gelesen werden können. Und was sich bei Fontane bereits andeutet, nämlich eine Verlagerung der Erzählperspektive in das Innere der Figuren und ein besonderes Interesse für nervöse Typen und halbe Helden (MÜLLER-SEIDEL, z. B. S. 509f.), für Hysterie, Schwermut, Angst und Labilität, ist bei dem über das neueste tiefenpsychologische Wissen seiner Zeit verfügenden Mediziner SCHNITZLER im Sinne einer modernen, »psychologisierenden Schreibweise« schließlich voll entwickelt (vgl. H. THOMÉ, 1993, S. 598–644).

Betrachtet man den Versuch einer totalisierenden Darstellung im Zeichen der »Sinngebung« (MUSIL, 1978, 2. Bd., S. 970) und »Neuschöpfung der Welt« (H. BROCH, 1955, S. 140) als die Aufgabe und die u.a. durch Simultanismus, essayistische Exkurse, Lyrisierung und Mythenbezüge erreichte Auflösung einer linear erzählten Handlung als die angemessene Form des modernen Romans, dann bleiben SCHNITZLERS Romane auf den ersten Blick allerdings ebenso »unmodern« wie die von Fontane. Mit Ausnahme von Franz KAFKA, der das Prinzip des chronologischen, szenischen Erzählens auf seine Weise fortentwickelt und der neben anderen Schriftstellern des »bürgerlichen Realismus« auch Fontane liest und schätzt (J. BORN, 1990), machen die übrigen bedeutenden Autoren des deutschsprachigen Romans in der ersten Hälfte des 20. Jahrhunderts dementsprechend einen mehr oder weniger großen Bogen um den »Realisten« Fontane.

Hermann BROCH, dessen erster, im brandenburgischen Gutsherrn- und berlinischen Großstadtmilieu von 1888 angesiedelter Band der Romantrilogie *Die Schlafwandler* (i.e. *Pasenow oder die Romantik*, 1931) wiederholt als ein Roman im »Fontane-Stil« betrachtet wird, verbittet sich ausdrücklich, unter die »Fontane-Walze« zu kommen, und bekennt: »niemals vermochte ich Fontane zu lesen« (1971, Nr. 97, 92; A. BERTSCHINGER, 1982, S. 12). Robert MUSIL, der nachweislich spätestens 1918 »vieles von Fontane gelesen« (an A. MARCOVALDI, 19. 10. 1918, in: 1981, S. 162) hat, notiert um 1906 in den ersten Skizzen zu *Tonka*, daß er in dieser Novelle eine ambivalente Darstellungsweise anstrebt, wie Fontane sie in einer Passage der *Poggenpuhls* verwirklicht habe (1983, S. 101); sieht man von dieser frühen Ausnahme ab, so zählt auch MUSIL den alten Fontane zu keiner Zeit zum Kreis der Autoren, die er in irgendeiner Weise als Vorbild betrachtet.

Alfred DÖBLIN schließlich beschränkt sich nicht auf die einfache Nichtachtung. Fontanes 100. Geburtstag veranlaßt ihn zu einer polemischen Glosse gegen einen Autor, den man »wie ein liebes Stück Hausrat in der Wohnung« habe. Der überzeugte Republikaner DÖBLIN sieht Fontane fest »im Milieu des Hohenzollerschen Bürgers von 1880–90, eines fatalen Typus«, verwurzelt und erklärt ihn zum schreibenden Repräsentanten einer im November 1918 untergegangenen philiströsen Epoche: »Die Großstadt, die mächtige anonyme, wuchs, er sah sie nicht, er liebte nicht, protestierte nicht, fand sich ab: ›alles verstehen‹. Etwas Bitterkeit schmilzt zu Elegie, zuletzt scherzt man und verehrt, natürlich mit Einwänden, ›beinah‹, nur nicht übertreiben, es wird überall mit Wasser gekocht, um 9 Uhr geht alles zu Bett.« (Der deutsche Maskenball von Linke Poot, in: 1972, S. 82f.).

Mit seiner unmittelbar nach der Revolution von 1918 vorgenommenen Verurteilung Fontanes als Antityp des fortschrittlichen Künstlers und Statthalter eines zweiten deutschen Biedermeier befindet sich DÖBLIN in deutlichem Gegensatz zu dem Bild, das rund dreißig Jahre später der wohl seinerseits zu den schärfsten Kritikern des preußischen Untertanengeistes zählende H. MANN entwirft. Nicht das vernichtende Urteil DÖBLINS, sondern MANNS eingangs zitierte Bewertung Fontanes als Begründer einer modernen Form von Realismus, die »das gültige, bleibende Dokument einer Gesellschaft, eines Zeitalters« überliefert, findet sich denn auch bei einigen der jüngeren Schriftsteller wieder, die für die Entwicklung des deutschen Romans nach dem Scheitern der Weimarer Republik, der Barbarei des Nationalsozialismus und den Schrecken des Zweiten Weltkrieges von Bedeutung sind.

Selbst wenn Arno SCHMIDT nicht zur Gruppe der Kollegen gehört, die sich wie z.B. Werner BERGENGRUEN, Georg BRITTING, Erich KÄSTNER, Wilhelm LEHMANN und Heimito von DODERER in den fünfziger Jahren ausdrücklich »Für Fontane« aussprechen (B. SPANGENBERG, 1969, 1976), hat er doch wohl Fontanes berühmte Betrachtungen über den »modernen Roman« als »Zeitbild« (III.1.319) im Blick, wenn er seinerseits fordert, daß jeder Dichter die »Nessel Wirklichkeit« (1988, S. 317) fest anfassen und in seinem Leben zumindest »eines« leisten solle: »ein Bild der Zeit uns zu hinterlassen, in der er lebte!« (1990, S. 63; D. KUHN, 1993).

Die Form des Zeitromans, die SCHMIDT selbst so konsequent nur in dem zwischen 1954 und 1955 geschriebenen »historischen Roman aus dem Jahre 1954« *Das steinerne Herz* verwirklicht, bestimmt den Schreibansatz des Schriftstellers Uwe JOHNSON bekanntlich ein Leben lang. »Der Roman muss die Historie einer Zeit enthalten, in nicht historischer Form« (E. FAHLKE, 1988, S. 62), fordert JOHNSON und beruft sich auf Fontane als Vorbild. So erläutert er z.B. in einem in den siebziger Jahren geführten Gespräch:

> Wenn wir wissen wollen, was unsere Vergangenheit in den letzten vierzig Jahren des 19. Jahrhunderts ist, dann werden wir eben nicht mehr vordringlich zu Bismarck greifen oder zu Bülows oder zu

Caprivis und zu Bethmann-Hollwegs Erinnerungen, wir werden
Fontane lesen, und da werden wir ein Bild der Gesellschaft bekommen,
wo die konkreten Einzelheiten und das Verhalten der Personen
uns viel mehr überzeugen. Und das wird dann allmählich unser 19.
Jahrhundert werden. (1976, S. 435)

Mit Hilfe einer im Vergleich zu Fontane entschieden radikalisierten
Form von »Mutmassungsprosa«, die auf die »Manieren der Allwissenheit«
(1975, S. 20) konsequent verzichtet und neben einer
ausgefeilten Leitmotivtechnik eine u. a. an William FAULKNER orientierte,
verschiedene Zeitebenen und Figurenperspektiven kommentarlos
kombinierende Erzählweise nutzt, will auch JOHNSON
künftigen Lesern vermitteln, »wie wir zu unserer Zeit gelebt haben,
wie die Verhältnisse zu unserer Zeit waren« (E. FAHLKE, 1988,
S. 213). In diesem Sinne setzt er dem hochgeschätzten Fontane in
seiner Romantetralogie *Jahrestage. Aus dem Leben von Gesine Cresspahl*
(1970–1983) ein berühmtes Denkmal (E. BRÜGGEMANN, 1988;
I. GERLACH , 1988; B. PLACHTA, 1996; S. SCHÖNBORN, 2000):

Im Rahmen ihrer vielen Erinnerungen an die mecklenburgische
Heimat erzählt die 1962 in die USA ausgewanderte Gesine
ihrer Tochter Marie im letzten Band der *Jahrestage*, am 2. 8. 1968,
vom Deutschunterricht des Praktikanten Matthias Weserich im
Schuljahr 1950/51. Hauptgegenstand von Weserichs Unterricht ist
die Lektüre von Fontanes *Schach von Wuthenow* . »Und wir hatten
bei ihm das Deutsche lesen gelernt« (1983, S. 1707), so resümiert
Gesine das Ergebnis einer detaillierten, rund sieben Monate währenden
Textarbeit, deren Darstellung dem Autor JOHNSON nicht
zuletzt dazu dient, zugleich sein eigenes Ideal von Literatur zu entwickeln.
Denn auch für JOHNSONs Schreibweise ist von Bedeutung,
was Lehrer und Schüler dank einer exemplarischen, philologisch
genauen Lektüre des *Schach von Wuthenow* ermitteln: die
Entfaltung von Charakteren aus einem historisch, gesellschaftlich
und geographisch konkret lokalisierten Umfeld, verbunden mit
dem besonderen Interesse für heimatkundliche Details und den
wirklichkeitsgetreu wiedergegebenen Dialekt einzelner Figuren;
die Verschmelzung von sorgfältig recherchiertem historischen
Material und einer erfundenen Wirklichkeit, zu deren Bauelementen
auch fiktive Schauplätze gehören; und schließlich eine
Form der Erzählung, die den Leser für mündig erklärt, ihm einen
weiten Auslegungsspielraum eröffnet und ihn zum genauen und
langsamen Lesen animiert.

Statt das einfache Erklärungsmuster einer ›objektiven‹ historischen
Wahrheit zu kolportieren, konfrontiert die am Beispiel von

Fontanes *Schach von Wuthenow* charakterisierte Form von Realismus ihren Leser mit einem komplexen, zahlreiche Widersprüche einschließenden Bild der historischen Wirklichkeit. Daß die eigenständige Auseinandersetzung mit einem solchen Bild einen kritischen Geist befördern und auch den Blick für die eigene Gegenwart schärfen kann, wird am Beispiel der *Schach*-Lektüre von Weserich und seinen Schülern ebenso vorgeführt wie die ernsthafte Gefahr, die demgegenüber ein dogmatischer Wirklichkeits- und Literaturbegriff für das Leben des Individuums bedeutet. Den Praktikanten Weserich jedenfalls veranlaßt Georg LUKÁCS' Aufsatz »Der alte Fontane«, den ein Schüler in provozierender Absicht im Unterricht vorliest, die Lektüre des von dem »amtierenden Fachmann für sozialistische Theorie in der Literatur« (JOHNSON, ebd., S. 1706) als ein »Glücksfall« (LUKÁCS, Der alte Fontane, in: SuF 2, 1951, S. 88) gewerteten *Schach von Wuthenow* abzubrechen und seine Flucht aus einem Staat vorzubereiten, der im Zeichen des Aufbaus einer besseren, sozialistischen Gesellschaft gegründet wurde und der in Wirklichkeit – wie die Schauprozesse gegen Mitschüler Gesines und andere Repressalien bald bestätigen – auf dem besten Wege ist, zu einem totalitären Unrechtsstaat zu verkommen.

In dem »einen deutschen Drittelstaat« (JOHNSON, 1974, S. 172), in dessen Zentrum sich die geographische Heimat Fontanes nach der Teilung Deutschlands befindet, wird der als »Republikflüchtling« und »Subjektivist« gebrandmarkte JOHNSON lange Zeit totgeschwiegen. Eine erklärte Anknüpfung an das von JOHNSON gezeichnete Bild Fontanes als Wegbereiter einer poetologisch zeitgemäßen Form von literarischem Realismus, die auch die Unübersichtlichkeit der modernen Welt zu erfassen vermag, ist im Rahmen der im DDR-Sozialismus herrschenden Verhältnisse naturgemäß kaum möglich. Wenn überhaupt, so sind hier nur einige der kritischen Darstellungen von typischen Konflikten im realsozialistischen Alltagsleben Fontane verpflichtet (S.-A. JØRGENSEN, 1981). Sie setzen seine Form von Realismus in einem vergleichsweise traditionellen Sinne fort, indem sie, wie etwa die Zeitromane des ausgewiesenen Fontane-Kenners Günter de BRUYN, ausgewählte Grundmotive Fontanes aufgreifen (*Neue Herrlichkeit*, 1984, z.B. das Motiv der Mesalliance) und ihre Beschreibung der zeitgenössischen alltäglichen Lebenswirklichkeit und der Abhängigkeit von Individuum und Gesellschaft mit ausgeprägtem Detailrealismus, psychologisch genauer Beobachtung und einem gewissen humoristischen Erzählton verbinden.

Nach dem Fall der Mauer im November 1989 erleben Fontanes Werke in den alten Bundesländern der Bundesrepublik einen großen Aufschwung, dessen Auswirkungen der im Rahmen seiner Dissertation *Der Held und sein Wetter* bereits als Fontane-Forscher hervorgetretene Friedrich Christian DELIUS in der Wendeerzählung *Die Birnen von Ribbeck* (1991) am Beispiel des Verhaltens von West-Besuchern in dem Dorf Ribbeck illustriert. Die Erzählung bestätigt den fast ›mythischen‹ Charakter, den die Gestalt Fontanes unterdessen angenommen hat. Ungleich ambitionierter als DELIUS greift schließlich Günter GRASS auf das Werk und die Person Fontanes zurück, um die Ereignisse der deutschen Wiedervereinigung in einer Art gewaltigem Panorama zu erfassen.

GRASS, der sich selbst immer als ein Schüler DÖBLINS verstand, beginnt seine literarische Auseinandersetzung mit Fontane in den achtziger Jahren. In *Zunge zeigen*, dem Dokument eines längeren Indienaufenthaltes, bemerkt er eingangs, daß »Theodor Fontane [...] jetzt dazu›gehört‹, nicht aufdringlich, aber oft ungerufen« (1988, S. 25), berichtet von dem Besuch des Victoria Memorial Museums und den Gesprächen, in die sich der ehemalige »Presseattaché« der preußischen Gesandtschaft in London mit Plaudereien über die Geschichte des britischen Empire einmischt (ebd., S. 27f., 73 f.), und erzählt von seiner Eifersucht auf den »vielzitierten Kollegen« Fontane, mit dem seine Frau offenbar ein »Verhältnis« (ebd., S. 17, 21) hat.

Nach der »Wende« von 1989 macht GRASS das, was in *Zunge zeigen* bereits im Kern gestaltet ist, nämlich die Wahrnehmung von gegenwärtigen Ereignissen im Licht historischer Kommentare Fontanes, zur Grundlage eines politischen Zeitromans. Auf der Basis einer sorgfältigen Lektüre des Gesamtwerks Fontanes und der Recherchen von zwei Helfern, die unauffällig das umfangreiche Material des Fontane-Archivs in Potsdam sondierten (C.-U. BIELEFELD, 1996), entwirft GRASS in *Ein weites Feld* eine hochartifizielle Konstruktion (H. KÜGLER, 1995; J. OSINSKI, 1996). Das umfassende historische Wissen eines aus den Mitarbeitern des Fontane-Archivs gebildeten Erzähler-Kollektivs und die Kunstfigur des als Reinkarnation Theodor Fontanes konzipierten Fontane-Fachmanns Theo Wuttke alias Fonty erlauben GRASS im wesentlichen zweierlei: zum einen die Entfaltung eines zyklischen, von Sprüngen und Wiederholungen geprägten Geschichtsbildes, in dessen Rahmen GRASS zahlreiche Szenen der deutschen Geschichte zwischen der Märzrevolution von 1848 und der Nachwendezeit miteinander konfrontiert; zum anderen eine Art literarische Biographie des im Roman durchgängig nur mit Antonomasien wie etwa der »Unsterbliche« bezeichneten Fontane, die ein umfassendes, aus Fakten und Fiktionen zusammengesetztes Bild von dessen Leben und Schaffen gibt. Die Figur der jungen Französin Madeleine Aubron, die eine Magisterarbeit über die »kunstvolle Verknüpfung von Motiven« (GRASS, 1995, S. 441) bei Fontane schreibt, ermöglicht es GRASS überdies, ein für Fontanes Erzählkunst typisches Verfahren in den Blick zu rücken, das auch die Struktur seines eigenen Romans bestimmt – man denke etwa an die beiden leitmotivisch wiederkehrenden Bilder des als »der Überraschungskünstler unter den Wasservögeln« (ebd., S. 163) bezeichneten Haubentauchers und des über zwei »Wendepunkte« hinweg »gebetsmühlenhaft« auf und ab fahrenden Paternosters (ebd., S. 75f.).

GRASS' umstrittenen Roman mag man, wie manche Kritiker, als eine »Kopfzangengeburt«, ein Werk künstlerischer Überanstrengung bewerten, in dem viel von Fontane die Rede ist, ohne daß in seinem Geist gesprochen würde. Wie aber spricht sich heute in dem nach vielen Katastrophen wiedervereinten Deutschland im »Geiste« eines in ästhetischen *und* politischen Angelegenheiten so aufmerksamen Zeitgenossen des 19. Jahrhunderts, eines Schriftstellers, der die Ereignisse vor und nach der Gründung unseres Nationalstaates wohl so genau wie wenige andere beobachtet und verarbeitet hat und dessen Form von literarischem Realismus nahezu nahtlos in die Moderne hinüberleitet? Der vorliegende Rückblick legt jedenfalls nahe, daß hier ganz unterschiedliche Antworten möglich sind und daß auch die Schriftsteller des 21. Jahrhunderts immer wieder neu an Fontane anknüpfen werden.

MICHAEL SCHEFFEL

Primärliteratur

H. BROCH, Gesammelte Werke, Bd. 6: *Essays* I, hg. von H. ARENDT, Zürich 1955. – T. MANN, Briefe 1889–1936, Frankfurt am Main 1961. – Ders., Briefe 1937–1947, Frankfurt am Main 1963. – H. MANN, Briefe an Karl Lemke und Klaus Pinkus, Hamburg 1964. – A. SCHNITZLER, Aphorismen und Betrachtungen, Frankfurt am Main 1967. – H. BAHR, Zur Überwindung des Naturalismus. Theoretische Schriften 1887–1904, ausgewählt, eingeleitet und erläutert von G. WUNBERG, Stuttgart u.a. 1968. – H. BROCH, Briefwechsel mit Daniel Brody, 1930–1951, hg. von B. HACK u. M. KLEISS, Frankfurt am Main 1971. – A. DÖBLIN, Ausgewählte Werke in Einzelbänden, [...] hg. von W. MUSCHG, weitergeführt von H. GRABER, Olten/Freiburg i. Br. 1972. – U. JOHNSON, Mutmaßungen über Jakob, Frankfurt am

Main 1974. – T. MANN, Gesammelte Werke, 13 Bde., Frankfurt am Main 1974. – U. JOHNSON, Berliner Sachen. Aufsätze, Frankfurt am Main 1975. – T. MANN, Briefe an Otto Grautoff 1894–1901 und Ida Boy-Ed 1903–1928, hg. von P. DE MENDELSSOHN, Frankfurt am Main 1975. – Ders., Gesammelte Werke, hg. von A. FRISÉ, Reinbek 1978. – H. MANN, Briefe an Ludwig Ewers 1889–1913, Berlin/Weimar 1980. – F. NIETZSCHE, Werke in sechs Bänden, hg. von K. SCHLECHTA, München 1980. – R. MUSIL, Briefe 1901– 1942, Reinbek 1981. – Ders., Tagebücher, hg. von A. FRISÉ, Reinbek 1983. – T. MANN, Dichter über ihre Dichtungen: Bd. 14/I: Thomas Mann, hg. von H. WYSLING unter Mitwirkung von M. FISCHER, München 1981. – U. JOHNSON, Jahrestage 4, Frankfurt am Main 1983. – A. SCHNITZLER, Tagebuch 1913–1916, Wien 1983. – Ders., Tagebuch 1917–1919, Wien 1985. – G. GRASS, Zunge zeigen, Darmstadt 1988. – Uwe Johnson im Gespräch, hg. von E. FAHLKE, Frankfurt am Main 1988. – A. SCHMIDT, Aus dem Leben eines Fauns, Bargfelder Ausgabe, Werkgruppe I, Bd. 1, Zürich 1988. – Ders., Der sanfte Unmensch [Einhundert Jahre »Nachsommer«], in: Bargfelder Ausgabe, Werkgruppe II, Bd. 2, Zürich 1990. – G. GRASS, Ein weites Feld, Göttingen 1995.

Sekundärliteratur

K. DIEDENHOFEN, Theodor Fontane und Thomas Mann. Eine vergleichende Untersuchung als Beitrag zu den Problemen der Ironie und der Bedeutung des intellektuellen Elements in der Literatur, Diss. Masch. Bonn 1951. – S. SCHRÖTER, Anfänge Heinrich Manns. Zu den Grundlagen seines Gesamtwerks, Stuttgart 1965. – O. SEIDLIN, Der junge Joseph und der alte Fontane, in: Festschrift für R. Alewyn, hg. von H. SINGER/B. VON WIESE, Köln/Graz 1967, S. 384–391. – Fontane oder wie geht es weiter. Die Aktualität Fontanes, hg. v. B. Spangenberg, in: Diagonale 1969, 9, S. 10–26. – J. SEYPPEL, Hommage à Heinrich Mann. Über sein Verhältnis zu Fontane. Ein Versuch, in: Heinrich Mann am Wendepunkt der deutschen Geschichte, hg. von der Dt Akademie zu Berlin, Berlin/Weimar 1971, S. 206–209. – R. SCHWEIZER, Thomas Mann und Theodor Fontane. Eine vergleichende Untersuchung zu Stil und Geist ihrer Werke, Zürich 1971. – H. DITTBERNER, Die frühen Romane Heinrich Manns. Untersuchungen zu ihrer szenischen Regie, Göttingen 1972. – K. MOMMSEN, Gesellschaftskritik bei Fontane und Thomas Mann, Heidelberg 1973. – H. DITTBERNER, Literarische Einflüsse im Werk Heinrich Manns, in: H. D., Heinrich Mann. Eine kritische Einführung in die Forschung, Frankfurt am Main 1974, S. 76–97. – H. R. VAGET, 1975, s.u. 4.2.3. – M. DURZAK, Gespräche über den Roman. Formbestimmungen und Analysen, Frankfurt am Main 1976. – Für Fontane. Eine Umfrage und die Antworten […]. Zusammengestellt und vorgelegt von B. SPANGENBERG, München 1976. – W. PSAAR, Alonzo Gieshübler und der kleine Herr Friedemann: Versuch einer Grenzbestimmung, in: Der Deutschunterricht, 28, (1976), S. 35–57. – H. OHL, »Verantwortungsvolle Ungebundenheit«: Thomas Mann und Fontane, in: Thomas Mann. 1875–1975. Vorträge in München-Zürich-Lübeck, hg. von B. BLUDAU u.a.,

Frankfurt am Main 1977, S. 331–348. – G. MICHIELSEN, 1978, s.u. 3.1.1. – K. MOMMSEN, 1978, s.u. 3.1.7. – E. ESTER, 1979, s.u. 4.2.3. – S.-A. JØRGENSEN, »Doch die Verhältnisse, sie sind nicht so!« Zur Fontanerezeption in einigen DDR-Romanen, in: Literaturwissenschaft und Geistesgeschichte, Festschrift für R. BRINKMANN, hg. von J. BRUMMACK u.a., Tübingen 1981, S. 913–823. – R. S. STRUC, Zu einigen Gestalten in »Effi Briest« und »Buddenbrooks«, in: Seminar 17, 1981, S. 35–49. – A. BERTSCHINGER, Hermann Brochs »Pasenow«, ein künstlicher Fontane-Roman? Zur Epochenstruktur von Wilhelminismus und Zwischenkriegszeit, Zürich/München 1982. – M. SWALES, Schnitzler als Realist, in: Literatur und Kritik, 161, 1982, H. 2., S. 52–61. – R. PUSCHMANN, Magisches Quadrat und Melancholie in Thomas Manns »Doktor Faustus«, Bielefeld 1983. – H. R. VAGET, Thomas Mann. Kommentar zu sämtlichen Erzählungen, München 1984. – J. BORN, Kafkas Bibliothek. Ein beschreibendes Verzeichnis, Frankfurt am Main 1990. – W. SCHWAN, Der Apotheker Gieshübler und der Makler Gosch. Eine Untersuchung zu zwei Nebenfiguren aus Fontanes »Effi Briest« und Thomas Manns »Buddenbrooks«, in: Das Subjekt in der Dichtung, Fs für G. Kaiser, hg. von G. BUHR u.a., Würzburg 1990, S. 309–328. – H. OHL, Zeitgenossenschaft. Arthur Schnitzler und Theodor Fontane, in: Jb FDH (1991), S. 262–307. – E. BRÜGGEMANN, Uwe Johnson liest mit einer Schulklasse Fontanes »Schach von Wuthenow«, in: FBl H. 54, (1992), S. 123–127. – I. GERLACH, »Und wir hatten bei ihm das Deutsche lesen gelernt.« Die »Schach-von-Wuthenow«-Episode aus Uwe Johnsons »Jahrestagen«, in: DD, H. 125 (Juni 1992), S. 255–262. – D. KUHN, Ein paar Fragen zur Prosatheorie Arno Schmidts. Mit einem Seitenblick auf Theodor Fontane und Uwe Johnson, in: Bargfelder Bote, 175, (1993), S. 3–18. – H. THOMÉ, 1993, s.u. 3.1.4. – H. KÜGLER, »In Deutschland ist keine Bleibe mehr«. Zur Zeitkritik und zur Fontanerezeption in Günter Grass' neuem Roman »Ein weites Feld« – ein Lektürevorschlag, in: DD, H. 144, (1995), S. 301–304. – H. H. REMAK, Theodor Fontane und Thomas Mann. Vorbereitende Überlegungen zu einem Vergleich, in: FBl H. 59, (1995), S. 102–122. – C.-U. BIELEFELD, G. GRASS, D. STOLZ, »Der Autor und sein verdeckter Ermittler«. Ein Gespräch, in: Literarisches Colloquium Berlin, 139, (1996), S. 289–314. – J. OSINSKI, Aspekte der Fontane-Rezeption bei Günter Grass, FBl H. 62, (1996), S. 112–126. – B. PLACHTA, Geschichte und Gegenwart. Theodor Fontanes »Schach von Wuthenow« in Uwe Johnsons »Jahrestagen«, in: Euph 90 (1996), S. 206–218. – D. BORCHMEYER, Fontane, Thomas Mann und das ›Dreigestirn‹ Schopenhauer – Wagner – Nietzsche, in: Theodor Fontane und Thomas Mann. Die Vorträge des Internationalen Kolloquiums in Lübeck 1997, hg. von E. HEFTRICH u.a., Frankfurt am Main 1998, S. 217–248. – P. PÜTZ, »Der Geist der Erzählung‹. Zur Poetik Fontanes und Thomas Manns.« In: ebd. S. 99–112. – M. SWALES, »»Nimm doch vorher eine Tasse Tee …‹. Humor und Ironie bei Theodor Fontane und Thomas Mann«, in: ebd., S. 135–148. – H. R. VAGET, Fontane, Wagner, Thomas Mann. Zu den Anfängen des modernen Romans in Deutschland, in: ebd., S. 249–274. – R. WIMMER, Theodor Fontane und Thomas Mann im Dialog, in: ebd., S. 113–134. – M. SCHEFFEL, »Der Weg ins Freie« – Figuren der

Moderne bei Theodor Fontane und Arthur Schnitzler, in: Jahrhundert III, 2000, S. 253–265. – S. SCHÖNBORN, Das Erbe der Melusine. Der literarische Dialog zwischen Uwe Johnsons »Jahrestagen« und Theodor Fontanes »Schach von Wuthenow«, in: ebd., S. 227–241.

Die Mitarbeiter

Prof. Dr. Hugo AUST, geboren 1947 in Breslau, Promotion 1974, Habilitation 1981, lehrt Neuere Deutsche Literatur und ihre Didaktik an der Universität zu Köln. Seine Forschungsschwerpunkte sind die Geschichte der Novelle, des historischen Romans und des Volkstheaters sowie die Literatur des Realismus und die Theorie des Lesens.

PD Dr. Roland BERBIG, geboren 1954 in Quedlinburg, Promotion 1981, Habilitation 1994, lehrt seit 1984 an der Humboldt-Universität zu Berlin deutsche Literaturgeschichte und leitet seit 1993 das Archiv für Regionalliteratur am Institut für deutsche Literatur. Zahlreiche Untersuchungen und Editionen zur deutschen Literatur des 19. und 20. Jahrhunderts mit Schwerpunkt auf Theodor Fontane, Uwe Johnson und literarischem Leben.

Prof. Dr. Joachim BIENER, geb. 1924 in Königstein/Sächsische Schweiz, Promotion 1954, Habilitation 1973, war von 1953 bis 1986 als Dozent an der Pädagogischen Hochschule Leipzig tätig, von 1994 bis 1997 Gastdozent am Herder-Institut der Universität Leipzig. Seine Forschungsschwerpunkte sind kritischer bürgerlicher Realismus, Geschichte der Literatur- und Theaterkritik. 1975 bis 1994 Autor und Redaktionsmitglied der »Fontane-Blätter«.

Prof. Dr. Helen CHAMBERS, geboren 1947 in Glasgow/GB, Promotion 1978, war seit 1972 an der University Leeds (England) tätig. Seit 1999 ist sie Professor of German an der Universität St. Andrews (Schottland). Forschungsschwerpunkte sind deutsche Erzählliteratur im 19. und 20. Jahrhundert und deutsch-englische literarische Beziehungen. Neuübersetzung von »Effi Briest« gemeinsam mit Hugh Rorrison 1995.

Prof. Dr. Daragh DOWNES, geboren 1972, Studium der Germanistik und Anglistik in Dublin und Konstanz, 1995 Scholar of the University of Dublin. Schließt gegenwärtig seine Dissertation »The Fear and the Trembling of Malte Laurids Brigge« ab. Unter anderem Publikationen zu Rilke, Kleist und Brentano.

Prof. Dr. Walter ERHART, geboren 1959 in Augsburg, Promotion 1990, Habilitation 1996, seit 1997 Professor für deutsche Literaturwissenschaft und Literaturtheorie in Greifswald. Monographien und Aufsätze zur deutschen und europäischen Literatur vom 18. bis zum 20. Jahrhundert. Forschungsschwerpunkte sind Reiseliteratur, Gender studies, Literatur- und Medizingeschichte und Geschichte der Germanistik.

Dr. Gotthard ERLER, geboren 1933 in Meerane, Promotion 1978 in Greifswald, nach editorischer und publizistischer Tätigkeit war er seit 1964 Lektor, seit 1991 Cheflektor und von 1992 bis 1998 Geschäftsführer beim Berliner Aufbau-Verlag. Zahlreiche Arbeiten und Editionen vor allem zu Fontane, seit 1994 Herausgeber der Großen Brandenburger Ausgabe.

Dr. Hans ESTER, geboren 1946 in Utrecht/Niederlande, Studium der Germanistik und der Theologie in Amsterdam, Johannesburg und Tübingen. Promotion 1975 über Fontane. Lehrt Vergleichende Kunstwissenschaft an der Universität Nijmegen. Publikationen über allgemeine Fragen der Hermeneutik und über deutschsprachige und südafrikanische Literatur.

Prof. Dr. Christian GRAWE, geboren 1935 in Stettin, Promotion 1966, lehrt Germanistik an der University of Melbourne in Australien. Veröffentlichungen über deutsche Literatur seit 1770, vor allem über Theater der Goethezeit, Schillers Nachruhm, Theodor Fontane, und Jane Austen, deren sechs Romane er mit Ursula Grawe ins Deutsche übersetzte.

Prof. Dr. Hans Otto HORCH, geboren 1944 in Lörrach, Promotion 1974, Habilitation 1984, ist seit 1992 Professor für deutsch-jüdische Literaturgeschichte (»Ludwig-Strauß-Professur«) an der RWTH Aachen. Forschungsschwerpunkte sind deutsch-jüdische Literaturgeschichte, Erzählprosa des Realismus und Lyrik der Moderne.

Prof. Dr. emer. Charlotte JOLLES, geboren 1909 in Berlin, Promotion 1936 in Berlin, M.A. in London 1947. Unterrichtete nach mehrjähriger Tätigkeit von 1955 an Neuere deutsche Literatur am Birckbeck College der Universität London. Ihr Forschungsschwerpunkt ist Theodor Fontane.

Prof. Dr. Dr. Manfred JURGENSEN, geboren 1940 in Flensburg, Promotion 1968, von 1968 bis 1999 Ordinarius für Germanistik an der University of Queensland. Gegenwärtig Gastprofessur an der University of Florida. Zahlreiche Monographien und Studien zur literarischen Ästhetik und deutschen Literatur des 20. Jahrhunderts.

Dr. Wieńczysław A. NIEMIROWSKI, geboren 1959 in Chelm/Polen, Promotion 1999, seit 1990 Mitarbeiter am Lehrstuhl für Germanistik der Marie-Curie-Skladowska-Universität in Lublin.

Dr. Stefan NEUHAUS, geboren 1965 in Wimbern/Westfalen, Studium der Germanistik und Journalistik, Promotion 1996, seither wissenschaftlicher Assistent an der Universität Bamberg. 1999 Visiting Assistant Professor an der University of the South, Sewanee/Tennessee. Publikationen zu Theodor Fontane, Ernst Toller und Erich Kästner, zur Reiseliteratur, zu Fragen der Rezeption und zur Gattungstheorie.

Prof. Dr. Helmuth NÜRNBERGER, geboren 1930 in Brüx/Böhmen, Promotion und Habilitation in Hamburg, lehrte Neuere Deutsche Literaturwissenschaft an der Bildungswissenschaftlichen Hochschule Flensburg und an der Universität Hamburg und ist seit 1990 Vorsitzender der Theodor-Fontane-Gesellschaft. Er ist (mit W. Keitel) Herausgeber der großen Fontane-Werkausgabe (*Werke, Schriften und Briefe*). Seine Forschungsschwerpunkte sind Fontane sowie die deutsche und österreichische Literatur des 19. und 20. Jahrhunderts.

Prof. Dr. Dr. John OSBORNE, geboren 1938 in Lincoln/GB, Promotion 1966, seit 1979 Professor für Neuere Deutsche Literaturwissenschaft an der Universität Warwick/GB. Mehrere Monographien und Aufsätze zur deutschen Literatur und Theatergeschichte des 18. und 19. Jahrhunderts.

PD Dr. Bettina PLETT, geboren 1957, Promotion 1985, Habilitation 2000, lehrt Neuere Deutsche Literaturwissenschaft und Fachdidaktik an der Universität zu Köln. Ihre Forschungsschwerpunkte sind Literatur des Realismus, DDR-Literatur, Narrativik und Mentalitätsgeschichte.

Prof. Dr. Karl RICHTER, geboren 1936 in Warnsdorf, Promotion 1966, Habilitation 1970, seit 1973 Professor für Neuere Deutsche

Literaturwissenschaft an der Universität des Saarlandes. Forschungsschwerpunkte sind die Lyrik des 17. und 18. Jahrhunderts, Goethe, Roman des 19. Jahrhunderts, Fontane, Beziehungen zwischen der Geschichte der Literatur und der Geschichte der Naturwissenschaften.

Prof. Dr. emer. Eda SAGARRA, geboren 1933 in Dublin, Promotion 1957, 1958 bis 1975 Dozentin der Germanistik an der Universität Manchester, 1975 bis 1998 Lehrstuhlinhaberin am Trinity College Dublin. Vorsitzende der Irish Research Council for the Humanities and Social Sciences. Ihr Forschungsgebiet ist die Sozialgeschichte der neueren deutschen Literatur.

PD Dr. Michael SCHEFFEL, geboren 1958 in Frankfurt am Main, Promotion 1988, Habilitation 1995, war als Vertretungs- und Gastprofessor unter anderem an den Universitäten von Coimbra, Dublin, Frankfurt a.M., Pècs und Birmingham tätig und lehrt derzeit Neuere Deutsche Literatur an der Universität Göttingen. Zu seinen Forschungsschwerpunkten zählen die deutschsprachige Literatur des 19. und 20. Jahrhunderts, die Narratologie sowie Fragen der Allgemeinen und Vergleichenden Literaturwissenschaft.

Dr. Franz SCHÜPPEN, Studiendirektor i.R., 1930 in Herne geboren, Gymnasiallehrer seit 1954, von 1960 bis 1995 in Bochum. Promotion 1979 in München. Bücher, Aufsätze, Rezensionen und Tagungsorganisationen zu Literatur- und Geistesgeschichte, besonders des 19. Jahrhunderts.

Dr. Dietmar STORCH, geboren 1937 in Berlin, Promotion 1971. Seit 1984 Mitglied der Historischen Kommission für Niedersachsen und Bremen. Bis 1997 als leitender Regierungsdirektor in der Niedersächsischen Landeszentrale für politische Bildung in Hannover verantwortlich für Publikationen. Veröffentlichungen zur Geschichte und Literatur des 18. und 19. Jahrhunderts.

Dr. Heide STREITER-BUSCHER, geboren 1938 in Remscheid. Promotion 1968. Freie Literaturwissenschaftlerin. Zahlreiche monographische Arbeiten zur Literatur und Kunst. Herausgeberin der »Unechten Korrespondenzen« Theodor Fontanes (1996).

Prof. emer. Jörg THUNECKE, geboren 1941 in Hamburg, Magister 1965, von 1970 bis 1997 als Germanist an der Nottingham Trent

University in England als Senior Lecturer tätig, seit 1998 als Dozent an der Westdeutschen Akademie für Kommunikation in Köln. Forschungsschwerpunkte sind deutsche realistische Literatur (Raabe und Fontane) sowie Exilliteratur.

REGISTER

Personenregister

Adami, F. 869
Adenauer, K. 993
Adorno, T. W. 571
– The Authoritarian Personality 569
Aegidi, C. L. 207
Alberti, K. 277
Albrecht, Erzherzog von Österreich 134
Alexander II., Zar von Rußland 117, 166
Alexis, W. 78, 193, 205, 242, 260, 314, 324f, 432, 495f, 753, 882, 908–910
– Ruhe ist die erste Bürgerpflicht 421
Altrichter, D. 995
Andreas-Salomé, L. 402, 671, 676
Antonioni, M. 999
Arany, J. 977
Arc, J. d' 71
Ardenne, E. v. 636, 639, 646
Aristoteles 412
Arndt, E. M. 104, 669
– Wanderungen in und um Godesberg 824
Arnim, A. v. 314
Arnim, B. v. 104, 753
Arnim, H. Graf v. 151f
Arnold, M. 675
Arragon, M. 8
Assmann, A. 1001, 1005
Auber, F. 114
– Die Stumme v. Portici 114
Auerbach, B. 242, 270, 294
Auerbach, E. 944
Austen, J. 671

Bachmann, J. 242, 889
Bachmeister, A.: Alemannische Wanderungen 824

Bäumler, J. M. 519
Bahr, H. 277, 1009
Bakunin, M. 150, 791
Balász, B. 983
Ballin, A. 178
Balzac, H. de 306, 473, 966, 971, 984, 987, 993
Bantzer, C. 994
Barthélmy, J. P. 407
Battenberg, A. v. 165
Baudissin, U.: Fünfundzwanzigtausend Taler 870
Bauer, E. 50, 258
Bayer, C. 45
Bebel, A. 149, 159, 672
Bechstein, L. 249
Becker, K. F. 17
Beckett, S.: Krapp's Last Tape 633
Beer, M.: Der Paria 289
Benn, G. 966
Bergengruen, W. 1017
Béringuier, P. 274f
Berkeley, G. 394
Bernstein, E. 150
Bernstorff, A. Graf v. 49, 51, 196
Beta, H. 50f, 258
Bethmann-Hollweg, M. A. v. 244
Beutner, T. 58, 68, 212f, 799
Biedermann, K. 218
Bienenstein, K. 922
Bienert, G. 997
Bientz, J. L. 15, 18
Bierbaum, O. J. 230, 232
Biermann, W. 1002
Bildt, P. 988
Binder, R. 31, 220f, 259
Bischoff, M. E. 9
Bismarck, O. v. 42, 58, 60, 72, 103, 111, 117–119, 128f, 131, 134–137, 139f, 142–144, 146–154, 157–159, 161–163, 165, 167, 169–

171, 175f, 179, 181, 187f, 211, 301, 474, 479, 531, 537, 561, 582, 636, 664f, 688, 702, 729, 778–780, 794, 802–804, 930, 933, 950, 990, 997f, 1017
- Gedanken und Erinnerungen 125
Bleibtreu, C. 81, 914
Bleichröder, G. v. 179, 299
Bleuler, E. 294
Bloch, E. 677
Blomberg, H. v. 265, 268
Blum, R. 31, 220f, 260
Blumenhagen, L. 996
Blumenthal, O. 869
Bode, W. v. 231
Bodenhausen, E. v. 230–232
Bodenstedt, F. 207, 253
Böcklin, A. 663, 665, 675f
Boeckmann, W.: Briefe an seine Frau 307
Böhlau, H. 249
- Die alten Leutchen 26
Böll, H. 990
Bölsche, W. 920f
Börne, L. 691
Böwe, K. 1003
Bonaparte, L. 11
Bora, K. v. 542
Borchert, W. 992, 1001
Bormann, K. 256, 263f, 273
Borsig, A. 120, 275
Boulanger, G. 165
Boy-Ed, I. 249
Boyen, H. v. 108, 112
Brachvogel, A. E. 226, 270, 908
Brahm, O. 87, 90, 96, 277, 282, 307, 664, 875, 939, 984
- Heinrich v. Kleist 320
Brahms, J. 373
Brandauer, K. M. 992
Brandenburg, F. W. Graf v. 795
Braun, H. 989
Brecht, B. 728, 1000, 1005
Bredow-Landin, E. v. 591
Bredow-Landin, M. v. 586
Britting, G. 1017

Broch, H.: Die Schlafwandler 1016
Bronnen, F. 1001
Brontë, C. 346
- Jane Eyre 346
Bruce, M. 812
Bruckmann, F. 595
Bruckner, A. 467
Brückner, C. 1005
Brunel, H.I. 677
Bruyn, G. de 1019
Buch, F. P. 989
Bucher, L. 125, 131, 801, 807
Budjuhn, H. 990f
Büchmann, G. 233
- Geflügelte Worte 311
Büchner, G. 466, 589
- Woyzeck 559, 1004
Büchsel, K.: Erinnerungen aus dem Leben eines Landgeistlichen 383
Bülow, H. D. v. 373, 536
- Der Feldzug von 1805, militärisch-politisch behandelt 106
Bürger, H. 867
Bunsen, G. 809
Bunsen, J. v. 46, 51
Burckhardt, J. 177, 331
Burger, L. 65, 248, 852, 857
Burns, R. 811
Busch, W. 395, 728
Buska, J. 546, 550
Byron, G. G. N. 346

Calderon de la Barca, P. 340, 362
Calov, A. 4
Campe, F. 909
Camphausen, L. 124
Caprivi, L. Graf v. 173, 665
Carné, M. 988
Cauer, M. 635
Cavour, C. 133
Čechov, A. 984
Celan, P. 467
Cervantes Saavedra, M. de 354
Chamberlain, J. 182
Chamford, S. 757
Chamisso, A. v. 244, 315
- Das Dampfroß 677

Chêne, J. du 7
Chêne, M. du 7
Christian IX., König von Dänemark 136
Cixi, chinesische Kaiserin 183
Clair, R. 984
Cohn, F. T. 248
Collande, G. v. 992
Collin, C. 997
Columbus, C. 347
Condé, L. Prinz v. 6
Conrad, M. G. 251
Conrad, P. 652
Conradi, H. 277
Cooper, F. 346, 971
Cornelius, P. v. 247, 663
Cotta, J. G. v. 218, 241, 243, 889, 893
Crayen, V. v. 534
Cremer, L. 995
Crémieux, I. A. 71
Crousaz, A. v. 233

Dahlmann, F. 119
Dahn, F. 242
Dante Alighieri: Divina Commedia 247, 665
Daub, E. 988
Davidsohn 294
De Meza, C. J. 136
Decker, G. J. 247
Decker, R. v. 65f, 72, 207, 238, 243, 246–248, 851–854, 891
Deetz, A. 294
Degen, M. 995
Dehmel, R. 230f, 664, 775
Delhaes, W. 91
Delius, F. C. 1020
– Die Birnen v. Ribbeck 952, 1020
Deltgen, R. 989, 992
Derfflinger, G. v. 715, 842
Derrida, J. 442
Deubel, L. S. 9
Dickens, C. 352, 354, 359–361, 466, 672, 688f, 980
– Bleak House 361

– David Copperfield 361
– Papers of the Pickwick Club 361
– Dombey & Son 361
– Hard Times 361
– Little Dorritt 361, 801
– Nicholas Nickleby 361
– Oliver Twist 361
Diderot, D. 502
Diehl, C. L. 988
Dingelstedt, F. v. 221
– Wanderbuch 824
Disraeli, B. 163
– Sybil. Or the two Nations 21
Doderer, H. v. 1017
Döblin, A. 934, 1016f, 1020
Dohm, H. 683
Dominik, E. 219, 233f, 246, 248f, 252f, 565, 596, 628, 890, 894f, 899
Domröse, A. 997, 1004
Dostoevskij, F. 306, 980
– Schuld und Sühne 587, 986
Douzal, M. S. 9
Dove, A. 883
– Caracosa 454, 882
Dreyfus, A. 290
Droste-Hülshoff, A. v.: Am Balkon 676
– Bilder aus Westfalen 840
– Die Judenbuche 555
Dryander, E. v. 385
Dumas, A. d. J. 74
Duncker, A. 216, 226, 241
Duncker, F. 751
Duncker, L. 751
Duquesne, A. Marquis 6
Durieux, T. 992

Ebers, Georg 230
Eberty, F.: Jugenderinnerungen eines alten Berliners 198
Ebner, E. 243
Ebner-Eschenbach, M. v. 229
Eggers, F. 50, 54, 72, 241–243, 263f, 272, 884
Eggers, K. 265, 273

PERSONENREGISTER

Ehlermann, L. 889
Eich, G. 992
Eichendorff, J. v. 315, 753
Einstein, A. 677
Eisenstein, S. 984
Eleonore, Herzogin von Aquitanien 711
Elias, N. 285
Eliot, G. 346
Engel, E. 252, 890–892, 894, 912, 989
Engel, J. J. 667
Engel, R. 1002
Engels, F. 132, 941, 978
Ernst August, König von Hannover 119f
Ernst, F. W. 241
Ernst, O. 775
Esselbach, F. 30, 258
Ettlinger, J. 249, 302, 679, 879
Etzel, A. v.: Die Ostsee und ihre Küstenländer 824
Eugenie, Kaiserin der Franzosen 169
Eulenburg, F. A. Graf zu 183, 271, 294, 563, 767, 780
Ewers, L. 1008

Fassbinder, R. W. 998–1000, 1004f
Faucher, J. 27, 50, 258, 267, 270, 710, 791
Faulkner, W. 1018
Ferdinand, Prinz von Sachsen-Coburg-Kohary 165, 536
Fesch, J. 11
Feuerbach, L. 338, 398
Fichte, J. G. 104, 502
Fidicin, E. 247, 275
Fielding, H. 351, 883
– Tom Jones 350f
Fink, A. 992
Fischer, S. 250, 895
Flaischlen, C. 232, 249
Flaubert, G. 306, 966, 980
– Madame Bovary 635, 682
Fleischel, E. 248, 654
Fleisser, M. L. 998

Flender, Familie 268
Flickenschild, E. 937
Fontane, A., Onkel Fontanes 9, 19
Fontane, C. J. R., Bruder Fontanes 12
Fontane, C., Onkel Fontanes 12
Fontane, E., geb. Rouanet, Ehefrau Fontanes 24f, 37, 39f, 44, 46f, 52, 67–69, 75, 79, 83, 86–88, 91, 95f, 285, 291f, 295, 299, 339, 356, 390, 549, 553, 565, 576, 596, 603, 614, 658, 662, 680, 754, 759, 769, 774, 780, 786, 852, 893, 902
Fontane, E., geb. Labry, Mutter Fontanes 3, 11–13, 45, 761
Fontane, E., Patin von Fontanes Sohn Theo 45
Fontane, E., verh. Weber, Schwester Fontanes 12f, 556
Fontane, F., Sohn Fontanes 24, 45, 61, 91, 93, 96, 246, 248–250, 253, 276, 304, 468, 596f, 614, 627, 633, 654, 662, 680, 759, 763, 815, 891, 894f, 902–904, 937, 1008
Fontane, G. F. M., Bruder Fontanes 12
Fontane, G., Sohn Fontanes 44f, 63, 70, 74, 83, 85f, 176, 277, 749, 766
Fontane, J. E., verh. Sommerfeldt, Schwester Fontanes 12, 45, 556, 616
Fontane, J., Vorfahr Fontanes 7, 10
Fontane, L. H., Vater Fontanes 4f, 9, 11–14, 19, 45, 67, 103, 105, 124, 556,
Fontane, M., genannt Mete, verh. Fritsch, Tochter Fontanes 37, 45, 61, 69, 79, 83f, 86, 88, 96, 169, 360, 520, 587, 616f, 629, 652, 754, 769, 774, 785, 939, 953
Fontane, P. B. d. Ä., Urgroßvater Fontanes 8, 10
Fontane, P. B. d. J., Großvater Fontanes 8f
Fontane, P. F. 8
Fontane, P., geb. Sohm, A. Fontanes Ehefrau 19

Fontane, P., Vorfahr Fontanes 7, 10, 45
Fontane, R., Sohn Fontanes 45
Fontane, T. jun., Sohn Fontanes 2, 10, 45, 64, 85f, 176, 181, 249, 277, 292, 390, 576, 614, 662, 746, 759, 784f, 903
Fontane, U., Sohn Fontanes 45
Fontanes, L. de 11
Forster, J. G.: Ansichten vom Niederrhein 841
Fouqué, F. de la Motte 314f, 340
- Der Zauberring 669
- Undine 675
Francois, L. v. 242
Franzos, K. E. 219, 230, 249
- Die Geschichte des Erstlingswerks 20, 761
Freiligrath, F. 308, 414, 452, 783
- Dichtung und Dichter 240
- Die Toten an die Lebenden 418
Frenssen, G.: Jörn Uhl 253
Frenzel, K. 269, 273, 276, 307, 869, 915,
Freud, S. 466, 550
Freytag, G. 413, 426, 466, 879, 884, 887,
- Briefe an Hirzel 400
- Die Ahnen 78, 495, 881, 886, 983,
- Markus König 886
- Soll und Haben 118, 285, 302, 371, 426, 431, 884f
Friedel, E. 232f
Friedlaender, G. 81f, 87, 92, 94f, 152, 173, 231, 294, 297, 332, 339, 410, 537, 555, 588, 591, 628, 632, 652, 654, 739, 754, 768, 772, 775, 780, 784f, 898, 933, 940, 957, 1008, 1011
Friedland, H. v. 842
Friedmann, A. 520
Friedrich II., der Große, König von Preußen 21, 113, 170, 247, 499, 534, 536, 543, 557, 660, 714, 835
Friedrich III., deutscher Kaiser, König von Preußen 143, 145, 152, 168, 170, 234, 275, 658, 684, 710, 714, 743, 826, 835
Friedrich Karl, Prinz von Preußen 164, 767
Friedrich VII., König von Dänemark 136, 606
Friedrich Wilhelm I., König in Preußen 174
Friedrich Wilhelm II., König von Preußen 104, 564
Friedrich Wilhelm III., König von Preußen 8, 167, 223, 384, 539, 653, 829, 995
Friedrich Wilhelm IV., König von Preußen 123, 127, 132f, 136, 167, 224f, 609f, 701, 708, 789, 791f
Friedrich Wilhelm, der Große, Kurfürst von Brandenburg 1, 3, 19
Friedrich, C. D. 676
Friedrich, W. 198, 202, 219, 234, 246, 251f, 527, 537, 890
Fritsch, K. E. O. 96, 772, 895
Fritsch, M. s. Fontane, M.
Froboes, C. 996, 1005
Frohriep, J. 993
Fromm, A. 3f, 842
Frommel, E. 385
Frommel, O. 923
Fulda, L. 249

Gablenz, L. v. 548
Gainsborough, T. 833
Galdos, B. P. 883
Gambetta, L. 144, 166
Ganghofer, L. 253, 586
Geffken, F. H. 152f
Geibel, E. 245, 320, 323, 331, 728, 783
Genée, H. 1004
Gensichen, O. F. 253, 911
Gentz, A. 766
Gentz, F. v. 112
Gentz, W. 835
Georg V., König von Hannover 105
Gerlach, L. v. 142, 211, 244

PERSONENREGISTER

- Denkwürdigkeiten 151
Gervinus, G. 119
Glaser, A. 564
Glasbrenner, A. 221, 270
Gneisenau, A. W. A. Graf v. 108f
Goebbels, J. 986
Goedsche, H. 212
Goethe, J. W. v. 36, 76, 103, 308–310, 326, 347, 398, 412, 414, 416, 639, 710, 728, 740, 755, 883, 887
- Die Natürliche Tochter 70
- Die Wahlverwandtschaften 70, 309, 526, 580, 633, 663, 950, 982
- Egmont 681
- Faust 307
- Iphigenie auf Tauris 871
- Westöstlicher Divan 728
- Wilhelm Meisters Lehrjahre 309
- Zahme Xenien 728
- Zur Farbenlehre 578
Gogol, N. V. 365
Goldammer, L. 264
Goldsmith, O.: The Vicar of Wakefield 386
Gordon, L. D. B. 165
Gore, C.: The Money-lender 346
Goßler, G. v. 42, 88, 272
Gotthelf, J. 243, 414
Gottschalk, K. F.: Wanderungen in einige Gegenden um Göttingen im Sommer 1792 824
Gottschall, C. R. v. 783, 916
- Herzog Bernhard v. Weimar 6
Gramont, A. A. A. Herzog v. 144
Grass, G. 1005, 1020f
- Ein weites Feld 34, 952, 1020
Graul, R. 232
Grautoff, O. 1010, 1012
Grelling, R. 276
Grice, H. P. 423
Grillparzer, F. 276, 340, 874
Grimm, J. 119
Grimm, W. 119
Gröllmann, J. 1004
Gross, E. 897
Grosser, J. 203, 288
Groth, K. 90, 722, 775, 783

Grün, A. 222, 711
Gründgens, G. 937, 986–989, 1000
Grünhagen, C. 784
Gruppe, O. F. 76, 218, 242
Gubitz, F. W. 70, 866
Gülker, O. 232
Gülstorff, M. 988
Günther, E. 998
Günther, G. 31, 220
Günther, Madame 45
Guillaume, C. H. 9
Guttmann, Familie 295
Gutzkow, K. 73, 205, 230, 242, 265f, 452, 456, 691, 783
- Der Gefangene v. Metz 73
- Die Ritter vom Geiste 496
- Uriel Acosta 299, 460
Gwinner, W.: Schopenhauer 395
Gwisdeck, M. 1002

Habeck, A. 1003
Hackländer, F. W. 229
Haeckel, E. 394
Hädrich, R. 1001
Haese, M. 917
Hagen, F. v. d. 268
Hahn, L. 208, 256, 271
- Leitfaden der vaterländischen Geschichte 244
Hahn, W. 208, 259, 262, 270, 273
Halbe, M. 231
Hall, C. C. 135
Hallberger, E. 228–230, 782
Haller, K. L. v.: Die Restauration der Staatswissenschaften 114
Hammel, C. 992, 1002
Hammer, J. 266
Hammerstein-Gesmold, W. v. 58
Hansen, R. 989
Harden, M. 7, 173, 219, 770, 932
Hardenberg, K. A. Fürst v. 108, 111
Harkort, F. 207
Harnisch, E. 259
Hart, H. 277
Hart, J. 277
Harte, B. 346, 589, 882
Hartmann, E. v. 394, 397

Hatheyer, H. 989
Haugwitz, C. H. K. Graf v. 106
Hauptmann, G. 87, 173, 307, 347, 367, 377–379, 395, 466, 775, 777, 783 f, 874–876, 922
- Buch der Leidenschaft 378
- College Crampton 379
- Das Friedensfest 378 f, 874
- Das zweite Vierteljahrhundert 87
- Der Biberpelz 378, 686
- Die versunkene Glocke 379
- Die Weber 173, 378 f, 874
- Einsame Menschen 378 f, 874
- Florian Geyer 379
- Vor Sonnenaufgang 317, 377–379, 462, 874 f, 882
Haxthausen, A. v. 388
Hayn, A.W. 209, 222, 240 f, 268, 889
Hebbel, F. 398, 414, 452, 466, 1000
- Maria Magdalena 998
Hedberg, F.: Strohhalm 872
Heer, J. C. 758
Heerdegen, E. 992
Heffter, A. 65
Hegel, G. W. F. 394, 412, 739
Hegel, I. 47, 768
Heilborn, E. 669, 765, 896, 920, 924
Heine, H. 33, 49, 205 f, 242, 299, 301, 314, 325–327, 329, 630, 636, 664 f, 691, 714, 728, 801, 810, 826, 950, 991
- Der Astra 666
- Deutschland, ein Wintermärchen 326
- Heimkehr 328
- Kahldorf über den Adel 666
- Memoiren 327
- Prinzessin Sabbat 666
- Reisebilder 327, 809
- Romanzero 326
- Schlacht bei Hastings 326, 666
- Seegespenst 326
- Das Sklavenschiff 327
- Spanische Atriden 326
- Vitzliputzli 326
- Die Wanderratten 666
Heinrich II., König von England 711
Heinrich IV., König von Frankreich 501
Heinrich VIII., König von England 607, 699
Heinrich, Prinz von Preußen, Bruder Wilhelms II. 183, 382
Heinrich, Prinz von Preußen, Bruder Friedrichs des Großen 232, 835
Held, M. 992
Herberger, V. 589
Hercher, K. 1004
Herder, J. G. 414
Herloßsohn, K. 206, 222
Hermann, H. 635
Herrlich, C. 227
- Die Ballei Brandenburg des Johanniterordens 227
Hertefeld, F. L. Graf v. 160
Hertz, H. 61, 246, 277, 669, 783, 914
Hertz, J. 244
Hertz, W. 61, 66, 69, 226, 238, 241, 243–247, 250 f, 264, 271, 276, 468, 488 f, 496, 510, 519, 527, 555, 588, 603, 653, 726, 751, 767, 776, 782, 819, 821, 833, 853, 890–892, 894, 913,
Herwegh, G. 28, 31, 116, 222, 259 f, 307, 322 f, 466, 708 f, 711, 760, 789, 801
- Gedichte eines Lebendigen 221, 788
Herz, H. 104
Hesekiel, G. 56 f, 59 f, 62, 69, 226, 212 f, 226, 242, 263, 269 f, 307, 495, 749, 759, 882 f, 908 f
- Brandenburgisch Ehrengeschmeid 60
- Brüderliche Vermahnung eines Edelsmanns 227
- Ein ächter Johanniter 227
- Ritterwürde und Ritterstand 227

Hesekiel, L. 79, 213f, 227, 233, 242
Hetterl, A. 1003
Heyden, A. v. 45, 72, 76, 265, 272, 374, 406, 767–769
Heymann, E. 267
Heyse, P. 36, 48, 55, 61, 197, 210, 225, 241f, 245, 263f, 286, 298, 307, 323, 331–333, 457, 496, 517, 655, 691f, 722, 728, 753, 756, 772, 775, 782f, 881, 887, 890–892
– Margherita Spoletina 333
– Michelangelo 333
– Nino und Maso 333
– Thekla 210
Hillern, W. v.: Die Geier-Wally 876
Hiltl, G. 883
Hitler, A. 506
Hitzig, F. 77
Hitzig, J. E. 260
Hochhuth, R. 1005
Hölderlin, F. 507
– Hyperions Schicksalslied 507
Hoeltz, N. 1001
Hoffmann v. Fallersleben, H. 222, 249
Hoffmann, A. 228, 670, 673
Hoffmann, E. T. A. 675
Hoffmann, J. 993
Hoffmann, O. 206
Hofmannsthal, H. v. 186, 232, 340, 549, 668, 1001, 1014
– Andreas-Fragment 565
Hohenlohe-Schillingsfürst, C. Fürst zu 173, 186, 665
Holstein, F. v. 187
Holtei, K. v.: Christian Lammfell 386
Holtze, F. W. 269, 275
Holz, A. 249, 277
Holz, A./Schlaf, J.: Die Familie Selicke 421, 424, 874f
Hopfen, H. 245
Hoppe, M. 937, 987f, 999, 1005
Howells, W. D.: A Forgone Conclusion 346
Hub, I. 750

Hülsen, B. v.. 275
Humboldt, W. v. 108, 112, 115

Ibsen, H. 338, 359, 367, 372–377, 379, 401, 664, 783, 874f, 922, 966
– Die Frau vom Meer 373
– Die Kronprätendenten 373
– Die Stützen der Gesellschaft 373
– Die Wildente 374, 740, 874
– Ein Puppenheim 374
– Gespenster 373, 375f, 874
– Hedda Gabler 374
– Klein Eyolf 374
Illaire, E. 47

Jacob, P. W. 1001
Jähns, M. 233, 911f
Jakob V., König von Schottland 712
James, H. 473, 477
Jameson, E. 185
Janke, O. 242, 889
Jasmund, J. v. 54
Jean Paul (Friedrich Richter) 883
Jens, W. 992, 1001f, 1005
Jensch, W. 524, 531f, 912
Jesus 530
Johann Sigismund, Kurfürst von Brandenburg 513
Johann, Erzherzog von Österreich 791
Johnson, U. 955, 1017–1019
– Jahrestage. Aus dem Leben v. Gesine Cresspahl 1018
Jugert, R. 990
Julius, G. 790f
Jung, J. A. F. 38

Kästner, E. 728, 1017
Kafka, F. 1016
Kalckreuth, L. Graf v. 231
Kannenberg, Dr. 29
Kant, I. 394, 674
Karamsin, N. M. 365
Karl I., König von England und Schottland 128
Karpeles, G. 216, 275, 286, 298, 595

Katte, H. H. v. 499
Katz, E. 239
Katz, M. 239f, 246, 264
Kaufmann, J. 49, 285
Kaulbach, W. v. 247
Kean, C. 873
Keil, E. 218
Keitel, W. 899
Keith, J. 713
Keller, G. 229, 241, 245, 314, 331, 407, 436, 466, 469, 471, 520, 681, 783, 879, 906, 934, 944, 983
– Romeo und Julia auf dem Dorfe 349
Keller, I. 997
Kern, F. 450
Kerr, A. 943, 986, 1001
Kersting, E. 34
Kersting, R. 34
Kertbeny, K. 977
Ketzer, M. 469
Kielland, A. 879
– Arbeiter 432
Kierkegaard, S. 394, 610, 668
Kind, R. 16
Kinkel, G. 800
Kirsten, R. 1004
Klaren, G. C. 986
Klein, E. S. 1004
Klein, J. L. 43
Kleinau, W. A. 1003
Kleist, H. v. 314, 318–320, 471, 561, 674, 874, 883, 950
– Der Findling 319
– Der zerbrochene Krug 559
– Der Zweikampf 319
– Die heilige Cäcilie 319
– Die Marquise v. O... 319f
– Die Verlobung in St. Domingo 319f
– Michael Kohlhaas 319, 515
Kletke, H. 70, 72f, 270
Klevenow, H. 992
Klingenberg, G. 994
Klipstein, E. v. 989
Klöden, G. A. 24
Klöden, K. F. v. 19

Kögel, R. 385
Koenig, R. 911
König, T. 42
Koeppen, W. 990
Körner, T. 711
Kogel, F. 402, 404
Korn, H. 241
Kosciuszko, T. 104, 118, 506
Kossack, E. 909
Kossuth, L. v. 141
Kotzebue, A. v. 112
– Die deutschen Kleinstädter 559
Krause, J. C. W. 23
Krause, L. W. 205
Krause, W. 15, 19, 23
Kretzer, M. 273
– Drei Weiber 421
Kreyssig, F. 911
Kriege, H. 31, 259f, 790
Kröner, A. 555, 633
Krössner, R. 1004
Kroetz, F. X. 998
Krüger, O. 185
Kruse, H. 883
Kügelmann, G. 992
Kühn, G. 835
Kühne, G. 222
Kürnberger, F. 632
Kürschner, J. 595f
Kugler, F. 47, 50, 239, 241–243, 256, 263–265, 321, 406, 691, 884, 890
Kummer, C. 45
Kummer, K. W. 24
Kummer, M. 45
Kunisch, H. 898
Kupler, L. 45
Kusserow, T. v. 299, 525

La Roche-Aymon, K. A. Gräfin 842
Labry I, P. 9
Labry II, P. 9
Labry III, P. 9
Labry, E. 11
Labry, G. 45
Labry, J. F. 9

Lamartine, A. de 436
Landé, P. 179
Lange, H. 180, 635
Lange, I. M. 897
Lange, R. 917f
Langhoff, T. 1003
Lasson, A. 296
Lau, J. F. A. 15f
Laube, H. 707
Lazarus, M. 71, 254, 265, 273, 276, 282, 285, 290, 628, 751
Lecky, W. 669
Ledebur, L. v. 224–227, 233, 268, 275
Lehfeld, P. 277
Lehmann, W. 1017
Leixner, O. v. 277
Lemierre, A. M. 502
Lenau, N., eigentlich N. Niembsch Edler von Strehlenau 27, 116, 242, 258, 307, 554, 561, 578
Leo XIII., Papst 148
Leopold I., Fürst von Anhalt-Dessau 158
Leopold, Fürst von Hohenzollern-Sigmaringen 144
Leopold, Prinz von Braunschweig 507
Lepel, B. v. 11, 22, 27, 34, 36, 38f, 45f, 53, 55, 60, 62, 64, 72, 122, 127f, 147, 208, 222, 225f, 242, 262–264, 266, 307, 321, 332, 610, 691, 751, 760, 769, 772f, 775f, 783, 791, 796, 798, 811
– Kirke 242
Lermontov, M. J. 365, 711
Leskov, N.: Die Lady Macbeth aus dem Landkreis Mzensk 349
Lesser, L. 206
Lessing, C. R. 78, 90, 665, 767, 781
Lessing, E. 636, 640
Lessing, G. E. 372, 414
– Nathan 292, 294f, 301
Leuwerick, R. 991f, 997
Lévi-Strauss, C. 847
Levin, R. 104
Levy-Fengler, L. 248

Lewald, F. 208
Li Hung Tschang 184
Lichtwark, A. 231
Liebermann, M. 406
Liebknecht, K. 149
Lietzau, H. 992
Liliencron, D. v. 277, 653, 775, 783
– Die Rantzows und die Pogwisch 653
– Poggfred 653
Lilienthal, O. v. 121
Lindau, P. 78, 218, 251, 269, 307, 369, 469, 510, 587, 760, 869, 879, 893, 983
Lindau, R. 78, 183, 234, 249, 307, 879
– Im Park von Villers 421, 423
Lindner, O. 270
Linsemann, P. 757
Lipperheide, F. v. 84
Löwenstein, A. 286
Löwenstein, R. 206, 270
Lombard, J. W. 8
Longfellow, H. W. 56
Lorrain, C. 833
Lortzing, A. 675
Louis Ferdinand (Ludwig Friedrich Christian), Prinz von Preußen 715, 995
Louis Philippe, Herzog von Orléans, später König der Franzosen 117
Lucae, R. 76, 265, 406, 721
Luderer, W. 997, 1000
Ludwig XIV., König von Frankreich 1, 145
Ludwig, O. 413
Lübke, W. 219, 228, 233, 243, 265, 406, 884, 911f, 914
Lüders, G. 991
Luise, Königin von Preußen 8, 995
Lukács, G. 508, 545, 552, 897, 921, 977
– Der alte Fontane 1019
– Der historische Roman 545
Luther, M. 302, 543, 995

Macaulay, T. B. 133
Macpherson, J. (alias Ossian) 811
Mallarmé, S. 232
Mallinckrodt, H. v. 146, 388
Malraux, A. 845
Mann, H. 372, 590, 932, 996, 1008–1010, 1014, 1017
– Der Untertan 590, 990
Mann, T. 103, 395, 405, 525, 627, 770, 781, 896, 925, 928, 932–934, 941, 943, 947f, 955, 967, 970, 988, 1008, 1010–1014
– Betrachtungen eines Unpolitischen 489
– Buddenbrooks 466, 622, 653, 1013
– Der alte Fontane 663f, 924, 932f, 1011
– Der kleine Herr Friedemann 1012f
– Der Tod in Venedig 544
– Der Zauberberg 663
– Noch einmal der alte Fontane 308, 1011
– Zum 100. Geburtstag Theodor Fontanes 633
– Tagebücher 770
Manteuffel, O. v. 41, 43f, 49, 51, 53f, 133, 196, 263f, 795–798, 808
Marggraff, H. 206
Marggraff, R. 206
Maria Stuart, Königin von Schottland 712f, 812
Marie Antoinette, Königin von Frankreich 408
Markus, W. 989
Maron, H. 258, 791
Marwitz, F. A. L. v. d. 109, 493, 842
Marx, K. 132, 683, 686, 978
– Kommunistisches Manifest 122
Marx, P. 90
Masaccio, eigentl. Tommaso di Ser Giovanni Cassai 392
Mathieu, C., Kardinal 71, 73, 388
Maupassant, G. de 984
Mauthner, F. 219, 276f, 307, 651, 663, 869, 893, 924

May, G. 1002
Meding, A. v. 783
Mehring, F. 916
Meichsner, D. 992, 994, 1001
Meier-Graefe, J. 230, 232
Mengel, G. 290
Menzel, A. v. 120, 241, 264, 272, 321, 406, 409f, 494, 768, 884, 930, 999
Merckel, H. v. 42, 45, 63f, 75, 210, 390, 749, 775
Merckel, W. v. 28, 40–43, 52, 208, 242, 262–264, 267f, 271, 321, 691, 795, 798
– Die fünfte Zunft 42
Merington, Familie 69
Merington, M. 45
Metternich, K. W., Fürst v. M.-Winneburg 112, 141
Metzel, L. 45, 48f, 765, 799
Meyer, C. F. 89, 245, 307, 466, 471, 728, 738, 775, 783, 819
Meyer, F. 274f
Meyer, P. 96, 277, 298
Meza, C. J. de 299
Minding, J. 206
Mirabeau, V., Graf v.: Histoire sécrète de la cour de Berlin 113, 540
Mittler, E. 242
Mörike, E. 307, 329, 331
Moltke, H. Graf v. 136, 728
Mommsen, T. 92, 293
Mont, P. de 461, 743, 746
Montaigne, M. 757
Moore, T. 812
Morier, R. 153
Morris, J. 82, 182, 187f
Mosabini, N. 267
Moses 302
Mosse, R. 179
Mozart, W. A.: Die Zauberflöte 598
Mügge, T. 242
Mühe, U. 1004
Mühl, C. 1004
Mühlbach, L. 242

Mühler, H. v. 42, 206, 242, 268
Müllensiefen, J. 386
Müller, F. M. 32f
Müller, J. H. 24
Müller, M. 52, 220, 260
Müller, W.: Winterreise 32
Müller-Grote, G. 253, 767
Müthel, L. 991
Mumme, F. C., Großmutter Fontanes 9
Munch, E. 999
Musil, R. 1016
– Tonka 1016

Napoleon I., Kaiser der Franzosen 11, 104–106, 108–110, 116, 119, 130, 143f, 169f, 177, 347, 391, 498f, 504, 535f, 538, 660, 713, 797
Napoleon III., Kaiser der Franzosen 5, 858
Naso, E. v. 986
Natorp, Dr. 25
Naumann, F. 385, 667
Necker, M. 203, 755, 757, 917–919
Nernst, K.: Malerische Wanderungen durch Rügen 824
Nestroy, J. 317
Neubert, L. A. 30
Neumann-Hofer, O. 276
Nietzsche, F. 334, 394, 400–405, 466, 474, 673, 676, 862, 922, 1013
– Die Geburt der Tragödie aus dem Geiste der Musik 401
– Unzeitgemäße Betrachtungen 401
– Vom Nutzen und Nachteil der Historie für das Leben 539, 601
– Zur Genealogie der Moral 612, 1013
Nikolaus I., Zar von Rußland 117, 164, 166
Nikolaus II., Zar von Rußland 168
Noelte, R. 992, 994
Nordau, M. 290
– Entartung 401
Nostitz, K. v. 536
– Leben und Briefwechsel. Auch ein Lebensbild aus den Befreiungskriegen 536
Nowack, F. 993

Oelsen, H. v. 717
Oettinger, E. M. 204
Oldenburg, C. M. 207
Ompteda, G. v. 249
Oppenheimer, Madame 285
Orelli, H. v. 751
Otto III., römischer Kaiser, deutscher König 632
Otto, J. 242

Pabst, J. 266
Paetel, Gebr. 233
Paetow, W. 920
Palmerston, H. Viscount v. 800
Palmié, R. 11
Panizza, O.: Das Liebeskonzil 173, 383
Pantenius, H. 757, 915
Parisius, R.: Bilder aus der Altmark 511
Paulsen, F. 95, 178, 293, 401, 775
Peitsch, M. 995
Percy, T.: Reliques of Ancient English Poetry 711f
Pestalozzi, J. 589
Petöfy, S. 552
Pfuel, E. v. 127
Phelps, S. 873
Pietsch, L. 78, 214, 249, 307, 365, 757, 910f
Pitt, W. d. J. 779
Platen-Hallermund, A. Graf v. 242, 561, 760, 783
– Klagelied Kaiser Otto des Dritten 632
Platon 450
Plotho, E. v., s. Ardenne
Pniower, O. 879
Pohl, A. 990
Polenz, W. v. 249
Poniatowski, J. Fürst v. 116
Possart, F. 751

Poussin, N. 833
Prince, J. 121, 205, 424, 709f
– Des Gefangenen Traum 35
Prince-Smith, J. 710
Proehle, H. 218, 270, 910
Protzen, M. 842
Proust, M. 987
Prutz, H. 910
Prutz, R. 32, 218, 265, 708
Przybyszewski, S. 230
Pudowkin, W. 984
Pückler-Muskau, H. Fürst v. 205
Pühringer, F.: Abel Hradscheck und sein Weib 555
Puškin, A. 365, 711, 984

Quehl, R. 43, 264
Quesne, M. de 7
Quidde, L. 173
– Caligula – eine Studie über römischen Cäsarenwahn 172

Raabe, W. 230, 253, 307, 395, 407, 466, 753, 775, 922, 935, 944
Rabelais, F. 354
Rabou, C. la 177
Radbruch, G. 940
Raddatz, C. 992
Raimund, F.: Der Verschwender 719
Ranke, L. v.: Weltgeschichte 307
Rathenau, E. 179
Rathenau, W. 178
Raumer, G. v. 268
Ravené, L. 68, 298, 525f, 530
Reich-Ranicki, M. 978
Reichensperger, A. 146, 388
Reichensperger, P. 388
Reimann, A. M. 9
Reimarus, C. 241, 889
Reincke, H. 994
Reinecker, H. 993
Reinhart, E. S. 4
Reinsdorff, O. v.: Meistersinger v. Nürnberg 335f
Remy, M. 866
Retcliffe, Sir J., s. Goedsche

Reuter, F. 307
Richelieu, A. Herzog v. 6
Riehl, W. H. 840
– Wanderbuch 840
Riffert, J. 757
Rilke, R. M. 671
Ring, M. 233, 270
Ristori, A. 421
Robert, M. 45
Rodenberg, J. 78, 88f, 216–218, 220, 230, 270, 273, 602, 614, 628, 750, 754–757, 807, 892f, 912
Roethe, G. 277
Rohr, H. B. P. v. 65
Rohr, M. v. 62, 67, 70, 75, 77, 256, 268f, 287, 290, 295, 533, 536, 572, 670, 693, 775, 780–782, 785, 843, 850, 854
Romm, M. 984
Romundt, H. 404
Roon, A. Graf v. 72
Roquette, O. 265
Rose, V. 25
Rose, W. 25f, 29
Rouanet, J. P. B. 24
– Von Toulouse bis Beeskow 24
Rouanet, T. 24, 67
Rousseau, J. J. 531, 549
Rudolf, Kronprinz von Österreich 546
Rückert, F. 32, 753
Ruge, A. 207
Ruskin, J. 407, 884

Sachs, H. 739
Salisbury, R. A. T. 188
Samosch, S. 755
Sand, L. 112
Saphir, M. G. 205, 260, 285
Sass, F. 257
Schacht, J. E. 37
Schack, O. v. 534
Schadow, G.: Kunst-Werke und Kunst-Ansichten 8
Scharnhorst, G. J. v. 108
Schauenburg, H. 259
Scheerbart, P. 232

Scheffel, V. v. 242, 879
Schell, M. 1001
Scheller, I. J. G. 17
Scherenberg, C. F. 105, 192f, 209, 240f, 255, 307, 323, 432, 749–753
– Ligny 240
– Waterloo 240
Scherz, H. 24, 36, 45, 47, 65, 766, 806
Schierstedt, H. v. 767
Schiff, E. 277, 576
Schill, F. v. 713
Schiller, F. 308, 310–313, 347, 349, 412, 414, 502, 578, 619, 713, 715, 723
– Der Taucher 826
– Der Verbrecher aus verlorener Ehre 555, 591
– Die Jungfrau v. Orleans 598
– Maria Stuart 313, 574
– Turandot 22
– Wallenstein 311–313, 525, 715
– Wilhelm Tell 70, 702
Schillmann, R. 233
Schindler, H. 265
Schinkel, K. F. 25, 835, 842
Schlaf, J. 249, 874f
Schleiermacher, F. 442
Schlenther, P. 86f, 90, 96, 270, 277, 307, 523, 572, 596, 614, 632, 651f, 662, 753, 755, 866, 879, 895f, 914, 918, 939
– Der Verein Berliner Presse und seine Mitglieder 1862–1912 270
Schlesinger, M. 49, 285, 803, 807
Schlippenbach, U. v.: Malerische Wanderungen durch Kurland 824
Schmidt, Alexis 269
Schmidt, Arno 1017
Schmidt, E. 92, 307
Schmidt, F. W. A. 910
Schmidt, J. 307, 884
– Bilder aus dem geistigen Leben 359
– Portraits aus dem neunzehnten Jahrhundert 368

Schneider, L. 28, 44, 72, 206, 209, 214, 218, 222–225, 227, 233, 240, 262, 269, 274f, 323, 708
– Prophezeiungen künftiger Größe für das Haus Hohenzollern 227
Schnitzler, A. 955, 1014–1016
– Der Weg ins Freie 1015
– Jugend in Wien 1014
– Liebelei 1015
– Sterben 544
Schopenhauer, A. 75, 334, 337, 339, 388, 394–401, 405, 450, 882, 922
– Die Welt als Wille und Vorstellung 450f
– Parerga und Paralipomena 395, 568
– Über die Weiber 398
Schott, S. 651, 655, 757
Schottländer, S. 251, 480, 527
Schreiner, R. 83
Schreinert, K. 898
Schröder, E. 277
Schröder, M. L. 8
Schröter, T. O. 426
Schubert, E. 914
Schubert, F. K. 912
Schütz, H. 1004
Schultz, F. 39f
Schultz, K. T. 757
Schwab, G. 241, 708, 889
– Wanderungen durch Schwaben 824
Schwartz, W. 233
Schwarze, H. D. 994
Schwarzenberg, F. Fürst zu 129
Schwerin, K. Graf v. 158
Schwerin, S., Gräfin v. 62
Schwerin-Putzar, M. Graf v. 714
Schygulla, H. 997, 999
Scott, Sir W. 78, 314–316, 324f, 347f, 352, 354–359, 367, 399, 431, 453, 494, 496, 697, 712, 743, 781, 811–814, 882, 908, 968, 970f
– Das Herz von Mid-Lothian 356
– Das Kloster 356
– Der Altertümler 356, 431

- Minstrelsy of the Scottish Border 712, 812
- The Lady of the Lake 812
- Waverley, or, 'Tis Sixty Years Since 356, 358, 431, 494
Seidel, H. 307, 883
Seidlitz, W. v. 231
Seippel, E. 996
Serres, J. 9
Servaes, F. 88, 930
Seume, J. G.: Spaziergang nach Syrakus im Jahre 1802 841
Seydlitz, F.W. v. 715
Shakespeare, W. 310, 336, 347–350, 367, 399, 414, 815, 865, 873
- Hamlet 350, 809
- King Lear 350, 702
- Macbeth 349, 778, 811
Siemens, W. v. 121, 158, 165, 674
Simmel, G. 287
Simon, G. 299, 525
Simrock, K.: Das malerische und romantische Rheinland 825
Skobeleff, M. 164, 166
Smidt, H. 40, 206
Smollet, T. 883
- Roderick Random 350f
Sommerfeldt, J., s. Fontane, J.
Sommerfeldt, H. 12, 30
Sophokles: König Ödipus 460, 868
Spangenberg, B. 897
Spemann, W. 219
Sperr, M. 998
Spielhagen, F. 242, 270, 276, 307, 337, 362, 440, 444, 497, 633, 767, 775, 783, 879, 887, 915, 982
Spitzer, D. 632
Springer, J. 54, 243
Staël, G. de 617f
- Corinne ou l'Italie 617
Stahl, F. J. 60, 244
Stalin, J. 978
Stanislawski, K. 984
Staudte, W. 990
Steffens, F. W. 246, 253, 547, 890
Stein, H. F. K. vom und zum 108f, 111

Stein, L. v.: Sozialismus und Communismus des heutigen Frankreich 122
Steiner, R. 277
Steinke, L. 45
Stendhal, eigentlich Henri Beyle 306, 971
Stephan, H. v. 121
Stephany, F. 87, 90f, 162, 237, 401, 652
Stern, A. 757, 918
Sternberg, A. v. 208
Sterne, L. 75, 352–354, 883
- A Sentimental Journey 350, 353
- Tristram Shandy 350, 352f, 667, 678
Sternfeld, R. 277
Sternheim, H. 939
Sternheim, M. 939
Stiehl, F. 244, 271
Stieler, A. 17
Stifter, A. 241, 407, 479
- Der Nachsommer 469
Stinde, J. 307, 469
Stirner, M. 258
Stocker, A. 385
Stockhausen, C. 79, 368
Stockhausen, J. 79
Stoecker, A. 58, 289, 294, 304, 389
Storm, T. 47f, 64, 229, 241, 264, 266, 307, 321, 326, 328–332, 334, 466, 469, 471, 520, 644, 691, 699, 724, 728, 750, 757, 766, 775, 781, 783, 887, 907, 944, 985
- Draußen im Heidedorf 330
- Immensee 330, 685
- Zur Chronik v. Grieshuus 331
Strachwitz, M. Graf v. 323, 743
- Das Herz v. Douglas 326, 743
Strauss, D. F.: Der alte und der neue Glaube 390
Streckfuss, A. 233
Strindberg, A. 398, 1000
Struck, C.: Wanderungen durch das Stromgebiet der Weser 824
- Wanderungen und Skizzen 824

Struve, G. A. 33
Stuck, F. 231
Sudermann, H. 270, 277, 761

Tegetthoff, W. v. 134
Telmann, K. 913
Tennyson, A.: Lady of Shalott 675
Thackeray, W. 352, 354f, 359f, 362, 367, 420, 466, 970
– Vanity Fair 362, 688
Thormeyer, F. 17
Tieck, L. 315, 325, 753
Tietz, O. 179
Tintoretto, eigentlich Jacopo Robusti 530
Tirpitz, A.v. 654
Török v. Szendrö, N. C. Graf v. 546
Tolstoj, L. Graf v. 672, 783, 876, 968, 971, 984, 987
– Anna Karenina 366, 635, 643, 986
– Der Tod des Iwan Iljitsch 365
– Die Macht der Finsternis 365, 421
– Krieg und Frieden 366, 391
Toqueville, A. de 717
– De la Démocratie en Amérique 717
Toulouse-Lautrec, H. de 232
Toussaint, J. 8
Tovote, H. 249
Trantow, C. 992, 994
Treitschke, H. v. 289, 291, 293
Treutler, J. und A. 769
Triepke, T., s. Rouanet, T.
Trösch, R. 993
Trollope, A. 473, 477
Tucholsky, K. 728, 934
Turenne, H. de la Tour d'Auvergne 6
Turgenev, I. 359, 365, 466, 879, 883
– Neuland 365
– Rauch 370
– Väter und Söhne 672

– Der Hamlet des Stschigrowschen Kreises 349
Turner, W. 409, 833
Twain, M. 230, 346

Uhland, L. 205, 242, 270, 307, 315, 610, 810
Uhlen, G. 989
Uhlmann, A. M. 897
Ullstein, L. 179

Varnhagen v. Ense, K. A. 791
Verlaine, P. 232
Vernet, H. 792
Victoria, Königin von England 143, 164, 170, 186
Viebig, C. 96, 249
Viedert, A. 364
Viktoria, deutsche Kaiserin und Gattin Friedrichs III. 153, 171
Vischer, F. T.: Der Krieg und die Künste 851
Vogler, K. M. 995
Voltaire, eigentlich François Marie Arouet 674

Waagen, G. 884
Wachowiak, J. 1003, 1005
Wackernagel, P. 20
Wagener, H. 211f, 804
Wagner, R. 284, 299, 301, 334–340, 342, 466, 474, 530, 641, 882, 950, 1011, 1013
– Das Kunstwerk und die Zukunft 334
– Die Walküre 1013
– Götterdämmerung 340f
– Lohengrin 630, 1013
– Oper und Drama 334
– Parsifal 56, 339
– Rheingold 340f
– Tannhäuser 551, 630
Waiblinger, W. 612
Waldberg, M. v. 277
Waldeck, B. 794
Wallich, P. 763f, 903
Wangenheim, H. v. 48, 71, 146, 767, 769

Wangenheim, M. v. 48, 268, 272, 759, 767, 769
Washburne, E. B. 72
Washington, G. 779
Watt, J. 158, 674
Weber, H. 12
Weber, M. 182, 289
Weiss, G. 199
Weitzmann, O. 896
Werder, A. v. 72
Wereschtschagin, W. 164
Werner, A. v. 77
Werner, C. F. 8
Werner, Z. 542
– Martin Luther oder Die Weihe der Kraft 542
Wertheim, G. 179
Westermann, G. 892, 922
Westphal, G. 1001, 1005
Westphalen, O. v. 44
Wichern, J. H. 385
Wichert, E. 997
– Der Freund des Fürsten 871
– Der Schritt vom Wege 997
Wicki, B. 991
Widmann, J. V. 755
Wieland, C. M. 36, 71, 326, 332
Wiese, M.: Aus meinem Leben 13
Wiesike, C. F. 396, 401
Wilbrandt, A. 245
– Die Maler 872
Wild, J. 1001
Wildenbruch, E. v. 307, 320, 874, 883
– Die Quitzows 652
Wilhelm I., deutscher Kaiser, König von Preußen 6, 133, 136f, 168, 175, 658, 717, 779
Wilhelm II., deutscher Kaiser, König von Preußen 58, 135f, 167, 171–175, 182–185, 275, 384, 495, 655, 658, 665f, 685, 933
Wilkie, D. 408
Willatzen, P. 907
Windel, K. 388, 759, 767, 769
Windhorst, L. 146, 388
Winterfeld, A. v. 226

Witt, C. P. 995f
Witt, L. 996
Witte, A. 83, 769
Witte, E. 921
Witte, F. 37, 431, 718, 723, 769, 977
Wittgenstein, L.: Tractatus logico-philosophicus 391
Witzmann, G. 923
Wolff, J. 265, 272, 307, 318, 768, 887
Wolff, T. 594, 598, 783f
Wolfsohn, W. 31–33, 36f, 40, 198, 207, 220, 222, 239, 260, 266, 285, 364, 708, 711, 775, 778, 793
– Ein Herr v. tausend Seelen 32
Wolsey, T., Kardinal 699
Wolzogen, E. v. 249, 277
– Humor und Naturalismus 432
– Dank der Jugend 88
Wrangel, F. H. E. Graf v. 127
Wreech, L. v. 842

York, H. D. L. Graf v. Wartenburg 136

Zabel, F. 266, 273
Zarncke, F. 218, 909
Zavattini, C. 984
Zedlitz, J. C. v.: Nächtliche Heerschau 761
Zetkin, C. 635
Ziegler, C. 869
Zieten, H. J. v. 158, 715, 827, 829
Zobeltitz, F. v. 276
Zöllner, E. 96, 775, 780
Zöllner, F. 45
Zöllner, K. 76, 264, 274, 336, 339, 769
Zola, É. 230, 249, 349, 353, 359, 367–372, 430, 439, 466, 589, 783, 882f, 922, 971
– L'assommoir 369, 422, 424
– La Conquête de Plassans 369, 371f
– La Debacle 855
– La faute de l'Abbé Mouret 369, 386

- La fortune des Rougon 366–370, 372
- Nana 369, 372

Zoller, E. 229
Zschokke, H. D. 26

Fontanes Werke

Angestrebt ist eine möglichst vollständige Erfassung sämtlicher Stellen, die über einzelne Werke Fontanes (mit oder ohne expliziter Nennung des im Register aufgeführten Werktitels) Aufschluß geben. Zur leichteren Orientierung werden die Seiten mit zentralen Aussagen über ein Werk in Fettdruck angegeben. Unter zusammenfassenden Rubriken werden aufgeführt: Fragmente und Entwürfe (Romane und Novellen), Gedichte, Politische Journalistik, Rezensionen, Theaterkritiken.

Adel und Judenthum in der Berliner Gesellschaft 288, 298
Adolph Menzel 409f
L'Adultera 68, 76, 80, 152, 163, 214, 217, 219, 245, 251, 283, 288f, 298f, 301, 319f, 335f, 339, 371, 397, 409, 457, 466, 470, 474, 476, 480, 510, 521, 523, **524–533**, 540, 547, 550f, 553, 576, 603f, 622, 890, 892f, 912–914, 917, 954, 966, 1003, 1013
Am Tage von Jena auf der Brücke von Jena. Zuavische Charakterköpfe 5
Argo. Belletristisches Jahrbuch/Album für Kunst und Dichtung 51, 239f, 265, 86, 333, 691
Aus dem Sundewitt 748
Aus den Tagen der Okkupation. Eine Osterreise durch Nordfrankreich und Elsaß-Lothringen 1871 5, 74, 145, 177, 213, 246, 492, 748, 771, **853**, 891
Aus England. Studien und Briefe über Londoner Theater, Kunst und Presse 202, 243, **814f**, 865f
Aus Manchester 52f, 407f, 884

Bilder und Erinnerungen (Plan) 753
Briefe aus Mecklenburg 748f
Briefe über Shakespeare auf der englischen Bühne, s. Shakespeare auf der modernen englischen Bühne

Buchhandel und Zeitungen 237
Burg 30, 618, 709, 721

Cafés von heut und Konditoreien von ehmals 760
Cécile 143, 146f, 152, 162, **164f**, 252f, 269, 313, 320, 339–341, 353, 467, 474, 477–479, 550, **563–574**, 577f, 588, 622, 629f, 890, 893, 896f, 950, 954, 967, 992, 1013
Christian Friedrich Scherenberg und das literarische Berlin von 1840 bis 1860 16, 192, 255, 321, 577, **750–753**, 878

Das John-Prince-Manuskript 424f, 807, 882
Das Ländchen Friesack und die Bredows 819
Das Macbeth-Land 210
Das Oderland, Barnim-Lebus 492f, **818–850**, 908f
Das Schlachtfeld von Groß-Beeren 20, 761, 820
Das Wangenheim-Kapitel 263, 387f
Der deutsche Krieg von 1866 62, 66, 70, 139f, 142, 489, **850–865**, 891
Der Krieg gegen Frankreich 1870–71 6, 62, 66, 70, 76, 145, 391, 535, **850–865**, 891, 910f

Der Schleswig-Holsteinsche Krieg im Jahre 1864 62, 65, 247, **850–865**, 891, 910
Der Stechlin 17, 52f, 56, 95, 119, 130, 133, 137, 139, 148, 150f, 157, 167, 170f, 181f, 186f, 214, 228, 250, 282, 298, 303, 318, 339, 365f, 378, 385f, 391, 403f, 425, 433, 453, 457, 467, 470, 474, 478, 618, 656, 659, **662–679**, 690, 734, 750, 806, 817, 859, 862, 891, 893, 895, 920, 929–931, 935f, 953, 966–968, 985, 1001, 1005, 1014
Der westfälische Friede. Zum 24. März 1849 9
Deutsches Dichter-Album 242
Die gesellschaftliche Stellung der Schriftsteller 196, 731
Die gesellschaftliche Stellung des Schriftstellers in Deutschland 196, 331, 735
Die Grafen von Ruppin 225
Die Grafschaft Ruppin 17, 55, 60, 492f, 670, 748, **818–850**, 908
Die Juden in unserer Gesellschaft 291, 296
Die Londoner Theater (Insonderheit mit Rücksicht auf Shakespeare), s. Shakespeare auf der modernen englischen Bühne
Die Poggenpuhls 85, 92f, 158f, 219, 228, 250, 302, 378, 433, 467, 474, 588, **651–662**, 673, 680, 687, 891, 893, 897, 935, 955, 985, 1003, 1008, 1014, 1016
Die Times und die Neuenburger Frage 132
Du hast recht getan 26

Effi Briest 16, 24, 91–93, 147f, 169, 180f, 218, 250, 282, 301, 309, 318, 325, 328, 330, 336, 339, 369, 378, 386, 396, 433, 436f, 453, 455f, 467, 471, 474, 476–478, 480, 483, 523, 525, 550, 574, 603f, 622, **633–651**, 663f, 690, 733, 750, 754, 783, 848, 891, 893, 897, 918, 921, 932, 934–936, 941f, 950, 953, 970, 972f, 976, 979, 982, 985–991, 997–1001, 1004f, 1010f, 1013
Ein Besuch im Zellengefängnis bei Berlin 89
Ein letzter Tag in Italien 748
Ein Sommer in London 46, 240, 327, 360, 748, 804, **808–811**, 890, 922
Ellernklipp 228, 244, 330, 398, 408, 462, 466, 470, 473f, 478, 510, 512, 517, **519–524**, 542, 550, 585, 697, 722, 890, 892, 912f, 953f, 976
Erinnerungen an Theodor Storm (Aufzeichnungen) 330
Erste Reise nach England (Aufzeichnungen) 36, 208, 806

Fielding, H., The History of Tom Jones, a Foundling (Aufzeichnungen) 351
Fragmente und Entwürfe (Romane und Novellen) **693–705**
Erwähnungen außerhalb des Kapitels:
– Allerlei Glück 80, 110, 149, 289, 564, 897, 936
– Aloys Rittersbach. Eine Geschichte vom sonderbaren Ehrgeiz 85
– Die Likedeeler 318, 454, 462, 473, 669
– Die preußische Idee 92, 125, 161
– Eleonore 105f
– Hans und Grete 753
– Johann der muntre Seifensieder 397f
– Melusine 396, 399
– Oceane von Parceval 339–341
– Storch v. Adebar 303, 609
– Wolsey 425
Frau Jenny Treibel oder »Wo sich Herz zum Herzen find't« 31, 92, 147, 156, 160–162, 165, 169f, 176f, 214, 218, 250, 327, 339,

378, 397, 427, 433, 467f, 470f,
474, 497, 528, 585, 596, 598, 601,
614–627, 680f, 701, 861, 891,
893, 896f, 900, 917f, 953f, 968,
976, 985, 990, 992f, 996, 1001,
1005, 1014

Fünf Schlösser 396, 401, 652, **818–850**, 890

Gedichte 7, 80, 244, **706–748**, 712
  Balladen 213, 244f
  Erwähnungen außerhalb des Kapitels:
- Als Grenadier 36
- Als ich zwei dicke Bände herausgab 95
- Am Jahrestag 86
- An den König von Hannover 120
- An den Märzminister Graf Schwerin-Putzar 29
- An den Orden Jesu 382
- An der Elster 116
- An die Hannoveraner 120
- [An die Königin] 44
- An Franz Kugler 50
- An Hermann Kriege 31
- An meinem Fünfundsiebzigsten 93, 297, 939
- [An Otto von Manteuffel] 44
- Archibald Douglas 88
- Arm oder reich 231
- Berliner Landwehr bei Langensalza 138
- Das Trauerspiel von Afganistan 55
- Der alte Derffling 222
- Der alte Dessauer 222
- Der alte Zieten 222
- Der Tag von Düppel 138
- Des Gefangenen Traum (Übersetzung) 35
- Die arme Else 330
- Die Balinesenfrauen auf Lombok 182, 231, 327, 462
- Die Brück' am Tay 349
- Die Fahne Schwerins 211
- Die schöne Jüdin 286
- Die zehn Gebote [Aus dem russischen Katechismus] 382
- Drehrad 17
- Einigkeit. 1842 (Bei Gelegenheit des Hamburger Brandes) 221
- Einzug (1864) 64, 138
- Einzug (1871) 145
- Fritz Katzfuß 26, 308
- Gorm Grymme 271
- Guter Rat 40
- Hans Sternheim zu Weihnachten 1895 505
- Ich habe oft ... 29
- Kaiser Friedrich III. 275, 234
- Kaiser Friedrichs letzte Fahrt 234
- Keith 222
- Lebenswege 391
- Letzte Audienz vor Kaiser Friedrich 234
- Lieber Vater ... 16
- Luren-Konzert 231
- Männer und Helden. Acht Preußenlieder 126, 209, 222f, 239f, 262, 322, 889
- Maria und Bothwell 438
- Meine Gräber 86
- Mönch und Ritter 31, 220
- O trübe diese Tage nicht 73
- Prinz Louis Ferdinand 55
- Prolog zur Feier des zweihundertjährigen Bestehens der französischen Kolonie 2
- Ré Umbertos Kranz 234
- Schwerin 222
- Seydlitz 222
- Shakespeares Strumpf 220
- Toast auf Kaiser Wilhelm 273
- Trost 23
- Tut Buße! 40
- Von der schönen Rosamunde. Romanzenzyklus 52, 239, 889
- Waldwinkel 331
- Zeitung 184
- Zur Erinnerung an Kaiser Wilhelm I. 275

Gesammelte Romane und Novellen 249, 628, 894f
Geschichten Buch 16
Geschwisterliebe 2, 26, 204, 690, 708, 893
Goethe, J. W.
– Die Wahlverwandtschaften (Aufzeichnung) 70, 309
– Wilhelm Meisters Lehrjahre (Aufzeichnung) 309f
Goldene Hochzeit 691
Graf Petöfy 76, 85, 140, 148, 214, 228, 230, 254, 320, 339, 355, 368, 388, 466, 470, 472, 474, 477, 479, 543, **546-554**, 572f, 576f, 604, 606, 609, 612, 622, 647, 660, 753, 890, 893, 913, 976f, 985, 1003f
Grete Minde 147f, 219, 244f, 330, 338, 368, 370f, 386, 388, 436, 454, 457, 462, 467, 470, 473f, 478, 483, **510-518**, 520f, 523, 542, 550, 573, 584, 697, 890, 893, 912, 953, 1004

Harte, Bret (Aufzeichnungen) 346, 882
Havelland. Die Landschaft um Spandau, Potsdam, Brandenburg 69, 74, 228, 490, 718, **818-850**
Heine, Heinrich (Plan) 325
Heinrichs IV. erste Liebe 26

Irrungen, Wirrungen 86f, 89, 142, 144, 152, 155, 202, 254, 277, 320, 368, 374, 378, 410, 445, 455, 467, 470, 474, 478, 481, 523, 547, 573, **575-584**, 588, 595-598, 600, 604, 617, 681, 890, 893, 896f, 914-916, 918, 935, 950, 965f, 976, 985, 989, 994, 1014
Italienische Aufzeichnungen 75f, 406f

Jagdgeschichten am Cap 691
James Monmouth 691f
Jenseit des Tweed 27, 54, 243, 748, 807, **811-814**, 821, 831, 889, 922

Karl Stuart 27, 40, 128, 310, 425, 436f, 458
Kleist, Heinrich von, Dramen und Novellen (Aufzeichnungen) 319f
Kopenhagen 286, 748
Kriegsgefangen. Erlebtes 1870 5, 13, 71-74, 106, 149f, 177, 213, 246, 391, 492, 748, 771, **852f**, 864, 891, 917, 986
Kritische Jahre – Kritiker-Jahre 70, 75, 750, **758f**, 881

Märkische Bilder 210
Mathilde Möhring 180, 302, 369, 466, 474, 478, 577, 588, 595, 597, 651, 657, **679-690**, 895-897, 900, 902, 950, 985, 989, 993, 996, 1003, 1005
Mathilde von Rohr 268
Meine Kinderjahre 4, 6, 8, 11f, 14-17, 67, 86, 92, 250, 446f, 634, 750, **753-755**, 757, 770, 808, 850, 891f, 896, 918, 951, 953, 1014
Modernes Reisen 74

Oxford 812

Paul Heyse. Ein Liebling der Musen 331-333
Politische Journalistik **788-806**
Erwähnungen außerhalb des Kapitels:
Aus der *Berliner Zeitungshalle*:
– Die Teilung Preußens 38f, 125
– Preußens Zukunft 38f, 125
Aus der *Dresdner Zeitung*:
– Berlin, 25. November 1849 126
– 8. Dezember 1849. Preußen – ein Militär- oder Polizeistaat? 126
– Berlin, 13. Dezember 1849 125
– Berlin, 1. Februar 1850 126, 142
– Berlin, 19. März 1850 166
Aus der *Eisenbahn*:
– Aus dem Oderbruch 35, 116
– Dresden, im September [1842] 116

- Dresden, den 3. Oktober 116
Protokolle des Tunnels über der
  Spree 435, 900

Quitt 82, 148, 150, 165, 218, 244,
  436, 451, 462, 467, 474, 476–479,
  543, 562, 577f, **584–594**, 599,
  603, 633, 890, 893, 916, 976,
  1008, 1013

Rede zum Shakespeare-Fest 548
Reisebriefe aus Jütland 744
Reisebriefe vom Kriegsschauplatz
  66, 139f, 744, 848, 852, 857
Rezensionen
- Brahm, O., Gottfried Keller. Ein
  literarischer Essay 436
- Freytag, G.,
  - Die Ahnen 78, 420, 454, 453,
    495, 881, **886f**
  - Soll und Haben 118, 285, 360,
    426, 430f, 438, **884–886**
- Heyse, P., Thekla 210
- Kretzer, M., Die Weiber (Entwurf) 421
- Lindau, P., Der Zug nach dem
  Westen (Nachlaßfassung) 421,
  449, 983
- Lindau, R., Im Park von Villers
  (Entwurf) 421, 423
- Reinsdorff, O., Richard Wagners »Die Meistersinger von
  Nürnberg« 335
- Storm, T.,
  - Gesammelte Schriften Band
    7–10 329
  - Sämtliche Schriften 330
Roeskilde 748
Rudolf Lindau, Ein Besuch 183,
  444

Schach von Wuthenow 2, 105–107,
  143, 148, 219, 246, 252, 319, 328,
  370, 454, 457, 466, 470, 474, 477,
  479f, 483, 489, 510, 521f, 527,
  533–546, 562, 570, 573, 576–578,
  588, 612, 640, 681, 848, 890,
  892f, 897, 913, 942, 954, 966f,
  976, 985, 992–995, 1001–1003,
  1006, 1018f
Scherenberg (Bei Gelegenheit seines
  Abukir) 208
Schopenhauer, Arthur (Aufzeichnungen) **394–400**
Schuljahre (Plan) 18
Shakespeare auf der modernen englischen Bühne 50, 334, 865
Smollet, Tobias George, The Adventures of Roderick Random
  (Aufzeichnungen) 350f
Spreeland. Beeskow-Storkow und
  Barnim-Teltow 157, 564, **819–850**
Sterne, Lorenz
- Tristram Shandy (Aufzeichnungen) 352–354
- Yoricks empfindsame Reise
  (Aufzeichnungen) 352f
Stine 156, 158, 180, 249f, 368, 378,
  467, 471, 474, 477f, 483, 577f,
  585f, 588, **594–602**, 604, 862,
  891, 893, 897, 918, 985, 1003,
  1013, 1015

Tagebuch 46, 49–52, 58f, 67, 70f,
  75–77, 86, 92f, 95, 122, 169, 172,
  183, 227f, 252–254, 267, 272,
  285, 295, 298, 320, 360, 373f,
  395, 519, 526, 537, 547, 555, 563,
  577f, 586, 588, 595f, 602, 607,
  614, 632–634, 651, 654, 658, 669,
  680, 712, 748f, 751, 754f, **763–772**, 807, 820, 843, 892, 896, 899,
  903, 947, 982f
Tennyson 327
Theaterkritiken **865–878**
Erwähnungen außerhalb des Kapitels:
- Gottschall, R., Herzog Bernhard
  von Weimar 6
- Gutzkow, K., Der Gefangene
  von Metz 73
- Hauptmann, G.,
  - Das Friedensfest 378f

- Die Weber 378
- Einsame Menschen 378
- Vor Sonnenaufgang 317, 377–379
– Holz, A./Schlaf, J., Die Familie Selicke 421
– Ibsen, H.,
  - Die Frau vom Meer 373f
  - Die Wildente 374
  - Ein Puppenheim (Entwurf) 374
  - Gespenster 375f
– Schiller, F.,
  - Die Jungfrau von Orleans 312
  - Kabale und Liebe 311, 313
  - Maria Stuart 313
  - Wallenstein 311–313, 420
  - Wilhelm Tell 70
– Shakespeare, W.,
  - Macbeth 349
  - Was ihr wollt 347
– Sophokles, König Ödipus 437f, 460f
– Tolstoj, L., Die Macht der Finsternis 365, 421

The Money-lender (Übersetzung) 346
Theodor Storm 330
The Revival of the German Literature during the last Century 267
Tuch und Locke 141, 691f

Unsere lyrische und epische Poesie seit 1848, 314f, 325, 329f, **413–419**, 745, 798, 881f
Unterm Birnbaum 30, 117, 218, 253, 299, 349, 368, 371, 436, 457, 462, 467, 473f, 478, **554–563**, 573, 578, 585f, 633, 890f, 893, 968, 989, 992–994, 1004
Unwiederbringlich 23, 87, 89, **134–137**, 218, 244, **299–301**, 318, 339, 341, 356f, 434, 453, 455, 467, 472f, 476f, 479, 483, 552, 585, **602–614**, 690, 702, 710, 890f, 893, 917, 950, 967, 971, 985, 992, 996, 1014

Von der Weltstadt Straßen 286
Von, vor und nach der Reise 68, 74, 82, 250, 467, **627–632**, 891, 918
Von Zwanzig bis Dreißig 9, 18, 20, 26f, 31f, 33, 35, 38, 43, 56–58, 60, 95, 123, 151, 166f, 192f, 214, 220, 231, 250, 257–259, 267, 320f, 364f, 644, 666, 690, 749f, 752, **755–759**, 766, 770, 801, 808, 891, 893, 896, 898
Vor dem Sturm 14, 57, 65, 73, 77–80, 86, 104f, 109, 118, 143, 160, 214, 217f, 228, 233, 244, 266, 318, 321, 325, 328, 338, 347, 368, 370, 371, 375, 425, 435, 452, 454f, 466, 468, 470, 473f, 478, 480, **488–509**, 512, 517, 521, 531, 533, 536, 538f, 579, 654, 700, 716, 721, 817, 853, 890, 893, 895, 912, 916, 919, 955, 968, 971, 976, 979, 986

Walter Scott 78, 316, 431f, 882f
Wanderungen durch die Mark Brandenburg 3, 17, 21, 52, 55, 57, 59f, 62f, 66, 69, 80, 88, 105, 111, 113, 155, 183, 196, 202, 213, 224, 226f, 238, 244, 271, 298, 425, 468, 479, 492, 670, 706, 748, 765, 767, 776, 781, 807f, 816, **818–850**, 853, 890, 892, 896–902, 904, 907–910, 912f, 936, 938, 952f, 955
Whigs und Tories 56
Willibald Alexis 78, 193, 316, 325, 421, 432, 879, 882f

Zola, Emile (Aufzeichnungen) 364, 366, 418–420, 424, 879
Zur Technik des künstlerischen Schaffens (Aufzeichnung) 660
Zwei Poststationen 691

Aus dem Verlagsprogramm

Schiller-Handbuch

Herausgegeben von Helmut Koopmann in Verbindung mit der Deutschen Schillergesellschaft Marbach

Eine umfassende, alle Aspekte beleuchtende Gesamtdarstellung von Leben und Werk Schillers steht schon lange aus. Das von Schiller-Spezialisten in der Reihe der bewährten Kröner-Handbücher verfaßte Kompendium schließt nun diese Lücke. Zwei einleitende Abschnitte gelten der Biographie und Schillers Auseinandersetzung mit Kultur und Gesellschaft seiner Zeit. Im Zentrum des Handbuchs steht Schillers Werk. Die Wirkungsgeschichte im 19. und 20. Jahrhundert und ein umfangreicher Forschungsbericht bilden den Schlußteil.

1998. XVIII, 966 Seiten. Leinen
ISBN 3–520–83001–9

Helmut Koopmann (Hg.)
Thomas-Mann-Handbuch

Dieses Handbuch informiert den Thomas-Mann-Leser auf tausend Seiten so vollständig, daß kaum noch Fragen offen bleiben. Das monumentale Erzählwerk, die ganze Fülle der politischen und essayistischen Schriften, aber auch die erst in den letzten Jahren erschlossenen Tagebücher und Briefe werden eingehend – bis in die Entstehungsgeschichte hinein – interpretiert. Daneben sondiert dieses Handbuch auch die kaum noch zu überblickende Forschungsliteratur und bietet so unverzichtbare Hilfestellungen für eine fundierte und gründliche Lektüre.

3. Auflage in Vorbereitung